Pöltl

Gaststättenrecht

Gaststättenrecht

Kommentar zum Gaststättengesetz
mit den Vorschriften des Bundes und der Länder

Begründet von

Dr. Egon Hoffmann

Ministerialdirigent a. D.

Von der 2. bis zur 4. Auflage bearbeitet von

Dr. Oswald Seitter

Rechtsanwalt in Stuttgart

Ab der 5. Auflage fortgeführt von

Dr. René Pöltl

Stadtoberrechtsrat
Leiter des Amts für öffentliche Ordnung der Stadt Heidelberg

5., völlig neu bearbeitete Auflage

C. F. Müller Verlag · Heidelberg

Bibliografische Information Der Deutschen Bibliothek

Die Deutsche Bibliothek verzeichnet diese Publikation
in der Deutschen Nationalbibliografie; detaillierte bibliografische
Daten sind im Internet über <http://dnb.ddb.de> abrufbar.

© 2003 C. F. Müller Verlag, Hüthig GmbH & Co. KG, Heidelberg
Printed in Germany
Satz: Lichtsatz Michael Glaese GmbH, Hemsbach
Druck: J. P. Himmer, Augsburg
ISBN 3-8114-5201-0

Vorwort

Mit dieser 5. Auflage des Kommentars zum Gaststättengesetz geht die Bearbeitung auf einen neuen Autor über. Ich danke dem Verlag, dem Begründer und Autor der ersten Auflage Herrn Dr. *Hoffmann* und Herrn Dr. *Seitter* als Autor der zweiten bis vierten Auflage, dass mit mir einem jüngeren Autor die Verantwortung für dieses Werk übertragen wurde.

Mit der Neuauflage erfährt der Kommentar eine **neue Konzeption**. Grundlage der Kommentierung des GastG ist die Tätigkeit einer modernen, bürgerorientierten Verwaltung, die sich auch der Herausforderung stellen muss, das Gaststättenrecht als Teil des Polizei- und Ordnungsrechts einer Neuorientierung zuzuführen, ohne dabei Funktion und Aufgabe dieses Rechtsgebiets zu vernachlässigen. Den Nutzern des Kommentars soll es ermöglicht werden, sich auch dann mit den Problemen des Gaststättenrechts vertraut machen zu können, wenn sie sich – etwa als Rechtsanwälte – nur selten mit diesem Rechtsgebiet befassen.

Der Kommentar hat u. a. **folgende Neuerungen** erfahren: Am Anfang der Kommentierung jeder Vorschrift wurde ein Nachweis sämtlicher Änderungen der Vorschrift, der Gesetzesmaterialien sowie der weiterführenden Literatur aufgenommen. In der Kommentierung finden sich zahlreiche Muster (etwa für Verfügungen und Klageanträge), Beispiele und Hinweise. Diese sind jeweils besonders kenntlich gemacht und sollen bei der praktischen Anwendung des GastG – sowohl für Behörden als auch Rechtsanwälte und Gaststättenbetreiber – hilfreich sein. Für die Neuauflage wurden die §§ 2 bis 15 und 25 GastG neu erläutert. Im Übrigen wurde die Kommentierung gesichtet, überarbeitet, umfangreich ergänzt und auf neuesten Stand gebracht. Der Anhang mit den Bundes- und Landesvorschriften wurde komplett neu erstellt.

Die **Änderungen und Fortentwicklungen des Gaststättenrechts** seit der im Jahr 1995 erschienenen Vorauflage sind beträchtlich. Vor allem in der 14. Legislaturperiode des Bundestags wurden mit dem Erlass des Prostitutionsgesetzes, der Ergänzung des § 4 GastG durch das Gesetz zur Gleichstellung behinderter Menschen und zur Änderung anderer

Vorwort

Gesetze vom 27. April 2002 und der Ergänzung des § 6 GastG wesentliche Änderungen vorgenommen. Darüber hinaus wurden u. a. § 2 Abs. 2, § 10, § 25 und § 28 GastG geändert. Die für den Vollzug des GastG wesentliche GewO erfuhr vor allem durch das Dritte Gesetz zur Änderung der Gewerbeordnung und sonstiger gewerberechtlicher Vorschriften vom 24. August 2002 wichtige Änderungen. Zu berücksichtigen waren auch die Neufassungen der TA Lärm (1998) und der TA Luft (2002) sowie der Wegfall der VDI-Richtlinie 2058 Blatt 1. In der Rechtsprechung war der Schwerpunkt der letzten Jahre vor allem im Bereich des Nachbarschutzes und des § 18 GastG. Hier zeigt sich das Konfliktpotenzial der Gaststätten, die sich immer mehr in einem Zwiespalt zwischen zunehmender Kommerzialisierung (Stichwort Erlebnisgastronomie), wirtschaftlicher Rezension und Interessen der Anwohner (Stichwort Sperrzeit) sehen. Hier wird den am Verfahren Beteiligten in Zukunft einige Kompromissbereitschaft abverlangt werden und der Gaststättenbehörde eine Vermittlungsfunktion zukommen. Wegen ihrer Bedeutung wurden auch die Bezüge zum Europarecht aufgenommen, soweit sie im Bereich des GastR zu beachten sind.

Rechtsprechung, Literatur und **Gesetzesänderungen** wurden durchgängig **bis 31. Dezember 2002** und – so weit möglich – auch noch später berücksichtigt. Die in der Kommentierung enthaltenen Muster wurden nach bestem Wissen erstellt, dennoch kann weder vom Autor noch vom Verlag eine Gewähr für deren vollständige Richtigkeit übernommen werden, vielmehr sind sie auf Richtigkeit für den jeweiligen Einzelfall zu prüfen.

Meiner Ehefrau *Stefanie Braner-Pöltl*, Stadtoberrechtsrätin bei der Stadt Mannheim, und meinem Sohn *Dominic* danke ich für die Unterstützung und ihr Verständnis im Zusammenhang mit meinen Arbeiten an dieser Neuauflage des Kommentars. Ich weiß, dass dies einige Geduld verlangt hat.

Ich würde mich freuen, wenn diese Neuauflage ihre Zielsetzung erreicht und den mit dem Gaststättenrecht befassten Personen bei ihrer Tätigkeit von Nutzen ist. Anregungen und Kritik der Leserschaft sind jederzeit willkommen. Ich bitte sie an den Verlag zu richten.

Schwetzingen, im März 2003 *René Pöltl*

Inhaltsverzeichnis

Vorwort V
Abkürzungsverzeichnis XIII

Gaststättengesetz
– Gesetzestext –   1

Gaststättengesetz
– Kommentar –

Vor § 1	Allgemeines zum Gaststättenrecht	23
§ 1	Gaststättengewerbe	37
§ 2	Erlaubnis	63
§ 3	Inhalt der Erlaubnis	115
§ 4	Versagungsgründe	170
§ 5	Auflagen	309
§ 6	Ausschank alkoholfreier Getränke	340
§ 7	Nebenleistungen	349
§ 8	Erlöschen der Erlaubnis	367
§ 9	Stellvertretungserlaubnis	380
§ 10	Weiterführung des Gewerbes	398
§ 11	Vorläufige Erlaubnis und vorläufige Stellvertretungserlaubnis	408
§ 12	Gestattung	427
§ 13	Gaststätten ohne gewerbliche Niederlassung	451
§ 14	Straußwirtschaften	457
§ 15	Rücknahme und Widerruf der Erlaubnis	465
§ 16	*(weggefallen)*	501
§ 17	*(weggefallen)*	505

Inhaltsverzeichnis

§ 18	Sperrzeit.	506
§ 19	Verbot des Ausschanks alkoholischer Getränke	546
§ 20	Allgemeine Verbote	549
§ 21	Beschäftigte Personen	557
§ 22	Auskunft und Nachschau	566
§ 23	Vereine und Gesellschaften.	572
§ 24	Realgewerbeberechtigung.	577
§ 25	Anwendungsbereich	580
§ 26	Sonderregelung.	591
§ 27	*(weggefallen)*	595
§ 28	Ordnungswidrigkeiten.	598
§ 29	Allgemeine Verwaltungsvorschriften	608
§ 30	Zuständigkeit und Verfahren	611
§ 31	Anwendbarkeit der Gewerbeordnung	612
§ 32	*(weggefallen)*	615
§ 33	Aufgehobene Vorschriften	616
§ 34	Übergangsvorschriften	618
§ 35	Bezugnahme auf Vorschriften	621
§ 36	Änderung des Bundesfernstraßengesetzes.	622
§ 37	*(weggefallen)*	624
§ 38	Inkrafttreten.	626

Anhang
Vorschriften des Bundes und der Länder

Anhang I
Vorschriften Länder zum GastG

1. Baden-Württemberg
   Verordnung der Landesregierung zur Ausführung des
   Gaststättengesetzes in der Fassung
   vom 18. Februar 1991 629
2. Bayern
   a) Verordnung zur Ausführung des Gaststättengesetzes
      vom 22. Juli 1986 636

Inhaltsverzeichnis

    b) Verordnung über den Bau von Gast- und Beherbergungsbetrieben vom 13. August 1986 641
    c) Bayerische Biergartenverordnung vom 20. April 1999 659
3. Berlin
   Verordnung zur Auführung des Gaststättengesetzes vom 10. September 1971 661
4. Brandenburg
   a) Verordnung zur Ausführung des Gaststättengesetzes vom 30. Januar 1992 670
   b) Vcrordnung übcr die Spcrrzcit vom 30. November 1993 673
5. Bremen
   Verordnung zur Ausführung des Gaststättengesetzes vom 3. Mai 1971 675
6. Hamburg
   a) Verordnung über den Betrieb von Gaststätten vom 27. April 1971 680
   b) Verordnung über die Sperrzeit im Gaststätten- und Vergnügungsgewerbe vom 15. Dezember 1970 689
7. Hessen
   a) Verordnung über die Zuständigkeiten nach der Gewerbeordnung und dem Gaststättengesetz sowie über den Betrieb von Straußwirtschaften vom 20. Juni 2002 691
   b) Verordnung über die Sperrzeit vom 27. Juni 2001 697
8. Mecklenburg-Vorpommern
   a) Verordnung zur Ausführung des Gaststättengesetzes vom 17. Juni 1994 699
   b) Beherbergungsstättenverordnung vom 12. Februar 2002 703
9. Niedersachsen
   a) Verordnung zur Aufhebung der Verordnung zur Durchführung des Gaststättengesetzes vom 14. Juni 1993 709

Inhaltsverzeichnis

     b) Verordnung über die Festsetzung der Sperrzeit für Schank- und Speisewirtschaften sowie für öffentliche Vergnügungsstätten vom 8. Juni 1971.................................. 710
10. Nordrhein-Westfalen
 Verordnung zur Ausführung des Gaststättengesetzes vom 28. Januar 1997............................. 713
11. Rheinland-Pfalz
 Verordnung zur Ausführung des Gaststättengesetzes vom 2. Dezember 1971............................ 716
12. Saarland
 Verordnung zur Ausführung des Gaststättengesetzes vom 27. April 1971................................ 728
13. Sachsen
 Verordnung der Sächsischen Landesregierung zur Ausführung des Gaststättengesetzes vom 16. Juni 1992.................................... 734
14. Sachsen-Anhalt
 a) Gaststättenverordnung vom 15. Oktober 1994 739
 b) Verordnung über die Festsetzung der Sperrzeit für Schank- und Speisewirtschaften sowie für öffentliche Vergnügungsstätten vom 21. Oktober 1991............................ 743
15. Schleswig-Holstein
 a) Landesverordnung zur Ausführung des Gaststättengesetzes vom 3. Mai 1971........................ 745
 b) Landesverordnung zur Bestimmung der für die Ausführung des Gaststättengesetzes zuständigen Behörden vom 4. Mai 1971................................ 755
16. Thüringen
 Thüringer Verordnung zur Ausführung des Gaststättengesetzes vom 9. Januar 1992....................... 758

Inhaltsverzeichnis

Anhang II
Gaststättenrechtliche Vorschriften des Bundes

1.	Gewerbeordnung (Auszug)	765
2.	Prostitutionsgesetz	796
3.	Allgemeine Verwaltungsvorschrift über den Unterrichtungsnachweis	797

Anhang III
Sonstige Vorschriften

1.	Baugesetzbuch (Auszug)	802
2.	Baunutzungsverordnung (Auszug)	810
3.	Behindertengleichstellungsgesetz (Auszug)	823
4.	Bundes-Immissionsschutzgesetz (Auszug)	827
5.	Bundesfernstraßengesetz (Auszug)	831

Stichwortverzeichnis 833

Abkürzungsverzeichnis

Teilweise werden vor allem in den Ländervorschriften
unterschiedliche Abkürzungen gebraucht.

aA	anderer Auffassung/Ansicht
aaO	am angegebenen Ort
ABl.	Amtsblatt
Abs.	Absatz, Absätze
Achterberg u. a.	Achterberg/Püttner/Würtenberger (Hrsg), Besonderes Verwaltungsrecht, Band I, 2. Aufl. 2000
AcP	Archiv für die civilistische Praxis
ÄndG	Änderungsgesetz
a. F.	alte Fassung
AG	Amtsgericht, Aktiengesellschaft
AgrarR	Agrarrecht, Zeitschrift für das gesamt Recht der Landwirtschaft, der Agrarwirtschaft und des ländlichen Raums
AHGZ/DHN	Allgemeine Hotel- und Gaststättenzeitung/Deutsche Hotelnachrichten mit Küche und Keller
Alt.	Alternative(n)
Anm.	Anmerkung(en)
AnwHb VerwR	Johlen/Oerder (Hrsg), Münchener Anwalts-Handbuch Verwaltungsrecht, 1. Aufl. 2002
AnwPrax VerwR	Fricke/Ott, Verwaltungsrecht in der anwaltlichen Praxis, 1. Aufl. 1999
AöR	Archiv des öffentlichen Rechts (Zeitschrift)
ArbStättV	Arbeitsstättenverordnung vom 20. März 1975 (BGBl. I S. 729), zuletzt geändert durch Art. 7 der VO vom 27. September 2002 (BGBl. I S. 3777, 3815)
ArbZG	Arbeitszeitgesetz vom 6. Juni 1994 (BGBl I S. 1170), zuletzt geändert durch Gesetz vom 21. Dezember 2000 (BGBl I S. 1983)

Abkürzungsverzeichnis

AS	Amtliche Sammlung der Entscheidungen der OVG RP und Saarland
Aßfalg/Lehle/ Rapp/Schwab	Aßfalg/Lehle/Rapp/Schwab, Aktuelles Gaststättenrecht, Stand: 61. Lfg., Januar 2003
Aufl.	Auflage
AuslR	Ausländerrecht
AVO	Ausführungsverordnung
BAnz.	Bundesanzeiger
Baumeister	Baumeister, Zeitschrift für Architektur
BauGB	Baugesetzbuch in der Fassung der Bekanntmachung vom 27. August 1997 (BGBl. I S. 2141, ber. BGBl. 1998 I S. 137), zuletzt geändert durch Gesetz vom 15. Dezember 2001 (BGBl. I S. 3762)
BauO LSA	Bauordnung Sachsen-Anhalt vom 9. Februar 2001 (GVBl. S. 50)
BauR	Zeitschrift für das gesamte öffentliche und zivile Baurecht
BaWüVBl.	Baden-Württembergisches Verwaltungsblatt (Zeitschrift)
BayBO	Bauordnung für das Land Bayern – Landesbauordnung – in der Fassung vom 4. August 1997 (GVBl. S. 434; ber. 1998, S. 270), geändert durch Gesetz vom 24. Juli 1998 (GVBl. S. 439)
BayBS	Bereinigte Sammlung des bayerischen Landesrechts
BayVGH	Verwaltungsgerichtshof Bayern
BayObLG	Bayerisches Oberstes Landesgericht
BayObLGSt.	Sammlung von Entscheidungen des Bayerischen Obersten Landesgerichts in Strafsachen
BayVBl.	Bayerische Verwaltungsblätter (Zeitschrift)
BayVGH	Sammlung von Entscheidungen des Bayerischen Verwaltungsgerichtshofs
BayWVMBl.	Amtsblatt des Bayers. Staatsministeriums für Wirtschaft und Verkehr
BB	Der Beriebs-Berater (Zeitschrift)
BBahnG	Bundesbahngesetz

Abkürzungsverzeichnis

BbgVStättV	Verordnung über den Bau und Betrieb von Versammlungsstätten im Land Brandenburg (Brandenburgische Versammlungsstättenverordnung) vom 26. August 2002 (GVBl. S. 511)
Bd.	Band
ber.	berichtigt
BetrSichV	Betriebssicherheitsverordnung vom 27. September 2002 (BGBl. I S. 3777)
BGB	Bürgerliches Gesetzbuch
BGBl.	Bundesgesetzblatt
BGH	Bundesgerichtshof
BGHZ	Entscheidungen des BGH in Zivilsachen
BImSchG	Bundes-Immissionsschutzgesetz in der Fassung der Bekanntmachung vom 26. September 2002 (BGBl. I S. 3830)
BImSchV	Verordnung zur Durchführung des Bundes-Immissionsschutzgesetzes
BtMG	Gesetz über den Verkehr mit Betäubungsmitteln (Betäubungsmittelgesetz – BtMG) in der Fassung der Bekanntmachung vom 1. März 1994 (BGBl. I S. 358), zuletzt geändert durch Gesetz vom 26. Juni 2002 (BGBl. I S. 2261)
BR	Bundesrat
BReg	Bundesregierung
BstättVO M-V	Beherbergungsstättenverordnung Mecklenburg-Vorpommern von 12. Februar 2002 (GVBl. S. 119)
BT	Bundestag
BT-Ds	Bundestagsdrucksache
BVerfG	Bundesverfassungsgericht
BVerfGE	Entscheidungen des Bundesverfassungsgerichts
BVerwG	Bundesverwaltungsgericht
BVerwGE	Entscheidungen des Bundesverwaltungsgerichts
BW	Baden-Württemberg
BWGZ	Die Gemeinde (Zeitschrift)
BWVP	Baden-Württembergische Verwaltungspraxis (Zeitschrift)

Abkürzungsverzeichnis

BZRG	Gesetz über das Zentralregister und das Erziehungsregister (Bundeszentralregistergesetz – BZRG) in der Fassung der Bekanntmachung vom 21. September 1984 (BGBl. I S. 1229, ber. 1985 I S. 195), zuletzt geändert durch Gesetz vom 23. April 2002 (BGBl. I S. 1406)
DB	Der Betrieb (Zeitschrift)
DEHOGA	Deutscher Hotel- und Gaststättenverband e.V.
ders.	derselbe
d.h.	das heißt
dies.	dieselben
diff.	differenzierend
DIN	(Verbandszeichen des Deutschen Normenausschusses)
Diss.	Dissertation
DÖV	Die Öffentliche Verwaltung (Zeitschrift)
DVBl.	Deutsches Verwaltungsblatt (Zeitschrift)
DVO	Durchführungsverordnung
eG	eingetragene Genossenschaft
EHG	Gesetz über die Berufsausübung im Einzelhandel
EGV	Vertrag zur Gründung der Europäischen Gemeinschaft vom 25. März 1957 (BGBl. II S. 766) in der Fassung des Vertrags über die Europäische Union vom 7. Februar 1992 (BGBl. II S. 1253/1256), zuletzt geändert durch den Amsterdamer Vertrag vom 2. Oktober 1997 (BGBl. 1998 II S. 387, ber. BGBl. 1999 II S. 416)
Erbs/Kohlhaas	Erbs/Kohlhaas, Strafrechtliche Nebengesetze, Stand: 146. Lfg., Mai 2002
ESVGH	Entscheidungssammlung des Hessischen Verwaltungsgerichtshofs und des Verwaltungsgerichtshofs Baden-Württemberg mit Entscheidungen der Staatsgerichtshöfe beider Länder
EU	Europäische Union
EuGH	Europäischer Gerichtshof

Abkürzungsverzeichnis

EuZW	Europäische Zeitschrift für Wirtschaftsrecht
EVertr	Vertrag zwischen der Bundesrepublik Deutschland und der Deutschen Demokratischen Republik über die Herstellung der Einheit Deutschlands – Einigungsvertrag – vom 31. August 1990 (BGBl. I S. 889)
EWG	Europäische Wirtschaftsgemeinschaft
F.	Fassung
Frotscher, WiVwR	Frotscher, Wirtschaftsverfassungs- und Wirtschaftsverwaltungsrecht, 3. Aufl. 1999
FStrG	Bundesfernstraßengesetz in der Fassung der Bekanntmachung vom 20. Februar 2003 (BGBl. I S. 286), zuletzt geändert durch Gesetz vom 11. Oktober 2002 (BGBl. I S. 4015)
GABl.	Gemeinsames Amtsblatt der Ministerien und der Regierungspräsidien des Landes Baden-Württemberg
GastG	Gaststättengesetz in der Fassung der Bekanntmachung vom 20. November 1998 (BGBl. I S. 3418), zuletzt geändert durch Art. 2 des Dritten Gesetzes zur Änderung der Gewerbeordnung und sonstiger gewerberechtlicher Vorschriften vom 24. August 2002 (BGBl. I S. 3412, 3420)
GastR	Gaststättenrecht
GastV	Gaststättenverordnung
GBl.	Gesetzblatt
GbR	Gesellschaft des bürgerlichen Rechts
GemO BW	Gemeindeordnung für Baden-Württemberg (Gemeindeordnung) in der Fassung vom 24. Juli 2000 (GBl. S. 582, ber. S. 698), geändert durch Gesetz vom 19. Dezember 2000 (GBl. S. 745)
GewArch	Gewerbearchiv, Zeitschrift für Gewerbe- und Wirtschaftsverwaltungsrecht
GewG DDR	Gewerbegesetz der Deutschen Demokratischen Republik vom 13. März 1990 (GBl. I S. 138)

Abkürzungsverzeichnis

GewO	Gewerbeordnung in der Fassung der Bekanntmachung vom 22. Februar 1999 (BGBl. I S. 202), zuletzt geändert durch Gesetz vom 24. August 2002 (BGBl. I S. 3412)
GG	Grundgesetz
ggf.	gegebenenfalls
GmbH	Gesellschaft mit beschränkter Haftung
GmbHG	Gesetz betreffend die Gesellschschaften mit beschränkter Haftung
GMBl.	Gemeinsames Ministerialblatt, herausgegeben vom Bundesministerium des Innern
GmSOGB	Gemeinsamer Senat der Obersten Gerichtshöfe des Bundes
GVBl.	Gesetz- und Verordnungsblatt
GVOBl.	Gesetz- und Verordnungsblatt
HandwO	Gesetz zur Ordnung des Handwerks in der Fassung der Bekanntmachung vom 24. September 1998 (BGBl. I S. 3074), zuletzt geändert durch Gesetz vom 10. November 2001 (BGBl. I S. 2992)
HBO	Hessische Bauordnung vom 18. Juni 2002 (GVBl. S. 274)
HeimG	Heimgesetz in der Fassung der Bekanntmachung vom 5. November 2001 (BGBl. I S. 2970)
HessVGH	Verwaltungsgerichtshof Hessen
hM	herrschende Meinung
Hrsg	Herausgeber
Hs.	Halbsatz
i. E.	im Ergebnis
IfSG	Infektionsschutzgesetz vom 20. Juli 2000 (BGBl. I S. 1045), geändert durch Gesetz vom 5. November 2001 (BGBl. I S. 2960)
i. S. d.	im Sinne des/der
i. V. m.	in Verbindung mit
Jarass, WiVwR	Hans D. Jarass, Wirtschaftsverwaltungsrecht, 3. Aufl. 1997

Abkürzungsverzeichnis

JA	Juristische Arbeitsblätter (Zeitschrift)
JArbSchG	Gesetz zum Schutze der arbeitenden Jugend (Jugendarbeitsschutzgesetz) vom 12. April 1976 (BGBl. I S. 965), zuletzt geändert durch Gesetz vom 12. Dezember 2000 (BGBl. I S. 1983)
JR	Juristische Rundschau (Zeitschrift)
Jura	Juristische Ausbildung (Zeitschrift)
juris	Juristisches Informationssystem der juris GmbH Saarbrücken
JuS	Juristische Schulung (Zeitschrift)
JuSchG	Jugendschutzgesetz vom 23. Juli 2002 (BGBl. I S. 2730). Das JuSchG tritt voraussichtlich im April 2003 in Kraft (vgl. Art. 30 Abs. 1 JuSchG)
Justiz	Die Justiz (Veröffentlichungsorgan des Justizministeriums Baden-Württemberg)
JW	Juristische Wochenschrift (Zeitschrift)
JZ	Juristenzeitung (Zeitschrift)
KG	Kammergericht, Kommanditgesellschaft
krit.	kritisch
LBO	Landesbauordnung
Lfg.	Lieferung
Lit.	Literatur
Lkr.	Landkreis
LKV	Landes- und Kommunalverwaltung (Zeitschrift)
LPartG	Gesetz über die Eingetragene Lebenspartnerschaft (Lebenspartnerschaftsgesetz) vom 16. Februar 2001 (BGBl. I. S. 267)
Ls.	Leitsatz
LVerf BW	Verfassung des Landes Baden-Württemberg vom 11. November 1953 (GBl. S. 173), zuletzt geändert durch Gesetz vom 23. Mai 2000 (GBl. S. 449)
LVwVfG	Landesverwaltungsverfahrensgesetz(e)
MDR	Monatsschrift für Deutsches Recht (Zeitschrift)
Metzner	Gaststättengesetz, Kommentar, 6. Aufl. 2002
Michel/Kienzle	Das Gaststättenrecht, Kommentar, 13. Aufl. 1999

Abkürzungsverzeichnis

MM	Mindermeinung
MuSchG	Gesetz zum Schutze der erwerbstätigen Mutter (Mutterschutzgesetz – MuSchG) in der Fassung vom 17. Januar 1997 (BGBl. I S. 22, ber. S. 293), zuletzt geändert durch Gesetz vom 23. Oktober 2001 (BGBl. I S. 2702)
MV	Verordnung über die Mitteilungen an die Finanzbehörden durch andere Behörden und öffentlich-rechtliche Rundfunkanstalten (Mitteilungsverordnung) vom 7. September 1993 (BGBl. I S. 1554), zuletzt geändert durch Art. 25 des Gesetzes vom 19. Dezember 2000 (BGBl. I S. 1790, 1804)
m. w. N.	mit weiteren Nachweisen
n. F.	neue Fassung
NJ	Neue Justiz (Zeitschrift)
NJW	Neue Juristische Wochenschrift (Zeitschrift)
Nr.	Nummer(n)
NuR	Natur und Recht (Zeitschrift)
NRW	Nordrhein-Westfalen
NVwZ	Neue Zeitschrift für Verwaltungsrecht (Zeitschrift)
NVwZ-RR	Neue Zeitschrift für Verwaltungsrecht – Rechtsprechungs-Report (Zeitschrift)
NZA	Neue Zeitschrift für Arbeitsrecht
NZM	Neue Zeitschrift für Miet- und Wohnungsrecht
OHG	Offene Handelsgesellschaft
OLG	Oberlandesgericht
OLGR	OLG-Rechtsprechung (Entscheidungssammlung, geordnet nach den einzelnen Oberlandesgerichten)
OLGZ	Entscheidungen der Oberlandesgerichte in Zivilsachen
OVG	Oberverwaltungsgericht
OVGE	Entscheidungen der Oberverwaltungsgerichte für das Land Nordrhein-Westfalen in Münster sowie für die Länder Niedersachsen und Schleswig-Holstein in Lüneburg

Abkürzungsverzeichnis

OWiG	Gesetz über Ordnungswidrigkeiten in der Fassung der Bekanntmachung vom 19. Februar 1987 (BGBl. I S. 602), zuletzt geändert durch Gesetz vom 26. Juli 2002 (BGBl. I S. 2864)
OWiR	Ordnungswidrigkeitenrecht
PrOVG	Preußisches Oberverwaltungsgericht
RdErl.	Runderlass
RdL	Recht der Landwirtschaft (Zeitschrift)
Reger	Entscheidungen der Gerichte und Verwaltungsgerichte aus dem Recht der inneren Verwaltung
RGBl.	Reichsgesetzblatt
RGZ	Entscheidungssammlung des Reichsgerichts in Zivilsachen
RiA	Recht im Amt (Zeitschrift)
Rn.	Randnummer(n)
Robinski	Severin Robinski, Gewerberecht, herausgegeben von Bernhard Sprenger-Richter, 2. Aufl. 2002
RP	Rheinland-Pfalz
Rspr	Rechtsprechung
RVerwBl.	Reichsverwaltungsblatt
S.	Seite(n), Satz, Satzes, Sätze
SachsAnh	Sachsen-Anhalt
SächsOVG	OVG Sachsen
SchlHo	Schleswig-Holstein
Schmidt, ÖWiR	Reiner Schmidt (Hrsg), Öffentliches Wirtschaftsrecht, Besonderer Teil 1, 1. Aufl. 1995
Schmidt-Aßmann	Schmidt-Aßmann (Hrsg), Besonderes Verwaltungsrecht, 11. Aufl. 1999
Seitter	Seitter, Rechtsbuch des Hoteliers und Gastwirts, 5. Aufl. 2000
Steiner, BesVwR	Steiner (Hrsg), Besonderes Verwaltungsrecht, 1. Aufl. 1999

Abkürzungsverzeichnis

StGB	Strafgesetzbuch in der Fassung der Bekanntmachung vom 13. November 1998 (BGBl. I S. 3322), zuletzt geändert durch Gesetz vom 23. Juli 2002 (BGBl. I S. 2787)
Stober, BWiVwR	Stober, Besonderes Wirtschaftsverwaltungsrecht, 12. Aufl. 2000
Stollenwerk	Stollenwerk, Praxishandbuch zur Gewerbeordnung, 2. Aufl. 2002
str	strittig, streitig
4. StRG	Viertes Strafrechtsreformgesetz
StVO	Straßenverkehrs-Ordnung vom 16. November 1970 (BGBl. I S. 1565, ber. BGBl. I 1971, S. 38), zuletzt geändert durch Gesetz vom 7. Mai 2002 (BGBl. I S. 1529)
TA Lärm	Sechste Allgemeine Verwaltungsvorschrift zum Bundes-Immissionsschutzgesetz (Technische Anleitung zum Schutz gegen Lärm) vom 26. August 1998 (GMBl. S. 503)
TA Luft	Erste Allgemeines Verwaltungsvorschrift zum Bundes-Immissionsschutzgesetz (Technische Anleitung zur Reinhaltung der Luft) vom 24. Juli 2002 (GMBl. S. 511 = Beilage Nr. IV/2002 zu Heft 10/2002 der NVwZ)
ThürOVG	OVG Thüringen
ThürVBl.	Thüringer Verwaltungsblätter (Zeitschrift)
u.	und
UmwG	Umwandlungsgesetz vom 28. Oktober 1994 (BGBl. I S. 3210, ber. 1995 I S. 428), zuletzt geändert durch Gesetz vom 23. März 2002 (BGBl. I S. 1163)
UPR	Umwelt- und Planungsrecht (Zeitschrift)
UWG	Gesetz gegen den unlauteren Wettbewerb vom 7. Juni 1909 (RGBl. S. 499), zuletzt geändert durch Gesetz vom 23. Juli 2002 (BGBl. I S. 2850)

Abkürzungsverzeichnis

VA	Verwaltungsakt(s)
VDI	Verein Deutscher Ingenieure
VerwArch	Verwaltungsarchiv (Zeitschrift)
Verwaltung	Die Verwaltung (Zeitschrift)
VG	Verwaltungsgericht
VGH	Verwaltungsgerichtshof
VGHBW-Ls	Rechtsprechungsdienst des VGH BW (Beilage zu VBlBW)
vgl.	vergleiche
VO	Verordnung
Voraufl.	Vorauflage
VR	Verwaltungsrundschau (Zeitschrift)
VStättVO NRW	Verordnung über den Bau und Betrieb von Versammlungsstätten und Beherbergungsstätten des Landes Nordrhein-Westfalen vom 20. September 2002 (GVBl. S. 454)
VwGO	Verwaltungsgerichtsordnung in der Fassung der Bekanntmachung vom 19. März 1991 (BGBl. I S. 686), zuletzt geändert durch Gesetz vom 20. Dezember 2001 (BGBl. I S. 3987)
VR	Verwaltungsrundschau (Zeitschrift)
VwV	Verwaltungsvorschrift
VwVGastG	Verwaltungsvorschrift zum Gaststättengesetz
VwVfG	Verwaltungsverfahrensgesetz in der Fassung der Bekanntmachung vom 23. Januar 2003 (BGBl. I S. 102)
VwVG	Verwaltungs-Vollstreckungsgesetz vom 27. April 1953 (BGBl. I S. 157), zuletzt geändert durch Gesetz vom 17. Dezember 1997 (BGBl. I S. 3039)
WEG	Gesetz über das Wohnungseigentum und das Dauerwohnrecht (Wohnungseigentumgesetz) vom 15. März 1951 (BGBl. I S. 175, ber. S. 209), zuletzt geändert durch Gesetz vom 23. Juli 2002 (BGBl. I S. 2850)

Abkürzungsverzeichnis

WHG	Wasserhaushaltsgesetz in der Fassung der Bekanntmachung vom 12. November 1996 (BGBl. I S. 1695), zuletzt geändert durch Gesetz vom 9. September 2001 (BGBl. I S. 2331)
WiVerw	Wirtschaft und Verwaltung, Vierteljahresbeilage zum Gewerbearchiv (Zeitschrift)
WM	Wertpapier-Mitteilungen, Zeitschrift für Wirtschafts- und Bankrecht
ZfBR	Zeitschrift für deutsches und internationales Bau- und Vergaberecht
ZFSH/SGB	Sozialrecht in Deutschland und Europa (Zeitschrift)
ZIP	Zeitschrift für Wirtschaftsrecht
zit.	zitiert
ZPO	Zivilprozessordnung in der Fassung der Bekanntmachung vom 12. September 1950 (BGBl. I S. 533), zuletzt geändert durch Gesetz vom 23. Juli 2002 (BGBl. I S. 2850)
zust.	zustimmend(er)
zw	zweifelhaft

Gaststättengesetz
– Gesetzestext –

in der Fassung der Bekanntmachung vom 20. 11. 1998 (BGBl. I S. 3418)[1], geändert durch Art. 137 der Siebenten Zuständigkeitsanpassungs-Verordnung vom 29. 10. 2001 (BGBl. I S. 2785, 2812), Art. 16 des Gesetzes zur Umstellung von Gesetzen und Verordnungen im Zuständigkeitsbereich des Bundesministeriums für Wirtschaft und Technologie sowie des Bundesministeriums für Bildung und Forschung auf Euro (Neuntes Euro-Einführungsgesetz) vom 10. 11. 2001 (BGBl. I S. 2992, 2997), Art. 1 des Gesetzes zur Änderung des Gaststättengesetzes und der Gewerbeordnung vom 13. 12. 2001 (BGBl. I S. 3584), Art. 41 des Gesetzes zur Gleichstellung behinderter Menschen und zur Änderung anderer Gesetze vom 27. 4. 2002 (BGBl. I S. 1467, 1477) und Art. 2 des Dritten Gesetzes zur Änderung der Gewerbeordnung und sonstiger gewerberechtlicher Vorschriften vom 24. 8. 2002 (BGBl. I S. 3412, 3420).

---

[1] Bekanntmachung der Neufassung des Gaststättengesetzes vom 5. 5. 1970 (BGBl. I S. 465, ber. S. 1298), geändert durch Art. 180 des Einführungsgesetzes zum Strafgesetzbuch (EGStGB) vom 2. 3. 1974 (BGBl. I S. 469, 589), § 69 Abs. 2 des Gesetzes zum Schutz vor schädlichen Umwelteinwirkungen durch Luftverunreinigungen, Geräusche, Erschütterungen und ähnliche Vorgänge (Bundes-Immissionsschutzgesetz – BImSchG) vom 15. 3. 1974 (BGBl. I S. 721, 740), Art. 5 Abs. 2 des Gesetzes zur Änderung des Titels IV und anderer Vorschriften der Gewerbeordnung vom 5. 7. 1976 (BGBl. I S. 1773, 1777), Art. 2 des Zweiten Rechtsbereinigungsgesetzes vom 16. 12. 1986 (BGBl. I S. 2441), Art. 6 Abs. 74 des Gesetzes zur Neuordnung des Eisenbahnwesens (Eisenbahnneuordnungsgesetz – ENeuOG) vom 27. 12. 1993 (BGBl. I S. 2378, 2413), Art. 6 des Gesetzes zur Vereinheitlichung und Flexibilisierung des Arbeitszeitrechts (Arbeitszeitrechtsgesetz – ArbZRG) vom 6. 6. 1994 (BGBl. I S. 1170, 1178), Art. 12 Abs. 58 des Gesetzes zur Neuordnung des Postwesens und der Telekommunikation (Postneuordnungsgesetz – PTNeuOG) vom 14. 9. 1994 (BGBl. I S. 2325, 2391), Art. 3 des Gesetzes zur Änderung der Gewerbeordnung und sonstiger gewerberechtlicher Vorschriften vom 23. 11. 1994 (BGBl. I S. 3475, 3484), § 14 Abs. 7 des Allgemeinen Magnetschwebebahngesetzes (AMbG) vom 19. 7. 1996 (BGBl. I S. 1019, 1022) und Art. 2 des Zweiten Gesetzes zur Änderung der Gewerbeordnung und sonstiger gewerberechtlicher Vorschriften vom 16. 6. 1998 (BGBl. I S. 1291, 1296).

§ 1
Gaststättengewerbe

(1) Ein Gaststättengewerbe im Sinne dieses Gesetzes betreibt, wer im stehenden Gewerbe
1. Getränke zum Verzehr an Ort und Stelle verabreicht (Schankwirtschaft),
2. zubereitete Speisen zum Verzehr an Ort und Stelle verabreicht (Speisewirtschaft) oder
3. Gäste beherbergt (Beherbergungsbetrieb),

wenn der Betrieb jedermann oder bestimmten Personen zugänglich ist.

(2) Ein Gaststättengewerbe im Sinne dieses Gesetzes betreibt ferner, wer als selbständiger Gewerbetreibender im Reisegewerbe von einer für die Dauer der Veranstaltung ortsfesten Betriebsstätte aus Getränke oder zubereitete Speisen zum Verzehr an Ort und Stelle verabreicht, wenn der Betrieb jedermann oder bestimmten Personenkreisen zugänglich ist.

§ 2
Erlaubnis

(1) Wer ein Gaststättengewerbe betreiben will, bedarf der Erlaubnis. Die Erlaubnis kann auch nichtrechtsfähigen Vereinen erteilt werden.

(2) Der Erlaubnis bedarf nicht, wer
1. Milch, Milcherzeugnisse oder alkoholfreie Milchmischgetränke verabreicht,
2. unentgeltliche Kostproben verabreicht,
3. alkoholfreie Getränke aus Automaten verabreicht.

(3) Der Erlaubnis bedarf ferner nicht, wer, ohne Sitzgelegenheit bereitzustellen, in räumlicher Verbindung mit seinem Ladengeschäft des Lebensmitteleinzelhandels oder des Lebensmittelhandwerks während der Ladenöffnungszeiten alkoholfreie Getränke oder zubereitete Speisen verabreicht.

(4) Für einen Beherbergungsbetrieb bedarf es der Erlaubnis nicht, wenn der Betrieb darauf eingerichtet ist, nicht mehr als acht Gäste gleichzeitig zu beherbergen; in solchen Betrieben ist das Verabreichen von Getränken und zubereiteten Speisen an Hausgäste erlaubnisfrei. Satz 1 gilt nicht, wenn der Beherbergungsbetrieb in Verbindung mit einer erlaubnisbedürftigen Schank- oder Speisewirtschaft ausgeübt wird.

§ 3
Inhalt der Erlaubnis

(1) Die Erlaubnis ist für eine bestimmte Betriebsart und für bestimmte Räume zu erteilen. Die Betriebsart ist in der Erlaubnisurkunde zu bezeichnen; sie bestimmt sich nach der Art und Weise der Betriebsgestaltung, insbesondere nach den Betriebszeiten und der Art der Getränke, der zubereiteten Speisen, der Beherbergung oder der Darbietungen.

(2) Die Erlaubnis darf auf Zeit erteilt werden, so weit dieses Gesetz es zuläßt oder der Antragsteller es beantragt.

(3) Die Erlaubnis zum Ausschank alkoholischer Getränke schließt die Erlaubnis zum Ausschank alkoholfreier Getränke ein.

§ 4
Versagungsgründe

(1) Die Erlaubnis ist zu versagen, wenn

1. Tatsachen die Annahme rechtfertigen, daß der Antragsteller die für den Gewerbebetrieb erforderliche Zuverlässigkeit nicht besitzt, insbesondere dem Trunke ergeben ist oder befürchten läßt, daß er Unerfahrene, Leichtsinnige oder Willensschwache ausbeuten wird oder dem Alkoholmißbrauch, verbotenem Glückspiel, der Hehlerei oder der Unsittlichkeit Vorschub leisten wird oder die Vorschriften des Gesundheits- oder Lebensmittelrechts, des Arbeits- oder Jugendschutzes nicht einhalten wird,

GastG § 4

2. die zum Betrieb des Gewerbes oder zum Aufenthalt der Beschäftigten bestimmten Räume wegen ihrer Lage, Beschaffenheit, Ausstattung oder Einteilung für den Betrieb nicht geeignet sind, insbesondere den notwendigen Anforderungen zum Schutze der Gäste und der Beschäftigten gegen Gefahren für Leben, Gesundheit oder Sittlichkeit oder den sonst zur Aufrechterhaltung der öffentlichen Sicherheit oder Ordnung notwendigen Anforderungen nicht genügen oder

2a. die zum Betrieb des Gewerbes für Gäste bestimmten Räume von behinderten Menschen nicht barrierefrei genutzt werden können, soweit diese Räume in einem Gebäude liegen, für das nach dem 1. November 2002 eine Baugenehmigung für die erstmalige Errichtung, für einen wesentlichen Umbau oder eine wesentliche Erweiterung erteilt wurde oder das, für den Fall, dass eine Baugenehmigung nicht erforderlich ist, nach dem 1. Mai 2002 fertig gestellt oder wesentlich umgebaut wurde,

3. der Gewerbebetrieb im Hinblick auf seine örtliche Lage oder auf die Verwendung der Räume dem öffentlichen Interesse widerspricht, insbesondere schädliche Umwelteinwirkungen im Sinne des Bundes-Immissionsschutzgesetzes oder sonst erhebliche Nachteile, Gefahren oder Belästigungen für die Allgemeinheit befürchten läßt,

4. der Antragsteller nicht durch eine Bescheinigung einer Industrie- und Handelskammer nachweist, daß er oder sein Stellvertreter (§ 9) über die Grundzüge der für den in Aussicht genommenen Betrieb notwendigen lebensmittelrechtlichen Kenntnisse unterrichtet worden ist und mit ihnen als vertraut gelten kann.

Die Erlaubnis kann entgegen Satz 1 Nr. 2a erteilt werden, wenn eine barrierefreie Gestaltung der Räume nicht möglich ist oder nur mit unzumutbaren Aufwendungen erreicht werden kann.

(2) Wird bei juristischen Personen oder nichtrechtsfähigen Vereinen nach Erteilung der Erlaubnis eine andere Person zur Vertretung nach Gesetz, Satzung oder Gesellschaftsvertrag berufen, so ist dies unverzüglich der Erlaubnisbehörde anzuzeigen.

(3) Die Landesregierungen können zur Durchführung des Absatzes 1 Nr. 2 durch Rechtsverordnung die Mindestanforderungen bestimmen,

§ 5   GastG

die an die Lage, Beschaffenheit, Ausstattung und Einteilung der Räume im Hinblick auf die jeweilige Betriebsart und Art der zugelassenen Getränke oder Speisen zu stellen sind. Die Landesregierungen können durch Rechtsverordnung

a) zur Durchführung des Absatzes 1 Satz 1 Nr. 2a Mindestanforderungen bestimmen, die mit dem Ziel der Herstellung von Barrierefreiheit an die Lage, Beschaffenheit, Ausstattung und Einteilung der Räume zu stellen sind, und

b) zur Durchführung des Absatzes 1 Satz 2 die Voraussetzungen für das Vorliegen eines Falles der Unzumutbarkeit festlegen.

Die Landesregierungen können durch Rechtsverordnung die Ermächtigung auf oberste Landesbehörden übertragen.

§ 5
Auflagen

(1) Gewerbetreibenden, die einer Erlaubnis bedürfen, können jederzeit Auflagen zum Schutze

1. der Gäste gegen Ausbeutung und gegen Gefahren für Leben, Gesundheit oder Sittlichkeit,
2. der im Betrieb Beschäftigten gegen Gefahren für Leben, Gesundheit oder Sittlichkeit oder
3. gegen schädliche Umwelteinwirkungen im Sinne des Bundes-Immissionsschutzgesetzes und sonst gegen erhebliche Nachteile, Gefahren oder Belästigungen für die Bewohner des Betriebsgrundstücks oder der Nachbargrundstücke sowie der Allgemeinheit

erteilt werden.

(2) Gegenüber Gewerbetreibenden, die ein erlaubnisfreies Gaststättengewerbe betreiben, können Anordnungen nach Maßgabe des Absatzes 1 erlassen werden.

§ 6
Ausschank alkoholfreier Getränke

Ist der Ausschank alkoholischer Getränke gestattet, so sind auf Verlangen auch alkoholfreie Getränke zum Verzehr an Ort und Stelle zu verabreichen. Davon ist mindestens ein alkoholfreies Getränk nicht teurer zu verabreichen als das billigste alkoholische Getränk. Der Preisvergleich erfolgt hierbei auch auf der Grundlage des hochgerechneten Preises für einen Liter der betreffenden Getränke. Die Erlaubnisbehörde kann für den Ausschank aus Automaten Ausnahmen zulassen.

§ 7
Nebenleistungen

(1) Im Gaststättengewerbe dürfen der Gewerbetreibende oder Dritte auch während der Ladenschlußzeiten Zubehörwaren an Gäste abgeben und ihnen Zubehörleistungen erbringen.

(2) Der Schank- oder Speisewirt darf außerhalb der Sperrzeit zum alsbaldigen Verzehr oder Verbrauch
1. Getränke und zubereitete Speisen, die er in seinem Betrieb verabreicht,
2. Flaschenbier, alkoholfreie Getränke, Tabak- und Süßwaren

an jedermann über die Straße abgeben.

§ 8
Erlöschen der Erlaubnis

Die Erlaubnis erlischt, wenn der Inhaber den Betrieb nicht innerhalb eines Jahres nach Erteilung der Erlaubnis begonnen oder seit einem Jahr nicht mehr ausgeübt hat. Die Fristen können verlängert werden, wenn ein wichtiger Grund vorliegt.

§ 9
Stellvertretungserlaubnis

Wer ein erlaubnisbedürftiges Gaststättengewerbe durch einen Stellvertreter betreiben will, bedarf einer Stellvertretungserlaubnis; sie wird dem Erlaubnisinhaber für einen bestimmten Stellvertreter erteilt und kann befristet werden. Die Vorschriften des § 4 Abs. 1 Nr. 1 und 4 sowie des § 8 gelten entsprechend. Wird das Gewerbe nicht mehr durch den Stellvertreter betrieben, so ist dies unverzüglich der Erlaubnisbehörde anzuzeigen.

§ 10
Weiterführung des Gewerbes

Nach dem Tode des Erlaubnisinhabers darf das Gaststättengewerbe auf Grund der bisherigen Erlaubnis durch den Ehegatten, Lebenspartner oder die minderjährigen Erben während der Minderjährigkeit weitergeführt werden. Das gleiche gilt für Nachlaßverwalter, Nachlaßpfleger oder Testamentsvollstrecker bis zur Dauer von zehn Jahren nach dem Erbfall. Die in den Sätzen 1 und 2 bezeichneten Personen haben der Erlaubnisbehörde unverzüglich Anzeige zu erstatten, wenn sie den Betrieb weiterführen wollen.

§ 11
Vorläufige Erlaubnis und vorläufige Stellvertretungserlaubnis

(1) Personen, die einen erlaubnisbedürftigen Gaststättenbetrieb von einem anderen übernehmen wollen, kann die Ausübung des Gaststättengewerbes bis zur Erteilung der Erlaubnis auf Widerruf gestattet werden. Die vorläufige Erlaubnis soll nicht für eine längere Zeit als drei Monate erteilt werden; die Frist kann verlängert werden, wenn ein wichtiger Grund vorliegt.

GastG §§ 12–14

(2) Absatz 1 gilt entsprechend für die Erteilung einer vorläufigen Stellvertretungserlaubnis.

§ 12
Gestattung

(1) Aus besonderem Anlaß kann der Betrieb eines erlaubnisbedürftigen Gaststättengewerbes unter erleichterten Voraussetzungen vorübergehend auf Widerruf gestattet werden.

(2) *(weggefallen)*

(3) Dem Gewerbebetreibenden können jederzeit Auflagen erteilt werden.

§ 13
Gaststätten ohne gewerbliche Niederlassung

(1) Auf die in § 1 Abs. 2 genannten Tätigkeiten findet Titel III der Gewerbeordnung keine Anwendung, auch soweit es sich um Personen handelt, die das Reisegewerbe nicht selbständig betreiben.

(2) An der Betriebsstätte muß in einer für jedermann erkennbaren Weise der Name des Gewerbetreibenden mit mindestens einem ausgeschriebenen Vornamen angegeben sein.

§ 14
Straußwirtschaften

Die Landesregierungen können durch Rechtsverordnungen zur Erleichterung des Absatzes selbsterzeugten Weines oder Apfelweines bestimmen, daß der Ausschank dieser Getränke und im Zusammenhang hiermit das Verabreichen von zubereiteten Speisen zum Verzehr an Ort und Stelle für die Dauer von höchstens vier Monaten oder, soweit dies bisher nach Landesrecht zulässig war, von höchstens sechs Monaten, und zwar zusammenhängend oder in zwei Zeitabschnitten im Jahre, keiner Erlaubnis bedarf. Sie können hierbei Vorschriften über

1. die persönlichen und räumlichen Voraussetzungen für den Ausschank sowie über Menge und Jahrgang des zum Ausschank bestimmten Weines oder Apfelweines,
2. das Verabreichen von Speisen zum Verzehr an Ort und Stelle,
3. die Art der Betriebsführung

erlassen. Die Landesregierungen können durch Rechtsverordnung die Ermächtigung auf oberste Landesbehörden oder andere Behörden übertragen.

§ 15
Rücknahme und Widerruf der Erlaubnis

(1) Die Erlaubnis zum Betrieb eines Gaststättengewerbes ist zurückzunehmen, wenn bekannt wird, daß bei ihrer Erteilung Versagungsgründe nach § 4 Abs. 1 Nr. 1 vorlagen.

(2) Die Erlaubnis ist zu widerrufen, wenn nachträglich Tatsachen eintreten, die die Versagung der Erlaubnis nach § 4 Abs. 1 Nr. 1 rechtfertigen würden.

(3) Sie kann widerrufen werden, wenn

1. der Gewerbetreibende oder sein Stellvertreter die Betriebsart, für welche die Erlaubnis erteilt worden ist, unbefugt ändert, andere als die zugelassenen Räume zum Betrieb verwendet oder nicht zugelassene Getränke oder Speisen verabreicht oder sonstige inhaltliche Beschränkungen der Erlaubnis nicht beachtet,
2. der Gewerbetreibende oder sein Stellvertreter Auflagen nach § 5 Abs. 1 nicht innerhalb einer gesetzten Frist erfüllt,
3. der Gewerbetreibende seinen Betrieb ohne Erlaubnis durch einen Stellvertreter betreiben läßt,
4. der Gewerbetreibende oder sein Stellvertreter Personen entgegen einem nach § 21 ergangenen Verbot beschäftigt,

GastG §§ 16–19

5. der Gewerbetreibende im Fall des § 4 Abs. 2 nicht innerhalb von sechs Monaten nach der Berufung den Nachweis nach § 4 Abs. 1 Nr. 4 erbringt,
6. der Gewerbetreibende im Fall des § 9 Satz 3 nicht innerhalb von sechs Monaten nach dem Ausscheiden des Stellvertreters den Nachweis nach § 4 Abs. 1 Nr. 4 erbringt,
7. die in § 10 Satz 1 und 2 bezeichneten Personen nicht innerhalb von sechs Monaten nach der Weiterführung den Nachweis nach § 4 Abs. 1 Nr. 4 erbringen.

(4) Die Absätze 1, 2 und 3 Nr. 1, 2 und 4 gelten entsprechend für die Rücknahme und den Widerruf der Stellvertretungserlaubnis.

§§ 16 und 17
(weggefallen)

§ 18
Sperrzeit

(1) Für Schank- und Speisewirtschaften sowie für öffentliche Vergnügungsstätten ist durch Rechtsverordnung der Landesregierungen eine Sperrzeit allgemein festzusetzen. In der Rechtsverordnung ist zu bestimmen, daß die Sperrzeit bei Vorliegen eines öffentlichen Bedürfnisses oder besonderer örtlicher Verhältnisse allgemein oder für einzelne Betriebe verlängert, verkürzt oder aufgehoben werden kann. Die Landesregierungen können durch Rechtsverordnung die Ermächtigung auf oberste Landesbehörden oder andere Behörden übertragen.

(2) *(weggefallen)*

§ 19
Verbot des Ausschanks alkoholischer Getränke

Aus besonderem Anlaß kann der gewerbsmäßige Ausschank alkoholischer Getränke vorübergehend für bestimmte Zeit und für einen bestimmten örtlichen Bereich ganz oder teilweise verboten werden, wenn dies zur Aufrechterhaltung der öffentlichen Sicherheit oder Ordnung erforderlich ist.

§ 20
Allgemeine Verbote

Verboten ist,
1. Branntwein oder überwiegend branntweinhaltige Lebensmittel durch Automaten feilzuhalten,
2. in Ausübung eines Gewerbes alkoholische Getränke an erkennbar Betrunkene zu verabreichen,
3. im Gaststättengewerbe das Verabreichen von Speisen von der Bestellung von Getränken abhängig zu machen oder bei der Nichtbestellung von Getränken die Preise zu erhöhen,
4. im Gaststättengewerbe das Verabreichen alkoholfreier Getränke von der Bestellung alkoholischer Getränke abhängig zu machen oder bei der Nichtbestellung alkoholischer Getränke die Preise zu erhöhen.

§ 21
Beschäftigte Personen

(1) Die Beschäftigung einer Person in einem Gaststättenbetrieb kann dem Gewerbetreibenden untersagt werden, wenn Tatsachen die Annahme rechtfertigen, daß die Person die für ihre Tätigkeit erforderliche Zuverlässigkeit nicht besitzt.

(2) Die Landesregierungen können zur Aufrechterhaltung der Sittlichkeit oder zum Schutze der Gäste durch Rechtsverordnung Vorschriften über die Zulassung, das Verhalten und die Art der Tätigkeit sowie, soweit tarifvertragliche Regelungen nicht bestehen, die Art der Entlohnung der in Gaststättenbetrieben Beschäftigten erlassen. Die Landesregierungen können durch Rechtsverordnung die Ermächtigung auf oberste Landesbehörden übertragen.

(3) Die Vorschriften des § 26 des Jugendarbeitsschutzgesetzes bleiben unberührt.

§ 22
Auskunft und Nachschau

(1) Die Inhaber von Gaststättenbetrieben, ihre Stellvertreter und die mit der Leitung des Betriebes beauftragten Personen haben den zuständigen Behörden die für die Durchführung dieses Gesetzes und der auf Grund dieses Gesetzes erlassenen Rechtsverordnungen erforderlichen Auskünfte zu erteilen.

(2) Die von der zuständigen Behörde mit der Überwachung des Betriebes beauftragten Personen sind befugt, Grundstücke und Geschäftsräume des Auskunftspflichtigen zu betreten, dort Prüfungen und Besichtigungen vorzunehmen und in die geschäftlichen Unterlagen des Auskunftspflichtigen Einsicht zu nehmen. Der Auskunftspflichtige hat die Maßnahmen nach Satz 1 zu dulden. Das Grundrecht der Unverletzlichkeit der Wohnung (Art. 13 des Grundgesetzes) wird insoweit eingeschränkt.

(3) Der zur Erteilung einer Auskunft Verpflichtete kann die Auskunft auf solche Fragen verweigern, deren Beantwortung ihn selbst oder einen der in § 383 Abs. 1 bis 3 der Zivilprozeßordnung bezeichneten Angehörigen der Gefahr strafgerichtlicher Verfolgung oder eines Verfahrens nach dem Gesetz über Ordnungswidrigkeiten aussetzen würde.

§ 23
Vereine und Gesellschaften

(1) Die Vorschriften dieses Gesetzes über den Ausschank alkoholischer Getränke finden auch auf Vereine und Gesellschaften Anwendung, die kein Gewerbe betreiben; dies gilt nicht für den Ausschank an Arbeitnehmer dieser Vereine oder Gesellschaften.

(2) Werden in den Fällen des Absatzes 1 alkoholische Getränke in Räumen ausgeschenkt, die im Eigentum dieser Vereine oder Gesellschaften stehen oder ihnen mietweise, leihweise oder aus einem anderen Grunde überlassen und nicht Teil eines Gaststättenbetriebes sind, so finden die Vorschriften dieses Gesetzes mit Ausnahme der §§ 5, 6, 18, 22 sowie des § 28 Abs. 1 Nr. 2, 6, 11 und 12 und Abs. 2 Nr. 1 keine Anwendung. Das Bundesministerium für Wirtschaft und Technologie kann mit Zustimmung des Bundesrates durch Rechtsverordnung bestimmen, dass auch andere Vorschriften dieses Gesetzes Anwendung finden, wenn durch den Ausschank alkoholischer Getränke Gefahren für die Sittlichkeit oder für Leben oder Gesundheit der Gäste oder der Beschäftigten entstehen.

§ 24
Realgewerbeberechtigung

(1) Die Vorschriften dieses Gesetzes finden auch auf Realgewerbeberechtigungen Anwendung mit Ausnahme der Vorschriften über die Lage der Räume (§ 4 Abs. 1 Nr. 2) und über das öffentliche Interesse hinsichtlich der Verwendung der Räume (§ 4 Abs. 1 Nr. 3). Realgewerbeberechtigungen, die drei Jahre lang nicht ausgeübt worden sind, erlöschen. Die Frist kann von der Erlaubnisbehörde verlängert werden, wenn ein wichtiger Grund vorliegt.

(2) Die Länder können bestimmen, daß auch die in Absatz 1 ausgenommenen Vorschriften Anwendung finden, wenn um die Erlaubnis auf Grund einer Realgewerbeberechtigung für ein Grundstück nachgesucht wird, auf welchem die Erlaubnis auf Grund dieser Realgewerbeberechtigung bisher nicht ausgeübt wurde.

§ 25
Anwendungsbereich

(1) Auf Kantinen für Betriebsangehörige sowie auf Betreuungseinrichtungen der im Inland stationierten ausländischen Streitkräfte, der Bun-

GastG § 26

deswehr, des Bundesgrenzschutzes und der in Gemeinschaftsunterkünften untergebrachten Polizei finden die Vorschriften dieses Gesetzes keine Anwendung. Gleiches gilt für Luftfahrzeuge, Personenwagen von Eisenbahnunternehmen und anderen Schienenbahnen, Schiffe und Reisebusse, in denen anläßlich der Beförderung von Personen gastgewerbliche Leistungen erbracht werden.

(2) Auf Gewerbetreibende, die am 1. Oktober 1998 eine Bahnhofsgaststätte befugt betrieben haben, findet § 34 Abs. 1 Satz 1 entsprechende Anwendung; die in § 4 Abs. 1 Nr. 2 genannten Anforderungen an die Lage, Beschaffenheit, Ausstattung oder Einteilung der zum Betrieb des Gewerbes oder zum Aufenthalt der Beschäftigten bestimmten Räume gelten als erfüllt. § 34 Abs. 3 findet mit der Maßgabe Anwendung, dass die Anzeige nach Satz 4 innerhalb von zwölf Monaten zu erstatten ist.

§ 26
Sonderregelung

(1) Soweit in Bayern und Rheinland-Pfalz der Ausschank selbsterzeugter Getränke ohne Erlaubnis gestattet ist, bedarf es hierfür auch künftig keiner Erlaubnis. Die Landesregierungen können zur Aufrechterhaltung der öffentlichen Sicherheit oder Ordnung durch Rechtsverordnung allgemeine Voraussetzungen für den Ausschank aufstellen, insbesondere die Dauer des Ausschanks innerhalb des Jahres bestimmen und die Art der Betriebsführung regeln. Die Landesregierungen können durch Rechtsverordnung die Ermächtigung auf oberste Landesbehörden übertragen.

(2) Die in Bayern bestehenden Kommunbrauberechtigungen sowie die in Rheinland-Pfalz bestehende Berechtigung zum Ausschank selbsterzeugten Branntweins erlöschen, wenn sie seit zehn Jahren nicht mehr ausgeübt worden sind.

§ 27
(weggefallen)

§ 28
Ordnungswidrigkeiten

(1) Ordnungswidrig handelt, wer vorsätzlich oder fahrlässig
1. ohne die nach § 2 Abs. 1 erforderliche Erlaubnis Getränke oder zubereitete Speisen verabreicht oder Gäste beherbergt,
2. einer Auflage oder Anordnung nach § 5 oder einer Auflage nach § 12 Abs. 3 nicht, nicht vollständig oder nicht rechtzeitig nachkommt,
3. über den in § 7 erlaubten Umfang hinaus Waren abgibt oder Leistungen erbringt,
4. ohne die nach § 9 erforderliche Erlaubnis ein Gaststättengewerbe durch einen Stellvertreter betreibt oder in einem Gaststättengewerbe als Stellvertreter tätig ist,
5. die nach § 4 Abs. 2, § 9 Satz 3 oder § 10 Satz 3 erforderliche Anzeige nicht oder nicht unverzüglich erstattet,
5a. entgegen § 13 Abs. 2 den Namen nicht oder nicht in der vorgeschriebenen Weise angibt,
6. als Inhaber einer Schankwirtschaft, Speisewirtschaft oder öffentlichen Vergnügungsstätte duldet, daß ein Gast nach Beginn der Sperrzeit in den Betriebsräumen verweilt,
7. entgegen einem Verbot nach § 19 alkoholische Getränke verabreicht,
8. einem Verbot des § 20 Nr. 1 über das Feilhalten von Branntwein oder überwiegend branntweinhaltigen Lebensmitteln zuwiderhandelt oder entgegen dem Verbot des § 20 Nr. 3 das Verabreichen von Speisen von der Bestellung von Getränken abhängig macht oder entgegen dem Verbot des § 20 Nr. 4 das Verabreichen alkoholfreier Getränke von der Bestellung alkoholischer Getränke abhängig macht,
9. entgegen dem Verbot des § 20 Nr. 2 in Ausübung eines Gewerbes alkoholische Getränke verabreicht oder in den Fällen des § 20 Nr. 4 bei Nichtbestellung alkoholischer Getränke die Preise erhöht,

10. Personen beschäftigt, deren Beschäftigung ihm nach § 21 Abs. 1 untersagt worden ist,
11. entgegen § 22 eine Auskunft nicht, nicht richtig, nicht vollständig oder nicht rechtzeitig erteilt, den Zutritt zu den für den Betrieb benutzten Grundstücken und Räumen nicht gestattet oder die Einsicht in geschäftliche Unterlagen nicht gewährt,
12. den Vorschriften einer auf Grund der §§ 14, 18 Abs. 1 des § 21 Abs. 2 oder des § 26 Abs. 1 Satz 2 erlassenen Rechtsverordnung zuwiderhandelt, soweit die Rechtsverordnung für einen bestimmten Tatbestand auf diese Bußgeldvorschrift verweist.

(2) Ordnungswidrig handelt auch, wer
1. entgegen § 6 Satz 1 keine alkoholfreien Getränke verabreicht oder entgegen § 6 Satz 2 nicht mindestens ein alkoholfreies Getränk nicht teurer als das billigste alkoholische Getränk verabreicht,
2. *(weggefallen)*
3. *(weggefallen)*
4. als Gast in den Räumen einer Schankwirtschaft, einer Speisewirtschaft oder einer öffentlichen Vergnügungsstätte über den Beginn der Sperrzeit hinaus verweilt, obwohl der Gewerbetreibende, ein in seinem Betrieb Beschäftigter oder ein Beauftragter der zuständigen Behörde ihn ausdrücklich aufgefordert hat, sich zu entfernen.

(3) Die Ordnungswidrigkeit kann mit einer Geldbuße bis zu fünftausend Euro geahndet werden.

§ 29
Allgemeine Verwaltungsvorschriften

Das Bundesministerium für Wirtschaft und Technologie erläßt mit Zustimmung des Bundesrates die zur Durchführung dieses Gesetzes erforderlichen allgemeinen Verwaltungsvorschriften.

§ 30
Zuständigkeit und Verfahren

Die Landesregierungen oder die von ihnen bestimmten Stellen können die für die Ausführung dieses Gesetzes und der nach diesem Gesetz ergangenen Rechtsverordnungen zuständigen Behörden bestimmen; die Landesregierungen oder die von ihnen durch Rechtsverordnung bestimmten obersten Landesbehörden können ferner durch Rechtsverordnungen das Verfahren, insbesondere bei Erteilung sowie bei Rücknahme und Widerruf von Erlaubnissen und bei Untersagungen, regeln.

§ 31
Anwendbarkeit der Gewerbeordnung

Auf die den Vorschriften dieses Gesetzes unterliegenden Gewerbebetriebe finden die Vorschriften der Gewerbeordnung soweit Anwendung, als nicht in diesem Gesetz besondere Bestimmungen getroffen worden sind; die Vorschriften über den Arbeitsschutz werden durch dieses Gesetz nicht berührt.

§ 32
(weggefallen)

§ 33
Aufgehobene Vorschriften

Es werden aufgehoben:
1. das Gaststättengesetz vom 28. April 1930 (Reichsgesetzbl. I S. 146), zuletzt geändert durch das Gesetz zur Änderung des Gaststättengesetzes vom 4. August 1961 (Bundesgesetzbl. I S. 1171),
2. die Verordnung des Reichswirtschaftsministers vom 21. 6. 1930 zur Ausführung des Gaststättengesetzes (Reichsgesetzbl. I S. 191), zuletzt geändert durch Verordnung zur Änderung der Verordnung zur

GastG § 34

Durchführung des Gaststättengesetzes vom 19. Januar 1938 (Reichsgesetzbl. I S. 37),
3. die Verordnung über Speiseeiswirtschaften vom 16. Juli 1934 (Reichsgesetzbl. I S. 709),
4. die bayerische Verordnung zum Vollzug des Gaststättengesetzes vom 12. September 1931 (Bereinigte Sammlung des bayerischen Landesrechts IV S. 52),
5. die bayerische Bekanntmachung zum Vollzug des Gaststättengesetzes vom 15. September 1931 (Bereinigte Sammlung des bayerischen Landesrechts IV S. 54),
6. die bayerische Verordnung über die zeitliche Beschränkung des Ausschanks von Branntwein und des Kleinhandels mit Trinkbranntwein vom 17. Oktober 1939 (Bereinigte Sammlung des bayerischen Landesrechts IV S. 63),
7. die Verordnung des Niedersächsischen Staatsministeriums über die Speisewirtschaften vom 4. September 1947 (Niedersächsisches Gesetz- und Verordnungsblatt S. 83),
8. die hamburgische Verordnung über Speisewirtschaften vom 24. Oktober 1946 (Hamburgisches Gesetz- und Verordnungsblatt S. 115),
9. das saarländische Gesetz Nr. 387 über den Einzelhandel mit Bier in Flaschen und sonstigen Behältnissen vom 10. Juli 1953 (Amtsblatt des Saarlandes S. 524).

§ 34
Übergangsvorschriften

(1) Eine vor Inkrafttreten dieses Gesetzes erteilte Erlaubnis oder Gestattung gilt im bisherigen Umfang als Erlaubnis oder Gestattung im Sinne dieses Gesetzes.

(2) Soweit nach diesem Gesetz eine Erlaubnis erforderlich ist, gilt sie demjenigen als erteilt, der bei Inkrafttreten dieses Gesetzes ohne Erlaubnis oder Gestattung eine nach diesem Gesetz erlaubnisbedürftige Tätigkeit befugt ausübt. In den Fällen des Art. 2 Abs. 1 des Ersten Teils des Vertrages zur Regelung aus Krieg und Besatzung entstandener Fragen (Bundesgesetzbl. 1955 II S. 405) gilt die Erlaubnis auch demjenigen erteilt, der eine nach diesem Gesetz erlaubnisbedürftige Tätigkeit innerhalb eines Jahres vor Inkrafttreten des Gesetzes befugt ausgeübt

hat, ohne daß ihm die Ausübung der Tätigkeit bei Inkrafttreten des Gesetzes untersagt war.

(3) Der in Abs. 2 bezeichnete Erlaubnisinhaber oder derjenige, der eine vor Inkrafttreten dieses Gesetzes erteilte Erlaubnis nicht nachweisen kann, hat seinen Betrieb der zuständigen Behörde anzuzeigen. Die Erlaubnisbehörde bestätigt dem Gewerbetreibenden kostenfrei und schriftlich, daß er zur Ausübung seines Gewerbes berechtigt ist. Die Bestätigung muß die Betriebsart sowie die Betriebsräume bezeichnen. Wird die Anzeige nicht innerhalb von sechs Monaten nach Inkrafttreten dieses Gesetzes erstattet, so erlischt die Erlaubnis.

§ 35
Bezugnahme auf Vorschriften

Soweit in Gesetzen oder Verordnungen des Bundesrechts auf Vorschriften des Gaststättengesetzes vom 28. 4. 1930 Bezug genommen wird, beziehen sich diese Verweisungen auf die entsprechenden Vorschriften dieses Gesetzes.

§ 36
Änderung des Bundesfernstraßengesetzes

In § 15 Abs. 2 des Bundesfernstraßengesetzes in der Fassung der Bekanntmachung vom 6. 8. 1961 (Bundesgesetzbl. I S. 1741), zuletzt geändert durch das Einführungsgesetz zum Gesetz über Ordnungswidrigkeiten vom 24. 5. 1968 (Bundesgesetzbl. I S. 503), werden die Nummern 1 bis 4 durch folgende Nummern 1 bis 4 ersetzt:

1. Der Bund bedarf keiner Erlaubnis nach § 2 des Gaststättengesetzes vom 5. Mai 1970. Die Straßenbaubehörde hat eine für die Einhaltung der gewerberechtlichen Vorschriften verantwortliche Person zu bestellen.

GastG §§ 37, 38

2. Die Erlaubnis für den Pächter oder seinen Stellvertreter darf nur versagt werden, wenn die Voraussetzungen des § 4 Abs. 1 Nr. 1 des Gaststättengesetzes gegeben sind.
3. Die zuständigen Behörden ordnen die Maßnahmen nach § 120 d der Gewerbeordnung im Benehmen mit den Straßenbaubehörden an; das gleiche gilt für Maßnahmen nach den §§ 5, 15 und 16 des Gaststättengesetzes.
4. Der Bundesminister für Verkehr wird ermächtigt, die Sperrzeit für die Nebenbetriebe durch Rechtsverordnung, die der Zustimmung des Bundesrates nicht bedarf, so zu regeln, dass die jederzeitige Versorgung der Verkehrsteilnehmer gesichert ist.

§ 37
(weggefallen)

§ 38
Inkrafttreten

Dieses Gesetz tritt ein Jahr nach dem Tage der Verkündung in Kraft. Soweit Vorschriften dieses Gesetzes zum Erlaß von Rechtsverordnungen ermächtigen, treten sie mit dem Tage der Verkündung in Kraft.

Gaststättengesetz
(GastG)
– Kommentar –

in der Fassung der Bekanntmachung vom 20. November 1998,
zuletzt geändert durch Gesetz vom 24. August 2002
(BGBl. I S. 3412)

Vor § 1
Allgemeines zum Gaststättenrecht

Inhaltsübersicht

	Rn.
1. Weiterführende Literatur	1
2. Recht des Gaststättengewerbes	
a) Teil des Gewerberechts	2
b) Gastaufnahmevertrag (Zivilrecht)	
– Vertragsarten	3
– Rechtsnatur	4
– Kontrahierungszwang	5
c) Bierlieferungsvertrag (Zivilrecht)	6
3. Geschichte des GastG	
– GewO 1869, GastG 1930	7
– US-Besatzungsrecht	8
– Grundgesetz	9
– Entstehung des jetzigen GastG	10, 11
4. Zweck der Neufassung des GastG	
– Rechtszersplitterung	12
– Interessenabwägung	13
– Sicherheit und Ordnung	14
– Leben und Gesundheit	15
– Sachkundenachweis	16

	Rn.
5. Änderungen seit In-Kraft-Treten	
– 1971 bis 1998	17
– 1998 bis 2002	18
6. Wiedervereinigung	
a) Geltung des GastG	19
b) Erlaubnisse der DDR	20
c) Erlaubnisfreie Betriebe	21
7. Rechtsverordnungen, Verwaltungsvorschriften	22
8. Bundes- und Landesrecht	
– Bund	23
– Länder	24
– Verwaltungsvorschriften	25
9. Europarecht	
a) Einfluss auf das GastR	26
b) Einzelne Vertragsnormen	27
c) Niederlassungsfreiheit	
– Inländerbehandlung	28
– Sonderregelungen	29
– Rechts- und Parteifähigkeit von Gesellschaften	30
d) Dienstleistungsfreiheit	31
e) Bedürfnisprüfung	32
f) Europäisches Gewerberecht	33
10. Ausblick	34

Vor § 1 Allgemeines zum Gaststättenrecht

1. Weiterführende Literatur

1 *Calliess/Ruffert* (Hrsg), Kommentar des Vertrages über die Europäische Union und des Vertrages zur Gründung der Europäischen Gemeinschaft, 2. Aufl. 2002; *Dauses* (Hrsg), Handbuch des EU-Wirtschaftsrechts, Stand: 11. Lfg., März 2002; *Ernst* Das Gewerberecht der DDR nebst Durchführungsverordnungen, GewArch 1990, 206–207; *Fuchs* Gewerberechtliche Fragen in den fünf neuen Bundesländern, GewArch 1991, 253–256; *Gerhardt* Zu neueren Entwicklungen der so genannten Inländerdiskriminierung im Gewerberecht, GewArch 2000, 372–377; *Guckelberger* Zum methodischen Umgang mit Verwaltungsvorschriften, Verwaltung 2002, 60–89; *Jauernig* (Hrsg), Bürgerliches Gesetzbuch, 10. Aufl. 2003; *Kilian* Europäisches Wirtschaftsrecht, 1. Aufl. 1996; *Kautz* Verhaltenslenkende Verwaltungsvorschriften und ihre unterschiedliche Bindungswirkung, GewArch 2000, 230–239; *Keller* Europarecht im deutschen Verwaltungsprozess (9): Gewerbe- und Wirtschaftsrecht, Arbeitsplatzschutz, Sonn- und Feiertagsrecht, Verkehrsrecht, VBlBW 2002, 152–161; *Kempen* Die Entwicklung des allgemeinen Gewerberechts von 1996 bis 1999, NVwZ 2000, 1115–1121; *Landmann/Rohmer* Gewerbeordnung, Stand: 42. Lfg., Juli 2002; *Lutter* „Überseering" und die Folgen, BB 2003, 7–10; *Meyer-Hentschel* Das Gaststätten-Unterrichtungsverfahren: eine Zwischenbilanz nach sechs Jahren, GewArch 1977, 189–191; *Mohn* Das Gewerbe in Europa 1993 – Die Verwirklichung des Binnenmarktes im Bereich des Niederlassungsrechts, GewArch 1990, 203–206; *Palandt* Bürgerliches Gesetzbuch, 62. Aufl. 2003; *Pinegger* Aktuelle Fragen des Gewerberechts, GewArch 1999, 463–469; *Ramrath* Vertragsbeendigung bei mangelhaften Restaurantleistungen, AcP 189 (1989), 559–578; *Schwappach* (Hrsg), EU-Handbuch für die Wirtschaft, 2. Aufl. 1996; *Seifert* „Daily Mail", „Centros", „Überseering", „Inspire Art", ... und kein Ende in Sicht!, GewArch 2003, 18–20.

2. Recht des Gaststättengewerbes

a) Teil des Gewerberechts

2 Wer ein Gaststättengewerbe betreibt, hat nicht nur die allgemeinen Rechte und Pflichten des Staatsbürgers. Er unterliegt zusätzlich allen besonderen Vorschriften des öffentlichen und privaten Rechts,

Allgemeines zum Gaststättenrecht Vor § 1

die für seinen Gewerbezweig und speziell für seinen Betrieb gelten. Im Bereich des öffentlichen Rechts muss er deshalb außer Steuerrecht, Sozialversicherungsrecht, Lebensmittelrecht usw. vor allem das einschlägige Gewerberecht beachten, also insbesondere die auf ihn anwendbaren Vorschriften der Gewerbeordnung (vgl. hierzu § 31 GastG i.V.m. der GewO [Text im Anhang II 1]) sowie das GastR. Als GastR bezeichnet man das **GastG**, das ein **gewerbliches Nebengesetz** darstellt, und die zu dessen Vollzug ergangenen Rechtsverordnungen.

b) Gastaufnahmevertrag (Zivilrecht)

Wenn der Wirt einen Gast aufnimmt, so schließt er mit ihm einen **Bewirtungsvertrag** (wenn es um Speise und Trank geht) oder einen **Beherbergungsvertrag** (wenn ein Zimmer zur Verfügung gestellt wird). Der **Pensionsvertrag** ist ein Beherbergungsvertrag, bei dem außer dem Zimmer auch Verpflegung zur Verfügung gestellt wird. 3

Beide Vertragstypen (vgl. zuvor Rn. 3) sind sog. **Mischverträge**, die Elemente unterschiedlicher zivilrechtlicher Verträge in sich vereinen (vgl. *Vollkommer* in: *Jauernig* § 311 Rn. 30): Rechtsgrundlage für den **Bewirtungsvertrag** ist eine entsprechende Anwendung der Vorschriften über den Kauf- und Werkvertrag (*AG Garmisch-Partenkirchen* 23. 10. 1968, NJW 1969, 608f.; eingehend *Ramrath* AcP 189 [1989], 561–567). Der **Beherbergungsvertrag** ist ein gemischter Vertrag mit stark mietrechtlichem Einschlag (*Stadler* in: *Jauernig* § 701, Rn. 3). Für ihn gelten wichtige Bestimmungen des Mietrechts entsprechend. Daneben sind die entsprechenden Rechtsgrundlagen anderer Rechtsverhältnisse, wie Auftrag, Verwahrung, Dienst- und Werkvertrag etc., zu beachten (*BGH* 29. 3. 1978, BGHZ 71, 175, 177; 12. 5. 1980, BGHZ 77, 116, 119). 4

Mangels einschlägiger Rechtsnormen unterliegt der Gastwirt grundsätzlich, d.h. so weit nicht Ausnahmen statuiert sind, **nicht dem Kontrahierungszwang** (Zwang zum Vertragsabschluss) mit denjenigen, die seine Leistungen in Anspruch nehmen wollen (vgl. dazu eingehender § 4 Rn. 73i sowie *Pinegger* GewArch 1999, 463, 5

Vor § 1 Allgemeines zum Gaststättenrecht

469). Daher darf er, abgesehen von Notfällen, die Gäste abweisen, sofern er nicht dadurch den Tatbestand der Beleidigung oder Volksverhetzung erfüllt, die öffentliche Sicherheit und Ordnung gefährdet oder den Gast nur deshalb nicht bedienen will, weil dieser auf der Einhaltung öffentlich-rechtlicher Pflichten des Gaststätteninhabers (etwa zur Verabreichung alkoholfreier Getränke nach § 6 GastG) besteht.

c) Bierlieferungsvertrag (Zivilrecht)

6 Dem **Bierlieferungsvertrag** kommt in der Praxis eine erhebliche Bedeutung zu. Es handelt sich um einen gemischten Vertrag in der Form eines **Miet- oder Pachtvertrags mit Sukzessivlieferungsvertrag** (*Weidenkaff* in: *Palandt* Einf v § 535 Rn. 33). Zum Bierlieferungsvertrag existiert mittlerweile eine umfangreiche Kasuistik (vgl. zuletzt etwa *BGH* 25. 4. 2001, BGHZ 147, 279 = NJW 2001, 2331). Zur Vertiefung wird auf die Sammlung der Rspr bei *Paulusch/Bühler* Brauerei- und Gaststättenrecht, 10. Aufl. 2002, verwiesen.

3. Geschichte des GastG

7 Schon die **GewO vom 21. 6. 1869** hatte in ihrem § 33 den Betrieb einer Gast- oder Schankwirtschaft sowie den Kleinhandel mit Branntwein von einer behördlichen Erlaubnis abhängig gemacht. Die von ihr gebotenen Möglichkeiten zur Versagung und Rücknahme dieser Erlaubnis hatten sich aber trotz mehrfacher Verschärfung als unzureichend erwiesen. Daher war § 33 GewO durch das **GastG vom 28. 4. 1930** (RGBl. I S. 146) abgelöst worden. Dieses Spezialgesetz für das Gaststättengewerbe sollte vor allem der Bekämpfung des Alkoholmissbrauchs und dem Schutz der Jugend vor den Gefahren des Alkohols dienen. Ferner verbesserte es das bis dahin geltende Erlaubnis(verfahrens)recht und wollte zudem „einen wirtschaftlich gesunden und geachteten Wirtestand fördern" (so die amtliche Begründung zum Gesetzentwurf).

8 Nach dem Ende des Zweiten Weltkriegs galt das GastG von 1930 im britischen und französischen Besatzungsgebiet zunächst unverändert weiter. Dagegen führten in der amerikanischen Besatzungs-

Allgemeines zum Gaststättenrecht Vor § 1

zone die sog. **Gewerbefreiheitsdirektiven** der **US-Besatzungsmacht** zu einer unterschiedlichen Rechtsentwicklung: In den amerikanisch besetzten Teilen Baden-Württembergs und Bayerns entfiel vor allem die Erlaubnispflicht des § 1 GastG für den Ausschank alkoholfreier Getränke. In Hessen beschränkte sich die Erlaubnispflicht auf den Ausschank von Branntwein. In Bremen traten landesrechtliche Vorschriften mit Zuverlässigkeits- und Sachkundeprüfung an die Stelle des GastG.

Für das gesamte Bundesgebiet setzte schließlich das **GG** für die Bundesrepublik Deutschland vom 23. 5. 1949 (BGBl. S. 1) verschiedene Vorschriften des GastG von 1930 ganz oder teilweise außer Kraft. Vor allem wurde § 1 Abs. 2 GastG, der die Erteilung der Gaststättenerlaubnis von einem **Bedürfnisnachweis** abhängig machte, insoweit ungültig, als er gegen das allen Deutschen gewährte Grundrecht der Berufsfreiheit (Art. 12 GG) verstieß (vgl. etwa *Ehlers* in: *Achterberg u.a.* § 2 Rn. 203). Er galt nur noch für Ausländer, die sich nicht auf die für Deutsche geltenden Regelungen berufen konnten. 9

Besonders die Schwierigkeiten, die sich aus der unterschiedlichen Rechtslage in den einzelnen Ländern der Bundesrepublik Deutschland ergaben, hatten schon in der **2. und 4. Wahlperiode des BT** zu Entwürfen von Änderungsgesetzen zum GastG geführt. Schließlich brachte die BReg im **März 1965** gegen Ende der 4. Wahlperiode den Entwurf einer Neufassung des GastG im BT ein (BT-Ds IV/3247). Seine Verabschiedung scheiterte aber am Ablauf der Legislaturperiode. Sie gelang auch in der 5. Wahlperiode nicht (BT-Ds V/205). Vor allem die heftigen Auseinandersetzungen zu der Frage, ob der Zugang zum Gaststättengewerbe von einem Sachkundenachweis abhängig gemacht werden müsse, verhinderten den formalen Abschluss des Gesetzgebungsverfahrens. In dem auf Verlangen des BR einberufenen Vermittlungsausschuss hatte man sich allerdings materiell einigen können. 10

So brachte die Fraktion der CDU/CSU zu **Beginn der 6. Wahlperiode** im BT den Entwurf des jetzt geltenden GastG in der Fassung 11

Vor § 1 Allgemeines zum Gaststättenrecht

ein, die den Beschlüssen des Ausschusses für Wirtschaft und Mittelstandsfragen des BT vom 13. 6. 1969 (BT-Ds V/4380, die weitgehend auf die BT-Ds V/1652 Bezug nimmt) und der Empfehlung des Vermittlungsausschusses vom 16. 7. 1969 (BT-Ds V/4591) entsprach (vgl. BT-Ds VI/5, VI/322). Nach Annahme dieses Entwurfs durch den BT und nach Zustimmung des BR wurde das **neue GastG** am 5. 5. 1970 ausgefertigt und im BGBl. 1970 Teil I Nr. 41 S. 465 (Ausgabedatum 9. 5. 1970) verkündet. Gem. § 38 GastG ist es am 9. 5. 1971 in Kraft getreten. Der Gesetzestext wurde am 19. 8. 1970 berichtigt (BGBl. I S. 1298).

4. Zweck der Neufassung des GastG

12 Als Gründe für die Neufassung des GastG nennen die Gesetzesmaterialien vor allem die **Schwierigkeiten**, die sich nach dem Ende des Zweiten Weltkriegs aus **der unterschiedlichen Rechtslage** in den Bundesländern ergaben, sowie die Aufhebung verschiedener Vorschriften des alten Gesetzes durch das GG (vgl. oben Rn. 9).

13 Die Neufassung wollte im Bereich des Gaststättengewerbes bei der erforderlichen Wahrung des öffentlichen Interesses „zu einer gerechten Abwägung zwischen gewerbepolizeilichen Erwägungen einerseits und marktwirtschaftlichen Überlegungen andererseits gelangen". BT-Ds V/205, S. 12:

„Nach wie vor steht die Verhinderung des Alkoholmißbrauches auch bei der vorgeschlagenen Neufassung des Gesetzes im Vordergrund, nicht zuletzt auch wegen der Gefahren, die sich aus übermäßigem Alkoholgenuß für alle Teilnehmer am Straßenverkehr ergeben. Daneben treten aber mit nicht geringerem Gewicht Erwägungen zum Schutze der Jugend und der Familie. Die Gäste eines Gaststättenbetriebes – und die jugendlichen Gäste in erster Linie – sollen nicht nur vor den gesundheitlich schädlichen Folgen des Alkoholgenusses, sondern auch vor Ausbeutung ihres Leichtsinns und ihrer Unerfahrenheit und schließlich vor Verführung zur Unsittlichkeit geschützt werden. In den Kreis der Schutzbedürftigen gehören aber auch die Gaststättenangestellten."

Allgemeines zum Gaststättenrecht Vor § 1

Das GastG soll primär der **Aufrechterhaltung der öffentlichen Sicherheit und Ordnung** dienen. Es ist dagegen kein Instrument städtischer Niveaupflege jenseits bauplanungsrechtlicher Kategorien (vgl. *BayVGH* 20. 9. 1985, GewArch 1986, 65 f.) 14

Selbstverständlich will das GastG die Gäste und die im Betrieb Beschäftigten auch vor **sonstigen Gefahren für Leben und Gesundheit** schützen. BT-Ds V/205, S. 12, hebt vor allem hervor: „Im Interesse der Volksgesundheit müssen alle Vorkehrungen getroffen werden, um eine hygienisch saubere Betriebsführung …. sicherzustellen" (Folge: Einbeziehung des Ausschanks alkoholfreier Getränke und der Speisewirtschaften). Ferner dient das Gesetz dem **Schutz der Nachbarn** und der Allgemeinheit vor den erheblichen Nachteilen, Gefahren und Belästigungen, die von Gaststättenbetrieben ausgehen können (vor allem Lärmbekämpfung). Schließlich klärt die Neufassung verschiedene Zweifelsfragen des früheren Rechts, u. a. die Grenze zur erlaubnisfreien gewerblichen Zimmervermietung und den Umfang des sog. Verkaufs über die Straße. 15

Mit Rücksicht auf Art. 12 GG verzichtet das GastG auf eine Bedürfnisprüfung, und zwar auch bei **Ausländern** wegen der bei diesen ohnehin bestehenden Möglichkeiten des Ausländerrechts zur Beschränkung der Erwerbstätigkeit (vgl. zum EU-Recht nachfolgend Rn. 26 ff.). Von einem **Sachkundenachweis** sieht das GastG aus verfassungs- und gewerberechtlichen sowie aus allgemein wirtschaftspolitischen Überlegungen ab. Es begnügt sich mit dem **Unterrichtungsnachweis** nach § 4 Abs. 1 S. 1 Nr. 4 GastG zur Wahrung der gesundheitspolitischen Belange. Das Unterrichtungsverfahren hat sich auch vor dem Hintergrund starker Fluktuation im Gaststättengewerbe bewährt (vgl. *Meyer/Hentschel* GewArch 1977, 189). 16

5. Änderungen seit In-Kraft-Treten

Das GastG wurde **seit** seinem **In-Kraft-Treten** am 9. 5. 1971 durch folgende Gesetze **geändert**: 17

Vor § 1 Allgemeines zum Gaststättenrecht

- durch Art. 180 des Einführungsgesetzes zum Strafgesetzbuch (EGStGB) vom 2. 3. 1974 (BGBl. I S. 469, 589);
- durch § 69 Abs. 2 des Gesetzes zum Schutz vor schädlichen Umwelteinwirkungen durch Luftverunreinigungen, Geräusche, Erschütterungen und ähnliche Vorgänge (Bundes-Immissionsschutzgesetz – BImSchG) vom 15. 3. 1974 (BGBl. I S. 721, 740);
- durch Art. 5 Abs. 2 des Gesetzes zur Änderung des Titels IV und anderer Vorschriften der Gewerbeordnung vom 5. 7. 1976 (BGBl. I S. 1773, 1777);
- durch Art. 2 des Zweiten Rechtsbereinigungsgesetzes vom 16. 12. 1986 (BGBl. I S: 2441);
- durch Art. 6 Abs. 74 des Gesetzes zur Neuordnung des Eisenbahnwesens (Eisenbahnneuordnungsgesetz – ENeuOG) vom 27. 12. 1993 (BGBl. I S. 2378, 2413);
- durch Art. 6 des Gesetzes zur Vereinheitlichung und Flexibilisierung des Arbeitszeitrechts (Arbeitszeitrechtsgesetz – ArbZRG) vom 6. 6. 1994 (BGBl. I S. 1170, 1178);
- durch Art. 12 Abs. 58 des Gesetzes zur Neuordnung des Postwesens und der Telekommunikation (Postneuordnungsgesetz – PTNeuOG) vom 14. 9. 1994 (BGBl. I S. 2325, 2391);
- durch Art. 3 des Gesetzes zur Änderung der Gewerbeordnung und sonstiger gewerberechtlicher Vorschriften vom 23. 11. 1994 (BGBl. I S. 3475, 3484);
- durch § 14 Abs. 7 des Allgemeinen Magnetschwebebahngesetzes (AMbG) vom 19. 7. 1996 (BGBl. I S. 1019, 1022);
- durch Art. 2 des Zweiten Gesetzes zur Änderung der Gewerbeordnung und sonstiger gewerberechtlicher Vorschriften vom 16. 6. 1998 (BGBl. I S. 1291, 1296).

18 Das GastG ist am 20. 11. 1998 (BGBl. I S. 3418) neu bekannt gemacht worden. **Seit der Neubekanntmachung** erfolgten **weitere Änderungen** durch folgende Gesetze und Verordnungen:

- durch Art. 137 der Siebenten Zuständigkeitsanpassungs-Verordnung vom 29. 10. 2001 (BGBl. I S. 2785, 2812);
- durch Art. 16 des Gesetzes zur Umstellung von Gesetzen und Verordnungen im Zuständigkeitsbereich des Bundesministeriums für Wirtschaft und Technologie sowie des Bundesministeriums für Bil-

Allgemeines zum Gaststättenrecht   Vor § 1

dung und Forschung auf Euro (Neuntes Euro-Einführungsgesetz) vom 10. 11. 2001 (BGBl. I S. 2992, 2997);
- durch Art. 1 des Gesetzes zur Änderung des Gaststättengesetzes und der Gewerbeordnung vom 13. 12. 2001 (BGBl. I S. 3584);
- durch Art. 41 des Gesetzes zur Gleichstellung behinderter Menschen und zur Änderung anderer Gesetze vom 27. 4. 2002 (BGBl. I S. 1467, 1477);
- durch Art. 2 des Dritten Gesetzes zur Änderung der Gewerbeordnung und sonstiger gewerberechtlicher Vorschriften vom 24. 8. 2002 (BGBl. I S. 3412, 3420).

6. Wiedervereinigung

a) Geltung des GastG

Seit der **Wiedervereinigung** gilt das GastG im gesamten Bereich Deutschlands und damit auch ohne weiteres in Berlin und in den Beitrittsgebieten der neuen Bundesländer. Dies folgt aus **Art. 8 i.V.m. Art. 3 EVertr**, wonach mit Wirksamwerden des Beitritts in den Ländern Brandenburg, Mecklenburg-Vorpommern, Sachsen, Sachsen-Anhalt und Thüringen sowie in dem Teil Berlins, in dem es bisher nicht galt, Bundesrecht in Kraft trat. Die GewO und das GastG sind in Kapitel V der Anlage I zum EVertr vom In-Kraft-Treten nicht ausgenommen.   **19**

b) Erlaubnisse der DDR

In der **DDR** galt vor Wirksamwerden des Beitritts zuletzt das **Gewerbegesetz** der Deutschen Demokratischen Republik **vom 6. 3. 1990** (GBl. S. 138; vgl. dazu etwa *Ernst* GewArch 1990, 206 f. [der Text findet sich etwa bei *Landmann/Rohmer* Band 2, Nr. 20]). Auf dessen Grundlage (vgl. § 3 GewG DDR i.V.m. der Anlage zur Durchführungsverordnung zum Gewerbegesetz vom 8. 3. 1990 [GBl. S. 140, 141]) ergangene Erlaubnisse zum Betrieb einer Gaststätte waren **VA** (ebenso *Michel/Kienzle* § 34 Rn. 16). Für sie gilt **Art. 19 S. 1 EVertr**, wonach vor dem Wirksamwerden des Beitritts ergangene Verwaltungsakte der Deutschen Demokratischen Republik wirksam bleiben. Diese Erlaubnisse sind damit wirksam ge-   **20**

Vor § 1   Allgemeines zum Gaststättenrecht

blieben und können gem. Art. 19 S. 2 EVertr nur **aufgehoben** werden, wenn sie mit rechtsstaatlichen Grundsätzen oder mit den Regelungen des EVertr unvereinbar sind. Art. 19 S. 3 EVertr weist ausdrücklich darauf hin, dass im Übrigen die Vorschriften über die Bestandskraft von VA unberührt bleiben, also vor allem **die Teil III Abschnitt 2 des VwVfG entsprechenden Landesregelungen.**

c) Erlaubnisfreie Betriebe

21 Für die gem. § 16 Abs. 2 des GewG DDR von der Erlaubnispflicht befreiten Gaststättenbetriebe kommt eine unmittelbare oder entsprechende Anwendung der Übergangsvorschrift des **§ 34 Abs. 2 GastG nicht in Betracht**. § 16 Abs. 2 GewG DDR lautete:

„Gewerbe, die zum Zeitpunkt des Inkrafttretens rechtmäßig betrieben wurden, bedürfen keiner Erlaubnis gemäß § 3 dieses Gesetzes."

Dem Wortlaut des § 16 Abs. 2 GewG DDR lässt sich eine **fiktive**, über den Zeitpunkt der Widervereinigung hinaus geltende **Erlaubnis** nicht entnehmen (wie hier *Michel/Kienzle* § 34 Rn. 18; aA der Bund-/Länderausschuss Gewerberecht bei *Fuchs* GewArch 1991, 253, 254); anders dagegen § 34 Abs. 2 GastG. Darüber hinaus handelt es sich bei § 34 Abs. 2, 3 GastG um eine Vorschrift, die vom Gesetzgeber in Bezug auf das bundesdeutsche Recht zum Zeitpunkt des In-Kraft-Tretens des GastG erlassen wurde. Seine analoge Anwendung auf die DDR-Erlaubnisse verbietet sich, weil **keine planwidrige Regelungslücke** des Gesetzgebers vorliegt. Ohne die Anwendung des § 34 Abs. 2 GastG ist auf die im Bereich des GastG über § 31 GastG zur Anwendung kommende Vorschrift des § 1 Abs. 2 GewO zurückzugreifen (so zu Recht *Michel/Kienzle* aaO mit weiteren Einzelheiten), wonach jemand vom Betrieb eines Gewerbes nicht ausgeschlossen werden kann, weil er den Erfordernisses der GewO nicht genügt, wenn er gegenwärtig zu dessen Betrieb berechtigt ist.

7. Rechtsverordnungen, Verwaltungsvorschriften

22 Zum GastG sind Vollzugsverordnungen der Bundesländer (siehe Anhang I), die Allgemeine Verwaltungsvorschrift des Bundesministers für Wirtschaft über den Unterrichtungsnachweis im Gast-

Allgemeines zum Gaststättenrecht Vor § 1

stättengewerbe (siehe Anhang II 3) und die Verwaltungsvorschriften der Bundesländer (etwa die Verwaltungsvorschrift des Wirtschaftsministeriums Baden-Württemberg über die Auflagen im Rahmen einer Gestattung nach § 12 Gaststättengesetz vom 22. 1. 2001 [GABl. 1993, 1005; GABl. 2001, 274]) ergangen.

8. Bundes- und Landesrecht

Das Gaststättengesetz ist **Bundesrecht.** Es gilt im ganzen Bundesgebiet für In- und Ausländer (Ausnahmen für Exterritoriale). **Rechtsverordnungen des Bundes** können lediglich aufgrund § 23 Abs. 2 S. 2 GastG (Ausschank alkoholischer Getränke in Vereinen) ergehen. **23**

Die **Bundesländer** sind zuständig für den Erlass von Rechtsverordnungen über die Mindestanforderungen an die Betriebsräume nach § 4 Abs. 3 S. 1, 2a GastG, über die Festlegung der Voraussetzungen für das Vorliegen eines Falls der Unzumutbarkeit nach § 4 Abs. 3 S. 2b GastG, über den Ausschank selbsterzeugten Weines oder Apfelweines nach § 14 GastG, über die Sperrzeit (Polizeistunde) nach § 18 Abs. 1 GastG, über Beschäftigte nach § 21 Abs. 2 GastG sowie über Zuständigkeit und Verfahren zum Vollzug des Gaststättenrechts nach § 30 GastG. Diese Verordnungen gelten nur für den Bereich des jeweiligen Bundeslandes, in dem sie erlassen werden. Die geltenden Verordnungen gehen aber weitgehend auf einen **Musterentwurf** zurück, der in einem Arbeitskreis der Gewerberechtsreferenten des Bundes und der Länder ausgearbeitet wurde, und stimmen daher großenteils überein. Weitere Ermächtigungen für die Länder enthalten § 24 Abs. 2 GastG (Realgewerbeberechtigungen) und für Bayern und Rheinland-Pfalz § 26 Abs. 1 GastG (Ausschank selbsterzeugter Getränke). Zu den Verordnungen der Länder vgl. Anhang I. **24**

Im Gegensatz zu den Rechtsvorschriften enthalten **Verwaltungsvorschriften** nur Anweisungen an die Behörden ohne unmittelbare Rechtswirkung für den Staatsbürger (vgl. dazu etwa *Guckelberger* Verwaltung 2002, 60–68; *Kautz* GewArch 2000, 230 ff.). Zu den **25**

Vor § 1 Allgemeines zum Gaststättenrecht

Allgemeinen Verwaltungsvorschriften des Bundes vgl. § 29 GastG mit Anm.

9. Europarecht

a) Einfluss auf das GastR

26 Der **Einfluss des europäischen Gemeinschaftsrechts** auf das Gaststättengewerbe ist sehr bedeutsam, vor allem soweit der Bereich des Lebensmittelrechts betroffen ist. In Bezug auf das GastG als Teil des Gewerberechts und besonderes Polizeirecht hat das Europarecht zwar eine geringere Bedeutung. Dies hängt mit den Zuständigkeiten der Europäischen Union aufgrund der Vereinbarungen im EGV zusammen. Im Zuständigkeitskatalog der Europäischen Union (vgl. Art. 23 bis 181 EGV) findet sich **keine unmittelbare Zuständigkeit für Fragen des Gewerberechts**. Allerdings sind verschiedene im EGV verankerte Grundsätze, vor allem die **Niederlassungs- und Dienstleistungsfreiheit**, für die Anwendung des Gewerbe- und Gaststättenrechts wichtig.

b) Einzelne Vertragsnormen

27 Von **Bedeutung** für das Gewerbe- und Gaststättenrecht sind folgende **Zuständigkeiten der Europäischen Union** (vgl. dazu auch *Keller* VBlBW 2002, 152, 153 f.):

– Art. 39 EGV: Freizügigkeit der Arbeitnehmer;
– Art. 43 EGV: Niederlassungsfreiheit;
– Art. 49 EGV: Freier Dienstleistungsverkehr (als Dienstleistungen gelten gem. Art. 50 S. 2a EGV auch gewerbliche Tätigkeiten);
– Art. 56 EGV: Freier Kapital- und Zahlungsverkehr;
– Art. 81 EGV: Verbot wettbewerbsbeschränkender Vereinbarungen und Verhaltensweisen;
– Art. 82 EGV: Missbrauch einer marktbeherrschenden Stellung;
– Art. 90 EGV: Abgabengleichheit bei Waren;
– Art. 94 EGV: Richtlinien zur Angleichung von Rechtsvorschriften für den Gemeinsamen Markt;

Allgemeines zum Gaststättenrecht Vor § 1

- Art. 96 EGV: Behandlung wettbewerbsverfälschender Vorschriften (diese Vorschrift ist in der Praxis so gut wie ohne Bedeutung, weil zumeist auf Art. 94 EGV zurückgegriffen wird [*Kahl* in: *Calliess/Ruffert* Art. 96 Rn. 9]);
- Art. 141 EGV: Gleiches Entgelt für Männer und Frauen;
- Art. 152 EGV: Krankheitsverhütung;
- Art. 153 EGV: Verbraucherschutz.

c) Niederlassungsfreiheit

Aus dem Grundsatz der **Niederlassungsfreiheit** (Art. 43 EGV) folgt, dass die Aufnahme und die Ausübung einer gewerblichen Tätigkeit nach dem **Prinzip der Inländerbehandlung** gewährleistet ist (*Roth* in: *Dauses* E I Rn. 83 i.V.m. Rn. 70; *Kilian* Rn. 227; *Gerhardt* GewArch 2000, 372 f.). Die Niederlassungsfreiheit ist weit zu verstehen (*Keller* VBlBW 2002, 152, 155). Ein Ausländer aus einem Mitgliedstaat der Europäischen Union muss demnach in Bezug auf das Gewerbe- und Gaststättenrecht grundsätzlich wie ein Deutscher behandelt werden. **Berufszulassungsregelungen** sind mit der Niederlassungsfreiheit grundsätzlich zu vereinbaren (vgl. dazu etwa *Mohn* GewArch 1990, 203 ff.). Gegen die im GastG aufgestellten Anforderungen an Kenntnisse und Fähigkeiten, insbesondere den **Unterrichtungsnachweis** nach § 4 Abs. 1 S. 1 Nr. 4 GastG (vgl. dazu § 4 Rn. 183–193), bestehen im Hinblick auf die Niederlassungsfreiheit keine durchgreifenden rechtlichen Bedenken (vgl. dazu auch *Roth* aaO, E I Rn. 83 i.V.m. Rn. 71). **28**

Sonderregelungen für Ausländer können aus Gründen der öffentlichen Ordnung, Sicherheit oder Gesundheit auf der Grundlage des Art. 46 Abs. 1 EGV erlassen werden. Im Bereich des Gewerbe- und Gaststättenrechts sind hierfür derzeit keine Gründe gegeben. **29**

Aus dem Grundsatz der Niederlassungsfreiheit folgt, dass **Gesellschaften**, die in einem anderen Mitgliedstaat der Europäischen Union gegründet wurden und nach dem dortigen Recht rechts- und parteifähig sind, in der Bundesrepublik Deutschland die **Rechts-** **30**

Vor § 1 Allgemeines zum Gaststättenrecht

und Parteifähigkeit nicht mit dem Argument abgesprochen werden kann, dass nach deutschem Recht diese Art der Gesellschaft weder rechts- noch parteifähig ist, und zwar auch dann nicht, wenn diese Gesellschaft ihren Sitz nach Deutschland verlegt hat (*EuGH* 5. 11. 2002, NJW 2002, 3614, Tz. 59 f., 73, 76, 82, 93 f. = BB 2002, 2402; ebenso *BGH* 1. 7. 2002, MDR 2002, 1382 mit Anm. *Haack*). Vgl. dazu auch § 2 Rn. 11.

d) Dienstleistungsfreiheit

31 Die **Einschränkungen der Gewerbefreiheit** durch die Regelungen der GewO und des GastG sind keine gegen Art. 49 EGV verstoßenden Beschränkungen der **Dienstleistungsfreiheit**. Die in der GewO und dem GastG aufgestellten Anforderungen bestehen aus zwingenden Gründen des Allgemeininteresses (vgl. dazu *Kluth* in: *Calliess/Ruffert* Art. 50 Rn. 53 f.) und dienen u. a. dem Schutz der Arbeitnehmer und der Gäste vor den mit einem Gaststättenbetrieb einhergehenden Gefahren. Sie sind daher **zulässige Beschränkungen im gemeinschaftsrechtlichen Sinn**. Der *EuGH* erkennt den Schutz der Arbeitnehmer und der Verbraucher als Gründe für Beschränkungen der Dienstleistungsfreiheit an (vgl. *Kluth* aaO, Art. 50 Rn. 63 m. w. N.).

e) Bedürfnisprüfung

32 Eine **Bedürfnisprüfung** im Gewerbe- und Gaststättenrecht wäre nicht nur mit dem GG nicht zu vereinbaren, sondern widerspräche aller Voraussicht auch dem Gemeinschaftsrecht (vgl. im Einzelnen dazu *Roth* in: *Dauses* E I Rn. 86).

f) Europäische Gewerberechte

33 Eine Übersicht über das Gewerberecht der einzelnen Mitgliedsstaaten der Europäischen Union findet sich bei *Schwappach* § 39.

10. Ausblick

34 Wo führt der **Weg des Gaststättenrechts** hin? Derzeit sind keine grundlegenden Änderungen des GastG zu erwarten. An sich hat sich das GastG bewährt. Dies gilt auch angesichts der Herausfor-

derungen an das Gewerberecht durch die Globalisierung (vgl. dazu *Kempen* NVwZ 2000, 1115). Allerdings wird sich das GastG in der Praxis neuen Herausforderungen stellen müssen. Auch wenn es sich seiner Natur nach um Ordnungsrecht handelt, muss das GastG einer **bürger- und leistungsorientierten Anwendung** durch eine **modernisierte Verwaltung** zugänglich sein. Hierfür sind weniger gesetzliche Änderungen erforderlich, sondern die Gaststättenbehörden müssen bei der Anwendung des GastG frühzeitig auf einen **sachgerechten Ausgleich der widerstreitenden Interessen** bedacht sein. Der Erlass hoheitlicher Maßnahmen darf nur das letzte Mittel sein, um dem geltenden Recht zu seiner Beachtung zu verhelfen und dem Grundsatz der Bindung der Verwaltung an Gesetz und Recht (Art. 20 Abs. 3 GG) zu genügen. Der Erfolg des GastR wird in der Zukunft vorrangig an der Akzeptanz durch die Adressaten des GastG zu messen sein.

§ 1
Gaststättengewerbe

(1) Ein Gaststättengewerbe im Sinne dieses Gesetzes betreibt, wer im stehenden Gewerbe
1. Getränke zum Verzehr an Ort und Stelle verabreicht (Schankwirtschaft),
2. zubereitete Speisen zum Verzehr an Ort und Stelle verabreicht (Speisewirtschaft) oder
3. Gäste beherbergt (Beherbergungsbetrieb),

wenn der Betrieb jedermann oder bestimmten Personen zugänglich ist.

(2) Ein Gaststättengewerbe im Sinne dieses Gesetzes betreibt ferner, wer als selbständiger Gewerbetreibender im Reisegewerbe von einer für die Dauer der Veranstaltung ortsfesten Betriebsstätte aus Getränke oder zubereitete Speisen zum Verzehr an Ort und Stelle verabreicht, wenn der Betrieb jedermann oder bestimmten Personenkreisen zugänglich ist.

§ 1 Gaststättengewerbe

Inhaltsübersicht

	Rn.		Rn.
1. Fassung, Materialien, Literatur		– Beispiele	28
a) Fassung	1	e) Rechtsform	29
b) Materialien zur geltenden Fassung	1a	*5. Zugänglichkeit des Betriebs*	30, 31
c) Weiterführende Literatur	1b	*6. Schankwirtschaft (Abs. 1 Nr. 1)*	
2. Allgemeines		a) Verabreichen von Getränken	32
a) Zweck der Vorschrift	2	b) Verzehr an Ort und Stelle	33
b) Reichweite	3	c) Automaten	34
c) Gewerbebezug	4	*7. Speisewirtschaft (Abs. 1 Nr. 2)*	
3. Gewerbe		a) Erlaubnispflicht	35
a) Definition	5	b) Automaten	36
b) Erlaubte Tätigkeit	6, 7	c) Zubereitete Speisen	37, 38
c) Gewinnerzielung		*8. Beherbergungsbetrieb (Abs. 1 Nr. 3)*	
– Gewinnerzielungsabsicht	8	a) Altes Recht	39
– keine Gewinnerzielung	9	b) Reichweite	40–43
– eigenes Vermögen	10	c) Definition	44
– Körperschaften	11	d) Boardinghouse	45, 46
– Umstände	12	e) Weitere Einzelfälle	47, 48
– Verein	13	f) Krankenhäuser, Altenheime	49
d) Fortsetzungsabsicht	14		
e) Kein Gewerbe		*9. Gaststätten des Reisegewerbes (Abs. 2)*	
– Urproduktion	15	a) Allgemeines	50
– höhere Berufsarten	16	b) Begriff der GewO	51
– Verwaltung eigenen Vermögens	17	c) Selbstständigkeit	52
f) Gemischte Betriebe	18–20	d) Ortsfeste Betriebsstätte	53–55
4. Stehendes Gewerbe (Titel II der GewO)		e) Gestattung (§ 12 GastG)	56
a) Negativdefinition	21	f) Anwendung des Titels II GewO	57
b) Gewerbliche Niederlassung		*10. Marktverkehr*	
– Definition	22	a) Marktrechtliches Privileg	58
– umbauter Raum	23	b) Verzehr an Ort und Stelle	59
c) Tätigkeit auf Bestellung	24	c) Keine Erlaubnispflicht	60
d) Selbstständigkeit		d) Reisegewerbe	61
– Allgemeines	25	e) Ausschank auf Messen	62
– Abgrenzung	26		
– Gesamtbild	27		

Gaststättengewerbe § 1

1. Fassung, Materialien, Literatur

a) Fassung

Die Vorschrift entspricht noch der ursprünglichen Fassung des GastG vom 5. 5. 1970 (BGBl. I S. 465), nunmehr in der Form der Bekanntmachung der Neufassung des GastG vom 20. 11. 1998 (BGBl. I S. 3418). **1**

b) Materialien zur geltenden Fassung

Entwurf der BReg, BT-Ds V/205, S. 3, 13; Stellungnahme des BR, BT-Ds V/205, S. 23; Gegenäußerung der BReg, BT-Ds V/205, S. 31; Bericht und Beschluss des Ausschusses für Wirtschaft und Mittelstandsfragen (15. Ausschuss), BT-Ds V/1652, S. 3, 10; Zweiter schriftlicher Bericht des Ausschusses für Wirtschaft und Mittelstandsfragen (15. Ausschuss), BT-Ds V/4380, S. 4; Einberufung des Vermittlungsausschusses durch den BR, BT-Ds V/4581, S. 2; Bericht des Vermittlungsausschusses, BT-Ds V/4591, S. 2. **1a**

c) Weiterführende Literatur

Aßfalg Die Entwicklung des Gaststättenrechts seit Inkrafttreten des Gaststättengesetzes, NVwZ 1989, S. 519–528; *v. Ebner* Novellierung des Gaststättenrechts, WiVerw 1987, S. 69–94; *Friauf* (Hrsg), Kommentar zur Gewerbeordnung, Stand: 172. Lfg., November 2002; *Kienzle* Das Automatengewerbe im neuen Gaststättenrecht, GewArch 1971, S. 97–103; Die Gewerbeuntersagung nach der Neufassung des § 35 Gewerbeordnung, GewArch 1974, 253–260; *Landmann/Rohmer* Gewerbeordnung und ergänzende Vorschriften, Stand: 42. Lfg., Juli 2002; *Laubinger/Repkewitz* Die gewerbliche Unzuverlässigkeit und ihre Folgen, VerwArch 1998, 145–188, 337–362, 609–631; *Oberrath* Ausgewählte Grundfragen des Gewerberechts, JA 2001, 991–1000; *Pauly/Brehm* Aktuelle Fragen des Gewerberechts, GewArch 2000, 50–60; *Pfeifer/Fischer* Aktuelle Fragen des Gewerberechts, GewArch 2002, 232–241; *Schneider* „Boarding Hotel" Main Plaza in Frankfurt am Main, Baumeister Heft 9/2002, 20–21; *Schönleiter/Kopp* Frühjahrssitzung 2002 des Bund-Länder-Ausschusses „Gewerberecht", GewArch 2002, 366–372; *Stein* Der praktische Fall: Streit um eine Pizzeria, VR 1996, 89–92; *Tettinger/Wank* Gewerbeordnung, 6. Aufl. 1999. **1b**

§ 1   Gaststättengewerbe

2. Allgemeines

a) Zweck der Vorschrift

2   Die Vorschrift enthält abschließend umschreibende Begriffsbestimmungen für die unter das Gesetz fallenden Betriebe und legt damit den **Anwendungsbereich** des Gesetzes fest (vgl. aber auch § 25 GastG). BT-Ds V/1652, S. 3:

> *„Sie stellt klar, daß grundsätzlich nur Betriebe im stehenden Gewerbe i. S. des Titels II der Gewerbeordnung dem Gesetz unterliegen; sie müssen jedermann oder bestimmten Personenkreisen zugänglich sein. Eine Erweiterung erfährt dieser Grundsatz durch Abs. 2; hiernach werden bestimmte Betriebe, die an und für sich gemäß Titel III der Gewerbeordnung zum Reisegewerbe gehören, in den Anwendungsbereich des Gesetzes einbezogen. Es handelt sich um Betriebe auf Volksfesten"* (Anm.: aber nicht nur auf Volksfesten!; vgl. nachfolgend Rn. 50), *„die nach ihrer Art, Anlage und Einrichtung im wesentlichen den Betrieben im stehenden Gewerbe vergleichbar sind. Diese Voraussetzung ist nach Auffassung des Ausschusses dann gegeben, wenn es sich um eine für die Dauer der Veranstaltung ortsfeste Betriebsstätte handelt. Ausgenommen sind somit z. B. die nicht mit dem Boden fest verbundenen Einrichtungen, wie auf Rädern stehende Verkaufsstellen, Karren und dergleichen; für sie gelten die Vorschriften über das Reisegewerbe."*

b) Reichweite

3   Abweichende Begriffe anderer Rechtsgebiete sind für das GastG nicht verwendbar. Auch die Begriffsmerkmale des alten GastR sind nicht mehr anzuwenden, so weit sie sich nicht mit § 1 GastG decken. Andererseits kann die Auslegung der Begriffsmerkmale, die vom alten in das neue Recht übernommen wurden, nicht ohne Berücksichtigung der der Verkehrsanschauung entsprechenden bisherigen Interpretation erfolgen, sofern sich nicht aus dem neuen Recht eindeutig der abweichende Wille des Vorschriftengebers ergibt (so ist etwa aus § 2 Abs. 2 Nr. 2 GastG nunmehr zweifelsfrei zu folgern, dass das unentgeltliche Verabreichen von Kostproben Gaststättengewerbe ist, sofern auch die sonstigen Voraussetzungen des § 1 GastG vorliegen).

Gaststättengewerbe § 1

c) Gewerbebezug

§ 1 GastG entspricht dem Grundsatz, dass sich das GastG als **ge-** **werberechtliches Spezialgesetz** nur auf gewerbsmäßige Tätigkeiten erstreckt, so weit nicht ausdrücklich etwas anderes bestimmt ist (vgl. etwa § 23 GastG). § 1 Abs. 1 GastG bezieht in den Anwendungsbereich des Gesetzes diejenigen Betriebe ein, die dem stehenden Gewerbe zugehören, jedermann oder bestimmten Personenkreisen zugänglich sind und die besonderen Merkmale einer Schankwirtschaft, einer Speisewirtschaft oder eines Beherbergungsbetriebs aufweisen; § 1 Abs. 2 GastG erfasst die Schank- und Speisewirtschaften des Reisegewerbes.

4

3. Gewerbe

a) Definition

Der **Begriff des Gewerbes** ist im Gewerberecht gesetzlich nicht definiert, „weil die Vielgestaltigkeit der Gewerbeentwicklung eine scharfe Begriffsbestimmung nicht gestattet" (amtliche Begründung zu § 6 der GewO von 1869). Nach Rspr und Literatur ist Gewerbe i.S.d. Gewerberechts grundsätzlich jede **ihrer Art nach erlaubte, auf Erzielung von Gewinn gerichtete und in Fortsetzungsabsicht ausgeübte, selbstständige** (vgl. dazu nachfolgend Rn. 25) **Tätigkeit ausgenommen die Urproduktion, die höheren Berufsarten und die Verwaltung eigenen Vermögens** (vgl. dazu statt vieler *BVerwG* 24. 6. 1976, NJW 1977, 772 = GewArch 1976, 293; 1. 7. 1987, BVerwGE 78, 6, 8 = NVwZ 1988, 56; *VGH BW* 9. 5. 1995, NVwZ-RR 1996, 22; *VG Schleswig* 19. 8. 1999, NVwZ-RR 2000, 93; *Oberrath* JA 2001, 991, 992). Der Gewerbebegriff beschränkt sich nicht auf typische Erwerbsarten. Auf Betriebsräume, Umsatz usw. kommt es für ihn nicht an; auch die nebenberufliche Tätigkeit kann Gewerbe sein (*OVG NRW* 27. 1. 1975, GewArch 1975, 198).

5

b) Erlaubte Tätigkeit

Das Gaststättengewerbe ist **eine ihrer Art nach erlaubte Tätigkeit** i.S.d. Gewerbebegriffs, und zwar auch dann, wenn es im Ein-

6

§ 1 Gaststättengewerbe

zelfall unerlaubt (vor allem ohne die erforderliche Gaststättenerlaubnis) oder im Zusammenhang mit einer „ihrer Art nach nicht erlaubten" (sozialunwertigen, gemeinschaftsschädlichen) Tätigkeit (*Anm.*: nach In-Kraft-Treten des ProstG gilt dies für die Prostitution nicht mehr ohne weiteres [vgl. dazu § 4 Rn. 51 ff.]) ausgeübt oder zur Begegnung von Straftaten missbraucht wird. Auch in diesen Fällen unterliegt der Gaststättenbetrieb dem Gewerberecht, ggf. mit der Möglichkeit bzw. dem Zwang der Versagung der Gaststättenerlaubnis.

7 Zur Anwendbarkeit des GastG auf den Ausschank von Getränken in **Prostituiertenquartieren** vgl. *BVerwG* 26. 2. 1974, GewArch 1974, 201, *OVG Hamburg* 11. 2. 1972, GewArch 1974, 203. Ob der **Betrieb eines Prostituiertenwohnheims** als eine generell unerlaubte (sozialschädliche bzw. sozialunwertige) Tätigkeit anzusehen ist, mit der Folge, dass auf ihn das Gewerberecht keine Anwendung findet, ist streitig. Nach *BVerwG* 26. 2. 1974, GewArch 1974, 201 ist seit dem In-Kraft-Treten des 4. StRG vom 23. 11. 1973 (BGBl. I S. 1725) aus § 180a StGB zu folgern, dass nach Auffassung des Gesetzgebers Prostituiertenwohnheime nicht schlechthin, sondern nur unter bestimmten Umständen **sozialschädlich** sind (vgl. hierzu auch *Kienzle* GewArch 1974, 253, der hieraus folgert, Prostituiertenwohnheime seien künftig als Gewerbebetriebe zu beurteilen, die der GewO unterliegen). Nach dieser geänderten Beurteilung schädigen oder gefährden Prostituiertenwohnheime die Belange der Gemeinschaft nicht schon durch ihr Vorhandensein (*OVG Lüneburg* 28. 5. 1975, GewArch 1975, 396, vgl. ferner *VG Schleswig* 28. 2. 1975, GewArch. 1975, 398; **aA** *OVG Lüneburg* 3. 2. 1973, GewArch 1974, 102, *OVG NRW* 10. 4. 1974, GewArch 1974, 354). Diese Wertung gilt erst recht seit **In-Kraft-Treten des ProstG**, wonach die Ausübung der Prostitution – jedenfalls im zivilrechtlichen Sinn – nicht mehr als sittenwidrig anzusehen ist (vgl. zur gaststättenrechtlichen Bedeutung des ProstG eingehend § 4 Rn. 51 ff.). Die Verwaltungsbehörde kann die Prostitution mit **ordnungsbehördlichen Mitteln** nur untersagen, wenn wegen außerhalb des eigentlichen Unterkunftgewäh-

Gaststättengewerbe § 1

rens liegender Gründe eine Störung der öffentlichen Sicherheit und Ordnung anzunehmen ist.

c) Gewinnerzielung

Die für den Gewerbebegriff erforderliche **Gewinnerzielung** liegt vor, wenn die **Erzielung von Einkünften beabsichtigt** ist (*Oberrath* JA 2001, 991, 992). Sie kann auf unmittelbare oder mittelbare wirtschaftliche Vorteile (Umsatzsteigerung) gerichtet sein (*BVerwG* 13. 4. 1962, GewArch 1962, 212). Gewinnerzielungsabsicht liegt etwa auch vor bei unentgeltlichem Ausschank von Getränken zu **Werbezwecken** (vgl. aber § 2 Abs. 2 Nr. 2 GastG) oder bei unentgeltlicher Beherbergung, um Kundschaft zu gewinnen oder zu erhalten. Ohne Bedeutung für den Gewerbebegriff ist, ob die Gewinnerzielungsabsicht zum Erfolg führt oder ob der Betrieb mit Verlust arbeitet. Die Gewinnerzielungsabsicht eines **Vereins** scheidet nicht schon deshalb aus, weil laut Satzung etwaige Überschüsse an eine gemeinnützige Einrichtung überwiesen werden sollen (*OVG NRW* 29. 3. 1976, GewArch 1976, 236). Die Gewerbsmäßigkeit der von einem Verein betriebenen Schankwirtschaft wird nicht dadurch in Frage gestellt, dass der Überschuss dazu dient, den idealen Zweck des Vereins als Begegnungsstätte für ausländische Arbeitnehmer zu finanzieren und den ausländischen Fußballclub zu unterstützen (*VGH BW* 24. 11. 1982, GewArch 1983, 94 f.).

Keine Gewinnerzielungsabsicht besteht,
– wenn nur Kostenminderung (Senkung der Selbstkosten) bezweckt wird (etwa Untervermietung im üblichen Rahmen);
– bei privaten Unternehmungen, die ausschließlich sog. „ideale Zwecke" (gemeinnützige, soziale, wohltätige usw.) verfolgen (etwa Abgabe von Speisen an Bedürftige); Einnahmen nur zur Kostendeckung führen bei diesen Unternehmen nicht zur Gewerbsmäßigkeit (Beispiel: **Gaststätte eines Sportvereins** mit Preisen, die nur die Kosten des Gaststättenbetriebs decken; **Jugendtreff**, bei dem die Einnahmen nur die berücksichtigungsfähigen Ausgaben decken (*Petition* 12/292 im *Landtag BW* BWGZ 1997, 594); **Betreiben eines Naturfreunde-**

§ 1 Gaststättengewerbe

hauses, bei dem die Einnahmen die entstandenen Ausgaben nicht decken [*AG Radolfszell* 22. 9. 1997, NVwZ-RR 1998, 233, 234]).

10 Soll aber die Tätigkeit Gewinn zur **Vermehrung des eigenen Vermögens** bringen (zur Gewerbsmäßigkeit in diesem Fall vgl. etwa *VG Schleswig* 19. 2. 2002, NVwZ-RR 2002, 837 [zu § 14 GewO]), dann ist sie auch dann gewerblich, wenn das Gesamtziel des Vermögensträgers in einem idealen Zweck besteht (so ist etwa der Betrieb einer Gaststätte durch einen Sportverein auch dann gewerbsmäßig, wenn die Gewinne aus der Gaststätte zur Förderung der sportlichen Zwecke des Vereins verwendet werden sollen [*Michel/Kienzle* § 1 Rn. 7]). Für den Ausschluss der Gewerbsmäßigkeit genügt es etwa nicht, dass die erwirtschafteten Gewinne jeweils zum Jahresende gemeinnützig verwendet werden.

11 Bei Einrichtungen der Gemeinden, des Staates und der sonstigen **öffentlich-rechtlichen Körperschaften** Anstalten und Stiftungen fehlt die Gewinnerzielungsabsicht, wenn die Einrichtungen ausschließlich oder vorwiegend der Erfüllung öffentlicher Aufgaben dienen. In Gewinnerzielungsabsicht wird die öffentliche Hand tätig, wenn sie die Tätigkeit nur oder vorwiegend deshalb betreibt, um ihre Finanzlage zu verbessern, und dadurch ihre öffentlichen Aufgaben nur mittelbar fördert. Wird die Erfüllung der öffentlichen Aufgaben einer Privatperson überlassen, die selbst in Gewinnerzielungsabsicht handelt, dann ist diese Person selbstverständlich Gewerbetreibender.

12 Die **Gewinnerzielungsabsicht** und damit die Gewerbsmäßigkeit **kann aus den Umständen** geschlossen werden. So wenn etwa die Preise in der als **Vereinslokal** deklarierten Gaststätte dem Niveau der mittleren bis höheren Klasse einer örtlichen Gaststätte entsprechen, sofern noch weitere Umstände die Vermutung nahe legen, dass der von vornherein beabsichtigte gewerbsmäßige Betrieb auf dem Umweg über die Gründung eines Vereins weiter verfolgt werden sollte (vgl. *BayVGH* 17. 9. 1979, GewArch 1980, 32 f.) Dient bei einer **Religionsgesellschaft** die Verköstigung und Beherbergung von Teilnehmern an Veranstaltungen mit religiösem Charakter unmittelbar der Religionsausübung, so bedarf es keiner Gaststättenerlaubnis. Es fehlt hier an der Gewinnerzielungsabsicht (*VGH BW* 30. 5. 1989, GewArch 1989, 378 f.).

Die Gewinnerzielungsabsicht ist nicht entscheidend aus dem in der Vereinssatzung festgelegten Vereinszweck zu entnehmen. Maßgeblich ist das tatsächliche Verhalten des Vereins. Dies entschied das *OLG Karlsruhe* bei einem Strafverfahren, in welchem es um einen „Spielclub" ging, dessen Zweck laut Satzung die Pflege von Geschicklichkeitsspielen aller Art ist (*OLG Karlsruhe* 12. 3. 1991, GewArch 1991, 274 f.). Ein **geselliger Verein**, bei dem der Vereinszweck nur durch Mitgliedsbeiträge und Spenden finanziert wird, und bei dem sich am Jahresende nur geringfügige Überschüsse ergeben, die dann möglicherweise auch an die Vereinsmitglieder ausgeschüttet werden, handelt in aller Regel nicht in Gewinnerzielungsabsicht (*BayObLG* 29. 9. 1994, BayVBl. 1995, 121, 122). 13

d) Fortsetzungsabsicht

Fortsetzungsabsicht verlangt den Entschluss, die Erwerbshandlung planmäßig zu wiederholen; die Erwerbstätigkeit muss **auf eine gewisse Dauer angelegt** sein. Dabei genügt die Beschränkung der Erwerbshandlungen auf eine bestimmte Gelegenheit und auf kurz befristete Zeiträume (etwa der Ausschank während eines Volksfests oder eines Karnevalsumzugs). Liegt Fortsetzungsabsicht vor, so ist als Gewerbebeginn auch eine einmalige Handlung anzusehen, die entgegen der ursprünglichen Absicht doch nicht wiederholt wird. Im Gegensatz zu den Handlungen in Fortsetzungsabsicht steht die **nur gelegentliche Betätigung** ohne den Entschluss, die Handlung öfters zu wiederholen; sie ist nicht gewerbsmäßig. 14

e) Kraft Gewohnheitsrecht sind nicht Gewerbe:

aa) Urproduktion, d. h. die auf die Gewinnung roher Naturerzeugnisse gerichtete Tätigkeit (etwa Landwirtschaft, Weinbau, Gartenbau) einschließlich derjenigen Nebentätigkeiten bzw. Nebenbetriebe, die dem betreffenden Zweig der Urproduktion üblicherweise zugerechnet werden (entscheidend sind Herkommen und Verkehrsanschauung). Beispiel: Ausschank selbstgewonnener Milch durch einen Landwirt im üblichen Rahmen. Zum Ausschank selbster- 15

§ 1 Gaststättengewerbe

zeugten Weines vgl. §§ 14, 26 GastG; **Zimmervermietung durch Landwirte** unterliegt dem Gewerberecht, wenn sie die Merkmale der Gewerbsmäßigkeit aufweist;

16 bb) die sog. **höheren Berufsarten**, d. h. wissenschaftliche, künstlerische und schriftstellerische Tätigkeiten sowie persönliche Dienstleistungen, die eine höhere Vorbildung erfordern;

17 cc) die **Verwaltung eigenen Vermögens**. Beispiel: Vermietung von Appartements durch den Hauswirt an Dauermieter ohne besondere Dienstleistungen; alljährliche Vermietung von sonst Privatzwecken dienenden Zimmern während der Sommermonate an ein- und dieselbe Familie (anders bei Vermietung an einen wechselnden Personenkreis).

f) Gemischte Betriebe

18 Ein- und dieselbe Person kann mehrere Erwerbsarten ausüben und unterliegt dann grundsätzlich mit jeder Erwerbsart den für diese geltenden Bestimmungen (vgl. *OVG NRW* 9. 1. 1963, BB 1965, 1332; *Ambs* in: *Erbs/Kohlhaas* § 1 GastG Rn. 15). Bei räumlicher und organisatorischer Verbundenheit mehrerer rechtlich jeweils für sich zu würdigender Erwerbsarten spricht man vom sog. **gemischten Betrieb**. Beispiele: Die sog. **Trinkhalle** unterliegt mit ihrem Schankwirtschaftsteil dem GastR und mit ihrem Einzelhandelsteil dem Einzelhandelsrecht und dem Ladenschlussrecht (*BVerwG* 9. 6. 1990, GewArch 1990, 286). Wer einen **Filmclub** gewerblich betreibt, der gegen Erwerb einer für einen Tag geltenden Clubkarte besucht werden kann, die zugleich zur Einnahme eines Getränks nach Wahl in den Clubräumen berechtigt, braucht für die Abgabe der Getränke zum Verzehr an Ort und Stelle eine Schankerlaubnis (*OVG NRW* 27. 1. 1975, GewArch 1975, 198). Zum Getränkeausschank in **Friseurbetrieben** und zum Verhältnis von GastR und einschlägigen Hygieneverordnungen siehe *OVG Lüneburg* 16. 5. 1973, GewArch 1973, 303.

19 **Ausnahmen** von der getrennten rechtlichen Würdigung gibt es dort, wo nach Herkommen, Verkaufsauffassungen usw. Tätigkeiten rechtlich nicht für sich allein gewürdigt, sondern wegen ihres Zusammenhangs mit einer andersartigen Haupttätigkeit dieser ganz oder teilweise zugeordnet werden. Beispiele: Der landwirtschaftliche Nebenbetrieb im gewerberechtlichen Sinne fällt nicht unter das Gewerberecht, der Zubehörhandel nach § 7 Abs. 1 GastG nicht unter das Einzelhandelsrecht und das Ladenschlussrecht. Zur Anwendung des GastR auf den Ausschank selbsterzeugter Getränke siehe aber §§ 14, 26 GastG.

Bei **räumlicher Verbindung eines Einzelhandelsbetriebs und eines Gaststättenbetriebs** kommt es für die Beurteilung der Frage, ob das GastR auf die Gaststätte beschränkt werden kann, darauf an, ob beide Gewerbearten deutlich voneinander abgegrenzt werden können. Maßgebend sind der konkrete Einzelfall und die Örtlichkeiten des betreffenden Betriebs. Lässt sich die Gaststätte nicht deutlich abgrenzen und stellt sie sich daher als **bloßer Annex** zum Verkaufsgeschäfts dar, gelten für den gesamten Betrieb die Vorgaben des LadschlG (so zu Recht *Pfeifer/Fischer* GewArch 2002, 232, 241). [20]

4. Stehendes Gewerbe (Titel II GewO)

a) Negativdefinition

Der Begriff des **stehenden Gewerbes** ist in der GewO nicht definiert. Seine **Bestimmung** erfolgt **negativ in Abgrenzung zu anderen Gewerbearten**. Stehendes Gewerbe ist danach jede gewerbliche Betätigung, die nicht Marktverkehr (Titel IV GewO) und nicht Reisegewerbe (Titel III GewO) ist (vgl. *BGH* 25. 9. 1956, GewArch 1956, 226; *Ambs* in: *Erbs/Kohlhaas* § 1 GastG Rn. 7; *Oberrath* JA 2001, 991, 993; *Laubinger/Repkewitz* VerwArch 1998, 145, 159). Zum Marktverkehr vgl. nachfolgend Rn. 58 ff.; er wird vom GastG nicht erfasst. Zum Reisegewerbe vgl. nachfolgend Rn. 50 ff. [21]

b) Gewerbliche Niederlassung

Stehendes Gewerbe ist vor allem – wenn auch nicht ausschließlich – diejenige gewerbliche Betätigung, die der Gewerbetreibende in seiner **gewerblichen Niederlassung** ausübt. Nach § 42 Abs. 2 GewO [22]

§ 1 Gaststättengewerbe

hat der Gewerbetreibende eine gewerbliche Niederlassung, wenn er im Bundesgebiet „einen zum dauernden Gebrauch eingerichteten, ständig oder in regelmäßiger Wiederkehr von ihm benutzten Raum für den Betrieb seines Gewerbes besitzt" (etwa Gaststättenräume, Laden). Auch die Räume von Saisonbetrieben (regelmäßige Wiederkehr!) sind gewerbliche Niederlassung dieser Betriebe.

23 Ein **umbauter Raum** ist für den Begriff der gewerblichen Niederlassung nicht notwendig. Nach *BayObLG* 28. 10. 1953, BayObLGSt 1953, 205, genügt eine räumlich bestimmte Stelle, an welcher der Gewerbetreibende auf Dauer (nicht nur vorübergehend) persönlich oder durch seine Hilfskräfte tätig werden will; auf die Art der Einrichtung oder auf eine feste Verbindung mit dem Boden kommt es nicht an. Eine gewerbliche Niederlassung hat demnach auch, wer in regelmäßiger Wiederkehr an der gleichen Stelle Speisen oder Getränke verabreicht, **ohne** an ihr feste Einrichtungen zu besitzen (Beispiele: ein Stand, der täglich an derselben Stelle auf- und abgebaut wird; ein täglich an derselben Stelle abgestellter Verkaufswagen). Allerdings wird eine gewerbliche Niederlassung in derartigen Fällen dann nicht begründet, wenn der **Ortswechsel** das typische Moment darstellt (etwa bei Verkaufswagen, die nach einem genauen Terminplan regelmäßig wiederkehrend nur für kurze Zeit an bestimmten Halteplätzen aufgestellt werden). Je nach Ausgestaltung des Betriebs kann der Gewerbetreibende selbstverständlich auch mehrere Niederlassungen haben. Zur Erlaubnisfreiheit eines Rostbrätelstands vgl. *VG Weimar* 17. 6. 2002, ThürVBl. 2003, 63.

c) Tätigkeit auf Bestellung

24 Ein stehendes Gewerbe betreibt ferner, wer ohne oder außerhalb seiner gewerblichen Niederlassung auf vorhergehende Bestellung Erwerbshandlungen vornimmt. Dieser Bereich wird aber vom GastG deshalb nicht voll erfasst, weil § 3 GastG von der Betriebsausübung in bestimmten Räumen ausgeht und auch § 1 Abs. 2 GastG das Reisegewerbe nur insoweit einbezieht, als es in **ortsfesten Betriebsstätten** ausgeübt wird. Erforderlich für die Anwendung des GastG ist also die **räumlich bestimmbare Betriebsstät-**

te. Entsprechend dem bisherigen Recht fällt die Verabreichung von Getränken oder Speisen dann nicht unter das GastG, wenn sie ohne räumlichen Zusammenhang mit der Betriebsstätte des Gewerbetreibenden erfolgt. Deshalb unterliegt eine Stadtküche, die zubereitete Speisen nur ins Haus liefert, ebenso wenig dem GastG wie der Reisegewerbetreibende, der zubereitete Speisen ohne Verwendung ortsfester Betriebsstätten feilbietet. Auch der Betrieb eines **Automaten** kann die Begriffsmerkmale der Schank- oder Speisewirtschaft erfüllen (*Kienzle* GewArch 1971, 97, 98); der ständige Aufstellplatz des Automaten ist eine gewerbliche Niederlassung; zum Reisegewerbe vgl. nachfolgend Rn. 50 ff.

d) Selbstständigkeit

Gewerbetreibender i. S. d. Gewerberechts ist nur der **selbstständige Gewerbetreibende**, so weit das Gewerberecht nichts Abweichendes bestimmt (wie etwa für das Reisegewerbe außerhalb des Anwendungsbereichs des GastG). Somit kann ein stehendes Gewerbe ipso jure nur von einem selbstständigen Gewerbetreibenden ausgeübt werden, während § 1 Abs. 2 GastG für die Einbeziehung des Reisegewerbes in das GastG ausdrücklich auf den selbstständigen Gewerbetreibenden abstellt. 25

Der **selbstständige Gewerbetreibende unterscheidet sich vom Stellvertreter** (vgl. § 9 GastG) und **vom Gewerbegehilfen** (§ 41 GewO [Text in Anhang II 1]). Im Allgemeinen wird derjenige als selbstständig bezeichnet, der ein Gewerbe (nicht notwendig die einzelnen Rechtsgeschäfte) **auf eigene Rechnung und unter eigener Verantwortung** betreibt. Der Selbstständige übt das Gewerbe **auf eigene Gefahr** und **in persönlicher und sachlicher Unabhängigkeit** aus. Er entfaltet Unternehmerinitiative und trägt das **Unternehmerrisiko**, sei es auch nur hinsichtlich des Einsatzes der eigenen Arbeitskraft. Der Selbstständige wird im Allgemeinen das Betriebskapital beschaffen, den Betrieb leiten, die Erzeugnisse des Betriebs veräußern, den Verlust tragen und den Gewinn beziehen. 26

Die **Grenze** zum Unselbstständigen ist fließend. Für die Beurteilung kommt es darauf an, ob die Tätigkeit nach ihrem **Gesamtbild** 27

§ 1 Gaststättengewerbe

den Eindruck der Abhängigkeit von einem Unternehmer vermittelt oder den der Betätigung als Unternehmer. Anhaltspunkte dafür, dass jemand Gewerbetreibender ist, können je nach Sachlage auch die Eintragung in das Handelsregister, die Firmierung gegenüber den Kunden und die Anzeige nach § 14 GewO sein.

28 Als **Beispiele** von Fällen der vorliegenden oder fehlenden Selbstständigkeit sind zu nennen:

- selbstständig wird in der Regel der **Pächter** des Betriebs sein (zum Pächter vgl. *BayVGH* 16. 11. 1972, GewArch 1974, 29);
- unselbstständig ist in der Regel der **Filialleiter**;
- **Geschäftsführer von Vereinen**, die gegründet sind, um den Geschäftsführer nicht als Unternehmer in Erscheinung treten zu lassen, sind selbstständige Gewerbetreibende, wenn sie das Unternehmerrisiko tragen und die erforderliche Freiheit in ihrer Tätigkeit haben;
- Personen, die **Strohmänner** vorgeschoben haben, sind in eigener Person selbstständig; Vereinbarungen, das Erfordernis der Erlaubnis für eine Person durch einen Strohmann zu umgehen, sind als Verstoß gegen § 2 Abs. 1 GastG i.V.m. § 134 BGB zivilrechtlich nichtig (vgl. *LG Berlin* 20. 4. 1977, NJW 1977, 1826 f.);
- die **Einrichtung einer Gesellschaft** mit eigener Rechtspersönlichkeit zu dem Zweck, die bei einer geschäftlichen Betätigung der Gesellschafter in eigenem Namen zu erwartenden Schwierigkeiten zu vermeiden, genügt für sich allein nicht, um die Gesellschafter als Gewerbetreibende anzusehen;
- ein **Mietkoch**, der im Rahmen eines zivilrechtlichen Vertrags für einen anderen anlässlich eines Ereignisses (Fest, Party etc.) kocht, ist in der Regel nicht selbstständig tätig, es sei denn, er übt seine Tätigkeit auf eigene Rechnung und in eigenem Namen aus (*Pauly/Brehm* GewArch 2000, 50, 58).

e) Rechtsform

29 Gewerbetreibende können **natürliche und juristische Personen** sein. Zu den letzteren und zu den Personenmehrheiten ohne eigene Rechtspersönlichkeit vgl. § 2 Rn. 6–12.

5. Zugänglichkeit des Betriebs

Zum Begriff des Gaststättengewerbes gehört seit jeher das Führen eines offenen, d. h. **allgemein benutzbaren** oder wenigstens den Angehörigen gewisser Gesellschaftsklassen in der Regel allgemein zugänglichen **Lokals** (*Ambs* in: *Erbs/Kohlhaas* § 1 GastG Rn. 9; *Ehlers* in: *Achterberg u. a.* § 2 Rn. 211). Den Gegensatz dazu bildet das Offensein lediglich für bestimmte einzelne Personen, etwa bei Hochzeitsfeiern oder bei häuslichen Partys. Kein offenes Lokal wird auch dann betrieben, wenn die Bewirtung lediglich aufgrund der Auswahl des Lokalinhabers oder eines Dritten unter Ausschluss aller übrigen, derselben Kategorie angehörenden Personen und des Publikums überhaupt erfolgt. Dies entschied das *BayObLG* im Zusammenhang mit einem Empfang, den der Staatssekretär der Regierung anlässlich einer Spielwarenmesse im Namen der Staatsregierung an einen ausgewählten Personenkreis gab (*BayObLG* 13. 1. 1993, GewArch 1993, 166 f.). Bei Clubs und Vereinen ist Zugänglichkeit für jedermann dann gegeben, wenn der Kreis der Mitglieder nicht von vornherein auf eine kleine Zahl fester Mitglieder begrenzt ist, die Mitglieder also nicht jederzeit individualisierbar sind, sondern der Verein, wie dies die Regel ist, als offener Verein angelegt ist, dessen Mitgliederzahl nicht begrenzt und bei dem ein Wechsel im Bestand der Mitglieder jederzeit möglich ist (*OVG NRW* 29. 3. 1976, GewArch 1976, 236 f.).

30

Für die Auslegung des Begriffsmerkmals bietet das GastG dadurch Anhaltspunkte, dass es ausdrücklich Vorschriften über Vereinsgaststätten (vgl. § 23 GastG) trifft und somit davon ausgeht, dass es sich dabei um Betriebe nach § 1 GastG handelt. Die Abgabe von Getränken durch den Zimmervermieter an **Prostituierte**, welche die Getränke an den unbestimmten Kreis ihrer Besucher verabreichen, fällt ebenfalls unter § 1 GastG (*BVerwG* 26. 2. 1974, GewArch 1974, 201; *OVG Hamburg* 11. 2. 1972, GewArch 1974, 203; *BVerwG* 14. 6. 1961, GewArch 1962, 40). Die Erhebung von **Eintrittsgeld**, wie auch ein Vorbehalt des Wirts, über die Zulassung des einzelnen Gasts (etwa bei verschlossener Tür auf Klopfen) zu entscheiden, schließt die Anwendung des § 1 GastG nicht aus. Er-

31

öffnet der **Fahrlehrer** seinen Schülern ein Gästehaus, so ist der Betrieb „einem bestimmten Personenkreis" zugänglich i. S. d. § 1 Abs. 1 GastG (vgl. *VGH BW* 27. 7. 1977, GewArch 1978, 97 f.).

6. Schankwirtschaft (Abs. 1 Nr. 1)

a) Verabreichen von Getränken

32 Der Begriff „Schankwirtschaft" unterscheidet nicht zwischen der Verabreichung alkoholischer und alkoholfreier **Getränke**; auch der Ausschank alkoholfreier Getränke ist Schankwirtschaft (vgl. aber § 2 Abs. 2 Nr. 1 und 3 GastG). Zu den Schankwirtschaften des alten Rechts vgl. § 34 GastG. Getränke können im Einzelfall auch flüssige Speisen (Fleischbrühe, Suppen usw.) sein, wenn ihre Funktion bei der Abgabe der von Getränken gleicht (**aA** *Aßfalg* in: *Aßfalg/Lehle/Rapp/Schwab* § 1 GastG Rn. 4 sowie die *Voraufl.* in § 1 Rn. 16) – die Abgrenzung bestimmt sich nach der Verkehrsauffassung (vgl. eingehender § 2 Rn. 22). Arzneimittel i. S. d. § 1 Arzneimittelgesetz sind keine Getränke; Zusätze, die eine gesundheitsfördernde Wirkung haben sollen (etwa Vitamine, Mineralstoffe, probiotische Mittel etc.), hindern allerdings die Eigenschaft als Getränk nicht. Der Begriff des **Verabreichens** erfordert nicht den Ausschank; die Abgabe in Flaschen und sonstigen Behältnissen genügt, sofern sie zum Verzehr an Ort und Stelle erfolgt (*Ambs* in: *Erbs/Kohlhaas* § 1 GastG Rn. 13). Auch im Bereitstellen der Getränke zur Selbstbedienung liegt ein Verabreichen. **Zum Verzehr** werden auch unentgeltliche Kostproben verabreicht, so dass § 1 GastG anzuwenden ist, sofern auch die übrigen Voraussetzungen dieser Vorschrift gegeben sind (vgl. aber § 2 Abs. 2 Nr. 2 GastG). Auch wenn der Getränkeausschank nur eine **Nebenleistung** innerhalb des Betriebs darstellt, handelt es sich um einen erlaubnispflichtigen Schankbetrieb (*OVG RP* 6. 7. 1977, GewArch 1978, 135 f.).

b) Verzehr an Ort und Stelle

33 Für den Verzehr **an Ort und Stelle** genügt es, dass zwischen der Abgabestätte und dem Ort, an dem das Getränk mit Wissen und

Willen (Duldung) des Gewerbetreibenden alsbald verzehrt werden soll, ein **gewisser räumlicher Zusammenhang** besteht (*BVerwG* 6. 10. 1955, GewArch 1956, 117; *OVG NRW* 15. 6. 1973, GewArch 1974, 306; *Tettinger* in: *Tettinger/Wank* § 68a Rn. 8). Darüber hinaus enthält der Begriff auch ein **zeitliches Element** im Sinne eines auf die Verabreichung unmittelbar folgenden Verzehrs (so zu Recht *Schönleiter* in: *Landmann/Rohmer* § 68a Rn. 11; *Wagner* in: *Friauf* § 68a Rn. 9). Eine Abgabe zum Verzehr an Ort und Stelle liegt allerdings nicht vor, wenn zwar mit dem Verzehr am Abgabeort begonnen wird, der Verzehr aber hauptsächlich im Weitergehen stattfindet. Der räumliche Zusammenhang besteht nicht nur beim Schalterausschank ins Freie, sondern etwa auch bei der Abgabe in einer **Betriebsverkaufsstelle** zum Verzehr in den Arbeitsräumen des Betriebsgebäudes, bei einer **Camping-Verkaufsstelle** mit Abgabe an die Besucher eines Freibades, bei der Verabreichung zum Verzehr im Hausflur, im Hofraum, auf dem Nachbargrundstück, auf der Straße vor dem Betriebsgrundstück oder bei der Abgabe an „Freier" in **Zimmern der Prostituierten** die in einer engeren räumlichen Verbindung mit dem Salon stehen, in dem Getränke ausgeschenkt werden und der dem gemeinsamen Aufenthalt der Prostituierten dient (*OVG Hamburg* 11. 2. 1972, GewArch 1974, 203). Ein **Imbissraum** kann eine Schank- und Speisewirtschaft sein, wenn durch einen Schalter Getränke und Speisen ins Freie in einer Form verabreicht werden, die ihren sofortigen Verzehr erfordern oder doch zumindest nahe legen (*OVG Saarland* 21. 7. 1992, GewArch 1992, 432 f.). Ein **Verfügungsrecht des Wirts** über den Platz, an dem der Verzehr erfolgt, ist nicht notwendig (*OVG NRW* 15. 6. 1973, GewArch 1974, 306: Imbisswagen kann erlaubnispflichtige Trinkhalle sein). Zweifelsfälle sind unter **Berücksichtigung der Verkehrsanschauung** (*VG Würzburg* 9. 10. 1996, GewArch 1997, 164 f.) nach dem Zweck des GastG zu entscheiden.

c) Automaten

Bei **Automaten** müssen besondere Vorrichtungen oder Umstände erkennen lassen, dass der Aufsteller des Automaten zumindest mit der Möglichkeit des Verzehrs der Getränke auf der Stelle rechnet

34

und ein solches Verhalten seiner Kunden billigt (etwa Vorrichtungen am Automaten zum Öffnen der Behältnisse, Bereitstellen von Bechern, Abstell- und Sitzgelegenheiten; die Abgabe von Getränken in Behältnissen, die ohne Hilfsmittel geöffnet werden können, genügt nicht). Zum Automatengewerbe vgl. auch *Kienzle* GewArch 1971, 97.

7. Speisewirtschaft (Abs. 1 Nr. 2)

a) Erlaubnispflicht

35 Im Gegensatz zum früheren Recht ist jetzt der **Betrieb einer Speisewirtschaft** nach Maßgabe des § 2 GastG **erlaubnispflichtig** (zu den Speisewirtschaften aus der Zeit des alten Rechts vgl. § 34 Abs. 2 GastG). Die Begriffsbestimmung der Speisewirtschaft deckt sich bis auf das Merkmal „zubereitete Speise" statt „Getränk" mit der der Schankwirtschaft (vgl. oben Rn. 32–34). Werden in einer Speisewirtschaft gewerbsmäßig (vgl. oben Rn. 5 ff.) Getränke ausgeschenkt, so ist der Betrieb sowohl Speisewirtschaft als auch Schankwirtschaft.

b) Automaten

36 **Automaten**, in denen zubereitete Speisen zum Verzehr an Ort und Stelle feilgehalten werden (inzwischen sogar Pommes Frites, Currywurst und Pizza), sind Speisewirtschaften; die Verabreichung an Passanten zum Verzehr im Weitergehen ist keine Abgabe zum Verzehr an Ort und Stelle (vgl. bereits oben Rn. 34).

c) Zubereitete Speisen

37 Für den Begriff der **Speise** kommt es auf die Verkehrsanschauung an. Fleischbrühe, Suppen usw. sind Speisen und nicht Getränke, wenn sie nicht ausnahmsweise wegen ihrer konkreten Funktion Getränken gleichen, etwa weil sie in Automaten in Bechern angeboten werden (vgl. oben Rn. 32 sowie § 2 Rn. 22). Mit dem Begriff der **zubereiteten Speise** haben sich Literatur und Rspr im Zusammenhang mit dem nach altem GastR nur gewohnheitsrechtlich anerkannten sog. Verkauf über die Straße befasst, der nicht den Ladenschlussvorschriften und dem Einzelhandelsrecht, sondern als Teil

des Gaststättengewerbes dem Gaststätten- und damit dem Sperrzeitrecht unterliegt (vgl. dazu § 7 Abs. 2 Nr. 1 GastG). Die Gesetzesmaterialien bieten keinen Anhalt dafür, dass das jetzt geltende Recht vom überkommenen Inhalt dieses Begriffs abweichen will. Kennzeichnend für die zubereitete Speise ist, dass sie zum alsbaldigen Verzehr essfertig gemacht ist. Außer den fraglos als zubereitete Speisen geltenden warmen und kalten Mahlzeiten der Gastronomie (einschließlich heißer Würstchen, belegter Brote usw.) sind etwa auch Frischwurst (*BayObLG* 24. 5. 1955, DÖV 1955, 567; **aA** *OLG Celle* 19. 1. 1962, GewArch 1962, 155), Speiseeis sowie Torten und ähnliche leichtverderbliche Backwaren zubereitete Speisen. Ohne Bedeutung ist, ob die verabreichte Speise im Betrieb selbst zubereitet oder von diesem fertig bezogen wird (auch fabrikmäßig hergestelltes verpacktes Speiseeis ist zubereitete Speise).

Nicht zu den zubereiteten Speisen gehören Lebensmittel, die noch einer weiteren Be- oder Verarbeitung zur Herstellung der Essfertigkeit bedürfen (etwa rohes Fleisch), soweit diese nicht wie beim Tatarbeefsteak üblicherweise dem Gast obliegt, ferner Lebensmittel, die ohne besondere Zubereitung **essfertig** sind (etwa ungeschältes rohes Obst) sowie diejenigen Lebensmittel, die ohne Tiefkühlung oder ähnliche Vorkehrungen längere Zeit vorrätig gehalten werden können (etwa Brot, Brötchen, Dauerbackwaren, Dauerwurst, Räucherwaren, Lebensmittelkonserven, es sei denn, dass sie wie belegte Brote oder geöffnete Konserven durch besondere Zurichtung essfertig gemacht wurden). **38**

8. Beherbergungsbetrieb (Abs. 1 Nr. 3)

a) Altes Recht

Dieser Begriff ist an die Stelle des Begriffs der Gastwirtschaft i. S. d. § 1 GastG a. F. getreten. Auf die Merkmale dieses früheren, gesetzlich nicht umschriebenen Begriffs, wie gemeinsamer Aufenthaltsraum für die Gäste, Abgrenzung der Privaträume von den Betriebsräumen usw., kommt es nicht mehr an. **39**

§ 1   Gaststättengewerbe

b) Reichweite

40 BT-Ds V/205, S. 13:

„Jede gewerbliche Beherbergung von Gästen fällt unter den Begriff „Beherbergungsbetrieb" und unterliegt den Vorschriften des Gesetzes. Dies gilt für die „Zimmervermietung", ferner z. B. für Schülerpensionate, Kindererholungsheime, Wanderheime, sofern sie gewerbsmäßig betrieben werden. Hingegen wird durch § 1 Nr. 3 nicht erfasst z. B. die Abgabe von möblierten Zimmern an Studenten, da es sich hierbei nicht um eine gewerbliche Tätigkeit und auch nicht um eine Beherbergung von Gästen, sondern um Untervermietung für längere Zeit handelt, bei der die Merkmale eines Beherbergungsbetriebes fehlen."

41 **Beherbergung** ist in jedem Fall die Gewährung von **Unterkunft mit Schlafgelegenheit**. Damit ist etwa die **Vermietung** von Zimmern, Appartements, Ferienhäusern, Wohnwagen oder Zelten an Urlauber Beherbergung und unterliegt dem GastG, wenn die allgemeinen Tatbestandsmerkmale des § 1 GastG gegeben sind (vor allem Vermietung an einen wechselnden Personenkreis und nicht immer an dieselbe Familie).

42 Richtigerweise darf der Begriff „Beherbergung" aber nicht auf diese Fälle beschränkt werden, sondern **erfasst darüber hinaus auch andere Fälle der gewerblichen Unterkunft**, etwa sog. Tageshotels (wie hier *Michel/Kienzle* § 1 Rn. 61; aA die *Voraufl.* in § 1 Rn. 21). Eine andere Betrachtungsweise wäre schwerlich mit dem Zweck des GastG zu vereinbaren, weil auch in diesen Fällen – bei Fehlen einer Schlafgelegenheit – der Bedarf zur gewerberechtlichen Kontrolle und Regulierung besteht.

43 Aus dem Begriff des **Gastes** (vgl. hierzu § 28 Rn. 12), wie auch aus dem Erfordernis der Zugänglichkeit für jedermann oder für bestimmte Personenkreise folgt, dass der Betrieb **nicht auf Dauermieter angelegt** sein darf (der Charakter als Beherbergungsbetrieb wird aber durch die Aufnahme auch von Dauergästen nicht in Frage gestellt). Entgegen der oben in Rn. 40 aufgeführten Begründung zu § 1 GastG gehören daher **Schülerpensionate** (sofern sie nicht im Einzelfall ohnehin schon wegen des Überwiegens von Erziehungs- oder

Unterrichtszwecken keine Beherbergungsbetriebe sind), Wohnheime und ähnliche auf **Dauermieter** abgestellte Betriebe nicht zu den Beherbergungsbetrieben i. S. d. § 1 Abs. 1 Nr. 3 GastG.

c) Definition

Nach dem hier vertretenen weiten Verständnis des Beherbergungsbegriffs ist Herberge **jede gewerbliche Unterkunft für Personen** (ebenso *Michel/Kienzle* § 1 Rn. 61). 44

d) Boardinghouse

Auch das sog. **Boardinghouse"** oder **„Boardinghotel"** (auch „Concierge-Residenzen" genannt) kann ein Beherbergungsbetrieb i. S. d. § 1 Abs. 1 Nr. 3 GastG sein. Bei dieser Art der Unterkunft handelt es sich um eine **Mischform zwischen Hotel und Wohnung**, die dadurch gekennzeichnet ist, dass sie in jedem Fall über eine Kochgelegenheit und einen Kühlschrank verfügt (*Hermanns/Hönig* BauR 2001, 1523, 1524). Das Boardinghouse bietet hochwertiges Wohnen auf Zeit an und richtet sich an private und institutionelle (Langzeit-) Gäste (*Schneider* Baumeister 9/02, 20). Dabei werden zahlreiche Nebenleistungen angeboten, die vom Schuhputzservice über Lebensmitteleinkauf bis hin zur Essensversorgung im Appartement reichen. Auch die Sicherheit der Gäste wird sehr wichtig genommen (Wachservice etc.) Ein Beispiel für ein Boardinghotel in Frankfurt findet sich etwa bei *Schneider* aaO. Für die Beurteilung der Einordnung als Beherbergungsbetrieb ist auf den **Einzelfall** abzustellen. Entscheidend ist die übliche **Länge des Aufenthalts** der Gäste (ebenso *Schönleiter/Kopp* GewArch 2002, 366, 371 f.). Dabei handelt sich auch dann noch um einen Beherbergungsbetrieb, wenn der übliche Aufenthalt der Gäste wenige Wochen dauert. Die **Grenze** dürfte im Regelfall **bei einem Monat** liegen. Daneben können auch andere Kriterien gegen einen Beherbergungsbetrieb sprechen, so etwa das Vorhandensein von Briefkästen für die Gäste (vgl. *Schönleiter/Kopp* aaO). 45

Tipp: Im Sinne einer **Deregulierung** sollte die Einbeziehung des Boardinghouse in den Bereich des GastG nur zurückhaltend erfolgen.

§ 1   Gaststättengewerbe

Zumeist besteht wegen der Ähnlichkeit des Boardinghouse mit dem privaten Mietwohnen kein besonderer Bedarf einer gaststättenrechtlichen Prüfung und Kontrolle.

46 Von einem Beherbergungsbetrieb ist stets dann auszugehen, wenn von einem Hotelbetrieb auch „Boardingzimmer" oder „-bereiche" angeboten werden. Bei einer solchen **Mischung von Hotel- und Boardingbetrieb** folgt das Erfordernis der Anwendung des GastG aus dem Hotelbetrieb (so zu Recht *Schönleiter/Kopp* GewArch 2002, 366, 372).

e) Weitere Einzelfälle

47 Wenn **Appartements** an Feriengäste **kurzfristig vermietet** werden, so kann dies die Voraussetzungen eines Beherbergungsbetriebs erfüllen *(BVerwG* 25. 2. 1976, GewArch 1976, 170 f.). Ein Beherbergungsbetrieb liegt ferner vor bei **Reiseomnibussen** mit Schlafkabinen (vgl. dazu auch § 25 Rn. 16); ebenso wenn ein **Fahrlehrer** seine Schüler in einem Gasthaus unterbringt (vgl. *VGH BW* 27. 7. 1977, GewArch 1978, 97 f.). Dagegen erfüllt die Vermietung von **Zeltplätzen** und von Standplätzen für Wohnwagen für sich allein noch nicht die Merkmale des Beherbergungsbetriebs (vgl. *BVerwG* 14. 1. 1965, GewArch 1966, 22). Die Vermietung von Häusern und Wohnungen eines **Feriendorfs** durch eine Verwaltungsgesellschaft ist ein erlaubnisbedürftiger Beherbergungsbetrieb. Entscheidend ist, dass die Personen, die in dem Ferienort Quartier finden, dort die Unterkunft als fremdbleibende Besucher zu kurzfristigen Urlaubsaufenthalten nutzen und diese nicht als festes, auf Dauer angelegtes Zuhause bewohnen (*BayVGH* 16. 3. 1993, GewArch 1993, 208 f.).

48 Der Umstand, dass ein Beherbergungsbetrieb, etwa aufgrund gezielter Werbung, **überwiegend Jugendgruppen** bestimmter, etwa kirchlicher Organisationen aufnimmt, aber generell auch anderen Gästen offen steht, lässt die Erlaubnispflicht selbst dann nicht entfallen, wenn mit der Vermietung der Räume keine Bedienung der Gäste oder sonstiger Service verbunden ist (*VG Koblenz* 12. 12. 1977, GewArch 1978, 382).

Gaststättengewerbe § 1

e) Krankenhäuser, Altenheime

Keine Beherbergungsbetriebe sind **Krankenanstalten** und ähnliche Betriebe, bei denen die Beherbergung nur rechtlich unselbstständige Nebenleistung ist, die der Einbeziehung in den Anwendungsbereich des GastG nicht bedarf. Zu den **Altenheimen**, Altenwohnheimen und Pflegeheimen für Volljährige siehe die Regelungen des **HeimG**.

49

9. Gaststätten des Reisegewerbes (Abs. 2)

a) Allgemeines

Zu den Vorstellungen des Wirtschaftsausschusses des BT vgl. den oben in Rn. 2 zitierten Auszug aus BT-Ds V/1652. § 1 Abs. 2 GastG erfasst aber nicht nur Betriebe auf Volksfesten u. Ä., sondern alle Betriebe des Reisegewerbes, welche die Merkmale dieser Vorschrift aufweisen.

50

b) Begriff der GewO

Nach § 55 GewO (Text im Anhang II 1) wird in dem hier interessierenden Bereich ein **Reisegewerbe** betrieben, wenn außerhalb der gewerblichen Niederlassung des Gewerbetreibenden oder ohne eine solche ohne vorhergehende Bestellung Getränke oder zubereitete Speisen verabreicht werden. Zum Begriff der gewerblichen Niederlassung vgl. oben Rn. 22 f. Der Gewerbetreibende wird auch dann im Reisegewerbe tätig, wenn er **feste Betriebsräume eines anderen vorübergehend für seinen Betrieb** benutzt. Ohne vorhergehende Bestellung wird er tätig, wenn er nicht von den jeweiligen Kunden in der Weise zum Kommen aufgefordert worden ist, dass die Waren, für die der Kunde sich interessiert, der Art und Qualität nach hinreichend bestimmt sind und Zeit und Ort des Erscheinens des Gewerbetreibenden nicht völlig unbestimmt bleiben. Ohne vorhergehende Bestellung wird etwa ein **Festwirt** auf einem Volksfest selbst dann tätig, wenn er vom Volksfestveranstalter zur Teilnahme aufgefordert wurde. Auf vorhergehende Bestellung wird dagegen etwa die **Stadtküche** tätig, die das kalte Buffet für ein Gartenfest stellt und vom Veranstalter bezahlt wird.

51

§ 1 Gaststättengewerbe

c) Selbstständigkeit

52 Mit dem Tatbestandsmerkmal **selbstständiger Gewerbetreibender** in § 1 Abs. 2 GastG ist bestimmt, dass die Vorschrift entgegen des in § 55 GewO erwähnten Merkmals „in eigener Person" den selbstständigen Gewerbetreibenden trifft, der im Reisegewerbe entweder in eigener Person (dann ist er selbst Reisegewerbebetreibender) oder durch Hilfskräfte (dann betätigt er sich selbst im stehenden Gewerbe, vgl. oben Rn. 22 f.) tätig wird. Ob auch die Abgabe von Getränken oder Speisen durch Automaten Reisegewerbe sein kann, ist strittig. Zum Begriff des selbstständigen Gewerbetreibenden vgl. oben Rn. 25–28. § 1 Abs. 2 GastG trifft also etwa nicht den **Geschäftsführer**, der den Betrieb in einem **Festzelt an Ort und Stelle** leitet und damit in eigener Person die Begriffsmerkmale des Reisegewerbes erfüllt. Zur Nichtanwendbarkeit des Titels III GewO in diesem Bereich und zu dessen Anwendbarkeit außerhalb dieses Bereichs vgl. § 13 Abs. 1 GastG.

d) Ortsfeste Betriebsstätte

53 Eine **für die Dauer der Veranstaltung ortsfeste Betriebsstätte** ist nicht nur anzunehmen, wenn die Betriebsstätte mit dem Boden fest verbunden ist (etwa Festzelt, Verkaufsbude, für die vorübergehende Zeit angemietete Betriebsräume), sondern entgegen der in Rn. 2 zitierten Auffassung des Wirtschaftsausschusses des BT auch dann, wenn bewegliche Betriebshilfen, mit denen der Gaststättenbetrieb ausgeübt werden soll (etwa nicht mit dem Boden verbundener Verkaufsstand, Kraftwagen, Schiff), zur Gewerbeausübung solange an der gleichen Stelle abgestellt bleiben, dass die räumlich bezogene Erlaubnis nach § 2 GastG bzw. die Gestattung nach § 12 GastG für sie noch sinnvoll erscheint (§ 1 Abs. 2 GastG erfasst also nicht während der Veranstaltung umherfahrende Verkaufswagen oder Bauchläden).

54 **Veranstaltung** i. S. d. § 1 Abs. 2 GastG ist das Verabreichen von Getränken oder zubereiteten Speisen.

55 Ein **nur für Stunden belegter Standplatz** reicht für die Annahme einer ortsfesten Betriebsstätte wohl nicht aus. Zur ständigen oder

regelmäßig wiederkehrenden Benutzung desselben Standplatzes vgl. oben Rn. 23.

e) Gestattung (§ 12 GastG)

Für den Betrieb i. S. d. § 1 Abs. 2 GastG wird im Allgemeinen eine Gestattung nach § 12 GastG in Betracht kommen. Eine generelle Schank- oder Speisewirtschaftserlaubnis für die Gaststätte ohne gewerbliche Niederlassung scheidet aus, weil auch im Bereich des § 1 Abs. 2 GastG die Erlaubnis jeweils nur für eine bestimmte Betriebsstätte erteilt werden darf (§ 3 GastG). **56**

f) Anwendung des Titels II GewO

Auf die im Reisegewerbe betriebenen Gaststättenbetriebe nach Abs. 2 finden gem. § 31 GastG die **Vorschriften des Titels II der Gewerbeordnung über das stehende Gewerbe** entsprechende Anwendung (*VGH BW* 30. 8. 1994, VBlBW 1995, 104 = BWVP 1995, 89; *Aßfalg* in: *Aßfalg/Lehle/Rapp/Schwab* § 1 GastG Rn. 2; *Stein* VR 1996, 92; **aA** *Michel/Kienzle* Rn. 2 zu § 13; vgl. dazu auch § 13 Rn. 5, § 31 Rn. 4). **57**

10. Marktverkehr

a) Marktrechtliches Privileg

Unter Titel IV GewO werden **Messen, Ausstellungen** und **Märkte** geregelt. Wichtig in diesem Zusammenhang ist **§ 68a GewO** für das Verabreichen von Getränken und Speisen. Die Bestimmung enthält ein **marktrechtliches Privileg** (*Tettinger* in: *Tettinger/Wank* § 68a Rn. 2): Auf Märkten dürfen alkoholfreie Getränke und zubereitete Speisen, auf anderen Veranstaltungen i. S. d. §§ 64–68 GewO Kostproben zum Verzehren an Ort und Stelle verabreicht werden. Der Gesetzgeber hat auf die gaststättenrechtliche Erlaubnispflicht für das Verabreichen von alkoholfreien Getränken und zubereiteten Speisen hier verzichtet. Was die **Volksfeste** angeht, so verweist § 60b GewO auf die Bestimmung, so dass das Privileg auch insoweit gilt und das GastG keine Anwendung findet (*Tettinger* aaO, § 60b Rn. 12). **58**

§ 1 Gaststättengewerbe

b) Verzehr an Ort und Stelle

59 Typisch für die von § 68a GewO erfassten gastgewerblichen Tätigkeiten ist der **Verzehr an Ort und Stelle**. Er entspricht der Definition des GastG (vgl. oben Rn. 33). Vom Verzehr an Ort und Stelle ist immer dann auszugehen, wenn besondere Einrichtungen für den alsbaldigen Verzehr vorhanden sind. Auch bei solchen Erzeugnissen ist der Verzehr an Ort und Stelle anzunehmen, die aufgrund ihrer Eigenart üblicherweise nicht im Weitergehen (vgl. dazu *Tettinger* in: *Tettinger/Wank* § 68a Rn. 10) verzehrt werden, etwa um Fettspritzer zu vermeiden, wie bei fettigen Fischspeisen, die lediglich in eine Serviette eingeschlagen sind (*Wagner* in: *Friauf* § 68a Rn. 9 m.w.N.). Unerheblich ist der Hinweis, dass der Verzehr nicht gestattet ist (*Schönleiter* in: *Landmann/Rohmer* § 68a Rn. 11).

c) Keine Erlaubnispflicht

60 § 68a GewO bringt die Befreiung von der ansonsten erforderlichen **Erlaubnis-** oder **Gestattungspflicht** nach dem GastG. Sind die Schranken des § 68a GewO nicht eingehalten, so greift das GastG in vollem Umfang ein. Dies gilt besonders für den Ausschank von alkoholischen Getränken.

d) Reisegewerbe

61 Gastgewerbliche Tätigkeit kann auch die Ausübung eines **Reisegewerbes** darstellen, wenn die Speisen und Getränke nicht an einer für die Dauer der Veranstaltung ortsfesten Betriebsstätte, sondern im Umherziehen angeboten werden (Beispiel: Ein Würstchenkarren, der über den Marktplatz geschoben wird). Hier verbleibt es bei der Reisegewerbekartenpflicht, wenn das gastronomische Angebot über das Privileg des § 68a S. 1 GewO hinausgeht (*Schönleiter* in: *Landmann/Rohmer* § 68a Rn. 19; *Wagner* in: *Friauf* § 68a Rn. 11; *Tettinger* in: *Tettinger/Wank* § 68a Rn. 10).

e) Ausschank auf Messen

62 Zum **Ausschank auf Messen** vgl. § 12 Rn. 3 f. Die Marktfreiheit gilt nur, so weit es sich um die Verabreichung von Getränken oder zubereiteten Speisen als Gegenstand des Marktverkehrs handelt, nicht aber, wenn das Verabreichen nur aus Anlass einer Veranstaltung des Marktverkehrs erfolgt. So sind etwa der Ausschank von Getränken auf einer Baumaschinenmesse oder der Betrieb eines Messerestaurants zur Verpflegung der Messebesucher nicht Marktverkehr.

§ 2
Erlaubnis

(1) Wer ein Gaststättengewerbe betreiben will, bedarf der Erlaubnis. Die Erlaubnis kann auch nichtrechtsfähigen Vereinen erteilt werden.

(2) Der Erlaubnis bedarf nicht, wer
1. Milch, Milcherzeugnisse oder alkoholfreie Milchmischgetränke verabreicht,
2. unentgeltliche Kostproben verabreicht,
3. alkoholfreie Getränke aus Automaten verabreicht.

(3) Der Erlaubnis bedarf ferner nicht, wer, ohne Sitzgelegenheit bereitzustellen, in räumlicher Verbindung mit seinem Ladengeschäft des Lebensmitteleinzelhandels oder des Lebensmittelhandwerks während der Ladenöffnungszeiten alkoholfreie Getränke oder zubereitete Speisen verabreicht.

(4) Für einen Beherbergungsbetrieb bedarf es der Erlaubnis nicht, wenn der Betrieb darauf eingerichtet ist, nicht mehr als acht Gäste gleichzeitig zu beherbergen; in solchen Betrieben ist das Verabreichen von Getränken und zubereiteten Speisen an Hausgäste erlaubnisfrei. Satz 1 gilt nicht, wenn der Beherbergungsbetrieb in Verbindung mit einer erlaubnisbedürftigen Schank- oder Speisewirtschaft ausgeübt wird.

§ 2 Erlaubnis

Inhaltsübersicht

	Rn.		Rn.
1. Fassung, Materialien, Literatur		– Tankstellen-Shops	25
a) Fassung	1	– Sitzgelegenheit	26, 27
b) Materialien zur geltenden Fassung	1a	– räumliche Verbindung	28
		f) § 2 Abs. 4 (Beherbergungsbetrieb)	29
c) Weiterführende Literatur	1b		
2. Erlaubnispflicht	2, 3	*6. Verfahren, Rechtsschutz, Nachbarschutz*	
3. Gesetzesbindung, Behördenfunktion		a) Rechtsgrundlagen	30
a) Gesetzesbindung	4	b) Entscheidung über die Erlaubnis	
b) Dauerhaftes Verwaltungsrechtsverhältnis	5	– Antragserfordernis	31, 32
4. Erlaubnisträger		– zuständige Behörde	33
a) Erlaubnisträger		– Ermittlung von Amts wegen	34
– persönliche Erlaubnis	6	– Anhörung	35
– natürliche und juristische Personen	7	– Verwaltungsakt, Schriftform, Begründung	36
b) Ausländer	8	– Zusicherung	37
c) Personenmehrheiten		– Bestimmtheit	38
– Allgemeines	9	– Rechtsmittelbelehrung	39, 40
– Rechtsfähigkeit der GbR	10	– Verwaltungsgebühr	41
– EU-Gesellschaften	11	– Schankerlaubnissteuer	42
– weitere Gesellschaften	12	c) Weitere Einzelheiten zur Erlaubnis	43
d) Umwandlung	13–16		
5. Erlaubnisfreiheit		d) Mitteilungspflichten an Finanzbehörden	44
a) Geltung	17		
b) § 2 Abs. 2 Nr. 1		e) Gewerbezentralregister	45
– Milch- und Margarinegesetz	18	f) Behördliche Zwangsmaßnahmen	
– Alkoholfreiheit	19	– Allgemeines, Untersagung, Sofortvollzug	46, 47
– Bauernverkauf	20		
c) § 2 Abs. 2 Nr. 2 (Kostproben)	21	– Ermessen, formelle Illegalität	48
d) § 2 Abs. 2 Nr. 3 (Automaten)	22	– Schriftform, Begründung	49
e) § 2 Abs. 3		– Zwangsmittel	50
– Zweck	23	g) Widerspruch	
– Einzelhandel	24	– Allgemeines	51

Erlaubnis § 2

- Schriftform, Widerspruchsbehörde 52
- Widerspruchsfrist, Begründung 53
- Rechtsmittelbelehrung 54, 55

h) Klage
- Verpflichtungsklage 56
- Klagefrist, Verwirkung 57
- Schriftform 58
- elektronisches Dokument 59
- Klageantrag, Beispiel 60
- Prozessführungsbefugnis 61
- Untätigkeitsklage 62
- Prüfungsmaßstab 63
- Nachbarbeiladung 64
- Feststellungsklage 65
- Klageantrag, Beispiel 65
- Berufung (Zulassung) 66
- von Amts wegen 67
- auf Antrag 68
- Revision 69
- Anwaltszwang bei Berufung, Revision 70

i) Gerichtlicher Eilschutz
- Allgemeines 71
- Einstweilige Anordnung 72
- Schriftform, Zeitpunkt, Glaubhaftmachung 73
- Anordnungsgrund/-anspruch 74
- Vorwegnahme der Hauptsache 75
- Beschwerde 76

j) Nachbarschutz
- Bedeutung 77
- Nachbarschutz im Allgemeinen 78
- Differenzierung 79
- Fälle ohne Nachbarschutz 80
- Nachbarschutz bei Lärmimmissionen 81–84
- sonstige Fälle des Nachbarschutzes 85
- Begriff des Nachbarn 86
- Eigentümergemeinschaft 87
- Klageart bei Nachbarschutz 88–90
- Klageantrag, Verwirkung, Beispiel 91
- Entscheidungszeitpunkt 92
- Beiladung des Erlaubnisinhabers 93
- aufschiebende Wirkung 94
- sofortige Vollziehung 95
- Gerichtlicher Eilschutz 96
- Verpflichtungsklage bei Auflagen 97

k) Amtshaftung 98
l) Konkurrenzschutz 99

7. Öffentlich-rechtlicher Vertrag
- Grundlegendes 100
- Bindung an Recht und Gesetz 101
- Austauschvertrag 102
- Vergleichsvertrag 103
- Formvorschriften 104

8. Ordnungswidrigkeiten 105

§ 2 Erlaubnis

1. Fassung, Materialien, Literatur

a) Fassung

1 Die Vorschrift in der ursprünglichen Fassung des GastG vom 5. 5. 1970 (BGBl. I S. 465), nunmehr in der Form der Bekanntmachung der Neufassung des GastG vom 20. 11. 1998 (BGBl. I S. 3418), wurde wie folgt geändert: Durch Art. 2 des Zweiten Gesetzes zur Änderung der Gewerbeordnung und sonstiger gewerberechtlicher Vorschriften vom 16. 6. 1998 (BGBl. I S. 1291, 1296) wurden in Abs. 2 redaktionelle Änderungen vorgenommen. In Abs. 2 Nr. 1 wurde die Berechtigung zur Abgabe loser Milch nach den Vorgaben des Milchgesetzes gestrichen (vgl. dazu nachfolgend Rn. 18). Außerdem erfolgte eine ersatzlose Streichung der Nr. 4 und 5, weil diese durch eine gleichzeitige Änderung des § 25 GastG entbehrlich wurden (vgl. dazu auch § 25 Rn. 4 sowie *Kremer* VR 1999, 166; *Kempen* NVwZ 1999, 360, 363).

b) Materialien zur geltenden Fassung

1a **GastG vom 5. 5. 1970**: Gesetzentwurf der BReg, BT-Ds V/205, S. 3, 13 f.; Stellungnahme des BR, BT-Ds V/205, S. 23; Bericht und Beschluss des Ausschusses für Wirtschaft und Mittelstandsfragen (15. Ausschuss), BT-Ds V/1652, S. 3 f., 10 f.; Zweiter schriftlicher Bericht des Ausschusses für Wirtschaft und Mittelstandsfragen (15. Ausschuss), BT-Ds V/4380, S. 4 f.; Bericht des Vermittlungsausschusses, BT-Ds V/4591, S. 2;
ÄndG vom 16. 6. 1998: Gesetzentwurf der BReg, BT-Ds 13/9109, S. 10, 18.

c) Weiterführende Literatur

1b *App* Die Erzwingung von Maßnahmen der Gewerbebehörden und anderer gewerbebetriebsbezogener Anordnungen, GewArch 1999, 55–65; *Aßfalg* Die Entwicklung des Gaststättenrechts 1989 und 1990, NVwZ 1991, 728–735; *Atzler* Zulassung der Berufung, NVwZ 2001, 400–401; *Bader* Die Neuregelung des Rechtsmittelrechts und sonstige Änderungen der VwGO durch das Rechtsmittelbereinigungsgesetz, VBlBW 2002, 471–478; *ders*. Zulassungsberufung und Zulassungsbeschwerde nach der 6. VwGO-Novelle, NJW 1998, 409–415; *Bader/Funke-Kai-*

ser/Kuntze/von Albedyll Verwaltungsgerichtsordnung, 2. Aufl. 2002; *Baumbach/Hueck* GmbH-Gesetz, 17. Aufl. 2000; *Bender/Sparwasser/ Engel* Umweltrecht, 4. Aufl. 2000; *Breuer* Ausbau des Individualschutzes gegen Umweltbelastungen als Aufgabe des öffentlichen Rechts, DVBl. 1986, 849–859; *Buhren* Der Nachbarschutz im Gaststättenrecht, GewArch 1974, 221–224; *Bull* Allgemeines Verwaltungsrecht, 6. Aufl. 2000; *Dästner* Neue Formvorschriften im Prozessrecht, NJW 2001, 3469–3471; *Diefenbach* Die aufenthaltsrechtliche Regelung der selbständigen Erwerbstätigkeit von Ausländern, GewArch 1988, 209–215; *Dürr* Die Entwicklung des öffentlichen Baunachbarrechts, DÖV 2001, 625–643; *Eiermann* Einführung in das Immissionsschutzrecht, VBlBW 2000, 135–144; *v. Ebner* Gewerbetreibende Gründergesellschaften, GewArch 1975, 41–49; *ders.* Gewerbetreibende Personengesellschaften, GewArch 1974, 213–220; *ders.* Kein Anspruch des Nachbarn auf Versagung der Gaststättenerlaubnis, GewArch 1975, 108–111; *Eckert* Der Formwechsel einer Kapitalgesellschaft in eine Personengesellschaft und seine Auswirkung auf öffentlich-rechtliche Erlaubnisse, ZIP 1998, 1950–1953; *Eyermann* Verwaltungsgerichtsordnung, 11. Aufl. 2000 mit Nachtrag Stand 1. 7. 2002; *Feldhaus* Bundesimmissionsschutzrecht, Stand: 109. Lfg., November 2002; *Frers* Die Nachbarklage im Gewerberecht, GewArch 1989, 73–79; *Frotscher* Grundfälle zum Wirtschaftsverfassungs- und Wirtschaftsverwaltungsrecht, 5. Teil: Gewerberecht im engeren Sinne, JuS 1983, 114–119; *Gaiser* Die Umwandlung und ihre Auswirkungen auf personenbezogene öffentlich-rechtliche Erlaubnisse – Ein unlösbarer Konflikt zwischen Umwandlungsrecht und Gewerberecht?, DB 2000, 361–364; *Geiger* Das Berufungs- und Beschwerdeverfahren nach der Neuregelung durch das Gesetz zur Bereinigung des Rechtsmittels im Verwaltungsprozess, BayVBl. 2003, 65–76; *Goutier/Knopf/Tulloch* (Hrsg), Umwandlungsrecht, 1. Aufl. 1996; *Guckelberger* Die Zulassungsbeschwerde, DÖV 1999, 973–946; *Hahn* Ausgewählte Rechtsprechung des Bundesverwaltungsgerichts der Jahre 1995 und 1996 zur Gewerbeordnung, zum Gaststättengesetz und zum sonstigen Wirtschaftsverwaltungsrecht, GewArch 1997, 41–47; *Hähnchen* Das Gesetz zur Anpassung der Formvorschriften des Privatrechts und anderer Vorschriften an den modernen Rechtsgeschäftsverkehr, NJW 2001, 2831–2834; *Heinrich* Anspruch des Nachbarn auf Versagung der Gaststättenerlaubnis?,

§ 2 Erlaubnis

GewArch 1975, 1–7; *ders.* Der Rechtsschutz Dritter in der Rechtsprechung zum Gewerberecht, WiVerw 1985, 1–22; *Jahn* Beschleunigung von Verwaltungsverfahren und Straffung des verwaltungsgerichtlichen Rechtsschutzes, GewArch 1997, 129–135; *Jarass* Bundes-Immissionsschutzgesetz, 5. Aufl. 2002; *Kallmeyer* Umwandlungsgesetz, 2. Auflage 2001; *Kaltenborn* Die formellen Anforderungen an eine Anordnung der sofortigen Vollziehbarkeit gem. § 80 Abs. 2 Satz 1 Nr. 4, Abs. 3 VwGO, DVBl. 1999, 828–833; *Kempen* Das Zweite Gewerberechtsänderungsgesetz, NVwZ 1999, 360–363; *Kienemund* Das Gesetz zur Bereinigung des Rechtsmittelrechts im Verwaltungsprozess, NJW 2002, 1231–1237; *Kienzle* Die Risikoverteilung im Gaststättenrecht, GewArch 1983, 281–289; *Knopp* Verwaltungsprozessuale Neuregelung durch das Gesetz zur Bereinigung des Rechtsmittelrechts, DÖV 2003, 24–30; *Konrad* Das sog. „zweite Standbein" der Landwirtschaft, BayVBl. 1998, 233–237; *Kopp/Ramsauer* VwVfG, 7. Aufl. 2000; *Kopp/Schenke* VwGO, 13. Aufl. 2003; *Kremer* Anmerkungen zum Zweiten Gesetz zur Änderung der Gewerbeordnung und sonstiger gewerberechtlicher Vorschriften, VR 1999, 163–166; *Kuhla* Die berufungstypischen Zulassungsgründe, DVBl. 2001, 172–179; *Kutscheidt* Rechtsprobleme bei der Bewertung von Geräuschimmissionen, NVwZ 1989, 193–199; *Lackner/Kühl* StGB, 24. Aufl. 2001; *Laubinger/Repkewitz* Die gewerberechtliche Unzuverlässigkeit und ihre Folgen, VerwArch 1998, 145–188, 337–362, 609–631; *Laudemann* Das Zulassungsrecht nach dem 6. VwGOÄndG in der obergerichtlichen Rechtsprechung, NJ 1999, 6–11; *ders.* Das Gesetz zur Bereinigung des Rechtsmittelrechts im Verwaltungsprozess, NJ 2002, 68–73; *Lutter* „Überseering" und die Folgen, BB 2003, 7–10; *ders.* (Hrsg), Umwandlungsgesetz, 2. Aufl. 2000; *Mager* Der maßgebliche Zeitpunkt für die Beurteilung der Rechtmäßigkeit einer Gewerbeuntersagung, NVwZ 1996, 134–135; *Marcks* Zweites Gesetz zur Änderung der Gewerbeordnung und sonstiger gewerberechtlicher Vorschriften, GewArch 1998, 353–356; *Maunz/Dürig* Kommentar zum Grundgesetz, 40. Lfg., Stand: Juni 2002; *Oberrath* Grundfragen des Gewerberechts, JA 2001, 991–1000; *Odenthal* Die Gewerbeuntersagung nach § 15 Abs. 2 GewO, GewArch 2001, 448–450; *Rinne/Schlick* Die Rechtsprechung des BGH zu öffentlich-rechtlichen Ersatzleistungen, NJW-Beilage 14/2002; *Roßnagel* Das neue Recht elektronischer Signaturen, NJW 2001,

1817–1826; *Rumpenhorst* Erteilung einer gewerberechtlichen Erlaubnis an eine offene Handelsgesellschaft oder Kommanditgesellschaft, GewArch 1965, 75–76; *Schmatz/Nöthlichs* Immissionsschutz, Stand: Juni 2000; *Schmitt/Hörtnagl/Stratz* Umwandlungsgesetz, Umwandlungssteuergesetz, 3. Aufl. 2001; *Seifert* „Daily Mail", „Centros", „Überseering", „Inspire Art" ... und kein Ende in Sicht!, GewArch 2003, 18–20; *Sello* Die Gastwirtschaftskonzession im Konkurse, JR 1951, 618–623; *Stein* Der praktische Fall: Streit um eine Pizzeria, VR 1996, 89–92; *Steinberg* Öffentlich-rechtlicher Nachbarschutz im Gaststättenrecht, DÖV 1991, 354–362; *Stober* Grundfälle zum Gaststättenrecht, JuS 1983, 843–850; *Weidemann/Weidemann* Verwaltungsreform: Bürgerorientierung konkret – Praktisches Beispiel aus dem Gaststättenrecht –, VR 2000, 374–376; *Zöller* Zivilprozessordnung, 23. Aufl. 2002.

2. Erlaubnispflicht

So weit das GastG anwendbar ist (vgl. § 1 Rn. 2), braucht der selbstständige Gewerbetreibende (§ 1 Rn. 25–28, 52) für den Betrieb eines Gaststättengewerbes (§ 1) grundsätzlich nach **§ 2 Abs. 1 GastG** eine **Erlaubnis**. Es handelt sich um ein **Verbot mit Erlaubnisvorbehalt** (*Metzner* § 2 Rn. 1; *Frotscher* JuS 1983, 114, 117). Der Zweck des § 2 Abs. 1 GastG ist es gerade, zu verhindern, dass eine Person, die keine Erlaubnis besitzt, eine Gaststätte betreibt. Der Erlaubnisvorbehalt dient dem Schutz der Allgemeinheit (Rn. 80) und der Nachbarschaft (Rn. 81 ff.) vor möglichen Beeinträchtigungen durch den Gaststättenbetrieb. Er soll im Interesse der Allgemeinheit aus **gewerbe- und gesundheitspolizeilichen Gründen** vor Aufnahme eines Gaststättenbetriebs eine umfassende Überprüfung der mit dem Betrieb verbundenen Gefahren sicherstellen (BT-Ds V/205, S. 12). Bei der Erlaubnisprüfung durch die Behörde kommt vorrangig den Versagungsgründen des **§ 4 GastG** Bedeutung zu. Wenn ein Vertrag diese Bestimmung umgehen soll, ist er nichtig *(LG Berlin* 20. 4. 1977, NJW 1977, 1826 f.). Ausnahmen gelten nach § 2 Abs. 2 bis 4, § 14, § 26 GastG und § 15 Abs. 2 FStrG (siehe dazu auch § 3 Rn. 24a, § 36 GastG und Anhang III 5). Zu den Altunternehmen vgl. § 34 GastG. Für die Erlaubnispflicht

2

§ 2 Erlaubnis

ist es ohne Bedeutung, ob die Gaststätte im **Haupt- oder Nebenberuf** betrieben wird (*Seitter* S. 1).

3   Die Gaststättenerlaubnis befreit nicht von Erlaubnis- und Anzeigepflichten und Ausnahmevorbehalten nach anderen Vorschriften (z. B. Baurecht, Wasserrecht, § 46 Abs. 1, 2 StVO, § 42 Abs. 1 i. V. m. Abs. 4 IfSG oder §§ 14, 33 a, 33 d, 115 a GewO). Umgekehrt können solche Erlaubnisse und Anzeigen die Gaststättenerlaubnis nicht ersetzen (zum Verhältnis von **Baurecht** und **Immissionsschutzrecht** zum Gaststättenrecht im Besonderen vgl. § 4 Rn. 119 ff., 144 ff.). Bei einer **Außenbewirtschaftung** setzt die Gaststättenerlaubnis den Bestand der die straßenrechtliche Nutzung erlaubenden Sondernutzungserlaubnis nach dem landesrechtlichen **Straßengesetz** voraus, eine eigene Regelung enthält sie insoweit nicht (*VGH BW* Beschl. v. 21. 8. 2002 – 5 S 1559/02 –). **Nicht** unter die Erlaubnispflicht nach § 33 a GewO fällt die Beschäftigung von Serviererinnen mit unbekleidetem Oberkörper (*OVG NRW* 24. 9. 1973, GewArch 1974, 92) und die eines **Discjockeys**, solange dessen verbindende Worte nur „Beiwerk" zu den musikalischen Darbietungen bleiben. Filmvorführungen sind nach der GewO nicht erlaubnispflichtig; eine Anzeigepflicht kann sich aus Landesrecht ergeben. Zur Vorführung von **Pornofilmen** siehe *OVG NRW* 27. 1. 1975, GewArch 1975, 198, ferner § 184 Nr. 7 StGB, wonach sich strafbar macht, wer Pornographie in einer öffentlichen Filmvorführung gegen ein Entgelt zeigt, das ganz oder überwiegend für diese Vorführung verlangt wird (die Anwendung dieser Strafrechtsbestimmung ist wegen der vorausgesetzten Entgeltlichkeit insgesamt sehr problematisch und in vielen Anwendungsfragen umstritten; vgl. dazu BT-Ds 11/638, S. 6; *BVerfG* 17. 1. 1978, BVerfGE 47, 109, 124: „sachlich mißglückte Strafbestimmung" sowie *Lackner/Kühl* Rn. 6d zu § 184 StGB).

3. Gesetzesbindung, Behördenfunktion

4   **a)** Die gaststättenrechtliche Erlaubnis ist ein **VA** (vgl. dazu nachfolgend Rn. 36). Es liegt ein Fall der **strikten Gesetzesbindung** vor: Erfüllt der Antragsteller die gesetzlichen Voraussetzungen, so hat

Erlaubnis § 2

die Behörde die begehrte Erlaubnis zu erteilen (*Weidemann/Weidemann* VR 2000, 374; *Stein* VR 1996, 91). Liegen keine Versagungsgründe vor, besteht ein **Rechtsanspruch auf Erteilung** der Erlaubnis (*Seitter* S. 6). Eine freie, d. h. nicht gebundene Erlaubnis wäre wegen der durch Art. 12 Abs. 1 GG garantierten Berufsausübungsfreiheit verfassungsrechtlich nicht zulässig (*Scholz* in: *Maunz/Dürig* Rn. 375 zu Art. 12 GG). Für den Erlass der Erlaubnis und auch im Übrigen finden die **landesrechtlichen Verwaltungsverfahrensgesetze** Anwendung, so weit das GastG keine spezielleren Regelungen erhält. Zu Verfahren und Rechtsschutz vgl. nachfolgend Rn. 30 ff. Zur Zulässigkeit von Beschränkungen der Erlaubnis vgl. § 3 Rn. 42–75, § 5 Rn. 18–37. Zu Versagungsgründen bei Erteilung der Erlaubnis vgl. § 4 Rn. 16–194.

b) Durch die gaststättenrechtliche Erlaubnis wird zwischen den am Verwaltungsverfahren Beteiligten ein **dauerhaftes Verwaltungsrechtsverhältnis** begründet, das die gaststättenrechtliche Erlaubnisbehörde zu einer **fortlaufenden Überwachung** der Gaststätte und einer **Beratung der Betreiber** verpflichtet (vgl. dazu etwa *Weidemann/Weidemann* VR 2000, 375 f.; *Seitter* S. 42 f.). Dies wird u. a. daraus deutlich, dass die Behörde zahlreiche nachträgliche Maßnahmen ergreifen kann, u. a. Auflagen erteilen (§ 5 GastG), die Erlaubnis zurücknehmen und widerrufen (§ 15 GastG) oder vorübergehend den Ausschank alkoholischer Getränke verbieten (§ 19 GastG) kann.

Tipp: Die Funktion der Verwaltungsbehörde sollte im Gaststättenrecht trotz dessen polizeirechtlicher Funktion (vgl. dazu vor § 1 Rn. 14) einem **modernen Verwaltungsverständnis** der Behörde als ständigem Ansprechpartner der Bürger, nämlich gleichermaßen der Gaststättenbetreiber, der Beschäftigten, der Gäste und der Nachbarn der Gaststätte sowie der Allgemeinheit, entsprechen. Diesem modernen Verwaltungsverständnis sollte die Erlaubnisbehörde gerecht zu werden suchen. Das Miteinander der vom Gaststättenbetrieb Betroffenen wird in aller Regel ganz wesentlich von der Vermittlungsfunktion und -fähigkeit der Behörde beeinflusst.

§ 2 Erlaubnis

4. Erlaubnisträger

a) Erlaubnisträger

6 Die Gaststättenerlaubnis, die u. a. auf die persönlichen Verhältnisse ihres Inhabers abstellt (vgl. § 4 Abs. 1 S. 1 Nr. 1, 4 GastG), ist als sog. **persönliche Erlaubnis** (BT-Ds V/1652, S. 4; *VG Gießen* 30. 8. 2000, GewArch 2001, 80; *Gaiser* DB 2000, 361 f.) nicht übertragbar (vgl. allerdings § 10 GastG). Eine **Rechtsnachfolge** in die Gaststättenerlaubnis **gibt es nicht**. Dabei spielt der Grund für die Rechtsnachfolge (Einzel- oder Gesamtrechtsnachfolge) keine Rolle (vgl. *VGH BW* 21. 3. 1973, DVBl. 1974, 240, 242; *Michel/Kienzle* § 2 Rn. 16). Eine Durchbrechung dieses Grundsatzes sieht lediglich § 10 GastG vor.

7 Als **Träger der Erlaubnis** können **natürliche** und **juristische Personen** in Betracht kommen (vgl. § 1 Rn. 29). Zu den juristischen Personen gehören vor allem die AG, die KG auf Aktien, die GmbH, der rechtsfähige Verein, die eG und die Körperschaft des öffentlichen Rechts; Gewerbetreibende sind auch die **Vorgesellschaften** der juristischen Personen (wie hier etwa *Michel/Kienzle* § 2 Rn. 15; diff. *v. Ebner* GewArch 1975, 41, 46). Die Erlaubnis nach § 2 Abs. 1 GastG gehört zu den staatlichen Genehmigungen i. S. d. § 8 Abs. 1 Nr. 6 GmbHG (*BayObLG* 5. 2. 1979, DB 1979, 2028; *Hueck/Fastrich* in: *Baumbach/Hueck* § 8 Rn. 9 m. w. N.). Sie ist beizubringen, bevor das Registergericht über die Eintragung entscheidet (*OLG Frankfurt/Main* 30. 8. 1979, GewArch 1980, 234 f.). Wegen der strengen Bindung der Erlaubnis an die Person des Gaststättenbetreibers fällt die Erlaubnis im Falle der **Insolvenz** nicht in die Insolvenzmasse (*BVerwG* 4. 7. 1969, BVerwGE 32, 316, 318; *HessVGH* 28. 9. 1992, GewArch 1993, 159; *VG Stuttgart* 24. 3. 1987, GewArch 1987, 269; vgl. auch *Sello* JR 1951, 619, alle noch zum Konkurs).

b) Ausländer

8 Ein **Ausländer** wird gaststättenrechtlich nicht anders als ein Deutscher behandelt (vgl. *Oberrath* JA 2001, 991, 992). Für **Staatsangehörige eines Mitgliedsstaats der Europäischen Union** gilt der

Erlaubnis § 2

Grundsatz der Niederlassungsfreiheit nach Art. 43 EVertr (vgl. dazu vor § 1 Rn. 28). Ein Ausländer muss alle Voraussetzungen des GastG erfüllen (*Metzner* § 2 Rn. 24; zum AuslR vgl. etwa *BVerwG* 9. 5. 1986, GewArch 1986, 306 ff.; *BayVGH* 27. 1. 1987, GewArch 1988, 345 ff.; *Diefenbach* GewArch 1988, 209). Im AuslR ist es rechtmäßig, dem Ausländer durch eine Nebenbestimmung zur Aufenthaltsgenehmigung die Ausübung eines Gewerbes zu untersagen; insoweit wird § 1 Abs. 1 GewO verdrängt und es liegt kein Verstoß gegen den Grundsatz der Gewerbefreiheit vor (so *BVerwG* 27. 9. 1978, BVerwGE 56, 254, 261; 20. 8. 1970, BVerwGE 36, 45, 47 f.; **zw**).

c) Personenmehrheiten

Von den Personenmehrheiten ohne eigene Rechtspersönlichkeit **9** kann nur der **nichtrechtsfähige Verein** die Gaststättenerlaubnis erhalten (§ 2 Abs. 1 S. 2 GastG). **Personengesellschaften ohne Rechtsfähigkeit** können ansonsten nicht Inhaber einer Gaststättenerlaubnis sein (vgl. *VG Gießen* 30. 8. 2000, GewArch 2001, 80 f.; *Aßfalg* in: *Aßfalg/Lehle/Rapp/Schwab* § 1 GastG Rn. 6; zur GbR vgl. sogleich Rn. 10).

Der *BGH* hat mittlerweile die **Rechtsfähigkeit der GbR** aner- **10** kannt, so weit sie durch Teilnahme am Rechtsverkehr eigene Rechten und Pflichten begründet (*BGH* 29. 1. 2001, BGHZ 146, 341, 343 ff. = NJW 2001, 1056, 1057 f., ZIP 2001, 330, BB 2001, 374; 18. 2. 2002, NJW 2002, 1207 = NZA 2002, 405; ebenso *BVerfG* 2. 9. 2002, NJW 2002, 3533 = JZ 2003, 43 mit Anm. *Stürner*, für die Grundrechtsfähigkeit der GbR in Bezug auf Art. 14 GG). Allerdings ist sie nach wie vor **keine juristische Person** (*BGH* 23. 10. 2001, NJW 2002, 368). Für den Bereich des GastR bedeutet dies, dass die **GbR** wie bereits bislang angenommen (vgl. etwa *BVerwG* 24. 11. 1992, BVerwGE 91, 186, 187 = GewArch 1993, 154; *Ambs* in: *Erbs/Kohlhaas* § 2 GastG Rn. 2) **nicht Trägerin einer gaststättenrechtlichen Erlaubnis** sein kann. § 2 Abs. 1 GastG geht davon aus, dass **nur juristische Personen**, die eine eigene Rechtspersönlichkeit besitzen, auch Träger der Erlaubnis sein können. Dies ist

§ 2 Erlaubnis

ein im Gewerberecht allgemein anerkannter Grundsatz (BT-Ds V/205, S. 13). Auch wenn die GbR nunmehr die Partei- und Rechtsfähigkeit besitzt, wird sie dadurch nicht zur Erlaubnisträgerin nach § 2 Abs. 1 GastG; sie ist nicht anders zu behandeln wie andere vergleichbare Gesellschaften (etwa die OHG [vgl. dazu nachfolgend Rn. 12]; **aA** für das Baurecht etwa *OVG Sachsen* 16. 7. 2001, NJW 2002, 1361, 1362 = JuS 2002, 719 mit Anm. *K. Schmidt*, NVwZ 2002, 885, nur Ls.).

11 Für **Gesellschaften eines Mitgliedsstaats der Europäischen Union** gilt, dass diesen, wenn sie in einem anderen Mitgliedsstaat der Europäischen Union gegründet wurden und nach dem dortigen Recht rechts- und parteifähig sind, in der Bundesrepublik Deutschland die **Rechts- und Parteifähigkeit nicht** mit dem Argument **abgesprochen werden kann**, dass nach deutschen Recht diese Art der Gesellschaft weder rechts- noch parteifähig ist, und zwar auch dann nicht, wenn diese Gesellschaft ihren Sitz nach Deutschland verlegt hat (*EuGH* 5. 11. 2002, NJW 2002, 3614, Tz. 59 f., 73, 76, 82, 93 f. = DVBl. 2003, 124, BB 2002, 2402, EuZW 2002, 754 mit Anm. *Wernicke*; GewArch 2003, 28; zust. *Lutter* BB 2003, 7, 9; krit. *Seifert* GewArch 2003, 18 ff.; ebenso *BGH* 1. 7. 2002, MDR 2002, 1382 mit Anm. *Haack*). Für den Bereich des GastR muss hieraus gefolgert werden, dass Gesellschaften stets Erlaubnisinhaber i. S. d. § 2 Abs. 1 GastG sein können, wenn sie nach dem Recht des EU-Mitgliedsstaats, in dem sie gegründet wurden, die Rechtsstellung einer rechts- und parteifähigen Gesellschaft des Privatrechts oder eine vergleichbare Rechtsstellung haben, auch wenn dies nach deutschem Recht nicht der Fall ist. Die in Art. 43 EVertr verankerte **Niederlassungsfreiheit** (vgl. dazu vor § 1 Rn. 28–30) verlangt eine entsprechende Anwendung des § 2 Abs. 1 S. 1 GastG.

12 Betreiben **mehrere Personen** als selbstständige Gewerbetreibende gemeinsam ein erlaubnispflichtiges Gaststättengewerbe, dann benötigt jeder für seine Person eine Erlaubnis. Abgesehen vom nichtrechtsfähigen Verein, der selbst Träger der Gaststättenerlaubnis sein kann, brauchen bei den Personenmehrheiten ohne eigene

Rechtspersönlichkeit, die selbst nicht Gewerbetreibende sein und damit die Erlaubnis auch nicht selbst erhalten können (vgl. oben Rn. 7), grundsätzlich alle diejenigen Gesellschafter als selbstständige Gewerbetreibende für sich eine Erlaubnis, die nach Gesellschaftsrecht und Gesellschaftsvertrag in Bezug auf die Gesellschaft **geschäftsführungsbefugt** sind (vgl. *BVerwG* 22. 1. 1971, BVerwGE 37, 130, 132 = GewArch 1971, 169f. für eine KG; *OVG NRW* 3. 11. 1964, GewArch 1965, 68; *VG Gießen* 30. 8. 2000, GewArch 2001, 80; *Gaiser* DB 2000, 361f.; *v. Ebner* GewArch 1974, 213, 218; **aA** *Eckert* ZIP 1998, 1950, 1952f. sowie *Rumpenhorst* GewArch 1965, 75f. für die OHG und die KG); dies gilt etwa für die KG, die OHG, die GbR und die Erbengemeinschaft. Dem entspricht die Auffassung des *BVerwG* (21. 7. 1964, GewArch 1965, 7), das für den Begriff des Gewerbetreibenden i. S. d. Gewerbeuntersagungsvorschrift des § 35 GewO beim **Kommanditisten** darauf abstellt, dass dieser im Rahmen des Betriebs sich unternehmerisch betätigt und seine unternehmerische Leistung sich nicht nur auf die Beteiligung am Unternehmensrisiko beschränkt. Vgl. hierzu *VG Augsburg* 21. 3. 1975, GewArch 1975, 339, sowie *v. Ebner* GewArch 1974, 213, GewArch 1975, 41.

d) Umwandlung

Die **Umwandlung** einer juristischen Person **kann die Erlaubnisfrage nach § 2 GastG erneut aufwerfen**. Umwandlungen können gem. **§ 1 Abs. 1 UmwG** durch Verschmelzung, Spaltung, Vermögensübertragung oder durch Formwechsel erfolgen. Gaststättenrechtlich betroffen sind im Wesentlichen Personenhandelsgesellschaften und Partnerschaftsgesellschaften (§ 3 Abs. 1 Nr. 1, § 124, § 191 Abs. 1 Nr. 1, Abs. 2 Nr. 2 UmwG), Kapitalgesellschaften (§ 3 Abs. 1 Nr. 2, § 124, § 175, § 191 Abs. 1 Nr. 2, Abs. 2 Nr. 3 UmwG), eG's (§ 3 Abs. 1 Nr. 3, § 124, § 191 Abs. 1 Nr. 3, Abs. 2 Nr. 4 UmwG), eingetragene und rechtsfähige Vereine (§ 3 Abs. 1 Nr. 4, § 124, § 191 Abs. 1 Nr. 4 UmwG), Stiftungen (§ 124 UmwG) und GbR's (§ 191 Abs. 2 Nr. 1 UmwG). **Umwandlungen außerhalb des UmwG** sind vor allem der Übergang einer Personenhandelsgesellschaft in eine andere Form der Personenhandels-

§ 2 Erlaubnis

gesellschaft, die Umwandlung einer GbR in eine OHG oder KG und die Umwandlung einer GbR in eine Partnerschaftsgesellschaft (weitere Fälle bei *Meister/Klöcker* in: *Kallmeyer* Rn. 14 zu § 190 UmwG).

14 Ob die einer juristischen Person erteilte gaststättenrechtliche Erlaubnis nach einer Umwandlung weiterhin Bestand hat, muss **differenziert** beantwortet werden. Entscheidend ist, dass es sich um eine persönliche Erlaubnis handelt (vgl. oben Rn. 6), die grundsätzlich nicht übertragbar ist. Ein Bestand der Erlaubnis nach Umwandlung kommt daher nur in Betracht, wenn die **Identität** der juristischen Person auch nach der Umwandlung **weitgehend gewahrt** bleibt (ebenso etwa *Metzner* § 1 Rn. 33; *Michel/Kienzle* § 8 Rn. 13). Dies muss **jeweils im Einzelfall** beurteilt werden.

15 Grundsätzlich dürfte gelten („ja" bedeutet Erlaubnis gilt weiter, „nein" steht für das Erfordernis einer neuen Erlaubnis): **Verschmelzung** nach § 2 UmwG: **nein**, weil nur ein Vermögensübergang im Wege der Gesamtrechtsnachfolge stattfindet, auch wenn der übertragende Rechtsträger sich auflöst: Die Gaststättenerlaubnis geht bei der Gesamtrechtsnachfolge nicht auf den Rechtsnachfolger über (wie hier die **hL** so etwa *Bermel* in: *Goutier/ Knopf/Tulloch* Rn. 36 zu § 20 UmwG; *Stratz* in: *Schmitt/Hörtnagl/Stratz* Rn. 68 zu § 20 UmwG; *Marsch-Barner* in: *Kallmeyer* Rn. 26 zu § 20 UmwG; *Gaiser* DB 2000, 361, 364; *Metzner* § 8 Rn. 30; **aA** *Grunewald* in: *Lutter* Rn. 8 zu § 20 UmwG); **Spaltung** nach § 123 UmwG: **nein**, weil auch hier eine Vermögensübertragung stattfindet, die Erlaubnis aber persönlich der übertragenden Gesellschaft anhaftet und mit dieser untergeht (siehe zuvor); **Vermögensübergang** nach § 174 UmwG: **nein**, aus denselben Gründen wie bei Verschmelzung und Spaltung; **Formwechsel** nach § 190 UmwG: **ja**, wenn der Wechsel der Form dazu führt, dass auch die umgewandelte Gesellschaft Inhaber einer gaststättenrechtlichen Erlaubnis sein kann, also wenn die neue Gesellschaft eine Personenmehrheit mit eigenem Persönlichkeitsrecht ist; **nein**, wenn die umgewandelte Gesellschaft kein Erlaubnisträger sein kann (vgl. auch oben

Rn. 6 f.; wie hier *VG Gießen* 30. 8. 2000, GewArch 2001, 80, 81; *Gaiser* DB 2000, 361, 363; **aA** *Eckert* ZIP 1998, 1950, 1952 f. sowie die **hL** im Umwandlungsrecht, etwa *Decher* in: *Lutter* Rn. 38 zu § 202 UmwG; *Laumann* in: *Goutier/Knopf/Tulloch* Rn. 16 zu § 202 UmwG; *Meister/Glöcker* in: *Kallmeyer* Rn. 20 zu § 202 UmwG). Bei **Verschmelzungen außerhalb des UmwG** ist nach den zuvor dargestellten Grundsätzen zu differenzieren: **ja**, wenn die Umwandlung nicht nur der reinen Vermögensübertragung dient, die neue Gesellschaft Erlaubnisinhaber sein kann und auch im Übrigen keine Anzeichen für eine fehlende Identität gegeben sind; ansonsten **nein**, insbesondere wenn die neue Rechtsperson kein Erlaubnisinhaber sein kann.

Wenn bei der Umwandlung größerer juristischer Personen, insbesondere solcher, die bundesweit tätig sind, eine neue Erlaubnis erforderlich ist, sollte dies von der Behörde dahingehend berücksichtigt werden, dass die **Verwaltungsgebühren gering** gehalten werden, weil in aller Regel der Prüfungsaufwand reduziert ist (so zu Recht *Michel/Kienzle* § 8 Rn. 13). **16**

5. Erlaubnisfreiheit

a) Geltung

Die in § 2 Abs. 2 bis 4 GastG genannten Tätigkeiten sind erlaubnisfrei, unterliegen aber den sonstigen einschlägigen Vorschriften des GastG. Speziell für sie gilt § 5 Abs. 2 GastG. Weitere Ausnahmen von der Erlaubnispflicht: §§ 14, 26, 36 GastG. Der Betrieb über den Rahmen der Ausnahmen hinaus ist erlaubnispflichtig. Zu den Einzelheiten: **17**

b) § 2 Abs. 2 Nr. 1 (Milch)

Die Freistellung im Rahmen des **Abs. 2 Nr. 1** ist durch die Anwendung des Milch- und Margarinegesetzes und der auf diesem Gesetz beruhenden Vorschriften gerechtfertigt. Die gekürzte Neufassung der Bestimmung (vgl. oben Rn. 1a, b) bezweckt eine redaktionelle Änderung. Das bis zur Änderung im Gesetz ausdrücklich genannte Milchgesetz vom 31. 7. 1930 (RGBl. I S. 421) wurde durch § 22 **18**

§ 2   Erlaubnis

des Gesetzes über Milch, Milcherzeugnisse, Margarineerzeugnisse und ähnliche Erzeugnisse (Milch- und Margarinegesetz) vom 25. 7. 1990 (BGBl. I S. 1471) aufgehoben und durch dieses Gesetz ersetzt. Aus § 4 Abs. 1 i.V.m. § 2 Abs. 1 Nr. 8 Hs. 2, Abs. 2 S. 2 Milch- und Margarinegesetz folgt, dass das Verabreichen von Milch im Wege der Schank- oder Speisewirtschaft erlaubnisfrei ist. Daher bedarf es keiner gaststättenrechtlichen Erlaubnis mehr (so schon BT-Ds V/1652, S. 3).

19   Die Frage, ob **Alkoholfreiheit** (vgl. BT-Ds V/205, S. 13) i. S. d. Bestimmung jegliche auch noch so geringe Restalkoholmenge ausschließt, ist umstritten. Richtigerweise ist davon auszugehen, dass geringe Mengen Alkohol, die auf alkoholempfindliche Menschen wie Kinder keinen feststellbaren Einfluss haben, nicht zu einer Erlaubnispflicht führen (wie hier *Michel/Kienzle* § 2 Rn. 2; **aA** *Metzner* § 2 Rn. 33; *OVG NRW* 30. 12. 1957, OVGE 13, 182, 186 = GewArch 1957/58, 232, NJW 1958, 1605, nur Ls.; 26. 5. 1952, DVBl. 1953, 343 = DÖV 1954, 285, nur Ls.). Denn auch in an sich unbedenklichen Getränken, wie etwa Säften, können durch Gärung Restalkoholmengen vorhanden sein. Es ist daher nicht bedenklich, etwa Milchgetränke mit Fruchtzusatz, die solche Anteile Restalkohol enthalten, aus der Erlaubnispflicht herauszunehmen. Praktisch wird sich dies bei Milchmischgetränken gar nicht vermeiden lassen.

20   In den **Bayerischen Alpen** ist es seit jeher üblich, von den dort weidenden Kühen stammende Milch sowie Butter- oder Käsebrote an vorbeikommende Wanderer zu verkaufen. Dies kann nicht als gewerbliche Tätigkeit angesehen werden, solange nicht durch ihren Umfang sowie durch das Bereitstellen eigener Räume, Tische und Stühle für die Bewirtung von Gästen die Form eines Gaststättenbetriebs angenommen wird.

c) § 2 Abs. 2 Nr. 2 (Kostproben)

21   Abs. 2 Nr. 2 stellt die Verabreichung unentgeltlicher **Kostproben** frei, weil „sie erfahrungsgemäß nur in sehr geringen Mengen verabreicht werden" (BT-Ds V/205, S. 13; V/1652, S. 3; *Seitter* S. 4).

Der Begriff der Kostprobe beinhaltet, dass es sich um Proben derjenigen Getränke oder Speisen handelt, zu deren Bezug angereizt werden soll und die im Gaststättenbetrieb bereits angeboten werden oder künftig angeboten werden sollen. Die entsprechende Anwendung von Abs. 2 Nr. 2 auf die unentgeltliche Abgabe **anderer Werbegaben in kleinen Mengen** wird von der Praxis bejaht (vgl. etwa *Metzner* § 2 Rn. 35). Wird die Abgabe der Kostprobe an den entgeltlichen Bezug einer anderen Ware gebunden, erfolgt auch sie entgeltlich.

d) § 2 Abs. 2 Nr. 3 (Automaten)

Abs. 2 Nr. 3 geht davon aus, dass in diesem Rahmen „die dem Gaststättengewerbe eigenen Gefahren für die Öffentlichkeit nicht auftreten" (BT-Ds V/205, S. 13; V/1652, S. 3). **Automaten** sind Einrichtungen, die nach Einwurf von Geldstücken oder Wertmarken selbsttätig Waren herausgeben oder Leistungen erbringen (vgl. *OLG Celle* 14. 8. 1958, GewArch 1958, 278; *OLG Düsseldorf* 5. 10. 1962, GewArch 1963, 37). Die Freistellung beschränkt sich auf Getränke ohne Alkohol (vgl. dazu auch oben Rn. 19). Die **Verabreichung von Suppen** die unter Verwendung von Instantpulver und heißem Wasser in Automaten hergestellt werden, soll nicht unter den Anwendungsbereich des § 2 Abs. 2 Nr. 2 GastG fallen, sondern als Verabreichung von zubereiteten Speisen gem. § 1 Abs. 1 Nr. 2 GastG erlaubnispflichtig sein (so *OLG Celle* 22. 6. 1984, GewArch 1984, 297 f.). Diese Auffassung ist abzulehnen, weil bei der Verabreichung von Automatensuppen diese vom Benutzer nicht als Speise, sondern in erster Linie in der Funktion als warmes Getränk konsumiert werden, zumal die Menge der abgegebenen Suppe in aller Regel der anderer warmer Automatengetränke (insbesondere Kaffee in verschiedenen Variationen) entspricht. Die Erlaubnispflicht würde eine unnötige **Überreglementierung** bedeuten.

e) § 2 Abs. 3

Zu **Abs. 3** gibt der Regierungsentwurf folgende Begründung (BT-Ds V/205, S. 13):

§ 2 Erlaubnis

„Abs. 3 trägt den im Einzelhandel und Lebensmittelhandwerk immer häufiger hervortretenden zusätzlichen Leistungen Rechnung. Sofern eine Sitzgelegenheit nicht besteht, die Käufer somit nicht für längere Zeit im Ladengeschäft verweilen, kann unter den übrigen im Abs. 3 genannten Voraussetzungen auf die Erlaubnis verzichtet werden. Hierbei wird auch berücksichtigt, dass der Gewerbetreibende bereits für die von ihm betriebene Verkaufsstelle im Besitz einer Erlaubnis ist."

24 Absatz 3 will die Nebenleistungen erlaubnisfrei lassen, die sich in den typischen Verkaufsstellen des **Lebensmitteleinzelhandels** und des **Lebensmittelhandwerks** weithin eingebürgert haben. Nach dem Wortlaut der Vorschrift und dem Willen des Gesetzgebers betrifft die Vorschrift nur Verkaufsstellen, die nach der Verkehrsauffassung einschlägige „Ladengeschäfte" sind, also etwa nicht **Kioske** und **Verkaufsbuden**, bei denen sich der Verzehrort im Freien befindet. Diese Beschränkung erscheint nicht unbedenklich, weil die Freistellung vom Gesetzgeber mit dem Fehlen von Sitzgelegenheiten und der Anwendbarkeit von Einzelhandelsgesetz oder Handwerksordnung auf den Betrieb gerechtfertigt wird. Diese Voraussetzungen können auch bei anderen Verkaufsstellen des stehenden Gewerbes als Ladengeschäften i. S. d. allgemeinen Sprachgebrauchs gegeben sein, etwa bei Kiosken. Allerdings kann von einem Ladengeschäft des Lebensmitteleinzelhandels oder des Lebensmittelhandwerks dann nicht mehr gesprochen werden, wenn in dem Geschäft die Abgabe zum Verzehr an Ort und Stelle überwiegt. Die in Absatz 3 geforderte **räumliche Verbindung** ist in der Regel nicht gegeben, wenn als Verzehrort ein eigener Raum vorgesehen ist. Ferner ist Absatz 3 nicht anwendbar, wenn für die Kunden Sitzgelegenheit bereitgestellt ist, wenn die Verabreichung über die Ladenöffnungszeiten hinaus erfolgt oder wenn alkoholische Getränke zum Verzehr auf der Stelle verabreicht werden. Absatz 3 gilt nicht für Veranstaltungen des Reisegewerbes, weil diese den die Freistellung rechtfertigenden einzelhandels- oder handwerksrechtlichen Vorschriften nicht unterliegen.

25 Nicht unter die Begünstigung des § 2 Abs. 3 GastG fallen die **Tankstellen-Shops**, in denen **kalte** und **warme Speisen** und Ge-

Erlaubnis **§ 2**

tränke jeglicher Art auch für den Verzehr vor Ort **an Stehplätzen** angeboten werden (wie hier *Michel/Kienzle* § 3 Rn. 15; zu Unrecht diff. *Metzner* § 2 Rn. 44; vgl. zu den Tankstellen-Shops auch § 3 Rn. 24j). Zum einen handelt es sich bei diesen Betrieben nicht um solche des Lebensmitteleinzelhandels oder des Lebensmittelhandwerks i. S. d. § 2 Abs. 3 GastG, weil sie nach ihrer originären Funktion dem Kraftfahrzeugverkehr dienen, auch wenn sich das Shop-Geschäft tatsächlich zumeist neben der Werkstatttätigkeit zur Haupteinnahmequelle entwickelt hat. Zum anderen sind an den Betrieb eines Gaststättengewerbes im Rahmen einer Tankstelle besondere Anforderungen zu stellen, die eine Erlaubnispflicht nach § 2 Abs. 1 GastG als sachgerecht und erforderlich erscheinen lassen.

Unter **„Sitzgelegenheit"** i. S. d. Abs. 3 ist jede Einrichtung zu verstehen, die in irgendeiner Weise ein Bild des Sitzens vermittelt (*Ambs* in: *Erbs/Kohlhaas* § 2 Rn. 17). Im Gegensatz zum Stehen muss eine gewisse Entlastung des ansonsten auf den Beinen ruhenden Körpergewichts erfolgen; reine Stehhilfen genügen nicht (*Ambs* aaO). Die Ausnahmebestimmung des Abs. 3 ist eng auszulegen. Dabei kommt es auch auf das **äußere Erscheinungsbild** an. Nicht entscheidend ist das allgemeine Sprachverständnis (*BayVGH* 14. 5. 1991, NVwZ-RR 1992, 68, 69 = GewArch 1991, 355 f.; *Aßfalg* in: *Aßfalg/Lehle/Rapp/Schwab* § 2 GastG Rn. 6). **26**

Eine Vorrichtung, die nur ein Abstützen des Gesäßes ermöglicht, ist keine Sitzgelegenheit i. S. d. § 2 Abs. 3 GastG (*VG Ansbach* 26. 9. 1988, GewArch 1988, 384 f.). **27**

Die für die Erlaubnisfreiheit nach dem GastG erforderliche **räumliche Verbindung** zwischen dem Ladengeschäft und dem Verzehrort ist auch dann gewahrt, wenn drei Stehtische in einem Abstand von 1 m bis 1,50 m vor dem Ladengeschäft im Eingangsbereich im Freien aufgestellt sind (*BayObLG* 28. 4. 1992, NVwZ-RR 1992, 618 f. = GewArch 1992, 309 f.; *HessVGH* 26. 1. 1994, NVwZ-RR 1994, 500 f. = GewArch 1994, 255, ESVGH 44, 188, DÖV 1994, 834, 835; ebenso *Michel/Kienzle* § 2 Rn. 11). **28**

§ 2 Erlaubnis

f) § 2 Abs. 4 (Beherbergungsbetrieb)

29 § 2 Abs. 4 S. 1 GastG stellt die gewerbliche Zimmervermietung „insbesondere im Interesse der Förderung des Fremdenverkehrs" (BT-Ds V/1652, S. 3) in dem von ihm gezogenen Rahmen von der Erlaubnispflicht frei. Die Vorschrift ist damit auch für die Vermietung von **Fremdenzimmern in bäuerlichen Anwesen** von besonderer Bedeutung (vgl. dazu *Konrad* BayVBl. 1998, 235). Zur Zimmervermietung vgl. § 1 Rn. 41–43. Für die Anwendung des § 2 Abs. 4 S. 1 GastG darf der Betrieb nur auf Schlafgelegenheiten für nicht mehr als acht Gäste angelegt sein. Die gelegentliche Bereitstellung von zusätzlichen **Notschlafgelegenheiten** führt so lange nicht zur Erlaubnispflicht, als sie nicht planmäßig in Wiederholungsabsicht geschieht (ebenso *Metzner* § 2 Rn. 53). Bei den Kleinbetrieben des § 2 Abs. 4 S. 1 GastG erstreckt sich die Erlaubnisfreiheit nach Hs. 2 auch auf die Beköstigung der Beherbergungsgäste. Nach **§ 2 Abs. 4 S. 2 GastG** gilt die Freistellung des Satz 1 nicht, wenn der Beherbergungsbetrieb in organisatorischer Einheit mit einer erlaubnisbedürftigen Schank- oder Speisewirtschaft ausgeübt wird.

6. Verfahren, Rechtsschutz, Nachbarschutz

a) Rechtsgrundlagen

30 Das **Verwaltungsverfahren** zur Erteilung oder Ablehnung der gaststättenrechtlichen Erlaubnis richtet sich nach den **Verwaltungsverfahrensgesetzen der einzelnen Bundesländer, so weit das GastG im Einzelnen keine spezielleren Regelung enthält**. Im Folgenden wird bei der Darstellung des Verfahrens auf die Vorschriften des Verwaltungsverfahrensgesetzes (VwVfG) des Bundes verwiesen, das mit den landesrechtlichen Verwaltungsverfahrensgesetzen weitgehend inhaltsgleich ist (vgl. dazu auch § 137 Abs. 1 Nr. 2 VwGO). Zu den verfahrensrechtlichen und materiellen **Besonderheiten im GastR** vgl. vor allem die Erläuterungen zu den §§ 3 bis 5, 12 und 15 GastG.

Erlaubnis **§ 2**

b) Entscheidung über die Erlaubnis

Das Verwaltungsverfahren über die Erteilung einer gaststätten- **31** rechtlichen Erlaubnis wird durch den **Antrag** des zukünftigen Betreibers eingeleitet. Das Antragserfordernis findet sich nicht ausdrücklich im GastG, folgt aber aus eindeutigen Hinweisen des Gesetzgebers (§ 3 Abs. 2 GastG spricht vom „Antragsteller" [vgl. dazu *Stein* VR 1996, 91]). Mit dem Eingang des Antrags bei der Behörde wird das Verwaltungsverfahren dort **anhängig** (*Kopp/Ramsauer* § 22 Rn. 8). Das GastG und das allgemeine Verwaltungsrecht sehen keine zwingende **Schriftform** des Antrags vor, diese ergibt sich aber aus den **Landesverordnungen zum GastG** (vgl. dazu Anhang I). Zur **Antragsform** vgl. auch die Ausführungen in § 3 Rn. 9 (dort vor allem auch zur Antragstellung mittels **elektronischer Dokumente** [E-Mail etc.]).

Die Erlaubnis wird **nicht von Amts wegen** erteilt; die Erteilung für **32** nicht beantragte Betriebsarten oder -räume ist ausgeschlossen. Der Antragsteller muss der Behörde völlige Klarheit über die **Betriebseigentümlichkeit** verschaffen (so etwa *VGH BW* 31. 1. 1979, GewArch 1979, 382 ff. für die Betriebseigentümlichkeit „Bar mit Nacktbad"). Die Erlaubnis kann auch für mehrere Betriebsarten beantragt werden (*VG Würzburg* 27. 1. 1976, GewArch 1976, 388 f.). Eine ohne Antrag erteilte Erlaubnis ist nichtig. Entsprechend der bisherigen Rechtslage ist die Erlaubnis personen- (vgl. oben Rn. 6–12), betriebs- (vgl. § 3 Rn. 12–28) und raumbezogen (vgl. § 3 Rn. 29–41). Das GastG kennt **keine Typenzulassung** für serienmäßig gefertigte Gaststätten (z.B. für Schalterausschank). Eine baurechtliche Typengenehmigung entbindet nicht von der Notwendigkeit der Gaststättenerlaubnis und der gaststättenrechtlichen Prüfung in jedem Einzelfall.

Die **zuständige Behörde** für die Erteilung des gaststättenrechtli- **33** chen Erlaubnis wird gem. § 30 GastG durch das Landesrecht bestimmt.

Die **sachlich zuständige Behörden** sind in *Baden-Württemberg*: untere Verwaltungsbehörde, Gemeinden und Verwaltungsgemeinschaften

§ 2 Erlaubnis

mit eigener Baurechtszuständigkeit; *Bayern*: Kreisverwaltungsbehörde; *Berlin*: Bezirksamt; *Brandenburg*: Ordnungsbehörde; *Bremen*: Ortspolizeibehörde; *Hamburg*: Bezirksamt; *Hessen*: Gemeindevorstand; *Mecklenburg-Vorpommern*: Oberbürgermeister, Landrat; *Niedersachsen*: Gemeinde, Landkreis (Sperrzeit); *Nordrhein-Westfalen*: Ordnungsbehörde; *Rheinland-Pfalz*: Gemeindeverwaltung der verbandsfreien Gemeinde, Verbandsgemeindeverwaltung, Stadtverwaltung einer kreisfreien und großen kreisangehörigen Stadt; *Saarland*: Gemeinde; *Sachsen*: Landratsamt, kreisfreie Stadt; *Sachsen-Anhalt*: Landkreis, kreisfreie Stadt, Stadt und Gemeinde über 10.000 Einwohner; *Schleswig-Holstein:* Bürgermeister der Stadt oder amtsfreien Gemeinde mit mehr als 10.000 Einwohnern, Landrat; *Thüringen*: untere Gewerbebehörde.

Vgl. zur Zuständigkeit auch die landesrechtlichen Regelungen im Anhang I.

34 Wie auch im Übrigen Verwaltungsrecht **ermittelt die Behörde den Sachverhalt von Amts wegen** (§ 24 Abs. 1 VwVfG: „Untersuchungsgrundsatz"). Sie bedient sich dabei der Beweismittel, die sie nach pflichtgemäßem Ermessen zur Ermittlung des Sachverhalts für erforderlich hält (§ 26 VwVfG).

35 Vor Erlass einer (auch nur teilweise) ablehnenden Entscheidung ist der Antragsteller **anzuhören** und ihm Gelegenheit zur Stellungnahme innerhalb einer angemessenen Frist zu geben. Dem Antragsteller wird hierdurch auch ermöglicht, seine Position zu überdenken und den Antrag ggf. kostengünstig zurücknehmen. Darüber hinaus entspricht die Ankündigung einer ablehnenden Entscheidung einer bürgerorientierten Arbeit der Verwaltung (*Weidemann/Weidemann* VR 2000, 374, 376).

36 Die abschließende Entscheidung über die gaststättenrechtliche Erlaubnis ist **VA** (vgl. bereits oben Rn. 4). Daher gelten für deren Form und Inhalt sämtliche Vorgaben der Verwaltungsverfahrensgesetze der einzelnen Länder. Im Gegensatz zum allgemeinen Verwaltungsverfahrensrecht (vgl. § 37 Abs. 2 S. 1 VwVfG) bedarf die gaststättenrechtliche Erlaubnis der **Schriftform** (§ 3 Abs. 1 S. 2

Erlaubnis § 2

Hs. 1: „Erlaubnisurkunde"; *VGH BW* 28. 5. 1973, GewArch 1974, 130; *BayVGH* 16. 2. 1983, GewArch 1983, 231 f.; vgl. dazu eingehend § 3 Rn. 5) und kann daher nicht stillschweigend erteilt oder durch langjährige unbeanstandete Ausübung der erlaubnispflichtigen Tätigkeit ersessen werden (*BVerwG* 14. 6. 1961, GewArch 1962, 40; *Metzner* § 2 Rn. 6). Für die Schriftform gelten die Anforderungen des § 37 Abs. 3 VwVfG (vgl. dazu § 3 Rn. 6). Eine mündliche Gaststättenerlaubnis ist unwirksam (*BayVGH* 16. 2. 1983, GewArch 1984, 231 f.). Die Erlaubnis, vor allem aber die Ablehnung des Antrags sind **schriftlich zu begründen** (§ 39 Abs. 1 VwVfG; vgl. auch § 3 Rn. 11). Wird dem Antrag vollumfänglich stattgegeben, kann die Begründung gegenüber dem Antragsteller entfallen (§ 39 Abs. 2 Nr. 1 VwVfG).

Die **Zusicherung** einer Erlaubnis ist nur wirksam, wenn sie **37** **schriftlich** erfolgt (§ 38 Abs. 1 VwVfG). In den Landesverordnungen zum GastG ist dies zum Teil ausdrücklich vorgeschrieben (vgl. Anhang I).

Beim Erlass der Erlaubnis ist insbesondere bei der Formulierung **38** des Entscheidungstenors auf **hinreichende Bestimmtheit** zu achten (§ 37 Abs. 1 VwVfG). Der Bestimmtheit wird genügt, wenn für alle am Verwaltungsverfahren Beteiligten aus der in der Erlaubnis getroffenen Regelung, also aus dem von der Erlaubnisbehörde formulierten Entscheidungssatz, vollständig, klar und unzweideutig erkennbar ist, wie sie sich aufgrund der getroffenen Entscheidung zu verhalten haben, und wenn die Entscheidung für die mit ihrem Vollzug betrauten Behörden vollstreckbar ist (vgl. *BVerwG* 5. 11. 1968, BVerwGE 31, 15, 18; 15. 2. 1990, 84, 335, 338 = NVwZ 1990, 658, DVBl. 1990, 583). Dabei genügt es, wenn sich der Entscheidungssatz mit Hilfe der Entscheidungsgründe hinreichend bestimmen lässt (*HessVGH* 22. 9. 1992, NVwZ-RR 1993, 302, 303).

Formulierungsbeispiele für den Entscheidungssatz finden sich in § 3 Rn. 79–81; vgl. zudem *BayVGH* 14. 2. 1990, NVwZ-RR 1990, 407.

§ 2 Erlaubnis

39 Schließlich ist die Entscheidung über die Erlaubnis mit einer **Rechtsmittelbelehrung** zu versehen, weil nur mit dieser die Frist für das vom Betroffenen zu ergreifende Rechtsmittel zu laufen beginnt (§ 58 Abs. 1 VwGO). Eine Rechtsmittelbelehrung ist allerdings **entbehrlich**, wenn dem vom Erlaubnisinhaber gestellten Antrag vollumfänglich entsprochen wird, weil dem Erlaubnisinhaber in diesem Fall die Beschwer für die Einlegung von Rechtsmitteln fehlt. Der Betroffene ist über die Art des Rechtsbehelfs, die Verwaltungsbehörde, bei welcher der Rechtsbehelf anzubringen ist, den Sitz (die Adresse) der Verwaltungsbehörde (vgl. zur Bezeichnung der Behörde auch *OVG Mecklenburg-Vorpommern* 5. 8. 1998, NVwZ-RR 1999, 476) und die einzuhaltende Rechtsmittelfrist zu belehren. Bei unterbliebener oder unrichtiger Belehrung über das Rechtsmittel ist die Einlegung des Rechtsmittels noch innerhalb eines Jahres seit Zustellung, Eröffnung oder Verkündung zulässig (§ 58 Abs. 2 S. 1 VwGO).

Muster für eine **Rechtsmittelbelehrung:**

Rechtsbehelfsbelehrung:

Gegen diese Verfügung kann innerhalb eines Monats nach Bekanntgabe der Verfügung schriftlich oder zur Niederschrift bei .... *(Name und vollständige Anschrift der Behörde, welche die Verfügung erlassen hat [Ausgangsbehörde])* Widerspruch erhoben werden. Die Frist zur Erhebung des Widerspruchs wird auch gewahrt, wenn der Widerspruch innerhalb eines Monats beim .... *(Name und vollständige Anschrift der zuständigen Widerspruchsbehörde)* erhoben wird. Wird der Widerspruch schriftlich erhoben, kommt es für die Wahrung der Monatsfrist auf den Eingang des Widerspruchsschreibens bei der Behörde an.

---

40 **Anmerkung** zu dem Muster für eine Rechtsmittelbelehrung: Den in § 58 Abs. 1 VwGO enthaltenen Anforderungen an die Rechtsmittelbelehrung wird bereits durch die beiden ersten Sätze genügt. Der dritte Satz soll dem rechtunkundigen Adressaten der Verfügung verdeutlichen, dass es für die Wahrung der Frist auf den Ein-

Erlaubnis **§ 2**

gang des Widerspruchs bei der Behörde ankommt. Dieser Hinweis entspricht den Anforderungen einer bürgerorientierten Verwaltung. **Muster** einer Rechtsbehelfsbelehrung finden sich etwa im Rundschreiben des Bundesministeriums des Innern vom 23. 5. 1997 (GMBl. 1997, S. 282).

Zur **Verwaltungsgebühr** bei der Entscheidung über die Erlaubniserteilung vgl. *VGH BW* 8. 11. 1988, GewArch 1989, 344; 4. 12. 1992, GewArch 1993, 253 = BWVP 1993, 111; *OVG Lüneburg* 30. 8. 1973, GewArch 1974, 100). Die Bemessung der Gebühr richtet sich nach dem maßgebenden Landesrecht (vgl. etwa die Verwaltungsvorschrift des Wirtschaftsministeriums Baden-Württemberg über die Festsetzung von Verwaltungsgebühren für eine persönliche Erlaubnis nach § 2 Gaststättengesetz vom 31. 7. 1995 [GABl S. 570]). Der **Pachtzins** darf nicht das alleinige Kriterium für die Gebührenfestsetzung sein, kann aber einen Anhaltspunkt für das wirtschaftliche Interesse des Antragstellers an der Amtshandlung bieten (*VGH BW* GewArch 1993, 253; *VG Lüneburg* 8. 10. 1997, GewArch 1998, 255 f.). Kalkulationskriterien für die Verwaltungsgebühr sind der **räumliche, zeitliche** und **geschäftliche Betriebsumfang**, die **Verkehrslage**, der **Pachtzins** und das **wirtschaftliche Interesse** des Antragstellers an der Erlaubnis (vgl. auch *Seitter* S. 15). Das im Gebührenrecht stets geltende **Äquivalenzprinzip** (Angemessenheit der Gebühr im Einzelfall) ist zu beachten. 41

Zur Erhebung der **Schankerlaubnissteuer** für das Erlangen der Gaststättenerlaubnis vgl. *BVerwG* 7. 9. 1973, GewArch 1973, 311; zur Erhebung der Getränkesteuer *BVerwG* 28. 6. 1974, GewArch 1975, 72, nur Ls.; zur Gemeindevergnügungssteuer *BVerwG* 28. 6. 974, GewArch 1975, 72, nur Ls.; zur Rechtmäßigkeit der Besteuerung der für eine Schankwirtschaft erteilten Singspielerlaubnis nach § 33 a GewO, wenn die Steuer nach der zugrunde liegenden gemeindlichen Schankerlaubnissteuerordnung als Erhöhung der Schankerlaubnissteuer ausgestaltet worden ist, *BVerwG* 13. 7. 1973, GewArch 1973, 313. 42

§ 2 Erlaubnis

c) Weitere Einzelheiten zur Erlaubnis

43 Erteilung § 3 GastG; Versagungsgründe § 4 GastG; Nebenbestimmungen § 3 Rn. 42–75 sowie § 5 GastG; Rücknahme und Widerruf § 15 GastG; Erlöschen durch Nichtausübung § 8 GastG; weitere Erlöschensgründe § 8 Rn. 16.

Hinweis zur Verfahrensdauer: Das GastG sieht keine bestimmte, zwingende Frist vor, innerhalb derer die Erlaubnis erteilt werden muss. Allerdings folgt aus § 11 Abs. 1 S. 2 Hs. 1 GastG, dass vom Zeitpunkt des Antrags bis zur Erteilung nach dem Willen des Gesetzgebers in der Regel **nicht mehr als drei Monate** vergehen dürfen. Nur für diese Zeitspanne darf in der Regel eine vorläufige Erlaubnis erteilt werden, die lediglich der Überbrückung bis zur Erlaubniserteilung dient. Dieser Rechtsgedanke muss generell für die Erteilung der Erlaubnis gelten. **Nur in begründeten Ausnahmefällen** darf ein Erlaubnisverfahren **länger als drei Monate** dauern, etwa wenn die Überprüfung der Zuverlässigkeit zwingend mehr Zeit in Anspruch nimmt.

d) Mitteilungspflichten an Finanzbehörden

44 Gem. **§ 6 Abs. 1 Nr. 2, §§ 8–10 MV** haben die Gaststättenbehörden dem zuständigen **Finanzamt** für jeden Betroffenen mindestens vierteljährlich schriftlich die **Erteilung befristeter Erlaubnisse mitzuteilen**. Der Betroffene muss gem. §§ 11, 12 MV über die Mitteilung unterrichtet werden. Dies sollte bereits in der Erlaubnisurkunde geschehen (vgl. § 12 Abs. 1 MV).

e) Gewerbezentralregister

45 Gem. § 31 GastG i.V.m. §§ 149 Abs. 2 Nr. 1a, 151 Abs. 1 Nr. 2 GewO ist die **Ablehnung** des Antrags auf Erteilung einer Gaststättenerlaubnis wegen Unzuverlässigkeit der Person des Gaststättenbetreibers in das **Gewerbezentralregister einzutragen** (vgl. dazu auch § 4 Rn. 73r). Die Eintragung in das Gewerbezentralregister ist keine Vollziehung des Versagungsbescheids (aA *HessVGH* 31. 8. 1998, GewArch 1999, 38, 39 f.).

f) Behördliche Zwangsmaßnahmen

Lehnt die Behörde den Antrag auf Erteilung einer Gaststättenerlaubnis ab und nimmt der Antragsteller trotzdem den erlaubnispflichtigen Betrieb einer Gaststätte auf oder setzt ein Gaststättenbetreiber einen solchen ohne Erlaubnis fort, ist die Behörde gehalten, den Betrieb mit **Zwangsmitteln** zu unterbinden. **46**

Die ablehnende Entscheidung über die Erlaubnis selbst ist nicht vollstreckungsfähig. Vielmehr muss die Behöre den **unerlaubten Gaststättenbetrieb** durch für **sofort vollziehbar erklärten** (§ 80 Abs. 2 S. 1 Nr. 4 VwGO) **VA untersagen**, um die aufschiebende Wirkung (§ 80 Abs. 1 VwGO) des gegen die Untersagungsverfügung erhobenen Widerspruchs und einer nachfolgenden Anfechtungsklage zu beseitigen. **Rechtgrundlage** für die Untersagung des erlaubnispflichtigen Gaststättenbetriebs ist **§ 31 GastG** i.V.m. **§ 15 Abs. 2 S. 1 GewO** (*Oberrath* JA 2001, 991, 998; *Laubinger/Repkewitz* VerwArch 1998, 337, 356; *Steinberg* DÖV 1991, 354, 360 f.; Text von § 15 GewO vgl. Anhang II 1; zur Untersagung nach § 15 Abs. 2 GewO vgl. auch *Oberrath* aaO, 997 sowie *Odenthal* GewArch 2001, 448 ff.). **47**

Die Entscheidung über die **Untersagung** des Gaststättenbetriebs steht im **Ermessen** (§ 40 VwVfG) der Behörde (vgl. auch *Oberrath* JA 2001, 991, 998; *Steinberg* DÖV 1991, 354, 361). Dabei gilt, dass **allein schon der Verstoß gegen den Erlaubnisvorbehalt** des GastG rechtfertigt, eine ohne Erlaubnis betriebene Gaststätte unter Anordnung der sofortigen Vollziehung zu schließen (*OVG Hamburg* 22. 7. 1982, GewArch 1982, 384); die **formelle Illegalität** (also allein der Verstoß gegen den Erlaubnisvorbehalt des § 2 Abs. 1 S. 1 GastG) **reicht aus**, es sei denn, die materielle Genehmigungsfähigkeit des Betriebs ist für die Behörde im Entscheidungszeitpunkt ohne weiteres offensichtlich und eindeutig erkennbar, so dass eine beantragte Erlaubnis in Kürze zu erteilen oder eine weitergehende materielle Prüfung wegen einer ansonsten drohenden Existenzgefährdung geboten ist (so etwa *OVG Hamburg* GewArch 1982, 384; *OVG NRW* 27. 2. 1984, GewArch 1984, 332 f.; *VGH BW* **48**

§ 2   Erlaubnis

1. 12. 1992, GewArch 1993, 203 f.; *HessVGH* 23. 9. 1996, NVwZ-RR 1997, 222 = GewArch 1997, 76, DÖV 1997, 430, nur Ls.; *VG Düsseldorf* 5. 7. 1983, GewArch 1984, 232, 233 f.; *Laubinger/Repkewitz* VerwArch 1998, 337, 357 f.; *Steinberg* DÖV 1991, 354, 361; **aA** etwa *VG Göttingen* 13. 12. 1995, GewArch 1996, 289, 290; *OVG Lüneburg* 23. 11. 1983, GewArch 1984, 298). Ist der Betriebsuntersagung ein Widerruf der Gaststättenerlaubnis wegen Unzuverlässigkeit vorangegangen, **reduziert sich** das durch § 15 Abs. 2 GewO eingeräumte **Ermessen** in der Regel **auf Null** (*HessVGH* 20. 2. 1996, GewArch 1996, 291, 292).

49 Das für die Anordnung der sofortigen Vollziehung erforderliche **besondere Interesse** ist **schriftlich zu begründen** (§ 80 Abs. 3 S. 1 VwGO; vgl. dazu eingehend *Kaltenborn* DVBl. 1999, 828 ff.); etwas anderes gilt nur bei Gefahr in Verzug (§ 80 Abs. 3 S. 2 VwGO). Die Begründung wird regelmäßig darin zu sehen sein, dass zur Verhinderung der durch das GastG im Interesse der Allgemeinheit geschützten Rechtsgüter ein weiterer Aufschub der Einstellung des Gaststättenbetriebs nicht geduldet werden kann (vgl. *VG Göttingen* 13. 12. 1995, GewArch 1996, 289, 290). Der Behörde ist es dagegen verwehrt, wie das *VG* (vgl. dazu nachfolgend Rn. 96) eine Prognose über die Erfolgsaussichten des Rechtsmittels vorzunehmen und die Anordnung der sofortigen Vollziehung auf die ihres Erachtens mangelnden Erfolgsaussichten zu stützen.

50 Der für sofort vollziehbar erklärte VA zur Untersagung des Gaststättenbetriebs kann auf der Grundlage der landesrechtlichen VwVG mit **Zwangsmitteln** (Ersatzvornahme, Zwangsgeld, unmittelbarer Zwang) vollstreckt werden (vgl. dazu *App* GewArch 1999, 55 ff.). Zum **Rechtsschutz** gegen die Vollstreckung der Betriebsuntersagung vgl. *VGH BW* 22. 2. 1991, NVwZ-RR 1991, 409; zum **Entscheidungszeitpunkt** *Mayer* NVwZ 1996, 134 f.

g) Widerspruch

51 Will sich der Betroffene (Antragsteller oder Dritter [vgl. dazu Rn. 78 ff.]) gegen die Entscheidung über die Erlaubniserteilung wenden, muss er zunächst die Rechtmäßigkeit und Zweckmäßigkeit der Entscheidung in einem Vorverfahren nachprüfen lassen (§ 68 Abs. 1 S. 1, Abs. 2 VwGO). Dies geschieht durch Erhebung des Widerspruchs, mit dem das **Widerspruchsverfahren** eingeleitet wird. Zu den Folgen einer unterbliebenen Widerspruchsentscheidung vgl. nachfolgend Rn. 62.

Der Widerspruch muss **schriftlich** oder zur Niederschrift bei der Behörde, die über die Erlaubnis zu entscheiden hat (Ausgangsbehörde), erhoben werden. Hält die Ausgangsbehörde – was eher selten ist – den Widerspruch für begründet und damit ihre eigene Entscheidung für falsch, kann sie dem Widerspruch abhelfen und ihre Entscheidung aufheben (§ 72 VwGO). Andernfalls wird der Widerspruch der zuständigen Behörde zur weiteren Entscheidung vorgelegt. Über den Widerspruch entscheidet bei Nichtabhilfe gem. § 73 Abs. 1 S. 1 Nr. 1 VwGO die **nächsthöhere Behörde** (Widerspruchsbehörde). Sie überprüft dabei die Entscheidung der Ausgangsbehörde vollständig auf deren Vereinbarkeit mit dem Gesetz (Rechtmäßigkeit und Zweckmäßigkeit). 52

Für die Erhebung des Widerspruchs gilt eine **Frist von einem Monat** nach Bekanntgabe der Entscheidung über die Erlaubnis (§ 70 Abs. 1 S. 1 VwGO). Die Frist wird nur gewahrt, wenn das Widerspruchsschreiben innerhalb der Monatsfrist bei der richtigen Behörde eingegangen ist, dieser also in dieser Zeitspanne tatsächlich vorliegt. Die Frist wird auch gewahrt, wenn das Widerspruchsschreiben rechtzeitig der Widerspruchsbehörde anstelle der Ausgangsbehörde zugeht. 53

Auch der Widerspruchsbescheid ist zu **begründen** und mit einer **Rechtsmittelbelehrung** zu versehen (§ 73 Abs. 3 VwGO; vgl. dazu auch oben Rn. 39). 54

§ 2   Erlaubnis

Muster für eine **Rechtsmittelbelehrung** bei Widerspruchsbescheid:

Rechtsbehelfsbelehrung:

Gegen diesen Bescheid kann innerhalb eines Monats nach Zustellung des Bescheids schriftlich beim .... *(Name und vollständige Anschrift des zuständigen Verwaltungsgerichts)* Klage erhoben werden. Die Klageerhebung kann auch zur Niederschrift des Urkundsbeamten der Geschäftsstelle des Verwaltungsgerichts erhoben werden. Wird die Klage schriftlich erhoben, kommt es für die Wahrung der Monatsfrist auf den Eingang der Klageschrift beim Verwaltungsgericht an.
Hinweise: Die Klage ist gegen die .... *(Name und vollständige Anschrift der Ausgangsbehörde)* zu richten. Der Klage und allen Schriftsätzen sollen Abschriften für die übrigen Beteiligten beigefügt werden. Die Klage muss den Kläger, den Beklagten und den Gegenstand des Klagebegehrens bezeichnen. Sie soll einen bestimmten Antrag enthalten. Die zur Begründung dienenden Tatsachen und Beweismittel sollen angegeben, die angefochtene Verfügung und der Widerspruchsbescheid sollen in Urschrift oder in Abschrift beigefügt werden.

---

55   **Anmerkung** zu dem Muster für eine Rechtsmittelbelehrung: Den in § 58 Abs. 1 VwGO enthaltenen Anforderungen an die Rechtsmittelbelehrung wird bereits durch die ersten beiden Sätze genügt. Der dritte Satz soll dem rechtunkundigen Adressaten der Verfügung verdeutlichen, dass es für die Wahrung der Frist auf den Eingang der Klage beim Gericht ankommt. Auch die **Hinweise** im zweiten Absatz sind nicht zwingender Inhalt einer Rechtsmittelbelehrung. Sie erscheinen aber sinnvoll, weil der rechtsunkundige Bürger in aller Regel nicht weiß, wie eine Klageschrift anzufertigen ist. Allerdings ist bei den Hinweisen im zweiten Absatz darauf zu achten, dass sie exakt den gesetzlichen Anforderungen in den §§ 81 Abs. 2, 82 Abs. 1 VwGO entsprechen. Denn werden in diesem Zusammenhang eigene Formulierungen gewählt, besteht die Gefahr, dass sie den Adressaten eher verwirren als aufklären und aus diesem Grund die Rechtsmittelbelehrung fehlerhaft ist (vgl. dazu *Kopp/Schenke* § 58 Rn. 12 m. w. N.). Die Hinweise entsprechen indes den Anforderungen einer bürgerorientierten Verwaltung und dienen zudem einer effektiveren Vorbereitung des gerichtlichen Verfahrens. Indes ist bei den Hinweisen zu beachten, dass sie deutlich als Hinweise bezeichnet werden und dass sie nicht geeignet sein dürfen, beim Betroffenen einen **Irrtum über die formellen und materiellen Anforderungen** des in Betracht kommenden Rechtsbehelfs hervorzurufen (*BVerwG* 21. 3. 2002, DVBl. 2002, 1553 = BayVBl. 2002, 678, JA 2002, 934). **Muster** einer Rechtsbehelfsbelehrung finden sich auch im Rundschreiben des Bundesministeriums des Innern vom 23. 5. 1997 (GMBl. 1997, S. 282).

h) Klage

Führt auch der Widerspruch zu keinem Erfolg, kann der Betroffene gegen die ihn belastende Entscheidung der Ausgangsbehörde weiter vorgehen und **Verpflichtungsklage** erheben. Seine Klage hat das Ziel, die Ausgangsbehörde unter Aufhebung der Verwaltungsentscheidungen (Ausgangsbescheid und Widerspruchsbescheid) zu verpflichten, ihm die begehrte gaststättenrechtliche Erlaubnis zu erteilen (§ 42 Abs. 1 Alt. 2 VwGO). Die Klage ist beim örtlich zuständigen **Verwaltungsgericht** zu erheben und richtet sich gegen die Ausgangsbehörde. Örtlich zuständig ist dasjenige *VG*, in dessen Bezirk die Ausgangsbehörde ihren Sitz hat (§ 52 Nr. 3 VwGO). **56**

Die Verpflichtungsklage muss innerhalb einer **Frist von einem Monat** nach Zustellung des Widerspruchsbescheids erhoben werden (§ 74 Abs. 2 i. V. m. Abs. 1 VwGO). Die Klageschrift muss innerhalb dieser Frist dem Verwaltungsgericht vorliegen. Das **Klagerecht unterliegt** der **Verwirkung**, wenn die Klageerhebung unredlich, Treu und Glauben zuwiderlaufend verzögert wird (*BVerwG* 10. 8. 2000, BayVBl. 2001, 727 m. w. N.). Dies ist der Fall, wenn der Berechtigte von der ihm bekannten (oder zumindest hätte bekannt sein können), über einen längeren Zeitraum bestehenden Möglichkeit der Klageerhebung keinen Gebrauch macht und die betroffene Behörde nicht mehr mit einer Klageerhebung rechnen **57**

§ 2 Erlaubnis

musste, weil jedermann vernünftigerweise etwas zur Wahrung des Rechts unternommen hätte (*BVerwG* aaO).

58 Die Klage muss **schriftlich** oder zur Niederschrift des Urkundsbeamten der Geschäftsstelle erhoben werden (§ 81 Abs. 1 VwGO). Der Schriftform wird auch durch **elektronische Übertragung einer Textdatei** (etwa Computerfax) **mit eingescannter Unterschrift** auf ein Faxgerät des Gerichts genügt, wenn der Schriftsatz im Übrigen inhaltlich den prozessualen Anforderungen entspricht und die Unterschrift eingescannt oder der Hinweis angebracht ist, dass der benannte Urheber wegen der gewählten Übertragungsform nicht unterzeichnen kann (*GmSOGB* 5. 4. 2000, BVerwGE 111, 377, 382; *VG Frankfurt* 6. 2. 2002, NJW 2002, 2488).

59 Durch Art. 8 Nr. 1 des **Gesetzes zur Anpassung der Formvorschriften des Privatrechts und anderer Vorschriften an den modernen Rechtsverkehr** vom 13. 7. 2001 (BGBl. I S. 1542, 1545) wurde mit Wirkung zum 1. 8. 2001 **§ 86a VwGO** erlassen. Gem. § 86a Abs. 1 VwGO genügt bei vorbereitenden Schriftsätzen und deren Anlagen, für Anträge und Erklärungen der Parteien sowie für Auskünfte, Aussagen, Gutachten und Erklärungen Dritter für die Schriftform die **Aufzeichnung als elektronisches Dokument**. Die verantwortende Person soll das Dokument mit einer **elektronischen Signatur** nach dem Signaturgesetz versehen. Schriftsätze können damit künftig beim VG als elektronische Dokumente, insbesondere auch als **E-Mails** eingereicht werden (BT-Ds 14/4987, S. 24, 47). § 86a VwGO gilt auch für den Schriftsatz zur Klageerhebung als sog. „bestimmendem", d. h. eine für das Verfahren wesentliche Prozesshandlung vollziehenden (*Geiger* in: *Eyermann* § 81 Rn. 1) Schriftsatz (BT-Ds 4987, S. 23, 24; *Kuntze* in: *Bader/Funke-Kaiser/Kuntze/von Albedyll* Rn. 2 zu § 86a VwGO; *Kopp/Schenke* § 86a Rn. 5; *Rossnagel* NJW 2001, 1817, 1825f.; *Greger* in: *Zöller* § 130a Rn. 3; *Hähnchen* NJW 2001, 2831, 2832). Die in § 86a Abs. 1 S. 2 VwGO zwecks Perpetuierungsfunktion vorgesehene elektronische Signatur ist trotz der Bedenken des BR (BT-Ds 4987, S. 36) nur **Ordnungsvorschrift** („soll"), so dass ein Verstoß

gegen diese Vorschrift die Klage nicht zwingend unzulässig macht (vgl. die Gegenäußerung der BReg in BT-Ds 14/4987, S. 43 f., unter Hinweis auf die Entscheidung *GmSOGB* BVerwGE 111, 377, 382 [vgl. dazu zuvor Rn. 58]), in der Regel aber dennoch zu einer Unzulässigkeit führen soll (vgl. *Dästner* NJW 2001, 3469, 3470 m.w.N. zur Intention des Gesetzgebers; **zw**; **aA** etwa *Greger* in: *Zöller* § 130 a Rn. 4; vgl. auch *Kopp/Schenke* § 86 a Rn. 8). Die einzelnen Voraussetzungen der elektronischen Signatur ergeben sich aus dem als Art. 1 des Gesetzes über Rahmenbedingungen für elektronische Signaturen und zur Änderung weiterer Vorschriften vom 16. 5. 2001 (BGBl. I S. 876) ergangenen **Signaturgesetz** und aus der **Signaturverordnung** vom 16. 11. 2001 (BGBl. I S. 3074). Es obliegt gem. § 86 a Abs. 2 VwGO der Bundesregierung und den Landesregierungen, durch Rechtsverordnung den **Zeitpunkt** zu bestimmen, **ab dem das elektronische Dokument der Schriftform genügt**. Wegen der Einführung der elektronischen Signatur und dem damit verbundenen Aufwand musste es jeder Justizverwaltung überlassen bleiben, für ihren Bereich den Zeitpunkt der Einführung individuell zu bestimmen (BT-Ds 14/4987, S. 24). Vor diesem Zeitpunkt gelten bereits die in *GmSOGB* BVerwGE 111, 377, 382, entwickelten Grundsätze. Daher ist etwa eine **per E-Mail erhobene Klage** als **zulässig** anzusehen, wenn dem *VG* die Identität der den Schriftsatz verantwortenden Person hinreichend sicher bekannt ist. Unsicherheiten gehen zulasten des Verwenders.

Die Klageschrift muss den Kläger, den Beklagten und den Gegenstand des Klagebegehrens bezeichnen; sie soll einen **bestimmten Antrag** enthalten und die zur Begründung dienenden Tatsachen und Beweismittel angeben; die angefochtene Verfügung und der Widerspruchsbescheid sollen in Urschrift oder in Abschrift beigefügt werden (§ 82 Abs. 1 VwGO). **60**

§ 2 Erlaubnis

Muster für den **Klageantrag** bei der **Verpflichtungsklage:**

> „1. Die Beklagte wird verpflichtet, dem Kläger die am .... *(Antragsdatum)* beantragte Erlaubnis zum Betrieb eines Gaststättengewerbes zu erteilen. Die Verfügung der Beklagten vom .... *(Datum), Az.:* .... *(behördliches Akten-/Verfahrenszeichen),* und der Bescheid des .... *(Widerspruchsbehörde)* vom .... *(Datum), Az.:* .... *(behördliches Akten-/Verfahrenszeichen),* werden aufgehoben.
> 2. Die Beklagte trägt die Kosten des Verfahrens."

61 Die Verpflichtungsklage beim *VG* kann vom Betroffenen selbst erhoben werden. Eine Pflicht zur Vertretung durch einen **Rechtsanwalt** gibt es in der ersten Instanz nicht.

Tipp: Wegen der Komplexität des verwaltungsgerichtlichen Verfahrens empfiehlt es sich dringend, dass sich juristische Laien der Hilfe eines Rechtsanwalts oder zumindest einer anderen rechtskundigen Person bedienen. Ansonsten besteht trotz der Hinweis- und Aufklärungspflichten des *VG* und des im Verwaltungsprozess bestehenden Untersuchungsgrundsatzes das nicht zu unterschätzende Risiko, dass bestehende Rechtsansprüche gerichtlich nicht durchgesetzt werden.

62 Wird das Widerspruchsverfahren vor Erhebung der Verpflichtungsklage nicht durchgeführt, ist eine dennoch erhobene Klage unzulässig, es sei denn, dass ausnahmsweise die Voraussetzungen für die Erhebung einer **Untätigkeitsklage** nach § 75 VwGO vorliegen, weil die Behörde über den Antrag auf Erteilung der gaststättenrechtlichen Erlaubnis ohne zureichenden Grund nicht innerhalb angemessener Frist entschieden hat (vgl. dazu *VGH BW* 23. 8. 1996, VBlBW 1997, 59).

63 Das **Verwaltungsgericht prüft** bei der Verpflichtungsklage, ob die Ablehnung der Erteilung der Erlaubnis rechtswidrig war und der Kläger hierdurch in seinen Rechten verletzt ist (§ 113 Abs. 5 S. 1 VwGO). Es stellt dabei für die **Beurteilung der Sach- und Rechtslage** auf den Zeitpunkt der **letzten mündlichen Verhandlung** im

Erlaubnis **§ 2**

Gerichtsverfahren ab (*BVerfG* 30. 5. 2001, NJW 2001, 3065, 3066; *BVerwG* 1. 12. 1972, BVerwGE 41, 227, 230 f.; 21. 3. 1986, BVerwGE 74, 115, 117 f.). Es wird geprüft, ob der Kläger die tatbestandlichen Voraussetzungen des GastG zur Erteilung einer Erlaubnis nach § 2 GastG erfüllt. Ist dies der Fall, wird der Kläger durch die ablehnende Entscheidung der Behörde in seinen Rechten verletzt und das Verwaltungsgericht spricht in seinem **Urteil** (§ 107 VwGO) die Verpflichtung der beklagten Behörde aus, die Erlaubnis zu erteilen. Andernfalls wird die Klage auf Kosten des Klägers abgewiesen.

In dem Verfahren auf Verpflichtung der Behörde zur Erteilung der **64** beantragten Erlaubnis sind die von der Erlaubnis betroffenen **Nachbarn nicht notwendig beizuladen** (*BVerwG* 20. 5. 1992, GewArch 1992, 391; *Metzner* § 2 Rn. 74; vgl. auch nachfolgend Rn. 77 ff.). Die betroffenen Nachbarn können sich nach Erteilung der Erlaubnis durch die Behörde im Wege der Anfechtungsklage Rechtsschutz verschaffen (*BVerwG* aaO; aus Gründen der Prozessökonomie im Ergebnis **zw**; daher sollte eine Beiladung richtigerweise erfolgen).

Besteht zwischen dem Gaststättenbetreiber und der Erlaubnisbehörde ein Streit darüber, ob der Gaststättenbetrieb unter den Erlaubnisvorbehalt des § 2 Abs. 1 GastG fällt oder der Betrieb erlaubnisfrei ist, kann der Gaststättenbetreiber **Feststellungsklage** beim *VG* erheben, wenn er ein entsprechendes Feststellungsinteresse (vgl. dazu *Kopp/Schenke* § 43 Rn. 23 ff.) i. S. d. § 43 Abs. 1 VwGO besitzt (*VG Karlsruhe* 25. 8. 1988, GewArch 1988, 373, 374). **65**

Muster für den **Klageantrag** bei der **Feststellungsklage:**

> „1. Es wird festgestellt, dass die vom Kläger betriebene Gaststätte .... *(Bezeichnung)* in .... *(genauer Ort)* keiner Erlaubnis nach dem Gaststättengesetz bedarf.
> 2. Die Beklagte trägt die Kosten des Verfahrens."

§ 2 Erlaubnis

66 Gegen das Urteil des Verwaltungsgerichts steht der unterlegenen Partei des Prozesses das **Rechtsmittel der Berufung** zu. Allerdings gelten hier seit 1. 1. 1997 (Art. 1 des Sechsten Gesetzes zur Änderung der VwGO und anderer Gesetze vom 1. 11. 1996 [BGBl. I S. 1626]) mit weiteren seit 1. 1. 2002 geltenden Modifizierungen (Art. 1 des Gesetzes zur Bereinigung des Rechtsmittelrechts im Verwaltungsprozess vom 20. 12. 2001 [BGBl. I S. 3997]) Besonderheiten, die den weiteren Rechtsweg deutlich erschweren. Eine Berufung kann nur erfolgen, wenn diese zuvor vom *VG* oder vom *OVG* (in einigen Bundesländern *VGH*) in einem gesonderten Beschlussverfahren zugelassen wurde (§ 124 Abs. 1, § 124a Abs. 1, 5 VwGO).

67 Aufgrund der seit 1. 1. 2002 geltenden Fassung des § 124a Abs. 1 VwGO kann das *VG* **die Berufung** aus den in § 124 Abs. 2 Nr. 3 und 4 VwGO genannten Gründen (grundsätzliche Bedeutung und Divergenz) in seinem erstinstanzlichen Urteil **von Amts wegen zulassen** (vgl. etwa *Bader* in: *Bader/Funke-Kaiser/Kuntze/von Albedyll* Rn. 2–12 zu § 124a VwGO; *Bader* VBlBW 2002, 471 f.; *Kienemund* NJW 2002, 1231 f.; *Laudemann* NJ 2002, 68, 69 f.). Das *OVG*/der *VGH* ist an die Zulassung gebunden (*Geiger* BayVBl. 2003, 65, 67). Die vom *VG* zugelassene Berufung ist – wenn von ihr Gebrauch gemacht wird – innerhalb eines Monats nach Zustellung des vollständigen Urteils einzulegen (§ 124a Abs. 2 S. 1 VwGO).

68 Lässt das *VG* die Berufung nicht zu, kann aus sämtlichen in § 124 Abs. 2 VwGO genannten Gründen innerhalb eines Monats nach Zustellung des vollständigen erstinstanzlichen Urteils ein **Antrag auf Zulassung der Berufung** beim *VG* gestellt werden (§ 124a Abs. 4 S.1 VwGO). Er muss das angefochtene Urteil bezeichnen; in dem Antrag sind innerhalb von zwei Monaten nach Zustellung des vollständigen Urteils die Gründe, aus denen die Berufung zuzulassen ist, darzulegen (§ 124a Abs. 4 S. 3, 4 VwGO). Über den Antrag entscheidet das *OVG*/der *VGH*. Die Berufung ist nur aus den in § 124 Abs. 2 Nr. 1–5 VwGO genannten Gründen zuzulassen. Zu

Erlaubnis **§ 2**

den **Anforderungen an die Darlegung** vgl. *BVerfG* 23. 6. 2000, NVwZ 2000, 1163 = VBlBW 2000, 392 mit Anm. *Schmidt* DVBl. 2000, 1686, nur Ls., mit Anm. *Fischer*; krit. zu dieser Entscheidung *Bader* VBlBW 2002, 471, 472; 8. 3. 2001, NVwZ 2001, 552 = DVBl. 2001, 894; hierzu auch *Atzler* NVwZ 2001, 410; *Kuhla* DVBl. 2001, 172; *Laudemann* NJ 2002, 68, 70; siehe auch § 124b VwGO, wonach die Auslegung der Zulassungsgründe das *OVG*/ den *VGH* zur Vorlage der Rechtsfrage an das *BVerwG* berechtigt (*Knopp* DÖV 2003, 24, 26), was zu einer einheitlichen Rechtsanwendung durch die Gerichte führen soll (BT-Ds 14/6393, S. 13; *Kienemund* NJW 2002, 1231, 1232).

Wird der **Zulassungsantrag abgelehnt**, so steht dem Unterlegenen **69** gegen den Beschluss des *OVG*/*VGH* im verwaltungsgerichtlichen Verfahren kein weiteres Rechtsmittel zur Verfügung (§ 124a Abs. 5 S. 4 VwGO). Er kann allenfalls noch den Rechtsweg zum *BVerfG* oder zum *EuGH* beschreiten, sofern die besonderen Voraussetzungen für die Zulässigkeit dieser Rechtswege gegeben sind (vgl. dazu Art. 93 Nr. 4a GG, §§ 13 Nr. 8a, 90 BVerfGG [BVerfG]; Art. 230, 234 EGV [EuGH], wonach in der Regel die Vorlage durch das *OVG*/den *VGH* an den *EuGH* erfolgen muss). Hat die zugelassene Berufung keinen Erfolg, entscheidet das *OVG*/der *VGH* darüber, ob die **Revision** zum *BVerwG* zugelassen wird (§ 132 VwGO). Ist dies der Fall, steht der Rechtsweg zum *BVerwG* offen. Wird die Revision dagegen nicht zugelassen, verbleibt nur noch das Rechtsmittel der **Nichtzulassungsbeschwerde**, über welches das *BVerwG* entscheidet (§ 133 VwGO).

Für die Praxis von wesentlicher Bedeutung ist, dass für **alle Verfahren vor dem OVG/VGH und dem BVerwG** gem. § 67 Abs. 1 **70** S. 1 VwGO für jeden Beteiligten die **Pflicht** besteht, **sich durch einen Rechtsanwalt vertreten zu lassen** (vgl. etwa *Jahn* GewArch 1997, 129, 135). Der Antrag auf Zulassung der Berufung kann also nicht vom Kläger selbst gestellt werden, sondern der Antrag muss eigenhändig von einem beauftragten Rechtsanwalt formuliert und gestellt werden (vgl. *BVerwG* 5. 8. 1998, NVwZ 1999, 643; *VGH*

§ 2 Erlaubnis

BW 5. 5. 1997, VBlBW 1997, 381; 14. 4. 1998, Justiz 1998, 576; 22. 1. 1999, NVwZ 1999, 429). Andernfalls ist der Antrag bereits nicht statthaft. Eine Ausnahme vom Anwaltszwang gilt nur dann, wenn der Betroffene auf **Prozesskostenhilfe** angewiesen ist: In diesem Fall kann aus Gründen der Sicherstellung eines effektiven und umfassenden Rechtsschutzes der Antrag auf Zulassung der Berufung zusammen mit dem Antrag auf Gewährung von Prozesskostenhilfe ohne Beteiligung eines Rechtsanwalts vom Betroffenen selbst gestellt werden (**hM**, so etwa *VGH BW* 20. 3. 1998, VBlBW 1998, 306; 30. 3. 1998, NVwZ 1998, 647; *OVG Lüneburg* 20. 1. 1998, NVwZ 1998, 533; krit. *Guckelberger* DÖV 1999, 937, 944). Die Pflicht zur Vertretung durch einen Rechtsanwalt besteht dann erst nach Zulassung der Berufung im anschließenden Berufungsverfahren. Aus § 67 Abs. 1 S. 2, § 166 VwGO in der seit 1. 1. 2002 geltenden Fassung (vgl. oben Rn. 66) folgt überdies, dass für die Beschwerde gegen die Zurückweisung eines Prozesskostenhilfeantrags kein Anwaltszwang besteht (vgl. dazu BT-Ds 14/6393, S. 14; *Bader* VBlBW 2002, 471, 474). Mitarbeiter/-innen der Gaststättenbehörde mit der Befähigung zum Richteramt sind vor dem *OVG/VGH* vertretungsbefugt (§ 67 Abs. 1 S. 3 VwGO).

i) Gerichtlicher Eilschutz

71 Das gegen eine ablehnende Entscheidung über die Erlaubnis vorgesehene Rechtsmittelverfahren mit Widerspruch und anschließender Verpflichtungsklage nimmt bis zur abschließenden Entscheidung längere Zeit in Anspruch. Da die gaststättenrechtliche Erlaubnis zumeist aus wirtschaftlichen Gründen begehrt wird, kann eine schnelle, zumindest vorläufige Entscheidung über die Erteilung der Erlaubnis für den Antragsteller von erheblicher Bedeutung sein. Hier bietet sich die Möglichkeit des **verwaltungsgerichtlichen Eilschutzes**.

72 Die Art des gerichtlichen Rechtsschutzes richtet sich im Verwaltungsprozess nach der im Hauptsacheverfahren zu erhebenden Klage. Da gegen die Versagung der gaststättenrechtlichen Erlaubnis in der Hauptsache eine Verpflichtungsklage zu erheben ist, kommt gerichtlicher Eilschutz nur durch einen **Antrag auf Erlass einer einstweiligen Anordnung** des *VG* gem. **§ 123 VwGO** in Betracht (*Kopp/Schenke* § 123 Rn. 1, 4). Ziel dieses Verfahrens ist die Verpflichtung der Behörde durch das Gericht, den beantragten Gaststättenbetrieb bis zur Entscheidung im Hauptsacheverfahren zu erlauben (siehe auch *VGH BW* 29. 1. 1988, GewArch 1988, 388; 11. 7. 1988, GewArch 1988, 389).

Der Antrag nach § 123 VwGO ist bei dem *VG* zu stellen, das auch in der Hauptsache zuständig ist (§ 123 Abs. 2 VwGO). Der Antrag ist grundsätzlich **schriftlich** zu stellen, ausnahmsweise ist bei ganz besonderer Eilbedürftigkeit auch die telefonische Antragstellung möglich (*Kopp/Schenke* § 123 Rn. 17). Der Antrag ist bereits **vor Einleitung des Widerspruchsverfahrens** statthaft, mit Ablauf der Widerspruchsfrist hat er aber wegen der Rechtskraft des ablehnenden Bescheids keinen Erfolg mehr. Der Antragsteller muss in dem Antrag **glaubhaft** (§ 920 Abs. 2 ZPO) darlegen, dass der Eilschutz zur Abwendung einer ihm selbst oder dem Rechtsfrieden drohenden Gefahr erforderlich ist. Hieran sind allerdings nach den Umständen des Einzelfalls keine allzu hohen Anforderungen zu stellen. 73

Der Antrag hat Erfolg, wenn ein **Anordnungsanspruch** und ein **Anordnungsgrund** gegeben sind. Der Anordnungsanspruch ist gegeben, wenn dem Antragsteller der geltend gemachte Anspruch mit überwiegender Wahrscheinlichkeit zusteht, er also nach summarischer Prüfung die tatbestandlichen Voraussetzungen für die Erteilung der Gaststättenerlaubnis erfüllt und keine Versagungsgründe (§ 4 Abs. 1 GastG) gegeben sind, also auch das Hauptsacheverfahren Aussicht auf Erfolg bietet (vgl. dazu *VGH BW* 11. 7. 1988, GewArch 1988, 389 f.). Der Anordnungsgrund liegt vor, wenn die Angelegenheit aufgrund glaubhafter Darlegung durch den Antragsteller dringlich ist und keinen Aufschub duldet. 74

In einem Eilverfahren nach § 123 VwGO darf die **Hauptsache** grundsätzlich **nicht vorweggenommen** werden. Es darf mithin im Eilverfahren noch nicht das ausgesprochen werden, was mit der 75

§ 2   Erlaubnis

Klage erstrebt wird. Dies würde dem Sinn des Eilverfahrens, in dem nur eine summarische Prüfung der Rechtslage stattfindet und das lediglich vorläufigen Rechtsschutz gewähren will, widersprechen. Das Vorwegnahmeverbot wird allerdings in besonders dringenden Fällen gem. Art. 19 Abs. 4 GG zur Gewährung effektiven Rechtsschutzes durchbrochen, wenn das Zuwarten bis zum Abschluss des Hauptsacheverfahrens zu **unzumutbaren Nachteilen** für den Antragsteller führen würde. Dies wird im GastR regelmäßig der Fall sein, wenn ohne die einstweilige Anordnung des *VG* die **wirtschaftliche Existenz** des Antragstellers gefährdet würde. So ist die Vorwegnahme der Hauptsache zulässig, wenn ein übernommener und im Rahmen einer vorläufigen Erlaubnis nach § 11 GastG rechtmäßig weitergeführter Gaststättenbetrieb bereits eine legale wirtschaftliche Existenzgrundlage für den Betroffenen darstellte, die durch das Auslaufen der vorläufigen Erlaubnis und die Versagung der endgültigen Konzession nach § 2 Abs. 1 GastG gefährdet wird (*HessVGH* 8. 11. 1995, NVwZ-RR 1996, 325, 326).

76 In Eilverfahren gilt seit 1. 1. 2002 (vgl. oben Rn. 66) wieder, dass das gegen den erstinstanzlichen Beschluss des *VG* gegebene **Rechtsmittel der Beschwerde** keiner Zulassung durch das *VG* oder das *OVG*/den *VGH* bedarf (vgl. dazu *Bader* VBlBW 2002, 471, 473 f.; *Kienemund* NJW 2002, 1231, 1234; *Laudemann* NJ 2002, 68, 72), wie dies für die Berufung gilt (siehe dazu oben Rn. 66 ff.). Die Beschwerde ist innerhalb von zwei Wochen nach Bekanntgabe der Entscheidung beim *VG* einzulegen (§ 147 Abs. 1 S. 1 VwGO) und innerhalb eines Monats nach Bekanntgabe der Entscheidung zu begründen (§ 146 Abs. 4 S. 1 VwGO).

Zum gerichtlichen Eilrechtsschutz im **Nachbarstreit** vgl. nachfolgend Rn. 94.

j) Nachbarschutz

77 Die Frage des **Nachbarschutzes** nimmt im Bereich des GastR, wie auch in vielen anderen Gebieten des öffentlichen Rechts, eine immer größere Bedeutung ein. Die zunehmende Entwicklung des Gaststättengewerbes hin zur Erlebnisgastronomie und die Liberali-

sierung der Sperrzeiten (vgl. dazu § 18 Rn. 26) tragen hierzu ihren Teil bei. Der zunehmende Konflikt zwischen Gaststättengewerbe und Nachbarschaft ist sehr zu bedauern, ist doch die **Gaststätte** in ihrer ureigensten Funktion **kommunikativer Teil des bürgerschaftlichen Zusammenlebens** und sollte als solche weiterhin begriffen werden.

Dritten, nicht am Verwaltungsverfahren als Antragsteller oder Behörde Beteiligten, steht Rechtsschutz gegen einen den Antragsteller begünstigenden VA nicht ohne weiteres zu. Allerdings ist es für den Rechtsschutz nicht erforderlich, dass der Betroffene auch Adressat des VA ist. Dritten steht Rechtsschutz gegen einen VA immer dann – aber auch nur dann – zu, wenn dieser VA ihre Rechte durch seine Existenz und/oder seinen Inhalt unmittelbar berührt, maßgeblich ist also die **Betroffenheit in eigenen Rechten** (*Kopp/Schenke* § 42 Rn. 84, 89). Die Frage der Betroffenheit durch einen VA beantwortet sich nach dem **materiellen Recht** und zwar danach, ob die einen VA tragende Norm Dritten, die durch die Entscheidung betroffen werden, Schutz gewährt und Abwehrrechte einräumt (*Kopp/Schenke* § 42 Rn. 84; *Jarass* NJW 1983, 2844, 2845; *Heinrich* GewArch 1975, 1, 3). Dies hängt vom Inhalt der maßgeblichen Norm ab und ist jeweils im Einzelfall zu beantworten (*BVerwG* 16. 3. 1989, BVerwGE 81, 329, 334; *Happ* in: *Eyermann* § 42 Rn. 87, 90). Die anwendbaren Normen müssen nur – oder zumindest auch – dem Schutz des Drittbetroffenen zu dienen bestimmt sein (*BVerwG* aaO; *Kopp/Schenke* aaO). 78

Anhand der zuvor in Rn. 78 dargelegten Grundsätze ist in **Bezug auf die gaststättenrechtliche Erlaubnis** eine **differenzierte Auffassung** zu vertreten: 79

Im Grundsatz ist davon auszugehen, dass dem **Nachbarn** gegenüber der einem Gaststättenbetreiber nach § 2 GastG erteilten Erlaubnis **kein Rechtsschutz** zusteht, den er im Wege des Widerspruchs und einer anschließenden Anfechtungsklage (§ 42 Abs. 1 Alt. 1 VwGO) durchsetzen kann (*BVerwG* 18. 3. 1998, GewArch 1998, 254 f. [zu § 4 Abs. 1 S. 1 Nr. 1 GastG]). Denn die **gaststät-** 80

§ 2 Erlaubnis

tenrechtliche Erlaubnis nach § 2 GastG **dient** nach ihrem Zweck nicht dem Schutz Dritter, sondern in erster Linie der **Wahrung des öffentlichen Interesses** (*Buhren* GewArch 1974, 221; vgl. auch *Stober* BWiVwR, S. 81). Dies wird deutlich, wenn man die Versagungsgründe des § 4 Abs. 1 S. 1 Nr. 1, 2, 2a und 4 GastG betrachtet. Diese stellen entweder auf Versagungsgründe ab, die der Person des Antragstellers anhaften (§ 4 Abs. 1 S. 1 Nr. 1, 4 GastG), oder die Interessen der Gäste und Beschäftigten schützen und an sachliche Voraussetzungen anknüpfen (§ 4 Abs. 1 S. 1 Nr. 2 GastG). Nachbarschutz ist insoweit nicht zu gewähren (ebenso für § 4 Abs. 1 S. 1 Nr. 1 GastG *BVerwG* 4. 10. 1988, BVerwGE 80, 259, 260; *Happ* in: *Eyermann* § 42 Rn. 113). § 4 Abs. 1 S. 1 Nr. 2a GastG schützt zwar die Interessen Dritter, nämlich der Behinderten. Wird der Grundsatz der Barrierefreiheit verletzt, geht der Gesetzgeber im Grundsatz auch davon aus, dass dem behinderten Menschen eine Klagebefugnis zusteht, wie aus § 13 Abs. 2 S. 2 BGG zu folgern ist (vgl. dazu § 4 Rn. 219). Allerdings **scheidet eine Verletzung des behinderten Menschen in eigenen Rechten** in solchen Fällen so gut wie immer **aus** (ebenso der BR-Verkehrsausschuss in BR-Ds 152/1/02, dort S. 3).

81 Etwas anderes gilt aber in Bezug auf den **Schutz der Nachbarschaft vor Lärmimmissionen und sonstigen erheblichen Nachteilen, Gefahren und Belästigungen**. Hier ist davon auszugehen, dass die Bestimmungen des GastG den Nachbarn der von der Erlaubnis erfassten Gaststätte als betroffenen Dritten Schutz gewähren. Dies folgt aus § 4 Abs. 1 S. 1 Nr. 3 GastG, wonach die Erlaubnis zu versagen ist, wenn der Gewerbebetrieb schädliche Umwelteinwirkungen i.S.d. BImSchG oder sonst erhebliche Nachteile, Gefahren oder Belästigungen für die Allgemeinheit befürchten lässt. Der Schutz vor schädlichen Umwelteinwirkungen i.S.d. BImSchG war noch nicht Bestandteil der ursprünglichen Fassung des § 4 Abs. 1 S. 1 Nr. 3 GastG (vgl. dazu § 4 Rn. 1a). Der Gesetzgeber wollte dem Nachbarn in der ursprünglichen Fassung des § 4 Abs. 1 S. 1 Nr. 3 GastG ausdrücklich nicht das Recht zubilligen, gegen die Erteilung der Erlaubnis im Wege des Rechtsschutzes vorzugehen (BT-Ds V/205, S. 14, 24; BT-Ds V/1652, S. 4; *Heinrichs* WiVerw 1985, 1, 10 f.; vgl. dazu sogleich Rn. 82). Allerdings ging der Gesetzgeber durchaus davon aus, das § 4 Abs. 1 S. 1 Nr. 3 GastG bereits in seiner ursprünglichen Fassung dem Nachbarschutz diente (so der Ausschuss für Wirtschaft und Mittelstandsfragen in BT-Ds V/1652, S. 4). Allein aus dem Begriff der Allgemeinheit und der Streichung des Begriffs der „Nachbarschaft" im Gesetzgebungsverfahren zur ursprünglichen Fassung des § 4 Abs. 1 S. 1 Nr. 3 GastG kann indes nicht gefolgert werden, dass diese Bestimmung nicht auch dem Schutz der Nachbarschaft zu dienen bestimmt war. Vielmehr ist davon auszugehen, dass Belästigungen der Allgemeinheit über öffentliche Einrichtungen hinausgehen (so BT-Ds V/205, S. 14) und auch die Nachbarschaft in diesen Schutz einbezogen war (**MM**; **aA** etwa *Buhren* GewArch 1974, 221).

Jedenfalls seit § 4 Abs. 1 S. 1 Nr. 3 GastG durch § 69 Abs. 2 Nr. 1 BImSchG eine neue Fassung erhielt (vgl. dazu auch § 4 Rn. 1a), dürfte kein ernsthafter Zweifel mehr bestehen, dass § 4 Abs. 1 S. 1 Nr. 3 GastG zumindest auch dem Schutz der Nachbarschaft dient. Während in der ursprünglichen Fassung der Versagungsgrund insbesondere gegeben war, wenn „erhebliche Nachteile, Gefahren und Belästigungen für die Allgemeinheit" zu befürchten waren, werden nunmehr „schädliche Umwelteinwirkungen i. S. d. Bundes-Immissionsschutzgesetzes" im GastG ausdrücklich als Versagungsgrund genannt. Die Ergänzung soll nach dem Willen des Gesetzgebers „der Anwendung eines einheitlichen Maßstabes bei der Beurteilung von Immissionen" dienen (BT-Ds 7/179, S. 49; *BVerwG* 7. 5. 1996, BVerwGE 101, 157, 163 f.; *Hahn* GewArch 1997, 41, 45 f.). Durch die Gleichsetzung des Schutzstandards des BImSchG mit dem des § 4 Abs. 1 S. 1 Nr. 3 GastG wurde jedenfalls spätestens ab diesem Zeitpunkt dieser Bestimmung des GastG Nachbarschutz zugesprochen, ohne dass der Gesetzgeber dies ausdrücklich erwähnen musste. Denn im Bereich des BImSchG dient insbesondere der mit § 4 Abs. 1 S. 1 Nr. 3 GastG fast inhaltsgleiche § 5 Abs. 1 Nr. 1 BImSchG auch dem Schutz der Nachbarschaft (*OVG RP* 3. 3. 1975, GewArch 1975, 165 f.; *Bender/Sparwasser/Engel* Rn. 8/134; 82

§ 2   Erlaubnis

Jarass Rn. 119 zu § 5 BImSchG, u. NJW 1983, 2844, 2845; *Schmatz/Nöthlichs* Anm. 9 zu § 5 BImSchG). Daher entspricht es nunmehr **überwiegender Auffassung**, dass § 4 Abs. 1 S. 1 Nr. 3 GastG, jedenfalls so weit er sich auf schädliche Immissionen bezieht, auch dem Schutz der Nachbarschaft zu dienen bestimmt ist (so etwa *BVerwG* 4. 10. 1988, BVerwGE 80, 259, 260; 7. 5. 1996, BVerwGE 101, 157, 162, 164; *BayVGH* 19. 8. 1991, GewArch 1992, 31; *OVG NRW* 9. 12. 1992, GewArch 1993, 254, 255; *VGH BW* 17. 7. 1984, GewArch 1985, 136, 137; *HessVGH* 18. 5. 1990, NVwZ-RR 1991, 278 = GewArch 1990, 330, u. 8. 10. 1996, NVwZ-RR 1997, 159 = DVBl. 1997, 966, nur Ls., ESVGH 47, 151, nur Ls.; *VG Stuttgart* 27. 3. 2001, GewArch 2001, 299; *Metzner* § 4 Rn. 335, 341, 346; *Michel/Kienzle* § 4 Rn. 89; *Happ* in: *Eyermann* § 42 Rn. 113; *Kopp/Schenke* § 42 Rn. 108; *Czybulka* in: *Schmidt* ÖWR, Rn. 2/226 m. w. N.; *Jarass* WiVwR, Rn. 16/49; *Steinberg* DÖV 1991, 354, 355 f.; *Frers* GewArch 1989, 73, 75; i. E. ebenso *Kutscheidt* NVwZ 1989, 193, 195; **aA** *Ambs* in: *Erbs/Kohlhaas* § 4 GastG Rn. 22; *Heinrich* GewArch 1975, 1, 4 f.; *v. Ebner* GewArch 1975, 108, 110; *Stober* BWiVwR, S. 87, u. JuS 1983, 843, 850; vgl. auch *Aßfalg* NVwZ 1991, 728, 729 f.).

83 Die Auffassung, dass **Nachbarschutz nur bei schädlichen Umweltwirkungen i. S. d. BImSchG**, nicht dagegen bei den ebenfalls von § 4 Abs. 1 S. 1 Nr. 3 GastG erfassten erheblichen Nachteilen, Gefahren oder Belästigungen gegeben ist (so vor allem *Michel/Kienzle* § 4 Rn. 89; ebenso *Metzner* § 4 Rn. 341, 348; *Jarass* WiVwR, Rn. 16/49; *OVG RP* 4. 2. 1998, NVwZ-RR 1998, 556, 557), ist dagegen **abzulehnen** (wie hier *Steinberg* DÖV 1991, 354, 356; wohl auch *VGH BW* 17. 7. 1984, GewArch 1985, 136; *Happ* in: *Eyermann* § 42 Rn. 113 [„öffentliches Interesse" als „Einbruchstelle" für Grundrechte Dritter]). Diese Auffassung übersieht, dass die vom Gesetzgeber mit der Änderung des § 4 Abs. 1 S. 1 Nr. 3 GastG bezweckte Anpassung dazu geführt hat, dass der unzweifelhaft Nachbarschutz gewährende § 5 Abs. 1 Nr. 1 BImSchG und § 4 Abs. 1 S. 1 Nr. 3 GastG weitgehend wort- und inhaltsgleich geworden sind. Dies macht deutlich, dass der Gesetzgeber den Schutzbereich dieser beiden Normen insgesamt angleichen wollte. Eine unterschiedliche Beurteilung der Schutzbereiche zweier beinahe identischer Normen wäre kaum zu rechtfertigen. Der Gesetzgeber hat mithin seine ursprüngliche Auffassung, dass § 4 Abs. 1 S. 1 Nr. 3 GastG keine Anfechtungsmöglichkeit des Nachbarn ermöglichen soll, mit der Änderung durch das BImSchG erkennbar aufgegeben, ohne dies in der Gesetzbegründung nochmals ausdrücklich zu erwähnen. Insoweit ist den Nachbarn Schutz nicht nur gegen schädliche Umwelteinwirkungen, sondern unter den oben in Rn. 78 dargelegten Voraussetzungen auch gegen ihnen drohende sonstige Nachteile, Gefahren oder Belästigungen zu gewähren.

Der Schutz vor durch den Gaststättenbetrieb drohenden erheblichen Nachteilen, Gefahren oder Belästigungen besteht **nur in Bezug auf die Nachbarn**, nicht gegenüber der sonstigen Allgemeinheit. Es kommt daher darauf an, ob der Dritte Nachbar ist (vgl. dazu nachfolgend Rn. 86). Gehört der Dritte dagegen zur Allgemeinheit, besteht seine Beziehung zur Gaststätte also nur gelegentlich oder kurzzeitig (*Metzner* § 5 Rn. 50), kann er sich gegen die einem anderen erteilte Erlaubnis nicht zur Wehr setzen. **84**

Weitere nachbarschützende Vorschriften sind nach den zuvor angestellten Überlegungen § 5 Abs. 1 Nr. 3, Abs. 2 und § 18 Abs. 1 S. 2 GastG (*BVerwG* 7. 5. 1996, BVerwGE 101, 157; *Happ* in: *Eyermann* § 42 Rn. 113; *Kopp/Schenke* § 42 Rn. 108; *Metzner* § 4 Rn. 337, 348; *Steinberg* DÖV 1991, 354, 362; vgl. dazu auch § 5 Rn. 52; § 18 Rn. 68) **85**

Sofern entsprechend den Ausführungen oben in Rn. 81–83 ein Schutz der Rechte Dritter in Betracht kommt, ist **Nachbar i. S. d. Gaststättenrechts** jeder, der von der Errichtung oder dem Betrieb der Gaststätte in seinen rechtlichen Interessen betroffen wird (vgl. *BVerwG* 24. 10. 1967, BVerwGE 28, 131 ff.). Insofern lässt sich **kein einheitlicher Maßstab** angeben, der den Begriff des Nachbarn im GastR konkretisieren könnte. Es ist zu beachten, dass im Bereich des GastG ebenso wie im BImSchG (vgl. dazu etwa *BVerwG* 22. 10. 1982, NJW 1983, 1507) der Kreis der Nachbarn **86**

§ 2   Erlaubnis

weiter zu fassen ist als etwa im Baurecht (*BVerwG* 7. 5. 1996, BVerwGE 101, 157, 165; *Kopp/Schenke* § 42 Rn. 104; zum Baurecht vgl. *Dürr* DÖV 2001, 625, 626 f.). Dies ergibt sich aus der Natur der durch § 4 Abs. 1 S. 1 Nr. 3 GastG erfassten Immissionen, deren Ausstrahlung je nach den Umständen des Einzelfalls durchaus weit sein kann. Die Nachbarschaft im GastR ist bei Immissionen daher durch ein **qualifiziertes Betroffensein** gekennzeichnet, das sich deutlich abhebt von den Auswirkungen, die den Einzelnen als Teil der Allgemeinheit treffen können; sie setzt im Interesse klarer und überschaubarer Konturen und damit letztlich im Interesse der Rechtssicherheit ein **besonderes Verhältnis des Betroffenen zu der Gaststätte im Sinne einer „räumlich-engen" Beziehung** voraus (*BVerwG*E 101, 157, 165; *Happ* in *Eyermann* § 42 Rn. 113; *Jarass* NJW 1983, 2844, 2847). Die Nachbarschaft ist nicht nur auf solche Auswirkungen eingegrenzt, die unmittelbar von der Gaststätte ausgehen. Vielmehr können **auch in einem weiteren Umfeld der Gaststätte auftretende Auswirkungen** die Stellung eines Nachbarn begründen, wenn sie in einem funktionellen Zusammenhang mit dem Gaststättenbetrieb stehen und diesem auch in räumlicher Hinsicht noch zuzurechnen sind, weil sie den Bezug zur emittierenden Gaststätte noch nicht verloren haben (so bejaht vom *BVerwG* für den von Gästen auf dem Weg zu und von der Gaststätte verursachten Lärm, *BVerwG*E 101, 157, 165 f.; ebenso *VGH BW* 20. 2. 1992, VBlBW 1992, 385, 386; *VG Düsseldorf* 16. 5. 1990, NVwZ 1991, 813; vgl. auch *Kienzle* GewArch 1983, 281, 286 sowie § 4 Rn. 133).

87   Bei einer **Eigentümergemeinschaft** nach dem WEG stehen die Abwehransprüche nicht der Gemeinschaft, sondern den einzelnen Wohnungseigentümern zu (*BayVGH* 22. 10. 1998, NVwZ 1999, 555 = NJW 1999, 2611, nur Ls.).

88   **Rechtsschutz** ist den Nachbarn durch **Widerspruch und Anfechtungsklage gegen die Erlaubnis** zu gewähren. Dies gilt trotz der vom Gesetzgeber zur ursprünglichen Fassung des § 4 GastG geäußerten Auffassung (BT-Ds V/205, S. 14), dass dem betroffenen

Nachbarn die Möglichkeit, gegen die Erteilung der Erlaubnis im Verwaltungsstreitverfahren vorzugehen, nicht eingeräumt werden soll, und der zur Klarstellung dieser Auffassung auf Initiative des BR (BT-Ds V/205, S. 24) und des Ausschusses für Wirtschaft und Mittelstandsfragen (BT-Ds V/1652, S. 4) erfolgten Streichung der Worte „für die Bewohner des Betriebsgrundstücks oder der Nachbargrundstücke". Denn unabhängig von der vom Gesetzgeber geäußerten Auffassung ist die Frage des Drittschutzes einer Norm im Rahmen einer umfassenden Auslegung zu ermitteln, die neben der Auffassung des Gesetzgebers auch alle anderen Aspekte einer Auslegung zu berücksichtigen hat. Lärmimmissionen stellen gem. § 4 Abs. 1 S. 1 Nr. 3 GastG einen zwingenden Versagungsgrund dar, dessen Durchsetzung dem Nachbarn – auch aus Gründen des effektiven Rechtsschutzes – möglich sein muss. Es ist daher davon auszugehen, das § 4 Abs. 1 S. 1 Nr. 3 GastG trotz der vom Gesetzgeber versuchten Korrektur bereits in der ursprünglichen Fassung Drittschutz gewährte, so dass eine Einschränkung des Drittschutzes auf der Seite des Rechtsschutzes mit der Garantie eines effektiven Rechtsschutzes durch Art. 19 Abs. 4 GG nicht zu vereinbaren wäre (**aA** die wohl überwiegende Auffassung in Rspr und Literatur, vgl. dazu etwa *Michel/Kienzle* § 4 Rn. 88 m. w. N.).

Entscheidend für die Zulässigkeit des Nachbarschutzes ist nunmehr, dass § 4 Abs. 1 S. 1 Nr. 3 GastG durch § 69 Abs. 2 Nr. 1 BImSchG eine neue Fassung erhielt (vgl. dazu bereits Rn. 82 sowie § 4 Rn. 1a). „Schädliche Umwelteinwirkungen i. S. d. Bundes-Immissionsschutzgesetzes" werden nunmehr im GastG ausdrücklich als Versagungsgrund genannt. Die vom Gesetzgeber mit dieser Ergänzung und Erweiterung gewollte **Einheitlichkeit der Rechtsanwendung** (vgl. dazu bereits Rn. 82) muss sich auch auf den Rechtsschutz beziehen. Im Immissionsschutz steht dem betroffenen Dritten daher die Möglichkeit des **Rechtsschutzes durch Anfechtung des VA** in Bezug auf genehmigungsbedürftige und nicht genehmigungsbedürftige Anlagen zu (*BVerwG* 18. 5. 1982, BVerwGE 65, 313, 316, 320 = DÖV 1982, 860; 4. 7. 1986, BVerwGE 74, 315, 327; 29. 4. 1988, BVerwGE 79, 254, 257 = NJW 1988, 2396; *VGH* 89

§ 2 Erlaubnis

BW 5. 9. 1989, NJW 1990, 1930; *Breuer* DVBl. 1986, 849, 854 f.; *Eiermann* VBlBW 2000, 135, 142 f.; *Bender/Sparwasser/Engel* Rn. 8/134). Insbesondere gewährt § 5 Abs. 1 Nr. 1 BImSchG, der mit § 4 Abs. 1 S. 1 Nr. 3 GastG bis auf den im BImSchG ausdrücklich erwähnten Begriff „Nachbarschaft" identisch ist, betroffenen Dritten Rechtsschutz durch Anfechtung des sie belastenden VA (*BVerwGE* 65, 313, 320). Abzulehnen ist daher die Auffassung, dass dem Nachbarn im Rahmen des § 4 Abs. 1 S. 1 Nr. 3 GastG Rechtsschutz nur in der Form zusteht, dass er einen Anspruch auf Auflagenerteilung oder auf besondere Sperrstundenregelung hat. Richtigerweise steht dem betroffenen Dritten Rechtsschutz im Wege der Anfechtungsklage gegen die Erlaubnis zu. Dies dürfte die nunmehr **vorherrschende Auffassung** sein (wie hier etwa *BVerwG* 20. 5. 1992, GewArch 1992, 391; *BayVGH* 19. 8. 1991, GewArch 1992, 31; 22. 10. 1998, NVwZ 1999, 555 = NJW 1999, 2611, nur Ls.; *OVG NRW* 9. 12. 1992, GewArch 1993, 254; *VGH BW* 17. 7. 1984, GewArch 1985, 136; *HessVGH* 16. 5. 1990, NVwZ 1991, 278 = GewArch 1990, 330; *OVG RP* 4. 2. 1998, NVwZ-RR 1998, 556; *VG Stuttgart* 27. 3. 2001, GewArch 2001, 291; *Metzner* § 4 Rn. 346; *Michel/Kienzle* § 4 Rn. 89 m.w.N.; *Frers* GewArch 1989, 73, 75; **aA** die *Voraufl.* in § 4 Rn. 4; *Heinrich* GewArch 1975, 1; *v. Ebner* GewArch. 1975, 108; *Stober* BWiVwR, S. 87, u. JuS 1983, 843, 850, sowie *OVG Saarland* 14. 2. 1974, AS 14, 105, 107 zur ursprünglichen Fassung des § 4 Abs. 1 S. 1 Nr. 3 GastG).

90 Für die beim Widerspruchsverfahren und der Anfechtungsklage zu beachtenden **Anforderungen und Formalien** gelten die Ausführungen in den Rn. 51–55 und 57–61 entsprechend.

91 Das Widerspruchsrecht des Nachbarn kann außer durch Fristablauf auch durch **Verwirkung** verloren gehen. Hat der Nachbar von einer dem Gaststättenbetreiber erteilten Erlaubnis, obgleich sie ihm amtlich nicht bekannt gegeben worden ist, auf andere Weise zuverlässig Kenntnis erlangt oder hätte er davon zumindest zuverlässig Kenntnis erlangen müssen, so muss er sich in aller Regel nach Treu und Glauben bezüglich der Widerspruchseinlegung so behandeln

Erlaubnis § 2

lassen, als sei ihm die Erlaubnis im Zeitpunkt der zuverlässigen Kenntniserlangung oder in dem Zeitpunkt, in dem er diese Kenntnis hätte erlangen können, amtlich bekannt gegeben worden. Von diesem Zeitpunkt an richtet sich die Widerspruchsfrist regelmäßig nach den Vorschriften der §§ 70 Abs. 1, 58 Abs. 2 VwGO (vgl. *BVerwG* 25. 1. 1974, BVerwGE 44, 294, 298 = NJW 1974, 1260, 1261; *OVG Brandenburg* 28. 1. 2000, LKV 2001, 466, beide zum Baurecht).

Muster für den **Klageantrag** bei der **Anfechtungsklage**:

> „1. Die Verfügung der Beklagten vom .... *(Datum)*, Az.: .... *(behördliches Akten-/Verfahrenszeichen)*, und der Widerspruchsbescheid des .... *(Widerspruchsbehörde)* vom .... *(Datum)*, Az.: .... *(behördliches Akten-/Verfahrenszeichen)*, werden aufgehoben.
> 2. Die Beklagte trägt die Kosten des Verfahrens."

Für die **Beurteilung der Sach- und Rechtslage** bei der vom Nachbarn erhobenen Anfechtungsklage durch das *VG* kommt es auf den **Zeitpunkt der letzten Behördenentscheidung**, also den des Erlasses des Widerspruchsbescheids an (*HessVGH* 18. 5. 1990, NVwZ 1991, 278, 279 = GewArch 1990, 330). **92**

Der **Erlaubnisinhaber** ist zum Anfechtungsprozess des Nachbarn **notwendig beizuladen** (*BVerwG* 20. 5. 1992, GewArch 1992, 391). **93**

Bei der Gewährung **gerichtlichen Eilschutzes** ist zu beachten, dass dem Nachbarn nach der hier unter Rn. 88 f. vertretenen Auffassung in Bezug auf die erteilte Erlaubnis ein Anfechtungsrecht zusteht. Der vom Nachbarn erhobene **Widerspruch** und eine sich anschließende **Anfechtungsklage** haben gem. § 80 Abs. 1 VwGO **aufschiebende Wirkung**. Der Erlaubnisinhaber kann deshalb von der Erlaubnis bis zur abschließenden Entscheidung im Rechtsmittelverfahren keinen Gebrauch machen; dies gilt jedenfalls, soweit In- **94**

§ 2 Erlaubnis

teressen des Nachbarn dem Gaststättenbetrieb entgegenstehen und die Erlaubnis – wie zumeist – im Übrigen nicht teilbar ist.

95 Der **Erlaubnisinhaber** kann bei der Erlaubnisbehörde gem. § 80a Abs. 1 Nr. 1 VwGO beantragen, die **sofortige Vollziehung** der ihm erteilten Erlaubnis **anzuordnen**. Damit entfällt die aufschiebende Wirkung des vom Nachbarn eingelegten Rechtsbehelfs. Zu den Anforderungen an die Anordnung der sofortigen Vollziehung vgl. oben Rn. 47, 49.

96 Ordnet die Behörde die sofortige Vollziehung der erteilten Erlaubnis an, kann der **Nachbar** beim *VG* gem. § 80 Abs. 5 S. 1 Alt. 2 VwGO einen **Antrag auf Wiederherstellung der aufschiebenden Wirkung** des von ihm eingelegten Rechtsbehelfs stellen. Dieser Antrag hat Erfolg, wenn das *VG* aufgrund einer **summarischen Prüfung** zu dem Ergebnis kommt, dass die von der Behörde erteilte Erlaubnis mit überwiegender Wahrscheinlichkeit rechtswidrig ist. Sind die Erfolgsaussichten offen, wägt das *VG* die Interessen des Erlaubnisinhabers und des Nachbarn ab. Hierbei steht dem zumeist wirtschaftlichen Interesse des Erlaubnisinhabers das Abwehrinteresse des Nachbarn gegenüber. Die Abwägung orientiert sich an den Besonderheiten des Einzelfalls.

97 Zur **Klage des Nachbarn auf Verpflichtung** der Gaststättenbehörde **zur Erteilung bestimmter Auflagen** vgl. § 5 Rn. 52f. Zum **Streitwert** bei einer Nachbarklage vgl. *OVG* RP 12. 2. 1999, GewArch 1999, 212f.

k) Amtshaftung

98 Die schuldhafte rechtswidrige Versagung (vgl. *BGH* 27. 5. 1963, BGHZ 39, 358, 364f. [zum Baurecht]) oder verspätete Erteilung (vgl. *BGH* 18. 6. 1970, WM 1970, 1252; 24. 1. 1972, WM 72, 743, 744f.; 12. 7. 2001, DÖV 2002, 89, nur Ls.; 26. 7. 2001, DÖV 2002, 89, nur Ls.) der Erlaubnis löst **Amtshaftungsansprüche** nach § 839 BGB, Art. 34 GG aus. Vgl. zum **mitwirkenden Verschulden** des Antragstellers *BGH* 11. 10. 2001, DÖV 2002, 203 ff. und zur Amtshaftung im Allgemeinen *Schlick* NJW-Beilage zu Heft 14/2002, 8 ff.

l) Konkurrenzschutz

Die **Vorschriften des GastG vermitteln keinen Konkurrenzschutz**. Ein Konkurrent kann sich daher gegen die einem anderen Gaststättenbetreiber erteilte Erlaubnis nach § 2 Abs. 1 GastG nicht im Rechtsmittelverfahren zur Wehr setzen (*OVG RP* 15. 7. 1981, NJW 1982, 1301, 1302 = GewArch 1981, 384 ff.; *Happ* in: *Eyermann* § 42 Rn. 113; *Steinberg* DÖV 1991, 354, 357 f.; *Stober* JuS 1983, 843, 849 f.). Auch kann ein Gewerbetreibender von der Behörde nicht die **Untersagung** der Fortführung eines Gewerbes wegen Unzuverlässigkeit eines Konkurrenten verlangen (*OVG Lüneburg* 11. 12. 1984, GewArch 1985, 95 f.).

99

7. Öffentlich-rechtlicher Vertrag

Auch im Bereich des GastR kommt der Abschluss eines **öffentlich-rechtlichen Vertrags** in Betracht. Seine Zulässigkeit richtet sich mangels spezieller Regelungen im GastG nach den den **§§ 54 ff.** VwVfG entsprechenden Landesregelungen. Nach § 54 Abs. 1 S. 2 VwVfG gilt, dass der Abschluss eines öffentlich-rechtlichen Vertrags insbesondere in Betracht kommt, wenn die Behörde ansonsten einen VA erlassen würde (sog. **subordinationsrechtlicher Vertrag**). Auch im GastR ist die Gaststättenbehörde grundsätzlich nicht gehindert, anstelle der Erlaubnis einen öffentlich-rechtlichen Vertrag zu schließen.

100

Tipp: Der öffentlich-rechtliche Vertrag spielt im Bereich des Gewerbe- und Gaststättenrechts nach wie vor eine untergeordnete Rolle. Dies dürfte in erster Linie aus der Funktion des GastR als Polizei- und Ordnungsrecht resultieren. Der öffentlich-rechtliche Vertrag bietet indes gerade in diesem Bereich die Möglichkeit, **Konflikte** – vor allem mit der Nachbarschaft – auf einer einvernehmlichen Grundlage zu **lösen**. Die Gaststättenbehörden sollten daher hiervon häufiger Gebrauch machen, sofern der öffentlich-rechtliche Vertrag im Einzelfall zulässig ist (vgl. sogleich Rn. 101–104).

Die Gaststättenbehörde ist auch beim Abschluss eines öffentlich-rechtlichen Vertrags an **Recht und Gesetz gebunden**. Dies bedeutet, dass durch einen öffentlich-rechtlichen Vertrag grundsätzlich

101

§ 2 Erlaubnis

nicht von für die Gaststättenbehörde zwingenden Rechtvorschriften zugunsten oder zulasten des Antragstellers abgewichen werden kann. Dies gilt vor allem für die Versagungsgründe des § 4 Abs. 1 GastG. Allerdings ist die Gaststättenbehörde nicht gehindert, Zweifelsfragen bei der Anwendung des GastG im Rahmen eines öffentlich-rechtlichen Vertrags einer einvernehmlichen Klärung zuzuführen (vgl. dazu nachfolgend Rn. 103). So ist die Anwendung der in § 4 Abs. 1 GastG verwendeten unbestimmten Rechtsbegriffe einer solchen Lösung durchaus zugänglich. Eine **Aushöhlung der gesetzlichen Versagungsgründe** ist indes **stets unzulässig**.

102 Sofern die tatbestandlichen Voraussetzungen vorliegen und insbesondere die Versagungsgründe des § 4 Abs. 1 GastG nicht entgegenstehen, hat der Antragsteller einen Anspruch auf Erteilung der Gaststättenerlaubnis (vgl. dazu oben Rn. 4). Dies schränkt die Anwendbarkeit des öffentlich-rechtlichen Vertrags im GastR ein. Aus § 56 Abs. 2 VwVfG folgt, dass der Antragsteller, sofern ihm ein Anspruch auf die Leistung der Behörde zusteht, im Rahmen eines sog. **Austauschvertrags** nur dann zu einer **Gegenleistung** verpflichtet werden kann, wenn der **Erlass einer entsprechenden Nebenbestimmung zulässig** wäre. Hierdurch wird die Einschränkung des § 36 Abs. 1 VwVfG in Bezug auf den Erlass von Nebenbestimmungen bei gebundenen Entscheidungen (vgl. dazu eingehend § 3 Rn. 51 ff.) auch im Bereich des öffentlich-rechtlichen Vertrags sichergestellt.

103 Häufig wird der Abschluss eines **Vergleichsvertrags** (§ 55 VwVfG) in Betracht kommen. Mit diesem öffentlich-rechtlichen Vertrag wird eine bestehende Ungewissheit durch gegenseitiges Nachgeben beseitigt. Er gibt der Gaststättenbehörde die Möglichkeit, **unsichere Tatsachen- oder Rechtsfragen einvernehmlich zu lösen**, wenn sie dies zur Beseitigung der Ungewissheit nach pflichtgemäßem Ermessen für zweckmäßig hält (vgl. dazu *Bull* Rn. 696, 709 zum GastG).

104 Der öffentlich-rechtliche Vertrag ist **schriftlich** zu schließen (§ 57 VwVfG). Greift der Vertrag in die **Rechte eines Dritten**, insbesondere in die eines betroffenen Nachbarn, ein, wird der Vertrag gem.

§ 58 Abs. 1 VwVfG erst wirksam, wenn der Dritte schriftlich zustimmt. Es empfiehlt sich daher, den Dritten von Anfang an zur Partei des Vertrags zu machen. Gem. § 61 Abs. 1 S. 1 VwVfG kann sich jede Vertragspartei der **sofortigen Vollstreckung** aus dem Vertrag unterwerfen (zu den Einzelheiten vgl. etwa *Kopp/Ramsauer* § 61 Rn. 7 ff.).

8. Ordnungswidrigkeiten

Wer vorsätzlich oder fahrlässig ohne die nach § 2 Abs. 1 GastG erforderliche Erlaubnis Getränke oder zubereitete Speisen verabreicht oder Gäste beherbergt, begeht eine **Ordnungswidrigkeit** nach **§ 28 Abs. 1 Nr. 1 GastG**. **105**

§ 3
Inhalt der Erlaubnis

(1) Die Erlaubnis ist für eine bestimmte Betriebsart und für bestimmte Räume zu erteilen. Die Betriebsart ist in der Erlaubnisurkunde zu bezeichnen; sie bestimmt sich nach der Art und Weise der Betriebsgestaltung, insbesondere nach den Betriebszeiten und der Art der Getränke, der zubereiteten Speisen, der Beherbergung oder der Darbietungen.

(2) Die Erlaubnis darf auf Zeit erteilt werden, so weit dieses Gesetz es zuläßt oder der Antragsteller es beantragt.

(3) Die Erlaubnis zum Ausschank alkoholischer Getränke schließt die Erlaubnis zum Ausschank alkoholfreier Getränke ein.

§ 3 Inhalt der Erlaubnis

Inhaltsübersicht

	Rn.
1. Fassung, Materialien, Literatur	
a) Fassung	1
b) Materialien zur geltenden Fassung	1a
c) Weiterführende Literatur	1b
2. Allgemeines	2–4
3. Schriftform (Abs. 1 S. 2 Hs. 1)	
– Schriftformerfordernis	5
– § 37 Abs. 3 VwVfG	6
– Rechtsfolgen bei Fehlen	7
– automatisierte Erlaubnis	8
– Antragstellung mittels elektronischer Dokumente	9, 10
– Antragsbegründung	11
4. Betriebsart (Abs. 1 S. 1, 2)	
a) Allgemeines zur Betriebsart	
– Zweck, Auswirkungen	12
– Fehlen der Betriebsart in der Erlaubnisurkunde	13
– Verfassungsmäßigkeit	14
b) Art der Bezeichnung	
– Gesetzgebungsverfahren	15–17
– Kurzbezeichnung	18
– unbestimmter Rechtsbegriff, Sprachgebrauch	19
c) Merkmale der Betriebsart	
– keine abschließende Aufzählung	20
– Verkehrsanschauung	21
d) Einzelne Betriebsarten	
– Allgemeines	22, 23
– Beispiele	24
– Autobahnraststätten	24a
– Bar	24b
– Beherbergungsbetrieb	24c
– Café	24d
– Diskothek	24e
– Fastfood-Gaststätte	24f
– Hotel garni	24g
– Schank- und Speisewirtschaft	24h
– Schankwirtschaft mit Musikdarbietungen	24i
– Tankstellen-Shop	24j
– Tanzlokal	24k
– Trinkhalle	24l
– Warenhausgaststätte	24m
e) Änderung der Betriebsart	
– Erlaubnispflicht	25
– Betriebseinschränkung	26
– Beispiele	27
– Maßnahmen bei unbefugter Änderung	28
5. Betriebsräume (Abs. 1 S. 1)	
a) Allgemeines	
– Erlaubnisversagungsgründe	29
– Umfang der Prüfung	30
b) Begriff der Räume	
– funktional, tatsächlich	31
– Beispiele	32
c) Bestimmung der Räume	
– Erlaubnisurkunde	33
– Umfang	34–36
d) Privatrecht	37
e) Änderung der Räume	
– erneute Erlaubnispflicht	38
– Einzelheiten	39
– ergänzende Erlaubnis	40
– Maßnahmen	41

Inhalt der Erlaubnis § 3

6. *Befristung der Erlaubnis (Abs. 2)*
   - unbeschränkte Erlaubnis 42
   - Zulässigkeit der Befristung 43
   - Begriff der Befristung 44
   - Erlaubnis für bestimmte Dauer 45
   - Tages- und Jahreszeiten 46
   - gesetzliche Befristung 47
   - Antrag auf Befristung 48
   - Missachtung 49
   - Rechtsfolgen unzulässiger Befristung 50
7. *Weitere Nebenbestimmungen*
   a) Allgemeines
   - § 36 Abs. 1, 2 VwVfG 51
   - Zulässigkeit im GastR 52
   - Vorschriften im GastG 53
   - Begriff 54
   - allgemeine Rechtmäßigkeitsvoraussetzungen 55
   - Bestimmtheit 56
   b) Besonderheiten im GastG 57
   c) Bedingung
   - Begriff, Arten 58
   - aufschiebende Bedingung 59
   - auflösende Bedingung 60, 61
   d) Widerrufsvorbehalt
   - Begriff 62
   - Unzulässigkeit 63
   - deklaratorische Wirkung 64
   e) Auflage
   - Begriff 65
   - Vorschriften des GastG 66
   - Zulässigkeit 67
   - Verhältnis zur aufschiebenden Bedingung 68
   - Auflagenvorbehalt 69
   - Zulässigkeit 70
   - modifizierende Auflage 71, 72
   f) Rechtsfolgen unzulässiger Nebenbestimmungen
   - Rechtswidrigkeit 73
   - Nichtigkeit 74
   - Reichweite 75
8. *Alkoholfreie Getränke*
   Zweck der Bestimmung 76
   - Reichweite 77
9. *Erlaubnismuster*
   - Allgemeines 78
   - Gaststättenerlaubnis 79
   - ergänzende Erlaubnis 80
   - ablehnende Entscheidung 81
   - Hinweise 82–86
10. *Verfahren, Rechtsschutz*
    a) Erlaubnis 87
    b) Verwaltungsverfahren bei Nebenbestimmungen 88, 89
    c) Rechtsschutz bei Nebenbestimmungen
    - Meinungsstreit 90
    - Auflagen 91, 92
    - übrige Nebenbestimmungen 93, 94
    - Vorverfahren 95
    - modifizierende Auflagen 96
    d) Drittschutz bei Nebenbestimmungen
    - Allgemeines 97
    - Anfechtungsklage 98
    - Verpflichtungsklage 99
11. *Ordnungswidrigkeiten* 100

§ 3 Inhalt der Erlaubnis

1. Fassung, Materialien, Literatur

a) Fassung

1   Die Vorschrift entspricht noch der ursprünglichen Fassung des GastG vom 5. 5. 1970 (BGBl. I S. 465), nunmehr in der Form der Bekanntmachung der Neufassung des GastG vom 20. 11. 1998 (BGBl. I S. 3418).

b) Materialien zur geltenden Fassung

1a Entwurf der BReg, BT-Ds V/205, S. 3, 14; Stellungnahme des BR, BT-Ds V/205, S. 23; Gegenäußerung der BReg, BT-Ds V/205, S. 31; Bericht und Beschluss des Ausschusses für Wirtschaft und Mittelstandsfragen (15. Ausschuss), BT-Ds V/1652, S. 4, 11; Zweiter schriftlicher Bericht des Ausschusses für Wirtschaft und Mittelstandsfragen (15. Ausschuss), BT-Ds V/4380, S. 5.

c) Weiterführende Literatur

1b *Aßfalg* Gaststättenrechtliche Besonderheiten der Diskotheken, GewArch 1987, 119–122; *Axer* Nebenbestimmungen im Verwaltungsrecht, Jura 2001, 748–753; *Bader/Funke-Kaiser/Kuntze/von Albedyll* Verwaltungsgerichtsordnung, 2. Aufl. 2002; *Brenner* Der Verwaltungsakt mit Nebenbestimmungen, JuS 1996, 281–287; *Brüning* Ist die Rechtsprechung zur isolierten Anfechtbarkeit von Nebenbestimmungen wieder vorhersehbar?, NVwZ 2002, 1081–1082; *Doms* Probleme bei der Organisation und Einbindung von E-Mail in Behörden, LKV 2002, 110–114; *Erichsen* Nebenbestimmungen zu Verwaltungsakten, Jura 1990, 214–217; *Kopp/Ramsauer* VwVfG, 7. Aufl. 2000; *Marschall/Schroeter/Kastner* Bundesfernstraßengesetz, 5. Aufl. 1998; *Maurer* Allgemeines Verwaltungsrecht, 14. Aufl. 2002; *Palandt* Bürgerliches Gesetzbuch, 62. Aufl. 2003; *Pietzner* Rechtsschutz gegen Nebenbestimmungen – unlösbar?, NVwZ 1995, 15–20; *Remmert* Nebenbestimmungen zu begünstigenden Verwaltungsakten, VerwArch 1997, 112–136; *Roßnagel* Das neue Recht elektronischer Signaturen, NJW 2001, 1817–1826; *Schlatmann* Verwaltungsverfahrensrecht und elektronischer Rechtsverkehr, LKV 2002, 489–493; *Sproll* Rechtsschutz gegen Nebenbestimmungen eines Verwaltungsakts, NJW 2002, 3221–3223; *Stadie* Rechtsschutz gegen Nebenbestimmungen eines begünstigenden Verwaltungsaktes, DVBl. 1991, 613–616; *Sellmann* Nochmals: Die Verlegung von Apotheken, NJW 1968, 2278–2280.

2. Allgemeines

§ 3 GastG sieht für die gaststättenrechtliche Erlaubnis **besondere inhaltliche Anforderungen** vor, die über diejenigen des allgemeinen Verwaltungsverfahrensrechts (vgl. dazu § 2 Rn. 30 ff.) hinausgehen und den **Besonderheiten des Gaststättenrechts** Rechnung tragen. Während aus § 2 Abs. 1 GastG folgt, dass die gaststättenrechtliche Erlaubnis streng personenbezogen ist (vgl. § 2 Rn. 6), folgt aus § 3 Abs. 1 GastG als weiterem wesentlichen Grundsatz die **betriebliche** (vgl. dazu Rn. 12–28) **und räumliche** (vgl. dazu Rn. 29–41) **Bezogenheit** der Erlaubnis (BT-Ds V/205, S. 14; BT-Ds V/1652, S. 4; *Aßfalg* in: *Aßfalg/Lehle/Rapp/Schwab* § 2 GastG Rn. 4). Aus § 3 Abs. 1 GastG ergibt sich zudem, dass die Erlaubnis **schriftlich** zu erteilen ist (vgl. dazu Rn. 5–11 sowie § 2 Rn. 36). § 3 Abs. 2 GastG sorgt dafür, dass **zeitliche Beschränkungen** der Erlaubnis nur unter bestimmten Voraussetzungen erfolgen dürfen (vgl. dazu Rn. 42–50). § 3 Abs. 3 GastG stellt eine **verfahrensrechtliche Vereinfachung** dar, die doppelte Erlaubnisverfahren überflüssig macht (vgl. dazu Rn. 76 f.). 2

Die besonderen inhaltlichen Anforderungen des § 3 GastG an die Erlaubnis gehen den **landesrechtlichen Verfahrens- und sonstigen Verwaltungsvorschriften** vor (vgl. auch § 2 Rn. 30). 3

Zu den **Übergangsvorschriften** bei vor dem In-Kraft-Treten des GastG erteilten Erlaubnissen oder vor diesem Zeitpunkt ausgeübten, nunmehr erlaubnispflichtigen Tätigkeiten vgl. § 34 GastG. 4

3. Schriftform (Abs. 1 S. 2 Hs. 1)

Auch wenn das GastG an keiner Stelle die Begriffe „Schriftform" oder „schriftlich" verwendet, folgt das Erfordernis der Schriftform der gaststättenrechtlichen Erlaubnis aus dem in § 3 Abs. 1 S. 2 Hs. 1 GastG verwendeten Begriff „Erlaubnis**urkunde**" (vgl. *VGH BW* 28. 5. 1973, GewArch 1974, 130; *BayVGH* 16. 2. 1983, GewArch 5

§ 3 Inhalt der Erlaubnis

1983, 231 f). Eine Urkunde ist nach allgemeinem Rechtsverständnis eine verkörperte Gedankenerklärung, also die *schriftlich* niedergelegte Äußerung einer oder mehrerer Personen, die einen bestimmten Gedankeninhalt vermittelt (vgl. etwa *Kopp/Ramsauer* § 26 Rn. 33; *Heinrichs* in: *Palandt* § 126 Rn. 2–4). Aufgrund des Schriftformzwangs kann die Erlaubnis **nicht stillschweigend** erteilt **oder** durch langjährige unbeanstandete Ausübung der erlaubnispflichtigen Tätigkeit **ersessen** werden (*BVerwG* 14. 6. 1961, GewArch 1962, 40; *Metzner* § 2 Rn. 6). Eine **mündliche Gaststättenerlaubnis** ist **unwirksam** (*BayVGH* 16. 2. 1983, GewArch 1984, 231 f.). Zum Erfordernis der Schriftform vgl. auch § 2 Rn. 36.

6 Für die Schriftform gelten im Übrigen die Anforderungen der **§ 37 Abs. 3 VwVfG** entsprechenden Landesregelungen (*Kopp/Ramsauer* § 37 Rn. 27). Danach muss die Erlaubnis nach § 2 GastG die erlassende Behörde erkennen lassen und die Unterschrift oder die Namenswiedergabe des Behördenleiters, seines Vertreters oder seines Beauftragten enthalten. Insofern handelt es sich um **Mindesterfordernisse** (*Kopp/Ramsauer* aaO). Für die Behördenangabe ist die amtliche Bezeichnung der Erlaubnisbehörde (vgl. § 2 Rn. 33) in der Erlaubnis selbst erforderlich. Unterschrift bedeutet die eigenhändige Unterzeichnung durch eine natürliche Person mit ihrem Namen. Bei **Anlagen zur Erlaubnis** wird der Schriftform genügt, wenn in der Erlaubnis auf die Anlagen verwiesen wird. Allerdings ist darauf zu achten, dass zwischen der Erlaubnis und den Anlagen eine „**gedankliche Schnur**" besteht, was in der Praxis dadurch geschieht, dass Erlaubnis und Anlagen durch Verweise auf jedem der Dokumente miteinander wechselseitig verknüpft werden (vgl. dazu die beiden Beispiel in den Rn. 79, 80).

7 Die fehlende Erkennbarkeit der Behörde und – weil es sich bei der Erlaubnis nach § 2 GastG ausdrücklich um eine „Urkunde" handelt – auch das Fehlen der Unterschrift führen zur **Nichtigkeit** der Erlaubnis (*Kopp/Ramsauer* § 37 Rn. 32, 36 m. w. N.).

8 Eine **automatisierte Erlaubnis**, bei den nach der § 37 Abs. 4 VwVfG entsprechenden Landesregelungen Unterschrift und Na-

menswiedergabe unterbleiben dürfen, wird im GastR – schon wegen der Besonderheiten jedes Einzelfalls – praktisch nicht vorkommen.

Die **Stellung eines Antrags** auf Erteilung einer gaststättenrechtlichen Erlaubnis **mittels elektronischer Dokumente** (insbesondere per E-Mail) ist grundsätzlich noch nicht mit zwingender rechtsverbindlicher Wirkung möglich. Eine Erklärung per E-Mail ist im Verwaltungsrecht bislang nur möglich, wenn keine Schriftform verlangt wird; diese wird indes durch § 3 Abs. 1 S. 2 Hs. 1 GastG gefordert (vgl. *Doms* LKV 2002, 110, 111 f.). Allerdings hat der Bundesgesetzgeber mit dem als Art. 1 des Gesetzes über Rahmenbedingungen für elektronische Signaturen und zur Änderung weiterer Vorschriften vom 16. 5. 2001 (BGBl. I S. 876) ergangenen **Signaturgesetz** und der **Signaturverordnung** vom 16. 11. 2001 (BGBl. I S. 3074) die Voraussetzungen geschaffen, dass auch im Verwaltungsverfahren der Schriftform durch elektronische Dokumente genügt wird, indem die elektronischen Eingaben und Schriftsätze mit einer elektronischen Signatur versehen werden, die aufgrund der detaillierten Vorgaben im Signaturgesetz und in der Signaturverordnung die erforderliche Gewissheit über den für das Dokument verantwortlichen Verfasser gewährleistet (vgl. dazu *Roßnagel* NJW 2001, 1817 ff.). Es ist **Aufgabe des Bundes** und **der einzelnen Bundesländer**, für ihre Verwaltungen die gesetzlichen Voraussetzungen für die **Zulässigkeit von** der Schriftform genügenden **elektronischen Dokumenten** zu schaffen. So weit dies – etwa im Rahmen von Modellversuchen – bereits geschehen ist (vgl. für Baden-Württemberg das Gesetz zur Erprobung elektronischer Bürgerdienste unter Verwendung der digitalen Signatur [e-Bürgerdienste-Gesetz] vom 25. 7. 2000 [GBl. S. 536]), können Anträge und Eingaben von Bürgern mittels elektronischer Dokumente mit rechtsverbindlicher Wirkung erfolgen. Der **Bund** hat durch Einführung des **§ 3a VwVfG** und Anpassung des § 37 VwVfG durch Art. 1 Nr. 4, 10 des Dritten Gesetzes zur Änderung verwaltungsverfahrensrechtlicher Vorschriften vom 21. 8. 2002 (BGBl. I S. 3322, 3323 f.) bereits die rechtlichen Grundlagen für den Einsatz des elektronischen Rechtsverkehrs geschaffen (vgl. dazu *Schlatmann*

§ 3   Inhalt der Erlaubnis

LKV 2002, 489, 490 ff.); die Länder werden wohl bald nachfolgen (Stand: 31. 12. 02).

10 Derzeit (vgl. zuvor Rn. 9) können Anträge und Eingaben mittels elektronischer Dokumente dann der Schriftform genügen, wenn deren **Aussteller der Behörde mit hinreichender Sicherheit bekannt** ist (etwa aufgrund einer vorausgegangenen Vorsprache bei der Behörde) und die Behörde diese Form der Kommunikation für ihren Bereich akzeptiert.

Tipp: Eine bürger- und leistungsorientierte Gaststättenbehörde sollte nicht warten, bis die elektronische Signatur für ihren Bereich eingeführt ist. Dies kann durchaus noch einige Jahre dauern, weil der technische und finanzielle Aufwand nicht gering ist. Bereits zuvor sollte die Behörde die elektronischen Kommunikationsformen zugunsten des Bürgers nutzen, wenn im Einzelfall die Identität des Ausstellers hinreichend sicher ist; bei Anträgen sollten E-Mails durch Nachsendung unterzeichneter Schreiben verifiziert werden, wobei für die Fristwahrung in diesem Fall auf die E-Mail abzustellen ist. Verwaltungsentscheidungen sollten allerdings – vor allem aus Gründen des Zustellungsnachweises – stets in der „normalen" Schriftform erfolgen.

11 Die Erlaubnis, vor allem aber die Ablehnung des Antrags sind **schriftlich zu begründen** (§ 39 Abs. 1 VwVfG). Wird dem Antrag vollumfänglich stattgegeben, kann die Begründung gegenüber dem Antragsteller entfallen (§ 39 Abs. 2 Nr. 1 VwVfG). **Zwingender Inhalt der Begründung** ist die Mitteilung der wesentlichen tatsächlichen und rechtlichen Gründe, welche die Erlaubnisbehörde zu ihrer (ganz oder teilweise ablehnenden) Entscheidung bewogen haben (§ 39 Abs. 1 S. 2 VwVfG). Die Begründung der Entscheidung muss auf den konkreten Fall abstellen und darf sich nicht in formelhaften allgemeinen Darlegungen erschöpfen, vielmehr müssen dem Betroffenen die im konkreten Fall für die Behörde maßgeblichen Gesichtspunkte dargelegt werden (*BVerwG* 9. 12. 1992, BVerwGE 91, 262, 268 = NVwZ 1993, 677, DVBl. 1993, 503, DÖV 1993, 480). Eine lediglich formelhafte und nichtssagende Begründung genügt nicht. Mit Vorsicht sind daher **Textbausteine** zu verwenden, wobei es der Erlaubnisbehörde nicht verwehrt ist, bei

Inhalt der Erlaubnis § 3

einer Vielzahl gleichgelagerter Fälle eine gleichlautende, vervielfältigte Begründung zu verwenden.

Tipp: Als **allgemeine Regel** gilt: Je bedeutender der Eingriff für den Betroffenen ist und je schwieriger Sachverhalt und Rechtslage zu beurteilen sind, desto höher sind die Anforderungen an die Erlaubnisbehörde in Bezug auf die Begründung ihrer Entscheidung (vgl. auch *Kopp/ Ramsauer* § 39 Rn. 20–24). Auch der Kenntnisstand des Betroffenen ist in diesem Zusammenhang von Bedeutung. Bei anwaltschaftlicher Vertretung sind die Anforderungen entsprechend geringer.

4. Betriebsart (Abs. 1 S. 1, 2)

a) Allgemeines zur Betriebsart

§ 3 Abs. 1 GastG sieht vor, dass die Erlaubnisbehörde die Erlaubnis für eine **bestimmte Betriebsart** erteilt. Die Betriebsart ist in der Erlaubnisurkunde zu bezeichnen. Die **Bezeichnung der Betriebsart** dient der Konkretisierung der Erlaubnis und legt deren Umfang im Verhältnis zwischen Gaststättenbetreiber und Erlaubnisbehörde fest. Sie ist erforderlich, weil an die verschiedenen Betriebstypen, insbesondere im Hinblick auf die Räumlichkeiten und die örtliche Lage, unterschiedliche Anforderungen zu stellen sind (*VGH BW* 24. 9. 1971, GewArch 1972, 222 = BWVPr 1972, 28). **Zugunsten des Gaststättenbetreibers** bewirkt die Festlegung der Betriebsart, dass sich die Prüfung der Erlaubnisbehörde auf diejenigen rechtlichen Gesichtspunkte zu beschränken hat, die für die konkrete Betriebsart zu beachten sind. Bei der Erteilung der Erlaubnis dürfen keine weitergehenden Anforderungen gestellt werden, als sie dem typischerweise zu erwartenden Gesamtgepräge des Betriebs entsprechen (*VGH BW* GewArch 1972, 222). Dies gilt insbesondere in Bezug auf die Versagungsgründe des § 4 Abs. 1 GastG, die von der Erlaubnisbehörde nur insoweit zu prüfen sind, als sie von der jeweils angestrebten Betriebsart erfasst werden (vgl. *BVerwG* 5. 11. 1985, NVwZ 1986, 296). **Zulasten des Gaststättenbetreibers** bewirkt die Bezeichnung der Betriebsart, dass die Erlaubnis nur in dem durch die Bezeichnung der Betriebsart konkretisierten Umfang gilt. Ändert der Gaststättenbetreiber die Betriebsart, führt dies

12

§ 3 Inhalt der Erlaubnis

für die geänderte Betriebsart zur **erneuten Erlaubnispflicht** (vgl. dazu nachfolgend Rn. 25–28).

13 Die **Bezeichnung** der Betriebsart in der Erlaubnisurkunde ist **zwingend** („ist"). **Fehlt die Bezeichnung** in der Erlaubnisurkunde, führt dies grundsätzlich zur **Rechtswidrigkeit der Erlaubnis**, sofern auch durch eine Auslegung unter Einbeziehung des Antrags auf Erteilung der Erlaubnis nicht ermittelt werden kann, für welche Betriebsart die Erlaubnis erteilt worden ist. Bei der **Auslegung** ist im Zweifel zugunsten des Erlaubnisinhabers davon auszugehen, dass lediglich der Betrieb einer Schankwirtschaft üblicher Art erlaubt wird (*OVG NRW* 17. 11. 1972 – IX A 916/71 –). Eine **Nichtigkeit der Erlaubnis** nach den § 44 Abs. 1 VwVfG entsprechenden Landesregelungen wird regelmäßig ausscheiden, weil kein offensichtlich besonders schwerwiegender Fehler vorliegt. Etwas anderes gilt allerdings, wenn es sich bei dem erlaubten Gaststättenbetrieb um eine solchen handelt, der wesentlich von den in § 1 Abs. 1 GastG genannten Grundtypen abweicht. In einem solchen Fall ist die unterbliebene Bezeichnung der Betriebsart für die rechtliche Einordnung in das GastR – vor allem im Hinblick auf die Beurteilung nach § 4 Abs. 1 GastG – von derart grundlegender Bedeutung, dass das Fehlen der Bezeichnung zu einem besonders schweren und offenkundigen Fehler führt (vgl. zur Nichtigkeit der Gaststättenerlaubnis auch *BayVGH* 14. 2. 1990, NVwZ-RR 1990, 407, 408).

Tipp: Je mehr die beantragte Erlaubnis vom Grundtyp einer Gaststätte ohne Besonderheiten nach § 1 Abs. 1 GastG abweicht, desto höher sind die Anforderungen an die Bezeichnung der Betriebsart in der Erlaubnisurkunde. Bei zahlreichen wesentlichen Besonderheiten kann das Fehlen der Bezeichnung der Betriebsart zur Nichtigkeit der Erlaubnis führen. Hier ist also stets Vorsicht geboten.

14 Die Festlegung des Gaststättenbetriebs auf eine bestimmte Betriebsart mit den zuvor in Rn. 13 beschriebenen Folgen stellt **keine Verletzung des** durch Art. 12 Abs. 1 S. 1 GG gewährleisteten **Grundrechts der Berufsfreiheit oder von sonstigem Verfassungsrecht** (vgl. dazu etwa *BVerwG* 12. 4. 1965, GewArch 1965,

Inhalt der Erlaubnis §3

177, 178) dar. Dies folgt schon daraus, dass die Konkretisierung der jeweiligen Betriebsart und damit auch der Umfang der Erlaubnis durch den Gaststättenbetreiber mit dem Antrag und der Betriebsgestaltung selbst gewählt wird (ebenso etwa *Metzner* § 3 Rn. 4).

b) Art der Bezeichnung

Das GastG äußert sich nicht zu der Frage, wie die Betriebsart in der **15** Erlaubnisurkunde zu bezeichnen ist. Zwingend ist lediglich, dass die Bezeichnung **schriftlich** erfolgen muss (vgl. dazu oben Rn. 5). Die **Art der Bezeichnung der Betriebsart** bleibt der Erlaubnisbehörde überlassen. Dies war im Gesetzgebungsverfahren umstritten. Der Entwurf der BReg sah vor, dass in der Erlaubnisurkunde nicht nur die Betriebsart, sondern auch deren prägende Merkmale angegeben werden sollten (BT-Ds V/205, S. 3):

„Die Betriebsart ist in der Erlaubnisurkunde nach der Art und Weise der Betriebsgestaltung, insbesondere nach den Betriebszeiten und der Art der Getränke, der zubereiteten Speisen, der Beherbergung oder der Darbietungen zu bezeichnen."

Dieser Konzeption widersetzte sich der BR (BT-Ds V/205, S. 23) **16** mit folgender Begründung:

„Die Betriebsart wird bei der Anwendung des geltenden Gaststättengesetzes regelmäßig nicht durch Angaben über die in dem Entwurf angeführten Merkmale, sondern durch einen Kurzbegriff, z. B. „Bier-Restaurant", „Tagescafé", bezeichnet. Das hat gegenüber der in dem Entwurf vorgesehenen Regelung ... den Vorteil der Einfachheit, aber auch der Flexibilität; denn wenn sich bei einer bestimmten Betriebsart die Art und Weise der Betriebsgestaltung infolge der wirtschaftlichen Entwicklung ändert, bedarf es keiner neuen Erlaubnis, wenn die bisherige Praxis beibehalten wird. Bei der Fassung des Entwurfs wäre dann eine neue Erlaubnis notwendig, wenn infolge der wirtschaftlichen Entwicklung die Art und Weise der Betriebsgestaltung nicht mehr mit der Beschreibung in der Erlaubnisurkunde übereinstimmen würde."

Der BR schlug zur Umsetzung seiner Auffassung die nunmehr gel- **17** tende Fassung des § 3 Abs. 1 S. 2 GastG vor. Die BReg lehnte den

§ 3 Inhalt der Erlaubnis

Änderungsvorschlag des BR ab und wies im Gegenzug darauf hin, dass auch nach ihrer Konzeption weiterhin die Verwendung von Kurzbezeichnungen zulässig sei, es bestünde daneben aber auch die Möglichkeit, zusätzlich einzelne Merkmale der Betriebsart anzugeben (BT-Ds V/205, S. 31). Im Ausschuss für Wirtschaft und Mittelstandsfragen (15. Ausschuss) setzte sich schließlich die Auffassung des BR durch (BT-Ds V/1652, S. 4):

„Der Ausschuß hat darauf verzichtet, die möglichen Betriebsarten im Gesetz selbst aufzuführen. Das Gaststättengewerbe darf nicht darauf angewiesen sein, nur diese oder jene vom Gesetzgeber im einzelnen festgelegte Betriebsart zu wählen. Die Ausgestaltung eines Gaststättenbetriebes ist Sache des Gewerbetreibenden, der sich hierbei nach den örtlichen Verhältnissen und den Wünschen seiner Gäste richten wird."

18 Aufgrund der geltenden Fassung des § 3 Abs. 1 GastG, des Normzwecks und der Entstehungsgeschichte ist davon auszugehen, dass die **Kurzbezeichnung der Betriebsart** den Anforderungen an die Bezeichnung der Betriebsart grundsätzlich ausreicht. Allerdings gilt dies nur, wenn dem **Grundsatz der Bestimmtheit** (§ 37 Abs. 1 VwVfG; vgl. dazu § 2 Rn. 38) genügt wird. In diesem Zusammenhang ist zu beachten, dass der Gesetzgeber mit der Bestimmung der Betriebsart zum einen bezwecken wollte, den Erlaubnisvorbehalt des § 2 GastG für jede andere als die gewählte Betriebsart sicherzustellen, dass zum anderen aber auch eine Flexibilität bei der Anwendung des Erlaubnisvorbehalts in Bezug auf die erlaubte Betriebsart ermöglicht werden sollte (vgl. dazu oben Rn. 16). Die Betriebsart muss daher so bestimmt werden, dass sie einerseits die prägenden Merkmale des erlaubten Gaststättenbetriebs erfasst, andererseits aber nicht bei jeder Änderung der Gaststättenkonzeption eine erneute Erlaubnis erfordert. Wird dem Grundsatz der Bestimmtheit bei der Bezeichnung der Betriebsart nicht genügt, führt dies zur **Rechtswidrigkeit** der Erlaubnis (wie hier *Michel/Kienzle* § 3 Rn. 20; **aA** *Metzner* § 3 Rn. 14). Eine Nichtigkeit nach § 44 Abs. 1 VwVfG (so aber *Metzner* aaO) kommt nur ausnahmsweise in Betracht, wenn die bestehende Unbestimmtheit offensichtlich ist und auch nicht durch Auslegung behoben werden kann (*Kopp/ Ramsauer* § 44 Rn. 27 m. w. N.; *BayVGH* 14. 2. 1990, NVwZ-RR 1990, 407, 408; vgl. auch oben Rn. 13 und § 2 Rn. 38); es muss ein **grober Verstoß** gegen die Bestimmtheit gegeben sein.

Die Kurzbezeichnung der Betriebsart stellt einen von der Erlaubnisbehörde gewählten **unbestimmten Rechtsbegriff** dar, dessen Inhalt ggf. durch **Auslegung** zu ermitteln ist. Abzustellen ist dabei auf den **objektiven Erklärungswert** der Betriebsartbezeichnung in der Erlaubnisurkunde (*BVerwG* 5. 11. 1985, NVwZ 1986, 296). Bei der Verwendung einer Kurzbezeichnung besteht stets die Gefahr, wesentliche Merkmale des Betriebs nicht oder falsch zu erfassen oder dem Grundsatz der Bestimmtheit nicht zu genügen (instruktiv dazu *Aßfalg* GewArch 1987, 119 ff.). Daher sollte eine Kurzbezeichnung nur verwendet werden, wenn diese im **allgemeinen Sprachgebrauch** Verwendung findet und sich mit ihr stets eine hinreichend konkretisierbare Vorstellung des Betriebs verbindet, welche die wesentlichen Betriebsmerkmale umfasst, oder wenn es sich um eine **im GastR** – sei es durch die Gastronomie oder die Rechtsanwendung - **allgemein gebräuchliche und feststehende Bezeichnung** handelt. Findet sich eine solche Kurzbezeichnung für die Betriebsart nicht, sind die die Betriebsart prägenden Merkmale in der Erlaubnisurkunde einzeln aufzuführen (ebenso *Aßfalg* GewArch 1987, 119 für die Diskothek). Dabei ist darauf zu achten, dass die Beschreibung der einzelnen Merkmale in einer Weise erfolgt, dass den oben in Rn. 12 beschriebenen Zwecken genügt wird.

Tipp: Auch wenn nach der Konzeption des Gesetzgebers die Bezeichnung der Betriebsart durch eine Kurzbezeichnung genügt, dürfte es in vielen Fällen sachdienlich sein, auch die den Betrieb prägenden einzelnen Merkmale in der Erlaubnisurkunde aufzuführen. Anders besteht die Gefahr, der Pflicht zur Bezeichnung der Betriebsart nicht ausreichend zu genügen oder den Grundsatz der Bestimmtheit zu verletzen. Eine Kurzbezeichnung genügt bei einfach ausgestalteten Gaststätten, die allgemein üblichen und unverwechselbaren Kategorien entsprechen.

§ 3 Inhalt der Erlaubnis

c) Merkmale der Betriebsart

20 Der Gesetzgeber hat in § 3 Abs. 1 S. 1 Hs. 2 GastG **Merkmale zur Bestimmung der Betriebsart** vorgegeben. Eine Festlegung der Betriebsarten durch Gesetz ist aus rechtsstaatlichen Gründen nicht geboten (*BVerwG* 12. 4. 1965, GewArch 1965, 177, 178). Aus dem Begriff „insbesondere" folgt, dass die **Art und Weise der Betriebsgestaltung** das eigentliche Kriterium zur Bestimmung der Betriebsart ist. Es wird vom Gesetzgeber **durch Beispiele konkretisiert**, die in erster Linie Anhaltspunkte für die Beurteilung und Einordnung der Betriebsart bieten. Aus dem Begriff „insbesondere" folgt überdies, dass die vom Gesetzgeber genannten **Merkmale nicht abschließend** sind. Die Erlaubnisbehörde ist daher nicht gehindert, die Bestimmung der Betriebsart – zumindest auch – anhand weiterer, vom Gesetzgeber nicht genannter Kriterien vorzunehmen. Angesichts moderner Gastronomieformen dürften die vom Gesetzgeber genannten Merkmale zur Bestimmung der Betriebsart vielfach nicht (mehr) ausreichend sein. Immer häufiger werden Gaststättenbetriebe im Sinne einer Erlebnisgastronomie durch ein möglichst umfassendes Angebot an Speisen, Getränken und Darbietungen geprägt. Wegen der Pflicht zur Bestimmung der Betriebsart ist es in diesen Fällen erforderlich, neben oder anstelle der vom Gesetzgeber genannten Merkmale Besonderheiten des zu beurteilenden Betriebs festzustellen, die dem Betrieb seinen prägenden Charakter geben.

21 Bei der Bestimmung der für die Art und Weise des Betriebs kennzeichnenden Merkmale ist von der Erlaubnisbehörde zu beachten, dass nicht sämtliche den Betrieb kennzeichnenden Eigenarten **die Betriebsart prägende Merkmale** i.S.d. § 3 Abs. 1 S. 2 GastG sind. Der Gaststättenbetrieb wird nur durch solche Merkmale geprägt, die gemessen am Leistungsbild des Betriebs – vor allem unter dem Gesichtspunkt der in § 4 Abs. 1 GastG enthaltenen Kriterien – zu besonderen Anforderungen Anlass geben (*BVerwG* 22. 7. 1988, NVwZ-RR 1989, 14; *Michel/Kienzle* § 3 Rn. 5). Grundlage der danach von der Erlaubnisbehörde zu treffenden Beurteilung ist die **Verkehrsanschauung**; die Betriebseigentümlichkeiten entwickeln sich u. a. aus dem **Bedürfnis des Publikums** und insofern auch aus dem **Angebot**, welches das Gaststättengewerbe dem Verbraucher mit der für die Betriebsart eigentümlichen Betriebsgestaltung unterbreitet (*BVerwG* 5. 11. 1985, NVwZ 1986, 296 = DVBl. 1986, 563, DÖV 1986, 928, BayVBl. 1986, 96, GewArch 1986, 96; *Metzner* § 3 Rn. 8). Es ist sicherzustellen, dass ein Übergang auf Betriebsformen mit gaststättenrechtlich relevanten abweichenden Merkmalen erneut die Erlaubnispflicht auslöst. Dabei ist auf **das Gesamtgepräge des Betriebs** abzustellen. Dies bedeutet, dass bei einem Gaststättenbetrieb, der mehrere, voneinander abgrenzbare Betriebsarten in einem Betrieb umfasst, in der Erlaubnisurkunde die Betriebsart anzugeben ist, die dem Gesamtbetrieb das Gepräge gibt, also nach der Verkehrsanschauung überwiegt.

d) Einzelne Betriebsarten

Der **Normaltyp** eine Gaststätte ohne gaststättenrechtlich erhebliche besondere Merkmale ist die **Schank- und Speisewirtschaft ohne besondere Betriebseigentümlichkeiten** (*Seitter* S. 16; vgl. auch nachfolgend Rn. 24h); er wird geprägt vom Ausschank von Getränken und vom Verzehr zubereiteter Speisen (*BVerwG* 22. 7. 1988, NVwZ-RR 1989, 14). Entsprechendes gilt für den Beherbergungsbetrieb. 22

Fehlt in der Erlaubnisurkunde **jede nähere Kennzeichnung einer besonderen atypischen Betriebsart**, so ist in der Regel davon auszugehen, dass lediglich der Betrieb einer Schankwirtschaft üblicher Art erlaubt wird (*OVG NRW* 17. 11. 1972, GewArch 1973, 103 = DÖV 1973, 354, nur Ls.). Eine Erlaubnis für eine **Bier- und Gartenwirtschaft** deckt nicht mehr die Abhaltung von Freiluftkonzerten ab; dafür ist die Erlaubnis für eine Gaststätte mit regelmäßigen Musikaufführungen notwendig (*OVG Bremen* 2. 8. 1978, GewArch 1978, 339 f.). Eine Erlaubnis nach § 33a GewO genügt nicht, um in einer „Schankwirtschaft" **Tanzdarbietungen** mit „Oben-Ohne Go-Go-Girls" veranstalten zu dürfen (*VG Würzburg* 27. 1. 1976, GewArch 1976, 388 f.). 23

§ 3 Inhalt der Erlaubnis

24 Wesentliche Beispiele für besondere, vom Normaltyp abweichende Betriebsarten i. S. d. § 3 Abs. 1 GastG sind (vgl. die weiteren Beispiele bei *Aßfalg* in: *Aßfalg/Lehle/Rapp/Schwab* § 3 GastG Rn. 4):

24a **Autobahnraststätten.** Bei den Autobahnraststätten handelt es sich um Schank- und Speisewirtschaften mit oder ohne Beherbergungsbetrieb an den Autobahnen, die auf die Bedürfnisse der Autobahnbenutzer ausgerichtet sind; sie dienen in erster Linie dem Durchgangsverkehr (*OVG NRW* 11. 12. 1979, GewArch 1981, 133, 134; *Metzner* § 3 Rn. 56). Sie stellen eine eigene Betriebsart dar, weil sie beinahe ausschließlich auf die **besonderen Bedürfnisse des Kraftfahrzeugverkehrs** zugeschnitten sind (*Michel/Kienzle* § 3 Rn. 15; *Kastner* in: *Marschall/Schroeter/Kastner* § 15 Rn. 6).

Bei den Autobahngaststätten ist **§ 15 FStrG** zu beachten, der besondere Anforderungen enthält. Aus § 15 Abs. 4 S. 1 FStrG folgt, dass die Regelungen des § 18 GastG über die Sperrzeit für Autobahnraststätten nicht gelten. Aus § 15 Abs. 4 S. 2 FStrG folgt, dass **alkoholhaltige Getränke** in der Zeit von 0.00 Uhr bis 7.00 Uhr weder ausgeschenkt noch verkauft werden dürfen. Vgl. auch den Text des § 15 FStrG im Anhang III 5.

24b **Bar.** Hier werden überwiegend branntweinhaltige Mischgetränke, Schaumwein und Likör an einem besonderen Barbüffet verabreicht. Fehlen einzelne dieser Merkmale, so handelt es sich um einen **barähnlichen Betrieb**. Durch die Betriebsart „Tanzbar" ist ein Dulden und Ermöglichen der öffentlichen Vorführung des Geschlechtsverkehrs nicht gedeckt (*OLG Hamm* 30. 6. 1978, GewArch 1979, 130 f.). Vgl. zur besonderen Betriebsart Bar auch *VG Saarlouis* 17. 6. 1992, NVwZ-RR 1993, 140, 141 f.

24c **Beherbergungsbetrieb.** Der Betrieb beherbergt Gäste (§ 1 Abs. 1 Nr. 3 GastG). Eine weitere Differenzierung findet nicht nach Güteklassen statt, sondern nach der Art der gebotenen Leistungen. Beschränkt sich das Angebot auf das Frühstück neben der Unterkunft, so spricht man von einem „**Hotel garni**", z. B. Erholungsheim oder Wanderheim.

Inhalt der Erlaubnis § 3

Café. Hier werden vorzugsweise Kaffee, Tee und Konditoreiwaren angeboten. Gaststättenrechtliche Besonderheiten sind nicht vorhanden, weil auch warme Speisen und alkoholische Getränke ausgegeben werden können. Das Café wird deshalb nicht mehr als besondere Betriebsart im gaststättenrechtlichen Sinne anzusehen sein (vgl. *Michel/Kienzle* § 3 Rn. 15).

24d

Diskothek. Es handelt sich um Gaststätten mit Musikaufführungen, in denen häufig ein **Discjockey** tätig ist. In der Regel finden dort Tanzveranstaltungen statt. Wesentlich ist eine gesteigerte Geräuschentwicklung, die über den Geräuschpegel einer normalen Gaststätte mit Musikaufführungen hinausgeht. Betriebstypisch sind auch deutlich **über 22.00 Uhr hinausgehende Betriebszeiten** (vgl. *BVerwG* 5. 11. 1985, NVwZ 1986, 296 = GewArch 1986, 96, 97). Letztlich entscheidet das Gesamtgepräge des Betriebs. Eine Dorfgaststätte mit Tanzsaal ist keine Diskothek. Eine entsprechende Betriebsänderung ist genehmigungspflichtig (*OVG RP* 9. 6. 1982, GewArch 1982, 339 f.). Typisch für eine Diskothek soll die von einer Lichtorgel begleitete Musikwiedergabe von Tonbändern mit Ansage durch verbindende Texte sein (vgl. *OLG Zweibrücken* 9. 7. 1981, GewArch 1981, 337 f.). Dem kann in der heutigen Zeit nur noch eingeschränkt zugestimmt werden, weil die Tätigkeit eines „DJ's" weit über das bloße „Plattenauflegen" hinausgeht. In der Regel kommt den „DJ's" nunmehr eine eigenständige künstlerische Bedeutung zu. Sie schaffen eigene Musikwerke und bedienen sich zu diesem Zweck neben Tonträgern zahlreicher anderer Elemente der Unterhaltungs- und elektronischen Musik einschließlich Computern. Gängig sind inzwischen auch sog. „VJ's", deren Darbietungen auf der künstlerisch gestalteten Wiedergabe von Musikvideos basieren. Insofern gelten erst recht die von *Aßfalg* (GewArch 1989, 119 ff.) erhobenen **Bedenken gegen die bloße Verwendung der Kurzbezeichnung „Diskothek"** zur Bestimmung der Betriebsart.

24e

Fastfood-Gaststätte (Imbissstand, Schnellrestaurant). Die Fastfood-Gaststätten erfreuen sich zunehmender Beliebtheit. Sie kom-

24f

§ 3 Inhalt der Erlaubnis

men inzwischen **in beinahe sämtlichen Erscheinungsformen** vor. Ursprünglich handelte es sich in erster Linie um Imbissbuden, später um die aus den USA stammenden Hamburger-Restaurants. Inzwischen finden sich in allen Städten Fastfood-Gaststätten aus beinahe sämtlichen kulturellen Bereichen; dort werden etwa Döner, Gyros, Pizza und Tacos angeboten. Häufig finden sich inzwischen auch chinesische, indische und pakistanische Fastfood-Gaststätten.

Die Fastfood-Gaststätten zeichnen sich dadurch aus, dass den dort einkehrenden Gästen eine **schnelle Verköstigung ohne längere Vorkochzeiten** angeboten wird, wobei die Speisen zumeist auch mitgenommen werden können (vgl. auch Rn. 24l zur Unterscheidung von der Trinkhalle). Der **Schwerpunkt** liegt nicht in der Bequemlichkeit beim Verzehr der Speisen und Getränke, sondern in der **Schnelle der Verköstigung** (vgl. *BVerwG* 13. 5. 1958, GewArch 1957/1958, 251, 252 = NJW 1958, 1317, nur Ls.; 7. 9. 1963, GewArch 1964, 9; *OVG NRW* 15. 6. 1973, GewArch 1974, 306, 307, alle zur „Imbissstube" und zum „Imbisswagen"). Grundsätzlich ist es ohne Bedeutung, ob den Gästen in der Fastfood-Gaststätte Sitzgelegenheiten angeboten werden oder nur Stehplätze vorhanden sind. Die Fastfood-Gaststätte ohne Sitzgelegenheit soll als eigene Betriebsart angesehen werden können, weil an sie andere Anforderungen zu stellen sind (so *BVerwG* GewArch 1957/1958, 251, 252; **zw**).

24g **Hotel garni.** Siehe unter Beherbergungsbetrieb (Rn. 24c).

24h **Schank- und Speisewirtschaft.** Normaltyp der Gaststätte ohne besondere Betriebseigentümlichkeiten. Eine Erlaubnis für eine Bier- und Gartenwirtschaft deckt nicht mehr die Abhaltung von Freiluftkonzerten ab. Dafür ist die Erlaubnis für eine Gaststätte mit regelmäßigen Musikaufführungen notwendig (*OVG Bremen* 2. 8. 1978, GewArch 1978, 339 f.). Die Gestattung regelmäßiger Tanzveranstaltungen wird in einer Schankwirtschaft von einer auf diese Betriebsart beschränkten Erlaubnis nicht gedeckt (*BayObLG* 18. 5. 1983, GewArch 1983, 307 f.) Gelegentliches spontanes Tanzen der Gäste verändert den Betriebscharakter nicht ohne weiteres (*HessVGH* 21. 2. 1985, GewArch 1985, 274 f.).

Inhalt der Erlaubnis § 3

Schankwirtschaft mit Musikdarbietungen. Bei einer Schank- und Speisewirtschaft mit regelmäßigen Musikdarbietungen handelt es sich um eine selbstständige Betriebsart gegenüber einer normalen Schank- und Speisewirtschaft (*OVG NRW* 9. 12. 1992, GewArch 1993, 254 ff.). 24i

Tankstellen-Shop. Die neueren **Tankstellen** verfügen in aller Regel über **große Shops**, in denen zahlreiche Artikel zum Verkauf angeboten werden. Dabei beschränkt sich das Angebot heutzutage nicht mehr nur auf den sog. Reisebedarf (vgl. § 6 Abs. 2 LadschlG), sondern auf ein sehr umfassendes Sortiment an Artikeln von Lebensmitteln über Zeitungen und zahlreiche Getränke bis hin zu Drogeriebedarf. Typisch für die modernen Tankstellenshops ist überdies, dass in einem Bereich des Shops **kalte** (belegte Brötchen u. Ä.) und **warme Speisen** (etwa Hotdogs, Hamburger, Suppen, die mittels Heißluftofen oder Mikrowelle erwärmt werden) und **Getränke jeglicher Art** angeboten werden. Für den Verzehr sind oftmals **Stehplätze** eingerichtet. 24j

Tankstellen-Shops, die über einen Essbereich in der dargelegten Art verfügen, bedürfen für den Betrieb dieser Einrichtungen der Erlaubnis nach § 2 Abs. 1 GastG (wie hier *Michel/Kienzle* § 3 Rn. 15; zu Unrecht differenzierend *Metzner* § 2 Rn. 44; siehe dazu auch § 2 Rn. 25) und stellen eine **besondere Betriebsart** dar.

Tanzlokal. Im Hinblick auf die Zuverlässigkeit des Betreibers und auf die Räume handelt es sich um eine besondere Betriebsart. Das Tanzlokal ist **von der Diskothek zu unterscheiden**. Im Gegensatz zu jener wird das Tanzlokal zumeist von älteren Gästen besucht und ermöglicht diesen Standardtänze zu typischer Tanzmusik. Mit dem Tanzlokal sind in der Regel geringere Geräuschimmissionen als mit der Diskothek verbunden. Daher **umfasst** dieser Betriebstyp **nicht die Erlaubnis zum Betrieb einer Diskothek** (*OVG Sachsen* 30. 5. 1997, GewArch 1998, 37, 38). Finden die Tanzveranstaltungen nur gelegentlich und damit nicht regelmäßig statt, dann handelt es sich um eine normale Schank- und Speisewirtschaft (*VGH BW* 22. 4. 1988, GewArch 1988, 385 f.). Werden in einem Saal nicht 24k

§ 3 Inhalt der Erlaubnis

mehr als zwölf öffentliche Tanzveranstaltungen jährlich durchgeführt, so liegt z. B. noch kein Tanzlokal vor (vgl. *BVerwG* 22. 7. 1988, NVwZ-RR 1989, 14 = GewArch 1988, 387). Sind im Betrieb einer Gaststätte Musikaufführungen durch Kapellen oder Solisten eine Hauptleistung, so bedarf es einer auf diese Betriebsart bezogenen Erlaubnis (*OVG Hamburg* 16. 10. 1986, GewArch 1987, 62 f.).

24l **Trinkhalle.** Trinkhallen besitzen keine Einrichtungen für einen längeren Aufenthalt von Gästen. Die Besonderheit der Betriebsart liegt darin, dass es sich um **Schankstätten** an öffentlichen Wegen, Straßen und Plätzen handelt, **bei denen der Ausschank durch Schalter bzw. bei festen Trinkständen über den Tisch an Stehgäste betrieben wird** (*BVerwG* 7. 9. 1963, GewArch 1964, 9; 8. 9. 1975, GewArch 1975, 384; *VGH BW* 29. 1. 1954, DVBl. 1954, 265, 266 f.). Von der Fastfood-Gaststätte (Rn. 24f) unterscheidet sich die Trinkhalle in der Weise, dass bei der Trinkhalle der Schwerpunkt in der Getränkeverabreichung liegt und Speisen allenfalls in einfacherer Form angeboten und abgegeben werden, während bei den Fastfood-Gaststätten in erster Linie Speisen, durchaus auch in verfeinerter Form, zum schnellen Verzehr angeboten werden. Der klassische Typ der Trinkhalle tritt angesichts modernerer Formen der „Schnellverpflegung" immer mehr in den Hintergrund, allerdings finden sich beinahe in jeder Stadt noch Einrichtungen dieses Typs.

24m **Warenhausgaststätte.** Eine **Warenhausgaststätte** ist regelmäßig keine Schank- oder Speisewirtschaft (*BVerwG* 25. 5. 1965, BVerwGE 21, 163, 165 f.; *VGH BW* 29. 4. 1997, ESVGH 47, 319 = VGHBW-Ls 271/1997; *OVG NRW* 22. 2. 1952, DVBl. 1952, 574; *Metzner* § 3 Rn. 37), sondern eine eigenständige Betriebsart.

e) Änderung der Betriebsart

25 Wegen des mit § 3 Abs. 1 GastG verfolgten Zwecks (vgl. oben Rn. 12) begründet grundsätzlich **jede Änderung der Betriebsart** die Erlaubnispflicht des § 2 Abs. 1 GastG (zu den Ausnahmen vgl. sogleich Rn. 26). Der Gaststättenbetreiber benötigt für den mit einer anderen Betriebsart geführten Gaststättenbetrieb daher eine **neue Erlaubnis** (*BVerwG* 12. 4. 1965, GewArch 1965, 177, 178).

Inhalt der Erlaubnis § 3

Mit der erneuten Erlaubnispflicht wird verhindert, dass bestehende Gaststättenbetriebe die ihnen erteilte Erlaubnis durch Änderungen der Betriebsart aushöhlen und den Schutzzweck des § 4 Abs. 1 GastG unterlaufen. Eine die **Erlaubnispflicht auslösende Änderung der Betriebsart** liegt vor, wenn mit der Änderung eine neue rechtliche Beurteilung des Gaststättenbetriebs vor allem anhand der Vorgaben des § 4 Abs. 1 GastG erforderlich wird.

In der Regel wird eine die Erlaubnispflicht auslösende Änderung der Betriebsart nicht vorliegen, wenn der erlaubte **Betrieb** lediglich **eingeschränkt** wird (aA *Michel/Kienzle* § 3 Rn. 17, für die „Reduzierung"). In diesem Fall wird zumeist der eingeschränkte Betrieb von der für den umfassenderen Betrieb erteilten Erlaubnis umfasst. Das GastR kennt keinen Grundsatz, der einen Gaststättenbetreiber verpflichtet, von der ihm erteilten Erlaubnis stets in vollem Umfang Gebrauch zu machen. Auch ist nicht zu erkennen, dass eine Einschränkung des Betriebs dem Zweck des § 3 Abs. 1 GastG zuwiderliefe. Etwas anderes kann im Einzelfall nur dann gelten, wenn durch die Einschränkung des Betriebs Änderungen bedingt sind, die sich auf die Beurteilung nach § 4 Abs. 1 GastG auswirken (in diesem Sinn auch *Michel/Kienzle* § 3 Rn. 18, für die „Betriebseinschränkung"). 26

Von einer **Änderung der Betriebsart** kann etwa in folgenden Fällen ausgegangen werden: 27

Beispiele für erlaubnisbedürftige Änderungen:

– Betrieb einer **Diskothek** in einem ursprünglich als Schank- und Speisewirtschaft – mit gelegentlichen Tanz- und Vereinsveranstaltungen – erlaubten Gaststättenbetrieb (*BayVGH* 19. 8. 1975, GewArch 1975, 340; ähnlich *VG Augsburg* 15. 11. 1973, GewArch 1974, 316, nur Ls.);
– Umgestaltung einer Gastwirtschaft mit Clubraum, Saal und Bar in eine Diskothek (*VG Hannover* 28. 6. 1971, GewArch 1972, 42);
– Umwandlung einer ehemaligen Dorfgaststätte mit Tanzsaal in eine Diskothek (*HessVGH* 31. 3. 1981, GewArch 1982, 92 f.).

§ 3 Inhalt der Erlaubnis

28 Maßnahmen bei **unbefugter Änderung** der Betriebsart: Bußgeld (§ 28 Abs. 1 Nr. 1 GastG; vgl. dazu nachfolgend Rn. 100 sowie § 2 Rn. 105), Unterbindung des unerlaubten Betriebs bzw. Betriebsteils (§ 31 GastG i.V.m. § 15 Abs. 2 GewO), Widerruf der erteilten Gaststättenerlaubnis (§ 15 Abs. 3 Nr. 1, so weit nicht § 15 Abs. 2 GastG).

5. Betriebsräume (Abs. 1 S. 1)

a) Allgemeines

29 Die **Bestimmung der Räume** nach § 3 Abs. 1 S. 1 GastG erfolgt aus ähnlichen Gründen wie die Bestimmung der Betriebsart (vgl. dazu oben Rn. 12). Den Gaststättenräumen kommt im Hinblick auf die **Versagungsgründe des § 4 Abs. 1 GastG** eine wesentliche Bedeutung zu. § 4 Abs. 1 S. 1 Nr. 2 GastG steht der Erteilung einer Erlaubnis entgegen, wenn die zum Betrieb des Gewerbes oder zum Aufenthalt bestimmten Räume wegen ihrer Lage, Beschaffenheit, Ausstattung oder Einteilung für den Betrieb nicht geeignet sind. § 4 Abs. 1 S. 1 Nr. 2a GastG hindert die Erlaubniserteilung, wenn die zum Betrieb bestimmten Räume nicht barrierefrei sind. § 4 Abs. 1 S. 1 Nr. 3 GastG verlangt eine Versagung der Erlaubnis, wenn der Gewerbebetrieb im Hinblick auf die Verwendung der Räume dem öffentlichen Interesse widerspricht. Die Erlaubnisbehörde prüft diese Gesichtspunkte bei der Erteilung der Erlaubnis in Bezug auf die zum Gaststättenbetrieb vorgesehenen Räume, wie sie im Antrag konkretisiert sind. Die Überprüfung der Räume im Erlaubnisverfahren dient aus gesundheitspolizeilichen Gründen der **Sicherstellung hygienisch unbedenklicher Verhältnisse** (BT-Ds V/205, S. 12)

30 Der **Umfang der Prüfung** wird in dieser Form **begrenzt**. Die Bestimmung der Räume in der Erlaubnis stellt sicher, dass dem Schutzzweck des § 4 Abs. 1 GastG genügt wird und sich der Gaststättenbetreiber für seinen Betrieb bei einer Änderung der von der Erlaubnis erfassten Räume einer erneuten Erlaubnisprüfung unterziehen muss. Unzutreffend und mit Erlass des GastG im Jahr 1970

überholt ist die Ansicht, dass mit der raumbezogenen Erlaubnis sichergestellt werden soll, dass Gaststätten nur an solchen Stellen zugelassen werden, wo für sie ein sachliches (wirtschaftliches) Bedürfnis besteht (so *Sellmann* NJW 1968, 2278, 2279); sie wäre auch mit der Verfassungswidrigkeit der Bedürfnisprüfung (vgl. *BVerwG* 15. 12. 1953, BVerwGE 1, 48, 53 f. = NJW 1954, 524 f.) unvereinbar. Mit der Bestimmung der Räume wird gegenüber dem Erlaubnisinhaber festgelegt, dass er sein **Gewerbe nur in diesen Räumen** betreiben darf (*Michel/Kienzle* § 3 Rn. 21).

b) Begriff der Räume

Die Erlaubnis muss **sämtliche Räume erfassen, die dem Betrieb des erlaubten Gaststättengewerbes dienen**, die mithin zum Aufenthalt der Gäste und der Beschäftigen bestimmt sind (*Michel/Kienzle* § 3 Rn. 22). Der Begriff Raum ist sowohl in funktionaler als auch in tatsächlicher Hinsicht weit zu verstehen. In **funktionaler Hinsicht** gilt für die zu bestimmenden Räume, dass ebenso wie bei der Betriebsart Maßstab die Anforderungen des § 4 Abs. 1 Nr. 2, 2 a, 3 GastG sind. Zu den in der Erlaubnisurkunde zu bestimmenden Räumen gehören daher alle Räume, die hinsichtlich des Gaststättenbetriebs Anforderungen nach § 4 Abs. 1 GastG aufwerfen. Dies sind nicht nur die Räume, in denen Getränke und Speisen ausgegeben und konsumiert werden. Vielmehr werden auch alle sonstigen Räume erfasst, die zur Ausübung des Gaststättengewerbes erforderlich sind oder dieser zumindest dienen. In **tatsächlicher Hinsicht** zählen zu den Räumen nicht nur – wie der Begriff „Räume" vermuten lassen könnte – solche innerhalb des umbauten Raums wie Gebäuden (Zimmer oder Säle), sondern auch im Freien gelegene Örtlichkeiten wie Gärten und Höfe und darüber hinaus auch bewegliche Fahrzeuge jeglicher Art, so weit sie zur Ausübung eines Gaststättengewerbes in Betracht kommen (ebenso *Metzner* § 3 Rn. 65; *Michel/Kienzle* § 3 Rn. 23). Raum kann somit **jede örtlich bestimmte** Stelle sein. 31

Die Erlaubnisbehörde wird es zumeist mit folgenden Räumen des Gaststättenbetriebs zu tun haben: 32

§ 3 Inhalt der Erlaubnis

Beispiele für zu bestimmende Räume:

- Schank- und Speiseräume;
- Beherbergungsräume;
- Küche;
- Vorratsräume für Getränke und Speisen;
- Wein- und Bierkeller;
- sonstige Kellerräume;
- Kegelbahn;
- Billardzimmer;
- Büro- und Verwaltungsräume (für Bilanzierung etc.): Auch hier muss sichergestellt sein, dass die Räume nach Erteilung der Erlaubnis keiner § 4 Abs. 1 GastG widersprechenden Nutzung zugeführt werden;
- Personalräume jeglicher Art;
- Toiletten;
- Waschräume;
- Flure;
- Treppen;
- Zufahrten und Zugänge (*VGH BW* 28. 3. 1963, GewArch 1964, 39)
- Kfz-Stellplätze und -Garagen (*VGH BW* 21. 3. 1973, DVBl. 1974, 240, 241);
- Außenbewirtschaftungsflächen (Biergarten, Innenhof etc.).

Beispiele für nicht zu bestimmende Räume:

- Schlachtraum, der ausschließlich einer Metzgerei dient (*Michel/ Kienzle* § 3 Rn. 22);
- Kosmetikstudios, Friseursalons, Massagestudios etc., die an den Gaststätten- oder Beherbergungsbetrieb angeschlossen sind (sich im selben Gebäude befinden), aber von einer anderen Person als dem Gaststättenbetreiber selbstständig betrieben werden. Diese Art der Kooperation kommt im Beherbergungsgewerbe immer häufiger vor (Stichwort „Wellnesshotellerie"). Vgl. dazu auch § 7 Rn. 19.

c) Bestimmung der Räume

33 Die Bestimmung der Räume erfolgt **in der Erlaubnisurkunde**. Auch wenn aus der Fassung des § 3 Abs. 1 GastG, der nur für die

Inhalt der Erlaubnis § 3

Bestimmung der Betriebsart in Satz 2 die Bezeichnung in der Erlaubnisurkunde ausdrücklich vorsieht, geschlossen werden könnte, dass in Bezug auf die Bestimmung der Räume keine besonderen formellen Anforderungen gelten, muss die Bestimmung der Räume **schriftlich** erfolgen. Dies folgt daraus, dass „die Erlaubnis" für bestimmte Räume zu erteilen ist, also in der Erlaubnis eine Bestimmung der Räume erfolgen muss (vgl. zur Pflicht der Bestimmung bereits oben Rn. 13) und für die Erlaubnis die Schriftform zwingend ist (vgl. dazu oben Rn. 5). Zu den Anforderungen an die Erfüllung der Schriftform vgl. oben Rn. 5–11.

Die **Bezeichnung der Betriebsräume** in der Erlaubnisurkunde muss in einer Weise erfolgen, dass auch für einen Außenstehenden ohne weiteres erkennbar und bestimmbar ist, auf welche Räume sich die Erlaubnis bezieht (vgl. auch *BayVGH* 14. 2. 1990, GewArch 1990, 218, 219). Es ist sicher zu stellen, dass auch eine mit den örtlichen Gegebenheiten nicht vertraute Person die Lage der Betriebsräume allein anhand der Beschreibung in der Erlaubnisurkunde ohne weitere Hilfe bestimmen kann. Die **Beschreibung** der Räumlichkeiten erfolgt in der Erlaubnisurkunde **mit Worten**. Um dem Grundsatz der Bestimmtheit (vgl. dazu oben Rn. 18) zu genügen, empfiehlt es sich, der Erlaubnisurkunde einen **Lageplan** beizufügen, in dem die zu bestimmenden Räume exakt kenntlich gemacht sind (zur Verknüpfung des Lageplans mit der Erlaubnisurkunde vgl. oben Rn. 6). Damit dem mit der Bestimmung der Räume verfolgten Zweck genügt wird, müssen folgende Einzelheiten erfasst werden: **Lage des Betriebs, Anzahl** und **Lage der Räume** und **Zweckbestimmung der** einzelnen **Räume**. Die Erlaubnis muss **sämtliche** dem Gaststättenbetrieb dienenden **Räume erfassen.** Im Einzelnen gilt (vgl. auch das Erlaubnismuster nachfolgend in Rn. 79): **34**

Die Bezeichnung der örtlichen Lage des Betriebs erfolgt durch Angabe der Adresse, der Flurstück-Nummer, bei mehreren Gebäuden durch exakte Lagebeschreibung des Betriebsgebäudes (etwa: „von der X-Straße aus gelegenes Hintergebäude") und durch Angabe der **35**

§ 3 Inhalt der Erlaubnis

Lage des Betriebs innerhalb des Gebäudes (etwa: „Erdgeschoss"). Bei den einzelnen Räumen sind sämtliche Räume zu erfassen und für jeden Raum ist seine örtliche Lage im Gebäude exakt zu beschreiben (vor allem durch Angabe des Geschosses und durch Beschreibung der Lage innerhalb des Geschosses). Dies gilt auch, wenn sich der Raum innerhalb eines anderen Betriebs befindet (etwa eine Warenhausgaststätte [vgl. oben Rn. 24m]). Bei der Bezeichnung der Zweckbestimmung sind die im Sprachgebrauch und Gaststättengewerbe üblichen Bezeichnungen zu wählen.

36 Sofern ein **Lageplan** zum Inhalt der Erlaubnisurkunde gemacht wird, sind die Anforderungen an die Wortbeschreibung geringer. Es ist allerdings darauf zu achten, dass die in der Erlaubnisurkunde mit Worten benannten und beschriebenen Räume dem Lageplan zugeordnet werden können (etwa durch eine Nummerierung).

d) Privatrecht

37 Die **Bestimmung der Räume erfolgt** grundsätzlich **unbeschadet privater Rechte**, d.h. es kommt für die Gaststättenbehörde nicht darauf an, welche zivilrechtliche Verfügungsgewalt der Gaststättenbetreiber über die zu bestimmenden Räume hat (Eigentum, Miete, Pacht). Es reicht aus, dass für die Gaststättenbehörde erkennbar ist, dass der Gaststättenbetreiber zu Beginn des beantragten Betriebs über die Räume wird verfügen können (vgl. *OVG NRW* 10. 9. 1953, DVBl. 1954, 820, nur Ls.; *OVG Lüneburg* 29. 7. 1970, DÖV 1972, 59 = GewArch 1970, 256; ebenso *Metzner* § 3 Rn. 69). Diese Trennung entspricht der unserer Rechtsordnung zugrunde liegenden, dem römischen Recht entspringenden Unterscheidung von Zivilrecht und öffentlichem Recht. **Eine Versagung der Erlaubnis** kommt nur in Betracht, wenn für die Gaststättenbehörde mit hinreichender Wahrscheinlichkeit fest steht, dass der Antragsteller über die zu bestimmenden Räume nicht verfügen können wird; in diesem Fall fehlt für den Antrag das **Sachbescheidungsinteresse** (vgl. dazu *Kopp/Ramsauer* § 22 Rn. 56; vgl. auch § 4 Rn. 6). Zu weitgehend und daher abzulehnen ist die Forderung, der Unternehmer müsse seine Befugnis für denjenigen Zeitpunkt nachweisen, in dem

der Betrieb eröffnet werden soll (so aber *OVG Lüneburg* 29. 7. 1970, GewArch 1970, 256; vgl. hierzu auch *VG Saarlouis* 22. 3. 1972, GewArch 1972, 250 und *Gaisbauer* GewArch 1974, 49).

e) Änderung der Räume

Erfolgt eine **Änderung der in der Erlaubnisurkunde bezeichneten Räume**, bewirkt dies grundsätzlich die **erneute Erlaubnispflicht** nach § 2 Abs. 1 GastG (*Ambs* in: *Erbs/Kohlhaas* § 3 GastG Rn. 6). Insofern gilt nicht anderes als bei einer Änderung der Betriebsart (vgl. dazu bereits oben Rn. 25–28). Eine **die Erlaubnispflicht auslösende Änderung der Betriebsräume** liegt vor, wenn mit der Änderung eine neue rechtliche Beurteilung des Gaststättenbetriebs vor allem anhand der Vorgaben des § 4 Abs. 1 GastG erforderlich wird. **38**

Die erneute Erlaubnispflicht wird durch jede **Erweiterung der Räume**, etwa durch Hinzunehmen weiterer Räume oder durch Vergrößerung der bestehenden Räume, ausgelöst. In diesen Fällen besteht stets eine Prüfungsrelevanz in Bezug auf § 4 Abs. 1 GastG. Denn mit einer Erweiterung der Räume verbindet sich in der Regel eine vermehrte Nutzung durch Personen, die wiederum Relevanz nach § 4 Abs. 1 GastG besitzt. Auch eine **Verkleinerung der Räume**, etwa durch endgültige Aufgabe von Räumen oder durch andere räumliche Verkleinerungen, löst – anders als bei der Betriebsart (vgl. dazu oben Rn. 26) – die Erlaubnispflicht aus (*Ambs* in: *Erbs/ Kohlhaas* § 3 GastG Rn. 6). Insbesondere die Eignung der Räume nach § 4 Abs. 1 S. 1 Nr. 2 GastG ist in diesen Fällen erneut zu überprüfen. Eine **bloße Änderung der Räume** ohne Erweiterung oder Verkleinerung begründet nur dann die Erlaubnispflicht, wenn sie Relevanz in Bezug auf den Schutzzweck des § 4 Abs. 1 GastG besitzt (vgl. dazu *VGH BW* 23. 3. 1977, GewArch 1978, 32, 34), so etwa bei baulichen Veränderungen. Dies wird bei kleineren Veränderungen zumeist nicht der Fall sein, etwa wenn ältere Möbel durch gleichwertige neue ersetzt werden. Sobald allerdings in oder an den Räumen Veränderungen vorgenommen werden, die den Betrieb der Gaststätte in seiner erlaubten Ausgestaltung verändern, tritt Er- **39**

§ 3 Inhalt der Erlaubnis

laubnispflicht ein, so etwa bei der Unterteilung eines Raums in mehrere kleine oder wenn in einem Speiseraum eine Aufführungsbühne eingebaut wird (vgl. auch *Seitter* S. 17; weitere Beispiele bei *Michel/Kienzle* § 3 Rn. 26). Auch eine **Verlegung des Gaststättenbetriebs** in völlig neue Räume führt zur Erlaubnispflicht für den Betrieb in den neuen Räumen. Schließlich sind auch **Änderungen der Zweckbestimmung** einer erneuten Erlaubnisprüfung anhand des § 4 Abs. 1 GastG zu unterziehen (vgl. dazu *OVG Lüneburg* 16. 2. 1977, GewArch 1977, 233). In diesem Bereich werden sich allerdings häufig auch Überschneidungen zur Änderung der Betriebsart ergeben; hierauf ist im Einzelfall zu achten.

Tipp: Dem **Gaststättenbetreiber** ist **anzuraten**, bei Änderungen der in der Erlaubnisurkunde bezeichneten Räume stets die Erlaubnisbehörde frühzeitig zu beteiligen. Auf diese Weise wird die Frage der erneuten Erlaubnispflicht und der Vereinbarkeit der Änderungen mit § 4 Abs. 1 GastG zumeist einvernehmlich und mit geringerem Aufwand geklärt werden können. Auch wird vermieden, dass die Erlaubnisbehörde bei nicht erlaubten Veränderungen die nachfolgend in Rn. 41 aufgezeigten Sanktionen ergreift.

40 Bei einer Änderung der in der Erlaubnisurkunde bezeichneten Räume muss – anders als bei einer Änderung der Betriebsart – nicht für den gesamten Gaststättenbetrieb eine neue Erlaubnis erfolgen. Vielmehr reicht es aus, wenn die bestehende **Erlaubnis** in Bezug auf die Änderungen **ergänzt oder geändert** wird. Dies erspart dem Erlaubnisinhaber neben Zeit auch Verwaltungsgebühren und erleichtert die Arbeit der Erlaubnisbehörde. Praktisch erfolgen die Ergänzungen oder Änderungen durch **Erlass einer weiteren Erlaubnis**, die sich auf die bereits existierende Erlaubnis bezieht und sich **inhaltlich auf die Änderungen der Räume beschränkt** (*LG Ellwangen* 29. 9. 1977, GewArch 1978, 268, 269: „Zusatzerlaubnis"). Zur Klarstellung empfiehlt sich eine **Nebenbestimmung** des Inhalts, dass die ergänzende Erlaubnis erlischt, wenn die Haupterlaubnis erlischt oder in sonstiger Weise – etwa durch Rücknahme oder Widerruf – gegenstandslos wird (vgl. dazu das Muster nachfolgend in Rn. 80). Wird die Erlaubnis wegen der Änderungen der

Räume in ihrer wesentlichen Grundstruktur tangiert, etwa weil der Betrieb in völlig neue Räume verlegt wird, ist das **Erlaubnisverfahren im gesamten Umfang** neu durchzuführen. Dies gilt erst recht, wenn zugleich die Betriebsart verändert wird.

Maßnahmen bei **Ausübung des Gewerbes in nichtkonzessionierten Räumen**: Bußgeld (§ 28 Abs. 1 Nr. 1 GastG; vgl. dazu nachfolgend Rn. 100); Untersagung des unerlaubten Betriebs bzw. Betriebsteils (§ 31 GastG i.V.m. § 15 Abs. 2 GewO); Widerruf der erteilten Gaststättenerlaubnis (§ 15 Abs. 3 Nr. 1 GastG). 41

6. Befristung der Erlaubnis (Abs. 2)

a) § 3 Abs. 2 GastG macht deutlich, dass das GastR vom **Grundsatz der zeitlich unbeschränkten Erlaubnis** ausgeht (BT-Ds V/1652, S. 4). Die **Gaststättenerlaubnis** ist daher **grundsätzlich unbefristet zu erteilen** (BT-Ds V/205, S. 14). 42

b) Eine **Befristung** (Erteilung auf Zeit) der Gaststättenerlaubnis kommt wegen des Grundsatzes der zeitlich unbeschränkten Erlaubnis (vgl. zuvor Rn. 42) nur in Betracht, wenn das Gesetz eine Befristung ausdrücklich erlaubt (vgl. dazu nachfolgend Rn. 47) oder wenn der Antragsteller eine solche beantragt (BT-Ds V/1652, S. 4; vgl. dazu nachfolgend Rn. 48). Bei der Befristung handelt es sich um eine **Nebenbestimmung** zum VA i.S.d. § 36 VwVfG (zu den Nebenbestimmungen im Allgemeinen, den übrigen Nebenbestimmungen einer gaststättenrechtlichen Erlaubnis und deren Zulässigkeit im Einzelnen vgl. nachfolgend Rn. 51 ff.). 43

Für eine **Definition des Begriffs „Befristung"** kann auf die Legaldefinition des § 36 Abs. 2 Nr. 1 VwVfG zurückgegriffen werden (zur Anwendbarkeit des § 36 VwVfG im Übrigen vgl. aber nachfolgend Rn. 51). Danach ist die Befristung eine Bestimmung, nach der eine Vergünstigung oder Belastung zu einem bestimmten Zeitpunkt beginnt, endet oder für einen bestimmten Zeitpunkt gilt. Es wird die innere Wirksamkeit des VA an einen bestimmten Zeitpunkt geknüpft (*Erichsen* Jura 1990, 214, 215). Die näheren Einzelheiten sind allerdings keineswegs unumstritten. Entsprechend 44

§ 3   Inhalt der Erlaubnis

§ 163 BGB handelt es sich stets um eine Befristung, wenn ein **bestimmter Zeitpunkt** angeben wird, vor allem durch die Angabe eines Datums (etwa „31. 12. 2003") oder eines stets zeitgleichen Ereignisses (etwa „Silvester 2003"). Es reicht aber auch aus, wenn der angegebene Zeitpunkt anhand anderer Kriterien **sicher bestimmbar** ist (etwa: „Ostersonntag 2003" oder „für die Dauer von sechs Monaten ab dem Zeitpunkt der Zustellung dieser Erlaubnis"); insofern ist es auch unschädlich, dass eine Bestimmbarkeit des Zeitpunkts erst später eintritt (vgl. *BVerwG* 10. 7. 1980, BVerwGE 60, 269, 275 = DVBl. 1981, 263; *Kopp/Ramsauer* § 36 Rn. 15; *Axer* Jura 2001, 748; *Brenner* JuS 1996, 281, 283). Von einer sicheren Bestimmbarkeit des in der Erlaubnis angegebenen Zeitpunkts kann nicht mehr ausgegangen werden, wenn der Eintritt des Ereignisses, an das in der Erlaubnis zur Bestimmung des Zeitpunkts angeknüpft wird, zum Zeitpunkt des Erlasses der Erlaubnis ungewiss ist (*BVerwGE* 60, 269, 275); in solchen Fällen handelt es sich um eine **Bedingung** (§ 36 Abs. 2 Nr. 2 VwVfG), mit deren Eintritt die Erlaubnis ihre Grundlage verliert.

45 In diesem Zusammenhang stellt sich die umstrittene Frage, wie mit einer **Erlaubnis** umgegangen wird, die **für die Dauer eines bestimmten Ereignisses** begehrt wird (häufiger Fall ist die Baustellenkantine; auch das Catering für längere Zeit, etwa bei Filmdreharbeiten oder Kulturereignissen, kann hierunter fallen). Richtigerweise wird bei einer solchen Erlaubnis von einer **Befristung** auszugehen sein (wie hier *Michel/Kienzle* § 3 Rn. 29; *Seitter* S. 17; **aA** *Metzner* § 3 Rn. 78), denn in diesen Fällen steht zwar der Beendigungszeitpunkt noch nicht genau fest, die Beendigung als solche ist aber sicher. Die Gegenansicht sieht sich dem Problem ausgesetzt, dass eine auflösende Bedingung vorliegt, die als solche im GastR unzulässig ist (vgl. dazu nachfolgend Rn. 60). Die Praxis könnte sich dann nur damit behelfen, dass sie einen Beendigungszeitpunkt abschätzt und bei längerem Andauern des Ereignisses die Erlaubnis verlängert bzw. eine weitere Erlaubnis erteilt. Schon aus Gründen der **Verwaltungsökonomie** ist daher der hier vertretenen Auffassung der Vorzug zu geben.

Inhalt der Erlaubnis § 3

Keine Befristung ist die Beschränkung der Erlaubnis auf bestimmte Tages- oder Jahreszeiten (etwa für Tagescafés oder Saisonbetriebe). Hier liegt eine **betriebsbedingte Einschränkung** des Gaststättenbetriebs vor. 46

c) Eine **gesetzliche Zulassung für die Befristung** findet sich in § 9 S. 1 Hs. 2 GastG für die Stellvertretungserlaubnis (vgl. dazu § 9 Rn. 22–24), in § 11 Abs. 1 S. 2 GastG für die Erlaubnis an Personen, die den erlaubnispflichtigen Gaststättenbetrieb von einem anderen übernehmen wollen (vgl. dazu § 11 Rn. 23 f.), und in § 12 Abs. 1 GastG aus besonderem Anlass (vgl. dazu § 12 Rn. 17). 47

d) Bei einem **Antrag auf Befristung** muss die von der Behörde in der Erlaubnis vorgesehene Befristung genau dem Antrag entsprechen, wie sich aus dem Wort „so weit" ergibt. Die Erlaubnisbehörde ist nicht befugt, zulasten des Antragstellers eine kürzere (oder auch längere) Geltungsdauer der Erlaubnis vorzusehen, wenn sie hierzu nicht über den Antrag hinaus durch Gesetz (vgl. oben Rn. 47) befugt ist. 48

e) Bei **Missachtung der** in der Gaststättenerlaubnis vorgesehenen **Befristung** oder Überschreitung der auf bestimmte Tages- oder Jahreszeiten beschränkten Erlaubnis kann die Erlaubnisbehörde gem. § 31 GastG i.V.m. § 15 Abs. 2 S. 1 GewO den weiteren Gaststättenbetrieb untersagen oder gem. § 15 Abs. 3 Nr. 1 GastG die Erlaubnis widerrufen (zum OWiR vgl. § 28 Abs. 1 Nr. 1 GastG sowie nachfolgend Rn. 100). 49

Zu den **Rechtsfolgen einer unzulässigen Befristung** vgl. nachfolgend Rn. 73–75. 50

7. Weitere Nebenbestimmungen

a) Allgemeines

Nach den **§ 36 Abs. 1 VwVfG** entsprechenden Landesvorschriften darf ein VA, auf den ein Anspruch besteht, mit einer Nebenbestimmung nur versehen werden, wenn sie durch Rechtsvorschrift zugelassen ist oder wenn sie sicherstellen soll, dass die gesetzlichen 51

§ 3 Inhalt der Erlaubnis

Voraussetzungen des VA erfüllt werden. Besteht auf den Erlass eines VA ein **Rechtsanspruch**, wird die Zulässigkeit von Nebenbestimmungen auf die in § 36 Abs. 1 VwVfG ausdrücklich genannten Fälle beschränkt (*Maurer* § 12 Rn. 19; *Axer* Jura 2001, 748, 751). § 36 Abs. 1 VwVfG gilt als im Verwaltungsrecht allgemein zu beachtende Bestimmung (vgl. § 1 Abs. 1 VwVfG bzw. die inhaltsgleichen Bestimmungen des jeweiligen Landesrechts [zum Anwendungsvorrang von spezialgesetzlichen Regelungen vgl. *Kopp/Ramsauer* § 1 Rn. 3; *Maurer* § 12 Rn. 8; *Erichsen* Jura 1990, 214, 216]) auch im GastG. Da die gaststättenrechtliche Erlaubnis einer strikten Gesetzesbindung unterliegt und bei Vorliegen der im Gesetz vorgesehenen tatbestandlichen Voraussetzungen ohne weitergehendes Ermessen der Verwaltungsbehörde zwingend zu erteilen ist (vgl. § 2 Rn. 4), gelten für die Zulässigkeit von Nebenbestimmungen die Vorgaben des § 36 Abs. 1 VwVfG. § 36 Abs. 2 VwVfG, der nur für **Ermessensentscheidungen** gilt (*Maurer* § 12 Rn. 20), findet keine Anwendung.

52 Nebenbestimmungen sind **im GastR** bei Erteilung der Erlaubnis nach § 2 GastG nach alledem **nur zulässig**, wenn das GastG die Nebenbestimmung ausdrücklich zulässt (vgl. dazu sogleich Rn. 53) oder wenn die Nebenbestimmung der Erfüllung der gesetzlichen Voraussetzungen für den Erlass der gaststättenrechtlichen Erlaubnis dient (vgl. dazu nachfolgend Rn. 57 ff.)

53 I. S. d. § 36 Abs. 1 Alt. 1 VwVfG entsprechenden Landesvorschriften finden sich im GastG **spezialgesetzliche Bestimmungen zur Befristung** (§ 2 Abs. 2), **zur Auflage** (§ 5), ein Fall der **auflösenden Bedingung** (§ 8) und zur **Auflage bei Gestattung auf Widerruf** (§ 12 Abs. 3). Im Übrigen beließ es der Gesetzgeber grundsätzlich bei den allgemeinen verwaltungsrechtlichen Regelungen, so dass die § 36 Abs. 1 Alt. 2 VwVfG entsprechende Landesvorschrift gilt.

54 Eine **Nebenbestimmung liegt vor**, wenn es sich um eine ausdrückliche Regelung in oder ergänzend zu einem VA handelt (*Kopp/Ramsauer* § 36 Rn. 6; *Axer* Jura 2001, 748). Die in § 36 Abs. 2

Inhalt der Erlaubnis § 3

VwVfG genannten Nebenbestimmungen erfassen die wesentlichsten Fallgruppen, sind aber nicht abschließend (*Kopp/Ramsauer* § 36 Rn. 13; **str**).

Für den Erlass von Nebenbestimmungen ist **allgemeine Rechtmäßigkeitsvoraussetzung**, dass die Nebenbestimmung in einem **sachlichen Zusammenhang mit der Hauptregelung** stehen und dem **Grundsatz der Verhältnismäßigkeit** entsprechen muss (vgl. *Maurer* § 12 Rn. 21). Aus der § 36 Abs. 3 VwVfG entsprechenden Landesvorschrift, die auch für gebundene Entscheidungen gilt (*Kopp/Ramsauer* § 36 Rn. 50), folgt zudem, dass eine Nebenbestimmung **nicht dem Zweck des VA zuwiderlaufen** darf (*Brenner* JuS 1996, 281 f.). 55

Beispiele für unzulässige Nebenbestimmungen:

Nicht im Zusammenhang mit der Hauptregelung des VA würde etwa die mit der Erlaubnis verbundene, der Wirtschaftsförderung dienende Bedingung stehen, den (zivilrechtlichen) Bierlieferungsvertrag mit einer im Bezirk der Erlaubnisbehörde ansässigen Brauerei abzuschließen. Hier wäre zudem ein Verstoß gegen § 5 GastG gegeben. Schon wegen § 36 Abs. 3 VwVfG unzulässig und im Übrigen auch nicht von § 5 GastG gedeckt wäre, etwa die Auflage, dass die Erzielung von Gewinn aus der Gaststättentätigkeit untersagt wird, denn die Gewinnerzielung ist gerade Bestandteil der Gewerbetätigkeit (vgl. dazu § 1 Rn. 5, 8 ff.).

Für Nebenbestimmungen gilt ebenso wie für die eigentliche Erlaubnis (vgl. dazu § 2 Rn. 38) der **Grundsatz der Bestimmtheit** (§ 36 i.V.m. § 37 Abs. 1 VwVfG; vgl. dazu auch *BVerwG* 26. 6. 1986, NVwZ 1987, 52; 26. 1. 1990, NVwZ 1990, 855). So soll etwa der einer Schankerlaubnis für den Betrieb einer Milchbar beigefügte Zusatz „Milchmischgetränken darf Alkohol nur in Form geringer aromatischer Zusätze (Spritzer), die lediglich der Geschmacksverbesserung dienen, beigefügt werden" mangels Bestimmtheit und Bestimmbarkeit nichtig sein (*OVG NRW* 30. 12. 1957, NJW 1958, 1605, nur Ls.; **zw**). Dabei ist es nicht zwingend, dass die Erlaubnisbehörde die von ihr erlassene Nebenbestimmung mit der richtigen 56

§ 3 Inhalt der Erlaubnis

Bezeichnung nach § 36 Abs. 2 VwVfG versieht, so weit die gewählte Nebenbestimmung aufgrund ihres Inhalts klar und unzweifelhaft zu erkennen ist.

Tipp: In der Praxis werden Nebenbestimmungen häufig nicht richtig bezeichnet (vgl. dazu etwa *Erichsen* Jura 1990, 214, 215). Wegen des Grundsatzes der Bestimmtheit, aus Gründen der Rechtsklarheit und weil es einer bürgerorientierten Verwaltung entspricht, sollte die Erlaubnisbehörde stets bemüht sein, die von ihr erlassenen Nebenbestimmung klar abzufassen und sie mit der korrekten Bezeichnung nach § 36 Abs. 2 VwVfG zu bezeichnen. Dies trägt zur Transparenz und Akzeptanz der getroffenen Entscheidung bei.

b) Besonderheiten im GastG

57 Zu beachten ist bei der Beurteilung der Zulässigkeit von Nebenbestimmungen im GastG, dass § 3 Abs. 2 GastG nach dem Entwurf der BReg den Halbsatz „Die Erlaubnis kann inhaltlich beschränkt werden" enthalten sollte. Dieser wurde auf Vorschlag des BR (BT-Ds V/205, S. 23) durch den Ausschuss für Wirtschaft und Mittelstandsfragen gestrichen (BT-Ds V/1652, S. 11). Der BR hielt diese Bestimmung für überflüssig, sah daneben aber auch die Gefahr, dass die Fassung des Entwurfs in dem Sinne missverstanden werden könne, dass auch der Widerrufsvorbehalt oder sonstige auflösende Bedingungen als inhaltliche Beschränkung der Erlaubnis zulässig seien (BT-Ds V/205, S. 23).

c) Bedingung

58 Nach der **Legaldefinition** des § 36 Abs. 2 Nr. 2 VwVfG ist unter einer **Bedingung** eine Bestimmung zu verstehen, nach welcher der Eintritt oder der Wegfall einer Vergünstigung oder einer Belastung von dem ungewissen Eintritt eines zukünftigen Ereignisses abhängt. Zu unterscheiden sind **aufschiebende und auflösende Bedingung**. Bei der aufschiebenden Bedingung wird der VA erst mit dem Eintritt eines bestimmten Ereignisses wirksam, während bei der auflösenden Bedingung der VA mit dem Eintritt eines bestimmten Ereignisses seine Wirksamkeit verliert (vgl. dazu sogleich Rn. 59–61).

Inhalt der Erlaubnis § 3

Beispiele für Bedingungen:

Eine (zulässige) aufschiebende Bedingung könnte etwa lauten: „Die Erlaubnis wird erst wirksam, wenn der Erlaubnisinhaber der Erlaubnisbehörde die Bescheinigung über die Unterrichtung der notwendigen lebensmittelrechtlichen Kenntnisse nach § 4 Abs. 1 S. 1 Nr. 4 GastG nachweist." (vgl. dazu auch § 4 Rn. 193). Eine (unzulässige) auflösende Bedingung könnte etwa lauten: „Die Erlaubnis wird unwirksam, wenn der Erlaubnisinhaber in den Gaststättenräumen das verbotene Glücksspiel zulässt."

Bedingungen sind im Geltungsbereich des GastG **nur zum Teil zulässig**. Als zulässig anzusehen sind **aufschiebende Bedingungen**, die vom Antragsteller mit seinem Antrag verbunden werden oder die im Rahmen des § 4 Abs. 1 GastG erfolgen. Diese Einschränkung der Zulässigkeit aufschiebender Bedingungen folgt aus dem in § 2 Abs. 1 GastG normierten Grundsatz der strikten Gesetzesbindung der Erlaubnisbehörde. Nur bei Vorliegen der gesetzlichen Versagungsgründe kann eine aufschiebende Bedingung als gegenüber der Versagung geringerer Eingriff (**Grundsatz der Verhältnismäßigkeit** [vgl. dazu § 4 Rn. 13–15]) in Betracht kommen. Die aufschiebende Bedingung soll in diesem Fall sicherstellen, dass die gesetzlichen Voraussetzungen des VA i.S.d. § 36 Abs. 1 Alt. 2 VwVfG erfüllt werden. 59

Auflösende Bedingungen sind dagegen **stets unzulässig** (wie hier *Metzner* § 3 Rn. 81, § 5 Rn. 23; *Michel/Kienzle* § 3 Rn. 34). Hierfür spricht vor allem eine historische und teleologische Auslegung, denn der Gesetzgeber wollte mit der Änderung des § 3 Abs. 2 GastG im Gesetzgebungsverfahren (vgl. oben Rn. 57) ausdrücklich den Anschein vermeiden, dass mit auflösenden Bedingungen versehene gaststättenrechtliche Erlaubnisse zulässig sind; er ging mithin von der Unzulässigkeit dieser Art der Bedingung aus. Darüber hinaus wäre eine auflösende Bedingung auch mit den § 36 Abs. 1 Alt. 2 VwVfG entsprechenden Landesvorschriften nicht zu vereinbaren. Auf die Erteilung einer gaststättenrechtlichen Erlaubnis besteht bei Vorliegen der tatbestandlichen Voraussetzungen ein Anspruch (vgl. 60

§ 3 Inhalt der Erlaubnis

§ 2 Rn. 4). Die auflösende Bedingung dient gerade nicht der Sicherstellung des Vorliegens aller tatbestandlichen Voraussetzungen für den Erlass der Erlaubnis, sondern soll der Erlaubnis schon zum Zeitpunkt des Erlasses die Wirksamkeit bei Eintritt eines bestimmten Ereignisses nehmen. Sie ist mithin mit dem Grundsatz der strikten Gesetzbindung nicht zu vereinbaren. Zum **Verhältnis von auflösender Bedingung und Auflage** vgl. nachfolgend Rn. 68.

61 Treten wie in dem Beispiel in Rn. 58 zu einem Zeitpunkt **nach Erteilung** der Erlaubnis Ereignisse ein, die eine Versagung der Erlaubnis rechtfertigen würden, muss die Behörde prüfen, ob sie geeignete Auflagen ergreift (§ 5 GastG) oder ein Widerruf der Erlaubnis erfolgt. Die Gaststättenbehörde trifft hier eine Ermessensentscheidung, während bei der Erteilung der Erlaubnis eine gebundene Entscheidung erfolgt. Fehlte **bei Erteilung** der Erlaubnis die erforderliche Zuverlässigkeit nach § 4 Abs. 1 S. 1 Nr. 1 GastG, ist die Erlaubnis im Wege einer gebundenen Entscheidung zu widerrufen (vgl. § 15 Abs. 2 GastG). Der Gesetzgeber hat für den Eintritt von – die Versagung der Erlaubnis rechtfertigenden – Ereignissen nach Erlass der Erlaubnis einen Katalog von Rechtsfolgen vorgesehen, an den die Erlaubnisbehörde gebunden ist. Der Erlass von auflösenden Bedingungen ist daneben nicht möglich.

d) Widerrufsvorbehalt

62 Der **Widerrufsvorbehalt** (§ 36 Abs. 2 Nr. 3 VwVfG) ist ein besonderer Fall der auflösenden Bedingung (vgl. hierzu oben Rn. 58, 60 sowie *Maurer* § 12 Rn. 7; *Brenner* JuS 1996, 281, 283). Die Behörde behält sich beim Widerrufsvorbehalt im begünstigenden VA (Erlaubnis) vor, den VA bei Eintritt eines bestimmten Ereignisses mit Wirkung für die Zukunft ganz oder teilweise zu widerrufen und damit die Wirksamkeit des VA zu beseitigen. Folge des Widerrufsvorbehalts ist vor allem, dass sich der Betroffene nicht auf Vertrauensschutz berufen kann (*Maurer* § 12 Rn. 7).

Beispiel für einen (unzulässigen) **Widerrufsvorbehalt**:

„Die Erlaubnisbehörde behält sich den Widerruf der Erlaubnis vor, falls der Erlaubnisinhaber zukünftig die für den Betrieb des erlaubten

Inhalt der Erlaubnis § 3

Gaststättengewerbes erforderliche Zuverlässigkeit nicht mehr besitzen sollte."

Ein **Widerrufsvorbehalt** ist **im GastR grundsätzlich nicht möglich**. Hierfür spricht ebenso wie bei der auflösenden Bedingung eine historische und teleologische Auslegung. Der Gesetzgeber wollte mit der Änderung des § 3 Abs. 2 GastG im Gesetzgebungsverfahren (vgl. oben Rn. 57) ausdrücklich den Anschein vermeiden, dass mit einem Widerrufsvorbehalt versehene gaststättenrechtliche Erlaubnisse zulässig sind; er ging mithin von der Unzulässigkeit dieser Art der Nebenbestimmung aus. Auch wäre der Widerrufsvorbehalt mit dem Grundsatz der strikten Gesetzesbindung nicht zu vereinbaren (vgl. dazu oben Rn. 60).

63

Aus dem Beispiel in Rn. 62 wird deutlich, dass der Widerrufsvorbehalt darüber hinaus ins Leere läuft und daher nur **deklaratorische Wirkung** (vgl. dazu *Kopp/Ramsauer* § 36 Rn. 25) besitzt, so weit § 15 GastG einen Widerruf bereits aus gesetzlichen Gründen zulässt. So weit § 15 GastG den Widerruf zulässt, ist ein Widerrufsvorbehalt wegen der nur deklaratorischen Wirkung zwar überflüssig, aber zulässig und insbesondere nicht rechtswidrig (**aA** *Metzner* § 5 Rn. 26, der wegen § 15 GastG von einer Unzulässigkeit eines solchen Widerrufsvorbehalts ausgeht); es handelt sich in diesem Fall der Sache nach um einen **Hinweis auf die Rechtslage** (*Axer* Jura 2001, 748, 749).

64

e) Auflage

Nach der **Legaldefinition** des § 36 Abs. 2 Nr. 2 VwVfG ist unter einer **Auflage** eine Bestimmung zu verstehen, durch die dem Begünstigten ein Tun, Dulden oder Unterlassen vorgeschrieben wird. Anders als die Befristung und die Bedingung enthält die Auflage eine **eigene Sachregelung**, so dass sie nicht Bestandteil des eigentlichen VA, sondern nach wohl überwiegender Auffassung **selbst VA** ist (vgl. *BVerwG* 8. 3. 1990, BVerwGE 85, 24, 26; 26. 1. 1990, NVwZ 1990, 855f.; *VGH BW* 4. 12. 1986, VBlBW 1987, 292; *Maurer* § 12 Rn. 9; *Axer* Jura 2001, 748, 749; *Brenner* JuS 1996, 281, 284; **str**).

65

§ 3 Inhalt der Erlaubnis

Beispiele für (zulässige) **Auflagen**:

„Für die Gäste sind mindestens zwei Toiletten herzustellen und bereitzuhalten" (vgl. dazu auch *Axer* Jura 2001, 748, 750).

„Die im Grundrissplan ausgewiesenen Gäste-Toilettenanlagen müssen stets in voll betriebsfertigem Zustand gehalten werden. Die Aborte dürfen nicht durch Münzautomaten oder ähnliche Einrichtungen versperrt oder nur gegen Entgelt zugänglich sein" (vgl. dazu *OLG Düsseldorf* 19. 3. 1991, NVwZ-RR 1991, 406).

66 In Bezug auf die Zulässigkeit von Auflagen bei oder nach Erlass der gaststättenrechtlichen Erlaubnis finden sich in § 5 und 12 Abs. 3 GastG Regelungen, die als **lex specialis** über die § 36 Abs. 1 Alt. 1 VwVfG entsprechende Landesvorschrift Anwendung finden und die insoweit gegenüber § 36 Abs. 1 Alt. 1 VwVfG auch Einschränkungen bringen, weil sie den Inhalt der danach zulässigen Auflagen festlegen (*Brenner* JuS 1996, 281, 283 zu § 5 GastG). Die auf der Grundlage der §§ 5 und 12 Abs. 3 GastG erlassenen Auflagen zur gaststättenrechtlichen Erlaubnis sind stets rechtmäßig. Vgl. eingehend die Erläuterungen zu § 5 GastG (dort insbesondere Rn. 18 ff.) und § 12 GastG (dort insbesondere Rn. 25 ff.).

67 So weit das GastG keine ausdrückliche Zulässigkeit von **Auflagen** vorsieht, sind diese **nur unter den strengen Voraussetzungen der § 36 Abs. 1 Alt. 2 GastG entsprechenden Landesvorschriften zulässig**. Mithin sind Auflagen ebenso wie Bedingungen nur rechtmäßig, wenn sie als gegenüber der Erlaubnisversagung geringerer Eingriff dazu dienen, die Erfüllung der gesetzlichen Erlaubnisvoraussetzungen sicherzustellen. Praktisch sind Auflagen über die §§ 5 und 12 Abs. 3 GastG hinaus nur zulässig, wenn sie zur Beseitigung der Versagungsgründe des § 4 GastG erfolgen (siehe etwa das Beispiel in Rn. 65). Hierbei ist allerdings zu beachten, dass die **Auflage, den Unterrichtsnachweis** nach § 4 Abs. 1 S. 1 Nr. 4 GastG **zu erbringen**, nicht möglich ist (ebenso *Metzner* § 4 Rn. 300). Dies folgt aus dem Umstand, dass § 4 Abs. 1 S. 1 Nr. 4 GastG die dort genannten Kenntnisse im Zeitpunkt der Erlaubniserteilung voraussetzt (vgl. dazu auch § 4 Rn. 193) und der Gesetzgeber diese Kenntnisse für den Betrieb der Gaststätte als wesentlich ansieht. Bei einer Auflage besteht die Gefahr, dass die geforderten besonderen Kenntnisse erst viel zu spät vorliegen, weil der Unterricht einige Zeit in Anspruch nimmt. Dagegen ist eine entsprechende aufschiebende Bedingung als zulässig anzusehen (**aA** die *Voraufl.* in § 3 Rn. 11), weil hier keine unmittelbare Gefährdung des Erlaubniszwecks besteht (vgl. dazu oben Rn. 58).

Beim **Verhältnis von aufschiebender Bedingung und Auflage** ist der Schutzzweck des § 4 GastG zu beachten. Soweit beide Nebenbestimmungen im Einzelfall zulässig gebraucht werden können, kommt der **aufschiebenden Bedingung stets Vorrang** zu, wenn sie der Beseitigung eines Versagungsgrunds dient, dessen Vorliegen mit der Aufnahme des beantragten Gaststättenbetriebs wegen der Zielsetzung des Versagungsgrunds keinesfalls zu vereinbaren ist. Durch den Erlass einer aufschiebenden Bedingung wird die Wirksamkeit der Erlaubnis vom Eintritt des vorgesehenen Ereignisses abhängig gemacht, so dass vor diesem Zeitpunkt die Aufnahme des Gaststättenbetriebs nicht erlaubt ist. Handelt es sich hingegen um einen Versagungsgrund, der die Aufnahme des Gaststättenbetriebs auch bei (kurzzeitigem) Vorliegen als vertretbar erscheinen lässt, ist **der Auflage** wegen des Grundsatzes der Verhältnismäßigkeit (vgl. dazu § 4 Rn. 13–15) **der Vorzug zu geben**, weil die Auflage gegenüber der aufschiebenden Bedingung den geringeren Eingriff darstellt (wie hier *Metzner* § 5 Rn. 25; vgl. auch *Erichsen* Jura 1990, 214, 215). Die Erlaubnisbehörde hat in diesem Fall allerdings die Erfüllung der Auflage zu überwachen und ggf. durchzusetzen. **68**

Beim **Auflagenvorbehalt** (§ 35 Abs. 2 Nr. 5 VwVfG) handelt es sich um die Ankündigung der Erlaubnisbehörde, dass zu einem Zeitpunkt nach Erlass der Erlaubnis ggf. noch eine Auflage erlassen oder eine bestehende Auflage geändert wird. **69**

Beispiel für einen Auflagenvorbehalt:

„Die Erlaubnisbehörde behält sich ausdrücklich vor, bei künftigen Lärmbelästigungen des angrenzenden Grundstücks Flst.-Nr. …… durch den erlaubten Gaststättenbetrieb Auflagen zum Schutz der be-

§ 3 Inhalt der Erlaubnis

troffenen Nachbarschaft zu erlassen" (vgl. dazu auch *Axer* Jura 2001, 748, 749 f.). Wegen § 5 GastG ist der Vorbehalt einer solchen Auflage an sich nicht unbedingt erforderlich, dient aber der Klarstellung gegenüber allen Verfahrenbeteiligten. Die in Rn. 65 als erstes Beispiel genannte Auflage könnte auch vorbehalten werden, wenn zum Zeitpunkt der Erlaubniserteilung nicht feststeht, ob eine Toilette für die Gaststättenbesucher ausreicht.

70 Ein **Auflagenvorbehalt** ist **im GastR möglich**, so weit der Erlass einer Auflage zulässig ist (vgl. dazu oben Rn. 65–67). Dies folgt schon daraus, dass es sich bei der Auflage nach der hier vertretenen und auch sonst überwiegenden Auffassung um einen VA handelt. Ein solcher VA kann jederzeit – mithin auch nachträglich – erlassen werden (vgl. *Brenner* JuS 1996, 281, 285).

71 Um **keine Nebenbestimmung, sondern** um eine **Inhaltsbestimmung** (*Axer* Jura 2001, 748, 750; *Brüning* NVwZ 2002, 1081, 1082) handelt sich bei der sog. **modifizierenden Auflage**, deren Besonderheit darin besteht, dass sie keine zusätzliche Leistungspflicht des Betroffenen begründet, sondern den Inhalt der Erlaubnis qualitativ verändert, mithin modifiziert (*BVerwG* 8. 2. 1974, DÖV 1974, 380 f.; *VGH BW* 25. 9. 1992, VBlBW 1993, 135, 137; *Maurer* § 12 Rn. 16). Bei der modifizierenden Auflage wird dem vom Antragsteller gestellten Antrag nicht entsprochen, sondern dieser wird von der Gaststättenbehörde geändert (modifiziert), zumeist mit dem Ziel, das Vorhaben in Einklang mit den gesetzlichen Vorgaben zu bringen. Daher wird in der rechtswissenschaftlichen Literatur zu Recht fast überwiegend davon ausgegangen, dass es sich um keine Nebenbestimmung, sondern um eine inhaltliche Einschränkung oder Veränderung des VA gegenüber dem Antrag handelt (so etwa *Maurer* § 12 Rn. 16; *Metzner* § 5 Rn. 27; *Brenner* JuS 1996, 281, 285; *Erichsen* Jura 1990, 214, 216; **aA** *BVerwG* DÖV 1974, 380).

Beispiele für modifizierende Auflagen:

„Die Erlaubnis wird mit der Maßgabe erteilt, dass Musikdarbietungen aller Art täglich ab 22.00 Uhr enden" (vgl. dazu *OVG RP* 28. 2. 1975, AS 14, 24, 25).

Inhalt der Erlaubnis § 3

„Die Erlaubnis wird mit der Maßgabe erteilt, dass die in der Gaststätte dargebotene Musik gegenüber der angrenzenden Nachbarschaft tagsüber/ab 22.00 Uhr einen Lärmpegel von .... dB(A) nicht überschreitet" (vgl. dazu *BVerwG* DÖV 1974, 380).

Da es sich wie dargelegt bei der **modifizierenden Auflage** um keine Nebenbestimmung handelt, beurteilt sich die **Rechtmäßigkeit** der von der Erlaubnisbehörde gegenüber dem Antrag modifizierten Erlaubnis ausschließlich danach, ob sich die Einschränkung mit den tatbestandlichen Voraussetzungen des GastR vereinbaren lässt, insbesondere mit § 4 GastG. Andernfalls ist die Erlaubnis wegen der strikten Gesetzesbindung der Erlaubnisbehörde rechtswidrig. Erwächst die eingeschränkte oder veränderte Erlaubnis in Bestandskraft und setzt sich der Gaststättenbetreiber über die vorgenommene Einschränkung oder Veränderung beim Betrieb der Gaststätte hinweg, übt er eine **erlaubnispflichtige Tätigkeit ohne die erforderliche Erlaubnis** nach § 2 GastG aus (*Maurer* § 12 Rn. 16), so dass *insoweit* eine **zwangsweise Untersagung** zu prüfen ist (vgl. dazu § 2 Rn. 46–50). 72

f) Rechtsfolgen unzulässiger Nebenbestimmungen

Eine von der Behörde unter Verstoß gegen Rechtsvorschriften erlassene Nebenbestimmung ist **rechtswidrig**. Sie kann vom Betroffenen angefochten werden (vgl. dazu nachfolgend Rn. 90 ff.). Macht der Betroffene von der Möglichkeit der Anfechtung keinen oder nicht rechtzeitig Gebrauch, erwächst der VA einschließlich der rechtswidrigen Nebenbestimmung in **Bestandskraft** und gilt damit zulasten des Erlaubnisinhabers. 73

Eine **Nichtigkeit** der contra legem erlassenen Nebenbestimmung kommt nur aus den in § 44 Abs. 1, 2 VwVfG normierten Gründen in Betracht, also insbesondere, wenn der VA an einem besonders schwerwiegenden Fehler leidet und dies bei verständiger Würdigung aller in Betracht kommender Umstände offenkundig ist (§ 44 Abs. 1 VwVfG). In aller Regel wird allein der Umstand, dass eine Nebenbestimmung ohne Antrag und unter Missachtung der Grenzen des § 36 Abs. 1 VwVfG erlassen wurde, keinen offenkundig 74 besonders schwerwiegenden Fehler darstellen und daher auch keine Nichtigkeit der Nebenbestimmung bewirken. Dies gilt auch nicht, wenn die Erlaubnis unter einer auflösenden Bedingung rechtswidrig (vgl. oben Rn. 60) erteilt wird (wie hier *Michel/Kienzle* § 3 Rn. 35; **aA** die *Voraufl.* in § 3 Rn. 11).

75 Die **Rechtswidrigkeit** der Nebenbestimmung **erfasst die übrige Erlaubnis grundsätzlich nicht**, soweit sich der übrige Inhalt der Erlaubnis von der rechtswidrigen Nebenbestimmung trennen lässt und die Erlaubnis ohne die Nebenbestimmung sinnvoller- und rechtmäßigerweise bestehen bleiben kann (vgl. *BVerwG* 22. 11. 2000, NVwZ 2001, 429 = DÖV 2001, 691, BayVBl. 2001, 632, DVBl. 2001, 405, nur Ls.). Besteht dagegen zwischen VA und Nebenbestimmung ein nach Auffassung der Gaststättenbehörde untrennbarer Zusammenhang, hängen beide Teile also in ihrem Bestand zwingend voneinander ab, bewirkt eine rechtswidrige Nebenbestimmung die **Rechtswidrigkeit der gesamten Erlaubnis**.

8. Alkoholfreie Getränke (Abs. 3)

76 Die Bestimmung des § 3 Abs. 3 GastG dient in erster Linie der **Vereinfachung** (BT-Ds V/205, S. 14; *Seitter* S. 18). Es soll verhindert werden, dass bei einer den Ausschank alkoholischer Getränke umfassenden Erlaubnis für den Ausschank alkoholfreier Getränke ein erneutes Erlaubnisverfahren durchzuführen ist. Der Bestimmung kommt darüber hinaus aber auch eine **sozial- und gesundheitspolitische Bedeutung** zu, denn die Bestimmung muss im Zusammenwirken mit den Regelungen in § 6 und § 20 Nr. 4 GastG gesehen werden. Durch die vom Gesetzgeber bezweckte Vereinfachung soll dem Gaststättenbetreiber Anreiz gegeben werden, in seinem Betrieb auch alkoholfreie Getränke anzubieten. Auf diese Weise soll dem Alkoholmissbrauch vorgebeugt werden (*Metzner* § 3 Rn. 94; *Aßfalg* in: *Aßfalg/Lehle/Rapp/Schwab* § 3 GastG Rn. 16). Die **Verhinderung des Alkoholmissbrauchs** stand beim Erlass des GastG im Jahr 1970 als Motiv des Gesetzgebers im Vordergrund; vor allem auch wegen der **Gefahren für den Straßenverkehr** und wegen des **Schutzes der Jugend** (BT-Ds V/205, S. 12).

Inhalt der Erlaubnis   § 3

Die Schank- und Speisewirtschaftserlaubnis berechtigt grundsätzlich zum Verabreichen aller Getränke und zubereiteten Speisen. Eine **Beschränkung der zugelassenen Getränke oder Speisen** kann sich aber aus der beantragten Betriebsart ergeben oder unter den Voraussetzungen des § 4 Abs. 1 S. 1 Nr. 1, 2, 2a und 3 GastG verfügt werden. Zum Ausschluss alkoholischer Getränke in Trinkhallen vgl. *HessVGH* 10. 3. 1975, GewArch 1975, 268 und *BVerwG* 8. 9. 1975, GewArch 1975, 384. So weit bestimmte Getränke oder zubereitete Speisen in der Erlaubnisurkunde ausdrücklich ausgeschlossen werden, müssen sie nach ihrer Art hinreichend bestimmt sein; auf den Hersteller darf nicht abgestellt werden. Zu **Abs. 3** vgl. ferner §§ 6, 20 Nr. 4 GastG.

9. Erlaubnismuster

Die **Gaststättenerlaubnis** kann je nach den Anforderungen des Einzelfalls **zahlreiche Inhalte** haben. Es ist daher kaum möglich, in einem Muster den komplexen Anforderungen des GastR gerecht zu werden. Das nachstehende Muster einer Erlaubnis versucht, die üblichen Inhalte einer Gaststättenerlaubnis zu erfassen. Das Muster beschränkt sich auf den **Entscheidungssatz**. Es orientiert sich an dem Beispiel einer Gaststättenerlaubnis im Musterentwurf einer Allgemeinen Verwaltungsvorschrift zum Gaststättengesetz. Zu Erfordernis und Inhalt der Begründung vgl. oben Rn. 11.

Muster einer möglichen **Gaststättenerlaubnis** (einschließlich **teilweiser Antragsablehnung**):

Behördenname, -anschrift   Datum
Name des Sachbearbeiters
Aktenzeichen

1. Frau/Herrn/Firma .... *(Vorname und Name, ggf. Geburtsname, Geburtsdatum; Firmenname, Vertretungsberechtigte der Firma mit genauer Bezeichnung; Adresse)*
wird gem. § 2 Abs. 1 des Gaststättengesetzes in der Fassung der Bekanntmachung vom 20. 11. 1998 (BGBl. I S. 3418), zuletzt

§ 3   Inhalt der Erlaubnis

geändert durch .... *(letztes Änderungsgesetz)*, auf seinen Antrag vom .... *(Antragsdatum)* die

Erlaubnis zum Betrieb einer ....
(Grundtyp der Gastwirtschaft nach § 1 Abs. 1 GastG)

erteilt.

a) Die Erlaubnis gilt für folgende *Betriebsart* einer .... (evtl. Kurzbezeichnung):
   – Betriebszeiten
   – Art der Getränke
   – Art der angebotenen und zubereiteten Speisen
   – Beherbergungsangebot
   – Darbietungen
   – weitere Merkmale der Betriebsart (vgl. dazu oben Rn 10 f.)

b) Die Erlaubnis gilt für folgende *Räume* im wie folgt festgelegten Umfang:
   – örtliche Lage
   – Zahl, Lage und Zweckbestimmung der Schank- und Speiseräume
   – Zahl und Lage der Beherbergungsräume
   – Zahl, Lage und Zweckbestimmung der Arbeitnehmerräume
   – Zahl und Lage der Toilettenanlagen
   – Küche und dazugehörige Nebenräume
   – Sonstige Nebenräume
   – weitere räumliche Besonderheiten
   Der räumliche Umfang der Gaststätte ergibt sich auch aus dem dieser Erlaubnis als Anlage beigefügten Lageplan, der Bestandteil der Erlaubnis ist.

c) Für die Erlaubnis gelten folgende Besonderheiten:
   An dieser Stelle könne alle Besonderheiten des jeweiligen Einzelfalls wiedergegeben werden, so weit sie nicht Nebenbestimmung sind.

d) Für die Erlaubnis gelten folgende vom Erlaubnisinhaber zu beachtende Nebenbestimmungen:

Inhalt der Erlaubnis § 3

> *An dieser Stelle können alle Nebenbestimmungen erlassen werden. Wegen der besonderen Bedeutung der Nebenbestimmungen und wegen derer zumeist isolierter Anfechtbarkeit ist es sachdienlich und bürgerorientiert, diese separat zusammenzufassen. Dies ist etwa auch im Baurecht üblich. Im GastG kommt hinzu, dass die Erlaubnis im Wege einer gebundenen Entscheidung erteilt wird und daher für Nebenbestimmungen besondere Anforderungen gelten.*
> 2. Im Übrigen wird der Antrag abgelehnt.
> 3. Für diese Entscheidung wird eine Verwaltungsgebühr in Höhe von .... *(genauer Betrag)* Euro erhoben.
>
> **Begründung:**
>
> *So weit gegenüber dem Antrag Einschränkungen erfolgen, etwa durch teilweise Ablehnung, eine Befristung oder den Erlass weiterer Nebenbestimmungen, ist diese Entscheidung zu begründen. Beim Erlass von Nebenbestimmungen muss das von der Gaststättenbehörde ausgeübte Ermessen dargelegt werden. Die Gebührenfestsetzung ist stets zu begründen.*
>
> **Rechtsbehelfsbelehrung:**
>
> *Eine Rechtsbehelfsbelehrung ist nur bei teilweiser Ablehnung des Antrags auf Erteilung der Erlaubnis oder beim Erlass von Nebenbestimmungen erforderlich. Vgl. zum Inhalt den Mustertext in § 2 Rn. 39. Ansonsten ist nur die Gebührenfestsetzung anfechtbar; insofern bedarf es grundsätzlich einer Rechtsmittelbelehrung.*
>
> **Hinweis:**
>
> Es wird darauf hingewiesen, dass gem. § 6 Abs. 1 Nr. 1, §§ 8–10 der Verordnung über die Mitteilungen an die Finanzbehörden durch andere Behörden und öffentlich-rechtliche Rundfunkanstalten (Mitteilungsverordnung – MV) vom 7. 9. 1993 (BGBl. I S. 1554) die Erteilung dieser befristeten Erlaubnis dem zuständigen Finanzamt mitgeteilt wird.

§ 3 Inhalt der Erlaubnis

> *Dieser Hinweis erfolgt nur bei befristet erteilten Erlaubnissen. Er ist nicht zwingend, dient aber im Interesse einer Bürger- und Kundenorientierung der Information des Gaststättenbetreibers. Da der Hinweis nicht Inhalt der eigentlichen Entscheidung sind, erfolgt er erst im Anschluss an eine evtl. Rechtsbehelfsbelehrung.*
>
> Unterschrift des Sachbearbeiters,
> evtl. Dienstbezeichnung
>
> Anlagen: *(Liste der Anlagen)*

80 Muster einer **ergänzenden Erlaubnis** (vgl. oben Rn. 40):

> Behördenname, -anschrift   Datum
> Name des Sachbearbeiters
> Aktenzeichen
>
> 1. Frau/Herrn/Firma .... *(Vorname und Name, ggf. Geburtsname, Geburtsdatum; Firmenname, Vertretungsberechtigte der Firma mit genauer Bezeichnung; Adresse)*
>   wird gem. § 2 Abs. 1 des Gaststättengesetzes in der Fassung der Bekanntmachung vom 20. 11. 1998 (BGBl. I S. 3418), zuletzt geändert durch .... *(letztes Änderungsgesetz)*, auf seinen Antrag vom .... *(Antragsdatum)* für die der/dem Antragsteller/-in am .... *(Datum der Ersterlaubnis)*, Az. .... *(Aktenzeichen der Ersterlaubnis)*, erteilte Erlaubnis zum Betrieb einer .... *(Grundtyp der Gaststätte)*
>
> **folgende ergänzende Erlaubnis**
>   erteilt:
>
> a) Aufgrund des genannten Änderungsantrags gilt die Erlaubnis ab sofort für folgende Räume im wie folgt festgelegten Umfang:
>   – örtliche Lage
>   – Zahl, Lage und Zweckbestimmung der Schank- und Speiseräume

Inhalt der Erlaubnis §3

- Zahl und Lage der Beherbergungsräume
- Zahl, Lage und Zweckbestimmung der Arbeitnehmerräume
- Zahl und Lage der Toilettenanlagen
- Küche und dazugehörige Nebenräume
- sonstige Nebenräume
- weitere räumliche Besonderheiten

Der geänderte räumliche Umfang der Gaststätte ergibt sich auch aus dem dieser ergänzenden Erlaubnis als Anlage beigefügten Lageplan, der Bestandteil der Erlaubnis ist.

b) Für diese ergänzende Erlaubnis gelten folgende Besonderheiten:
   .... *(vgl. Rn. 79)*
c) Für diese ergänzende Erlaubnis gelten folgende vom Erlaubnisinhaber zu beachtende *Nebenbestimmungen*:
   Diese ergänzende Erlaubnis erlischt, wenn die Erlaubnis vom .... *(Datum der Ersterlaubnis)* erlischt oder in sonstiger Weise – etwa durch Rücknahme oder Widerruf – gegenstandslos wird.

   .... *(weitere Nebenbestimmungen)*
d) Im Übrigen gilt die Erlaubnis vom .... *(Datum der Ersterlaubnis)* unverändert weiter.
2. Für diese Entscheidung wird eine Verwaltungsgebühr in Höhe von .... *(genauer Betrag)* Euro erhoben.

Unterschrift des Sachbearbeiters,
evtl. Dienstbezeichnung

Anlagen: *(Liste der Anlagen)*

§ 3 Inhalt der Erlaubnis

81 Muster einer komplett **ablehnenden Entscheidung**:

Behördenname, -anschrift Datum
Name des Sachbearbeiters
Aktenzeichen

1. Der von Frau/Herrn/Firma .... *(Vorname und Name, ggf. Geburtsname, Geburtsdatum; Firmenname, Vertretungsberechtigte der Firma mit genauer Bezeichnung; Adresse)* am ...... *(Datum)* gestellte **Antrag auf Erteilung einer Erlaubnis** gem. § 2 Abs. 1 des Gaststättengesetzes in der Fassung der Bekanntmachung vom 20. 11. 1998 (BGBl. I S. 3418), zuletzt geändert durch .... *(letztes Änderungsgesetz)* zum Betrieb einer .... *(Grundtyp der Gastwirtschaft nach § 1 Abs. 1 GastG)* wird **abgelehnt**.
2. Für diese Entscheidung wird eine Verwaltungsgebühr in Höhe von .... *(genauer Betrag)* Euro erhoben.

Begründung:

An dieser Stelle muss die rechtliche Begründung der ablehnenden Entscheidung erfolgen.

Rechtsbehelfsbelehrung:

Vgl. zum Inhalt der Rechtsbehelfsbelehrung den Mustertext in § 2 Rn. 39.

Unterschrift des Sachbearbeiters,
evtl. Dienstbezeichnung

Anlagen: *(Liste der Anlagen)*

---

82 Hinweise zu den Mustern:

Bei der **Bezeichnung der Verfahrensbeteiligten** ist auf größte Sorgfalt zu achten. Behörden, Personen und Firmen müssen exakt bezeichnet werden, um Verwechslungsgefahren vorzubeugen (vgl.

auch oben Rn. 6). Bei der Behörde ist der Name des Sachbearbeiters zu nennen, der die Erlaubnis unterzeichnet. Bei Firmen müssen stets die Vertretungsberechtigten benannt werden. Auch beim Antrag ist hierauf zu achten. Die Bezeichnung des letzten **Änderungsgesetzes** zum GastG ist nicht zwingend, aber sinnvoll, um dem Adressaten die gesetzlichen Entscheidungsgrundlagen transparent zu machen. Bei der **Bezeichnung der** von der Erlaubnis erfassten **Räumlichkeiten** ist auf größte Sorgfalt zu achten. Durch deren Beschreibung wird der Umfang der Erlaubnis konkretisiert. Daher ist die Lage der Räume möglichst umfassend mit Worten zu umschreiben. So ist etwa neben der Adresse des Gebäudes, in dem sich die Räume befinden, deren Lage innerhalb des Gebäudes exakt zu bestimmen (Gedankenhilfe: ein mit dem Fall nicht betrauter Leser muss die Lage der Räume ohne Vorkenntnis begreifen können; vgl. dazu oben Rn. 34–36). Die Beschreibung der Lage vereinfacht sich, wenn ein **Lageplan** mit den darin (etwa farblich) kenntlich gemachten Betriebsräumen als Anlage zur Erlaubnis genommen und auf die Anlage im Entscheidungssatz Bezug genommen wird (gedankliche Schnur zwischen Erlaubnis und Plan [vgl. dazu oben Rn. 6]). Wenn der **Antrag teilweise ablehnt** wird, sollte dies in einer eigenen Ziffer erfolgen. Bestandteil des Entscheidungssatzes ist auch die Kostenentscheidung.

Eine **Begründung der Erlaubnis** ist entbehrlich, so weit dem Antrag exakt entsprochen wird (vgl. oben Rn. 11 sowie § 2 Rn. 36). So weit der Antrag abgelehnt wird, muss die Entscheidung möglichst nachvollziehbar und ausführlich begründet werden. Die Kostenentscheidung ist stets zu begründen; insbesondere sind die Rechtsgrundlagen zu nennen, es sollte möglichst auch die **Höhe der Verwaltungsgebühr** wenigstens kurz dargelegt werden (vgl. dazu auch § 2 Rn. 41). **83**

Im Anschluss an die Begründung der Entscheidung muss eine **Rechtsmittelbelehrung** erfolgen (vgl. zu deren Inhalt § 2 Rn. 39), wenn der Antrag teilweise oder ganz abgelehnt wurde. Wurde dem Antrag vollständig stattgegeben, ist die Rechtsmittelbelehrung entbehrlich, weil der Erlaubnisinhaber mangels Beschwer keine **84**

§ 3 Inhalt der Erlaubnis

Rechtsmittel einlegen kann. Allerdings ist stets die Gebührenfestsetzung als eigener VA anfechtbar.

85 Erst nach Begründung und Rechtsmittelbelehrung erfolgt die **Unterzeichung** der Erlaubnis durch den zuständigen Sachbearbeiter (vgl. dazu oben Rn. 6), dessen Name erkennbar sein muss (durch Nennung bei der Behördenangabe oder im Bereich der Unterschrift).

86 Anlagen zur Erlaubnis sollten am Ende zur Sicherstellung der gedanklichen Schnur zwischen Erlaubnis und Anlage nochmals benannt und aufgeführt werden.

10. Verfahren, Rechtsschutz

a) Erlaubnis

87 Zu Verwaltungsverfahren und Rechtsschutz in Bezug auf die gaststättenrechtliche Erlaubnis vgl. die Ausführungen in § 2 Rn. 30 ff.

b) Verwaltungsverfahren bei Nebenbestimmungen

88 Für das **Verwaltungsverfahren beim Erlass von Nebenbestimmungen** gelten die für den Erlass der Erlaubnis geltenden Anforderungen entsprechend (*Kopp/Ramsauer* § 36 Rn. 10). Insofern kann auf die diesbezüglichen Ausführungen in § 2 Rn. 30 ff. verwiesen werden. Es gilt daher:

89 Vor Erlass der Nebenbestimmungen ist der Adressat **anzuhören** (§ 28 VwVfG; vgl. dazu § 2 Rn. 35). Für die Nebenbestimmungen gilt ebenso wie für den eigentlichen VA das **Schriftformerfordernis** des § 3 Abs. 1 S. 2 GastG (vgl. dazu § 2 Rn. 36, § 3 Rn. 5 f.). Die Nebenbestimmungen sind hinreichend **bestimmt** zu formulieren (§ 37 Abs. 2 VwVfG; vgl. dazu § 2 Rn. 38 sowie speziell in Bezug auf Nebenbestimmungen *BVerwG* 26. 1. 1990, NVwZ 1990, 856). Schließlich ist auch der Erlass der Nebenbestimmungen zu **begründen** (§ 39 Abs. 1 VwVfG; vgl. dazu § 2 Rn. 36, § 3 Rn. 11 sowie speziell in Bezug auf Nebenbestimmungen *OVG Lüneburg* 16. 2. 1989, NVwZ 1989, 1180).

c) Rechtsschutz bei Nebenbestimmungen

Das **Problem des richtigen Rechtsschutzes** in Bezug auf Nebenbestimmungen ist nach wie vor **sehr umstritten**. Es gibt in der **rechtswissenschaftlichen Literatur** vier Grundpositionen, die sehr eigene Lösungen vorschlagen (vgl. den Nachweis dieser unterschiedlichen Rechtspositionen bei *v. Albedyll* in: *Bader/Funke-Kaiser/Kuntze/von Albedyll* Rn. 23 zu § 42 VwGO; *Maurer* § 12 Rn. 23; *Stadie* DVBl. 1991, 613, 614; *Pietzcker* NVwZ 1995, 15, 17). 90

Für die **Praxis** kann offen bleiben, welche der in der Literatur vertretenen Auffassungen die (möglicherweise) richtige ist. Es kommt vielmehr darauf an, wie sich die **höchstrichterliche Rspr** zur Frage des Rechtsschutzes gegenüber Nebenbestimmungen stellt. Insoweit gilt: 91

Da es sich bei **Auflagen** um eigenständige VA handelt, können diese **stets** mit einer **Anfechtungsklage isoliert angefochten** werden, soweit sie den Erlaubnisinhaber oder einen Dritten (vgl. dazu nachfolgend Rn. 97–99) belasten und in eigenen Rechten verletzen. Dies entspricht der **ständigen Rspr des BVerwG** (so etwa *BVerwG* 12. 3. 1982, BVerwGE 65, 139, 140 f.; 19. 1. 1989, BVerwGE 81, 185, 186; 8. 3. 1990, BVerwGE 85, 24, 26; 2. 7. 1991, BVerwGE 88, 348, 349; 17. 7. 1995, NVwZ-RR 1996, 20; ebenso *VG Saarland* 11. 6. 2001, GewArch 2002, 299, 230). Insoweit gelten die Ausführungen zur Anfechtung der Erlaubnis in § 2 Rn. 88 ff. entsprechend. Rechtsschutz ist durch (isolierten) Widerspruch gegen die belastende Auflage und sich ggf. anschließende Anfechtungsklage beim *VG* zu suchen. 92

§ 3 Inhalt der Erlaubnis

Muster eines Klageantrages bei isolierter Anfechtungsklage gegen Auflage:

> „1. Die mit der Verfügung der Beklagten vom .... *(Datum), Az.:* .... *(behördliches Akten-/Verfahrenszeichen),* in der Gestalt des Widerspruchsbescheids des .... *(Widerspruchsbehörde)* vom .... *(Datum), Az.:* .... *(behördliches Akten-/Verfahrenszeichen),* versehene Nebenbestimmung „......." *(Text der Nebenbestimmung)* wird aufgehoben.
> 2. Die Beklagte trägt die Kosten des Verfahrens."

Der Begriff „Nebenbestimmung" vermeidet Falschbezeichnungen im Klageantrag, wenn die Behörde den Begriff „Auflage" fälschlicherweise verwendet hat.

93 Auch **bei allen anderen Nebenbestimmungen als Auflagen** geht das *BVerwG* nunmehr **grundsätzlich** von der **Zulässigkeit der isolierten Anfechtbarkeit** aus (*Sproll* NJW 2002, 3221, 3222). Ob eine Klage zur isolierten Aufhebung einer Nebenbestimmung führen kann, hängt davon ab, ob der begünstigende VA ohne die Nebenbestimmung sinnvoller- und rechtmäßigerweise bestehen bleiben kann; dies ist eine Frage der Begründetheit und nicht der Zulässigkeit des Anfechtungsbegehrens. **Eine isoliert gegen die Nebenbestimmung erhobene Anfechtungsklage scheidet nur aus, wenn eine isolierte Aufhebbarkeit offenkundig von vornherein ausscheidet** (*BVerwG* 19. 3. 1996, BVerwGE 100, 335, 337 f.; 22. 11. 2000, NVwZ 2001, 429 = DÖV 2001, 691, BayVBl. 2001, 632, JuS 2001, 926 mit Anm. *Hufen*, DVBl. 2001, 405, nur Ls.; *v. Albedyll* in: *Bader/Funke-Kaiser/Kuntze/von Albedyll* Rn. 25 zu § 42 VwGO; *Sproll* NJW 2002, 3221, 3222; **aA** etwa *Axer* Jura 2001, 748, 752; vgl. auch *OVG Berlin* 7. 5. 2001, NVwZ 2001, 1059). Eine **isolierte Anfechtungsklage** ist mithin **nur dann nicht zulässig**, wenn die isoliert angefochtene Bestimmung gar keine Nebenstimmung, sondern eine Inhaltsbestimmung des VA ist (*Brüning* NVwZ 2002, 1081, 1082).

Inhalt der Erlaubnis § 3

Für den **Klageantrag** gilt das Formulierungsbeispiel oben in Rn. 92 entsprechend.

Hat der Erlaubnisinhaber ohne die Nebenbestimmung **keinen Anspruch auf Erlass der Erlaubnis** und kann der VA daher ohne die Nebenbestimmung nicht rechtmäßigerweise bestehen bleiben (*BVerwG* 22. 11. 2000, NVwZ 2001, 429), könnte er gegen die ihn belastende Nebenbestimmung nur so vorgehen, dass er die **Verpflichtung der Behörde** begehrt, **die Erlaubnis ohne die belastende Nebenbestimmung zu erlassen** (vgl. *BVerwG* 29. 3. 1968, BVerwGE 29, 261, 265; 21. 10. 1970, BVerwGE 36, 145, 154). Diese Klage bietet im Hinblick auf die gaststättenrechtliche Erlaubnis keine Aussicht auf Erfolg, weil sie wegen der gebundenen Entscheidung der Erlaubnisbehörde (vgl. § 2 Rn. 4) nur Erfolg haben kann, wenn die tatbestandlichen Voraussetzungen des GastG für die Erteilung der Erlaubnis vorliegen. 94

Tipp: Aufgrund der dargelegten Rspr des *BVerwG* und der strikten Gesetzesbindung der Erlaubnisbehörde kommt bei der gaststättenrechtlichen Erlaubnis zur Beseitigung einer belastenden Nebenbestimmung nur die isolierte Anfechtung dieser Nebenbestimmung in Betracht. Steht fest, dass der Erlaubnisinhaber ohne die ihn belastende Nebenbestimmung keinen Anspruch auf Erteilung der Erlaubnis hat (vor allem, wenn § 4 Abs. 1 GastG der Erteilung entgegensteht), weil ohne die Nebenbestimmung die tatbestandlichen Voraussetzungen zur Erteilung nicht gegeben sind (vgl. die § 36 Abs. 1 VwVfG entsprechenden Landesvorschriften sowie oben Rn. 51), bietet die isolierte Anfechtung keine Aussicht auf Erfolg. Gleiches gilt für eine Klage auf Verpflichtung der Behörde zur Erteilung der Erlaubnis ohne die belastende Nebenbestimmung.

Beim **Rechtsschutzverfahren** ist bei der Anfechtung einer Nebenbestimmung vor Erhebung der Anfechtungsklage gem. §§ 68 ff. VwGO das **Vorverfahren** durch fristgerechte Erhebung des Widerspruchs durchzuführen (vgl. dazu § 2 Rn. 51 ff., 88 ff.). 95

Bei **modifizierenden Auflagen**, die keine Nebenbestimmung sind (vgl. oben Rn. 71 f.), **scheidet eine isolierte Anfechtung aus**. Dies 96 hängt damit zusammen, dass die modifizierenden Auflagen den VA gegenüber dem ursprünglichen Antrag inhaltlich einschränken oder verändern und somit nur der modifizierte VA als solcher angefochten werden kann. **Rechtsschutz** gegen eine modifizierende Auflage kann nur durch **Erhebung einer Verpflichtungsklage** mit dem Ziel erreicht werden, die Verpflichtung der Behörde zum Erlass einer uneingeschränkten Erlaubnis durchzusetzen (vgl. *BVerwG* 21. 10. 1970, BVerwGE 36, 145, 154; 8. 2. 1974, DÖV 1974, 380, 381; 3. 5. 1974, DÖV 1974, 563 f.).

d) Drittschutz bei Nebenbestimmungen

97 Beim **Drittschutz gegenüber Nebenbestimmungen**, also der Frage, inwieweit am Verwaltungsverfahren nicht unmittelbar Beteiligten (§ 2 Rn. 78) in Bezug Nebenbestimmungen Rechtsschutz zusteht, ist zu unterscheiden, ob der Dritte durch eine mit der Erlaubnis versehene Nebenbestimmung in eigenen Rechten verletzt wird (vgl. dazu sogleich Rn. 98) oder ob der Dritte im Erlaubnisverfahren eigene Rechte durchsetzen will, indem er den Erlass einer ihn begünstigenden Nebenbestimmung erreichen will (vgl. dazu nachfolgend Rn. 99). Zum **Nachbarschutz bei Nebenbestimmungen nach § 5 GastG** vgl. dort Rn. 52 f.

98 In der Praxis dürfte es relativ selten vorkommen, dass Erlaubnisse mit **Nebenbestimmungen** versehen werden, durch **die Dritte**, insbesondere Nachbarn, **in eigenen Rechten verletzt** werden. Zumeist wird es sich in solchen Fällen um eine **modifizierende Auflage** handeln (etwa eine Erlaubnis mit dem die Nachbarschaft belastenden Zusatz, dass Musikdarbietungen aller Art täglich ab 01.00 Uhr – und damit oft sehr spät – enden müssen). In diesen Fällen kann der betroffene Dritte Rechtsschutz durch Erhebung einer **Anfechtungsklage** erreichen. Ziel der Klage ist die Beseitigung der Erlaubnis einschließlich der nicht isoliert abtrennbaren, den Dritten belastenden Modifizierung. Zu den Voraussetzungen einer solchen Drittanfechtungsklage vgl. ausführlich § 2 Rn. 88 ff. Soweit ein Dritter im Einzelfall durch eine echte **Nebenbestimmung** in eigenen Rechten verletzt wird, kann er die Nebenbestimmung

isoliert anfechten wie dies oben in Rn. 93 dargelegt ist. Wird der Nachbar auch durch die eigentliche Erlaubnis in seinen Rechten verletzt bzw. ist die Erlaubnis ohne die Nebenbestimmung rechtwidrig – was im GastR häufig der Fall sein dürfte –, muss er dagegen gegen die gesamte Erlaubnis Widerspruch und Anfechtungsklage als Rechtsmittel ergreifen, weil die isolierte Anfechtung der Nebenbestimmung nicht zulässig wäre (vgl. oben Rn. 93).

Grundsätzlich besteht für einen Dritten auch die **Möglichkeit, den Erlass einer ihn begünstigenden Nebenbestimmung durchzusetzen**. Der Dritte kann nach erfolglosem Verwaltungsverfahren **Verpflichtungsklage** mit dem Ziel erheben, dass die einem Gaststättenbetreiber erteilte Erlaubnis mit einer den Dritten begünstigenden Nebenbestimmung versehen wird. Im GastR ist allerdings zu beachten, dass die Behörde eine **gebundene Entscheidung** (§ 2 Rn. 4) zu treffen hat. Daher kommt der Erlass einer Nebenbestimmung gem. § 36 Abs. 1 VwVfG grundsätzlich nur in Betracht, wenn sie dazu dient, die gesetzlichen Voraussetzungen für den Erlass der Erlaubnis sicherzustellen (vgl. dazu bereits oben Rn. 51), oder wenn das GastG den Erlass einer Nebenbestimmung ausdrücklich zulässt (vgl. dazu oben Rn. 51 f.). Im ersteren Fall (Sicherstellung der Voraussetzungen zur Erteilung der Gaststättenerlaubnis durch eine entsprechende Nebenbestimmung) erübrigt sich ein Verpflichtungsbegehren, weil die Erlaubnis (ohne die Nebenbestimmung) rechtswidrig ist und der in eigenen Rechten verletzte Dritte die Erlaubnis anfechten kann, wenn sie nicht bestandskräftig ist. Der Erlass einer die Rechtmäßigkeit herbeiführenden Nebenbestimmung wird zumeist weder möglich noch zweckmäßig sein. Ist gegenüber dem Dritten **Bestandskraft** eingetreten, dürfte für eine Verpflichtungsklage auf Erlass einer die Rechtmäßigkeit herbeiführenden Nebenbestimmung das erforderliche **Rechtsschutzinteresse fehlen**, weil es der Dritte versäumt hat, die ihm gegenüber rechtswidrige Erlaubnis rechtzeitig anzufechten; etwas anderes kann nur bei nachträglichen Änderungen gelten. Im letzteren Fall (das GastG sieht den Erlass der vom Dritten begehrten Nebenbestimmung ausdrücklich vor) ist zu unterscheiden. Ist die dem 99

§ 4 Versagungsgründe

Gaststättenbetreiber erteilte Erlaubnis noch nicht bestandskräftig, kann der Dritte die ihn in eigenen Rechten verletzende Erlaubnis anfechten. Es ist Aufgabe der Verwaltungsbehörde, ggf. geeignete Wege zur Sicherstellung der Rechtmäßigkeit zu ergreifen. Andernfalls wird die Erlaubnis aufgehoben. Ist die Erlaubnis gegenüber dem betroffenen Dritten dagegen bestandskräftig, kann er einen Antrag auf Erlass einer im GastG vorgesehenen, seine eigenen Rechte schützenden Nebenbestimmung stellen (insbesondere nach § 5 Abs. 1 Nr. 3 GastG). Vgl. zu einem solchen Antrag auch die Ausführungen in § 5 Rn. 52 f.

11. Ordnungswidrigkeiten

100 Wer vorsätzlich oder fahrlässig ohne die nach § 2 Abs. 1 GastG erforderliche Erlaubnis Getränke oder zubereitete Speisen verabreicht oder Gäste beherbergt, begeht eine **Ordnungswidrigkeit nach § 28 Abs. 1 Nr. 1 GastG**. Von dieser Bußgeldvorschrift werden auch die Fälle erfasst, dass der Gaststättenbetreiber die Betriebsart ohne Erlaubnis ändert (vgl. oben Rn. 25–28), eine von § 4 Abs. 1 GastG erfasste Änderung vornimmt (vgl. oben Rn. 29 ff.), den Gaststättenbetrieb in nicht von der Erlaubnis erfassten Räumen ausübt (vgl. oben Rn. 29 ff.) oder eine Befristung (vgl. oben Rn. 42 ff.) oder eine Beschränkung der Erlaubnis auf eine bestimmte Tages- oder Jahreszeit (vgl. oben Rn. 46) missachtet.

§ 4
Versagungsgründe

(1) Die Erlaubnis ist zu versagen, wenn
1. **Tatsachen die Annahme rechtfertigen, daß der Antragsteller die für den Gewerbebetrieb erforderliche Zuverlässigkeit nicht besitzt, insbesondere dem Trunke ergeben ist oder befürchten läßt, daß er Unerfahrene, Leichtsinnige oder Willensschwache ausbeuten wird oder dem Alkoholmißbrauch, verbotenem Glückspiel, der Hehlerei oder der Un-**

sittlichkeit Vorschub leisten wird oder die Vorschriften des Gesundheits- oder Lebensmittelrechts, des Arbeits- oder Jugendschutzes nicht einhalten wird,
2. die zum Betrieb des Gewerbes oder zum Aufenthalt der Beschäftigten bestimmten Räume wegen ihrer Lage, Beschaffenheit, Ausstattung oder Einteilung für den Betrieb nicht geeignet sind, insbesondere den notwendigen Anforderungen zum Schutze der Gäste und der Beschäftigten gegen Gefahren für Leben, Gesundheit oder Sittlichkeit oder den sonst zur Aufrechterhaltung der öffentlichen Sicherheit oder Ordnung notwendigen Anforderungen nicht genügen oder
2a. die zum Betrieb des Gewerbes für Gäste bestimmten Räume von behinderten Menschen nicht barrierefrei genutzt werden können, soweit diese Räume in einem Gebäude liegen, für das nach dem 1. November 2002 eine Baugenehmigung für die erstmalige Errichtung, für einen wesentlichen Umbau oder eine wesentliche Erweiterung erteilt wurde oder das, für den Fall, daß eine Baugenehmigung nicht erforderlich ist, nach dem 1. Mai 2002 fertig gestellt oder wesentlich umgebaut wurde,
3. der Gewerbebetrieb im Hinblick auf seine örtliche Lage oder auf die Verwendung der Räume dem öffentlichen Interesse widerspricht, insbesondere schädliche Umwelteinwirkungen im Sinne des Bundes-Immissionsschutzgesetzes oder sonst erhebliche Nachteile, Gefahren oder Belästigungen für die Allgemeinheit befürchten läßt,
4. der Antragsteller nicht durch eine Bescheinigung einer Industrie- und Handelskammer nachweist, daß er oder sein Stellvertreter (§ 9) über die Grundzüge der für den in Aussicht genommenen Betrieb notwendigen lebensmittelrechtlichen Kenntnisse unterrichtet worden ist und mit ihnen als vertraut gelten kann.

Die Erlaubnis kann entgegen Satz 1 Nr. 2a erteilt werden, wenn eine barrierefreie Gestaltung der Räume nicht möglich ist oder nur mit unzumutbaren Aufwendungen erreicht werden kann.

§ 4 Versagungsgründe

(2) Wird bei juristischen Personen oder nichtrechtsfähigen Vereinen nach Erteilung der Erlaubnis eine andere Person zur Vertretung nach Gesetz, Satzung oder Gesellschaftsvertrag berufen, so ist dies unverzüglich der Erlaubnisbehörde anzuzeigen.

(3) Die Landesregierungen können zur Durchführung des Absatzes 1 Nr. 2 durch Rechtsverordnung die Mindestanforderungen bestimmen, die an die Lage, Beschaffenheit, Ausstattung und Einteilung der Räume im Hinblick auf die jeweilige Betriebsart und Art der zugelassenen Getränke oder Speisen zu stellen sind. Die Landesregierungen können durch Rechtsverordnung

a) zur Durchführung des Absatzes 1 Satz 1 Nr. 2a Mindestanforderungen bestimmen, die mit dem Ziel der Herstellung von Barrierefreiheit an die Lage, Beschaffenheit, Ausstattung und Einteilung der Räume zu stellen sind, und

b) zur Durchführung des Absatzes 1 Satz 2 die Voraussetzungen für das Vorliegen eines Falles der Unzumutbarkeit festlegen.

Die Landesregierungen können durch Rechtsverordnung die Ermächtigung auf oberste Landesbehörden übertragen.

Inhaltsübersicht

	Rn.		Rn.
1. Fassung, Materialien, Literatur		– Gesetzliches Verbot	8
a) Fassung	1	d) Zwingende Versagung, Rücknahme	
b) Materialien zur geltenden Fassung	1a	– kein Ermessen	9
		– Rücknahme	10
c) Weiterführende Literatur	1b	e) Personaler Anwendungsbereich	11
2. Allgemeines			
a) Zweck der Vorschrift	2, 3	f) Rechtsnatur der Versagungsgründe	12
b) Enumerative Versagungsgründe	4	g) Grundsatz der Verhältnismäßigkeit	
c) Sonstige Versagungsgründe			
– Allgemeines	5	– Allgemeines	13
– Sachbescheidungsinteresse	6, 7	– Erforderlichkeit	14
		– Wirtschaftliche Folgen	15

Versagungsgründe § 4

3. *Unzuverlässigkeit (Abs. 1 S. 1 Nr. 1)*
a) Allgemeines
  – Bedeutung ... 16
  – Legaldefinition ... 17
  – unbestimmter Rechtsbegriff ... 18
  – Rspr ... 19
  – wertende Anwendung ... 20
b) Berechtigung der Zuverlässigkeit ... 21
c) Verfassungsrecht
  – Art. 12 GG ... 22
  – Gewerbebezug ... 23
  – Verhältnismäßigkeit ... 24
d) Versagungsmaßstab
  – Prognose ... 25
  – Wahrscheinlichkeit ... 26
  – differenzierter Maßstab ... 27
e) Verschulden ... 28
f) Verantwortliche Person
  – Antragsteller ... 29
  – andere Personen ... 30
  – Ehegatte, Lebenspartner ... 31
  – juristische Person ... 32
  – Geschäftsführer ... 33
  – Strohmänner ... 34
g) Unterlassen ... 35
h) Begriff der Zuverlässigkeit
  – § 35 Abs. 1 GewO ... 36
  – Definition ... 37
  – ordnungsgemäß ... 38
  – Verhältnismäßigkeit ... 39
  – öffentliche Ordnung ... 40
i) Gesetzliche Beispielsfälle
  – nicht abschließend ... 41
  – Leitlinie des Gesetzgebers ... 42
  – dem Trunke ergeben ... 43
  – Ausbeutung ... 44
  – Vorschub leisten ... 45
  – Alkoholmissbrauch ... 46
  – verbotenes Glücksspiel ... 47
  – Hehlerei ... 48
  – Unsittlichkeit ... 49, 50
  – Sittenwidrigkeit der Prostitution im Besonderen ... 51
  – Peepshow-Entscheidung ... 52
  – Zustimmung ... 53
  – kritische Literatur ... 54
  – Änderung der Rspr ... 55–60
  – Prostitutionsgesetz ... 61
  – Regelungsbereiche ... 62
  – Zweck ... 63
  – Auswirkungen im GastG ... 64
  – Wegfall der Sittenwidrigkeit ... 65
  – Reichweite ... 66
  – Auswirkungen ... 67
  – Selbstständigkeit ... 68
  – Praktische Handhabung ... 69–71
  – Lebensmittelrecht ... 72
j) Beispiele für die Unzuverlässigkeit ... 73
  – Auflagen ... 73a
  – Aufsichtspflicht ... 73b
  – Ausländer ... 73c
  – Berufsausübung ... 73d
  – Berufsgenossenschaft ... 73e
  – Drogenmissbrauch ... 73f
  – Eignung ... 73g
  – Einschenken ... 73h
  – Gaststättenzugang ... 73i
  – Gesetzesverletzungen ... 73j
  – Lärm ... 73k
  – Neonazistisches Gedankengut ... 73l
  – Ordnungswidrigkeiten ... 73m
  – Prostitution ... 73n
  – Sauberkeit ... 73o

173

§ 4 Versagungsgründe

- Sozialversicherung 73p
- Steuerpflicht 73q
- Straftaten 73r
- Strohmann 73s
- Swingerclub 73t
- wirtschaftliche Leistungsfähigkeit 73u
- zivilrechtliche Pflichten 73v

4. Ungeeignete Räume (Abs. 1 S. 1 Nr. 2)
a) Allgemeines 74
b) Abgrenzung zu Abs. 1 S. 1 Nr. 3 75
c) Verfassungsrecht 76
d) Tatbestandsmerkmale
- unbestimmte Rechtsbegriffe 77
- bestimmte Räume 78
- Lage, Beschaffenheit, Ausstattung, Einteilung 79
- Prüfungsmaßstab 80
- Spezialpolizeirecht 81
- begrenzter Prüfungsmaßstab 82
- keine konkrete Gefahr 83
- kein Ermessen 84
- Ermessen 85

e) Zivilrechtliche Hindernisse 86
f) Prüfungsreihenfolge 87

5. Barrierefreiheit (Abs. 1 S. 1 Nr. 2 a)
a) Allgemeines, rechtspolitische Bewertung 88
b) Abgrenzung 89
c) Verfassungsrecht
- Gesetzgebungskompetenz 90–92
- Verhältnismäßigkeit 93
d) Bestimmtheit 94–96
e) Tatbestand
- erfasste Räume 97
- Gestaltung der Räume 98
- Barrierefreiheit 99
- Körperbehinderungen 100
f) Unzumutbarkeit
- Abweichungen 101
- Unmöglichkeit, Unzumutbarkeit 102
- konkrete Maßnahmen 103
- Ermessen 104
g) Übergangsrecht 105–105b
h) Zielvereinbarung
- Selbstregulierung 106
- zivilrechtliche Verträge 107
- Verhandlungszwang 108

6. Öffentliches Interesse (Abs. 1 S. 1 Nr. 3)
a) Allgemeines
- sachlicher Versagungsgrund 109
- unbestimmter Rechtsbegriff 110
- umfassender Begriff 111
b) Entstehungsgeschichte 112
c) Abgrenzung zu § 4 Abs. 1 S. 1 Nr. 2 113
d) Schutzbereich 114–116
e) Verfassungsrecht 117, 118
f) Immissionsschutz
- Verhältnis zum BImSchG 119–123
- Einschränkung des Schutzbereichs 124
- Landesverordnung nach dem BImSchG 125
- Begriffsdefinitionen des BImSchG 126
- Maßstäbe des BImSchG 127
- Stand der Technik 128
- 1. BImSchV 129
- Allgemeine Verwaltungsschriften zum BImSchG 130

Versagungsgründe §4

- VDI 2058 Bl. 1 — 131
- TA Lärm — 132
- Fahrzeuggeräusche — 133
- Geräusche der Gäste — 134
- LAI-Hinweise — 135
- Sportanlagenlärmschutz-Verordnung — 136
- Einzelfallbetrachtung — 137
- Gemengelage — 138
- Geruchsemissionen — 139
- Nachbarschaft — 140
- Geruchsimmissionsrichtlinie — 141
- weitere Immissionen — 142

g) Baurecht
- Allgemeines — 143
- Verhältnis des GastR zum Baurecht — 144, 145
- Pächterwechsel — 146
- Behördenidentität — 147
- Bauordnungsrecht — 148
- Nachbarschutz — 149, 150
- Bauplanungsrecht — 151
- Bebauungsplan — 152
- Art der baulichen Nutzung — 153
- BauNVO — 154, 155
- Gebiete der BauNVO — 156
- Betriebsarten — 157
- Zulässigkeit im Allgemeinen — 158
- reine Wohngebiete — 159
- Kleinsiedlungsgebiete, allgemeine Wohngebiete — 160–162
- besondere Wohngebiete — 163
- Dorfgebiete — 164
- Mischgebiete — 165
- Kern-, Gewerbe-, Industriegebiete — 166–168
- Nachbarschutz — 169–171
- unbeplanter Innenbereich — 172–175
- unbeplanter Außenbereich — 176–178

h) Sonstige öffentliche Interessen
- Allgemeines — 179
- Beispiele — 180
- Arbeitsamt — 180a
- Friedhof — 180b
- Kirche — 180c
- Kurgebiet — 180d
- Marktverkehr — 180e
- Prostituiertenunterkunft — 180f
- Prostitution — 180g
- Sauna — 180h
- Tankstelle — 180i
- Tuberkulosekrankenhaus — 180j
- Verkehrssicherheit — 180k
- Vorrang des öffentlichen Interesses — 181

i) Nachbarschutz — 182

7. Lebensmittelrechtliche Kenntnisse (Abs. 1 S. 1 Nr. 4)
a) Allgemeines — 183
b) Verfassungsrecht — 184
c) Anwendungsbereich — 185, 186
d) Personenkreis — 187–190
e) Inhalt, Verfahren — 191, 192
f) Versagung — 193, 194
g) Exkurs: Belehrungspflichten nach dem IfSG

8. § 4 Abs. 2 GastG (Anzeigepflicht)
a) Allgemeines — 195, 196
b) Anwendungsbereich — 197
c) Adressat — 198
d) Rechtsfolgen — 199–201

§ 4   Versagungsgründe

9. *§ 4 Abs. 3 GastG (Landesrecht)*
a) Allgemeines ... 202, 203
b) Verfassungsrecht ... 204
c) § 4 Abs. 3 S. 1
 – GaststättenbauV ... 205
 – einzelne Anforderungen ... 206
 – Beherbergungsbetrieb ... 206a
 – Küchen ... 206b
 – Raumhöhe ... 206c
 – Toilettenbenutzung ... 206d
 – Zugang ... 206e

d) § 4 Abs. 3 S. 2
 – Inhalt ... 207
 – Bestimmtheit ... 208
 – Bedeutung, rechtspolitische Bewertung ... 209
 – Bauordnungsrecht ... 210
 – Reichweite ... 211
e) § 4 Abs. 3 S. 3 ... 212
10. *§ 4 Abs. 4 (aufgehoben)* 213, 214
11. *Verfahren, Rechtsschutz*
 – Allgemeines ... 215
 – Verbandsklage ... 216–220
12. *Ordnungswidrigkeiten* 221, 222

1. Fassung, Materialien, Literatur

a) Fassung

1 Die Vorschrift in der ursprünglichen Fassung des GastG vom 5. 5. 1970 (BGBl. I S. 465), nunmehr in der Form der Bekanntmachung der Neufassung des GastG vom 20. 11. 1998 (BGBl. I S. 3418), wurde wie folgt geändert: Berichtigung vom 19. 8. 1970 (BGBl. I S. 1298). Durch § 69 Abs. 2 des Gesetzes zum Schutz vor schädlichen Umwelteinwirkungen durch Luftverunreinigungen, Geräusche, Erschütterungen und ähnliche Vorgänge (Bundes-Immissionsschutzgesetz – BImSchG) vom 15. 3. 1974 (BGBl. I S. 721, 740) erhielt § 4 Abs. 1 Nr. 3 GastG eine neue Fassung. Durch Art. 2 des Zweiten Rechtsbereinigungsgesetzes vom 16. 12. 1986 (BGBl. I S. 2441) wurden in § 4 Abs. 1 Nr. 4 GastG die Wörter „der für den Ort seiner gewerblichen Niederlassung zuständigen" durch das Wort „einer" ersetzt. § 4 Abs. 4 GastG wurde aufgehoben. Durch Art. 41 des Gesetzes zur Gleichstellung behinderter Menschen und zur Änderung anderer Gesetze vom 27. 4. 2002 (BGBl. I. S. 1467, 1477) wurden die Nr. 2a und Satz 2 in § 4 Abs. 1 GastG eingefügt; zudem wurde Absatz 3 um den neuen Satz 2 ergänzt.

Versagungsgründe § 4

b) Materialien zur geltenden Fassung

GastG vom 5. 5. 1970: Gesetzentwurf der BReg, BT-Ds V/205, S. 3, 14; Stellungnahme des BR, BT-Ds V/205, S. 23 f.; Bericht und Beschluss des Ausschusses für Wirtschaft und Mittelstandsfragen (15. Ausschuss), BT-Ds V/1652, S. 4, 11 f.; Zweiter schriftlicher Bericht des Ausschusses für Wirtschaft und Mittelstandsfragen (15. Ausschuss), BT-Ds V/4380, S. 2, 5 f.; Einberufung des Vermittlungsausschusses durch den BR, BT-Ds V/4581, S. 2 f.; Bericht des Vermittlungsausschusses, BT-Ds V/4591, S. 2; 1a

Änderung vom 15. 3. 1974: Gesetzentwurf der BReg, BT-Ds 7/179, S. 18, 49;

Änderung vom 16. 12. 1986: Gesetzentwurf der BReg, BT-Ds 10/5532, S. 6, 18 f.;

Änderung vom 27. 4. 2002: Gesetzentwurf der Fraktionen SPD und Bündnis 90/Die Grünen (identisch mit dem Gesetzentwurf der BReg, BR-Ds 928/01, S. 57, 128), BT-Ds 14/7420, S. 13, 20 f., 36; Empfehlungen der Ausschüsse des BR, BR-Ds 928/1/01, S. 28–30; Stellungnahme des BR, BT-Ds 14/8043, S. 6, 13 f.; Gegenäußerung der BReg, BT-Ds 14/8043, S. 18; Beschlussempfehlung und Bericht des 11. Ausschusses des BT, BT-Ds 14/8331, S. 31 f., 51 f.; zweite und dritte Beratung sowie Beschluss im BT, BT-Plenarprotokoll 14/221, S. 21860 B bis 21881 B, BR-Ds 152/02; Empfehlungen der Ausschüsse des BR, BR-Ds 152/102, S. 3–5; Sitzung des BR, BR-Plenarprotokoll 774, S. 176 B, C; Beschluss des BR, BR-Ds 152/02.

c) Weiterführende Literatur

Armbrüster Zivilrechtliche Folgen des Gesetzes zur Regelung der Rechtsverhältnisse der Prostituierten, NJW 2002, 2763–2765; *Bales/Baumann* Infektionsschutzgesetz, 1. Aufl. 2001; *Battis/Krautzberger/Löhr* BauGB, 8. Aufl. 2002; *Beaucamp* Das Behindertengrundrecht (Art. 3 Abs. 3 Satz 2 GG) im System der Grundrechtsdogmatik, DVBl. 2002, 997–1004; *Bender/Sparwasser/Engel* Umweltrecht, 4. Aufl. 2000; *Braun* Bundesgleichstellungsgesetz für behinderte Menschen – Die Neuregelungen im Überblick, MDR 2002, 862–866; *ders.* Das Gesetz zur Gleichstellung behinderter Menschen im Bereich des Bundes, 1b

§ 4 Versagungsgründe

RiA 2002, 177–182; *Bull* Allgemeines Verwaltungsrecht, 6. Aufl. 2000; *Caspar* Prostitution im Gaststättengewerbe? Zur Auslegung des Begriffs der Unsittlichkeit im Gaststättengesetz, NVwZ 2002, 1322–1328; *Dickersbach* Die Rechtsprechung des Bundesverwaltungsgerichts zur Gewerbeordnung, GewArch 1991, 281–296; *ders.* Sittenwidrigkeit im Gewerberecht, WiVerw 1986, 1–21; *Dreier* (Hrsg), Grundgesetz-Kommentar, 1. Auf. 1998; *Dürr* Baurecht, 10. Aufl. 2001; *ders.*, Das Gebot der Rücksichtnahme – eine Generalklausel des Nachbarschutzes im öffentlichen Baurecht, NVwZ 1985, 719–723; *v. Ebner* Baugenehmigung und Gaststättenerlaubnis, GewArch 1978, 48–54; *ders.* Bekämpfung von Rauschgiftkriminalität in Gewerbebetrieben, GewArch 1988, 313–317; *ders.* Ist für Ausländer die Verwaltungssprache deutsch?, DVBl. 1971, 341–345; *ders.* Prostitution – sozial unwertige oder gewerbliche Tätigkeit?, GewArch 1979, 177–187; *ders.* Sachkundenachweis für Gastwirte?, GewArch 1985, 281–290; *ders.* Bekämpfung des Drogenmißbrauchs in Gaststätten, GewArch 1982, 105–118; *Eckert* Öffentlichrechtliche Klausur: Die Gewerbeuntersagung, JuS 1984, 960–965; *Ernst/Zinkahn/Bielenberg* BauGB, Stand: 69. Lfg., August 2002; *Eyermann* Verwaltungsgerichtsordnung, 11. Aufl. 2000 mit Nachtrag Stand 1. 7. 2002; *Feldhaus* Bundesimmissionsschutzrecht, Stand: 109. Lfg., November 2002; *ders.* Entwicklung des Immissionsschutzrechts, NVwZ 1998, 1138–1148; *Fickert/Fieseler* Baunutzungsverordnung, 9. Aufl. 1998; *Friauf* (Hrsg), Kommentar zur Gewerbeordnung, 177. Lfg., Stand: November 2002; *Frotscher* Grundfälle zum Wirtschaftsverfassungs- und Wirtschaftsverwaltungsrecht, 5. Teil: Gewerberecht im engeren Sinne, JuS 1983, 114–119; *Gaentzsch* Konkurrenz paralleler Anlagengenehmigungen, NJW 1986, 2787–2795; *Gaisbauer* Die Rechtsprechung zum neuen Gaststättenrecht bis 1972, GewArch 1974, 48–52; *ders.* Diskothek im allgemeinen Wohngebiet, GewArch 1974, 294; *Gassner* Parlamentsvorbehalt und Bestimmtheitsgrundsatz, DÖV 1996, 18–25; *Geiger* Der praktische Fall – Öffentlichrechtliche Klausur: Der unzuverlässige Gastwirt, JuS 1999, 285–288; *Götz* Die Entwicklung des allgemeinen Polizei- und Ordnungsrechts (1987 bis 1989), NVwZ 1990, 725–733; *Göhler* Ordnungswidrigkeitenrecht, 13. Aufl. 2002; *Gusy* „Gute Sitten" als Grenze der Gewerbefreiheit, GewArch 1986, 151–157; *ders.* Polizeirecht, 4. Aufl. 2000; *ders.* Sittenwidrigkeit im Gewerberecht, DVBl. 1982,

984–989; *Haferkorn* Swingerclubs als aktuelle gaststättenrechtliche Problemstellung, GewArch 2002, 145–150; *Hammer* Unkontrolliertes Biereinschenken – eine lässliche Sünde?, GewArch 1990, 273–274; *Hansmann* Rechtsprobleme bei der Bewertung von Geruchsimmissionen, NVwZ 1999, 1158–1186; *ders.* TA Luft 2002, NVwZ 2002, 1208–1209; *Hebeler* Das polizeiliche Schutzgut der öffentlichen Ordnung, JA 2002, 521–526; *Hermanns/Hönig* Das „Boardinghouse" – Wohnnutzung i. S. d. Bauplanungsrechts, BauR 2001, 1523–1530; *Hill* Abschied von der öffentlichen Ordnung im Polizei- und Ordnungsrecht?, DVBl. 1985, 88–96; *Himmelmann/Pohl/Tünnesen-Hermes* Handbuch des Umweltrechts, Stand: 4. Lfg., August 2000; *Hoerster* Zur Bedeutung des Prinzips der Menschenwürde, JuS 1983, 93–96; *Hösch* Café Pssst – Abschied von der Unsittlichkeit der Prostitution, GewArch 2001, 112–120; *ders.* Unzuverlässigkeit, Gewerbeuntersagung, Rücknahme und Widerruf gewerberechtlicher Erlaubnisse, JA 1995, 148–152; *Jahn* Bayerische Biergärten in preußischer Hand, NVwZ 1996, 663–666; *ders.* Die neue Bayerische Biergarten-Verordnung, GewArch 1999, 271–274; *ders.* Nutzungszeiten in bayerischen Biergärten – VGH München, NVwZ 1996, 483 und BVerwG, NVwZ 1996, 1025; *ders.* Rechtsfragen der „Biergarten-Nutzungs-Verordnung" in Bayern, GewArch 1996, 14–18; *Jarass* Bundes-Immissionsschutzgesetz, 5. Aufl. 2002; *Jarass/Pieroth* Grundgesetz, 6. Aufl. 2002; *Karlsruher Kommentar zum Gesetz über Ordnungswidrigkeiten* (KK-OWiG), 2. Aufl. 2000; *Kempen* Die Entwicklung des allgemeinen Gewerberechts von 1996 bis 1999, NVwZ 2000, 1115–1121; *Ketteler* Die Sportanlagenlärmschutzverordnung (18. BImSchV) in Rechtsprechung und behördlicher Praxis, NVwZ 2002, 1070–1075; *Kienzle* Der Befähigungsnachweis im Gaststättengewerbe, WiVerw 1987, 95–112; *ders.* Zugänglichkeit und Überwachung von Gaststätten, GewArch 1982, 256–258; *Kirchberg* Zur Sittenwidrigkeit von Verwaltungsakten, NVwZ 1983, 141–143; *Knaus* Die gewerberechtliche Unzuverlässigkeit bei Verstößen gegen zivilrechtliche Normen, Diss. 1981; *Knemeyer* Polizei- und Ordnungsrecht, 9. Aufl. 2002; *Koch/Scheuing* (Hrsg), Gemeinschaftskommentar zum Bundes-Immissionsschutzgesetz (GK-BImSchG), Stand: 10. Lfg., Mai 2002; *Kosmider* Der Kiosk im Gaststätten- und Bauplanungsrecht, GewArch 1987, 281–291; *Kothe* Rechtliche Beurteilung von Gerüchen, NuR 1998, 240–246;

§ 4 Versagungsgründe

Kühner Das Recht auf Zugang zu Gaststätten und das Verbot der Rassendiskriminierung, NJW 1986, 1397–1402; *Kunig* Die „hinreichende Bestimmtheit" von Norm und Einzelakt, Jura 1990, 495–498; *Kurz* Prostitution und Sittenwidrigkeit, GewArch 2002, 142–145; *Kutscheidt* Immissionsschutz bei nicht genehmigungsbedürftigen Anlagen, NVwZ 1983, 65–72; *Lackner/Kühl* StGB, 24. Aufl. 2001; *Landmann/ Rohmer* Gewerbeordnung (GewO), Stand: 41. Lfg., Januar 2002; *dies.* Umweltrecht (UmwR), Stand: 37. Lfg., März 2002; *Laubinger/Repkewitz* Die gewerberechtliche Unzuverlässigkeit und ihre Folgen, VerwArch 1998, 145–188, 337–362, 609–631; *Lippstreu* Das Recht auf ein volles Schankmaß und seine Durchsetzung, GewArch 1988, 293–298; *Lohse* „Türken ist der Zutritt verboten" – Volksverhetzung durch Zugangsverweigerung, NJW 1985, 1677–1681; *Liesching* Das neue Jugendschutzgesetz, NJW 2002, 3281–3286; *Loose/Schwägerl* Prostitution als Problem der öffentlichen Sicherheit und Ordnung, BayVBl. 1992, 228–235; *Mangoldt/Klein/Pestalozza* Das Bonner Grundgesetz, Band 8, 3. Aufl. 1996; *Maunz/Dürig* Kommentar zum Grundgesetz, 40. Lfg., Stand: Juni 2002; *Maurer* Allgemeines Verwaltungsrecht, 14. Aufl. 2002; *Meyer-Hentschel* Reicht das Gaststättenunterrichtungsverfahren aus?, GewArch 1978, 186–187; *Molketin* Strafrecht und Zurückweisung von Gästen durch den Wirt, GewArch 1989, 86–92; *Moritz* Die rechtliche Integration behinderter Menschen nach SGB IX, BGG und Antidiskriminierungsgesetz, ZFSH/SGB 2002, 204–214; *Müller* Das neue Gaststättenrecht, GewArch 1970, 241–244; *v. Münch/Kunig* (Hrsg), Grundgesetz-Kommentar, Band 3, 3. Aufl. 1996; *v. Olshausen* Menschenwürde im Grundgesetz: Wertabsolutismus oder Selbstbestimmung?, NJW 1982, 2221–2224; *Ohms* Die neue TA Luft 2002, DVBl. 2002, 1365–1377; *Palandt* Bürgerliches Gesetzbuch, 62. Aufl. 2003; *Pauly* Gesetz zur Regelung der Rechtsverhältnisse der Prostituierten (Prostitutionsgesetz) sowie Vollzug der Gewerbeordnung und des Gaststättengesetzes, GewArch 2002, 217–225; *Pauly/ Brehm* Aktuelle Fragen des Gewerberechts, GewArch 2000, 50–60; *dies.* Aktuelle Fragen des Gewerberechts, GewArch 2003, 57–68; *Pezely* Gewicht früherer Verfehlungen bei Rücknahme oder Widerruf einer Gaststättenerlaubnis, GewArch 1972, 234–236; *Pinegger* Aktuelle Fragen des Gewerberechts, GewArch 1999, 463–469; *Pinegger/ Krausser* Aktuelle Fragen des Gewerberechts, GewArch 1997, 16–22;

dies. Aktuelle Fragen des Gewerberechts, GewArch 1998, 465–469; *Quambusch* Die gesetzliche Aufwertung der Prostitution – Zur Folgerichtigkeit und den Folgen des ProstG, ZFSH/SGB 2002, 131–136; *Rautenberg* Prostitution: Das Ende der Heuchelei ist gekommen!, NJW 2002, 650–652; *Rybak/Hofmann* Verteilung der Gesetzgebungsrechte zwischen Bund und Ländern nach der Reform des Grundgesetzes, NVwZ 1995, 230–235; *Sattler* Der Sachkundenachweis im Gewerberecht, WiVerw 1987, 240–250; *ders.* Sorgfaltspflicht und Eigenverantwortung: Die Unterrichtungspflicht nach dem Gaststättengesetz, GewArch 1986, 263–268; *Schaeffer* Der Begriff der Unzuverlässigkeit in § 35 Abs. 1 GewO, WiVerw 1982, 100–116; *Schatzschneider* Rechtsordnung und Prostitution, NJW 1985, 2793–2797; *Schenke* Polizei- und Ordnungsrecht, 1. Aufl. 2002; *Schittek* Prostitution als Selbstverwirklichung, NVwZ 1988, 804–805; *Schlichter/Friedrich* Bauplanungsrechtliche Steuerung der Ansiedlung von Gewerbebetrieben, WiVerw 1988, 199–265; *Schmidt* Besonderes Verwaltungsrecht, 6. Aufl. 2002; *Schmidt-Bleibtreu/Klein* Kommentar zum Grundgesetz, 9. Aufl. 1999; *Schönleiter* Auswirkungen des Prostitutionsgesetzes auf das Gewerberecht, GewArch 2002, 319 f.; *Schönleiter/Kopp* Frühjahrssitzung 2002 des Bund-Länder-Ausschusses „Gewerberecht", GewArch 2002, 366–372; *Schroeder* Neue Änderung des Grundstrafrechts durch das Prostitutionsgesetz, JR 2002, 408–409; *Schulze-Fielitz* Die neue TA Lärm, DVBl. 1999, 65–73; *Simon/Busse* Bayerische Bauordnung, Stand: März 2002; *Sommermann* Die Stärkung der Gesetzgebungskompetenzen der Länder durch die Grundgesetzreform von 1994, Jura 1995, 393–399; *Stähler* Rechte behinderter Menschen – Änderungen und Neureglungen durch das Behindertengleichstellungsgesetz, NZA 2002, 777–781; *Steinberg* Öffentlich-rechtlicher Nachbarschutz im Gaststättenrecht, DÖV 1991, 354–362; *Stober* Die Entwicklung des Gewerberechts in den Jahren 1982/1983, NJW 1984, 2499–2510; *ders.* Grundfälle zum Gaststättenrecht, JuS 1983, 843–850; *Stollenwerk* Noch einmal: Swingerclub und Gaststättenrecht, GewArch 2000, 317–319; *Stüer/Middelbeck* Sportlärm bei Planung und Vorhabenzulassung, BauR 2003, 38–48; *Stühler* Prostitution und öffentliches Recht (unter besonderer Berücksichtigung des Baurechts), NVwZ 1997, 861–867; *Szczekalla* „Laserdome" goes „Luxemburg", JA 2002, 992–999; *Tegeder* Die TA Lärm 1998: technische Grundlage der Lärmbewertung, UPR 2000, 99–103; *Tettinger* Überlegungen zu einem administrativen „Prognosespielraum", DVBl. 1982, 421–433; 426; *Tettinger/Wank* Gewerbeordnung, 6. Aufl. 1999; *Vahle* Wahn und Wirklichkeit – Das neue Prostitutionsgesetz, NZA 2002, 1077–1078; *Waechter* Die Schutzgüter des Polizeirechts, NVwZ 1997, 729–737; *Wesel* Frauen schaffen an, das Patriarchat kassiert ab, NJW 1998, 120–121; *ders.* Prostitution als Beruf, NJW 1999, 2865–2866; *Wollenschläger/Schraml* Das Kreuz mit den Biergärten, BayVBl. 1996, 161–165; *Würkner* Ist Prostitution menschenwürdig?, GewArch 1989, 13–16; *ders.* Prostitution und Menschenwürdeprinzip – Reflexionen über die Ethisierung des Rechts am Beispiel des Ordnungsrechts, NVwZ 1988, 600–602; *Würtenberger/Heckmann/Riggert* Polizeirecht in Baden-Württemberg, 5. Aufl. 2002.

2. Allgemeines

a) Zweck der Vorschrift

2 Nach der dem GastG in der geltenden Fassung zugrunde liegenden Konzeption bedarf der Betrieb eines Gaststättengewerbes der Erlaubnis (vgl. § 2 Abs. 1 S. 1 GastG). Der Erlaubnisvorbehalt soll sicherstellen, dass im Interesse der Allgemeinheit aus **gewerbe- und gesundheitspolizeilichen Gründen** vor Aufnahme eines Gaststättenbetriebs eine umfassende Überprüfung der mit dem Betrieb verbundenen Gefahren erfolgt. Dabei hat der Gesetzgeber davon abgesehen, im Gesetz Tatbestandsmerkmale zu formulieren, die Voraussetzung für die Erteilung der Erlaubnis sind. Vielmehr hat er eine Konzeption gewählt, die – wohl auch als Ausdruck der aus Art. 12 Abs. 1 GG folgenden Gewerbefreiheit (*Scholz* in: *Maunz/Dürig* Rn. 375 zu Art. 12 GG) – von einem Anspruch auf Erteilung einer gaststättenrechtlichen Erlaubnis ausgeht, wenn nicht **zwingende Versagungsgründe** entgegenstehen. Eine Ermessensentscheidung der Erlaubnisbehörde findet nicht statt. Aus § 4 Abs. 1 GastG ergeben sich die Versagungsgründe, die der Erteilung einer Gaststättenerlaubnis entgegenstehen. Die Bestimmung stellt damit eine der wesentlichsten **Einschränkung der Gewerbefreiheit** im GastR dar. Erfüllt der Antragsteller die tatbestandlichen

Voraussetzungen des § 4 Abs. 1 GastG, darf ihm keine Erlaubnis erteilt werden (vgl. nachfolgend Rn. 9).

In § 4 GastG werden die Tatbestände in **persönlicher und sachlicher Hinsicht** abschließend aufgeführt, die zwingend zur Versagung der Erlaubnis nach § 2 GastG führen (BT-Ds V/205, S. 14). Von den Versagungsgründen des § 4 Abs. 1 GastG „stellt Nr. 1 auf die Persönlichkeit des Antragstellers ab, Nr. 4 auf dessen notwendige lebensmittelrechtliche Kenntnisse, Nr. 2 auf den Zustand der Betriebsräume und Nr. 3 auf die örtliche Lage des Gewerbebetriebs" (*BVerwG* 26. 2. 1974, GewArch 1974, 201, 202). 3

b) Enumerative Versagungsgründe

Die **Aufzählung der Versagungsgründe** in § 4 Abs. 1 GastG ist **abschließend**. Dies bedeutet, dass grundsätzlich nur die in § 4 Abs. 1 S. 1 Nr. 1 bis 4 GastG aufgeführten Gründe zur Versagung der Gaststättenerlaubnis führen können. Daneben bestehen **keine weiteren Versagungsgründe**, die zulasten des Antragstellers zu einer Versagung der Gaststättenerlaubnis führen (vgl. aber sogleich Rn. 5–8). Stehen die Anforderungen des § 4 Abs. 1 GastG dem geplanten Gaststättenbetrieb nicht entgegen, ist die Gaststättenerlaubnis **zwingend zu erteilen** (*BVerwG* 1. 3. 1958, GewArch 1957/1958, 231; vgl. auch § 2 Rn. 4). 4

c) Sonstige Versagungsgründe

Auch wenn die in § 4 Abs. 1 GastG aufgeführten Versagungsgründe abschließend sind (vgl. zuvor Rn. 4) und einer Erweiterung in eigener Rechtsfortbildung durch die Erlaubnisbehörde oder die Gerichte nicht zugänglich sind, können weitere Gründe zur Ablehnung der Erlaubnis führen. Diese ergeben sich in erster Linie aus dem **allgemeinen Verwaltungsrecht**, können aber auch aus dem GastR folgen. Insoweit sind die in § 4 Abs. 1 GastG enthaltenen Versagungsgründe nicht abschließend, sondern werden durch **formelle und materielle Erteilungshindernisse** ergänzt. 5

Aus dem **allgemeinen Verwaltungsrecht** folgt, dass Voraussetzung für jeden Antrag ein **Sachbescheidungsinteresse** ist. Das 6

§ 4 Versagungsgründe

Sachbescheidungsinteresse entspricht dem Rechtsschutzinteresse im Verwaltungsprozess und besagt, dass ein Antrag im Verwaltungsverfahren nur zulässig ist, wenn der Antragsteller ein **schutzwürdiges Interesse an der** von ihm beantragten **Amtshandlung** hat, er insbesondere die Verwaltung nicht für unnütze Zwecke benutzt oder sonst missbräuchlich in Anspruch nimmt (*BVerwG* 17. 12. 1964, BVerwGE 20, 124, 126; 24. 10. 1980, BVerwGE 61, 130, 131 = NJW 1981, 2426, DVBl. 1981, 401; *Kopp/Ramsauer* § 22 Rn. 56). Dies gilt insbesondere, wenn die beantragte Erlaubnis für den Antragsteller nutzlos wäre oder es tatsächlich oder rechtlich ausgeschlossen ist, dass ein der Ausnutzung der Erlaubnis entgegenstehendes Hindernis ausgeräumt werden kann (*BVerwG* 17. 10. 1989, NVwZ 1990, 559). Fehlt das Sachbescheidungsinteresse, so ist der Antrag mangels Zulässigkeit abzulehnen.

7 Im GastR kann das Sachbescheidungsinteresse etwa fehlen, wenn für die Erlaubnisbehörde mit hinreichender Wahrscheinlichkeit fest steht, dass der Antragsteller über die für den Gaststättenbetrieb vorgesehenen **Räume privatrechtlich nicht verfügen** kann (vgl. dazu auch § 3 Rn. 37), etwa weil die Räume nicht an ihn, sondern an eine andere Person vermietet wurden, oder weil der Mietvertrag wirksam gekündigt worden ist. Das Sachbescheidungsinteresse fehlt auch bei **Ausländern**, wenn die Erteilung der notwendigen, zum Betrieb der Gaststätte berechtigenden Aufenthaltserlaubnis endgültig von der zuständigen Ausländerbehörde abgelehnt wird. Schließlich fehlt das Sachbescheidungsinteresse auch, wenn die **Antragstellung durch einen Strohmann** des wirklichen Gaststättenbetreibers erfolgt (etwa im kriminellen Bereich).

8 Nach der Konzeption des GastG ist die Erlaubnis auch zu versagen, wenn ein gesetzliches Verbot für die beabsichtigte Tätigkeit besteht. Solche Verbote sind in **§ 20 GastG** enthalten. Dabei handelt es sich um **absolute Verbotsvorschriften**, die stets zu einer Versagung der Gaststättenerlaubnis führen müssen (BT-Ds V/205, S. 14).

Versagungsgründe § 4

d) Zwingende Versagung, Rücknahme

Die beantragte Erlaubnis **muss versagt werden**, wenn einer der Versagungsgründe des **Abs. 1** vorliegt. Der Erlaubnisbehörde kommt bei der Prüfung der Versagungsgründe (zu deren Rechtsnatur vgl. nachfolgend Rn. 12) **kein Ermessen** zu. 9

Tipp: Wegen des fehlenden Ermessensspielraums der Erlaubnisbehörde ist bei der Prüfung der tatbestandlichen Voraussetzungen des § 4 Abs. 1 GastG besondere Sorgfalt geboten. Liegen die Versagungsgründe nicht vor, löst eine dennoch erfolgende Versagung der Erlaubnis **Amtshaftungsansprüche** gegen die Erlaubnisbehörde aus (vgl. dazu § 2 Rn. 98).

Erlaubnisse, die trotz Versagungsgrund erteilt wurden, müssen unter den Voraussetzungen des § 15 Abs. 1 GastG **zurückgenommen** werden, bei Nichtanwendbarkeit dieser Vorschrift kann eine Rücknahme nach allgemeinem Verwaltungsrecht in Betracht kommen (vgl. § 15 Rn. 7). 10

e) Personaler Anwendungsbereich

Ob Versagungsgründe vorliegen, ist auch bei denjenigen Antragstellern voll zu prüfen, die in eine **bereits bestehende Gesellschaft ohne eigene Rechtspersönlichkeit** (vgl. hierzu § 2 Rn. 9–12) eintreten wollen. Selbst wenn die Gaststätte aufgrund einer den bisherigen Gesellschaftern früher erteilten Erlaubnis weiterbetrieben wird, kann dem in die Gesellschaft neu eintretenden Gesellschafter die Gaststättenerlaubnis auch unter Berufung auf sachbezogene Ablehnungsgründe etwa nach § 4 Abs. 1 S. 1 Nr. 3 GastG versagt werden (*VG Augsburg* 21. 3. 1975, GewArch 1975, 339). Antragsteller, deren Vorgängern die Gaststättenerlaubnis zu Unrecht erteilt wurde, können sich **nicht** auf **Vertrauens- oder Besitzstandsschutz** berufen (*VGH BW* 21. 3. 1973, GewArch 1974, 236). 11

f) Rechtsnatur der Versagungsgründe

Bei den in § 4 Abs. 1 GastG normierten Versagungsgründen handelt es sich um **unbestimmte Rechtsbegriffe**. Es ist Aufgabe der Erlaubnisbehörde, diese Begriffe, vor allem zunächst durch Ausle- 12

§ 4 Versagungsgründe

gung und darüber hinaus durch Hinzuziehung weiterer Erkenntnisse (vgl. dazu *Bull* Rn. 373 f.), auszufüllen und der richtigen Anwendung im konkreten Einzelfall zuzuführen. Das praktische Problem liegt zumeist darin, dass es auf den Bereich der Erkenntnis ankommt (*Maurer* § 7 Rn. 29). Der Erlaubnisbehörde kommt bei der Anwendung der in § 4 Abs. 1 GG verwendeten unbestimmten Rechtsbegriffe indes **kein eigener Beurteilungsspielraum** zu (*Tettinger* DVBl. 1982, 421, 426). Im Gegensatz zum Ermessen unterliegt die Anwendung dieser unbestimmten Rechtsbegriffe durch die Erlaubnisbehörde daher der **vollen verwaltungsgerichtlichen Überprüfung** (vgl. statt vieler *BVerfG* 17. 4. 1991, BVerfGE 84, 34, 50; *BVerwG* 21. 5. 1974, BVerwGE 45, 162, 164 ff.; 9. 6. 1978, BVerwGE 56, 71, 75 f.; 15. 12. 1983, BVerwGE 68, 267, 271 f.; 6. 10. 1998, BVerwGE 107, 245, 254; *Bull* Rn. 381 m. w. N.).

Beispiele für unbestimmte Rechtsbegriffe in § 4 Abs. 1 GastG: Zuverlässigkeit (vgl. dazu *Bull* Rn. 273; *Maurer* § 7 Rn. 28, 29); Unsittlichkeit; Sittlichkeit; öffentliche Sicherheit oder Ordnung; öffentliches Interesse; Nachteile, Gefahren oder Belästigungen; Allgemeinheit; notwendige lebensmittelrechtliche Kenntnisse.

g) Grundsatz der Verhältnismäßigkeit

13 Der aus dem Rechtsstaatsprinzip folgende **Grundsatz der Verhältnismäßigkeit** ist auch bei der Anwendung der Versagungsgründe des § 4 Abs. 1 GastG zu beachten (vgl. *Heß* in: *Friauf* § 35 Rn. 40–47; *Marcks* in: *Landmann/Rohmer* GewO, § 35 Rn. 18, 78). Er verlangt, dass die von der Behörde getroffene Verwaltungsentscheidung **geeignet** (die Entscheidung kann den erstrebten Erfolg erreichen), **erforderlich** (es ist keine weniger belastende [mildere] Entscheidung möglich) und **verhältnismäßig im engeren Sinn** (die Entscheidung steht nicht außer Verhältnis zum angestrebten Erfolg) ist (vgl. auch *Bull* Rn. 238).

14 Der Gesichtspunkt der **Erforderlichkeit** kann es gebieten, dass die Erlaubnis nur **teilweise versagt** (etwa Beschränkung der Betriebsräume, Betriebszeiten oder Getränke) **oder die Versagung** etwa durch aufschiebende Bedingungen (§ 3 Rn. 59), Auflagen (§ 5)

oder Anordnungen nach § 18 oder § 21 Abs. 1 GastG **vermieden wird** (vgl. dazu *BVerwG* 4. 10. 1988, BVerwGE 80, 259, 264; *BayVGH* 14. 2. 1990, GewArch 1990, 218, 219; 20. 4. 1995, GewArch 1995, 253, 256; 7. 5. 1996, GewArch 1996, 425; *OVG Hamburg* 18. 3. 1996, GewArch 1996, 425f.; *Aßfalg* in: *Aßfalg/Lehle/Rapp/Schwab* § 4 GastG Rn. 1; *Marcks* in: *Landmann/Rohmer* GewO, § 35 Rn. 78).

Die mit der Versagung der Gaststättenerlaubnis nach § 4 Abs. 1 **15** GastG üblicherweise einhergehenden Belastungen für den Betroffenen – vor allem die **wirtschaftlichen Folgen bis hin zur Sozialhilfebedürftigkeit** – führen grundsätzlich nicht zu einem Verstoß gegen den Grundsatz der Verhältnismäßigkeit (*BVerwG* 25. 3. 1991, NVwZ-RR 1991, 408f. = BayVBl. 1991, 729, GewArch 1991, 226; 7. 5. 1996, GewArch 1996, 425). Diese Folgen des mit § 4 Abs. 1 GastG verbundenen Eingriffs in die Gewerbefreiheit wurden vom Gesetzgeber billigend in Kauf genommen (*Metzner* § 4 Rn. 5). Eine Ausnahme kann allenfalls gelten, wenn zwischen der Rechtsfolge des § 4 Abs. 1 GastG und den wirtschaftlichen Folgen ein krasses Missverhältnis entsteht (*BVerwG* 16. 3. 1982, GewArch 1982, 303, 304; NVwZ-RR 1991, 408f.), das in dieser Form vom Gesetzgeber offensichtlich nicht beabsichtigt war.

3. Unzuverlässigkeit (Abs. 1 S. 1 Nr. 1)

a) Allgemeines

Dem Begriff der **Zuverlässigkeit** kommt im Bereich des GastR **16** eine **zentrale Bedeutung** zu (*Laubinger/Repkewitz* VerwArch 1998, 145, 148: „Schlüsselbegriff des Gewerberechts"). Er stellt ein Korrektiv gegenüber dem Grundsatz der Gewerbefreiheit (§ 1 Abs. 1 GewO) und der gaststättenrechtlichen Erlaubnispflicht (§ 2 Abs. 1 GastG) dar. Die Voraussetzung der Zuverlässigkeit des Gaststättenbetreibers ist Ausfluss des das GastR prägenden Gedankens, die Allgemeinheit aus **gewerbe- und gesundheitspolizeilichen Gründen** vor den mit dem Gaststättenbetrieb verbundenen Gefahren zu schützen (vgl. BT-Ds V/205, S. 12 sowie § 2 Rn. 2). Nur dem zuverlässigen Gaststättenbetreiber wird zugetraut, den

§ 4 Versagungsgründe

Gaststättenbetrieb in einer Weise zu führen, dass den Interessen der Gäste, Beschäftigten, Nachbarn und Allgemeinheit genügt wird. Insofern stellt die Zuverlässigkeit eine **Vermutung der Geeignetheit** zur Führung eines Gaststättenbetriebs auf.

17 Der **Begriff der Unzuverlässigkeit** ist **weder im GastG noch in der GewO gesetzlich definiert** (*Tettinger* in: *Tettinger/Wank* § 35 Rn. 26). Lediglich in § 3 Abs. 2 Nr. 1 des **Güterkraftverkehrsgesetzes** vom 22. 6. 1998 (BGBl. I S. 1485) findet sich eine Legaldefinition der Zuverlässigkeit, wonach die Zuverlässigkeit gegeben ist, wenn der Unternehmer die Gewähr dafür bietet, dass das Unternehmen den gesetzlichen Bestimmungen entsprechend geführt wird und die Allgemeinheit bei dem Betrieb des Unternehmens vor Schäden oder Gefahren bewahrt bleibt. Der Gesetzgeber hat den Begriff im GastR bewusst **unbestimmt** gelassen, um es der Verwaltung zu ermöglichen, den sich wandelnden ethischen Wertvorstellungen und auch den Besonderheiten des jeweiligen Einzelfalls angemessen Rechnung zu tragen. Darüber hinaus fand der Gesetzgeber einen in der Rspr und Literatur einheitlich fest umrissenen Begriff vor, so dass er keine Notwendigkeit einer Legaldefinition sah.

18 Bei der gewerbe- und gaststättenrechtlichen Zuverlässigkeit handelt es sich um einen der schillerndsten und bekanntesten **unbestimmten Rechtsbegriffe** des öffentlichen Rechts. Der Erlaubnisbehörde kommt bei der Anwendung des Begriffs **kein eigener Beurteilungsspielraum** zu (*Tettinger* DVBl. 1982, 421, 426). Seine Anwendung durch die Erlaubnisbehörde unterliegt der vollen gerichtlichen Nachprüfung (vgl. *Marcks* in: *Laubinger/Rohmer* GewO, § 35 Rn. 29; *Laubinger/Repkewitz* VerwArch 1998, 145, 150 sowie oben Rn. 12).

19 Als unbestimmter Rechtsbegriff (vgl. *BVerwG* 4. 11. 1965 BVerwGE 22, 286, 295 ff. = GewArch 1966, 24, nur Ls., sowie oben Rn. 12) wird der **Umfang der Zuverlässigkeit** in erheblichem Umfang **von der Rspr bestimmt**. Es ist der Rspr vorbehalten, die Anwendung und Auslegung des Begriffs Zuverlässigkeit

Versagungsgründe § 4

durch die Erlaubnisbehörde zu überprüfen. Die Rspr ist von dem – restriktiven und in gewissem Umfang auch konservativen – Gedanken geprägt, dass der Begriff der Zuverlässigkeit im GastR ein **Instrument der sicherheits- und ordnungsrechtlichen Gefahrenabwehr** ist (vgl. *BVerwG* 2. 2. 1982, BVerwGE 65, 1, 4 f. = GewArch 1982, 294; *Metzner* § 4 Rn. 9). Entsprechend haben sich im Verlauf der Jahre zahlreiche Restriktionen gegenüber den Gaststättenbetreibern herausgebildet (vgl. dazu im Einzelnen nachfolgend Rn. 41 ff.), deren Berechtigung zum Teil durchaus hinterfragt werden kann. Gemessen an den Anforderungen in anderen Teilen Europas oder der Welt erscheinen manche Restriktionen im deutschen GastR nicht mehr zeitgemäß (vgl. zur Prostitution nachfolgend Rn. 51 ff.). Vom **Gaststättenbetrieb als abstrakt gefährlicher Gefahrenquelle** zu sprechen (so etwa *Metzner* § 4 Rn. 8), erscheint etwas zu hoch gegriffen.

Die Anwendung und Auslegung des unbestimmten Rechtsbegriffs 20 „Zuverlässigkeit" erfordert eine Wertung der Erlaubnisbehörde. Der **Wandel gesellschaftlicher Anschauungen** ist dabei zu berücksichtigen (vgl. *BVerwG* 7. 5. 1996, NVwZ-RR 1997, 222), weil inhaltlicher Maßstab die anerkannten sozialethischen Wertvorstellungen sind (in diesem Sinn *BVerwG* 10. 1. 1996, NVwZ-RR 1996, 650).

Tipp: Orientierung der Erlaubnisbehörde bei der Anwendung des Begriffs der Zuverlässigkeit sind die von der Rspr aufgestellten Grundsätze zur Ausfüllung dieses unbestimmten Rechtsbegriffs. Trotzdem sollte die Gaststättenbehörde in jedem Einzelfall kritisch hinterfragen, ob das in der Rspr vorherrschende Verständnis der Zuverlässigkeit sachgerecht ist, insbesondere noch einer zeitgemäßen Beurteilung entspricht. Das GastR ist diesbezüglich einem Wandel nicht verschlossen. Was gestern noch ordnungswidrig war, muss dies keineswegs mehr sein. Daher sollte sich die Gaststättenbehörde auch nicht scheuen, in Abweichung von der Rspr von einer Versagung der Erlaubnis abzusehen, wenn nach ihrem eigenen Verständnis eine Gefährdung nicht gegeben ist.

§ 4 Versagungsgründe

b) Berechtigung der Zuverlässigkeit

21 Auch wenn die Anwendung des Begriffs der Zuverlässigkeit teilweise nicht mehr zeitgemäß erscheinen mag, kommt der Zuverlässigkeit nach wie vor zu Recht eine **rechtspolitische Bedeutung** zu. Der Staat kann sich bei einem der Allgemeinheit zugänglichen Betrieb nicht gänzlich aus der Verantwortung stehlen. Er muss im Interesse der Allgemeinheit darauf achten, dass die mit einem Gaststättenbetrieb teilweise einhergehenden Gefahren erkannt und so weit erforderlich gebannt werden. Es wird aber Aufgabe des Gesetzgebers, der Rspr und auch der Verwaltung sein, zu hinterfragen, inwieweit die bisherigen Restriktionen sachgerecht sind und es möglicherweise vertretbar erscheint, teilweise die Eigenverantwortlichkeit der Betroffenen einzufordern. Der Staat kann – gerade in Zeiten angespannter öffentlicher Haushalte – unmöglich sämtliche Bereich des Lebens kontrollieren.

Beispiel:

Wenn der Wirt wie nachfolgend in Rn. 73h geschildert beharrlich schlecht einschenkt, mag dies die Annahme der Unzuverlässigkeit rechtfertigen. Der mündige Gast ist aber durchaus in der Lage, dieses Verhalten zu sanktionieren. Spätestens wenn der Gast der Gaststätte aus diesem Grund fern bleibt, wird der Gaststättenbetreiber sein Verhalten überdenken. Ob der Staat sich solcher Sachverhalte nach wie vor annehmen sollte, erscheint fraglich.

c) Verfassungsrecht

22 Der Begriff der Zuverlässigkeit ist stets im Lichte des in **Art. 12 Abs. 1 GG** verankerten Grundsatzes der Berufsfreiheit zu sehen. Die Zuverlässigkeit ist **subjektive Zulassungsvoraussetzung** i. S. d. Art. 12 Abs. 1 GG (*Heß* in: *Friauf* § 35 Rn. 48). Zum Schutz der öffentlichen Sicherheit und Ordnung ist eine Einschränkung der Berufsfreiheit als gerechtfertigt und verfassungsgemäß anzusehen (ebenso *Metzner* § 4 Rn. 8; *Michel/Kienzle* § 4 Rn. 35). Der mit § 4 Abs. 1 S. 1 Nr. 1 GastG verbundene Zwang zur Versagung der Gaststättenerlaubnis bei Vorliegen der tatbestandlichen Voraussetzungen dieser Vorschrift stellt keinen Verstoß gegen Art. 12 GG

dar (*BVerwG* 4. 7. 1989, BVerwGE 82, 189, 193 = GewArch 1989, 342; 7. 5. 1996, NVwZ-RR 1997, 222).

Ausfluss des Art. 12 Abs. 1 GG ist, dass zwar die Gründe für die Annahme der Unzuverlässigkeit nicht unbedingt im Rahmen der beruflichen oder gewerblichen Betätigung selbst gegeben sein müssen, dass aber die Gründe **gewerbebezogen** sind, also die **Zuverlässigkeit** des Gewerbetreibenden gerade **im Hinblick auf sein konkretes Gewerbe** in Frage steht (*Scholz* in: *Maunz/Dürig* Rn. 347 zu Art. 12 GG; *Michel/Kienzle* § 4 Rn. 3, 9; *Aßfalg* in: *Aßfalg/Lehle/Rapp/Schwab* § 4 GastG Rn. 3; vgl. auch nachfolgend Rn. 27). 23

Das *BVerwG* hat in seinem Apothekenurteil und ihm folgend in späteren Entscheidungen deutlich gemacht, dass bei Regelungen der Berufsausübung und -wahl der **Grundsatz der Verhältnismäßigkeit** von elementarer Bedeutung ist (vgl. *BVerfG* 11. 6. 1958, BVerfGE 7, 377, 408; 17. 7. 1961, BVerfGE 13, 97, 104). Eingriffe in die Berufsfreiheit sind stets nur auf der „Stufe" gerechtfertigt, welche die **geringste Einschränkung der Berufsfreiheit** mit sich bringt (BVerfGE 13, 97, 105). Im GastR ist daher immer zu prüfen, ob die Unzuverlässigkeit im Einzelfall eine Versagung der Gaststättenerlaubnis nach den Grundsätzen der Erforderlichkeit und der Verhältnismäßigkeit rechtfertigt (vgl. *Heß* in: *Friauf* § 35 Rn. 40). Die Versagung der Gaststättenerlaubnis auf der Grundlage des § 4 Abs. 1 S. 1 Nr. 1 GastG kommt daher etwa nicht in Betracht, wenn die Erlaubnisbehörde der von ihr besorgten Gefahr durch eine Auflage nach § 5 GastG begegnen kann (*BVerwG* 7. 5. 1996, NVwZ-RR 1997, 222). 24

d) Versagungsmaßstab

Bei der Zuverlässigkeitsprüfung ist das **Gesamtbild der Persönlichkeit** des zu Beurteilenden zu berücksichtigen unter Würdigung der Weseneigenschaften und Fähigkeiten, die für die ordnungsmäßige Ausübung des beabsichtigten Gewerbes erforderlich sind (vgl. auch *Michel/Kienzle* § 4 Rn. 7). Unzuverlässigkeit kann nur angenommen werden, wenn **Tatsachen** vorliegen, die darauf schließen lassen, dass der Betreffende sein Gewerbe nicht ordnungsgemäß 25

§ 4 Versagungsgründe

ausüben wird. **Bloße Vermutungen** ohne ausreichende Tatsachengrundlage **genügen nicht** (*Stollenwerk* Rn. 346; *v. Ebner* GewArch 1988, 313, 315). Entscheidend ist, ob der Gewerbetreibende nach den gesamten Umständen – auch unter Berücksichtigung seines früheren Verhaltens – wahrscheinlich nicht Willens ist, **in Zukunft** seine Pflichten zu erfüllen und sein Gewerbe ordnungsgemäß zu betreiben (*BVerwG* 30. 9. 1976, GewArch 1977, 22, 23). Insofern muss die Erlaubnisbehörde eine **Prognose** anstellen (*VGH BW* 20. 7. 1989, GewArch 1990, 253, 254).

26 Zur Versagung der gaststättenrechtlichen Erlaubnis wegen Unzuverlässigkeit soll es nach der **Rspr des** *BVerwG* ausreichen, dass bei verständiger Würdigung aller Umstände eine **gewisse Wahrscheinlichkeit** dafür besteht, dass der Gaststättenbetrieb künftig nicht ordnungsgemäß geführt wird (*BVerwG* 10. 1. 1996, NVwZ-RR 1996, 650; 16. 9. 1975, BVerwGE 49, 154, 156 = GewArch 1975, 388). Im Hinblick auf die durch Art. 12 Abs. 1 GG und § 1 Abs. 1 GewO garantierte Freiheit bei der Ausübung eines Gewerbes erscheint dieser Maßstab zumindest **zweifelhaft**, weil er die Gewerbefreiheit sehr weit einschränkt, indem er die Anforderungen an die Überzeugung der Erlaubnisbehörde von den für die Unzuverlässigkeit sprechenden Tatsachen sehr gering hält (i. E. ebenso *Laubinger/Repkewitz* GewArch 1998, 145, 150). Richtiger wäre es, für die Annahme der Unzuverlässigkeit die **überwiegende Wahrscheinlichkeit** eines nicht ordnungsgemäßen Verhaltens zu verlangen und auf diese Weise die Prognose an eine höhere Überzeugungsebene zu knüpfen (**aA** auch *VGH BW* 27. 3. 1990, GewArch 1990, 253, 254).

Tipp: Auch wenn das *BVerwG* die gewisse Wahrscheinlichkeit eines nicht ordnungsgemäßen Betriebs ausreichen lässt, sollte es sich die Gaststättenbehörde bei der Ermittlung der für die Unzuverlässigkeit sprechenden Tatsachen und ihrer Überzeugungsbildung nicht allzu leicht machen. Immerhin kann die Versagung der Erlaubnis für den Betroffenen eine Existenzfrage sein. Es sollten daher alle **Für und Wider des Einzelfalls** berücksichtigt und stets geprüft werden, ob eine mildere Maßnahme – etwa Auflagen nach § 5 GastG – in Betracht kommt.

Versagungsgründe § 4

Die Zuverlässigkeit kann im GastR **nicht nach einheitlichen** 27
Maßstäben beurteilt werden. Je nach Betrieb können **unterschiedliche Anforderungen** bestehen. Der Begriff der Unzuverlässigkeit ist auf das betreffende Gewerbe ausgerichtet (*BVerwG* 4. 11. 1965, BVerwGE 22, 286, 296 = GewArch 1966, 77; *Marcks* in: *Landmann/Rohmer* GewO, § 35 Rn. 34; *Frotscher* JuS 1983, 114, 115). Die einzelnen Gewerbearten stellen verschieden hohe und verschiedenartige Anforderungen an die Zuverlässigkeit des Gewerbetreibenden (*BVerwGE* 22, 286; 24. 10. 1969, GewArch 1970, 10; 6. 6. 1973, GewArch 1973, 243; *Michel/Kienzle* § 4 Rn. 3). Bei der Beurteilung der für den Betrieb des Gaststättengewerbes erforderlichen Zuverlässigkeit ist auf die Betriebsart sowie etwaige **besondere Umstände** abzustellen, welche im einzelnen Fall die ordnungsgemäße Führung des beabsichtigten Betriebs erschweren können (*BVerwG* 16. 9. 1975, BVerwGE 49, 155 f. = GewArch 1975, 388; *Heß* in: *Friauf* § 35 Rn. 49). So soll der Betrieb eines Gaststättengewerbes in einem Hause mit einer **Prostituiertenunterkunft** höhere Anforderungen an die erforderlichen persönlichen Eigenschaften des Gewerbetreibenden als ein Gaststättenbetrieb in einer für die ordnungsgemäße Ausübung dieses Gewerbes günstigen Lage stellen (*BVerwG* aaO; angesichts des ProstG [vgl. nachfolgend Rn. 61 ff.] nunmehr nicht mehr haltbar).

e) Verschulden

Die Unzuverlässigkeit ist **zweckorientiert** (*Geiger* JuS 1999, 285, 28
286). Sie braucht daher **weder** auf **charakterlichen Mängeln** zu beruhen, **noch** ist ein **Verschulden** erforderlich (vgl. *BVerwG* 2. 2. 1982, BVerwGE 65, 1, 4 = GewArch 1982, 294; 30. 10. 1969, GewArch 1970, 131, 132; *Marcks* in: *Landmann/Rohmer* GewO, § 35 Rn. 30; *Heß* in: *Friauf* § 35 Rn. 49; *Tettinger* in: *Tettinger/Wank* § 35 Rn. 33; *Eckert* JuS 1984, 960, 965). Ausschlaggebend ist die (gewerbe-)**polizeiliche Verantwortlichkeit** (*Frotscher* JuS 1983, 114, 116). So kann sich Unzuverlässigkeit aus **Krankheit** oder körperlichen Mängeln ergeben, wenn der Gewerbetreibende selbst tätig wird, anstatt die Tätigkeiten, die er in eigener Person nicht ordnungsmäßig ausüben kann, geeigneten Hilfskräften zu überlassen.

§ 4   Versagungsgründe

Je nach Lage des Falls können andererseits körperliche Mängel, die normalerweise zu Bedenken hinsichtlich der Zuverlässigkeit Anlass geben, wegen ganz besonderer charakterlicher Zuverlässigkeit als unerheblich angesehen werden (*BVerwG* 2. 12. 1960, GewArch 1962, 13; vgl. auch *OVG NRW* 22. 10. 1958, GewArch 1959, 15). Unzuverlässig ist ein Gastwirt auch ohne tatsächliche Kenntnisse von den in seinem Lokal herrschenden Missständen, wenn er sich trotz Warnungen nicht darum kümmert (*BVerwG* 19. 4. 1966, GewArch 1966, 210).

f) Verantwortliche Person

29   Antragsteller i. S. d. § 4 Abs. 1 S. 1 Nr. 1 GastG ist derjenige, der als Gewerbetreibender für den von ihm beabsichtigten Gaststättenbetrieb die Gaststättenerlaubnis benötigt. Grundsätzlich muss seine Zuverlässigkeit beurteilt werden (*Marcks* in: *Landmann/Rohmer* GewO, § 35 Rn. 63; *Heß* in: *Friauf* § 35 Rn. 28).

30   Allerdings kann in bestimmten Einzelfällen dem Antragsteller die **Unzuverlässigkeit anderer Personen** angerechnet werden. Dies ist der Fall, wenn der Antragsteller und zukünftige Gaststättenbetreiber Dritten, welche die für den Gaststättenbetrieb erforderliche Zuverlässigkeit nicht besitzen, einen maßgeblichen Einfluss auf die Führung des Gaststättenbetriebs einräumt oder auch nur nicht Willens oder nicht in der Lage ist, einen solchen Einfluss auszuschalten (*BVerwG* 10. 1. 1996, NVwZ-RR 1996, 650; 16. 10. 1959, BVerwGE 9, 222 f.; 29. 5. 1964, GewArch 1964, 206, 207; *VGH BW* 11. 5. 1984, GewArch 1985, 167; *Michel/Kienzle* § 4 Rn. 25; *Aßfalg* in: *Aßfalg/Lehle/Rapp/Schwab* § 4 GastG Rn. 9; *Marcks* in *Laubinger/Rohmer* GewO, § 35 Rn. 69 m. w. N.; *Heß* in: *Friauf* § 35 Rn. 32; *Laubinger/Repkewitz* VerwArch 1998, 145, 157 f.; *Gaisbauer* GewArch 1974, 48 f.). Im **bloßen Aufenthalt in den Betriebsräumen** liegt noch keine Ausübung eines maßgeblichen Einflusses (vgl. *BayVGH* 4. 6. 1975, GewArch 1976, 304, 305; *Seitter* S. 8). Etwas anderes gilt, wenn der unzuverlässige Ehemann arbeitslos ist und mit der Bewerberin der Erlaubnis in einer Wohnung lebt, die räumlich mit der Gaststätte zusammenhängt (*VG*

München 26. 4. 1978, GewArch 1978, 299 f.). Zur Bejahung der Unzuverlässigkeit des Gewerbetreibenden muss auch festgestellt werden, dass er die **Tatsachen**, welche die Unzuverlässigkeit des Dritten ergeben, **gekannt** und trotzdem ihm weiterhin maßgeblichen Einfluss auf den Geschäftsbetrieb eingeräumt hat (*VGH BW* GewArch 1985, 167; *BVerwG* 16. 6. 1970, JR 1971, 83 f.; *Michel/ Kienzle* § 4 Rn. 25). Es ist stets **im Einzelfall sorgfältig zu prüfen**, ob sich die Unzuverlässigkeit des Dritten auf die Gewerbeausübung auswirkt (*Heß* in: *Friauf* § 35 Rn. 32).

Allein die Tatsache, dass der **Ehegatte eines Gaststättenbetriebers** nicht die erforderliche Zuverlässigkeit besitzt, reicht nicht für die Versagung der Erlaubnis; vielmehr müssen Tatsachen vorliegen, welche den Schluss zulassen, dass der unzuverlässige Ehegatte auf die Führung des Betriebs Einfluss nimmt (*BVerwG* 10. 1. 1996, NVwZ-RR 1996, 650, 651 = GewArch 1996, 250 f.; 16. 10. 1959, BVerwGE 9, 222 f.; *Seitter* S. 8). Eine **Scheidung der Ehe** unterbricht die Verantwortung nicht, wenn eine Einflussnahme des ehemaligen Ehegattens nach wie vor anzunehmen ist (*HessVGH* 17. 2. 1997, GewArch 1997, 493, 495). Gleiches wie für die Ehe gilt für eine **nichteheliche Lebensgemeinschaft** (*BVerwG* NVwZ-RR 1996, 650, 651) und nach In-Kraft-Treten des Lebenspartnerschaftsgesetzes vom 16. 2. 2001 (BGBl. I S. 266) und der Ergänzung des § 10 GastG durch Art. 2 des Dritten Gesetzes zur Änderung der Gewerbeordnung und sonstiger gewerberechtlicher Vorschriften vom 24. 8. 2002 (BGBl. I S. 3412, 3420) auch für die **gleichgeschlechtliche Lebenspartnerschaft** (vgl. dazu § 10 Rn. 7). 31

Juristische Personen und nichtrechtsfähige Vereine sind unzuverlässig, wenn eine zu ihrer Vertretung nach Gesetz, Satzung oder Gesellschaftsvertrag berufene Person (etwa ein Vorstandsmitglied) unzuverlässig ist (vgl. *Heß* in: *Friauf* § 35 Rn. 30; *Michel/ Kienzle* § 4 Rn. 34 sowie § 4 Abs. 2 GastG und hierzu nachfolgend Rn. 195 ff.). Sie können aber auch als solche unzuverlässig sein (etwa wegen Organisationsmangels), ohne dass die persönliche Un- 32

§ 4 Versagungsgründe

zuverlässigkeit eines Organs gegeben ist. Eine **GmbH** ist unzuverlässig, wenn deren Geschäftsführer einer bekanntermaßen unzuverlässigen Person eine Handlungsvollmacht für die GmbH ausstellt, die einer Generalvollmacht nahe kommt (*VG Gießen* 17. 10. 2002, GewArch 2003, 35 f.).

33 Dem **Geschäftsführer einer GmbH** fehlt es an der notwendigen Zuverlässigkeit, wenn er infolge der Einflussnahme des Alleingesellschafters nicht über die Unabhängigkeit und Selbstständigkeit verfügt, die zur jederzeitigen Durchsetzung von Anordnungen im Interesse einer ordnungsgemäßen Betriebsführung erforderlich ist (*OVG Hamburg* 19. 8. 1982, GewArch 1983, 96).

34 Bei **Strohmännern** (vgl. auch Rn. 73s) ist der dahinter stehende Dritte der eigentlich gaststättenrechtlich Verantwortliche (*Marcks* in: *Landmann/Rohmer* GewO, § 35 Rn. 72; *Heß* in: *Friauf* § 35 Rn. 34). Ihm fehlt bei Einschaltung eines Strohmanns in aller Regel die erforderliche Zuverlässigkeit (vgl. dazu Rn. 73s).

g) Unterlassen

35 Nicht nur ein positives Tun des Gaststättenbetreibers, sondern auch ein **pflichtwidriges Unterlassen** ist geeignet, die Unzuverlässigkeit i. S. d. § 4 Abs. 1 S. 1 Nr. 1 GastG zu belegen (*BVerwG* 16. 10. 1968, GewArch 1969, 59, 60; *Stollenwerk* Rn. 346). Dies ist im GastR insbesondere der Fall, wenn der Gaststättenbetreiber seiner **Aufsichtspflicht** nicht in ausreichendem Umfang nachkommt, etwa weil er in seinem Gaststättenbetrieb den Handel mit und den Konsum von Drogen zulässt (*Aßfalg* in: *Aßfalg/Lehle/Rapp/ Schwab* § 4 GastG Rn. 10; vgl. dazu auch nachfolgend Rn. 73 f).

h) Begriff der Zuverlässigkeit

36 Die Vorschrift stellt auf den Begriff der gewerberechtlichen **Unzuverlässigkeit** ab, der als unbestimmter Rechtsbegriff (vgl. dazu oben Rn. 12, 17) volle verwaltungsgerichtliche Überprüfung zulässt (*Heß* in: *Friauf* § 35 Rn. 49; *Marcks* in: *Landmann/Rohmer* GewO, § 35 Rn. 29). Der Begriff der Unzuverlässigkeit i. S. d. GastR stimmt mit dem des **§ 35 Abs. 1 GewO** überein (*BVerwG*

10. 1. 1996, NVwZ-RR 1996, 650; 23. 9. 1991, NVwZ-RR 1992, 414 = GewArch 1992, 22; *Laubinger/Repkewitz* VerwArch 1998, 145, 147), so dass auch die zum Gewerberecht ergangene Rspr zu beachten ist.

Nach der **Rspr des** *BVerwG* ist ein Gaststättenbetreiber unzuverlässig, der nach dem Gesamtbild seines Verhaltens **nicht die Gewähr dafür bietet**, dass sein **Gewerbe ordnungsgemäß betrieben** wird (vgl. u. a. *BVerwG* 10. 1. 1996, NVwZ-RR 1996, 650; 23. 9. 1991, NVwZ-RR 1992, 414 = GewArch 1992, 22; 2. 2. 1982, BVerwGE 65, 1 f.; 2. 12. 1959, GewArch 1961, 85, 86; *Ehlers* in: *Achterberg u. a.* § 2 Rn. 216; *Marcks* in: *Laubinger/Rohmer* GewO, § 35 Rn. 29; *Tettinger* in: *Tettinger/Wank* § 35 Rn. 26; *Stollenwerk* Rn. 344; *Laubinger/Repkewitz* VerwArch 1998, 145, 148; *Frotscher* JuS 1983, 114, 116; *Hösch* JA 1995, 148, 150 f.). Demgegenüber kann die Behörde beim zuverlässigen Gewerbetreibenden davon ausgehen, dass er fähig und willens ist, die im öffentlichen Interesse zu fordernde einwandfreie Führung seines Gewerbebetriebs zu gewährleisten. 37

Sein Gewerbe betreibt **ordnungsgemäß**, wer bei der Ausübung seines Gewerbes **nicht gegen geltendes Recht verstößt** (*BVerwG* 22. 4. 1964, BVerwGE 18, 305, 306 = GewArch 1964, 173). Zum geltenden Recht zählen sämtliche **Vorschriften des öffentlichen Rechts** und auch **des Strafrechts** (*Michel/Kienzle* § 4 Rn. 2). Zum Verstoß gegen zivilrechtliche Pflichten vgl. nachfolgend Rn. 73v. Dabei ist es ohne Bedeutung, welche Art von Vorschrift zu beachten ist. Zu den beachtlichen Gesetzen gehören sämtliche Gesetze im formellen (Bundes- und Landesgesetze) und im materiellen (Rechtsverordnungen und Satzungen) Sinn. Auch durch VA konkretisierte gesetzliche Vorgaben sind einzuhalten und damit geltendes Recht (vgl. *VGH BW* 11. 2. 1965, DVBl. 1965, 776 = BaWüVBl. 1965, 91; *BayObLG* 27. 11. 1984, GewArch 1985, 142, 143 zum LadschlG). 38

Als Ausprägung des Grundsatzes der Verhältnismäßigkeit (vgl. oben Rn. 13–15) ist zu beachten, dass für die Annahme der Unzu- 39

§ 4 Versagungsgründe

verlässigkeit **nur erhebliche Verstöße** in Betracht kommen (BT-Ds V/205, S. 14; vgl. auch *Metzner* § 4 Rn. 25; *Michel/Kienzle* § 4 Rn. 2). Ein **vereinzelter geringer Verstoß** gegen geltendes Recht reicht grundsätzlich nicht aus. Etwas anderes gilt allerdings, wenn sich der Antragsteller oder Gaststättenbetreiber eine Vielzahl geringerer Verstöße hat zuschulden kommen lassen und aus diesem Verhalten deutlich wird, dass ein **Hang zur Nichtbeachtung von Vorschriften** besteht (*BVerwG* 31. 1. 1964, GewArch 1965, 36, 37; *Aßfalg* in: *Aßfalg/Lehle/Rapp/Schwab* § 4 GastG Rn. 3; *Stollenwerk* Rn. 345), oder wenn aus der Anzahl der Verstöße eine **erhebliche Ordnungsstörung** zu folgern ist (*VGH BW* 25. 5. 1984, GewArch 1985, 200; 20. 7. 1989, NVwZ-RR 1990, 186 = GewArch 1990, 253, 254).

40 Inwieweit es noch zutrifft, dass erhebliche Verstöße gegen die „**öffentliche** Sicherheit und **Ordnung**" (so *Metzner* § 4 Rn. 18; vgl. auch *BVerwG* 30. 9. 1976, GewArch 1977, 22, 23) die Unzuverlässigkeit begründen können, ist **fraglich**. Unter öffentlicher Sicherheit wird im Allgemeinen die Summe der Normen verstanden, die dem Schutz von Leben, Gesundheit, Ehre, Freiheit und Vermögen der Bürger, dem Schutz des Staates, seiner Einrichtungen und Veranstaltungen und dem Schutz der objektiven Rechtsordnung dienen. Dass ein Verstoß gegen die öffentliche Sicherheit die Unzuverlässigkeit begründen kann, steht außer Frage. Ob allerdings dem Begriff der öffentlichen Ordnung im GastR ebenso wie im Polizeirecht noch eine eigenständige Bedeutung zukommen kann, muss zumindest bezweifelt werden (wie hier etwa *Gusy* Rn. 102; **aA** *Metzner* § 4 Rn. 19; wohl auch *Michel/Kienzle* § 4 Rn. 2). Der Begriff der öffentlichen Ordnung umfasst nur **ungeschriebene Verhaltensregeln**. Öffentliche Ordnung ist die Gesamtheit der ungeschriebenen sozialen Normen über das Verhalten des Einzelnen in der Öffentlichkeit, deren Beachtung nach mehrheitlicher Anschauung unerlässliche Voraussetzung eines geordneten staatsbürgerlichen und menschlichen Zusammenlebens ist (so etwa *VGH BW* 29. 4. 1983, VBlBW 1983, 303, 304; *Hebeler* JA 2002, 521, 522). Die eigenständige Bedeutung der öffentlichen Ordnung neben der öffentlichen Sicherheit wird zunehmend bestritten, weil aufgrund der Regelung beinahe sämtlicher Lebenssachverhalte in Gesetzen so gut wie kein Bereich mehr verbleibt, der allein aufgrund sozialer Nomen zu beurteilen ist (so etwa *Waechter* NVwZ 1997, 729; **aA** etwa *Schenke* Rn. 65; *Hill* DVBl. 1985, 89, 96; diff. *Knemeyer* Rn. 104; vgl. auch *Hebeler* JA 2002, 521, 523 ff.). Mittlerweile haben sogar verschiedene Bundesländer den Begriff der öffentlichen Ordnung aus ihren Polizeigesetzen gestrichen (vgl. *Götz* NVwZ 1990, 725, 729 m. w. N.). Hinzu kommt, dass unsere Gesellschaft inzwischen davon geprägt ist, das Verhalten anderer weitgehend gleichgültig zu betrachten und dass sich die Wertgrenzen deutlich hin zu einer (Über-)Liberalisierung verschoben haben. Kaum ein Verhalten wird heutzutage noch von einer **anerkannten Sozialnorm** sanktioniert.

Praxishinweis: Der Begriff der öffentlichen Ordnung hat trotz der zuvor geschilderten Bedenken gerade in der Rspr in jüngster Zeit wieder **zunehmend an Bedeutung gewonnen** (so zu Recht *Würtenberger/ Heckmann/Riggert* Rn. 410; vgl. etwa *OVG NRW* 27. 9. 2000, GewArch 2001, 71 ff. [zu Laserdomen] und dazu *Szczekalla* JA 2002, 992, 994). Er findet sich auch in **Art. 46 Abs. 1 EGV** (vgl. dazu vor § 1 Rn. 29).

i) Gesetzliche Beispielsfälle

§ 4 Abs. 1 S. 1 Nr. 1 GastG nennt **Fälle, in denen Unzuverlässigkeit von Gesetzes wegen anzunehmen ist**. Aus dem vom Gesetzgeber verwendeten Begriff „insbesondere" folgt, dass die **Aufzählung nicht abschließend** ist. Es handelt sich um eine **beispielhafte Aufzählung** des Gesetzgebers (BT-Ds V/205, S. 14). Die Erlaubnisbehörde ist daher nicht gehindert, neben den ausdrücklich im Gesetz genannten Fällen weitere Gründe für die Annahme der Unzuverlässigkeit anzuerkennen (vgl. dazu auch die Beispiele nachfolgend in Rn. 73 ff.). Aus der Formulierung „befürchten lässt" ist zu folgern, dass die Erlaubnisbehörde in Bezug auf das vom Gesetzgeber ausdrücklich genannte, für die Annahme der Unzuverlässigkeit ausreichende Fehlverhalten eine **eigene Prognose** anstellen muss (so zu Recht *BVerwG* 30. 9. 1976, GewArch 1977, 22, 23; *Michel/Kienzle* § 4 Rn. 11; ebenso *Pezely* GewArch 1972, 234, 235;

41

§ 4 Versagungsgründe

vgl. auch oben Rn. 25). Die Erlaubnisbehörde muss mithin prüfen, ob ein solches **Fehlverhalten auch zukünftig zu erwarten** ist.

42   Aus den in § 4 Abs. 1 S. 1 Nr. 1 GastG aufgeführten Beispielen folgt für die Erlaubnisbehörde allerdings insoweit eine Bindung, als die gesetzlichen Beispiele eine Art „**Leitlinie des Gesetzgebers**" darstellen. Der Gesetzgeber hat nämlich ausdrücklich darauf hingewiesen, dass die von ihm genannten Beispiele der Erlaubnisbehörde einen **Anhalt** für die Frage geben sollen, wann im Einzelfall der Tatbestand der Unzuverlässigkeit gegeben ist, und dass die gesetzlichen Beispiele eine **einheitliche Auslegung** des Begriffs der Unzuverlässigkeit im GastR sicherstellen sollen (BT-Ds V/205, S. 14). Die Beispielsfälle des Abs. 1 S. 1 Nr. 1 geben der Erlaubnisbehörde bei der Anwendung des Begriffs der Unzuverlässigkeit damit einen von ihr zu beachtenden Rahmen vor, der nicht überschritten werden darf (ebenso *Metzner* § 4 Rn. 49).

43   **Dem Trunke ergeben** sind Personen, die einen Hang haben, alkoholische Getränke im Übermaß zu sich zu nehmen (vgl. auch § 64 Abs. 1 StGB). Dem Trunke ergeben sind in erster Linie solche Personen, die in einer Abhängigkeit von Alkohol leben, die mithin süchtig sind. Bei der **Alkoholsucht** handelt es sich um eine Krankheit, die dadurch gekennzeichnet ist, dass ein **Grad psychischer Abhängigkeit** erreicht ist (*Lackner/Kühl* § 64 Rn. 2). Mit dem Grundsatz der Verhältnismäßigkeit ist es nicht zu vereinbaren, auch solche Personen zu erfassen, die gelegentlich und ohne Abhängigkeit Alkohol in einer Form konsumieren, dass sie dabei betrunken sind. Etwas anderes gilt aber dann, wenn der gelegentliche übermäßige Alkoholkonsum einen Bezug zum konkret ausgeübten Gaststättengewerbe hat, insbesondere weil der Gaststättenbetreiber wiederholt in seiner eigenen Gaststätte betrunken ist. Zum **Alkoholmissbrauch** vgl. nachfolgend Rn. 46.

44   **Ausbeutung Unerfahrener, Leichtsinniger oder Willensschwacher** (etwa Trunksüchtiger) ist die bewusste Ausnutzung solcher Personen zur Erzielung übermäßigen wirtschaftlichen Gewinns (*VG Hamburg* 17. 12. 1964, GewArch 1965, 207). Entscheidend

ist, dass der Gaststättenbetreiber die sich ihm bietende Chance wahrnimmt, Einnahmen auf Kosten einer Person zu erzielen, welche die Tragweite ihrer diesbezüglichen Handlungen nicht überblickt. **Kreditgewährung** an einen Minderjährigen, damit dieser seine Zeche fortsetzen kann, ist regelmäßig Ausbeutung eines Unerfahrenen oder Leichtsinnigen; **Einsatz von Schlepperinnen** begründet die Unzuverlässigkeit eines überhöhte Preise fordernden Wirts (*BayVGH* 3. 4. 1975, GewArch 1975, 300); zur „**Sandelei**" (einer besonderen Form der Schlepp- und Neppkriminalität) siehe ferner *HessVGH* 6. 1. 1975, GewArch 1975, 299 f.; *Michel/Kienzle* § 4 Rn. 13. Die Ausbeutung Unerfahrener kann auch durch die Werbung erfolgen, etwa wenn mit einem Lockpreis von 1,50 Euro bei sonst sprunghaft ansteigenden Getränkepreisen bis zu 400,00 Euro für eine Vergnügungsgaststätte geworben wird (vgl. *OVG Hamburg* 2. 9. 1986, GewArch 1987, 65 f.). Wenn ein Gast in hemmungslose „Großmannssucht" verfällt und ihm dabei Bestellungen in den Mund gelegt werden, liegt darin eine Ausbeutung des Leichtsinns oder der Willensschwäche des Gastes. Insoweit liegt ein unzulässiger Animierbetrieb vor und der Tatbestand der Ausbeutung Unerfahrener, Leichtsinniger oder Willensschwacher (*BayVGH* 29. 2. 1988, GewArch 1988, 232 f.).

Vorschub leistet der Gewerbetreibende mit allen Handlungen und Unterlassungen (*BVerwG* 30. 9. 1976, GewArch 1977, 22, 23 f.), die geeignet sind, die von § 4 Abs. 1 S. 1 Nr. 1 GastG erfassten Handlungen zu ermöglichen oder zu fördern (vgl. auch *Michel/Kienzle* § 4 Rn. 11). Zum Unterlassen durch Verletzung der Aufsichtspflicht vgl. oben Rn. 35. **45**

Alkoholmissbrauch ist der Verzehr von alkoholischen Getränken in einem nach allgemeiner Verkehrsauffassung zu beanstandenden Ausmaß. Vgl. zum Alkoholmissbrauch bei sog. „**Ballermann-Partys**" *Pinegger/Krauser* GewArch 1998, 465, 469. **46**

Verbotenes Glücksspiel (vgl. § 284 StGB) sind Spiele ohne behördliche Erlaubnis, nach deren Spielbedingungen die Entscheidung über Gewinn oder Verlust nicht wesentlich von den Fähigkei- **47**

§ 4 Versagungsgründe

ten, den Kenntnissen und vom Grad der Aufmerksamkeit der Spieler abhängt, sondern allein oder hauptsächlich vom Zufall (*BVerwG* 9. 6. 1960, GewArch 1961, 34). Die öffentliche Veranstaltung von Glücksspielen ist grundsätzlich verboten. Ausnahmen bestehen etwa für die Aufstellung zugelassener mechanischer Spielgeräte mit behördlicher Erlaubnis (§ 33 d GewO [Anhang II 1]), für Spiele in zugelassenen öffentlichen Spielbanken sowie für erlaubte Lotterien und Ausspielungen. Ein Wirt, der Räume an einen illegalen Spielclub vermietet, ist unzuverlässig, wenn er dem betreffenden Verein die Räume vermietete und nach Erkenntnis der Zweckbestimmung nicht eingeschritten ist (*BVerwG* 30. 9. 1976, GewArch 1977, 22 ff.).

48 Zur **Hehlerei** vgl. §§ 259 ff. StGB. § 4 Abs. 1 S. 1 Nr. 1 GastG kann auch anwendbar sein, wenn der Wirt selbst nicht Hehler ist. Ein Gastwirt leistet der Hehlerei Vorschub, wenn er die Abwicklung von Hehlergeschäften in seiner Gastwirtschaft duldet oder selbst gar Hehlerei begeht (*VGH BW* 25. 8. 1975, GewArch 1976, 26 f.).

49 Der Begriff der **Unsittlichkeit** i. S. d. § 4 Abs. 1 S. 1 Nr. 1 GastG nimmt nicht Bezug auf die in der Gesellschaft herrschende Auffassung über Sitte und Moral auf geschlechtlichem Gebiet. Inhaltlicher **Maßstab** der Unsittlichkeit sind die in der Rechtsgemeinschaft als maßgebliche Ordnungsvoraussetzungen **anerkannten sozialethischen Wertvorstellungen** (*BVerwG* 10. 1. 1996, NVwZ-RR 1996, 650; 14. 11. 1990, NVwZ 1991, 373, 374 = GewArch 1991, 115; *Aßfalg* in: *Aßfalg/Lehle/Rapp/Schwab* § 4 GastG Rn. 6). Er ist ein Rechtsbegriff, für dessen Auslegung und Anwendung bedeutsam ist, dass das GastG gewerbliches Ordnungsrecht darstellt (*BayVGH* 29. 4. 2002, GewArch 2002, 296, 297). § 4 Abs. 1 S. 1 Nr. 1 GastG und mit ihm § 15 Abs. 2 GastG sollen das Zusammenleben der Menschen ordnen, so weit deren Verhalten sozialrelevant ist, nach Außen in Erscheinung tritt und das Allgemeinwohl beeinträchtigen kann. Unsittlich in diesem Sinn sind daher Handlungen sexueller Art, die durch Strafgesetz verboten sind. Dabei leistet der Unsittlichkeit nicht nur Vorschub, wer einschlägi-

ge strafbare Handlungen oder Ordnungswidrigkeiten anderer fördert, ohne im strafrechtlichen Sinn Teilnehmer sein zu müssen, sondern auch, wer nicht verbotene sexuelle Handlungen anderer in strafbarer Weise fördert. Auch ein Geschehensablauf, der **keinen Straftatbestand** erfüllt, kann i. S. d. § 4 Abs. 1 S. 1 Nr. 1 GastG unsittlich sein (*BVerwG* NVwZ-RR 1996, 650). Dabei kann der Unsittlichkeit auch ohne Wissen und Wollen des Gewerbetreibenden durch Vernachlässigung seiner **Aufsichtspflicht** Vorschub geleistet werden (vgl. dazu bereits oben Rn. 35); die Aufsichtspflicht ist jedoch etwa nicht schon dann ohne weiteres verletzt, wenn Minderjährigen Unterkunft gewährt wird, die in den Schlafräumen eines Beherbergungsbetriebes sexuelle Handlungen vornehmen. Vgl. im Übrigen nachfolgend Rn. 51 ff.

Eine Gaststättenerlaubnis darf nicht allein deshalb schon versagt werden, weil der Antragsteller beabsichtigt, ohne Verstoß gegen § 184 Abs. 1 Nr. 7 und Abs. 3 StGB in den Betriebsräumen pornographische Filme vorzuführen (*BVerwG* 29. 1. 1985, GewArch 1985, 169 f.). 50

Sittenwidrigkeit der Prostitution im Besonderen 51

Es war im Gewerbe- und Gaststättenrecht bislang überwiegende Auffassung, dass die **Ausübung der Prostitution gegen die guten Sitten verstößt** und geeignet ist, die Unzuverlässigkeit i. S. d. § 4 Abs. 1 S. 1 Nr. 1 GastG zu begründen (vgl. dazu auch die Nachweise bei *Caspar* NVwZ 2002, 1322, 1323). Grundlegend hat das *BVerwG* im Jahr 1975 deutlich gemacht, für die Auslegung und Anwendung des Rechtsbegriffs „Unsittlichkeit" sei bedeutsam, dass das GastG gewerbliches Ordnungsrecht sei (*BVerwG* 16. 9. 1975, BVerwGE 49, 160 ff. = GewArch 1975, 385; vgl. auch *Loose/ Schwägerl* BayVBl. 1992, 228, 232). Unsittlichkeit liege zunächst in Bezug auf solche geschlechtsbezogenen Handlungen vor, die durch Strafgesetz verboten seien (vgl. dazu auch *Stühler* NVwZ 1997, 861, 862). Der Tatbestand der Unsittlichkeit sei darüber hinaus auch erfüllt, wenn durch ein nicht mit Strafe oder Geldbuße bedrohtes Verhalten schutzwürdige Belange der Allgemeinheit berührt würden. Handlungen und Zustände mit einer engen Beziehung zum Geschlechtsleben beeinträchtigten Belange des Allgemeinwohls insbesondere dann, wenn sie nach Außen in Erscheinung träten und dadurch die ungestörte Entwicklung junger Menschen in der Sexualsphäre gefährden könnten oder wenn andere Personen, die hiervon unbehelligt bleiben wollten, erheblich belästigt würden. Der Staat dürfe Angelegenheiten der Intimsphäre aus dem öffentlichen Bereich verweisen und könne mit rechtlichen Mitteln erzwingen, dass sie in dem für andere nicht wahrnehmbaren Privatbereich verblieben. Niemand habe das Recht, seinen Mitbürgern Angelegenheiten seines Intimlebens aufzudrängen (BVerwGE 49, 160, 163 f.; vgl. auch *Stühler* NVwZ 1997, 861, 863; *Pauly* in: *Robinski* Rn. N/39).

52 In seiner **Peepshow-Entscheidung** aus dem Jahr 1981 hat das *BVerwG* nochmals verdeutlicht, dass die GewO und das GastG mit dem Begriff der guten Sitten auf die dem geschichtlichen Wandel unterworfenen sozialethischen Wertvorstellungen verweisen würden, die in der Rechtsgemeinschaft als maßgebliche Ordnungsvoraussetzungen anerkannt seien (*BVerwG* 13. 12. 1981, BVerwGE 64, 274, 276 = GewArch 1982, 139; 13. 12. 1981, BVerwGE 64, 281, 282 = GewArch 1982, 141; zur Entstehungsgeschichte dieser beiden Entscheidungen siehe *Kirchberg* NVwZ 1983, 141 f.). Den Kern des maßgeblichen sozialethischen Ordnungsgefüges bildeten wertethische Prinzipien, über deren Verbindlichkeit die Rechtsgemeinschaft im Verfassungskonsens befunden habe. Ein Verhalten, das einer im Grundsatz verankerten Wertvorstellung widerspreche, verstoße gegen die guten Sitten. Achtung und Schutz der Menschenwürde gehörten zu den Konstitutionsprinzipien des Grundgesetzes (gegen die Heranziehung der Menschenwürde als Verbotsgesetz wenden sich u. a. *Gusy* DVBl. 1982, 984, 986 sowie GewArch 1984, 151, 154 f.; *Hoerster* JuS 1983, 93, 95 f.; *v. Olshausen* NJW 1982, 2221; *Schatzschneider* NJW 1985, 2793, 2796; *Würkner* NVwZ 1988, 600, 601 sowie GewArch 1989, 13, 15; *Discher* JuS 1991, 642, 643 ff.; *Schlichter/Friedrich* WiVerw 1988, 199, 247 Fn. 147; wohl auch *Hösch* GewArch 2001, 112, 116; kritisch zudem *Kirchberg* NVwZ 1983, 141, 142 [„dubiose Herleitung der Sittenwidrigkeit"] sowie *Scholz* in: *Maunz/Dürig* Art. 12 Rn. 25;

Versagungsgründe § 4

aA etwa *Wildanger-Hofmeister* JuS 1983, 407 f.; *Dickersbach* WiVerw 1986, 1, 18; *Schittek* NVwZ 1988, 804 f.; vgl. auch *Knemeyer* Rn. 102). Veranstaltungen i. S. d. § 33 a GewO, die durch die Umstände ihres Ablaufs die Würde eines Menschen verletzten, seien sittenwidrig (*BVerwG* 13. 12. 1981, BVerwGE 64, 274, 276 f.). Maßgeblich für die Beurteilung der Unsittlichkeit sei die in der Gesellschaft vorherrschende sozialethische Überzeugung, wobei sich diese weder lautstark äußern noch mit der Forderung einhergehen müsse, die dem sozialethischen Unwerturteil unterliegenden Erscheinungen niemals und nirgends zu dulden (ebenso *BVerwG* 29. 1. 1985, GewArch 1985, 168 u. 170; vgl. auch *Dickersbach* WiVerw 1986, 1, 10, 14). Das *BVerwG* sieht dabei bislang als Indizien für eine in der Rechtsgemeinschaft vorherrschende Überzeugung u. a. die Behördenpraxis, die Rspr und die von ihnen ausgelösten Reaktionen in der Öffentlichkeit an (*BVerwG* 30. 1. 1990, BVerwGE 84, 314, 318 = NVwZ 1990, 668).

Diese vom *BVerwG* aufgestellten Grundsätze für die Beurteilung **53** der Sittenwidrigkeit sexueller Handlungen und damit auch der Prostitution wurden bis in die jüngste Zeit von der verwaltungsgerichtlichen **Rspr** fast ausnahmslos und von der gewerberechtlichen **Literatur überwiegend zustimmend** beurteilt (das *BVerwG* bestätigte diese Grundsätze u. a. in folgenden Entscheidungen: 15. 7. 1980, BVerwGE 60, 284, 289 = NJW 1981, 1168; 6. 3. 1986, GewArch 1986, 229; 14. 11. 1990, NVwZ 1991, 373, 374 = GewArch 1991, 115; 30. 8. 1995, GewArch 1996, 19; 10. 1. 1996, NVwZ-RR 1996, 650; 19. 2. 1996, GewArch 1996, 251; 7. 5. 1996, NVwZ-RR 1997, 222; 21. 4. 1998, GewArch 1998, 419. Wie das *BVerwG* etwa auch *BayVerfGH* 11. 7. 1978, GewArch 1979, 70, 71 u. 16. 11. 1982, NJW 1983, 2188; *BayVGH* 20. 4. 1989, NVwZ-RR 1988/1989, 645 = GewArch 1989, 240; 22. 3. 1991, NVwZ 1992, 76; 29. 4. 2002, GewArch 2002, 296, 297; *OVG Hamburg* 12. 4. 1988, GewArch 1988, 233; 7. 8. 1992, GewArch 1992, 423; 12. 6. 1992, GewArch 1992, 423; *HessVGH* 1. 3. 1988, GewArch 1988, 201; *VGH BW* 5. 7. 1974, GewArch 1974, 350; 31. 1. 1979, GewArch 1979, 382, 383; 11. 11. 1987, NVwZ 1988, 640; 29. 1. 1996, Gew-

§ 4 Versagungsgründe

Arch 1996, 208 = ESVGH 46, 158, nur Ls., VGHBW-Ls 140/1996; *OVG Niedersachsen* 17. 11. 1994, GewArch 1995, 109; *VG Freiburg* 20. 10. 1999, GewArch 2001, 429, 430; *VG Berlin* 17. 3. 1998, GewArch 1998, 200 f.; *VG Hannover* 17. 1. 1996, GewArch 1996, 209 f.; *VG Meiningen* 7. 8. 1997, GewArch 1998, 167 f.; *VG Minden* 1. 10. 1987, NVwZ 1988, 666 = GewArch 1988, 24; *VG Neustadt* 9. 11. 1984, NJW 1985, 2846; *VG Trier* 18. 1. 1980, GewArch 1980, 345 f.; *BFH* 23. 6. 1964, BFHE 80, 73, 74 = NJW 1965, 79, 80; *BGH* 6. 7. 1976, BGHZ 67, 119, 123 ff. = NJW 1976, 1883, 1885; *OLG Düsseldorf* 27. 7. 1970, NJW 1970, 1852; *OLG Karlsruhe* 23. 9. 1997, Justiz 1998, 78, 79; *BAG* 1. 4. 1976, BAGE 28, 83, 86 ff. = NJW 1976, 1958; *Heß* in: *Friauf* § 35 Rn. 79; *Tettinger* in: *Tettinger/Wank* § 1 Rn. 36, § 35 Rn. 77; *Metzner* 5. Aufl. 1995, § 4 Rn. 28, 31; *Michel/Kienzle* § 4 Rn. 16; *Pauly* in: *Robinski* Rn. N/39 f.; *Sprenger-Richter* in: *Robinski* Rn. B/45 mit Hinweis auf die Folgeprobleme bei der gewerberechtlichen Anerkennung der Prostitution; *Dickersbach* WiVerw 1986, 1, 18 u. GewArch 1991, 281, 286; *v. Ebner* GewArch 1979, 177 ff.; *Loose/Schwägerl* BayVBl. 1992, 228, 232 f.; *Pauly/Brehm* GewArch 2000, 50, 59; *Stollenwerk* GewArch 2000, 317 ff.).

54 **Gegen die Rspr** des *BVerwG* wird in der **Literatur** etwa der Einwand erhoben (vgl. dazu auch *Caspar* NVwZ 2002, 1323 f.), dass die Sittenordnung nicht mit der Rechtsordnung gleichgesetzt werden könne. Eine inhaltliche Konkretisierung der guten Sitten durch das Recht sei nicht zulässig, weil sie zu einer vollständigen Entwertung des in § 33 a Abs. 2 GewO zusätzlich aufgenommenen Tatbestandsmerkmals der „guten Sitten" führe (*Gusy* DVBl. 1982, 984, 986). In der Tat erscheint es zweifelhaft, wenn das *BVerwG* bei der Beurteilung der in der Gesellschaft vorherrschenden Meinung statistische und demoskopische Erkenntnisse bislang vollkommen ignoriert (so zuletzt wieder ohne nähere Begründung *BVerwG* 10. 1. 1996, NVwZ-RR 1996, 650 sowie 7. 5. 1996, NVwZ-RR 1997, 222; für eine Beachtung des inzwischen eingetretenen Wandels der sozialethischen Wertvorstellungen etwa *Haferkorn* GewArch 2002, 145) und statt dessen als Indizien für die vorherrschende

Versagungsgründe § 4

Überzeugung u. a. die Behördenpraxis, die Rspr und die von ihnen ausgelösten Reaktionen in der Öffentlichkeit ansieht (kritisch auch *v. Olshausen* NJW 1982, 2221, 2222; *Discher* JuS 1991, 642 ff.; *Wöhrmann* NStZ 1990, 342 f.; *Hebeler* JA 2002, 521, 523 f.; *Kempen* NVwZ 2000, 1115, 1119). Gegen die Rspr des *BVerwG* wird weiter eingewandt, dass die Anerkennung des Menschenwürdeprinzips als Verbotsnorm dazu führen müsse, dass gegen vielfältige Vermarktungsformen der Sexualität eingeschritten werden müsste, selbst wenn das Gewerbe in einer Toleranzzone ausgeübt werde (*Schatzschneider* NJW 1985, 2793, 2797). Auch bringe die Schließung von Peepshows die Gefahr mit sich, dass die betroffenen Frauen in Bordelle und auf den Straßenstrich abgedrängt würden (*Schatzschneider* NJW 1985, 2793, 2796). Der Rückgriff auf das Prinzip der Menschenwürde verkenne, dass es den Gerichten verwehrt sei, dem Einzelnen die „richtige" oder „würdige" Lebensgestaltung vorzuschreiben (*v. Olshausen* NJW 1982, 2221, 2222). Das *BVerwG* mache den Einzelnen zum Objekt seiner eigenen gerichtlichen Wertung (*v. Olshausen* NJW 1982, 2221, 2222; ebenso *Heid* JuS 1983, 408). Eine Gesellschaft, welche die Realität akzeptiere, handele inkonsequent, wenn sie zugleich die Prostitution als sittenwidrig brandmarke (*Quambusch* ZFSH/SGB 2002, 131, 133). Schließlich wird ausgeführt, dass die Ausübung der Prostitution nach nunmehr überwiegender Auffassung als geschützter Beruf i. S. d. Art. 12 Abs. 1 GG anerkannt sei und daher – sofern sie nicht gegen Strafgesetze verstoße – als Gewerbe anzuerkennen sei, so weit sie selbstständig ausgeübt werde (*Friauf* in: *Friauf* § 1 Rn. 35; *Frotscher* WiVerwR Rn. 160; *Jarass* WiVwR, § 15 Rn. 21; *Stober* BWiVwR S. 11; **aA** etwa *Sprenger-Richter* in: *Robinski* Rn. B/44 m. w. N..; die Anerkennung der Prostitution als Beruf i. S. d. Art. 12 Abs. 1 GG befürwortet auch *Scholz* Art. 12 Rn. 25 f.; ebenso nunmehr *Caspar* NVwZ 2002, 1322, 1326 als Folge des ProstG).

Auch wenn die **obergerichtliche Rspr** seit mehreren Jahrzehnten an der Sittenwidrigkeit der Prostitution festhält, sind in jüngster Zeit Anzeichen für eine **Änderung dieser Rechtsauffassung** zu erkennen. 55

§ 4 Versagungsgründe

56 Der *EuGH* weigert sich, die Rolle eines Sittenwächters einzunehmen und geht davon aus, dass es Aufgabe des jeweiligen Mitgliedsstaats sei, die Legalität eines bestimmten Verhaltens zu beurteilen. Dem *EuGH* komme insoweit keine Korrekturfunktion zu (*EuGH* 4. 10. 1991, NJW 1993, 776, 777 Tz. 20; 24. 3. 1994, NJW 1994, 2013, 2014 Tz. 32). Der *EuGH* verhält sich damit deutlich anders als das *BVerwG* in seiner Peepshow-Entscheidung. Er hat diese Auffassung im Jahr 2001 nochmals ausdrücklich bekräftigt (*EuGH* 20. 11. 2001, NVwZ 2002, 326 = DVBl. 2002, 321, GewArch 2002, 117, InfAuslR 2002, 57, EuZW 2002, 120 mit Anm. *Huber*):

„In Bezug auf die vom vorgelegten Gericht aufgeworfene Frage der Sittenwidrigkeit der Prostitutionstätigkeit ist daran zu erinnern, dass es, wie der EuGH bereits entschieden hat, nicht seine Sache ist, die Beurteilung des Gesetzgebers der Mitgliedsstaaten, in denen eine angeblich unsittliche Tätigkeit rechtmäßig ausgeübt wird, durch seine eigene Beurteilung zu ersetzen. …. Die Prostitution, die keineswegs in allen Mitgliedstaaten verboten ist, wird in den meisten dieser Staaten und auch in dem im Ausgangsverfahren betroffenen Mitgliedstaat geduldet und sogar reglementiert. …. "

57 Der *BGH* hat in einer Entscheidung aus dem Jahr 1990 ausgeführt, dass nicht jedes Rechtsgeschäft, das einen Bezug zur Prostitution habe, schlechthin sittenwidrig und damit nichtig sei (*BGH* 15. 3. 1990, NJW-RR 1990, 750). Allerdings hat der *BGH* diese Auffassung nicht auf die eigentliche Prostitution bezogen verstanden (Darlehen zum Betrieb eines Bordells). Inzwischen geht der *BGH* davon aus, dass das In-Kraft-Treten des ProstG eine Neubeurteilung der Frage erforderte, ob Telefonsex-Verträge als sittenwidrig eingestuft werden können; er verweist überdies auf die geänderten Moralvorstellungen (*BGH* 22. 11. 2001, NJW 2002, 361 f.).

58 Der *BFH* geht seit dem Jahr 1964 davon aus, dass die Prostitution als „gewerbsmäßige Unzucht" das „Zerrbild des Gewerbes" darstelle und ihre Ausübung nicht zu Einnahmen aus einem Gewerbebetrieb führe (*BFG* 23. 6. 1964, BFHE 80, 73, 74 = NJW 1965, 79, 80.) Diese Rspr hat der *BFH* bislang noch nicht aufgegeben. Allerdings scheint sich auch hier ein grundlegender Wandel anzubahnen. Denn mit Urteil vom 23. 2. 2000 hat der *BFH* entschieden, dass die Anbieterin von Telefonsex ein gewerbliches Unternehmen i. S. d. § 15 Abs. 2 EStG unterhalte und deshalb der Einkommensteuerpflicht unterliege. Er hat dabei die Frage offen gelassen, ob an der im Jahr 1964 erfolgten Beurteilung der Prostitution festzuhalten sei, weil er diese Frage nicht als entscheidungsrelevant ansah. Allerdings äußerte der *BFH* Bedenken (*BFH* 23. 2. 2000, NJW 2000, 2919, 2920):

„Der Besteuerung von Einkünften aus Telefonsex als solche aus Gewerbebetrieb steht die – möglicherweise überholte – steuerrechtliche Beurteilung der Prostitution in der Form der Ausübung von Geschlechtsverkehr gegen Entgelt nicht entgegen. …. Der erkennende Senat braucht nicht zu entscheiden, ob er dieser Rechtsprechung im Hinblick auf die veränderten gesellschaftlichen Anschauungen zur Sexualität noch folgen könnte."

Für große Furore in der Öffentlichkeit und der Rechtswissenschaft **59** hat das Urteil des *VG Berlin* vom 1. 12. 2000 gesorgt (*VG Berlin* NJW 2001, 983 = NJ 2001, 217 mit Anm. *Baer*, GewArch 2001, 128, NVwZ 2001, 594, nur Ls.; die vorangegangene Eilentscheidung findet sich in GewArch 2000, 125; vgl. auch *VG Stuttgart* 6. 4. 1998, GewArch 1998, 291, 292 f., nach dem das Bereithalten eines Dunkelraums für einvernehmliche sexuelle Handlungen keine gewerberechtliche Unzuverlässigkeit begründet, wenn weder Jugendliche noch unbefugte Dritte Zugang haben). Das *VG Berlin* hatte die Frage zu entscheiden, ob die Entziehung der Gaststättenerlaubnis für eine Bar im Vorderhaus, die auch und gerade der Durchführung von Anbahnungsgesprächen zur Ausübung der Prostitution im Hinterhaus diente, unter Anwendung des § 4 Abs. 1 S. 1 Nr. 1 GastG rechtmäßig erfolgt war. Das *VG Berlin* hielt die Entziehung für rechtswidrig und wandte sich bei seiner Begründung gegen die ständige und überwiegende Rspr, wonach die Prostitution als sittenwidrig anzusehen ist. Das *VG Berlin* kommt zu dem Er-

§ 4 Versagungsgründe

gebnis, dass von Erwachsenen freiwillig und ohne kriminelle Begleiterscheinungen ausgeübte Prostitution nach den heute anerkannten sozialethischen Wertvorstellungen in unserer Gesellschaft – unabhängig von der moralischen Beurteilung – i. S. d. Ordnungsrechts nicht (mehr) als sittenwidrig anzusehen sei. Der Richter dürfe für die Feststellung der heute anerkannten sozialethischen Wertvorstellungen in unserer Gesellschaft nicht auf sein persönliches sittliches Gefühl abstellen, sondern müsse auf empirische Weise objektive Indizien ermitteln. Die Entscheidung des *VG Berlin* ist auf Ablehnung gestoßen, vor allem in der gewerbe- und gaststättenrechtlichen Literatur (*Metzner* § 4 Rn. 75; *Pauly* in: *Robinski* Rn. N/40 sowie GewArch 2002, 217 f.; ebenso wohl *Heß* in: *Friauf* § 35 Rn. 79), sie hat aber auch vielfache Zustimmung erfahren (*Aßfalg* in: *Aßfalg/Lehle/Rapp/Schwab* § 4 GastG Rn. 6; *Baer* NJ 2001, 218; *Jahn* NVwZ 2002, 1219 [gegen *Metzner* aaO]; *Rauenberg* NJW 2002, 650, 651; *Seitter* S. 7; *Hösch* GewArch 2001, 112 ff.; *Gusy* EWiR § 4 GastG 1/01, 375: „Dem Urteil ist in vollem Umfang zuzustimmen."; vgl. auch *Stollenwerk* Rn. 112 sowie *Caspar* NVwZ 2002, 1322, 1324).

60 Nunmehr scheint sich auch das *BVerwG* der Änderung der gesellschaftlichen Beurteilung der Prostitution nicht mehr verschließen zu können und zu wollen. Dies mag an der eindeutigen Rspr des *EuGH* liegen. Sicherlich haben aber auch das sehr bekannt gewordene und kontrovers diskutierte Urteil des *VG Berlin* vom 1. 12. 2000 und das Gesetzesvorhaben zum Erlass des ProstG ihren Teil dazu beigetragen. Das *BVerwG* hat anlässlich eines Vorlagebeschlusses an den *EuGH* vom 18. 9. 2001 zu der Frage, ob die von einem Angehörigen der EU in einem anderen Mitgliedsstaat ausgeübte Prostitution durch die Niederlassungs- oder Dienstleistungsfreiheit erfasst werde, ausgeführt (*BVerwG* 18. 9. 2001, NVwZ 2002, 339; ähnlich *VGH BW* Beschl. v. 1. 3 2000 – 13 S 159/00 – [zit. nach juris]. In der vorangegangenen Instanz hatte der *VGH BW* die Niederlassungsfreiheit der Prostituierten bejaht [19. 4. 2000, NVwZ 2000, 1070]):

Versagungsgründe § 4

„Der beschließende Senat hat im Urteil vom 15. 7. 1980 (BVerwGE 60, 284 [288f.] = NJW 1981, 1168) dargelegt, die Prostitution sei als sittenwidrige und in verschiedener Hinsicht sozialwidrige Tätigkeit nicht Teil des Wirtschaftslebens i. S. von Art. 2 EGV. An der in diesem Urteil vertretenen Ansicht, hieran sei ein vernünftiger Zweifel nicht möglich, hält der Senat nicht fest. Im Hinblick auf die seitherige Rechtsprechung des EuGH könnte vielmehr einiges für die Zugehörigkeit der Prostitution zum Wirtschaftsleben sprechen ......"

Zwar hat das *BVerwG* damit nicht ausdrücklich gesagt, dass es die Beurteilung der Prostitution als sittenwidrig aufzugeben beabsichtigt, sondern sich auf die Frage der Zugehörigkeit der Prostitution zum Wirtschaftsleben beschränkt. Beide Aspekte lassen sich indes angesichts der aufgezeigten Rspr des *EuGH* nicht voneinander trennen.

Am 1. 1. 2002 ist das Gesetz zur Regelung der Rechtsverhältnisse **61** der Prostituierten (**Prostitutionsgesetz**) vom 21. 12. 2001 (BGBl. I S. 3983) in Kraft getreten (Text im Anhang II 2).

Für das Verständnis des ProstG sind folgende **Gesetzes- und sonstige Materialien** von Bedeutung: Teil VIII der Koalitionsvereinbarung SPD-GRÜNE vom 20. 10. 1998; Gesetzentwurf von BT-Abgeordneten der SPD und von BÜNDNIS 90/DIE GRÜNEN, BT-Ds 14/5958; Beschlussempfehlung und Bericht des 13. BT-Ausschusses, BT-Ds 14/7174; zweite und dritte Beratung sowie Beschluss des BT, BT-Plenarprotokoll 14/196, S. 19193 B bis 19204 C, BR-Ds 817/01; Empfehlungen der BR-Ausschüsse, BR-Ds 817/1/01; Beschlussempfehlung des Vermittlungsausschusses, BT-Ds 14/7748, BR-Ds 1052/01.

Das ProstG umfasst **zwei Regelungsbereiche** (vgl. dazu auch *Caspar* **62** NVwZ 2002, 1322, 1224). In Art. 1 findet sich das eigentliche Gesetz zur Regelung der Rechtsverhältnisse der Prostituierten. § 1 S. 1 ProstG bestimmt, dass, wenn sexuelle Handlungen gegen ein vorher vereinbartes Entgelt vorgenommen worden sind, diese Vereinbarung eine rechtswirksame Forderung begründet.

Das ProstG bezweckt die Abschaffung der Sittenwidrigkeit des **63** zwischen der Prostituierten und ihrem Freier abgeschlossenen zivilrechtlichen Vertrags. Das ProstG soll sicherstellen, dass den Prostituierten der Zugang zur Sozialversicherung ermöglicht wird. Zugleich soll die Sanktionierung der Prostitution durch das Strafrecht beseitigt werden (BT-Ds 14/5958, S. 1 f.; krit. hierzu *Schroeder* JR 2002, 408 f.). Durch Art. 1 § 1 des ProstG wird verbindlich bestimmt, dass durch die Erbringung einer entgeltlichen sexuellen Leistung eine rechtswirksame Forderung begründet wird. Dies gilt gleichermaßen für die freiberufliche und die unselbstständige Tätigkeit. Der Gesetzgeber hat mit der Regelung in Art. 1 § 1 ProstG unmissverständlich deutlich gemacht, dass die Tätigkeit der Prostituierten nicht gegen die guten Sitten verstößt. § 138 Abs. 1 BGB ist nicht anwendbar (BT-Ds 14/5958, S. 6).

Rechtspolitische Bewertung: Die gesellschaftliche und rechtliche Bedeutung des ProstG darf nicht unterschätzt werden. Die zum Zeitpunkt der Verabschiedung des Gesetzes mehrheitliche politische und damit gesellschaftliche Meinung hat deutlich zum Ausdruck gebracht, dass die Prostitution nicht mehr in der bisherigen rechtlichen Grauzone verbleiben und ihr eine staatliche Anerkennung zukommen soll. Ob das Gesetz allerdings die tatsächliche Situation der Prostituierten zu verbessern vermag, wird abzuwarten sein. Es besteht die Gefahr, dass der Gesetzgeber die gewachsenen Strukturen allein durch ein Gesetz nicht ohne weiteres zu verändern vermag (in diesem Sinn auch *Vahle* NZA 2002, 1077 f.).

64 Das **ProstG** hat auch **Auswirkungen im Bereich des GastR**. Bislang werden diese unterschiedlich beurteilt (vgl. dazu etwa *Kurz* GewArch 2002, 142; *Pauly* GewArch 2002, 217 ff.; *Schönleiter* GewArch 2002, 320, wonach auch der Bund-Länder-Ausschuss „Gewerberecht" keine Einigung erzielen konnte; *Caspar* NVwZ 2002, 1322, 1324 ff.). Der Gesetzgeber hat mit dem ProstG keine unmittelbare Änderung des Gewerberechts, also der GewO und des GastG vorgenommen (*Vahle* NZA 2002, 1077, 1078 kritisiert die fehlende Eindeutigkeit des Gesetzes in Bezug auf das „Dogma der Sittenwidrigkeit"). Dies bedeutet aber nicht, dass er diese Problematik nicht gesehen hätte. Vielmehr hat er zu den Auswirkungen des ProstG auf diesen Bereich deutlich Stellung bezogen (BT-Ds

14/5958, S. 6 [dies wurde offenbar von *Kurz* GewArch 2002, 142 übersehen; auch das *VG Weimar* 13. 5. 2002, GewArch 2002, 298, 299, geht davon aus, dass das ProstG keine diesbezügliche Aussage enthalte; wie hier dagegen *Caspar* NVwZ 2002, 1322, 1325]):

„Folgeänderungen im Gaststättengesetz, so weit dort auf „Unsittlichkeit" abgestellt wird, sind nicht erforderlich: Art. 1 des Gesetzentwurfs stellt klar, dass bei entgeltlichen sexuellen Handlungen nicht mehr automatisch von Unsittlichkeit ausgegangen werden kann (vgl. auch das Urteil des VG Berlin vom 1. 12. 2000)."

Der Gesetzgeber hat mit diesen Ausführungen zur Sittenwidrigkeit der Prostitution im Bereich des GastG eindeutig Stellung bezogen. Zum einen hielt er Folgeänderungen im GastG für entbehrlich, weil nach seinem Willen der in Art. 1 § 1 ProstG enthaltene Wegfall der Sittenwidrigkeit des von der Prostituierten mit dem Freier geschlossenen Vertrags nicht nur Wirkungen im Bereich des Zivilrechts, sondern gerade auch im GastG hat (wie hier *BayVGH* 29. 4. 2002, GewArch 2002, 296, 298; *Caspar* NVwZ 2002, 1322, 1324 f., der mit beachtlichen Argumenten eine Neubewertung der Grundrechtsauslegung des Art. 12 Abs. 1 GG befürwortet; *Rautenberg* NJW 2002, 650, 651; *Haferkorn* GewArch 2002, 145, 147; *Schmidt* S. 325; **aA** *Pauly* GewArch 2002, 217, 219, die darauf verweist, der Gesetzgeber könne nur durch eine entsprechende Änderung des normativen Gewerberechts einen Wegfall der Unzuverlässigkeit bewirken; *Kurz* GewArch 2002, 142, 143; i. E. ebenso *Metzner* § 4 Rn. 75). Mit der Regelung des Art. 1 § 1 ProstG entfällt auch im Bereich des GastG grundsätzlich die Sittenwidrigkeit der Prostitution (für einen Wegfall der Sittenwidrigkeit auch *Quambusch* ZFSH/SGB 2002, 131, und *Armbrüster* NJW 2002, 2763, 2764 [vor allem zum Zivilrecht]). Der Gesetzgeber hat aber deutlich gemacht, dass dies nur für entgeltliche sexuelle Handlungen gilt. An diesen vom Gesetzgeber bezweckten Wirkungen der Neureglungen im ProstG dürfte es keinen Zweifel geben. Bei der Beratung im Ausschuss für Familie, Senioren, Frauen und Jugend (13. Ausschuss) wurde ausdrücklich darauf hingewiesen, dass „kein Gericht mehr die Prostitution als sittenwidrig bewerten" könne (BT-Ds 14/7174, S. 8). Der Wunsch der CDU/ 65

§ 4 Versagungsgründe

CSU-Fraktion im BT, die Sittenwidrigkeit der Prostitution beizubehalten, weil das Anbieten des eigenen Körpers nach wie vor mit dem Menschenbild des GG nicht vereinbar sei (BT-Ds 14/7174, S. 8, 11; BT-Plenarprotokoll 14/196, S. 19195 C, D, 19196 D, 19197 C, 19203 D), fand keine parlamentarische Mehrheit. Bei der parlamentarischen Beratung wurde auf das Urteil des *VG Berlin* vom 1. 12. 2000 und darauf hingewiesen, dass die Prostitution in weiten Teilen der Gesellschaft nicht mehr als sittenwidrig angesehen werde. Mit dem ProstG sei nichts anderes gemacht worden, als die Gesetzeslage dem Wandel im Bewusstsein der Gesellschaft anzupassen (BT-Plenarprotokoll 14/196, S. 19194 B, 19198 A, 19199 B). Mit dem Wegfall der Sittenwidrigkeit sei es u. a. möglich, Bordellbetriebe als gewerbliche Zimmervermietung zu konzessionieren (BT-Plenarprotokoll 14/196, S. 19194 B).

66 Der aufgezeigte Wille des Gesetzgebers, dass der zivilrechtliche Wegfall der Sittenwidrigkeit auch im GastG Wirkungen zeigt, bedeutet indes nicht, dass in Fällen der Prostitution § 4 Abs. 1 S. 1 Nr. 1 GastG als Versagungsgrund der Gaststättenerlaubnis gänzlich nicht mehr zum Tragen kommt. Vielmehr lässt sich dem Willen des Gesetzgebers und dem Gesetzeszweck entnehmen, dass nicht in sämtlichen Fällen die Prostitution vom Anwendungsbereich des § 4 Abs. 1 S. 1 Nr. 1 GastG ausgenommen werden soll (in diesem Sinn auch *Pauly* GewArch 2002, 217, 222, die sich zwar gegen einen Wegfall der Sittenwidrigkeit im GastR ausspricht, aber für einen solchen Fall davon ausgeht, dass aufgrund der Struktur des ProstG die Sittenwidrigkeit im GastR nur teils wegfallen könne).

67 Wesentlich für die Bestimmung der Auswirkungen im Bereich des GastG ist, dass der Gesetzgeber mit dem ProstG die **rechtliche Stellung der Prostituierten**, nicht dagegen der Kunden, der Bordellbetreiber und anderer Personen **verbessern** wollte (BT-Ds 14/5958, S. 4; BT-Plenarprotokoll 14/196, S. 19194 C). Nur die **legal ausgeübte Prostitution** wird vom ProstG erfasst, nicht dagegen die Ausbeutung von Menschen, diese in Abhängigkeit zu bringen, illegaler Menschenhandel und andere strafbare Verhaltensweisen

Versagungsgründe § 4

(BT-Plenarprotokoll 14/196, S. 19199 D, 19200 A). Dies ist auch im GastG zu beachten (ebenso *BayVGH* 29. 4. 2002, GewArch 2002, 296, 298). Hieraus ergibt sich:

Keine Unzuverlässigkeit ist nunmehr etwa in folgenden Fällen anzunehmen:

– Die Betreiberin der Gaststätte ist eine ehemalige Prostituierte oder übt die Prostitution noch aus. Ein Rückschluss auf die Unzuverlässigkeit der Gaststättenbetreiberin ist nicht mehr möglich (**aA** bislang etwa *Metzner* § 4 Rn. 76; *HessVGH* 6. 9. 1995, GewArch 1996, 115), wenn nicht ausnahmsweise weitere Anhaltspunkt für die Annahme der Unzuverlässigkeit gegeben sind (bislang wurde die Beurteilung umgekehrt vorgenommen: nur wenn im Einzelfall die konkrete Betriebsführung das Bild der Zuverlässigkeit vermittelte, konnte vom Versagungsgrund des § 4 Abs. 1 S. 1 Nr. 1 GastG abgesehen werden [*OVG RP* 4. 6. 1980, GewArch 1980, 305 f.]).

– Der Gaststättenbetreiber duldet oder ermöglicht in seiner Gaststätte die Anbahnung der Prostitution, vor allem indem er den Kontakt von Prostituierten und Freiern erlaubt (wie hier *Caspar* NVwZ 2002, 1322, 1326 f. [allerdings mit der Einschränkung, dass keine Belästigung der Allgemeinheit stattfinden dürfe]; **aA** bislang etwa *BVerwG* 14. 11. 1990, NVwZ 1991, 373, 374 = GewArch 1991, 115; *HessVGH* 1. 3. 1988, GewArch 1988, 201; *VGH BW* 13. 3. 2001, GewArch 2001, 432, 433; 29. 1. 1996, GewArch 1996, 208, 209; 5. 7. 1994, GewArch 1994, 350; *VG Freiburg* 20. 10. 1999, GewArch 2001, 429, 430; *Ambs* in: *Erbs/Kohlhaas* § 4 GastG Rn. 12). Dabei macht es keinen Unterschied, ob der Anbahnungskontakt zwischen Frauen und Männern oder zwischen den gleichen Geschlechtern (vor allem Homosexualität) stattfindet; der Staat ist diesbezüglich zur Neutralität verpflichtet.

– Es findet ein Getränkeausschank oder eine Speiseverabreichung innerhalb eines Bordells an die Gäste des Hauses und die Kunden der Prostituierten statt (**aA** bislang etwa *Michel/Kienzle* § 4 Rn. 16).

– Die Gaststätte war früher räumlich in einen Bordellbetrieb eingegliedert (**aA** bislang etwa *Metzner* § 4 Rn. 76).

§ 4 Versagungsgründe

- Allein wegen der räumlichen Verbindung einer Gaststätte mit Räumlichkeiten, die der Ausübung der Prostitution dienen (**aA** bislang *BVerwG* 26. 3. 1974, GewArch 1974, 201, 202; vgl. auch *VGH BW* 13. 3. 2001, GewArch 2001, 432, 433). Zur Bedeutung des Versagungsgrundes des § 4 Abs. 1 S. 1 Nr. 3 GastG in diesem Zusammenhang vgl. nachfolgend Rn. 180g.
- Der Betrieb einer Unterkunft für Prostituierte, vor allem in der Form eines sog. „Stundenhotels", in dem den Prostituierten die Ausübung des Geschlechtsverkehrs gegen Entgelt ermöglicht wird (vgl. zur bisherigen Rechtslage etwa *HessVGH* 1. 3. 1988, GewArch 1988, 201). Gleiches gilt für die gelegentliche Vermietung von Zimmern an Prostituierte.

Von einer **Unzuverlässigkeit** ist dagegen auch nach In-Kraft-Treten des ProstG vor allem in folgenden Fällen auszugehen (in diesem Sinn wohl auch *BayVGH* Beschl. v. 1. 3. 2002 – 22 CE 02.369 –):

- In allen Fällen, in denen der Betrieb einer Gaststätte im Zusammenhang mit der Ausübung der Prostitution gegen gesetzliche Vorschriften verstößt, etwa gegen Strafvorschriften oder gegen Vorschriften des Jugendschutzes (wie hier *Caspar* NVwZ 2002, 1322, 1327).
- Die Prostitution wird in den eigentlichen Gaststättenräumen ausgeübt, etwa in Separees, die vom Gaststättenbetrieb nur durch Vorhänge abgetrennt sind. Hier findet die Ausübung der Prostitution in der Öffentlichkeit statt, was dem allgemeinen Sittlichkeitsempfinden widersprechen dürfte. Anders aber, wenn der Allgemeinheit der Zugang zu den Gaststättenräumen verwehrt ist und nur potentiellen Freiern ermöglicht wird, die Gaststättenräume also nur Teil eines abgeschlossenen Clubs o. Ä. sind (wie hier *Haferkorn* GewArch 2002, 145 ff. [für Swinger-Club]).
- Der Gaststätten- oder Hotelbetrieb findet im Zusammenhang mit einer wie auch immer erzwungenen Prostitution statt. Es reicht aus, wenn die Stellung als Arbeitnehmer ausgenutzt wird, in dieser Richtung Druck auszuüben (*Michel/Kienzle* § 4 Rn. 16). Hier hat der Gesetzgeber beim Erlass des ProstG deutlich zum Ausdruck gebracht, dass dessen Vergünstigungen nicht dem Schutz der Zuhälter dienen (BT-Ds 14/5958, S. 6). Dies ist auch im GastR zu beachten, zumal eine Strafbarkeit nach § 181a StGB nach wie vor gegeben ist.

Versagungsgründe §4

– Wenn durch die Verbindung des Gaststättenbetriebs mit der Ausübung der Prostitution Begleiterscheinungen hervorgerufen werden, die zu Beeinträchtigungen der Allgemeinheit führen, die nicht tolerabel sind. Hier ist etwa an den Fall zu denken, dass Gäste, Passanten oder Nachbarn durch Zuhälter oder Freier belästigt oder bedroht werden. Lärm kann über § 4 Abs. 1 S. 1 Nr. 3 GastG Berücksichtigung finden.

Im Übrigen macht es im GastR keinen Unterschied, ob die Ausübung der Prostitution selbstständig oder im Rahmen eines Anstellungsverhältnisses ausgeübt wird. Zwar dient das ProstG in erster Linie dem Schutz der angestellten Prostituierten (diesbezüglich kritisch die CDU/CSU-Fraktion [BT-Ds 14/7174, S. 8]), weil diesen der Zugang zu den Leistungen der Sozialversicherung ermöglicht werden soll. Der Wegfall der Sittenwidrigkeit gilt indes für jeden durch die Ausübung der Prostitution begründeten Vertrag. **68**

Handhabung des ProstG durch die Erlaubnisbehörden **69**

Der veränderte Umgang mit der Prostitution im Bereich des GastG erfordert ein differenziertes Vorgehen der zuständigen Erlaubnisbehörden bei der Prüfung des § 4 Abs. 1 S. 1 Nr. 1, 3 GastG. Dies wird bei einem verantwortlichen Umgang mit der neuen Rechtslage auch zu Mehrarbeit bei den Erlaubnisbehörden führen können. Allerdings wird sich diese in Grenzen halten und darüber hinaus ist zu beachten, dass der Gesetzgeber diese Änderung im Umgang mit der Prostitution wollte.

Praxistipp: Die Frage der Zuverlässigkeit im Zusammenhang mit der Ausübung der Prostitution kann von der Gaststättenbehörde wie folgt geprüft werden:

1. Kommt der beabsichtigte oder bereits ausgeübte Gaststättenbetrieb mit der Ausübung der Prostitution in Berührung?
2. Wird die Prostitution durch den Gaststättenbetrieb gefördert?
3. Welche Art der Förderung der Prostitution liegt vor?
4. Handelt es sich um eine freiwillige Prostitution oder wird auf die Frauen in irgendeiner Weise Druck ausgeübt?
5. Verstoßen die Prostitution oder deren Förderung gegen gesetzliche Vorschriften, vor allem gegen solche des Jugendschutzes?

§ 4 Versagungsgründe

6. Wirkt sich die Förderung der Prostitution auf die übrigen Gäste der Gaststätte oder auf Dritte, etwa Nachbarn, in einer Weise aus, dass unzumutbare Beeinträchtigungen erfolgen?

70 Sofern bei der vorgeschlagenen Prüfung – vor allem der letzten drei Fragen – im Einzelfall keine besonderen Begleitumstände gegeben sind, die eine Förderung oder Unterstützung der Prostitution durch den Gaststättenbetrieb ausschließen, wird in aller Regel eine Versagung der Erlaubnis auf der Grundlage des § 4 Abs. 1 S. 1 Nr. 1, 3 GastG ausscheiden.

71 Darüber hinaus müssen die Erlaubnisbehörden wie bisher laufend darüber wachen, ob die Ausübung des Gaststättenbetriebs den Anforderungen des § 4 Abs. 1 S. 1 Nr. 1, 3 GastG genügt. Hierbei wird nunmehr auch eine Rolle spielen müssen, ob der Gaststättenbetrieb den Belangen des ProstG zuwiderläuft und im Auge zu behalten sein, dass ein Schutz von Zuhältern und Freiern nicht bezweckt ist.

72 **Nichteinhaltung der Vorschriften des Gesundheits- oder Lebensmittelrechts** liegt u. a. bei der Verabreichung von Speisen- und Getränkeresten anderer Gäste (*VG Freiburg* 10. 11. 1964, GewArch 1965, 38), von Tropfbier und von Rauschgift (vgl. *VGH BW* 17. 12. 1975, GewArch 1978, 272 f.) vor. Unzuverlässig ist auch ein Gastwirt, der es unterlässt, sich gegen den **Rauschgifthandel** in seiner Gaststätte notfalls mit Hilfe der Polizei zur Wehr zu setzen (*VGH BW* 15. 11. 1971, GewArch 1972, 221; 18. 6. 1975, GewArch 1975, 298; zur Strafbarkeit eines solchen Verhaltens vgl. § 29 Abs. 1 S. 1 Nr. 10 BtMG). Es muss sich in jedem Fall um erhebliche bzw. nachhaltige Verstöße handeln.

j) Beispiele für die Unzuverlässigkeit

73 In der Rspr und der gewerberechtlichen Literatur haben sich **zahlreiche Fallgruppen** herausgebildet, bei denen die Annahme der Unzuverlässigkeit gerechtfertigt ist. Die nachfolgende Auflistung geht auf die **wichtigsten Fälle der Unzuverlässigkeit** und auf solche Fälle ein, bei denen die Annahme einer Unzuverlässigkeit ausscheidet. Eine abschließende Aufzählung ist weder möglich noch beabsichtigt.

Versagungsgründe § 4

Auflagen. Der mehrfache, gröbliche Verstoß gegen einem Gaststättenbetreiber erteilte Auflagen kann zur Annahme der Unzuverlässigkeit führen, wenn durch dieses Verhalten unmissverständlich erkennbar wird, dass sich der Erlaubnisinhaber über gewerberechtliche Verpflichtungen hinwegsetzen wird, wenn diese seinem Gewinnstreben entgegenstehen (*OVG NRW* 28. 7. 1971 – IV B 360/71 – [Nachweis bei *Gaisbauer* GewArch 1974, 48]). 73a

Aufsichtspflichtverletzung. Die **Verletzung der Aufsichtspflicht** ist geeignet, die Unzuverlässigkeit des Gaststättenbetreibers zu begründen (*VGH BW* 11. 5. 1984, GewArch 1985, 167; vgl. auch *Heß* in: *Friauf* § 35 Rn. 72). Die Bestellung von **Geschäftsführern** entbindet den Gewerbetreibenden nicht von seiner Aufsichtspflicht (vgl. *BVerwG* 16. 10. 1968, GewArch 1969, 59, 60). Dem Gaststättenbetreiber kommt auch die Aufsichtspflicht zu, rechtzeitig zu klären, ob einer bei ihm in den Betrieb eingebundenen Prostituierten eine derartige **Erwerbstätigkeit ausländerrechtlich erlaubt** ist (*OVG Berlin* 2. 7. 2002, NVwZ-RR 2002, 739). 73b

Ausländer. Wer in seinem Gaststättenbetrieb **Ausländer ohne Arbeitserlaubnis** beschäftigt, kann unzuverlässig sein (*BVerwG* 13. 3. 1973, BVerwGE 42, 68, 70 = DVBl. 1973, 861, DÖV 1973, 820; 13. 3. 1973, GewArch 1973, 164, 165). Die Beschäftigung einer sich **illegal im Bundesgebiet aufhaltenden Prostituierten** rechtfertigt die Annahme der Unzuverlässigkeit; dem Gaststättenbetreiber kommt die Pflicht zu, sich über den Aufenthaltsstatus für die Ausübung einer Erwerbstätigkeit im Bundesgebiet zu erkundigen (*OVG Berlin* 2. 7. 2002, NVwZ-RR 2002, 739). Allein **die mangelnde Kenntnis der deutschen Sprache** reicht nicht zur Annahme der Unzuverlässigkeit aus, wenn sich aus ihr nicht im Ausnahmefall Folgewirkungen ergeben, die ihrerseits auf eine Unzuverlässigkeit schließen lassen (wie hier *Michel/Kienzle* § 4 Rn. 26; **aA** *v. Ebner* DVBl. 1971, 341, 342 ff. sowie die *Vorauft.* in § 4 Rn. 18). Wegen des Grundsatzes der Verhältnismäßigkeit (vgl. oben Rn. 13–15, 24) ist stets vorrangig zu prüfen, ob die **Auflage**, deutschsprachige Bedienstete zu be- 73c

§ 4   Versagungsgründe

schäftigen, zur Sicherstellung eines ordnungsgemäßen Gaststättenbetriebs ausreicht.

73d **Berufsausübung. Wiederholte Verstöße gegen Vorschriften für die Berufsausübung** können den Gaststättenbetreiber unzuverlässig machen. Hierunter fallen etwa die Übertretung der Sperrzeit, die Nichtbeachtung von Tanzverboten, Verstöße gegen Jugendschutzvorschriften (*VGH BW* 26. 6. 1973, GewArch 1974, 128), mehrmalige Störungen der Nachtruhe, die Verletzung lebensmittelrechtlicher Bestimmungen (*Metzner* § 4 Rn. 100–107 mit einem Nachweis der wesentlichsten Vorschriften [Rn. 107]) und Verstöße gegen das IfSG (*OVG Lüneburg* 28. 1. 1976, GewArch 1976, 238 noch zum Bundesseuchengesetz).

73e **Berufsgenossenschaft.** Wegen der wichtigen sozialpolitischen Aufgabe der Unfallversicherung verhält sich ordnungswidrig und ist mithin unzuverlässig, wer nicht nur einmal oder in größeren Zeitabständen, sondern lange Zeit und beharrlich seinen **Verpflichtungen gegenüber der Berufsgenossenschaft nicht nachkommt** (*BVerwG* 13. 3. 1973, BVerwGE 42, 68, 70 = DVBl. 1973, 861, DÖV 1973, 820; *Ambs* in: *Erbs/Kohlhaas* § 4 GastG Rn. 15; *Marcks* in: *Landmann/Rohmer* GewO, § 35 Rn. 55).

73f **Drogenmissbrauch.** Die Unterstützung oder Duldung von Drogenmissbrauch in einer Gaststätte ist geeignet, die Unzuverlässigkeit eines Gastwirts zu begründen (*Scholz* in: *Maunz/Dürig* Rn. 347 zu Art. 2 GG; *Arndt* in: *Steiner* BesVwR, Rn. VII 295; *v. Ebner* GewArch 1982, 105, 113 ff.). Ein **Diskothekenbetreiber** muss alle erforderlichen Maßnahmen treffen, um die in der von ihm betriebenen Diskothek auftretenden Verstöße gegen das BtMG zu unterbinden (*OVG RP* 27. 8. 1996, NVwZ-RR 1997, 223; *BayVGH* 23. 1. 2001, BayVBl. 2001, 374 = GewArch 2001, 172 f.; *VGH BW* 3. 9. 1980, GewArch 1981, 27; *Marcks* in: *Landmann/Rohmer* GewO, § 35 Rn. 61). Ein Gastwirt ist daher zur **Zusammenarbeit mit der Polizei** verpflichtet, sobald er durch diese oder durch eigene Beobachtungen auf Drogenmissbrauch in seiner Gaststätte aufmerksam gemacht wird (*BVerwG* 28. 7. 1978, BVerwGE 56, 205, 206; 21. 10. 1987, GewArch

1988, 338; 13. 12. 1988, BVerwGE 81, 74 = NVwZ 1989, 453, 454 ff.; *OVG RP* NVwZ-RR 1997, 223; *BayVGH* BayVBl. 2001, 374; *HessVGH* 7. 2. 1983, GewArch 1983, 308 ff.; *Ehlers* in: *Achterberg u. a.* § 2 Rn. 217; *v. Ebner* GewArch 1988, 313, 316).

Eignung zum Gaststättenbetrieb (Sachkunde). Die mangelnde Eignung des Antragstellers oder Gaststättenbetreibers hat in § 4 Abs. 1 S. 1 Nr. 4 GastG ihren expliziten Niederschlag gefunden (vgl. dazu nachfolgend Rn. 183–194), wonach er die notwendigen lebensmittelrechtlichen Kenntnisse in Grundzügen kennen und dies auch vor Erteilung der Erlaubnis nachweisen muss. Darüber hinaus eine **allgemeine Eignung** zur Führung eines Gaststättenbetriebs zu verlangen, ist **abzulehnen**, jedenfalls aber **sehr zurückhaltend zu handhaben** (so zu Recht *Marcks* in: *Landmann/Rohmer* GewO, § 35 Rn. 60; *Heß* in: *Friauf* § 35 Rn. 74; *Tettinger* in: *Tettinger/Wank* § 35 Rn. 71; *Laubinger/Repkewitz* VerwArch 1998, 145, 155; **aA** *Michel/Kienzle* § 4 Rn. 26; *BVerwG* 1. 4. 1963, GewArch 1964, 13 [Bezirksschornsteinfegermeister]; *OVG RP* 29. 6. 1957, GewArch 1957/1958, 222, 223 [Immobilienmakler]; *VGH BW* 11. 11. 1970, GewArch 1971, 203 [Händler]). Zu Recht geht das *BVerwG* davon aus, dass das Fehlen genügender Fachkenntnisse die Unzuverlässigkeit des Gewerbebetreibenden nur bei solchen Gewerben ergeben kann, bei denen nach der allgemeinen Lebenserfahrung die ordnungsgemäße Ausübung des Gewerbes von den fachlichen Fähigkeiten des Gewerbetreibenden abhängt (*BVerwG* 4. 11. 1965, BVerwGE 22, 286, 296 f. = DVBl. 1966, 224 mit zust. Anm. *Reuß* [S. 228], DÖV 1966, 198, MDR 1966, 260; ebenso *Stollenwerk* Rn. 370). Der Gesetzgeber hat mit den Kenntnissen des § 4 Abs. 1 S. 1 Nr. 4 GastG diejenigen Eignungskriterien vorausgesetzt, die er für den Betrieb eines Gaststättengewerbes als zwingend erforderlich hält. Darüber hinausgehende Eignungen können grundsätzlich nicht verlangt werden (etwa ausreichende Kenntnisse der deutschen Sprache oder betriebswirtschaftliche Grundlagen). Sie wären als (zusätzliche) **subjektive Zulassungsvoraussetzungen** wohl auch mit Art. 12 Abs. 1 GG nicht zu vereinbaren (vgl. dazu *Scholz* in: *Maunz/Dürig* Rn. 374 zu Art. 12 GG).

73g

§ 4 Versagungsgründe

73h Einschenken. Schlechtes Einschenken (vgl. zu diesem Tatbestand grundlegend *Hammer* GewArch 1990, 273 f.) soll zur Annahme der Unzuverlässigkeit berechtigen, wenn der Wirt hieran hartnäckig festhält und nicht gewillt ist, auch sein Personal im möglichen und zumutbaren Rahmen zum ordentlichen Einschenken und gegebenenfalls Nachschenken anzuhalten. Dabei soll es allerdings des Nachweises bedürfen, dass eine größere Zahl von Gästen nachhaltig und trotzdem ergebnislos versucht hat, von ihrem Recht auf korrektes Einschenken Gebrauch zu machen (*Lippstreu* GewArch 1988, 293, 296). Die Annahme der Unzuverlässigkeit wegen schlechtem Einschänken sollte von der Erlaubnisbehörde **sehr zurückhaltend gehandhabt** werden. Zum einen erscheint es fraglich, ob die Notwendigkeit besteht, solche Verstöße ernsthaft zu verfolgen, denn der mündige Gast und Verbraucher wird solche Verhaltensweisen in aller Regel durch Fernbleiben oder eigene Beschwerden sanktionieren. Zum anderen wäre ein Eingriff in die Freiheit der Berufsausübung angesichts dieses in aller Regel als gering zu bewertenden ordnungswidrigen Verhaltens zumeist nicht verhältnismäßig. Eine Versagung der Gaststättenerlaubnis wegen schlechten Einschenkens wird daher **nur im Ausnahmefall** in Betracht kommen.

73i Gaststättenzugang (Kontrahierungszwang). Im GastR sind unterschiedliche Situationen denkbar, in denen der Gaststättenbetreiber bestimmten Personen oder Personengruppen den Zugang zu seiner Gaststätte verweigert. Dies geschieht zum Teil mit Begründung, teilweise aber auch ohne. Zu denken ist etwa an die weit verbreitet Praxis, dass Türsteher vor Diskotheken mehr oder weniger nach eigenem Gutdünken Personen den Zutritt zu der Diskothek gestatten oder ihn verweigern. Auch finden sich immer wieder besondere Altersbeschränkungen (etwa: „Zutritt nur für Personen über 21 Jahre" o. Ä.). In diesem Zusammenhang stellt sich die Frage, wie sich dieses Verhalten im GastR auswirkt.

Der Vertrag über die Nutzung einer Gaststätte zwischen dem Gast und dem Betreiber der Gaststätte ist zivilrechtlicher Natur. Beim **Gastaufnahmevertrag** oder auch **Bewirtungsvertrag** (*AG Ham-*

burg 10. 7. 1973, NJW 1973, 2253) handelt es sich um einen sog. Kombinationsvertrag (*Heinrichs* in: *Palandt* vor § 311 Rn. 21; vgl. dazu auch vor § 1 Rn. 4). Für das Zivilrecht ist der Grundsatz der **Vertragsfreiheit** als Ausfluss der Privatautonomie kennzeichnend. Dies bedeutet, dass es jedem Einzelnen überlassen bleibt, ob und ggf. mit wem er einen zivilrechtlichen Vertrag schließt (vgl. auch *Pinegger* GewArch 1999, 463, 469). Bei Verbrauchern wird nach der Rspr der Zivilgerichte ein **Kontrahierungszwang** nur angenommen, wenn der Unternehmer lebenswichtige Güter öffentlich anbietet und für den Verbraucher keine Ausweichmöglichkeit besteht (*Heinrichs* aaO, vor § 145 Rn. 10). Aus diesem Grund unterliegt ein Lebensmittelhändler keinem Abschlusszwang (*OLG Celle* 22. 7. 1971, OLGZ 1972, 281, 282 ff.). Ob sich ein Kontrahierungszwang bei rassistischen Diskriminierungen aus § 826 BGB ergeben kann, ist umstritten (dafür etwa *Heinrichs* aaO, vor § 145 Rn. 10; dagegen *Kühner* NJW 1986, 1397, 1401). Für einen **Gastwirt** ist ein Kontrahierungszwang abzulehnen, weil der Gast ohne weiteres eine andere Gaststätte aufsuchen oder sich Essen und Trinken auf anderem Weg besorgen kann. Etwas anderes wird nur in extremen Ausnahmefällen gelten können, etwa in erkennbaren Notsituationen.

Wegen der im Zivilrecht geltenden Vertragsfreiheit kann die Verweigerung des Zugangs zu einer Gaststätte die Annahme der **Unzuverlässigkeit** des Gastwirts **nicht begründen** (*Ehlers* in: *Achterberg u. a.* § 2 Rn. 218). Abzulehnen ist in diesem Zusammenhang die Auffassung, dass ein Gastwirt, der einen Besuchswilligen ohne erkennbaren sachlichen Grund zurückweist, den objektiven Tatbestand der Beleidigung erfüllt, weil durch die Zurückweisung ein negatives Werturteil des Gastwirts über die betroffene Person abgegeben wird (so aber *BayObLG* 7. 3. 1983, GewArch 1983, 138 f.). Auch der generelle Ausschluss von Ausländern aus einem Lokal (hier: Türken) stellt – jedenfalls ohne besondere Begleitumstände – eine bloße Diskriminierung und keine Volksverhetzung nach § 130 StGB dar (*OLG Erfurt* 8. 1. 1985, GewArch 1988, 61; **aA** *Lohse* NJW 1985, 1677, 1681, der aus der Strafbarkeit nach § 130 StGB auch die Unzuverlässigkeit i. S. d. § 4 Abs. 1 S. 1 Nr. 1 GastG folgert). Im Grundsatz gilt, dass die **Zurückweisung eines Gasts so-**

§ 4 Versagungsgründe

zialadäquat ist und wegen der Vertragsfreiheit keiner konkreten Rechtfertigung bedarf, so weit nicht die Art und Weise der Ablehnung zu einer anderen Beurteilung nötigt (*Molketin* GewArch 1989, 86, 87). Es ist nicht Aufgabe der Erlaubnisbehörde und des GastR, zivilrechtliche Vertragsfreiheiten durch Annahme der Unzuverlässigkeit korrigierend einzuengen. Auch erscheint es zweifelhaft, dass die Erlaubnisbehörde den Art. 5 des **Internationalen Übereinkommens zur Beseitigung jeder Form der Rassendiskriminierung** vom 7. 3. 1966, der einen gleichen Zugang ohne Unterschied der Rasse zu Gaststätten gewähren soll, unmittelbar anwenden und zur Annahme der Unzuverlässigkeit heranziehen kann, auch wenn diese völkerrechtliche Vorschrift bislang nicht im deutschen Recht umgesetzt wurde (so aber *Kühner* NJW 1986, 1397, 1399 f.)

73j **Gesetzesverletzungen.** Eine **Vielzahl kleinerer Gesetzesverletzungen** rechtfertigt in ihrer Häufung die Annahme der Unzuverlässigkeit, wenn sie einen Hang zur Nichtbeachtung geltender Vorschriften erkennen lässt (*BVerwG* 2. 12. 1959, GewArch 1960, 184; *VG Stuttgart* 22. 10. 1999, GewArch 2000, 25, 26 f.). Auch eine **einzige Tat** kann die Unzuverlässigkeit begründen, wenn sie infolge ihrer Schwere zu dem Schluss zwingt, der Täter werde sein Gewerbe in Zukunft nicht ordnungsgemäß ausüben. Bedenken gegen die Zuverlässigkeit im Hinblick auf frühere Verfehlungen können durch längere einwandfreie Führung ausgeräumt werden.

73k **Lärm.** Störung der Nachbarn durch übermäßigen, auf andere Weise nicht abstellbaren, auch für Gaststätten ungewöhnlichen Lärm trotz objektiv geeigneter Räume (*OVG Hamburg* 24. 4. 1959, GewArch 1959/60, 185 f.) kann die Unzuverlässigkeit begründen.

73l **Neonazistisches Gedankengut.** Wer in seinem Gaststättenbetrieb das **Verbreiten neonazistischen Gedankeguts** zulässt, ist als unzuverlässig anzusehen (*BayVGH* 10. 12. 1993, GewArch 1994, 239; vgl. aber auch *VG Schleswig-Holstein* 27. 9. 2000, GewArch 2001, 44 ff., das einem diesbezüglichen Antrag auf Wiederherstellung der aufschiebenden Wirkung stattgab).

Versagungsgründe § 4

Ordnungswidrigkeiten. In Bezug auf **Ordnungswidrigkeiten** 73m
gelten grundsätzlich die Ausführungen zur Bedeutung von Straftaten nachfolgend in Rn. 73r entsprechend. Eine Ordnungswidrigkeit
ist nach der **Legaldefinition** des § 1 OWiG eine rechtswidrige und
vorwerfbare Handlung, die den Tatbestand eines Gesetzes verwirk-
licht, das die Ahndung mit einer Geldbuße vorsieht. Beim Bußgeld
handelt es sich um eine pekuniäre staatliche Sanktion für begange-
nes Ordnungsunrecht (*Rogall* in: *KK-OWiG* § 1 Rn. 10). Allerdings
ist zu beachten, dass dem Bußgeld nur eine **Denkzettelfunktion**
zukommt (*Göhler* Rn. 9 vor § 1 OWiG: „spürbarer Pflichtappell an
den Betroffenen, ... eine Mahnung"). Dies bedeutet, dass für die
Annahme der Unzuverlässigkeit bei vom Antragsteller oder Gaststättenbetreiber begangenen Ordnungswidrigkeiten höhere Anforderungen zu stellen sind als bei Straftaten. So reicht **eine einzige
Ordnungswidrigkeit** in aller Regel nur in besonders gewichtigen
Ausnahmefällen für die Begründung der Unzuverlässigkeit aus
(wie hier *Marcks* in: *Landmann/Rohmer* GewO, § 35 Rn. 43; *Heß*
in: *Friauf* § 35 Rn. 58).

Prostitution. Siehe hierzu die gesonderten Ausführungen oben in 73n
Rn. 51–71.

Sauberkeit. Grobe Unsauberkeit soll nicht allgemein, aber doch 73o
beim Gaststättengewerbe die Annahme der Unzuverlässigkeit
rechtfertigen können (*BVerwG* 20. 6. 1961, JR 1962, 33 =
VerwRspr 13, 995, GewArch 1962, 180 f.). Dem ist insoweit zuzustimmen, als mit der Unsauberkeit **unhygienische Verhältnisse**
verbunden sein können, die mit einem Gaststättenbetrieb aufgrund
des dort stattfindenden Verzehrs von Speisen und Getränken nicht
zu vereinbaren sind. **Bloße Unordnung** oder ein **ungewöhnlicher
Gaststättenbetrieb reichen** indes für eine Unzuverlässigkeit des
Gaststättenbetreibers **nicht aus**, weil es nicht Aufgabe des GastR
ist, bestimmte Lebens- und Verhaltensweisen, die von der Norm
abweichen, zu sanktionieren.

Sozialversicherungsbeiträge. Es besteht der eingewurzelte Hang, 73p
sich den öffentlichrechtlichen Berufspflichten zu entziehen (*VGH*

§ 4 Versagungsgründe

BW 10. 5. 1971, GewArch 1972, 37), der sich beispielsweise in der Nichtabführung der einbehaltenen Sozialversicherungsbeiträge der Arbeitnehmer äußert (*BVerwG* 24. 2. 1966, GewArch 1966, 202; 2. 2. 1982, BVerwGE 65, 1, 2; *OVG Schleswig-Holstein* 19. 3. 1993, NVwZ-RR 1994, 22 f.; *Tettinger* in: *Tettinger/Wank* § 35 Rn. 57; *Heß* in: *Friauf* § 35 Rn. 68 m. w. N.; *Stollenwerk* Rn. 368; *Frotscher* JuS 1983, 114, 166; ebenso *Scholz* in: *Maunz/Dürig* Rn. 347 zu Art. 12 GG: Nichtabführung einbehaltener Arbeitnehmeranteile in der Sozialversicherung führt stets zur Annahme der Unzuverlässigkeit, wenn sie die Erheblichkeitsgrenze überschreitet).

73q **Steuerpflicht.** Zum ordnungsgemäßen Betrieb eines Gaststättengewerbes gehört auch, dass der Gaststättenbetreiber die mit der Gewerbeausübung zusammenhängenden **steuerlichen Zahlungs- und Erlaubnispflichten** erfüllt (*BVerwG* 23. 9. 1991, NVwZ-RR 1992, 414 = GewArch 1992, 22; *Eckert* JuS 1984, 960, 964). Die **Verletzung steuerrechtlicher Pflichten** begründet daher die Unzuverlässigkeit des Gaststättenbetreibers, wenn dessen Verhalten darauf schließen lässt, dass es ihm an dem für die Ausübung des Gewerbes erforderlichen Willen fehlt, seine öffentlichen Berufspflichten zu erfüllen (*BVerwG* 11. 12. 1996, GewArch 1999, 72; 4. 7. 1997, GewArch 1999, 72 f.; 13. 3. 1973, BVerwGE 42, 68. 70 = DVBl. 1973, 861, DÖV 1973, 820; 13. 3. 1973, GewArch 1973, 164; 2. 2. 1982, BVerwGE 65, 1, 2, ff. = GewArch 1982, 294; *OVG Mecklenburg-Vorpommern* 25. 3. 2002, NVwZ-RR 2002, 740; *VG Meiningen* 29. 8. 1996, GewArch 1997, 34 f.; *VG Hannover* 17. 1. 1996, GewArch 1996, 209, 210; *Marcks* in: *Landmann/Rohmer* GewO, § 35 Rn. 49; *Stollenwerk* Rn. 362). Hierzu können u. a. die hartnäckige Nichtabgabe von Steuererklärungen, die laufende schleppende Steuerzahlung und die mehrfache Nichtabführung einbehaltener Steuerabzugsbeträge aus mangelndem Willen zur Steuerentrichtung zählen. **Steuerrückstände** sind zur Annahme der Unzuverlässigkeit geeignet, wenn sie sowohl ihrer absoluten Höhe nach als auch im Verhältnis zur steuerlichen Gesamtbelastung des Gewerbetreibenden von Gewicht sind; auch die Zeitdauer der Nichterfüllung der Steuerpflichten ist von Bedeutung (*BVerwG* NVwZ-RR 1992, 414). Die

Versagungsgründe § 4

Steuerbehörden dürfen der Erlaubnisbehörde zur Feststellung der Unzuverlässigkeit **Auskunft** über die Nichterfüllung steuerlicher Verpflichtungen erteilen (*OVG NRW* 14. 7. 1971, GewArch 1972, 224; *Stollenwerk* Rn. 367). Verfügt der Gaststättenbetreiber über ein **tragfähiges Sanierungskonzept**, kann dies die Unzuverlässigkeit ausräumen (*BVerwG* GewArch 1999, 72; *OVG Mecklenburg-Vorpommern* NVwZ-RR 2002, 740). Der Umstand, dass ein Gaststättenbetreiber nur unter Druck an Vollziehungsbeamte seine öffentlichen Abgaben begleicht, rechtfertigt den Schluss auf mangelnde Fähigkeit oder des mangelnden Willens zur Erfüllung der ihm obliegenden Pflichten und damit auf seine Unzuverlässigkeit (*VG Stuttgart* 26. 8. 2002, GewArch 2003, 36, 37).

Straftaten. Es reicht nicht aus, dass der Gaststättenbetreiber strafgerichtlich verurteilt wurde. Vielmehr ist die Erlaubnisbehörde zur Prüfung gehalten, ob der der Verurteilung zugrunde liegende Sachverhalt geeignet ist, eine Unzuverlässigkeit zu begründen (*VGH BW* 20. 7. 1989, GewArch 1990, 253, 254; *Heß* in: *Friauf* § 35 Rn. 55; *Tettinger* in: *Tettinger/Wank* § 35 Rn. 36; *Seitter* S. 7; *Stollenwerk* Rn. 349). **73r**

Bei Straftaten bewirkt die Tilgung der Strafe im **Bundeszentralregister** grundsätzlich ein Verwertungsverbot (§ 49 i.V.m. § 51 BZRG). Das Verbot greift aber nicht ein, wenn die Zulassung des Betroffenen zu dem von ihm angestrebten Gewerbe zu einer erheblichen Gefährdung der Allgemeinheit führen würde (§ 52 Abs. 1 Nr. 4 BZRG). Siehe zu diesen Fragen *Michel/Kienzle* § 4 Rn. 18. Die gewerberechtliche Erlaubnis ist kein Mittel zur Bewährungshilfe. Eine Erlaubnis, die Zuverlässigkeit voraussetzt, darf nicht einem unzuverlässigen Gewerbetreibenden erteilt werden, damit er sich in dem erlaubnispflichtigen Gewerbe bewähre (*BVerwG* 22. 5. 1964, GewArch 1964, 173). Auch mildernde Umstände im strafrechtlichen Sinn sind als solche für die im öffentlichen Interesse liegende Zuverlässigkeitsprüfung ohne Bedeutung. Sie können allerdings das Verhalten des Täters so erscheinen lassen, dass aus ihm nicht auf Mangel im gesetzlichem Sinn, Ungeeignetheit oder Unfähigkeit geschlossen werden kann (*BVerwG* 27. 5. 1960, Gew-

§ 4 Versagungsgründe

Arch 1961, 40). Die Ablehnung des Antrags auf Erteilung der Gaststättenerlaubnis wegen Unzuverlässigkeit wird in das **Gewerbezentralregister** eingetragen (vgl. § 149 Abs. 2 Nr. 1 a GewO [Anhang II 1]).

Auch bei den im **Bundeszentralregister** vermerkten Bestrafungen hat die Erlaubnisbehörde in jedem Fall in eigener Verantwortung zu prüfen, ob die Tatsachen, die diesen Bestrafungen zugrunde liegen, die Annahme der Unzuverlässigkeit rechtfertigen (vgl. *BVerwG* 17. 1. 1964, GewArch 1964, 113).

73s **Strohmann.** Ein **Strohmann** ist nach allgemeinem Verständnis gegeben, wenn zur Täuschung über die tatsächlichen Verhältnisse vom eigentlichen Gaststättenbetreiber eine **andere Person** gegenüber der Erlaubnisbehörde als Betreiber **vorgeschoben** wird. Der offizielle Gewerbetreibende wird quasi als „Marionette" vom eigentlichen Gewerbetreibenden genutzt (so *BVerwG* 2. 2. 1982, GewArch 1982, 299, 300; 2. 2. 1982, GewArch 1982, 334 f.; *VG Gießen* 17. 10. 2002, GewArch 2003, 35; *Heß* in: *Friauf* § 35 Rn. 34). Wer über viele Jahre hinweg durch ständig neue Begründung von Strohmannverhältnissen eine Umgehung der Gaststättenerlaubnis versucht, ist unzuverlässig, und zwar auch dann, wenn sonstige Verstöße während der Zeit seiner tatsächlichen Betreiberschaft nicht bekannt geworden sind (*OVG NRW* 30. 7. 1991, NVwZ-RR 1992, 415 = GewArch 1992, 150 f.).

73t **Swingerclub, Pärchentreff.** Ein **Swingerclub**, der Bestandteil eines Gaststättenbetriebs ist und in dem sich Paare zum Austausch sexueller Kontakte (vor allem auch zum Geschlechtsverkehr mit wechselnden Partner oder zum Beobachten durch Dritte [vgl. zum Begriff *Haferkorn* GewArch 2002, 145]) treffen, **verstößt nicht gegen die guten Sitten** und begründet damit nicht den Versagungsgrund des § 4 Abs. 1 S. 1 Nr. 1 GastG, wenn sich der Clubbetrieb nicht als gewerbliche öffentliche Aufführung, sondern als private Lebensgestaltung darstellt. Eine in der Rechtsgemeinschaft eindeutig herrschende Auffassung über die sozialethische Verwerflichkeit eines solchen Gaststättenbetriebs lässt sich nicht feststellen

(*BVerwG* 6. 11. 2002, GewArch 2003, 122; *BayVGH* 29. 4. 2002, GewArch 2002, 296, 297; *OVG Berlin* 5. 6. 2002 – OVG 1 S 2.01 –; *VG Berlin* 17. 1. 2000, GewArch 2000, 125 f. mit abl. Anm. *Pauly* GewArch 2000, 203 f.; ebenso *Haferkorn* GewArch 2002, 145, 149; ähnlich auch *VG Stuttgart* 6. 4. 1998, GewArch 1998, 291, 292 f.; **aA** *Pauly/Brehm* GewArch 2000, 50, 59; *Aßfalg* in: *Aßfalg/Lehle/Rapp/ Schwab* § 4 GastG Rn. 6; *Stollenwerk* GewArch 2000, 317 ff.).

Wirtschaftliche Leistungsfähigkeit. Eine **anhaltende wirtschaftliche Leistungsunfähigkeit** kann zur Annahme der Unzuverlässigkeit des Gaststättenbetreibers führen (wie hier *Marcks* in: *Landmann/Rohmer* GewO, § 35 Rn. 48; *Eckert* JuS 1984, 960, 964; *Schaeffer* WiVerw 1982, 100, 108 f.; diff. *Tettinger* in: *Tettinger/ Wank* § 35 Rn. 64: strengere Anforderungen bei sog. „Vertrauensgewerben"; diff. ebenso *Heß* in: *Friauf* § 35 Rn. 61). Dabei kommt es auf den Grund für die Entstehung von Schulden und für die Unfähigkeit zur Erfüllung von Zahlungsverpflichtungen nicht an (*BVerwG* 2. 2. 1982, BVerwGE 65, 1, 4; *Stollenwerk* Rn. 359). Entscheidend ist, dass ein vernünftig urteilender und um seine ordnungsgemäße Betriebsführung bemühter Gewerbetreibender den Betrieb nicht fortführen bzw. nicht aufnehmen würde. Der Erlass mehrerer **Haftbefehle zur Erzwingung der eidesstattlichen Versicherung** innerhalb eines kürzeren Zeitraums kann die gewerberechtliche Unzuverlässigkeit des Gewerbebetriebs begründen (*VGH BW* 4. 11. 1993, GewArch 1994, 30 f. = VGHBW-Ls 10/ 1994); Gleiches gilt, wenn der Gaststättenbetreiber nur **unter Druck an Vollziehungsbeamte öffentliche Abgaben begleicht** (*VG Stuttgart* 26. 8. 2002, GewArch 2003, 36, 37). 73u

Zivilrechtliche Pflichten. Der Gaststättenbetreiber kann gegen zahlreiche ihm obliegende zivilrechtliche Pflichten verstoßen. Zu denken ist etwa an die nicht erfolgende Pachtzahlung oder eine Verletzung des Bierlieferungsvertrags. Die Möglichkeiten zivilrechtlicher Verstöße sind mannigfaltig. 73v

Eine **Verletzung** der dem Gaststättenbetreiber obliegenden **zivilrechtlichen Pflichten** gleich welcher Art reicht allein nicht aus,

§ 4 Versagungsgründe

von einer Unzuverlässigkeit auszugehen. Es ist abzulehnen, zivilrechtliche Verstöße generell als Anlass zur Zuverlässigkeitsprüfung zu nehmen (**aA** *Knaus* S. 67, 166). Es ist nicht Aufgabe des öffentlichen Gewerberechts, die mangelnde Durchsetzbarkeit zivilrechtlicher Normen auszugleichen (in diesem Sinn aber *Knaus* S. 64, 165, der eine Verletzung des Willkürverbots annimmt). Auch ist die dem deutschen Recht nach wie zugrunde liegende, dem römischen Recht entstammende Trennung von Zivilrecht und öffentlichem Recht zu beachten. Öffentliche Entscheidungen ergehen in der Regel unbeschadet des Privatrechts (vgl. dazu bereits § 3 Rn. 37). Eine Unzuverlässigkeit wegen der Verletzung zivilrechtlicher Pflichten kann daher allenfalls anzunehmen sein, wenn **Folge** der zivilrechtlichen Pflichtverletzung **Straftaten oder Ordnungswidrigkeiten** sind, oder die **Missachtung** der zivilrechtlichen Pflicht **notorisch** begangen wird (wie hier *Heß* in: *Friauf* § 35 Rn. 78; *Tettinger* in: *Tettinger/Wank* § 35 Rn. 72; *Stollenwerk* Rn. 345). Zur zivilrechtlichen Kontrahierungsfreiheit vgl. oben Rn. 73i.

4. Ungeeignete Räume (Abs. 1 S. 1 Nr. 2)

a) Allgemeines

74 § 4 Abs. 1 S. 1 Nr. 2 GastG stellt einen **sachlichen Versagungsgrund** dar. Er knüpft an den **Zustand** der Gaststättenräume an (*BVerwG* 26. 2. 1974, GewArch 1974, 201, 202) und soll die Gäste und Beschäftigten vor bestimmten Gefahren schützen, die aus dem Zustand der Räume resultieren können. In diesem Versagungsgrund kommt die Raumbezogenheit der Gaststättenerlaubnis zum Ausdruck (vgl. dazu § 3 Rn. 29–41). Der Gesetzgeber bekräftigt die Raumbezogenheit dadurch, dass er die Erteilung der gaststättenrechtlichen Erlaubnis von Anforderungen an die **innere Gestaltung der Räume** abhängig macht.

b) Abgrenzung zu Abs. 1 S. 1 Nr. 3

75 Nach BT-Ds V/205, S. 14, soll durch die Formulierung des Abs. 1 S. 1 Nr. 2 zum Ausdruck gebracht werden, „dass sich diese Vorschrift nur auf die Verhältnisse innerhalb des Betriebes und nicht auf die örtliche Lage des Betriebes bezieht". Die Lage der Räume wird nach Nr. 2 damit nur im Hinblick auf die **Verhältnisse innerhalb des Betriebs** geprüft (*Aßfalg* in: *Aßfalg/Lehle/Rapp/Schwab* § 4 GastG Rn. 14), wobei zu den Betriebsräumen nach dem weiten Raumbegriff des § 3 GastG (vgl. dort Rn. 31) auch die im Freien gelegenen Betriebsräume gehören. Im Gegensatz dazu bezieht sich der Versagungsgrund des Abs. 1 S. 1 Nr. 3 auf die Auswirkungen des Gaststättenbetriebs nach Außen. Der Abgrenzung der Versagungsgründe der Nr. 2 und 3 entspricht es, dass im Rahmen der Nr. 2 vor allem auch das **Bauordnungsrecht** zu berücksichtigen ist, während die Nr. 3 insbesondere auch das Bauplanungsrecht zum Gegenstand der Prüfung macht (vgl. auch *Michel/Kienzle* § 4 Rn. 36; zum Verhältnis des Baurechts zum GastR vgl. nachfolgend Rn. 144 f.).

c) Verfassungsrecht

Beim Versagungsgrund des § 4 Abs. 1 S. 1 Nr. 2 GastG handelt es sich um eine **verfassungsgemäße Regelung der Berufsausübung** i. S. d. Art. 12 Abs. 1 S. 2 GG, durch die der Wesensgehalt des Grundrechts der freien Berufsauswahl nicht angetastet wird (*BVerwG* 2. 2. 1961, GewArch 1961, 126; 1. 3. 1957, BVerwGE 4, 305, 304 = GewArch 1957/58, 231; *VGH BW* 28. 3. 1963, GewArch 1964, 39). Die raumbezogene Zulassungsbeschränkung belässt dem Gaststättenbetreiber die Möglichkeit, den erwählten Beruf in anderen Räumen auszuüben (*BVerwG* 6. 10. 1955, BVerwGE 2, 221, 223).

76

d) Tatbestandsmerkmale der Nr. 2

Die in § 4 Abs. 1 S. 1 Nr. 2 GastG aufgeführten einzelnen Tatbestandsmerkmale sind **unbestimmte Rechtsbegriffe**, die der Gaststättenbehörde ebenso wie bei den anderen Versagungsgründen dieser Vorschrift **kein eigenständiges Ermessen** einräumen, sondern deren Anwendung der vollen gerichtlichen Überprüfung unterliegt (vgl. dazu die Ausführungen oben in Rn. 12).

77

Bei den zum Betrieb des Gewerbes oder zum Aufenthalt der Beschäftigten **bestimmten Räumen** handelt es sich um die Räume, die Inhalt der Erlaubnis nach § 3 Abs. 1 S. 1 GastG sind (vgl. dazu § 3 Rn. 29 ff.). Daher werden wie dort auch die im Freien gelegenen Räume (Biergärten etc.) erfasst (*VGH BW* 28. 3. 1963, GewArch

78

§ 4 Versagungsgründe

1964, 39, 40). Die Prüfung der Erlaubnisbehörde muss einerseits alle Räume erfassen, die den Räumen i. S. d. § 3 Abs. 1 S. 1 GastG zuzurechnen sind, ist andererseits aber auf diese Räume beschränkt. Die Erlaubnisbehörde ist daher gehindert, Räume, die sich zwar innerhalb der Gaststätte befinden, aber weder dem Betrieb der Gaststätte noch dem Aufenthalt der Beschäftigten dienen, in ihre Prüfung nach § 4 Abs. 1 S. 1 Nr. 2 GastG mit einzubeziehen. Dem **Betrieb des Gewerbes** dienen diejenigen Räume, die zur Ausübung des Gaststättengewerbes bestimmt sind. Dies sind in erster Linie die eigentlichen Aufenthalts-, Verpflegungs- und Beherbergungsräume für die Gäste der Gaststätte (*Metzner* § 4 Rn. 180), also etwa die Übernachtungszimmer, die Räume zur Einnahme des Essens und Trinkens, die Toiletten oder die Aufenthaltsräume (Lobby eines Hotels). Zu den Betriebsräumen zählen überdies auch die von den Beschäftigten genutzten Räume, so weit diese Räume eine Funktion für den Betrieb der Gaststätte haben, so etwa die Küche oder Lagerräume für Lebensmittel. Zum **Aufenthalt der Beschäftigten** sind diejenigen Räume bestimmt, die keinen unmittelbaren Bezug zum Betrieb der Gaststätte haben, die also insbesondere nicht von den Gästen genutzt werden, und deren Funktion darin liegt, den Beschäftigten (zum Begriff der Beschäftigten vgl. § 21 Rn. 6 f.) den Aufenthalt innerhalb der Räume zu ermöglichen. Dem Aufenthalt der Beschäftigten dienen daher etwa die Personaltoiletten, weitere sanitäre Anlagen für das Personal, Ruheräume, Lagerräume etc. So weit Räume nur vom Personal betreten werden dürfen, aber dem Gaststättenbetrieb dienen (etwa die Küche), werden diese von der **insoweit vorrangigen ersten Tatbestandsalternative** erfasst.

79 Durch die Begriffe **Lage, Beschaffenheit, Ausstattung** und **Einteilung** wird eine **umfassende Prüfung der Erlaubnisbehörde in Bezug auf die innere Gestaltung** der Räume ermöglicht. Die Begriffe lassen sich zum Teil nicht scharf voneinander trennen. Die **Lage** bezeichnet in erster Linie die Zuordnung der Räume innerhalb des Gaststättenbetriebs. Damit soll Gefahren begegnet werden, die sich gerade aus der spezifischen Lage der Räume inner-

halb der Gaststätte ergeben. So wäre es etwa mit hygienischen Grundsätzen nicht zu vereinbaren, dass der Zugang zu den Aufenthaltsräumen der Gäste nur über die Küche erfolgen kann. Es ist von der Erlaubnisbehörde etwa auch darauf zu achten, dass Räume, von denen eine besondere Gefahr ausgeht, von anderen Räume ausreichend sicher getrennt liegen. Die **Beschaffenheit** der Räume wirft die Frage auf, ob die Räume aufgrund ihrer grundlegenden Struktur und Substanz für den Betrieb eines Gaststättengewerbes geeignet sind. Hier ist etwa die Größe der Räume, ihre Zugänglichkeit oder ihr Grundriss von Bedeutung. Die **Ausstattung** unterscheidet sich von der Beschaffenheit dadurch, dass hier nicht die Grundsubstanz der Räume betroffen ist, sondern dass es um die hinzufügbaren Einrichtungen der Räume geht. Erfasst werden sämtliche Gegenstände und sonstigen Einrichtungen, die der Betreiber der Gaststätte in die dem Betrieb der Gaststätte oder dem Aufenthalt der Beschäftigten dienenden Räume einbringt. Die Einrichtungen können beweglich (Tische, Stühle, Lampen) oder fest mit dem Gebäude verbunden (Theken, Regale, Küchenmöbel, sanitäre Anlagen) sein. Die **Einteilung** der Räume ist von der Lage der Räume zu unterscheiden. Während die Lage sich auf die grundlegende Zuordnung der Räume innerhalb des Gebäudes bezieht, will die Einteilung die Funktionszuweisung und Aufteilung der Räume durch den Betreiber der Gaststätte erfassen. Beide Begriffe lassen sich indes nicht in jedem Einzelfall deutlich voneinander trennen. Bei der Einteilung der Räume, also der Zuweisung einer bestimmten Raumfunktion oder einer Trennung der Räume nach bestimmten Funktionen, ist darauf zu achten, dass den spezifischen Bedürfnissen der jeweiligen gaststättenrechtlichen Funktion des Raums ausreichend Rechnung getragen wird. So wäre es etwa bedenklich, wenn den Gästen großzügig bemessene Toiletten zur Verfügung gestellt werden, während die Küche deutlich kleiner ist und kaum den Anforderungen an einen sicheren und angemessenen Arbeitsplatz gerecht wird.

Prüfungsmaßstab der Erlaubnisbehörde ist die **Eignung** der Räume für den Betrieb des Gaststättengewerbes. Es handelt sich auch diesbezüglich um einen unbestimmten Rechtsbegriff, der vom Ge-

§ 4 Versagungsgründe

setzgeber nicht definiert wurde. Allerdings wurde der Begriff durch vom Gesetzgeber genannte Beispiele konkretisiert. Stellt man allein auf den Wortlaut ab, wird durch die Verwendung des Begriffs „insbesondere" deutlich, dass zum einen diese Aufzählung nicht abschließend ist, dass aber zum anderen die dem Gesetzgeber für die Praxis besonders wichtigen Anforderungen genannt werden. Allerdings ist dabei zu beachten, dass der letzte Teil der Bestimmung mit der Formulierung „öffentliche Sicherheit oder Ordnung" erst im Verlauf des Gesetzgebungsverfahrens in § 4 Abs. 1 S. 1 Nr. 2 GastG eingefügt wurde. Der BR wollte statt der von der BReg gewählten Formulierung (BT-Ds V/205, S. 3) die Eignung anhand der öffentlichen Sicherheit oder Ordnung prüfen, um auch Gefahren für die Bewohner des Betriebsgrundstücks und die Nachbarn zu erfassen (BT-Ds V/205, S. 24). Der 15. Ausschuss griff diesen Vorschlag auf, allerdings um sicherzustellen, dass die Erlaubnis auch versagt werden kann, wenn die Räume nicht den Arbeitsschutzanforderungen entsprechen (BT-Ds V/1652, S. 4). Daher wurde die Aufrechterhaltung der öffentlichen Sicherheit oder Ordnung an die Bestimmung angefügt. Aufgrund des Wortlauts „insbesondere" verknüpft sich damit eine Anwendung des § 4 Abs. 1 S. 1 Nr. 2 GastG über die Fälle einer Gefährdung der öffentlichen Sicherheit oder Ordnung hinaus. Es wird daher zum Teil angenommen, dass es sich um ein reines Redaktionsversehen beim Erlass des Gesetzes handelt und § 4 Abs. 1 S. 1 Nr. 2 GastG nicht darüber hinausgehend zur Anwendung kommt (in diesem Sinn *Michel/Kienzle* § 4 Rn. 37). Ob es sich tatsächlich um ein Redaktionsversehen handelt (wofür einiges sprechen könnte) oder ob der 15. Ausschuss bewusst eine Erweiterung der Norm in Kauf nahm (hierfür spricht, dass letztlich die aufgeführten Belange der Gäste und Beschäftigten über den Begriff „sonst" doch der öffentlichen Sicherheit und Ordnung zugeordnet wurden [in diesem Sinn wohl auch *Metzner* § 4 Rn. 185]; bislang erfolgte überdies keine Korrektur durch den Gesetzgeber) lässt sich anhand der Gesetzesmaterialien nicht mit Sicherheit sagen. Letztlich muss dies aber nicht geklärt werden, weil weitergehende Anforderungen in der Praxis kaum vorkommen dürften und im Übrigen auch nicht verhältnismäßig wären.

Der Gesetzgeber nennt als besonderes Beispiel für die Anforderungen an die Eignung der Räume den Schutz der Gäste und der Beschäftigten gegen Gefahren für Leben, Gesundheit und Sittlichkeit. Durch die Verwendung des Begriffs „sonst" sind die zur Aufrechterhaltung der öffentlichen Sicherheit oder Ordnung notwendigen Anforderungen allerdings der Oberbegriff (vgl. dazu bereits zuvor Rn. 80). Die Eignung der Gaststättenräume ist daher im Hinblick auf die **Aufrechterhaltung der öffentlichen Sicherheit und Ordnung** zu prüfen. Die Prüfung erfolgt aus **gewerbepolizeilicher Sicht**. Erfasst werden sämtliche Belange, die in Bezug auf die Nutzung der Räume durch Gäste und Beschäftigte von Bedeutung sein können. Dabei beschränkt sich die Prüfung nicht auf das Gewerbe- und Gaststättenrecht, sondern es sind auch Normen und Anforderungen aus **spezialpolizeilichen Bereichen** zu berücksichtigen, so weit diese sich auf den Gewerbebetrieb beziehen und damit auch gewerbepolizeilichen Charakter haben (*OVG Hamburg* 18. 5. 1956, DVBl. 1956, 728; aA *OVG Lüneburg* 16. 5. 1973, GewArch 1973, 303, das Beschränkungen des Ausschanks in Friseurbetrieben durch Hygieneverordnungen außerhalb des GastR für unzulässig hält). Es ist Aufgabe der Gaststättenbehörden, die polizeirechtlichen Anforderungen der unterschiedlichsten Gesetze in Bezug auf den geplanten Gaststättenbetrieb mit dessen spezifischen Besonderheiten umzusetzen. Entscheidend ist aber, dass die konkreten Anforderungen einen Bezug zum ausgeübten Gewerbe, also zum Betrieb der Gaststätte, haben und geeignet sind, die Gäste oder die Beschäftigten der Gaststätte zu beeinträchtigen. Unter die von § 1 Abs. 1 S. 1 Nr. 2 GastG erfassten Anforderungen fallen etwa **bauordnungs-, lebensmittel-, gesundheits-, arbeitsschutz-, jugendschutz-** und **strafrechtliche Vorschriften**, sofern eine bestimmte Gestaltung der Gaststättenräume aufgrund dieser Vorschriften geboten ist (zum Verhältnis der Baugenehmigung zur Erlaubnis nach § 2 GastG vgl. nachfolgend Rn. 144 f.). Im Interesse der Beschäftigten ist vor allem die **ArbStättV** zu beachten.

§ 4 Versagungsgründe

Beispiele:

- Gem. **§ 36 Abs. 3 der LBO** Baden-Württemberg müssen Toilettenräume eine ausreichende Lüftung haben. Dies ist auch bei einer Gaststätte zu beachten.
- Gem. **§ 4 Abs. 3 JuSchG** darf Kindern und Jugendlichen der Aufenthalt in Gaststätten, die als Nachtbar oder Nachtclub geführt werden, und in vergleichbaren Vergnügungsbetrieben nicht gestattet werden (vgl. zum JuSchG etwa *Liesching* NJW 2002, 3281 ff.). Dies ist auch im GastR zu beachten. Finden sich innerhalb eines Gebäudes eine normale Gaststätte und eine Nachtbar, so ist durch räumliche Trennung sicherzustellen, dass den Anforderungen des § 4 Abs. 3 JuSchG genügt wird.
- Gem. **§ 37 Abs. 1 S. 2 ArbStättV** sollen für Frauen und Männer vollständig getrennte Toilettenräume vorhanden sein, wenn mehr als fünf Arbeitnehmer verschiedenen Geschlechts beschäftigt werden.
- Gem. **§ 184 Abs. 1 Nr. 2 StGB** macht sich strafbar, wer an einem Ort, der Personen unter achtzehn Jahren zugänglich ist oder von ihnen eingesehen werden kann, pornographische Schriften ausstellt oder anschlägt. Nach § 11 Abs. 3 StGB stehen den pornographischen Schriften Abbildungen gleich. Möchte daher ein Gastwirt in einem Raum seiner Gastwirtschaft die Wände mit pornographischen Abbildungen bemalen lassen, ist durch geeignete Maßnahmen sicherzustellen, dass dieser Raum für Minderjährige nicht betretbar ist, ggf. ist die gaststättenrechtliche Erlaubnis gänzlich zu versagen.

Zur **Konkretisierung** der Anforderungen des § 4 Abs. 1 S. 1 Nr. 2 GastG **durch die Landesverordnungen** vgl. nachfolgend Rn. 202 ff.

82 Bei der Anwendung des § 4 Abs. 1 S. 1 Nr. 2 GastG ist zu beachten, dass vom Begriff der öffentlichen Sicherheit geschriebene Normen erfasst werden, während die öffentliche Ordnung nur die Summe der ungeschriebenen Verhaltensnormen umfasst. Der Prüfungsmaßstab der Erlaubnisbehörde wird hierdurch begrenzt. Der Begriff der öffentlichen Ordnung dürfte seine ursprüngliche Bedeutung weitgehend verloren haben (vgl. dazu oben Rn. 40), weil es kaum noch Bereiche gibt, in denen der Gesetzgeber keine Regelung getroffen hat. Selbst wenn der Begriff der öffentlich Ordnung bundesrechtlicher

Versagungsgründe § 4

Natur ist und daher auch in den Bundesländern Geltung beansprucht, in deren Polizeigesetzen der Begriff ausdrücklich gestrichen wurde (so *Michel/Kienzle* § 4 Rn. 37 Fn. 251), dürfte er auch im GastR seine Bedeutung weitgehend verloren haben.

Tipp: So weit keine gesetzlichen Nomen gegeben sind, die Anforderungen an die Gestaltung der Gaststättenräume stellen, ist bei der Anwendung des § 4 Abs. 1 S. 1 Nr. 2 GastG Zurückhaltung geboten. Die Prüfung, ob Sitten und Gebräuche eine bestimmte Gestaltung der Gaststättenräume erfordern, ist äußerst sorgfältig vorzunehmen. In aller Regel wird eine Versagung der Erlaubnis auf dieser Grundlage nicht möglich sein. Anforderungen ästhetischer oder fremdenverkehrspolitischer Art scheiden in jedem Fall aus (*Metzner* § 4 Rn. 186; *Michel/Kienzle* § 4 Rn. 37).

Zur Anwendung des Versagungsgrunds nach § 4 Abs. 1 S. 1 Nr. 2 GastG muss **keine konkrete Gefahr** für die öffentliche Sicherheit und Ordnung vorliegen. Die Erlaubnisbehörde hat vielmehr zu prüfen, welche Anforderungen erforderlich sind, dass es erst gar nicht zu einer Störung der öffentlichen Sicherheit und Ordnung kommt – die öffentliche Sicherheit und Ordnung ist „aufrecht zu erhalten". Dies erfordert eine **Prognose** der Erlaubnisbehörde, welche Gefahren für die öffentliche Sicherheit oder Ordnung für die Gäste und Beschäftigten von den für den Gaststättenbetrieb vorgesehenen Räumen bereits ausgehen oder noch ausgehen können. Maßstab ist dabei die Sicherheit der Gäste und Beschäftigten. **83**

Der Erlaubnisbehörde kommt bei der Prüfung **kein eigenständiges Ermessen** zu. Zwar entstammen die Begriffe „öffentliche Sicherheit" und „öffentliche Ordnung" dem Polizeirecht. Dies bedeutet aber nicht, dass die Grundsätze des allgemeinen Polizeirechts ohne weiteres übertragen werden können (aA *Michel/Kienzle* § 4 Rn. 38). Der Erlaubnisbehörde kommt zunächst kein Ermessen bei der Frage zu, ob eine Versagung der Erlaubnis erfolgt. § 4 Abs. 1 S. 1 GastG zwingt vielmehr zur Versagung der Gaststättenerlaubnis, wenn die tatbestandlichen Voraussetzungen der Nr. 2 gegeben sind (vgl. dazu bereits oben Rn. 9). Auch ein dem Polizeirecht vergleichbares Aus- **84**

§ 4 Versagungsgründe

wahlermessen hinsichtlich der Art der zu ergreifenden Maßnahmen ist nicht gegeben. § 4 Abs. 1 GastG ist keine der polizeirechtlichen Generalklausel vergleichbare Eingriffsnorm, die es erlaubt, dem Gaststättenbetreiber bestimmte Maßnahmen aufzuerlegen. Vielmehr ist es Aufgabe der Gaststättenbehörde, die vom Gaststättenbetreiber geplanten Maßnahmen anhand der Versagungsnorm, also vor allem auf der Grundlage der geltenden gesetzlichen Regelungen zu prüfen. Genügen mehrere Gestaltungen der Räume den Anforderungen des § 4 Abs. 1 S. 1 Nr. 2 GastG, obliegt es allein dem Gaststättenbetreiber, die seines Erachtens zu bevorzugende Variante auszuwählen. Der Gesetzeszweck erfordert keine andere Vorgehensweise (wie hier *Metzner* § 4 Rn. 187; **aA** *Michel/Kienzle* § 4 Rn. 39 [Auswahlermessen der Behörde bezüglich der zu stellenden Anforderungen] sowie die *Voraufl.* in § 4 Rn. 25).

Tipp: Auch wenn der Behörde nach der hier vertretenen Auffassung kein Ermessen bei der Auswahl verschiedener Gestaltungsmöglichkeiten der Betriebsräume zukommt, darf die Prüfung der Gaststättenbehörde am Ende nicht in eine bloße Versagung der beantragten Erlaubnis münden. Vielmehr sollte die Behörde dem Gaststättenbetreiber von Anfang an beratend zur Seite stehen und ihm Hinweise für eine § 4 Abs. 1 S. 1 Nr. 2 GastG genügende Gestaltung der Räume geben. Sie ist dabei auch nicht gehindert, Präferenzen bei verschiedenen Gestaltungsmöglichkeiten zu äußern, allerdings darf sie dem Antragsteller nicht ihren eigenen Willen aufzwingen.

85 Ein **Ermessen** der Erlaubnisbehörde kommt nur in Betracht, **wenn** ein solches **in einer** auf der Grundlage des § 4 Abs. 3 S. 1 GastG erlassenen **Rechtsverordnung ausdrücklich eingeräumt** wird (wie hier *Metzner* § 4 Rn. 187).

e) Zivilrechtliche Hindernisse

86 Die gaststättenrechtliche Erlaubnis ergeht grundsätzlich **unbeschadet privater Rechte**. So ist es etwa ohne Bedeutung, ob der Gaststättenbetreiber über die zivilrechtlich erforderlichen Nutzungsrechte an den für den Gaststättenbetrieb vorgesehenen Räumen verfügt (vgl. dazu § 3 Rn. 37). Im Rahmen des Versagungs-

grunds des § 4 Abs. 1 S. 1 Nr. 2 GastG muss die Gaststättenbehörde daher nicht berücksichtigen, ob der Gaststättenbetreiber die Möglichkeit hat, die den Versagungsgrund genügende Gestaltung der Betriebsräume zivilrechtlich, etwa im Rahmen des bestehenden Pachtvertrags, umzusetzen. Die Grenzen sind allerdings dort zu sehen, wo die Versagung der Erlaubnis oder die Erteilung bestimmter Auflagen mit dem Grundsatz der Verhältnismäßigkeit nicht mehr zu vereinbaren wäre. Insofern dürfen die zivilrechtlichen Fragen nicht gänzlich außer Betracht bleiben (vgl. dazu auch § 3 Rn. 37).

Tipp: Einer kunden- und bürgerorientierten Verwaltung entspricht es, dass die Gaststättenbehörde eine einvernehmliche Lösung sucht. Im Rahmen des § 4 Abs. 1 S. 1 Nr. 2 GastG sollte daher stets versucht werden, auch die zivilrechtliche Situation des die Erlaubnis begehrenden Gaststättenbetreibers zu berücksichtigen. In aller Regel werden sich am Einzelfall orientierte Lösungen finden lassen, die den gesetzlichen Anforderungen genügen und sich auch in den dem Antragsteller zur Verfügung stehenden Räumen verwirklichen lassen.

f) Prüfungsreihenfolge

Aus dem Zusammenspiel von § 3 Abs. 1 S. 1 und § 4 Abs. 1 S. 1 Nr. 2 GastG ergibt sich, dass die Erlaubnisbehörde zunächst die Räume bestimmen muss, für welche die Erlaubnis zu erteilen ist und die in der Erlaubnisurkunde aufzuführen sind (vgl. dazu § 3 Rn. 29 ff.). Wenn diese Räume feststehen, ist anhand des § 4 Abs. 1 S. 1 Nr. 2 GastG zu prüfen, ob von den Räumen Gefahren ausgehen, denen durch geeignete Maßnahmen begegnet werden kann und muss. Ist dies der Fall, sind mit dem Antragsteller gemeinsam geeignete Lösungen zu suchen. **87**

5. Barrierefreiheit (Abs. 1 S. 1 Nr. 2 a)

a) Allgemeines

Am 1. 5. 2002 ist das Gesetz zur Gleichstellung behinderter Menschen und zur Änderung anderer Gesetze vom 27. 4. 2002 (BGBl. I S. 1467) in Kraft getreten. Mit diesem Gesetz wurde das **BGG** erlassen (Art. 1 des Gesetzes) und neben 55 anderen Änderungen **88** auch das GastG geändert. Beim durch Art. 41 des Gesetzes geschaffenen § 4 Abs. 1 S. 1 Nr. 2 a GastG handelt es sich um einen **sachlichen Versagungsgrund**. Gaststättenräume müssen nunmehr barrierefrei gestaltet werden. Zur **Entstehungsgeschichte** des Gesetzes vgl. *Braun* RiA 2002, 177 f.; *Stähler* NZA 2002, 777 sowie oben Rn. 1a. Zum **Zweck des BGG** vgl. *Braun* MDR 2002, 862 f. Der Text des BGG findet sich auszugsweise im Anhang III 3.

Rechtspolitische Bewertung: Der mit dem Gesetz zur Gleichstellung behinderter Menschen und zur Änderung anderer Gesetze verfolgte Zweck der Gleichstellung behinderter Menschen ist aus sozialen und verfassungsrechtlichen Erwägungen zu begrüßen. Angesichts zunehmender Bestrebungen der **Deregulierung** (vgl. zur Kritik des Bundespräsidenten am Umfang des Bundesrechts NJW 2002, Heft 41, S. XIV) ist es allerdings bedenklich, dieses Ziel mit einem derart umfassenden Gesetz zu verfolgen. Hier stellt sich die Frage, ob dies wirklich erforderlich war. Auch die mit dem Gesetz verbundenen finanziellen Auswirkungen sind angesichts der fiskalischen Situation des Staates nicht unbedenklich (in diesem Sinn *Braun* MDR 2002, 862, 866).

b) Abgrenzung zu § 4 Abs. 1 S. 1 Nr. 2 und 3

89 § 4 Abs. 1 S. 1 Nr. 2 a GastG bezieht sich wie der Versagungsgrund der Nr. 2 auf die **innere Gestaltung der Betriebsräume**, dabei aber nur auf die zum **Aufenthalt der Gäste bestimmten Räume** (vgl. dazu nachfolgend Rn. 97). Anders als beim Versagungsgrund nach Nr. 3 werden die Auswirkungen des Gaststättenbetriebs nach Außen nicht geprüft.

c) Verfassungsrecht

90 Im Gesetzgebungsverfahren wurde die **Gesetzgebungskompetenz des Bundes** für die nunmehr erfolgte Ergänzung des § 4 Abs. 1, 3 GastG vom BR-Ausschuss für Innere Angelegenheiten und vom Wirtschaftsausschuss des BR in Frage gestellt (vgl. BR-Ds 928/1/01, S. 28, 29; BT-Ds 14/8043, S. 13 f.; **aA** die BReg in BT-Ds 14/8043, S. 18). Nach einer Ergänzung des § 4 GastG durch den BT-Ausschuss für Arbeit und Sozialordnung (BT-Ds 14/8331, S. 31), mit der den vom BR vorgetragenen Bedenken begegnet werden

Versagungsgründe § 4

sollte (BT-Ds 14/8331, S. 51), hielt nur noch der Wirtschaftsausschuss des BR seine Bedenken aufrecht (BR-Ds 152/1/02, S. 4). Der BR stimmte dem Gesetz dagegen zu.

Die vom Wirtschaftsausschuss des BR geäußerten Zweifel an der Gesetzgebungskompetenz des Bundes sind nicht durchschlagend. Gem. Art. 72 Abs. 1 GG haben die Länder im Bereich der konkurrierenden Gesetzgebung die Befugnis zur Gesetzgebung, solange und so weit der Bund von seiner Gesetzgebungszuständigkeit nicht durch Gesetz Gebrauch macht. Gem. Art. 74 Abs. 1 Nr. 11 GG erstreckt sich die konkurrierende Gesetzgebung auf das Recht der Wirtschaft (Bergbau, Industrien, Energiewirtschaft, Handwerk, Gewerbe, Handel, Bank- und Börsenwesen, privatrechtliches Versicherungswesen). Der Begriff „Recht der Wirtschaft" wird vom *BVerfG* weit interpretiert (vgl. dazu etwa *BVerfG* 30. 5. 1956, BVerfGE 5, 25, 28 f.; 18. 3. 1970, BVerfGE 28, 119, 146; 15. 12. 1970, BVerfGE 29, 402, 409; 10. 12. 1980, BVerfGE 55, 274, 308) und umfasst neben der Organisation der Wirtschaft auch deren Steuerung und Lenkung (BVerfGE 55, 274, 309; *Pieroth* in: *Jarass/ Pieroth* Art. 74 Rn. 22; *Kunig* in: *Münch/Kunig* Art. 74 Rn. 42) sowie alle das wirtschaftliche Leben und die wirtschaftliche Betätigung als solche regelnden Normen (*BVerfG* 29. 4. 1958, BVerfGE 8, 143, 148 f.; 18. 3. 1970, BVerfGE 28, 119, 146; BVerfGE 55, 274, 308). Der Gewerbebegriff des Art. 74 Abs. 1 Nr. 11 GG ist nicht auf den der GewO beschränkt (*Pieroth* aaO, Art. 74 Rn. 25), sondern umfassend zu verstehen (*Kunig* aaO, Art. 74 Rn. 50). Die **Gesetzgebung** auf dem Gebiet des Gewerbes **umfasst alle Aspekte dieses Teilbereichs** (*Pestalozza* in: *von Mangoldt/Klein/Pestalozza* Art. 74 Rn. 590). Die vom Bund erlassene Regelung der Barrierefreiheit von Gaststätten ist gewerberechtlicher Natur. Richtig ist zwar, dass die Ergänzung des § 4 GastG bauordnungsrechtlichen Charakter hat. Für die Gesetzgebungskompetenz des Bundes ist indes Art. 3 Abs. 3 S. 2 GG von ausschlaggebender Bedeutung, wonach niemand wegen seiner Behinderung benachteiligt werden darf (vgl. dazu auch *Moritz* ZFSH/SGB 2002, 204, 211). Der Verfassungsgeber verband mit dieser Ausprägung des Gleichheitssat-

91

§ 4 Versagungsgründe

zes auch den Auftrag an den Staat, auf eine gleichberechtigte Teilhabe behinderter Menschen hinzuwirken (*Jarass* in: *Jarass/Pieroth* Art. 3 Rn. 126; vgl. auch *Beaucamp* DVBl. 2002, 997, 1000 ff.; in diesem Sinn auch BT-Plenarprotokoll 14/221, S. 21870 B.). Die Sicherstellung einer gleichberechtigten Teilhabe ist in erster Linie eine Aufgabe des Bundes, weil die Gleichstellung bundesweit zu gewährleisten ist, und bezieht sich auf sämtliche Lebens- und Rechtsbereiche. Dies gilt auch für das GastR als Teil des Wirtschafts- und Gewerberechts.

92 Gem. Art. 72 Abs. 2 GG hat der Bund im Bereich der konkurrierenden Gesetzgebung das Gesetzgebungsrecht, wenn und so weit die Herstellung gleichwertiger Lebensverhältnisse im Bundesgebiet oder die Wahrung der Rechts- und Wirtschaftseinheit im gesamtstaatlichen Interesse eine bundesgesetzliche Regelung **erforderlich** macht. Die Einschätzung, ob eine Regelung i. S. d. Art. 72 Abs. 2 GG erforderlich ist, unterliegt prärogativ dem Bund (*Kunig* in: *Münch/Kunig* Art. 72 Rn. 28; *Rybak/Hofmann* NVwZ 1995, 230, 231; ähnlich, wenn auch einschränkender *Sommermann* Jura 1995, 393, 395). Bei der Beurteilung, ob eine bestimmte Regelung zur Herstellung gleichwertiger Lebensverhältnisse erforderlich ist, verfügt der Bund über Prognosespielräume, weil er in Bezug auf das Sicherstellen gleichwertiger Lebensverhältnisse in Deutschland in der Verantwortung ist (*Kunig* aaO, Art. 72 Rn. 28). Die durch Art. 41 des Gesetzes zur Gleichstellung behinderter Menschen und zur Änderung anderer Gesetze erfolgte Ergänzung des § 4 GastG war zur Herstellung gleichwertiger Lebensverhältnisse im Bundesgebiet und zur Wahrung der Rechts- und Wirtschaftseinheit erforderlich. Eine bundesgesetzliche Regelung ist nämlich immer dann i. S. d. Art. 72 Abs. 2 GG erforderlich, wenn das Gesetz in unmittelbarem Zusammenhang mit einer Grundgesetzänderung steht (*Pieroth* in: *Jarass/Pieroth* Art. 72 Rn. 9). Dies ist vorliegend der Fall. Der Verfassungsgeber hat dem Bundesgesetzgeber mit Art. 3 Abs. 3 S. 2 GG den klaren Auftrag gegeben, auf eine gleichberechtigte Teilhabe behinderter Menschen hinzuwirken (vgl. dazu zuvor Rn. 91). Der Bund ist damit in der Pflicht, so dass eine Regelung zur Herstellung gleichwertiger Lebensverhältnisse der behinderten Menschen und zur Wahrung der Rechts- und Wirtschaftseinheit in jedem Fall erforderlich ist.

Bei der Anwendung des Versagungsgrunds nach § 4 Abs. 1 S. 1 Nr. 2a GastG kommt dem **Grundsatz der Verhältnismäßigkeit** eine besondere Bedeutung zu. Der Gesetzgeber hat mit § 4 Abs. 1 S. 2 GastG, der zugunsten der Gaststättenbetreiber ein Abweichen vom Grundsatz der Barrierefreiheit ermöglicht, den Grundsatz der Verhältnismäßigkeit ausdrücklich im Gesetz verankert (BT-Ds 14/7420, S. 36). Die Gaststättenbehörde hat daher stets zu prüfen, ob die für die Herstellung der Barrierefreiheit vorgesehenen Maßnahmen erforderlich, geeignet und verhältnismäßig im engeren Sinne sind (vgl. dazu auch nachfolgend Rn. 101–104). 93

d) Bestimmtheit des Abs. 1 S. 1 Nr. 2 a

Der BR-Ausschuss für Innere Angelegenheiten und der BR-Wirtschaftsausschuss rügten bei ihrer Beschlussempfehlung an den BR (BR-Ds 928/1/01, S. 29 f.), dass die Regelung in Art. 41 des Gesetzes zur Gleichstellung behinderter Menschen und zur Änderung anderer Gesetze inhaltlich nicht hinreichend bestimmt sei. Anlässlich der abschließenden Behandlung des vom BT beschlossenen Gesetzes im BR wurden vom Ausschuss für Innere Angelegenheiten keine weiteren Bedenken gegen die Regelung des Art. 41 des Gesetzes vorgebracht (BR-Ds 152/1/02, S. 5). Der Wirtschaftsausschuss hielt seine Bedenken in Bezug auf die zuvor gerügte Unbestimmtheit der Regelung nicht mehr aufrecht (BR-Ds 152/1/02, S. 4 f.). 94

Die Anforderung der hinreichenden Bestimmtheit eines förmlichen Gesetzes folgt aus dem Grundsatz des Gesetzesvorbehalts (*Jarass* in: *Jarass/Pieroth* Art. 20 Rn. 54, 60) und hat Verfassungsrang (vgl. auch *Kunig* Jura 1990, 495). Gesetze müssen als Ausfluss des Rechtsstaatsprinzips hinreichend klar gefasst sein, um dem Bürger die Möglichkeit zu geben, sich ein eigenes Bild von der Rechtslage zu machen (*BVerfG* 5. 8. 1966, BVerfGE 20, 150, 158 f.; 7. 7. 1971, BVerfGE 31, 255, 264; *Herzog* in: *Maunz/Dürig* Art. 20 VII 95

Rn. 63; *Schmidt-Bleibtreu/Klein* Art. 20 Rn. 34; *Schulze-Fielitz* in: *Dreier* Art. 20 Rn. 121). Wie genau und wie bestimmt ein förmliches Gesetz sein muss, hängt von der sog. **Wesentlichkeitstheorie** ab (*Jarass* aaO, Art. 20 Rn. 54; *Schmidt-Bleibtreu-Klein* Art. 20 Rn. 34; *BVerfG* 3. 6. 1992, BVerfGE 86, 288, 311; 14. 7. 1998, BVerfGE 98, 218, 251; vgl. auch *Gassner* DÖV 1996, 18, 19 f.). Je schwerwiegender die Auswirkungen einer Regelung sind, desto genauer müssen die Vorgaben des förmlichen Gesetzgebers sein (*BVerwG* 3. 3. 1989, NVwZ-RR 1990, 44, 47). Die Rechtslage muss für den Betroffenen erkennbar sein, damit er sein Verhalten darauf einrichten kann (*Jarass* aaO, Art. 20 Rn. 54; *BVerfG* 3. 11. 1982, BVerfGE 62, 169, 182 f.; *BVerwG* 9. 3. 1990, NVwZ 1990, 867, 868). Allerdings ist dabei zu beachten, dass es dem Gesetzgeber dadurch nicht verwehrt wird, **unbestimmte Rechtsbegriffe** und Generalklauseln zu verwenden (*Herzog* aaO, Art. 20 VII Rn. 63). Ob der Gesetzgeber sich bei der Festlegung des gesetzlichen Tatbestands eines Begriffs bedient, der einen Kreis von Sachverhalten abdeckt, liegt in seinem Ermessen (*Schmidt-Bleibtreu* Art. 20 Rn. 34). Die Grenzen unbestimmter Rechtsbegriffe liegen im Grundsatz der Normklarheit. Die Gesetzesbegriffe müssen die tatbestandliche Grenzziehung selbst leisten und nicht Rechtsanwendern oder den Gerichten überlassen (*Schulze-Fielitz* aaO, Art. 20 Rn. 121). Der in § 4 Abs. 1 S. 1 Nr. 2 a GastG enthaltene Begriff „barrierefrei" ist ein vom Gesetzgeber verwendeter unbestimmter Rechtsbegriff. Auch wenn durch die Änderung im BT-Ausschuss nicht mehr ausdrücklich auf die Definition des § 4 BGG in Bezug genommen wird, ist diese für den in § 4 Abs. 1 S. 1 Nr. 2 a GastG bundesrechtlich verwendeten Begriff vorrangig maßgebend. Mit der Konkretisierung des unbestimmten Rechtsbegriffs „barrierefrei" muss für den Gaststättenbetreiber nicht feststehen, welche konkreten baulichen Maßnahmen er ergreifen muss, um eine Barrierefreiheit der Gaststättenräume sicherzustellen. Vielmehr können und müssen die konkreten baulichen Maßnahmen zur Sicherstellung der Barrierefreiheit **jeweils im Einzelfall** festgelegt werden. Es ist nicht möglich, die Vielzahl baulicher Vorgaben im

Gesetz angemessen zu erfassen. Dies hat der Gesetzgeber durch den neuen § 4 Abs. 1 S. 2 GastG deutlich zum Ausdruck gebracht, indem er der Gaststättenbehörde gestattet, vom Erfordernis der Barrierefreiheit abzusehen, wenn eine barrierefreie Gestaltung nicht möglich ist oder nur mit unzumutbaren Aufwendungen erreicht werden kann. Entscheidend ist, dass der Gesetzgeber mit der Definition des § 4 BGG das Ziel ausreichend deutlich vorgegeben hat: Den behinderten Menschen muss eine Benutzung der Gaststätte gleichermaßen wie Menschen ohne Behinderung möglich sein. An dieser Vorgabe haben sich die konkreten baulichen Maßnahmen auszurichten.

Eine Verletzung der **Grundrechte der Art. 12 und 14 GG** wegen Unbestimmtheit der gesetzlichen Regelungen scheidet aus. Auch wenn der Gaststättenbetreiber nicht im voraus weiß, welche konkreten baulichen Anforderungen er in Bezug auf die Barrierefreiheit erfüllen muss, hat der Gesetzgeber mit § 4 Abs. 1 S. 2 GastG eine **Zumutbarkeitsgrenze** vorgesehen. Verletzungen der Art. 12 und 14 GG sind im Rahmen der Ermessensausübung wie jede andere Grundrechtsverletzung zu berücksichtigen und können im Einzelfall auch zu einer Ermessensreduzierung auf Null führen. Die Gleichstellung der behinderten Menschen durch Art. 3 Abs. 3 S. 2 GG ist ein von Verfassung wegen bestehender Auftrag an den Staat und die Allgemeinheit, so dass die Gaststättenbetreiber wegen der besonderen gesellschaftlichen Bedeutung der Behindertengleichstellung Einschränkungen und Belastungen in Kauf nehmen müssen. 96

e) Tatbestand des Abs. 1 S. 1 Nr. 2 a

Der Versagungsgrund des § 4 Abs. 1 S. 1 Nr. 2 a GastG bezieht sich nur auf die **zum Betrieb des Gewerbes für Gäste bestimmten Räume**. Nur für diese Räume ist die Barrierefreiheit zu gewährleisten. Es werden zunächst nur diejenigen **Räume** der Gaststätte erfasst, die dem **eigentlichen Gaststättenbetrieb dienen**. Es scheiden von vornherein alle Räume aus, die nicht von § 3 Abs. 1 GastG erfasst werden. Aus der Funktion des § 4 Abs. 1 S. 1 Nr. 2 a GastG und dem Wortlaut („für Gäste") folgt zudem, dass nur solche Räu- 97

§ 4 Versagungsgründe

me erfasst werden, die zum Aufenthalt von Besuchern der Gaststätte bestimmt sind. Damit fallen alle anderen Räume, etwa die Personalaufenthaltsräume, die Küche sowie Lager- und Büroräume aus dem Anwendungsbereich des Versagungsgrunds heraus. Eine weitere Einschränkung folgt aus der Bezugnahme auf die barrierefreie Nutzbarkeit der Gaststättenräume. Der Gesetzgeber wollte nämlich nur **die bauliche barrierefreie Ausgestaltung** erfassen. Es handelt sich um eine „flankierende Maßnahme" zu den Anforderungen in den Landesbauordnungen (BT-Ds 14/7420, S. 36). Anforderungen an die barrierefreie Ausgestaltung der Gaststätte können nur gemacht werden, so weit es um **bauliche Maßnahmen** geht. Dies betrifft die Ausgestaltung der eigentlichen, zum Aufenthalt der Gäste bestimmten Räume. Aus § 3 Abs. 1 GastG folgt an sich, dass damit alle örtlich bestimmten Stellen erfasst werden, gleichgültig ob sie sich im Innern eines Gebäudes oder im Freien (etwa ein Biergarten) befinden (vgl. zum sehr weitgehenden Raumbegriff im GastR § 3 Rn. 31). Auch hier bringt § 4 Abs. 1 S. 1 Nr. 2a GastG indes eine Einschränkung, weil aus dem Wortlaut der Bestimmung („so weit diese Räume in einem Gebäude liegen") eindeutig folgt, dass nur solche Räume erfasst werden, die sich in einem Gebäude befinden. Biergärten und sonstige Außenbewirtschaftungen müssen daher nicht barrierefrei sein, auch wenn sie es in der Praxis vielfach sein dürften. Angesichts des Zwecks der Vorschrift scheint diese Differenzierung äußerst fraglich.

98 **§ 4 Abs. 1 S. 1 Nr. 2a GastG** verlangt nicht nur die baurechtlich relevante Veränderung der Räume, sondern bezieht sich auch auf die **sonstige Gestaltung der Räume**. Der Gesetzgeber will mit § 4 BGG und der Ergänzung des § 4 Abs. 1 GastG eine weitgehende Gleichstellung von behinderten mit nicht behinderten Menschen bei der Nutzung einer Gaststätte erreichen. Dieses Ziel erfordert es, die barrierefreie Ausgestaltung in einem umfassenden Sinn zu verstehen. Dies wird durch die vom BT-Ausschuss für Arbeit und Sozialordnung vorgeschlagene und später verabschiedete Fassung des § 4 Abs. 3 S. 2a GastG eindeutig belegt. Danach können die Landesregierungen durch Rechtsverordnung § 4 Abs. 1 S. 1 Nr. 2a

GastG durch Mindestanforderungen konkretisieren, die mit dem Ziel der Barrierefreiheit an die Lage, Beschaffenheit, Ausstattung und Einteilung der Räume zu stellen sind. Damit wird an den bisherigen § 4 Abs. 1 Nr. 2 GastG angeknüpft und deutlich gemacht, dass die Barrierefreiheit nicht nur die baurechtliche Gestaltung der Räume erfasst, sondern auch deren weitere **Lage, Beschaffenheit, Ausstattung und Einteilung**. Die Gaststättenbehörde hat daher **umfassend zu prüfen**, ob die den Besuchern zum Aufenthalt dienenden Gaststättenräume barrierefrei sind. Daher ist auch zu prüfen, ob das **Inventar dieser Räume** auch behinderten Gästen eine gleichberechtigte Nutzung der Gaststätte ermöglicht.

Die zum Betrieb des Gaststättengewerbes bestimmten Räume müssen von behinderten Menschen **barrierefrei** genutzt werden können. Der Begriff „barrierefrei" wird in **§ 4 BGG** legal definiert (vgl. den Text im Anhang III 3). Diese **Legaldefinition** ist für die Anwendung des § 4 Abs. 1 S. 1 Nr. 2a GastG ausschlaggebend. Der Begriff „Barrierefreiheit" ist in einem **umfassenden Sinn** zu verstehen (*Moritz* ZFSH/SGB 2002, 204, 211; *Stähler* NZA 2002, 777, 778) und soll eine allgemeine Gestaltung des Lebensumfelds für alle Menschen sicherstellen (*Braun* MDR 2002, 862, 864). Die Gaststättenräume müssen nach § 4 BGG für behinderte Menschen in der allgemein üblichen Weise, ohne besondere Erschwernis und grundsätzlich ohne fremde Hilfe zugänglich und nutzbar sein. Mit dem Begriff der Barrierefreiheit i. S. d. § 4 BGG werden nicht nur die **physischen Grenzen** für behinderte Menschen, sondern darüber hinaus auch **kommunikative Schranken** erfasst (BT-Ds 14/7420, S. 24; *Braun* RiA 2002, 177, 179), wie etwa Hindernisse für gehörlose oder blinde Menschen. Auch die physischen Grenzen werden grundsätzlich umfassend einbezogen, so dass alle Arten der körperlichen Behinderung darunter fallen. Die bauliche Gestaltung der Gaststättenräume soll nicht auf eine spezielle Ausprägung einer Behinderung, sondern auf eine möglichst allgemeine Nutzbarkeit abgestimmt werden (BT-Ds 14/7420, S. 25). So reicht es etwa nicht aus, dass behinderte Menschen nur über einen Nebeneingang Zugang zu der Gaststätte erhalten, vielmehr ist ein gleichberechtigter

§ 4 Versagungsgründe

Zugang über den Haupteingang anzustreben (BT-Ds 14/7420, S. 25). Auch für den Bereich des GastG gilt daher die Richtschnur, dass bei Zugang und Ausgestaltung der Gaststättenräume eine **möglichst weitgehende Gleichstellung der behinderten Menschen mit den übrigen Besuchern der Gaststätte** anzustreben ist. Allerdings trifft dies für eine Gaststätte nicht uneingeschränkt zu. Die umfassende, grundsätzlich für alle Lebensbereiche geltende (BT-Ds 14/7420, S. 25) Legaldefinition des § 4 BGG ist unter dem Gesichtspunkt der **Verhältnismäßigkeit**, der eine besondere Ausprägung in dem neu eingefügten § 4 Abs. 1 S. 2 GastG erfahren hat (vgl. dazu oben Rn. 93 sowie nachfolgend Rn. 101–104), für jeden Lebensbereich modifiziert anzuwenden. Die Anwendung des § 4 Abs. 1 S. 1 Nr. 2a GastG hat sich am jeweiligen **Einzelfall** zu orientieren.

100 Aus der Natur der Sache ergibt sich, dass bei der Ausgestaltung der Gaststättenräume **vorrangig** auf **eine Zugänglichkeit und Nutzbarkeit für körperlich eingeschränkte**, vor allem gehbehinderte **Menschen** zu achten sein wird (in diesem Sinn auch der Bundesminister für Arbeit und Sozialordnung in der BT-Aussprache, der vor allem auf ebenerdige Zugänge für Rollstuhlfahrer/-innen mit Aufzügen und Rampen sowie auf Behindertentoiletten verwies [BT-Plenarprotokoll 14/221, S. 21861 D]; ebenso der Abgeordnete Volker Beck [BT-Plenarprotokoll 14/221, S. 21865 A]; *Aßfalg* in: *Aßfalg/Lehle/Rapp/Schwab* § 4 GastG Rn. 14a; vgl. auch *Braun* MDR 2002, 862, 864). Dies beginnt bei der Möglichkeit, dass auch körperbehinderte Besucher die Gaststätte selbstständig aufsuchen und wieder verlassen können. Während des Aufenthalts muss den körperbehinderten Besuchern eine gleichberechtigte Nutzung möglich sein. Es müssen entsprechende Aufenthaltsmöglichkeiten geschaffen werden. Besonders ist für behindertengerechte Toiletten Sorge zu tragen (ebenso *Stähler* NZA 2002, 777, 778). Körperliche Behinderungen können mannigfaltig sein. Häufig wird es sich um Gehbehinderungen handeln, die bei der barrierefreien Ausgestaltung der Räume zu beachten sind. Blinden Besuchern wird mit Handläufen an Treppen oder in Beherbergungsbetrieben mit Aufzügen, welche das jeweilige Stockwerk ansagen, zu helfen sein. Eine blindengerechte Speisekarte ist wünschenswert, aber nicht zwingend, weil der blinde Gast auch mithilfe des Gaststättenpersonals seine Bestellung wird aufgeben können und sich § 4 Abs. 1 S. 1 Nr. 2 a GastG nur auf die Nutzung der Räume, nicht dagegen auf den sonstigen Betrieb der Gaststätte bezieht (BT-Ds 14/7420, S. 36: „bauliche barrierefreie Ausgestaltung der Räume"). Seelisch und geistig behinderten Menschen wird mit der barrierefreien Ausgestaltung der Gaststättenräume in aller Regel nicht geholfen werden können. Diesbezügliche Anforderungen werden in der Praxis daher zumeist nicht zu stellen sein. Allerdings wird die behindertengerechte Ausgestaltung der Räume in Bezug auf körperbehinderte Menschen auch geistig behinderten Menschen vielfach helfen, deren Behinderung häufig auch körperliche Einschränkungen mit sich bringt.

f) Unzumutbarkeit (§ 4 Abs. 1 S. 2 GastG)

§ 4 Abs. 1 S. 2 GastG ermöglicht zugunsten der Gaststättenbetreiber ein **Abweichen vom Grundsatz der Barrierefreiheit**. Die Bestimmung ist Ausfluss des Grundsatzes der Verhältnismäßigkeit (BT-Ds 14/7420, S. 36). Sie erlaubt eine Erteilung der gaststättenrechtlichen Erlaubnis, wenn eine barrierefreie Gestaltung der Gaststättenräume nicht möglich ist oder nur mit unzumutbaren Aufwendungen erreicht werden kann. **101**

Tatbestandliche Voraussetzung eines Abweichens vom Grundsatz der Barrierefreiheit ist die **Unmöglichkeit** oder **Unzumutbarkeit** der Herstellung der Barrierefreiheit. Beide Gründe können tatsächlicher oder rechtlicher Natur sein. Zu denken ist etwa (vgl. BT-Ds 14/7420, S. 36) an die besondere Lage der Gaststätte oder der Räume, zum Beispiel an ein Keller- oder Berglokal (tatsächlicher Grund), oder an baurechtliche Vorschriften, die der Herstellung der Barrierefreiheit entgegenstehen (rechtlicher Grund). Bei der Prüfung der Zumutbarkeit sind alle für den jeweiligen Einzelfall relevanten Gesichtspunkte zugunsten und zulasten des Gaststättenbetreibers zu berücksichtigen (ebenso *Pauly/Brehm* GewArch 2003, **102**

§ 4 Versagungsgründe

57, 65). Es ist abzusehen, dass sich in der Praxis zahlreiche Gaststättenbetreiber auf eine Unzumutbarkeit der Herstellung der Barrierefreiheit berufen werden. Bei der Prüfung der Zumutbarkeit sind insbesondere die Größe und Art des Betriebs, besondere, aus seiner räumlichen Lage resultierende Umstände und wirtschaftliche Aspekte wie etwa das Verhältnis des zu erwartenden Umsatzes zu den für eine barrierefreie Ausgestaltung erforderlichen Kosten zu berücksichtigen (BT-Ds 14/7420, S. 36). Der Begriff der „Unzumutbarkeit" impliziert, dass eine Einschränkung der Verpflichtung zur Herstellung der Barrierefreiheit mit Rücksicht auf deren zentrale Bedeutung gerade im Bereich der Gaststätten nur durch **schwerwiegende Gründe** gerechtfertigt werden kann (BT-Ds 14/8331, S. 52).

Praxishinweis: Die Gaststättenbehörden haben eine sorgfältige Prüfung vorzunehmen, ob ein Abweichen von § 4 Abs. 1 S. 1 Nr. 2 a GastG möglich ist. Leitgedanke muss das Ziel der Gleichstellung mittels der Barrierefreiheit sein. Nur so weit im Einzelfall schwerwiegende tatsächliche oder rechtliche Gründe für eine Unzumutbarkeit sprechen, kommt eine Ausnahme überhaupt in Betracht. So weit sich der Gaststättenbetreiber auf wirtschaftliche Unzumutbarkeit beruft, muss er den Nachweis führen, dass die Aufwendungen für die erforderlichen Maßnahmen zur Herstellung der Barrierefreiheit außer Verhältnis zu den zu erwartenden Einnahmen aus dem Gaststättenbetrieb stehen.

103 § 4 Abs. 1 S. 2 GastG kommt nur **so weit** zur Anwendung, als die Gründe für eine Unmöglichkeit oder Unzumutbarkeit reichen. Dies bedeutet, dass die Erlaubnisbehörde stets prüfen muss, welche **konkreten einzelnen Maßnahmen** zur Herstellung der Barrierefreiheit unmöglich oder unzumutbar sind bzw. die Schwelle der Unzumutbarkeit überschreiten. Alle übrigen Maßnahmen sind vom Gaststättenbetreiber dagegen zu ergreifen. Auch eine wirtschaftliche Unzumutbarkeit wird zumeist nur ab einer bestimmten Schwelle (Geldbetrag) anzunehmen sein. Es wird in diesen Fällen Aufgabe der Erlaubnisbehörde sein, möglichst im Einvernehmen mit dem Gaststättenbetreiber Maßnahmen vorzusehen, die ihm noch wirtschaftlich zumutbar sind. Die Durchführung der möglichen und zumutbaren Maßnahmen ist von der Erlaubnisbehörde durch Erlass

Versagungsgründe §4

entsprechender **Auflagen** in der Erlaubnis sicherzustellen (BT-Ds 14/7420, S. 36).

Das Abweichen vom Grundsatz des § 4 Abs. 1 S. 1 Nr. 2a GastG **104** ist in das **Ermessen** („kann") der Erlaubnisbehörde gestellt. Der Antragsteller hat **keinen Anspruch** auf Erteilung der gaststättenrechtlichen Erlaubnis, wenn die Voraussetzungen des § 4 Abs. 1 S. 2 GastG vorliegen, sondern ihm kommt lediglich ein Anspruch auf ermessenfehlerfreie Entscheidung der Erlaubnisbehörde zu. Die Erlaubnisbehörde hat daher, sofern sie zunächst die tatbestandlichen Voraussetzungen des § 4 Abs. 1 S. 2 GastG geprüft und bejaht hat, eine Ermessenentscheidung zu treffen und das ihr zukommende Ermessen nach den allgemeinen Grundsätzen auszuüben (vgl. dazu § 40 VwVfG). Es muss insbesondere eine **Abwägung** zwischen dem Interesse der Allgemeinheit an der Herstellung der Barrierefreiheit und dem Interesse des Gaststättenbetreibers an einer Abweichung stattfinden. Im Rahmen der Ermessensprüfung sind auch eventuelle **Grundrechtsverletzungen** (etwa von Art. 12 oder Art. 14 GG) zu prüfen. Auch bei der Ermessensentscheidung kommt dem Leitgedanken des § 4 Abs. 1 S. 1 Nr. 2a GastG eine maßgebende Bedeutung zu. Ein Abweichen kommt daher nur in Betracht, wenn dem Gaststättenbetreiber die Herstellung der Barrierefreiheit **unzumutbar** ist.

g) Übergangsrecht (Stichtagsregelung)

§ 4 Abs. 1 S. 1 Nr. 2a GastG enthält eine **Stichtagsregelung** für die **105** Anwendung der Bestimmung. Der Stichtag ist eine Ausprägung des Grundsatzes des Vertrauensschutzes zur Sicherstellung der Planungssicherheit der Gaststättenbetreiber (BT-Ds 14/7420, S. 36). Er gewährt den Gaststättenbetreibern in Bezug auf den bestehenden baulichen Zustand der Gaststätte den erforderlichen **Bestandsschutz**. Als Stichtage finden sich im Gesetz der 1. 11. 2002 und der 1. 5. 2002. Es wird an die Erteilung der Baugenehmigung oder – falls eine solche nicht erforderlich ist, insbesondere also beim Kenntnisgabeverfahren oder für die Fälle einer landesrechtlichen Genehmigungsfreistellung – an den Zeitpunkt der Fertigstellung

§ 4   Versagungsgründe

des Bauvorhabens angeknüpft. Für alle Vorhaben, für die vor dem 1. 11. 2002 bereits eine Baugenehmigung erteilt wurde, oder die in Ermangelung des Bedarfs einer Baugenehmigung vor dem 1. 5. 2002 fertig gestellt wurden, findet § 4 Abs. 1 S. 1 Nr. 2 a GastG keine Anwendung.

105a Das Gesetz knüpft für den Stichtag nicht an die Herstellung der Gaststättenräume an, sondern bezieht sich auf die erstmalige Errichtung, den wesentlichen Umbau oder die wesentliche Erweiterung des **Gebäudes**, in dem sich die Gaststättenräume befinden. Hiervon werden auch Gebäudeteile erfasst, die nicht der Gaststätte zuzurechnen sind (vor allem auch Wohnräume). Der Gesetzgeber knüpft an das Gebäude an, weil er davon ausgeht, dass bei dessen erstmaliger Errichtung oder dessen wesentlichem Umbau oder Erweiterung es dem Bauherrn finanziell zuzumuten ist, im Rahmen dieser Baumaßnahme auch die Maßnahmen zur Herstellung der Barrierefreiheit der ebenfalls im Gebäude gelegenen Gaststättenräume zu ergreifen. Stehen die Gaststättenräume im **Teileigentum** nach dem WEG, wird danach zu unterscheiden sein, ob die das Gebäude betreffende Baumaßnahme dem Teileigentümer der Gaststättenräume zuzurechnen ist, etwa weil es sich um von der Wohnungseigentümergemeinschaft beschlossene Baumaßnahmen handelt oder der Teileigentümer nur seinen Eigentumsanteil betreffende Maßnahmen ergreift, oder ob die Baumaßnahme ausschließlich durch einen anderen Sonder- oder Teileigentümer in dessen Interesse erfolgt. Im letzteren Fall wäre es trotz des Wortlauts des § 4 Abs. 1 S. 1 Nr. 2 a GastG mit dem Zweck der Stichtagsregelung nicht zu vereinbaren, dem Eigentümer der Gaststättenräume die Pflicht zur Herstellung der Barrierefreiheit aufzuerlegen. In diesen Fällen greift die Stichtagsregelung aufgrund einer teleologischen Reduktion der Bestimmung nicht.

105b Beim **wesentlichen Umbau** und der **wesentlichen Erweiterung** handelt es sich um **unbestimmte Rechtsbegriffe,** die der vollen verwaltungsgerichtlichen Überprüfung unterliegen. Der Erlaubnisbehörde kommt bei der Anwendung dieser Rechtsbegriffe kein eigenständiger Beurteilungsspielraum zu. Bei der „Wesentlichkeit" handelt sich um einen Begriff, der dem Baurecht entnommen ist. § 35 Abs. 4 Nr. 1 BauGB stellt auf eine „wesentliche" Änderung des Gebäudes ab. Art. 60 Abs. 6 S. 1 BayBO spricht von „wesentlichen Änderungen". Ein Umbau oder eine Erweiterung ist i. S. d. § 4 Abs. 1 S. 1 Nr. 2 a GastG nur wesentlich, wenn der Umbau oder die Erweiterung zu einer **erheblichen Umgestaltung des Gebäudes** führt (*BayVGH* 4. 10. 1979, BauR 1980, 149 zu § 35 Abs. 4 BauGB), das Gebäude durch die Baumaßnahme also ein anderes Gesicht in seinem Äußern oder Innern erhält. Das setzt in der Regel bauliche Maßnahmen von nicht nur geringem Umfang oder nur untergeordneter Bedeutung voraus (*Franz* in: *Simon/Busse* Art. 60 Rn. 408 mit verschiedenen Beispielen). Unwesentlich sind nur solche Maßnahmen, die im Verhältnis zum gesamten Gebäude nicht ins Gewicht fallen (*Söfker* in: *Ernst/Zinkahn/Bielenberg* § 35 Rn. 141). Gewöhnliche Unterhaltungsarbeiten oder Reparaturen stellen in aller Regel keine wesentliche Maßnahme in diesem Sinne dar. Entscheidend ist aber letztlich der jeweilige Einzelfall und das Verhältnis der Baumaßnahme zur gesamten baulichen Anlage (*Franz* aaO, Art. 60 Rn. 409).

h) Zielvereinbarung (§ 5 BGG)

Im Bereich des GastG gilt auch **§ 5 BGG**. Gem. § 5 Abs. 1 BGG sollen, so weit nicht besondere gesetzliche Vorschriften entgegenstehen, zur Herstellung der Barrierefreiheit **Zielvereinbarungen** zwischen Verbänden, die nach § 13 Abs. 3 BGG anerkannt sind, und Unternehmen oder Unternehmensverbänden der verschiedenen Wirtschaftsbranchen für ihren jeweiligen sachlichen und räumlichen Organisations- und Tätigkeitsbereich getroffen werden. Zweck der Vorschrift ist es, eine **Selbstregulierung** zu erreichen und dem Gesetzgeber dadurch einen Verzicht auf weitere reglementierende Schritte zu ermöglichen (BT-Ds 14/7420, S. 20; vgl. auch *Braun* MDR 2002, 862, 864; *Stähler* NZA 2002, 777, 779). Zielvereinbarungen können dort nicht mehr geschlossen werden, wo durch Landesrecht auf der Grundlage des § 4 Abs. 3 S. 2 GastG die Anforderungen an die Barrierefreiheit konkretisiert sind, weil

106

insoweit besondere gesetzliche Vorschriften der Zielvereinbarung entgegenstehen.

107 Bei den Zielvereinbarungen handelt es sich um **zivilrechtliche Verträge**, deren Inhalt von den Vertragspartnern frei verhandelt und ausgestaltet werden kann (BT-Ds 14/7420, S. 25; *Braun* MDR 2002, 862, 864). Der Inhalt der Zielvereinbarung wird in § 5 Abs. 2 BGG konkretisiert (vgl. den Text der Bestimmung im Anhang III 3 sowie näher *Braun* RiA 2002, 177, 179 f.).

108 Die nach § 13 Abs. 3 BGG anerkannten Verbände können die **Aufnahme von Verhandlungen** mit den Verbänden aus dem Bereich des GastR (in erster Linie der Deutsche Hotel- und Gaststättenverband) oder mit Gaststättenbetreibern **verlangen** (§ 5 Abs. 1 S. 2 BGG), um die Umsetzung der Barrierefreiheit im Bereich der Gaststätten durch Abschluss einer Zielvereinbarung zu erreichen (vgl. auch *Braun* RiA 2002, 177, 179). Allerdings besteht keine Möglichkeit, den Abschluss einer solchen Zielvereinbarung zu erzwingen (§ 5 Abs. 1 S. 1 BGG: „sollen"). Um eine Einheitlichkeit der Verhandlungen zu gewährleisten, sieht § 5 Abs. 3, 4 BGG ein sog. **„Bündelungsverfahren"** (BT-Ds 14/7420, S. 26) vor (zu den Einzelheiten vgl. den Text des § 5 BGG im Anhang III 3). Beim Bundesministerium für Arbeit und Sozialordnung wird ein **Zielvereinbarungsregister** geführt (§ 5 Abs. 5 BGG); vgl. dazu auch im Internet unter „www.bma.de/datenbanken/zielvereinbarung".

6. Öffentliches Interesse (Abs. 1 S. 1 Nr. 3)

a) Allgemeines

109 Die Nr. 3 gehört zu den **sachlichen Versagungsgründen** des § 4 Abs. 1 S. 1 GastG. Ihm kommt für den Bereich des GastR eine **zentrale Bedeutung** zu, weil der Konflikt zwischen gewerblicher Nutzung und Nachbarschaft zunehmend in den Vordergrund rückt. Während einerseits die Gaststätten immer erlebnisorientierter ausgestaltet und betrieben werden und dem Bedürfnis der Gäste durch eine deutliche Verkürzung der Sperrzeiten in den Landesverordnungen (vgl. dazu § 18 Rn. 26) nachgekommen wird, fühlt sich die

Versagungsgründe § 4

Nachbarschaft andererseits immer mehr durch die mit einem Gaststättenbetrieb verbundenen Immissionen belästigt. Dies wird auch dadurch deutlich, dass sich die Rspr häufig mit derartigen Rechtsproblemen befassen muss. In der sachgerechten und gesetzeskonformen Berücksichtigung der unterschiedlichen Interessen beim Betrieb einer Gaststätte liegt für die mit dem Vollzug des GastG beauftragten Behörden eine Aufgabe von erheblicher Bedeutung.

Hinweis: Bei Konflikten mit der Nachbarschaft ist den Beteiligten dringend zu empfehlen, den **Konsens** zu suchen. Dies gilt vor allem für die Gaststättenbehörden, aber ebenso für die Gaststättenbetreiber und die betroffenen Nachbarn. Auch den von den Betroffenen beauftragten Rechtsanwälten kommt diesbezüglich eine Schlüsselrolle zu. In den meisten Fällen werden sich Lösungen finden lassen, die den unterschiedlichen Interessen gerecht werden, ohne dass die Beteiligten sich allzu sehr einschränken müssen. Der Abschluss eines **öffentlich-rechtlichen Vertrags** ist in Erwägung zu ziehen (vgl. dazu § 2 Rn. 100–104). Nur wenn eine einvernehmliche Lösung unmöglich erscheint oder die entsprechenden Verhandlungen scheitern, sollte von der Erlaubnisbehörde eine verbindliche Entscheidung des Konflikts durch Erlass eines VA getroffen werden.

Bei dem Begriff „öffentliches Interesse" handelt es sich um einen **unbestimmten Rechtsbegriff**. Der Gaststättenbehörde kommt daher **kein eigenständiger Ermessensspielraum** zu (*BVerwG* 1. 3. 1957, BVerwGE 4, 305, 307 = GewArch 1957/58, 231; 18. 12. 1959, BVerwGE 10, 91, 93 = GewArch 1961, 125; vgl. zudem oben Rn. 12). Die Anwendung des Rechtsbegriffs unterliegt der vollen gerichtlichen Überprüfung (BVerwGE 10, 91, 93). **110**

Der **Begriff des öffentlichen Interesses** ist **sehr umfassend** zu verstehen. Der Gesetzgeber wollte eine Berücksichtigung sämtlicher Interessen ermöglichen, die einem Gaststättenbetrieb im Rahmen des Anwendungsbereichs des Versagungsgrunds (vgl. dazu nachfolgend Rn. 114–116) entgegenstehen können. Die Gaststättenbehörde ist daher gehalten, die nach Außen wirkenden Beeinträchtigungen des Gaststättenbetriebs nach allen Gesichtspunkten zu erfassen und entsprechend zu würdigen. **111**

§ 4 Versagungsgründe

Tipp: Der aus § 4 Abs. 1 S. 1 Nr. 3 GastG folgenden umfassenden Prüfung kann die Erlaubnisbehörde nur gerecht werden, wenn sie die von möglichen Auswirkungen des Gaststättenbetriebs **Betroffenen** – vor allem die Nachbarn – **frühzeitig beteiligt**. Auf diese Weise können auch Konflikte frühzeitig und effektiv bewältigt werden.

b) Entstehungsgeschichte

112 Zur Entstehung der jetzigen Fassung des § 4 Abs. 1 S. 1 Nr. 3 GastG vgl. zunächst die Ausführungen in § 2 Rn. 82. In der ursprünglichen Fassung des § 4 Abs. 1 S. 1 Nr. 3 GastG waren die Worte „schädliche Umwelteinwirkungen i. S. d. Bundes-Immissionsschutzgesetzes oder sonst" nicht enthalten. Dennoch kam der Regelung eine umfasende Bedeutung in Bezug auf die vom Gaststättenbetrieb ausgehenden Belästigungen zu (BT-Ds V/205, S. 14), so dass grundsätzlich auch Immissionen erfasst wurden. Durch § 69 Abs. 2 Nr. 3 BImSchG erhielt § 4 Abs. 1 S. 1 Nr. 3 GastG eine neue Fassung, die nach wie vor unverändert gilt. Nach dem Willen des Gesetzgebers dient die Ergänzung „der Anwendung eines einheitlichen Maßstabs bei der Beurteilung von Immissionen" (BT-Ds 7/179, S. 49). Durch die Wörter „oder sonst" hat der Gesetzgeber bei der Ergänzung des Versagungsgrunds einerseits deutlich gemacht, dass die Immissionen nur ein Unterfall der „erheblichen Nachteile, Gefahren oder Belästigungen für die Allgemeinheit" sind, andererseits aber durch die ausdrückliche Erwähnung der Immissionen auch deren besondere Bedeutung bei der Prüfung der gaststättenrechtlichen Erlaubnis betont (wie hier *Michel/Kienzle* § 4 Rn. 49).

c) Abgrenzung zu § 4 Abs. 1 S. 1 Nr. 2

113 Während sich der Versagungsgrund der Nr. 2 auf die innere Gestaltung der Gaststättenräume bezieht (vgl. dazu oben Rn. 74), erfasst die Nr. 3 die **örtliche Lage des Gaststättenbetriebs** und dessen **Beziehungen zur Umgebung** (vgl. *BayVGH* 31. 7. 2002, GewArch 2002, 471). Die Nr. 3 erfasst mithin diejenigen mit dem Betrieb der Gaststätte einhergehenden Beeinträchtigungen, die **nach Außen** in Erscheinung treten. § 4 Abs. 1 S. 1 Nr. 3 GastG dient damit der **Be-**

wältigung der zwischen Gaststättenbetrieb und seiner Umgebung anfallenden **Konflikte** (*BVerwG* 26. 2. 1974, GewArch 1974, 201, 202; *Metzner* § 4 Rn. 218).

d) Schutzbereich

Der **Schutzbereich** des § 4 Abs. 1 S. 1 Nr. 3 GastG ist **sehr weit**. Dies hat der Gesetzgeber mit dem Wortlaut der Vorschrift deutlich gemacht und bei Erlass der Bestimmung auch ausdrücklich betont (BT-Ds V/205, S. 14): 114

„Das im § 4 Abs. 1 Nr. 3 erwähnte „öffentliche Interesse" geht über den polizeilichen Begriff der Gefahrenabwehr hinaus und umfaßt die Belange der Allgemeinheit. So wird das öffentliche Interesse z. B. wegen der Nähe von öffentlichen Bauten, Kirchen oder Schulen oder aus Gründen der Gesundheitspflege wegen der Nähe von Krankenhäusern zu berücksichtigen sein. Ferner wird aber auch das Interesse an einem reibungslosen und übersichtlichen Straßenverkehr, der durch die besondere Lage eines Betriebes gefährdet sein kann, Berücksichtigung finden können. Auch soll die Möglichkeit gegeben werden, eine Erlaubnis dann zu versagen, wenn eine erhebliche Belästigung durch den Gaststättenbetrieb zu befürchten ist."

BT-Ds. V/1652, S. 4:

„Der Ausschuß ist der Auffassung, daß es eine der wichtigsten Aufgaben der Erlaubnisbehörde ist, bei der Erteilung einer Erlaubnis für einen Gaststättenbetrieb darauf zu achten, daß die von einem Gaststättenbetrieb ausgehenden Geräusche die Bewohner des Betriebsgrundstückes oder der Nachbargrundstücke, insbesondere in den Abend- und Nachtstunden, nicht über das zumutbare Maß hinaus stören."

Durch den Versagungsgrund werden damit **alle öffentlichen Belange** erfasst, die für den Gaststättenbetrieb im Hinblick auf seine Lage und die Verwendung der Räume von Bedeutung sein können (*Metzner* § 4 Rn. 275; *Michel/Kienzle* § 4 Rn. 49). 115

Nachteile sind wirtschaftliche oder ideelle Einbußen (*OVG Hamburg* 8. 7. 1955, GewArch 1956, 159), **Belästigungen** Einwirkun- 116 gen auf das körperliche Wohlbehagen (*OVG NRW* 22. 3. 1961, GewArch 1961, 162). Zu den **Gefahren** vgl. oben Rn. 83.

e) Verfassungsrecht

117 Beim Versagungsgrund des § 4 Abs. 1 S. 1 Nr. 3 GastG handelt es sich ebenso wie bei der Nr. 2 (vgl. dazu oben Rn. 76) um eine **verfassungsgemäße Regelung der Berufsausübung** i. S. d. Art. 12 Abs. 1 S. 2 GG, durch die der Wesensgehalt des Grundrechts der freien Berufsauswahl nicht angetastet wird (*BVerwG* 1. 3. 1957, BVerwGE 4, 305, 304 = GewArch 1957/58, 231; 18. 12. 1959, BVerwGE 10, 91, 93 = GewArch 1961, 126). Die raumbezogene Zulassungsbeschränkung belässt dem Gaststättenbetreiber die Möglichkeit, den erwählten Beruf in anderen Räumen auszuüben (*BVerwG* 6. 10. 1955, BVerwGE 2, 221, 223).

118 Auch beim Versagungsgrund nach § 4 Abs. 1 S. 1 Nr. 3 GastG verlangt der **Grundsatz der Verhältnismäßigkeit**, dass vor der Versagung der Gaststättenerlaubnis alle Versuche unternommen werden, den gesetzlichen Anforderungen durch ein milderes Mittel gerecht zu werden (vgl. dazu oben Rn. 13 f.), vor allem den Erlass von Auflagen nach § 5 GastG vorzusehen (*Michel/Kienzle* § 4 Rn. 49).

f) Immissionsschutz

119 Das **Verhältnis des § 4 Abs. 1 S. 1 Nr. 3 GastG zu** den Regelungen des **BImSchG** wird aus der Entstehungsgeschichte (vgl. oben Rn. 112) der Regelung deutlich. Der Gesetzgeber wollte durch die Ergänzung des Versagungsgrunds sicherstellen, dass der **Immissionsschutz** des BImSchG und des GastG **einheitlich angewendet** wird. Er hat deshalb in § 4 Abs. 1 S. 1 Nr. 3 GastG ausdrücklich Bezug auf das BImSchG genommen. Hieraus ist zu folgern, dass die Vorschriften des BImSchG im Rahmen des § 4 Abs. 1 S. 1 Nr. 3 GastG zur Anwendung kommen, so weit die Gaststätten einer der dortigen Anlagen entsprechen (wie hier etwa *BayVGH* 22. 10. 1998, NVwZ 1999, 555, 556; *Metzner* § 4 Rn. 244). Hierdurch wird die vom Gesetzgeber bezweckte einheitliche Handhabung gewährleistet. Im Einzelnen ist zu beachten:

Versagungsgründe § 4

– Zunächst gelten die im BImSchG enthaltenen **Legaldefinitionen** vor 120
allem für den Begriff der schädlichen Umwelteinwirkungen, der Immissionen, der Emissionen und der Luftverunreinigungen (vgl. dazu nachfolgend Rn. 126). Gleiches gilt für die übrigen in den §§ 1 bis 3 BImSchG enthaltenen Regelungen (*Michel/Kienzle* § 31 Rn. 3).
– Der **immissionsschutzrechtlichen Genehmigung** bedürfen gem. § 4 Abs. 1 BImSchG nur diejenigen gewerblichen Anlagen, die in der 4. BImSchV aufgeführt sind. Die Gaststätten sind in der 4. BImSchV nicht aufgeführt, so dass für ihren Betrieb weder eine gesonderte immissionsschutzrechtliche Genehmigung erforderlich ist, noch für sie die für genehmigungsbedürftige Anlagen geltenden besonderen Vorschriften (vor allem die §§ 4 bis 21 BImSchG) Anwendung finden (wie hier *Metzner* § 4 Rn. 243). Allerdings stellt dies die Gaststätten nicht gänzlich von der Genehmigungspflicht nach dem BImSchG frei. So weit im Anhang zur 4. BImSchV Anlagen aufgeführt sind, die von der Gaststätte bei ihrem Betrieb genutzt werden, sind diese einzelnen Anlagen grundsätzlich genehmigungsbedürftig nach dem BImSchG. Eine praktische Relevanz dürfte dies allerdings so gut wie nicht haben. Betrachtet man den Katalog der im Anhang zur 4. BImSchV aufgeführten Anlagen, so wird deutlich, dass aufgrund der dortigen Anlagenkapazitäten in erster Linie und fast ausschließlich industrielle Anlagen erfasst werden (ebenso *Michel/Kienzle* § 31 Rn. 7).
– Die **Gaststätten** gehören nach den Ausführungen im zweiten Spiegelstrich zu den **nicht genehmigungsbedürftigen Anlagen** i. S. d. § 22 Abs. 1 BImSchG (*BVerwG* 7. 5. 1996 – 1 C 10.95 –, BVerwGE 101, 157, 161 = NVwZ 1997, 276, DVBl. 1996, 1192, DÖV 1997, 253, BayVBl. 1996, 732, NJ 1997, 96, NJW 1997, 1720, nur Ls.; 7. 5. 1996 – 7 N 1, 2 und 3.96 –, NVwZ 1996, 1025 = DVBl. 1996, 1201 f., BayVBl. 1997, 26; 28. 1. 1999, BVerwGE 108, 260, 263 = NVwZ 1999, 651, DÖV 2000, 35, NZM 1999, 471, GewArch 1999, 210, NJW 1999, 2201, nur Ls.; *VG Gießen* 23. 1. 2001, NVwZ-RR 2001, 739, 740; *Jarass* § 22 Rn. 9; *Rossnagel* in: GK-BImSchG § 22 Rn. 29, 171; *Michel/Kienzle* § 31 Rn. 4; *Wollenschläger/Schraml* BayVBl. 1996, 161, 162). Daher finden die für nicht genehmigungsbedürftige Anlagen geltenden Regelungen des BImSchG auf Gaststätten Anwendung, vor allem die §§ 22 bis 25 BImSchG und die auf

§ 4 Versagungsgründe

der Grundlage des § 22 Abs. 1 S. 2 BImSchG erlassenen Rechtsverordnungen (BVerwGE 108, 260, 267). **Das GastR schließt die Anwendung dieser immissionsschutzrechtlichen Vorschriften nicht aus** (BVerwGE 108, 260, 262; krit. *Jahn* NVwZ 1996, 663, 664; vgl. dazu im Einzelnen nachfolgend Rn. 122).
– Zum **Erlass einer immissionsschutzrechtlichen Landesverordnung** vgl. nachfolgend Rn. 125.

121 Für das **Verhältnis des GastG zu den §§ 22 ff. BImSchG** gilt, dass § 4 Abs. 1 S. 1 Nr. 3 GastG für die von einer Gaststätte ausgehenden Immissionen gegenüber den §§ 22 ff. BImSchG **lex specialis** ist (*BayVGH* 14. 2. 1996, NVwZ 1996, 483, 485 = DVBl. 1996, 1195, BayVBl. 1996, 335, UPR 1997, 26, NJW 1996, 2528, nur Ls.). Die **§§ 22 ff. BImSchG** gelten grundsätzlich **nur subsidiär** (wie hier *Feldhaus* § 22 Anm. 13; *Roßnagel* in: *GK-BImSchG* § 22 Rn. 172; *Kutscheidt* NVwZ 1983, 65, 70; *Steinberg* DÖV 1991, 354, 357; **aA** *Jarass* § 22 Rn. 14: kumulativ; *Hansmann* in: *Landmann/Rohmer* UmwR, vor § 22 Rn. 28), weil § 4 Abs. 1 S. 1 Nr. 3 GastG in Bezug auf Gaststätten weiterreichende Anforderungen stellt (vgl. dazu *Bender/Sparwasser/Engel* Rn. 8/249; *Himmelmann* in: *Himmelmann/Pohl/Tünnesen-Hermes* B 1 Rn. 240). So weit Immissionen von § 4 Abs. 1 S. 1 Nr. 3 GastG erfasst werden, finden die §§ 22 ff. BImSchG keine unmittelbare Anwendung, sondern die Vorgaben des BImSchG für die nicht genehmigungsbedürftigen Anlagen sind von der gaststättenrechtlichen Erlaubnisbehörde im Rahmen der Prüfung des § 4 Abs. 1 S. 1 Nr. 3 GastG zu beachten (wie hier etwa *Metzner* § 4 Rn. 244; *Michel/Kienzle* § 31 Rn. 5). Für die **Immissionsschutzbehörden** verbleibt indes eine **subsidiäre Zuständigkeit**. Ihnen obliegt der Vollzug der §§ 22 ff. BImSchG, so dass sie jederzeit auf der Grundlage des BImSchG Maßnahmen erlassen können, **so weit** keine entgegenstehenden Regelungen von der Gaststättenbehörde getroffen wurden (*Wollenschläger/Schraml* BayVBl. 1996, 161, 164; i. E. ebenso, wenn auch weitreichender *Jarass* § 22 Rn. 14; *Hansmann* in: *Landmann/Rohmer* UmwR, vor § 22 Rn. 28, **aA** *Metzner* § 4 Rn. 244, der beide Regelungsbereiche als uneingeschränkt nebeneinander stehend ansieht). Den Immissionsschutzbehörden kommt daneben eine über den Anwendungsbereich des § 4 Abs. 1 S. 1 Nr. 3 GastG hinausgehende ausschließliche Zuständigkeit zu. § 4 Abs. 1 S. 1 Nr. 3 GastG erfasst nur die „schädlichen Umwelteinwirkungen", nicht dagegen die im Rahmen der §§ 22 ff. BImSchG ebenfalls zu beachtenden sonstigen Belange wie die Abfallbeseitigung (§ 22 Abs. 1 S. 1 Nr. 2 BImSchG) und die Vorsorge gegen schädliche Umwelteinwirkungen (§ 23 Abs. 1 S. 1 BImSchG). Insoweit ist die ausschließliche Zuständigkeit der Immissionsschutzbehörden gegeben (vgl. dazu *Roßnagel* in: GK-BImSchG § 22 Rn. 173; *Wollenschläger/Schraml* BayVBl. 1996, 161, 164).

Praxishinweis: Aufgrund der landesrechtlichen Regelungen liegt die Zuständigkeit für den Vollzug des BImSchG und des GastG in aller Regel bei unterschiedlichen Behörden. Auch wenn der Gaststättenbehörde eine eigene sachliche Zuständigkeit für die Umsetzung des Immissionsschutzes zukommt, ist ihr zu empfehlen, die **zuständige Immissionsschutzbehörde von Anfang an** zu **beteiligen** und das dort vorhandene Fachwissen einzusetzen. Gerade die Feststellung (Messung) und Beurteilung von Lärmimmissionen bedarf grundlegender Kenntnisse, die bei der Gaststättenbehörde nicht ohne weiteres vorhanden sein dürften.

Da nach den obigen Ausführungen in Rn. 120 die für nicht genehmigungsbedürftige Anlagen geltenden Vorschriften des BImSchG neben § 4 Abs. 1 S. 1 Nr. 3 GastG Anwendung finden, kann die Gaststättenbehörde auch **Anordnungen und sonstige Maßnahmen auf das BImSchG stützen**. Allerdings findet auch diesbezüglich vorrangig das GastG Anwendung, so dass die meisten Maßnahmen aufgrund der entsprechenden Vorschriften des GastG vorzusehen sind. Vor allem können **Auflagen** nach den §§ 5, 15 GastG erlassen werden (*Feldhaus* § 22 Anm. 13). Die Erlaubnisbehörde ist zudem befugt, im Wege der Auflage immissionsschutzrechtliche Messungen nach den §§ 22 ff. BImSchG anzuordnen (*Feldhaus* § 22 Anm. 13), auch wenn sie inhaltlich §§ 24 ff. BImSchG entsprechen (*Jarass* § 24 Rn. 2). 122

§ 4 Versagungsgründe

123 Für die Fälle, in denen mit Auflagen oder Anordnungen der notwendige Immissionsschutz nicht erreicht werden kann, dürfte § 25 Abs. 2 BImSchG eine nach dem GastG nicht gegebene **Untersagungsmöglichkeit** bieten (vgl. § 31 GastG i.V.m. § 51 Abs. 1 S. 3 GewO). So weit Pflichten nach § 22 BImSchG und nach den Vorschriften gemäß § 23 BImSchG unmittelbar für Gewerbetreibende des Gaststättengewerbes gelten, können sich trotz deren unmittelbarer Geltung Auflagen desselben Inhalts nach dem GastG empfehlen. Dadurch wird erreicht, dass Zuwiderhandlungen wegen Nichtbeachtung der Auflage einen Grund zum Widerruf der Gaststättenerlaubnis bilden können (§ 15 Abs. 3 Nr. 2 GastG).

124 Aus der Bezugnahme des § 4 Abs. 1 S. 1 Nr. 3 GastG auf das BImSchG folgt eine **Einschränkung des Schutzbereichs in Bezug auf den Personenkreis**. Der Schutzbereich des BImSchG ist enger als der des GastG (etwa in § 4 Abs. 1 S. 1 Nr. 2). Nachteile für die Allgemeinheit i.S.d. BImSchG beschränken sich auf solche Auswirkungen, die außerhalb der Anlage i.S.d. § 5 Abs. 5 BImSchG bemerkbar sind. Dies folgt aus § 3 Abs. 5 Nr. 1, 3 i.V.m. Abs. 3 BImSchG, wonach Emissionen die von einem Grundstück ausgehenden, im Gesetz genannten Wirkungen (Luftverunreinigungen etc.) sind. Die Abgrenzung des Begriffs der „Allgemeinheit" erfolgt an der Grundstücksgrenze, so dass Auswirkungen innerhalb des Grundstücks nicht erfasst werden. Die **Gäste und Beschäftigten** der Gaststätte werden daher durch § 4 Abs. 1 S. 1 Nr. 3 GastG und die §§ 22 ff. BImSchG **nicht geschützt** (ebenso *Michel/Kienzle* § 31 Rn. 8; *Feldhaus* § 22 Anm. 13). Für sie gelten die übrigen Vorschriften des GastG (vor allem die §§ 4 und 5 und über § 4 Abs. 1 S. 1 Nr. 2 auch die §§ 14–16 ArbStättV, die Arbeitnehmer vor Lärm und sonstigen unzuträglichen Einwirkungen schützen).

125 Eine **Landesregierung kann** unabhängig von gaststättenrechtlichen Sperrzeitregelungen auf der Grundlage des § 23 Abs. 1, 2 BImSchG eine **Rechtsverordnung erlassen, die immissionsschutzrechtliche Anforderungen an Gaststätten festlegt**, wenn und solange die BReg eine solche Verordnung nicht erlassen hat.

Versagungsgründe § 4

Das GastR schließt den Erlass einer solchen Rechtsverordnung nicht aus (*BVerwG* 28. 1. 1999, BVerwGE 108, 260, 262 = NVwZ 1999, 651, DÖV 2000, 35, NZM 1999, 471, GewArch 1999, 210, NJW 1999, 2201, nur Ls.; *BayVGH* 14. 2. 1996, NVwZ 1996, 483, 485 = GewArch 1996, 164 ff.; *Roßnagel* in: GK-BImSchG § 22 Rn. 174). Allerdings ermächtigt § 23 Abs. 1 BImSchG nicht dazu, für Gaststätten den Lärmschutz ohne Weiteres generell auszuschließen. Vielmehr setzt die Wirksamkeit einer an sich statthaften verbindlichen Festlegung der Schwelle zumutbarer Lärmeinwirkungen voraus, dass die typisierende Regelung auf sachverständiger Grundlage die Besonderheiten des geregelten Sachbereichs mit der erforderlichen Differenzierung berücksichtigt, den vorgegebenen Wertungsrahmen durch im Einzelfall hinreichende Schutzstandards ausfüllt und – wenn nach Lage der Dinge geboten – bei atypischen Sonderlagen Abweichungen im Einzelfall zulässt (BVerwGE 108, 260, 266; vgl. auch *Jahn* NVwZ 1996, 663, 665, u. GewArch 1996, 14 ff.). Ein einseitiger Vorrang des Gaststättenbetriebs gegenüber den Interessen der betroffenen Nachbarschaft ist grundsätzlich nicht möglich. Auch eine Inpflichtnahme der Gaststättenbetreiber durch die Rechtsverordnung kann diesen Mangel nicht heilen (BVerwGE 108, 260, 266 f.; *Jahn* JuS 1999, 976, 979; *Wollenschläger/Schraml* BayVBl. 1996, 161, 163). Diesen Anforderungen genügt nunmehr die **Bayerische Biergartenverordnung** vom 20. 4. 1999 (vgl. dazu *Aßfalg* in: *Aßfalg/Lehle/Rapp/Schwab* § 4 GastG Rn. 19 b; der Text findet sich im Anhang I 2 c sowie in GewArch 1999, 289 f.; vgl. auch *Jahn* GewArch 1999, 271 ff.).

Bei der Anwendung des § 4 Abs. 1 S. 1 Nr. 3 GastG ist von den **Begriffsdefinitionen des § 3 BImSchG** auszugehen. I. S. d. § 4 Abs. 1 S. 1 Nr. 3 GastG sind daher: **126**

– **Schädliche Umwelteinwirkungen**: die Immissionen, die nach Art, Ausmaß oder Dauer geeignet sind, Gefahren, erhebliche Nachteile oder erhebliche Belästigungen für die Allgemeinheit oder die Nachbarschaft herbeizuführen (§ 3 Abs. 1 BImSchG);
– **Immissionen**: die auf Menschen, Tiere und Pflanzen, den Boden, das Wasser, die Atmosphäre sowie Kultur- und sonstige Sachgüter

§ 4 Versagungsgründe

einwirkenden Luftverunreinigungen, Geräusche, Erschütterungen, Licht, Wärme, Strahlen und ähnliche Umwelteinwirkungen (§ 3 Abs. 2 BImSchG);
- **Emissionen**: die von einer Anlage ausgehenden Luftverunreinigungen, Geräusche, Erschütterungen, Licht, Wärme, Strahlen und ähnliche Erscheinungen (§ 3 Abs. 3 BImSchG);
- **Luftverunreinigungen**: die Veränderungen der natürlichen Zusammensetzung der Luft, insbesondere durch Rauch, Ruß, Staub, Gase, Aerosole, Dämpfe oder Geruchsstoffe (§ 3 Abs. 4 BImSchG).

127 Der Gesetzgeber hat § 4 Abs. 1 S. 1 Nr. 3 GastG mit der Zielsetzung geändert, eine einheitliche Anwendung des Immissionsschutzes zu gewährleisten (vgl. dazu oben Rn. 112). Bei der Anwendung des Versagungsgrunds durch die Gaststättenbehörde sind daher die **Maßstäbe des BImSchG** für die Beurteilung nicht genehmigungsbedürftiger Anlagen **anzuwenden** (*BVerwG* 7. 5. 1996, BVerwGE 101, 157, 162 = NVwZ 1997, 276, DVBl. 1996, 1192, DÖV 1997, 253, BayVBl. 1996, 732, NJ 1997, 96, NJW 1997, 1720, nur Ls.).

128 Zunächst sind die Anforderungen des **§ 22 BImSchG** zu beachten. Gem. § 22 Abs. 1 S. 1 BImSchG sind nicht genehmigungsbedürftige Anlagen so zu betreiben, dass schädliche Umwelteinwirkungen verhindert werden, die nach dem Stand der Technik vermeidbar sind. Der **Stand der Technik** ist auch im Rahmen des § 4 Abs. 1 S. 1 Nr. 3 GastG zu beachten. Zwar wird dort der „Stand der Technik" nicht erwähnt. Der Stand der Technik stellt aber hinsichtlich der technischen Maßnahmen zur Verhinderung von Immissionen die Grenze des tatsächlich Machbaren dar (Begriffsdefinition in § 3 Abs. 6 BImSchG). Diese Grenze muss auch im GastR gelten.

129 Bei Gaststätten sind ggf. die **Vorgaben der 1. BImSchV** in der Fassung vom 14. 3. 1997 (BGBl. I S. 490) zu beachten. Diese auf der Grundlage des § 23 Abs. 1 BImSchG erlassene Verordnung gilt für die Errichtung, die Beschaffenheit und den Betreib von Feuerungsanlagen, die keiner Genehmigung nach § 4 BImSchG bedürfen (§ 1 Abs. 1 der 1. BImSchV). Mit ihr werden die im Gaststättengewerbe betriebenen **Kleinfeuerungsanlagen** erfasst.

Versagungsgründe § 4

In die Beurteilung der Immissionen sind die auf der Grundlage des § 48 Abs. 1 BImSchG erlassenen **allgemeinen Verwaltungsvorschriften** einzubeziehen, vor allem die **TA Lärm** und die **TA Luft** (vgl. dazu im Einzelnen nachfolgend Rn. 132 und 139). 130

In der Praxis kommt den **Lärmimmissionen** die größte Bedeutung zu. Schwierigkeiten bereitet bei der Prüfung der Lärmbeeinträchtigungen die Beurteilung dessen, was den Nachbarn und der Allgemeinheit noch **zumutbar** ist. Von der Rspr wurde bislang zumeist die vom Verband Deutscher Ingenieure erlassene Richtlinie Nr. 2058 Bl. 1 (**VDI 2058 Bl. 1**) über die Beurteilung von Arbeitslärm in der Nachbarschaft als wichtiger Anhaltspunkt für die Beurteilung der Lärmimmissionen herangezogen (vgl. dazu etwa *BayVGH* 14. 2. 1990, GewArch 1990, 218; 8. 5. 1996, GewArch 1996, 339, 340; 8. 5. 1996, GewArch 1996, 340, 341; *HessVGH* 24. 2. 1988, GewArch 1988, 202, 203; *VGH BW* 3. 11. 1987, GewArch 1988, 235, 236). Die Richtlinie 2058 Bl. 1 wurde vom Verband Deutscher Ingenieure im **März 1999 zurückgezogen**. Sie findet ihren Fortbestand in der im Jahr 1998 erlassenen Neufassung der TA Lärm (vgl. dazu sogleich Rn. 132). **Eine weitere Anwendung der VDI 2058 Bl. 1 verbietet sich** (wie hier *Pauly* in: *Robinski* Rn. N/96; **aA** wohl *VG Gießen* 23. 1. 2001, NVwZ-RR 2001, 739, 740 = GewArch 2001, 255 f., das die Richtlinie noch anwendet; zur bisherigen Anwendung im GastR vgl. *Metzner* § 4 Rn. 251, 258 ff.). 131

Für die Beurteilung von Gaststättenlärm ergeben sich wichtige Anhaltspunkte aus der **TA Lärm** vom 26. 8. 1998 (GMBl. S. 503), bei der es sich um eine auf der Grundlage des § 48 Abs. 1 BImSchG erlassene **VwV**, die als solche **keine unmittelbare Außenwirkung** hat (vgl. etwa *Bull* Rn. 304, 315), handelt. Mangels Außenwirkung bindet die TA Lärm die Verwaltungsgerichte nicht. Ihre Lärmwerte sind für die Beurteilung der Zumutbarkeit des Gaststättenlärms als sachverständige Grundlage ein wichtiger Anhaltspunkt. Die **TA Lärm** gilt ausdrücklich auch für nicht genehmigungsbedürftige Anlagen (*Feldhaus* NVwZ 1998, 1138, 1141; *Schulze-Fielitz* DVBl. 1999, 65, 66) und **schließt Gaststätten ein**. In **Nr. 1 TA** 132

§ 4   Versagungsgründe

Lärm wurden lediglich „Freiluftgaststätten" vom Anwendungsbereich ausgenommen (zur Anwendbarkeit der TA Lärm in diesen Fällen vgl. *VG Stuttgart* 27. 3. 2001, GewArch 2001, 299, 300 f.; *Pauly/Brehm* GewArch 2003, 57, 66). Die Vorschriften der TA Lärm sind bei der Prüfung der Einhaltung des § 22 BImSchG zu beachten und daher über § 4 Abs. 1 S. 1 Nr. 3 GastG anzuwenden (vgl. auch Nr. 4.1 TA Lärm). Bei der Prüfung der Lärmimmissionen sind zunächst die Vorgaben der Nr. 4.1 bis 4.3 TA Lärm zu beachten. Es findet eine anlagenbezogene Immissionsbewertung statt (*Feldhaus* NVwZ 1998, 1138, 1142), welche die Vor- und Gesamtbelastung des Einwirkungsbereichs unberücksichtigt lässt (krit. dazu *Schulze-Fielitz* DVBl. 1999, 65, 71). Die Ermittlung der Lärmimmissionen erfolgt nach dem im Anhang zur TA Lärm festgelegten Verfahren, die anschließende Beurteilung anhand der in Nr. 6 TA Lärm festgelegten Grenzwerte.

133 Nach **Nr. 7.4 TA Lärm** sind **Fahrzeuggeräusche** auf dem Betriebsgrundstück sowie bei der Ein- und Ausfahrt, die im Zusammenhang mit dem Betrieb der Gaststätte entstehen, der zu beurteilenden Anlage zuzurechnen und zusammen mit den übrigen zu berücksichtigenden Anlagengeräuschen bei der Ermittlung der Zusatzbelastung zu erfassen und zu beurteilen. Geräusche des An- und Abfahrtsverkehrs auf öffentlichen Verkehrsflächen in einem Abstand von bis zu 500 Metern von dem Betriebsgrundstück sollen in bestimmten Gebieten (vor allem in Kerngebieten, Dorfgebieten, Mischgebieten, allgemeinen Wohngebieten, in Kleinsiedlungsgebieten und in reinen Wohngebieten) durch Maßnahmen organisatorischer Art so weit wie möglich vermieden werden. Die TA Lärm entspricht damit den von der Rspr aufgestellten **Grundsätzen zur Zurechnung des An- und Abfahrtsverkehrs einer Gaststätte**. Der Zu- und Abfahrtsverkehr einer Gaststätte ist dieser zuzurechnen, solange er **noch nicht in den allgemeinen Straßenverkehr integriert** ist. Für die Beurteilung können u. a. die tatsächliche Entfernung von der Anlage, die Straßenführung und die Funktion der Verkehrsflächen von Bedeutung sein (*BVerwG* 7. 5. 1996, BVerwGE 101, 157, 166 = NVwZ 1997, 276, DVBl. 1996, 1192,

DÖV 1997, 253, BayVBl. 1996, 732, NJ 1997, 96, NJW 1997, 1720, nur Ls.; *OVG NRW* 25. 1. 1994, GewArch 1994, 494 ff. = NWVBl. 1995, 28; *VGH BW* 20. 2. 1992, GewArch 1992, 441 ff. = NVwZ-RR 1992, 359, nur Ls.; *Metzner* § 4 Rn. 272; *Michel/Kienzle* § 5 Rn. 14; *Feldhaus* NVwZ 1998, 1138, 1147). Die TA Lärm beurteilt indes die von Kraftfahrzeugen ausgehenden Beeinträchtigungen unterschiedlich: Werden die Kraftfahrzeuge auf der **öffentlichen Straße** geparkt, gelten geringere Anforderungen (vgl. Nr. 7.4 Abs. 1 S. 1 und S. 2; krit. hierzu *Tegeder* UPR 2000, 99, 103; *Numberger* NVwZ 2002, 1964, 1069).

Auch **sonstige von den Gästen verursachte Geräusche** sind dem **134** Gaststättenbetrieb zuzurechnen, vor allem Lärm, den die Gäste vor der Gaststätte – sei es auch mutwillig (*VGH BW* 28. 3. 1973, GewArch 1973, 246) – verursachen (*BVerwG* 18. 9. 1991, GewArch 1992, 34 f.; *OVG Lüneburg* 28. 10. 1981, GewArch 1983, 164, 166; *BayVGH* 23. 11. 1981, GewArch 1982, 91 f.). Erforderlich ist eine einzelfallbezogene Bewertung der Auswirkungen des gaststättenrechtlich erfassten Betriebs (*BVerwG* 7. 5. 1996, BVerwGE 101, 157, 165 = NVwZ 1997, 276, DVBl. 1996, 1192, DÖV 1997, 253, BayVBl. 1996, 732, NJ 1997, 96, NJW 1997, 1720, nur Ls.). Einem Gastwirt kann allerdings nicht vorgeworfen werden, dass er im **Karneval** nicht mit drastischen Mitteln, etwa durch Ausschalten des Lichts, verhindert hat, dass von seinen Gästen zur Nachtzeit erheblicher Lärm ausgeht, wenn diese Art des Verhaltens von Gästen in der Karnevalszeit jahrelang üblich und unbeanstandet war und die bloß wörtliche Ermahnung der Gäste durch den Gastwirt und das Erscheinen von Polizeivollzugsbeamtem keine nachhaltige Wirkung zeigten (*AG Köln* 4. 2. 1997, NJW 1998, 552).

Die vom Länderausschuss für Immissionsschutz herausgegebene **135** „Freizeitlärm-Richtlinie" (**LAI-Hinweise**) vom 4. 5. 1995 (NVwZ 1997, 469), die für die Beurteilung von Lärm eine „Entscheidungshilfe mit Indizcharakter" darstellt (*BVerwG* 16. 5. 2001, NVwZ 2001, 1167, 1168 = BayVBl. 2001, 693, NJW 2001, 3799, nur Ls., DÖV 2002, 41, nur Ls.), sollte für die Beurteilung der von einem

§ 4 Versagungsgründe

normalen Gaststättenbetrieb ausgehenden Lärmimmissionen nicht herangezogen werden. Sie findet nur bei **seltenen Störereignissen**, so vor allem bei Volksfesten u. Ä., Anwendung (*OVG Niedersachsen* 17. 5. 1995, GewArch 1996, 117; *OVG Bremen* 14. 11. 1995, GewArch 1996, 390). **Nr. 1 der LAI-Hinweise** bestimmt ausdrücklich, dass **Gaststätten nicht** zu den von der Richtlinie erfassten **Freizeitanlagen** gehören (vgl. auch *Numberger* NVwZ 2002, 1064, 1066). Dagegen werden Grundstücke, auf denen Volksfeste u. Ä. stattfinden, erfasst (vgl. dazu § 12 Rn. 32). Außerdem ist zu beachten, dass durch die ausdrückliche Einbeziehung der Gaststätten in den Geltungsbereich des TA Lärm (vgl. oben Rn. 132) der Anwendung der **TA Lärm Vorrang** zukommt.

136 Für Gaststätten kann schließlich auch die **Sportanlagenlärmschutzverordnung** (18. BImSchV) vom 18. 7. 1992 (BGBl. I S. 1588, 1790) gelten (*vgl.* dazu auch *Pauly* in: *Robinski* Rn. N/96; **aA** *Aßfalg* in: *Aßfalg/Lehle/Rapp/Schwab* § 4 GastG Rn. 18: „ungeeignet"). Gem. § 1 Abs. 3 der 18. BImSchV zählen zu den von der Verordnung erfassten Sportanlagen auch Einrichtungen, die mit der Sportanlage in einem engen räumlichen und betrieblichen Zusammenhang stehen. Es werden damit **auch Gaststätten** als Komplementäreinrichtungen (*Stüer/Middelbeck* BauR 2003, 38, 41) **erfasst**, die sich **innerhalb der Sportanlage** befinden (vgl. auch *Ketteler* NVwZ 2002, 1070, 1072). Für Gaststätten, die einer Sportanlage zuzuordnen sind, kommt damit der **18. BImSchV** gegenüber den sonstigen technischen Regelwerken der **Vorrang** zu (zur Abgrenzung von Sport- und Freizeitanlagen vgl. etwa *Ketteler* NVwZ 2002, 1070, 1071).

137 Die oben in Rn. 132, 135, 136 genannten technischen Regelwerke können nur Anhaltspunkt für die Beurteilung der Zumutbarkeitsschwelle sein. Entscheidend sind die **gesamten Umstände des jeweiligen Einzelfalls**, die unter Berücksichtigung der in der TA Lärm, den LAI-Hinweisen und der Sportanlagenlärmschutzverordnung enthaltenen Werte und Verfahren zu bewerten sind (vgl. *VG Meiningen* 6. 9. 2000, LKV 2001, 478, 480). Zu berücksichtigen

Versagungsgründe § 4

sind die einzelnen Schallereignisse, ihre Schallpegel, ihre Eigenart (etwa Dauer, Häufigkeit, Impulshaltigkeit) und ihr Zusammenwirken (*BVerwG* 24. 4. 1991, BVerwGE 88, 143, 148). So können bei seltenen Veranstaltung wie Volksfesten u. Ä. die in den Regelwerken festgelegten Spitzenwerte für kurze Zeit durchaus überschritten werden, ohne dass dies zu einer Unzumutbarkeit für die betroffenen Nachbarn führt (*Metzner* § 4 Rn. 268; vgl. auch *OVG Niedersachsen* 17. 5. 1995, GewArch 1996, 117; *HessVGH* 8. 10. 1996 GewArch 1997, 162; *BayVGH* 13. 5. 1997, NJW 1998, 401). Für die Beurteilung der Lärmbelastung ist auch der **Gebietscharakter**, in dem sich der Lärm auswirkt, bedeutsam (*OLG Düsseldorf* 17. 6. 2002, GewArch 2002, 484).

Bei einer **Gemengelage** aus Sportanlage, Gaststätte und weiteren Freizeiteinrichtungen ist grundsätzlich **für jede Anlagenart** eine **gesonderte Beurteilung** der Lärmimmissionen anhand des einschlägigen technischen Regelwerks durchzuführen (*BVerwG* 16. 5. 2001, NVwZ 2001, 1167, 1168 = BayVBl. 2001, 693, NJW 2001, 3799, nur Ls., DÖV 2002, 41, nur Ls.; vgl. zu dieser Problematik auch *Pinegger/Krau*ß*er* GewArch 1997, 16, 20–22). Für die Gaststätte gilt daher die TA Lärm, für die Sportanlage die 18. BImSchV und für die Freizeiteinrichtung sind die LAI-Hinweise zu beachten. Etwas anderes gilt aber dann, wenn mehrere in räumlichem Zusammenhang stehende Anlagen trotz ihrer organisatorischen Trennung vom Betreiber im Sinne eines **integrativen Konzepts zu einer Einheit zusammengefasst** worden sind (*BVerwG* NVwZ 2001, 1167, 1168). Dann findet die Beurteilung der Lärmimmissionen auf der Grundlage desjenigen technischen Regelwerks statt, das der **Gesamtkonzeption** der Anlage entspricht. Sofern sich diese Zusammenfassung verschiedener Anlagen etwa als „Freizeitbereich" darstellt, sind als Beurteilungsmaßstab für die Gesamtheit der von den Anlagen ausgehenden Immissionen die LAI-Hinweise heranzuziehen (*BVerwG* NVwZ 2001, 1167, 1168 f.). **138**

Mit dem Gaststättenbetrieb sind stets **Geruchsemissionen** verbunden. Ihre rechtliche Beurteilung stellt sich in der Praxis häufig als **139**

§ 4 Versagungsgründe

schwierig dar. Die auf der Grundlage des § 48 BImSchG erlassene **TA Luft** in der Fassung vom 24. 7. 2002 (GABl. S. 511 = Beilage Nr. IV/2002 zu Heft 10/2002 der NVwZ) dient dem Schutz der Allgemeinheit und der Nachbarschaft vor schädlichen Umwelteinwirkungen durch Luftverunreinigungen und der Vorsorge gegen schädliche Umwelteinwirkungen durch Luftverunreinigungen (Nr. 1 TA Luft). Sie sieht vorrangig Anforderungen für genehmigungsbedürftige Anlagen i. S. d. 4. BImSchV (vgl. oben Rn. 120 Spiegelstrich 2) vor. So weit nach § 22 Abs. 1 BImSchG bei nicht genehmigungsbedürftigen Anlagen zu prüfen ist, ob von ihnen Luftimmissionen ausgehen, sollen die in Nr. 4 TA Luft festgelegten Grundsätze zur Ermittlung und Maßstäbe zur Beurteilung von schädlichen Umwelteinwirkungen herangezogen werden (vgl. dazu *Ohms* DVBl. 2002, 1365, 1369; *Hansmann* NVwZ 2002, 1208, 1209). Die in Nr. 5 TA Luft festgelegten Vorsorgeanforderungen können bei nicht genehmigungsbedürftigen Anlagen als Erkenntnisquelle herangezogen werden (Nr. 1 Abs. 5 TA Luft). Bei **Gaststätten** gilt die TA Luft vor allem in Bezug auf die dort vorhandenen Feuerungsanlagen (vgl. oben Rn. 129). Der **Schutz vor Geruchsimmissionen** wird in der TA Luft nicht geregelt, allerdings finden sich Vorgaben in Bezug auf die Vorsorge gegen schädliche Umwelteinwirkungen durch Geruchsemissionen (Nr. 1 Abs. 3 TA Luft [vgl. dazu auch *Ohms* und *Hansmann* aaO]). Für Gaststätten kann überdies die **Nr. 5.2.8 TA Luft** von Bedeutung sein. Sie lautet:

„Bei Anlagen, die bei bestimmungsgemäßem Gebrauch .... geruchsintensive Stoffe emittieren können, sind Anforderungen zur Emissionsminderung zu treffen .... . Geruchsintensive Abgase sind in der Regel Abgasreinigungseinrichtungen zuzuführen oder es sind gleichwertige Maßnahmen zu treffen. .... Bei der Festlegung des Umfangs der Anforderungen im Einzelfall sind insbesondere der Abgasvolumenstrom, der Massenstrom geruchsintensiver Stoffe, die örtlichen Ausbreitungsbedingungen, die Dauer der Emissionen und der Abstand der Anlage zur nächsten vorhandenen oder in einem Bebauungsplan festgesetzten schützenswerten Nutzung (z. B. Wohnbebauung) zu berücksichtigen. So weit in der Umgebung einer Anlage Geruchseinwirkungen zu erwarten

Versagungsgründe § 4

sind, sind die Möglichkeiten, die Emissionen durch den Stand der Technik entsprechende Maßnahmen weiter zu vermindern, auszuschöpfen."

Die Gaststättenbehörde hat bei ihrer Prüfung darauf zu achten, dass die Geruchsimmissionen bei Gaststätten, vor allem die Belästigung der Umgebung durch Essensgerüche, möglichst gering bleiben und der Gastwirt alle ihm zumutbaren und nach dem Stand der Technik möglichen Maßnahmen zur Begrenzung der Geruchsemissionen unternimmt. Dies wird in aller Regel dadurch geschehen müssen, dass die Abluft aus der Küche gefiltert und so abgeführt wird, dass die **Nachbarschaft keinen nennenswerten Gerüchen ausgesetzt** wird. **140**

Eine **Anwendung der** im Mai 1999 vom Länderausschuss für Immissionsschutz beschlossenen **Geruchsimmissionsrichtlinie (GIRL)** zur Erfassung und Bewertung von Geruchsimmissionen (vgl. dazu etwa *Hansmann* NVwZ 1999, 1158 ff.; *Kothe* NuR 1998, 240 ff.; *Ohms* DVBl. 2002, 1365, 1369 [dort Fn. 35]) **auf Gaststätten** ist **abzulehnen**. Die GIRL betrifft nur genehmigungsbedürftige Anlagen und wurde in erster Linie für Industrieanlagen entwickelt. Eine Übertragung ihrer Kriterien auf nicht genehmigungsbedürftige Anlagen verbietet sich mangels Vergleichbarkeit (wie hier *VGH BW* 23. 10. 2001, VBlBW 2002, 197, 198). **141**

Immer häufiger gehen von Gaststätten auch **weitere Immissionen**, vor allem Beeinträchtigungen durch **Licht**, aus. Bei Diskotheken sind werbende Lichteffekte die Regel. So sind etwa Scheinwerfer sehr verbreitet, die über zum Teil mehrere hundert Meter in den Himmel leuchten und auf diese Weise für Aufmerksamkeit und Werbung sorgen. Auch ansonsten verfügt die moderne Erlebnisgastronomie häufig über Außenbeleuchtungen, die auf die Gaststätte aufmerksam machen sollen. Hierdurch können Allgemeinheit und Nachbarn beeinträchtigt werden. Die Gaststättenbehörde hat die **Umstände des Einzelfalls** zu prüfen und dafür Sorge zu tragen, dass Beeinträchtigungen der **Nachbarschaft** unterbleiben. Auch die Allgemeinheit ist zu schützen. Insbesondere darf der **Verkehr** durch Lichtwerbung nicht gefährdet werden (etwa durch Ab- **142**

§ 4 Versagungsgründe

lenkung oder Blendung). Die Gaststättenbehörde ist auch hier befugt, die erforderlichen **Auflagen** nach § 5 GastG zu erlassen.

g) Baurecht

143 Das Baurecht gehört zu den im Rahmen des § 4 Abs. 1 S. 1 Nr. 3 GastG im Interesse der Allgemeinheit zu berücksichtigenden Belangen. Dabei ist vor allem das **Bauplanungsrecht** von Bedeutung (*Aßfalg* in: *Aßfalg/Lehle/Rapp/Schwab* § 4 GastG Rn. 16), während das Bauordnungsrecht in erster Linie vom Versagungsgrund der Nr. 2 erfasst wird (vgl. oben Rn. 75, 81). Dennoch können auch Belange des Bauordnungsrechts Gegenstand der Prüfung nach § 4 Abs. 1 S. 1 Nr. 3 GastG sein (vgl. dazu nachfolgend Rn. 148).

144 Bei der Tätigkeit der gaststättenrechtlichen Erlaubnisbehörde ist das **Verhältnis des GastR zum Baurecht** zu beachten. Entscheidend ist dabei, dass die **Baugenehmigung** für die Gaststättenbehörde eine umfassende **Bindungswirkung** entfaltet. Im Einzelnen gilt:

– Die Baugenehmigung bewirkt nach den Landesbauordnungen der Länder die **umfassende Feststellung der Vereinbarkeit des Bauvorhabens mit öffentlich-rechtlichen Vorschriften des Baurechts** (*BVerwG* 4. 10. 1988, BVerwGE 80, 259, 261 f. = NVwZ 1989, 258). Die Baugenehmigung entfaltet **Bindungswirkung** dahin, dass die Gaststättenbehörde die entsprechende Gaststättenerlaubnis nicht aus baurechtlichen Gründen versagen darf (BVerwGE 80, 259, 261; *VGH BW* 7. 8. 1986, GewArch 1987, 32; *OVG Bremen* 21. 4. 1998, GewArch 2000, 83, 84; *OVG RP* 19. 8. 1981, GewArch 1981, 382; *BayVGH* 31. 7. 2002, GewArch 2002, 471 [zur GewO]; 8. 10. 1986, GewArch 1987, 99; *OVG NRW* 9. 12. 1980, GewArch 1981, 173; *VG Gießen* 23. 1. 2001, NVwZ-RR 2001, 739 = GewArch 2001, 255 f.; *VG Darmstadt* 10. 7. 2002, GewArch 2002, 435, 436; *Metzner* § 4 Rn. 353; *Michel/Kienzle* § 4 Rn. 58; *Ambs* in: *Erbs/Kohlhaas* § 2 GastG Rn. 5, § 4 GastG Rn. 17; *v. Ebner* GewArch 1978, 48, 50; *Gaentzsch* NJW 1986, 2787, 2791 f.; *Kosmider* GewArch 1987, 281, 289). Die Bindungswirkung ist vor der Bestandskraft gegeben, wenn die **Baugenehmigung sofort vollziehbar** ist (*VGH BW* 28. 6. 1994, VBlBW 1994, 493). Die **Schlussabnahmebescheinigung** für eine

Gaststätte entfaltet keine Bindungswirkung gegenüber der Gaststättenbehörde (*OVG Bremen* 15. 4. 1993, NVwZ-RR 1994, 80).
– Die **Reichweite der Bindungswirkung** der Baugenehmigung ist **nicht unbegrenzt**. Sie bezieht sich nicht auf die Vereinbarkeit des Vorhabens mit gaststättenrechtlichen Vorschriften, deren Prüfung im GastG dem besonderen gaststättenrechtlichen Erlaubnisverfahren vorbehalten ist (*BVerwG* 4. 10. 1988, BVerwGE 80, 259, 261; *Aßfalg* in: *Aßfalg/Lehle/Rapp/Schwab* § 4 GastG Rn. 24). Die Bindungswirkung der Baugenehmigung geht daher nur so weit, wie die **Prüfungs- und Regelungskompetenz der Baurechtsbehörde** reicht. Dabei kommt es darauf an, ob der jeweilige Regelungsgegenstand den stärkeren Bezug zum Baurecht oder zum GastR hat (BVerwGE 80, 259, 261). Auch Fragen des Immissionsschutzes und der schädlichen Umwelteinwirkungen i. S. d. § 4 Abs. 1 S. 1 Nr. 3 GastG fallen über § 15 Abs. 1 BauNVO in die Kompetenz der Baurechtsbehörde und entfalten daher im GastR Bindungswirkung (BVerwGE 80, 259, 261 f.; *VG Gießen* 23. 1. 2001, NVwZ-RR 2001, 739). Dagegen ist § 4 Abs. 1 S. 1 Nr. 1 und 2 GastG keine von der Baurechtsbehörde zu prüfende öffentlich-rechtliche Vorschrift (*VGH BW* 17. 12. 1999, VGHBW-Ls 71/2000). Bindungswirkung entfaltet die Baugenehmigung zudem in Bezug auf die Frage, ob der Betrieb einer Gaststätte zu einer Bedrohung der Verkehrssicherheit führt (*OVG NRW* 9. 12. 1980, GewArch 1981, 173).

Die Bindungswirkung der Baugenehmigung entfällt, wenn nach deren Erteilung **neue Tatsachen** (etwa Emissionen) auftreten (*HessVGH* 18. 10. 1995, DÖV 1997, 42, nur Ls.)

Die **Prüfung** der rein personalen Versagungsgründe **des § 4 Abs. 1 S. 1 Nr. 1, 4 GastG obliegt ausschließlich der Gaststättenbehörde** (*VGH BW* 13. 3. 2001, GewArch 2001, 432 f.; 7. 8. 1986, GewArch 1987, 32, 34; *VG Freiburg* 20. 10. 1999, GewArch 2001, 429, 431). Das Baurecht umfasst diese polizei- und ordnungsrechtlichen Gesichtspunkte nicht (*Aßfalg* in: *Aßfalg/Lehle/Rapp/Schwab* § 4 GastG Rn. 24; *Dürr* Rn. 225). Die Gaststättenbehörde wird überdies durch die Bindungswirkung **nicht gehindert**, im Bereich des Baurechts **weitergehende Anforderungen als die Baurechtsbehörde zu stellen**, wenn § 4 Abs. 1 S. 1 Nr. 2 oder 3 GastG dies aus gewerbepolizeilichen Gründen fordern (wie hier *VGH BW* 13. 3. 2001, GewArch

§ 4   Versagungsgründe

2001, 432, 433 = ESVGH 51, 190, nur Ls.; *OVG RP* 19. 8. 1981, GewArch 1981, 382 ff.; *Michel/Kienzle* § 4 Rn. 62).

Die **Bindungswirkung** der Baugenehmigung **entfällt, wenn die Baugenehmigung** – aus welchem Grund auch immer (Rücknahme, Widerruf, Erlöschen) – **nicht mehr besteht** oder sich die ihr zugrunde liegenden Rechtsverhältnisse in einer Weise ändern, dass ein weiteres Festhalten an den Feststellungen der Baurechtsbehörde nicht mehr vertretbar ist (vgl. *BVerwG* 4. 10. 1988, BVerwGE 80, 259, 261). Im Verfahren zur Erteilung der Gaststättenerlaubnis ist indes solange von der Rechtmäßigkeit der Baugenehmigung auszugehen, wie diese besteht (*VGH BW* 16. 3. 1973, GewArch 1974, 131).

- **Fehlen baurechtliche Vorschriften**, wie dies etwa im Bereich des Brandschutzes in einigen der Landesbauordnungen der Fall ist, kann die Prüfung dieser Fragen auf der Grundlage des § 4 Abs. 1 S. 1 Nr. 3 GastG erfolgen (vgl. *Schönleiter/Kopp* GewArch 2002, 366, 368; *Metzner* § 5 Rn. 45).
- Die **Versagung der Baugenehmigung** entfaltet gegenüber der Gaststättenbehörde **keine Bindungswirkung**. Sie besagt nicht verbindlich, dass das Bauvorhaben dem Baurecht widerspricht (vgl. dazu *BVerwG* 17. 10. 1989, BVerwGE 84, 11, 14 = NVwZ 1990, 559; *OVG Bremen* 15. 4. 1993, NVwZ-RR 1994, 80).

145 So weit es keine anderslautenden landesrechtlichen Verfahrensvorschriften gibt, ist die Gaststättenbehörde nicht gehindert, die Fragen des Baurechts, vor allem auch des Bauplanungsrechts, vor Erlass einer Baugenehmigung zu prüfen und im Rahmen der Erlaubniserteilung zu entscheiden. **Bundesrecht sieht keinen verfahrensrechtlichen Vorrang der Baugenehmigung vor** (*BVerwG* 18. 3. 1998, GewArch 1998, 254; 17. 10. 1989, BVerwGE 84, 11, 16; *BayVGH* 13. 5. 1997, NJW 1998, 401, 402 = BayVBl. 1997, 594, GewArch 1997, 381, 382, NVwZ 1998, 309, nur Ls.; *Michel/Kienzle* § 4 Rn. 57; *Ambs* in: *Erbs/Kohlhaas* § 2 GastG Rn. 4; *Badura* in: *Schmidt-Aßmann* Rn. 3/149; *Pauly/Brehm* GewArch 2003, 57, 65). Auch die originäre Prüfungskompetenz der Baurechtsbehörde (vgl. oben Rn. 144 Spiegelstrich 2) ändert hieran nichts (*BVerwG* GewArch 1998, 254; 25. 2. 1992, BVerwGE 90, 53, 54 f. = GewArch 1992, 244). Das Fehlen der Baugenehmigung berechtigt die Gaststättenbehörde nicht dazu, allein aus diesem Grund die Erteilung der gaststättenrechtlichen Erlaubnis wegen **fehlendem Sachbescheidungsinteresse** abzulehnen; etwas anderes gilt nur dann, wenn die Erteilung der Baugenehmigung von vornherein offensichtlich ausscheidet (*VGH BW* 7. 1. 1985, GewArch 1985, 300; *VG Saarlouis* 17. 6. 1992, NVwZ-RR 1993, 140, 141; *Michel/Kienzle* § 4 Rn. 67). Fehlt die erforderliche Baugenehmigung, so ist die Gaststättenerlaubnis zu versagen, wenn der Betrieb zu gaststättenrechtlich bedeutsamen Vorschriften des materiellen Baurechts im Widerspruch steht (*VGH BW* 21. 3. 1974, GewArch 1974, 236). So weit die Gaststättenbehörde über baurechtliche Fragen entscheidet, entfaltet die gaststättenrechtliche Erlaubnis **keine Bindungswirkung zulasten der Baurechtsbehörde** (*BVerwG* 17. 10. 1989, BVerwGE 84, 11, 16; *BayVGH* 29. 10. 1987, NVwZ 1988, 1140; *VGH BW* 27. 4. 1990, NVwZ 1990, 1094, 1095; *OVG Niedersachsen* 16. 12. 1993, NVwZ-RR 1994, 558, 559; *Michel/Kienzle* § 4 Rn. 68; *Ambs* aaO, § 2 Rn. 5, § 4 Rn. 17).

Praxishinweis: Der **Gaststättenbehörde** ist in jedem Fall zu empfehlen, die Baurechtsbehörde zumindest im Verfahren zu beteiligen, sofern noch keine Baugenehmigung erteilt wurde (ebenso *Pauly/ Brehm* aaO; § 1 Abs. 3 GastV Schleswig-Holstein schreibt dies ausdrücklich vor [vgl. den Text im Anhang I 15a]). Dies stellt zum einen eine einheitliche Rechtsanwendung sicher, verhindert aber auch nutzlose Erlaubnisverfahren, falls die Erteilung der Baugenehmigung ausscheidet. Zu bevorzugen ist aber, auf den Gaststättenbetreiber dahingehend hinzuwirken, das Baugenehmigungsverfahren vorzuziehen (vgl. dazu *v. Ebner* GewArch 1978, 48, 54). Der **Gaststättenbetreiber** sollte sich zunächst um die Erteilung der Baugenehmigung bemühen, bevor er die gaststättenrechtliche Erlaubnis beantragt. Ihm bringt diese Vorgehensweise mehr Klarheit, zumal die Baurechtsbehörde die Gaststättenbehörde im Baugenehmigungsverfahren zu beteiligen hat (*BVerwG* 18. 9. 1987, NVwZ 1988, 535, 536 [zum Atom-/Wasserrecht]; vgl. dazu auch *Michel/Kienzle* § 4 Rn. 60 f.) Außerdem wird durch die Bindungswirkung der Baugenehmigung ein wesentlicher Teil des Nachbarschutzes für das gaststättenrechtliche Erlaubnisverfahren bereits entschieden.

146 Bei einem **Wechsel des Pächters** einer Gaststätte **ohne bauliche Änderungen** der Gaststätte findet durch die Gaststättenbehörde **keine baurechtliche Prüfung** im Rahmen des gaststättenrechtlichen Erlaubnisverfahrens statt (vgl. *Schönleiter/Kopp* GewArch 2002, 366, 368).

147 Das dargelegte Verhältnis von Baurecht und GastR gilt auch, wenn aufgrund der landesrechtlichen Zuständigkeitsregelungen **Identität zwischen Baurechtsbehörde und Gaststättenbehörde** besteht. Auch in diesem Fall kann bei der Prüfung der gaststättenrechtlichen Zulässigkeit in Bezug auf die von der Baugenehmigung erfassten Rechtsfragen zu keinem anderen Ergebnis gekommen werden (*VG Aachen* 20. 10. 1976, GewArch 1977, 274 f.).

148 Beim Versagungsgrund des § 4 Abs. 1 S. 1 Nr. 3 GastG ist das **Bauordnungsrecht** zu beachten, auch wenn der überwiegende Teil dieser Vorschriften über den Versagungsgrund der Nr. 2 erfasst werden dürfte. Beim Bauordnungsrecht sind die Vorschriften in die Prüfung einzubeziehen, die **Auswirkungen auf** die Nachbarschaft und **die Allgemeinheit** haben oder **sonst dem öffentlichen Interesse widersprechen** können. Ein Gaststättenbetrieb, dem die nach der Landesbauordnung erforderlichen **Kfz-Stellplätze** fehlen, verstößt gegen **materielles Baurecht** (*VGH BW* 21. 3. 1974, GewArch 1974, 236). Bauordnungsrechtliche Mängel werden durch die Erteilung der Gaststättenerlaubnis nicht geheilt (*VGH BW* aaO).

149 Die Frage, ob § 4 Abs. 1 S. 1 Nr. 3 GastG über den Begriff der „schädlichen Umweltwirkungen" hinaus **nachbarschützende Funktion** zukommt, ist umstritten (vgl. dazu eingehend § 2 Rn. 83). Nach der hier vertretenen Auffassung ist dies der Fall (vgl. § 2 Rn. 83). Dies gilt auch, so weit die Gaststättenbehörde über § 4 Abs. 1 S. 1 Nr. 3 GastG **Vorschriften des Baurechts** zu prüfen hat (**aA** *OVG RP* 4. 2. 1998, NVwZ-RR 1998, 556, 557). Andernfalls würde es zu Wertungswidersprüchen kommen. Die Baugenehmigungsbehörde muss den Nachbarschutz, so weit er durch die Vorschriften des Bauplanungsrechts gewährt wird, berücksichtigen. Wenn ein Gaststättenbetrieb ganz oder teilweise wegen entsprechender Vorschriften des Landesbaurechts keiner baurechtlichen Genehmigung bedarf, würden die Belange der Nachbarschaft bei der Prüfung durch die Gaststättenbehörde nicht berücksichtigt. Der Nachbarschutz würde ausgehöhlt. Daher ist der Nachbarschutz bei der Prüfung durch die Gaststättenbehörde in dem Umfang zu beachten, den das Bauplanungsrecht gewährt.

Im **Bauordnungsrecht** wird Nachbarschutz durch zahlreiche Vorschriften gewährt. Dies bestimmt sich nach den landesrechtlichen Vorschriften. Es ist für jede einzelne Vorschrift danach zu fragen, ob sie nachbarschützend ist, sie also **zumindest auch den Belangen der Nachbarschaft dienen** soll (*Dürr* Rn. 259 m. w. N.). Im Bauordnungsrecht kommt vor allem den **Grenzabstandsregelungen** Nachbarschutz zu. Weitere nachbarschützende Normen können in Bezug auf Gaststätten die **Stellplatzvorschriften** sein. Vorgaben in der Landesbauordnung über die Anzahl der zu schaffenden Stellplätze sind indes nicht nachbarschützend (*OVG NRW* 10. 7. 1998, NVwZ-RR 1999, 365, 366). So weit von den Stellplätzen keine gesundheitsschädigenden Auswirkungen und sonstige Störungen ausgehen dürfen, vermittelt die entsprechende landesbaurechtlich Bestimmung Nachbarschutz (vgl. *VGH BW* 1. 12. 1971, BaWüVBl. 1972, 59, 60). **150**

Im Rahmen des § 4 Abs. 1 S. 1 Nr. 3 GastG ist von der Erlaubnisbehörde das **Bauplanungsrecht** zu prüfen, weil es zu den zu berücksichtigenden öffentlichen Interessen im Sinne dieser Vorschrift zählt (*BVerwG* 17. 10. 1989, BVerwGE 84, 11, 13). Der Prüfung des Bauplanungsrechts kommt in Bezug auf den Schutz der Nachbarschaft und der Allgemeinheit eine besondere Bedeutung zu. **Prüfungsgegenstand** sind die **§§ 29 bis 35 BauGB**. Dabei **151**

– macht **§ 29 Abs. 1 BauGB** deutlich, dass für die bauplanungsrechtliche Beurteilung von Gaststätten die §§ 30 bis 37 BauGB anzuwenden sind; aus **§ 29 Abs. 2 BauGB** ergibt sich, dass die Vorschriften des Bauordnungsrechts gesondert zu prüfen sind;

§ 4 Versagungsgründe

- gilt **§ 30 BauGB** für Gaststätten, die sich innerhalb des Geltungsbereichs eines **Bebauungsplans** (qualifizierter Bebauungsplan: § 30 Abs. 1 BauGB; einfacher Bebauungsplan: § 30 Abs. 3 BauGB i.V.m. §§ 34, 35 BauGB) befinden;
- lässt **§ 31 BauGB** Ausnahmen und Befreiungen von den Festsetzungen eines Bebauungsplans zu;
- bezieht sich **§ 33 BauGB** auf Gaststätten, die in einem Bereich liegen, für den lediglich der **Aufstellungsbeschluss** für einen Bebauungsplan vorliegt;
- gilt **§ 34 BauGB** für Gaststätten, die nicht im Geltungsbereich eines Bebauungsplans und innerhalb eines Bebauungszusammenhangs (**Innenbereich**) liegen;
- findet **§ 35 BauGB** auf Gaststätten Anwendung, die nicht im Geltungsbereich eines Bebauungsplans und außerhalb des Bebauungszusammenhangs (**Außenbereich**) liegen.

152 Im **Geltungsbereich eines Bebauungsplans** ist ein Gaststättenbetrieb bauplanungsrechtlich zulässig, wenn er den **Festsetzungen des Bebauungsplans nicht widerspricht** (§ 30 Abs. 1 BauGB) und die Erschließung der Gaststätte gesichert ist. Bei einem einfachen Bebauungsplan sind dessen Festsetzungen ebenfalls zu beachten; so weit sich keine Festsetzungen finden, gelten die §§ 34, 35 BauGB (§ 30 Abs. 3 BauGB).

153 Für die Beurteilung der Zulässigkeit einer Gaststätte kommt es vor allem auf die **Art der baulichen Nutzung** i.S.d. § 30 Abs. 1 BauGB an. Sie wird im Bebauungsplan entsprechend den **Vorgaben der BauNVO** festgesetzt (§ 9 Abs. 1 Nr. 1 BauGB, § 1 Abs. 4 BauNVO). Die BauNVO gibt bestimmte Gebietstypen vor und legt zugleich fest, welche Nutzungen innerhalb des jeweiligen Gebiets zulässig sind. Im Bebauungsplan werden die einzelnen Gebiete entsprechend der BauNVO festgesetzt. Zugleich kann festgelegt werden, welche Nutzungen innerhalb des Gebiets zulässig sind.

154 Die **BauNVO** legt in den §§ 2 bis 11 zehn Gebietsarten fest. Dabei wird im ersten Absatz dieser Vorschriften die Gebietsart mit ihren Besonderheiten beschrieben, im zweiten Absatz werden die innerhalb des Gebiets zulässigen Nutzungen festgelegt und der dritte Absatz sieht Nutzungen vor, die im Gebiet ausnahmsweise zulässig sind. Gem. § 1 Abs. 5 BauNVO können im Bebauungsplan bestimmte Arten von Nutzungen, die nach den §§ 2, 4 bis 9 und 13 BauNVO allgemein zulässig sind, als nicht zulässig oder nur ausnahmsweise zulässig bestimmt werden. § 1 Abs. 6 bis 9 BauNVO erlaubt weitere Abweichungen von den Vorgaben der §§ 2 bis 11 BauNVO.

Finden sich im Bebauungsplan von den §§ 2 bis 11 BauNVO keine Abweichungen in Bezug auf Gaststätten, so gilt für die Zulässigkeit des Gaststättenbetriebs im jeweiligen Bebauungsgebiet: **155**

Die **BauNVO** unterscheidet folgende **Gebiete** (vgl. § 1 Abs. 2 BauNVO): **156**

1. Kleinsiedlungsgebiete (§ 2 BauNVO);
2. Reine Wohngebiete (§ 3 BauNVO);
3. Allgemeine Wohngebiete (§ 4 BauNVO);
4. Besondere Wohngebiete (§ 4a BauNVO);
5. Dorfgebiete (§ 5 BauNVO);
6. Mischgebiete (§ 6 BauNVO);
7. Kerngebiete (§ 7 BauNVO);
8. Gewerbegebiete (§ 8 BauNVO);
9. Industriegebiete (§ 9 BauNVO);
10. Sondergebiete (§§ 10, 11 BauNVO).

Die **BauNVO** unterscheidet zwischen Schank- und Speisewirtschaften, Beherbergungsbetrieben und Vergnügungsstätten. Unter einer **Schank- und Speisewirtschaft** sind gewerbliche Betriebe zu verstehen, in denen Getränke aller Art allein oder zusammen mit Speisen an Gäste zum Zweck des Verzehrs in den Wirtschaftsräumen verabreicht werden (*Fickert/Fieseler* § 2 Rn. 13; *Bielenberg* in: *Ernst/Zinkahn/Bielenberg* § 2 BauNVO Rn. 33). **Betriebe des Beherbergungsgewerbes** liegen vor, wenn Räume ständig wechselnden Gästen zum vorübergehenden Aufenthalt zur Verfügung gestellt werden, ohne dass diese dort ihren häuslichen Wirkungskreis unabhängig gestalten können (*BVerwG* 8. 5. 1989, ZfBR **157**

1989, 225 = BauR 1989, 440, 441; vgl. auch *Fickert/Fieseler* § 3 Rn. 19). Dies sind insbesondere Hotels, Pensionen, Hospize, Gasthöfe, Fremdenheime sowie Erholungsheime, wenn diese der Unterbringung im Urlaub und nicht der Heilbehandlung dienen (*Bielenberg* in: *Ernst/Zinkahn/Bielenberg* § 3 BauNVO Rn. 20). Beim sog. **„Boardinghouse"**, das eine Mischform zwischen Hotel und Wohnung darstellt, in jedem Fall aber über Kochgelegenheit und einen Kühlschrank verfügt (*Hermanns/Hönig* BauR 2001, 1523, 1524), ist zu differenzieren. Ein Beherbergungsbetrieb i. S. d. BauNVO liegt nur dann vor, wenn es den Mietern nicht möglich ist, einen eigenen häuslichen Wirkungskreis zu begründen und frei zu gestalten (*Hermanns/Hönig* BauR 2001, 1523, 1528). **Vergnügungsstätten** sind Gewerbebetriebe, bei denen die kommerzielle Unterhaltung der Besucher bzw. Kunden im Vordergrund steht, so etwa Spielhallen, Spielcasinos, Diskotheken, Nachtlokale, Tanzlokale, Sex-Kinos und Peep-Shows (*Bielenberg* in: *Ernst/Zinkahn/Bielenberg* § 4a BauNVO Rn. 58).

158 Allgemein gilt, dass **Schank- u. Speisewirtschaften** nach der BauNVO in besonderen Wohngebieten (§ 4a Abs. 2 Nr. 2 BauNVO), in Dorfgebieten (§ 5 Abs. 2 Nr. 5 BauNVO), in Mischgebieten (§ 6 Abs. 2 Nr. 3 BauNVO), in Kerngebieten (§ 7 Abs. 2 Nr. 2 BauNVO) und in Gewerbegebieten (§ 8 Abs. 1 Nr. 1 BauNVO) **uneingeschränkt zulässig** sind. In Kleinsiedlungsgebieten (§ 2 Abs. 2 Nr. 2 BauNVO) und in allgemeinen Wohngebieten (§ 4 Abs. 2 Nr. 2 BauNVO) sind Schank- und Speisewirtschaften nur zulässig, wenn sie **der Versorgung des Gebiets dienen** (vgl. dazu auch *VGH BW* 16. 1. 1996, BauR 1996, 373). **Vergnügungsstätten** sind nur in Kerngebieten (§ 7 Abs. Nr. 2 BauNVO) und unter bestimmten Voraussetzungen in Mischgebieten (§ 6 Abs. 2 Nr. 8 BauNVO) allgemein zulässig, in besonderen Wohngebieten (§ 4a Abs. 3 Nr. 2 BauNVO), in Dorfgebieten (§ 5 Abs. 3 BauNVO), Mischgebieten (§ 6 Abs. 3 BauNVO) und Gewerbegebieten (§ 8 Abs. 3 Nr. 3 BauNVO) können sie dagegen nur ausnahmsweise zugelassen werden. **Betriebe des Beherbergungsgewerbes** werden von den Schank- und Speisewirtschaften unterschieden und sind in besonderen Wohngebieten (§ 4a Abs. 2 Nr. 2 BauNVO), in Dorfgebieten (§ 5 Abs. 2 Nr. 5 BauNVO), in Mischgebieten (§ 6 Abs. 2 Nr. 3 BauNVO), in Kerngebieten (§ 7 Abs. 2 Nr. 2 BauNVO) und in Gewerbegebieten (§ 8 Abs. 2 Nr. 1 BauNVO) allgemein zulässig; ausnahmsweise können sie auch in allgemeinen Wohngebieten (§ 4 Abs. 3 Nr. 1 BauNVO) zugelassen werden. **Kleinere Betriebe des Beherbergungsgewerbes** können ausnahmsweise auch in reinen Wohngebieten (§ 3 Abs. 2 Nr. 1 BauNVO) zugelassen werden. Für die einzelnen Baugebiete ist bei Beurteilung der Zulässigkeit von Gaststättenbetrieben noch zu beachten:

Reine Wohngebiete. In reinen Wohngebieten sind Gastwirtschaften stets unzulässig. Das **Privileg kleiner Beherbergungsbetriebe**, die ausnahmsweise in reinen Wohngebieten zulässig sind, gilt nicht für Schank- u. Speisewirtschaften, weil die BauNVO beide Begriffe eindeutig unterscheidet (vgl. oben Rn. 157). Ob ein Beherbergungsbetrieb klein i.S.d. § 3 Abs. 3 Nr. 1 BauNVO ist, beurteilt sich nach dem Einzelfall, insbesondere nach der Größe des Betriebs im Verhältnis zum Wohngebiet (*BVerwG* 27. 11. 1987, ZfBR 1988, 143, 144 = BauR 1988, 184; *Fickert/Fieseler* § 3 Rn. 19.3; *Bielenberg* in: *Ernst/Zinkahn/Bielenberg* § 3 BauNVO Rn. 21 m.w.N.). Der Beherbergungsbetrieb wird nicht dadurch zur im reinen Wohngebiet unzulässigen Schank- und Speisewirtschaft, dass im Rahmen seines Betriebs eine Bewirtung im Rahmen des Üblichen stattfinden. Etwas anderes gilt aber stets dann, wenn der Betrieb auch der Versorgung eines weiteren Personenkreises dient (vgl. dazu die Nachweise bei *Bielenberg* aaO, § 3 BauNVO Rn. 20). 159

Kleinsiedlungsgebiete, allgemeine Wohngebiete. Im Kleinsiedlungsgebiet und im allgemeinen Wohngebiet sind **Speise- u. Schankwirtschaften, welche der Versorgung des betreffenden Gebietes dienen**, zulässig. Für die Versorgung des Gebiets ist darauf abzustellen, ob die jeweilige Schank- und Speisewirtschaft im Gebiet zweckmäßig ist (*Fickert/Fieseler* § 2 Rn. 9.1). Dafür reicht es aus, dass die Schank- und Speisewirtschaft voraussichtlich jedenfalls in einem nicht unerheblichen Umfang von den Bewohnern 160 des Gebiets aufgesucht wird (*Bielenberg* in: *Ernst/Zinkahn/Bielenberg* § 2 BauNVO Rn. 31). Für die Beurteilung ist maßgeblich auf **objektive Kriterien** wie Art, Umfang, Typik und Ausstattung der Gaststätte abzustellen; das Betriebskonzept hat dagegen nur individuelle Bedeutung (*VGH BW* 1. 7. 2002, VBlBW 2002, 486, 487). Es ist für die Beurteilung der Frage auf den **Zeitpunkt** abzustellen, in dem die Frage zu beantworten ist, wobei **absehbare künftige Änderungen** zu berücksichtigen sind (*BVerwG* 29. 10. 1998, GewArch 1999, 258, 259 f.). Die Gaststätte dient nicht mehr der Versorgung des Gebiets, wenn die Gaststätte realistischerweise darauf ausgerichtet ist, dass die Gäste zum Besuch ein Kraftfahrzeug benutzen, oder wenn die Gaststätte eine Kapazität aufweist, die nicht erwarten lässt, dass sie durch die Bewohner des Gebiets in einem ins Gewicht fallenden Umfang ausgelastet wird (*BVerwG* 3. 9. 1998, BauR 1999, 29 f. = BayVBl. 1999, 442, 443, GewArch 1998, 491; *OVG NRW* 2. 3. 2001, BauR 2001, 1392, 1393; vgl. auch *OVG Saarland* 5. 12. 1995, GewArch 1996, 123, 124 f.). Für die „Versorgung des Gebiets" ist auch auf den durch im Gebiet zulässige Anlagen hervorgerufenen Bedarf abzustellen (*VGH BW* VBlBW 2002, 486, 487). **Tritt** zu einem bereits genehmigten Beherbergungsbetrieb eine **Schank- und Speisewirtschaft hinzu**, wird in Bezug auf § 4 Abs. 3 BauNVO die Frage der Genehmigungsfähigkeit des Beherbergungsbetriebs neu aufgeworfen (*VGH BW* VBlBW 2002, 486, 487).

161 Eine Ausnahme ergibt sich aus **§ 15 Abs. 1 BauNVO** (*Fickert/Fieseler* § 4 Rn. 4.21; vgl. Text im Anhang III 2 sowie zum Nachbarschutz nachfolgend Rn. 170). Danach sind **Schank- u. Speisewirtschaften** im Einzelfall auch in Gebieten, in denen sie nach den §§ 2 bis 14 BauNVO an sich allgemein zulässig sind, dann nicht zulässig, wenn sie nach Anzahl, Lage, Umfang oder Zweckbestimmung der Eigenart des Baugebiets widersprechen. Sie sind insbesondere unzulässig, wenn von ihnen Belästigungen oder Störungen ausgehen können, die für die Umgebung nach der Eigenart des Gebietes unzumutbar sind (*VGH BW* 1. 7. 2002, VBlBW 2002, 486, 488). Danach ist eine „**Video-Film-Bar**" im **allgemeinen Wohn-**

Versagungsgründe § 4

gebiet nicht zulässig (*OVG RP* 3. 2. 1982, GewArch 1982, 162). Wird im Anschluss an eine bereits vorhandene Gaststätte eine unterirdische Kegelbahn geplant, so ist dies im **allgemeinen Wohngebiet** nicht zulässig (*OVG NRW* 11. 10. 1982, GewArch 1983, 140 f.). Eine **Diskothek**, mit der ein erheblicher An- und Abfahrtsverkehr mit Kraftfahrzeugen und deshalb eine beträchtliche Lärmentwicklung verbunden ist, hat in einem **allgemeinen Wohngebiet** keinen Platz (vgl. hierzu *Gaisbauer* GewArch 1974, 294; *OVG NRW* 17. 11. 1972, GewArch 1973, 103).

Im Kleinsiedlungsgebiet und im allgemeinen Wohngebiet sind **Vergnügungsstätten** unzulässig. Dies gilt auch für ein kleines Tanzlokal. Eine Gaststätte, die als Tanzlokal geprägt ist, ist eine Vergnügungsstätte (*VGH BW* 18. 10. 1990, VBlBW 1991, 188 f. = GewArch 1981, 440 f.; *Fickert/Fieseler* § 2 Rn. 13.21); Gleiches gilt für eine Bar mit Tanzdarbietungen (*VGH BW* 15. 11. 1990, NVwZ 1991, 804 = GewArch 1992, 70 ff.). Generell gilt, dass Vergnügungsstätten, in denen Getränke und Speisen verabreicht werden, hierdurch ihren Charakter als Vergnügungsstätte nicht verlieren (vgl. *VGH BW* 17. 8. 1990, NVwZ 1991, 277, 278 = VBlBW 1991, 187 f.; 15. 11. 1990, NVwZ 1991, 804). **162**

Besondere Wohngebiete. Im besonderen Wohngebiet sind Schank- und Speisewirtschaften **allgemein zulässig**. Auf eine Versorgungsfunktion in Bezug auf das umgebende Gebiet kommt es nicht an. Auch sonst findet sich keine Begrenzung der bauplanungsrechtlichen Zulässigkeit. Daher ist **§ 15 Abs. 1 BauNVO** sorgfältig zu prüfen (*Fickert/Fieseler* § 4a Rn. 16.2). **163**

Dorfgebiete. Die **uneingeschränkte Zulässigkeit** der Schank- und Speisewirtschaften und der Beherbergungsbetriebe ist mit der Gebietseigenart eines Dorfgebiets zu vereinbaren (*BVerwG* 4. 12. 1995, BauR 1996, 218). Die Schank- und Speisewirtschaften des Dorfgebiets werden in aller Regel in Größe und Umfang denen im Kerngebiet und im allgemeinen Wohngebiet entsprechen (*Bielenberg* in: *Ernst/Zinkahn/Bielenberg* § 5 BauNVO Rn. 20). Im Dorfgebiet widerspricht ein **Diskothekenbetrieb** regelmäßig dem öf- **164**

§ 4 Versagungsgründe

fentlichen Interesse (*OVG RP* 9. 6. 1982, GewArch 1982, 339 f.; *BayVGH* 23. 11. 1981, GewArch 1982, 91 f.). Im Dorfgebiet sind Schank- und Speisewirtschaften, in denen **gelegentlich Tanzveranstaltungen** stattfinden, regelmäßig zulässig (*VGH BW* 17. 8. 1990, NVwZ 1991, 277, 278 = VBlBW 1991, 187 f.; ebenso *Fickert/Fieseler* § 5 Rn. 17.1); eine Vergnügungsstätte entsteht dadurch noch nicht. Für die Abgrenzung kommt es auf den **Schwerpunkt des Betriebs** an (*Fickert/Fieseler* aaO). Widersprechen eine Schank- und Speisewirtschaft oder ein Beherbergungsbetrieb im Einzelfall der Eigenart eines bestimmt Dorfgebiets (etwa wegen der Größe), so sind sie gem. **§ 15 Abs. 1 S. 1 BauNVO** unzulässig (*BVerwG* 4. 12. 1995, BauR 1996, 218, 219).

165 **Mischgebiete.** In Mischgebieten sind Schank- u. Speisewirtschaften generell zulässig, ebenso Betriebe des Beherbergungsgewerbes. Auch hier ist die Ausnahme des **§ 15 Abs. 1 BauNVO** (vgl. hierzu oben Rn. 161 und nachfolgend 170) zu beachten. In der Praxis wird häufig die Gaststätte im Mischgebiet genehmigt, aber mit entsprechenden **Auflagen** versehen (vgl. dazu *OVG Berlin* 7. 1. 1966, OVGE 10, 5, 6). **Diskotheken** können in einem als Mischgebiet festgesetzten Bereich im Einzelfall – bei Beachtung der nachbarlichen Belange – im Wege der Befreiung nach § 31 Abs. 2 BauGB zugelassen werden. Dies gilt auch für den unbeplanten Innenbereich, wenn die Eigenart der näheren Umgebung einem Mischgebiet entspricht (*BVerwG* 15. 1. 1982, GewArch 1982, 163 f.). Diskotheken im Mischgebiet dürfen keine wesentlichen Störungen verursachen. Für die Beurteilung kommt es auf die konkrete Lage des Betriebs und die dort bestehende Umweltlage im Hinblick auf Geräuscheinwirkungen an (*HessVGH* 29. 5. 1985, GewArch 1985, 300 f.). Ein **Biergarten** kann in einem Mischgebiet gebietsverträglich sein (vgl. *VGH BW* 21. 6. 1988, GewArch 1988, 387 f.).

166 **Kerngebiete, Gewerbegebiete, Industriegebiete.** Im Kerngebiet und im Gewerbegebiet ist eine Gaststätte zulässig. Ob ein Tanzlokal eine Vergnügungsstätte ist, die nur im **Kerngebiet** errichtet werden kann, hängt davon ab, wo der Schwerpunkt des Betriebs

Versagungsgründe § 4

liegt. Eine Schank- und Speisewirtschaft mit regelmäßigen Musikdarbietungen und überörtlichem Einzugsgebiet ist kerngebietstypisch. Sie ist weder im allgemeinen Wohngebiet noch im Mischgebiet oder im vergleichbaren, unbeplanten Gebiet zulässig (*OVG NRW* 9. 12. 1992, GewArch 1993, 254 ff.).

In § 8 Abs. 2 BauNVO (**Gewerbegebiet**) werden die Schank- und **167** Speisewirtschaften und die Beherbergungsbetriebe zwar nicht ausdrücklich genannt, sie gehören aber zu den **Gewerbebetrieben** aller Art i. S. d. § 8 Abs. 1 Nr. 1 BauNVO (*Bielenberg* in: *Ernst/Zinkahn/Bielenberg* § 8 BauNVO Rn. 9). Allerdings sind im Gewerbegebiet nur solche Betriebe zulässig, die im Einklang mit der von der BauNVO vorausgesetzten typischen Funktion dieses Gebiets stehen. Den Gästen des Beherbergungsbetriebs müssen die von Gewerbegebieten ausgehenden typischen Belästigungen (vor allem Lärm) zumutbar sein (*Bielenberg* in: *Ernst/Zinkahn/Bielenberg* § 8 BauNVO Rn. 9). Beherbergungsbetriebe, in denen gewohnt wird oder die wohnähnlich genutzt werden (längere Aufenthaltsdauer), sind deshalb im Gewerbegebiet unzulässig (*BVerwG* 29. 4. 1992, GewArch 1992, 446 f.).

Für **Industriegebiete** gelten die Ausführungen zum Gewerbegebiet **168** entsprechend. Es gilt § 9 Abs. 2 Nr. 1 BauNVO. **Kerngebietstypische Vergnügungsstätten** wie Diskotheken sind im Industriegebiet unzulässig (*BVerwG* 24. 2. 2000, GewArch 2000, 388 ff.).

Im Rahmen der **§§ 30, 31 BauGB** besteht **Nachbarschutz** bei einer **169** Abweichung von den Festsetzungen des Bebauungsplans nur insoweit, als der betroffene Nachbar hierdurch in seinen eigenen Rechten verletzt wird. Der im Rahmen des GastR in erster Linie relevanten **Festsetzung der Art der baulichen Nutzung** kommt stets **nachbarschützende Funktion** zu (*BVerwG* 16. 9. 1993, BVerwGE 94, 151, 155 = NJW 1994, 1546, DVBl. 1994, 284, DÖV 1994, 263, ZfBR 1994, 97, BauR 1994, 223, UPR 1994, 69; *Löhr* in: *Battis/Krautzberger/Löhr* § 31 Rn. 64; *Dürr* Rn. 269). Festsetzungen über das Maß der baulichen Nutzung haben dagegen keine nachbarschützende Funktion (*BVerwG* 23. 6. 1995, NVwZ 1996, 170 =

§ 4 Versagungsgründe

BauR 1995, 823, NJW 1996, 1075, nur Ls., DVBl. 1995, 1025, nur Ls; *Löhr* aaO, § 31 Rn. 68 f.).

170 Nachbarschutz wird auch über **§ 15 Abs. 1 BauNVO** gewährt. Diese Vorschrift ist Ausprägung des **baurechtlichen Rücksichtnahmegebots** (vgl. etwa *BVerwG* 5. 8. 1983, BVerwGE 67, 334, 338 ff. = DVBl. 1984, 143, DÖV 1984, 295, BayVBl. 1984, 25, ZfBR 1983, 243, BauR 1983, 543; *Löhr* in: *Battis/Krautzberger/Löhr* § 31 Rn. 65; *Dürr* Rn. 271). Nachbarschutz wird daher gewährt, soweit in qualifizierter und zugleich individualisierter Weise auf schutzwürdige Interessen eines erkennbar abgegrenzten Kreises Dritter Rücksicht zu nehmen ist (*Bielenberg* in *Ernst/Zinkahn/Bielenberg* § 15 BauNVO Rn. 33). Es muss eine **Abwägung der beiderseitigen Interessen** unter Berücksichtigung aller Belange des jeweiligen Einzelfalls stattfinden.

171 Durch eine bestandskräftige Baugenehmigung für eine Gaststätte ist nicht nur deren **Vereinbarkeit mit den bauplanungsrechtlichen Immissionsschutzanforderungen des § 15 Abs. 1 S. 2 BauNVO bindend** festgestellt, sondern zugleich auch, dass sich die von der genehmigten Nutzung der Gaststätte typischerweise herrührenden Immissionen im Rahmen des § 4 Abs. 1 S. 1 Nr. 3 GastG halten (*BVerwG* 4. 10. 1988, BVerwGE 80, 259, 261 f.; *VGH BW* 28. 6. 1994, VBlBW 1994, 493; *OVG Bremen* 15. 4. 1993, NVwZ-RR 1994, 80).

172 Im **unbeplanten Innenbereich** ist eine Gaststätte gem. § 34 Abs. 1 S. 1 BauGB nur zulässig, wenn sie sich als Bauvorhaben nach Art und Maß der bauliche Nutzung, der Bauweise und der Grundstücksfläche, die überbaut werden soll, in die Eigenart der näheren Umgebung einfügt und die Erschließung gesichert ist.

173 Auch bei der bauplanungsrechtlichen Beurteilung der Zulässigkeit einer Gaststätte im Rahmen des § 34 Abs. 1 BauGB kann in Bezug auf die Art des Vorhabens auf die einzelnen **typisierten Nutzungsarten der BauNVO** zurückgegriffen werden (*BVerwG* 15. 12. 1994, NVwZ 1995, 698 = DVBl. 1995, 515, DÖV 1995, 820, GewArch 1995, 259, ZfBR 1995, 100, BauR 1995, 361, UPR 1995,

228; 3. 2. 1984, BVerwGE 68, 342, 351 = DVBl. 1984, 634, ZfBR 1984, 139, BauR 1984, 373, NVwZ 1984, 582, nur Ls.; *OVG NRW* 2. 3. 2001, BauR 2001, 1392; *Söfker* in: *Ernst/Zinkahn/Bielenberg* § 34 Rn. 39). **§ 34 Abs. 2 BauGB** bestimmt ausdrücklich, dass wenn die Eigenart der näheren Umgebung einem der Baugebiete der BauNVO entspricht, sich die Zulässigkeit des Vorhabens nach seiner Art allein danach beurteilt, ob es nach der BauNVO in dem Baugebiet allgemein zulässig wäre. Auf die nach der BauNVO ausnahmsweise zulässigen Vorhaben ist § 31 Abs. 1 BauGB und im Übrigen § 31 Abs. 2 BauGB entsprechend anzuwenden. Entscheidend ist dabei, dass sich die konkrete nähere Umgebung der Gaststätte einer der Nutzungsarten der BauNVO zuordnen lässt. Ist dies (wie zumeist) der Fall, gelten die obigen Ausführungen in Rn. 153 ff. entsprechend.

Nachbarschutz gewährt **§ 34 Abs. 1 BauGB** nur über das in dieser Vorschrift enthaltene **Gebot der Rücksichtnahme** (*BVerwG* 25. 2. 1977, BVerwGE 52, 122, 125 = NJW 1978, 62, DVBl. 1977, 722, DÖV 1977, 752, BayVBl. 1977, 639, BauR 1977, 244; 23. 5. 1986, NVwZ 1987, 128, 129 = DVBl. 1986, 1271, ZfBR 1986, 247, BauR 1986, 542, UPR 1987, 34; *Löhr* in: *Battis/Krautzberger/Löhr* § 31 Rn. 78; **aA** etwa *Dürr* NVwZ 1985, 719, 720 f.: umfassender Nachbarschutz; vgl. zum Rücksichtnahmegebot oben Rn. 170). Der Nachbar hat vor allem auch einen **Anspruch auf Wahrung des Gebietscharakters** (*BVerwG* 20. 8. 1998, BauR 1999, 32 f. = UPR 1999, 26). **174**

Im unbeplanten Innenbereich wird in Bezug auf die Festsetzung des Gebietscharakters (Art des Bauvorhabens) uneingeschränkter Nachbarschutz über **§ 15 Abs. 1 BauNVO** gewährt, so weit **§ 34 Abs. 2 BauGB** zur Anwendung kommt (*BVerwG* 16. 9. 1993, BVerwGE 94, 151, 156 = NJW 1994, 1546, DVBl. 1994, 284, DÖV 1994, 263, ZfBR 1994, 97, BauR 1994, 223, UPR 1994, 69; *Löhr* aaO, § 31 Rn. 77; vgl. dazu auch oben Rn. 170). Auf das Gebot der Rücksichtnahme kommt es insoweit nicht an. **175**

§ 4 Versagungsgründe

176 Im **unbeplanten Außenbereich** ist eine Gaststätte nur ausnahmsweise zulässig. Sie kann zu den privilegierten Vorhaben nach § 35 **Abs. 1 Nr. 4 BauGB** gehören, wonach ein Vorhaben im Außenbereich zulässig ist, wenn es wegen seiner besonderen Zweckbestimmung nur im Außenbereich ausgeführt werden soll. Typische Fälle sind eine **Berg-, Wander- oder Skihütte** (*Söfker* in: *Ernst/Zinkahn/Bielenberg* § 35 Rn. 56 f. m. w. N.), die **Straußwirtschaft** eines Bauernhofs oder die **Raststätte** an der **Bundesautobahn** (*Krautzberger* in: *Battis/Krautzberger/Löhr* § 35 Rn. 44). Ohne diese oder eine vergleichbare besondere Außenbereichsfunktion kommt der **Gaststätte ansonsten keine Privilegierung** zu (*VGH BW* 4. 4. 1995, NuR 1996, 601 = ESVGH 45, 260, 262 ff., VGHBW-Ls 327/1995). Eine **Almgaststätte** (Gaststätte für Wanderer und Skifahrer) überschreitet die Privilegierung, wenn sie auf den ganztätigen Betrieb mit anderen Gästen ausgerichtet werden soll (*BVerwG* 6. 9. 1999, NVwZ 2000, 678 f. = ZfBR 2000, 133, NuR 2001, 153, GewArch 2001, 258 f.; *Krautzberger* aaO, § 35 Rn. 37). Eine als Teil eines Bauernhofs betriebene Straußwirtschaft mit 80 Sitzplätzen und 120 Öffnungstagen im Jahr kann einem landwirtschaftlichen Betrieb i. S. d. **§ 35 Abs. 1 Nr. 1 BauGB** dienen und aus diesem Grund privilegiert sein (*VG Karlsruhe* 3. 11. 1999, VBlBW 2000, 372, 373 = GewArch 2000, 298, RdL 2000, 92, AgrarR 2001, 125).

177 Als **sonstige Vorhaben** i. S. d. **§ 35 Abs. 2 BauGB**, die im Einzelfall zugelassen werden können, wenn ihre Ausführung oder Benutzung öffentliche Belange nicht beeinträchtigt, dürften Gaststätten in aller Regel nicht zulässig sein. Eine **Gaststätte mit 100 Sitzplätzen und ganzjährigen Öffnungszeiten** lässt wegen der Vorbildwirkung eine Splittersiedlung befürchten und beeinträchtigt die natürliche Eigenart der Landschaft (*VG Karlsruhe* 3. 11. 1999, VBlBW 2000, 372, 374 = GewArch 2000, 298–300, RdL 2000, 92, AgrarR 2001, 125).

178 Bei durch § 35 Abs. 1 BauGB **privilegierten Vorhaben** wird **Nachbarschutz** gewährt, so weit deren Privilegierung in Frage gestellt wird, und über das in § 35 Abs. 3 BauGB enthaltene **Gebot**

Versagungsgründe § 4

der Rücksichtnahme *(BVerwG* 28. 7. 1999, NVwZ 2000, 552, 553 = DÖV 2000, 81, ZfBR 1999, 351, BauR 1999, 1439, UPR 2000, 37; *Löhr* in: *Battis/Krautzberger/Löhr* § 31 Rn. 35; vgl. zum Rücksichtnahmegebot oben Rn. 170). Auch bei **nicht privilegierten Vorhaben** wird Nachbarschutz über das Gebot der Rücksichtnahme gewährt *(BVerwG* 25. 2. 1977, BVerwGE 52, 122, 125 = NJW 1978, 62, DVBl. 1977, 722, DÖV 1977, 752, BayVBl. 1977, 639, BauR 1977, 244).

h) Sonstige öffentliche Interessen

Neben den in der Praxis besonders bedeutsamen Belangen des Immissionsschutzes und des Baurechts erfasst der Begriff „öffentliches Interesse" **alle Belange**, die aufgrund einer Abwägung im Einzelfall gegenüber dem Interesse des Antragstellers an der ungehinderten Ausübung seines Berufs vorrangig sind *(Michel/Kienzle* § 4 Rn. 49). Der Gesetzgeber hat ausdrücklich das öffentliche Interesse, etwa wegen der **Nähe von öffentlichen Bauten, Kirchen** oder **Schulen** oder aus Gründen der Gesundheitspflege wegen der Nähe von **Krankenhäusern**, erwähnt. Ferner wird aber auch das Interesse an einem reibungslosen und übersichtlichen **Straßenverkehr**, der durch die besondere Lage eines Betriebes gefährdet sein kann, erfasst (BT-Ds V/205, S. 14). **179**

Nachfolgend werden **einzelne Beispielsfälle**, die im Hinblick auf das öffentliche Interesse von Bedeutung sein können, aufgeführt: **180**

Arbeitsamt. Die Nähe eines Arbeitsamts ist nicht zu berücksichtigen *(BVerwG* 24. 5. 1956, GewArch 1956, 205). **180a**

Friedhof. Eine Gaststätte (Biergarten) kann wegen ihrer räumlichen Nähe zu einem Friedhof im Hinblick auf die Friedhofsruhe, die akustischen Auswirkungen auf die Friedhofsbesucher und das allgemeine religiöse Empfinden mit dem öffentlichen Interesse unvereinbar sein *(BayVGH* 8. 3. 1994, GewArch 1994, 341). **180b**

Kirche. Die unmittelbare Nähe einer Gaststätte zu einer Kirche kann aus besonderen Gründen dem öffentlichen Interesse widersprechen *(BVerwG* 18. 12. 1959, GewArch 1961, 125). **180c**

§ 4 Versagungsgründe

180d **Kurgebiet.** Ein Gaststättenbetrieb nach 20.00 Uhr im Vorgarten eines Kurgebiets widerspricht dem öffentlichen Interesse (*HessVGH* 18. 5. 1966, GewArch 1966, 255).

180e **Marktverkehr.** Zur Störung des Marktverkehrs durch eine Trinkhalle ohne Schankraum vgl. *HessVGH* 10. 3. 1975, GewArch 1975, 268.

180f **Prostituiertenunterkunft.** Eine Gefahr für Sicherheit und Ordnung kann gegeben sein, wenn der Gaststättenbetrieb im Hinblick auf eine Unterkunft für Prostituierte im selben Hause erhebliche Nachteile, Gefahren oder Belästigungen für Gäste erwarten lässt, denen er von Außen als gewöhnliche Gaststätte erscheint, oder wenn er befürchten lässt, dass der Besuch der Prostituiertenunterkunft durch Jugendliche gefördert wird; denn es ist sowohl Pflicht der zuständigen Behörden, die Allgemeinheit vor nicht gewollten oder abgelehnten Kontakten mit der Prostitution zu schützen, als auch Zweck des GastG, Gefahren für das sittliche Wohl der Jugend abzuwehren (*BVerwG* 16. 9. 1975, GewArch 1975, 388). Hier ist allerdings im Hinblick auf das **ProstG** (vgl. auch sogleich Rn. 180g) zu prüfen, ob den befürchteten Gefahren nicht durch geeignete Auflagen und bauliche Maßnahmen wirksam begegnet werden kann. Reine Befürchtungen reichen nicht aus.

180g **Prostitution.** Vor In-Kraft-Treten des **ProstG** wurde davon ausgegangen, dass § 4 Abs. 1 S. 1 Nr. 3 GastG dem Betrieb einer Gaststätte entgegensteht, wenn sich im selben Haus eine Unterkunft für Prostituierte befindet und für andere Gäste damit Nachteile, Gefahren oder Belästigungen verbunden sind (*BVerwG* 16. 9.1975, BVerwGE 49, 154, 157 f. = GewArch 1975, 388; 14. 11. 1990, NVwZ 1991, 373, 374 = GewArch 1991, 115; ebenso *Metzner* § 4 Rn. 293). Diese Anwendung des § 4 Abs. 1 S. 1 Nr. 3 GastG kann angesichts des ProstG nur noch unter Vorbehalt gelten. **Allein die räumliche Verbindung** von Gaststättenbetrieb und Prostituiertenunterkunft oder Zimmern, die der Ausübung der Prostitution dienen, **reicht nicht aus**, um einen Widerspruch zum öffentlichen Interesse zu begründen (**aA** noch *VGH BW* 13. 3. 2001, GewArch

2001, 432, 433; *VG Freiburg* 20. 10. 1999, GewArch 2001, 429, 430 f.). **Hinzukommen müssen andere Umstände**, etwa begründete Gefahren für Jugendliche oder Belästigungen von anderen Gästen oder der Allgemeinheit. So ist es nach wie vor denkbar, dass die Nähe einer mit Prostitution in Verbindung stehenden Gaststätte etwa zu einer Schule oder einer vergleichbaren öffentlichen oder privaten Einrichtung den Versagungsgrund des § 4 Abs. 1 S. 1 Nr. 3 GastG erfüllt. Allerdings ist auch hier Zurückhaltung geboten. Allein die räumliche Nähe für sich reicht wohl nicht mehr aus, wenn vom Gaststättenbetreiber Vorkehrungen (etwa bestimmte Öffnungszeiten oder klar getrennter Zugang) getroffen werden, die einen Konflikt mit benachbarten Nutzungen sicher ausschließen.

Sauna. Vom Ausschank von Getränken in einer Sauna dürfen hochprozentige alkoholische Getränke nicht deswegen ausgenommen werden, weil deren Einnahme in enger zeitlicher Nähe zum Saunabad gesundheitliche Schäden hervorrufen kann. Jedoch kann die Anbringung eines darüber deutlich aufklärenden Schildes verlangt werden (*VG Berlin* 24. 5. 1978, GewArch 1978, 382, 384). **180h**

Tankstelle. Nicht zu berücksichtigen ist die Nähe einer Tankstelle (*BVerwG* 6. 10. 1955, GewArch 1956, 117; **zw**). **180i**

Tuberkulosekrankenhaus. Die unmittelbare Nähe zu einem Tuberkulosekrankenhaus kann dem öffentlichen Interesse widersprechen, wenn der Alkoholausschank in einer Gaststätte nachteilige Folgen für die Gesundheit der dort untergebrachten Kranken befürchten lässt (*BVerwG* 27. 2. 1957, GewArch 1957, 61). **180j**

Verkehrssicherheit. Die ernste Bedrohung der Verkehrssicherheit durch Errichtung einer Gaststätte an einer besonders unübersichtlichen Stelle einer stark befahrenen Straße widerspricht dem öffentlichen Interesse (*BVerwG* 18. 12. 1959, GewArch 1961, 125). **180k**

Die Anwendung von § 4 Abs. 1 S. 1 Nr. 3 GastG setzt voraus, dass das **öffentliche Interesse** in dem zu beurteilenden Fall vorrangig gegenüber dem Interesse des Antragstellers an der Errichtung der Gaststätte ist und dass **weniger einschneidende Maßnahmen** als **181**

§ 4 Versagungsgründe

die Versagung (etwa nach den §§ 5, 18, 21 GastG; vgl. dazu oben Rn. 118) nicht ausreichen. Ebenso kommt eine volle Versagung nur in Betracht, wenn eine **Teilversagung** nicht ausreicht.

i) Nachbarschutz

182 Der Versagungsgrund des § 4 Abs. 1 S. 1 Nr. 3 GastG ist **nachbarschützend**. Dies gilt auch über den Begriff der „schädlichen Umweltwirkungen" hinaus. Vgl. dazu die detaillierten Ausführungen in § 2 Rn. 81 ff.

7. Lebensmittelrechtliche Kenntnisse (Abs. 1 S. 1 Nr. 4)

a) Allgemeines

183 Der **Unterrichtungsnachweis** dient dem **Schutz der Gäste** von erlaubnisbedürftigen Schank- oder Speisewirtschaften vor der Gefahr gesundheitlicher Schäden (BT-Ds V/4581, S. 2; *Ehlers* in: *Achterberg u. a.* § 2 Rn. 219). Durch den Unterricht soll den zukünftigen Gaststättenbetreibern im Interesse der Gäste das Verständnis für die lebensmittelrechtlichen Vorschriften nahegebracht und die Notwendigkeit ihrer Beachtung gefördert werden (*Michel/Kienzle* § 4 Rn. 69). Die Unterrichtung ist eine **Anregung an die Gastwirte**, ihren Kenntnisstand selbstständig und dauernd zu vertiefen (*Sattler* GewArch 1986, 263, 264). Der Unterrichtungsnachweis muss der Gaststättenbehörde **vor der Entscheidung** über die Erlaubniserteilung **vorliegen**. Zur Entstehungsgeschichte des § 4 Abs. 1 S. 1 Nr. 4 GastG vgl. *Kienzle* WiVerw 1987, 95 f. Zur Kritik am Unterrichtungsnachweis durch den Deutschen Industrie- und Handelstag vgl. *Sattler* WiVerw 1987, 240 ff.

b) Verfassungsrecht

184 Der Sachkundenachweis ist eine **subjektive Zulassungsvoraussetzung** nach Art. 12 GG und als solche nur zum Schutz eines empfindlichen Gemeinschaftsguts gerechtfertigt (*BVerfG* 1. 10. 1972, BVerwGE 34, 71, 77 f.). Der Sachkundenachweis nach § 4 Abs. 1 S. 1 Nr. 4 GastG ist als **erforderliche Maßnahme** (vgl. zu den verfassungsrechtlichen Grenzen eines Sachkundenachweises wegen fehlender Erforderlichkeit *Meyer-Hentschel* GewArch 1978, 186 f.; *v. Ebner* GewArch 1985, 182, 185 ff.) zum Schutz der Gäste des Gaststättengewerbes als Schranke der Berufsausübung mit Art. 12 GG zu vereinbaren. Dem Gaststättenbetreiber wird die Berufsausübung nicht verwehrt, sondern von ihm zumutbaren Kenntnissen abhängig gemacht. Die Beschränkung auf Kenntnisse des Lebensmittelrechts sichert die **Verhältnismäßigkeit** der Einschränkung (vgl. dazu BVerfGE 34, 71, 78).

c) Anwendungsbereich

Die Pflicht zur Vorlage des Unterrichtungsnachweises gilt für **alle** **185** **Arten der Schank- und Speisewirtschaft**. Da beim Unterricht nur lebensmittelrechtliche Kenntnisse vermittelt werden, erfasst § 4 Abs. 1 S. 1 Nr. 4 GastG **Beherbergungsbetriebe** grundsätzlich nicht. Etwas anderes gilt aber, wenn im Rahmen des Beherbergungsbetriebs Lebensmittel verabreicht werden, sei es auch nur im Rahmen eines Frühstücks (wie hier *Michel/Kienzle* § 1 Rn. 65; **aA** wohl *Metzner* § 4 Rn. 308 i.V. m. § 1 Rn. 116 [vgl. dort aber auch § 4 Rn. 306]; vgl. auch Nr. 1.1 VwV Unterrichtungsnachweis [Anhang II 3]). Anders würde der mit der Unterrichtspflicht verfolgte Zweck, die Gäste vor gesundheitlichen Schäden zu schützen, nicht erreicht, weil bei jeder Verabreichung von Lebensmitteln – etwa durch falsches Lagern und dadurch bedingtes Schlechtwerden der Lebensmittel – Gefahren bestehen.

Bei einem Antrag auf **Gestattung** nach § 12 GastG kann der Unter- **186** richtungsnachweis nur verlangt werden, wenn der auf Zeit gestattete Betrieb mit einem nach § 2 Abs. 1 GastG erlaubten Betrieb zu vergleichen ist. Wegen des mit § 4 Abs. 1 S. 1 Nr. 4 GastG verfolgten Zwecks, die Gäste vor Schäden durch nicht sachgerechten Umgang mit Lebensmitteln zu bewahren, ist darauf abzustellen, ob aufgrund der Ausgestaltung und der Intensität des gestatteten Betriebs ein **ähnliches Schutzbedürfnis** besteht. Nach Nr. 1.5 der VwV Unterrichtungsnachweis ist der Unterrichtungsnachweis nur zu verlangen, wenn der Gewerbetreibende, sei es auch in gewissen Abständen, einen gleichartigen Betrieb derart ausüben will, dass

§ 4 Versagungsgründe

sein Gewerbe insgesamt gesehen mit einem Gaststättenbetrieb nach § 2 Abs. 1 GastG vergleichbar ist.

d) Personenkreis

187 Den Unterrichtungsnachweis muss **derjenige** erbringen, **der die Erlaubnis** zum Betrieb eines Gaststättengewerbes nach § 2 Abs. 1 GastG für sich **beantragt**. Dabei spielt es keine Rolle, ob es sich um eine erstmalige Erlaubnis, eine zusätzliche Erlaubnis für von der bisherigen Erlaubnis nicht umfasste Speisen oder Getränke oder die Erlaubnis für eine Änderung der Betriebsart handelt. Etwas anderes gilt aber, wenn eine Zusatzerlaubnis für eine Erweiterung der Betriebsräume begehrt wird und sich die Betriebsart ansonsten nicht ändert. In diesem Fall wird der **Schutzzweck** des § 4 Abs. 1 S. 1 Nr. 4 GastG (vgl. oben Rn. 183) **nicht tangiert**.

188 Bei **juristischen Personen** oder einem **nichtrechtsfähigen Verein** muss der Unterrichtungsnachweis für den (gesetzlichen, satzungsgemäßen oder sonst bestellten) Vertreter erbracht werden. Bei mehreren Vertretern ist nur auf die Person(en) abzustellen, der/die die betriebliche Leitung inne hat/haben. Dabei kommt es wegen des Schutzzwecks der Vorschrift (vgl. oben Rn. 183) **nur** auf **die Person(en)** an, **die mit Lebensmitteln Umgang hat/haben** oder hierfür jedenfalls **die Verantwortung tragen**. Rein kaufmännische Geschäftsführer scheiden daher etwa in aller Regel aus.

189 Entsprechend dem **Grundsatz des geringsten Eingriffs** kann der Gewerbetreibende, der die Führung des Betriebs einem Dritten zur eigenen Verantwortung überlassen will (Stellvertreter), den Nachweis für die Person des **Stellvertreters** erbringen, wie aus dem Begriff „oder" folgt (zum Ausscheiden dieses Stellvertreters vgl. § 15 Abs. 3 Nr. 6 GastG). Dies hat vor allem für Gewerbetreibende Bedeutung, die im Ausland leben oder dort ihren Sitz haben, sowie für nicht geschäftsfähige Antragsteller. Bei der **Stellvertretungserlaubnis** nach § 9 GastG muss der Unterrichtungsnachweis in jedem Fall vorgelegt werden.

Versagungsgründe § 4

Die Vorschrift gilt auch für **EU-Angehörige** (vgl. hierzu *Müller* GewArch 1970, 241, 243, *Michel/Kienzle* § 4 Rn. 71; *Metzner* § 4 Rn. 310; siehe auch vor § 1 Rn. 32 zur Bedürfnisprüfung) und **sonstige Ausländer**. **190**

e) Inhalt, Verfahren

Die Unterrichtung erstreckt sich **nur auf Lebensmittelrecht**, nicht dagegen auf Gewerberecht (Getränkeschankanlagenrecht ist zwar Gewerberecht, aber auch Lebensmittelrecht), Arbeitsrecht, Steuerrecht, Wettbewerbsrecht oder allgemeine kaufmännische und betriebswirtschaftliche Kenntnisse. Zum Unterrichtungsnachweis im Einzelnen vgl. **Nr. 3 VwV Unterrichtungsnachweis** (siehe Anhang II 3) sowie *Sattler* GewArch 1986, 263, 264 ff. **191**

Hinweis: Über das Unterrichtungsverfahren gibt es eine **Broschüre der Industrie- und Handelskammern**. Ihr Titel lautet „Unterrichtung im Gaststättengewerbe, Merksätze der Industrie- und Handelskammern". Sie lag zuletzt (Stand 31. 12. 2002) in 21. Aufl. 2002 mit Stand März 2002 vor. Weitere Informationen hierzu und Bestellung im Internet unter „www.diht.de".

Für die Durchführung des Unterrichtungsverfahrens und die Ausstellung der Unterrichtungsbescheinigung können die Industrie- und Handelskammern nach Maßgabe ihrer Gebührenordnungen **Gebühren** erheben. **192**

f) Versagung

Die Gaststättenerlaubnis ist **zwingend zu versagen**, wenn der Unterrichtungsnachweis zum Zeitpunkt der Erteilung der Erlaubnis der Gaststättenbehörde nicht vorliegt. Die Erteilung einer **Auflage**, dass der Unterrichtungsnachweise nachzubringen ist, **scheidet** als milderes Mittel **aus** (*Metzner* § 4 Rn. 301; *Pauly* in: *Robinski* Rn. N/61, 103; vgl. dazu auch § 3 Rn. 67). Zur Zulässigkeit einer aufschiebenden Bedingung vgl. § 3 Rn. 58 f. **193**

g) Exkurs: Belehrungspflicht nach dem IfSG

Gem. **§ 43 Abs. 4 IfSG** besteht für den Gaststättenbetreiber als Arbeitgeber die Pflicht, sein in der Küche tätiges Personal (Köche **194**

§ 4 Versagungsgründe

und auch mit Spül- und Reinigungsarbeiten beschäftigtes Personal) über die **Meldepflichten** nach § 42 Abs. 1 i.V.m. 43 Abs. 2 IfSG zu **belehren** und diese Belehrung zu dokumentieren. Gegenüber Kellnern besteht die Belehrungspflicht nur, wenn diese bei der Herstellung des Essens behilflich sind und daher mit dem Essen unmittelbar in Kontakt kommen können (vgl. *Bales/Baumann* § 42 Rn. 15).

8. § 4 Abs. 2 GastG (Anzeigepflicht)

a) Allgemeines

195 § 4 Abs. 2 GastG betrifft den Fall, dass eine **juristische Person** oder ein **nichtrechtsfähiger Verein der Inhaber der gaststättenrechtlichen Erlaubnis** ist (vgl. dazu im Einzelnen § 2 Rn. 6–12). Die Vorschrift verfolgt einen **doppelten Zweck**. Zum einen dient sie der Vereinfachung, weil aus ihr deutlich wird, dass es bei einem später eintretenden Wechsel des gesetzlichen Vertreters keiner Ergänzung der bereits bestehenden Erlaubnis bedarf. Zum anderen stellt die Anzeigepflicht sicher, dass der Gaststättenbehörde Wechsel der vertretungsberechtigten Personen bekannt werden und ermöglicht der Gaststättenbehörde eine Zuverlässigkeitsprüfung in Bezug auf den neuen Vertreter (vgl. dazu BT-Ds V/205, S. 15).

196 Die Anzeigepflicht ist **unverzüglich**, d.h. **ohne schuldhaftes Verzögern**, zu erfüllen.

b) Anwendungsbereich

197 § 4 Abs. 2 GastG bezieht sich auf **alle Personen**, die zum Zeitpunkt der Erlaubniserteilung nicht Vertreter der juristischen Person oder des nichtrechtsfähigen Vereins waren und **nach dem Zeitpunkt der Erteilung der Erlaubnis als Vertreter bestellt werden**. Insofern wird sowohl der **Wechsel** einer Vertreterperson (Ausscheiden einer Vertreterperson und Bestellung einer neuen Vertreterperson als Nachfolger) als auch das **bloße Hinzukommen** eines weiteren Vertreters erfasst (*Michel/Kienzle* § 4 Rn. 96). Beim Wechsel ist auch das Ausscheiden der bisherigen Person anzuzeigen (wie hier *Metzner* § 4 Rn. 320; *Michel/Kienzle* § 4 Rn. 96; **aA** die *Voraufl.* in § 4 Rn. 36). Dies folgt aus dem Wortlaut der Vorschrift, die sich auf "eine andere", also jede von den zum Zeitpunkt der Erlaubniserteilung bestellten Vertretern verschiedene Person bezieht. **Allein das Ausscheiden** einer vertretungsberechtigten Person wird von § 4 Abs. 2 GastG allerdings **nicht erfasst** (ebenso *Metzner* § 4 Rn. 320; **aA** *Michel/Kienzle* § 4 Rn. 96), weil sich die Vorschrift nach ihrem Wortlaut nur auf die Bestellung einer „anderen Person" bezieht und der Gesetzgeber wohl davon ausging, dass in diesem Fall kein Bedarf für eine erneute Prüfung besteht; etwas anderes gilt aber, wenn durch das Ausscheiden – aus welchem Grund auch immer – eine Vertretung der juristischen Person oder des nichtrechtsfähigen Vereins nicht mehr sichergestellt ist.

c) Adressat

Die Anzeigepflicht trifft die juristische Person oder den nichtrechtsfähigen Verein, weil diese Inhaber der gaststättenrechtlichen Erlaubnis sind (vgl. § 2 Abs. 1 GastG). Da juristische Personen oder nichtrechtsfähige Vereine durch die von ihnen bestellten vertretungsberechtigten Personen handeln, ist die Anzeigepflicht von diesen zu erfüllen. Im Hinblick auf den Schutzzweck des § 4 Abs. 2 GastG und den Wortlaut der Vorschrift, die auf die „Berufung" der Vertreterperson abstellt, **trifft die Anzeigepflicht diejenigen Personen, die zum Zeitpunkt der Berufung zur Vertretung (noch) befugt sind**. Sie ist von diesen unverzüglich zu erfüllen. 198

d) Rechtsfolgen

Stellt sich bei der Prüfung der Zuverlässigkeit des neu bestellten Vertreters heraus, dass in seiner Person Gründe für die Annahme der **Unzuverlässigkeit** vorliegen, sieht **§ 15 Abs. 2** GastG zwingend vor, dass die Gaststättenerlaubnis zulasten der juristischen Person oder des nichtrechtsfähigen Vereins zu widerrufen ist. Durch die vor Erlass des belastenden VA zum Widerruf zu erfolgende **Anhörung** wird der juristischen Person oder dem nichtrechtsfähigen Verein Gelegenheit gegeben, einen anderen Vertreter zu bestellen. 199

§ 4 Versagungsgründe

200 Wird für die neu berufene Vertreterperson nicht innerhalb von sechs Monaten nach der Berufung der **Unterrichtungsnachweis** nach § 4 Abs. 1 S. 1 Nr. 4 GastG erbracht, kann die Gaststättenbehörde die der juristischen Person oder dem nichtrechtsfähigen Verein erteilte gaststättenrechtliche Erlaubnis gem. **§ 15 Abs. 3 Nr. 5 GastG** widerrufen.

201 Die **Nichterfüllung** oder **nicht rechtzeitige Erfüllung** der Anzeigepflicht ist **Ordnungswidrigkeit** (vgl. dazu nachfolgend Rn. 221).

9. § 4 Abs. 3 GastG (Landesrecht)

a) Allgemeines

202 § 4 Abs. 3 GastG eröffnet den Landesregierungen die Möglichkeit, durch Rechtsverordnung die Versagungsgründe des Abs. 1 S. 1 Nr. 2 und 2 a in Bezug auf die **Mindestanforderungen** zu konkretisieren. Darüber hinaus sieht § 4 Abs. 3 S. 2b GastG vor, dass durch Rechtsverordnung die Voraussetzungen für das Vorliegen eines Falls der **Unzumutbarkeit** festgelegt werden. Den Ländern wird damit die Möglichkeit gegeben, die erfassten **Versagungsgründe** zu **konkretisieren** und auszufüllen (BT-Ds V/205, S. 14; BT-Ds 14/7420, S. 36; BT-Ds 14/8831, S. 52).

203 Aufgrund der **Normenhierarchie** gehen Regelungen in **Landesgesetzen**, die Mindestanforderungen i. S. d. § 4 Abs. 1 S. 1 Nr. 2 und 2 a GastG vorsehen, den auf der Grundlage des § 4 Abs. 3 GastG erlassenen Regelungen vor (*Metzner* § 4 Rn. 188). Dies gilt vor allem für bauordnungsrechtliche Vorgaben in den Landesbauordnungen. Die Vorgaben der **ArbStättV** sind stets zu beachten.

b) Verfassungsrecht

204 Die aufgrund des § 4 Abs. 3 GastG erlassenen Landesverordnungen verstoßen nicht gegen **Art. 12 Abs. 1 GG**. Den Gaststättenbetreibern wird die Ausübung ihres Berufs nicht verwehrt, sondern es werden lediglich zum Schutz der Allgemeinheit im Einzelnen konkretisierte Mindestanforderungen an den Betrieb gestellt. Diese

Belastung ist den Gaststättenbetreibern verfassungsrechtlich zumutbar und stellt lediglich eine **Regelung der Berufsausübung** i. S. d. Art. 12 Abs. 1 S. 2 GG dar, durch die der Wesensgehalt des Grundrechts der freien Berufsauswahl nicht angetastet wird (*BVerwG* 28. 2. 1972, GewArch 1972, 133; 4. 11. 1981, GewArch 1982, 65, 66). Im Einzelfall gegebene Härten können durch die **Zulassung von Ausnahmen und Befreiungen** in den Landesverordnungen (vgl. dazu etwa § 9 GastV Berlin; § 10 GastV Hamburg; § 11 GastV RP; § 11 GastV Schleswig-Holstein) ausgeglichen werden (*BVerwG* GewArch 1972, 133; 13. 3. 1973, GewArch 1973, 139, 140). Die gesetzliche Rechtsetzungsermächtigung des § 4 Abs. 3 S. 1 GastG entspricht den Anforderungen des Art. 80 Abs. 1 GG (*BVerwG* aaO).

c) § 4 Abs. 3 S. 1

Von der Möglichkeit des § 4 Abs. 3 S. 1 GastG haben die meisten Bundesländer in mehr oder minder intensiver Form Gebrauch gemacht (vgl. dazu die Landesverordnungen im Anhang I). In einigen Bundesländern (etwa Bayern, Mecklenburg-Vorpommern, Saarland) wurden auf der Grundlage des Landesbaurechts spezielle **Gaststättenbauverordnungen** erlassen, in denen sich auch die Mindestanforderungen nach § 4 Abs. 3 S. 1 GastG finden, während sich der Inhalt der eigentlichen **GastV** in diesen Fällen auf andere gaststättenrechtliche Regelungsgegenstände (Zuständigkeit, Verfahren, Sperrzeit u. Ä.) beschränkt. In den anderen Bundesländern enthalten die GastV die entsprechenden Regelungen (vgl. Berlin, Hamburg, Rheinland-Pfalz, Schleswig-Holstein), teils wurde von § 4 Abs. 3 S. 1 GastG auch kein Gebrauch gemacht, so dass die bauordnungsrechtlichen Vorgaben der **Landesbauordnungen** gelten (so etwa in Baden-Württemberg). **205**

Zu den in den einzelnen Bundesländern geltenden Mindestanforderungen an die Lage, Beschaffenheit, Ausstattung und Einteilung der zum Betrieb des Gewerbes oder zum Aufenthalt der Beschäftigten bestimmten Räume vgl. die im **Anhang I** befindlichen Texte **206**

§ 4 Versagungsgründe

der jeweiligen Landesverordnungen. In Bezug auf **einzelne Anforderungen** ist noch zu beachten:

206a **Beherbergungsbetrieb.** Bei Beherbergungsbetrieben können in den Landesverordnungen **Mindestgrößen der** für Übernachtungsgäste bestimmten **Schlafzimmer** vorgesehen werden (*VG Berlin* 28. 5. 1986, GewArch 1986, 343, 344; 17. 1. 1990, GewArch 1990, 366, 367 f.).

206b **Küchen.** Die Gaststätten **müssen** in aller Regel **über Küchen verfügen**, wenn dies nach der Art des Betriebs (vgl. etwa § 7 Abs. 1 S. 1 GastV Berlin; § 9 Abs. 1 S. 1 GastV RP; § 9 Abs. 1 S. 1 GastV Schleswig-Holstein) oder der Art der zubereiteten Speisen (vgl. § 8 Abs. 1 S. 1 GastV Hamburg) erforderlich ist. Die Gaststättenverordnungen sind kein Hindernis, im Schankraum bestimmte Fertigungsvorgänge zuzulassen (etwa das Aufbacken von Pizzas in dem dafür hergerichteten Ofen oder die Zubereitung von Speisen am Gasttisch, wie dies in asiatischen Restaurants vorkommt); es kommt dabei auf den Einzelfall unter Berücksichtigung aller Umstände an, wobei stets erforderlich ist, dass die einschlägigen Hygienevorschriften beachtet werden. Bei einem **Imbisswagen** kann von dem für Küchen geltenden Mindesterfordernis einer Raumhöhe von 3 m abgewichen werden (*OVG RP* 23. 4. 1989, GewArch 1980, 275 f.).

206c **Raumhöhe.** Die Landesverordnungen können eine **Mindesthöhe der Schankräume** vorsehen (*VGH BW* 23. 2. 1989, GewArch 1989, 386 f.; *OVG RP* 22. 7. 1976, GewArch 1977, 124 f.).

206d **Toilettenbenutzung.** Nach den meisten Landesverordnungen müssen die **Toilettenanlagen** (Abortanlagen) für die Gäste **leicht erreichbar**, gekennzeichnet und von anderen Toilettenanlagen getrennt sein (vgl. etwa § 6 Abs. 1 GastV Berlin; § 8 Abs. 1 GastV RP; § 8 Abs. 1 GastV Schleswig-Holstein). Zur Trennung der Toiletten und zur Notwendigkeit einer eigenen **Personaltoilette** vgl. *VG Sigmaringen* GewArch 2000, 494 f.

Versagungsgründe § 4

Sollen **mobile Toilettenhäuschen** – etwa bei einem Imbissbetrieb – anstelle fest installierter Toilettenanlagen vorgesehen werden, müssen diese Toilettenhäuschen denselben Anforderungen wie sonstige Toilettenanlagen genügen (so zu Recht *Pauly/Brehm* GewArch 2003, 57, 64). Maßgebend sind die landesrechtlichen Vorgaben der GastV bzw. des Bauordnungsrechts. Bei lediglich kurzfristigem Gaststättenbetrieb – vor allem im Rahmen einer Gestattung nach § 12 GastG – bestehen demgegenüber gegen die Aufstellung eines mobilen Toilettenhäuschens keine durchgreifenden Bedenken.

Zur **kostenlosen Toilettenbenutzung** vgl. *BVerwG* 28. 2. 1972, GewArch 1972, 133; 28. 1. 1972, GewArch 1974, 31, 13. 3. 1973, GewArch 1973, 139; *VGH BW* 17. 9. 1971, GewArch 1972, 134; *OLG Düsseldorf* 19. 3. 1991, NVwZ-RR 1991, 406. Die notwendigen Spülaborte dürfen nicht durch Münzautomaten oder ähnliche Einrichtungen versperrt oder nur gegen Entgelt zugänglich gemacht werden. Eine **Ausnahme** (unbillige Härte) kann dann anzunehmen sein, wenn die Benutzung der Toilettenanlagen auch durch fremde Personen aus personellen oder finanziellen Gründen nicht verhindert werden kann (*BayVGH* 19. 2. 1976, GewArch 1976, 237 f.); zur Frage der Toiletten und des Schankraums bei **Trinkhallen** vgl. *BVerwG* 8. 9. 1975, GewArch 1975, 384 und *HessVGH* 10. 3. 1975, GewArch 1975, 268. Nach *BVerwG* 8. 9. 1975, GewArch 1975, 384, verstoßen landesrechtliche Regelungen, nach denen Trinkhallen mit Ausschank alkoholischer Getränke grundsätzlich eine Toilettenanlage für Gäste haben müssen, nicht gegen Bundesrecht.

Zugang zu den Räumen. In den Landesverordnungen wird zum Teil verlangt, dass die dem Betrieb dienenden **Räume leicht zugänglich** sein müssen (so etwa § 3 GastV Berlin; § 5 GastV Schleswig-Holstein). Darüber hinaus findet sich auch die Anforderung, dass die Räume **während der Betriebszeit nicht verschlossen** sein dürfen (§ 3 Abs. 1 S. 2 GastV Hamburg [vgl. zur Verfassungsmäßigkeit dieser Vorschrift *OVG Hamburg* 6. 8. 1991, GewArch 1992, 310 f.]). § 4 Abs. 3 GastG ermächtigt grundsätzlich zu einer landesrechtlichen Regelung, wonach die Möglichkeit bestehen muss, die

§ 4 Versagungsgründe

Eingangstür einer Gaststätte während der Betriebszeit von Außen zu öffnen (*BVerwG* 9. 8. 1983, GewArch 1984, 35 f.).

So weit sich in einer Landesverordnung keine Pflicht findet, die Räume während der Betriebszeit unverschlossen zu halten, gibt allein die Tatsache, dass die Zugangstür zur Gaststätte während der Betriebszeit verschlossen ist und nur auf Läuten geöffnet wird, keinen konkreten Anlass zu der Befürchtung, die in § 5 Abs. 1 GastG geschützten Rechtsgüter seien gefährdet. Vielmehr müssen grundsätzlich **weitere Umstände hinzukommen** (*VGH BW* 10. 6. 1994, NVwZ-RR 1995, 654, 655 = GewArch 1994, 489, 490, VBlBW 1995, 144, 145, ESVGH 45, 77, nur Ls.; ebenso *VG Berlin* 15. 8. 1991, GewArch 1992, 310 f.; *VG Saarlouis* 8. 10. 1979, GewArch 1980, 235 f.; *Stober* JuS 1983, 843, 848; *Pinegger* GewArch 1999, 463, 469; **aA** noch *VGH BW* 4. 11. 1981, GewArch 1982, 65 ff. sowie *HessVGH* 2. 4. 1984, GewArch 1984, 239 f.; *OVG Hamburg* 18. 10. 1983, GewArch 1984, 103, unter Bezugnahme auf § 3 GastV Hamburg und mit dem Hinweis, es müsse stets zum Schutz der Gäste vor einem Unglücksfall der ungehinderte Zugang zu einer Gaststätte möglich sein; *Kienzle* GewArch 1982, 256, 257; *Ambs* in: *Erbs/Kohlhaas* § 5 GastG Rn. 12; vgl. auch *Stober* NJW 1984, 2499, 2507). Auch das Betretungsrecht des § 22 GastG vermag einen Anspruch auf Unverschlossensein der Eingangstür nicht zu begründen (*VGH BW* aaO). Als weitere Umstände, die ein Offenhalten der Tür erfordern, kommen sowohl Gründe in Betracht, die in der **Person des Gaststättenbetreibers** liegen, als auch solche, die aus den **räumlichen Verhältnissen der Gaststätte** resultieren (*VGH BW* aaO). Die Tatsache, dass die **Wirtin ihre Gäste fast nackt bedient**, kann eine ständige Öffnung der Tür erfordern (*BVerwG* 9. 8. 1983, GewArch 1984, 35; **zw**).

d) § 4 Abs. 3 S. 2

207 § 4 Abs. 3 S. 2 GastG erlaubt es den Landesregierungen, durch Rechtsverordnung Mindestanforderungen in Bezug auf die Barrierefreiheit zu stellen und die Voraussetzungen für das Vorliegen eines Falls der Unzumutbarkeit festzulegen. Bereits der ursprüngliche Gesetzentwurf hatte die Ermächtigung der Landesregierungen, durch Rechtsverordnung Mindestanforderungen in Bezug auf die

Anforderungen des Abs. 1 S. 2 Nr. 2 a zu stellen, vorgesehen (BT-Ds 14/7420, S. 14, 36). Die weitere Ergänzung des Abs. 3 des § 4 GastG geht auf einen Vorschlag des Ausschusses für Arbeit und Sozialordnung zurück (BT-Ds 14/8331, S. 31 f.).

Die Ermächtigungsnorm des § 4 Abs. 3 S. 2 GastG ist **hinreichend bestimmt** und genügt damit den Anforderungen des Art. 80 Abs. 1 S. 2 GG. Entscheidend ist, dass die Bestimmung auf § 4 Abs. 1 S. 1 Nr. 2 a GastG Bezug nimmt, der seinerseits wie dargelegt hinreichend bestimmt ist (vgl. dazu *BVerwG* 28. 2. 1972, GewArch 1972, 133 zu § 4 Abs. 3 GastG in der bislang geltenden Fassung sowie *Metzner* § 4 Rn. 193). Es schadet daher nicht, dass die Vorschrift auslegungsbedürftig ist (*BVerwG* 13. 3. 1973, GewArch 1973, 139, 140).

208

§ 4 Abs. 3 S. 2 GastG kommt – auch im Hinblick auf die vom BR geäußerten Bedenken an der hinreichenden Bestimmtheit des § 4 Abs. 1 S. 1 Nr. 2 a GastG (vgl. oben Rn. 94–96) – eine **grundlegende Bedeutung** zu. Es bleibt den einzelnen Landesregierungen überlassen, die Regelungen des § 4 Abs. 1 S. 1 Nr. 2 a, S. 2 GastG durch entsprechende Vorschriften in Rechtsverordnungen zu konkretisieren. Hiermit wird die besondere Zuständigkeit der Länder für den Bereich des Bauordnungsrechts ausreichend, aber auch notwendig berücksichtigt.

209

Rechtspolitische Bewertung: Der Gedanke des Bundesgesetzgebers, den Ländern Verordnungskompetenzen im Hinblick auf die Mindestanforderungen des § 4 Abs. 1 S. 1 Nr. 2 a GastG einzuräumen, ist – auch angesichts der im Gesetzgebungsverfahren geltend gemachten verfassungsrechtlichen Bedenken (vgl. oben Rn. 94–96) – grundsätzlich zu begrüßen. Allerdings läuft diese Gesetzeskonzeption den begrüßenswerten Bestrebungen der Länder nach einer **Deregulierung** zuwider und es ist daher auch zu befürchten, dass sie weitgehend ins Leere läuft (vgl. dazu auch sogleich Rn. 210).

Es bleibt abzuwarten, inwieweit die Länder ergänzend zu den **bereits bestehenden bauordnungsrechtlichen Vorschriften** über die Barrierefreiheit (vgl. statt vieler etwa § 46 Abs. 1 S. 2 Nr. 5

210

HBO; § 55 Abs. 1, 2 Nr. 2 BauO NRW; § 57 Abs. 1 Nr. 3 BauO LSA; §§ 12 Abs. 3, 13 BbgVStättV; §§ 12 Abs. 2, 13 VStättVO NRW) von der Verordnungsmöglichkeit des § 4 Abs. 3 GastG Gebrauch machen (in diesem Sinn auch *Metzner* § 4 Rn. 217g; für Baden-Württemberg ebenso *Pauly/Brehm* GewArch 2003, 57, 65). Die Länder verhalten sich sehr zurückhaltend, weil sie zum einen wegen ähnlicher Regelungen in den Landesbauordnungen nicht die Notwendigkeit ergänzender Regelungen sehen und weil zum anderen eine weitere Rechtsetzung auf Landesebene den dortigen Deregulierungsbestrebungen zuwiderliefe (*Schönleiter/Kopp* GewArch 2002, 366; *Pauly/Brehm* aaO). Allerdings könnte es für den Bereich des GastR wegen dessen teilweise besonderer Anforderungen durchaus Bedarf für weitere Regelungen auf Landesebene geben. Insbesondere an die Ausstattung der Gaststätten können über das Bauordnungsrecht hinausgehende Mindestanforderungen gestellt werden, weil aus den bereits dargelegten Gründen gerade in diesem Bereich der Barrierefreiheit genügt werden muss. Die Landesregierungen sollten daher prüfen, ob im Hinblick auf Art. 3 Abs. 3 S. 2 GG bundesweit einheitliche Standards für die Umsetzung des § 4 Abs. 1 S. 1 Nr. 2 a, S. 2 GastG geschafft werden.

211 Die Befugnis des § 4 Abs. 3 S. 2 b GastG ist begrenzt. Die Konkretisierung hat zu berücksichtigen, dass der Gesetzgeber die Herstellung der Barrierefreiheit im Bereich der Gaststätten für sehr wichtig erachtet. Daher ist eine Einschränkung der Verpflichtung zur Herstellung der Barrierefreiheit dem Gaststättenbetreiber nur dann unzumutbar, wenn entsprechende **schwerwiegende Gründe** vorliegen (BT-Ds 14/8331, S. 52). Dies haben auch die Länder beim Erlass von Rechtsverordnungen zu beachten.

e) § 4 Abs. 3 S. 3

212 Durch § 4 Abs. 3 S. 3 GastG wird es den Landesregierungen ermöglicht, die ihnen eingeräumte Befugnis zum Erlass von Rechtsverordnungen **durch** eine **Rechtsverordnung auf oberste Landesbehörden** zu **übertragen**. Diese Regelung geht auf einen Vorschlag des BR zurück und soll zugunsten der Landesregierungen

10. § 4 Abs. 4 (aufgehoben)

§ 4 Abs. 4 GastG lautete:

213

„Der Bundesminister der Wirtschaft wird ermächtigt, durch Rechtsverordnung mit Zustimmung des Bundesrates zur Durchführung der Richtlinien der Europäischen Wirtschaftsgemeinschaft über die Niederlassungsfreiheit und den freien Dienstleistungsverkehr zu bestimmen, unter welchen Voraussetzungen bei Staatsangehörigen der übrigen Mitgliedstaaten der Europäischen Wirtschaftsgemeinschaft der Nachweis nach Abs. 1 Nr. 4 als erbracht angesehen werden kann."

Er wurde durch Art. 2 Nr. 2 des Zweiten Rechtsbereinigungsgesetzes vom 16. 12. 1986 (vgl. oben Rn. 1a) aufgehoben. Die Ermächtigung des **Abs. 4** wurde nicht mehr benötigt, weil nach allgemeiner Ansicht die nach § 4 Abs. 1 S. 1 Nr. 4 GastG erforderliche Teilnahme an einer Unterrichtung nicht als Befähigungsnachweis angesehen werden kann, auf den Art. 4 der Richtlinie 68/368/EWG des Rates vom 15. 10. 1986 Anwendung findet (BT-Ds 10/5532, S. 19). § 4 Abs. 1 S. 1 Nr. 4 GastG gilt für **EU-Angehörige** in vollem Umfang (vgl. dazu oben Rn. 190).

214

11. Verfahren, Rechtsschutz

Zum **Verwaltungsverfahren** beim Erlaubnisantrag vgl. § 2 Rn. 30 ff. Zum **Rechtsschutz** gegen die Ablehnung vgl. § 2 Rn. 51 ff. Zum Nachbarschutz gegen die gaststättenrechtliche Erlaubnis vgl. § 2 Rn. 77 ff. Zum Erlass von **Nebenbestimmungen** vgl. § 3 Rn. 42 ff, zu deren Anfechtung § 3 Rn. 97 ff.

215

§ 13 Abs. 1 S. 1 Nr. 2 BGG (vgl. Text im Anhang III 3) sieht auch für das GastR ein **Verbandsklagerecht** vor. Die Verbandsklage soll die Gaststättenbehörden bei der Umsetzung der Forderung nach einer Barrierefreiheit unter Druck setzen und eine zusätzliche Kontrolle ermöglichen (vgl. dazu etwa BT-Plenarprotokoll 14/221,

216

§ 4   Versagungsgründe

S. 21863 A, 21865 A). Sie wird vor allem in Betracht kommen, um eine mit den Vorschriften des BGG in Einklang stehende **Verwaltungspraxis** herbeizuführen (*Braun* RiA 2002, 177, 182).

217 Die Verbandsklage erfuhr im **Gesetzgebungsverfahren** deutliche Kritik. Der BR sah das Verbandsklagerecht als viel zu weitgehend an (BT-Ds 14/8043, S. 8; BR-Ds 152/1/02, S. 2; **aA** *Moritz* ZFSH/SGB 2002, 204, 212). Die BReg ging dagegen von der Notwendigkeit eines Verbandsklagerechts aus, weil die Vorschriften über die Barrierefreiheit zum Teil nicht als subjektiv-öffentliche Rechte ausgestaltet seien, so dass es den Verbänden überlassen sei, die Rechtmäßigkeit des Behördenhandelns zu kontrollieren (BT-Ds 14/8043, S. 18). Aufgrund der Stellungnahme des BR erfolgte durch den Ausschuss für Arbeit und Sozialordnung eine Ergänzung des § 13 Abs. 2 BGG dahingehend, dass bei Bestehen eines individuellen Klagerechts des behinderten Menschen das Verbandsklagerecht nur gegeben ist, wenn der Verband geltend macht, dass es sich um einen Fall von allgemeiner Bedeutung handelt, insbesondere wenn eine Vielzahl gleichgelagerter Fälle vorliegt. Auf diese Weise soll die Verbandsklage eingeschränkt werden (BT-Ds 14/8331, S. 15, 50).

218 Aufgrund des § 13 Abs. 1 S. 1 Nr. 2 BGG kann ein anerkannter Behindertenverband **Feststellungsklage wegen eines Verstoßes gegen § 4 Abs. 1 S. 1 Nr. 2 a GastG** erheben. Er muss dabei – anders als dies bei der Klage einer natürlichen Person der Fall ist (nach der ständigen Rspr des *BVerwG* ist § 42 Abs. 1 VwGO, der für die Anfechtungs- und Verpflichtungsklage eine subjektive Rechtsverletzung des Klägers voraussetzt, bei der Feststellungsklage analog anzuwenden [vgl. etwa *BVerwG* 29. 6. 1995, BVerwGE 99, 64, 66; 26. 1. 1996, BVerwGE 100, 262, 271; *Happ* in: *Eyermann* § 43 Rn. 4]) – nicht in eigenen Rechten verletzt sein. Die **Klage** wird **gegen die Gaststättenbehörde** gerichtet, welche die Maßnahme erlassen hat. Vor der Klageerhebung ist in jedem Fall durch Erhebung des **Widerspruchs** ein Vorverfahren durchzuführen, selbst wenn die Maßnahme von einer obersten Bundes- oder Landesbehörde er-

Versagungsgründe § 4

lassen worden ist (vgl. auch *Stähler* NZA 2002, 777, 781). § 68 Abs. 1 S. 2 Nr. 1 VwGO gilt daher nicht.

Beispiel für einen Klageantrag bei der Verbandsklage:

> „Es wird festgestellt, dass die/der Beklagte gegen § 4 Abs. 1 S. 1 Nr. 2 a GastG verstoßen hat, so weit bei der Erteilung der gaststättenrechtlichen Erlaubnis vom .... *(Datum)*, Az. .... *(behördliches Aktenzeichen)*, an Frau/Herrn/Firma X *(Bezeichnung des Erlaubnisinhabers)* zum Betrieb der Gaststätte X .... *(genaue Ortbezeichnung)* nicht durch geeignete Auflagen sichergestellt wurde, dass zugunsten von behinderten Menschen im Eingangsbereich der Gaststätte eine Zugangsmöglichkeit geschaffen wird."

Das **Verbandsklagerecht entfällt** gem. § 13 Abs. 1 S. 2 BGG, **219** wenn eine Maßnahme aufgrund einer verwaltungsgerichtlichen Entscheidung erlassen worden ist. Insoweit setzt sich die Bindungswirkung der Gerichtsentscheidung durch. **Zulässigkeitsvoraussetzung** der Klage ist gem. § 13 Abs. 2 S. 1 BGG, dass der Behindertenverband **durch die Maßnahme in seinem satzungsgemäßen Aufgabenbereich berührt** wird. Darüber hinaus besteht ein **Vorrang der Individualklage**. So weit ein behinderter Mensch selbst seine Rechte durch eine Gestaltungs- oder Leistungsklage verfolgen kann, kann die Verbandsklage gem. § 13 Abs. 2 S. 2 BGG nur erhoben werden, wenn der Verband geltend macht, dass es sich bei der Maßnahme um einen Fall von allgemeiner Bedeutung handelt, insbesondere, wenn eine Vielzahl von Klagen vorliegt. Der Grundsatz der Subsidiarität der Feststellungsklage (§ 43 Abs. 2 S. 1 VwGO) gilt hier in modifizierter Form. Diese Einschränkung der Anwendung der Verbandsklage wird im Bereich des GastR indes kaum zum Tragen kommen. Denn in Bezug auf § 4 Abs. 1 S. 1 Nr. 2 a GastG wird eine Verletzung subjektiver Rechte eines behinderten Menschen in aller Regel ausscheiden (wie hier auch der Verkehrsausschuss des BR in seiner Stellungnahme vom 11. 3. 2002 (BR-Ds 152/1/02, S. 3; ähnlich *Braun* MDR 2002, 862, 866).

§ 4 Versagungsgründe

220 Es ist davon auszugehen, dass der **Verbandsklage in der Praxis keine allzu große Rolle** zukommt. Zum einen dürften die Gaststättenbehörden § 4 Abs. 1 S. 1 Nr. 2a GastG überwiegend in einer Weise anwenden, die den Ansprüchen der Behindertenverbände gerecht wird. Zum anderen wird nicht jeder einzelne mögliche Verstoß der Gaststättenbehörde zum Gegenstand einer Verbandsklage werden. Dies würde die Verbände überfordern und auch nicht dem mit § 13 Abs. 1, 2 BGG verfolgten Zweck gerecht.

Praxistipp: In offensichtlich problematischen Fällen ist sowohl von der Gaststättenbehörde als auch vom Antragsteller zu überlegen, ob der zuständige **Behindertenverband bereits frühzeitig beteiligt** wird, um eine allseits akzeptable Lösung zu finden. Andererseits sollte diese Möglichkeit nicht zu sehr strapaziert werden, weil jeder zusätzliche Beteiligte das Verfahren komplizieren kann.

12. Ordnungswidrigkeiten

221 Wer vorsätzlich oder fahrlässig die nach § 4 Abs. 2 GastG erforderliche Anzeige unterlässt, begeht eine **Ordnungswidrigkeit** nach **§ 28 Abs. 1 Nr. 5 GastG**. Erfasst wird gem. § 9 OWiG auch der gesetzliche Vertreter der juristischen Person oder des nichtrechtsfähigen Vereins (vgl. *König* in: *Göhler* § 9 Rn. 12); die Stellung als Gastwirt zählt zu den besonderen persönlichen Merkmalen i.S.d. des § 9 OWiG (*BayObLG* 28. 2. 1991, NVwZ 1992, 814, 815). Darüber hinaus begeht eine Ordnungswidrigkeit, wer vorsätzlich oder fahrlässig Auflagen und Anordnungen der Gaststättenbehörde nicht, nicht vollständig oder nicht rechtzeitig nachkommt, die der Sicherstellung der in § 4 Abs. 1 GastG enthaltenen Anforderungen dienen (**§ 28 Abs. 1 Nr. 2 GastG**).

222 **Ordnungswidrigkeiten** nach § 62 Abs. 1 Nr. 5 bis 7 BImSchG und § 28 Abs. 1 Nr. 2 GastG **können zusammentreffen**. **§ 19 Abs. 1 OWiG** sieht für diesen Fall vor, **dass nur eine einzige Geldbuße** festgesetzt wird. Sind mehrere Gesetze verletzt, wird die Geldbuße nach dem Gesetz bestimmt, das die höchste Geldbuße androht. Für die Frage, ob durch dieselbe Handlung nur eines oder beide Gesetze verletzt sind, dürfte entscheidend sein, auf welche

Vorschriften die Anordnungen und Auflagen zur Konkretisierung der immissionsschutzrechtlichen Anforderungen jeweils gestützt wurden. Die Bestimmung der **zuständigen Behörden** obliegt den Bundesländern.

§ 5
Auflagen

(1) Gewerbetreibenden, die einer Erlaubnis bedürfen, können jederzeit Auflagen zum Schutze
1. **der Gäste gegen Ausbeutung und gegen Gefahren für Leben, Gesundheit oder Sittlichkeit,**
2. **der im Betrieb Beschäftigten gegen Gefahren für Leben, Gesundheit oder Sittlichkeit oder**
3. **gegen schädliche Umwelteinwirkungen im Sinne des Bundes-Immissionsschutzgesetzes und sonst gegen erhebliche Nachteile, Gefahren oder Belästigungen für die Bewohner des Betriebsgrundstücks oder der Nachbargrundstücke sowie der Allgemeinheit**

erteilt werden.

(2) Gegenüber Gewerbetreibenden, die ein erlaubnisfreies Gaststättengewerbe betreiben, können Anordnungen nach Maßgabe des Absatzes 1 erlassen werden.

Inhaltsübersicht

	Rn.		Rn.
1. Fassung, Materialien, Literatur		– Verhältnis zu § 4 Abs. 1	3
		3. Anwendungsbereich	
a) Fassung	1	a) Abgrenzung zu Rücknahme und Widerruf	4
b) Materialien zur geltenden Fassung	1a	b) Auflagen und Anordnungen	
c) Weiterführende Literatur	1b	– Auflagen	5
		– Anordnungen	6
2. Allgemeines		– Erlaubnisbedarf	7
– Zweck der Vorschrift	2	– Vereine, Gesellschaften	8

§ 5 Auflagen

c) Verhältnis zu anderen Vorschriften des GastG
- § 12 GastG ... 9
- § 18 GastG ... 10
- § 21 GastG ... 11

d) Auflagen außerhalb des § 5 GastG
- § 36 VwVfG ... 12
- § 33 a GewO ... 13

e) Verhältnis zu anderen Rechtsgebieten ... 14

f) Andere Nebenbestimmungen ... 15

4. *Adressat* ... 16

5. *Verfassungsrecht* ... 17

6. *Tatbestandliche Voraussetzungen*

a) Allgemeines
- Auflagen/Anordnungen ... 18
- Inhaltliche Grenzen ... 19

b) Schutz der Gäste (Abs. 1 Nr. 1)
- Begriff der Gäste ... 20
- Ausbeutung ... 21
- Begriff der Gefahr ... 22
- Leben und Gesundheit ... 23
- Alkohol und Rauchen ... 24, 25
- Schutz vor Lärm ... 26
- Sittlichkeit ... 27
- Beispiele ... 28

c) Schutz der Beschäftigten (Abs. 1 Nr. 2)
- Begriff der Beschäftigten ... 29
- Schutzgüter ... 30
- Praktische Bedeutung ... 31
- Nichtraucherschutz der Beschäftigten ... 32

d) Schutz der Bewohner, Nachbarn, Allgemeinheit (Abs. 1 Nr. 3)
- Allgemeines ... 33
- Schutz vor Lärm ... 34
- An- und Abfahrt ... 34a
- Gassenschank ... 34b
- Kegellärm ... 34c
- Lärm durch Gäste ... 34d
- Lärm durch Küche ... 34e
- Musik ... 34f
- Ventilatoren ... 34g

e) Weitere Gründe für Auflagen nach Abs. 1 Nr. 3) ... 35
- Allgemeinheit ... 35a
- Ausbeutung ... 35b
- Besucherzahl ... 35c
- Einweggeschirr ... 35d
- Gerüche ... 35e
- Portier ... 35f
- Prostitution ... 35g
- Zugänglichkeit ... 35h

f) Sonstige Voraussetzungen
- Verhältnismäßigkeit ... 36
- Bestimmtheit ... 37
- Form ... 38

7. *Ermessen*

a) Allgemeines
- § 40 VwVfG ... 39
- § 39 Abs. 3 VwVfG ... 40
- Begründung ... 41

b) Art des Ermessens ... 42

c) Reduzierung auf Null ... 43

d) Gesichtspunkte der Ermessensentscheidung
- Einzelfall ... 44
- Beispiele ... 45

e) Selbstbindung ... 46

f) Verhältnismäßigkeit ... 47

g) Amtspflicht ... 48

8. *Verwaltungsverfahren, Rechtsschutz*

a) Verwaltungsverfahren

– Selbstständiger VA	49	– Nachbarschutz	53
– Auflage	50	– Rechtsschutz	54
– Anordnung	51	d) Durchsetzung der Auflage/ Anordnung	55
b) Rechtsschutz des Gaststättenbetreibers	52		
c) Nachbarschutz		*9. Ordnungswidrigkeiten*	56

1. Fassung, Materialien, Literatur

a) Fassung

Die Vorschrift in der ursprünglichen Fassung des GastG vom 5. 5. **1**
1970 (BGBl. I S. 465), nunmehr in der Form der Bekanntmachung
der Neufassung des GastG vom 20. 11. 1998 (BGBl. I S. 3418), wurde
wie folgt geändert: Durch § 69 Abs. 2 Nr. 2 des Gesetzes zum Schutz
vor schädlichen Umwelteinwirkungen durch Luftverunreinigungen,
Geräusche, Erschütterungen und ähnliche Vorgänge (Bundes-Immissionsschutzgesetz – BImSchG) vom 15. 3. 1974 (BGBl. I S. 721,
740) erhielt § 5 Abs. 1 Nr. 3 GastG eine neue Fassung.

b) Materialien zur geltenden Fassung

GastG vom 5. 5. 1970: Gesetzentwurf der BReg, BT-Ds V/205, **1a**
S. 4, 15; Bericht und Beschluss des Ausschusses für Wirtschaft und
Mittelstandsfragen (15. Ausschuss), BT-Ds V/1652, S. 4 f.; Zweiter
schriftlicher Bericht des Ausschusses für Wirtschaft und Mittelstandsfragen (15. Ausschuss), BT-Ds V/4380, S. 7;
Änderung vom 15. 3. 1974: Gesetzentwurf der BReg, BT-Ds
7/179, S. 18, 49.

c) Weiterführende Literatur

Buchner Nichtraucherschutz am Arbeitsplatz, BB 2002, 2382 bis **1b**
2385; *Buhren* Der Nachbarschutz im Gaststättenrecht, GewArch 1974,
221–224; *Bull* Allgemeines Verwaltungsrecht, 6. Aufl. 2000; *Czybulka/Biermann* Weder Alkohol noch Einweggeschirr auf dem Rockfestival – Ein Bericht über eine öffentlich-rechtliche Examensklausur, JuS
2000, 353–363; *v. Ebner* Kein Anspruch des Nachbarn auf Versagung
der Gaststättenerlaubnis, GewArch 1975, 108–111; *ders.*, Gaststättenrechtliche „Einweg"-Verbote?, UPR 1992, 141–143; *Eyermann* Verwaltungsgerichtsordnung, 11. Aufl. 2000 mit Nachtrag Stand 1. 7.

§ 5   Auflagen

2002; *Heinrich* Anspruch des Nachbarn auf Versagung der Gaststättenerlaubnis?, GewArch 1975, 1–7; *ders.*, Entwicklungstendenzen des Gewerberechts, DVBl. 1966, 425–432; *Kienzle* Zum Verhältnis von Gaststättenerlaubnis zur Auflage nach § 5 Abs. 1 GastG, GewArch 1974, 154–156; *ders.*, Zugänglichkeit und Überwachung von Gaststätten, GewArch 1982, 256–258; *Kopp/Ramsauer* VwVfG, 7. Aufl. 2000; *Kopp/Schenke* VwGO, 13. Aufl. 2003; *Korden* Die gaststättenrechtliche Bewertung sog. „Ballermann-Partys" oder „Koma-Partys", GewArch 2000, 11–13; *Lippstreu* Gaststättenrechtsnovelle und Rückkehr in die Gewerbeordnung, GewArch 1993, 445–453; *Liesching* Das neue Jugendschutzgesetz, NJW 2002, 3281–3286; *Pauly/Brehm* Aktuelle Fragen des Gewerberechts, GewArch 2003, 57–68; *Pinegger* Aktuelle Fragen des Gewerberechts, GewArch 2001, 24–35; *Pinegger/Krauß er* Aktuelle Fragen des Gewerberechts, GewArch 1998, 465–469; *Steinberg* Öffentlich-rechtlicher Nachbarschutz im Gaststättenrecht, DÖV 1991, 354–362; *Stober* Grundfälle zum Gaststättenrecht, JuS 1983, 843–850.

2. Allgemeines

2   § 5 GastG gehört zu den wesentlichen Vorschriften des GastR. Der Gesetzgeber misst ihr **für die Handhabung des Gesetzes** eine **erhebliche Bedeutung** zu (BT-Ds V/205, S. 15). Sie erlaubt es der Gaststättenbehörde, jederzeit – sowohl anlässlich der Erteilung, als auch nach diesem Zeitpunkt – Auflagen und Anordnungen zu erlassen, die aus den in Abs. 1 Nr. 1 bis 3 genannten Schutzzwecken angezeigt sind. § 5 GastG dient damit in erster Linie dem **Schutz der Gäste, Beschäftigten**, der **Bewohner** des Betriebsgrundstücks, der übrigen **Nachbarn** und der **Allgemeinheit** vor den erfassten Gefahren. Darüber hinaus dient die Vorschrift dem **Interesse des Gaststättenbetreibers**, dass die Gaststättenbehörde das dem jeweiligen Einzelfall angemessene **mildeste Mittel** zur Abwehr der genannten Gefahren ergreift (vgl. dazu nachfolgend Rn. 17, 47). Der Gesetzgeber hat hierzu ausgeführt (BT-Ds V/1652, S. 4 f.):

„Das Institut der Auflage gab es schon im alten Gaststättengesetz; es hat sich als unentbehrliches Hilfsmittel in der Gewerbeaufsicht durchaus bewährt. Der Ausschuß ist der Auffassung, daß hierauf auch mit

Auflagen § 5

Rücksicht auf die ständig fortschreitende Technisierung der Betriebe nicht verzichtet werden kann. Diese Vorschrift liegt auch im Interesse der Gewerbetreibenden, denn wäre die Möglichkeit der Erteilung von Auflagen oder Anordnungen nicht gegeben, müßte die Erlaubnis entzogen werden, wenn infolge veränderter Verhältnisse sich zusätzliche Schutzmaßnahmen als notwendig erweisen."

§ 5 GastG ist **eng mit** den Versagungsgründen des **§ 4 Abs. 1 S. 1 GastG verknüpft** (*Michel/Kienzle* § 5 Rn. 8). Die in § 5 Abs. 1 GastG aufgeführten Gründe für den Erlass einer Auflage oder Anordnung dienen **denselben Schutzzwecken** wie die Versagungsgründe des § 4 Abs. 1 S. 1 GastG. § 5 GastG kommt gegenüber § 4 Abs. 1 GastG die Funktion zu, zugunsten des Antragstellers oder Gaststättenbetreibers mildere Mittel als die Versagung oder die Rücknahme bzw. den Widerruf der Erlaubnis ergreifen zu können. Darüber hinaus ermöglicht § 5 GastG die Berücksichtigung von Umständen, die nach der Erteilung der Gaststättenerlaubnis bzw. der Aufnahme des Gaststättenbetriebs auftreten. 3

3. Anwendungsbereich

a) Abgrenzung zu Rücknahme und Widerruf

Eine Auflage kann entgegen ihrer Bezeichnung ganz oder teilweise eine **Rücknahme** oder ein **Widerruf** der Gaststättenerlaubnis sein (*Michel/Kienzle* § 5 Rn. 3). Entscheidend sind die Umstände des Einzelfalls. Von einer Auflage kann dann nicht mehr ausgegangen werden, wenn die Erlaubnis ganz oder teilweise in einer Form modifiziert wird, dass die der Erlaubnis zugrunde liegende Betriebsart ihren eigentliche Kerngehalt verliert. Dann wird die Erlaubnis insoweit (durch Rücknahme oder Widerruf) beseitigt. 4

b) Auflagen und Anordnungen

§ 5 GastG unterscheidet an sich **zwei Anwendungsbereiche**: 5

Auflagen (Abs. 1) können bei **erlaubnisbedürftigen Betrieben** (§ 2 Abs. 1 S. 1 GastG) getroffen werden. Sie sind **Nebenbestimmungen zur Erlaubnis**, die dem Erlaubnisinhaber ein Tun, Dulden oder Unterlassen vorschreiben (vgl. die Legaldefinition des § 36

§ 5 Auflagen

Abs. 2 Nr. 4 VwVfG sowie § 3 Rn. 65), ohne dass aber – im Gegensatz zur Bedingung (vgl. § 3 Rn. 58) – die Gültigkeit der Erlaubnis unmittelbar von der Erfüllung dieser Verpflichtung, die selbstständig erzwingbar ist, abhängt.

6 **Anordnungen** i. S. d. Abs. 2 kommen für **erlaubnisfreie Betriebe** in Betracht. Sie sind dadurch gekennzeichnet, dass eine gaststättenrechtliche Erlaubnis, die den Erlass von Nebenbestimmungen zuließe, nicht vorliegt. Daher sieht Abs. 2 den Erlass selbstständiger Anordnungen vor (vgl. auch BT-Ds V/205, S. 15). Erlaubnisfreie Betriebe sind diejenigen, die aufgrund des **§ 2 Abs. 2 bis 4 GastG** keiner Erlaubnis bedürfen, sowie die Straußwirtschaften nach **§ 14 GastG** i.V.m. der jeweiligen Landesverordnung und nach **§ 26 GastG**.

7 § 5 Abs. 1 GastG spricht vom **Bedarf einer Erlaubnis**, nicht von deren Besitz. Dies legt nahe, dass der Erlass einer Auflage auch in Betracht kommt, wenn der Gaststättenbetreiber zwar keine oder noch keine Erlaubnis für seinen Betrieb besitzt, eine solche aber nach den Vorschriften des GastR benötigt, weil er unter die Erlaubnispflicht des § 2 Abs. 1 S. 1 GastG fällt. Dies würde indes der **Systematik des allgemeinen Verwaltungsrechts** widersprechen, weil die § 36 VwVfG entsprechenden Landesvorschriften den Erlass einer Nebenbestimmung nur vorsehen, wenn ein VA vorliegt. Für ein weites Verständnis des Begriffs „Auflage" könnte allerdings sprechen, dass das VwVfG des Bundes erst im Jahr 1976 und damit nach dem Erlass des GastG erlassen wurde. Da nunmehr aber durch das VwVfG allgemeine rechtliche Strukturen geschaffen wurden, muss § 5 GastG innerhalb dieses Rahmens angewandt werden. Dies bedeutet, dass bei einem **erlaubnispflichtigen Betrieb** zwar der Erlass einer Auflage nicht in Betracht kommt, wenn **keine gaststättenrechtliche Erlaubnis** für den Betrieb vorliegt. In diesem Fall ist aber der **Erlass einer Anordnung in entsprechender Anwendung des § 5 Abs. 2 GastG** möglich, weil der Gesetzgeber mit dem Wortlaut des Abs. 1 deutlich zum Ausdruck gebracht hat, dass Maßnahmen der Behörde jederzeit auch möglich sind, wenn keine Erlaubnis vorliegt (wie hier *Metzner* § 5 Rn. 2, 20; *Czybulka* in:

Schmidt ÖWiR, § 2 Rn. 195; *Ehlers* in: *Achterberg u. a.* § 2 Rn. 235; wohl auch *Locher* in: *Jarass* WiVwR, Rn. E/53: „Anordnung nach § 5 I GastG"; **aA** *Michel/Kienzle* § 5 Rn. 2, wonach der Begriff „Auflage" i. S. d. § 5 GastG weiter zu verstehen ist als der des § 36 Abs. 2 Nr. 4 VwVfG; *Stober* BWiVwR, § 47 II 4, u. JuS 1983, 843, 847; *Kienzle* GewArch 1974, 154 ff.). Ob entsprechend der hier vertretenen Auffassung der Erlass einer Anordnung erfolgt oder die Maßnahme als „Auflage" bezeichnet wird, ist eine **rechtsdogmatische** Frage. Im Ergebnis wird aus § 5 Abs. 1 GastG deutlich, dass auch bei erlaubnispflichtigen Betrieben ohne Erlaubnis auf § 5 GastG gestützte Maßnahmen der Gaststättenbehörde jederzeit möglich sind.

§ 5 GastG findet auch bei **Vereinen** und **Gesellschaften** Anwendung, die kein Gewerbe betreiben und in ihren Vereinsräumen Alkohol ausschenken (vgl. dazu **§ 23 Abs. 2 S. 1 GastG**). 8

c) Verhältnis zu anderen Vorschriften des GastG

§ 5 GastG findet keine Anwendung für die **Gestattungen** nach § 12 GastG. Insofern stellt **§ 12 Abs. 3 GastG** eine **abschließende Sonderregelung** dar (ebenso *Metzner* § 5 Rn. 8). Dies folgt aus den unterschiedlichen Anforderungen, die an den nach § 2 Abs. 1 S. 1 GastG erlaubten und den nach § 12 Abs. 1 GastG gestatteten Gaststättenbetrieb zu stellen sind. Die Auflagen des § 5 GastG beziehen sich auf einen nicht anlassbezogenen (vgl. § 12 Abs. 1 GastG sowie die Ausführungen in § 12 Rn. 8–11) Betrieb. 9

Etwas schwierig gestaltet sich das Verhältnis des § 5 GastG zu § 18 GastG. **In der Regel** kommt **§ 18 Abs. 1 GastG** i.V.m. den Vorschriften der GastV des Landes der **Vorrang** zu, wenn es um die Verlängerung oder Verkürzung der Sperrzeit für eine einzelne Gaststätte geht (**aA** *Michel/Kienzle* § 5 Rn. 4). Eines Rückgriffs auf § 5 GastG bedarf es insoweit nicht. Etwas anderes gilt aber dann, wenn – aus welchen Gründen auch immer – ausnahmsweise die tatbestandlichen Voraussetzungen des § 18 Abs. 1 S. 2 GastG für eine Verlängerung oder Verkürzung der Sperrzeit (Vorliegen eines öffentlichen Bedürfnisses oder besonderer örtlicher Verhältnisse) 10

§ 5 Auflagen

nicht gegeben sind (wie hier *BayVGH* 14. 2. 1990, GewArch 1990, 218). Insgesamt ist diese Frage **umstritten** (vgl. dazu etwa *VGH BW* 16. 3. 1973, GewArch 1974, 131, 132; *BayVGH* GewArch 1990, 218; 2. 10. 1990, NVwZ-RR 1991, 404 f.; 30. 4. 1993, GewArch 1993, 387; 20. 4. 1995, BayVBl. 1995, 465, 468; *Michel/ Kienzle* § 5 Rn. 4 m. w. N.), hat aber **keine große praktische Relevanz**, weil in den meisten Fällen – vor allem in denen des Lärmschutzes der Nachbarschaft – für eine Verlängerung oder Verkürzung der Sperrzeit zumeist die tatbestandlichen Voraussetzungen sowohl des § 18 Abs. 1 GastG i.V.m. der GastV des Landes als auch des § 5 Abs. 1 GastG erfüllt sein dürften.

11 Gegenüber § 5 GastG ist **§ 21 Abs. 1, 2 GastG lex specialis**. So weit ein Sachverhalt von § 21 Abs. 1, 2 GastG erfasst wird, sind Maßnahmen auf dessen Grundlage zu ergreifen (vgl. im Einzelnen *Metzner* § 5 Rn. 9–11).

d) Auflagen außerhalb des § 5 GastG

12 Aus § 5 GastG folgt nicht, dass diese Vorschrift in Bezug auf die **Zulässigkeit von Auflagen** abschließend wirkt. Vielmehr erfasst § 5 Abs. 1 GastG lediglich die **wichtigsten Fälle**, in denen der Gesetzgeber den Erlass von Auflagen als möglich und sinnvoll erachtet. Daher ist es der Gaststättenbehörde nicht verwehrt, **auch andere Auflagen** als die in § 5 Abs. 1 Nr. 1 bis 3 GastG vorgesehenen zu erlassen (ebenso *Metzner* § 4 Rn. 4 f.; *Ambs* in: *Erbs/Kohlhaas* § 5 GastG Rn. 3; *Kopp/Ramsauer* § 36 Rn. 45). Allerdings muss die Gaststättenbehörde hierzu durch die **§ 36 Abs. 1 VwVfG** entsprechenden Landesvorschriften ermächtigt sein (vgl. dazu eingehend § 3 Rn. 51). § 5 Abs. 1 GastG stellt nämlich in Bezug auf die Zulässigkeit von Auflagen bei Erlass eines gebundenen VA eine von § 36 Abs. 1 VwVfG gedeckte gesetzliche Ermächtigung dar, so dass es keiner weitergehenden Prüfung der gesetzlichen Ermächtigung zum Erlass der Auflagen bedarf (vgl. *Kopp/Ramsauer* § 36 Rn. 41).

13 **Auflagen nach § 33 a GewO**, die über § 31 GastG in Betracht kommen, sind nur zulässig zum Schutz vor den sich unmittelbar

aus der erlaubnispflichtigen Veranstaltung ergebenden Gefahren (*VG München* 28. 2. 1978, GewArch 1978, 291). Auflagen zu einer Erlaubnis nach § 33 a GewO (siehe Anhang II 1) können **nicht auch auf § 5 GastG gestützt** werden, weil § 33 a GewO eine **Spezialvorschrift** zu dieser Bestimmung darstellt (*HessVGH* 31. 10. 1972, BayWVMBl. 1973, 138).

e) Verhältnis zu anderen Rechtsgebieten

Vorschriften außerhalb des Gewerberechts schließen § 5 GastG 14 nur aus, wenn sie auch aus gewerbepolizeilicher Sicht eine abschließende Regelung darstellen. Ebenso lässt § 5 GastG Vorschriften mit anderer als gewerbepolizeilicher Zielsetzung unberührt (*Michel/Kienzle* § 5 Rn. 6). Für das Verhältnis zum **BImSchG** gelten die Ausführungen in § 4 Rn. 119 ff. entsprechend. Gegenüber § 24 BImSchG ist § 5 Abs. 1 Nr. 3 GastG vorrangig (*Czybulka* in: *Schmidt* ÖWiR, § 2 Rn. 195). Im Verhältnis zum **IfSG** gilt, dass das GastG durch das IfSG als lex specialis verdrängt wird (vgl. dazu *VG München* 18. 11. 1986, GewArch 1987, 229 f. [noch zum BSeuchG] mit Anm. *v. Ebner* S. 320 f.; ebenso *Michel/Kienzle* aaO). Vor allem geben die §§ 16, 17, 28 IfSG zahlreiche Möglichkeiten, dem Schutzzweck des Gesetzes zu genügen. Flankierende Maßnahmen der Gaststättenbehörde sind daneben nicht erforderlich (**aA** *v. Ebner* GewArch 1987, 230, 231 [noch zum BSeuchG]). Für **Autobahnraststätten** gilt die spezielle Vorschrift des **§ 15 Abs. 2 S. 3 Hs. 2 FStrG** (vgl. auch § 2 Rn. 2, § 3 Rn. 24 a sowie § 36 GastG).

f) Andere Nebenbestimmungen

Für von § 5 Abs. 1 GastG **nicht erfasste Nebenbestimmungen** 15 (insbesondere Befristungen [beachte aber § 2 Abs. 2 GastG] und Bedingungen) gelten die **§ 36 VwVfG** entsprechenden landesrechtlichen Vorschriften (vgl. auch *Kopp/Ramsauer* § 36 Rn. 40). Vgl. zur Zulässigkeit anderer Nebenbestimmungen die ausführlichen Erläuterungen in § 3 Rn. 42 ff.

§ 5 Auflagen

4. Adressat

16 **Adressat** der Auflagen und Anordnungen des erlaubnispflichtigen (§ 2 Abs. 1 GastG) und auch des erlaubnisfreien Betriebs ist der **Inhaber** der Gaststätte. Im Fall des erlaubnispflichtigen Betriebs kann auch der **Stellvertreter** (§ 9 GastG) Adressat der Auflagen und Anordnungen sein. **Bei juristischen Personen** und **Vereinen** ist Adressat die Person, die zur **Geschäftsführung** oder zur **Vertretung** durch Gesetz, Satzung oder Vertrag befugt ist. Wurde im Fall des Abs. 1 bereits eine Erlaubnis erteilt, richtet sich die Auflage an die/den Inhaber/-in dieser Erlaubnis.

5. Verfassungsrecht

17 § 5 GastG ist verfassungsrechtlich unbedenklich. Die Vorschrift stellt eine Ausprägung des verfassungsrechtlichen **Grundsatzes der Verhältnismäßigkeit** dar. Er gibt der Gaststättenbehörde die Möglichkeit, anstelle der Versagung der Erlaubnis diese mit einer geeigneten Auflage zu versehen und damit das **mildere Mittel** zu ergreifen. Auf diese Weise wird den Interessen des Antragstellers bzw. Gaststättenbetreibers entsprochen, den Gaststättenbetrieb – wenn auch mit gewissen Einschränkungen – ausüben zu können (BT-Ds V/1652 [Text oben in Rn. 2]). § 5 GastG ist auch mit Art. 14 GG zu vereinbaren und stellt eine **zulässige Einschränkung des Bestandsschutzes** dar (*BayVGH* 20. 4. 1995, BayVBl. 1995, 465, 467). Vgl. im Übrigen auch nachfolgend Rn. 47.

Hinweis: Die Maßnahmen der Gaststättenbehörde müssen stets dem Grundsatz der Verhältnismäßigkeit genügen (*Locher* in: *Jarass* WiVwR, Rn. E/56; vgl. dazu auch nachfolgend Rn. 47 sowie § 4 Rn. 13–15). Daher kommt der Gaststättenbehörde die **Pflicht** zu, in jedem Einzelfall die **Anwendung eines milderen Mittels zu prüfen**. Im Fall der Erlaubniserteilung ist dem Erlass einer Auflage der Vorzug zu geben, wenn diese Maßnahme den Anforderungen des GastG genügt.

6. Tatbestandliche Voraussetzungen

a) Allgemeines

Die in § 5 Abs. 1 Nr. 1 bis 3 GastG enthaltenen Tatbestandsmerkmale sind **Voraussetzung sowohl für** den Erlass einer **Auflage** (unmittelbare Anwendung) **als auch** einer **Anordnung** (Anwendung über Abs. 2). Sie sind daher in jedem Fall zu prüfen.

Auflagen und Anordnungen finden ihre **inhaltlichen Grenzen** in der **Betriebsart**, wie sie in der gaststättenrechtlichen Erlaubnis festgelegt ist (vgl. dazu § 3 Rn. 12–28). Auflagen dürfen nicht dazu führen, dass die Grenze der Auflage zu den Rücknahme- und Widerrufsvorschriften (vgl. oben Rn. 4) missachtet wird, weil sie die erlaubte Betriebsart der Gaststätte unmöglich machen (*BVerwG* 25. 2. 1992, BVerwGE 90, 53, 54 = GewArch 1992, 244; 5. 11. 1985, GewArch 1986, 96; *BayVGH* 14. 2. 1990, GewArch 1990, 218; 20. 4. 1995, BayVBl. 1995, 465, 467 = GewArch 1995, 253, 256). Es darf **keine Aushöhlung** der festgelegten Betriebsart erfolgen (*BVerwG* GewArch 1986, 96; *BayVGH* BayVBl. 1995, 465, 467).

Beispiel: Eine Auflage, mit der bei einem erlaubten Gaststättenbetrieb die Zubereitung und Abgabe von Speisen untersagt wird, ist in aller Regel rechtswidrig, weil damit das für eine Speisewirtschaft bestimmende Merkmal der Abgabe zubereiteter Speisen beseitigt wird (so zu Recht *Michel/Kienzle* § 5 Rn. 9).

b) Schutz der Gäste (Abs. 1 Nr. 1)

Abs. 1 Nr. 1 dient dem **Schutz der Gäste.** Unter Gästen i. S. d. Vorschrift sind alle Personen zu verstehen, die der Gaststättenbetreiber zur verkehrsüblichen Benutzung und – in der Regel – der Erwartung eines angemessenen Verzehrs aufgenommen hat (vgl. *OLG Köln* 9. 8. 1988, GewArch 1989, 140). Von einem Gast ist auch dann auszugehen, wenn dieser sich mit Billigung des Gaststättenbetreibers ohne Verzehrabsicht in den Gaststättenräumen aufhält, etwa innerhalb einer Gruppe oder zum Gespräch mit anderen Gästen oder dem Wirt (vgl. *Metzner* § 28 Rn. 24). So weit § 5 GastG

§ 5 Auflagen

über § 23 Abs. 2 GastG Anwendung findet (vgl. oben Rn. 8), sind Gäste i. S. d. § 5 Abs. 1 Nr. 1 GastG auch solche Personen, die Teilnehmer eines vom **Verein** oder der **Gesellschaft** organisierten Treffens sind (vgl. *Metzner* § 28 Rn. 27). Keine Gäste sind die **Angestellten und sonstigen Beschäftigten** der Gaststätte, auch wenn sie in der Gaststätte Speisen oder Getränke konsumieren (*OLG Köln* GewArch 1989, 140). Etwas anderes gilt aber, wenn sich die Beschäftigten ohne Zusammenhang mit ihrer Tätigkeit in der Gaststätte aufhalten, etwa in ihrer Freizeit.

21 **Ausbeutung** (vgl. dazu auch § 4 Abs. 1 S. 1 Nr. 1 GastG) ist die bewusste Ausnutzung der Gäste zur Erzielung übermäßigen wirtschaftlichen Gewinns (*VG Hamburg* 17. 12. 1964, GewArch 1965, 207). Entscheidend ist, dass der Gaststättenbetreiber die sich ihm bietende Chance wahrnimmt, Einnahmen auf Kosten einer Person zu erzielen, welche die Tragweite ihrer diesbezüglichen Handlungen nicht überblickt. Vgl. zur Ausbeutung im Übrigen die Ausführungen in § 4 Rn. 44. Der vom Gesetzgeber in § 4 Abs. 1 S. 1 Nr. 1 GastG genannte Personenkreis (Unerfahrene, Leichtsinnige, Willensschwache) wird als Opfer einer Ausbeutung besonders in Betracht kommen (ebenso *Metzner* § 5 Rn. 32).

22 Der Begriff der Gefahr fordert – anders als etwa bei § 4 Abs. 1 S. 1 Nr. 2 GastG (vgl. dazu § 4 Rn. 83) – das Vorliegen einer **konkreten Gefahr** (*BVerwG* 16. 9. 1994, GewArch 1995, 34; 22. 2. 1990, GewArch 1990, 179; 9. 8. 1983, NVwZ 1984, 238 = GewArch 1984, 35; *VGH BW* 10. 6. 1994, NVwZ-RR 1995, 654, 655 = GewArch 1994, 489, 490, VBlBW 1995, 144, 145, ESVGH 45, 77, nur Ls.; 14. 2. 1990, GewArch 1990, 138, 139; *HessVGH* 2. 2. 1981, GewArch 1982, 93, 94; *Kienzle* GewArch 1982, 256; *Metzner* § 4 Rn. 38; *Pauly* in: *Robinski* Rn. N/101; *Ehlers* in: *Achterberg u. a.* § 2 Rn. 235; *Stober* JuS 1983, 843, 847). Es muss mithin eine Sachlage vorliegen, die bei ungehindertem, objektiv zu erwartendem Geschehensablauf **in absehbarer Zeit mit hinreichender Wahrscheinlichkeit** zu einem **Schaden** führen kann. Die Gaststättenbehörde ist allerdings nicht gehindert, zur Durchsetzung einer auf der

Auflagen § 5

Grundlage des § 4 Abs. 1 S. 1 Nr. 2, Abs. 3 S. 1 GastG erlassenen landesrechtlichen Regelung, für deren Erlass eine **abstrakte Gefahr** ausreicht (vgl. § 4 Rn. 73), das aus der GastV folgende Gebot durch einen (sog. **gesetzeswiderholenden**) **VA** durchzusetzen (*HessVGH* GewArch 1982, 93; *Stober* JuS 1983, 843, 847).

Eine Auflage zum Schutz des **Lebens** und der **Gesundheit** soll die 23 Gäste vor Gefahren bewahren, die mit dem Gaststättenbetrieb in Zusammenhang stehen. Dabei stellt sich stets die Frage, inwieweit die **Eigenverantwortung der Gäste** gegenüber der Überwachungs- und Schutzfunktion der Gaststättenbehörde überwiegt.

Hinweis: Es ist nicht Aufgabe der Gaststättenbehörde, die Gäste vor allen Gefahren zu schützen, denen sie sich selbst freiwillig aussetzen. Ein **Eingreifen** ist **stets erforderlich**, wenn das **Leben der Gäste gefährdet** ist. Beim Leben handelt es um das elementarste Rechtsgut, das unsere Rechtsordnung schützt. Bei einer Gefahr für die Gesundheit ist danach zu unterscheiden, ob diese Gefahr für die Gäste erkennbar ist oder nicht. Im letzteren Fall muss die Gaststättenbehörde stets eingreifen. Im ersteren Fall sollte sie nur tätig werden, wenn die **Gefahr** – aus welchen Gründen auch immer – **unkontrollierbar** erscheint.

Beim Schutz der Gäste vor Gefahren für Leben und Gesundheit 24 stellt sich die Frage, wie sich die Gaststättenbehörde in Bezug auf **Alkohol** und **Rauchen** verhält. Die **Ausgabe von Alkohol** allein erlaubt grundsätzlich keine Auflage auf der Grundlage des § 5 Abs. 1 Nr. 1 GastG, wenn nicht besondere Umstände hinzutreten (*VG Augsburg* 3. 3. 2000, GewArch 2000, 431). Dies gilt auch, wenn besonders alkoholhaltige Getränke wie etwa der wieder in Mode gekommene **Absinth** (hochprozentiger Wermutbrand) ausgegeben werden. Kommen allerdings **besondere Umstände** hinzu, die einen Schutz der Gäste erfordern, kann die Gaststättenbehörde entsprechende Auflagen erlassen.

Anlässe für eine rechtmäßige Auflage bei Alkoholausgabe:

– **Jugendliche** werden zum übermäßigen und möglicherweise gesundheitsgefährdeten Alkoholkonsum aufgefordert, etwa durch Veranstaltung einer „Koma- oder Ballermannparty" (ebenso *VG Augsburg*

§ 5 Auflagen

GewArch 2000, 431; *Korden* GewArch 2000, 11 f.; *Pinegger/Kraußer* GewArch 1998, 465, 469), oder durch das sog. „Stechuhrprinzip", bei dem die Preise der Getränke nach der Verweildauer der Gäste berechnet werden (vgl. dazu *Pinegger* GewArch 2001, 24, 33 f. sowie *VG Augsburg* GewArch 2000, 431 f.);
– es soll eine Veranstaltung stattfinden, bei der ein **Wetttrinken** (wer trinkt die größte Menge innerhalb einer bestimmten Zeit) mit alkoholischen Getränken durchgeführt wird (*Metzner* § 5 Rn. 33); dabei ist allerdings zu beachten, dass eine Auflage wegen des zu beachtenden Verhältnismäßigkeitsgrundsatzes nur so weit gehen darf, dass eine Gesundheitsgefährdung ausgeschlossen wird.

Allein die Durchführung einer Veranstaltung, bei welcher der Konsum von Alkohol im Mittelpunkt steht, reicht nicht aus, um diese im Wege der Auflage zu verbieten oder einzuschränken (ebenso *VG Augsburg* GewArch 2000, 431; **aA** *Metzner* § 5 Rn. 33). Hier muss es den (erwachsenen) Gästen überlassen bleiben, in welchen Mengen sie Alkohol konsumieren. Dem Staat kommt diesbezüglich keine Schutzaufgabe zu.

25 Maßnahmen zum **Schutz der Nichtraucher** können auf § 5 Abs. 1 Nr. 1 GastG grundsätzlich nicht gestützt werden (wie hier *Metzner* § 5 Rn. 35). Wegen des Grundsatzes des Gesetzesvorbehalts ist es Aufgabe des Gesetzgebers, entsprechende Regelungen zu treffen. Ob das Rauchen in Gaststätten von der Mehrheit der Bevölkerung nach wie vor als **sozialadäquat** angesehen wird (so *Michel/Kienzle* § 4 Rn. 43, § 5 Rn. 9; *Metzner* § 5 Rn. 35) ist **zw**. In **besonderen Fällen** kann dennoch ein Schutz der Nichtraucher auf der Grundlage des § 5 Abs. 1 Nr. 1 GastG erfolgen, etwa wenn der Gaststättenbetrieb überwiegend Jugendlichen dient (vgl. zum Schutz der Jugendlichen vor dem Rauchen auch § 10 Abs. 1 JuSchG [zum strengen Abgabeverbot für Tabakwaren im JuSchG vgl. *Liesching* NJW 2002, 3281 f.]). Vgl. zum Schutz der Beschäftigten vor Tabakrauch nachfolgend Rn. 32.

26 Durch § 5 Abs. 1 Nr. 1 GastG wird auch ein **Schutz der Gäste vor** durch den vom Gaststättenbetrieb verursachten **Lärm** ermöglicht (*Michel/Kienzle* § 5 Rn. 9). Bei einer Diskothek kann die Erteilung einer Auflage zur Begrenzung der durch die Musikanlage erzeugten Lärmimmissionen in Betracht kommen. Es kann nämlich bereits beim **einmaligen Besuch einer Diskothek** und der Einwirkung zu lauter Musik zu **bleibenden Gehörschäden** kommen (*BGH* 13. 3. 2001, NJW 2001, 2019, 2020; *OLG Koblenz* 13. 9. 2001 – 5 U 1324/00 – [zit. nach juris]; vgl. auch *OLG Zweibrücken* 26. 8. 1999, OLGR 2000, 530; *LG Trier* 29. 10. 1992, NJW 1993, 1474 ff., alle zu Gehörschäden durch Konzerte; **aA** *Michel/Kienzle* § 5 Rn. 9). Andererseits sieht das Gesetz keine generelle Einschränkung der Musiklautstärke vor, so dass eine dem jeweiligen Einzelfall angemessene Beurteilung zu erfolgen hat. Zur fehlenden Anwendbarkeit des BImSchG bei Immissionen, die nur auf das Anlagengrundstück einwirken, vgl. § 4 Rn. 124. Auch ist zu beachten, dass dem **Diskothekenbetreiber** eine **eigenständige Verkehrssicherungspflicht** obliegt, die eine Angemessenheit der Musiklautstärke und weitere Schutzpflichten zugunsten der Gäste gebietet (*BGH* aaO).

Hinweis: Zu den Gefahren durch Lärm in der Freizeit – etwa durch Musikbeschallung in Diskotheken – gibt es eine Ausarbeitung der Bundesärztekammer mit dem Titel „Gehörschäden durch Lärmbelastungen in der Freizeit" mit Stand 23. 4. 1999. Sie findet sich im Internet unter der Adresse „www.bundesaerztekammer.de/30/Richtlinien/Empfidx/Gehrsch.html" (Stand 31. 12. 2002).

Zum **Begriff der Sittlichkeit** vgl. die ausführliche Darstellung in § 4 Rn. 49 ff. Solche Auflagen können etwa dazu dienen, bestimmte, die Sittlichkeit gefährdende Personen nicht zu beschäftigen (*BVerwG* 23. 12. 1960, GewArch 1962, 10), das **Animieren** zu weiteren Bestellungen durch In-Aussicht-Stellen des Geschlechtsverkehrs zu unterbinden (*VGH BW* 7. 2. 1973, GewArch 1973, 214), **Vorhänge von Nischen** zu entfernen oder die Eingangstüre während der Betriebszeit unverschlossen zu halten (*VG München* 23. 11. 1973, GewArch 1974, 349 unter Hinweis auf § 5 GastV Bayern [Anhang I 2 a]; **zw**; vgl. dazu eingehend § 4 Rn. 206e m. w. N.). Die Auffassung, wonach eine Auflage, die sicherstellt, dass der Antragsteller den Schankbetrieb unter völliger räumlicher und personeller

§ 5 Auflagen

Trennung von **Prositutiertenunterkünften** im gleichen Haus betreibt, von § 5 Abs. 1 Nr. 1 GastG gedeckt sein soll (*OVG Lüneburg* 3. 12. 1973, GewArch 1974, 102), kann nach der hier vertretenen Auffassung nach In-Kraft-Treten des **ProstG** nicht mehr aufrecht erhalten bleiben (vgl. dazu ausführlich § 4 Rn. 51 ff.).

28 **Beispiele für eine Auflage/Anordnung nach Abs. 1 Nr. 1** (vgl. auch die weiteren Beispiele bei *Lippstreu* GewArch 1993, 445, 450):

– die Auflage an einen Gaststättenbetreiber, eine bekanntermaßen alkoholkranke und im betrunkenen Zustand randalierende Person von den Gaststättenräumen fern zu halten;
– die Auflage, in den zum Aufenthalt der Gäste bestimmten Räumen für eine bestimmte Mindesthelligkeit zu sorgen (*VG Berlin* 15. 8. 1991, GewArch 1991, 438);
– die Auflage, bestimmte Speisen nicht mehr abzugeben, weil die hygienischen Mindestanforderungen nicht gewährleistet werden (*Pauly* in: *Robinski* Rn. N/94; vgl. dazu aber oben Rn. 19: keine Aushöhlung der Betriebsart);
– die Auflage, die Besucherzahl wegen der Gefahr von Lärmimmissionen oder der Überfüllung der Gasträume auf eine bestimmte Anzahl zu beschränken (*OVG Sachsen* 30. 5. 1997, GewArch 1998, 37, 39; *OVG Hamburg* 31. 10. 1989, GewArch 1990, 178; *Pauly* in: *Robinski* Rn. N/94).

c) Schutz der Beschäftigten (Abs. 1 Nr. 2)

29 **Abs. 1 Nr. 2** soll die **im Betrieb Beschäftigten schützen**. Der in Nr. 2 angesprochene Personenkreis umfasst alle Nichtselbstständigen, die im Betrieb für dessen Zweck tätig werden (Arbeitnehmer, mithelfende Familienangehörige usw.); vgl. dazu eingehend § 21 Rn. 6 m. w. N.. Zum Schutz vor im Betrieb Beschäftigten vgl. § 21 GastG.

30 Die Beschäftigten werden **nur gegen Gefahren für Leben, Gesundheit und Sittlichkeit geschützt**. Vgl. zu diesen Begriffen und dem Schutzumfang die obigen Ausführungen in Rn. 22–27. Anders als die Gäste werden die Beschäftigten daher nicht gegen Ausbeu-

Auflagen §5

tung und damit gegen Angriffe auf ihr Vermögen geschützt. Der diesbezügliche Schutz der Beschäftigten ist nicht Aufgabe des GastR, sondern des Bürgerlichen, des Arbeits- und des Strafrechts.

Die **praktische Bedeutung** des § 5 Abs. 1 Nr. 2 GastG dürfte **gering** sein. Sein Anwendungsbereich ist nicht allzu groß. Hinzu kommt, dass der Schutz der in einer Gaststätte beschäftigten Arbeitnehmer seit In-Kraft-Treten der **ArbStättV** weitgehend durch deren Vorschriften gewährleistet wird (vgl. auch *Pauly/Brehm* GewArch 2003, 57, 66). So schützen die §§ 14–16 ArbStättV die Arbeitnehmer gegen Immissionen der verschiedensten Art. Die §§ 23 ff. ArbStättV sehen für Arbeitsräume und Arbeitsplätze baugestalterische Mindestanforderungen vor. § 5 Abs. 1 Nr. 2 GastG kommt daneben kaum eine eigenständige Bedeutung zu. Dem Schutz der Beschäftigten dienen auch die Vorschriften der **BetrSichV**, die im Gaststättenbereich vor allem für Getränkeschankanlagen und Aufzüge Anwendung findet. Ein **Schutz der Beschäftigten vor Sittlichkeitsgefahren** ist zwar nicht völlig undenkbar, wird aber kaum mehr in Betracht kommen. So dürfte etwa der Rspr, wonach es zulässig sein soll, die Beschäftigung von völlig **nackten Bedienungen** zu untersagen, weil es gegen die Sittlichkeit verstößt, dass ein Gastwirt die bei ihm beschäftigten Barfrauen nackt hinter der Theke auftreten lässt, um dadurch Gäste anzulocken und den Getränkekonsum zu steigern (so *VGH BW* 2. 12. 1975, GewArch 1976, 200), aufgrund des geänderten moralischen Verständnisses der Boden entzogen sein (**aA** die *Voraufl.* in § 5 Rn. 8). 31

Zum **Nichtraucherschutz der Beschäftigten** sieht **§ 3a** Abs. 1 ArbStättV vor, dass der Arbeitgeber die erforderlichen Maßnahmen zu treffen hat, damit die nichtrauchenden Beschäftigten in Arbeitsstätten wirksam vor den Gesundheitsgefahren durch Tabakrauch geschützt sind (vgl. dazu eingehend *Buchner* BB 2002, 2382 ff.) Allerdings wird dieser Grundsatz durch § 3a Abs. 2 ArbStättV eingeschränkt, wonach der Arbeitgeber in **Arbeitsstätten mit Publikumsverkehr** Schutzmaßnahmen nur insoweit zu treffen hat, als die Natur des Betriebs und die Art der Beschäfti- 32

§ 5 Auflagen

gung es zulassen. Gaststätten fallen unter den Anwendungsbereich des § 3a Abs. 2 ArbStättV, so dass aus den oben in Rn. 25 dargelegten Gründen ein Verbot des Rauchens der Gäste nicht auf § 3a ArbStättV gestützt werden kann. Allerdings haben die Gaststättenbetreiber dafür Sorge zu tragen, dass die Aufenthaltsräume der Beschäftigten (zumindest auch) rauchfrei sind. Zur **praktischen Umsetzung** vgl. *Buchner* BB 2002, 2382, 2384 f.

d) Schutz der Bewohner, Nachbarn, Allgemeinheit (Abs. 1 Nr. 3)

33 Abs. 1 Nr. 3 betrifft die Wirkungen des Betriebs **nach Außen** (*BayVGH* 20. 4. 1995, BayVBl. 1995, 465, 466 = GewArch 1995, 253). Die Vorschrift ist durch § 69 Abs. 2 Nr. 2 BImSchG neu gefasst worden. „**Schädliche Umwelteinwirkungen im Sinne des Bundes-Immissionsschutzgesetzes**" sind nach der Definition des § 3 Abs. 1 BImSchG Immissionen, die nach Art, Ausmaß oder Dauer geeignet sind, Gefahren, erhebliche Nachteile oder erhebliche Belästigungen herbeizuführen. Was der Umgebung an nachteiligen Wirkungen zugemutet werden darf, bestimmt sich nach der aus ihrer Eigenart herzuleitenden **Schutzwürdigkeit** und **Schutzbedürftigkeit** (*BVerwG* 25. 2. 1992, BVerwGE 90, 53, 56; *BayVGH* BayVBl. 1995, 465, 466). Vgl. zu den schädlichen Umwelteinwirkungen im Übrigen § 4 Rn. 119 ff., zu den Begriffen **Nachteile** und **Belästigungen** § 4 Rn. 116 m. w. N. und zum Begriff der **Gefahr** oben Rn. 22. Die Nachteile usw. sind **erheblich**, wenn sie das dem geschützten Personenkreis zumutbare Maß übersteigen (*BVerwG* 30. 4. 1965, GewArch 1965, 250). Dabei kommt es nicht auf die Maßstäbe eines besonders empfindlichen Beobachters an, sondern auf das Durchschnittsempfinden. Gesundheitsgefährdungen sind nicht erforderlich, eine erhebliche Beeinträchtigung des Wohlbefindens genügt (*BVerwG* 5. 11. 1968, GewArch 1969, 83). Für die Zumutbarkeit spielt auch eine Rolle, welche Nachteile usw. in dem Gebiet üblich sind, in dem sich die Betriebsstätte befindet (*OVG NRW* 22. 3. 1961, GewArch 1961, 162). **Nachbargrundstücke** sind alle im Einwirkungsbereich des Betriebs liegenden Grundstücke außer dem Betriebsgrundstücks.

Auflagen §5

Besondere Bedeutung hat § 5 Abs. 1 Nr. 3 GastG für die **Lärmbekämpfung**. Hierzu gelten die Ausführungen in § 4 Rn. 131–138 entsprechend. Auf diese wird zur Vermeidung von Wiederholungen verwiesen. Im Rahmen des § 5 Abs. 1 Nr. 3 GastG können folgende **Einzelfälle** von Bedeutung sein (vgl. zu weiteren Beispielen *Lippstreu* GewArch 1993, 445, 450):

34

An- u. Abfahrt der Gäste. Die Rspr sieht ein Verbot als gerechtfertigt an, das von der Gaststättenbehörde wegen des Lärms durch An- und Abfahrt der Gäste in einem Wohngebiet ausgesprochen wird (vgl. § 4 Rn. 133). Der Gastwirt muss sich auch den Lärm zurechnen lassen, der von seinen Gästen außerhalb seines Betriebs verursacht wird (*BVerwG* 30. 4. 1965, GewArch 1965, 250, 251; *OVG NRW* 14. 4. 1970, GewArch 1970, 206; solche Ruhestörungen rechtfertigen nicht die Anordnung eines **Park- und Halteverbots** bei der Gaststätte). Der Zu- und Abfahrtsverkehr einer Gaststätte ist dieser zuzurechnen, solange er **noch nicht in den allgemeinen Straßenverkehr integriert** ist. Für die Beurteilung können u. a. die tatsächliche Entfernung von der Anlage, die Straßenführung und die Funktion der Verkehrsflächen von Bedeutung sein (*BVerwG* 7. 5. 1996, BVerwGE 101, 157, 166 = NVwZ 1997, 276, DVBl. 1996, 1192, DÖV 1997, 253, BayVBl. 1996, 732, NJ 1997, 96, NJW 1997, 1720, nur Ls.; *OVG NRW* 25. 1. 1994, GewArch 1994, 494, 495 = NWVBl. 1995, 28; *VGH BW* 20. 2. 1992, GewArch 1992, 441 = NVwZ-RR 1992, 359, nur Ls.). Vgl. zur Zurechnung des An- und Abfahrtslärms auch die weiteren Ausführungen in § 4 Rn. 133.

34a

Gassenschank. Die Anordnung an einen Schankwirt, in der Zeit vom 1. 4. bis 31. 10. eines jeden Jahres nach 22.00 Uhr keine Getränke mehr an jedermann über die Straße abzugeben, weil sich die so versorgten Personen in der Nähe des Lokals im öffentlichen Straßenraum niederlassen und die Nachbarn in unzumutbarer Weise in ihrer Nachtruhe stören, setzt voraus, dass die einschreitende Behörde den Sachverhalt in Bezug auf eine Lärmbelästigung der Nachbarn ausreichend ermittelt hat. Ferner muss die bauplanungs-

34b

§ 5 Auflagen

rechtliche Situation in der unmittelbaren Nachbarschaft berücksichtigt werden (*HessVGH* 27. 1. 1984, GewArch 1984, 167 f.).

34c **Kegellärm.** Der Betrieb einer Kegelbahn nach 22.00 Uhr kann wegen Lärmimmissionen von mehr als 30 DIN-Phon verboten werden (*BVerwG* 5. 11. 1968, GewArch 1969, 83).

34d **Lärm durch Gäste.** Hier ist die Anordnung zulässig, dass vor einer Bar nach 22.00 Uhr ein Hausmeister für Ruhe sorgen muss (*BayObLG* 24. 6. 1971, GewArch 1971, 235 mit Anm. *Heinrich* GewArch. 1971, 270).

34e **Lärm durch Küche.** Auflagen sind auch gegen Küchenlärm zulässig (*OVG Münster* 22. 3. 1961, GewArch 1961, 162).

34f **Musik.** Die Auflage an den Inhaber eines Jugendlokals, jegliche Musikdarbietungen täglich ab 20.00 Uhr einzustellen und Musikdarbietungen durch Kapellen gänzlich zu unterlassen, ist zulässig, wenn lautstarke musikalische Veranstaltungen stattfinden (*VGH BW* 9. 8. 1972, GewArch 1973, 212). Auch die Anordnung an den Inhaber einer Schankwirtschaft, eine Diskothekenanlage abzubauen, ist grundsätzlich rechtmäßig (*VGH BW* 28. 5. 1973, GewArch 1974, 310). Die Auflage für eine Diskothek, ab 22.00 Uhr Musikdarbietungen zu unterlassen, stellt einen schweren Eingriff in diese Betriebsart dar. Er setzt voraus, dass hinreichend verlässliche Feststellungen über erhebliche Nachbarbelästigungen gegeben sind (*HessVGH* 9. 6. 1978, GewArch 1979, 24). Werden durch Musikinstrumente oder Tonwiedergabegeräte die Nachbarn einer Gastwirtschaft in ihrer Ruhe erheblich gestört, so kann der Inhaber der Gaststätte angewiesen werden, die Lautstärke der Musikinstrumente derart zu beschränken, dass die Nachbarn nicht mehr gestört werden. Eine solche Auflage ist inhaltlich nicht unbestimmt (*OLG Koblenz* 12. 10. 1983, GewArch 1983, 98 f.).

34g **Ventilatoren.** Gegen Ventilatorenlärm sind Auflagen zulässig (*OVG NRW* 22. 3. 1961, GewArch 1961, 162).

e) Weitere Gründe für Auflagen nach Abs. 1 Nr. 3

Neben der Lärmbekämpfung kommen Auflagen nach § 5 Abs. 1 Nr. 3 GastG u.a. in **folgenden weiteren Fällen** in Betracht bzw. scheiden aus: 35

Allgemeinheit. Dem Schutz der Allgemeinheit gegen erhebliche Nachteile dient die Auflage an den Wirt, die beschäftigten Personen zur **Sozialversicherung** anzuzeigen (*VGH BW* 7. 2. 1973, GewArch 1973, 214). 35a

Ausbeutung. Die Auflage, die Vorhänge von Separees zu entfernen oder so zu befestigen, dass die Nischen nicht mehr geschlossen werden können und jederzeit voll einsehbar sind, soll zum Schutz der Gäste gegen Ausbeutung und Gefahren für Leben und Gesundheit rechtmäßig sein (*VG Münster* 21. 12. 1979, GewArch 1980, 276 f.; zw). 35b

Besucherzahl. Geben die konkreten Umstände eines Gaststättenbetriebs Anlass zu der Besorgnis, es könne zu einer Überfüllung des Gastraums und dadurch zu Gefahren für Leben oder Gesundheit der Gäste und Beschäftigten kommen, so kann unter Beachtung des Grundsatzes der Verhältnismäßigkeit die Besucherzahl durch Auflage angemessen beschränkt werden (*BVerwG* 22. 2. 1990, GewArch 1990, 179 f.; *VG Saarland* 11. 6. 2001, GewArch 2002, 299, 300 ff., mit einer ausführlichen Darlegung der richtigen Methode zur Bestimmungen der zulässigen Besucherzahl). Diese Auflage kann auch auf § 5 Abs. 1 Nr. 1 GastG gestützt werden (vgl. dazu oben Rn. 28). 35c

Einweggeschirr. Die Entstehung vermeidbarer Abfälle, wie von gebrauchtem Einweggeschirr und Einwegbesteck, kann grundsätzlich nicht als schädliche Umwelteinwirkung oder als erheblicher Nachteil für die Allgemeinheit i.S.d. § 5 Abs. 1 Nr. 3 GastG und des § 3 BImSchG angesehen werden (*VGH BW* 26. 10. 1993, NVwZ 1994, 919 f. = BWGZ 1994, 233, NJW 1994, 3117, nur Ls.; *VG Stuttgart* 12. 7. 1993, GewArch 1993, 42 f.; *Metzner* § 5 Rn. 48; *v. Ebner* UPR 1992, 141). Etwas anderes gilt aber, wenn die Umge- 35d bung einer Gaststätte konkret durch Abfälle beeinträchtigt wird (*OVG Schleswig-Holstein* 12. 8. 1994, GewArch 1994, 493, 494; *Czybulka/Biermann* JuS 2000, 353, 359 m. w. N.; vgl. auch *VG Kassel* 19. 9. 1991, UPR 1992, 159 f.).

35e **Gerüche.** Maßnahmen gegen lästige Gerüche sind möglich (*OVG NRW* 22. 3. 1961, GewArch 1961, 162). Vgl. zum Schutz gegen Gerüche auch die Ausführungen in § 4 Rn. 139–141.

35f **Portier.** Die Werbetätigkeit eines Portiers von Vergnügungslokalen außerhalb eines bestimmten Bereichs vor dem Lokaleingang soll unterbunden werden können (*OVG Hamburg* 5. 11. 1963, GewArch 1964, 111, **zw**).

35g **Prostitution.** Einem Gastwirt kann die Auflage gemacht werden, Prostitution im Umfeld seines Betriebs zu verhindern. Sowohl Gäste wie auch Gaststättenpersonal bedürfen des Schutzes (*VG Regensburg* 13. 4. 1981, GewArch. 1982, 32 f.). Seit In-Kraft-Treten des **ProstG** sind allerdings die **Umstände des Einzelfalls** zu prüfen. Allein der Umstand, dass Prostitution in der Nähe einer Gaststätte ausgeübt wird, dürfte nunmehr für den Erlass einer Auflage nicht ausreichen (vgl. dazu eingehend § 4 Rn. 51 ff.).

35h **Zugänglichkeit.** Vgl. zur in der Rspr umstrittenen Rechtmäßigkeit einer Auflage zur Durchsetzung des ständigen Offenhaltens der Gaststätte die Ausführungen in § 4 Rn. 206 e m. w. N.

f) Sonstige Voraussetzungen

36 Die Auflagen oder Anordnungen müssen notwendig sein. Der Inhaber der Gaststätte darf nicht stärker belastet werden, als dies nach Lage des Falls zur Wahrung der in § 5 GastG geschützten Belange **erforderlich** ist (*BVerwG* 30. 4. 1965, GewArch 1965, 250). Ihre Erfüllung darf **nicht unmöglich** sein. Sie müssen zu dem mit ihnen verfolgten Zweck **geeignet** sein. Sie dürfen **nicht außer Verhältnis** zum angestrebten Erfolg stehen (Zweck-Mittel-Relation [Verhältnismäßigkeit im engeren Sinn]). Ggf. ist der Schutz durch andere Maßnahmen sicherzustellen. Beispielsweise ist bei einer Auflage an den Gastwirt, „dafür Vorsorge zu treffen, dass auf der Verkehrs-

fläche in unmittelbarer Nähe des Lokals keine Fahrräder, Mopeds und Fahrzeuge jeglicher Art durch Besucher der Gaststätte abgestellt werden", die Zumutbarkeit der vom Betroffenen erwarteten Vorsorgemaßnahmen im Einzelfall genau zu prüfen (*OLG Hamm* 27. 5. 1974, GewArch 1974, 308). Die Auflage, einen **Ordner** vor der Gaststätte zur Verhinderung von Ruhestörungen einzusetzen, kann geeignet und zumutbar sein (**aA** *BayVGH* 16. 3. 1981, BayVBl. 1982, 53 f.).

Die Auflagen oder Anordnungen müssen so **bestimmt** sein, dass 37 der Gewerbebetreibende aus ihrem Wortlaut sicher und klar erkennen kann, was gefordert wird (etwa Begrenzung der Geräuschimmissionen auf einen bestimmten Lautstärkewert, *BVerwG* 5. 11. 1968, GewArch 1969, 83; vgl. auch *VGH BW* 16. 7. 1969, GewArch 1970, 159). Für die Auflagen und Anordnungen gelten in Bezug auf den Grundsatz der Bestimmtheit die **§ 37 Abs. 1 VwVfG** entsprechenden Landesvorschriften (*Kopp/Ramsauer* § 36 Rn. 10). Zur Bestimmtheit einer Nebenbestimmung vgl. zudem § 3 Rn. 56 sowie *Michel/Kienzle* § 5 Rn. 25.

Die **Form der Auflagen und Anordnungen** ist nicht gesondert 38 vorgeschrieben, sondern ergibt sich aus den Vorschriften, die für den Hauptverwaltungsakt gelten (*Kopp/Ramsauer* § 36 Rn. 10). Es gilt daher ebenso wie für die Erlaubnis das Erfordernis der **Schriftform** (vgl. § 3 Rn. 89).

7. Ermessen

a) Allgemeines

Der Erlass einer Auflage nach Abs. 1 oder einer Anordnung nach 39 Abs. 2 steht im **Ermessen** der Gaststättenbehörde („können"). Ist die Behörde durch das Gesetz ermächtigt, nach ihrem Ermessen zu handeln, hat sie nach der **§ 40 VwVfG** entsprechenden Landesregelung ihr Ermessen entsprechend dem Zweck der Ermächtigung auszuüben und die gesetzlichen Grenzen des Ermessens einzuhalten. Der Antragsteller oder Adressat der Auflage/Anordnung hat einen **Anspruch auf pflichtgemäße, fehlerfreie Ausübung des**

§ 5 Auflagen

Ermessens (*Bull* Rn. 405). Die eigentliche Betätigung des Ermessens besteht in der **Berücksichtigung aller für den jeweiligen Einzelfall relevanten Gesichtspunkte** und der **Abwägung** dieser Gesichtspunkte (Für und Wider) gegen- und untereinander (vgl. *Kopp/Ramsauer* § 40 Rn. 52; *Bull* Rn. 406). Aus § 40 VwVfG folgt, dass die Gaststättenbehörde bei der Ermittlung der für den jeweiligen Einzelfall zu ermittelnden Gesichtspunkte und der anschließenden Abwägung solche Punkte nicht berücksichtigen darf, die dem Zweck des § 5 Abs. 1, 2 GastG zuwiderliefen. Ansonsten würde es sich um **zweckwidrige Erwägungen** handeln.

Beispiel für zweckwidrige Überlegungen:

Eine Gaststättenbehörde erlässt eine auf § 5 Abs. 1 Nr. 3 GastG gestützte Auflage des Inhalts, dass der Betreiber einer erlaubten Gaststätte sonntags in den Gaststättenräumen keine Musik mehr spielen darf. Sie begründet ihre Entscheidung damit, dass am Sonntag ein Tag der Ruhe und Entspannung sei und die Gäste einen Anspruch darauf hätten, an diesem Tag von moderner und wenig ernsthafter Unterhaltungsmusik verschont zu bleiben. Diese Überlegungen der Gaststättenbehörde haben keinerlei Bezug zum GastR und laufen daher dem mit § 5 Abs. 1, 2 GastG verfolgten Zweck (vgl. dazu oben Rn. 2) in jedem Fall zuwider.

40 Für den Erlass von Auflagen gelten darüber hinaus die **§ 36 Abs. 3 VwVfG** entsprechenden Landesregelungen, wonach eine Nebenbestimmung **nicht den Zwecken** des Hauptverwaltungsakts (hier der **Gaststättenerlaubnis**) **zuwiderlaufen** darf.

41 Gem. § 39 Abs. 2 S. 3 VwVfG soll die Begründung von Ermessensentscheidungen auch die Gesichtspunkte erkennen lassen, von denen die Behörde bei der Ausübung ihres Ermessens ausgegangen ist. Es sind die für die **Abwägung und deren Ergebnis** maßgebenden Erwägungen (vgl. oben Rn. 39) anzugeben. Die Begründung muss substantiiert, schlüssig und nachvollziehbar sein (*Kopp/Ramsauer* § 39 Rn. 25 m. w. N.). Die **Verfügung** der Gaststättenbehörde zum Erlass einer Auflage oder Anordnung auf der Grundlage des § 5 GastG **muss daher entsprechende Erwägungen erkennen lassen** (*VG München* 28. 2. 1978, GewArch 1978, 291).

b) Art des Ermessens

Durch § 5 Abs. 1, 2 GastG wird der Gaststättenbehörde in **zweifacher Hinsicht ein Ermessen** eingeräumt. Zunächst hat die Gaststättenbehörde zu prüfen, ob überhaupt der Erlass einer Auflage oder Anordnung erfolgt (**Auflage/Anordnung ja oder nein** [sog. **Entschließungsermessen**]; aA *Czybulka* in: *Schmidt* ÖWiR, § 2 Rn. 197). Ist die Gaststättenbehörde bei ihrer Prüfung zu dem Ergebnis gekommen, dass sie eine Auflage oder Anordnung erlässt, muss sie ihr Ermessen nochmals dahingehend ausüben, welche Auflage oder Anordnung sie erlässt (**Art und Inhalt der Auflage/ Anordnung** [sog. **Auswahlermessen**]). Allerdings ist das Auswahlermessen durch die in § 5 Abs. 1 Nr. 1 bis 3 GastG vorgegebenen Tatbestände eingeschränkt. Nur wenn diese erfüllt sind, kommt der Erlass einer auf § 5 Abs. 1, 2 GastG gestützten Auflage/Anordnung in Betracht. Ansonsten gelten die Einschränkungen der § 36 Abs. 1 VwVfG entsprechenden Landesvorschriften. Mit welcher auf der Grundlage § 5 GastG erlassenen Auflage/Anordnung die Gaststättenbehörde den vom Gaststättenbetrieb ausgehenden Problemen begegnet, bleibt ihrer Entscheidung überlassen, wobei bei beiden Entscheidungen das Ermessen von der Gaststättenbehörde ordnungsgemäß auszuüben ist. Die tragenden Ermessenserwägungen sind in der schriftlichen Verfügung wiederzugeben (vgl. oben Rn. 39).

42

Praxishinweis: Bei der Entscheidung über Auflagen oder Anordnungen nach § 5 GastG ist es besonders wichtig, alle Beteiligten (Gaststättenbetreiber und die von § 5 Abs. 1 Nr. 1 bis 3 GastG erfassten Personen) von Anfang an in die Entscheidungsfindung einzubinden. Erst dies ermöglicht es der Gaststättenbehörde, die für ihre Entscheidung wesentlichen Gesichtspunkte zu erkennen und richtig zu gewichten. Dabei ist in aller Regel das **persönliche Gespräch** dem schriftlichen Verfahren **vorzuziehen**, weil sich oftmals im persönlichen Gespräch Stimmungen und Wünsche der Parteien besser erfassen und bewältigen lassen. Vor Erlass der abschließenden Entscheidung sind allerdings die Formalien des Verwaltungsverfahrens (vgl. dazu nachfolgend Rn. 49 f.) einzuhalten.

§ 5 Auflagen

c) Reduzierung auf Null

43 Das **Ermessen** der Gaststättenbehörde kann **auf Null reduziert** sein (*BayVGH* 20. 4. 1995, BayVBl. 1995, 465, 467 = GewArch 1995, 253, 255; *Schwab* in: *Aßfalg/Lehle/Rapp/Schwab* § 5 GastG Rn. 3; *Czybulka* in: *Schmidt* ÖWiR, § 2 Rn. 197), was bedeutet, dass die Gaststättenbehörde innerhalb des ihr zustehenden Ermessensrahmens **nur eine einzige Entscheidung** treffen kann, die **frei von Ermessensfehlern** ist. Dabei kommt dem gefährdeten Rechtsgut und dem Ausmaß oder der Schwere der Störung oder Gefährdung eine maßgebende Bedeutung zu (vgl. dazu grundlegend *BVerwG* 18. 10. 1960, BVerwGE 11, 95, 97 [zum Ermessen beim Einschreiten gegen baurechtswidrige Zustände]; 13. 1. 1961, NJW 1961, 1129 f. mit Anm. *Buhrmann* NJW 1961, 1097; *Pauly* in: *Robinski* Rn. N/102). Die Reduzierung des Ermessens auf Null ist insbesondere bei **Immissionen i. S. d. § 5 Abs. 1 Nr. 3 GastG** bedeutsam (*Stober* BWiVwR, § 47 II 4). Wenn diese besonders schwerwiegend sind und die Gesundheit der Bewohner, Nachbarn oder der Allgemeinheit daher erheblich gefährden oder bereits beeinträchtigen (im Sinne einer Störung), muss die Gaststättenbehörde ihr Ermessen dahingehend ausüben, dass sie einschreitet und die erforderlichen und geeigneten Maßnahmen umgehend ergreift. Die Gaststättenbehörde ist **verpflichtet**, in Ausübung ihres pflichtgemäßen Ermessens entsprechende Auflagen oder Anordnungen zu treffen, wo und wie dies zum Schutz der in Nr. 1 bis 3 Genannten gegen die dort erwähnten Nachteile, Gefahren oder Belästigungen erforderlich ist (*BGH* 23. 2. 1959, NJW 1959, 767 = GewArch 1959, 60; *BVerwG* 30. 4. 1965, GewArch 1965, 250). Insoweit ist das **Entschließungsermessen auf Null reduziert** und es besteht lediglich noch ein Auswahlermessen (*BGH* aaO).

d) Gesichtspunkte der Ermessensentscheidung

44 Die von der Gaststättenbehörde bei ihrer Ermessensentscheidung zu berücksichtigenden Einzelbelange können mannigfaltig sein. Entscheidend sind die jeweiligen **Besonderheiten des Einzelfalls**. Die Belange des durch § 5 Abs. 1 Nr. 1 bis 3 GastG geschützten

Personenkreises und des von einer Auflage/Anordnung betroffenen Gaststättenbetreibers sind gegenüber zu stellen und abzuwägen. Dabei ist die mit § 5 GastG verfolgte **gesetzliche Intention stets zu beachten**. Aus dieser folgt, dass dem Schutz der von § 5 Abs. 1 Nr. 1 bis 3 GastG erfassten Personen eine besondere Bedeutung zukommt und daher in aller Regel **nur besonders schwerwiegende Interessen des Gaststättenbetreibers** gegen den Erlass schützender Auflagen oder Anordnungen sprechen können.

Mögliche oder unzulässige Ermessensgesichtspunkte:

- **Bestandsschutz**: Diese Frage ist ohne Bedeutung, weil der Bestandsschutz durch § 5 GastG in zulässiger Weise eingeschränkt wird (vgl. dazu oben Rn. 17).
- **Empfindlichkeit**: Insbesondere Lärm- und Geruchsimmissionen werden von Menschen sehr unterschiedlich empfunden. Während der eine Mensch lautere Pop- und Rockmusik als völlig normal einordnet, fühlen sich andere Menschen hierdurch erheblich gestört. Besondere Empfindlichkeiten dürfen bei der Ermessensentscheidung grundsätzlich keine Rolle spielen. Es ist ein objektiver, einzelfallorientierter Maßstab anzulegen.
- **Erfüllbarkeit**: Die von der Gaststättenbehörde erlassene Auflage/Anordnung muss tatsächlich erfüllbar sein (*HessVGH* 4. 4. 1963, DVBl. 1963, 821); vgl. dazu auch Stichwort „zivilrechtliche Hindernisse".
- **Gaststättenbetrieb** ist **erlaubt**: Dieser Belang spielt keine Rolle, weil der Gesetzgeber § 5 Abs. 1 GastG ausdrücklich auf bereits erlaubte Betriebe erstreckt und auch nachträgliche Auflagen zulässt. Bei der Intensität des Eingriffs kann aber die **Dauer des** bereits erlaubten und störungsfreien **Betriebs** eine Bedeutung haben; allerdings kann hierdurch der Schutz der von § 5 Abs. 1 Nr. 1 bis 3 GastG erfassten Personen nicht ausgehebelt werden.
- **Wirtschaftliche Leistungsfähigkeit**: Diese kann sich grundsätzlich nicht zugunsten des Gaststättenbetreibers auswirken. Die wirtschaftliche Leistungsfähigkeit kann die Gaststättenbehörde aber zwingen, zwischen mehreren möglichen und jeder für sich zum Schutz der von § 5 Abs. 1 Nr. 1 bis 3 GastG erfassten Personen ausreichenden Maß-

§ 5 Auflagen

nahmen diejenige zu ergreifen, die für den Gaststättenbetreiber wirtschaftlich am wenigsten belastend ist.
- **Zivilrechtliche Hindernisse**: Solche sind von der Gaststättenbehörde bei ihrer Entscheidung grundsätzlich nicht zu beachten, weil der Schutz der von § 5 Abs. 1 Nr. 1 bis 3 GastG erfassten Personen in der Regel Vorrang hat. Ist der Gaststättenbetreiber nur Pächter der Gaststätte, kann im Einzelfall gegenüber dem Eigentümer des Gebäudes, in dem sich die Gaststättenräume befinden, der Erlass einer auf das allgemeine Polizeirecht gestützten Duldungsanordnung in Betracht kommen (*VGH BW* 19. 4. 1982, VBlBW 1982, 405; **aA** *Metzner* § 5 Rn. 66). Voraussetzung einer Duldungsanordnung ist die Erforderlichkeit zum Schutz nach § 5 GastG.
- **Zuzug als Nachbar**: Für § 5 GastG ist es ohne Bedeutung, ob der von Immissionen betroffene Nachbar erst nach Erlaubnis eines Gaststättenbetriebs und damit in möglicher Kenntnis dieser Immissionen zuzieht (vgl. zur einschränkenden Handhabung im Zivilrecht *BGH* 6. 7. 2001, DVBl. 2001, 1837 = DÖV 2001, 33).

e) Selbstbindung der Verwaltung

46 Aus dem **Gleichheitsgrundsatz** des Art. 3 Abs. 1 GG folgt, dass die Gaststättenbehörde verpflichtet ist, gleichgelagerte Fälle auch gleich zu behandeln. Dies kann bei der Ermessensausübung zu einer **Selbstbindung der Verwaltung** führen.

Beispiel für eine denkbare Selbstbindung:

Die Gaststättenbehörde prüft den von einem Nachbar der Gaststätte X geltend gemachten Anspruch, dass der Betreiber der Gaststätte X ab 22.00 Uhr die Musik nicht mehr über eine bestimmte Lautstärke hinaus spielen darf. Die Gaststättenbehörde lehnt dies ab. Dagegen wird der in derselben Entfernung zum Nachbarn gelegenen Gaststätte Y ein halbes Jahr später eine Auflage gemacht, die Musik ab 22.00 Uhr nicht lauter als 60 Dezibel zu spielen. Sachliche Gründe für die Differenzierung gibt die Gaststättenbehörde nicht an. Diese Ungleichbehandlung ist grundsätzlich nicht rechtmäßig. Die Gaststättenbehörde ist an ihre bei der Gaststätte X begründete Verwaltungspraxis gebunden. Etwas anderes gilt aber dann, wenn sich inzwischen die der ersten Entscheidung zugrunde liegenden Tatsachen geändert haben oder wenn bei der Gaststätte Y Besonderheiten vorliegen, etwa weil die Schallisolierung dieser Gaststätte schlechter ist.

f) Verhältnismäßigkeit

Dem **Grundsatz der Verhältnismäßigkeit** kommt bei der Ermessensentscheidung der Gaststättenbehörde im Rahmen des § 5 GastG eine besondere Bedeutung zu (*Czybulka* in: *Schmidt* ÖWiR, § 2 Rn. 197; vgl. dazu bereits oben Rn. 17). Die Gaststättenbehörde muss bei ihrer Entscheidung prüfen, ob diese **erforderlich, geeignet** und das vorgesehene Mittel **dem Zweck angemessen** ist. 47

g) Amtspflicht

Die der Gaststättenbehörde bei der Ermessensausübung obliegenden Pflichten sind **Amtspflichten** i. S. d. § 839 BGB, Art. 34 GG, die den Mitarbeitern der Gaststättenbehörde (Angestellter und Beamter) gegenüber den von § 5 Abs. 1 Nr. 1 bis 3 GastG erfassten Personen obliegen (*BGH* 23. 2. 1959, NJW 1959, 767, 768 = GewArch 1959, 60). 48

8. Verwaltungsverfahren, Rechtsschutz

a) Verwaltungsverfahren

Auflagen und Anordnungen stellen gegenüber dem Gaststättenbetreiber **belastende Verwaltungsmaßnahmen** dar. Die **Auflage** wird von der überwiegenden Auffassung als neben dem Hauptverwaltungsakt **selbstständiger**, aber streng akzessorischer **VA** angesehen (vgl. dazu § 3 Rn. 65). Die **Anordnung** ist ein von der Erlaubnis zu trennender, ebenfalls **selbstständiger VA**. 49

Für das **Verwaltungsverfahren beim Erlass von Auflagen nach** § 5 GastG gelten die für den Erlass der Erlaubnis geltenden Anforderungen entsprechend (*Kopp/Ramsauer* § 36 Rn. 10). Insofern kann auf die diesbezüglichen Ausführungen in § 2 Rn. 30 ff. verwiesen werden. Es gilt daher: Vor Erlass der Auflage ist der Gaststättenbetreiber als Adressat **anzuhören** (§ 28 VwVfG; vgl. dazu § 2 Rn. 35). Für die Auflage gilt ebenso wie für den eigentlichen 50

§ 5 Auflagen

VA das **Schriftformerfordernis** des § 3 Abs. 1 S. 2 GastG (vgl. dazu § 2 Rn. 36, § 3 Rn. 5 f. sowie oben Rn. 38). Die Auflage ist hinreichend **bestimmt** zu formulieren (§ 37 Abs. 2 VwVfG; vgl. dazu § 2 Rn. 38 sowie speziell in Bezug auf Nebenbestimmungen *BVerwG* 26. 1. 1990, NVwZ 1990, 856). Schließlich ist auch der Erlass der Auflage zu **begründen** (§ 39 Abs. 1 VwVfG; vgl. dazu § 2 Rn. 36, § 3 Rn. 11 sowie speziell in Bezug auf Nebenbestimmungen *OVG Lüneburg* 16. 2. 1989, NVwZ 1989, 1180).

51 Beim Erlass einer **Anordnung** gilt für das Verfahren im Grundsatz nichts anderes als für den Erlass einer Auflage. Es gelten daher die Ausführungen zuvor in Rn. 50 sowie die Ausführungen zum Verwaltungsverfahren bei der Ablehnung des Erlaubnisantrags in § 2 Rn. 35, 38–40 entsprechend.

b) Rechtsschutz des Gaststättenbetreibers

52 Der Gaststättenbetreiber kann den Erlass einer **Auflage** ebenso wie jede andere Nebenbestimmung **anfechten**. Es gelten die diesbezüglichen Ausführungen in § 3 Rn. 90–95 entsprechend. Für den **Rechtsschutz gegen die Anordnung** nach § 5 Abs. 2 GastG gelten die Ausführungen in § 2 Rn. 51 ff. entsprechend. Zum **gerichtlichen Eilschutz** vgl. die Ausführungen in § 2 Rn. 88, 90.

c) Nachbarschutz

53 § 5 Abs. 1 Nr. 3 GastG ist **nachbarschützend** (vgl. statt vieler etwa *BVerwG* 7. 5. 1996, BVerwGE 101, 157; NVwZ 1997, 276, DVBl. 1996, 1192, DÖV 1997, 253, BayVBl. 1996, 732, NJ 1997, 96, NJW 1997, 1720, nur Ls.; *BayVGH* 20. 4. 1995, BayVBl. 1995, 465, 467; *Happ* in: *Eyermann* § 42 Rn. 113; *Kopp/Schenke* § 42 Rn. 108; *Metzner* § 4 Rn. 337, 348, § 5 Rn. 78; *Ambs* in: *Erbs/Kohlhaas* § 5 GastG Rn. 14; *Steinberg* DÖV 1991, 354, 362; *Heinrich* GewArch 1975, 1, 5 u. DVBl. 1966, 425, 430 ff.; **aA** noch *v. Ebner* GewArch 1975, 108, 110). Die von Immissionen betroffenen Nachbarn haben einen Anspruch auf ermessensfehlerfreie Entscheidung der Gaststättenbehörde über den Erlass von Auflagen (*BayVGH* aaO). Zu den **Einzelheiten des Nachbarschutzes** vgl. die ausführliche Darstellung in § 2 Rn. 77–97.

Auflagen § 5

Da § 5 Abs. 1 Nr. 3 GastG nachbarschützend ist, kann der betroffe- 54
ne Nachbar den Erlass einer Auflage durch **Antrag bei der Behörde** und bei dessen Ablehnung durch **Widerspruch** und anschließende **Verpflichtungsklage** durchsetzen (vgl. dazu *BVerwG* 13. 1. 1961, BVerwGE 11, 331, 333 = GewArch 1961, 60 [zur Anfechtungsklage]; *Metzner* § 5 Rn. 78).

d) Durchsetzung der Auflage/Anordnung

Bei Nichtbeachtung durch den Gaststättenbetreiber können Aufla- 55
gen oder Anordnungen durch **Verwaltungszwang** durchgesetzt werden (vgl. dazu § 2 Rn. 46, 48). Darüber hinaus sieht **§ 15 Abs. 3 Nr. 2 GastG** bei Nichterfüllung von Auflagen und Ablauf einer abschließenden Frist den **Widerruf der Gaststättenerlaubnis** vor (vgl. dazu im Einzelnen § 15 Rn. 36). Schließlich kann bei Nichtbeachtung einer Anordnung der **Gaststättenbetrieb** gem. § 31 GastG i.V.m. § 15 GewO **untersagt** werden (vgl. dazu § 2 Rn. 46–48). Zur **Ordnungswidrigkeit** vgl. sogleich Rn. 56.

9. Ordnungswidrigkeiten

Wer vorsätzlich oder fahrlässig einer Auflage oder Anordnung 56
nach § 5 GastG nicht, nicht vollständig oder nicht rechtzeitig nachkommt, begeht eine **Ordnungswidrigkeit nach § 28 Abs. 1 Nr. 2 GastG**. Zur Verantwortlichkeit des Gaststättenbetreibers für Auflagenverstöße durch seinen **Vertreter während** der **Urlaubsabwesenheit** vgl. *OLG Köln* 6. 12. 1996, GewArch 1997, 379 f.

§ 6 Ausschank alkoholfreier Getränke

Ist der Ausschank alkoholischer Getränke gestattet, so sind auf Verlangen auch alkoholfreie Getränke zum Verzehr an Ort und Stelle zu verabreichen. Davon ist mindestens ein alkoholfreies Getränk nicht teurer zu verabreichen als das billigste alkoholische Getränk. Der Preisvergleich erfolgt hierbei auch auf der Grundlage des hochgerechneten Preises für einen Liter der betreffenden Getränke. Die Erlaubnisbehörde kann für den Ausschank aus Automaten Ausnahmen zulassen.

Inhaltsübersicht

	Rn.		Rn.
1. Fassung, Materialien, Literatur		– Umgehung	10
		– Verzehr an Ort und Stelle	11
a) Fassung	1	– Anzahl der Getränke	12
b) Materialien zur geltenden Fassung	1a	– Ausreichende Menge	13
		c) Preis für alkoholfreie Getränke	
c) Weiterführende Literatur	1b	– Zweck	14
2. Allgemeines		– Inhalt	15
– Zweck der Vorschrift	2, 3	d) Berechnungsmethode (Satz 3)	
– Umsetzung in der Praxis	4	– Zweck	16
– Weitere Regelungen im GastG	5	– Berechnung	17
3. Verfassungsrecht	6	– Unberechtigte Kritik	18
4. Alkoholfreie Getränke (S. 1 bis 3)		– Umgehung	19
a) Allgemeines		*5. Ausnahme für Automaten (Satz 4)*	20
– Erlaubnis	7		
– Straußwirtschaft	8	*6. Durchsetzung*	21
– Alkohol	9	*7. Ordnungswidrigkeiten*	22
b) Pflichten des Gaststättenbetreibers			

Ausschank alkoholfreier Getränke § 6

1. Fassung, Materialien, Literatur

a) Fassung

Die Vorschrift in der ursprünglichen Fassung des GastG vom 5. 5. 1970 (BGBl. I S. 465), nunmehr in der Form der Bekanntmachung der Neufassung des GastG vom 20. 11. 1998 (BGBl. I S. 3418), wurde wie folgt geändert: Durch Art. 3 Nr. 1 des Gesetzes zur Änderung der Gewerbeordnung und sonstiger gewerberechtlicher Vorschriften vom 23. 11. 1994 (BGBl. I S. 3475, 3484) wurde nach Satz 1 ein neuer Satz 2 eingefügt. Durch Art. 1 des Gesetzes zur Änderung des Gaststättengesetzes und der Gewerbeordnung vom 13. 12. 2001 (BGBl. I S. 3584) wurde der zweite Satz durch zwei neue Sätze ersetzt.

1

b) Materialien zur geltenden Fassung

GastG vom 5. 5. 1970: Gesetzentwurf der BReg, BT-Ds V/205, S. 4, 15; Stellungnahme des BR, BT-Ds V/205, S. 24; Gegenäußerung der BReg, BT-Ds V/205, S. 31; Bericht und Beschluss des Ausschusses für Wirtschaft und Mittelstandsfragen (15. Ausschuss), BT-Ds V/1652, S. 5, 13; Bericht des Rechtsausschusses (12. Ausschuss), BT-Ds V/3623, S. 3, 13; Zweiter schriftlicher Bericht des Ausschusses für Wirtschaft und Mittelstandsfragen (15. Ausschuss), BT-Ds V/4380, S. 2, 7;
Änderung vom 23. 11. 1994: Gesetzentwurf der BReg, BT-Ds 12/5826, S. 12, 22;
Änderung vom 13. 12. 2001: Gesetzentwurf von Abgeordneten der BT-Fraktion der SPD und der Fraktion Bündnis 90/Die Grünen, BT-Ds 14/4937, S. 3 f.; BT-Plenarprotokoll 14/146, S. 14365 B – 14372 D.

1a

c) Weiterführende Literatur

v. Ebner Glosse: Das „Apfelsaftgesetz" – ein Musterbeispiel für den Beruf unserer Zeit zur Gesetzgebung?, GewArch 1995, 1–13; *Fuchs* Sitzung des Bund-Länder-Ausschusses Gewerberecht, GewArch 1999, 369–372; *Gaisbauer* Die Rechtsprechung zum neuen Gaststättenrecht bis 1972, GewArch 1974, 48–52; *Marcks* Gesetz zur Änderung der Ge-

1b

§ 6 Ausschank alkoholfreier Getränke

werbeordnung und sonstiger gewerberechtlicher Vorschriften, GewArch 1994, 444–447.

2. Allgemeines

a) Zweck der Vorschrift

2 § 6 GastG soll zugunsten der Gäste einer Gaststätte sicherstellen, dass stets nicht nur alkoholische, sondern auch alkoholfreie Getränke angeboten und ausgeschenkt werden (BT-Ds V/205, S. 15). Die Vorschrift dient damit in ihrer ursprünglichen Fassung in erster Linie den **Interessen des Gastes**, daneben aber auch der **Verkehrssicherheit** (BT-Ds V/1652, S. 5):

"Die Vorschrift ist im Interesse des Gastes erforderlich. Er soll nicht veranlaßt werden, ein alkoholisches Getränk zu bestellen, obwohl er aus bestimmten Gründen nur alkoholfreie Getränke trinken will. Die Vorschrift dient auch dem Interesse der Verkehrssicherheit."

3 Der zweite Satz wurde im Jahr 1994 (vgl. oben Rn. 1, 1a) in § 6 GastG eingefügt (zur Entstehungsgeschichte vgl. *v. Ebner* GewArch 1995, 1, 5; zur kontroversen Auseinandersetzung um die Änderung vgl. *Marcks* GewArch 1994, 444, 447). Der Gesetzgeber hat anlässlich dieser Ergänzung deutlich gemacht, dass § 6 GastG der **Bekämpfung des Alkoholmissbrauchs** vor allem im Interesse der Verkehrssicherheit dient. Vor allem **Jugendliche** sollen geschützt werden (BT-Ds 12/5826, S. 22; *Pauly* in: *Robinski* Rn. N/124). Der **Zweck des Jugendschutzes** wurde auch anlässlich der Änderung des Jahres 2001 (vgl. oben Rn. 1, 1a) nochmals betont (vgl. BT-Plenarprotokoll 14/146, S. 14365 C).

b) Umsetzung in der Praxis

4 § 6 GastG wird in der Praxis von den Gaststättenbetreibern vielfach **umgangen** (vgl. dazu etwa BT-Ds 14/4937, S. 4; BT-Plenarprotokoll 14/146, S. 14365 C) oder schlicht **missachtet**. So hat etwa eine im Jahr 2002 in Berlin im Auftrag des Berliner Drogenbeauftragten durchgeführte Stichprobe ergeben, dass in 60 Prozent der Gaststätten das billigste Getränk hochgerechnet auf einen Liter

Ausschank alkoholfreier Getränke § 6

alkoholhaltig war (Quelle: test [Zeitschrift der Stiftung Warentest], Ausgabe 10/2002, S. 61).

c) Weitere Regelungen im GastG

Zur **Befugnis der Abgabe alkoholfreier Getränke** vgl. § 3 Rn. 76 f. Gem. **§ 20 Nr. 4 GastG** ist es allgemein verboten, das Verabreichen alkoholfreier Getränke von der Bestellung alkoholischer Getränke abhängig zu machen oder bei der Nichtbestellung alkoholischer Getränke die Preise zu erhöhen (vgl. dazu § 20 Rn. 16–23). § 6 GastG findet auch bei **Vereinen** und **Gesellschaften** Anwendung, die kein Gewerbe betreiben und in ihren Vereinsräumen Alkohol ausschenken (vgl. dazu **§ 23 Abs. 2 S. 1 GastG**).

3. Verfassungsrecht

Angesichts der durch § 6 GastG **geschützten hochrangigen Rechtsgüter**, vor allem des Schutzes der Gesundheit der Gäste, des Jugendschutzes und des Schutzes der Allgemeinheit durch die bezweckte Verkehrssicherheit, bestehen gegen die Vorschrift **keine** durchgreifenden **verfassungsrechtlichen Bedenken** (wie hier *Metzner* § 6 Rn. 18 m. w. N.; *v. Ebner* GewArch 1995, 1, 11).

4. Alkoholfreie Getränke (S. 1 bis 3)

a) Anwendungsbereich

Für den Schankwirt besteht die Verpflichtung ohne Rücksicht darauf, ob der Ausschank alkoholischer Getränke durch eine Erlaubnis nach §§ 1, 11 oder 12 GastG oder unmittelbar aufgrund des GastG gestattet ist. § 6 GastG gilt also auch für das **erlaubnisfreie Gaststättengewerbe**. Auf die Fälle des § 2 Abs. 2 Nr. 2 GastG findet er nach seinem Zweck allerdings keine Anwendung.

Richtigerweise gilt § 6 GastG auch für **Straußwirtschaften** (*Metzner* § 6 Rn. 6; *Pauly* in: *Robinski* Rn. N/124; *Schwab* in: *Aßfalg/Lehle/Rapp/Schwab* § 6 GastG Rn. 5). Der Schutzzweck der Vorschrift muss auch gelten, wenn der Gaststättenbetrieb vor allem dem Ausschank von Wein und Apfelwein dient. Auch hier besteht das Bedürfnis, alternativ auf alkoholfreie Getränke zurückgreifen

§ 6   Ausschank alkoholfreier Getränke

zu können, etwa wenn Kinder oder Jugendliche ihre Eltern beim Besuch der Straußwirtschaft begleiten oder aus sonstigen Gründen. § 14 GastG gibt keinen Anlass für eine andere Beurteilung. Es ist nicht zu erkennen, dass der Gesetzgeber für die Straußwirtschaften eine Ausnahme machen wollte.

9   **Alkoholische Getränke** sind auch Getränke mit nur geringem Alkoholgehalt. Allerdings werden Getränke, die so geringe Mengen Alkohol enthalten, dass sie auf alkoholempfindliche Menschen wie Kinder keinen feststellbaren Einfluss haben, nicht erfasst (vgl. dazu eingehender § 2 Rn. 19 m. w. N.).

b) Pflichten des Gaststättenbetreibers

10   Die Abgabe alkoholfreier Getränke über die Straße genügt nicht, um die tatbestandlichen Voraussetzungen des § 6 GastG zu erfüllen. Der Gaststättenbetreiber darf einen Gast nicht deshalb abweisen, weil dieser nur alkoholfreie Getränke bestellen will (*BayObLG* 11. 12. 1972, GewArch 1974, 31; vgl. auch *Gaisbauer* GewArch 1974, 48, 50 f.). Die Vorschrift des § 6 GastG darf **nicht umgangen** werden. Daher ist es etwa unzulässig, bestimmte Bereiche der Gaststätte (etwa ein räumlich getrennter Weinkeller oder ein sog. „Weintisch") nur solchen Gästen vorzubehalten, die ausschließlich Alkohol trinken. Dem Gast würde damit – wenn auch nur für Teilbereiche der Gaststätte – der Konsum von Alkohol aufgezwungen, was mit dem Zweck des § 6 GastG nicht zu vereinbaren wäre (wie hier *Metzner* § 6 Rn. 4; *Michel/Kienzle* § 6 Rn. 2; **aA** die *Voraufl.* in § 6 Rn. 3). § 6 S. 1 GastG widerspricht es auch, wenn als alkoholfreies Getränk nur **Leitungswasser** oder ein anderes, nach der Verkehrsauffassung unübliches Getränk, angeboten wird (*Metzner* § 6 Rn. 2; *Michel/Kienzle* § 6 Rn. 2, 3; *Schwab* in: *Aßfalg/Lehle/Rapp/Schwab* § 6 GastG Rn. 3; vgl. dazu auch nachfolgend Rn. 19). Auch über den **Preis** darf der Gast nicht zur Bestellung alkoholischer Getränke gezwungen werden (vgl. auch § 20 Nr. 4 GastG).

11   Die Worte „zum Verzehr an Ort und Stelle" sollen zugunsten des Gaststättenbetreibers verhindern, dass alkoholfreie Getränke **ohne**

Ausschank alkoholfreier Getränke § 6

einen **Verzehr an Ort und Stelle** verabreicht werden müssen (BT-Ds V/205, S. 24). Vgl. zu diesem Begriff eingehend § 1 Rn. 33.

Der Pflicht des § 6 S. 1 GastG wird vom Gaststättenbetreiber bereits genügt, wenn er **ein einziges** mindestens gleich preiswertes **alkoholfreies Getränk** zum Ausschank anbietet und vorhält. Die in § 6 S. 1 GastG verwendete Mehrzahl („alkoholfreie Getränke") und die in § 6 S. 2 GastG enthaltene Formulierung „mindestens" gebieten keine andere Auslegung (ebenso *Metzner* § 6 Rn. 4; *Michel/Kienzle* § 4 Rn. 2; *Schwab* in: *Aßfalg/Lehle/Rapp/Schwab* § 6 GastG Rn. 3). **12**

Tipp: Auch wenn nach der hier und zum GastR allgemein vertretenen Auffassung ein alkoholfreies Getränk ausreicht, um § 6 S. 1 GastG zu genügen, sollte die Gaststättenbehörde darauf hinwirken, dass in jeder Gaststätte (etwa auch in sog. „Biermuseen" oder in „Weinstuben") stets eine ausreichende Anzahl an preiswerten alkoholfreien Getränken angeboten wird. Hierdurch wird der Intention des § 6 GastG angemessener genügt. Im Interesse des Jugendschutzes sollte eine diesbezügliche **Selbstverpflichtung der Gaststättenbetreiber** erfolgen.

Aus § 6 S. 1 GastG und dem dort verwendeten Begriff „verabreichen" folgt, dass die vom Gaststättenbetreiber angebotenen alkoholfreien Getränke in so **ausreichender Menge** vorgehalten werden müssen, dass die übliche Versorgung der Gäste gesichert ist. Nur so kann der vom Gesetzgeber bezweckte Ausschank (vgl. BT-Ds V/205, S. 15) gewährleistet werden. **13**

c) Preis für alkoholfreie Getränke (Satz 2)

§ 6 S. 2 GastG soll im Interesse der von verschiedenen Seiten geforderten Bekämpfung des Alkoholmissbrauchs, vor allem unter dem Gesichtspunkt der Verkehrssicherheit, verhindern, dass insbesondere jugendliche Gaststättenbesucher ein alkoholisches Getränk bestellen, weil es billiger als die angebotenen alkoholfreien Getränke ist, obwohl sie eigentlich lieber ein alkoholfreies Getränk zu sich nehmen würden. Entsprechende Regelungen bestehen bereits in Österreich und in der Schweiz (vgl. BT-Ds 12/5826, S. 22 sowie oben Rn. 3). **14**

§ 6 Ausschank alkoholfreier Getränke

15 Aus § 6 S. 2 GastG folgt, dass der Gaststättenbetreiber die **Preise** für alkoholfreie Getränke **nicht beliebig festsetzen** kann. Damit wird der Gefahr vorgebeugt, dass der Gaststättenbetreiber aus wirtschaftlichen oder sonstigen Zwängen (etwa Pflichten aus dem Bierlieferungsvertrag) den Verkauf von alkoholischen Getränken fördern will, indem er diese Getränke billiger anbietet (wie dies in der Praxis häufig der Fall war und zum Teil leider auch noch ist [vgl. oben Rn. 4]). Der Gaststättenbetreiber muss daher **mindestens ein alkoholfreies Getränk zum selben Preis wie sein billigstes alkoholisches Getränk** anbieten.

Tipp: Auch hier sollte die Gaststättenbehörde darauf hinwirken, dass mehr Getränke als das vom Gesetzgeber geforderte eine Getränk diese Voraussetzungen erfüllen (vgl. dazu oben Rn. 12).

d) Berechnungsmethode (Satz 3)

16 § 6 S. 3 GastG wurde im Jahr 2001 neu eingefügt (vgl. oben Rn. 1, 1a; zur Entstehungsgeschichte vgl. auch *Fuchs* GewArch 1999, 369, 371 f.). Die Ergänzung dient der **Klarstellung**. In der Praxis wurde § 6 S. 2 GastG a. F., der lediglich auf die „gleiche Menge" abstellte, in der Weise umgangen, dass die Preisberechnung auf der Grundlage der Einkaufspreise (handelsübliche Menge) erfolgte, der Verkauf der alkoholfreien Getränke auf der Grundlage der tatsächlich abgegebenen Mengen aber teurer stattfand. Diese Praxis verschiedener Gaststättenbetriebe (BT-Plenarprotokoll 14/146, S. 14365 D: „vornehmlich dazu übergegangen") wurde von der Rspr und der Literatur gebilligt (in diesem Sinn *AG Überlingen* 7. 6. 1997, GewArch 1997, 381; *Michel/Kienzle* § 6 Rn. 3). Durch § 6 S. 3 GastG soll nunmehr verdeutlicht werden, dass sich die vom Gesetzgeber vorgeschriebene Preisrelation zusätzlich auch auf eine gemeinsame Schnittmenge (den Liter) beziehen muss, also zumindest ein alkoholfreies Getränk sowohl von seinem spezifischen als auch seinem absoluten Preis her nicht teurer als das billigste alkoholische sein darf (BT-Ds 14/4937, S. 4).

Rechtspolitische Bewertung: Der Versuch des Gesetzgebers, die in der Praxis übliche Umgehung des § 6 GastG zu unterbinden, ist zu be-

Ausschank alkoholfreier Getränke §6

grüßen. Der Jugendschutz und der Schutz der Verkehrsteilnehmer vor den vom Alkohol ausgehenden erheblichen Gefahren sind von grundlegender Bedeutung. Ihnen muss mit dem erforderlichen Nachdruck zur Durchsetzung verholfen werden. Es ist zu hoffen, dass das Gaststättengewerbe nunmehr der gesetzgeberischen Intention folgen wird, wobei diesbezüglich wegen des auf den Gaststättenbetreibern lastenden wirtschaftlichen Drucks Zweifel bestehen.

Aufgrund des § 6 S. 3 GastG darf bei der Preisberechnung des gleich billigen alkoholfreien Getränks **nicht mehr nur die reale Ausschankmenge verglichen** werden (vgl. auch BT-Plenarprotokoll 14/146, S. 14368 B, S. 14371 A), sondern es muss auch der auf einen Liter hochgerechnete Preis berücksichtigt werden. **17**

Beispiel (nach BT-Plenarprotokoll 14/146, S. 14369 B, 14371 A):

Wenn der Gaststättenbetreiber 0,3 Liter Bier als sein billigstes alkoholisches Getränk und als sein billigstes alkoholfreies Getränk Mineralwasser zum Preis von je 1,60 € anbietet, muss 0,5 Liter Bier mindestens 2,66 € kosten oder bei einem Mengenrabatt müssen 0,5 Liter Mineralwasser ebenso billig wie 0,5 Liter Bier abgegeben werden. Kosten 0,5 Liter Bier als billigstes alkoholisches Getränk dagegen 2,40 €, darf der Preis für das billigste alkoholfreie Getränk bei 0,3 Litern höchstens 1,44 € betragen (Berechnung: 1 Liter Bier kosten 4,80 €, was bei 0,3 Litern 1,44 € entspricht).

Entscheidend ist, dass der Getränkepreis stets (auch) auf die Menge von einem Liter des billigsten alkoholischen Getränks berechnet wird. Ausgehend von diesem Preis ist der Preis für die angebotenen Teilmengen (0,2-, 0,3- oder 0,5-Liter) des billigsten alkoholfreien Getränks zu berechnen. Die ausgegebenen Teilmengen scheiden als alleinige Berechnungsgrundlage nunmehr aus.

Die im Gesetzgebungsverfahren geäußerte Kritik, § 6 S. 3 GastG missachte die betriebswirtschaftliche Kalkulationsgrundlage des Mengenrabatts für Getränke in größeren Darreichungsformen (so BT-Plenarprotokoll 14/146, S. 14367 A), vermag nicht zu überzeugen. Der Gastwirt ist vielmehr gehalten, diese **Mengenrabatte bei den alkoholfreien Getränke an die bei alkoholischen Getränken** **18**

§ 6 Ausschank alkoholfreier Getränke

anzupassen. Entweder muss der Preis für das billigste alkoholische Getränk bei größerer Mengenabgabe erhöht oder der Preis für eine größere Mengenabgabe des billigsten alkoholfreien Getränks gesenkt werden. Im Interesse der mit § 6 GastG verfolgten Schutzzwecke ist dies dem Gaststättenbetreiber zumutbar.

19 Als eine **unzulässige Umgehung** des § 6 S. 2, 3 GastG ist es anzusehen, wenn der Gaststättenbetreiber als einziges gleich billiges alkoholfreies Getränk ein solches anbietet, das in seiner Gaststätte von den Gästen aufgrund der allgemeinen Erfahrungswerte in der Regel nicht nachgefragt wird (so nunmehr ausdrücklich BT-Ds 14/4937, S. 4; BT-Plenarprotokoll 14/146, S. 14367 B; vgl. dazu auch oben Rn. 10).

5. Ausnahme für Automaten (Satz 4)

20 Die Vorschrift dient der „Vermeidung von Schwierigkeiten beim Vollzug des Gesetzes" (BT-Ds V/3623, S. 3). Zum Ausschank aus Automaten vgl. § 1 Rn. 34, § 2 Rn. 22. Die Zulassung von Ausnahmen steht im **pflichtgemäßen Ermessen** der Erlaubnisbehörde.

6. Durchsetzung

21 Bei Nichtbeachtung durch den Gaststättenbetreiber können Auflagen oder Anordnungen durch **Verwaltungszwang** durchgesetzt werden (vgl. dazu § 2 Rn. 46, 48). Die Gaststättenbehörde kann darüber hinaus zur Durchsetzung der Verpflichtung nach § 6 S. 1 bis 3 GastG eine **Auflage nach § 5 Abs. 1 Nr. 1 GastG** erlassen. Die beharrliche Nichtbeachtung des § 6 GastG kann eine **Unzuverlässigkeit** des Gaststättenbetreibers begründen. Bei Begründung der Unzuverlässigkeit oder Verstoß gegen eine Auflage gibt **§ 15 Abs. 2 und Abs. 3 Nr. 2 GastG** die Möglichkeit des **Widerrufs der Gaststättenerlaubnis** (vgl. dazu im Einzelnen § 15 Rn. 27 bis 30, 36). Zur **Ordnungswidrigkeit** vgl. sogleich Rn. 22.

7. Ordnungswidrigkeiten

22 Wer entgegen § 6 S. 1 GastG keine alkoholfreien Getränke verabreicht oder entgegen § 6 S. 2 GastG nicht mindestens ein alkoholisches Getränk nicht teurer als das billigste alkoholische Getränk verabreicht, handelt gem. **§ 28 Abs. 2 Nr. 1 GastG ordnungswidrig**. Wer vorsätzlich oder fahrlässig einer Auflage oder Anordnung nach § 5 GastG, die zur Durchsetzung des § 6 GastG erlassen wurde, nicht, nicht vollständig oder nicht rechtzeitig nachkommt, begeht eine **Ordnungswidrigkeit nach § 28 Abs. 1 Nr. 2 GastG**.

§ 7
Nebenleistungen

(1) Im Gaststättengewerbe dürfen der Gewerbetreibende oder Dritte auch während der Ladenschlusszeiten Zubehörwaren an Gäste abgegeben und ihnen Zubehörleistungen erbringen.

(2) Der Schank- oder Speisewirt darf außerhalb der Sperrzeit zum alsbaldigen Verzehr oder Verbrauch

1. Getränke und zubereitete Speisen, die er in seinem Betrieb verabreicht,

2. Flaschenbier, alkoholfreie Getränke, Tabak- und Süßwaren

an jedermann über die Straße abgeben.

Inhaltsübersicht

	Rn.		Rn.
1. Fassung, Materialien, Literatur		c) Anwendungsbereich	
		– Allgemeines	5
a) Fassung	1	– gemischte Betriebe	6
b) Materialien zur geltenden Fassung	1a	d) Verhältnis zu anderen Genehmigungen	7
c) Weiterführende Literatur	1b		
2. Allgemeines		*3. Zubehör (Abs. 1)*	
a) Zweck der Vorschrift	2	a) Allgemeines	
b) Ladenschlussgesetz		– Zubehör	8
– Zweck	3	– Akzessorietät	9
– Warenautomaten	4	– Waren und Leistungen	10

§ 7   Nebenleistungen

b) Adressaten		b) Schank- und Speisewirtschaft	26
– Gewerbetreibender	11	c) Mengenbegrenzung	27
– Dritter	12, 13	d) Im Betrieb verabreichte Waren (Abs. 2 Nr. 1)	
– Handwerksrecht	14	– Allgemeines	28
c) Leistungen nur an Gäste		– Speisen und Getränke	29
– Begriff der Gäste	15	– Hauptleistung/Zubehör	30
– Umgehung des LadschlG	16	e) Weiteres Warensortiment (Abs. 2 Nr. 2)	
d) Begriff des Zubehörs		– Allgemeines	31
– Funktion	17	– Anwendungsbereich	32, 33
– Verbrauch vor Ort	18	– Waren im Einzelnen	34
– Beispiele	19	5. Durchsetzung	
– besondere Fälle	20	a) Gewerberechtliche Maßnahmen	35
e) Mengenbegrenzung	21, 22	b) Wettbewerbsrecht	36
4. Verkauf über die Straße (Abs. 2)		6. Ordnungswidrigkeiten	37
a) Allgemeines			
– Zweck	23		
– Anwendungsbereich	24		
– Sperrzeitgrenze	25		

1. Fassung, Materialien, Literatur

a) Fassung

1   Die Vorschrift entspricht noch der ursprünglichen Fassung des GastG vom 5. 5. 1970 (BGBl. I S. 465), nunmehr in der Form der Bekanntmachung der Neufassung des GastG vom 20. 11. 1998 (BGBl. I S. 3418).

b) Materialien zur geltenden Fassung

1a   Entwurf der BReg, BT-Ds V/205, S. 4, 15; Stellungnahme des BR, BT-Ds V/205, S. 24; Gegenäußerung der BReg, BT-Ds V/205, S. 31; Bericht und Beschluss des Ausschusses für Wirtschaft und Mittelstandsfragen (15. Ausschuss), BT-Ds V/1652, S. 5, 13; Zweiter Bericht des Ausschusses für Wirtschaft und Mittelstandsfragen (15. Ausschuss), BT-Ds V/4380, S. 7.

c) Weiterführende Literatur

1b   *Kehrberg* Schutzzweck und Verfassungsmäßigkeit des Ladenschlussgesetzes, GewArch 2001, 14–23; *Kienzle* Verkauf von Blumen in Gaststätten als Zubehörhandel im Reisegewerbe, GewArch 1989, 85–86; *Kosmider* Der Kiosk im Gaststätten- und Bauplanungsrecht, GewArch 1987, 281–291; *Landmann/Rohmer* Gewerbeordnung, Stand: 42. Lfg., Juli 2002; *Müller* Das neue Gaststättenrecht, GewArch 1970, 241–244; *Musielak/Detterbeck* Das Recht des Handwerks, 3. Aufl. 1995; *Pfeifer/ Fischer* Aktuelle Fragen des Gewerberechts, GewArch 2002, 232–241; *Potrykus* Zum Begriff des sog. Privilegierten Zubehörhandels, MDR 1960, 448–451; *Schommer* Das Ladenschlussgesetz auf dem Weg zum Ladenhüter, GewArch 1999, 353–355; *Schunder* Das Ladenschlußgesetz heute, 1994; *Stober* (Hrsg), Ladenschlussgesetz, 4. Aufl. 2000; *Zmarzlik/Roggendorff* Ladenschlußgesetz, 2. Aufl. 1997.

2. Allgemeines

a) Zweck der Vorschrift

Die Vorschrift regelt den Zubehörverkauf und die Erbringung von Zubehörleistungen (Abs. 1) sowie den sog. Verkauf über die Straße oder Gassenschank (Abs. 2), die schon unter der Geltung des GastG a. F. je nach Üblichkeit gewohnheitsrechtlich als **Nebenleistungen** des Gaststättenbetriebs anerkannt waren. Auf diese Weise wird das GastR vor allem gegenüber dem **LadschlG** (vgl. dazu nachfolgend Rn. 3) abgegrenzt (*Michel/Kienzle* § 7 Rn. 1) und privilegiert (*Potrykus* MDR 1960, 448, 449). **§ 7 Abs. 1 GastG** bringt eine Befreiung vom LadschlG für den Zubehörbereich (*Schunder* S. 72). **§ 7 Abs. 2 GastG** sieht wegen der nach § 18 GastG geltenden Sperrzeiten einen Ausschluss der Ladenschlussregelungen vor (*Schunder* aaO). § 7 GastG entspricht einem **Bedürfnis des Verbrauchers** (*Müller* GewArch 1970, 241, 244). 2

Rechtspolitische Bewertung: Die inzwischen dreißig Jahre alte Vorschrift weicht durch ihre Beschränkung auf Zubehörwaren und -leistungen (Abs. 1) und auf bestimmte Waren (Abs. 2) von den tatsächlichen Bedürfnissen der Verbraucher und den heutigen Möglichkeiten einer Warenbeschaffung außerhalb der Ladenöffnungszeiten ab. Sie wird durch die aktuelle Diskussion um eine weitere Liberalisierung des Ladenschlusses und eine sogar vollständige Aufgabe der Ladenschlussvorschriften erfasst (vgl. dazu etwa *Kehrberg* GewArch 2001, 14, 22 f.; *Schommer* GewArch 1999, 353 ff.). Der Gesetzgeber beab-

§ 7 Nebenleistungen

sichtigt derzeit (Stand März 2003) eine teilweise Erweiterung der Ladenöffnungszeiten oder evtl. sogar einen vollständigen Wegfall der Ladenschlusszeiten (vgl. dazu die Gesetzentwürfe in BT-Ds 15/106, BR-Ds 4/03 und BR-Ds 21/03). Angesichts der kundenorientierten Einkaufmöglichkeiten in anderen Staaten wird eine weitere Liberalisierung nicht aufzuhalten sein. Der Gesetzgeber wird dann zu prüfen haben, wie in Bezug auf die Gaststätten reagiert wird. Die Beschränkungen des § 7 GastG sollten zumindest teilweise aufgegeben werden. Die Grenze ist in der Funktion der Gaststätten zu sehen, die keine Einzelhandelsgeschäfte sind oder sein dürfen.

b) Ladenschlussgesetz

3   Das **LadschlG** dient vor allem dem **Schutz der Arbeitnehmer** im Einzelhandel vor überlangen Arbeitszeiten (*Müller* in: *Stober* Einf. Rn. 36 ff.; *Zmarzlik* in: *Zmarzlik/Roggendorff* Einf. Rn. 9; *Kehrberg* GewArch 2001, 14, 15) sowie der Sicherstellung der **Wettbewerbsneutralität** (*Zmarzlik* aaO; *Metzner* § 7 Rn. 10; *LG Köln* 28. 12. 1984, GewArch 1986, 32 = DÖV 1985, 988, nur Ls.). Aus dieser besonderen Funktion des LadschlG erklärt sich auch § 7 GastG. Der vor allem bezweckte Arbeitnehmerschutz greift indes wegen der **Versorgungsfunktion der Gaststätten** nicht.

„Diesem Umstand hat der Gesetzgeber namentlich dadurch Rechnung getragen, daß er die unter das GastG fallenden Betriebe nicht den Vorschriften über den Ladenschluß unterworfen hat" (BT-Ds V/205, S. 15).

Im GastR sind auch **keine anderen Überwachungsmaßstäbe** erforderlich (*Müller* in: *Stober* § 7 Rn. 8).

4   Das LadschlG trifft noch eine Sonderregelung für **Warenautomaten**. Gem. **§ 7 Abs. 2 S. 2 LadschlG** unterliegen Warenautomaten, die in Gaststätten aufgestellt sind, nicht den Vorschriften des LadschlG. Diese Herausnahme der in Gaststätten befindlichen Warenautomaten beruht auf dem Gedanken, dass für Gaststätten Sperrzeiten gelten, so dass ein Rückgriff auf die Ladenschlusszeiten entbehrlich ist (*Müller* in: *Stober* § 7 Rn. 8). Darüber hinaus kann für Warenautomaten nichts anderes gelten, wie für die gesamte übrige Gaststätte, sonst würde § 7 Abs. 1 GastG ins Leere laufen.

Es gilt insoweit allein das GastG (*Müller* aaO, § 7 Rn. 23). Als Warenautomaten nach § 7 Abs. 2 S. 2 LadschlG kommen vor allem Zigaretten-, Süßwaren- und Kondomautomaten in Betracht. Warenautomaten müssen so **aufgestellt oder angebracht** sein, dass der Bezug zur Gaststätte nicht verloren geht, also in den eigentlichen Gaststättenräumen. Der Gesetzgeber beabsichtigt derzeit (Stand März 2003) eine Aufhebung des § 7 LadschlG (vgl. die Gesetzentwürfe in BT-Ds 15/106, BR-Ds 4/03 und BR-Ds 21/03).

c) Anwendungsbereich

§ 7 GastG gilt für alle **erlaubnisbedürftigen und erlaubnisfreien Gaststätten**. Er findet auch auf **Straußwirtschaften** Anwendung (*Michel/Kienzle* § 14 Rn. 8 mit Einschränkungen). § 7 GastG gilt **nicht im Bereich des § 2 Abs. 3 GastG**. Die Verabreichung von alkoholfreien Getränken und zubereiteten Speisen ohne Sitzgelegenheit in Verbindung mit einem Ladengeschäft zählt nicht zum erlaubnisfreien Gaststättengewerbe, sondern zum Handeln und unterliegt daher dem LadschlG. 5

§ 7 Gast findet auch auf sog. **„gemischte Betriebe"** Anwendung (vgl. zum Begriff § 1 Rn. 18). Ein Zubehörverkauf ist daher auch bei solchen Betrieben möglich, die sowohl Schankwirtschaft als auch Einzelhandelsgeschäft sind (*BayObLG* 17. 9. 1997, DÖV 1998, 161; *OLG Hamm* 4. 6. 1996, DÖV 1996, 970, 971; *BVerwG* 9. 6. 1960, GewArch 1959/60, 286; *Metzner* § 7 Rn. 12; *Michel/Kienzle* § 7 Rn. 7), wenn nicht im Einzelfall insgesamt das LadschlG zur Anwendung kommt (vgl. dazu § 1 Rn. 19 f. sowie *Pfeifer/Fischer* GewArch 2002, 232, 241). Der **gewerbsmäßige Getränkeausschank** bleibt bei gemischten Betrieben den Vorschriften des GastG unterworfen; entscheidend ist, dass der Schankbetrieb – etwa bei einer Tankstelle mit Stehausschank – durch die räumliche Zusammenfassung mit einem Handelsbetrieb nicht **die ihm eigenen Merkmale** verliert (*BayObLG* aaO). 6

d) Verhältnis zu anderen Genehmigungen

Die auf Zubehör bezogene Tätigkeit **befreit** nicht nur von den Vorgaben des LadschlG, sondern auch **von allen anderen Genehmi-** 7

§ 7 Nebenleistungen

gungsvorbehalten und -pflichten nach anderen gesetzlichen Vorschriften. Etwas anderes gilt nur, wenn sich aus Entstehungsgeschichte, Systematik und Gesetzeszweck einer anderen Vorschrift im Wege einer entsprechenden Auslegung ergibt, dass sie trotz § 7 GastG Anwendung finden soll.

3. Zubehör (Abs. 1)
a) Allgemeines

8 Nach § 7 Abs. 1 GastG ist es den Gaststättenbetreibern oder Dritten erlaubt, auch während der Ladenschlusszeiten an Gäste Zubehörwaren abzugeben und ihnen Zubehörleistungen zu erbringen. Der Gesetzgeber hat damit deutlich gemacht, dass er das Anbieten und Abgeben dieser Art von Waren und Leistungen im Rahmen des Gaststättenbetriebs für allgemein zulässig erachtet. Der Geltungsbereich der Vorschrift gilt aber nur für „Zubehör", darüber hinaus gilt das LadschlG, so dass es für die Anwendung entscheidend auf die **Reichweite des Begriffs „Zubehör"** ankommt.

9 Im Bereich des LadschlG gilt, dass sich der **Ladenschluss für Zubehörleistungen generell nach der zugehörigen Hauptleistung** richtet (vgl. *Roggendorff* in: *Zmarzlik/Roggendorff* § 1 Rn. 30). § 7 Abs. 1 GastG setzt diesen Grundsatz für den Bereich des GastR um (*Schwab* in: *Aßfalg/Lehle/Rapp/Schwab* § 7 GastG Rn. 5). Die Nebenleistungen des § 7 Abs. 1 GastG sind streng **akzessorisch** (BT-Ds V/205, S. 15).

10 Der Unterschied zwischen Zubehör**waren** und Zubehör**leistungen** liegt darin, dass es sich bei Waren um **bewegliche körperliche Sachen des Handelsverkehrs** handelt (*RG* 14. 10. 1930, RGZ 130, 85, 88), während als Leistungen in Abgrenzung zur Warenabgabe alle zugunsten des Gasts erfolgenden **Dienste und Dienstleistungen** zu verstehen sind, die im Rahmen des Gaststättenbetriebs erbracht werden.

b) Adressaten

Adressat des § 7 Abs. 1 GastG ist zunächst der **Gewerbetreibende**, also der Inhaber der Erlaubnis nach § 2 Abs. 1 GastG oder der Betreiber einer nach § 2 Abs. 2, 3 GastG erlaubnisfreien Gaststätte.

11

§ 7 Abs. 1 GastG begünstigt nicht nur den Gaststättenbetreiber, sondern auch jeden **Dritten**, der im Rahmen des Gaststättenbetriebs Zubehörwaren abgibt oder Zubehörleistungen an Dritte erbringt (ebenso etwa *Pauly* in: *Robinski* Rn. N/125). Durch die Erwähnung des „Dritten" in § 7 Abs. 1 GastG wurde vom Gesetzgeber (gegenüber dem bis zum In-Kraft-Treten des GastG im Jahr 1971 geltenden Recht) deutlich gemacht und klargestellt, dass nicht nur der Inhaber der Gaststätte, sondern auch ein Dritter als Erbringer von Nebenleistungen des Gaststättengewerbes die Genehmigungen oder Erlaubnisse nicht braucht, die sonst für die gleiche Tätigkeit notwendig wären (etwa Einzelhandelserlaubnis).

12

Beispiele für Dritten i. S. d. § 7 Abs. 1 GastG:

– Im Bereich der **Schank- und Speisewirtschaften** bieten in den Gasträumen fliegende Händler mit Billigung des Gastwirts Blumen zum Kauf an (Stichwort „Rosenverkäufer"). Hier geschieht der Verkauf durch einen Dritten und wird von der Privilegierung des § 7 Abs. 1 GastG erfasst (wie hier *Michel/Kienzle* § 7 Rn. 8; *Kienzle* GewArch 1989, 85 f.).

– Im **Beherbergungsgewerbe** ist die Warenabgabe oder Leistungserbringung durch Dritte innerhalb des Hotelbetriebs inzwischen weit verbreitet. Gerade im Bereich der „Wellnesshotellerie" kommt dem Zubehör eine tragende Bedeutung zu. Zu denken ist etwa an das Kosmetikstudio, den Massagesalon, den Zeitschriften- oder Buchladen, das Friseurgeschäft oder auch den Betrieb von Saunaeinrichtungen durch Dritte. Vielfach werden diese Leistungen aber auch aus einer Hand vom Hotelbetreiber erbracht.

Die Tätigkeit des Dritten wird dadurch gekennzeichnet, dass die **Warenabgabe und Leistungserbringung nicht im Namen und auf Rechnung des Gaststättenbetreibers** erfolgt, sondern ausschließlich durch den Dritten. Außerdem ist zu fordern, dass die

13

§ 7 Nebenleistungen

Zubehörtätigkeit des Dritten mit **ausdrücklicher Billigung** oder zumindest **mit Duldung des Gaststättenbetreibers** erfolgt, weil die Privilegierung des § 7 Abs. 1 GastG nur greift, wenn die Zubehörleistung im Rahmen eines Gaststättenbetriebs erfolgt, was sich ausschließt, wenn der Wille des Gaststättenbetreibers entgegensteht.

14 Für das **Handwerksrecht** gilt die Privilegierung Dritter nicht, weil § 2 Nr. 3 HandwO bestimmt, dass für handwerkliche Nebenbetriebe, die mit einem Unternehmen des Handwerks, der Industrie, des Handels, der Landwirtschaft oder sonstigen Wirtschafts- oder Berufszweige verbunden sind, die Vorschriften der HandwO auch gelten (**aA** die *Voraufl.* in § 7 Rn. 5). § 2 HandwO bezweckt die Gleichbehandlung aller handwerklich Tätigen (*Musielak/Detterbeck* § 2 Rn. 2). Auch innerhalb eines Nebenbetriebs tätige Handwerker sollen erfasst werden (vgl. auch § 3 Abs. 1 HandwO). Der **Dritte** unterliegt bei Betätigung im stehenden Gewerbe der **Anzeigepflicht nach § 14 GewO** (ebenso *Marcks* in: *Landmann/Rohmer* § 14 Rn. 30; *Michel/Kienzle* § 7 Rn. 8; *BayObLG* 13. 4. 1961, GewArch 1961, 80 f.).

c) Leistungen nur an Gäste

15 Zubehör ist nur gegeben, wenn die Abgabe an den **Adressaten der Hauptleistung** erfolgt (*Roggendorff* in: *Zmarzlik/Roggendorff* § 1 Rn. 31). Dies wird in § 7 Abs. 1 GastG dadurch deutlich, dass die Abgabe von Zubehörwaren und die Erbringung von Zubehörleistungen **nur an Gäste** erfolgen darf. Unter Gästen i. S. d. Vorschrift sind alle Personen zu verstehen, die der Gaststättenbetreiber zur verkehrsüblichen Benutzung und – in der Regel – der Erwartung eines angemessenen Verzehrs aufgenommen hat (vgl. *OLG Hamm* 4. 6. 1996, DÖV 1996, 970, 971; *OLG Köln* 9. 8. 1988, GewArch 1989, 140; *OLG Celle* 19. 1. 1962, GewArch 1962, 155, 156). Von einem Gast ist auch dann auszugehen, wenn dieser sich mit Billigung des Gaststättenbetreibers ohne Verzehrabsicht in den Gaststättenräumen aufhält, etwa innerhalb einer Gruppe oder zum Gespräch mit anderen Gästen oder dem Wirt (vgl. *Metzner* § 28

Rn. 24). Keine Gäste sind die **Angestellten und sonstigen Beschäftigten** der Gaststätte, auch wenn sie in der Gaststätte Speisen oder Getränke konsumieren (*OLG Köln* GewArch 1989, 140, 141), sowie die **Privatgäste** des Gaststättenbetreibers. Etwas anderes gilt aber, wenn sich die Beschäftigten ohne Zusammenhang mit ihrer Tätigkeit in der Gaststätte aufhalten, etwa in ihrer Freizeit.

Mit der Bezugnahme auf den Begriff „Gast" soll vermieden werden, dass Gaststätten in **Umgehung des LadschlG** anderen Personen als Gästen zur Versorgung mit Waren oder Leistungen dienen. In Ballungsräumen und häufig auch andernorts besteht für eine solche Einschränkung allerdings kein Bedarf mehr, weil inzwischen die Versorgung mit den wesentlichsten Waren auch außerhalb der Ladenöffnungszeiten – jedenfalls faktisch – durch Bahnhofs- und Flughafengeschäfte sowie durch Tankstellenshops gewährleistet ist. Ein Verkauf von Zubehörwaren an „Durchreisende", die nicht Gäste sind, ist grundsätzlich ausgeschlossen. Der nur **ausnahmsweise Missbrauch durch Nichtgäste** stellt die Zubehöreigenschaft nicht insgesamt in Frage (*BayObLG* 23. 11. 1959, BayWVMBl. 1959, 157). **16**

d) Begriff des Zubehörs

Die Zubehörwaren und Zubehörleistungen dienen nach den beim Publikum herrschenden Gewohnheiten und nach der Verkehrsanschauung zur **Befriedigung von Bedürfnissen der Empfänger der Hauptleistung**. Sie müssen eine **Ergänzung der von der Gaststätte gebotenen Hauptleistung** darstellen (*Stober* BWiVwR, § 47 VI; *Kosmider* GewArch 1987, 281, 283; vgl. dazu auch *Roggendorff* in: *Zmarzlik/Roggendorff* § 1 Rn. 31), die in Betrieben vom Zuschnitt der zu beurteilenden Gaststätte unter Berücksichtigung der Verbrauchergewohnheiten zur Befriedigung von Bedürfnissen der Gäste üblich ist. **17**

Ein **Verbrauch** der im Rahmen des Gaststättenbetriebs erworbenen Zubehörwaren **vor Ort ist nicht erforderlich** (aA *Metzner* § 7 Rn. 5, 6; *Michel/Kienzle* § 7 Rn. 6, die beide einen zumindest teilweisen Verbrauch in der Gaststätte fordern; *OVG NRW* 9. 1. 1963, **18**

§ 7 Nebenleistungen

GewArch 1964, 46, 47; *OLG Celle* 9. 1. 1962, GewArch 1962, 155, 157; *BayObLG* 20. 11. 1959, GewArch 1959/60, 187, 188; das *BVerwG* hält es für zulässig, dass sich die Warenabgabe im Einzelfall bestimmungswidrig auf die Mitnahme beschränkt [so *BVerwG* 9. 6. 1960, GewArch 1959/60, 286, 287]). Der Zweck des § 7 Abs. 1 GastG erfordert diese Einschränkung nicht. Entscheidend ist, dass der Betrieb der Gaststätte nicht dazu genutzt wird, vom Gaststättengewerbe völlig losgelöst Waren und Dienstleistungen außerhalb der Ladenöffnungszeiten anzubieten. Der Hauptschutzzweck des LadschlG – der Schutz der Arbeitnehmer (vgl. dazu oben Rn. 3) – wird nur dann über § 7 Abs. 1 GastG in unzulässiger Weise umgangen, wenn der Gaststättenbetrieb für die Abgabe von zusammenhangslosen Waren genutzt wird.

19 **Beispiele** für Zubehörwaren und -leistungen. Die nachfolgenden Zubehörwaren und -leistungen sind als zulässig anzusehen und mit § 7 Abs. 1 GastG zu vereinbaren. Die Aufzählung ist nicht abschließend.

Zubehörwaren, die in **allen Gaststätten** zulässig sind:

– Ansichtspostkarten (BT-Ds V/205, S. 15, V/1652, S. 5);
– Gebäck (BT-Ds V/205, S. 15, V/1652, S. 5);
– Kondome (vgl. dazu sogleich Rn. 20);
– Konfitüre;
– Streichhölzer (BT-Ds V/205, S. 15, V/1652, S. 5);
– Süßwaren (BT-Ds V/205, S. 15, V/1652, S. 5);
– Tabakwaren (BT-Ds V/205, S. 15, V/1652, S. 5);
– Zeitungen (BT-Ds V/205, S. 15, V/1652, S. 5).

Zubehörwaren, die **je nach Ausgestaltung des Gaststättenbetriebs** zulässig sind:

– Andenken, die an den Besuch einer Gaststätte oder ihrer näheren Umgebung erinnern sollen (*OLG Hamm* 5. 1. 1960, BB 1960, 365). Der Verkauf dieser Waren ist mit der Forderung nach einem Verbrauch vor Ort (vgl. oben Rn. 18) nicht zu vereinbaren, wird aber allgemein als zulässig angesehen;

– Blumen (hier gilt die Anm. zum Verkauf von Andenken entsprechend, es sei denn, die Blumen werden noch in der Gaststätte an eine andere Person verschenkt oder – was kaum vorkommen dürfte – von einer Person zur „Dekoration" innerhalb der Gaststätte erworben);
– Bücher;
– Kosmetika;
– Obst;
– Toilettenartikel.

Zulässige Zubehörleistungen im **Hotelbetrieb**:

– Besorgungsleistungen: Besorgung von Theater- und Konzertkarten, Fahrkarten etc. (*Ehlers* in: *Achterberg u. a.* § 2 Rn. 239);
– Haareschneiden (BT-Ds V/205, S. 15, V/1652, S. 5);
– Hamam (türkisches Dampfbad);
– Kosmetikleistungen;
– Massage;
– Schneiderarbeiten;
– Schreibarbeiten;
– Schuhputzen (BT-Ds V/205, S. 15);
– Sportangebote, die vom Hotel angeboten und durchgeführt werden (etwa Mountainbikefahrten, Wanderungen etc.);
– Transportleistungen (etwa vom Bahnhof zum Hotel oder zu organisierten Exkursionen in der Umgebung des Hotels; vgl. dazu auch sogleich Rn. 20);
– Wäschereinigung (BT-Ds V/205, S. 15, V/1652, S. 5).

Nach der hier (vgl. oben Rn. 18) vertretenen Auffassung fällt in **20** den zulässigen Katalog der Zubehörwaren und -leistungen auch die **Beförderung von Gästen durch ein Hotel**, sei es auch nur von oder zum Bahnhof (aA die *Voraufl.* in § 7 Rn. 3). Zu den Zubehörwaren einer Gaststätte können auch **Kondome** zählen (aA *Metzner* § 7 Rn. 18; *Michel/Kienzle* § 7 Rn. 5 sowie die *Voraufl.* in § 7 Rn. 3). Die gegenteilige Ansicht ist angesichts der überwiegend tödlichen Immunschwächekrankheit HIV und eines veränderten sexuellen Verständnisses nicht haltbar. Die Abgabe von Kondomen an Gäste ist vor dem Hintergrund zu sehen, dass die Gaststätte Ort des bürgerlichen Zusammenlebens und des Kennenlernens ist (vgl. dazu § 2 Rn. 77) und gerade unter jungem Publikum sich anschließende sexuelle Kontakte nicht auszuschließen sind. Dies kann besonders für Gaststätten gelten, in denen sich homosexuelle Personen treffen oder für sog. „Swinger-Clubs" (vgl. § 4 Rn. 73t), ist aber auch für alle anderen Gaststätten (insbesondere auch für Diskotheken) nicht auszuschließen. Bei Beherbergungsbetrieben liegt der Zweck für die Ausgabe oder Bereitstellung der Kondome auf der Hand. Der Verkauf von Kondomen in Gaststätten erfolgt häufig durch **Warenautomaten** nach § 7 Abs. 2 S. 2 LadschlG (vgl. dazu oben Rn. 4).

e) Mengenbegrenzung

21 Zubehörverkauf liegt nur bei Abgabe von **Mengen** vor, die dem Zweck des Verzehrs, Gebrauchs oder Verbrauchs an Ort und Stelle, also den Bedürfnissen des Gasts für die Zeit seines Aufenthalts entsprechen. Eine Abgabe zur Bevorratung ist nicht Zubehörverkauf (*OVG NRW* 9. 1. 1963, GewArch 1964, 46; *Roggendorff* in: *Zmarzlik/Roggendorff* § 1 Rn. 31).

22 Werden Zubehörwaren an Gäste in **großen Mengen** oder **an Passanten** abgegeben (ohne dass es sich um Waren nach Abs. 2 Nr. 2 handelt), dann wird ein nach § 14 GewO anzumeldender **Einzelhandel** ausgeübt (*BayObLG* 20. 11. 1960, GewArch 1960, 187), der den **Ladenschlussvorschriften** unterliegt (vgl. *Pauly* in: *Robinski* Rn. N/126).

4. Verkauf über die Straße (Abs. 2)

a) Allgemeines

23 § 7 Abs. 2 GastG bewirkt, dass der von dieser Vorschrift erfasste „**Gassenschank**" (vgl. *Kosmider* GewArch 1987, 281, 283) **Bestandteil des Gaststättengewerbes** und nicht zusätzlich Ausübung von Einzelhandel ist (*Badura* in: *Schmidt-Aßmann* Rn. 3/147).

24 § 7 Abs. 2 GastG unterschiedet **zwei unterschiedliche Besonderheiten** beim Verkauf bestimmter Waren durch den Schank- und Speisewirt. Nach Nr. 1 darf der Schank- und Speisewirt auch außerhalb der Ladenschlusszeiten die in seinem Betrieb verabreichten Getränke und Speisen über die Straße abgeben. Die Nr. 2 erweitert diesen zugelassenen Straßenverkauf auf vier ausdrücklich genannte, abschließend aufgezählte Warengruppen, die auch ohne Verabreichung im Betrieb abgegeben werden dürfen.

Aus der Akzessorietät der Nebenleistungen (vgl. oben Rn. 9) folgt, dass sie bei Schank- und Speisewirtschaften **nur bis zum Eintritt der Sperrzeit** statthaft sind (BT-Ds V/205, S. 15). Bereits aus § 7 Abs. 2 GastG folgt, dass der Verkauf der genannten Waren nicht während der Sperrzeit nach § 18 GastG erfolgen darf. Da die Schank- und Speisewirtschaften in § 18 GastG unabhängig hiervon benannt werden, handelt es sich um eine rein klarstellende Erwähnung durch den Gesetzgeber. 25

b) Schank- und Speisewirtschaft

Im Gegensatz zu Abs. 1 sind zum Verkauf über die Straße (Gassenschank) mit den Vergünstigungen des Abs. 2 **nur Schank- oder Speisewirte** (vgl. § 1 Abs. 1 Nr. 1, 2 GastG), nicht aber Inhaber von Beherbergungsbetrieben (§ 1 Abs. 1 Nr. 3 GastG) oder Dritte (selbstständige Gewerbetreibende) befugt. 26

c) Mengenbegrenzung

Die Abgabe der zugelassenen Waren darf **nur in Mengen** erfolgen, die den alsbaldigen Verzehr oder Verbrauch vermuten lassen. Anders als bei Abs. 1 (vgl. dazu oben Rn. 18) folgt dies bei Abs. 2 aus dessen insoweit eindeutigem Wortlaut („alsbaldigen Verzehr oder Verbrauch"). Allerdings ist diese Menge **nicht auf die Person des Käufers beschränkt** (so zu Recht *BayObLG* 17. 9. 1997, DÖV 1998, 161 = GewArch 1998, 39). Daher ist es etwa zulässig, größere Mengen der in Abs. 2 genannten Speisen und Getränke an Personen abzugeben, die diese zum alsbaldigen Verzehr oder Verbrauch für eine größere Personenmenge benötigen (etwa für private Feste oder sonstige Veranstaltungen). Die **Menge eines Kastens Bier** fällt in aller Regel noch unter den spontan auftretenden Bedarf, dessen Deckung durch § 7 Abs. 2 GastG ermöglicht werden soll 27 (wie hier *LG Köln* 28. 12. 1984, GewArch 1986, 32 = DÖV 1985, 988, nur Ls.; *LG München* 18. 2. 1994, GewArch 1996, 78; *Michel/ Kienzle* § 7 Rn. 11; *Schwab* in: *Aßfalg/Lehle/Rapp/Schwab* § 7 GastG Rn. 14; diff. *BayObLG* aaO; **aA** *OLG Hamm* 4. 6. 1996, DÖV 1996, 970, 971; *OLG München* 17. 9. 1998, GewArch 1999, 82 f. [zum LadschlG]; *Ambs* in: *Erbs/Kohlhaas* § 7 GastG Rn. 3). Eine Einschränkung dahingehend, dass § 7 Abs. 2 GastG **generell nur die Abgabe von Waren in geringen Mengen** ermöglichen soll, lässt sich weder dem Wortlaut noch dem Zweck der Vorschrift entnehmen (**aA** *OLG Hamm* aaO). Der Gesetzgeber hat betont, dass dem Gaststättengewerbe als Dienstleistungsgewerbe im Bereich der Schank- und Speisewirtschaften die Aufgabe der Versorgung der Bevölkerung und der Befriedigung eines spontan auftretenden Bedarfs auch während des Zeitraums zukommt, in dem andere Versorgungsquellen kraft gesetzlicher Regelung nicht mehr zur Verfügung stehen (BT-Ds V/205, S. 15). Die Funktion des § 7 Abs. 2 GastG ist zwar nach dem Willen des Gesetzgebers auf „Spontankäufe" beschränkt (BT-Ds V/205, S. 15, V/1652, S. 5; so zu Recht auch *OLG Hamm* aaO), deren plötzliches Bedürfnis am nächsten Tag nicht mehr gegeben ist. Spontankäufe schließen den (plötzlichen) Bedarf größerer Mengen (für Feste etc.) indes nicht aus (vom *OLG Hamm* offen gelassen).

Tipp: Angesichts der zunehmenden Durchbrechungen des Landenschlusses etwa bei Tankstellen und Bahnhofsshops sollten die Gaststättenbehörden zwar die beim Gesetzesvollzug zwingenden Vorgaben des § 7 GastG beachten, allerdings bei der Anwendung der Vorschrift **nicht kleinlich** sein (vgl. dazu auch BT-Ds V/1652, S. 5).

d) Im Betrieb verabreichte Waren (Abs. 2 Nr. 1)

28 Abs. 2 Nr. 1 betrifft den schon bisher üblichen, nach altem Recht gewohnheitsrechtlich als Bestandteil des Gaststättengewerbes anerkannten Verkauf über die Straße, der dem Bedürfnis des Verbrauchers dient, sich in Gaststätten auch **nach Ladenschluss** bis zum Eintritt der Sperrzeit mit den Getränken und zubereiteten, verzehrfertigen Speisen dieses Betriebs zum alsbaldigen Verbrauch versorgen zu können, ohne diese Waren in der Gaststätte selbst verzehren zu müssen.

Andere Getränke und zubereitete Speisen (ausgenommen die Waren unter Nr. 2) als diejenigen, die der Wirt auch in seinem Betrieb zum Verzehr an Ort und Stelle verabreicht, genießen die Vergünstigungen der Nr. 1 nicht (BT-Ds V/205, S. 24, V/1652, S. 5). Abs. 2 Nr. 1 erfasst also etwa nicht die Abgabe anderer Weinsorten als derjenigen, die im Lokal ausgeschenkt werden. Die Forderung, dass beispielsweise innerhalb der Weinsorte auch noch die Identität des Jahrgangs vorliegen muss, ist indes abzulehnen (wie hier *Metzner* § 7 Rn. 28; **aA** *Michel/Kienzle* § 7 Rn. 9 sowie die *Voraufl.* in § 7 Rn. 8), weil ein so weitgehender Schutz des Einzelhandels durch § 7 Abs. 2 GastG nicht bezweckt ist. 29

Werden die Getränke und zubereiteten Speisen zum Verzehr in der Gaststätte verabreicht, so handelt es sich insoweit um **Hauptleistungen des Gaststättengewerbes**. Deshalb sind die Ausführungen in BT-Ds V/205, S. 15, unzutreffend, die lauten: 30

„Durch § 7 Abs. 2 Nr. 1 wird auch die übliche Abgabe von Zubehörwaren an jedermann über die Straße in bestimmten Grenzen zugelassen. Für die Zulassung dieses „Gassenschankes" besteht ein allgemein anerkanntes Bedürfnis."

Der **Verkauf von Zubehörwaren** ist in § 7 Abs. 1 GastG **abschließend geregelt**. Er ist nur an Gäste zulässig. § 7 Abs. 2 GastG definiert die zum Verkauf über die Straße zugelassenen Waren abschließend. Daher ist davon auszugehen, dass die Abgabe von Zubehörwaren im Rahmen des § 7 Abs. 2 GastG nicht möglich ist (ebenso *Michel/Kienzle* § 7 Rn. 10). Dem Abs. 2 des § 7 GastG kommt insoweit gegenüber Abs. 1 Vorrang zu.

e) Weiteres Warensortiment (Abs. 2 Nr. 2)

Nach dem Willen des Gesetzgebers stellt sich § 7 Abs. 2 Nr. 2 GastG als **Kompromiss** zwischen den Bedürfnissen der Verbraucher an einer Versorgung mit bestimmten Lebens- und Genussmitteln und den Interessen des Einzelhandels an einer Begrenzung des Verkaufs solcher Waren außerhalb der Ladenschlusszeiten dar (BT- 31

§ 7 Nebenleistungen

Ds V/205, S. 15). Die über die im Betrieb angebotenen Getränke und Speisen zulässige Abgabe rechtfertigt sich aus der **besonderen Versorgungsfunktion der Gaststätten**.

„Soweit diese Betriebe – es handelt sich im Wesentlichen nur um Trinkhallen – gewisse Bedarfsartikel des täglichen Lebens an jedermann abgeben, handelt es sich um die Erbringung zusätzlicher Leistungen als Ausfluss dieser Gaststättenbetriebe, die auch traditionell zu den Funktionen dieser Betriebe gehören. Um eine Ausuferung dieses besonderen Abgaberechts zu verhindern, wird der Kreis der Waren, die während der Betriebszeiten an jedermann abgegeben werden dürfen, eindeutig begrenzt. Dabei wurde auch dem anzuerkennenden Bedürfnis Rechnung getragen, die Abgabe von Flaschenbier über die Straße allgemein zuzulassen, obwohl den Trinkhallen wegen Fehlens der erforderlichen Einrichtungen (z. B. Toiletten) die Erlaubnis zum Ausschank alkoholischer Getränke in der Regel nicht erteilt werden kann" (BT-Ds V/205, S. 15).

32 Die in § 7 Abs. 2 Nr. 2 GastG genannten Speisen und Getränke darf ein Gaststättenbetreiber auch dann über die Straße abgeben, wenn er sie in seinem Gaststättenbetrieb **nicht verabreicht** (*BVerwG* 22. 11. 1988, GewArch 1989, 141, 142; *VGH BW* 30. 5, 1995, NVwZ-RR 1995, 659, 660 = VBlBW 1995, 405, BWVP 1995, 235, GewArch 1995, 427, 428, ESVGH 46, 74, nur Ls.; *BayObLG* 17. 9. 1997, DÖV 1998, 161). Es handelt sich überwiegend um solche Waren, die im Einzelhandel nach Ladenschluss durch Automaten verkauft werden dürfen (BT-Ds V/1652, S. 5). Auch wenn der Gaststättenbetreiber nach seiner Gaststättenerlaubnis nur alkoholfreie Getränke verabreichen darf, schließt dies den Straßenverkauf von Flaschenbier nicht aus (*VGH BW* NVwZ-RR 1995, 659, 660).

33 Die Vergünstigung des Abs. 2 Nr. 2 **beschränkt sich nicht auf Trinkhallen** – wobei diese in der Praxis am häufigsten hiervon begünstigt sein dürften (so BT-Ds V/205, S. 15) –, sondern steht allen Schank- oder Speisewirten zu (*Kosmider* GewArch 1987, 281, 284).

34 Zu den von § 7 Abs. 2 Nr. 2 GastG erfassten **Waren** ist anzumerken:

Nebenleistungen § 7

- Der Begriff **Flaschenbier** ist wörtlich zu nehmen. Er lässt keine weitergehende Auslegung zu. Es wird nur Bier erfasst, das in Flaschen abgegeben wird. Dosenbier fällt dagegen nicht unter die Begünstigung. Die Abgabe von Flaschenbier über die Straße hat in den letzten Jahren auch in anderen Gaststätten als Trinkhallen an Bedeutung zugenommen, weil immer mehr sog. „Hausbrauereien" (Gaststätten mit eigener Brauerei) ihr Bier auch zur Mitnahme in Flaschen verkaufen.
- **Alkoholfreie Getränke** sind grundsätzlich nur solche Getränke, die keinen Alkohol enthalten. Allerdings werden nach der hier vertretenen Auffassung Getränke, die so geringe Mengen Alkohol enthalten, dass sie auf alkoholempfindliche Menschen wie Kinder keinen feststellbaren Einfluss haben, ebenfalls von § 7 Abs. 2 Nr. 2 GastG erfasst (vgl. dazu eingehender § 2 Rn. 19 m. w. N. und § 6 Rn. 9).
- **Tabakwaren** sind vor allem einzeln abgegebener Tabak zum Rauchen, Zigarettenpapier, Zigarettenhülsen, fertige Zigaretten, Zigarillos und Zigarren sowie weitere, diesen gleichstehende Artikel. Zu den Tabakwaren zählt auch Schnupftabak. Im Zusammenhang mit Tabakwaren können auch Streichhölzer und Feuerzeuge abgegeben werden (Annexzulässigkeit).
- **Süßwaren** sind alle Lebensmittel, die Zucker, Zuckeraustauschstoffe oder Zuckerersatzmittel (etwa Honig) enthalten (*Metzner* § 7 Rn. 31). Daher gehört zu den Süßwaren auch Speiseeis, weil es mit Zucker oder Ersatzstoffen hergestellt wird (*BVerwG* 22. 11. 1988, DÖV 1989, 354, 355 = GewArch 1989, 141, 142). Nach Auffassung des Gesetzgebers soll zwar die Regelung des § 7 GastG nicht zu einer Ausuferung des Abgaberechts der Gaststätten führen. Andererseits sollen die zuständigen Stellen bei der Auslegung des Begriffs „Süßwaren" nicht kleinlich verfahren (BT-Ds V/1652, S. 5). Der Begriff „Süßware" hat seine **Grenze im Wortlaut**. Daher ist über § 7 Abs. 2 Nr. 2 GastG der Verkauf von **salzigen oder würzigen Waren** (etwa Salzstangen, Chips etc.) nicht statthaft, was allerdings losgelöst vom Willen des Gesetzgebers wenig Sinn macht, weil diesen Waren eine ähnliche Funktion zukommt und es lediglich eine Frage des Geschmacks und der Situation ist, ob man süße oder andere Waren dieser Art bevorzugt. Es steht zu vermuten, dass der Gesetzgeber sich dessen schlicht nicht bewusst war und daher den engen Begriff der Süßwaren gewählt hat. Die Gaststättenbehörden sollten daher den

§ 7 Nebenleistungen

Verkauf dieser anderen vergleichbaren Waren **in gewissem Umfang dulden** (aA die *Voraufl.* in § 7 Rn. 10).

5. Durchsetzung

a) Gewerberechtliche Maßnahmen

35 Die Überschreitung der gesetzlichen Erlaubnis nach § 7 Abs. 2 GastG bewirkt eine **Unzuverlässigkeit** des Gaststättenbetreibers und rechtfertigt einen **Widerruf der Gaststättenerlaubnis** nach § 15 Abs. 2 GastG (*VGH BW* 30. 5. 1995, NVwZ-RR 1995, 659, 660 = VBlBW 1995, 405, BWVP 1995, 235, GewArch 1995, 427, ESVGH 46, 74, nur Ls.). So weit gegen GewO, LadschlG und HandwO verstoßen wird, kann Ahndung nach diesen Vorschriften erfolgen. Die **Untersagung** eines rechtwidrigen Gassenschanks kann nicht auf § 35 Abs. 1 GewO, sondern nur auf die Vorschriften des GastG (§ 31 GastG i.V.m. § 15 Abs. 2 und § 35 Abs. 8 GewO) gestützt werden (*VGH BW* aaO). Die Untersagung kann bei Nichtbeachtung durch den Gaststättenbetreiber durch **Verwaltungszwang** durchgesetzt werden (vgl. dazu § 2 Rn. 46, 48 f.). Als **milderes Mittel** gegenüber dem Widerruf der Gaststättenerlaubnis und der Untersagung des Gaststättenbetriebs ist wegen des Grundsatzes der Verhältnismäßigkeit stets die Erteilung einer **Auflage nach § 5 Abs. 1 Nr. 3 GastG** zu prüfen (vgl. *HessVGH* 27. 1. 1984, GewArch 1984, 167, 168); sie kann ggf. durch Verwaltungszwang durchgesetzt werden.

b) Wettbewerbsrecht

36 Verstöße gegen § 7 Abs. 2 GastG haben als Verstöße gegen eine Ausnahmevorschrift zum LadschlG auch **wettbewerbsrechtlichen Charakter** (vgl. auch oben Rn. 3) mit der Folge der Zulässigkeit wettbewerbsrechtlicher Unterlassungsansprüche (*LG Köln* 28. 12. 1984, GewArch 1986, 32).

6. Ordnungswidrigkeiten

37 Wer vorsätzlich oder fahrlässig über den in § 7 GastG erlaubten Umfang hinaus Waren abgibt oder Leistungen erbringt, begeht eine

Ordnungswidrigkeit nach § 28 Abs. 1 Nr. 3 GastG. Bedeutung dürfte § 28 Abs. 1 Nr. 3 GastG im Wesentlichen nur für die Ausübung der Tätigkeiten des Abs. 2 während der Sperrzeit haben. Weder aus ihm noch sonst aus § 7 GastG ergibt sich ein Verbot, andere Tätigkeiten im Zusammenhang mit dem Gaststättengewerbe auszuüben. Bei Verstößen gegen § 7 GastG in der Sperrzeit wird § 28 Abs. 1 Nr. 3 GastG vom weiteren Anwendungsbereich des § 28 Abs. 1 Nr. 6 GastG im Wege der Gesetzeskonkurrenz (**Konsumtion**) verdrängt (i. E. wie hier *Michel/Kienzle* § 7 Rn. 12; **aA** *Metzner* § 7 Rn. 33), weil in diesem Fall Verstöße gegen die Sperrzeit den Verstoß nach § 7 GastG notwendig nach sich ziehen.

§ 8
Erlöschen der Erlaubnis

Die Erlaubnis erlischt, wenn der Inhaber den Betrieb nicht innerhalb eines Jahres nach Erteilung der Erlaubnis begonnen oder seit einem Jahr nicht mehr ausgeübt hat. Die Fristen können verlängert werden, wenn ein wichtiger Grund vorliegt.

Inhaltsübersicht

	Rn.		Rn.
1. Fassung, Materialien, Literatur		*3. Verfassungsrecht*	7
a) Fassung	1	*4. Betriebsbeginn und Nichtausübung (Satz 1)*	
b) Materialien zur geltenden Fassung	1a	a) Allgemeines	
c) Weiterführende Literatur	1b	– objektive Voraussetzungen	8
2. Allgemeines		– Gesamterlöschen	9
a) Zweck der Vorschrift		b) Betriebsbeginn	
– Vorratserlaubnis, Überwachungsbedürfnis	2	– Voraussetzungen	10
– erneute Prüfung	3	– Erlaubnisvorgaben	11
– andere Rechtsgebiete	4	– Verpachtung	12
b) Anwendungsbereich	5	c) Nichtausübung	
c) Befristung	6	– Voraussetzungen	13
		– Beispiele	14

§ 8 Erlöschen der Erlaubnis

- hoheitlicher Eingriff 15
d) Weitere Erlöschensgründe 16
  - Erlöschen einer juristischen Person 16a
  - Fristablauf 16b
  - Insolvenz des Erlaubnisinhabers 16c
  - Realgewerbeberechtigung 16d
  - Rücknahme/Widerruf 16e
  - Tod des Erlaubnisinhabers 16f
  - Umwandlung 16g
  - Verzicht 16h
e) Fristberechnung 17, 18

5. *Fristverlängerung (Satz 2)*
  a) Allgemeines 19
  b) Antrag und Beginn 20, 21
  c) Wichtiger Grund 22
  d) Ermessen 23
6. *Verwaltungsverfahren, Rechtsschutz*
  a) Verwaltungsverfahren
    - Verwaltungsakt 24
    - Fristverkürzung 25
  b) Rechtsschutz
    - Feststellungsklage 26
    - Anfechtung 27
7. *Durchsetzung* 28
8. *Ordnungswidrigkeiten* 29

1. Fassung, Materialien, Literatur

a) Fassung

1 Die Vorschrift entspricht noch der ursprünglichen Fassung des GastG vom 5. 5. 1970 (BGBl. I S. 465), nunmehr in der Form der Bekanntmachung der Neufassung des GastG vom 20. 11. 1998 (BGBl. I S. 3418).

b) Materialien zur geltenden Fassung

1a Entwurf der BReg, BT-Ds V/205, S. 4, 15 f.; Bericht und Beschluss des Ausschusses für Wirtschaft und Mittelstandsfragen (15. Ausschuss), BT-Ds V/1652, S. 5; Zweiter schriftlicher Bericht des Ausschusses für Wirtschaft und Mittelstandsfragen (15. Ausschuss), BT-Ds V/4380, S. 7.

c) Weiterführende Literatur

1b *Jarass* Die Genehmigungspflicht für wirtschaftliche Tätigkeiten – Ein systematischer Überblick –, GewArch 1980, 177–185; *Knack* Verwaltungsverfahrensgesetz, 7. Aufl. 2000; *Kopp/Ramsauer* VwVfG, 7. Aufl. 2000; *Odenthal* Gaststättenleistungen in Spielhallen, GewArch 1985, 105–108; *ders.*, Das Erlöschen gewerberechtlicher Erlaubnisse durch Zeitablauf nach hoheitlichen Eingriffen, GewArch 1994, 48–53.

Erlöschen der Erlaubnis § 8

2. Allgemeines
a) Zweck der Vorschrift

Der Gesetzgeber wollte mit § 8 GastG eine Möglichkeit geben, der Beschaffung sog. "**Vorratserlaubnisse**" entgegen zu treten (BT-Ds V/205, S. 15 f.): 2

"Dies ist schon deshalb notwendig, weil nicht nur die Erlaubnisbehörde, sondern auch andere, insbesondere kommunale Dienststellen ein Interesse daran haben zu erfahren, mit welchen Gewerbebetrieben in absehbarer Zeit in einer bestimmten Straße oder in einem bestimmten Stadtteil zu rechnen ist."

Daneben erfordert auch das **Überwachungsbedürfnis** die Kenntnis der Gaststättenbehörde, wie viele und welche Gaststättenbetriebe in ihrem Zuständigkeitsbereich tätig sind (BT-Ds V/1652, S. 5):

"Um hier das Fortbestehen nicht ausgenutzter Gaststättenerlaubnisse für längere Zeit zu verhindern, sieht § 8 vor, dass Erlaubnisse, die länger als ein Jahr nicht ausgenutzt wurden, automatisch erlöschen. Die interessierten Behörden erhalten damit einen Überblick darüber, mit welchen Betrieben in absehbarer Zeit in einer bestimmten Straße oder in einem bestimmten Ortsteil zu rechnen ist."

Das Erlöschen der Erlaubnis findet seine Berechtigung vor allem darin, dass bei der Erteilung der Erlaubnis die Versagungsgründe des § 4 Abs. 1 GastG geprüft werden und nach der vom Gesetzgeber in § 8 S. 1 GastG zugrunde gelegten Zeitspanne von einem Jahr das **Bedürfnis einer erneuten Prüfung** – vor allem der Zuverlässigkeit des Gaststättenbetreibers – besteht (so zu Recht *Michel/Kienzle* § 8 Rn. 1; *Pauly* in: *Robinski* Rn. N/72; *Odenthal* GewArch 1985, 105). 3

Das automatische Erlöschen der Erlaubnis bzw. Genehmigung ist auch in **anderen Bereichen des öffentlichen Rechts** bekannt, so etwa im Bauordnungsrecht (vgl. etwa § 62 Abs. 1 LBO BW). Das Erfordernis eines baldigen Gebrauchs von der Erlaubnis ist um so größer, je schwerwiegender durch die erlaubte Tätigkeit in die Rechte Dritter eingegriffen wird. Dies ist beim GastR ohne Zweifel der Fall. 4

§ 8 Erlöschen der Erlaubnis

b) Anwendungsbereich

5 Die Vorschrift gilt auch in den Fällen des § 10 GastG für Realgewerbeberechtigungen nach § 24 **GastG** und für die Erlaubnisse nach § 34 **GastG** (*Metzner* § 8 Rn. 4; *Michel/Kienzle* § 8 Rn. 1). Die entsprechende Anwendung auf Stellvertretungserlaubnisse folgt aus § 9 S. 2 **GastG** (vgl. dazu auch BT-Ds V/205, S. 16). Im Geltungsbereich der §§ 11, 12 **GastG** findet § 8 GastG grundsätzlich keine Anwendung, weil die kurze Geltung der vorläufigen Erlaubnis (§ 11 Abs. 1 S. 2 GastG) und der Gestattung (§ 12 Abs. 1 GastG) die Beschränkung des § 8 GastG in aller Regel entbehrlich macht. Etwas anderes gilt aber, wenn die vorläufige Erlaubnis – was sehr selten vorkommen dürfte – gem. § 9 Abs. 1 S. 2 Hs. 2 GastG so lange verlängert wird, dass ihre gesamte Geltungsdauer die Jahresfrist des § 8 S. 1 GastG überschreitet, oder wenn die Gestattung entsprechend lang gültig ist (**aA** *Metzner* § 8 Rn. 4; *Michel/Kienzle* § 8 Rn. 1). Insofern stellt § 8 S. 1 GastG eine von Gesetzes wegen zu beachtende **Höchstfrist** dar. Allerdings gehen die besonderen Begrenzungs- und Eingriffsmöglichkeiten nach den §§ 11, 12 GastG (etwa die Befristung) vor.

c) Befristung

6 Der Zweck des § 8 GastG fordert, dass die Verlängerung **jeweils befristet** erfolgt, und zwar durch Angabe eines kalendermäßig bestimmten Zeitraums oder Zeitpunkts (*BVerwG* 26. 5. 1987, GewArch 1987, 272).

3. Verfassungsrecht

7 Verfassungsrechtliche Bedenken bestehen gegen § 8 GastG nicht. Der mit § 8 GastG verfolgte Zweck, eine Überwachung des Gaststättenbetriebs zum Schutz der Gäste, Beschäftigten, der Nachbarn und der Allgemeinheit (vgl. § 4 Abs. 1 S. 1 GastG) sicherzustellen, stellt eine gerechtfertigte und verfassungsgemäße Einschränkung der durch **Art. 12 GG** geschützten Berufsfreiheit des Gaststättenbetreibers dar. Auch das Eigentumsrecht des **Art. 14 GG** wird nicht tangiert. Die Jahresfrist des § 8 S. 1 GastG berücksichtigt die

Erlöschen der Erlaubnis § 8

Interessen des Gaststättenbetreibers ausreichend. Besonderen Einzel- oder Härtefälle kann über § 8 S. 2 GastG angemessen begegnet werden.

4. Betriebsbeginn und Nichtausübung (Satz 1)

a) Allgemeines

Tritt eine der in **Satz 1** genannten Bedingungen ein, so verliert die Erlaubnis kraft Gesetzes ihre Wirkung. Es bedarf keiner Entscheidung oder eines sonstigen Zutuns der Gaststättenbehörde. § 8 S. 1 GastG knüpft die Rechtsfolge des Erlöschens an **ausschließlich objektive Voraussetzungen** (fehlender Betriebsbeginn oder Ende des Betriebs). Auf die Ursachen kommt es nicht an, so dass die Frage des Verschuldens im Rahmen des § 8 S. 1 GastG keine Rolle spielt (ebenso *Metzner* § 8 Rn. 13; *Michel/Kienzle* § 8 Rn. 6). Allerdings finden diese Aspekte bei der Prüfung der Fristverlängerung nach S. 2 Berücksichtigung. **8**

Die Gaststättenerlaubnis kann **nur insgesamt erlöschen**. Ein teilweises Erlöschen ist nicht möglich (ebenso *Metzner* § 8 Rn. 10; *Michel/Kienzle* § 8 Rn. 12). Macht der Gaststättenbetreiber daher von Teilen der Erlaubnis keinen Gebrauch, ohne dass dies nach den hier dargelegten Grundsätzen zu einem (ganzen) Erlöschen der Erlaubnis führt, kann der Gaststättenbetreiber auch nach längerer Zeit von den nicht genutzten Teilen seiner Erlaubnis wieder Gebrauch machen. Das GastR kennt diesbezüglich auch **keine Verwirkung**. **9**

b) Betriebsbeginn

Der Inhaber hat den **Betrieb begonnen**, sobald er ihn den Gästen zugänglich gemacht hat und die im Rahmen des Gaststättenbetriebs entfaltete Tätigkeit dem erlaubten Betrieb (vgl. dazu sogleich Rn. 11) entspricht. Beginn nur für kurze Dauer und teilweiser Beginn (Teil der Räume oder Leistungen) genügen, sofern nicht nur Nebentätigkeiten nach § 7 GastG begonnen werden (ebenso *Michel/Kienzle* § 8 Rn. 2 f.). Maßgebend ist der Beginn durch den Inhaber als Gewerbetreibenden, der auch durch Hilfspersonen wie Stellvertreter, Gewerbegehilfen usw. tätig werden kann (*Schwab* in: **10**

§ 8 Erlöschen der Erlaubnis

Aßfalg/Lehle/Rapp/Schwab § 8 GastG Rn. 8). Deshalb bleibt auch die Erlaubnis eines als Gewerbetreibenden anzusehenden Gesellschafters einer nichtrechtsfähigen Personenmehrheit (vgl. § 2 Rn. 12) bestehen, wenn dieser sich im Gegensatz zu den anderen geschäftsführungsbefugten Gesellschaftern innerhalb der Fristen des § 8 GastG jeder Betätigung enthält.

11 Von § 8 S. 1 GastG wird nur der Beginn eines solchen Betriebs erfasst, welcher **der Erlaubnis** nach § 2 Abs. 1 GastG **entspricht**. Andernfalls würde ein rechtwidriges Verhalten des Gaststättenbetreibers durch § 8 S. 1 GastG gebilligt.

12 Bei **Verpachtung einer Gaststätte** hemmt die Tätigkeit des Pächters den Fristablauf für den Verpächter nicht, weil der Pächter nicht Hilfsperson, sondern selbst Gewerbetreibender ist und der Erlaubnis nach § 2 Abs. 1 GastG bedürfte (wie hier etwa *Michel/Kienzle* § 8 Rn. 4).

c) Nichtausübung

13 Die Ausführungen zum Beginn des Gaststättenbetriebs (zuvor Rn. 10–12) gelten für die Beurteilung der Frage, ob der Inhaber den Betrieb **nicht mehr ausgeübt hat**, entsprechend. Die teilweise Betriebseinstellung lässt die Erlaubnis unberührt, solange hierdurch die Frage der Erlaubnisbedürftigkeit nicht erneut aufgeworfen wird.

14 Eine Nichtausübung i. S. d. § 8 S. 1 GastG liegt immer dann vor, wenn die für den erlaubten Gaststättenbetrieb **wesentlichen Merkmale** nach § 3 Abs. 1 GastG durch Aufgabe oder Änderung **nicht mehr vorliegen**. Dabei ist auf den Inhalt der Erlaubnis abzustellen. Im Einzelnen gilt:

– **Änderung der Betriebsräume**: Nutzt der Gaststättenbetreiber einzelne von der Erlaubnis umfasste Räume der Gaststätte nicht mehr, findet § 8 S. 1 GastG keine Anwendung. Dies gilt auch, wenn der Betrieb zusätzlich in anderen Räumen stattfindet, wobei für diese dann eine Erlaubnisbedürftigkeit besteht. Zum Erlöschen der Gaststättenerlaubnis führt die Aufgabe sämtlicher von der Erlaubnis erfassten

Gaststättenräume. Dies gilt auch, wenn sämtliche Gasträume nicht mehr, die Räume für die Beschäftigten aber weiterhin genutzt werden. Mit der Aufgabe der Gasträume fällt ein den Kerngehalt der Erlaubnis ausmachendes Merkmal weg.
– **Änderung der Betriebsart**: Fällt die Betriebsart weg, weil der Gaststättenbetreiber eine andere Art des Betriebs führt, als sie der Erlaubnis zugrunde lag, greift § 8 S. 1 GastG. Dies gilt allerdings dann nicht, wenn die neue Betriebsart von der alten umfasst wird, wie man das etwa bei Aufgabe der Beherbergung und Weiterführung als Schankwirtschaft (so zu Recht *Metzner* § 8 Rn. 10) oder bei der Weiterführung einer Diskothek als Schankwirtschaft annehmen kann.

Wird die Ausübung des Gaststättenbetriebs durch einen **rechtswidrigen hoheitlichen Eingriff** verhindert, ist diese Zeitspanne nicht zulasten des Gewerbetreibenden anzurechnen (so zu Recht *Odenthal* GewArch 1994, 48, 52). **15**

d) Weitere Erlöschensgründe

Neben dem in § 8 S. 1 GastG geregelten Fall des Erlöschens der Gaststättenerlaubnis durch Zeitablauf sind noch folgende Fälle des Erlöschens denkbar: **16**

Erlöschen einer juristischen Person. Das Erlöschen einer juristischen Person führt zum Erlöschen der nach § 2 Abs. 1 GastG erteilten Erlaubnis. Allerdings gilt dies erst ab dem Zeitpunkt der **endgültigen Abwicklung** der juristischen Person. Dies ist bei eingetragenen Vereinen (§§ 42–53, 75 f. BGB), Gesellschaften des Bürgerlichen Rechts (§§ 730–735 BGB), Gesellschaften mit beschränkter Haftung (§§ 60–77 GmbHG), Aktiengesellschaften (§§ 264–274 AktG) und der eingetragenen Genossenschaft (§§ 78–118 GenG) nach Abschluss der **Auseinandersetzung, Abwicklung oder Liquidation** der Fall (wie hier *Michel/Kienzle* § 8 Rn. 13). **16a**

Fristablauf. Die Gaststättenerlaubnis erlischt, wenn eine auf der Grundlage des **§ 3 Abs. 2 GastG** erfolgte **Befristung ausläuft**. Gleiches gilt, wenn eine der Fristen des **§ 10 GastG** bei Weiterführung des Gaststättenbetriebs ausläuft. **16b**

§ 8 Erlöschen der Erlaubnis

16c **Insolvenz des Erlaubnisinhabers.** Kein Beendigungsgrund für die Erlaubnis ist die Insolvenz des Erlaubnisinhabers. Der Insolvenzverwalter oder eine von ihm beauftragte Person kann den Betrieb aufgrund einer Stellvertretungserlaubnis – ggf. auch gegen den Willen des Gaststättenbetreibers – weiterführen. Gem. **§ 22 Abs. 1 S. 2 Nr. 2 InsO** hat der vorläufige Insolvenzverwalter ein Unternehmen, das der Schuldner betreibt, bis zu Entscheidung über die Eröffnung des Insolvenzverfahrens fortzuführen, so weit nicht das Insolvenzgericht einer Stilllegung zustimmt, um eine erhebliche Verminderung des Vermögens zu vermeiden. Gem. **§ 80 Abs. 1 InsO** geht das Recht des Schuldners, das zur Insolvenzmasse gehörende Vermögen zu verwalten und über es zu verfügen, durch die Eröffnung des Insolvenzverfahrens auf den Insolvenzverwalter über. Vgl. zur Insolvenz auch **§ 12 GewO**.

16d **Realgewerbeberechtigung.** Für die Realgewerbeberechtigung findet sich in **§ 24 Abs. 1 S. 3 GastG** eine Sonderregelung, wonach Realgewerbeberechtigungen, die drei Jahre lang nicht ausgeübt worden sind, erlöschen. Der Wegfall einer der persönlichen Erlaubnis zugrunde liegenden Realgewerbeberechtigung bewirkt wiederum das **Erlöschen der persönlichen Erlaubnis** (*Metzner* § 8 Rn. 22; *Michel/Kienzle* § 8 Rn. 17).

16e **Rücknahme und Widerruf.** Die Gaststättenerlaubnis erlischt durch Rücknahme oder Widerruf nach § 15 GastG bzw. §§ 48, 49 LVwVfG.

16f **Tod des Erlaubnisinhabers.** Durch den Tod des Erlaubnisinhaber erlischt die Gaststättenerlaubnis. Eine Übertragung nach dem Tod auf eine andere Person ist grundsätzlich nicht möglich (vgl. zur Rechtsnachfolge auch § 2 Rn. 6). Allerdings ist **§ 10 GastG** zu beachten, wonach nach dem Tode des Erlaubnisinhabers das Gaststättengewerbe aufgrund der bisherigen Erlaubnis durch den **Ehegatten, Lebenspartner** oder die **minderjährigen Erben** während der Minderjährigkeit weitergeführt werden darf. Das Gleiche gilt für **Nachlassverwalter, Nachlasspfleger** oder **Testamentsvollstrecker** bis zur Dauer von zehn Jahren nach dem Erbfall. Die tatsäch-

Erlöschen der Erlaubnis § 8

lichen (Minderjährigkeit nach § 10 S. 1 GastG) und zeitlichen (Zehn-Jahres-Frist nach § 10 S. 2 GastG) Beschränkungen sind zu beachten (vgl. dazu auch oben Rn. 16b).

Umwandlung. Zur Auswirkung der Umwandlung auf den Bestand der Gaststättenerlaubnis vgl. § 2 Rn. 13–16. 16g

Verzicht auf die Gaststättenerlaubnis. Auf die **Rechte aus einem VA** kann vom Begünstigten grundsätzlich **verzichtet** werden (*BVerwG* 15. 12. 1989, BVerwGE 84, 109, 211 = NVwZ 1990, 464, DÖV 1990, 479 [immissionsschutzrechtliche Genehmigung]; *VGH BW* 10. 11. 1993, NVwZ 1995, 280 = VBlBW 1994, 349 [Baugenehmigung]; *OVG NRW* 19. 5. 1971, DÖV 1972, 57 [Singspielerlaubnis]; *Kopp/Ramsauer* § 43 Rn. 41). Dies gilt auch für die Gaststättenerlaubnis, weil sie nur auf Antrag des Gaststättenbetreibers erteilt wird und damit zu dessen Disposition steht (*VGH BW* NVwZ 1995, 280, 281; *Ambs* in: *Erbs/Kohlhaas* § 8 GastG Rn. 6; **aA** *Jarass* GewArch 1980, 177, 189). Die Gaststättenerlaubnis enthält auch nicht die Verpflichtung, von ihr Gebrauch zu machen, sondern es besteht lediglich die zeitliche Einschränkung des § 8 S. 1 GastG (vgl. *OVG NRW* DÖV 1972, 57, 58). Der Verzicht auf die Gaststättenerlaubnis stellt lediglich das Gegenstück zum Antrag auf Erteilung dar (*OVG NRW* aaO). 16h

Ein **teilweiser Verzicht** auf die Rechte aus der Gaststättenerlaubnis ist nur möglich, wenn eine erneute Erlaubnis für die in ihrem Umfang reduzierte Erlaubnis nicht erforderlich ist, insbesondere eine (erneute) Prüfung nach § 4 Abs. 1 GastG nicht erfolgen muss.

Auf eine Gaststättenerlaubnis kann auch **während eines Widerrufsverfahrens** wirksam verzichtet werden. Hierdurch tritt eine **Erledigung** des Widerrufsverfahrens ein (*VGH BW* 3. 12. 1996, GewArch 1997, 121 f. = VGHBW-Ls 45/1997).

Der Verzicht muss **gegenüber der Gaststättenbehörde** erklärt werden. Eine entsprechende Erklärung gegenüber Dritten, insbesondere anderen Behörden, genügt nicht. Es reicht aus, wenn sich aus der Erklärung des Gaststättenbetreibers der eindeutige Wille entnehmen lässt, er wolle künftig die aus der Erlaubnis resultierenden Rechte insgesamt, und damit die Möglichkeit des Gaststättenbetriebs überhaupt nicht mehr in Anspruch nehmen.

Tipp: Bei Annahme eines Verzichts durch die Gaststättenbehörde ist wegen Art. 12 GG **Zurückhaltung geboten**. Im Zweifel sollte beim Gaststättenbetreiber nachgefragt werden. Dem Gaststättenbetreiber ist anzuraten, bei Streitigkeiten über den Bestand der Gaststättenerlaubnis (etwa in Rücknahme- und Widerrufsverfahren) und in allen anderen Fällen, bei denen hierzu ein Anlass besteht (etwa bei Veräußerung der Gaststättenräume oder bei Verpachtung des Gaststättenbetriebs), gegenüber der Gaststättenbehörde eindeutig **klarzustellen**, dass er an der Erlaubnis festhält.

e) Fristberechnung

17 Die Berechnung der Jahresfrist nach S. 1 und der weiteren Fristen nach S. 2 erfolgt auf der Grundlage der **§ 31 Abs. 1 VwVfG** entsprechenden Landesregelungen und der daraus folgenden entsprechenden Anwendung der **§§ 187 bis 193 BGB**.

18 Die Frist für den **Betriebsbeginn** läuft erst von dem Zeitpunkt an, von dem der Gewerbetreibende die Befugnis hat, von der Erlaubnis Gebrauch zu machen, also ggf. erst nach Eintritt einer etwaigen aufschiebenden Bedingung (ebenso *Metzner* § 8 Rn. 8; *Michel/ Kienzle* § 8 Rn. 7). Bei der **Nichtausübung** beginnt die Frist mit der letzten Handlung des Gaststättenbetreibers zu laufen, die dem Betrieb zugerechnet werden kann. Die Frist wird mit jeder dem Betrieb zurechenbaren Handlung **unterbrochen** und beginnt damit nach Abschluss dieser Betriebshandlung erneut von vorne zu laufen, wenn sie nicht nur zu dem Zweck erfolgt, eine Fristunterbrechung zu bewirken, ohne dass eine echte Absicht der Betriebsaufnahme besteht (ebenso *Metzner* § 8 Rn. 15).

5. Fristverlängerung (Satz 2)

a) Allgemeines

19 Nach § 8 S. 2 GastG können die Fristen des S. 1 von der Gaststättenbehörde **verlängert** werden, wenn ein wichtiger Grund vorliegt. Die **Frist** des S. 2 ist **anderer Rechtsnatur** als die Frist des S. 1.

Erlöschen der Erlaubnis § 8

Bei der Frist des S. 1 handelt es sich um eine **gesetzliche Frist**, während die Frist des § 8 S. 2 GastG eine **behördliche** ist (vgl. zu dieser Unterscheidung etwa *Clausen* in: *Knack* § 31 Rn. 6 f.). Gesetzliche Fristen können nach den Grundsätzen des allgemeinen Verwaltungsrechts grundsätzlich nicht von einer Behörde verlängert werden (*Clausen* aaO, § 31 Rn. 36). Etwas anderes gilt nur, wenn – wie dies § 8 S. 2 GastG vorsieht – das Gesetz eine entsprechende Ermächtigung ausdrücklich vorsieht.

b) Antrag und Beginn

Der Antrag auf Verlängerung der Frist des § 8 S. 1 GastG muss **vor ihrem Ablauf** gestellt werden. Die Entscheidung über den Antrag soll erst nach Ablauf der Frist ergehen können (*Metzner* § 8 Rn. 17; *Michel/Kienzle* § 8 Rn. 10; **zw**). Die behördliche Frist des § 8 S. 2 GastG kann nochmals, ggf. auch mehrfach verlängert werden. Aus den § 31 Abs. 7 S. 2 VwVfG entsprechenden Landesregelungen – die neben § 8 S. 2 GastG Anwendung finden, weil § 8 S. 2 GastG insoweit keine Abweichung vorsieht (vgl. *Clausen* in: *Knack* Rn. 3, 8 vor § 31) – folgt, dass der Antrag auf Verlängerung der behördlichen Frist auch nach Ablauf dieser Frist gestellt werden und eine **rückwirkende Verlängerung** der Frist erfolgen kann. Eine rückwirkende Fristverlängerung kann auch ohne Antrag **von Amts wegen** vorgenommen werden (*VGH BW* 22. 7. 1994, NVwZ-RR 1994, 625 [zum Abfallrecht]). **20**

Aus den § 31 Abs. 2 VwVfG entsprechenden Landesregelungen folgt, dass die **Verlängerungsfrist** des § 8 S. 2 GastG erst mit dem Tag zu laufen **beginnt**, der auf die Bekanntgabe der Frist folgt. Allerdings kann die Gaststättenbehörde hiervon abweichen. **21**

Tipp: Für den Beginn der behördlichen Frist des § 8 S. 2 GastG ist es wichtig, dass die **Bekanntgabe** der behördlichen Frist richtig erfolgt. Es ist daher auf eine **ordnungsgemäße Zustellung** zu achten (vgl. dazu *Clausen* in: *Knack* § 31 Rn. 10 m. w. N.). Ohne rechtmäßige Bekanntgabe beginnt die Frist des § 8 S. 2 GastG nicht zu laufen.

c) Wichtiger Grund

22 Beim **wichtigen Grund** nach § 8 S. 2 GastG handelt es sich um einen unbestimmten Rechtsbegriff, dessen Anwendung der vollen gerichtlichen Überprüfung unterliegt. Ein wichtiger Grund kann nur angenommen werden, wenn dem Gaststättenbetreiber das **Einhalten der gesetzlichen Frist** des § 8 S. 1 GastG oder einer bereits gewährten behördlichen Verlängerung nach § 8 S. 2 GastG aus von ihm nicht zu vertretenden Gründen **unzumutbar oder unmöglich** war. Dabei sind der Gesetzeszweck und die **Interessen** der Beteiligten sowie der Allgemeinheit **abzuwägen** (*Schwab* in: *Aßfalg/Lehle/Rapp/Schwab* § 8 GastG Rn. 11). Eine Verlängerung scheidet aus, wenn absehbar ist, dass die Hindernisse, die der Einhaltung der ursprünglichen Frist entgegenstanden, nicht innerhalb einer angemessenen weiteren Frist beseitigt sein werden.

Beispiele für einen wichtigen Grund:

– Absage des für den Gaststättenbetrieb notwendigen Personals;
– Erkrankung des Gaststättenbetreibers;
– Lieferschwierigkeiten bei Gegenständen, die für den Betrieb der Gaststätte unabdinglich sind (etwa der Tische, Stühle und Theke des Gastraums);
– Verzögerungen bei der Herstellung der Gaststättenräume;
– Zerstörung der Gaststättenräume.

d) Ermessen

23 Die Entscheidung über die Verlängerung der gesetzlichen Frist oder die nochmalige Verlängerung der behördlichen Frist steht im **Ermessen** der Gaststättenbehörde („können"). Dieses Ermessen besteht **in zweifacher Hinsicht**. Zum einen hat die Gaststättenbehörde darüber zu entscheiden, ob sie eine Fristverlängerung vornimmt (sog. Entschließungsermessen), zum anderen hat sie die Dauer der Verlängerung zu bestimmen (sog. Auswahlermessen). Es ist nicht davon auszugehen, dass bei Vorliegen eines wichtigen Grunds stets eine Verlängerung zu erfolgen hat (**aA** *Michel/Kienzle* § 8 Rn. 9 sowie die *Voraufl.* in § 8 Rn. 4), weil sonst das durch § 8 S. 2 GastG eingeräumte Ermessen ins Leere liefe. Es lässt sich § 8

S. 2 GastG auch nicht entnehmen, dass ein Ermessen nur in Bezug auf die Länge der Verlängerungsfrist besteht. Im Hinblick auf Art. 12 GG wird indes häufig eine **Reduzierung** des Entschließungsermessens **auf Null** anzunehmen sein (etwas zu weitgehend *Metzner* § 8 Rn. 17, der dies im Regelfall annimmt). Entscheidend sind die Umstände des jeweiligen Einzelfalls. Eine Ermessenreduzierung ist vor allem anzunehmen, wenn die Voraussetzung für eine Wiedereinsetzung in den vorigen Stand gegeben wären (*Kopp/ Ramsauer* § 31 Rn. 40). In Bezug auf die **Länge der Verlängerungsfrist** ist das Ermessen der Gaststättenbehörde weit. Sie ist auch nicht gehindert, die Frist länger zu bemessen als die nach § 8 S. 1 GastG. Allerdings ist zu beachten, dass der mit § 8 S. 1 GastG verfolgte Zweck, die Überwachung des Gaststättenbetriebs sicherzustellen, nicht unterlaufen wird (vgl. zu **Angemessenheit** der Frist *Clausen* in: *Knack* § 31 Rn. 39 m. w. N.).

6. Verwaltungsverfahren, Rechtsschutz

a) Verwaltungsverfahren

Die **behördliche Festsetzung** der Frist nach § 8 S. 2 GastG ist ein **VA** (wie hier etwa *Clausen* in: *Knack* § 31 Rn. 38; *Kopp/Ramsauer* § 31 Rn. 43). Daher sind die für den Erlass eines VA geltenden Verfahrensvorschriften zu beachten (zum Ermessen vgl. zuvor Rn. 23). Aus der § 31 Abs. 7 S. 3 VwVfG entsprechenden Landesregelung folgt, dass die Fristfestsetzung nach § 8 S. 2 GastG auch mit einer **Nebenbestimmung** versehen werden kann. 24

Eine **nachträgliche Verkürzung** der behördlichen Frist des § 8 S. 2 GastG ist nur durch Rücknahme oder Widerruf nach den §§ 48, 49 VwVfG entsprechenden Landesregelungen im Rahmen einer Ermessensentscheidung möglich. 25

b) Rechtsschutz

Besteht über die Frage, ob eine Gaststättenerlaubnis erloschen ist, zwischen dem Gaststättenbetreiber und der Gaststättenbehörde 26

§ 9 Stellvertretungserlaubnis

Streit, kann **Feststellungsklage** erhoben werden (*BayVGH* 31. 3. 1971, MDR 1971, 611 = DVBl. 1971, 863, nur Ls.).

27 Die behördliche Fristfestsetzung nach § 8 S. 2 GastG kann vom Gaststättenbetreiber **nicht gesondert angefochten** werden. Auf sie findet § **44 a S. 1 VwGO** Anwendung (*Kopp/Ramsauer* § 31 Rn. 46), wonach Rechtsbehelfe gegen behördliche Verfahrenshandlungen nur gleichzeitig mit den gegen die Sachentscheidung zulässigen Rechtsbehelfen geltend macht werden können. Werden durch die Fristentscheidung **Dritte** beschwert, können diese sich gem. § 44 a S. 2 VwGO auch nur gegen diese Entscheidung zur Wehr setzen.

7. Durchsetzung

28 Wird der Gaststättenbetrieb nach Erlöschen der Gaststättenerlaubnis ohne Erteilung einer neuen Erlaubnis fortgesetzt, kann die Gaststättenbehörde den **Betrieb** durch VA gem. § 31 GastG i.V.m. § 15 Abs. 2 GewO **untersagen** und die Untersagung notfalls mit **Verwaltungszwang** durchsetzen. Zum Verfahren vgl. § 2 Rn. 46, 48 f.

8. Ordnungswidrigkeiten

29 Wer nach Erlöschen der Gaststättenerlaubnis und ohne Besitz einer neuen Erlaubnis vorsätzlich oder fahrlässig Getränke oder zubereitete Speisen verabreicht oder Gäste beherbergt, begeht eine **Ordnungswidrigkeit** nach § 28 Abs. 1 Nr. 1 GastG.

§ 9
Stellvertretungserlaubnis

Wer ein erlaubnisbedürftiges Gaststättengewerbe durch einen Stellvertreter betreiben will, bedarf einer Stellvertretungserlaubnis; sie wird dem Erlaubnisinhaber für einen bestimmten Stellvertreter erteilt und kann befristet werden. Die Vorschriften des § 4 Abs. 1 Nr. 1 und 4 sowie des § 8 gelten entsprechend. Wird das Gewerbe nicht mehr durch den Stellvertreter betrieben, so ist dies unverzüglich der Erlaubnisbehörde anzuzeigen.

Stellvertretungserlaubnis § 9

Inhaltsübersicht

	Rn.		Rn.
1. Fassung, Materialien, Literatur		*4. Stellvertretungserlaubnis*	
a) Fassung	1	a) Akzessorietät	16, 17
b) Materialien zur geltenden Fassung	1a	b) Tatbestand	18
c) Weiterführende Literatur	1b	c) Erlaubnisinhaber	
2. Allgemeines		– Adressat der Erlaubnis	19
a) Zweck der Vorschrift	2	– Rücknahme, Widerruf	20
b) Anwendungsbereich		d) Namentliche Bezeichnung	21
– Erlaubnispflicht	3	e) Befristung	
– Gestattung	4	– § 36 Abs. 1 VwVfG	22
c) Zweck der Vorschrift	5	– keine Einschränkung	23
3. Stellvertreter		– weitere Beschränkungen	24
a) Begriff		f) Gebundene Entscheidung	25
– Wille des Gesetzgebers	6, 7	g) Erlöschen	26, 27
– Umfang	8	h) Verwaltungsgebühr	28
b) Abgrenzung		i) Gewerbezentralregister	29
– Pächter	9	*5. Anzeigepflicht (Satz 3)*	30
– Gehilfe, Geschäftsführer	10	*6. Verfahren, Rechtsschutz*	
– Organe	11	a) Verwaltungsverfahren	31
– einzelne Aufgaben oder vorübergehend	12	b) Rechtsschutz	
c) Status	13	– Verpflichtungsklage	32
d) Rechte und Pflichten des Stellvertreters	14	– Stellvertreter	33
e) Pflichten des Erlaubnisinhabers	15	*7. Durchsetzung*	34
		8. Erlaubnismuster	35
		9. Ordnungswidrigkeiten	36–38

1. Fassung, Materialien, Literatur

a) Fassung

Die Vorschrift entspricht noch der ursprünglichen Fassung des GastG vom 5. 5. 1970 (BGBl. I S. 465), nunmehr in der Form der Bekanntmachung der Neufassung des GastG vom 20. 11. 1998 (BGBl. I S. 3418). **1**

§ 9 Stellvertretungserlaubnis

b) Materialien zur geltenden Fassung

1a Entwurf der BReg, BT-Ds V/205, S. 4, 16; Stellungnahme des BR, BT-Ds V/205, S. 24; Gegenäußerung der BReg, BT-Ds V/205, S. 32; Bericht und Beschluss des Ausschusses für Wirtschaft und Mittelstandsfragen (15. Ausschuss), BT-Ds V/1652, S. 5, 14; Zweiter schriftlicher Bericht des Ausschusses für Wirtschaft und Mittelstandsfragen (15. Ausschuss), BT-Ds V/4380, S. 8; Einberufung des Vermittlungsausschusses durch den BR, BT-Ds V/4581, S. 3; Bericht des Vermittlungsausschusses, BT-Ds V/4591, S. 2.

c) Weiterführende Literatur

1b *Boujong* (Hrsg), Karlsruher Kommentar zum Gesetz über Ordnungswidrigkeiten (KK-OWiG), 2. Aufl. 2000; *Göhler* Ordnungswidrigkeitengesetz, 13. Aufl. 2002; *Lemke* Ordnungswidrigkeitengesetz, 1. Aufl. 1999; *Pinegger* Aktuelle Fragen des Gewerberechts, GewArch 1999, 463–469.

2. Allgemeines

a) Zweck der Vorschrift

2 § 9 GastG erfüllt einerseits den Zweck, dem Inhaber einer Gaststätte die **Führung des Betriebs durch eine andere Person** zu ermöglichen. Dies entspricht den Anforderungen der Praxis vor allem bei Gaststättenketten oder bei größeren Gaststätten, deren Betrieb häufig nicht durch den Inhaber, sondern durch von diesem zu diesem Zweck bestellte Personen erfolgt. Zum anderen stellt § 9 GastG sicher, dass bei einer Betriebsführung durch andere Personen als den Gaststätten- und Erlaubnisinhaber eine **Kontrolle** der Zuverlässigkeit dieser Personen und der Nachweis grundlegender lebensmittelrechtlicher **Kenntnisse durch die Gaststättenbehörde** erfolgt (vgl. auch *OLG Düsseldorf* 24. 6. 1988, GewArch 1989, 31). Dadurch kann die Kontrolldichte des GastG nicht durch die Bestellung eines Stellvertreters bei der Betriebsführung durchbrochen werden.

b) Anwendungsbereich

§ 9 GastG ist für das erlaubnispflichtige Gaststättengewerbe eine **Sondervorschrift** gegenüber § 45 GewO (ebenso *Metzner* § 9 Rn. 2; vgl. Anhang II 1). Sie gilt für **natürliche Personen**, juristische Personen und nichtrechtsfähige Vereine als Träger von Gaststättenerlaubnissen und betrifft nur den Stellvertreter im gewerberechtlichen Sinn. Aus dem Wortlaut des § 9 S. 1 Hs. 1 GastG folgt im Umkehrschluss, dass es für den Betrieb eines **erlaubnisfreien Gaststättengewerbes keiner Stellvertretungserlaubnis bedarf**, sondern die allgemeine Regel des § 45 GewO greift (ebenso *Michel/Kienzle* § 9 Rn. 7). 3

Aus dem Wortlaut des § 9 S. 1 Hs. 2 GastG („Erlaubnisinhaber") könnte gefolgert werden, dass die Ausübung eines Gaststättengewerbes durch einen Stellvertreter nur möglich ist, wenn es sich um einen erlaubten Betrieb nach § 2 Abs. 1 GastG handelt. Damit wäre bei der **Gestattung nach § 12 GastG** der Betrieb durch einen Stellvertreter nicht möglich. Die Gestattung ist allerdings rechtsdogmatisch ein Unterfall der Erlaubnis (vgl. dazu § 12 Rn. 3), für deren Erteilung lediglich erleichterte Voraussetzungen gelten. Daher ist § 9 S. 1 GastG auch auf Gestattungen nach § 12 GastG anzuwenden. Dies bedeutet, dass sich bei einem Betrieb durch einen Stellvertreter die Gestattung ausdrücklich auf die Stellvertretung und die Person des Stellvertreters erstrecken muss (ebenso *Michel/Kienzle* § 12 Rn. 5). 4

c) Verbot mit Erlaubnisvorbehalt

§ 9 GastG enthält ein **Verbot mit Erlaubnisvorbehalt** (*Metzner* § 9 Rn. 5; *Michel/Kienzle* § 9 Rn. 7), das der Gaststättenbehörde eine **Kontrolle** der für den Erlaubnisinhaber tätigen Person ermöglicht. 5

§ 9 Stellvertretungserlaubnis

3. Stellvertreter
a) Begriff

6 In Übereinstimmung mit Literatur und Rspr bezeichnet BT-Ds V/205, S. 16, als Stellvertreter denjenigen,

„der den Betrieb im Namen und für Rechnung des Inhabers, im übrigen aber unter eigener Verantwortung – auch für die Einhaltung der gewerberechtlichen Vorschriften – selbständig führt."

7 Nach der umfangreicheren, nach wie vor zutreffenden **Definition in der amtlichen Begründung zu § 6 Abs. 1 GastG a. F.** ist ein Stellvertreter eine Person, „welche auf Grund vertraglicher oder gesetzlicher Vollmacht den Betrieb im Namen und für Rechnung des Inhabers, im übrigen aber unter eigener Verantwortung selbständig führt und die sich einerseits von dem Gehilfen oder Geschäftsführer, der das Gewerbe oder einzelne Zweige desselben unter Aufsicht und Leitung des Inhabers verwaltet, andererseits von dem Pächter der Gewerbeeinrichtung unterscheidet, der das Gewerbe auf eigene Rechnung und im eigenen Namen ausübt".

8 Stellvertreter ist damit nur derjenige, der **anstelle des** sich mit dem Betrieb grundsätzlich nicht befassenden **Gewerbebetreibenden in dessen Namen** und **für dessen Rechnung** das **Gewerbe selbstständig ausübt** und damit den fremden **Gewerbebetrieb unter eigener Verantwortung** führt (vgl. etwa auch *Pauly* in: *Robinski* Rn. N/127). Der Gastwirt, der sich durch einen im Wesentlichen weisungsgebundenen Dritten in der Gewerbeausübung vertreten lässt, bedarf keiner Vertretungserlaubnis (vgl. *BayObLG* 23. 4. 1989, NVwZ 1990, 901 = DÖV 1990, 750, MDR 1990, 849, BayVBl. 1990, 571 f., GewArch 1990, 252).

b) Abgrenzung

9 Nach der oben in Rn. 7 wiedergegebenen älteren gesetzlichen Definition ist der Stellvertreter zunächst vom **Pächter** einer Gaststätte zu unterscheiden. Der Pächter einer Gaststätte **ist in eigener Person Gewerbetreibender** und bedarf daher der Erlaubnis nach § 2 Abs. 1 GastG. Er kann für die von ihm gepachtete Gaststätte nicht Stellvertreter eines anderen sein (zu Recht geht daher *BayVGH*

16. 11. 1972, GewArch 1974, 29, davon aus, dass sich die Funktionen Pächter und Stellvertreter gegenseitig ausschließen; ebenso etwa *Metzner* § 9 Rn. 3; *Seitter* in: AnwPrax VerwR, § 15 Rn. 64; *Pauly* in: *Robinski* Rn. N/127). Auch bei **Franchise-Nehmern** ist davon auszugehen, dass sie in aller Regel keine Stellvertreter sind, sondern den Betrieb in eigener Person betreiben und einer Erlaubnis nach § 2 Abs. 1 GastG bedürfen (ebenso *Pauly* in: *Robinski* Rn. N/127; *Pinegger* GewArch 1999, 463, 468).

Darüber hinaus muss der Stellvertreter vom **Gehilfen** oder **Geschäftsführer** des Gaststättenbetreibers unterschieden werden. Diese Differenzierung kann zum Teil schwierig sein. Die Funktion des Stellvertreters i. S. d. § 9 S. 1 GastG zeichnet sich dadurch aus, das er die gaststättenrechtlichen Funktionen und Pflichten des Betriebsinhabers **selbstständig wahrnimmt**. Dagegen nehmen Gehilfen und Geschäftsführer im Auftrag des Gaststätteninhabers zwar wesentliche Funktionen wahr. Die Aufsicht, Leitung und Letztverantwortung verbleiben aber in aller Regel beim Betriebsinhaber. Entscheidend ist die **zivilrechtliche Ausgestaltung** des zwischen Erlaubnisinhaber und möglichem Stellvertreter bestehenden Rechtsverhältnisses. Stellvertreter i. S. d. § 9 S. 1 GastG ist eine Person nur, wenn ihr durch den Erlaubnisinhaber für den gesamten Gaststättenbetrieb oder zumindest für organisatorisch trennbare Teile der Betrieb des Gewerbes **letztverantwortlich** übertragen ist (vgl. dazu *BVerwG* 6. 12. 1963, BVerwGE 17, 223, 225 = GewArch 1964, 104 [zum Handwerksrecht]). Dies kann auch ein Geschäftsführer im gesellschaftsrechtlichen Sinn sein, wenn ihm diese Selbstständigkeit eingeräumt wird, was in der Praxis häufig nicht der Fall sein wird. Andererseits begründet allein die Funktion als **Geschäftsführer** oder **Leiter der Restaurantfiliale** einer größeren Kette nicht die Merkmale eines Stellvertreters. **10**

Nachlassverwalter, Insolvenzverwalter, Testamentsvollstrecker und sonstige Personen, die aufgrund eines Amts Fremdvermögen verwalten, sowie gesetzliche Vertreter sind Stellvertreter, wenn sie den Betrieb tatsächlich **anstelle des Inhabers** selbstständig führen. Überlassen sie aber die selbstständige Führung einem Beauftrag- **11**

§ 9 Stellvertretungserlaubnis

ten, so ist dieser Beauftragte Stellvertreter. Keine Stellvertreter sind die **Organe juristischer Personen** oder nichtrechtsfähiger Vereine (ebenso *Metzner* § 9 Rn. 19); sie handeln aufgrund ihrer Organstellung (vgl. zu ihnen § 4 Abs. 2 GastG).

12 Die **Wahrnehmung einzelner** vom Erlaubnisinhaber übertragener **Aufgabenbereiche** (auch mit Letztverantwortung) oder die **vorübergehende Vertretung** des Erlaubnisinhabers durch einen Mitarbeiter sind keine Stellvertretung i. S. d. § 9 S. 1 GastG (vgl. dazu *BayObLG* 23. 4. 1989, NVwZ 1990, 901 = DÖV 1990, 750, MDR 1990, 849, BayVBl. 1990, 571 f., GewArch 1990, 252).

c) Status

13 Der Stellvertreter ist **nicht selbstständiger Gewerbetreibender**, weil er selbst nicht Unternehmer ist, sondern das Gewerbe anstelle des Unternehmers ausübt. Er übernimmt kraft seiner Stellung die **Stellung des Erlaubnisinhabers** gegenüber den Behörden (vgl. dazu auch sogleich Rn. 14).

d) Rechte und Pflichten des Stellvertreters

14 Der Stellvertreter hat gegenüber den Behörden die **Rechte und Pflichten des Erlaubnisinhabers**; er ist diesem öffentlich-rechtlich gleichgestellt. Er ist den Behörden **für den Betrieb verantwortlich** und kann alle einschlägigen Rechtshandlungen für den Betrieb (etwa Anzeige nach § 14 GewO, Beantragung von Gaststätten- und Stellvertretungserlaubnis) im Namen des Gewerbetreibenden vornehmen. Behördliche Verfügungen zum Gewerbebetrieb können ihm zugehen.

e) Pflichten des Erlaubnisinhabers

15 Der Gastwirt als Inhaber der Gaststättenerlaubnis und der Stellvertretungserlaubnis hat eine **Aufsichtspflicht** gegenüber seinem Stellvertreter. Ihre Verletzung kann zum Entzug der Gaststättenerlaubnis führen (*VGH BW* 23. 3. 1977, GewArch 1978, 32 ff.). Aufgrund der Rechtsstellung des Stellvertreters wird der **Gaststättenbetreiber** durch dessen Rechtshandlungen **verpflichtet**.

4. Stellvertretungserlaubnis

a) Akzessorietät

Aus der Verknüpfung der Erlaubnis nach § 2 Abs. 1 GastG und der Stellvertretungserlaubnis durch § 9 S. 1 GastG ergibt sich, dass die Erlaubnis nach § 9 GastG in ihrem Bestand zur Gaststättenerlaubnis **streng akzessorisch** ist. Dies bedeutet zum einen, dass die Erteilung einer Stellvertretungserlaubnis nur erfolgen kann, wenn der Antragsteller im Besitz einer Erlaubnis nach § 2 Abs. 1 GastG ist (*Metzner* § 9 Rn. 5, 20; *Michel/Kienzle* § 9 Rn. 10; *Pauly* in: *Robinski* Rn. N/127; *Ehlers* in: *Achterberg u. a.* § 2 Rn. 230; *Heimerl* in: AnwHb VerwR, § 14 Rn. 179). Zum anderen folgt aus der Akzessorietät, dass die Stellvertretungserlaubnis **erlischt**, wenn die Gaststättenerlaubnis – aus welchen Gründen auch immer – erlischt. Eines weiteren Rechtsakts der Gaststättenbehörde zur Beseitigung der Stellvertretungserlaubnis bedarf es nicht (vgl. zum Erlöschen auch nachfolgend Rn. 26 f.). 16

Tipp: Sofern die Gaststättenerlaubnis durch Rücknahme oder Widerruf erlischt, ist aus Gründen der Rechtsklarheit zu empfehlen, in den Bescheid zur Rücknahme/zum Widerruf einen **Hinweis** aufzunehmen, dass mit der Bestandskraft oder im Fall der Anordnung der sofortigen Vollziehung mit der Wirksamkeit des Bescheids die Stellvertretungserlaubnis erlischt. Vgl. dazu auch das Muster in § 15 Rn. 59.

Ist der Gaststättenbetreiber nur im Besitz einer **vorläufigen Erlaubnis** nach § 11 Abs. 1 GastG, scheidet die Erteilung einer Stellvertretungserlaubnis nach § 9 GastG aus. Es kann nur die Erteilung einer vorläufigen Stellvertretungserlaubnis nach **§ 11 Abs. 2 GastG** erfolgen (vgl. dazu § 11 Rn. 26–29). 17

b) Tatbestandliche Voraussetzungen (Satz 2)

Die **tatbestandlichen Voraussetzungen** für die Erteilung einer Stellvertretungserlaubnis sind **geringer** als die bei einer Erlaubnis nach § 2 Abs. 1 GastG. Dies erklärt sich aus der Akzessorietät der Stellvertretungserlaubnis (vgl. oben Rn. 16). Es reicht aus, wenn die Gaststättenbehörde die in Bezug auf die **Person des Stellver-** 18

treters bestehenden Anforderungen prüft. Die übrigen Anforderungen werden bereits bei der Erteilung der eigentlichen Gaststättenerlaubnis geprüft. Dies bedeutet, dass die Gaststättenbehörde gem. § 9 S. 2 Alt. 1 GastG bei der Erteilung der Stellvertretungserlaubnis prüft, ob die Person des Stellvertreters **zuverlässig** i. S. d. § 4 Abs. 1 S. 1 Nr. 1 GastG ist. Darüber hinaus muss für die Person des Stellvertreters der **Unterrichtungsnachweis** nach § 4 Abs. 1 S. 1 Nr. 4 GastG vorgelegt werden (vgl. dazu auch Nr. 1.2, 1.4, 1.6.1, 4.2 VwV Unterrichtungsnachweis [Anhang II 3]). Die sachbezogenen Versagungsgründe des § 4 Abs. 1 S. 1 Nr. 2, 2 a und 3 GastG kommen dagegen nicht zur Anwendung.

c) Erlaubnisinhaber (Satz 1 Hs. 2)

19 Aus § 9 S. 1 Hs. 2 GastG folgt, dass die Stellvertretungserlaubnis nicht dem Stellvertreter, sondern dem **Inhaber der Erlaubnis** nach § 2 Abs. 1 GastG erteilt wird (vgl. auch *Ehlers* in: *Achterberg u. a.* § 2 Rn. 230). Dies ist sachgerecht, weil allein dem Erlaubnisinhaber die zivilrechtliche Disposition über die entsprechende Funktion des Stellvertreters obliegt. Hiermit korrespondiert die Anzeigepflicht nach § 9 S. 3 GastG (vgl. dazu nachfolgend Rn. 30). Da die Stellvertretungserlaubnis dem Erlaubnisinhaber erteilt wird, kommt dem **Stellvertreter** im Verwaltungsverfahren zur Erteilung der Stellvertretungserlaubnis keine Rechtsposition zu; er ist **nicht Verfahrensbeteiligter**; zur Klagebefugnis des Stellvertreters bei Annahme der Unzuverlässigkeit vgl. aber nachfolgend Rn. 33.

20 Rücknahme und Widerruf der Stellvertretungserlaubnis müssen gegenüber dem Erlaubnisinhaber erfolgen. Vgl. dazu auch **§ 15 Abs. 4 GastG**.

d) Namentliche Bezeichnung (Satz 1 Hs. 2)

21 § 9 S. 1 Hs. 2 GastG verlangt, dass die Stellvertretungserlaubnis für einen bestimmten Vertreter zu erteilen ist. Daher muss in der Stellvertretungserlaubnis die Person des Stellvertreters **namentlich bezeichnet** werden. Zur Konkretisierung der Person gehören neben **Vorname, Name** auch das **Geburtsdatum** und der **Geburtsort**. Außerdem sollte die **Wohnanschrift** aufgenommen werden. Vgl.

dazu auch das Muster einer Stellvertretungserlaubnis nachfolgend in Rn. 35.

e) Befristung (Satz 1 Hs. 2)

§ 9 S. 1 Hs. 2 GastG lässt für die Erlaubnis **Befristungen** (vgl. zum Begriff § 3 Rn. 44) zu. Die ausdrückliche Zulassung der Befristung genügt dem Vorbehalt der **§ 36 Abs. 1 VwVfG** entsprechenden Landesregelungen für die Statthaftigkeit einer Nebenbestimmung bei einem gebundenen VA. **22**

Einer verfassungskonformen Auslegung des § 9 S. 1 Hs. 2 GastG dahingehend, dass die Stellvertretungserlaubnis nur auf Antrag befristet werden kann (so *Michel/Kienzle* § 9 Rn. 8), kann nicht gefolgt werden. Vielmehr ist eine **Befristung** grundsätzlich auch **von Amts wegen** möglich. Der Gesetzgeber hat in § 3 Abs. 2 GastG ausdrücklich vorgesehen, dass eine Befristung möglich ist, wenn das GastG dies vorsieht. § 9 S. 1 Hs. 2 GastG ist eine gesetzliche Bestimmung in diesem Sinne. Die Befristung steht im **Ermessen** der Gaststättenbehörde. Im Rahmen des Ermessens sind das Interesse des Erlaubnisinhabers an der Tätigkeit des Stellvertreters und Art. 12 Abs. 1 GastG zu berücksichtigen. Ermessensfehlerhaft ist daher die Befristung, um eine unmittelbare Ausübung des Gaststättengewerbes durch den Erlaubnisinhaber zu erreichen (ebenso *Metzner* § 9 Rn. 8; *Michel/Kienzle* § 9 Rn. 8); es entspricht gerade dem Willen des Erlaubnisinhabers, den Betrieb durch einen anderen führen zu lassen, was durch § 9 S. 1 GastG legitimiert wird. Auch eine Erprobung des unzuverlässigen Stellvertreters im Wege der Befristung scheidet aus (*Schwab* in: *Aßfalg/Lehle/Rapp/Schwab* § 9 GastG Rn. 13), weil in diesem Fall die Stellvertretungserlaubnis zwingend zu versagen ist. Denkbar ist etwa eine Befristung, wenn aufgrund der zivilrechtlichen Bestellung des Stellvertreters feststeht, dass seine Tätigkeit zu einem bestimmten Zeitpunkt endet. Die Befristung der Stellvertretungserlaubnis zwecks Anpassung an die Befristung der Erlaubnis ist wegen der Akzessorietät zwar lediglich deklaratorisch, aber zulässig (ebenso *Metzner* § 9 Rn. 9; **aA** wohl *Michel/Kienzle* § 9 Rn. 8) und im Interesse einer **23** bürgerorientierten Warn- und Klarstellungsfunktion durchaus sinnvoll.

24 Nach der ursprünglichen Fassung des Entwurfs der BReg sollten nach § 9 S. 1 Hs. 2 GastG nicht nur Befristungen, sondern auch **sonstige inhaltliche Beschränkungen** möglich sein (vgl. BT-Ds V/205, S. 4). Diese Möglichkeit wurde auf Vorschlag des BR gestrichen (BT-Ds V/205, 24). Hierdurch sollte – ebenso wie bei § 3 GastG (vgl. dazu § 3 Rn. 57, 63) – verdeutlicht werden, dass Widerrufsvorbehalte und sonstige auflösende Bedingungen nicht zulässig sind. In Bezug auf die **Zulässigkeit anderer Nebenbestimmungen** gelten die Ausführungen zur Erlaubnis (vgl. § 3 Rn. 45 ff.) entsprechend. Eine **aufschiebende Bedingung** ist danach zulässig (vgl. § 3 Rn. 59).

f) Gebundene Entscheidung

25 Bei der Entscheidung über die Erteilung der Stellvertretungserlaubnis nach § 9 S. 1 GastG handelt es sich um eine **gebundene Entscheidung** (*Michel/Kienzle* § 9 Rn. 7). Der Gaststätteninhaber hat auf sie einen **Rechtsanspruch**, wenn gesetzliche Versagungsgründe nicht vorliegen. Ein irgendwie geartetes Ermessen kommt der Gaststättenbehörde nicht zu. Vielmehr ist sie darauf beschränkt, die tatbestandlichen Voraussetzungen (vgl. dazu oben Rn. 18–20) zu prüfen. Liegen diese vor, ist die Stellvertretungserlaubnis zu erteilen. Mangels rechtlichen Interesses (fehlendes Sachbescheidungsinteresse) kann beispielsweise die Stellvertretungserlaubnis dann versagt werden, wenn feststeht, dass die als Stellvertreter benannte Person nicht mit der oben geschilderten Selbstständigkeit tätig werden wird.

g) Erlöschen (Satz 2)

26 § 9 S. 2 GastG verweist ausdrücklich auf **§ 8 GastG** und schreibt dessen entsprechende Anwendung vor. Hieraus folgt, dass die **Stellvertretungserlaubnis** gem. § 8 S. 1 GastG analog **erlischt**, wenn der Betriebsinhaber nicht innerhalb eines Jahres nach der Erteilung den Betrieb durch die von der Stellvertretungserlaubnis erfasste Person führen lässt oder eine Unterbrechung von mehr als einem Jahr eintritt. Durch die Verweisung wird der Gaststättenbehörde überdies ermöglicht, die **Jahresfrist** gem. § 8 S. 2 GastG analog zu **verlängern**. Zu den Einzelheiten vgl. die Ausführungen zu § 8 GastG, die entsprechend gelten.

Es wurde überdies bereits oben in Rn. 16 darauf hingewiesen, dass aus der **Akzessorietät** folgt, dass die Stellvertretungserlaubnis erlischt, wenn die Gaststättenerlaubnis – aus welchen Gründen auch immer – erlischt. 27

h) Verwaltungsgebühr

Zur Bemessung der **Verwaltungsgebühr** bei Erteilung der Stellvertretungserlaubnis vgl. *OVG RP* 18. 8. 1982, GewArch 1983, 31 f. 28

i) Gewerbezentralregister

Gem. § 31 GastG i.V.m. §§ 149 Abs. 2 Nr. 1 a, 151 Abs. 1 Nr. 2 GewO sind die **Ablehnung** des Antrags auf Erteilung einer Stellvertretungserlaubnis wegen Unzuverlässigkeit der Person des Stellvertreters oder die **Rücknahme**/der **Widerruf** der Stellvertretungserlaubnis in das **Gewerbezentralregister einzutragen**. 29

5. Anzeigepflicht (Satz 3)

§ 9 S. 3 GastG **verpflichtet den Gaststättenbetreiber**, die Gaststättenbehörde unverzüglich zu **benachrichtigen**, wenn das Gewerbe nicht mehr durch den Stellvertreter betrieben wird. Die Anzeigepflicht soll der Gaststättenbehörde die Prüfung ermöglichen, ob die nach Ausscheiden des Stellvertreters den Betrieb in eigener Verantwortung führende Person die Voraussetzungen hierfür erfüllt. Zum Erbringen des Unterrichtungsnachweises durch den Gaststätteninhaber nach Ausscheiden des Stellvertreters vgl. § 15 Abs. 3 Nr. 6 GastG. **Unverzüglich** bedeutet „ohne schuldhaftes Zögern". 30

6. Verfahren, Rechtsschutz

a) Verwaltungsverfahren

Für das **Verwaltungsverfahren** zur Erteilung der Stellvertretungserlaubnis gelten die Ausführungen zur Erteilung der Gaststättener- 31

§ 9 Stellvertretungserlaubnis

laubnis entsprechend (vgl. § 2 Rn. 30 ff.). Die GastV der Länder schreiben für die Erteilung der Stellvertretungserlaubnis die **Schriftform** vor.

b) Rechtsschutz

32 Gegen die Versagung der Stellvertretungserlaubnis steht dem Gaststättenbetreiber als Adressat der Rechtsweg im Wege des **Widerspruchs** und der **Verpflichtungsklage** zu. Zu den Einzelheiten gelten die Ausführungen zum Rechtsschutz gegen die Versagung der Gaststättenerlaubnis entsprechend (vgl. dazu § 2 Rn. 51–70). Vorläufigen Rechtsschutz kann der Gaststättenbetreiber durch einen Antrag nach **§ 123 VwGO** auf Erlass einer einstweiligen Anordnung erlangen (vgl. § 2 Rn. 71–76).

33 So weit die Stellvertretungserlaubnis wegen Unzuverlässigkeit der Person des Stellvertreters nicht erteilt, zurückgenommen (§ 15 Abs. 1 GastG) oder widerrufen (§ 15 Abs. 2 GastG) wird, kommt dem **Stellvertreter** neben dem Erlaubnisinhaber das **Recht zur Anfechtung** durch Widerspruch und Klage zu (so zu Recht *Metzner* § 9 Rn. 23 f.). Er wird insoweit durch die Entscheidung der Gaststättenbehörde **in eigenen Rechten verletzt**. Dies dürfte schon aus dem in § 28 Abs. 1 Nr. 4 GastG enthaltenen Rechtsgedanken folgen, weil es auch dem Stellvertreter obliegt, das Vorliegen einer Erlaubnis für seine Person sicherzustellen (ist der Stellvertreter ohne Stellvertretungserlaubnis tätig, handelt er ordnungswidrig). Die Möglichkeit der Anfechtung muss auch deswegen gegeben sein, weil die Unzuverlässigkeit des Stellvertreters im Gewerbezentralregister eingetragen wird (vgl. dazu oben Rn. 29) und eine Löschung dieser den Stellvertreter belastenden Eintragung die Korrektur der zugrunde liegenden Entscheidung erfordert (in diesem Sinn auch *HessVGH* 31. 8. 1998, GewArch 1999, 38, 39 f., der allerdings von der unzutreffenden Ansicht ausgeht, die Eintragung im Gewerbezentralregister sei eine Vollziehung des Versagungsbescheids [vgl. dazu auch § 2 Rn. 45]). Die Erhebung einer **Verpflichtungsklage** bei Versagung der Stellvertretungserlaubnis durch den Stellvertreter ist dagegen nicht zulässig, weil der Stellvertreter nicht Adressat dieser Erlaubnis ist.

7. Durchsetzung

Beschäftigt der Gaststättenbetreiber entgegen **§ 9 S. 1 GastG** ohne die vorgesehene Erlaubnis einen Stellvertreter, kann die unerlaubte Betätigung des Stellvertreters untersagt und die Gaststättenerlaubnis gem. § 15 Abs. 3 Nr. 3 GastG widerrufen werden. Durch die Beseitigung der Stellvertretungserlaubnis wird allerdings nicht ausgeschlossen, dass die Person des ehemaligen Stellvertreters im Betrieb des Erlaubnisinhabers weiterhin **in anderer Funktion tätig** ist, wenn nicht andere Untersagungsgründe (vor allem nach § 21 Abs. 1 GastG) gegeben sind. Kommt der Erlaubnisinhaber seiner Anzeigepflicht nach **§ 9 S. 3 GastG** nicht nach, kann die Gaststättenerlaubnis gem. § 15 Abs. 3 Nr. 6 GastG widerrufen werden. Verletzt der Stellvertreter bei seiner nach § 9 S. 1 GastG erlaubten Tätigkeit die ihm obliegenden gaststättenrechtlichen Pflichten, kann dies in den Fällen des § 15 Abs. 3 Nr. 1, 2 und 4 zu einem Widerruf der Gaststättenerlaubnis führen. Zu Rücknahme und Widerruf der Stellvertretungserlaubnis vgl. § 15 Abs. 4 GastG.

34

8. Mustererlaubnis

Das nachstehende Muster einer Stellvertretungserlaubnis beschränkt sich auf den **Entscheidungssatz**.

35

Behördenname, -anschrift   Datum
Name des Sachbearbeiters
Aktenzeichen

1. Frau/Herrn/Firma .... *(Angaben zum Erlaubnisinhaber: Vorname und Name, ggf. Geburtsname, Geburtsdatum; Firmenname, Vertretungsberechtigte der Firma mit genauer Bezeichnung; Adresse)*

   wird gem. § 9 S. 1 des Gaststättengesetzes in der Fassung der Bekanntmachung vom 20. 11. 1998 (BGBl. I S. 3418), zuletzt

§ 9 Stellvertretungserlaubnis

> geändert durch .... *(letztes Änderungsgesetz)*, auf seinen Antrag vom .... *(Antragsdatum)*
>
> für den mit Bescheid vom .... *(Datum)*, Az.: .... *(behördliches Aktenzeichen)*, erlaubten Betrieb einer .... *(Grundtyp der Gastwirtschaft nach § 1 Abs. 1 GastG)* in .... *(Ort)* .... *(Adresse)* eine
>
> **Stellvertretungserlaubnis**
>
> für Frau/Herrn .... *(Vor- und Nachname der Person des Stellvertreters)* erteilt.
>
> a) Diese Stellvertretungserlaubnis gilt ausschließlich für folgende Personen:
> *An dieser Stelle sollte eine weitere Konkretisierung der Person des Stellvertreters durch Angabe des Vor- und Nachnamens, des Geburtsdatums, des Geburtsorts, des Familienstands, evtl. des Berufs, und des Wohnorts erfolgen. Dadurch werden Verwechslungen vermieden.*
>
> b) Für die Erlaubnis gelten folgende Besonderheiten:
> *An dieser Stelle können alle Besonderheiten des jeweiligen Einzelfalls wiedergegeben werden, so weit sie nicht Nebenbestimmung sind. Bei der Stellvertretungserlaubnis dürften zumeist keine Besonderheiten gegeben sein.*
>
> c) Diese Erlaubnis wird bis .... *(Datum)* befristet.
> *An dieser Stelle kann eine Befristung erfolgen.*
>
> d) Für die Erlaubnis gelten folgende weitere vom Erlaubnisinhaber zu beachtende Nebenbestimmungen:
> *An dieser Stelle können alle Nebenbestimmungen erlassen werden, die keine Befristung sind. Wegen der besonderen Bedeutung der Nebenbestimmungen und wegen derer zumeist isolierter Anfechtbarkeit ist es sachdienlich und bürgerorientiert,*

Stellvertretungserlaubnis § 9

diese separat zusammenzufassen. Dies ist etwa auch im Baurecht üblich. Im GastG kommt hinzu, dass die Stellvertretungserlaubnis im Wege einer gebundenen Entscheidung erteilt wird und daher für Nebenbestimmungen besondere Anforderungen gelten.

e) Im Übrigen gelten sämtliche Beschränkungen und Nebenbestimmungen der am .... *(Datum)*, Az.: .... *(behördliches Aktenzeichen)*, erteilten *Erlaubnis* auch für die Stellvertretung.
Es handelt sich um einen rein deklaratorischen Hinweis, weil der Umfang des Gaststättenbetriebs bereits aufgrund des Gesetzes maßgebend ist.

2. Für diese Entscheidung wird eine Verwaltungsgebühr in Höhe von .... *(genauer Betrag)* Euro erhoben.

Begründung:

So weit gegenüber dem Antrag Einschränkungen erfolgen, etwa durch eine Befristung oder den Erlass weiterer Nebenbestimmungen, ist diese Entscheidung zu begründen. Beim Erlass von Nebenbestimmungen muss das von der Gaststättenbehörde ausgeübte Ermessen begründet werden.

Rechtsbehelfsbelehrung:

Eine Rechtsbehelfsbelehrung ist nur bei teilweiser Ablehnung des Antrags auf Erteilung der Stellvertretungserlaubnis oder beim Erlass von Nebenbestimmungen erforderlich. Vgl. zum Inhalt den Mustertext in § 2 Rn. 39.

Hinweise:

a) Wird das Gewerbe nicht mehr durch Frau/Herrn .... *(Name der/des Stellvertreters/-in)* betrieben, ist dies der Gaststättenbehörde *sofort* mitzuteilen.

§ 9   Stellvertretungserlaubnis

> b) Erlischt oder endet die dieser Stellvertretungserlaubnis zugrunde liegende Gaststättenerlaubnis, erlischt auch die Stellvertretungserlaubnis ohne weiteres Zutun der Gaststättenbehörde. Von ihr darf ab diesem Zeitpunkt kein Gebrauch mehr gemacht werden.
>
> *Diese Hinweise sind nicht zwingend, dienen aber im Interesse einer Bürger- und Kundenorientierung der Information und Warnung des Gaststättenbetreibers. Da sie nicht Inhalt der eigentlichen Entscheidung sind, erfolgen sie erst im Anschluss an eine evtl. Rechtsbehelfsbelehrung.*
>
> Unterschrift des Sachbearbeiters,
> evtl. Dienstbezeichnung
>
> Anlagen: *(Liste der Anlagen)*

Ein **Muster für eine ablehnende Entscheidung** findet sich in § 3 Rn. 81.

9. Ordnungswidrigkeiten

36 Wer vorsätzlich oder fahrlässig ohne die nach § 9 GastG erforderliche Erlaubnis ein Gaststättengewerbe durch einen Stellvertreter betreibt oder in einem Gaststättengewerbe als Stellvertreter tätig ist, begeht eine **Ordnungswidrigkeit gem. § 28 Abs. 1 Nr. 4 GastG**. Täter dieser Ordnungswidrigkeit sind sowohl der Gaststättenbetreiber als auch der Stellvertreter. Erstattet der Erlaubnisinhaber vorsätzlich oder fahrlässig nicht oder nicht rechtzeitig die ihm obliegende Anzeige nach § 9 S. 3 GastG, begeht er eine **Ordnungswidrigkeit gem. § 28 Abs. 1 Nr. 5 GastG**.

37 Gem. § 9 Abs. 2 S. 1 Nr. 1 OWiG ist, wenn jemand vom Inhaber eines Betriebs ganz oder teilweise beauftragt ist, den Betrieb ganz oder zum Teil zu leiten, ein Gesetz, nach dem besondere persönliche Merkmale die Möglichkeit der Ahndung begründen, auch auf den Beauftragten anzuwenden, wenn diese Merkmale zwar nicht bei ihm, aber beim Inhaber des Betriebs vorliegen. Der Stellvertreter des Betriebsinhabers wird in aller Regel diese tatbestandlichen Merkmale erfüllen, weil er vom Betriebsinhaber mit der **Wahrnehmung von Leitungsaufgaben** betraut ist (*Rogall* in: KK-OWiG, § 9 Rn. 75; *Lemke* § 9 Rn. 20). Der Stellvertreter dürfte darüber hinaus gesetzlicher Vertreter i. S. d. **§ 9 Abs. 1 Nr. 3 OWiG** sein, weil sich seine öffentlich-rechtliche Befugnis zur Vertretung (vgl. dazu oben Rn. 14) aus § 9 S. 1 GastG ergibt (vgl. dazu *Rogall* aaO, § 9 Rn. 55 f.; *König* in: *Göhler* § 9 Rn. 12; *Lemke* § 9 Rn. 13). Die Anwendung des § 9 Abs. 1 Nr. 3, Abs. 2 S. 1 Nr. 1 OWiG bedeutet, dass der Stellvertreter für eine von ihm begangene Ordnungswidrigkeit auch einzutreten hat, wenn das GastG dem Erlaubnisinhaber eine bestimmte Pflicht auferlegt und diese vom Stellvertreter nicht erfüllt wird (vgl. dazu *Rogall* aaO, § 9 Rn. 21 ff.; *König* aaO, § 9 Rn. 2, 5 f.).

Verletzt der Erlaubnisinhaber die ihm gegenüber dem Stellvertreter obliegende **Aufsichtspflicht** (vgl. dazu oben Rn. 15), sieht **§ 130 Abs. 1 S. 1 OWiG** vor, dass er ordnungswidrig handelt, wenn eine Zuwiderhandlung gegen gesetzliche Vorschriften erfolgt, die durch **gehörige Aufsicht** hätte verhindert werden können (vgl. zu den Einzelheiten des Tatbestands *Rogall* in: KK-OWiG, § 130 Rn. 35 ff.; *König* in: *Göhler* § 130 Rn. 9 ff.). Die Ordnungswidrigkeit kann gem. § 9 OWiG (vgl. zuvor Rn. 37) auch vom Stellvertreter begangen werden (*Rogall* aaO, § 130 Rn. 31; *Lemke* § 130 Rn. 17). **38**

§ 10 Weiterführung des Gewerbes

Nach dem Tode des Erlaubnisinhabers darf das Gaststättengewerbe auf Grund der bisherigen Erlaubnis durch den Ehegatten, Lebenspartner oder die minderjährigen Erben während der Minderjährigkeit weitergeführt werden. Das gleiche gilt für Nachlaßverwalter, Nachlaßpfleger oder Testamentsvollstrecker bis zur Dauer von zehn Jahren nach dem Erbfall. Die in den Sätzen 1 und 2 bezeichneten Personen haben der Erlaubnisbehörde unverzüglich Anzeige zu erstatten, wenn sie den Betrieb weiterführen wollen.

Inhaltsübersicht

	Rn.
1. Fassung, Materialien, Literatur	
a) Fassung	1
b) Materialien zur geltenden Fassung	1a
c) Weiterführende Literatur	1b
2. Allgemeines	
a) Zweck der Vorschrift	2
b) Anwendungsbereich	3, 4
3. Begünstigte	5
a) § 10 S. 1 GastG	
– Zweck	6
– Personen	7
– mehrere Fallgruppen	8
b) § 10 S. 2 GastG	
– Zweck	9
– Personen	10
– Dauer	11
4. Weiterführungsbefugnis	
a) Rechtsnatur	
– Inhaberwechsel	12
– Erlöschen der Erlaubnis	13
– Schwebezustand	14
– keine reine Weiterführung	15
– wiederholte Anwendung	16
b) Voraussetzungen	
– Gaststättenerlaubnis	17
– Gebrauchmachen	18
– Tod vor Erteilung	19
– Tod bei Rechtsschutz	20
c) Umfang	21
d) Rücknahme, Widerruf	22
5. Anzeigepflicht (Satz 3)	
a) Zweck	23
b) Umfang	24
c) Verzicht	25
d) Gewerberecht	26
6. Durchsetzung	27
7. Ordnungswidrigkeiten	28

Weiterführung des Gewerbes § 10

1. Fassung, Materialien, Literatur

a) Fassung

Die Vorschrift in der ursprünglichen Fassung des GastG vom 5. 5. 1970 (BGBl. I S. 465), nunmehr in der Form der Bekanntmachung der Neufassung des GastG vom 20. 11. 1998 (BGBl. I S. 3418), wurde wie folgt geändert: Durch Art. 2 des Dritten Gesetzes zur Änderung der Gewerbeordnung und sonstiger gewerberechtlicher Vorschriften vom 24. 8. 2002 (BGBl. I S. 3412, 3420) wurde nach dem Wort „Ehegatten" das Wort „Lebenspartner" eingefügt. **1**

b) Materialien zur geltenden Fassung

GastG vom 5. 5. 1970: Gesetzentwurf der BReg, BT-Ds V/205, S. 4, 16; Bericht und Beschluss des Ausschusses für Wirtschaft und Mittelstandsfragen (15. Ausschuss), BT-Ds V/1652, S. 5; Zweiter schriftlicher Bericht des Ausschusses für Wirtschaft und Mittelstandsfragen (15. Ausschuss), BT-Ds V/4380, S. 8; **1a**
Änderung vom 24. 8. 2002: Gesetzentwurf der BReg, BT-Ds 14/8796, S. 14, 29 (= BR-Ds 112/02, S. 23, 48); vgl. zudem Art. 3 § 85 des Entwurfs des Lebenspartnerschaftsgesetzes, BT-Ds 14/3751, S. 26, 65 sowie § 62 des Entwurfs des Lebenspartnerschaftsgesetzes, BT-Ds 14/4545, S. 69, 81.

c) Weiterführende Literatur

Bader/Funke-Kaiser/Kuntze/von Albedyll Verwaltungsgerichtsordnung, 2. Aufl. 2002; *Palandt* Bürgerliches Gesetzbuch, 62. Aufl. 2003; *Schildmann* Die Aufhebbarkeit einer gaststättenrechtlichen Weiterführungsbefugnis, GewArch 1996, 366–371. **1b**

2. Allgemeines

a) Zweck der Vorschrift

Als persönliche Erlaubnis erlischt die Gaststättenerlaubnis nach § 2 Abs. 1 GastG grundsätzlich mit dem Tod des Erlaubnisinhabers. Entsprechend dem Grundsatz in § 46 GewO (vgl. Text im Anhang II 1) besteht sie aber im Fall des § 10 GastG zugunsten der in dieser Vorschrift genannten Personen im **Interesse einer reibungs-** **2**

§ 10 Weiterführung des Gewerbes

losen Weiterführung des Betriebs fort (sog. **Hinterbliebenenprivileg**; vgl. etwa *Pauly* in: *Robinski* Rn. N/81; *Ehlers* in: *Achterberg u. a.* § 2 Rn. 228; *Schildmann* GewArch 1996, 366, 367). Die in § 10 GastG genannten Personen brauchen nach Maßgabe dieser Vorschrift keine neue Erlaubnis (vgl. dazu nachfolgend Rn. 12), so lange sie sich im Rahmen der dem Verstorbenen erteilten Erlaubnis halten.

b) Anwendungsbereich

3   Aus dem Wortlaut des § 10 S. 1 GastG („auf Grund der bisherigen Erlaubnis") ergibt sich, dass § 10 GastG nur auf **erlaubnispflichtige Gaststättenbetriebe** Anwendung findet. Dies folgt zudem aus allgemeinen Grundsätzen, weil die Aufnahme eines nicht erlaubnispflichtigen Gaststättenbetriebs grundsätzlich jedem gestattet ist, was natürlich auch für die in § 10 S. 1 GastG aufgeführten Personen gilt. Auf **juristische Personen** ist § 10 GastG nicht anwendbar (*Michel/Kienzle* § 10 Rn. 2; *Pauly* in: *Robinski* Rn. N/81).

4   Eine Weiterführung von **vorläufig erlaubten** (§ 11 GastG) oder **gestatteten** (§ 12 GastG) Gaststättenbetrieben ist wegen des eindeutigen Wortlauts des § 10 S. 1 GastG nicht möglich (ebenso *Michel/Kienzle* § 10 Rn. 2).

3. Begünstigte

5   § 10 S. 1, 2 GastG nennt einen **abschließenden Kreis von Personen**, denen die Möglichkeit eingeräumt wird, nach dem Tod des Erlaubnisinhabers dessen erlaubtes Gaststättengewerbe weiterzuführen.

a) § 10 S. 1 GastG

6   Die Privilegierung der von § 10 S. 1 GastG erfassten Personen stellt sicher, dass der durch einen Todesfall eintretenden Änderung der Verhältnisse **am schnellsten Rechnungen getragen** wird (BT-Ds V/205, S. 16).

7   Die Vergünstigung gilt nach § 10 S. 1 GastG für folgende Angehörige des verstorbenen Erlaubnisinhabers:

Weiterführung des Gewerbes § 10

– den **Ehegatten**. Die Ehe muss beim Tod des Inhabers noch bestanden haben; Getrenntleben oder ein beim Tod noch anhängiges Scheidungsverfahren sind unschädlich (*Schwab* in: *Aßfalg/Lehle/Rapp/Schwab* § 10 GastG Rn. 3). Die Privilegierung des § 10 S. 1 GastG entfällt nicht dadurch, dass sich ein Ehegatte später wieder verheiratet (ebenso *Metzner* § 10 Rn. 21; *Michel/Kienzle* § 10 Rn. 4);

– den **Lebenspartner**. Seine Einbeziehung durch § 10 S. 1 GastG ist eine Folge des **LPartG** vom 16. 2. 2001 (BGBl. I S. 266). Sie erstreckt das bislang aus der gemeinsamen wirtschaftliche Betätigung innerhalb der Ehe abzuleitende Privileg auch auf Lebenspartnerschaften (BT-Ds 14/8796, S. 29);

Hinweis: Durch den Begriff Lebenspartner werden **nur die Partner einer gleichgeschlechtlichen Partnerschaft** erfasst, nicht dagegen nichteheliche Beziehungen verschieden geschlechtlicher Partner. Der Begriff „Lebenspartnerschaft" ist in § 1 Abs. 1 S. 1 LPartG (zur Vereinbarkeit mit Art. 6 Abs. 1 GG vgl. *BVerfG* 17. 7. 2002, NJW 2002, 2543, 2547 ff. = JuS 2003, 84 mit Anm. *Braun* JuS 2003, 21) **legal definiert** und setzt voraus, dass zwei Personen gleichen Geschlechts vor der zuständigen Behörde (Bestimmung durch Landesrecht) erklären, miteinander eine Partnerschaft auf Lebenszeit führen zu wollen (vgl. dazu *Brudermüller* in: *Palandt* § 1 LPartG Rn. 1). Die Gleichsetzung der Ehe und der Lebenspartnerschaft ist durch die **gesetzliche Verbindlichkeit beider Lebensformen** gerechtfertigt.

– die **minderjährigen Erben** (kraft Gesetzes oder letztwilliger Verfügung, nicht aber Vermächtnisnehmer, Pflichtteilsberechtigte und erbersatzanspruchsberechtigte nichteheliche Kinder) bis zur Volljährigkeit (§ 2 BGB: 18. Lebensjahr).

Die Privilegierung des § 10 S. 1 GastG kann auch **mehrere Personen** betreffen, etwa zugleich den Ehepartner und die minderjährigen Erben. Machen mehrere Personen von der Möglichkeit der Weiterführung Gebrauch, gilt die Gaststättenerlaubnis für jede von ihnen gesondert fort. **8**

§ 10 Weiterführung des Gewerbes

b) § 10 S. 2 GastG

9   Die Privilegierung des § 10 S. 2 GastG rechtfertigt sich in der Überlegung, dass in den von der Vorschrift erfassten Fällen eine **reibungslose Weiterführung** des Gaststättenbetriebs und ggf. seine ordnungsgemäße Abwicklung sichergestellt werden muss (BT-Ds V/205, S. 16).

10   Durch § 10 S. 2 GastG werden folgende Personen begünstigt:
 – der **Nachlassverwalter** (§§ 1975 ff. BGB);
 – der **Nachlasspfleger** (§§ 1960 ff. BGB);
 – der **Testamentsvollstrecker** (§§ 2197 ff. BGB).

11   Die Begünstigung gilt **bis zur Dauer von zehn Jahren** nach dem Tod des Erlaubnisinhabers. Die Zeitspanne ist vom Gesetzgeber so gewählt, dass eine Durchführung der durch den Tod des Erlaubnisinhabers notwendigen Maßnahmen möglich ist (BT-Ds V/205, S. 16). Die von § 10 S. 2 GastG erfassten Personen sind Stellvertreter (vgl. § 9 Rn. 11); eine Stellvertretungserlaubnis ist aber, wie sich aus § 15 Abs. 3 Nr. 7 GastG ergibt, nicht erforderlich.

4. Weiterführungsbefugnis

a) Rechtsnatur der Weiterführung

12   Die **Erlaubnis des verstorbenen Gaststättenbetreibers** bleibt die Grundlage für die Ausübung des Gaststättenbetriebs (*Metzner* § 10 Rn. 4), mit der Maßgabe, dass nunmehr der durch § 10 GastG Begünstigte als befugter Inhaber des erlaubten Betriebs anzusehen ist. Entscheidet sich der Begünstigte für die **Weiterführung** des Gaststättenbetriebs und zeigt er dies der zuständigen Gaststättenbehörde nach § 10 S. 3 GastG an, **besteht** die ursprünglich dem Verstorbenen erteilte **Gaststättenerlaubnis unverändert fort** (insoweit wie hier *Metzner* § 10 Rn. 6; *Schwab* in: *Aßfalg/Lehle/Rapp/Schwab* § 10 GastG Rn. 13), gilt aber für die privilegierte Person weiter. Es handelt sich um einen **gesetzlichen Wechsel der Inhaberschaft** (aA *Michel/Kienzle* § 10 Rn. 2, 6, 8: die aus der Erlaubnis eines anderen abgeleitete Befugnis zum Gewerbebetrieb, aber keine eigene Erlaubnis; *Schildmann* GewArch 1996, 366, 369 f.).

Weiterführung des Gewerbes § 10

Die gegenteilige Auffassung bewirkt, dass ein Gaststättenbetrieb über viele Jahre und Jahrzehnte (in den Fällen des § 10 S. 1 GastG [Ehegatte, Lebenspartner]) durch den Begünstigten mit einer lediglich abgeleiteten Befugnis geführt werden könnte. Dies würde im Widerspruch zur Systematik des GastG stehen, das die Erteilung einer Erlaubnis an die Person des Gaststättenbetreibers (§ 2 Abs. 1 GastG) vorsieht.

Lehnt der Begünstigte die Weiterführung des Gaststättengewerbes ausdrücklich **ab** oder verstreicht die Frist des § 8 S. 1 GastG, ohne dass der Begünstigte der Gaststättenbehörde die Weiterführung angezeigt hat (vgl. dazu nachfolgend Rn. 23–26), **erlischt** die dem Verstorbenen erteilte **Gaststättenerlaubnis**. **13**

In der **Zeit zwischen dem Tod** des Erlaubnisinhabers **und der Entscheidung** über die Weiterführung **besteht** die Gaststättenerlaubnis (noch für die Person des verstorbenen Erlaubnisinhabers) **schwebend fort**. Sie bildet nach wie vor die Rechtsgrundlage für den Betrieb des Gaststättengewerbes, das nach dem Tod des Erlaubnisinhabers zumeist vorübergehend von anderen Personen (Angestellten oder Erben) an dessen Stelle weitergeführt wird. Die zeitliche Grenze bildet **§ 8 GastG** (ebenso *Michel/Kienzle* § 10 Rn. 7; vgl. auch zuvor Rn. 13). **14**

§ 10 GastG ist nicht so zu verstehen, dass allein durch die **faktische Weiterführung** des Gaststättengewerbes durch eine der von § 10 S. 1, 2 GastG erfassten Personen der Schwebezustand der Erlaubnis (vgl. zuvor Rn. 14) beendet wird. Nach dem Tod des Erlaubnisinhabers muss den von § 10 GastG Begünstigten die Chance gegeben werden, den Betrieb vorübergehend weiterzuführen, um sich ein Bild von der Situation machen zu können und auch im Interesse der Beschäftigten den Betrieb aufrechterhalten zu können. Erst mit der Anzeige nach § 10 S. 3 GastG entsteht daher die Wirkung der Weiterführung – die Erlaubnis geht auf die Person des Anzeigers über und existiert endgültig auf Dauer fort. **15**

Da es sich nach der hier vertretenen Auffassung bei der Rechtsfolge des § 10 GastG um einen gesetzlich legitimierten Fall des Wech- **16**

§ 10   Weiterführung des Gewerbes

sels der Inhaberperson handelt, **findet auch auf die fortgeführte Gaststättenerlaubnis § 10 GastG Anwendung**, so dass bei einem späteren Versterben der begünstigten Person wiederum die Rechtsfolge des § 10 S. 1, 2 GastG eintreten kann (**aA** *Metzner* § 10 Rn. 12 unter Hinweis auf die Schwierigkeiten dieser Auffassung; *Michel/Kienzle* § 10 Rn. 2). Die gegenteilige Auffassung führt zu einer **teleologischen Reduktion** des Anwendungsbereichs des § 10 GastG, die vom Gesetzgeber so wohl nicht gewollt war, sowie zu einem vermeidbaren höheren Verwaltungsaufwand.

b) Voraussetzungen

17 Die Weiterführung nach § 10 GastG setzt eine noch **existierende Gaststättenerlaubnis** voraus (*Michel/Kienzle* § 10 Rn. 3). Die Erlaubnis muss dem Verstorbenen **bereits erteilt** worden sein (*Ambs* in: *Erbs/Kohlhaas* § 10 GastG Rn. 1); der Antrag allein reicht nicht aus. Dagegen ist eine **Aufnahme des Gaststättenbetriebs** nicht zwingend (so zu Recht *Metzner* § 10 Rn. 9), solange die Rechtsfolge des § 8 GastG noch nicht eingetreten ist. Ist die **Erlaubnis** (etwa wegen § 8 GastG oder wegen bestandskräftiger Rücknahme oder Widerruf; zum Verzicht vgl. nachfolgend Rn. 25) **erloschen**, findet § 10 GastG keine Anwendung (*Pauly* in: *Robinski* Rn. N/81).

18 Der Weiterführende muss von dem Recht zur Führung eines Gaststättenbetriebs **Gebrauch machen**. Dies ist nicht der Fall, wenn er die Gaststätte lediglich an einen anderen **verpachtet**, weil der Pächter nicht Hilfsperson, sondern selbst Gewerbetreibender ist und der Erlaubnis nach § 2 Abs. 1 GastG bedürfte (vgl. dazu § 8 Rn. 12; *Michel/Kienzle* § 10 Rn. 8; *Seitter* in: AnwPrax VerwR, § 15 Rn. 61).

19 Stirbt der Erlaubnisinhaber, nachdem sein Antrag auf Erteilung der Erlaubnis abgelehnt worden war, **endet das Erlaubnisverfahren** ohne weiteres Zutun und zwar unabhängig davon, ob die Ablehnungsentscheidung bestandskräftig ist. Die Vergünstigung des § 10 GastG kommt nicht zum Tragen, weil noch keine Erlaubnis existiert hat; eine Fortführung des Betriebs scheidet von vornherein aus (ebenso *Metzner* § 10 Rn. 10; *Michel/Kienzle* § 10 Rn. 3). Die von

Weiterführung des Gewerbes § 10

§ 10 GastG erfassten Personen müssen in diesem Fall eine neue Erlaubnis beantragen, wenn Sie den Gaststättenbetrieb anstelle des Verstorbenen aufnehmen wollen.

Stirbt der Erlaubnisinhaber **während eines Rechtsbehelfsverfahrens** gegen die Rücknahme oder den Widerruf der Erlaubnis, erwächst den von § 10 GastG erfassten Personen aufgrund des mit dieser Vorschrift verfolgten Zwecks eine **eigene Anfechtungsbefugnis** (*VGH BW* 31. 1. 1986, GewArch 1987, 63; vgl. auch *Michel/Kienzle* § 10 Rn. 3). Das Gleiche gilt, wenn der Rücknahme- oder Widerrufsbescheid noch nicht rechtskräftig ist. Die von § 10 GastG erfassten Personen können in diesem Fall noch Rechtsmittel (Widerspruch) einlegen. Voraussetzung für einen Rechtsschutz der von § 10 GastG erfassten Personen ist nicht, dass noch die **Anzeige** nach § 10 S. 3 GastG erfolgt. Vielmehr können diese Personen auch erst nach erfolgreichem Abschluss des Rechtsmittelverfahrens entscheiden, ob sie den Betrieb weiterführen, etwa nachdem sie sich ein Bild über die Situation verschaffen konnten (in der Praxis wird es allerdings in aller Regel so sein, dass Rechtsmittel nur ergriffen werden, wenn eine Weiterführung beabsichtigt ist). Durch den Tod des Erlaubnisinhabers tritt gem. § 173 S. 1 VwGO i.V.m. § 239 Abs. 1 ZPO eine **Unterbrechung** des Rechtmittelverfahrens ein (vgl. *v. Albedyll* in: *Bader/Funke-Kaiser/Kuntze/von Albedyll* § 60 Rn. 3 sowie im Einzelnen §§ 239 ff. ZPO). **20**

c) Umfang

Der **Umfang** der weitergeführten Erlaubnis bestimmt sich ausschließlich nach dem Inhalt der dem Verstorbenen erteilten Erlaubnis (*Michel/Kienzle* § 10 Rn. 6). Da sich das Weiterführungsrecht des § 10 GastG auf die Erlaubnis des Verstorbenen gründet, unterliegt es allen für die Erlaubnis geltenden Vorschriften (etwa §§ 5, 8, 9, 18, 21 GastG) und allen für die bisherige Erlaubnis getroffenen Beschränkungen und Anordnungen. **Änderungen** des Betriebs gegenüber der Erlaubnis beurteilen sich wie alle anderen Änderungen (vgl. dazu § 3 Rn. 25–28, 38–41). **21**

§ 10 Weiterführung des Gewerbes

d) Rücknahme, Widerruf

22 Rücknahme oder **Widerruf** der Erlaubnis werden dem Weiterführenden gegenüber ausgesprochen (*Schildmann* GewArch 1996, 366, 367–370, lehnt eine unmittelbare Anwendbarkeit des § 15 GastG ab; er spricht sich für eine analoge Anwendung aus [GewArch 1996, 371]). Eine **Rücknahme nach § 15 Abs. 1 GastG scheidet aus**, weil mit dem Tod des ursprünglichen Erlaubnisinhabers dessen Unzuverlässigkeit als Rechtsgrundlage entfallen ist (ebenso *Metzner* § 10 Rn. 15; *Michel/Kienzle* § 10 Rn. 7). Ein spezieller Widerrufsgrund ist § 15 Abs. 3 Nr. 7 GastG (vgl. Nr. 5 VwV-Unterrichtungsnachweis [siehe Anhang II 3]). Aus ihm ergibt sich die Verpflichtung des Weiterführenden, innerhalb von 6 Monaten den Unterrichtungsnachweis nach § 4 Abs. 1 S. 1 Nr. 4 GastG zu erbringen.

5. Anzeigepflicht (Satz 3)

a) Zweck

23 BT-Ds V/205, S. 16:
„Die in § 10 genannten Personen haben der Erlaubnisbehörde unverzüglich mitzuteilen, ob sie den Betrieb weiterführen wollen. Diese Mitteilung ist für die Behörde von Interesse, da im Falle der Weiterführung die im öffentlichen Interesse liegende allgemeine Überwachung des Betriebes durchgeführt werden muß. Die Vorschrift dient auch der Schaffung klarer Rechtsverhältnisse."

b) Umfang

24 Die Ausführungen des Gesetzgebers (vgl. zuvor Rn. 23) sind **missverständlich** (*Metzner* § 10 Rn. 24; *Michel/Kienzle* § 10 Rn. 11), weil der Gesetzgeber im Gegensatz zu § 10 S. 3 GastG den Begriff „wenn" verwendet, obwohl es im Gesetz „ob" heißt. Dies könnte den Eindruck erwecken, dass die Anzeige eine konstitutive Wirkung hat. Dies ist indes nicht der Fall. Der Begünstigte kann sein Weiterführungsrecht so lange aufnehmen, als es noch nicht erloschen ist (§ 8 GastG). Die Frist des § 8 GastG **beginnt mit dem Tod des Erlaubnisinhabers zu laufen** (ebenso *Michel/Kienzle*

§ 10 Rn. 7). Sobald sich die Begünstigten zur Weiterführung entschlossen haben, müssen sie dies der Erlaubnisbehörde ohne schuldhaftes Zögern anzeigen, um ihr eine Überwachung des weitergeführten Betriebs zu ermöglichen. Die Anzeige nach § 10 S. 3 GastG hat damit in Bezug auf die Entscheidung über die Weiterführung lediglich eine **nachrichtliche** und damit deklaratorische **Bedeutung**.

c) Verzicht

Auf das Weiterführungsrecht kann vom Berechtigten jederzeit wirksam **verzichtet** werden. Wird der Verzicht gegenüber der Erlaubnisbehörde erklärt, erlischt das Weiterführungsrecht. § 10 GastG kommt nicht mehr zur Anwendung. 25

d) Gewerberecht

Neben der Anzeigepflicht nach § 10 S. 3 GastG besteht die Pflicht zur **Gewerbeanzeige** nach § 14 GewO (*Pauly* in: *Robinski* Rn. N/82). 26

6. Durchsetzung

Wird der Anzeigepflicht nach § 10 S. 3 GastG nicht genügt, dürfte eine Durchsetzung dieser Pflicht durch Erlass eines gesetzeswiderholenden VA und die Anwendung von **Verwaltungszwang** in der Regel keinen Sinn machen (so aber *Metzner* § 10 Rn. 25). Zumeist wird die Erlaubnisbehörde in diesen Fällen von der Weiterführung des Gaststättenbetriebs auf andere Weise Kenntnis erlangt haben, so dass eine Durchsetzung der Anzeigepflicht ins Leere liefe. Die Anwendung von Verwaltungszwang sollte daher nur erfolgen, wenn über die Weiterführung nach wie vor Zweifel bestehen. Die **beharrliche Nichterfüllung** der Anzeigepflicht trotz Aufforderung durch die Erlaubnisbehörde kann bei der Beurteilung der **Zuverlässigkeit** zulasten des durch § 10 GastG Privilegierten berücksichtigt werden. 27

§ 11 Vorläufige Erlaubnis

7. Ordnungswidrigkeiten

28 Wer vorsätzlich oder fahrlässig die nach § 10 S. 3 GastG erforderliche Anzeige nicht oder nicht unverzüglich erstattet, begeht eine **Ordnungswidrigkeit** gem. § 28 Abs. 1 Nr. 4 GastG.

§ 11
Vorläufige Erlaubnis und vorläufige Stellvertretungserlaubnis

(1) Personen, die einen erlaubnisbedürftigen Gaststättenbetrieb von einem anderen übernehmen wollen, kann die Ausübung des Gaststättengewerbes bis zur Erteilung der Erlaubnis auf Widerruf gestattet werden. Die vorläufige Erlaubnis soll nicht für eine längere Zeit als drei Monate erteilt werden; die Frist kann verlängert werden, wenn ein wichtiger Grund vorliegt.

(2) Absatz 1 gilt entsprechend für die Erteilung einer vorläufigen Stellvertretungserlaubnis.

Inhaltsübersicht

	Rn.		Rn.
1. Fassung, Materialien, Literatur		*4. Vorläufige Erlaubnis (Abs. 1)*	
a) Fassung	1	a) Tatbestandliche Voraussetzungen	
b) Materialien zur geltenden Fassung	1a	– befugter Betrieb	10
c) Weiterführende Literatur	1b	– vorhandener Betrieb	11
2. Allgemeines		– Änderung, Erweiterung	12
a) Zweck der Vorschrift	2–4	– Bestand der Erlaubnis	13
b) Anwendungsbereich		– Betriebsübernahme	14
– Betrieb eines anderen	5	– § 4 Abs. 1 GastG	15
– vorläufige Gestattung	6	b) Antrag	16
– erlaubnisfreie Betriebe	7	c) Ermessen	
c) Abgrenzung	8	– pflichtgemäßes Ermessen	17
3. Verfassungsrecht	9	– Abwägung	18

– Prüfungsmaßstab	19	c) Entsprechende Anwendung	29
– Art. 12 GG	20	*6. Verfahren, Rechtsschutz*	
– Reduzierung auf Null	21	a) Verwaltungsverfahren	30
d) Widerrufsvorbehalt	22	b) Rechtsschutz	
e) Befristung		– Widerspruch, Verpflichtungsklage	31
– drei Monate	23		
– Verlängerung	24	– vorläufiger Rechtsschutz	32
f) Vertrauensschutz	25	c) Untersagung	33
		d) Erlöschen	34
5. Vorläufige Stellvertretungserlaubnis (Abs. 2)		e) Gewerbezentralregister	35
a) Allgemeines	26	*7. Mustererlaubnis*	36
b) Anwendungsbereich	27, 28	*8. Ordnungswidrigkeiten*	37

1. Fassung, Materialien, Literatur

a) Fassung

Die Vorschrift entspricht noch der ursprünglichen Fassung des GastG vom 5. 5. 1970 (BGBl. I S. 465), nunmehr in der Form der Bekanntmachung der Neufassung des GastG vom 20. 11. 1998 (BGBl. I S. 3418). **1**

b) Materialien zur geltenden Fassung

Entwurf der BReg, BT-Ds V/205, S. 4, 16; Bericht und Beschluss des Ausschusses für Wirtschaft und Mittelstandsfragen (15. Ausschuss), BT-Ds V/1652, S. 5, 14; Zweiter schriftlicher Bericht des Ausschusses für Wirtschaft und Mittelstandsfragen (15. Ausschuss), BT-Ds V/4380, S. 8. **1a**

c) Weiterführende Literatur

Henke System und Institute des öffentlichen Rechts der Wirtschaft, DVBl. 1983, 982–989; *Koch* Vorläufige Verwaltungsakte im Gaststättenrecht, GewArch 1992, 374–379; *Kreßel* Der vorläufige Verwaltungsakt, BayVBl. 1989, 65–69; *Lohmann* Zum „Ermessen" bei Erteilung einer vorläufigen Gaststättenerlaubnis (§ 11 GastG), DVBl. 1974, 321–324. **1b**

§ 11 Vorläufige Erlaubnis

2. Allgemeines

a) Zweck der Vorschrift

2 Die Bestimmung bezweckt die Erhaltung der **Betriebskontinuität** (vgl. etwa *Schwab* in: *Aßfalg/Lehle/Rapp/Schwab* § 11 GastG Rn. 1; *Ehlers* in: *Achterberg u. a.* § 2 Rn. 228). Dadurch soll verhindert werden, dass sich während des Erlaubnisverfahrens die Gäste der Gaststätte einer anderen Gaststätte zuwenden und **nach Abschluss des Erlaubnisverfahrens nicht mehr** in die Gaststätte des Erlaubnisinhabers **zurückkehren**.

3 Der Gesetzgeber hat zum Zweck des § 11 GastG ausgeführt (BT-Ds V/205, S. 16):

„Die Vorschrift des § 11 soll dazu dienen, den Wechsel in der Inhaberschaft eines Gaststättenbetriebes möglichst reibungslos zu gestalten und einen kontinuierlichen Betrieb zu ermöglichen. Ohne diese Vorschrift könnte der Fall eintreten, daß beim Ausscheiden des bisherigen Inhabers der Erwerber im Hinblick auf das noch nicht abgeschlossene Erlaubnisverfahren den Betrieb nicht weiterführen könnte. Eine zeitweilige Stillegung des Betriebes wäre aber nicht zu vertreten. Dies könnte zu nachteiligen wirtschaftlichen Auswirkungen für den Erwerber, aber u. U. auch zu unerwünschten Folgen für die Allgemeinheit führen, insbesondere in kleinen Gemeinden, wenn es sich um den einzigen Betrieb am Orte handelt."

4 § 11 GastG bietet damit die Möglichkeit, den **Betriebsübergang** im Hinblick auf den Grundsatz der Betriebskontinuität **reibungslos** zu gestalten (ebenso BT-Ds V/1652, S. 5; *Seitter* in: AnwPrax VerwR, § 15 Rn. 60; *Kreßel* BayVBl. 1989, 65, 67).

b) Anwendungsbereich

5 Nach seinen tatbestandlichen Voraussetzungen findet § 11 GastG nur Anwendung, wenn eine Person den **Gaststättenbetrieb eines anderen übernehmen** will, der für die Führung dieses Betriebs im Besitz einer Gaststättenerlaubnis nach § 2 Abs. 1 GastG ist.

6 In **entsprechender Anwendung** des § 11 Abs. 1 GastG kann grundsätzlich auch eine **vorläufige Gestattung** erteilt werden (**aA**

Metzner § 11 Rn. 4). Da die Gestattung wegen des besonderen Ereignisses, aus dem sich ihre Berechtigung herleitet, lediglich unter erleichterten Anforderungen erteilt wird, und sie sich als Unterfall der Erlaubnis darstellt (vgl. § 12 Rn. 3), bestehen gegen eine Anwendung des § 11 GastG keine durchgreifenden rechtlichen Bedenken. Im Gegenteil erscheint es unter dem Gesichtspunkt der Gleichbehandlung ungerecht, den Erwerber eines gestatteten Betriebs (etwa eines gastronomischen Verkaufsstands für Messen o. Ä.) darauf zu verweisen, dass er bei einem Betriebsübergang während eines besonderen Ereignisses, für das seinem Rechtsvorgänger die Gestattung erteilt worden ist, für die Dauer der Durchführung des Gestattungsverfahrens auf den Betrieb verzichten zu müssen.

Hinweis: Bei der entsprechenden Anwendung des § 11 Abs. 1 GastG auf die Gestattung ist in der Praxis allerdings **Zurückhaltung** geboten. Wegen den geringeren Anforderungen an die Erteilung der Gestattung dürfte der Rückgriff auf § 11 Abs. 1 GastG zumeist entbehrlich sein, weil die Gestattung ohne die Notwendigkeit der Betriebsschließung zeitnah erteilt werden kann. Hinzu kommt, dass wegen der kurzen Dauer des gestatteten Betriebs negative Auswirkungen für die Allgemeinheit nicht zu erwarten sind.

Keine Anwendung findet § 11 GastG auf **erlaubnisfreie Gaststättenbetriebe**. Bei diesen besteht keine Notwendigkeit, einen kontinuierlichen Übergang sicherzustellen, weil mangels Erlaubnisverfahren keine zeitliche Zäsur erfolgt. 7

c) Abgrenzung

Vorrangig gegenüber § 11 GastG ist stets die **Weiterführung** des Gewerbes kraft Gesetzes **nach § 10 GastG**. Die durch § 10 GastG privilegierten natürlichen Personen bedürfen keiner vorläufigen Erlaubnis. Dagegen kommt § 11 GastG stets bei **juristischen Personen** zur Anwendung, weil diese nicht von § 10 GastG erfasst werden (vgl. § 10 Rn. 3). Kein Fall des § 11 GastG ist die **Duldung** eines erlaubnispflichtigen, aber ohne Erlaubnis nach § 2 Abs. 1 GastG geführten Gaststättenbetriebs. § 11 GastG bewirkt, dass der 8

§ 11 Vorläufige Erlaubnis

Betrieb (vorläufig) erlaubt ist, während im Fall der Duldung der Betrieb formell – möglicherweise auch materiell – rechtswidrig ist (vgl. auch *Pauly* in: *Robinski* Rn. N/83).

3. Verfassungsrecht

9 § 11 GastG unterliegt keinen durchgreifenden verfassungsrechtlichen Bedenken. Dies gilt auch nicht in Bezug auf das der Gaststättenbehörde bei der Erteilung eingeräumte **Ermessen** (vgl. dazu nachfolgend Rn. 17–21). Auch wenn die Erteilung der endgültigen Erlaubnis eine gebundene Entscheidung ist, rechtfertigt sich die Ermessensentscheidung bei § 11 GastG aus dem **besonderen Charakter der vorläufigen Erlaubnis**. Das Ermessen kann sich sowohl zulasten als auch zugunsten des neuen Betriebsinhabers auswirken. Es ist erforderlich, weil die vorübergehende Fortführung des Betriebs durch einen neuen Inhaber zahlreichen Besonderheiten und auch Bedenken unterliegen kann. Die Gaststättenbehörde muss bis zur endgültigen Entscheidung über die Fortführung des Betriebs befugt sein, die im jeweiligen Einzelfall richtige Entscheidung zu treffen. Der Gesetzgeber hat mit der Ermessensentscheidung zum Ausdruck gebracht, dass den Versagungsgründen des § 4 Abs. 1 GastG Vorrang zukommt und nur bei deren ausreichender Berücksichtigung ein Anspruch auf Erteilung einer Betriebserlaubnis besteht. Dies ist im Hinblick auf den Schutzzweck des GastG nicht zu beanstanden. Insofern liegt kein Verstoß gegen Art. 12 GG vor (ebenso *Metzner* § 11 Rn. 11).

4. Vorläufige Erlaubnis (Abs. 1)

a) Tatbestandliche Voraussetzungen

10 Die Erteilung einer vorläufigen Erlaubnis setzt einen bereits bestehenden, aufgrund der §§ 2, 10, 11 oder 34 GastG **befugt ausgeübten Betrieb** voraus (*VGH BW* 19. 3. 1965, ESVGH 15, 70, 71 = GewArch 1965, 136) und gilt nur in Bezug auf dessen **tatsächlichen und rechtlichen Bestand** (*HessVGH* 29. 1. 1975, GewArch 1975, 269). Dies bedeutet im Einzelnen:

Vorläufige Erlaubnis § 11

Im Zeitpunkt der Übernahme muss der **Betrieb noch vorhanden** **11**
sein. Dies setzt zum einen voraus, dass der zu übernehmende **Betrieb tatsächlich ausgeübt** wird, wobei es unschädlich ist, wenn
der Betrieb zum Zeitpunkt der Übernahme kurzfristig unterbrochen
ist (*Metzner* § 11 Rn. 7). Zum anderen muss der Betrieb den inhaltlichen Beschränkungen und Vorgaben der ihm zugrunde liegenden
Erlaubnis entsprechen. Dies hängt mit dem Zweck der vorläufigen Erlaubnis zusammen. Sie nimmt nicht die noch zu erteilende
Erlaubnis des neuen Betriebsinhabers vorweg, sondern erlaubt dem
neuen Betriebsinhaber bis zur Entscheidung über seine eigene Erlaubnis, den **bisherigen Betrieb vorläufig fortzuführen**. Die
Gaststättenbehörde setzt bei der Erteilung der vorläufigen Erlaubnis den bisherigen Betrieb voraus, wie er der Prüfung nach § 4
Abs. 1 S. 1 Nr. 2, 2 a und 3 GastG zugrunde lag.

Jede erlaubnispflichtige **Änderung oder Erweiterung** des Gast- **12**
stättenbetriebs **durch den bisherigen Betreiber** über den Umfang
der dem Betrieb zugrunde liegenden Erlaubnis hinaus hindert die
Erteilung einer vorläufigen Erlaubnis an den neuen Betriebsinhaber (ebenso etwa *Michel/Kienzle* § 11 Rn. 6; *Pauly* in: Robinski Rn.
N/84). Es verbleibt nur die Möglichkeit, mit der Weiterführung des
Betriebs bis zur Erteilung einer neuen Gaststättenerlaubnis abzuwarten.

Tipp: So weit der **Übernehmer** der Gaststätte eine **erlaubnispflichtige Veränderung** des Gaststättenbetriebs anstrebt, kann die Erteilung einer vorläufigen Erlaubnis in der Weise erfolgen, dass in der
Erlaubnis die **Auflage** erfolgt, dass die vorläufige Weiterführung bis
zur Erteilung der neuen Erlaubnis nur im Umfang der bisherigen Erlaubnis erlaubt wird.

Die **Gaststättenerlaubnis** des Rechtsvorgängers muss **noch beste-** **13**
hen. Sie darf also **nicht erloschen** sein, was insbesondere durch
Ablauf der Frist des § 8 GastG, durch Verzicht oder durch Rücknahme oder Widerruf bewirkt werden kann. Der **Tod des bisherigen Erlaubnisinhabers** steht der Erteilung einer vorläufigen Erlaubnis an den Rechtsnachfolger nicht entgegen, sofern die Frist

§ 11 Vorläufige Erlaubnis

des § 8 GastG noch nicht abgelaufen ist. Die nahtlose Weiterführung des Gaststättenbetriebs nach Ableben des bisherigen Betriebsinhabers entspricht dem mit § 11 Abs. 1 GastG verfolgten Zweck, weil das Erlöschen nicht auf ein rechtwidriges Verhalten des bisherigen Erlaubnisinhabers zurückzuführen ist (ebenso *Metzner* § 11 Rn. 5). Bei **Neueinrichtung** eines Gaststättenbetriebs findet § 11 GastG keine Anwendung, weil vor Aufnahme des Betriebs eine umfassende Prüfung vor allem anhand des § 4 Abs. 1 GastG erfolgen muss (ebenso etwa *Heimerl* in: AnwHb VerwR, § 14 Rn. 177; *Michel/Kienzle* § 11 Rn. 10).

14 Die Erteilung der vorläufigen Erlaubnis setzt voraus, dass der erlaubte **Gaststättenbetrieb übernommen werden soll**. Aus dem Begriff „wollen" ist zu folgern, dass keine gesteigerte oder gar sichere Absicht der Betriebsübernahme vorliegen muss. Es reicht aus, wenn die Betriebsübernahme dem schlüssig nachgewiesenen, ernsthaften **Wunsch** des Antragstellers entspricht.

15 § 11 GastG liegt der Gedanke zugrunde, dass bei einer unveränderten Weiterführung des Betriebs durch einen neuen Betreiber ein **Verstoß gegen § 4 Abs. 1 S. 1 Nr. 2, 2 a und 3 GastG** nahezu **ausscheidet**. Der Unterrichtungsnachweis nach § 4 Abs. 1 S. 1 Nr. 4 GastG wird in aller Regel im Verfahren zur Erteilung der neuen Erlaubnis (vgl. sogleich Rn. 16) vorgelegt. Daher bestehen gegen den bis zur Erteilung der endgültigen Erlaubnis erlaubten Betrieb keine durchgreifenden Bedenken. Allerdings darf der Gesichtspunkt der **Unzuverlässigkeit** bei der Erteilung der vorläufigen Erlaubnis nicht gänzlich aus den Augen verloren werden. Die Gaststättenbehörde hat im Rahmen des § 11 GastG auch **§ 4 Abs. 1 S. 1 Nr. 1 GastG** zu beachten (vgl. *HessVGH* 17. 2. 1997, GewArch 1997, 493, 494), allerdings sind wegen des vorläufigen Charakters und der zeitlichen Begrenzung (vgl. nachfolgend Rn. 23 f.) die **Prüfungsanforderungen geringer** (krit. *Koch* GewArch 1992, 374, 375). Daher sollte eine Versagung der vorläufigen Erlaubnis wegen Unzuverlässigkeit des neuen Betreibers nur erfolgen, wenn **sichere Anhaltspunkte** für eine Unzuverlässigkeit vorliegen und der **wei-**

Vorläufige Erlaubnis § 11

tere vorläufige Betrieb** im Interesse der Allgemeinheit von der Gaststättenbehörde **nicht zu vertreten** ist. Liegen solche Kenntnisse nicht vor, überwiegt in aller Regel das Interesse des neuen Betreibers, den Betrieb zumindest vorläufig weiterführen und im Erlaubnisverfahren seine Zuverlässigkeit belegen zu können (i. E. ebenso *Seitter* in: AnwPrax VerwR, § 15 Rn. 60).

b) Antrag

Die **Vorerlaubnis** wird nur auf **Antrag** erteilt. **Spätestens zum Zeitpunkt der Entscheidung** über den Antrag muss der neue Betreiber für die von ihm übernommene Gaststätte einen **Antrag auf Erteilung einer Erlaubnis** nach § 2 Abs. 1 GastG gestellt haben (*Ehlers* in: *Achterberg u. a.* § 2 Rn. 228). Ansonsten ist der Antrag nach § 11 GastG **nicht statthaft**. Dies folgt aus den Worten „bis zur Erteilung der Erlaubnis" in § 11 Abs. 1 S. 1 GastG und dem Zweck des § 11 GastG. Die vorläufige Erlaubnis leitet ihre Berechtigung aus der Fortführung eines bereits erlaubten Betriebs und aus der Tatsache ab, dass die Erteilung einer Erlaubnis für den neuen Betreiber alsbald erfolgt. Sie dient lediglich der **Überbrückung** der wegen der Durchführung des Erlaubnisverfahrens notwendigen Zeitspanne. Wurde der **Antrag** auf Erteilung der endgültigen Erlaubnis **bereits abgelehnt**, hindert dies die Erteilung einer Erlaubnis nach § 11 Abs. 1 GastG nicht zwingend (keine tatbestandliche Ausschlusswirkung), führt aber in aller Regel zu einer ablehnenden Ermessensentscheidung (vgl. auch nachfolgend Rn. 21); Gleiches gilt für den Fall, dass der Antrag auf Erteilung der endgültigen Erlaubnis **entscheidungsreif** ist (vgl. dazu auch *Pauly* in: *Robinski* Rn. N/84).

c) Ermessen

Die Entscheidung über die Erteilung der vorläufigen Erlaubnis steht im **pflichtmäßigen Ermessen** der Behörde, wie aus dem Begriff „kann" folgt (wie hier etwa *VGH BW* 27. 4. 1990, NVwZ-RR 1991, 65 = GewArch 1990, 418; *OVG NRW* 17. 5. 1973, NJW 1973, 1993 = DVBl. 1973, 863, 864, GewArch 1974, 62; *BayVGH* 20. 11. 1964, NJW 1965, 1979, 1980; *VG Düsseldorf* 26. 3. 1984, Gew-

§ 11 Vorläufige Erlaubnis

Arch 1984, 389, 390; *Metzner* § 11 Rn. 11; *Michel/Kienzle* § 11 Rn. 3; *Schwab* in: *Aßfalg/Lehle/Rapp/Schwab* § 11 GastG Rn. 7; *Pauly* in: *Robinski* Rn. N/83; *Ehlers* in: *Achterberg u. a.* § 2 Rn. 228; *Henke* DVBl. 1983, 982, 985; **aA** *Ambs* in: *Erbs/Kohlhaas* § 11 GastG Rn. 2; *Lohmann* DVBl. 1974, 321, 323; vgl. auch bereits oben Rn. 9).

18 Im Rahmen der Ermessensausübung muss eine **Abwägung** zwischen dem Interesse des neuen Betriebsinhabers an einer vorläufigen Fortführung des Gaststättenbetriebs und dem Interesse der Allgemeinheit am Schutz vor möglichen Beeinträchtigungen stattfinden. Bei der Abwägung ist **zugunsten der Betriebskontinuität** zu befinden, wenn Tatsachen, auf welche die Versagung der endgültigen Erlaubnis gestützt werden könnte, trotz aller Bemühungen zum Zeitpunkt der Entscheidung nicht zutage gefördert werden konnten und es außerordentlich zweifelhaft erscheint, ob in Zukunft solche Tatsachen ermittelt werden können (vgl. *HessVGH* 26. 10. 1983, GewArch 1984, 68 f.). Die Behörde wird die vorläufige Erlaubnis erteilen, wenn die **Erteilung der endgültigen Erlaubnis wahrscheinlich** ist (ebenso etwa *VGH BW* 27. 4. 1990, NVwZ-RR 1991, 64 = GewArch 1990, 418; *Pauly* in: *Robinski* Rn. N/83; *Ehlers* in: *Achterberg u. a.* § 2 Rn. 228). Solange das Vorliegen von Versagungsgründen nach § 4 Abs. 1 S. 1 Nr. 1 GastG zwar möglich, aber noch nicht wahrscheinlich – jedenfalls nicht wahrscheinlicher als das Gegenteil ist –, liegen die Voraussetzungen für die Erteilung der vorläufigen Erlaubnis vor (*OVG Lüneburg* 30. 9. 1975, GewArch 1976, 341 f.). Bestehen umgekehrt Bedenken, welche die **Versagung** der endgültigen Erlaubnis **wahrscheinlicher** erscheinen lassen als ihre Erteilung, so genügt dies für die Ablehnung der vorläufigen Gaststättenerlaubnis (*HessVGH* 17. 2. 1997, GewArch 1997, 493, 494 f.; *VGH BW* 27. 4. 1990, GewArch 1990, 419; *OVG NRW* 17. 5. 1973, GewArch 1974, 62), so etwa bei der Übernahme einer Gaststätte mit – gemessen an den gesetzlichen Vorgaben zum Zeitpunkt der Erteilung der endgültigen Erlaubnis an den neuen Betriebsinhaber – nicht ausreichendem Schallschutz (*VG Gelsenkirchen* 30. 8. 1974, GewArch 1974, 392), oder wenn der Bewer-

Vorläufige Erlaubnis § 11

ber bei Lärmbelästigungen und Verstößen gegen die Sperrzeitvorschriften mitwirkte (*OVG NRW* 21. 1. 1976, GewArch 1976, 340 f.).

Die Gaststättenbehörde ist bei der Ausübung ihres Ermessens nicht an den Inhalt der dem Betriebsvorgänger erteilten Erlaubnis gebunden. **Prüfungsmaßstab** ist vielmehr **die dem neuen Betriebsinhaber zu erteilende Gaststättenerlaubnis**. Die Gaststättenbehörde prüft, ob die Erteilung der Erlaubnis an den neuen Betriebsinhaber wahrscheinlich ist. Daher muss sie auch tatsächliche, rechtliche oder gesetzliche Änderungen seit Erteilung der früheren Erlaubnis berücksichtigen (*Michel/Kienzle* § 11 Rn. 3), etwa das In-Kraft-Treten des § 4 Abs. 1 S. 1 Nr. 2a GastG und die sich hieraus ergebenden Anforderungen an die barrierefreie Ausgestaltung der Gaststättenräume. **19**

Im Rahmen der Ermessensentscheidung ist **Art. 12 GG** zu beachten sowie das **wirtschaftliche Interesse** des neuen Betriebsinhabers an einer vorläufigen Fortführung des Betriebs angemessen zu berücksichtigen. **20**

Eine **Ermessensreduzierung auf Null** (vgl. dazu allgemein § 5 Rn. 43) kommt **zugunsten des neuen Betriebsinhabers** in aller Regel nicht in Betracht, wenn in Bezug auf die Erteilung der nachfolgenden endgültigen Erlaubnis nicht nur unerhebliche Bedenken in Bezug auf § 4 Abs. 1 GastG bestehen. Liegen dagegen keine Anhaltspunkte für eine Versagung der endgültigen Erlaubnis vor und hält sich der vorübergehende Betrieb an die dem Rechtsvorgänger erteilte Erlaubnis, bewegt sich das Ermessen der Gaststättenbehörde immer mehr auf Null zu; bei einer nur kurzen Dauer des vorübergehenden Betriebs kann auch eine gänzliche Ermessensreduzierung auf Null gegeben sein (vgl. auch *Schwab* in: *Aßfalg/Lehle/Rapp/Schwab* § 11 GastG Rn. 7; *Ehlers* in: *Achterberg u. a.* § 2 Rn. 228). Eine ablehnende Entscheidung dürfte angesichts Art. 12 und Art. 14 GG kaum ermessensfehlerfrei möglich sein (vgl. auch *Michel/Kienzle* § 11 Rn. 3: „Rechtsanspruch auf Erteilung"; ähnlich *Metzner* § 11 Rn. 12). Andererseits kann das Ermessen der Gast- **21**

§ 11 Vorläufige Erlaubnis

stättenbehörde auch **zulasten des neuen Betriebsinhabers** auf Null reduziert sein, was insbesondere anzunehmen ist, wenn die Erteilung einer Erlaubnis nach § 2 Abs. 1 GastG an den neuen Betriebsinhaber bereits abgelehnt wurde. Etwas anderes kann gelten, wenn die Gaststättenbehörde ihre der ablehnenden Entscheidung zugrunde liegende Auffassung nachträglich ändert.

d) Widerrufsvorbehalt

22 Die Erlaubnis steht unter gesetzlichem **Widerrufsvorbehalt**. Dies sollte in der Praxis dadurch umgesetzt werden, dass **in die Erlaubnisurkunde** (vgl. das nachfolgende Muster in Rn. 36) ein entsprechender **Vorbehalt aufgenommen wird**. Dies ist aber **nicht zwingend**, weil sich die Möglichkeit des (jederzeitigen) Widerrufs unmittelbar aus dem Gesetz ergibt und die Aufnahme des Widerrufsvorbehalts in die Erlaubnisurkunde **nur deklaratorische Bedeutung** hat (ebenso *BayVGH* 20. 4. 1989, GewArch 1989, 240; *Michel/Kienzle* § 11 Rn. 6).

Hinweis: Sofern – wie hier vorgeschlagen – ein Widerrufsvorbehalt wegen der Hinweis- und Aufklärungsfunktion gegenüber dem Gaststättenbetreiber in die Erlaubnisurkunde aufgenommen wird, sollte **keine Angabe der** denkbaren **Widerrufsgründe** erfolgen. Eine solche Angabe ist bei einem gesetzlichen Widerrufsgrund nicht erforderlich und birgt das Risiko, den Adressaten des VA über die Tragweite des Widerrufsvorbehalts zu täuschen.

e) Befristung

23 § 11 Abs. 1 S. 2 Hs. 1 GastG schreibt vor, dass die vorläufige Erlaubnis in der Regel nicht für eine längere Zeit als **drei Monate** erteilt werden soll. Der Gesetzgeber ging davon aus, dass diese Zeitspanne ausreicht, um die Erlaubnis nach § 2 Abs. 1 GastG an den neuen Betriebsinhaber zu erteilen (BT-Ds V/205, 16: „ …. diese Frist erscheint im allgemeinen ausreichend für die Durchführung des Erlaubnisverfahrens"). Hiermit verbindet sich auch die Erwartung des Gesetzgebers, dass eine möglichst zeitnahe Erteilung der endgültigen Erlaubnis erfolgt (vgl. dazu auch § 2 Rn. 43).

Vorläufige Erlaubnis § 11

Die Dreimonatsfrist kann gem. **§ 11 Abs. 1 S. 2 Hs. 2 GastG** bei 24
Vorliegen eines **wichtigen Grunds verlängert** werden. Beim Begriff „wichtiger Grund" handelt es sich um einen **unbestimmten Rechtsbegriff**, dessen Anwendung durch die Gaststättenbehörde der vollen gerichtlichen Überprüfung unterliegt. Aus den Begriffspaaren „soll nicht" (Satz 2 Hs. 1) und „wichtiger Grund" (Satz 2 Hs. 2) wird deutlich, dass in der Regel eine längere Frist als drei Monate ausscheidet. Der Grund für die Verzögerung darf weder vom Antragsteller noch von der Behörde zu vertreten sein, so dass weder Personalmangel der Behörde (eine Ausnahme kann im Einzelfall allenfalls bei kurzfristigen und nicht behebbaren Personalausfällen gelten, was bei einer Frist von drei Monaten aber kaum vorkommen dürfte) noch eine dem Antragsteller eingeräumte Frist zur Beseitigung von Zuverlässigkeitsmängeln (vgl. etwa *Metzner* § 11 Rn. 17 m.w.N.) ausreichend sind. Die Frist kann **bereits bei Erteilung** der vorläufigen Erlaubnis länger als drei Monate bemessen werden; dies setzt allerdings voraus, dass bereits zu diesem Zeitpunkt die längere Dauer des Erlaubnisverfahrens aus nicht vom Antragsteller zu vertretenden Gründen absehbar ist. Die Fristverlängerung kann überdies **nachträglich** erfolgen. Auch eine **mehrmalige** Verlängerung ist möglich, wobei die Anforderungen an den wichtigen Grund bei jeder Verlängerung strenger werden. Bei jeder Verlängerung der Frist müssen die tatbestandlichen Voraussetzungen für die Erteilung der vorläufigen Erlaubnis (vgl. oben Rn. 10–16) noch vorliegen.

Hinweis: Wegen der besonderen Bedeutung der Dreimonatsfrist als **regelmäßige Höchstfrist des Erlaubnisverfahrens** (so der eindeutige Wille des Gesetzgebers) ist der Gaststättenbehörde dringend anzuraten, die **Erlaubniserteilung innerhalb dieser Frist** umzusetzen. Eine bürger- und kundenorientierte Verwaltung wird längere Bearbeitungsfristen auch kaum vertreten können.

f) Vertrauensschutz

Durch die, wenn auch ggf. mehrfache Erteilung vorläufiger Erlaub- 25
nisse wird **kein Vertrauenstatbestand** geschaffen, der einen Anspruch auf Erteilung der endgültigen Erlaubnis begründet

§ 11 Vorläufige Erlaubnis

(*HessVGH* 17. 2. 1997, GewArch 1997, 493, 494; 26. 10. 1983, GewArch 1984, 68, 69; *BayVGH* 20. 4. 1989, NVwZ-RR 1988/89, 645 = GewArch 1989, 240; *VGH BW* 7. 8. 1986, NVwZ 1987, 338 = GewArch 1987, 32; 2. 9. 1980, GewArch 1981, 24; 26. 6. 1973, GewArch 1974, 128; *Michel/Kienzle* § 11 Rn. 4; *Ambs* in: *Erbs/Kohlhaas* § 11 GastG Rn. 2; *Pauly* in: *Robinski* Rn. N/84; *Kreßel* BayVBl. 1989, 65, 67).

5. Vorläufige Stellvertretungserlaubnis (Abs. 2)

a) Allgemeines

26 Gem. § 11 Abs. 2 GastG gilt der erste Absatz des § 11 GastG entsprechend für die Erteilung einer vorläufigen Stellvertretungserlaubnis. Das GastG kennt damit auch in Bezug auf die Person des Stellvertreters nach § 9 GastG eine **Vorerlaubnis**.

b) Anwendungsbereich

27 BT-Ds V/205, S. 16:

„Die Erteilung einer vorläufigen Stellvertretungserlaubnis ist zulässig, wenn ein Stellvertreter bestellt werden soll oder ein Wechsel des Stellvertreters stattfindet."

28 Nach dem vorstehend (Rn. 27) dargelegten Willen des Gesetzgebers und dem Gesetzeszweck kann eine vorläufige Stellvertretungserlaubnis **in folgenden Fällen** erteilt werden (vgl. auch *Metzner* § 11 Rn. 22; *Michel/Kienzle* § 11 Rn. 12):

– der Betrieb wird durch einen **neuen Inhaber** übernommen und dieser möchte den **Betrieb erstmals durch einen Stellvertreter** führen lassen oder **den bisherigen Stellvertreter** durch eine neue Person **ersetzen**. Der Betriebsinhaber kann bis zur Erteilung der endgültigen Stellvertretungserlaubnis nach § 9 GastG die Erteilung einer vorläufigen Stellvertretungserlaubnis nach § 11 Abs. 2 i.V.m. Abs. 1 GastG beantragen;

– es liegt **keine Betriebsübernahme** vor und der Betriebsinhaber möchte seinen **Betrieb durch einen Stellvertreter** führen lassen. Der Betriebsinhaber kann bis zur Erteilung der endgültigen

Stellvertretungserlaubnis nach § 9 GastG die Erteilung einer vorläufigen Stellvertretungserlaubnis nach § 11 Abs. 2 i.V. m. Abs. 1 GastG beantragen;
- es liegt **keine Betriebsübernahme** vor und der Betriebsinhaber möchte für seinen Betrieb den **bisherigen Stellvertreter durch eine neue Person ersetzen**. Der Betriebsinhaber kann bis zur Erteilung der endgültigen Stellvertretungserlaubnis an die neue Person nach § 9 GastG die Erteilung einer vorläufigen Stellvertretungserlaubnis nach § 11 Abs. 2 i.V. m. Abs. 1 GastG beantragen.

c) Entsprechende Anwendung

Für die Erteilung der vorläufigen Stellvertretungserlaubnis gelten die obigen **Ausführungen zu § 11 Abs. 1 GastG entsprechend** (vgl. dazu Rn. 10–25). Im Übrigen ist noch Folgendes zu beachten: Die vorläufige Stellvertretungserlaubnis setzt wegen des Grundsatzes der **Akzessorietät** der Stellvertretungserlaubnis (vgl. § 9 Rn. 16) das Bestehen einer Erlaubnis nach § 2 Abs. 1 Gast voraus; ausreichend ist auch das Vorliegen einer vorläufigen Erlaubnis nach § 11 Abs. 1 GastG. Aus der entsprechenden Anwendung des § 11 Abs. 1 GastG folgt, dass der Antrag auf Erteilung der vorläufigen Stellvertretungserlaubnis nur **statthaft** ist, wenn bereits ein Antrag auf Erteilung der endgültigen Stellvertretungserlaubnis gestellt worden ist. Die vorläufige Stellvertretungserlaubnis kann dem Inhaber der Betriebserlaubnis nur für die Person erteilt werden, für welche die endgültige Stellvertretungserlaubnis beantragt ist (*Metzner* § 11 Rn. 22); ein **Wechsel der Person** scheidet aus. Die vorläufige Stellvertretungserlaubnis wird dem Betriebsinhaber erteilt (vgl. dazu § 9 Rn. 19). 29

6. Verfahren, Rechtsschutz

a) Verwaltungsverfahren

Für das **Verwaltungsverfahren** zur Erteilung der vorläufigen Erlaubnis und Stellvertretungserlaubnis gelten die Ausführungen 30

§ 11 Vorläufige Erlaubnis

zur Erteilung der Gaststättenerlaubnis entsprechend (vgl. § 2 Rn. 30 ff.). Die GastV der Länder schreiben für die Erteilung der vorläufigen Erlaubnis und Stellvertretungserlaubnis die **Schriftform** vor.

b) Rechtsschutz

31 Gegen die Versagung der vorläufigen Erlaubnis steht dem Gaststättenbetreiber als Adressat der Rechtsweg im Wege des **Widerspruchs** und der **Verpflichtungsklage** zu. Zu den Einzelheiten gelten die Ausführungen zum Rechtsschutz gegen die Versagung der Gaststättenerlaubnis entsprechend (vgl. dazu § 2 Rn. 51–70).

32 Vorläufigen Rechtsschutz (zu dessen Bedeutung bei § 11 GastG vgl. *Koch* GewArch 1992, 374, 379) kann der Gaststättenbetreiber durch einen Antrag nach **§ 123 VwGO** auf Erlass einer einstweiligen Anordnung erlangen (vgl. § 2 Rn. 71–76). Dabei muss das Interesse des neuen Gaststättenbetreibers an der kontinuierlichen Fortführung des Betriebs gegenüber dem Interesse der Allgemeinheit an einer (zumindest vorläufigen) Einstellung des Betriebs überwiegen. Das *VG* wird hierzu die **Erfolgsaussichten** des in der Hauptsache erhobenen Rechtsbehelfs (Widerspruch, Verpflichtungsklage) prüfen und die Verpflichtung der Gaststättenbehörde zur Erteilung der vorläufigen Erlaubnis aussprechen, wenn das Vorliegen von Versagungsgründen bei Erteilung der endgültigen Erlaubnis **nicht wahrscheinlich** ist (vgl. dazu etwa *BayVGH* 20. 4. 1989, GewArch 1989, 240; *HessVGH* 26. 10. 1983, GewArch 1984, 68; *VGH BW* 14. 8. 1986, GewArch 1987, 63 f.; *OVG Lüneburg* 30. 9. 1975, GewArch 1976, 341; *VG Düsseldorf* 26. 3. 1984, GewArch 1984, 389 f.). Eine **Vorwegnahme der Hauptsache** ist dann möglich, wenn aufgrund der Dauer des bisherigen Betriebs bei Nichterteilung der vorläufigen Erlaubnis die wirtschaftliche Existenz des Gaststättenbetreibers auf dem Spiel steht und ein Erfolg im Hauptsacheverfahren wahrscheinlich ist (*HessVGH* 8. 11. 1995, MDR 1996, 361 = GewArch 1996, 252, DVBl. 1996, 819, nur Ls., ESVGH 46, 153, nur Ls.).

c) Untersagung

Wird der Gaststättenbetrieb durch den Inhaber ohne vorläufige Erlaubnis oder durch einen Stellvertreter ohne vorläufige Stellvertretungserlaubnis geführt, kann die Gaststättenbehörde diesen (rechtswidrigen) **Betrieb** durch VA **untersagen**. Für die Untersagung gelten die Ausführungen in § 2 Rn. 46–49 entsprechend.

d) Erlöschen

Die vorläufige Erlaubnis und Stellvertretungserlaubnis **erlöschen** außer durch **Verzicht, Zeitablauf** und **Rücknahme** bzw. **Widerruf** auch **mit Erteilung der endgültigen Erlaubnis/Stellvertretungserlaubnis** (wie hier *Metzner* § 11 Rn. 18; *Michel/Kienzle* § 11 Rn. 8; *Kreßel* BayVBl. 1989, 65, 67). Bei Erteilung der endgültigen Erlaubnis/Stellvertretungserlaubnis kommt es für das Erlöschen auf den Zeitpunkt des **Wirksamwerdens** des endgültigen VA an. Bei **Ablehnung** der Erteilung der endgültigen Erlaubnis/Stellvertretungserlaubnis erlischt die vorläufige Erlaubnis wegen des vorrangigen Grundsatzes der Betriebskontinuität **erst mit Bestandskraft** der ablehnenden Entscheidung.

e) Gewerbezentralregister

Die ablehnenden Entscheidungen über die Erteilung der vorläufigen Erlaubnis und Stellvertretungserlaubnis sind **nicht in das Gewerbezentralregister einzutragen** (vgl. dazu § 2 Rn. 45, § 4 Rn. 73r; § 9 Rn. 29), weil diese Entscheidungen lediglich einen vorübergehenden Charakter haben (so zu Recht *Metzner* § 11 Rn. 21; *Michel/Kienzle* § 11 Rn. 11). Die intensive Prüfung der Zuverlässigkeit erfolgt erst im Erteilungsverfahren nach § 2 Abs. 1 GastG bzw. § 9 S. 1 GastG.

7. Mustererlaubnis

Muster einer möglichen **vorläufigen Erlaubnis oder Stellvertretungserlaubnis** (einschließlich **teilweiser Antragsablehnung**):

§ 11   Vorläufige Erlaubnis

Behördenname, -anschrift   Datum
Name des Sachbearbeiters
Aktenzeichen

1. Frau/Herrn/Firma .... *(Vorname und Name, ggf. Geburtsname, Geburtsdatum; Firmenname, Vertretungsberechtigte der Firma mit genauer Bezeichnung; Adresse)*

   wird gem. § 11 Abs. 1 *oder:* § 11 Abs. 2 i.V.m. Abs. 1 des Gaststättengesetzes in der Fassung der Bekanntmachung vom 20. 11. 1998 (BGBl. I S. 3418), zuletzt geändert durch .... *(letztes Änderungsgesetz)*, auf ihren/seinen Antrag vom .... *(Antragsdatum)* die

   vorläufige Erlaubnis zum Betrieb einer ....
   (Grundtyp der Gastwirtschaft nach § 1 Abs. 1 GastG)

   oder:

   **vorläufige Stellvertretungserlaubnis
   zum Betrieb einer** ....
   (Grundtyp der Gastwirtschaft nach § 1 Abs. 1 GastG)

   erteilt.

   Anmerkung zu den nachfolgenden Punkten a) bis c): Es ist auch möglich, für den Inhalt und Umfang der vorläufigen Erlaubnis oder Stellvertretungserlaubnis auf den Inhalt des Antrags auf Erteilung der endgültigen Erlaubnis zu verweisen (vgl. dazu etwa das Muster der GastV Schleswig-Holstein [GVBl. 1998, S. 358]).

   a) Die vorläufige Erlaubnis gilt für folgende Betriebsart einer .... *(evtl. Kurzbezeichnung)*:
      – Betriebszeiten
      – Art der Getränke
      – Art der angebotenen und zubereiteten Speisen
      – Beherbergungsangebot

Vorläufige Erlaubnis § 11

- *Darbietungen*
- *weitere Merkmale der Betriebsart*

b) Die vorläufige Erlaubnis gilt für folgende Räume im wie folgt festgelegten Umfang:

- *örtliche Lage*
- *Zahl, Lage und Zweckbestimmung der Schank- und Speiseräume*
- *Zahl und Lage der Beherbergungsräume*
- *Zahl, Lage und Zweckbestimmung der Arbeitnehmerräume*
- *Zahl und Lage der Toilettenanlagen*
- *Küche und dazugehörige Nebenräume*
- *sonstige Nebenräume*
- *weitere räumliche Besonderheiten*

Der räumliche Umfang der Gaststätte ergibt sich auch aus dem dieser vorläufigen Erlaubnis als Anlage beigefügten Lageplan, der Bestandteil der Erlaubnis ist.

c) Für die vorläufige Erlaubnis gelten folgende Besonderheiten:

An dieser Stelle können alle Besonderheiten des jeweiligen Einzelfall wiedergegeben werden, so weit sie nicht Nebenbestimmung sind.

d) Für die vorläufige Erlaubnis gelten folgende vom Antragsteller zu beachtende Nebenbestimmungen:

An dieser Stelle können alle Nebenbestimmungen erlassen werden. Wegen der besonderen Bedeutung der Nebenbestimmungen und wegen derer zumeist isolierter Anfechtbarkeit ist es sachdienlich und bürgerorientiert, diese separat zusammenzufassen. Dies ist etwa auch im Baurecht üblich. Bei der vorläufigen Erlaubnis muss an dieser Stelle die Befristung (in der Regel für bis zu drei Monate) und sollte der Widerrufsvorbehalt erfolgen.

§ 11 Vorläufige Erlaubnis

> 2. Im Übrigen wird der Antrag abgelehnt.
>
> 3. Für diese Entscheidung wird eine Verwaltungsgebühr in Höhe von .... *(genauer Betrag)* Euro erhoben.
>
> **Rechtsbehelfsbelehrung:**
> *Eine Rechtsbehelfsbelehrung ist nur bei teilweiser Ablehnung des Antrags auf Erteilung der vorläufigen Erlaubnis erforderlich. Vgl. zum Inhalt den Mustertext in § 2 Rn. 39.*
>
> Unterschrift des Sachbearbeiters,
> evtl. Dienstbezeichnung
>
> Anlagen: *(Liste der Anlagen)*

8. Ordnungswidrigkeiten

37 Wer einen Gaststättenbetrieb als Inhaber übernimmt und ihn vorsätzlich oder fahrlässig ohne vorläufige oder endgültige Erlaubnis weiterführt, begeht eine **Ordnungswidrigkeit** nach **§ 28 Abs. 1 Nr. 1 GastG**. Ordnungswidrig nach **§ 28 Abs. 1 Nr. 4 GastG** handelt zudem, wer vorsätzlich oder fahrlässig das Gaststättengewerbe ohne die nach § 9 GastG erforderliche Erlaubnis und ohne vorläufige Stellvertretungserlaubnis durch einen Stellvertreter betreibt oder in einem solchen Fall als Stellvertreter tätig ist.

§ 12
Gestattung

(1) Aus besonderem Anlaß kann der Betrieb eines erlaubnisbedürftigen Gaststättengewerbes unter erleichterten Voraussetzungen vorübergehend auf Widerruf gestattet werden.
(2) *(weggefallen)*
(3) Dem Gewerbetreibenden können jederzeit Auflagen erteilt werden.

Inhaltsübersicht

	Rn.		Rn.
1. Fassung, Materialien, Literatur		– Zuverlässigkeit	15
		– Dauergestattung	16
a) Fassung	1	d) Vorübergehend	
b) Materialien zur geltenden Fassung	1a	– Befristung	17
		– Verlängerung	18
c) Weiterführende Literatur	1b	– Gesamtdauer	19
2. Allgemeines		e) Widerrufsvorbehalt	20
a) Zweck der Vorschrift	2	f) Ermessen	
b) Anwendungsbereich		– Umfang	21
– erlaubnispflichtiger Gaststättenbetrieb	3	– Erleichterungen	22
		– Folgen der Begrenzung	23
– Beherbergungsbetrieb	4	*4. Abgabe von Kostproben (Abs. 2)*	24, 25
– Reisegewerbe	5		
c) Verfassungsrecht	6	*5. Auflagen (Abs. 3), Nebenbestimmungen*	
3. Gestattung nach Abs. 1			
a) Allgemeines	7	a) Auflagen	
b) Besonderer Anlass		– Umfang des Abs. 3	26
– Rechtsbegriff	8	– Ermessen	27
– keine Bedürfnisprüfung	9	– Einzelheiten	28
– Beispiele	10, 11	b) Weitere Nebenbestimmungen	29
c) Erleichterte Voraussetzungen			
– vereinfachtes Verfahren	12	*6. Durchsetzung*	
– Einzelfallbetrachtung	13	– Verwaltungszwang	30
– Lärmimmissionen	14	– Auflagenverstoß	31

§ 12 Gestattung

7. *Nachbarschutz*
a) Allgemeines ... 32
b) Lärmimmissionen
 – LAI-Hinweise ... 33
c) Einzelfallentscheidung ... 34
d) Sperrzeitverlängerung ... 35

8. *Verwaltungsverfahren, Rechtsschutz*
a) Verwaltungsverfahren
 – Schriftform des Antrags ... 36
 – sonstiges Verfahren ... 37
b) Mitteilungspflicht an Finanzamt ... 38

c) Erlöschen ... 39
d) Rechtsschutz
 – Allgemeines ... 40
 – Bescheidungsklage ... 41
 – Fortsetzungsfeststellungsklage ... 42
 – Konkurrentenklage ... 43
e) Amtshaftung ... 44
f) Konkurrenzschutz ... 45

9. *Muster einer Gestattung*
 – Muster ... 46
 – Erläuterungen ... 47

10. *Ordnungswidrigkeiten* ... 48

1. Fassung, Materialien, Literatur

a) Fassung

1 Die Vorschrift in der ursprünglichen Fassung des GastG vom 5. 5. 1970 (BGBl. I S. 465), nunmehr in der Form der Bekanntmachung der Neufassung des GastG vom 20. 11. 1998 (BGBl. I S. 3418), wurde wie folgt geändert: Durch Art. 5 Abs. 2 Nr. 1 des Gesetzes zur Änderung des Titels IV und anderer Vorschriften der Gewerbeordnung vom 5. 7. 1976 (BGBl. I S. 1773, 1777) wurde Abs. 2 gestrichen.

b) Materialien zur geltenden Fassung

1a **GastG vom 5. 5. 1970**: Gesetzentwurf der BReg, BT-Ds V/205, S. 5, 16 f.; Stellungnahme des BR, BT-Ds V/205, S. 24 f.; Gegenäußerung der BReg, BT-Ds V/205, S. 32; Bericht und Beschluss des Ausschusses für Wirtschaft und Mittelstandsfragen (15. Ausschuss), BT-Ds V/1652, S. 5, 14; Zweiter schriftlicher Bericht des Ausschusses für Wirtschaft und Mittelstandsfragen (15. Ausschuss), BT-Ds V/4380, S. 8;
Änderung vom 5. 7. 1976: Gesetzentwurf der BReg, BT-Ds 7/3859, S. 7, 19.

Gestattung § 12

c) Weiterführende Literatur

v. Ebner Novellierung des Gaststättenrechts, WiVerw 1987, 69–94; **1b**
Feuchthofen Der „besondere Anlaß" des § 12 Abs. 1 Gaststättengesetz,
GewArch 1985, 47–50; *Kienzle* Der besondere Anlaß nach § 12 Abs. 1
Gaststättengesetz, GewArch 1988, 177–183; *Stollenwerk* Gestattung
und Vereinsgastronomie, GewArch 1993, 316–318.

2. Allgemeines

a) Zweck der Vorschrift

Durch § 12 GastG soll die Behörde für **zeitlich begrenzte Ereig-** **2**
nisse, insbesondere Einrichtungen und Veranstaltungen von vorübergehender Dauer, von der Erteilung einer Erlaubnis nach § 2
Abs. 1 GastG absehen können, die nicht auf Widerruf erteilt und
nur auf Antrag befristet werden darf (vgl. § 3 Rn. 42, 63), um statt
dessen den Gaststättenbetrieb in einem weniger förmlichen Verfahren vorübergehend auf Widerruf zu gestatten (*BVerwG* 12. 3. 1965,
GewArch 1965, 252). Wegen der **vorübergehenden Dauer des**
Gaststättenbetriebs bestehen aus dem Gesichtspunkt des öffentlichen Interesses keine Bedenken gegen ein vereinfachtes Verfahren
(BT-Ds V/205, S. 16; *BayVGH* 13. 5. 1997, BayVBl. 1997, 594 f.).

b) Anwendungsbereich

Nach seinem eindeutigen Wortlaut findet § 12 Abs. 1 GastG nur **3**
Anwendung, wenn es sich um ein **erlaubnisbedürftiges Gaststät-**
tengewerbe handelt (*BVerwG* 4. 12. 1989, BVerwGE 82, 189, 190
= NVwZ 1990, 367, GewArch 1989, 342). Hieraus ergeben sich
zwei Folgerungen. Zum einen kann für ein erlaubnisfreies Gaststättengewerbe (vgl. § 2 Rn. 17–29) keine Gestattung nach § 12 Abs. 1
GastG erfolgen. Zum anderen wird deutlich, dass es sich bei der
Gestattung rechtlich um einen **Unterfall der Erlaubnis** nach § 2
Abs. 1 GastG handelt (ebenso etwa *Schwab* in: *Aßfalg/Lehle/Rapp/*
Schwab § 12 GastG Rn. 1, 8), der sich von der Erlaubnis dadurch
unterscheidet, dass bei Vorliegen eines besonderen Anlasses ein
vorübergehender Betrieb unter (gegenüber der Erlaubnis) erleichterten Voraussetzungen ermöglicht wird. Aus diesem Grund ist das

§ 12 Gestattung

Handeln ohne Gestattung Handeln ohne Gaststättenerlaubnis. Gleiches gilt für die Überschreitung des Rahmens der Gestattung, bei der vor allem der Widerruf der Gestattung (vgl. nachfolgend Rn. 20) in Betracht kommen kann. Zum Betrieb eines gestatteten Gaststättenbetriebs durch einen **Stellvertreter** vgl. die Ausführungen in § 9 Rn. 4.

4 Als Unterfall der Erlaubnis bezieht sich § 12 Abs. 1 GastG nicht nur auf die Schank- und Speisewirtschaft (§ 1 Abs. 1 Nr. 1, 2 GastG), sondern auch auf **Beherbergungsbetriebe** i. S. d. § 1 Abs. 1 Nr. 3 GastG (*Michel/Kienzle* § 12 Rn. 1), wobei insoweit die praktische Anwendung eher selten ist. Nicht anwendbar ist § 12 GastG in den Fällen des **Marktverkehrs** (vgl. § 1 Rn. 58–62).

5 Hauptanwendungsbereich ist in der Praxis das **Reisegewerbe**, soweit es vom GastG erfasst wird (vgl. dazu § 1 Rn. 50 ff.). Deshalb sind die Ausführungen in BT-Ds V/1652, S. 5, irreführend, die lauten:

„Der Ausschuss anerkennt, daß in besonderen Fällen für eine vorübergehende Zeit eine Gastwirtschaft schnell zur Verfügung stehen muß. Dies gilt z. B. bei Großbauten, bei denen die Arbeitnehmer in der Nähe der Baustelle beköstigt werden müssen. In solchen Fällen soll die Erlaubnis unter erleichterten Voraussetzungen erteilt werden können, da an die hier in Betracht kommenden Gaststättenbetriebe nicht die sonst notwendigen strengen Anforderungen gestellt werden können, wobei berücksichtigt werden muß, daß es sich immer entweder um befristete oder um jederzeit widerrufliche Gestattungen handelt."

c) Verfassungsrecht

6 Die mit § 12 GastG verbundene Einschränkung, dass eine Gestattung nur aus besonderem Anlass (vgl. dazu nachfolgend Rn. 8) erteilt werden darf und daher nur unter diesen Voraussetzungen ein gegenüber § 2 Abs. 1 GastG erleichtert erlaubter Gaststättenbetrieb möglich ist, verstößt nicht gegen Art. 12 Abs. 1 GG und die dort garantierte Berufsfreiheit (*BVerwG* 4. 7. 1989, BVerwGE 82, 189, 193 = NVwZ 1990, 367, 368, GewArch 1989, 342; 12. 3. 1965, BVerwGE 20, 321, 322 = GewArch 1965, 252 mit Anm. *Dannbeck* [noch zu § 8 GastG a. F.]).

3. Gestattung nach Abs. 1

a) Allgemeines

Es kann sich immer nur um **Veranstaltungen von kurzfristiger Dauer** handeln (vgl. dazu nachfolgend Rn. 19). Dabei ist zu beachten, dass die Gestattung nach § 12 GastG – ebenso wie die Erlaubnis nach § 2 Abs. 1 GastG – **raumbezogen** ist. Daher ist es unschädlich, wenn ein Gaststättenbetreiber zahlreiche Veranstaltungen im Jahr durchführt, die an wechselnden Orten stattfinden und jeweils für sich nur von kurzer Dauer sind (so *BVerwG* 4. 7. 1989, BVerwGE 82, 189, 195 = NVwZ 1990, 367, 368, GewArch 1989, 342, für einen Fall mit 300 bis 400 ortswechselnden Kurzveranstaltungen im Jahr). Allerdings sollte in solchen Fällen von den Anforderungen des § 4 Abs. 1 GastG keine Erleichterung gewährt werden (*BVerwG* aaO). Soll die Gestattung durch einen **Stellvertreter** ausgeübt werden, so muss sie sich auf die Stellvertretung erstrecken.

b) Besonderer Anlass

Beim „**besonderen Anlass**" handelt es sich um einen **unbestimmten Rechtsbegriff**, welcher der vollen gerichtlichen Überprüfung unterliegt (*BVerwG* 4. 7. 1989, BVerwGE 82, 189, 190 ff.; *Michel/Kienzle* § 12 Rn. 3; krit. zu diesem Begriff *v. Ebner* WiVerw 1987, 69, 86). Ein besonderer Anlass für die Gestattung eines Gaststättenbetriebs liegt vor, wenn die betreffende gastronomische Tätigkeit nach § 1 GastG an ein kurzfristiges, nicht häufig auftretendes Ereignis anknüpft, das außerhalb der gastronomischen Tätigkeit selbst liegt (*BVerwG* 4. 7. 1989, BVerwGE 82, 189, 191 = NVwZ 1990, 367, 368, GewArch 1989, 342 [dort wird diese Auffassung auf eine überzeugende Wortlaut-, systematische, teleologische und historische Auslegung gestützt]). Voraussetzung für die Gestattung eines Gaststättenbetriebs ist ein **äußerer Umstand**, als dessen Folge das Gaststättengewerbe betrieben werden soll (*BVerwG* aaO; *Schwab* in: *Aßfalg/Lehle/Rapp/Schwab* § 12 GastG Rn. 2; *Feuchthofen* GewArch 1985, 47, 49; *Stollenwerk* GewArch 1993, 316, 317; **aA** *Kienzle* GewArch 1988, 177, 180, nach dem die Kurzfris-

§ 12 Gestattung

tigkeit als Voraussetzung für den besonderen Anlass genügen soll). Besonders ist der Anlass, wenn er **außergewöhnlich** ist, weshalb wiederkehrende Ereignisse ohne Ausnahmecharakter keine besonderen Anlässe sind (*BVerwG* aaO; *Feuchthofen* aaO). Im Fall des § 12 GastG muss die beabsichtigte gastronomische Tätigkeit **als Annex eines eigenständigen anderen Ereignisses** erscheinen, wobei es ausreicht, dass der Anlass auch vom Antragsteller selbst geschaffen sein kann (*BVerwG*E 82, 189, 194; *Schwab* aaO, § 12 GastG Rn. 3; *Pauly* in: *Robinski* Rn. N/87). Ob das andere Ereignis eigenständig ist oder sich umgekehrt als Annex des Gaststättenbetriebs darstellt, beurteilt sich aufgrund einer **einzelfallorientierten Gesamtwürdigung** des Vorhabens und seines Anlasses (*BVerwG* aaO).

Beispiel (nach *BVerwG*E 82, 189, 194):

Wenn ein Schankbetrieb mit einer Musikdarbietung (etwa Auftritt einer Rockgruppe) verbunden ist, kann die Musikdarbietung nach Art und Dauer den Charakter eines eigenständigen Ereignisses haben und der Getränkeausschank dessen Annex sein. Dies ist etwa bei Rockkonzerten der Fall. Es kann aber auch umgekehrt sein, etwa wenn ein Gaststättenbetrieb häufiger Auftritte von Musikgruppen veranstaltet, um auf diese Weise die Anzahl der Gäste zu vergrößern.

9 Liegt ein besonderer Anlass vor, der es rechtfertigen kann, von der Erlaubnis nach § 2 Abs. 1 GastG abzusehen, dann hat die Behörde nach pflichtgemäßem **Ermessen** zu prüfen, ob die persönlichen und sachlichen Voraussetzungen gegeben sind, die eine solche Gestattung anstelle der Erlaubnis nach der Zielsetzung des Gesetzes als unbedenklich erscheinen lassen (*BVerwG* 12. 3. 1965, BVerwGE 20, 321, 324 = GewArch 1965, 252 mit Anm. *Dannbeck*). Sie hat somit grundsätzlich zu prüfen, ob sie im Einzelfall unter Berücksichtigung der Zielsetzungen des GastG vom Regelerfordernis der Erlaubnis nach § 2 GastG absehen und sich mit einer Gestattung begnügen will; eine **Bedürfnisprüfung findet** dabei **nicht statt** (*BVerwG* 4. 7. 1989, BVerwGE 82, 189, 193 = NVwZ 1990, 367, 368, GewArch 1989, 342). Allerdings braucht sich der Antragsteller nicht mit der Gestattung nach § 12 GastG begnügen,

Gestattung § 12

sondern kann auch die Erlaubnis nach § 2 GastG beantragen; dies verpflichtet die Behörde zur vollen Überprüfung der üblichen Erlaubnisvoraussetzungen und – wenn sie vorliegen – zur Erteilung einer Gaststättenerlaubnis nach § 2 GastG (*VG Berlin* 17. 4. 1974, GewArch 1974, 307).

Besondere Ereignisse i. S. d. § 12 GastG **können etwa sein**: 10

– Jubiläumsfeste (*BayVGH* 13. 5. 1997, NJW 1998, 401 = BayVBl. 1997, 594, NVwZ 1998, 309, nur Ls.);
– privater Flohmarkt (*OVG Hamburg* 2. 8. 1988, GewArch 1988, 380);
– Schützenfeste (*Ehlers* in: *Achterberg u. a.* § 2 Rn. 229);
– Siedlungs- und Stadtteilfeste (*VG Freiburg* 21. 8. 1991, GewArch 1992, 110);
– Sportveranstaltungen (etwas anderes gilt aber, wenn diese kontinuierlich über das ganze Jahr stattfinden, etwa bei Verbandsfußballspielen, die alle zwei Wochen im selben Stadion stattfinden);
– Tagungen;
– Umzüge aller Art;
– Vereinsveranstaltungen;
– verkaufsoffene Samstage oder Sonntage (*OVG Lüneburg* 10. 12. 1987, GewArch 1988, 169; *Seitter* in: AnwPrax VerwR, § 15 Rn. 67; *Pauly* in: *Robinski* Rn. N/87);
– Volksfeste;
– Werbeveranstaltungen;
– Winzerfeste (*OVG RP* 30. 8. 1982, GewArch 1983, 33).

Nicht in den Anwendungsbereich des § 12 GastG **fallen dagegen etwa**: 11

– Ausschank von Bier und Spirituosen bei einem Weinfest (*VGH BW* 25. 8. 1987, GewArch 1988, 168);
– Baukantinen (ebenso *Michel/Kienzle* § 12 Rn. 2);
– Imbissstand lediglich in der Nähe eines Volksfestes (*VG Ansbach* 8. 1. 1987, GewArch 1987, 131; **aA** *Michel/Kienzle* § 12 Rn. 2). In solchen Fällen ist auf die **Umstände des Einzelfalls** abzustellen. Allerdings folgt aus dem Zweck des § 12 GastG, dass von einem äußeren Umstand, der als besonderer Anlass angesehen werden kann, nur auszugehen ist, wenn der geplante gastronomische Betrieb noch dem

§ 12 Gestattung

äußeren Ereignis zugeordnet werden kann. Dies ist nur der Fall, wenn der Gaststättenbetrieb nach allgemeiner Verkehrsanschauung noch von der **Ausstrahlungswirkung** des äußeren Ereignisses erfasst wird. Sonst stellt sich der Gaststättenbetrieb nicht als Annex des eigenständigen Ereignisses (vgl. oben Rn. 8) dar.

c) Erleichterte Voraussetzungen

12 Die Besonderheit der Gestattung liegt vor allem darin, dass zugunsten des Gaststättenbetreibers eine Erteilung unter **erleichterten Voraussetzungen** möglich ist. Damit ist in erster Linie gemeint, dass das von der Gaststättenbehörde durchzuführende **Verfahren vereinfacht** ist (BT-Ds V/205, S. 16). Aus dem Vergleich zu den Anforderungen bei der Erteilung einer Erlaubnis wird deutlich, dass die Voraussetzungen für die Erteilung einer Gestattung um so strenger sind, je länger der zu gestattende Gaststättenbetrieb dauern soll und je schwerwiegender die Auswirkungen des Betriebs sind. Bei der Prüfung der „erleichterten Voraussetzungen" (vgl. dazu nachfolgend Rn. 19) ist andererseits zu beachten, dass bei besonderem Anlass und nur vorübergehendem Gaststättenbetrieb § 12 GastG die vereinfachte Gestattung ausdrücklich vorsieht, weil der Gesetzgeber die mit der Erlaubnis (§ 2 Abs. 1 GastG) verbundenen Schutzzwecke in diesem Fall als nicht ebenso wesentlich ansieht. Daher kann die Gaststättenbehörde nicht zulasten des Antragstellers solche Anforderungen stellen, die gemessen am geplanten Gaststättenbetrieb nicht erforderlich erscheinen, weil dies dem mit § 12 Abs. 1 GastG verfolgten Gesetzeszweck der Verfahrenserleichterung zuwiderliefe.

Hinweis: Wendet die Gaststättenbehörde § 12 Abs. 1 GastG einem modernen, **dienstleistungsorientierten Verwaltungsverständnis** entsprechend an, wird sie die Prüfung des geplanten vorübergehenden Gaststättenbetriebs möglichst gering halten und auf die unverzichtbaren Mindestanforderungen beschränken.

13 **Geringere Anforderungen** können vor allem im Bereich des **§ 4 Abs. 1 S. 1 Nr. 2, 2 a und 3 GastG** in Betracht kommen (ebenso *Metzner* § 12 Rn. 5). Allerdings bedeutet dies nicht, dass die Versa-

Gestattung § 12

gungsgründe des § 4 Abs. 1 GastG bei der Prüfung einer Gestattung völlig außer Betracht bleiben können (ebenso *BayVGH* 22. 10. 1998, BayVBl. 1999, 405, 406 = GewArch 1999, 81 [zu Lärmimmissionen]). Vielmehr sind sie **der Bedeutung des** mit der Gestattung beabsichtigten **Betriebs entsprechend zu berücksichtigen** (ebenso *Michel/Kienzle* § 12 Rn. 3). Daher muss der Schutz der Gäste, Beschäftigten, Nachbarn und der Allgemeinheit durch § 4 Abs. 1 GastG auch bei der Erteilung einer Gestattung angemessen beachtet und darf nicht völlig vernachlässigt werden. Bei **seltenen** (meist ein- oder zweimal jährlichen) **Volksfesten** ist in Bezug auf die mit diesen einhergehenden Lärmbeeinträchtigungen grundsätzlich in Rechnung zu stellen, dass sie zu den herkömmlichen Formen des städtischen Zusammenlebens gehören und sie daher in höherem Maß akzeptiert werden müssen (*BayVGH* 13. 5. 1997, NJW 1998, 401, 402 = BayVBl. 1997, 594, GewArch 1997, 381, NVwZ 1998, 309, nur Ls.; *VG Meiningen* 27. 9. 2001, GewArch 2002, 340, 341; *VGH BW* 16. 4. 1984, VBlBW 1985, 60, 62 [zum Bauplanungsrecht]).

Bei **Lärmimmissionen** wirken sich die geringeren Anforderungen dahingehend aus, dass bei der Bestimmung der Erheblichkeits- bzw. Zumutbarkeitsschwelle die Seltenheit des Anlasses und seine Besonderheit zu berücksichtigen sind (*BayVGH* 22. 10. 1998, BayVBl. 1999, 405, 406 = GewArch 1999, 81; *VG Mainz* 6. 9. 2001, GewArch 2001, 484). Vgl. zu Lärmimmissionen im Übrigen die Ausführungen in Rn. 33 ff. **14**

Bei der **Prüfung der Zuverlässigkeit** nach § 4 Abs. 1 S. 1 Nr. 1 GastG müssen die Betriebseigentümlichkeiten mit ihren besonderen Gefahren berücksichtigt werden. Ein gänzlicher Verzicht auf die Zuverlässigkeitsprüfung wäre mit den grundlegenden Strukturen des GastG dagegen nicht zu vereinbaren, weil die Zuverlässigkeit auch bei befristeten Gaststättenbetrieben im Interesse der Allgemeinheit gegeben sein muss. Im Rahmen der Gestattung ist allerdings das aus einer möglichen Unzuverlässigkeit resultierende Gefährdungspotential deutlich geringer. Zum **Unterrichtungsnach-** **15**

§ 12 Gestattung

weis vgl. Nr. 1. 5, 4. 2 VwV Unterrichtungsnachweis (siehe Anhang II 3). Zur **Raumbezogenheit** der Gestattung vgl. § 3 Rn. 29–41 sowie oben Rn. 7.

16 Die Erteilung von **Dauergestattungen** – z.B. für ein Jahr – an Schank- oder Speisewirtschaften (etwa Bierzelt) zum Beziehen beliebiger Volksfestplätze, um die Beantragung der Gestattung für jede einzelne Volksfestveranstaltung zu vermeiden, lässt sich mit dem Gesetz nicht vereinbaren.

d) Vorübergehend

17 Aus dem Begriff „vorübergehend" in § 12 Abs. 1 GastG folgt zunächst, dass die Gestattung bei ihrer Erteilung von der Gaststättenbehörde **zwingend zu befristen** ist (*Michel/Kienzle* § 12 Rn. 4). Es handelt sich um einen Fall der gesetzlich zugelassenen Befristung (vgl. dazu § 3 Rn. 43, 47). Da es sich bei der Erteilung der Gestattung um eine Ermessensentscheidung handelt (vgl. § 36 Abs. 2 VwVfG) und § 12 Abs. 1 GastG zudem die Befristung ausdrücklich vorsieht, kann die **Befristung** von der Gaststättenbehörde auch **abweichend** (etwa kürzer) **vom gestellten Antrag** festgesetzt werden (wie hier *Schwab* in: *Aßfalg/Lehle/Rapp/Schwab* § 12 GastG Rn. 8). Die Befristung erfolgt in der Gestattung in der Regel durch eine eindeutige Zeitangabe (etwa „vom .... bis zum ...."). Ausreichend ist aber auch, wenn die Gestattung an das besondere Ereignis anknüpft, das die Erteilung einer Gestattung ermöglicht (etwa „für die Dauer der diesjährigen Kirchweihe auf dem Messplatz"), wobei dann allerdings die zeitliche Beschränkung des besonderen Ereignisses eindeutig feststehen muss (etwa aufgrund einer anderen Genehmigung [Sondernutzungserlaubnis etc.]). Nicht der Befristung zuzurechnen und von dieser zu unterscheiden ist die (tägliche) **Beschränkung der Betriebszeit**.

18 Die bei der erstmaligen Erteilung der Gestattung **vorgesehene Frist kann verlängert werden**. Voraussetzung ist aber, dass sämtliche tatbestandlichen Voraussetzungen des § 12 Abs. 1 GastG zum Zeitpunkt der Verlängerung vorliegen und mit deren Wegfall auch während der weiteren Frist nicht zu rechnen ist. Die Entscheidung

über die Verlängerung der Frist steht im **Ermessen** der Gaststättenbehörde, die eine Abwägung zwischen den Interessen des Gaststättenbetreibers an einem längeren Betrieb und dem Interesse der sonstigen vom Gaststättenbetrieb Betroffenen vorzunehmen hat. Bei der Prüfung der Verlängerung sind die Versagungsgründe des § 4 Abs. 1 GastG und die dort geschützten Belange angemessen zu berücksichtigen.

Grund für eine Verlängerung: Als sachgerechter Grund für eine Verlängerung der Gestattung kann etwa in Betracht kommen, dass eine Kirmes wegen schlechten Wetters im Interesse der Schausteller und sonstigen Gewerbetreibenden verlängert wird.

Darüber hinaus ergibt sich aus der Verwendung des Begriffs „vorübergehend" anstelle des dem Gesetz an vielen Stellen vertrauten Begriffs „befristet" (vgl. etwa die Legaldefinition in § 36 Abs. 2 Nr. 1 VwVfG), dass die Gestattung eines Gaststättenbetriebs **nicht für längere Dauer** erfolgen darf. Wegen der mit einem Gaststättenbetrieb stets einhergehenden Auswirkungen und Gefahren darf eine Gestattung nur für einen überschaubaren Zeitraum erfolgen. Dabei lässt sich keine feste Richtgröße angeben, sondern es sind die **Umstände des jeweiligen Einzelfalls** maßgebend. Die Geltungsdauer der Gestattung kann nur einen Tag betragen, im Einzelfall ist aber auch eine Zeitspanne von mehreren Wochen denkbar (etwa bei einem mehrwöchigen Volksfest). Allerdings wird bei einer mehrwöchigen Dauer die Erteilung einer Gestattung nur in Betracht kommen, wenn die Auswirkungen des Gaststättenbetriebs dies zulassen. Bei längeren Gestattungen sind überdies in aller Regel die **Prüfungsanforderung höher** als bei kürzeren Ereignissen. Zu Recht wird davon ausgegangen, dass der mehrmonatige Betrieb einer **Baukantine** nicht mehr kurzfristig i. S. d. § 12 Abs. 1 GastG ist (so *Michel/Kienzle* § 12 Rn. 2). Überhaupt wird man davon ausgehen müssen, dass eine **über die Dauer eines Monats hinausgehende Gestattung** nicht der Regelfall sein dürfte, auch wenn eine längere Gestattung durch § 12 Abs. 1 GastG nicht generell ausgeschlossen wird (**aA** *Pauly* in: Robinski Rn. N/87, die von höchstens sechs Wochen Dauer ausgeht).

§ 12 Gestattung

Tipp: Die Erteilung einer Gestattung für die Dauer von mehreren Wochen oder mehr als einem Monat sollte von der Gaststättenbehörde sehr sorgfältig erwogen werden. Zumeist werden die mit dem Gaststättenbetrieb verbundenen Auswirkungen eine derart intensive Prüfung erfordern, dass die Versagungsgründe des § 4 Abs. 1 GastG insgesamt zu beachten sind. Für eine erleichterte Erteilung ist dann kein Raum mehr.

e) Widerrufsvorbehalt

20 § 12 Abs. 1 GastG besagt ausdrücklich, dass die Gestattung „auf Widerruf" erteilt wird. Es handelt sich dabei um einen gesetzlichen Fall des **Widerrufsvorbehalt**, wie ihn § 36 Abs. 1, 2 Nr. 3 VwVfG vorsieht. Damit wird dem Umstand Rechnung getragen, dass wegen der erleichterten Erteilung der Gestattung Umstände übersehen werden können, die eine nachträgliche Korrektur der Entscheidung erforderlich machen. Der Widerrufsvorbehalt dient damit vor allem dem Schutz der von § 4 Abs. 1 GastG erfassten Interessen und Rechtsgüter. Der Widerrufsvorbehalt muss von der Gaststättenbehörde in der Gestattung **zwingend** vorgesehen werden. Allerdings besteht die von § 12 Abs. 1 GastG eingeräumte Möglichkeit des Widerrufs auch, wenn der diesbezüglich Vorbehalt in der Gestattung versehentlich vergessen wurde (so zu Recht *BayVGH* 20. 4. 1989, GewArch 1989, 240; *Michel/Kienzle* § 12 Rn. 4). Die **Gründe** für einen möglichen Widerruf müssen in der Gestattung **nicht** bereits **angegeben** werden (*BayVGH* 27. 12. 1985, NJW 1986, 1564, 1566; *Kopp/Ramsauer* § 26 Rn. 27, beide m.w.N.; ebenso *Schwab* in: *Aßfalg/Lehle/Rapp/Schwab* § 12 GastG Rn. 10).

f) Ermessen

21 Bei Vorliegen eines besonderen Anlasses (vgl. dazu oben Rn. 8) steht die Entscheidung über die Erteilung der Gestattung im **Ermessen der Gaststättenbehörde** („kann"). Aus dem Anspruch auf Erteilung einer Erlaubnis nach § 2 Abs. 1 GastG ist zu folgern, dass das durch § 12 Abs. 1 GastG eingeräumte Ermessen nicht umfassend ist. Die von der Gaststättenbehörde zu treffende Ermessens-

Gestattung **§ 12**

entscheidung bezieht sich darauf, von der umfassenden Prüfung einer Erlaubnis nach § 2 Abs. 1 GastG abzusehen und sich mit einer zeitlich begrenzten Gestattung zu begnügen, weil die persönlichen und sachlichen Voraussetzungen gegeben sind, die eine Gestattung nach § 12 Abs. 1 GastG mit dem vereinfachten Verfahren nach der Zielsetzung des Gesetzes unbedenklich erscheinen lassen (*BVerwG* 12. 3. 1965, BVerwGE 20, 321, 324). Eine **Bedürfnisprüfung** – etwa dahingehend, der Antragsteller habe bereits kurz zuvor eine Gestattung erhalten und sein diesbezüglicher Bedarf sei nunmehr gedeckt – ist im Rahmen der Ermessensentscheidung nach § 12 Abs. 1 GastG **nicht zulässig** (*BVerwG*E 20, 321, 324). **Weitergehende Ermessenserwägungen** sind schon deshalb **nicht zulässig**, weil der Antragsteller jederzeit einen Antrag auf Erteilung einer Erlaubnis nach § 2 Abs. 1 GastG stellen könnte und dann einen Anspruch auf Erteilung hätte, wenn nicht die Versagungsgründe nach § 4 Abs. 1 GastG entgegenstehen. Daher dürfen im Rahmen des § 12 Abs. 1 GastG keine über die gebundene Entscheidung nach § 2 Abs. 1 GastG hinausgehenden rechtlichen Erwägungen in die Ermessensentscheidung eingestellt werden.

Das Ermessen der Gaststättenbehörde bezieht sich neben den zuvor in Rn. 21 genannten Aspekten auch darauf, **inwieweit von den Anforderungen an die Erteilung einer Erlaubnis** bei der Erteilung der Gestattung **abgewichen wird** (vgl. dazu bereits oben Rn. 12 ff.). 22

Aus der **Begrenzung des Ermessens** (vgl. oben Rn. 21) folgt, dass die Gaststättenbehörde bei ihrer Ermessensentscheidung auch organisatorische und sicherheitsrechtliche Aspekte grundsätzlich nicht berücksichtigen und aus diesem Grund den Veranstaltungsort eingrenzen (gegen eine räumliche Beschränkung i. E. auch *BVerwG* 12. 3. 1965, BVerwGE 20, 321, 323) darf. Sie kann im Wege der Ermessensausübung auch ein unkontrolliertes Ausufern eines Volksfestes nicht verhindern (ähnliche Bedenken wie hier *Michel/ Kienzle* § 12 Rn. 3; **aA** *OVG Niedersachsen* 15. 1. 1992, GewArch 1993, 29 f.; *VGH BW* 14. 8. 1986, GewArch 1987, 63). Etwas ande- 23

§ 12 Gestattung

res gilt nur dann, wenn entsprechende Aspekte zur Versagung der Erlaubnis nach § 2 Abs. 1 GastG führen dürften.

4. Abgabe von Kostproben (Abs. 2)

24 § 12 Abs. 2 GastG, nach dem die entgeltliche Abgabe von Kostproben auf Ausstellungen auf Widerruf gestattet werden konnte und eine Anwendung des Titels III der GewO ausgeschlossen war (vgl. zum Text BGBl. I 1970, S. 465, 467), wurde durch Art. 5 Abs. 2 Nr. 1 des Gesetzes zur Änderung des Titels IV und anderer Vorschriften der Gewerbeordnung vom 5. 7. 1976 (BGBl. I S. 1773, 1777) **gestrichen**. Die Streichung war möglich, weil durch § 68 a GewO eine entsprechende Regelung im Titel IV der GewO geschaffen worden war (vgl. BT-Ds 7/3859, S. 19).

§ 68 a GewO lautet:

„Auf Märkten dürfen alkoholfreie Getränke und zubereitete Speisen, auf anderen Veranstaltungen i. S. d. §§ 64 und 68 Kostproben zum Verzehr an Ort und Stelle verabreicht werden. Im Übrigen gelten für das Verabreichen von Getränken und zubereiteten Speisen zum Verzehr vor Ort und Stelle die allgemeinen Vorschriften."

25 Werden auf einer Ausstellung vom Hersteller **entgeltliche Proben eines Getränks** verabreicht, um auf diese Weise zu Bestellungen dieses Produkts anzuregen, handelt es sich um eine nach § 68 a S. 1 GewO zulässige Verabreichung von Kostproben. Einer Gestattung nach § 12 Abs. 1 GastG bedarf es nicht (*VGH BW* 2. 12. 1999, VGHBW-Ls 51/2000). Die Tätigkeit nimmt an der **Marktfreiheit** teil (BT-Ds 7/3859, S. 19).

5. Auflagen (Abs. 3), Nebenbestimmungen

a) Auflagen

26 § 12 Abs. 3 GastG sieht ausdrücklich vor, dass dem Gewebetreibenden **jederzeit Auflagen** erteilt werden können. Hieraus ergibt sich zweierlei: Zum einen macht die Vorschrift deutlich, dass für die Erteilung von Auflagen § 5 GastG nicht gilt, sondern dass bei

der Gestattung auch weitergehende oder aus anderen Gründen erforderliche Auflagen in Betracht kommen. Zum anderen können Auflagen – wie bei § 5 GastG – nicht nur mit der Gestattung, sondern auch jederzeit nach deren Erteilung erfolgen. § 12 Abs. 3 GastG stellt gegenüber § 5 GastG ein **lex specialis** dar (vgl. dazu § 5 Rn. 9).

Die Erteilung der Auflagen steht im **pflichtgemäßen Ermessen** der Behörde. Sofern die Gaststättenbehörde bei Anwendung des § 5 GastG verpflichtet wäre, eine Auflage zu erlassen (vgl. dazu § 5 Rn. 43), gilt dies auch im Rahmen des § 12 Abs. 3 GastG. Die Schutzzwecke des GastG erfordern insofern eine Gleichbehandlung zwischen Erlaubnis und Gestattung (ebenso *Metzner* § 12 Rn. 27; *Michel/Kienzle* § 12 Rn. 3). 27

Zu den **Einzelheiten** der Zulässigkeit und des Inhalts von Auflagen vgl. im Übrigen die Ausführungen in § 3 Rn. 51 ff. sowie § 5 Rn. 18 ff. Mangels näherer Ausführungen in § 12 Abs. 3 GastG und weil § 5 GastG nicht zur Anwendung kommt, gelten die Vorschriften des allgemeinen Verwaltungsrechts, insbesondere die **§ 36 VwVfG** entsprechenden Landesregelungen. 28

b) Weitere Nebenbestimmungen

Der **Erlass anderer Nebenbestimmungen** als Auflagen, Befristungen und Widerrufsvorbehalte wird durch § 12 GastG **nicht ausgeschlossen**. Für den Erlass sonstiger Nebenbestimmungen (vor allem einer Bedingung oder eines Auflagenvorbehalts) gelten allerdings die Vorgaben des allgemeinen Verwaltungsrechts, vor allem die der **§ 36 VwVfG** entsprechenden Landesregelungen. 29

6. Durchsetzung

Wird der **Gaststättenbetrieb ohne Gestattung** oder nach deren Erlöschen ohne Erteilung einer neuen Gestattung fortgesetzt, kann die Gaststättenbehörde den **Betrieb** durch VA gem. § 31 GastG i.V.m. § 15 Abs. 2 GewO **untersagen** und die Untersagung notfalls mit **Verwaltungszwang** durchsetzen. Zum Verfahren vgl. § 2 Rn. 46–49. 30

§ 12 Gestattung

31 Werden nach § 12 Abs. 3 GastG erteilte **Auflagen nicht eingehalten** und damit immer wieder Ordnungswidrigkeiten nach § 28 Abs. 1 Nr. 2 GastG begangen, kann dies die Annahme der **Unzuverlässigkeit** nach § 4 Abs. 1 S. 1 Nr. 1 GastG rechtfertigen (*BayVGH* 13. 5. 1997, NJW 1998, 401, 402 = BayVBl. 1997, 594, GewArch 1997, 381, NVwZ 1998, 309, nur Ls.; *Metzner* § 12 Rn. 31).

7. Nachbarschutz

a) Allgemeines

32 § 12 GastG kommt **über § 4 Abs. 1 S. 1 Nr. 3 GastG nachbarschützende Wirkung** zu (vgl. dazu eingehend § 2 Rn. 77–97). Wegen des vorübergehenden und besonderen Charakters des der Gestattung zugrunde liegenden Betriebs sind allerdings die im Rahmen des § 4 Abs. 1 S. 1 Nr. 3 GastG zu beachtenden **Zumutbarkeitsgrenzen** (vgl. dazu eingehend § 4 Rn. 119 ff.) zulasten der betroffenen Nachbarschaft **höher** als bei der Erteilung einer Erlaubnis (vgl. dazu etwa *HessVGH* 8. 10. 1996, GewArch 1997, 162 f.; *OVG Lüneburg* 17. 5. 1995, GewArch 1996, 117; *BayVGH* 13. 5. 1997, NJW 1998, 401 = BayVBl. 1997, 594, UPR 1998, 37, GewArch 1997, 381, 382, NVwZ 1998, 309, nur Ls.; 26. 5. 1988, GewArch 1988, 275; 5. 6. 1990, GewArch 1990, 419; *OVG NRW* 23. 5. 1985, GewArch 1985, 382, 383; 29. 7. 1983, GewArch 1984, 24 f.; *VGH BW* 17. 7. 1984, GewArch 1985, 136 f.; 16. 4. 1984, VBlBW 1985, 60, 62 [zum Bauplanungsrecht]; *VG Meiningen* 6. 9. 2000, LKV 2001, 478, 480 = GewArch 2001, 86; *Michel/Kienzle* § 12 Rn. 3). Je größer die **Zahl der Tage und Nächte mit Ruhestörungen** ist, desto gewichtiger muss der besondere Anlass sein, um die Zumutbarkeit für die Nachbarschaft zu begründen (*BayVGH* 22. 10. 1998, BayVBl. 1999, 405, 406 = GewArch 1999, 81).

b) Lärmimmissionen

33 In der Rspr ist allgemein anerkannt (vgl. statt vieler etwa *BayVGH* 22. 10. 1998, BayVBl. 1999, 405, 406 = GewArch 1999, 81, 82; 13. 5. 1997, NJW 1998, 401 = BayVBl. 1997, 594, UPR 1998, 37, GewArch 1997, 381, 382, NVwZ 1998, 309, nur Ls.; *OVG Nieder-*

sachsen 17. 5. 1995, GewArch 1996, 117; *OVG Bremen* 14. 11. 1995, GewArch 1996, 390; *HessVGH* 8. 10. 1996, GewArch 1997, 162, 163; *VG Mainz* 6. 9. 2001, GewArch 2001, 484; *VG Gießen* 28. 5. 1997, GewArch 1997, 491, 492; ebenso etwa *Pauly* in: *Robinski* Rn. N/90), dass bei der Erteilung von Gestattungen, die sich als **seltene Störereignisse** darstellen, für die Beurteilung der Zumutbarkeit von vom Gaststättenbetrieb ausgehenden Lärmbeeinträchtigungen die vom Länderausschuss für Immissionsschutz herausgegebene „Freizeitlärm-Richtlinie" (**LAI-Hinweise**) vom 4. 5. 1995 (NVwZ 1997, 469) herangezogen werden kann (vgl. dazu auch § 4 Rn. 135). Auch die für seltene Ereignisse geltende **Nr. 6.3 TA Lärm** kann der Beurteilung der Immissionen zu Grunde gelegt werden (*VG Meiningen* 27. 9. 2001, GewArch 2002, 340, 341). Dagegen scheidet eine Anwendung der **VDI-Richtlinie 2058 Blatt 1** aus (*BayVGH* NJW 1998, 401), zumal diese vom Verband Deutscher Ingenieure im März 1999 zurückgezogen wurde (vgl. dazu § 4 Rn. 131). Die LAI-Hinweise können allerdings nicht unmittelbar angewandt werden, sondern sie stellen für die Beurteilung von Lärm eine „**Entscheidungshilfe mit Indizcharakter**" dar (*BVerwG* 16. 5. 2001, NVwZ 2001, 1167, 1168 = BayVBl. 2001, 693, NJW 2001, 3799, nur Ls., DÖV 2002, 41, nur Ls.; *HessVGH* GewArch 1997, 162, 163 f.); Gleiches gilt für die TA Lärm (*VG Meiningen* GewArch 2002, 340, 341; 6. 9. 2000, LKV 2001, 478, 480 = GewArch 2001, 86).

Ob die nach der Lebenserfahrung zu erwartende Überschreitung **34** der Immissionsrichtwerte der LAI-Hinweise den Nachbarn im konkreten Einzelfall zumutbar ist, hängt von **wertenden Kriterien**, nämlich der **Herkömmlichkeit**, der **sozialen Adäquanz** und der **allgemeinen Akzeptanz** ab (*BayVGH* 13. 5. 1997, NJW 1998, 401, 402 = BayVBl. 1997, 594, UPR 1998, 37, GewArch 1997, 381, 382, NVwZ 1998, 309, nur Ls.; 22. 10. 1998, BayVBl. 1999, 405, 406; *VG Meiningen* 6. 9. 2000, LKV 2001, 478, 479 f. = GewArch 2001, 86). Auch bei Anwendung der LAI-Hinweise kommt es damit entscheidend auf die **Umstände des jeweiligen Einzelfalls** an. Zu diesen Umständen gehören u. a. die Häufigkeit, die Tradition, die örtliche Lage und die Dauer der Veranstaltung sowie die Jahreszeit, in der die Veranstaltung stattfinden soll.

c) Sperrzeitverlängerung

35 Findet eine den Nachbarn nicht mehr zumutbare Überschreitung der Lärmgrenzen statt oder ist eine solche zu erwarten, kann dieser von der Gaststättenbehörde durch eine angemessene zeitliche Beschränkung der Betriebszeit begegnet werden (*Michel/Kienzle* § 12 Rn. 3). Den Nachbarn kann ein **Anspruch auf Verlängerung der Sperrzeit** zustehen (vgl. *HessVGH* 8. 10. 1996, GewArch 1997, 162 f.; *VG Würzburg* 12. 4. 1995, GewArch 1996, 429 f.).

8. Verwaltungsverfahren, Rechtsschutz

a) Verwaltungsverfahren

36 § 12 GastG und das allgemeine Verwaltungsrecht sehen für den Antrag auf Erteilung einer Gestattung keine **Schriftform** vor. Allerdings enthalten die **Landesverordnungen zum GastG** entsprechende Vorgaben (vgl. dazu Anhang I), die auch sachgerecht sind, weil insoweit eine Differenzierung zur Erlaubnis (vgl. zur Schriftform des Antrags auf Erteilung einer Erlaubnis § 2 Rn. 36 sowie § 3 Rn. 5) nicht sachgerecht wäre.

37 Im Übrigen gelten für das **Verfahren** auf Erteilung einer Gestattung die Ausführungen zur Erlaubnis entsprechend (vgl. dazu § 2 Rn. 30–43).

b) Mitteilungspflicht an Finanzamt

38 Gem. **§ 6 Abs. 1 Nr. 2, §§ 8–10 MV** haben die Gaststättenbehörden dem zuständigen **Finanzamt** für jeden Betroffenen vierteljährlich schriftlich die **Erteilung von Gestattungen mitzuteilen**. Der Betroffene muss gem. §§ 11, 12 MV über die Mitteilung unterrichtet werden. Dies sollte bereits in der Gestattungsurkunde geschehen (vgl. § 12 Abs. 1 MV sowie nachfolgend das Muster in Rn. 46).

c) Erlöschen der Gestattung

39 Wegen § 12 Abs. 1 GastG muss die Gestattung befristet erteilt werden (vgl. oben Rn. 17). Daher verliert die **Gestattung** mit Ablauf

Gestattung **§ 12**

der Frist ihre Geltung – sie **erlischt** (vgl. dazu auch § 8 Rn. 5). Weitere Gründe für ein Erlöschen der Gestattung sind der Widerruf, die Rücknahme und der Verzicht (vgl. dazu § 8 Rn. 16h) auf die Gestattung.

d) Rechtsschutz

In Bezug auf den **Rechtsschutz gegen die Ablehnung** der Gestattung durch den Gaststättenbetreiber und den **Rechtsschutz betroffener Nachbarn** gegen die Erteilung einer Gestattung gelten die Ausführungen zur Erlaubnis entsprechend (*VGH BW* 17. 7. 1984, GewArch 1985, 136f.; vgl. dazu § 2 Rn. 51–97). Zu den **Besonderheiten beim Rechtsschutz** bei einer Gestattung vgl. die nachfolgenden Ausführungen in den Rn. 41–43. **40**

Die Entscheidung über die Erteilung der Gestattung ist gem. § 12 GastG in das Ermessen der Gaststättenbehörde gestellt (vgl. dazu oben Rn. 21–23). Nur wenn das **Ermessen** im Ausnahmefall **auf Null reduziert** ist (vgl. dazu § 5 Rn. 43), was regelmäßig nicht der Fall sein dürfte, kann der Antragsteller bei Versagung der Gestattung eine **normale Verpflichtungsklage** (§ 113 Abs. 5 S. 1 VwGO) erheben. Sofern der Gaststättenbehörde dagegen ein **Ermessensspielraum** verbleibt, muss der Antragsteller bei Versagung der Gestattung eine Verpflichtungsklage in Form der **Bescheidungsklage** nach § 113 Abs. 5 S. 2 VwGO erheben. **41**

Formulierungsbeispiel für den **Klageantrag** bei der **Verpflichtungsklage in Form der Bescheidungsklage**:

> „1. Die Beklagte wird verpflichtet, den Antrag des Klägers vom …. *(Antragsdatum)* über die Erteilung einer Gestattung zum Betrieb eines Gaststättengewerbes im Rahmen des ………….. *(besonderer Anlass)* unter Beachtung der Rechtsauffassung des Gerichts neu zu bescheiden. Die Verfügung der Beklagten vom ……. *(Datum)*, Az. ……. *(behördliches Akten-/Verfahrenszeichen)*, und der Bescheid des ……… *(Widerspruchsbehörde)* vom …… *(Datum)*, Az. ……. *(behördliches Akten-/Verfahrenszeichen)*, werden aufgehoben.
> 2. Die Beklagte trägt die Kosten des Verfahrens."

§ 12 Gestattung

42 Bei der Klage gegen die Ablehnung der Gestattung besteht die Besonderheit, dass häufig wegen der kurzen Geltungsdauer der Gestattung das besondere Ereignis, für das die Gestattung begehrt wird, bereits vor oder während des anhängigen verwaltungsgerichtlichen Verfahrens (Verpflichtungsklage) beendet ist. Gleiches kann passieren, wenn ein betroffener Nachbar die erteilte Gestattung anficht. In diesem Fall ist es möglich, eine **Fortsetzungsfeststellungsklage** gem. § 113 Abs. 1 S. 4 VwGO (im Fall der Verpflichtungsklage in entsprechender Anwendung [vgl. dazu *Kuntze* in: *Bader/Funke-Kaiser/Kuntze/von Albedyll* § 113 Rn. 48 m.w.N.]) zu erheben oder bei Rechtshängig der Klage auf eine solche umzustellen (vgl. *BVerwG* 24. 6. 1993, NVwZ 1994, 282; *BayVGH* 22. 10. 1998, BayVBl. 1999, 405, 406 = GewArch 1999, 81 f.; 13. 5. 1997, NJW 1998, 401 = BayVBl. 1997, 594, UPR 1998, 37, GewArch 1997, 381, 382; NVwZ 1998, 309, nur Ls.; *OVG RP* 3. 9. 1987, GewArch 1988, 25). Die Fortsetzungsfeststellungsklage ist nur zulässig, wenn der Kläger ein **Interesse an der Feststellung** trotz Erledigung der Hauptsache hat. Ein solches Interesse ist nur gegeben (vgl. dazu eingehender *Kuntze* aaO, § 113 Rn. 66–70 m.w.N.), wenn eine **Amtspflichtverletzung** der Gaststättenbehörde vorliegt, wenn der Kläger ein Interesse an einer **Rehabilitation** hat (dürfte im GastR eher selten vorkommen) oder wenn – was in der Praxis im Bereich des GastR häufiger vorkommen dürfte – eine **Wiederholungsgefahr** besteht (etwa weil vom Kläger beim nächstjährigen Volksfest wieder ein Gaststättenbetrieb geplant ist). Die Wiederholungsgefahr setzt bei Anfechtung durch einen betroffenen Nachbarn die **hinreichend konkrete Gefahr des Erlasses gleichartiger Gestattungen** voraus (*BayVGH* 22. 10. 1998, BayVBl. 1999, 405, 406).

Formulierungsbeispiel für den **Klageantrag** bei der **Fortsetzungsfeststellungsklage** (bei vorigem Bescheidungsantrag); vgl. dazu auch *BVerwG* 25. 7. 1985, BayVBl. 1986, 313:

> „1. Es wird festgestellt, dass die Beklagte verpflichtet war, den Antrag des Klägers vom .... *(Antragsdatum)* über die Erteilung einer Gestattung zum Betrieb eines Gaststättengewerbes im Rahmen des .... *(besonderer Anlass)* unter Beachtung der Rechtsauffassung des Gerichts neu zu bescheiden. Die erledigte Verfügung der Beklagten vom .... *(Datum)*, Az. .... *(behördliches Akten-/Verfahrenszeichen)*, und der ebenfalls erledigte Bescheid des .... (Widerspruchsbehörde) vom .... *(Datum)*, Az. .... *(behördliches Akten-/Verfahrenszeichen)*, waren rechtwidrig und verletzten den Kläger in seinen Rechten.
> 2. Die Beklagte trägt die Kosten des Verfahrens."

Ein Gaststättenbetreiber hat **keine Klagebefugnis in Bezug auf die einem Dritten gewährte Gestattung** (*OVG RP* 15. 7. 1981, NJW 1982, 1301, 1302 = GewArch 1981, 384; vgl. auch nachfolgend Rn. 45).

e) Amtshaftung

Die schuldhafte rechtswidrige Versagung (vgl. *BGH* 27. 5. 1963, BGHZ 39, 358, 364 f. [zum Baurecht]) oder verspätete Erteilung (vgl. *BGH* 18. 6. 1970, WM 1970, 1252; 24. 1. 1972, WM 72, 743. 744 f.; 12. 7. 2001, DÖV 2002, 89, nur Ls.; 26. 7. 2001, DÖV 2002, 89, nur Ls.) der Gestattung löst **Amtshaftungsansprüche** nach § 839 BGB, Art. 34 GG aus.

f) Konkurrenzschutz

Die **Vorschriften des GastG vermitteln keinen Konkurrenzschutz**. Ein Konkurrent kann sich daher gegen die einem anderen Gaststättenbetreiber erteilte Gestattung nicht im Rechtsmittelverfahren zur Wehr setzen (*OVG RP* 15. 7. 1981, NJW 1982, 1301, 1302 = GewArch 1981, 384; vgl. auch die weiteren Nachweise in § 2 Rn. 99). Auch kann ein Gewerbetreibender von der Behörde nicht die **Untersagung** der Fortführung eines gestatteten Gewerbes wegen Unzuverlässigkeit eines Konkurrenten verlangen (vgl. *OVG Lüneburg* 11. 12. 1984, GewArch 1985, 95 f.).

§ 12 Gestattung

9. Muster einer Gestattung

46 Muster einer möglichen **Gestattung** (einschließlich **teilweiser Antragsablehnung**):

Behördenname, -anschrift   Datum
Name des Sachbearbeiters
Aktenzeichen

1. Frau/Herrn/Firma .... *(Vorname und Name, ggf. Geburtsname, Geburtsdatum; Firmenname, Vertretungsberechtigte der Firma mit genauer Bezeichnung; Adresse)*

   wird gem. § 12 Abs. 1, 3 des Gaststättengesetzes in der Fassung der Bekanntmachung vom 20. 11. 1998 (BGBl. I S. 3418), zuletzt geändert durch .... *(letztes Änderungsgesetz)*, auf ihren/seinen Antrag vom .... *(Antragsdatum)*

   aus Anlass der/des .... *(besonderer Anlass i. S. d. § 12 Abs. 1 GastG)* von .... bis .... *(Zeitraum des Ereignisses)*

   die Gestattung zum Betrieb einer ....
(Grundtyp der Gastwirtschaft nach § 1 Abs. 1 GastG)

   erteilt.

   a) Die Gestattung gilt für folgende Betriebsart einer .... (evtl. Kurzbezeichnung):

   – *Betriebszeiten*
   – *Art der Getränke*
   – *Art der angebotenen und zubereiteten Speisen*
   – *Darbietungen*
   – *weitere Merkmale der Betriebsart*

   b) Die Gestattung gilt für folgende Räume im wie folgt festgelegten Umfang:

Gestattung § 12

- *örtliche Lage*
- *Zahl, Lage und Zweckbestimmung der Schank- und Speiseräume*
- *Zahl, Lage und Zweckbestimmung der Arbeitnehmerräume*
- *Zahl und Lage der Toilettenanlagen*
- *Küche und dazugehörige Nebenräume*
- *Sonstige Nebenräume*
- *weitere räumliche Besonderheiten*

Der räumliche Umfang der Gaststätte ergibt sich auch aus dem dieser Gestattung als Anlage beigefügten Lageplan, der Bestandteil der Gestattung ist.

c) Für die Gestattung gelten folgende Besonderheiten:

An dieser Stelle können alle Besonderheiten des jeweiligen Einzelfalls wiedergegeben werden, so weit sie nicht Nebenbestimmung sind.

d) Für die Gestattung gelten folgende vom Antragsteller zu beachtende Nebenbestimmungen:

An dieser Stelle können alle Nebenbestimmungen erlassen werden. Wegen der besonderen Bedeutung der Nebenbestimmungen und wegen derer zumeist isolierter Anfechtbarkeit ist es sachdienlich und bürgerorientiert, diese separat zusammenzufassen. Dies ist etwa auch im Baurecht üblich. Bei der Gestattung müssen an dieser Stelle die Befristung und der Widerrufsvorbehalt erfolgen.

2. Im Übrigen wird der Antrag abgelehnt.

3. Für diese Entscheidung wird eine Verwaltungsgebühr in Höhe von ……. *(genauer Betrag)* Euro erhoben.

4. Hinweis auf Mitteilung an das Finanzamt

   Es wird darauf hingewiesen, dass gem. § 6 Abs. 1 Nr. 2, §§ 8–10 der Verordnung über die Mitteilungen an die Finanzbehörden durch andere Behörden und öffentlich-rechtliche Rund-

§ 12 Gestattung

> funkanstalten (Mitteilungsverordnung – MV) vom 7. 9. 1993 (BGBl. I S. 1554) die Erteilung dieser Gestattung dem zuständigen Finanzamt mitgeteilt wird.
>
> **Rechtsbehelfsbelehrung:**
>
> *Eine Rechtsbehelfsbelehrung ist nur bei teilweiser Ablehnung des Antrags auf Erteilung der Gestattung erforderlich oder wenn nicht beantragte Nebenbestimmungen vorgesehen werden. Vgl. zum Inhalt den Mustertext in § 2 Rn. 39.*
>
> Unterschrift des Sachbearbeiters,
> evtl. Dienstbezeichnung
>
> Anlagen: *(Liste der Anlagen)*

47 Zur **Erläuterung der Gestattungsurkunde** vgl. die Hinweise in § 3 Rn. 82, die entsprechend gelten. Bei der Gestattung ist es wichtig, die **Befristung** und den **Widerrufsvorbehalt** nicht zu vergessen. Verschiedene der im Muster aufgeführten Punkte werden bei der Beschreibung eines gestatteten Gaststättenbetriebs wegen der erleichterten Erteilungsvoraussetzungen nicht benötigt, wobei der Einzelfall entscheidend ist. In **Baden-Württemberg** ist die Verwaltungsvorschrift des Wirtschaftsministerium Baden-Württemberg über die Auflagen im Rahmen einer Gestattung nach § 12 Gaststättengesetz vom 22. 1. 2001 (GABl. 1993, 1005; GABl. 2001, 274) zu beachten, wonach in der Gestattung verschiedene Auflagen vorzusehen und außerdem dem Adressaten der Gestattung die „Empfehlungen zur Verbesserung der Zusammenarbeit zwischen Kommunen, Gaststättengewerbe und Vereinen bei Vereins- und anderen Festen" sowie das „Merkblatt des Wirtschaftsministeriums zu den haftungsrechtlichen Konsequenzen einer Gestattung nach § 12 Gaststättengesetz" auszuhändigen sind.

10. Ordnungswidrigkeiten

Wer vorsätzlich oder fahrlässig ohne die nach 12 Abs. 1 GastG zu erteilende Gestattung und damit ohne jede Erlaubnis i. S. d. § 2 Abs. 1 GastG Getränke oder zubereitete Speisen verabreicht oder Gäste beherbergt, begeht eine **Ordnungswidrigkeit** nach **§ 28 Abs. 1 Nr. 1 GastG**. Wer vorsätzlich oder fahrlässig einer Auflage nach § 12 Abs. 3 GastG nicht, nicht vollständig oder nicht rechtzeitig nachkommt, begeht eine **Ordnungswidrigkeit** nach **§ 28 Abs. 1 Nr. 2 GastG**. 48

§ 13
Gaststätten ohne gewerbliche Niederlassung

(1) Auf die in § 1 Abs. 2 genannten Tätigkeiten findet Titel III der Gewerbeordnung keine Anwendung, auch soweit es sich um Personen handelt, die das Reisegewerbe nicht selbständig betreiben.

(2) An der Betriebsstätte muss in einer für jedermann erkennbaren Weise der Name des Gewerbetreibenden mit mindestens einem ausgeschriebenen Vornamen angegeben sein.

Inhaltsübersicht

	Rn.		Rn.
1. Fassung, Materialien, Literatur		*4. Anwendbarkeit des Titels II GewO*	5
a) Fassung	1	*5. Angabe der Anschrift (Abs. 2)*	
b) Materialien zur geltenden Fassung	1a	– Zweck	6
c) Weiterführende Literatur	1b	– Anwendungsbereich	7
		– Umfang	8
2. Allgemeines	2	– Gewerbetreibender	9
3. Nichtanwendbarkeit des Titels III GewO (Abs. 1)		*6. Durchsetzung*	
		– Widerruf der Gestattung	10
– Reisegewerbe	3	– Wettbewerbsrecht	11
– Hilfskräfte	4	*7. Ordnungswidrigkeiten*	12

§ 13 Gaststätten ohne gewerbliche Niederlassung

1. Fassung, Materialien, Literatur

a) Fassung

1 Die Vorschrift in der ursprünglichen Fassung des GastG vom 5. 5. 1970 (BGBl. I S. 465), nunmehr in der Form der Bekanntmachung der Neufassung des GastG vom 20. 11. 1998 (BGBl. I S. 3418), wurde wie folgt geändert: Durch Art. 2 Nr. 2 des Zweiten Gesetzes zur Änderung der Gewerbeordnung und sonstiger gewerberechtlicher Vorschriften vom 16. 6. 1998 (BGBl. I S. 1291, 1296) erhielt Abs. 2 eine neue Fassung.

b) Materialien zur geltenden Fassung

1a GastG vom 5. 5. 1970: Entwurf der BReg, BT-Ds V/205, S. 5, 17; Stellungnahme des BR, BT-Ds V/205, S. 25; Gegenäußerung der BReg, BT-Ds V/205, S. 32; Bericht und Beschluss des Ausschusses für Wirtschaft und Mittelstandsfragen (15. Ausschuss), BT-Ds V/1652, S. 6, 14 f.; Zweiter schriftlicher Bericht des Ausschusses für Wirtschaft und Mittelstandsfragen (15. Ausschuss), BT-Ds V/4380, S. 8 f.; Einberufung des Vermittlungsausschusses durch den BR, BT-Ds V/4581, S. 3; Bericht des Vermittlungsausschusses, BT-Ds V/4591, S. 2;
Änderung vom 16. 6. 1998: Gesetzentwurf der BReg, BT-Ds 13/9109, S. 10, 18.

c) Weiterführende Literatur

1b *Friauf* (Hrsg), Kommentar zur Gewerbeordnung, Stand: 172. Lfg., November 2002; *Tettinger/Wank* Gewerbeordnung, 6. Aufl. 1999.

2. Allgemeines

2 Nach **§ 31 Hs. 1 GastG** finden die Vorschriften der GewO auf die den Vorschriften des GastG unterliegenden Gewerbebetriebe so weit Anwendung, als nicht nach dem GastG besondere Bestimmungen getroffen worden sind. § 13 GastG greift diesen Grundsatz auf und bestimmt für die Gaststättenbetriebe nach § 1 Abs. 2 GastG

§ 13 Gaststätten ohne gewerbliche Niederlassung

(Reisegewerbe), dass zum einen der **Titel III der GewO** keine Anwendung findet (Abs. 1) und zum anderen für die Angabe des Betriebsinhabers eine **abweichende Regelung zu § 56a Abs. 1 S. 1 GewO** gilt (Abs. 2).

3. Nichtanwendbarkeit des Titels III GewO (Abs. 1)

§ 13 Abs. 1 GastG soll eine Konkurrenz der Vorschriften über das Reisegewerbe (Titel III der GewO) zum GastG vermeiden (BT-Ds V/205, S. 17). Im Bereich des § 1 Abs. 2 GastG sollen die Vorschriften über das **Reisegewerbe** trotz der Tatsache unanwendbar sein, dass es sich dort um Tätigkeiten des Reisegewerbes handelt, weil sie nach der Systematik des GastR den im stehenden Gewerbe betriebenen Gaststätten gleichstehen (zur Anwendbarkeit des Titels II der GewO vgl. nachfolgend Rn. 5). 3

Die Freistellung wurde ausdrücklich auf die **unselbstständigen Reisegewerbetreibenden** (Hilfskräfte) erstreckt, weil § 1 Abs. 2 GastG nur die Betätigung des selbstständigen Gewerbetreibenden (in eigener Person oder durch Hilfskräfte) im Reisegewerbe anspricht. 4

4. Anwendbarkeit des Titels II GewO

Fraglich ist, ob über § 31 GastG auf die Gaststättenbetriebe nach § 1 Abs. 2 GastG der **Titel II der GewO** und dort vor allem die Anzeigepflicht nach **§ 14 GewO**, wonach die Aufnahme eines Betriebs des stehenden Gewerbes gleichzeitig anzuzeigen ist, **Anwendung** findet. Hierfür spricht zunächst der **Wortlaut** des § 13 Abs. 1 GastG, der ausdrücklich nur den Titel III der GewO von der Anwendung ausnimmt. Auch die **Systematik** des GastG deutet auf eine Anwendbarkeit des Titels II der GewO hin, weil § 31 Hs. 1 i.V.m. § 13 Abs. 1 GastG eine solche Anwendung durch seine umfassende Verweisung auf die GewO bewirkt (so auch *VGH BW* 30. 8. 1994, VBlBW 1995, 104 = VGHBW-Ls 490/1994); allerdings könnten umgekehrt die §§ 1 Abs. 2 und 13 GastG auch als „beson- 5

§ 13 Gaststätten ohne gewerbliche Niederlassung

dere Bestimmungen" i. S. d. § 31 Hs. 1 GastG verstanden werden, aus denen sich eine Nichtanwendung der Titel II und III der GewO ergibt. Der **Gesetzgeber wollte** überdies nur eine Konkurrenz mit dem Titel III der GewO verhindern (BT-Ds V/205, S. 13, 17) und den Gaststättenbetreiber von der Verpflichtung zum Besitz einer Reisegewerbekarte zu befreien (BT-Ds V/1652, S. 6). Gegen eine Anwendung des Titels II der GewO und des § 14 GewO könnte sprechen, dass der Gesetzgeber mit § 1 Abs. 2 GastG eine Gleichbehandlung nur für den Bereich des GastG erreichen wollte, weil diese Art des Reisegewerbes mit Gaststätten im stehenden Gewerbe vergleichbar ist (so BT-Ds V/205, S. 13). Die §§ 1 Abs. 2 und 13 GastG könnten nur in Bezug auf das GastR eine Gleichsetzung der im Reisegewerbe betriebenen Gaststättenbetriebe mit den stehenden Gaststättenbetrieben bezwecken. Im Übrigen verbliebe es dann bei der Systematik der GewO, so dass für das Reisegewerbe nur der Titel III der GewO gelten würde, nicht dagegen der Titel II (in diesem Sinne *Metzner* § 13 Rn. 3; *Michel/Kienzle* § 13 Rn. 1 f.). Der **Vorzug** ist einer **Anwendung des Titels II der GewO** zu geben (wie hier *VGH BW* VBlBW 1995, 104; aA *Metzner* und *Michel/Kienzle* aaO sowie die *Voraufl.* in § 13 Rn. 2; wohl auch *Heimerl* in: AnwHb VerwR, § 14 Rn. 181). Hierfür sprechen die angeführten Wortlaut-, systematischen- und teleologischen Argumente. Hinzu kommt, dass eine Anwendung des Titels II der GewO auch **sachgerecht** ist. Zu Recht wird darauf hingewiesen, dass wegen der Nichtanwendbarkeit des § 35 Abs. 1 S. 1 GewO sonst eine Untersagung des Gaststättenbetriebs bei Unzuverlässigkeit nach allgemeinem Polizeirecht erfolgen müsste (*VGH BW* VBlBW 1995, 104 f.). In Bezug auf die **Anzeigepflicht nach § 14 Abs. 1 S. 1 GewO** ist der Gegenauffassung zuzugeben, dass die Funktion der Anzeige durch die Pflicht zur Beantragung einer Gestattung nach § 12 GastG praktisch ins Leere läuft, weil die Anzeige nicht vor, sondern erst mit Beginn der Aufnahme des Gewerbebetriebs erfolgen muss. Dies kann aber keine gänzliche Nichtanwendung des Titels II der GewO bewirken. Vielmehr ist im Wege der **teleologischen Reduktion** davon auszugehen, dass § 14 Abs. 1 S. 1 GewO bei Gaststättenbetrieben nach § 1 Abs. 2 GastG von § 12 GastG verdrängt wird und nicht zur Anwendung kommt. Mit dem Antrag auf Erteilung der Gestattung wird zugleich der Anzeigepflicht nach § 14 GewO genügt (i. E. ebenso *Schwab* in: *Aßfalg/Lehle/Rapp/Schwab* § 13 GastG Rn. 2). In aller Regel wird der Antrag nach § 12 GastG noch vor Aufnahme des Gaststättenbetriebs gestellt. Es besteht dann **keine Notwendigkeit** mehr, mittels der Anzeige nach § 14 Abs. 1 S. 1 GastG die **Überwachung** der zuständigen Behörde **sicherzustellen** (vgl. § 14 Abs. 1 S. 3 GewO [Text im Anhang II 1] sowie zum Zweck des § 14 GewO etwa *Heß* in: *Friauf* § 14 Rn. 3; *Tettinger/Wank* § 14 Rn. 1; *Stollenwerk* Rn. 186).

5. Angabe der Anschrift (Abs. 2)

Die Verpflichtung des § 13 Abs. 2 GastG liegt im **Interesse der behördlichen Überwachung** und des **Verbraucherschutzes** (BT-Ds 7/3859, S. 19). Ihre Nichtbeachtung ist daher auch als Ordnungswidrigkeit mit einem **Bußgeld bewehrt** (vgl. nachfolgend Rn. 12). 6

Wegen Nichtanwendbarkeit des Titels III GewO im Bereich des § 1 Abs. 2 GastG ist auch **§ 56a Abs. 1 S. 2 GewO** (Angabe des Namens und mindestens eines ausgeschriebenen Vornamens des Gewerbetreibenden an der Verkaufsstelle) **nicht anwendbar**. Daher gilt für die von § 1 Abs. 2 GastG erfassten Gaststätten ohne gewerbliche Niederlassung § 13 Abs. 2 GastG. Für Gaststätten, die **gewerbliche Niederlassungen** darstellen, gilt dagegen **§ 15a GewO** über § 31 Hs. 1 GastG (siehe Anhang II 1). 7

§ 13 Abs. 2 GastG verlangte in seiner ursprünglichen Fassung neben der Angabe des Namens und mindestens eines ausgeschriebenen Vornamens auch die Angabe der Wohnung des Gewerbetreibenden. Durch Art. 2 Nr. 2 des Zweiten Gesetzes zur Änderung der Gewerbeordnung und sonstiger gewerberechtlicher Vorschriften vom 16. 6. 1998 (BGBl. I S. 1291, 1296) erhielt § 13 Abs. 2 GastG eine neue Fassung, nach der nur noch die **Angabe des Namens und mindestens eines ausgeschriebenen Vornamens** des Gewerbetreibenden an der Betriebsstätte **zwingend** ist. Die Angabe des Wohnsitzes 8

§ 13 Gaststätten ohne gewerbliche Niederlassung

muss nicht mehr erfolgen. Diese Änderung dient der vorbeugenden Gefahrenabwehr und soll über die Angabe der Adresse ermöglichte Einbrüche in die leerstehenden Wohnungen der Gaststättenbetreiber verhindern (BT-Ds 13/9109, S. 18 i. V. m. S. 17).

9 **Gewerbetreibender** i. S. d. § 13 Abs. 2 GastG ist der Inhaber der Gaststätte. Mit der Angabe des Namens und eines ausgeschriebenen Vornamens soll die Identifizierung des Betriebsinhabers hinreichend ermöglicht werden: **zw.**

6. Durchsetzung

a) Widerruf der Gestattung

10 Verstöße gegen die Pflicht zur Angabe des Namens des Betriebsinhabers können zum **Widerruf der Gestattung** führen (ebenso *Michel/Kienzle* § 13 Rn. 3).

b) Wettbewerbsrecht

11 Ein Verstoß gegen § 13 Abs. 2 GastG kann eine gegen die guten Sitten verstoßende Wettbewerbshandlung i. S. d. **§ 1 UWG** sein (*KG Berlin* 30. 11. 1990, GewArch 1991, 270 f. zu § 15 a GewO).

7. Ordnungswidrigkeiten

12 Wer vorsätzlich oder fahrlässig entgegen § 13 Abs. 2 GastG den Namen nicht oder nicht in der vorgeschriebenen Weise angibt, begeht eine **Ordnungswidrigkeit** nach **§ 28 Abs. 1 Nr. 5 a GastG**. Dieser Tatbestand wurde durch Art. 5 Abs. 2 Nr. 2 des Gesetzes zur Änderung des Titels IV und anderer Vorschriften der Gewerbeordnung vom 5. 7. 1976 (BGBl. I S. 1773) in das GastG eingefügt (vgl. dazu auch § 28 Rn. 1, 1a).

§ 14
Straußwirtschaften

Die Landesregierungen können durch Rechtsverordnungen zur Erleichterung des Absatzes selbsterzeugten Weines oder Apfelweines bestimmen, daß der Ausschank dieser Getränke und im Zusammenhang hiermit das Verabreichen von zubereiteten Speisen zum Verzehr an Ort und Stelle für die Dauer von höchstens vier Monaten oder, soweit dies bisher nach Landesrecht zulässig war, von höchstens sechs Monaten, und zwar zusammenhängend oder in zwei Zeitabschnitten im Jahre, keiner Erlaubnis bedarf. Sie können hierbei Vorschriften über

1. **die persönlichen und räumlichen Voraussetzungen für den Ausschank sowie über Menge und Jahrgang des zum Ausschank bestimmten Weines oder Apfelweines,**
2. **das Verabreichen von Speisen zum Verzehr an Ort und Stelle,**
3. **die Art der Betriebsführung**

erlassen. Die Landesregierungen können durch Rechtsverordnung die Ermächtigung auf oberste Landesbehörden oder andere Behörden übertragen.

Inhaltsübersicht

	Rn.		Rn.
1. Fassung, Materialien, Literatur		*4. Freistellung*	
a) Fassung	1	– Erlaubnispflicht	8
b) Materialien zur geltenden Fassung	1a	– alkoholfreie Getränke	9
c) Weiterführende Literatur	1b	*5. Landesregelungen*	
2. Allgemeines	2, 3	a) GastV der Länder	10
3. Selbsterzeugter Wein		b) Anzahl der Sitzplätze	11
a) Wein	4	c) Einfach zubereitete Speisen	
b) Selbsterzeugung		– Zweck	12
– eigene Früchte	5	– Begriff	13
– Genossenschaften	6	– regionale Besonderheiten	14
c) Örtliche Lage	7	– Beispiele	15
		6. Durchsetzung	16
		7. Ordnungswidrigkeiten	17

§ 14 Straußwirtschaften

1. Fassung, Materialien, Literatur

a) Fassung

1 Die Vorschrift entspricht noch der ursprünglichen Fassung des GastG vom 5. 5. 1970 (BGBl. S. 465), nunmehr in der Form der Bekanntmachung der Neufassung des GastG vom 20. 11. 1998 (BGBl. S. 3418).

b) Materialien zur geltenden Fassung

1a Entwurf der BReg, BT-Ds V/205, S. 5, 17; Stellungnahme des BR, BT-Ds V/205, S. 25; Gegenäußerung der BReg, BT-Ds V/205, S. 31, 32; Bericht und Beschluss des Ausschusses für Wirtschaft und Mittelstandsfragen (15. Ausschuss), BT-Ds V/1652, S. 6, 15; Zweiter schriftlicher Bericht des Ausschusses für Wirtschaft und Mittelstandsfragen (15. Ausschuss), BT-Ds V/4380, S. 9.

c) Weiterführende Literatur

1b *Gornig/Deutsch* Die Strauß- oder Heckenwirtschaft, GewArch 1997, 8–13; *Pinegger* Aktuelle Fragen des Gewerberechts, GewArch 2001, 24–35.

2. Allgemeines

2 Die Ermächtigung des § 14 GastG bezieht sich auf die sog. **Strauß-(Besen-, Kranz- oder Buschen-)wirtschaften**, die ihren Namen von dem Brauch haben, den Ausschank durch Ausstecken eines Straußes (Besens, Kranzes, Buschens) kenntlich zu machen (vgl. zu Begriff und historischer Entwicklung *Gornig/Deutsch* GewArch 1997, 8–10); BT-Ds V/165, S. 6:

„Der Ausschuß hält es für erforderlich und vertretbar, den Betrieb von sog. Straußwirtschaften wie bisher in gewissen Grenzen von der Erlaubnispflicht freizustellen. Es handelt sich hierbei im Grunde um ein altes Recht der Winzer und Obstbauern, selbstgezogenen Wein ohne Erlaubnis auszuschenken. Da dieser Ausschank vielfach auch in gewerbsmäßiger Weise erfolgt, muß das Gesetz – unter bestimmten Voraussetzungen – den Ausschank von der Erlaubnispflicht des § 1 freistellen."

Zur Freistellung vgl. die GastV der Länder (siehe Anhang I). Für **Bayern** und **Rheinland-Pfalz** gilt neben § 14 GastG die Sonderregelung des § 26 GastG. 3

3. Selbsterzeugter Wein

Die Privilegierung des § 14 GastG leitet sich aus dem Absatz **selbsterzeugten Weins oder Apfelweins** ab.

a) Wein

Wie sich aus der Gegenüberstellung zum Begriff „Apfelwein" ergibt, ist **Wein** i. S. d. § 14 GastG nur der aus Weintrauben gewonnene Wein (auch der gärende Wein: „Federweißer", „Neuer", „Reißer", „Sauser", „Süßer" usw.), nicht aber Wein aus anderen Früchten oder Produkten, etwa aus Johannisbeeren (ebenso *Metzner* § 14 Rn. 15; *Michel/Kienzle* § 14 Rn. 3; *Schwab* in: *Aßfalg/Lehle/Rapp/Schwab* § 14 GastG Rn. 4; *Gornig/Deutsch* GewArch 1997, 8, 12). Andernfalls würde die Erwähnung des **Apfel**weins keinen Sinn machen. 4

b) Selbsterzeugung

Selbsterzeugt ist der Wein oder Apfelwein, der aus Früchten hergestellt ist, die der Ausschenkende auf eigenem oder aufgrund eines sonstigen Nutzungsrechts (etwa Pacht, Nießbrauch) genutzten Grund und Boden selbst gewonnen und den er selbst gekeltert und ggf. selbst weiterbehandelt hat (*Gornig/Deutsch* GewArch 1997, 8, 12); die Inanspruchnahme von Hilfskräften oder einer fremden Kelter ist unschädlich. Entscheidend ist die Herstellung des Produkts Wein oder Apfelwein **aus eigenen Früchten**. Nicht selbsterzeugt ist daher Wein, der im eigenen Betrieb aus angekauften Früchten gekeltert wird oder der Wein, dem nicht selbstgezogener Wein beigemischt wird. 5

Der Ausschank von Wein, den Genossenschaftsmitglieder gezogen haben, durch die **Genossenschaft** fällt grundsätzlich nicht unter § 14 GastG. Der Ausschank durch eine Genossenschaft kann nur dann unter das Privileg des § 14 GastG fallen, wenn sie selbst Weinbau betreibt und damit ihre eigenen Früchte zu Wein oder Apfelwein verarbeitet (so zu Recht *Michel/Kienzle* § 14 Rn. 3). 6

§ 14   Straußwirtschaften

c) Örtliche Lage

7   Der erlaubnisfreie Ausschank selbsterzeugten Weins ist am Ort des Weinbaubetriebs auch dann zulässig, wenn dieser nicht in einem **Weinbaugebiet** liegt (*OVG RP* 9. 7. 1993, GewArch 1993, 490 f.).

4. Freistellung

8   Die Freistellung bezieht sich nur auf die **Erlaubnispflicht**. Die Vorschriften des GastG, die nicht auf eine Erlaubnis abstellen, bleiben unberührt, soweit die GastV nichts Abweichendes bestimmen. Anwendbar sind so u. a. § 5 Abs. 2 GastG, § 35 GewO (zur Untersagung wegen räumlicher und örtlicher Mängel vgl. die GastV [Anhang I]), §§ 18 bis 23 GastG.

9   Die Abgabe **alkoholfreier Getränke**, die durch § 6 GastG gefordert wird, ist entsprechend dem Grundgedanken des § 3 Abs. 3 GastG ebenfalls erlaubnisfrei (ebenso *Schwab* in: *Aßfalg/Lehle/Rapp/Schwab* § 14 GastG Rn. 7). Daher dürfen auch **Weinmischgetränke** ausgegeben werden, wie etwa Weinschorle (Wein unter Beimischung süßen oder sauren Mineralwassers). Nicht zulässig wäre dagegen die Beimischung anderer alkoholischer Getränke.

5. Landesregelungen

a) GastV der Länder

10   In verschiedenen GastV der Länder finden sich auf § 14 GastG basierende Sonderreglungen zu den **Straußwirtschaften** (vgl. §§ 5–8 GastV BW; §§ 3–6 GastV Bayern; §§ 3–6 VO Hessen vom 20. 6. 2002; §§ 12–15 GastV RP; §§ 13–16 GastV Saarland; §§ 3–6 GastV Sachsen; §§ 2–6 GastV Sachsen-Anhalt; § 8 GastV Thüringen).

b) Anzahl der Sitzplätze

11   Soweit in den GastV der Länder eine **Beschränkung der zulässigen Anzahl von Sitzplätzen** in der Straußwirtschaft erfolgt, wird diese nicht dadurch überschritten und führt demnach auch nicht zur Erlaubnispflicht der Straußwirtschaft, dass neben den Sitzplätzen

Straußwirtschaften § 14

noch **Abstellmöglichkeiten für weitere stehende Gäste** geschaffen werden (*VGH BW* 26. 10. 1989, VBlBW 1990, 144 f.). Insofern ist der Verordnungsgeber davon ausgegangen, dass nur Sitzplätze zum längeren Verweilen der Gäste einladen (*VGH BW* aaO). Vgl. zur Anzahl der Sitzplätze auch *Pinegger* GewArch 2001, 24, 35.

c) Einfach zubereitete Speisen

Soweit in den Landesverordnungen (so etwa § 7 Abs. 1 GastV BW; **12** § 5 Abs. 1 GastV Bayern; § 5 Abs. 1 der VO Hessen vom 20. 6. 2002; § 14 Abs. 1 GastV RP; § 15 Abs. 1 GastV Saarland; § 5 Abs. 1 GastV Sachsen; § 4 Abs. 1 GastV Sachsen-Anhalt; § 8 Abs. 10 S. 1 GastV Thüringen) verlangt wird, dass in Straußwirtschaften **nur einfach zubereitete Speisen** verabreicht werden dürfen, ist dies mit § 14 S. 2 Nr. 2 GastG grundsätzlich zu vereinbaren, weil diese Einschränkungen als Kehrseite der durch § 14 GastG eingeräumten Privilegien der Straußwirtschaften anzusehen sind und einen diesbezüglichen Ausgleich darstellen (so zu Recht *VGH BW* 2. 12. 1999, NVwZ-RR 2000, 283 = VBlBW 2000, 200, GewArch 2000, 345). Die Privilegierung des § 14 S. 1 GastG leitet sich aus der Abgabe von selbsterzeugtem Wein oder Apfelwein ab. Aus dieser sachlichen Beschränkung ist zu folgern, dass damit keine uneingeschränkte Verabreichung von Speisen wie bei jeder anderen Gastwirtschaft beabsichtigt ist.

Bei dem Begriff „einfach zubereitete Speisen" handelt es sich um **13** einen **unbestimmten Rechtsbegriff**, welcher der vollen gerichtlichen Überprüfung unterliegt. Für seine Anwendung ist vorrangig darauf abzustellen, ob die **Art der Zubereitung** der angebotenen Speisen **typischerweise**, d. h. im Vergleich zur Zubereitung der in Gaststätten im Allgemeinen angebotenen Speisen, **einfach ist** (ebenso *VGH BW* 5. 5. 2000, GewArch 2000, 348; ähnlich *Michel/Kienzle* Anm. zu § 14 GastV Hessen). Es kommt darauf an, ob diese Speisen mit einem Aufwand hergestellt werden können, der im Gastronomiebereich üblicherweise als gering anzusehen ist, also mit **wenig Zeit und Aufwand** verbunden ist (*VG Stuttgart* 29. 11. 1999, GewArch 2000, 343, 344; *Michel/Kienzle* aaO; krit. *Schwab*

§ 14   Straußwirtschaften

in: *Aßfalg/Lehle/Rapp/Schwab* § 14 GastG Rn. 8). Diese Voraussetzung kann nicht dadurch umgangen werden, dass die Speisen **bereits zubereitet geliefert** werden (so zu Recht *VGH BW* 2. 12. 1999, NVwZ-RR 2000, 283 = VBlBW 2000, 200, GewArch 2000, 345; *Metzner* § 14 Rn. 29), weil die Anforderung der einfachen Zubereitung in erster Linie dazu dient, die Privilegierung der Straußwirtschaft angemessen gegenüber normalen Gaststätten zu begrenzen. Die Verabreichung von Speisen ist **lediglich eine untergeordnete Zusatzleistung** des Winzers (*VGH BW* GewArch 2000, 348; *VG Stuttgart* GewArch 2000, 343, 344; 2. 5. 2000, VBlBW 2000, 450 = GewArch 2000, 346; *Metzner* § 14 Rn. 27; *Ambs* in: *Erbs/ Kohlhaas* § 14 GastG Rn. 1; *Pauly* GewArch 2000, 349). Beim Einsatz von Maschinen oder anderen **Hilfsmitteln** zur Herstellung der Speisen kommt es ebenfalls auf die Üblichkeit an (**aA** *VG Stuttgart* GewArch 2000, 343, 344; 2. 5. 2000, VBlBW 2000, 450, 451); Straußwirtschaften werden diesbezüglich durch § 14 GastG nicht besser oder schlechter gestellt als andere Gaststätten.

Praxistipp: Auch wenn der Begriff „einfach zubereitete Speisen" unter Berücksichtigung des Zwecks des § 14 GastG auszulegen ist, sollte in der Praxis das **Gesamtgepräge des Betriebs** betrachtet werden. Daher erscheint es unschädlich, wenn in der Straußwirtschaft etwa ein oder zwei aufwendiger zubereitete Gerichte ausgegeben werden, aufgrund des gesamten Gepräges aber auszuschließen ist, dass die Straußwirtschaft den Charakter einer normalen Gaststätte aufweist und damit nicht mehr von der Privilegierung des § 14 GastG erfasst werden kann. Dabei ist auch zu beachten, dass die Abgabe der Speisen nur für eine **begrenzte Zeitspanne** erfolgt.

14   Da die Straußwirtschaft vor allem für bestimmte Regionen in Deutschland typisch ist, nämlich für die Weinanbaugebiete, sind die **regionalen Besonderheiten des Speiseangebots** zu beachten (ebenso *Michel/Kienzle* Anm. zu § 14 GastV Hessen; *Pinegger* GewArch 2001, 24, 34; **aA** *Metzner* § 14 Rn. 29). Dies kann dazu führen, dass die Ausgabe bestimmter Speisen als in der einen Region noch typisch anzusehen ist, weil deren Zubereitung allgemein üblich und im Vergleich zu anderen Speisen als einfach anzusehen ist, wäh-

Straußwirtschaften § 14

rend dies in anderen Regionen nicht der Fall ist. Dies dürfte etwa für die Zubereitung von **Spargelgerichten** gelten (vgl. dazu auch sogleich Rn. 15). So ist in einer typischen Spargelregion, die auch Weinbau betreibt (etwa in Nordbaden), die Ausgabe auch etwas aufwendiger zubereiteter Spargelgerichte als einfache Speisenzubereitung anzusehen, weil dort in der Spargelsaison der Spargel zum üblichen, teils sogar alltäglichen Essen gehört. Sofern allerdings regional typische Gerichte ausgegeben werden, die zur Herstellung erheblichen Aufwand bedürfen, wird dies vom Begriff „einfache Zubereitung" nicht mehr abgedeckt. In der Straußwirtschaft ist kein Raum für eine gehobenere Gastronomie, weil der Charakter der Straußwirtschaft damit grundlegend verändert würde.

Hinweis: Die **Aufstellung einer Liste**, in welcher sich die in Straußwirtschaften zulässigen Speisen finden, erscheint wenig sinnvoll. Sie würde die Handlungsspielräume der Gaststättenbehörde in Bezug auf die gebotene einzelfallbezogene Entscheidung zu sehr einschränken. Die Liste wäre zudem der Gefahr ausgesetzt, die in der Praxis mannigfaltigen Ausgestaltungen nicht erfassen zu können. Auch rechtspolitisch ist eine solche Liste nicht wünschenswert, weil es nicht Aufgabe des Staates sein sollte, solche Lebenssachverhalte bis in alle Details zu regeln. Schließlich würde eine Liste die regionalen Besonderheiten kaum beachten und wäre laufend fortzuschreiben (so zu Recht *Pauly* GewArch 2000, 349).

Bei der Frage, ob einfach zubereitete Speisen ausgegeben werden, ist etwa an folgende **Einzelfälle** zu denken: **15**

– **Fleischgerichte und Braten.** Allein die Zubereitung von Fleischgerichten spricht nicht für die Annahme, dass keine einfache Speisezubereitung mehr vorliegt (aA *VG Stuttgart* 29. 11. 1999, GewArch 2000, 343, 344). Das **kurze Anbraten oder Garen von Fleisch** stellt keinen Vorgang dar, der in der Gastronomie als zeit- und arbeitsaufwendig anzusehen ist (aA *Metzner* § 14 Rn. 29; *Michel/Kienzle* Anm. zu § 14 GastV Hessen). Etwas anderes gilt aber, wenn die Fleischgerichte verfeinert zubereitet werden oder die Zubereitung mit größerem Arbeitsaufwand verbunden ist, wie dies etwa bei einem **Bratengericht** der Fall ist (ebenso *VGH BW* 5. 5. 2000, GewArch 2000, 348).

– **Meefischli.** Unter dem Gesichtspunkt der Tradition und der örtlichen Spezialität der Mainfischer und Winzer können Meefischli noch als einfache Speise angesehen werden (vgl. *Pinegger* GewArch 2001, 24, 34 f.).

– **Spargel.** Die Zubereitung von Spargel ist in aller Regel einfach, weil der Spargel lediglich geschält und im Wasserbad gekocht werden muss (**aA** *VG Stuttgart* 2. 5. 2000, VBlBW 2000, 450, 451 = GewArch 2000, 346, das verkennt, dass die Zubereitung [vor allem das Schälen!] von Spargel für einen Koch keine schwierige oder zeitaufwendige Arbeit darstellt; bestätigt durch *VGH BW* GewArch 2000, 348). Auch die Zugabe von Soßen (etwa einer Sauce Hollandaise, deren Zubereitung für einen Koch – anders als für den Laien – zum Standard gehört [wohl verkannt von *VG Stuttgart* VBlBW 2000, 450, 451]; **aA** auch *Metzner* § 14 Rn. 29), oder die mit geringem Aufwand verbundene weitere Zubereitung (etwa als Salat oder Bauerntoast [**aA** *VG Stuttgart* VBlBW 2000, 450, 451]) führen zu keiner anderen Betrachtung. Dies gilt besonders, wenn Spargelgerichte in einer typischen Spargelanbauregion zur Saison angeboten werden (ebenso *Michel/Kienzle* Anm. zu § 14 GastV Hessen).

6. Durchsetzung

16 Wird gegen die Vorschriften über die Erlaubnisfreiheit verstoßen (vgl. etwa die §§ 14, 15 Abs. 1 bis 4 GastG und – soweit sie sich auf die Abgabe von zubereiteten Speisen beziehen – die oben in Rn. 12 erwähnten GastV), so kommen die **Maßnahmen gegen unerlaubten Betrieb** in Betracht (vgl. § 2 Rn. 46 ff.). Ferner ist **Verwaltungszwang** möglich.

7. Ordnungswidrigkeiten

17 Wer vorsätzlich oder fahrlässig den Vorschriften einer aufgrund des § 14 GastG erlassenen GastV (vgl. oben Rn. 10) zuwiderhandelt, begeht eine **Ordnungswidrigkeit nach § 28 Abs. 1 Nr. 12 GastG**, soweit die GastV für einen bestimmten Tatbestand auf § 28 GastG verweist.

§ 15
Rücknahme und Widerruf der Erlaubnis

(1) Die Erlaubnis zum Betrieb eines Gaststättengewerbes ist zurückzunehmen, wenn bekannt wird, daß bei ihrer Erteilung Versagungsgründe nach § 4 Abs. 1 Nr. 1 vorlagen.

(2) Die Erlaubnis ist zu widerrufen, wenn nachträglich Tatsachen eintreten, die die Versagung der Erlaubnis nach § 4 Abs. 1 Nr. 1 rechtfertigen würden.

(3) Sie kann widerrufen werden, wenn

1. der Gewerbetreibende oder sein Stellvertreter die Betriebsart, für welche die Erlaubnis erteilt worden ist, unbefugt ändert, andere als die zugelassenen Räume zum Betrieb verwendet oder nicht zugelassene Getränke oder Speisen verabreicht oder sonstige inhaltliche Beschränkungen der Erlaubnis nicht beachtet,
2. der Gewerbetreibende oder sein Stellvertreter Auflagen nach § 5 Abs. 1 nicht innerhalb einer gesetzten Frist erfüllt,
3. der Gewerbetreibende seinen Betrieb ohne Erlaubnis durch einen Stellvertreter betreiben läßt,
4. der Gewerbetreibende oder sein Stellvertreter Personen entgegen einem nach § 21 ergangenen Verbot beschäftigt,
5. der Gewerbetreibende im Fall des § 4 Abs. 2 nicht innerhalb von sechs Monaten nach der Berufung den Nachweis nach § 4 Abs. 1 Nr. 4 erbringt,
6. der Gewerbetreibende im Fall des § 9 Satz 3 nicht innerhalb von sechs Monaten nach dem Ausscheiden des Stellvertreters den Nachweis nach § 4 Abs. 1 Nr. 4 erbringt,
7. die in § 10 Satz 1 und 2 bezeichneten Personen nicht innerhalb von sechs Monaten nach der Weiterführung den Nachweis nach § 4 Abs. 1 Nr. 4 erbringen.

(4) Die Absätze 1, 2 und 3 Nr. 1, 2 und 4 gelten entsprechend für die Rücknahme und den Widerruf der Stellvertretungserlaubnis.

§ 15 Rücknahme und Widerruf der Erlaubnis

Inhaltsübersicht

	Rn.		Rn.
1. Fassung, Materialien, Literatur		a) Widerruf nach § 15 Abs. 2 GastG	
a) Fassung	1	– Allgemeines	28, 29
b) Materialien zur geltenden Fassung	1a	– Beispielsfälle	30
		– Arbeitserlaubnis	30a
c) Weiterführende Literatur	1b	– Aufsicht	30b
2. Allgemeines		– Gewalt	30c
a) Zweck der Vorschrift	2	– Jugend	30d
b) Anwendungsbereich	3	– Prostitution	30e
c) Rücknahme und Widerruf		– Rauschgift	30f
– Differenzierung	4	– Schulden	30g
– Systematik der Vorschrift	5	– Sozialversicherung	30h
d) Allgemeines Verwaltungsrecht		– Steuerpflicht	30i
– Allgemeines	6	– Unfallversicherung	30j
– Rücknahme	7	b) Gebundene Entscheidung	31
– Widerruf	8, 9	c) Widerruf nach § 15 Abs. 3 GastG	
– Ergänzung	10–12	– Tatbestandskatalog	32
3. Verfassungsrecht	13	– Verhältnis zu Abs. 2	33
4. Rücknahme der Erlaubnis	14	– Besondere Pflichten	34
a) Rücknahme nach § 15 Abs. 1 GastG	15	– Tatbestand	35
– Unzuverlässigkeit	16	– § 15 Abs. 3 Nr. 1 GastG	36
– Zeitpunkt	17	– § 15 Abs. 3 Nr. 2 GastG	37
– Bekanntwerden	18	– § 15 Abs. 3 Nr. 3 GastG	38
– Fortbestehen	19	– § 15 Abs. 3 Nr. 4 GastG	39
– Rechtsanwendungsfehler	20	– § 15 Abs. 3 Nr. 5–7 GastG	40
b) Gebundene Entscheidung	21	– Stellvertreter	41
c) Rücknahme nach allgemeinem Recht		– Ermessen	42–45
– Voraussetzungen	22	d) Widerruf nach allgemeinem Recht	
– Anwendungsbereich	23	– Voraussetzungen	46
– Widerruf	24	– Anwendungsbereich	47
– Ermessen	25	– Ermessen	48
– Reduzierung auf Null	26	*6. Stellvertretungserlaubnis (Abs. 4)*	49
5. Widerruf der Erlaubnis	27	*7. Verfahren, Rechtsschutz*	

Rücknahme und Widerruf der Erlaubnis § 15

a) Verwaltungsverfahren	50	– Beurteilungszeitpunkt	57
b) Sofortige Vollziehung	51	– Ermessensergänzung	58
c) Gewerbezentralregister	52	– Vorläufiger Rechts-	
d) Vollstreckung		schutz	59
– Gewerbeuntersagung	53	f) Nachbarschutz	60
– Nachbar	54		
– Verzicht	55	8. *Muster einer Rücknahme-*	
e) Rechtsschutz		*und Widerrufsentscheidung*	61
– Anfechtung	56	9. *Ordnungswidrigkeiten*	62

1. Fassung, Materialien, Literatur

a) Fassung

Die Vorschrift entspricht noch der ursprünglichen Fassung des GastG vom 5. 5. 1970 (BGBl. I S. 465), nunmehr in der Form der Bekanntmachung der Neufassung des GastG vom 20. 11. 1998 (BGBl. I S. 3418). **1**

b) Materialien zur geltenden Fassung

Entwurf der BReg, BT-Ds V/205, S. 5, 17; Stellungnahme des BR, BT-Ds V/205, S. 25; Gegenäußerung der BReg, BT-Ds V/205, S. 32; Bericht und Beschluss des Ausschusses für Wirtschaft und Mittelstandsfragen (15. Ausschuss), BT-Ds V/1652, S. 6, 15 f.; Zweiter schriftlicher Bericht des Ausschusses für Wirtschaft und Mittelstandsfragen (15. Ausschuss), BT-Ds V/4380, S. 15 f.; Einberufung des Vermittlungsausschusses durch den BR, BT-Ds V/4581, S. 3; Bericht des Vermittlungsausschusses, BT-Ds V/4591, S. 2. **1a**

c) Weiterführende Literatur

Albracht/Naujoks Die zuständige Widerspruchsbehörde nach § 73 I 2 Nr. 1 VwGO, NVwZ 1990, 640; *Aßfalg* Zur Frage des maßgeblichen Zeitpunkts für die gerichtliche Beurteilung der Rechtmäßigkeit des Widerrufs einer Gaststättenerlaubnis bzw. der Untersagung der Fortsetzung eines Betriebs nach § 15 Abs. 2 GewO, GewArch 1988, 219–221; *Bader* Die Ergänzung von Ermessenserwägungen im verwaltungsgerichtlichen Verfahren, NVwZ 1999, 120–125; *Bader/Funke-Kaiser/ Kuntze/von Albedyll* Verwaltungsgerichtsordnung, 2. Aufl. 2002; *Brischke* Heilung fehlerhafter Verwaltungsakte im verwaltungsgericht- **1b** lichen Verfahren, DVBl. 2002, 429–434; *Bull* Allgemeines Verwaltungsrecht, 6. Aufl. 2000; *Dolderer* Die neu eingeführte „Ergänzung von Ermessenserwägungen" im Verwaltungsprozeß, DÖV 1999, 104–110; *Dreier* Präventive Klagen gegen hoheitliches Handeln im Gewerberecht, NVwZ 1988, 1073–1078; *Hahn* Ausgewählte Rechtsprechung des Bundesverwaltungsgerichts der Jahre 1997 und 1998 zur Gewerbeordnung, zum Gaststättengesetz und zum sonstigen Wirtschaftsverwaltungsrecht, GewArch 1999, 41–48; *Kopp/Ramsauer* VwVfG, 7. Aufl. 2000; *Knack* Verwaltungsverfahrensgesetz, 7. Aufl. 2000; *Krugmann* Unzuverlässigkeit und Verhältnismäßigkeit, GewArch 1995, 398–405; *Rädler* Die „Abmahnung" im Verwaltungsrecht, NVwZ 2000, 1260–1263; *Steinberg* Öffentlich-rechtlicher Nachbarschutz im Gaststättenrecht, DÖV 1991, 354–362.

2. Allgemeines

a) Zweck der Vorschrift

2   § 15 GastG stellt für den Bereich des GastR eine **spezialgesetzliche Regelung** über die Rücknahme und den Widerruf der Gaststättenerlaubnis dar (zum Verhältnis zum allgemeinen Verwaltungsrecht vgl. nachfolgend Rn. 6 ff.). Der Gaststättenbehörde wird damit die **Pflicht** (§ 15 Abs. 1, 2 GastG) auferlegt bzw. die **Möglichkeit** (§ 15 Abs. 3 GastG) eingeräumt, auf Verstöße gegen die aufgeführten Vorschriften des GastG zu reagieren, indem dem Gaststättenbetreiber die **Erlaubnis** zum Betrieb seines Gaststättengewerbes **entzogen wird**.

b) Anwendungsbereich

3   Die Vorschrift gilt für die **Erlaubnis nach § 2 Abs. 1** (auch im Falle des § 10 GastG) und nach Maßgabe ihres Abs. 4 für die **Stellvertretungserlaubnis** nach § 9 GastG. Dagegen findet § 15 GastG wegen seines eindeutigen Wortlauts („Erlaubnis") **keine Anwendung auf** die **Gestattung** nach § 12 GastG, auch wenn diese als Unterfall der Erlaubnis anzusehen ist (vgl. dazu § 12 Rn. 3).

c) Rücknahme und Widerruf

§ 15 GastG unterscheidet zwischen Gründen, aus denen die Erlaubnis **zurückgenommen** oder **widerrufen** werden **muss** (Abs. 1, 2), und solchen, aus denen sie widerrufen werden **kann** (Abs. 3). Zu den Begriffen Rücknahme und Widerruf wird in BT-Ds V/1652, S. 6, ausgeführt:

„Abweichend vom Regierungsentwurf soll nach Ansicht des Ausschusses in der Vorschrift eine Unterscheidung zwischen Rücknahme- und Widerrufsgründen erfolgen; dies entspricht der in Vorbereitung befindlichen Regelung im Verwaltungsverfahrensgesetz. Rücknahmegründe betreffen Umstände, die bereits bei Erteilung der Erlaubnis vorlagen, aber der Erlaubnisbehörde nicht bekannt waren; Widerrufsgründe sind also Tatsachen, die nach Erteilung der Erlaubnis eintraten."

Der **Gesetzgeber bezieht sich** bei der Unterscheidung von Rücknahme und Widerruf **auf das VwVfG**, das nach seinem § 103 erst am 1. 1. 1977 – also etwa sechs Jahre nach der geltenden Fassung des GastG (vgl. § 38 GastG, wonach das In-Kraft-Treten des GastG am 10. 5. 1971 war) – in Kraft getreten ist. Die Systematik des § 15 Abs. 1 bis 3 GastG entspricht im Grundsatz dem Verhältnis von Rücknahme und Widerruf, wie es den §§ 48 und 49 VwVfG und den entsprechenden Landesregelungen zugrunde liegt. Dem entspricht im Einzelnen, dass

– § 15 Abs. 1 GastG eine (zwingende) Rücknahme der Erlaubnis vorsieht, weil zum Zeitpunkt der Erteilung der Erlaubnis ohne Kenntnis der Gaststättenbehörde Tatsachen vorlagen, die wegen Unzuverlässigkeit des Gaststättenbetreibers zu einer Versagung der Erlaubnis nach § 4 Abs. 1 S. 1 Nr. 1 GastG hätten führen müssen. Die **Erlaubnis war** damit (von Anfang an) **rechtswidrig**, so dass auch eine Rücknahme nach **§ 48 VwVfG** möglich wäre;

– § 15 Abs. 2 GastG einen (zwingenden) Widerruf der Erlaubnis vorsieht, wenn nach Erteilung der Erlaubnis Tatsachen eintreten, die wegen Unzuverlässigkeit des Gaststättenbetreibers zu einer Versagung der Erlaubnis nach § 4 Abs. 1 S. 1 Nr. 1 GastG geführt hätten. Die **Erlaubnis** wird **nachträglich rechtswidrig**, so dass keine Rücknahme nach § 48 VwVfG, sondern nur ein Widerruf nach **§ 49 VwVfG** zulässig wäre; **str**;

– § 15 Abs. 3 GastG einen (in das Ermessen der Gaststättenbehörde gestellten) Widerruf vorsieht, wenn nach der Erteilung der Erlaubnis Umstände eintreten, die den Grundsätzen des GastG widersprechen. Auch hier **ändert sich die Sach- und Rechtslage nachträglich**, so dass ein Widerruf nach **§ 49 VwVfG** Rechtsfolge wäre.

d) Allgemeines Verwaltungsrecht

6   Fraglich ist das **Verhältnis** des **§ 15 GastG zum allgemeinen Verwaltungsrecht**. Hierbei stellt sich die Frage, inwieweit der Gesetzgeber mit § 15 GastG eine gegenüber dem allgemeinen Verwaltungsrecht (den den §§ 48, 49 VwVfG entsprechenden Landesregelungen) **abschließende Regelung** treffen wollte. Die Nr. 3.5.4 des Mustererlasses des Bund-Länder-Ausschusses „Gewerberecht" für eine GastVwV (vgl. dazu § 29 Rn. 4–8) geht inzwischen – anders als bei älteren Fassungen – davon aus, dass neben § 15 Abs. 1 GastG die § 48 VwVfG entsprechenden Landesvorschriften zur Anwendung kommt, während § 15 Abs. 2, 3 GastG abschließend ist. Den **Gesetzesmaterialien zum § 15 GastG** lassen sich keine Hinweise des Gesetzgebers entnehmen. Der Gesetzgeber verwies lediglich auf die Systematik des erst im Entwurf vorliegenden VwVfG und passte § 15 GastG an dieses an (vgl. oben Rn. 4 f.).

7   In Bezug auf die **Rücknahme der Erlaubnis** nach § 15 Abs. 1 GastG wird in der Literatur und Rspr zu Recht übereinstimmend davon ausgegangen, dass die **§ 48 VwVfG** entsprechenden Landesregelungen **daneben voll anwendbar** sind und eine **Rücknahme der Erlaubnis auch aus anderen Gründen** ermöglichen (so etwa *BayVGH* 21. 1. 1980, BayVBl. 1980, 501, 502 = GewArch 1980, 303; *VGH BW* 17. 12. 1975, GewArch 1976, 272; *Metzner* § 15 Rn. 39; *Michel/Kienzle* § 15 Rn. 2; *Ambs* in: *Erbs/Kohlhaas* § 15 GastG Rn. 1; *Ehlers* in: *Achterberg u.a.*, § 2 Rn. 245; *Steinberg* DÖV 1991, 354, 362). **§ 15 Abs. 1 GastG** sieht anders als die § 48 Abs. 1 VwVfG entsprechenden Landesvorschriften die **Rücknahme** der Gaststättenerlaubnis im Fall der nicht bekannten anfäng-

Rücknahme und Widerruf der Erlaubnis § 15

lichen Unzuverlässigkeit des Gaststättenbetreibers **zwingend** vor. Dagegen steht die Rücknahme eines VA nach allgemeinem Verwaltungsrecht im Ermessen der Behörde (vgl. § 48 Abs. 1 VwVfG). Mit § 15 Abs. 1 GastG bezweckte der Gesetzgeber wegen der zentralen Bedeutung der Unzuverlässigkeit für das GastR offensichtlich, dass die Rechtsfolge der Rücknahme in jedem Fall eintritt, was bei einer Anwendung des allgemeinen Verwaltungsrechts nicht der Fall gewesen wäre. Dies zeigt, dass der Gesetzgeber die Anwendung des allgemeinen Verwaltungsrechts nicht generell ausschließen wollte, sondern vielmehr für einen bestimmten Rücknahmefall eine ansonsten **nicht abschließende Sonderregelung** treffen wollte. Zur Rücknahme nach allgemeinem Verwaltungsrecht vgl. nachfolgend Rn. 22–26.

In Bezug auf den **Widerruf der Gaststättenerlaubnis** nach § 15 **8** Abs. 2, 3 GastG ist die Frage der Geltung des allgemeinen Verwaltungsrechts schwieriger zu beantworten. Bezieht man in diese Überlegung nur § 15 Abs. 2 GastG ein, fällt die Antwort leicht: Bei § 15 Abs. 1 GastG wollte der Gesetzgeber abweichend vom allgemeinen Verwaltungsrecht eine gebundene Entscheidung der Gaststättenbehörde; dies würde auch für § 15 Abs. 2 GastG ohne weiteres gelten. Für die Annahme einer abschließenden Regelung beim Widerruf könnte indes sprechen, dass der Gesetzgeber in § 15 Abs. 3 GastG eine umfangreichere Aufzählung der Widerrufsgründe aufgenommen hat. Dies könnte darauf hindeuten, dass er die Widerrufsgründe abschließend erfassen wollte (in diesem Sinn *BVerwG* 13. 12. 1988, BVerwGE 81, 74, 78 = NVwZ 1989, 453, DVBl. 1989, 376, DÖV 1990, 70, BayVBl. 1989, 474 f., GewArch 1989, 138, NJW 1989, 1749, nur Ls.). Gegen einen Ausschluss des allgemeinen Verwaltungsrechts könnte sprechen, dass zum Zeitpunkt des Erlasses des § 15 GastG das VwVfG noch gar nicht in Kraft war. Dem Gesetzgeber war es damit verwehrt, eine Öffnungsklausel – im Wege der Verweisung auf § 49 VwVfG – vorzusehen. **Ausschlaggebend** muss letztlich sein, dass eine abschließende Regelung zu **nicht hinnehmbaren Wertungswidersprüchen** führen würde. Bei einer abschließenden Regelung wäre keine Möglichkeit

§ 15 Rücknahme und Widerruf der Erlaubnis

gegeben, bei Eintritt nachträglicher Gründe, die zu einer (zwingenden) Versagung der Gaststättenerlaubnis nach § 4 Abs. 1 S. 1 Nr. 2, 2a oder 3 GastG führen müssten, die Erlaubnis zu beseitigen. Dies widerspricht dem mit § 4 Abs. 1 GastG verfolgten Rechtsgedanken. Die Gaststättenbehörde könnte nur Auflagen erlassen oder den Gaststättenbetrieb – allerdings mit der Rechtsfolge vollen Schadensersatzes (so zu Recht der Hinweis von *Metzner* § 15 Rn. 44) – untersagen. Es kann nicht angenommen werden, dass der Gesetzgeber in diesen wesentlichen Fällen die Möglichkeit des Widerrufs gänzlich ausschließen wollte. Vielmehr ist davon ausgehen, dass er in § 15 Abs. 3 Nr. 1 bis 7 GastG die aus seiner Sicht wesentlichen Gründe für den Widerruf benannt hat.

9 Aus den zuvor in Rn. 8 genannten Gründen muss neben § 15 Abs. 2, 3 GastG ein **Widerruf nach allgemeinem Verwaltungsrecht möglich** sein (wie hier *VG Köln* 4. 5. 1981, GewArch 1982, 386, 387; **aA** allerdings die **hM**, vor allem *BVerwG* 13. 12. 1988, BVerwGE 81, 74, 78 = NVwZ 1989, 453, DVBl. 1989, 376, DÖV 1990, 70, BayVBl. 1989, 474 f., GewArch 1989, 138, NJW 1989, 1749, nur Ls.; *VGH BW* 12. 11. 1986, GewArch 1987, 132; *Metzner* § 15 Rn. 44; *Michel/Kienzle* § 15 Rn. 12; *Aßfalg* in: *Aßfalg/Lehle/Rapp/Schwab* § 15 GastG Rn. 2; *Ambs* in: *Erbs/Kohlhaas* § 15 Rn. 2; *Ehlers* in: *Achterberg u. a.*, § 2 Rn. 246; *Steinberg* DÖV 1991, 354, 362; *Hahn* GewArch 1999, 41, 45). Allerdings sind die Fälle des Widerrufs nach allgemeinem Verwaltungsrecht gering (vgl. dazu nachfolgend Rn. 46–48).

Hinweis: Aufgrund der bisherigen Rspr des *BVerwG*, das § 15 Abs. 2, 3 GastG anders als die hier vertretene Ansicht als abschließend ansieht, sollte vor einem Widerruf der Gaststättenerlaubnis nach der § 49 VwVfG entsprechenden Landesregelung geprüft werden, ob der **Erlass einer Auflage** ausreichend ist oder ob – als strengeres Mittel – die **Untersagung des Gaststättengewerbes** geboten ist.

10 Über die Möglichkeit der Rücknahme und den Widerruf der Erlaubnis aus anderen als den in § 15 Abs. 1 bis 3 GastG genannten Gründen hinaus stellt sich die weitere Frage, ob bei der Rücknahme

Rücknahme und Widerruf der Erlaubnis § 15

bzw. dem Widerruf der Erlaubnis nach § 15 Abs. 1 bis 3 GastG die **besonderen Voraussetzungen für die Rücknahme und den Widerruf** der den §§ 48, 49 VwVfG entsprechenden Landesregelungen **anzuwenden** sind, insbesondere ob die **Jahresfrist** für die Rücknahme und den Widerruf eines VA gilt.

In Bezug auf die **Rücknahme nach § 15 Abs. 1 GastG** ist davon auszugehen, dass die **§ 48 VwVfG** entsprechenden Landesregelungen **grundsätzlich nicht ergänzend zur Anwendung kommen**. Denn der Gesetzgeber wollte die zwingende Rücknahme der Erlaubnis nicht an die besonderen Voraussetzungen des allgemeinen Verwaltungsrechts koppeln. Daher scheidet eine Anwendung der § 48 Abs. 1 S. 2, Abs. 2, 3 VwVfG entsprechenden Landesregelungen aus. **Etwas anderes gilt** aber **für die Jahresfrist** der **§ 48 Abs. 4 VwVfG** entsprechenden Landesvorschriften. Diese gilt grundsätzlich auch für die Rücknahme aufgrund besonderer Rechtsvorschriften (*Kopp/Ramsauer* § 48 Rn. 132) nicht nur im Fall einer Ermessensentscheidung (*Meyer* in: *Knack* § 48 Rn. 74). Für § 15 Abs. 1 GastG gilt nichts anderes. § 48 Abs. 4 VwVfG ist lediglich Ausfluss des allgemeinen **Verwirkungsgedankens**, so dass nach einer Zeitspanne von einem Jahr das für eine Verwirkung erforderliche Zeitmoment aufgrund gesetzlicher Anordnung gegeben ist. Es besteht keine Notwendigkeit, dies im Rahmen des § 15 Abs. 1 GastG anders zu handhaben. Auch ist nicht zu erkennen, dass der Gesetzgeber die Verwirkung wegen der gebundenen Rücknahmeentscheidung ausschließen wollte (**aA** *Metzner* § 15 Rn. 49; *Michel/Kienzle* § 15 Rn. 18). § 48 Abs. 4 VwVfG dient nicht dem Vertrauensschutz des Gaststättenbetreibers, sondern im Interesse der Allgemeinheit der **Rechtssicherheit** und der **Verfahrensbeschleunigung** (vgl. *Meyer* aaO m.w.N.). Die Gaststättenbehörde muss daher die Rücknahme der Erlaubnis nach § 15 Abs. 1 GastG spätestens innerhalb eines Jahres nach Kenntnis der die Rücknahme rechtfertigenden Tatsachen vornehmen. Die Bindung an die Jahresfrist gilt nicht, wenn der Erlaubnisinhaber diese durch arglistige Täuschung, Drohung oder Bestechung erwirkt hat (vgl. § 48 Abs. 4 i.V.m. Abs. 2 S. 3 Nr. 1 VwVfG).

§ 15 Rücknahme und Widerruf der Erlaubnis

Hinweis: Angesichts der Rücknahmepflicht scheidet die Ausschöpfung der Jahresfrist der § 48 Abs. 4 VwVfG entsprechenden Landesvorschriften von vornherein aus. Der Gesetzgeber verpflichtet die Gaststättenbehörde, bei Vorliegen der tatbestandlichen Voraussetzungen **sofort zurückzunehmen**. Die unverzügliche Rücknahme ist ein aus der gebundenen Entscheidung folgendes ungeschriebenes Tatbestandsmerkmal. Eine nicht unverzügliche Rücknahme führt indes nicht zur Rechtswidrigkeit des VA.

12 Hinsichtlich des **Widerrufs** der Erlaubnis nach **§ 15 Abs. 2, 3 GastG** gelten die zuvor in Rn. 11 dargelegten Grundsätze entsprechend. Dies bedeutet, dass auch bei einem **gebundenen Widerruf** nach § 15 Abs. 2 GastG die Jahresfrist den **§ 49 Abs. 2 S. 2 i.V.m. § 48 Abs. 4 VwVfG** entsprechenden Landesvorschriften zur Anwendung kommt (**aA** wiederum *Metzner* § 12 Rn. 49; *Michel/Kienzle* § 15 Rn. 18). Ansonsten sind die § 49 VwVfG entsprechenden Landesregelungen beim gebundenen Widerruf nicht anzuwenden. Beim **im Wege des Ermessens erfolgenden Widerruf** nach § 15 Abs. 3 GastG sind dagegen die § 49 VwVfG entsprechenden Landesregelungen uneingeschränkt anzuwenden (ebenso *Metzner* § 12 Rn. 49; *Michel/Kienzle* § 15 Rn. 18).

3. Verfassungsrecht

13 § 15 GastG unterliegt **keinen verfassungsrechtlichen Bedenken**. Die nach **§ 15 Abs. 1, 2 GastG** gebundene Beseitigung der Gaststättenerlaubnis durch Rücknahme oder Widerruf ist Ausfluss der in § 4 Abs. 1 S. 1 Nr. 1 GastG normierten Erlaubnisversagung wegen Unzuverlässigkeit. Insofern gelten die dortigen Ausführungen zur Verfassungsmäßigkeit dieser Vorschrift für § 15 GastG entsprechend (vgl. dazu § 4 Rn. 22–24). Der zwingend gebotene Widerruf der Erlaubnis darf auch nicht deshalb unterbleiben, weil er dem Erlaubnisinhaber die Grundlage seiner wirtschaftlichen Existenz nimmt (*BVerwG* 16. 12. 1987, GewArch 1988, 233; *Aßfalg* in: *Aßfalg/Lehle/Rapp/Schwab* § 15 GastG Rn. 3). **§ 15 Abs. 3 GastG** entspricht dem in den §§ 48, 49 VwVfG verankerten Rechtsgedanken. Die Möglichkeit des Widerrufs in den dort genannten Fällen besteht im öffentlichen Interesse und dient dem Prinzip der **Gesetzmäßigkeit der Verwaltung** (vgl. *Kopp/Ramsauer* § 48 Rn. 2). Dahinter tritt das Interesse des Erlaubnisinhabers an einem Bestand seiner Erlaubnis zurück. Seine Interessen sind bei der vorzunehmenden Interessenabwägung angemessen zu berücksichtigen.

4. Rücknahme der Erlaubnis

Bei der Rücknahme der Erlaubnis ist zwischen der gebundenen Entscheidung nach § 15 Abs. 1 GastG (vgl. nachfolgend Rn. 15 ff.) und der Ermessensrücknahme nach den § 48 Abs. 1 VwVfG entsprechenden Landesregelungen (vgl. nachfolgend Rn. 22 ff.) zu unterscheiden. **14**

a) Rücknahme nach § 15 Abs. 1 GastG

Nach § 15 Abs. 1 GastG muss die Gaststättenerlaubnis zurückgenommen werden, wenn bekannt wird, dass bei ihrer Erteilung Versagungsgründe nach § 4 Abs. 1 S. 1 Nr. 1 GastG vorlagen. Hieraus ergeben sich für eine Rücknahme der Erlaubnis folgende **tatbestandliche Voraussetzungen**: **15**

Unzuverlässigkeit. Zunächst ist Voraussetzung des § 15 Abs. 1 GastG, dass der Erlaubnisinhaber unzuverlässig i. S. d. § 4 Abs. 1 S. 1 Nr. 1 GastG ist. Diesbezüglich kann auf die entsprechenden Ausführungen in § 4 Rn. 16 ff. verwiesen werden. **16**

Zeitpunkt der Erlaubniserteilung. Die Wörter „bei ihrer Erteilung" machen deutlich, dass § 15 Abs. 1 GastG nur zur Anwendung kommt, wenn **zum Zeitpunkt der Erlaubniserteilung** Tatsachen vorlagen, welche die Unzuverlässigkeit des Erlaubnisinhabers begründeten. Alle Umstände, die erst nach diesem Zeitpunkt eintreten, können nicht zur Rücknahme der Erlaubnis führen, sondern werden von § 15 Abs. 2 GastG erfasst. **17**

Bekanntwerden der Tatsachen. Vom nachträglichen Eintreten von Tatsachen ist das Bekanntwerden zu unterscheiden. § 15 Abs. 1 GastG setzt voraus, dass die Gaststättenbehörde **zum Zeitpunkt** der Erlaubniserteilung von den die Unzuverlässigkeit begründen- **18**

§ 15 Rücknahme und Widerruf der Erlaubnis

den Tatsachen **keine Kenntnis** hatte, sondern diese Tatsachen ihr erst nach dem Zeitpunkt der Erteilung bekannt werden. Wegen des mit § 4 Abs. 1 S. 1 Nr. 1, § 15 Abs. 1 GastG verfolgten Zwecks des Schutzes der Allgemeinheit vor unzuverlässigen Gaststättenbetreibern ist es in diesem Zusammenhang ohne Bedeutung, ob die Gaststättenbehörde die Unzuverlässigkeit bei Anwendung der erforderlichen Sorgfalt hätte erkennen können (ebenso *Michel/Kienzle* § 15 Rn. 1). **Auf ein Verschulden** der Gaststättenbehörde **kommt es nicht an**. Abzustellen ist auf die Person des **zuständigen Mitarbeiters** der Gaststättenbehörde, so dass das Wissen anderer Personen nicht angerechnet werden kann (vgl. auch *BVerwG* 24. 1. 2001, BVerwGE 112, 360, 363 [zum allgemeinen Verwaltungsrecht]). Auf die Form der Kenntnis kommt es dagegen nicht an, so dass auch dementsprechende mündliche Mitteilungen zugunsten des Erlaubnisinhabers gelten und einer späteren Rücknahme entgegenstehen (*BayVGH* 17. 9. 1990, BayVBl. 1991, 339 [zu § 48 Abs. 4 BayVwVfG]).

19 **Fortbestehen** der Unzuverlässigkeit. Die Rücknahme nach § 15 Abs. 1 GastG wirkt ab ihrem Zeitpunkt in die Zukunft und soll in erster Linie bezwecken, im Interesse der Allgemeinheit einen unzuverlässigen Gaststättenbetreiber vom weiteren Betrieb des Gaststättengewerbes fernzuhalten. Daher **scheidet eine Rücknahme aus, wenn der Gaststättenbetreiber** zum Zeitpunkt der Rücknahmeentscheidung **wieder zuverlässig ist** (wie hier *Michel/Kienzle* § 15 Rn. 1; aA *Metzner* § 4 Rn. 5), etwa wenn er zum Zeitpunkt der Erlaubniserteilung vorhandene Steuerschulden inzwischen getilgt hat. Eine Rücknahme im Fall der inzwischen eingetretenen Zuverlässigkeit scheidet auch deshalb aus, weil § 15 Abs. 1 GastG anders als die § 48 Abs. 1 VwVfG entsprechenden Landesvorschriften eine **Rücknahme mit Wirkung für die Vergangenheit nicht vorsieht** und eine solche unabhängig davon in aller Regel bei begünstigenden VA ausscheidet (vgl. dazu *Meyer* in: *Knack* § 48 Rn. 54). Der von *Metzner* § 15 Rn. 5 f. unterbreitete Vorschlag, der Gaststättenbetreiber könne zugleich mit der Rücknahmeentscheidung eine neue Gaststättenerlaubnis beantragten (*Metzner* aaO: „keine Förmelei"), geht an den Anforderungen der Praxis an **Verwaltungs-ökonomie** sowie **Bürger-** und **Kundenorientierung** vorbei.

Umstritten ist die Frage, ob auch ein Rechtsanwendungsfehler der 20
Gaststättenbehörde bei Erteilung der Erlaubnis von § 15 Abs. 1
GastG mit der Folge der zwingenden Rücknahme erfasst wird. Der
Wortlaut des § 15 Abs. 1 GastG lässt an sich die Einbeziehung von
Rechtsanwendungsfehlern zu. Es kann der Gaststättenbehörde
auch nachträglich bekannt werden (im Sinne eines eigenen Erkennens), dass sie bestimmte Tatsachen rechtlich falsch gewürdigt hat.
Es ist trotzdem davon auszugehen, dass § 15 Abs. 1 GastG **keine
Rechtsanwendungsfehler** erfasst (wie hier *Metzner* § 15 Rn. 4;
aA *Michel/Kienzle* § 15 Rn. 1), weil überwiegende Gründe hiergegen sprechen. Zunächst dürfte bereits der Wortlaut gegen diese erweiterte Anwendung sprechen. Der Begriff „Versagungsgründe"
bezieht sich auf die in § 4 Abs. 1 S. 1 Nr. 1 GastG aufgeführten Tatbestandsmerkmale (vgl. die amtliche Überschrift des § 4 GastG
„Versagungsgründe"). Die in § 4 Abs. 1 S. 1 Nr. 1 GastG aufgeführten Gründe betreffen die Tatsachen- und nicht die Rechtsanwendungsebene. § 15 Abs. 1 GastG kommt nur zur Anwendung,
wenn der Gaststättenbehörde nachträgliche Versagungsgründe bekannt werden. Bei Rechtsanwendungsfehlern bleibt die Möglichkeit der **Rücknahme nach den § 48 VwVfG entsprechenden** Landesregelungen wegen Rechtswidrigkeit der Erlaubnis.

b) Gebundene Entscheidung

In den Fällen des **§ 15 Abs. 1 GastG** muss die Erlaubnis zurück- 21
genommen werden. Es handelt sich um eine **gebundene Entscheidung**, bei der die Gaststättenbehörde **keinen eigenen Ermessensspielraum** hat. Hierin unterscheidet sich § 15 Abs. 1 GastG von
den § 48 Abs. 1 VwVfG entsprechenden Landesvorschriften.

Hinweis: Die Bindungswirkung des § 15 Abs. 1 GastG ist von der
Gaststättenbehörde strikt zu beachten. Unterlässt sie trotz der Kenntnis
der eine Rücknahme begründenden Tatsachen die Rücknahme, stellt
dies eine **Amtspflichtverletzung** dar. Darüber hinaus **macht sich** der
für die Rücknahmeentscheidung organisatorisch zuständige **Mitarbei-**

ter strafbar, wenn er die Rücknahme unterlässt und die Gaststättenerlaubnis nach diesem Zeitpunkt zur Begehung von Straftaten genutzt wird (*BGH* 15. 7. 1986, GewArch 1987, 36).

c) Rücknahme nach allgemeinem Recht

22 Nach den obigen Ausführungen in Rn. 7 verbleibt neben § 15 Abs. 1 GastG noch die Möglichkeit der **Rücknahme** der Gaststättenerlaubnis **nach** den **§ 48 VwVfG** entsprechenden Landesregelungen. Die Rücknahme nach allgemeinem Verwaltungsrecht setzt voraus:

– **Rechtswidrigkeit** der Erlaubnis. Die Gaststättenerlaubnis muss rechtswidrig sein, sie muss also gegen geltendes (formelles [beachte aber die **§ 46 VwVfG** entsprechenden Landesregelungen, wonach Verfahrens- oder Formfehler unbeachtlich sind, wenn sie auf das Ergebnis der Entscheidung keinen Einfluss haben] oder materielles) Recht, vor allem das GastG oder die GewO, verstoßen. Die Rechtswidrigkeit muss **bereits zum Zeitpunkt ihrer Erteilung** gegeben gewesen sein. Nachträgliche Änderungen, die erst die Rechtswidrigkeit der Erlaubnis bewirken, sind ohne Belang. Die **Unanfechtbarkeit** der Erlaubnis durch Eintritt der Bestandskraft steht der Rücknahme nicht entgegen.

– Rechtswidrigkeit bei **Widerspruchsentscheidung**. Wurde die Gaststättenerlaubnis erst im Widerspruchsverfahren durch eine Entscheidung der Widerspruchsbehörde erteilt – was in der Praxis selten sein dürfte –, beurteilt sich die Rechtswidrigkeit nach dem Inhalt der Widerspruchsentscheidung (*Kopp/Ramsauer* § 48 Rn. 28).

– **Zeitpunkt** der Rücknahme. Die Rücknahme der Gaststättenerlaubnis kann **jederzeit** erfolgen, etwa auch in einem gegen den VA eingeleiteten Rechtsbehelfsverfahren.

– **Vertrauensschutz**. Der **besondere Vertrauensschutz nach** den **§ 48 Abs. 2 VwVfG** entsprechenden Landesvorschriften **greift** bei der Gaststättenerlaubnis **nicht**. Sie gewährt weder eine Geldleistung noch eine teilbare Sachleistung im Sinne dieser Vorschrift. Daher steht das Vertrauen in den Bestand der Erlaubnis deren Rücknahme tatbestandsmäßig grundsätzlich nicht entgegen. Vielmehr geht der Gesetzgeber davon aus, dass das Vertrauen durch den Ausgleich des

Rücknahme und Widerruf der Erlaubnis §15

Vermögensnachteils nach den § 48 Abs. 3 VwVfG entsprechenden Landesvorschriften ausgeglichen werden kann (vgl. *Kopp/Ramsauer* § 48 Rn. 60). Der **Vertrauensgrundsatz** ist aber als verfassungsimmanenter Grundsatz **beim** von der Gaststättenbehörde auszuübenden **Ermessen zu berücksichtigen** (*Bull* Rn. 650; vgl. dazu nachfolgend Rn. 25).

– **Jahresfrist** zur Rücknahme. Die Rücknahme der Gaststättenerlaubnis ist nach den § 48 Abs. 4 VwVfG entsprechenden Landesvorschriften **nur innerhalb eines Jahres** von dem Zeitpunkt an möglich, zu dem die Gaststättenbehörde von den die Rücknahme begründenden Tatsachen Kenntnis erlangte. Vgl. hierzu die Ausführungen oben in Rn. 11, 18.

Als rechtwidrig können unter die § 48 VwVfG entsprechenden Landesregelungen vor allem **Verstöße gegen § 3 und § 4 Abs. 1 S. 1 GastG** fallen. Im Fall der Unzuverlässigkeit nach § 4 Abs. 1 S. 1 Nr. 1 GastG erfolgt eine Rücknahme in der Regel nach § 15 Abs. 1 GastG; eine Rücknahme nach allgemeinem Verwaltungsrecht kommt vor allem in Betracht, wenn von der Gaststättenbehörde **Rechtsanwendungsfehler** begangen wurden (**aA** *Michel/Kienzle* § 15 Rn. 1: Rücknahme nach § 15 Abs. 1 GastG; vgl. dazu bereits oben Rn. 20). Von den § 48 VwVfG entsprechenden Landesregelungen werden **auch Verstöße gegen landesrechtliche Formvorschriften** erfasst, etwa gegen solche der Landesverordnungen zum GastG (dabei sind aber die § 46 VwVfG entsprechenden Landesvorschriften zu beachten [vgl. dazu oben Rn. 22 Spiegelstrich 1]). 23

Eine rechtswidrige Erlaubnis kann **statt zurückgenommen auch widerrufen** werden. Die § 49 VwVfG entsprechenden Landesregelungen kommen auch auf rechtswidrige VA zur Anwendung. Es gilt ein „Erst-Recht-Schluss": Wenn sogar rechtmäßige VA widerrufen werden können, gilt dies erst Recht für rechtswidrige VA (vgl. dazu *Bull* Rn. 668). Die Gaststättenbehörde kann das ihr zustehende Ermessen dahingehend ausüben, statt der Rücknahme der Gaststättenerlaubnis den Widerruf zu prüfen. Dies wirkt sich zugunsten des Gaststättenbetreibers aus, weil die § 49 VwVfG ent- 24

§ 15 Rücknahme und Widerruf der Erlaubnis

sprechenden Landesregelungen einen umfassenderen Schutz des Betroffenen vorsehen (vgl. dazu *Kopp/Ramsauer* § 49 Rn. 5).

25 Die Entscheidung über die Rücknahme eines VA nach den § 48 VwVfG entsprechenden Landesregelungen steht im **Ermessen** der Gaststättenbehörde. Es muss eine **umfassende, einzelfallorientierte Abwägung** des Interesses des Erlaubnisinhabers an einer Fortführung seines Gaststättengewerbes und des Interesses der Allgemeinheit an einer Beendigung dieses Betriebs stattfinden. Bei der Ermessensentscheidung ist auch das **schutzwürdige Vertrauen** des Gaststättenbetreibers in den Bestand der Erlaubnis zu berücksichtigen (*BVerfG* 16. 12. 1981, BVerfGE 59, 128, 152, 166 [zum Vertriebenenrecht]; *Kopp/Ramsauer* § 48 Rn. 60; *Bull* Rn. 650; *Michel/Kienzle* § 15 Rn. 2).

26 Im Einzelfall kommt zulasten oder zugunsten des Erlaubnisinhabers eine **Ermessensreduzierung auf Null** in Betracht (*Kopp/Ramsauer* § 48 Rn. 112). Dies wird in aller Regel anzunehmen sein, wenn auf der Grundlage der § 48 VwVfG entsprechenden Landesregelungen eine **Rücknahme wegen Unzuverlässigkeit** erfolgen soll (so zu Recht *Michel/Kienzle* § 15 Rn. 4) oder wenn die **schutzwürdigen Interessen der Nachbarschaft** erheblich beeinträchtigt werden (vgl. dazu nachfolgend Rn. 60). Dies folgt aus der Systematik des § 15 Abs. 1, 2 GastG, der bei sowohl zum Erteilungszeitpunkt als auch nachträglich eintretenden, die Unzuverlässigkeit des Erlaubnisinhabers begründenden Tatsachen die Beseitigung der Gaststättenerlaubnis (durch Rücknahme oder Widerruf) zwingend vorsieht. Sofern nach der hier vertretenen Auffassung (vgl. oben Rn. 20, 23) die Rücknahme im Fall eines Rechtsanwendungsfehlers auf der Grundlage des allgemeinen Verwaltungsrechts erfolgen muss, kann in Bezug auf die Rechtsfolge nichts anderes als in den Fällen des § 15 Abs. 1, 2 GastG gelten. Nur in **ganz besonderen Ausnahmefällen** kann dies anders sein, etwa wenn das Vertrauen des Gastwirts in den Bestand der Erlaubnis besonders schutzwürdig ist, der Grund für die Annahme der Unzuverlässigkeit nicht allzu schwer wiegt und der von der Gaststättenbehörde begangene Rechtsanwendungsfehler unter deutlicher Missachtung der erforderlichen Sorgfalt erfolgt ist.

5. Widerruf der Erlaubnis

Beim Widerruf der Erlaubnis ist nach der hier vertretenen Auffassung (vgl. oben Rn. 8 f.) zwischen der gebundenen Entscheidung nach § 15 Abs. 2 GastG (vgl. nachfolgend Rn. 28 ff.), der Ermessensentscheidung nach § 15 Abs. 3 GastG (vgl. nachfolgend Rn. 32 ff.) und dem Ermessenswiderruf nach der § 49 Abs. 1 VwVfG entsprechenden Landesvorschrift (vgl. nachfolgend Rn. 46 ff.) zu unterscheiden. 27

a) Widerruf nach § 15 Abs. 2 GastG

§ 15 Abs. 2 GastG erfasst den Widerruf wegen **Unzuverlässigkeit**, die erst aufgrund von Tatsachen angenommen werden kann, die **nach Erteilung der Erlaubnis** eintraten, ggf. unter ergänzender Heranziehung von Tatsachen aus der Zeit vor der Erlaubniserteilung. Sein **Zweck** besteht darin, der Gaststättenbehörde die Möglichkeit zu geben, unzuverlässigen Gewerbetreibenden zum Schutze der Allgemeinheit eine Fortsetzung des ausgeübten Gewerbes zu untersagen (*OVG Mecklenburg-Vorpommern* 25. 3. 2002, GewArch 2002, 340). 28

§ 15 Abs. 2 GastG ist **von § 15 Abs. 1 GastG** dadurch **abzugrenzen**, dass beim Widerruf die Tatsachen für die Annahme der Unzuverlässigkeit erst nach Erteilung der Gaststättenerlaubnis eintreten, so dass jede die Unzuverlässigkeit begründende Tatsache, die bereits bei der Erteilung der Erlaubnis bestand, aber von der Gaststättenbehörde nicht erkannt wurde, nur zu einer Rücknahme nach § 15 Abs. 1 GastG führen kann. Eine nach der Erlaubniserteilung begangene Rechtsverletzung, die für sich allein die Annahme der Unzuverlässigkeit nicht rechtfertigt, ist allerdings auch dann eine die Unzuverlässigkeit rechtfertigende, nachträglich eingetretene Tatsache i. S. d. § 15 Abs. 2 GastG, wenn sie in der Kette der Rechtsverletzungen das Maß voll macht (*VGH BW* 4. 3. 1974, 29

§ 15 Rücknahme und Widerruf der Erlaubnis

GewArch 1974, 238; 25. 5. 1984, GewArch 1985, 200 f.; *Michel/ Kienzle* § 15 Rn. 6).

Hinweis: In der Praxis ist es unschädlich, wenn die Gaststättenbehörde ihre Entscheidung statt auf den Abs. 2 auf den Abs. 1 des § 15 GastG oder umgekehrt stützt. **In beiden Fällen** findet eine **gebundene Entscheidung** statt. Das *VG* muss bei seiner Prüfung der Rechtmäßigkeit des VA sämtliche Rechtsnormen berücksichtigen, auf welche die Entscheidung der Gaststättenbehörde gestützt werden kann, auch wenn diese Normen in der Begründung des VA nicht genannt werden. Eine **Falschbenennung der Rechtsnorm** ist daher i. E. **unschädlich**.

30 Die Gaststättenerlaubnis **ist etwa in folgenden Fällen** nach § 15 Abs. 2 GastG **zu widerrufen** (vgl. dazu auch die Beispiele in § 4 Rn. 73):

30a **Arbeitserlaubnis.** Beschäftigung **ausländischer Arbeitnehmer** ohne die erforderliche Arbeitserlaubnis (*BVerwG* 13. 3. 1973, GewArch 1973, 164).

30b **Aufsicht.** Unzureichende Aufsicht des Gastwirts, die es ermöglicht, dass sich die Gaststätte zu einem „Diebes- und Hehlernest" entwickelt (*VGH BW* 20. 3. 1974, GewArch 1974, 240 f.). Die Aufsichtspflicht des Gastwirts umfasst auch die Ausstrahlungswirkungen seines Betriebs. So muss der Gastwirt dafür sorgen, dass die Nachbarschaft nicht erheblich belästigt wird durch strafbares Verhalten seiner Gäste, etwa durch Schlägereien (*OVG NRW* 29. 7. 1992, GewArch 1993, 767 f.).

30c **Gewalt.** Aneignung von Geld unter Gewaltanwendung, um eine streitige Zechforderung einzutreiben (*VGH BW* 23. 3. 1973, GewArch 1974, 100).

30d **Jugend.** Nichtbeachtung der **Jugendschutzvorschriften** (vor allem des JuSchG), insbesondere dann, wenn der Erlaubnisinhaber trotz wiederholter Verwarnungen für die Abstellung der Missstände nicht gesorgt hat (*BVerwG* 19. 4. 1966, GewArch 1966, 288).

30e **Prostitution.** Vor In-Kraft-Treten des **ProstG** wurde davon ausgegangen, dass der Widerruf einer Gaststättenerlaubnis nach § 15

Rücknahme und Widerruf der Erlaubnis § 15

Abs. 2 GastG erfolgen muss, wenn der Erlaubnisinhaber der Unsittlichkeit durch die Erfüllung eines Straftatbestands Vorschub leistete, weil er Prostituierte durch besonders günstige Bedingungen anzog und als Gegenleistung für die gebotenen Vorteile ein gewisses Maß an Wohlverhalten verlangte (*VGH BW* 9. 6. 1982, GewArch 1982, 284 f.), wenn der Gastwirt die Anbahnung von geschlechtlichen Beziehungen zwischen Prostituierten und ihren Freiern begünstigte (*VGH BW* 29. 1. 1996, NVwZ-RR 1996, 327, 328) oder wenn Frauen in einem ehemaligen Hotel der Prostitution nachgingen und die Prostitutionsausübung durch die Ausstattung mit Sauna, Whirlpool, Wandspiegel usw., durch Eingangskontrolle der Kunden und durch Abrechnung der Prostitution über den Getränkepreis gefördert wurde (*OVG Hamburg* 12. 4. 1988, GewArch 1988, 233 f.). Diese Anwendung des § 15 Abs. 2 GastG kann angesichts des **ProstG** (vgl. dazu die eingehenden Ausführungen in § 4 Rn. 51–71) nur noch unter Vorbehalt gelten. **Allein die Förderung der Prostitution** durch Anbieten der Gaststättenräume zur Kontaktaufnahme oder durch Vermietung von Gästezimmern an Prostituierte **reicht nicht aus**, um die Unzuverlässigkeit des Erlaubnisinhabers zu begründen. **Hinzukommen müssen andere Umstände**, etwa begründete Gefahren für Jugendliche oder Belästigungen von anderen Gästen oder der Allgemeinheit.

Rauschgift. Unterlassung der unverzüglichen Inanspruchnahme polizeilicher Hilfe durch einen Gastwirt, der bemerkt, dass in seinem Lokal Rauschgifthändler und Rauschgiftsüchtige sich einzunisten beginnen (*VGH BW* 15. 11. 1971, GewArch 1972, 221; vgl. auch *Krugmann* GewArch 1995, 398 ff.); der Gastwirt ist zur **Zusammenarbeit mit der Polizei** verpflichtet, um den Umgang mit Betäubungsmitteln und damit strafbare Handlungen in seiner Gaststätte zu unterbinden. Es ist ein **Gemeinschaftsbelang** von überragender Bedeutung, besonders junge Menschen vor **Drogenerstkontakten** zu bewahren (*BayVGH* 16. 6. 1983, GewArch 1984, 101 ff.). Ausnahmen bestehen dann, wenn es von vornherein offensichtlich ist, dass die von der Polizei erbetene Zusammenarbeit in jeder Hinsicht ungeeignet ist, strafbaren Handlungen in den Räu-

§ 15 Rücknahme und Widerruf der Erlaubnis

men der Gastwirtschaft mit Erfolg zu begegnen (*BVerwG* 28. 7. 1978, GewArch 1978, 349 f.). Entwickelt sich eine Gaststätte zu einem Treffpunkt von Drogenkonsumenten, darf sich der Wirt nicht auf Lokalverbote beschränken und gelegentlich die Polizei einschalten; er muss vielmehr außer einer intensiven Zusammenarbeit mit der Polizei die Betriebsweise und Aufmachung seiner Gaststätte nachhaltig verändern, um sie für Drogenkonsumenten unattraktiv zu machen (*VGH BW* 27. 5. 1993, GewArch 1993, 335 f.; vgl. auch *OVG RP* 27. 8. 1996, GewArch 1996, 489 f.).

30g **Schulden.** Die Fortsetzung des Gaststättenbetriebs erfolgt auf Kosten anderer, wenn der Gewerbetreibende erkennen muss, dass er, gleichgültig aus welchen Gründen, seine **Zahlungsverpflichtungen** trotz Fleißes und Sparsamkeit nicht mehr erfüllen kann, sondern immer weiter in Schulden gerät (*VGH BW* 21. 7. 1975, GewArch 1975, 373). Werden gegen den Gewerbetreibenden mehrere **Haftbefehle zur Erzwingung der eidesstattlichen Versicherung** erlassen, rechtfertigt dies den Widerruf der Gaststättenerlaubnis wegen Unzuverlässigkeit (*VGH BW* 4. 11. 1993, NVwZ-RR 1994, 78, 79).

30h **Sozialversicherung.** Das Nichtabführen von Arbeitnehmeranteilen an die Sozialversicherungskassen über längere Zeit hinweg offenbart in aller Regel einen so bedenklichen Mangel an Verantwortungsbewusstsein, dass die Zuverlässigkeit des Arbeitgebers verneint werden muss (*BayVGH* 20. 12. 1976, GewArch 1977, 100 f.).

30i **Steuerpflicht.** Es gilt das Entsprechende wie bei der Sozialversicherung (vgl. oben Rn. 30h).

30j **Unfallversicherung.** Beharrliche Verletzung der dem Gastwirt gegenüber dem Träger der gesetzlichen Unfallversicherung obliegenden Pflichten kann zu einem Widerruf der Gaststättenerlaubnis führen (*BVerwG* 13. 3. 1973, GewArch 1973, 164).

b) Gebundene Entscheidung

31 In den Fällen des **§ 15 Abs. 2 GastG** muss die Erlaubnis widerrufen werden. Es handelt sich um eine **gebundene Entscheidung**, bei der die Gaststättenbehörde **keinen eigenen Ermessensspielraum** hat. Hierin unterscheidet sich § 15 Abs. 2 GastG von den § 49 Abs. 1 VwVfG entsprechenden Landesvorschriften. Allerdings ist auch bei einer Entscheidung nach § 15 Abs. 2 GastG der **Verhältnismäßigkeitsgrundsatz** zu beachten (*VGH BW* 29. 1. 1996, DÖV 1996, 382, 383; *Krugmann* GewArch 1995, 398, 399 f.), so dass stets zu prüfen ist, ob vor einem Widerruf der Gaststättenerlaubnis dem Erlaubnisinhaber durch eine „**Abmahnung**" eine Warnung zu erteilen und damit eine letzte Gelegenheit zur Änderung seines Verhaltens zu geben ist (vgl. *BVerwG* 16. 9. 1975, BVerwGE 49, 160, 169 = NJW 1976, 986, 988; *Aßfalg* in: *Aßfalg/Lehle/Rapp/Schwab* § 15 GastG Rn. 7; *Rädler* NJW 2000, 1260, 1261; *Krugmann* GewArch 1995, 398, 401 f.); etwas anderes gilt nur dann, wenn eine solche Warnung eine Änderung nicht erwarten lässt. Die „Abmahnung" stellt keinen anfechtbaren VA mit eigenem Regelungscharakter dar (so zu Recht *Rädler* aaO); zumeist wird lediglich auf die Rechtslage hingewiesen.

Hinweis: Die Bindungswirkung des § 15 Abs. 2 GastG ist von der Gaststättenbehörde strikt zu beachten. Unterlässt sie trotz der Kenntnis der einen Widerruf begründenden Tatsachen den Widerruf, stellt dies eine **Amtspflichtverletzung** dar. Darüber hinaus **macht sich** der für die Widerrufsentscheidung organisatorisch zuständige **Mitarbeiter strafbar**, wenn er den Widerruf unterlässt und die Gaststättenerlaubnis nach diesem Zeitpunkt zur Begehung von Straftaten genutzt wird (vgl. *BGH* 15. 7. 1986, GewArch 1987, 36 [zur Rücknahme nach § 15 Abs. 1 GastG]).

c) Widerruf nach § 15 Abs. 3 GastG

§ 15 Abs. 3 GastG ermöglicht es der Gaststättenbehörde, aus den dort in den Nr. 1 bis 7 aufgeführten Gründen die Gaststättenerlaubnis zu widerrufen. Der **Tatbestandskatalog** des § 15 Abs. 3 GastG ist **abschließend**, allerdings verbleibt nach der hier vertretenen Auffassung (vgl. dazu oben Rn. 8 f.) noch die Möglichkeit des Widerrufs nach allgemeinem Verwaltungsrecht.

§ 15 Rücknahme und Widerruf der Erlaubnis

33 Im **Verhältnis zu § 15 Abs. 2 GastG** gilt, dass bei gleichzeitigem Vorliegen einer den Widerruf wegen Unzuverlässigkeit begründenden Tatsache und von weiteren Tatsachen nach § 15 Abs. 3 Nr. 1 bis 7 VwVfG die Vorschrift des § 15 Abs. 3 GastG verdrängt wird und der Widerruf der Erlaubnis zwingend erfolgen muss (so zu Recht *Hess VGH* 1. 3. 1988, GewArch 1988, 201).

Tipp: Sofern ein Widerruf nach § 15 Abs. 2 und 3 GastG möglich ist, sollte der Widerruf auf § 15 Abs. 2 GastG und die Unzuverlässigkeit des Erlaubnisinhabers gestützt werden. Allerdings ist zu empfehlen, dass der **Widerruf** in derselben Verfügung **auch nach § 15 Abs. 3 GastG erfolgt** und dementsprechend begründet und Ermessen ausgeübt wird. Sollte die Annahme der Unzuverlässigkeit einer gerichtlichen Überprüfung nicht Stand halten, wäre die Verfügung möglicherweise noch nach § 15 Abs. 3 GastG rechtmäßig. Würde die Verfügung dagegen nicht auch auf § 15 Abs. 3 GastG gestützt, würde sie mangels Ermessensausübung keinen Bestand haben (vgl. dazu auch nachfolgend Rn. 58).

34 Die Tatbestandsvoraussetzungen des § 15 Abs. 3 Nr. 1 bis 7 GastG knüpfen an bestimmte, sich aus dem GastG ergebende Pflichten an. Diese **Pflichten** erschienen dem Gesetzgeber als **besonders bedeutsam**, so dass er im Rahmen des § 15 Abs. 3 GastG ausdrücklich den Widerruf vorsah. Tatsächlich wird in der Praxis zumeist nur ein Widerruf aus den in § 15 Abs. 3 GastG genannten Gründen in Betracht kommen.

35 Zu den **Tatbestandsvoraussetzungen** des § 15 Abs. 3 Nr. 1 bis 7 GastG **im Einzelnen**:

36 **§ 15 Abs. 3 Nr. 1 GastG.** Der Widerrufsgrund knüpft an **§ 3 Abs. 1 GastG** an. Hierin kommt wiederum der Betriebs- und Raumbezug der Gaststättenerlaubnis zum Ausdruck. Eine Änderung der Betriebsart, eine Nutzung anderer Betriebsräume oder die Verabreichung anderer als der zugelassenen Getränke und Speisen kann zum Widerruf der Erlaubnis führen. Aus der Formulierung „sonstige inhaltliche Beschränkungen" wird deutlich, dass die **Aufzählung** in § 15 Abs. 3 Nr. 1 GastG **nicht abschließend** ist, son-

dern die wesentlichen Fälle inhaltlicher Vorgaben der Gaststättenerlaubnis betrifft. Auch andere Beschränkungen, wie etwa eine Befristung der Erlaubnis, kommen in Betracht. Die Frage, ob eine Missachtung der aufgezählten Beschränkungen vorliegt, beantwortet sich allein nach dem **Inhalt der Erlaubnis**. Für den Widerruf nach § 15 Abs. 3 Nr. 1 GastG kommt es grundsätzlich nicht auf die **Rechtmäßigkeit der Beschränkung** an (**zw**); der Widerruf kann aber ermessensfehlerhaft sein, wenn die inhaltliche Beschränkung offensichtlich rechtswidrig ist (*BVerwG* 19. 5. 1994, NVwZ-RR 1994, 580 = BayVBl. 1994, 603, 604, GewArch 1994, 341, DVBl. 1995, 65, nur Ls.). Zum **Gewerbetreibenden** vgl. § 1 Rn. 5 ff., zum **Stellvertreter** § 9 GastG sowie im Übrigen die Ausführungen in § 3 Rn. 12 ff.

§ 15 Abs. 3 Nr. 2 GastG. Der Widerrufsgrund knüpft an **§ 5 GastG** an. Hieraus ergibt sich eine **Einschränkung des Anwendungsbereichs** der Vorschrift, so dass Auflagen, die nicht auf der Grundlage des § 5 GastG, sondern des allgemeinen Veraltungsrechts erlassen werden (vgl. zu dieser Möglichkeit § 5 Rn. 12), nicht nach § 15 Abs. 3 Nr. 2 GastG widerrufen werden können. Nach der hier vertretenen Auffassung (vgl. oben Rn. 8 f.) verbleibt aber die Möglichkeit des Widerrufs nach den **§ 49 VwVfG** entsprechenden Landesregelungen. Vor einem Widerruf der Gaststättenerlaubnis wegen Überschreitung oder Nichtbeachtung von Auflagen ist eine **angemessene Frist zur Erfüllung** der Auflagen zu setzen (ebenso *Metzner* § 15 Rn. 29); dies folgt aus dem in § 49 Abs. 2 S. 1 Nr. 2 VwVfG verankerten allgemeinen Rechtsgedanken (vgl. dazu auch nachfolgend Rn. 46 Spiegelstrich 4). Die Auflagen müssen darüber hinaus **vollstreckbar** sein (ggf. sofortige Vollziehung gem. § 80 Abs. 2 Nr. 4 VwGO). 37

§ 15 Abs. 3 Nr. 3 GastG. Dieser Widerrufsgrund will verhindern, dass der **Erlaubnisvorbehalt** des **§ 9 GastG umgangen** wird. Die Konsequenz ist, dass die dem Gaststättenbetreiber erteilte Erlaubnis widerrufen werden kann. Zum Erfordernis der Stellvertretungserlaubnis vgl. die Ausführungen zu § 9 GastG. 38

§ 15 Rücknahme und Widerruf der Erlaubnis

39 **§ 15 Abs. 3 Nr. 4 GastG.** Dieser Widerrufsgrund setzt voraus, dass ein auf § 21 GastG gestütztes **behördliches Verbot** ergangen ist. Dem Gaststättenbetreiber muss die Beschäftigung einer bestimmten Person untersagt worden sein, weil Tatsachen die Annahme rechtfertigten, dass diese Person in Bezug auf die von ihr ausgeübte Tätigkeit unzuverlässig ist. Beschäftigt der Gaststättenbetreiber trotz des Verbots eine solche Person, ermöglicht dies den Widerruf der Gaststättenerlaubnis. Für den Widerruf nach § 15 Abs. 3 Nr. 4 GastG muss **kein Hang zur Missachtung** von Beschäftigungsverboten vorliegen (**aA** *Metzner* § 15 Rn. 35). Wegen der Bedeutung der Unzuverlässigkeit für den Betrieb des Gaststättengewerbes kann auch ein einmaliger Verstoß ausreichen, wobei die Umstände des jeweiligen Einzelfalls ausschlaggebend sind, etwa der Grund für die Unzuverlässigkeit und die Art und Dauer der verbotenen Beschäftigung. Bei der Beschäftigung von **Schlägern** scheidet ein Widerruf aus, wenn Maßnahmen nach § 21 Abs. 1 GastG ausreichen, weil damit gerechnet werden kann, dass der Gewerbetreibende sich an sie hält.

40 **§ 15 Abs. 3 Nr. 5 bis 7 GastG.** Die Widerrufsgründe des § 15 Abs. 3 Nr. 5 bis 7 GastG beziehen sich sämtlich auf die aus **§ 4 Abs. 1 S. 1 Nr. 4 GastG** folgende Pflicht zur Vorlage des Unterrichtungsnachweises. Die Möglichkeit des Widerrufs besteht, wenn nach Bestellung einer anderen Vertretungsperson im Fall des § 4 Abs. 2 GastG (vgl. dazu § 4 Rn. 195–201), nach Ausscheiden des Stellvertreters nach § 9 S. 3 GastG (vgl. dazu § 9 Rn. 30) oder nach Weiterführung des Gewerbes nach dem Tod des Erlaubnisinhabers durch die in § 10 S. 1, 2 GastG genannten Personen (vgl. dazu § 10 Rn. 5–11) nicht **innerhalb von sechs Monaten** ab diesem Zeitpunkt der Unterrichtungsnachweis erbracht wird. Eine **Überschreitung der Frist** ist ohne Bedeutung, wenn eine Vorlage zwischenzeitlich erfolgt ist oder wenn für die Verzögerung ein sachlicher Grund besteht und eine Vorlage alsbald sicher zu erwarten ist (ebenso *Metzner* § 15 Rn. 36). **§ 15 Abs. 3 Nr. 5 bis 7 GastG** ist aus der Überlegung geschaffen worden, dass die Behörde die Erlaubnis widerrufen können muss, wenn die Person, für die der

Rücknahme und Widerruf der Erlaubnis § 15

Unterrichtungsnachweis erbracht ist, wegfällt und nicht durch eine Person mit Unterrichtungsnachweis ersetzt wird. Vgl. hierzu Nr. 5 VwV-Unterrichtungsnachweis (siehe Anhang II 3).

In den Fällen des **§ 15 Abs. 3 Nr. 1, 2 und 4 GastG** kommt der Widerruf der dem Gaststättenbetreiber erteilten Erlaubnis grundsätzlich auch in Betracht, wenn der Stellvertreter einen der dort aufgeführten Tatbestände erfüllt. Allerdings ist in diesen Fällen stets im Rahmen der zu treffenden Ermessensentscheidung zu prüfen, ob dem Gesetzeszweck auch durch einen **Widerruf der Stellvertretungserlaubnis als** für den Gaststättenbetreiber **milderes Mittel** genügt werden kann. 41

Nach § 15 Abs. 3 GastG („kann") steht der **Widerruf im pflichtgemäßen Ermessen** der Behörde; vgl. BT-Ds V/205, 17: 42

„Verstöße der in § 15 Abs. 2" (Anm.: jetzt Abs. 3) „genannten Art können zur Rücknahme der Erlaubnis führen; unter Berücksichtigung der Gegebenheiten und der Besonderheiten des Einzelfalles hat die Behörde zu prüfen, ob eine Rücknahme der Erlaubnis gerechtfertigt ist oder ob u. U. durch andere weniger einschneidende Maßnahmen etwaige Mißstände beseitigt werden können."

Die Gaststättenbehörde hat ihr Ermessen gem. **§ 40 VwVfG** entsprechend dem Zweck der Ermächtigung auszuüben und die gesetzlichen Grenzen des Ermessens einzuhalten. Der Adressat der Widerrufsentscheidung hat einen **Anspruch auf pflichtgemäße, fehlerfreie Ausübung des Ermessens** (*Bull* Rn. 405). Die eigentliche Betätigung des Ermessens besteht in der **Berücksichtigung aller für den jeweiligen Einzelfall relevanten Gesichtspunkte** und der **Abwägung** dieser Gesichtspunkte (Für und Wider) gegen- und untereinander (vgl. *Kopp/Ramsauer* § 40 Rn. 52; *Bull* Rn. 406). Aus den § 40 VwVfG entsprechenden Landesregelungen folgt, dass die Gaststättenbehörde bei der Ermittlung der für den jeweiligen Einzelfall zu ermittelnden Gesichtspunkte und der anschließenden Abwägung solche Punkte nicht berücksichtigen darf, die dem Zweck des § 15 Abs. 3 GastG zuwiderliefen. Ansonsten würde es sich um **zweckwidrige Erwägungen** handeln. Bei der Ermes- 43

§ 15   Rücknahme und Widerruf der Erlaubnis

sensbetätigung hat die Gaststättenbehörde eine **umfassende Abwägung** des Interesses des Gaststättenbetreibers an einem weiteren Betrieb seiner Gaststätte mit dem Interesse der Allgemeinheit an einer Beendigung dieses Betriebs vorzunehmen. Das **Ermessen** wird durch die Aufzählung der in § 15 Abs. 3 Nr. 1 bis 7 GastG enthaltenen Widerrufsgründe **nicht** dahingehend **intendiert**, dass das öffentliche Interesse am Widerruf in der Regel überwiegt und daher ein Widerruf erfolgen muss.

44   Wenn nicht ein **gleichmäßiges** Einschreiten der Behörde in allen Fällen gewährleistet ist, kann das Einschreiten **ermessensfehlerhaft** sein (*OVG Lüneburg* 22. 12. 1977 – IX OVG B 46/77 –). Ein Widerruf kann überdies ermessensfehlerhaft und damit rechtswidrig sein, wenn er erfolgt, obwohl eine **inhaltliche Beschränkung** der Erlaubnis i. S. d. § 15 Abs. 3 Nr. 1 GastG **offensichtlich rechtswidrig** ist (*BVerwG* 19. 5. 1994, NVwZ-RR 1994, 580 = BayVBl. 1994, 603, 604, GewArch 1994, 341, DVBl. 1995, 65, nur Ls.).

45   Vom Widerruf als dem schwerwiegendsten Mittel darf nicht Gebrauch gemacht werden, wenn ein **weniger schwerwiegendes Mittel** voraussichtlich bewirkt, dass das Gewerbe künftig ordnungsgemäß ausgeübt wird (*BVerwG* 16. 9. 1975, GewArch 1975, 385; *Ambs* in: *Erbs/Kohlhaas* § 15 GastG Rn. 6). Als weniger einschneidende Maßnahmen kommen u. a. Maßnahmen aufgrund § 5 Abs. 1, § 18 oder § 21 GastG, die Ahndung als Ordnungswidrigkeit nach Maßgabe des § 28 GastG, Verwaltungszwang oder eine Abmahnung (*Rädler* NVwZ 2000, 1260, 1261 m. w. N.) in Betracht. Auch ein **teilweiser Widerruf** ist denkbar, sofern die Gaststättenerlaubnis insoweit teilbar ist. Zur Frage, ob das **Übermaßverbot** verletzt wird, wenn die Behörde bei einem bordellartigen Betrieb die Gaststättenerlaubnis widerruft, statt mit Auflagen gegen den Wirt vorzugehen, vgl. *VGH BW* 5. 7. 1974, GewArch 1974, 350 f.

d) Widerruf nach allgemeinem Recht

46   Nach den obigen Ausführungen in Rn. 8 f. verbleibt neben § 15 Abs. 3 GastG noch die Möglichkeit des **Widerrufs** der Gaststättenerlaubnis **nach** den § 49 **VwVfG** entsprechenden Landesrege-

Rücknahme und Widerruf der Erlaubnis § 15

lungen. Der Widerruf nach allgemeinem Verwaltungsrecht setzt voraus:

– **Rechtmäßige** Erlaubnis. Ein Widerruf der Gaststättenerlaubnis kommt in Betracht, wenn diese rechtmäßig ist. Die Bestandskraft steht dem Widerruf nicht entgegen. Beim Widerruf nach allgemeinem Recht ist zu beachten, dass die Aufhebung rechtmäßiger Erlaubnisse grundsätzlich nur ausnahmsweise anerkannt werden kann, weil der Grundsatz der **Gesetzmäßigkeit der Verwaltung** den Bestand rechtmäßiger VA gebietet (*Bull* Rn. 630).

– **Zeitpunkt** des Widerrufs. Der Widerruf der Gaststättenerlaubnis kann **jederzeit** erfolgen, etwa auch in einem gegen den VA eingeleiteten Rechtsbehelfsverfahren, allerdings nur unter den besonderen im Gesetz genannten tatbestandlichen Voraussetzungen (vgl. dazu die nachfolgenden Ausführungen in den Spiegelstrichen 4 und 5).

– Widerruf **nur für die Zukunft.** Der Widerruf einer Gaststättenerlaubnis nach allgemeinem Verwaltungsrecht ist – anders als deren Rücknahme – **nur für die Zukunft möglich.** Eine Rückwirkung des Widerrufs scheidet damit aus.

– **Einschränkung** des Widerrufs. Ein Widerruf kommt nur unter den **tatbestandlichen Voraussetzungen der § 49 Abs. 2 S. 1 Nr. 1 bis 5 VwVfG** entsprechenden Landesvorschriften in Betracht. Ein **Widerrufsvorbehalt** i. S. d. § 49 Abs. 2 S. 1 Nr. 1 VwVfG ist im GastR grundsätzlich nur möglich, so weit § 15 Abs. 2, 3 GastG die Möglichkeit des Widerrufs einräumt (vgl. dazu § 3 Rn. 62–64). Dies gilt wegen des entsprechenden Willens des Gesetzgebers (vgl. § 3 Rn. 63) auch, wenn wie hier die Zulässigkeit eines Widerrufs nach allgemeinem Verwaltungsrecht befürwortet wird. Bei **Verstoß gegen** eine außerhalb des § 5 GastG erlassenen **Auflage** kann ein Widerruf der Erlaubnis erfolgen (vgl. § 49 Abs. 2 S. 1 Nr. 2 VwVfG); dies dürfte der Hauptanwendungsfall des Widerrufs nach allgemeinem Verwaltungsrecht sein. Vor dem Widerruf ist eine angemessene Frist zu setzen (vgl. *Kopp/Ramsauer* § 49 Rn. 39). Der Widerruf der Erlaubnis wegen **nachträglich eingetretener Tatsachen** (§ 49 Abs. 2 S. 1 Nr. 3 VwVfG) ist nicht möglich. Insoweit geht der mit der Gaststättenerlaubnis als rechtsgestaltendem VA verbundene Bestandsschutz vor (vgl. *Kopp/Ramsauer* § 49 Rn. 42 i. V. m. Rn. 13). Ein Wi-

§ 15 Rücknahme und Widerruf der Erlaubnis

derruf wegen einer geänderten **Rechtsvorschrift** (§ 49 Abs. 2 S. 1 Nr. 4 VwVfG) ist nur möglich, wenn der Gaststättenbetreiber von der Erlaubnis noch keinen Gebrauch gemacht, also den ihm erlaubten Betrieb noch nicht aufgenommen hat, oder wenn ohne den Widerruf das öffentliche Interesse gefährdet würde. Letzteres dürfte wegen der vom Gesetzgeber in § 15 Abs. 3 Nr. 1 bis 7 GastG aufgezählten besonders wichtigen Widerrufsgründe in aller Regel ausscheiden, weil die neben den dort enthaltenen Gründen noch denkbaren Widerrufsfälle als nicht so schwerwiegend erscheinen. Auch der Widerruf zur **Vermeidung schwerer Nachteile für das Gemeinwohl** (§ 49 Abs. 2 S. 1 Nr. 5 VwVfG) scheidet wegen § 15 Abs. 3 GastG in aller Regel aus, zumal diese Vorschrift aus verfassungsrechtlichen Gründen eng auszulegen ist (*Kopp/Ramsauer* § 49 Rn. 56).

– **Vertrauensschutz.** Der Vertrauensschutz kommt bei einem Widerruf nach allgemeinem Verwaltungsrecht darin zum Ausdruck, dass nach den § 49 Abs. 5 VwVfG entsprechenden Landesvorschriften beim Vorliegen eines schutzwürdigen Vertrauens in den Bestand der Gaststättenerlaubnis der durch den Widerruf entstehende Vermögensnachteil zu entschädigen ist. Der **Vertrauensgrundsatz** ist darüber hinaus – wie bei der Rücknahme – als verfassungsimmanenter Grundsatz **beim** von der Gaststättenbehörde auszuübenden **Ermessen zu berücksichtigen** (vgl. dazu nachfolgend Rn. 48).

– **Jahresfrist** zum Widerruf. Der Widerruf der Gaststättenerlaubnis ist nach den § 49 Abs. 2 S. 2 i.V.m. § 48 Abs. 4 VwVfG entsprechenden Landesvorschriften **nur innerhalb eines Jahres** von dem Zeitpunkt an möglich, zu dem die Gaststättenbehörde von den den Widerruf begründenden Tatsachen Kenntnis erlangte. Vgl. hierzu auch die Ausführungen oben in Rn. 11, 18, 22.

47 Ein Widerruf nach den § 49 VwVfG entsprechenden Landesregelungen kommt **in der Praxis** in erster Linie in Betracht, wenn eine außerhalb des § 5 GastG erlassene **Auflage nicht beachtet** oder gegen eine solche **sonst verstoßen** wird. Ansonsten wird ein Widerruf nach den Ausführungen in Rn. 46 nur möglich sein, wenn eine **Rechtsvorschrift geändert** wurde und der Gaststättenbetreiber von der Erlaubnis noch keinen Gebrauch gemacht hat.

Rücknahme und Widerruf der Erlaubnis § 15

Die Entscheidung über den Widerruf eines VA nach den § 49 **48** VwVfG entsprechenden Landesregelungen steht im **Ermessen** der Gaststättenbehörde. Es muss eine **umfassende, einzelfallorientierte Abwägung** des Interesses des Erlaubnisinhabers an einer Fortführung seines Gaststättengewerbes und des Interesses der Allgemeinheit an einer Beendigung dieses Betriebs stattfinden. Bei der Ermessensentscheidung ist auch das **schutzwürdige Vertrauen** des Gaststättenbetreibers in den Bestand der Erlaubnis zu berücksichtigen (*Kopp/Ramsauer* § 49 Rn. 29; aA *BVerwG* 24. 1. 1992, NVwZ 1992, 565 = BayVBl. 1992, 730f., JuS 1992, 970f.).

6. Stellvertretungserlaubnis (Abs. 4)

Nach § 15 Abs. 4 GastG gelten § 15 Abs. 1, 2 und Abs. 3 Nr. 1, 2 **49** und 4 GastG entsprechend für die Rücknahme und den Widerruf der Stellvertretungserlaubnis. Da die **Stellvertretungserlaubnis** zur Erlaubnis des Betriebsinhabers **akzessorisch** ist (vgl. dazu § 9 Rn. 16), bringt eine Rücknahme oder ein Widerruf der eigentlichen Gaststättenerlaubnis **auch die Stellvertretungserlaubnis zum Erlöschen**. Bei Beschäftigung eines Stellvertreters darf nach dem Grundsatz der **Verhältnismäßigkeit** die Gaststättenerlaubnis nur widerrufen werden, wenn der Widerruf der Stellvertretungserlaubnis nicht ausreicht. Zur Stellvertretungserlaubnis vgl. im Übrigen die Ausführungen zu § 9 GastG.

7. Verfahren, Rechtsschutz

a) Verwaltungsverfahren

Die Rücknahme und der Widerruf einer Gaststättenerlaubnis erfolgen **50** durch Erlass eines **rechtsgestaltenden VA**. Gem. **§ 30 Hs. 2 GastG** können die Landesregierungen oder die von ihnen durch Rechtsverordnung bestimmten obersten Landesbehörden das Verfahren bei Rücknahme und Widerruf von Erlaubnissen regeln. Von dieser Möglichkeit wurde – wohl angesichts der detaillierten Regelungen in den LVwVfG – bislang kein Gebrauch gemacht. Für das Verwaltungsverfahren gelten daher die allgemeinen Vorschriften.

§ 15 Rücknahme und Widerruf der Erlaubnis

Es sind die beim Erlass der Erlaubnis geltenden **Vorschriften der LVwVfG** zu beachten; vgl. dazu die ausführlichen Erläuterungen in § 2 Rn. 30 ff.

b) Sofortige Vollziehung

51 Mit dem Widerspruch gegen eine Erlaubnisentziehung ist gem. § 80 Abs. 1 VwGO eine **aufschiebende Wirkung** verbunden, die durch den Erlass des Widerspruchsbescheids nicht unterbrochen wird, sondern grundsätzlich erst mit der Unanfechtbarkeit des VA endet (*OVG Saarland* 8. 4. 1975, GewArch 1975, 301). Rücknahme und Widerruf können von der Gaststättenbehörde indes gem. § 80 Abs. 2 S. 1 Nr. 4 VwGO für **sofort vollziehbar** erklärt werden. Bei der hierbei zu treffenden Interessenabwägung fällt etwa der **Schutz der Jugend** vor Betäubungsmitteln besonders ins Gewicht (vgl. *BayVGH* 16. 6. 1983, GewArch 1984, 101 ff.). Die Einlegung von Rechtsmitteln (Widerspruch und Anfechtungsklage [vgl. dazu nachfolgend Rn. 56]) entfaltet bei Anordnung der sofortigen Vollziehung keine aufschiebende Wirkung mehr, so dass das Erlöschen der Erlaubnis sofort eintritt und fortwirkt. Zu den Voraussetzung einer Anordnung der sofortigen Vollziehung vgl. § 2 Rn. 47, 49. Die sofortige Vollziehung des Widerrufs kann auch **mündlich** erfolgen und **später schriftlich bestätigt** werden (*OVG RP* 1. 3. 1995, NVwZ-RR 1995, 572).

Tipp: Die sofortige Vollziehung ist mit Sorgfalt zu begründen. § 80 Abs. 3 VwGO verlangt ein **besonderes Interesse** für die Anordnung des Sofortvollzugs. Es muss eine **schriftliche** Begründung erfolgen (vgl. dazu auch *VG Meiningen* 29. 8. 1996, GewArch 1997, 34, 35). Für die Begründung reichen lediglich formelhafte Erwägungen nicht aus (so zu Recht *Funke-Kaiser* in: *Bader/Funke-Kaiser/Kuntze/von Albedyll* § 80 Rn. 47). Auf keinen Fall darf nur auf die Rechtmäßigkeit der Hauptsacheentscheidung verwiesen werden (was in der Praxis leider immer wieder geschieht); diese Prüfung ist ausschließlich dem *VG* vorbehalten (diff. *Funke-Kaiser* aaO, § 80 Rn. 43). Das öffentliche Interesse i. S. d. § 80 Abs. 3 VwGO geht über das Interesse am Erlass des VA hinaus. Das behördliche Entfallen der aufschiebenden Wirkung muss wegen **besonderer Dringlichkeit** im öffentlichen Interesse, wel-

Rücknahme und Widerruf der Erlaubnis § 15

ches das Interesse des Erlaubnisinhabers an einem Betrieb der Gaststätte bis zum Abschluss des Rechtsmittelverfahrens überwiegt, gegeben sein.

c) Gewerbezentralregister

Rücknahme und Widerruf wegen Unzuverlässigkeit werden in das **Gewerbezentralregister** eingetragen (§ 31 GastG i.V.m. § 149 Abs. 2 Nr. 1a GewO [Anhang II 1]). 52

d) Vollstreckung

Der Widerruf der Gaststättenerlaubnis ist ein rechtgestaltender VA, der **nicht mit Zwangsmitteln vollstreckt** werden kann (*VGH BW* 4. 11. 1993, NVwZ-RR 1994, 78, 79). Er bringt die Gaststättenerlaubnis lediglich zum Erlöschen. Wird der Gaststättenbetrieb dennoch fortgesetzt, muss er gem. § 31 GastG i.V.m. § 15 Abs. 2 GewO **untersagt** werden. Der trotz Erlöschens der Erlaubnis fortgesetzte Betrieb ist ein Verstoß gegen die gewerbliche, öffentliche Ordnung; die sofortige Schließung des Betriebs ist gem. § 15 Abs. 2 GewO gerechtfertigt (*OVG NRW* 23. 7. 1971, GewArch 1972, 42). Das Ermessen nach § 15 Abs. 2 GewO muss ausgeübt worden sein. Insoweit bedarf die Anordnung der Untersagung des weiteren Betriebs der Gaststätte grundsätzlich einer besonderen Begründung (*VGH BW* 23. 11. 1992, GewArch 1993, 81 f.; *HessVGH* 13. 10. 1993, GewArch 1994, 116 f.). Die Untersagungsverfügung kann ggf. mit Zwangsmitteln vollstreckt werden (vgl. dazu § 2 Rn. 46–50). Der Anordnung der Gaststättenschließung gem. § 31 GastG i.V.m. § 15 Abs. 2 GewO steht die Aussetzung der Vollziehung des Widerrufs nach § 80 Abs. 4 VwGO entgegen, die grundsätzlich erst mit der Unanfechtbarkeit des Verwaltungsakts endet. 53

Die **Betriebsstilllegung** kann auch von betroffenen **Nachbarn** verlangt werden, wenn die Erlaubnis zum Betrieb eines Gaststättengewerbes aus solchen Gründen zu versagen, zurückzunehmen oder zu widerrufen ist, die auch dem Schutz Dritter dienen. Der Anspruch stützt sich auf die ermessensfehlerfreie Anwendung des § 15 Abs. 2 S. 1 GewO (*HessVGH* 18. 3. 1992, GewArch 1992, 344 f.). 54

§ 15 Rücknahme und Widerruf der Erlaubnis

55 Auf eine Gaststättenerlaubnis kann auch **während eines Widerrufsverfahrens** wirksam **verzichtet** werden. Hierdurch tritt eine **Erledigung** des Widerrufsverfahrens ein (*VGH BW* 3. 12. 1996, GewArch 1997, 121 = VGHBW-Ls 45/1997).

e) Rechtsschutz

56 Als VA sind Rücknahme und Widerruf **anfechtbar**. Die Anfechtung erfolgt zunächst durch Erhebung des **Widerspruchs** (vgl. dazu die Ausführungen in § 2 Rn. 51–55, die entsprechend gelten). Anschließend besteht die Möglichkeit der Erhebung der **Anfechtungsklage** gegen die Behördenentscheidungen (vgl. dazu die Ausführungen in § 2 Rn. 88–97, die entsprechend gelten).

57 Für die **Beurteilung der Sach- und Rechtslage** ist im Anfechtungsverfahren gegen den Widerruf der Gaststättenerlaubnis auf den **Zeitpunkt der letzten Behördenentscheidung** abzustellen (*BVerwG* 11. 2. 1970, GewArch 1970, 176 f.; 28. 7. 1978, BVerwGE 56, 205, 208 = BayVBl. 1979, 55, 56; 16. 12. 1987, GewArch 1988, 233; 19. 5. 1994, NVwZ-RR 1994, 580 = BayVBl. 1994, 603, 604, GewArch 1994, 341, DVBl. 1995, 65, nur Ls.; *VGH BW* 16. 10. 1974, GewArch 1975, 96; *Aßfalg* in: *Aßfalg/Lehle/Rapp/Schwab* § 15 GastG Rn. 13; *Ehlers* in: *Achterberg u. a.* § 2 Rn. 248; *Aßfalg* GewArch 1988, 219 f.), also auf den **Tag der Zustellung der Widerspruchsentscheidung**. Eine Änderung des Sachverhalts nach diesem Zeitpunkt zugunsten des Betroffenen kann nur dazu führen, dass ihm die Neuerteilung der Gaststättenerlaubnis nach diesem Zeitpunkt nicht versagt werden kann (*BVerwG* 13. 3. 1973, GewArch 1973, 164).

58 § 114 S. 2 VwGO erlaubt es der Gaststättenbehörde, noch im verwaltungsgerichtlichen Verfahren **Ermessenserwägungen nachzuschieben**, wobei sich die grundlegende Möglichkeit der Ermessensergänzung nach dem materiellen Recht richtet; § 114 S. 2 VwGO ist lediglich eine prozessuale Norm (*Kuntze* in: *Bader/Funke-Kaiser/Kuntze/von Albedyll* § 114 Rn. 50; *Brischke* DVBl. 2002, 429, 431; diff. *Bader* NVwZ 1999, 120, 121; krit. zu § 114 S. 2 VwGO *Dolderer* DÖV 1999, 104 ff.). § 114 S. 2 VwGO er-

Rücknahme und Widerruf der Erlaubnis § 15

möglicht aber **nur** eine **Ergänzung** der im Rücknahme- oder Widerrufsbescheid getätigten Ermessenserwägungen, **nicht** dagegen eine **Korrektur des Ermessensnichtgebrauchs** (*BVerwG* 14. 1. 1999, NJW 1999, 2912; *Bader* NVwZ 1999, 120, 122; *Brischke* DVBl. 2002, 429, 431; *Dolderer* DÖV 1999, 104, 106).

Gegen die Anordnung der sofortigen Vollziehung durch die Gaststättenbehörde ist ein **Antrag auf Wiederherstellung der aufschiebenden Wirkung** des jeweiligen Rechtsmittels (Widerspruch oder Anfechtungsklage) gem. § 80 Abs. 5 S. 1 Alt. 2 VwGO statthaft (vgl. dazu auch § 2 Rn. 96). Der dringende Verdacht der Unzuverlässigkeit eines Gastwirts verleiht dem öffentlichen Interesse an der **sofortigen Vollziehung** des Widerrufs der Gaststättenerlaubnis und der Betriebsschließungsanordnung regelmäßig das **Übergewicht** gegenüber dem Interesse des Gastwirts an der Wiederherstellung der aufschiebenden Wirkung (*VGH BW* 4. 3. 1974, GewArch 1974, 238; 5. 7. 1974, GewArch 1974, 350; *VG Hannover* 17. 1. 1996, GewArch 1996, 209 f.). Aufgrund des **Hierarchieprinzips** gilt im Verhältnis zwischen Ausgangsbehörde und Widerspruchsbehörde: Eine Entscheidung über die Aussetzung der Vollziehung durch die Widerspruchsbehörde bindet die Ausgangsbehörde – auch wenn sich der Sachverhalt zwischenzeitlich geändert hat (*OVG Saarland* 8. 4. 1975, AS 14, 198 f. = GewArch 1975, 301; **aA** die Voraufl. in § 15 Rn. 13) –, während umgekehrt die Widerspruchsbehörde jederzeit die Entscheidung der Ausgangsbehörde ändern kann (so zu Recht *Funke-Kaiser* in: *Bader/Funke-Kaiser/Kuntze/von Albedyll* § 80 Rn. 54). Allerdings endet die Bindungswirkung mit dem Ende der Zuständigkeit der Widerspruchsbehörde, wenn nicht eine gegenteilige Weisung gegenüber der Ausgangsbehörde besteht. Vgl. zur Situation im Widerspruchsverfahren in Hessen *Albracht/Naujos* NVwZ 1990, 640. Zum **Streitwert** im vorläufigen Rechtsschutzverfahren vgl. *VGH BW* 25. 10. 1999, GewArch 2000, 84. **59**

f) Nachbarschutz

So weit im Fall einer Rücknahme auf der Grundlage der § 48 VwVfG entsprechenden Landesregelungen die Rechtswidrigkeit **60**

§ 15 Rücknahme und Widerruf der Erlaubnis

auf einem Verstoß gegen die drittschützende Norm des § 4 Abs. 1 S. 1 Nr. 3 GastG (vgl. dazu § 2 Rn. 77 ff.) beruht, hat der Nachbar einen Anspruch auf ermessensfehlerfreie Entscheidung, der sich unter Umständen zu einem Rechtsanspruch verdichten kann (*Steinberg* DÖV 1991, 354, 362).

8. Muster für Rücknahme- und Widerrufsentscheidung

61 Muster eines möglichen **Rücknahme- oder Widerspruchbescheids** (einschließlich **teilweiser Antragsablehnung**):

Behördenname, -anschrift   Datum
Name des Sachbearbeiters
Aktenzeichen

Rücknahmebescheid *oder:*
Widerrufsbescheid

1. Die Frau/Herrn/Firma .... *(Vorname und Name, ggf. Geburtsname, Geburtsdatum; Firmenname, Vertretungsberechtigte der Firma mit genauer Bezeichnung; Adresse)* am .... *(Erteilungsdatum), Az.:* .... *(behördliches Aktenzeichen)*, erteilte **Erlaubnis** zum Betrieb einer .... *(Grundtyp der Gastwirtschaft nach § 1 Abs. 1 GastG)* in .... *(Ort)*, ... *(Adresse)*, wird hiermit gem. § 15 Abs. 1/Abs. 2/Abs. 3 GastG *oder:* gem. § 48 Abs. 1 LVwVfG *oder:* gem. § 49 Abs. 1 LVwVfG **mit Wirkung ab Zustellung dieses Bescheids** *oder:* **mit Wirkung ab** .... *(Datum)* **zurückgenommen** *oder:* **widerrufen**.

2. Die **sofortige Vollziehung** der Rücknahme *oder:* des Widerrufs (Ziffer 1 dieses Bescheids) wird angeordnet.

3. Für diese Entscheidung wird eine **Verwaltungsgebühr** in Höhe von .... *(genauer Betrag)* Euro erhoben.

Rücknahme und Widerruf der Erlaubnis § 15

Begründung:

I.

Hier erfolgt eine möglichst ausführliche Schilderung des Sachverhalts und vor allem der Umstände, welche die Rücknahme oder den Widerruf begründen.

II.

An dieser Stelle erfolgt eine Begründung der Entscheidung (Ziffer 1). Zunächst sind die tatbestandlichen Voraussetzungen der die Rücknahme oder den Widerruf rechtfertigenden Vorschrift unter Berücksichtigung des in Nr. I der Begründung geschilderten Sachverhalts zu subsumieren. Anschließend sind die Rechtsfolgen darzulegen. Bei einer gebundenen Entscheidung muss der Vertrauensschutz des Gaststättenbetreibers angemessen gewürdigt werden. Bei einer Ermessensentscheidung muss eine ausführliche Abwägung der Interessen des Gaststättenbetreibers und der Allgemeinheit, bei Verletzung nachbarrechtlich geschützter Rechte auch der Interessen der Nachbarn stattfinden. Zudem muss in die Ermessensentscheidung der Grundsatz des Vertrauensschutzes einbezogen werden.

III.

Die sofortige Vollziehung (Ziffer 2) sollte wegen ihrer besonderen Bedeutung in einem eigenen Gliederungspunkt begründet werden. Maßgebend sind die in § 80 Abs. 3 VwGO enthaltenen Kriterien (besonderes Interesse); vgl. dazu oben Rn. 51.

IV.

Zum Schluss ist die Kostenentscheidung (Ziffer 3) zu begründen.

Rechtsbehelfsbelehrung:

Vgl. zum Inhalt der Rechtsbehelfsbelehrung den Mustertext in § 2 Rn. 39.

§ 15 Rücknahme und Widerruf der Erlaubnis

> **Hinweis**:
>
> Zu dem in Ziffer 1 dieses Bescheids genannten Zeitpunkt *oder im Fall fehlender sofortiger Vollziehung*: Mit der Bestandskraft dieses Bescheids erlischt die am .... *(Datum)*, Az.: .... *(behördliches Aktenzeichen)*, für Frau/Herrn .... *(Person)* erteilte Stellvertretungserlaubnis. Von ihr darf ab diesem Zeitpunkt kein Gebrauch mehr gemacht werden.
>
> *Mit diesem Hinweis wird der Erlaubnisinhaber darauf hingewiesen, dass wegen der Akzessorietät eine ihm für den betroffenen Betrieb erteilte Stellvertretungserlaubnis erlischt. Der Hinweis ist nicht zwingend, dient aber im Interesse einer Bürger- und Kundenorientierung der Information und Warnung des Gaststättenbetreibers. Da er nicht Inhalt der eigentlichen Entscheidung ist, erfolgt er erst im Anschluss an die Rechtsbehelfsbelehrung.*
>
> Unterschrift des Sachbearbeiters,
> evtl. Dienstbezeichnung
>
> Anlagen: *(Liste der evtl. Anlagen)*

9. Ordnungswidrigkeiten

62 Wer **nach Eintritt der Vollziehbarkeit** (beachte zur Vollstreckbarkeit aber oben Rn. 53) von Rücknahme oder Widerruf der Erlaubnis (durch Eintritt der Bestandskraft oder wegen Anordnung der sofortigen Vollziehung) und des dadurch bewirkten **Erlöschens der Erlaubnis** vorsätzlich oder fahrlässig Getränke oder zubereitete Speisen verabreicht oder Gäste beherbergt, begeht eine **Ordnungswidrigkeit nach § 28 Abs. 1 Nr. 1 GastG**.

§ 16
Untersagung erlaubnisfreier Betriebe

(weggefallen)

Inhaltsübersicht

	Rn.		Rn.
1. Fassung, Materialien, Literatur		*4. Begriff der Unzuverlässigkeit nach der GewO*	
a) Fassung	1	– Definition	6
b) Materialien	1a	– Gewerbebezug	7
c) Weiterführende Literatur	1b	– weitere Ausführungen	8
2. Allgemeines		*5. Verfahren, Rechtsschutz*	
a) Inhalt des § 16 GastG	2	a) Verwaltungsverfahren	9
b) Aufhebung	3	b) Rechtsschutz	
c) Untersagung nach § 35 GewO	4	– Widerspruch, Anfechtungsklage	10
3. Gewerbeuntersagung und Gaststättenrecht	5	– Entscheidungszeitpunkt	11
		– Eilverfahren	12

1. Fassung, Materialien, Literatur

a) Fassung

Die Vorschrift in der ursprünglichen Fassung des GastG vom 5. 5. 1970 (BGBl. I S. 465) wurde durch Art. 2 Nr. 2 des Zweiten Rechtsbereinigungsgesetzes vom 16. 12. 1986 (BGBl. I S. 2441) aufgehoben. **1**

b) Materialien

GastG vom 5. 5. 1970: Gesetzentwurf der BReg, BT-Ds V/205, S. 5, 17; Stellungnahme des BR, BT-Ds V/205, S. 25; Gegenäußerung der BReg, BT-Ds V/205, S. 32; Bericht und Beschluss des Ausschusses für Wirtschaft und Mittelstandsfragen (15. Ausschuss), BT-Ds V/1652, S. 6, 16; Zweiter schriftlicher Bericht des Ausschusses für Wirtschaft und Mittelstandsfragen (15. Ausschuss), BT-Ds V/4380, S. 10; **1a**

§ 16 Untersagung erlaubnisfreier Betriebe

Aufhebung vom 16. 12. 1986: Gesetzentwurf der BReg, BT-Ds 10/5532, S. 6, 19.

c) Weiterführende Literatur

1b *Friauf* (Hrsg), Kommentar zur Gewerbeordnung, Stand: 177. Lfg., November 2002.

2. Allgemeines

a) Inhalt des § 16 GastG

2 § 16 GastG erlaubte die **Untersagung** und **Verhinderung** der Fortsetzung **eines erlaubnisfreien Gaststättengewerbes**, wenn Versagungsgründe nach § 4 Abs. 1 S. 1 Nr. 1 GastG vorlagen, der Gewerbetreibende eine Anordnung nach § 5 Abs. 2 GastG nicht befolgte oder der Gewerbetreibende Personen entgegen einem nach § 21 GastG ergangenen Verbot beschäftigte. Die Aufzählung der in § 16 GastG genannten Gründe war abschließend (BT-Ds V/205, S. 17).

b) Aufhebung

3 § 16 GastG wurde durch Art. 2 des Zweiten Rechtsbereinigungsgesetzes aufgehoben, weil die Beibehaltung dieser Vorschrift **nicht mehr erforderlich** erschien. Das Einschreiten wegen Unzuverlässigkeit ließ sich auf § 35 GewO stützen, nachdem diese Vorschrift durch das Gesetz zur Änderung der Gewerbeordnung vom 13. 2. 1974 erweitert worden war. § 16 GastG hatte darüber hinaus in der gewerberechtlichen Praxis **keine große Bedeutung** (BT-Ds 10/5532, S. 19).

c) Untersagung nach § 35 GewO

4 Nunmehr richtet sich die **Untersagung** des nicht erlaubnisbedürftigen Gaststättengewerbes nach **§ 35 GewO**.

3. Gewerbeuntersagung und Gaststättenerlaubnis

5 Die **Gewerbeuntersagung** stellt einen schweren Eingriff in die durch § 1 GewO geschützte Gewerbefreiheit und das durch Art. 12 GG garantierte Grundrecht der Berufsfreiheit dar. Sie ist das letzte Mittel, die **ultima ratio**, Gewerbetreibende zu einem den Interes-

§ 16 Untersagung erlaubnisfreier Betriebe

sen der Allgemeinheit Rechnung tragenden Verhalten zu bewegen (*Heß* in: *Friauf* § 35 Rn. 43). Aufgrund der Untersagung **muss** der Gewerbetreibende den **Betrieb einstellen**. Er darf in Zukunft keinen dasselbe Gewerbe betreffenden Betrieb eröffnen, wenn ihm dies nicht ausdrücklich nach § 35 Abs. 6 GewO wieder gestattet wird. Die Untersagung nach § 35 Abs. 1 GewO hat also eine **Sperrwirkung für eine zukünftige gewerbliche Tätigkeit** im Geltungsbereich der GewO. Anders ist es bei der Rücknahme bzw. beim Widerruf einer Gaststättenerlaubnis, die das Erlöschen der Erlaubnis bewirken. Die durch die Untersagung bewirkte Beschränkung gilt nicht in jedem Fall auf unbestimmte Zeit. Der Betroffene kann eine neue Erlaubnis nach dem Gaststättengesetz beantragen. Sie ist ihm zu erteilen, wenn die **Umstände**, die zur Zurücknahme geführt haben, **inzwischen entfallen** sind.

4. Begriff der Unzuverlässigkeit nach der GewO

Nach st Rspr und Literatur ist gewerberechtlich **unzuverlässig, wer keine Gewähr dafür bietet, dass er sein Gewerbe in Zukunft ordnungsgemäß ausüben wird** (vgl. dazu eingehend § 4 Rn. 36 ff.). Die Gewerbeausübung ist nicht ordnungsgemäß durch eine Person, die nicht willens oder nicht in der Lage ist, die im öffentlichen Interesse zu fordernde einwandfreie Führung ihres Gewerbes zu gewährleisten. Es handelt sich hier um einen unbestimmten Rechtsbegriff. Dies bedeutet, dass die Entscheidung, ob Unzuverlässigkeit vorliegt oder nicht, in vollem Umfang vom Gericht nachgeprüft werden kann (vgl. *Heß* in: *Friauf* § 35 Rn. 49).

Es gibt keine Unzuverlässigkeit schlechthin, sondern die **Tatsachen**, auf welche die Unzuverlässigkeit gestützt werden soll, müssen **gewerbebezogen** sein. Allerdings braucht der Umstand, auf den sich die Unzuverlässigkeit stützt, nicht im Rahmen des Gewerbebetriebs eingetreten sein. Bei der Frage der Unzuverlässigkeit spielen Gesetzesverstöße eine erhebliche Rolle. Nach der Rspr kann schon eine Vielzahl kleinerer Gesetzesverletzungen in ihrer Häufung eine Untersagung rechtfertigen, wenn sie einen Hang zur Nichtbeachtung geltender Vorschriften ergeben (vgl. dazu und zu

§ 16 Untersagung erlaubnisfreier Betriebe

den übrigen Gründen für die Annahme einer Unzuverlässigkeit eingehend § 4 Rn. 16 ff.).

8 Für die Unzuverlässigkeit nach § 35 GewO **gelten die Ausführungen zu § 4 Abs. 1 S. 1 Nr. 1 GastG entsprechend** (vgl. dazu § 4 Rn. 16 ff.). Dort wird auch auf die Rspr und Literatur zu § 35 GewO hingewiesen.

5. Verfahren, Rechtsschutz

a) Verwaltungsverfahren

9 Zum **Verfahren** beim Erlass einer auf § 35 GewO gestützten Untersagungsverfügung vgl. die Ausführungen in § 2 Rn. 46–50, die für den erlaubnisfreien Betrieb entsprechend gelten. Zur **Vollstreckung** der Untersagungsverfügung vgl. *VGH BW* 9. 10. 2000, VBlBW 2001, 496, 497 f.

b) Rechtsschutz

10 Rechtsschutz gegen die Untersagungsverfügung erlangt der Adressat der Verfügung durch **Widerspruch** und anschließende **Anfechtungsklage**. Vgl. hierzu die Ausführungen in § 2 Rn. 51–55 (Widerspruch) und § 2 Rn. 88, 90 f. (Anfechtungsklage).

11 Da die Untersagung nach § 35 GewO ein **Dauerverwaltungsakt** ist (vgl. *BVerwG* 15. 11. 1967, BVerwGE 28, 202), sind für die Entscheidung über die Anfechtungsklage Änderungen in der Sachlage bis zum **Zeitpunkt der letzten mündlichen Verhandlung in der Tatsacheninstanz** und Änderungen in der Rechtslage **bis zur letzten mündlichen Verhandlung** des zuletzt entscheidenden Gerichts zu berücksichtigen (*VGH BW* 17. 9. 1971, GewArch 1972, 134).

12 Vorläufigen Rechtsschutz kann der Betroffene im Fall der Anordnung des Sofortvollzugs durch die Gaststättenbehörde durch Stellung eines auf § 80 Abs. 5 S. 1 Alt. 2 VwGO gestützten **Antrags auf Wiederherstellung der aufschiebenden Wirkung** des von ihm ergriffenen Rechtsmittels (Widerspruch oder Anfechtungsklage) erlangen (vgl. dazu § 2 Rn. 96).

§ 17
Untersagung des Einzelhandels mit alkoholischen Getränken

(weggefallen)

Inhaltsübersicht

	Rn.		Rn.
1. Fassung, Materialien		*2. Inhalt, Aufhebung*	
a) Fassung	1	a) Inhalt des § 17 GastG	2
b) Materialien	1a	b) Aufhebung	3
		c) Untersagung nach § 35 GewO	4

1. Fassung, Materialien

a) Fassung

Die Vorschrift in der ursprünglichen Fassung des GastG vom 5. 5. 1970 (BGBl. I S. 465) wurde durch Art. 2 Nr. 2 des Zweiten Rechtsbereinigungsgesetzes vom 16. 12. 1986 (BGBl. I S. 2441) aufgehoben. **1**

b) Materialien

GastG vom 5. 5. 1970: Erstvorschlag des BR, BT-Ds V/205, S. 25; Gegenäußerung der BReg, BT-Ds V/205, S. 32; Bericht und Beschluss des Ausschusses für Wirtschaft und Mittelstandsfragen (15. Ausschuss), BT-Ds V/1652, S. 6, 16; Zweiter schriftlicher Bericht des Ausschusses für Wirtschaft und Mittelstandsfragen (15. Ausschuss), BT-Ds V/4380, S. 10; **1a**
Aufhebung vom 16. 12. 1986: Gesetzentwurf der BReg, BT-Ds 10/5532, S. 6, 19.

2. Inhalt, Aufhebung

a) Inhalt des § 17 GastG

§ 17 GastG ermöglichte die **Untersagung** und die **Verhinderung** der Fortsetzung eines Betriebs des **Einzelhandels mit alkoholi- 2**

§ 18 Sperrzeit

schen Getränken, wenn der Gewerbetreibende solche Getränke ohne Erlaubnis ausgeschenkt hatte und deshalb innerhalb der letzten drei Jahre rechtskräftig bestraft oder mit Geldbuße belegt worden war.

b) Aufhebung

3 § 17 GastG wurde durch Art. 2 des Zweiten Rechtsbereinigungsgesetzes aufgehoben, weil die Beibehaltung dieser Vorschrift **nicht mehr erforderlich** erschien. Das Einschreiten wegen Ausschanks von alkoholischen Getränken ließ sich auf § 35 GewO stützen, nachdem diese Vorschrift durch das Gesetz zur Änderung der Gewerbeordnung vom 13. 2. 1974 erweitert worden war. § 17 GastG war darüber hinaus in der gewerberechtlichen Praxis **ohne nennenswerte Bedeutung** (BT-Ds 10/5532, S. 19).

c) Untersagung nach § 35 GewO

4 Nunmehr richtet sich die **Untersagung** in den Fällen des weggefallenen § 17 GastG nach **§ 35 GewO** (vgl. dazu § 16 Rn. 4–12).

§ 18
Sperrzeit

(1) Für Schank- und Speisewirtschaften sowie für öffentliche Vergnügungsstätten ist durch Rechtsverordnung der Landesregierungen eine Sperrzeit allgemein festzusetzen. In der Rechtsverordnung ist zu bestimmen, daß die Sperrzeit bei Vorliegen eines öffentlichen Bedürfnisses oder besonderer örtlicher Verhältnisse allgemein oder für einzelne Betriebe verlängert, verkürzt oder aufgehoben werden kann. Die Landesregierungen können durch Rechtsverordnung die Ermächtigung auf oberste Landesbehörden oder andere Behörden übertragen.

(2) *(weggefallen)*

Sperrzeit § 18

Inhaltsübersicht

	Rn.		Rn.
1. Fassung, Materialien, Literatur		*5. Abweichungen*	
a) Fassung	1	a) Allgemeines	28, 29
b) Materialien zur geltenden Fassung	1a	b) Unbestimmte Rechtsbegriffe	30
c) Weiterführende Literatur	1b	c) Verhältnis der beiden Tatbestände	31
2. Allgemeines		d) Tatbestandsvoraussetzungen	
a) Zweck der Vorschrift		aa) Öffentliches Bedürfnis	32, 33
– Schutzzwecke	2	bb) Besondere örtliche Verhältnisse	34–36
– § 5 GastG, rechtspolitische Bewertung	3	e) Sperrzeitverlängerung	37
– LadschlG	4	– allgemeines Wohngebiet	37a
b) Rechtsnatur	5	– An- und Abfahrt von Kraftfahrzeugen	37b
c) Folgen der Sperrzeit	6	– Baugenehmigung	37c
d) Regionale Besonderheiten	7	– Bebauungsplan	37d
e) Anwendungsbereich		– Diskothek	37e
– Anwendungsbereich des GastG	8	– Industriegebiet	37f
– Schank- und Speisewirtschaften	9	– Lärm	37g
– Mischbetriebe	10	– Nachtruhe	37h
– Vergnügungsstätten	11–14	– Rauschgiftkriminalität	37i
– Gesetzgebungskompetenz des Bundes	15	– Rentabilität	37j
– Autobahnraststätten	16	– Sicherheit und Ordnung	37k
3. Verfassungsrecht		f) Sperrzeitverkürzung	38
a) Eingriff	17	– Alkohol	38a
b) Schutzwürdige Rechtsgüter	18	– allgemeines Wohngebiet	38b
c) Regelungen der Berufsausübung	19	– Ausstrahlung	38c
d) Eigentumsrechte	20	– Autorasthof	38d
e) Art. 80 Abs. 1 GG	21–23	– Baugenehmigung	38e
4. Rechtsverordnungen der Länder		– Bebauungsplan	38f
– Verpflichtung	24	– Bedarfslücke	38g
– alle Betriebe	25	– Besucher	38h
– Übersichtstabelle	26	– Diskothek	38i
– längere Sperrzeiten	27	– Einzugsbereich	38j
		– Erholungsgebiet	38k
		– Gleichbehandlung	38l
		– Lärm	38m

§ 18 Sperrzeit

– Mischgebiet	38n	bb) Abweichung im Einzelfall	56, 57
– Nachbarschaft	38o	b) Rechtsschutz des Gaststättenbetreibers	
– Nachtlokal	38p		
– Nachtruhe	38q		
– Rentabilität	38r	aa) Anfechtungsklage	
– Verkehrslärm	38s	– Klageart	58
– Wohngebiet	38t	– Gemeinde	59
g) Lärmbeurteilung		– Streitwert	60
– VDI 2058 Bl. 1	39	bb) Verpflichtungsklage	61
– TA Lärm	40, 41	cc) Beweislast	62
– Nachbarbeschwerden	42	dd) Entscheidungszeitpunkt	63
h) Ermessen			
– Grundlegendes	43	ee) Eilschutz	
– Abwägung	44	– Arten	64
– Beispiele	45, 46	– einstweilige Anordnung	65
– teilweise Rechtswidrigkeit	47	– Abwägung	66
– Verhältnismäßigkeit	48	ff) Normenkontrolle	67
i) Vertrauensschutz, Gleichbehandlung		c) Nachbarschutz	
		– nachbarschützende Wirkung des § 18 GastG	68
– Vertrauensschutz	49	– Arten des Rechtsschutzes	69
– Gleichbehandlung	50		
6. § 18 Abs. 2 GastG (aufgehoben)		– Ermessen auf Null	70
		d) Durchsetzung	71
a) Aufhebung	51		
b) Inhalt	52	*8. Muster*	
c) Gründe der Aufhebung	53	a) Muster für einen VA	72
7. Verfahren, Rechtsschutz		b) Muster für eine Rechtsverordnung	73, 74
a) Verwaltungsverfahren	54		
aa) Allgemeine Abweichung	55	*9. Ordnungswidrigkeiten*	75

1. Fassung, Materialien, Literatur

a) Fassung

1 Die Vorschrift in der ursprünglichen Fassung des GastG vom 5. 5. 1970 (BGBl. I S. 465), nunmehr in der Form der Bekanntmachung der Neufassung des GastG vom 20. 11. 1998 (BGBl. I S. 3418), wurde wie folgt geändert: § 18 Abs. 2 GastG wurde durch Art. 2

Nr. 3 des Zweiten Gesetzes zur Änderung der Gewerbeordnung und sonstiger gewerberechtlicher Vorschriften vom 16. 6. 1998 (BGBl. I S. 1291, 1296) aufgehoben.

b) Materialien zur geltenden Fassung

GastG vom 5. 5. 1970: Gesetzentwurf der BReg, BT-Ds V/205, S. 5, 17 f.; Stellungnahme des BR, BT-Ds V/205, S. 25 f.; Gegenäußerung der BReg, BT-Ds V/205, S. 32; Bericht und Beschluss des Ausschusses für Wirtschaft und Mittelstandsfragen (15. Ausschuss), BT-Ds V/1652, S. 6, 16 f.; Zweiter schriftlicher Bericht des Ausschusses für Wirtschaft und Mittelstandsfragen (15. Ausschuss), BT-Ds V/4380, S. 2, 10 f.;

1a

Änderung vom 16. 6. 1998: Gesetzentwurf der BReg, BT-Ds 13/9109, S. 10, 18.

c) Weiterführende Literatur

Bader/Funke-Kaiser/Kuntze/von Albedyll Verwaltungsgerichtsordnung, 2. Aufl. 2002; *Bull* Allgemeines Verwaltungsrecht, 6. Aufl. 2000; *Diefenbach* Die Rechtsprechung des Bundesverwaltungsgerichts zum Gaststättengesetz, GewArch 1992, 249–261; *Eyermann* Verwaltungsgerichtsordnung, 11. Aufl. 2000 mit Nachtrag Stand 1. 7. 2002; *Hahn* Aktuelle Rechtsprechung des Bundesverwaltungsgerichts zum Gewerberecht und zum Gaststättenrecht, GewArch 1999, 355–368; *ders.* Ausgewählte Rechtsprechung des Bundesverwaltungsgerichts der Jahre 1992 bis 1994 zur Gewerbeordnung und zum Gaststättengesetz, GewArch 1995, 81–96; *ders.* Ausgewählte Rechtsprechung des Bundesverwaltungsgerichts der Jahre 1995 und 1996 zur Gewerbeordnung, zum Gaststättengesetz und zum sonstigen Wirtschaftsverwaltungsrecht, GewArch 1997, 41–47; *Marschall/Schroeter/Kastner* Bundesfernstraßengesetz, 5. Aufl. 1998; *Maunz/Dürig* Grundgesetz, Stand: 40. Lfg., Juni 2002; *Pfeifer/Fischer* Aktuelle Fragen des Gewerberechts, GewArch 2002, 232–241; *Schwerdtner* Die Vergnügungsstätten im Spannungsfeld zwischen Individualinteressen und Gemeinwohl – Zum Problem der Grundrechtskollisionen in der Praxis, GewArch 1988, 110–112; *Steinberg* Grundfragen des öffentlichen Nachbarschutzes, NJW 1984, 457–464; *ders.* Rechtsprobleme der gaststättenrechtlichen Sperrzeit,

1b

§ 18 Sperrzeit

GewArch 1991, 167–170; *Thieme* Die gesetzliche Ermächtigung für die Sperrzeitverordnung, GewArch 1992, 289–292.

2. Allgemeines

a) Zweck der Vorschrift

2 „Im Interesse der **Volksgesundheit**, der **Bekämpfung des Alkoholmissbrauchs** und des **Arbeitsschutzes**" (BT-Ds V/205, S. 17) sowie vor allem der **öffentlichen Sicherheit und Ordnung**, insbesondere auch zur **Sicherung der Nachtruhe** (vgl. zu diesen Zwecken der Vorschrift etwa *BVerwG* 14. 1. 1991, NVwZ-RR 1991, 403 f. = GewArch 1991, 186, DÖV 1991, 434, nur Ls., DVBl. 1991, 959, nur Ls.; 10. 1. 1990, GewArch 1990, 142; 23. 9. 1976, DÖV 1977, 405 = GewArch 1977, 24; *VGH BW* 30. 9. 1993, NVwZ-RR 1994, 363, 364 = VBlBW 1994, 58, GewArch 1993, 491; *Aßfalg* in: *Aßfalg/Lehle/Rapp/Schwab* § 18 GastG Rn. 1a), verpflichtet § 18 Abs. 1 GastG die Länder, für die in Satz 1 genannten Betriebe durch Rechtsverordnung eine **Sperrzeit** allgemein festzusetzen; Ausnahmen sind nach Maßgabe des § 18 Abs. 1 S. 2 GastG vorzusehen. Für Spielhallen tritt zudem noch der Gesichtspunkt der **Eindämmung der Betätigung des Spieltriebs** hinzu (*BVerwG* 18. 4. 1996, NVwZ-RR 1997, 348; NVwZ-RR 1991, 403).

3 Der **Schutzzweck** des § 18 Abs. 1 **GastG stimmt weitgehend mit dem des § 5 GastG überein** (*BVerwG* 7. 5. 1996, BVerwGE 101, 157, 161 = NVwZ 1997, 276, DVBl. 1996, 1192, DÖV 1997, 253, BayVBl. 1996, 732, GewArch 1996, 426, NJ 1997, 96, NJW 1997, 1720, nur Ls.; *Hahn* GewArch 1999, 355, 367), so dass die von § 5 GastG geschützten Belange auch im Rahmen des § 18 Abs. 1 GastG zu berücksichtigen sind (vor allem der Schutz vor schädlichen Umwelteinwirkungen).

Rechtspolitische Bewertung: § 18 Abs. 1 GastG kann in Bezug auf die von der Vorschrift geschützten Rechtsgüter, vor allem auch dem Schutz der Nachbarschaft vor unzumutbaren Beeinträchtigungen, seine grundsätzliche **Berechtigung nicht abgesprochen werden**. Es bestehen allerdings Zweifel, ob das mit der Sperrzeit verfolgte Ziel in der

Praxis im gewünschten Umfang erreicht wird. Inzwischen wurde die Sperrzeit in den meisten Landesverordnungen erheblich verkürzt (vgl. die Übersicht nachfolgend in Rn. 26). Auch werden in der Praxis nicht gerade selten einzelnen Betrieben Sperrzeitverkürzungen gewährt. Es drängt sich daher der Eindruck auf, dass die wirtschaftlichen Belange eine erhebliche Bedeutung haben. Insofern wurde § 18 Abs. 1 GastG zunehmend aufgeweicht, was durchaus zu Bedenken Anlass gibt.

§ 18 Abs. 1 GastG ist eine **Sonderregelung gegenüber dem LadschlG** (*Michel/Kienzle* § 18 Rn. 2), wobei der Schutzzweck des § 18 Abs. 1 GastG weit über den des LadschlG (vgl. dazu § 7 Rn. 3) hinaus geht. **4**

b) Rechtsnatur

Die auf der Grundlage des § 18 Abs. 1 GastG erlassenen Vorschriften über die allgemeine Sperrzeit und deren Verkürzung sind **repressive Verbote mit Ausnahmevorbehalt**, nicht (präventive) Verbote mit Erlaubnisvorbehalt (*BayVGH* 26. 9. 2002, NVwZ-RR 2003, 29; 9. 4. 1999, NVwZ-RR 1999, 499; *OVG RP* 8. 3. 1995, DÖV 1995, 831, 832; *VG Schleswig* 26. 7. 2001, GewArch 2002, 38, 39). **5**

c) Folgen der Sperrzeit

Während der Sperrzeit (früher Polizeistunde, Sperrstunde usw. genannt) dürfen den Gästen **Leistungen** des Betriebs **nicht erbracht** und in den Betriebsräumen **Gäste nicht geduldet** werden (*BVerwG* 23. 9. 1976, GewArch 1977, 24; *Aßfalg* in: *Aßfalg/Lehle/Rapp/Schwab* § 18 GastG Rn. 16; *Ambs* in: *Erbs/Kohlhaas* § 18 Rn. 4). **6**

d) Regionale Besonderheiten

Die Regelung der Sperrzeit ist den Ländern im Hinblick auf die **regionalen Besonderheiten** überlassen (BT-Ds V/1652, S. 6); dies unterliegt keinen durchgreifenden verfassungsrechtlichen Bedenken (*BayVGH* 26. 9. 2002, NVwZ-RR 2003, 29). Sie ist teils in den Gaststättenverordnungen, teils in eigenen Sperrzeitverordnungen enthalten (siehe Anhang I). **7**

§ 18 Sperrzeit

e) Anwendungsbereich

8 § 18 Abs. 1 GastG gilt für alle Gaststättenbetriebe (vgl. auch sogleich Rn. 9), die unter den **Anwendungsbereich des GastG** fallen. Sie gilt daher nicht für die von § 25 Abs. 1 GastG erfassten Betriebe; Bahnhofsgaststätten fallen dagegen unter § 18 Abs. 1 GastG (vgl. § 25 Abs. 2 GastG).

9 Die Sperrzeitvorschriften gelten nach § 18 Abs. 1 S. 1 GastG für **Schank- und Speisewirtschaften** (§ 1 Abs. 1 Nr. 1, 2 GastG), nicht dagegen für Beherbergungsbetriebe (§ 1 Abs. 1 Nr. 3 GastG). Auf die Erlaubnisbedürftigkeit des Gaststättenbetriebs kommt es nicht an (*OLG Karlsruhe* 12. 3. 1991, GewArch 1991, 274, 275). Auch der rechtswidrige Gaststättenbetrieb wird von § 18 Abs. 1 GastG erfasst (*Michel/Kienzle* § 18 Rn. 3). Für die Anwendung der Sperrzeitvorschriften ist es ohne Bedeutung, wenn **kommunale Einrichtungen** Dritten zum Zweck des Gaststättenbetriebs oder sonstiger Veranstaltungen überlassen werden, die den Vorschriften des GastG unterliegen (*OVG NRW* 21. 11. 1988, GewArch 1989, 277).

10 Bei **Mischbetrieben** (§ 1 Rn. 18) gilt das Sperrzeitrecht für den Teil des Betriebs, der sich als Schank- oder Speisewirtschaft darstellt (vgl. dazu § 7 GastG).

11 Darüber hinaus werden von § 18 Abs. 1 GastG ausdrücklich die **öffentlichen Vergnügungsstätten** erfasst. Nach BT-Ds V/205, S. 17 f., werden

> *„auch die öffentlichen Vergnügungsstätten mit einbezogen, da durch diese Betriebe die Nachtruhe nicht weniger gestört werden kann, als dies bei Schankwirtschaften der Fall ist ... Selbst wenn bei diesen Veranstaltungen oder in diesen Betrieben keine Getränke oder Speisen verabreicht werden, so besteht doch z. B. wegen des Lärmes und der Unruhe, die in der Regel von diesen Veranstaltungen ausgehen, ein allgemeines Interesse daran, auch die Betriebszeiten in diesen Fällen im Rahmen des § 18 zu regeln."*

12 Der **Begriff der „Vergnügungsstätte"** i. S. d. des § 18 Abs. 1 GastG ist von dem des Bauplanungsrechts zu unterscheiden. Eine

Sperrzeit § 18

Vergnügungsstätte im gaststättenrechtlichen Sinn liegt vor, wenn **eine jedermann oder einem begrenzten Personenkreis zugängliche Einrichtung** betrieben oder eine **Veranstaltung** durchgeführt wird, **die der Unterhaltung dient** (ebenso *Michel/Kienzle* § 18 Rn. 4). Vergnügungsstätten dienen dem Zeitvertreib, der Freizeitgestaltung und/oder der Erholung. Die von einem **Verein** betriebene Vergnügungsstätte ist öffentlich, wenn der Mitgliederstand in nennenswertem Umfang einem ständigen Wandel unterworfen ist und zu den Vereinsveranstaltungen ohne besondere Einschränkungen Gäste mitgebracht werden können (*VGH BW* 24. 9. 1999, ESVGH 50, 56, 57 = GewArch 2000, 33, VGHBW-Ls 261/1999).

Eine Vergnügungsstätte i. S. d. § 18 Abs. 1 GastG liegt nur vor, wenn sie **gewerbsmäßig** betrieben wird (*VGH BW* 24. 9. 1999, ESVGH 50, 56, 57 = GewArch 2000, 33, VGHBW-Ls 261/1999; *VG Stuttgart* 12. 2. 1999, GewArch 1999, 254, 255). Bei einem **Verein** kann die Erzielung eines mittelbaren wirtschaftlichen Gewinns die Annahme der Gewerbsmäßigkeit rechtfertigen, wenn jedenfalls in einem Teilbereich eines Betriebs Gewinn erzielt wird oder erzielt werden soll (*VGH BW* aaO). **13**

Beispiele für mögliche Vergnügungsstätten:

– Festplätze (BT-Ds V/205, S. 17);
– Fitnessstudio mit Unterhaltungsprogramm;
– Kinos (*OLG Stuttgart* 29. 12. 1989, GewArch 1990, 127; *BayVGH* 4. 11. 1983, GewArch 1984, 144);
– Konzertsäle;
– Museen oder andere Ausstellungsstätten;
– Sauna;
– Spielhallen (BT-Ds V/205, S. 17);
– Spielkasinos (BT-Ds V/205, S. 17; vgl. dazu aber nachfolgend Rn. 15);
– Sportveranstaltungen (so zu Recht *Michel/Kienzle* § 18 Rn. 4);
– Theater;
– Volksbelustigungen von vorübergehender Dauer (BT-Ds V/205, S. 17).

§ 18 Sperrzeit

14 Für die Einordnung als Vergnügungsstätte kommt es auf den jeweiligen **Einzelfall** an. Es ist darauf abzustellen, ob die Einrichtung oder Veranstaltung zumindest **auch der Unterhaltung dient**. Dies wird häufig der Fall sein, weil es den heutigen Anforderungen entspricht, den Nutzern oder Besuchern einer Einrichtung oder Veranstaltung eine Unterhaltung zu bieten. Eine Sauna oder ein Fitnessstudio wird man nicht ohne weiteres als Vergnügungsstätte einordnen können (vgl. *Michel/Kienzle* § 18 Rn. 4). Zumeist handelt es sich aber hierbei um Einrichtungen, die bewusst auch Angebote umfassen, die ausschließlich auf die Unterhaltung der Nutzer abstellen.

15 § 18 Abs. 1 GastG kann nur Veranstaltungen erfassen, die der **Gesetzgebungskompetenz des Bundes** unterliegen. Hieraus ist zu folgern, dass § 18 Abs. 1 GastG nur für diejenigen öffentlichen Vergnügungsstätten gelten kann, in denen ein Gewerbebetrieb oder ein Betrieb im Rahmen **wirtschaftlicher Unternehmungen** stattfindet, u. a. aber nicht für Spielbanken, deren Recht in die ausschließliche Kompetenz der Länder fällt (*BVerfG* 18. 3. 1970, GewArch 1970, 206). Insofern ist der Hinweis in den Gesetzesmaterialien auf „Spielkasinos" als Vergnügungsstätte zumindest missverständlich.

16 Für **Autobahnraststätten** gilt die Sonderregelung des § 15 Abs. 4 FStrG (Text im Anhang III 5), wonach die Vorschriften über Sperrzeiten nicht für Nebenbetriebe an den Bundesautobahnen gelten, allerdings alkoholhaltige Getränke in der Zeit von 0.00 Uhr bis 7.00 Uhr nicht verkauft werden dürfen. Autobahnraststätten dürfen daher durchgehend geöffnet sein. Die Nichtanwendung der Sperrzeitvorschriften rechtfertigt sich aus der besonderen Versorgungsfunktion der Autobahnraststätten für den ohne Unterbrechung stattfindenden Fahrzeugverkehr auf den Autobahnen. Die Autobahnraststätten müssen auch während dieser Zeit aus Gründen der **Erhaltung der Fahrtüchtigkeit** und **der Verkehrstüchtigkeit** für die Verkehrsteilnehmer zur Verfügung stehen (*Kastner* in: *Marschall/Schroeter/Kastner* § 15 Rn. 20).

Sperrzeit § 18

3. Verfassungsrecht
a) Eingriff

Die auf § 18 Abs. 1 GastG beruhenden landesrechtlichen Regelungen zur Festsetzung einer Sperrzeit stellen für die Gaststättenbetreiber einen **schwerwiegenden Eingriff** dar. Sie werden durch die Sperrzeit gehindert, die betrieblichen Möglichkeiten ihrer Gaststätte voll auszuschöpfen. Die Sperrzeit bedeutet für den Gastwirt eine wirtschaftliche Einschränkung. Es stellt sich daher die Frage nach der Vereinbarkeit der Sperrzeitvorschriften mit dem Verfassungsrecht. 17

b) Schutzwürdige Rechtsgüter

Die Regelungen über die Sperrzeit dienen dem Schutz der Personen, die von vom Gaststättenbetrieb ausgehenden Beeinträchtigungen betroffen sind, vor allem auch der Nachbarschaft. Darüber hinaus liegen weitere beträchtliche **öffentliche Interessen** vor, die eine tägliche zeitweise Schließung der Gaststätten gebieten (vgl. dazu oben Rn. 2 sowie *Schwerdtner* GewArch 1988, 110, 111 f.). Diese durch § 18 Abs. 1 GastG geschützten Rechtsgüter genießen ihrerseits Verfassungsrang und rechtfertigen eine Einschränkung der Art. 12 GG und Art. 14 GG zulasten der betroffenen Gaststättenbetreiber (vgl. dazu auch nachfolgend Rn. 19 f.). 18

c) Regelungen der Berufsausübung

Die Regelungen über die Sperrzeit stellen sich als **Vorschriften der Berufsausübung** dar und verletzen als solche Art. 12 Abs. 1 GG nicht (vgl. dazu etwa *BVerwG* 27. 5. 1970, BB 1972 Beilage 5 S. 4, 23. 9. 1976, GewArch 1977, 24 ff.; eingehend auch *VGH BW* 10. 3. 1995, NVwZ-RR 1995, 517, 519 ff. = VBlBW 1995, 474, ESVGH 45, 208; ebenso *BayVGH* 26. 9. 2002, NVwZ-RR 2003, 29). 19

d) Eigentumsrechte

Die Sperrzeitvorschriften stellen einen **zulässigen Eingriff in den eingerichteten und ausgeübten Gewerbebetrieb** „Gaststätte" dar und verletzten insofern **Art. 14 Abs. 1 GG** nicht (so zu Recht auch *VGH BW* 10. 3. 1995, NVwZ-RR 1995, 517, 522 f. = VBlBW 1995, 474, ESVGH 45, 208; *BayVGH* 26. 9. 2002, NVwZ-RR 2003, 29; 20

§ 18 Sperrzeit

Metzner § 18 Rn. 20). In begründeten Einzelfällen sind Abweichungen von der allgemeinen Sperrzeit möglich, so dass auch Härtefällen begegnet werden kann und vor allem der Grundsatz der Verhältnismäßigkeit zur Beachtung kommt.

e) Art. 80 Abs. 1 GG

21 **§ 18 Abs. 1 GastG genügt** den Anforderungen des **Art. 80 Abs. 1 S. 2 GG**, wonach Inhalt, Zweck und Ausmaß der durch ein Gesetz erteilten Ermächtigung zum Erlass einer Rechtsverordnung im Gesetz bestimmt werden müssen (wie hier *BVerfG* 25. 4. 1995 – 1 BvR 425.95 – [zit. nach *Hahn* GewArch 1997, 41, 45]; *BVerwG* 15. 12. 1994, NVwZ 1995, 487 = DÖV 1995, 645, GewArch 1995, 155; *VGH BW* 10. 3. 1995, NVwZ-RR 1995, 517, 518 = VBlBW 1995, 474, ESVGH 45, 208, GewArch 1995, 285, Justiz 1996, 33; *Metzner* § 18 Rn. 19; *Michel/Kienzle* § 18 Rn. 10; *Hahn* GewArch 1995, 89, 95 f.; **aA** *Thieme* GewArch 1992, 289 ff. [vor allem in Bezug auf Vergnügungsstätten]). Allerdings ist der Gegenauffassung zuzugestehen, dass die Vorgaben des § 18 Abs. 1 GastG – betrachtet man nur den Wortlaut dieser Vorschrift – zu Bedenken Anlass geben. Die Ermächtigung des § 18 Abs. 1 GastG kann aber nicht losgelöst betrachtet werden, sondern muss **im Kontext der gaststättenrechtlichen Regelungen** interpretiert werden. Zieht man die übrigen Vorschriften des GastG heran, so lässt sich die Ermächtigung des § 18 Abs. 1 GastG auf Art. 80 Abs. 1 S. 2 GG zurückführen (vgl. dazu nachfolgend Rn. 22 f.), allerdings wäre mehr Klarheit wünschenswert (*Pauly* in: *Michel/Kienzle* § 18 Rn. 10, geht davon aus, dass sich die Anforderungen des Art. 80 Abs. 1 S. 2 GG „ohne weiteres" und „unschwer" aus den übrigen Vorschriften des GastG erschließen lassen; so weitgehend **zw**).

22 Der auf den ersten Blick relativ konturlose Begriff „Sperrzeit" lässt sich mithilfe des GastG auf Art. 80 Abs. 1 S. 2 GG zurückführen (ebenso *BVerwG* 15. 12. 1994, NVwZ 1995, 487 f. = DÖV 1995, 645, GewArch 1995, 155; *VGH BW* 10. 3. 1995, NVwZ-RR 1995, 517, 518 = VBlBW 1995, 474, ESVGH 45, 208, GewArch 1995, 285, Justiz 1996, 33). Dabei ist zu beachten, dass mit Art. 80 Abs. 1 S. 2 GG

Sperrzeit § 18

nicht vorgeschrieben ist, die Einzelheiten der durch eine Rechtsverordnung zu treffenden Regelung in die Ermächtigungsnorm aufzunehmen; dies würde gerade dem Sinn der Delegierung widersprechen. Die Ermächtigungsnorm muss vielmehr zum Ausdruck bringen, **was geregelt werden soll** (Inhalt), **innerhalb welchen Rahmens** sich die Regelung bewegen muss (Ausmaß) und **welchem Ziel** die Regelung dienen soll (Zweck). Die Ermächtigungsnorm ist zu unbestimmt, wenn nicht vorhergesehen werden kann, in welchen Fällen und mit welcher Tendenz von ihr Gebrauch gemacht wird und welchen Inhalt die aufgrund der Ermächtigung erlassenen Verordnungen haben können (vgl. zum Ganzen *Maunz* in: *Maunz/Dürig* Art. 80 Rn. 27 m. w. N.). Der Gesetzgeber muss die **maßgebenden Vorschriften selbst setzen** (*Maunz* aaO, Art. 80 Rn. 26). Inhalt und Ausmaß können auch unter Heranziehung des in der Ermächtigungsnorm enthaltenen Programms (*Maunz* aaO, Art. 80 Rn. 30) und des sich aus dem gesamten Gesetz ergebenden **Gesamtzusammenhangs** bestimmt werden (*Maunz* aaO, Art. 80 Rn. 31).

Unter Zugrundelegung der zuvor in Rn. 22 dargelegten Grundsätze gilt in Bezug auf § 18 Abs. 1 GastG, dass die Ermächtigungsnorm **hinreichend bestimmt** ist. Der Gesetzgeber bringt hinreichend klar zum Ausdruck, dass im Interesse der durch § 18 GastG geschützten Rechtsgüter von den einzelnen Ländern durch Rechtsverordnung Sperrzeiten, also Zeiten, während denen grundsätzlich alle Gaststätten geschlossen bleiben müssen und sich dort keine Gäste aufhalten dürfen, festzusetzen sind (ebenso *BVerwG* 15. 12. 1994, NVwZ 1995, 487, 488 = DÖV 1995, 645, GewArch 1995, 155; *VGH BW* 10. 3. 1995, NVwZ-RR 1995, 517, 518 = VBlBW 1995, 474, ESVGH 45, 208, GewArch 1995, 285, Justiz 1996, 33). **Problematisch erscheint** allein das **Ausmaß** der Festsetzung, weil der Gesetzgeber den Ländern in § 18 Abs. 1 GastG keinen Rahmen vorgegeben hat, innerhalb dessen sich die Dauer der Sperrzeit bewegen muss. Aus § 18 Abs. 1 GastG folgt nur, dass eine Sperrzeit vorgesehen werden muss („ist .... allgemein festzusetzen"), die Festsetzung ihrer Länge obliegt aber allein den Ländern (vgl. etwa § 10 Abs. 1 GastV Berlin [Anhang I 3]: Sperrzeit von 5 Uhr bis 6

§ 18 Sperrzeit

Uhr, also nur eine Stunde; faktisch besteht damit keine Sperrzeit). Das **Ausmaß der Sperrzeit folgt aber aus dem Kontext des GastG**, das mit seinen Regelungen einen Ausgleich zwischen den wirtschaftlichen Interessen des Gaststättenbetreibers und dem Interesse der Allgemeinheit am Schutz von vom Gaststättenbetrieb ausgehenden Beeinträchtigungen sucht. Die pauschale Festlegung eines Rahmens durch den Bundesgesetzgeber hätte dazu geführt, dass die **Besonderheiten** und Gebräuche **der einzelnen Regionen und Länder** nicht hätten berücksichtigt werden können. Die Länge der Sperrzeit wird durch den Grundsatz der Gewerbefreiheit begrenzt. Darüber hinaus hat sich die Lage der Sperrzeit auf die Nacht zu beschränken, weil in dieser Zeit zum einen die wirtschaftlichen Einschränkungen des Gaststättenbetreibers durch die Schließung geringer sind und zum anderen das Ruhebedürfnis der Nachbarn, Beschäftigten und Gäste besonders schützenswert ist (im Ergebnis ebenso *VGH BW* aaO).

4. Rechtsverordnungen der Länder

24 Die **Länder** sind **verpflichtet**, Regelungen nach § 18 Abs. 1 S. 1 und 2 GastG zu treffen. Sie können die Sperrzeit nur nach den dortigen Kriterien regeln. Vgl. dazu die einschlägigen Gaststättenverordnungen bzw. Sperrzeitverordnungen der Länder (siehe Anhang I). Durch die unterschiedlichen Sperrzeitregelungen der einzelnen Bundesländer wird das **Homogenitätsprinzip** des Art. 28 Abs. 1 GG nicht verletzt (*BayVGH* 26. 9. 2002, NVwZ-RR 2003, 29).

25 Aus dem Begriff „allgemein" folgt, dass sich die Sperrzeit auf alle von § 18 GastG erfassten Betriebe beziehen muss (*Michel/Kienzle* § 18 Rn. 11) und dass ein vollständiges Absehen von einer Sperrzeit nur über Ausnahmen nach § 18 Abs. 1 S. 2 GastG erfolgen kann. In der Rechtsverordnung sind aber Differenzierungen zwischen einzelnen Betriebsarten (etwa zwischen Spielhallen und Schank- und Speisewirtschaften), zwischen einzelnen Merkmalen (etwa zwischen dem Ausschank von alkoholfreien und alkoholischen Getränken) und auch zwischen unterschiedlichen örtlichen Verhältnissen möglich.

Sperrzeit § 18

Die Länder haben § 18 Abs. 1 S. 1 GastG entweder in ihren GastV **26** oder in gesonderten Sperrzeitverordnungen umgesetzt. Aufgrund dieser Verordnungen ergeben sich folgende unterschiedliche Sperrzeiten:

Allgemeine Sperrzeit für Schank- und Speisewirtschaften (Stand: 31. 12. 2002)		
Bundesland	*Beginn*	*Ende*
Baden-Württemberg		
Mo-Fr	02.00 Uhr	06.00 Uhr
Fr/Sa, Sa/So	03.00 Uhr	06.00 Uhr
Bayern	01.00 Uhr	06.00 Uhr
Berlin	05.00 Uhr	06.00 Uhr
Brandenburg		
Mo-Fr	04.00 Uhr	06.00 Uhr
Fr/Sa, Sa/So	05.00 Uhr	06.00 Uhr
Bremen	02.00 Uhr	06.00 Uhr
Hamburg		
Mo-Fr	04.00 Uhr	06.00 Uhr
Fr/Sa, Sa/So	keine	keine
Hessen	05.00 Uhr	06.00 Uhr
Mecklenburg-Vorpommern	05.00 Uhr	06.00 Uhr
Niedersachsen		
Mo-Fr	02.00 Uhr	06.00 Uhr
Fr/Sa, Sa/So	03.00 Uhr	06.00 Uhr
Nordrhein-Westfalen	05.00 Uhr	06.00 Uhr
Rheinland-Pfalz		
Mo-Fr	05.00 Uhr	06.00 Uhr
Fr/Sa, Sa/So	keine	keine
Saarland	05.00 Uhr	06.00 Uhr
Sachsen	05.00 Uhr	06.00 Uhr
Sachsen-Anhalt		
Mo-Fr	01.00 Uhr	06.00 Uhr
Fr/Sa, Sa/So	02.00 Uhr	06.00 Uhr
Schleswig-Holstein	04.00 Uhr	06.00 Uhr
Thüringen		
Mo-Fr	02.00 Uhr	06.00 Uhr
Fr/Sa, Sa/So	03.00 Uhr	06.00 Uhr

§ 18 Sperrzeit

27 Für **Spielhallen** sowie **Volksfeste und Jahrmärkte** sehen die Länder zumeist gesonderte **längere Sperrzeiten** vor (zur Zulässigkeit dieser Differenzierung und ihrer Vereinbarkeit mit Art. 3 Abs. 1 GG vgl. *BVerwG* 15. 12. 1994, NVwZ 1995, 487, 488 f. = DÖV 1995, 645, GewArch 1995, 155; *VGH BW* 10. 3. 1995, NVwZ-RR 1995, 517, 518 = VBlBW 1995, 474, ESVGH 45, 208, GewArch 1995, 285, Justiz 1996, 33).

5. Abweichungen

a) Allgemeines

28 Nach § 18 Abs. 1 S. 2 GastG ist in der von einer Landesregierung erlassenen Rechtsverordnung zu bestimmen, dass die Sperrzeit bei Vorliegen eines öffentlichen Bedürfnisses oder besonderer örtlicher Verhältnisse allgemein oder für einzelne Betriebe verlängert, verkürzt oder aufgehoben werden kann. § 18 Abs. 1 S. 2 GastG bildet die Rechtsgrundlage für wegen des verfassungsrechtlichen Grundsatzes der Verhältnismäßigkeit gebotene, **auf den jeweiligen Einzelfall bezogene Entscheidungen**.

29 § 18 Abs. 1 S. 2 GastG sieht vor, dass die von der in der Landesverordnung allgemein festgesetzten Sperrzeit erfolgenden Abweichungen unterhalb der Landesebene erfolgen. Dies schließt allerdings nicht aus, dass bereits das **Land in seiner Rechtsverordnung entsprechende Abweichungen** vorsieht (so zu Recht *Michel/Kienzle* § 18 Rn. 12), auch bis hin zu einem gänzlichen Entfallen einer Sperrzeit in bestimmten Bereichen. Dies muss schon deshalb gelten, weil durch § 18 Abs. 1 S. 1, 2 GastG den Landesregierungen die Zuständigkeit für den Erlass von Rechtsverordnungen übertragen wird und diese Zuständigkeit auch die Befugnis zur Einräumung von Abweichungen umfasst. Inwieweit die Landesregierungen diese Befugnis übertragen oder von ihr selbst Gebrauch machen, obliegt aufgrund der Normen- und Rechtssetzungshierarchie allein den Landesregierungen.

b) Unbestimmte Rechtsbegriffe

Bei den Begriffen „öffentliches Bedürfnis" und „besondere örtliche Verhältnisse" handelt es sich um **unbestimmte Rechtsbegriffe**, die der vollen gerichtlichen Überprüfung unterliegen. Dem Verordnungsgeber und der Gaststättenbehörde kommt bei ihrer Anwendung **kein eigener Beurteilungsspielraum** zu (*OVG NRW* 12. 1. 1972, GewArch 1972, 195 f.; *VGH BW* 8. 2. 1967, GewArch 1967, 179, 180; *Michel/Kienzle* § 18 Rn. 23). 30

c) Verhältnis der beiden Tatbestände

Das „Vorliegen eines öffentlichen Bedürfnisses" oder „besonderer örtlicher Verhältnisse" sind **verschiedene Beurteilungsmerkmale**. Sie sind **alternativ** zu verstehen, eine Kopplung beider Begriffe ist grundsätzlich unzulässig (*OVG NRW* 12. 1. 1972, NJW 1972, 1069; *Metzner* § 18 Rn. 23; *Ambs* in: *Erbs/Kohlhaas* § 18 Rn. 8). In der Rechtsanwendung auf den konkreten Einzelfall sind diese Gesichtspunkte aber **nicht immer voneinander zu trennen** (*VGH BW* 20. 7. 2000, GewArch 2001, 349, 350). So wird der Nachbarschutz teils unter dem einen, teils unter dem anderen Gesichtspunkt für die Verlängerung der Sperrzeit angeführt (vgl. etwa *VGH BW* 13. 11. 1974, GewArch 1975, 99). 31

d) Tatbestandsvoraussetzungen

aa) Öffentliches Bedürfnis. Die Entscheidung über das Vorliegen eines **öffentliches Bedürfnisses** erfordert die Feststellung von Tatsachen, welche die Annahme rechtfertigen, dass die Leistungen des in Rede stehenden Betriebs während der allgemeinen Sperrzeit in **erheblichem Ausmaß** in Anspruch genommen werden. Es muss aus der Sicht der Allgemeinheit eine **Bedarfslücke** bestehen (*OVG Sachsen-Anhalt* 28. 5. 2002, GewArch 2002, 342); an der erstrebten individuellen Verkürzung der allgemeinen Sperrzeit muss ein öffentliches Interesse bestehen. Es müssen hinreichende Gründe vorliegen, die ein Abweichen von der Regel im Interesse der Allgemeinheit rechtfertigen (vgl. zum Ganzen *BVerwG* 7. 5. 1996, BVerwGE 101, 157, 160 f. = NVwZ 1997, 276, DVBl. 1996, 1192, DÖV 1997, 253, BayVBl. 1996, 732, NJ 1997, 96, NJW 1997, 32

§ 18 Sperrzeit

1720, nur Ls.). Ein öffentliches Bedürfnis für eine Verkürzung der Sperrzeit liegt daher u. a. nicht vor, wenn zwar tatsächlich ein Bedarf vorhanden ist, seine Befriedigung aber nicht im Einklang mit der Rechtsordnung oder anderen von der Gaststättenbehörde zu wahrenden öffentlichen Belangen stünde, also dem Gemeinwohl zuwiderliefe (*BVerwG* aaO).

33 Die Hinweis auf eine **ständige verbotswidrige Überschreitung** der Sperrzeit ist zum Beleg eines öffentlichen Bedürfnisse i. S. d. § 18 Abs. 1 S. 2 GastG (Bedarf für eine Sperrzeitverkürzung) nicht geeignet (vgl. dazu auch *VG Schleswig* 26. 7. 2001, GewArch 2002, 38, 39), weil eine solche Vorgehensweise gegen die sich aus dem GastG ergebenden Pflichten des Gaststättenbetreibers verstößt.

34 **bb) Besondere örtliche Verhältnisse.** Besondere örtliche Verhältnisse liegen vor, wenn die Verhältnisse im örtlichen Bereich sich so von den Verhältnissen anderer örtlicher Bereiche unterscheiden, dass eine Abweichung von der allgemeinen Sperrzeit gerechtfertigt erscheint (*OVG Sachsen-Anhalt* 28. 5. 2002, GewArch 2002, 342). Die **Umstände** müssen **insgesamt** positiv für die Verkürzung der Sperrzeit sprechen. Bei der Betrachtung ist auch die **weitere Umgebung** einzubeziehen, auf die sich die Sperrzeitverkürzung auswirken kann (*VGH BW* 14. 9. 1993, GewArch 1994, 31 f. = BWVP 1994, 261, nur Ls.).

35 Für die Bestimmung des Begriffs der besonderen örtlichen Verhältnisse kommt es insbesondere auf die **polizeilichen Verhältnisse** in der näheren und weiteren Umgebung des Betriebs an, also auf dessen Auswirkungen auf **Ruhe, Sicherheit und Ordnung** eines näheren und weiteren örtlichen Bereichs, ferner auf die örtliche Lage des Betriebs, insbesondere in ihrer Bedeutung für das Interesse und die Bedürfnisse der Einwohnerschaft und des Fremdenverkehrs (vgl. auch *Metzner* § 18 Rn. 34–37, 41–44). Die Frage, wie groß die Anzahl von Bürgern oder Einwohnern bzw. Gästen, die eine Verkürzung der Sperrzeit wünschen, sein muss, um ein öffentliches Bedürfnis als gegeben annehmen zu können, ist von Fall zu Fall

verschieden zu beantworten. Hierbei spielt die Größe und die Struktur einer Stadt eine wichtige Rolle (*VGH BW* 10. 4. 1987, GewArch 1987, 243 f.).

Die besonderen örtlichen Verhältnisse ergeben sich weiter aus der **planungsrechtlichen Situation**. Liegt die Gaststätte in einem Gebiet, das seiner baulichen Nutzung nach weniger störempfindlich ist, so können die örtlichen Verhältnisse eine Sperrzeitverkürzung zulassen. Umgekehrt sprechen die besonderen örtlichen Verhältnisse, wenn die Gaststätte in einem störungsempfindlichen Gebiet liegt, für eine Sperrzeitverlängerung (*VGH BW* 15. 3. 1977, GewArch 1978, 32 ff.). Im Übrigen sind die besonderen örtlichen Verhältnisse nicht nur nach einer abstrakten planungsrechtlichen Ausweisung eines Gebiets zu beurteilen, sondern nach den **konkreten tatsächlichen Gegebenheiten**. Sie werden sowohl durch die nicht veränderbare Lage des Betriebsgrundstücks in seiner Umgebung als auch durch **Art und Umfang** des Betriebs und die tatsächliche **Nutzung der Umgebung** bestimmt (*VGH BW* 16. 3. 1973, GewArch 1974, 131; 27. 9. 1972, GewArch 1973, 49: Tanzlokal abseits von Wohngebäuden). Besonders maßgebend sind der Charakter des Gebiets und die Auswirkungen abweichender Sperrzeitfestsetzungen auf Ruhe, Sicherheit und Ordnung (*VGH BW* 12. 2. 1973, GewArch 1973, 101). 36

e) Sperrzeitverlängerung

Für eine **Sperrzeitverlängerung** kommen vor allem folgende Gesichtspunkte in Betracht: 37

Allgemeines Wohngebiet. Die Bewohner eines allgemeinen Wohngebiets müssen in der Regel **normalen Verkehrslärm** hinnehmen, den die Gäste einer Gaststätte beim **An- u. Abfahren** mit ihren Kraftfahrzeugen üblicherweise verursachen, wenn die Gaststätte mit dem allgemeinen Sperrzeitbeginn schließt (*VGH BW* 28. 3. 1973, GewArch 1973, 246); vgl. auch sogleich Rn. 37b. 37a

An- und Abfahrt von Kraftfahrzeugen. Die Verantwortung des Gastwirts erstreckt sich auch auf den unmittelbaren Ausstrahlungs- 37b bereich der Gaststätte. Der Gastwirt muss deshalb für die Störungen und Belästigungen einstehen, die von seinen Gästen außerhalb des Lokals ausgehen (*BVerwG* 7. 5. 1996, BVerwGE 101, 157, 165 = NVwZ 1997, 276, DVBl. 1996, 1192, DÖV 1997, 253, BayVBl. 1996, 732, NJ 1997, 96, NJW 1997, 1720, nur Ls.; 30. 4. 1965, DVBl. 1965, 603; *OVG NRW* 25. 1. 1994, NVwZ-RR 1995, 27f.; 28. 1. 1974, GewArch 1974, 24; *VGH BW* 21. 2. 1973, GewArch 1973, 244; 5. 3. 1973, GewArch 1974, 133; *HessVGH* 9. 7. 1974, GewArch 1975, 391; *BayVGH* 30. 1. 1975, GewArch 1976, 29; *Aßfalg* in: *Aßfalg/Lehle/Rapp/Schwab* § 18 GastG Rn. 7a), etwa durch laute Unterhaltung, Lärm bei der An- und Abfahrt der Kraftfahrzeuge usw. Erforderlich ist eine **einzelfallbezogene Bewertung** der Auswirkungen des Gaststättenbetriebs (BVerwGE 101, 157, 165). So kann sich der Gastwirt bei anhaltendem **lautstarken Verhalten der Gäste beim Verlassen des Lokals** gegenüber einer Sperrzeitverlängerung nicht darauf berufen, dass er die primär störenden Lärmauswirkungen, etwa aufgrund der Musik in der Gaststätte, erfolgreich durch Schallschutzmaßnahmen abgestellt habe (*BayVGH* 29. 9. 1978, GewArch 1978, 384). So weit der Kraftfahrzeugverkehr der Gaststättenbesucher im allgemeinen Straßenverkehr untergegangen ist und damit in diesen integriert ist, kann der durch ihn verursachte Lärm nicht mehr dem Gastwirt zugeordnet werden (*BVerwG*E 101, 157, 165; *VGH BW* 20. 2. 1992, GewArch 1992, 441 f.).

37c **Baugenehmigung.** Eine Sperrzeitverlängerung kann nicht damit begründet werden, dass die für die Errichtung der Schankwirtschaft erteilte Baugenehmigung **Bauplanungsrecht** widerspreche; die zulässige Öffnungszeit der Gaststätte ist eine von der baurechtlichen Zulässigkeit unabhängige Frage (*VGH BW* 16. 3. 1973, GewArch 1974, 131).

37d **Bebauungsplan.** Eine Sperrzeitverlängerung ist auch möglich, wenn bauplanungsrechtlich der Betrieb einer Gaststätte zulässig ist. Voraussetzung ist eine erhebliche Beeinträchtigung der **Nachtruhe der Nachbarschaft**. Für die Erheblichkeit der Störung

Sperrzeit § 18

kommt es auf die Lästigkeit der Geräusche an (*OVG Bremen* 15. 12. 1978, GewArch 1979, 100 f., vgl. auch weiter beim Stichwort Bebauungsplan nachfolgend Rn. 38 f).

Diskothek. Ein besonderes Problem ergibt sich bei der Sperrzeitverlängerung von Diskotheken. **Sperrzeitverlängerungen** greifen in die Betriebsart ein und **können einem teilweisen Erlaubnisentzug gleichkommen**. Welche Betriebszeiten für eine Diskothek unerlässlich sind, ist streitig. Der *BayVGH* verbindet mit dem Begriff der Diskothek gaststättenrechtlich nicht ohne weiteres die Vorstellung einer Öffnungszeit über 24.00 Uhr hinaus (**zw**). Der *VGH BW* hält für Diskotheken Mindestöffnungszeiten bis 24.00 Uhr, an Samstagen bis 1.00 Uhr, für vorgegeben. Für Bayern sind solche Mindestöffnungszeiten, namentlich an Samstagen bis 1.00 Uhr, noch nicht festgestellt (*BayVGH* 5. 9. 1989, GewArch 1989, 388 f.). In Bremen sind Diskotheken mehrfach auf Betriebszeiten bis 23.00 Uhr beschränkt worden (*OVG Bremen* 23. 6. 1989, GewArch 1989, 387 f.). Grundsätzlich gilt, dass eine **Sperrzeitverlängerung dann rechtswidrig** ist, wenn sie die **Ausübung des Gaststättengewerbes** in der erlaubten Betriebsart **unmöglich** macht. Diese Voraussetzung ist dann erfüllt, wenn infolge der Sperrzeitverlängerung ein betriebsprägendes Merkmal entfällt. Nicht zu diesen Merkmalen zählt, dass der Gaststättenbetrieb mit Aussicht auf Gewinnerzielung betrieben wird (*BVerwG* 5. 11. 1985, GewArch 1986, 96 f.). 37e

Industriegebiet. In einem Industriegebiet ist ausnahmsweise eine Sperrzeitverlängerung auf 22.00 Uhr möglich, wenn das **Diskothekengrundstück** lediglich ca. 60 m von der Straße entfernt liegt, an der zahlreiche ausschließlich dem Wohnen dienende Häuser stehen, die durch den Verkehrslärm der an- u. abfahrenden Personenkraftwagen, insbesondere aber durch den Lärm von Krafträdern, besonders betroffen sind (*VGH BW* 30. 11. 1983, GewArch 1984, 131 ff.). 37f

Lärm. Geräuschentwicklungen, welche die Versagung der Erlaubnis oder Schutzauflagen rechtfertigen, **müssen** auch bei der Entscheidung über die Verkürzung der Sperrzeit als Element des öf- 37g

§ 18 Sperrzeit

fentlichen Bedürfnisses **berücksichtigt werden** (*BVerwG* 7. 5. 1996, BVerwGE 101, 157, 162 = NVwZ 1997, 276, DVBl. 1996, 1192, DÖV 1997, 253, BayVBl. 1996, 732, NJ 1997, 96, NJW 1997, 1720, nur Ls.). Zur Vorverlegung des Beginns der Sperrzeit auf 23.00 Uhr bei einer **Diskothek** zum Schutz der Anlieger vor Lärm, den die Besucher des Lokals in einem Gebiet der Altstadt mit gewerblichen Anlagen und Wohnhäusern beim Kommen und Gehen verursachen, vgl. *BayVGH* 30. 1. 1975, GewArch 1976, 29; zum Sperrzeitbeginn um 23.00 Uhr bei einer Diskothek in einer Geschäftsstraße mit Einzelhandelsbetrieben, Gaststätten und Wohnungen in den Obergeschossen vgl. *OVG NRW* 28. 1. 1974, GewArch 1974, 241. Für eine Diskothek kann zum Schutz der Bewohner zahlreicher Nachbarwohnungen die Verlängerung der Sperrzeit auch angeordnet werden, wenn die störende Diskothek in einem Gebiet mit weiteren Gaststätten betrieben wird (*OVG NRW* aaO).

37h **Nachtruhe.** Ein Einschreiten gegen einen Gaststättenbetrieb wegen Störung der Nachtruhe der Nachbarschaft ist nur dann gerechtfertigt, wenn die Geräusche das für die Anwohner **zumutbare** Maß überschreiten (*VGH BW* 13. 11. 1974, GewArch 1975, 99).

37i **Rauschgiftkriminalität.** Die Verlängerung der Sperrzeit einer Diskothek ist nicht zu beanstanden, wenn aufgrund einer von der Gaststättenbehörde angestellten Prognose zu erwarten ist, dass diese Maßnahme zumindest in begrenztem Umfang dazu beiträgt, dem **Rauschmittelmissbrauch entgegenzutreten** (*BayVGH* 9. 4. 1999, NVwZ-RR 1999, 499 f. = GewArch 1999, 344 f.; *VGH BW* 3. 7. 2001, GewArch 2001, 434 f.; *VG Stuttgart* 9. 2. 2001, GewArch 2001, 256, 257 f.).

37j **Rentabilität.** Ein öffentliches Bedürfnis für eine Sperrzeitverkürzung kann nicht mit einer andernfalls fehlenden Rentabilität des Gaststättenbetriebs begründet werden (*OVG Sachsen-Anhalt* 28. 5. 2002, GewArch 2002, 342); es ist Sache des Gastwirts, Fehlinvestitionen – etwa in der Richtung eines typischen Nachtlokals – zu vermeiden, bevor er begründete Aussicht hat, eine Sperrzeitverkürzung zu erreichen. Bei der Sperrzeitverlängerung zum Schutz der

Nachtruhe, aber auch bei der Ablehnung der Sperrzeitverkürzung müssen die **wirtschaftlichen Interessen** des Gastwirts grundsätzlich hinter den Belangen der Nachbarschaft – und damit der Allgemeinheit – **zurücktreten**. Eine **Existenzgefährdung** des Gastwirts muss dabei notfalls in Kauf genommen werden (*BayVGH* 30. 1. 1975, GewArch 1976, 29; 19. 8. 1982, GewArch 1983, 33 f.). Eine **Sperrzeitverlängerung** steht nicht unter dem Vorbehalt, dass in jedem Fall die Weiterführung des Gaststättenbetriebs möglich bleiben muss (*VGH BW* 30. 11. 1983, GewArch 1984, 131 ff.).

Sicherheit und Ordnung. Ein öffentliches Bedürfnis für die Verlängerung der Sperrzeit kann sich insbesondere aus Gründen der **öffentlichen Sicherheit und Ordnung** ergeben (*OVG NRW* 25. 1. 1994, NVwZ-RR 1995, 27). 37k

f) Sperrzeitverkürzung

Die Gesichtspunkte, die bei der Sperrzeitverlängerung von Bedeutung sind, finden sich umgekehrt bei dem Problem der **Sperrzeitverkürzung** entsprechend wieder. Die Argumente sind zusammen zu sehen und im konkreten Einzelfall zu prüfen. Verschiedene Schwerpunkte sollen im Folgenden – alphabetisch geordnet – herausgestellt werden: 38

Alkohol. Es ist **nicht ermessensfehlerhaft**, wenn eine Sperrzeitverkürzung in einem abgelegenen Lokal mit der Begründung abgelehnt wird, es sei mit erhöhten Verkehrsgefahren durch alkoholisierte Kraftfahrer zu rechnen (*HessVGH* 14. 12. 1976, GewArch 1977, 198 ff.). 38a

Allgemeines Wohngebiet. Im allgemeinen Wohngebiet rechtfertigen besondere örtliche Verhältnisse eine Verkürzung der Sperrzeit im Allgemeinen nicht (*OVG Bremen* 6. 1. 1981, GewArch 1981, 96 f.). 38b

Ausstrahlung. Vgl. hierzu die Ausführungen unter dem Stichwort „An- und Abfahrt von Kraftfahrzeugen" oben Rn. 37b. Eine **Sperrzeitverkürzung** ist nicht zulässig, wenn zu befürchten ist, dass dabei vom Betrieb Störungen (**Kraftfahrzeugverkehr**) für die Nach- 38c

§ 18 Sperrzeit

barschaft eintreten würden. Eine **Sperrzeitverkürzung** für eine Schank- u. Speisewirtschaft kommt nicht in Betracht, wenn die Gaststätte wegen ihrer besonderen Lage abseits vom Stadtkern überwiegend von Gästen aufgesucht wird, die mit einem **Kraftfahrzeug an- und abfahren**, und durch den hierdurch bedingten Verkehrslärm nächtliche Ruhestörungen für die Anwohner der Zufahrtstraßen und für sonst in der Nähe wohnende Personen in hohem Maße nach 1.00 Uhr nachts bei Gewährung der Sperrzeitverkürzung wahrscheinlich wären (*HessVGH* 6. 6. 1983, GewArch 1983, 342 f.). Gegen eine Sperrzeitverkürzung kann sich auch auswirken, dass sich im unmittelbaren Bereich des Lokals **keine Parkmöglichkeiten** befinden, wenn ortsfremde Besucher in der näheren Umgebung des Lokals herumfahren und dadurch Bewohner empfindlich stören (vgl. *HessVGH* 27. 10. 1986, GewArch 1987, 245 f.).

38d **Autorasthof.** Wird bei einem **Autohof mit Raststätte** (es handelt sich dabei um eine in der Regel rund um die Uhr geöffnete Tankstelle mit angeschlossener Gaststätte an einer Bundes- oder Landstraße, die üblicherweise vor allem von Fernfahrern frequentiert wird; häufig liegen die Autorasthöfe in unmittelbarer Nähe einer Autobahn) die Sperrzeit gänzlich aufgehoben, weil dessen Funktion mit einer Autobahngaststätte i. S. d. § 15 FStrG vergleichbar ist, besteht die Möglichkeit, im Wege einer **Auflage** gem. § 5 Abs. 1 Nr. 3 GastG den **Rechtsgedanken des § 15 Abs. 4 FStrG** umzusetzen, wonach alkoholhaltige Getränke in der Zeit von 0.00 Uhr bis 7.00 Uhr weder ausgeschenkt noch verkauft werden dürfen (vgl. dazu auch *Pfeifer/Fischer* GewArch 2002, 232, 241).

38e **Baugenehmigung.** Die Zubilligung von Sperrzeitverkürzungen ist keine selbstverständliche Folge der Erteilung der Baugenehmigung und der Erteilung der Gaststättenerlaubnis (*VGH BW* 21. 2. 1973, GewArch 1973, 244; 21. 5. 1975, GewArch 1975, 391).

38f **Bebauungsplan.** Der bauplanungsrechtliche Gebietscharakter führt nur zu einer **Vorprüfung** der gaststättenrechtlichen Zulässigkeit einer Sperrzeitverkürzung. Entscheidend kommt es auf die tat-

Sperrzeit § 18

sächlichen und örtlichen Verhältnisse an. Auszugehen ist von dem gaststättenrechtlichen Normalfall der rechtmäßig betriebenen Gaststätte, etwa der kleinen Gaststätte in einem **allgemeinen Wohngebiet** oder der größeren Schank- u. Speisewirtschaft in einem **Mischgebiet**. Liegt die Gaststätte in einem Gebiet, das seiner baulichen Nutzung nach weniger störungsempfindlich ist, so können die örtlichen Verhältnisse eine Sperrzeitverkürzung zulassen. Umgekehrt sprechen die besonderen **örtlichen Verhältnisse**, wenn die Gaststätte in einem störungsempfindlicheren Gebiet liegt, für eine Sperrzeitverlängerung (*VGH BW* 19. 10. 1983, GewArch 1984, 69 ff.).

Bedarfslücke. Ein **öffentliches Bedürfnis** für eine Sperrzeitverkürzung erfordert, dass aus Sicht der Allgemeinheit eine Bedarfslücke besteht. Das öffentliche Bedürfnis entfällt aber, wenn die Befriedigung dieses Bedarfs nicht im Einklang mit der Rechtsordnung oder anderen von der Verwaltung zu wahrenden öffentlichen Belangen stünde, also dem Gemeinwohl zuwiderliefe (*BVerwG* 23. 9. 1976, GewArch 1977, 24 ff.). Bei der Frage, ob eine Bedarfslücke besteht (vgl. bereits oben Rn. 32), kommt es nicht nur auf das Interesse der Gäste der betreffenden Gaststätte an, sondern entscheidend ist, ob im lokalen Einzugsbereich eine erhebliche Zahl von Interessenten ihr Bedürfnis nach einem Besuch etwa von Nachtlokalen ohne die Verkürzung der Sperrzeit der in Rede stehenden Gaststätten nicht befriedigen kann (*VGH BW* 14. 9. 1993, GewArch 1994, 31 f.). 38g

Besucher. Siehe unter Stichwort „Einzugsbereich" (nachfolgend Rn. 38j). 38h

Diskothek. Der Betrieb einer Diskothek stellt eine **besondere Betriebsart** dar. Den Interessen von Besuchern einer Diskothek kann in aller Regel nicht innerhalb der allgemeinen Öffnungszeit Rechnung getragen werden. Bei der Prüfung, ob Gründe des Gemeinwohls dem typischerweise bestehenden Interesse an einer über den allgemeinen Sperrzeitbeginn hinausgehenden Öffnungszeit von Diskotheken entgegenstehen, ist auch der bauplanungsrechtliche 38i

§ 18 Sperrzeit

Charakter des Gebiets, in dem die Diskothek betrieben wird, mit zu berücksichtigen (*HessVGH* 2. 10. 1989, GewArch 1990, 70 f.). An einer Verkürzung der Sperrzeit für eine Diskothek, die in einem **allgemeinen Wohngebiet** liegt, besteht kein öffentliches Bedürfnis (*HessVGH* 2. 10. 1989, GewArch 1990, 72 f.). Es gibt keinen allgemeinen Rechtssatz des Inhalts, dass in einem **faktischen Mischgebiet**, in dem von den übrigen dort befindlichen Gewerbebetrieben nachts keine Störungen ausgehen, der Beginn der Sperrzeit für eine Diskothek grundsätzlich nicht hinausgeschoben werden darf; maßgebend sind vielmehr die Umstände des jeweiligen Einzelfalls (*BVerwG* 10. 5. 1995, NVwZ-RR 1996, 83). Grundsätzlich sind die Betriebszeiten der Betriebsart Diskothek dadurch gekennzeichnet, dass der Betrieb an den Samstagen frühestens um 1.00 Uhr und an den übrigen Tagen frühestens um 0.00 Uhr endet (*VGH BW* 5. 12. 1986, GewArch 1987, 133 f.; **zw**, weil die üblichen Betriebszeiten tatsächlich deutlich länger sein dürften).

38j Einzugsbereich. Für die Beurteilung des öffentlichen Bedürfnisses für eine Sperrzeitverkürzung im Einzelfall kommt es unter Beachtung der **Lebens- und Konsumgewohnheiten** auf den Kreis der Bewohner der Stadt oder der Gemeinde an, in der die Gaststätte – einschließlich ihres lokalen Einzugsbereichs – liegt, und den Kreis ihrer Besucher, die ihr Interesse am Besuch eines Lokals mit Sperrzeitverkürzung (Nachtlokal) befriedigen möchten. Aus dieser Sicht spricht für ein **öffentliches Interesse**, wenn ein größerer Personenkreis an dem Besuch des fraglichen Lokals zur fraglichen Zeit interessiert ist (*HessVGH* 22. 10. 1974, GewArch 1975, 389).

38k Erholungsgebiet. Der Gebietscharakter eines ländlichen Raums, insbesondere eines Erholungsgebiets, spricht grundsätzlich gegen besondere Verhältnisse im Sinne einer Sperrzeitverkürzung und für die Einhaltung der allgemeinen Sperrzeitregelung (*HessVGH* 14. 12. 1976, GewArch 1977, 198).

38l Gleichbehandlung. Anträgen auf Sperrzeitverkürzung unter Missachtung des berechtigten Ruhebedürfnisses der Nachbarn darf die Behörde auch dann nicht entsprechen, wenn sie anderen Gaststät-

Sperrzeit § 18

ten bei **gleicher Sachlage** die Sperrzeitverkürzung gewährt und dies unter Umständen sogar seit Jahren gegenüber dem Antragsteller getan hat; der Antragsteller hat keinen Anspruch auf die Beibehaltung dieser rechtswidrigen Vergünstigung (*VGH BW* 12. 2. 1973, GewArch 1973, 101).

Lärm. Eine Verkürzung der Sperrzeit **darf nicht zu schädlichen Umwelteinwirkungen i. S. d. BImSchG führen** (*BVerwG* 7. 5. 1996, BVerwGE 101, 157, 161 = NVwZ 1997, 276, DVBl. 1996, 1192, DÖV 1997, 253, BayVBl. 1996, 732, NJ 1997, 96, NJW 1997, 1720, nur Ls.; *VG Meiningen* 27. 9. 2001, NVwZ-RR 2002, 349, 350 f. = GewArch 2002, 340, 341). **38m**

Mischgebiet. Auch in einem Mischgebiet mit nachts sonst nicht störenden Gewerbebetrieben geht das Interesse einer Vielzahl betroffener Nachbarn an einer ungestörten Nachtruhe dem Gewinnstreben eines **Diskothekeninhabers** und dem Wunsch seiner Besucher nach längerer Öffnungsdauer vor (vgl. *HessVGH* 9. 7. 1974, GewArch 1975, 391; vgl. auch *VGH BW* 16. 3. 1973, GewArch 1974, 131); vgl. aber auch die Ausführungen oben in Rn. 38i. **38n**

Nachbarschaft. Siehe oben unter den Stichworten „An- und Abfahrtsverkehr von Kraftfahrzeugen" (Rn. 37b) und „Nachtruhe" (Rn. 37h, 38q). **38o**

Nachtlokal. Die Behörde darf bei der Ausübung ihres Ermessens berücksichtigen, dass Nachtlokale nach den Erfahrungen geeignet sind, schädliche Umwelteinwirkungen i. S. d. **BImSchG** sowie andere Gefahren, erhebliche Nachteile oder erhebliche Belästigungen für die Allgemeinheit herbeizuführen (*BVerwG* 23. 9. 1976, GewArch 1977, 24 ff.). Es ist Sache des Gastwirts, Fehlinvestitionen zu vermeiden. **38p**

Nachtruhe. Das öffentliche Interesse an dem Hinausschieben des Sperrzeitbeginns kann im Einzelfall wegen des entgegenstehenden Interesses der **Nachbarn** an der Vermeidung einer erheblichen Störung in der Nachtruhe entfallen (*VGH BW* 12. 2. 1973, GewArch 1973, 101). Bei der Frage der Nachtruhestörung ist nicht nur die **38q**

§ 18 Sperrzeit

unmittelbare Umgebung der Gaststätte in den Blick zu nehmen, sondern auch die weitere Umgebung, auf die sich die Sperrzeitverkürzung auswirken kann (*VGH BW* 14. 9. 1993, GewArch 1994, 31 f.).

38r **Rentabilität.** Siehe oben Stichwort „Rentabilität" unter Rn. 37j.

38s **Verkehrslärm.** Siehe oben Stichwort „An- und Abfahrt von Kraftfahrzeugen" (Rn. 37b). Beim Verkehrslärm ist in Betracht zu ziehen, in welchem **Verhältnis** die **Lärmimmissionen** durch an- und abfahrende Gaststättenbesucher zum ansonsten vorhandenen Verkehrslärm stehen (*VG Schleswig* 11. 1. 1977, GewArch 1978, 201).

38t **Wohngebiet.** Bei einem Wohngebiet sprechen die besonderen örtlichen Verhältnisse grundsätzlich **gegen** eine Sperrzeitverkürzung (*VGH BW* 26. 4. 1972, GewArch 1972, 274; 12. 2. 1973, GewArch 1973, 101).

g) Lärmbeurteilung

39 Für die Beurteilung des von einer Gaststätte ausgehenden Lärms kann nicht mehr die vom Verband Deutscher Ingenieure erlassene Richtlinie Nr. 2058 Bl. 1 (**VDI 2058 Bl. 1**) über die Beurteilung von Arbeitslärm in der Nachbarschaft (vgl. zu deren Anwendung etwa noch *BayVGH* 11. 3. 1983, GewArch 1983, 233 ff.) herangezogen werden. Die Richtlinie 2058 Bl. 1 wurde vom Verband Deutscher Ingenieure im **März 1999 zurückgezogen**. Sie findet ihren Fortbestand in der im Jahr 1998 erlassenen Neufassung der TA Lärm (vgl. dazu sogleich Rn. 40). **Eine weitere Anwendung der VDI 2058 Bl. 1 verbietet sich** (wie hier *Pauly* in: *Robinski* Rn. N/96; aA wohl *VG Gießen* 23. 1. 2001, NVwZ-RR 2001, 739, 740, das die Richtlinie noch anwendet; zur bisherigen Anwendung im GastR vgl. *Metzner* § 4 Rn. 251, 258 ff.).

40 Für die Beurteilung von Gaststättenlärm ergeben sich wichtige Anhaltspunkte nach Aufhebung der VDI 2058 Bl. 1 vor allem aus der **TA Lärm** vom 26. 8. 1998 (GMBl. S. 503), bei der es sich um eine auf der Grundlage des § 48 Abs. 1 BImSchG erlassene **VwV**, die als solche **keine unmittelbare Außenwirkung** hat (vgl. etwa *Bull*

Sperrzeit § 18

Rn. 304, 315), handelt. Mangels Außenwirkung bindet die TA Lärm die Verwaltungsgerichte nicht. Ihre Lärmwerte sind für die Beurteilung der Zumutbarkeit des Gaststättenlärms als sachverständige Grundlage ein wichtiger Anhaltspunkt. Vgl. zur Anwendung der TA Lärm die Erläuterungen in § 4 Rn. 132 f., 137 f.

Wichtig ist, dass die TA Lärm **nur Anhaltspunkte** für die Beurteilung der Zumutbarkeitsschwelle bietet. Entscheidend sind die **gesamten Umstände des jeweiligen Einzelfalls**, die unter Berücksichtigung der in der TA Lärm enthaltenen Werte und Verfahren zu bewerten sind (vgl. *VG Meiningen* 6. 9. 2000, LKV 2001, 478, 480). Zu berücksichtigen sind die einzelnen Schallereignisse, ihre Schallpegel, ihre Eigenart (etwa Dauer, Häufigkeit, Impulshaltigkeit) und ihr Zusammenwirken (*BVerwG* 24. 4. 1991, BVerwGE 88, 143, 148). **41**

Bei der Prüfung der tatbestandlichen Voraussetzungen für eine Sperrzeitverlängerung bieten **Nachbarbeschwerden** über Störungen der Nachtruhe durch von einer Gaststätte ausgehenden Lärm für sich allein in der Regel keine verlässliche Grundlage. Vielmehr bedarf es grundsätzlich der Überprüfung der Beschwerden im Einzelfall durch **behördliche Kontrollen** und generell durch **Lärmmessungen** (*VGH BW* 7. 12. 1993, VGHBW-Ls 92/1994). **42**

h) Ermessen

Die Entscheidung über die Verlängerung oder Verkürzung der durch eine Rechtsverordnung des Landes festgesetzten allgemeinen Sperrzeit steht im **Ermessen** der zuständigen Gaststättenbehörde (vgl. statt vieler etwa *BVerwG* 5. 8. 1970, GewArch 1971, 38). Der Sinn der Ermessensermächtigung besteht u. a. darin, es der Behörde zu ermöglichen, die Sperrzeit innerhalb der gesetzlichen Grenzen im Einzelfall so zu gestalten, wie es ihr im Interesse der öffentlichen Sicherheit und Ordnung zweckmäßig erscheint (*OVG Bremen* 22. 5. 1975, GewArch 1976, 62). Ein Ermessen besteht auch dann, wenn ein öffentliches Bedürfnis oder besondere Verhältnisse i. S. d. § 18 Abs. 1 S. 2 GastG vorliegen (*BVerwG* 17. 7. 1995, NVwZ-RR 1996, 260, 261; *OVG RP* 8. 3. 1995, DÖV 1995, **43**

§ 18 Sperrzeit

831, 832; *VG Schleswig* 26. 7. 2001, GewArch 2002, 38, 39; *Aßfalg* in: *Aßfalg/Lehle/Rapp/Schwab* § 18 GastG Rn. 8).

44 Die Gaststättenbehörde hat in ihre Entscheidung **sämtliche** zugunsten und zulasten des Gaststättenbetreibers und der Allgemeinheit sprechenden **Umstände einzubeziehen** und unter Berücksichtigung der Besonderheiten des Einzelfalls gegeneinander **abzuwägen** (vgl. auch *BayVGH* 26. 9. 2002, NVwZ-RR 2003, 29. Dabei gilt etwa:

45 Es ist **nicht** ermessensfehlerhaft, wenn die Behörde als ausschlaggebend für die Ablehnung eines Antrags auf Verkürzung der Sperrzeit den Umstand berücksichtigt, dass die Gaststätte in **ländlichem Gebiet liegt**, und sie dort Lokale mit ständigem Nachtbetrieb in bestimmten örtlichen Bereichen konzentrieren will (*BVerwG* 17. 7. 1995, NVwZ-RR 1996, 260, 261; *VGH BW* 29. 5. 1974, GewArch 1975, 97). Je nach Lage des Falls liegt grundsätzlich auch kein Ermessensfehler vor, wenn die Behörde in einer Großstadt eine nach den besonderen örtlichen Verhältnissen mögliche Sperrzeitverkürzung mit der Begründung ablehnt, sie wolle im Interesse der ruhebedürftigen Bevölkerung eine Vermehrung der Nachtlokale **außerhalb** des **Innenstadtbereichs** verhindern (sie hat dabei eine **willkürliche Ungleichbehandlung** der einschlägigen Gaststätten zu unterlassen [*VGH BW* 13. 3. 1974, GewArch 1974, 393]), oder wenn die Gasstättenbehörde auf andere **strukturelle Besonderheiten der Gemeinde** abstellt (*OVG RP* 8. 3. 1995, AS 23, 111, 114 f.). Ermessensfehlerhaft ist es auch nicht, wenn die Behörde die Sperrzeitverkürzung für ein abgelegenes Lokal mit den Erwägungen ablehnt, es sei bei den nächtlichen Heimfahrten der Gäste des Lokals mit **Lärmbelästigungen** der Bewohner der Orte, welche von den Gästen durchfahren oder angesteuert würden, oder mit erhöhten Verkehrsgefahren durch alkoholisierte Kraftfahrer zu rechnen (*HessVGH* 14. 12. 1976, GewArch 1977, 198 ff.).

46 **Ermessensfehlerhaft** ist es, bei gleichbleibenden Verhältnissen eine für längere Zeit gewährte Sperrzeitverkürzung nicht mehr einzuräumen, wenn für die Behörde eine zumutbare Möglichkeit be-

Sperrzeit § 18

steht, die Abkehr von der bisherigen Praxis elastisch und unter angemessener Berücksichtigung grundlegender Belange des betroffenen Wirts vorzunehmen (*OVG RP* 4. 6. 1969, GewArch 1968, 261).

Bei **zu weitgehender Sperrzeitverlängerung** ist diese Ermessensentscheidung der Behörde nur **teilweise** rechtswidrig, wenn anzunehmen ist, dass die Behörde die Entscheidung bei Kenntnis der Rechtswidrigkeit auch ohne den rechtswidrigen Teil erlassen hätte. Eine rechtswidrige Festsetzung des Sperrzeitbeginns auf 21 Uhr kann beispielsweise für 22 Uhr aufrechterhalten werden (*VGH BW* 28. 3. 1973, GewArch 1973, 246 für eine Gaststätte als Treffpunkt jugendlicher **Mopedfahrer**). 47

Bei der Betätigung des Ermessens durch die Gaststättenbehörde ist der **Grundsatz der Verhältnismäßigkeit** zu beachten (*BayVGH* 26. 9. 2002, NVwZ-RR 2003, 29; vgl. auch *Steinberg* GewArch 1991, 167, 169 f.). Die Verlängerung der Sperrzeit einer Gaststätte setzt voraus, dass sie sich als **geringst möglicher Eingriff** zur Abstellung der Beeinträchtigungen durch diese Gaststätte darstellt (*VGH BW* 13. 11. 1974, GewArch 1975, 99; vgl. auch 26. 4. 1972, GewArch 1972, 274). Dabei ist zu berücksichtigen, dass Ruhestörungen, die durch die An- und Abfahrt von Gästen verursacht werden, nicht die Anordnung eines **Halte- und Parkverbots** bei der Gaststätte anstelle einer Vorverlegung des Beginns der Sperrzeit rechtfertigen, weil die hierfür allein zuständigen Straßenverkehrsbehörden die Benutzung bestimmter Straßen nur aus Gründen der Sicherheit oder Leichtigkeit des Verkehrs beschränken oder verbieten dürfen; bei **Geräuschbelästigungen** durch den Kfz-Verkehr zu und von Gaststätten könnten die **Straßenverkehrsbehörden** nur einschreiten, wenn diese Belästigungen nicht auf andere Weise – also auch nicht durch Sperrzeitverlängerung – vermieden werden könnten (*HessVGH* 9. 7. 1974, GewArch 1975, 391; vgl. hierzu auch *VGH BW* 13. 11. 1974, GewArch 1975, 99; 21. 2. 1973, GewArch 1973, 244). Grundsätzlich wird selbst in Fällen **äußerst massiver** Störungen der Nachbarschaft durch den Betrieb einer Schankwirtschaft der Beginn der Sperrzeit nur auf 22 Uhr vorver- 48 legt (*VGH BW* 16. 3. 1973, GewArch 1974, 131 m. w. N.; 28. 3. 1973, GewArch 1973, 246). Bei der Vorverlegung des Sperrzeitbeginns für Gaststätten ist möglichst die **differenzierte Regelung** der Sperrzeitverordnung zu berücksichtigen, wonach die Sperrzeit in den Nächten zu Sonnabenden und Sonntagen später beginnt als in den Nächten der übrigen Wochentage (*OVG Lüneburg* 2. 10. 1981, GewArch 1982, 309).

i) Vertrauensschutz, Gleichbehandlung

49 Auch aus einer über längere Zeit hinweg gewährten Sperrzeitverkürzung erwächst dem Gastwirt **kein Vertrauensschutz** dahingehend, dass die Sperrzeit weiterhin verkürzt wird (*VGH B*W 14. 9. 1993, GewArch 1994, 31 f. = BWVP 1994, 261, nur Ls.; *OVG Bremen* 22. 5. 1975, GewArch 1976, 62).

50 Kein Rechtsanspruch auf **Gleichbehandlung** lässt sich dann ableiten, wenn sich die Behördenpraxis aus **sachgerechten Erwägungen** ändert. Sachgerechte Erwägungen liegen dann zugrunde, wenn sie darauf abzielen, eine **höhere Immissionsbelastung** durch den Fahrverkehr abzuwenden. Zulässig ist es, eine Neubewerbung wegen einer Sperrzeitverkürzung erst dann wieder zu gewähren, wenn ein Altbewerber, dem die Sperrzeitverkürzung gewährt ist, ausscheidet (*BayVGH* 16. 2. 1984, GewArch 1984, 267 f.).

6. § 18 Abs. 2 GastG (aufgehoben)

a) Aufhebung

51 § 18 Abs. 2 GastG wurde durch Art. 2 Nr. 3 des Zweiten Gesetzes zur Änderung der Gewerbeordnung und sonstiger gewerberechtlicher Vorschriften vom 16. 6. 1998 (vgl. oben Rn. 1, 1a) aufgehoben.

b) Inhalt des § 18 Abs. 2 GastG

52 § 18 Abs. 2 GastG ordnete an, dass die Vorschriften über die Sperrzeit keine Anwendung auf das Verabreichen von alkoholfreien Getränken, Bier und Speisen zum Verzehr an Ort und Stelle aus Automaten in Betrieben an die dort Beschäftigten finden (BT-Ds V/1652, S. 6):

Sperrzeit § 18

"Die Herausnahme der in Betrieben aufgestellten Waren- und Getränkeautomaten aus der Sperrzeitregelung ist im Hinblick auf die Funktion des Automaten – u.a. wegen der Versorgung der Nachtarbeiter – erforderlich."

c) Gründe der Aufhebung

Durch Art. 2 Nr. 4 des Zweiten Gesetzes zur Änderung der Gewerbeordnung und sonstiger gewerberechtlicher Vorschriften vom 16. 6. 1998 wurde die Befreiung des **§ 25 GastG** auf die **Kantinen für Betriebsangehörige** erweitert (vgl. dazu auch § 25 Rn. 1, 1a, 4–8). Hierdurch wurde § 18 Abs. 2 GastG entbehrlich (*Aßfalg* in: *Aßfalg/Lehle/Rapp/Schwab* § 18 GastG Rn. 15). 53

7. Verfahren, Rechtsschutz

a) Verwaltungsverfahren

Beim Verfahren zur Entscheidung über die Verlängerung oder Verkürzung der Sperrzeit ist zwischen den beiden von § 18 Abs. 1 S. 2 GastG vorgesehenen **Varianten zu unterscheiden**: 54

aa) Allgemeine Abweichung. Von der Ermächtigung einer landesrechtlichen Rechtsverordnung, die Sperrzeit für Schank- und Speisewirtschaften **allgemein** zu verlängern, zu verkürzen oder aufzuheben, kann nur durch **Rechtsverordnung** Gebrauch gemacht werden, nicht dagegen durch eine Allgemeinverfügung (*OVG Lüneburg* 24. 6. 1981, GewArch 1983, 163 f.; *Metzner* § 18 Rn. 83). Kommunalverfassungsrechtlich handelt es sich dabei um **kein Geschäft der laufenden Verwaltung**, so dass der Gemeinderat für den Erlass der Rechtsverordnung zuständig ist (*VGH BW* 20. 7. 2000, GewArch 2001, 349). In Baden-Württemberg folgt dies etwa unmittelbar aus § 39 Abs. 2 Nr. 3 i.V.m. § 44 Abs. 2 S. 3 GemO BW. Ein **Muster** für eine Rechtsverordnung findet sich nachfolgend in Rn. 73. 55

bb) Abweichung im Einzelfall. Die Entscheidung, die Sperrzeit für eine **einzelne** Schank- und Speisewirtschaften zu verlängern, zu verkürzen oder aufzuheben, erfolgt durch einen **VA** mit Dauerwirkung (*VGH BW* 13. 11. 1974, GewArch 1975, 99). Für das Ver- 56

§ 18 Sperrzeit

fahren beim Erlass des VA gelten die Ausführungen in § 2 Rn. 30 ff. entsprechend. Ein **Muster** für einen entsprechenden VA findet sich nachfolgend in Rn. 72.

57 Die Entscheidung kann **von Amts wegen** oder **auf Antrag** eines Gaststättenbetreibers oder eines Nachbarn erfolgen. Zum Rechtsschutz vgl. die nachfolgenden Ausführungen in Rn. 58–70.

b) Rechtsschutz des Gaststättenbetreibers

58 aa) Anfechtungsklage. Wurde die Sperrzeit zulasten des **Gaststättenbetreibers** – von Amts wegen oder auf Antrag eines Nachbarn – verlängert, kann er gegen den von der Gaststättenbehörde erlassenen VA nach erfolgloser Erhebung des Widerspruchs mit der **Anfechtungsklage** vorgehen (vgl. dazu die Ausführungen in § 2 Rn. 88, 90).

59 Eine **Gemeinde** hat kein Klagerecht gegen einen Widerspruchsbescheid, mit dem einem Antrag auf Sperrzeitverkürzung unter Aufhebung des Ausgangsbescheids der Gemeinde entsprochen wird (*BayVGH* 31. 5. 1990, GewArch 1990, 368 f.).

60 Der **Streitwert** einer Klage gegen eine Sperrzeitverlängerung richtet sich nach den **Gewinneinbußen** für die Dauer eines Jahres. Bei einer Sperrzeitverlängerung von wöchentlich insgesamt 10 Stunden für eine Diskothek wird beispielsweise ein Streitwert von 5.000,00 € angenommen (vgl. *BayVGH* 9. 11. 1983, GewArch 1984, 133 f.).

61 bb) Verpflichtungsklage. Bei Ablehnung seines Antrags auf Sperrzeitverkürzung oder -aufhebung kann der Gastwirt nach Durchführung des Vorverfahrens **Verpflichtungsklage** erheben (*VGH BW* 16. 3. 1973, GewArch 1974, 131). Für das Widerspruchs- und Klageverfahren gelten die Ausführungen in § 2 Rn. 51 ff. entsprechend.

62 cc) Beweislast. Aus den auch im Verwaltungsprozess neben dem Untersuchungsgrundsatz (§ 86 Abs. 1 S. 1 Hs. 1 VwGO) geltenden **Regeln über die Beweislast** (vgl. zu deren Anwendbarkeit etwa *Geiger* in: *Eyermann* § 82 Rn. 2a) muss bei Unaufklärbarkeit (aber nur dann!) derjenige die Tatsachen für ein Abweichen von der allgemeinen Sperrzeit beweisen, der aus der fraglichen Tatsache eine für ihn günstige Rechtsfolge ableiten kann (*Geiger* aaO). Im Fall der Sperrzeitabweichung ist dies derjenige, der die Abweichung für sich begehrt (i. E. ebenso *Michel/Kienzle* § 18 Rn. 14).

dd) Entscheidungszeitpunkt. Bei der **Anfechtung einer Sperrzeitverlängerung** ist in Bezug auf den **Zeitpunkt für die Beurteilung der Sach- und Rechtslage** durch das *VG* zu unterscheiden: Soweit die tatbestandlichen Voraussetzungen der Sperrzeitverlängerung in Streit stehen, ist der Zeitpunkt der gerichtlichen Entscheidung maßgebend; für die Beurteilung der Rechtmäßigkeit der Ermessensentscheidung ist auf den Zeitpunkt der letzten verwaltungsbehördlichen Entscheidung abzustellen, also auf den Tag der Zustellung der Widerspruchsentscheidung (*VGH BW* 30. 9. 1993, NVwZ-RR 1994, 363, 364 = VBlBW 1994, 58, GewArch 1993, 491). **63**

ee) Eilschutz. Der **gerichtliche Eilschutz** richtet sich bei einer Anfechtungsklage nach § 80 Abs. 5 VwGO (Antrag auf Wiederherstellung der aufschiebenden Wirkung des in der Hauptsache erhobenen Rechtsmittels; vgl. dazu § 2 Rn. 94) und bei einer Verpflichtungsklage nach § 123 VwGO (Antrag auf Erlass einer einstweiligen Anordnung; vgl. dazu § 2 Rn. 71 ff.). **64**

Eine **einstweilige Anordnung** nach § 123 VwGO, die Sperrzeit bis zur rechtskräftigen Entscheidung über den Widerspruch gegen die Ablehnung der Verkürzung bereits zu verkürzen, ist trotz des Umstands zulässig, dass eine Sperrzeitverkürzung nur befristet gewährt werden kann (*BayVGH* 25. 9. 1974, GewArch 1974, 394; **aA** *VGH BW* 23. 1. 1973, GewArch 1973, 394). Doch wird ein Antrag auf **einstweilige Anordnung** in einem solchen Fall in aller Regel deshalb keinen Erfolg haben, weil die Gewährung der Sperrzeitverkürzung eine **Ermessensentscheidung** ist und eine Verpflichtungsklage hier nur Erfolg haben könnte, wenn jede andere Entscheidung als die Stattgabe rechtswidrig wäre. Es muss glaubhaft sein, dass dem Antragsteller ein Rechtsanspruch auf eine solche Sperrzeitregelung zusteht (*OVG Bremen* 22. 5. 1975, GewArch 1976, 62). **65**

§ 18 Sperrzeit

66 Beim Streit um die Rechtmäßigkeit der Vorverlegung des Sperrzeitbeginns hat das Interesse des Gastwirts, die Gaststätte **einstweilen** bis zum allgemeinen Sperrzeitbeginn geöffnet halten zu dürfen, gegenüber dem öffentlichen Interesse an einem sofort wirksamen **Schutz der Nachtruhe** der Nachbarschaft jedenfalls dann das größere Gewicht, wenn die Vorverlegung des Sperrzeitbeginns für ihn **erhebliche wirtschaftliche Nachteile** zur Folge hat und solange nicht mit überwiegender Wahrscheinlichkeit davon ausgegangen werden kann, dass der Gastwirt für die nächtliche Ruhestörung verantwortlich ist (*VGH BW* 5. 3. 1973, GewArch 1974, 133).

67 **ff) Normenkontrolle.** Gegen eine **Rechtsverordnung**, welche die Sperrzeit für Schank- und Speisewirtschaften allgemein verlängert, verkürzt oder aufhebt, kann beim *OVG/VGH* ein **Normenkontrollantrag** gem. § 47 Abs. 1 Nr. 2 VwGO i.V.m. der entsprechenden Landesvorschrift gestellt werden (vgl. *v. Albedyll* in: *Bader/Funke-Kaiser/Kuntze/von Albedyll* § 47 Rn. 20 mit Nachweis der Landesvorschriften in Rn. 26). Den Antrag kann jede natürliche oder juristische Person stellen, die geltend macht, durch die Rechtsverordnung oder deren Anwendung in ihren Rechten verletzt zu sein oder in absehbarer Zeit verletzt zu werden (§ 47 Abs. 2 S. 1 VwGO). Der Antrag kann nur **innerhalb von zwei Jahren** nach Bekanntmachung der Rechtsverordnung gestellt werden. Richtigerweise gilt diese Ausschlussfrist nicht für eine **Inzidentkontrolle** der Rechtsverordnung (*v. Albedyll* aaO, § 47 Rn. 85 m. w. N.).

Muster für den **Antrag** bei einer **Normenkontrolle**:
1. Die Rechtsverordnung .... *(Titel)* der Stadt .... *(Bezeichnung)* vom .... *(Datum)*, öffentlich bekannt gemacht im .... *(Fundstelle)* vom .... *(Datum)*, wird für nichtig erklärt.
2. Die Antragsgegnerin trägt die Kosten des Verfahrens.

Sperrzeit § 18

c) Nachbarschutz

§ 18 Abs. 1 GastG lässt sich ein **geschützter Personenkreis** entnehmen, der sich von der Allgemeinheit unterscheidet. Er dient daher dem **Nachbarschutz** und gibt den von den Immissionen der Gaststätte **betroffenen Anwohnern** ein Recht zur **Anfechtung** einer Entscheidung über die Sperrzeitverkürzung (*BVerwG* 7. 5. 1996, BVerwGE 101, 157, 164 f. = NVwZ 1997, 276, DVBl. 1996, 1192, DÖV 1997, 253, BayVBl. 1996, 732, NJ 1997, 96, NJW 1997, 1720, nur Ls.; *VG Meiningen* 27. 9. 2001, NVwZ-RR 2002, 349, 350 = GewArch 2002, 340, 341; *Diefenbach* GewArch 1992, 249, 260; *Steinberg* GewArch 1991, 167, 170). Nachbar i. S. d. § 18 Abs. 1 GastG ist nur derjenige, der ein besonderes Verhältnis zu der Anlage im Sinne einer „engen räumlichen und zeitlichen Beziehung" hat (*BVerwG* aaO).

68

Widerspruch und **Anfechtungsklage** des Nachbarn gegen einen den Beginn der Sperrzeit hinausschiebenden Bescheid haben **aufschiebende Wirkung;** dem Gaststätteninhaber steht vorläufiger Rechtsschutz nach § 80 a Abs. 3 i. V. m. § 80 Abs. 5 S. 1 Alt. 2 VwGO (Antrag auf Aussetzung der Vollstreckung) offen. Ist ein Antrag des Nachbarn auf Verlängerung der Sperrzeit abgelehnt worden, so kann dieser nach Durchführung des Vorverfahrens **Verpflichtungsklage** erheben (*OVG Saarland* 14. 2. 1974, GewArch 1974, 235). Zur **vorbeugenden Unterlassungsklage** vgl. *OVG Lüneburg* 26. 8. 1970, GewArch 1971, 111. Die Interessen des durch die Erteilung einer Sperrzeitverkürzung begünstigten Gaststätteninhabers und diejenigen des dadurch betroffenen Gaststättennachbarn stehen sich gleichrangig gegenüber (*HessVGH* 24. 11. 1989, GewArch 1990, 470 ff.).

69

In Anbetracht des vorhandenen Behördenermessens besteht ein Rechtsanspruch der Nachbarn auf Sperrzeitverlängerung nur im **Extremfall,** wenn sich das **Ermessen auf Null** reduziert. Das Ermessen der Gaststättenbehörde ist auf Null reduziert, wenn der Gaststättenbetrieb zu **unzumutbaren nächtlichen Geräuschbelästigungen für die Nachbarn** führt (*OVG NRW* 25. 1. 1994, NVwZ-

70

§ 18 Sperrzeit

RR 1995, 27, 28; *VG Würzburg* 12. 4. 1995, GewArch 1996, 490, 491 f.; *Steinberg* NJW 1984, 457, 462 f.; **aA** *BayVGH* 28. 7. 1982, GewArch 1983, 99 f.: auch bei erheblicher Überschreitung des Immissionsrichtwerts besteht grundsätzlich ein Ermessensspielraum). Der Anspruch des Nachbarn auf Sperrzeitverlängerung wegen nachhaltiger Lärmbelästigung durch einen Gaststättenbetrieb kann bei entsprechender Glaubhaftmachung im Wege der einstweiligen Anordnung durchgesetzt werden. Auch Messungen des Staatlichen Gewerbeaufsichtsamts, die eine „katastrophale Lärmsituation" ergeben, reduzieren das Ermessen der Verwaltung auf Null (vgl. *OVG NRW* 18. 12. 1990, GewArch 1991, 185).

d) Durchsetzung

71 Bei Missachtung kann die Beachtung der Sperrzeit mit **Verwaltungszwang** durchgesetzt werden. Außerdem kann die beharrliche Überschreitung der Sperrzeit bei der **Beurteilung der Zuverlässigkeit** zulasten des Gaststättenbetreibers berücksichtigt werden.

8. Muster

a) Muster für Sperrzeitverkürzung/-verlängerung im Einzelfall (VA)

72
> Behördenname, -anschrift   Datum
> Name des Sachbearbeiters
> Aktenzeichen
>
> **Bescheid**
> **über Sperrzeitverkürzung/-verlängerung/-aufhebung**
>
> 1. Der Beginn der Sperrzeit wird abweichend von § …. *(Vorschrift der GastV des Landes, in der die Festsetzung der allgemeinen Sperrzeit enthalten ist)* GastV ………… *(Bundesland)* für die Gaststätte ……… *(Name der Gaststätte)*, ……… *(Straße)* in ………… *(Ort)*, …………… *(weitere Angaben zur örtlichen Lage)* auf ……… *(Beginn der Sperrzeit)* Uhr festgesetzt. Sie endet um ……… *(Ende der Sperrzeit)* Uhr.

Sperrzeit § 18

2. Im Übrigen wird der Antrag abgelehnt.
   Soweit einem Antrag auf Sperrzeitverkürzung (Gaststättenbetreiber) oder Sperrzeitverlängerung (Nachbar) nur teilweise entsprochen wird (etwa der begehrten Dauer der Abweichung nicht vollständig genügt wird), ist der Antrag im Übrigen abzulehnen.
3. Für diese Entscheidung wird eine Verwaltungsgebühr in Höhe von ……. *(genauer Betrag)* Euro erhoben.

Begründung:

So weit gegenüber dem Antrag Einschränkungen erfolgen, etwa durch teilweise Ablehnung oder den Erlass einer Nebenbestimmung, ist die Entscheidung zu begründen. Beim Erlass von Nebenbestimmungen muss das von der Gaststättenbehörde ausgeübte Ermessen begründet werden. Eine Begründung ist auch erforderlich, wenn ein Nachbar durch die Entscheidung belastet wird.

Rechtsbehelfsbelehrung:

Eine Rechtsbehelfsbelehrung ist nur bei teilweiser Ablehnung des Antrags auf Gewährung der Sperrzeitabweichung, beim Erlass von Nebenbestimmungen oder bei Beschwer eines Nachbarn erforderlich. Vgl. zum Inhalt den Mustertext in § 2 Rn. 39.

Unterschrift des Sachbearbeiters,
evtl. Dienstbezeichnung

Anlagen: *(Liste der Anlagen)*

§ 18 Sperrzeit

b) Muster für Sperrzeitverkürzung/-verlängerung/-aufhebung im Allgemeinen (Rechtsverordnung)

73

Rechtsverordnung der Stadt ....
über die Verlängerung der Sperrzeit im Bereich ....

Aufgrund von § .... Gemeindeordnung vom .... und § 18 Gaststättengesetz in der Fassung vom 20. 11. 1998 (BGBl. I S. 3418), zuletzt geändert durch ...., in Verbindung mit den §§ .... und .... der Gaststättenverordnung für .... *(Bundesland)* in der Fassung vom .... (GBl. S. ....), zuletzt geändert durch Verordnung vom .... (GBl. S. ....), hat der Gemeinderat der Stadt .... am .... beschlossen:

§ 1
Sperrzeitverkürzung

Der Beginn der Sperrzeit wird abweichend von § .... *(Vorschrift der GastV des Landes, in der die Festsetzung der allgemeinen Sperrzeit enthalten ist)* GastV .... *(Bundesland)* für Schank- und Speisewirtschaften sowie für öffentliche Vergnügungsstätten auf .... *(Beginn der Sperrzeit)* Uhr festgesetzt. Sie endet um .... *(Ende der Sperrzeit)* Uhr.

oder (im Fall der Sperrzeitverlängerung):

§ 1
Sperrzeitverlängerung

Der Beginn der Sperrzeit wird abweichend von § .... *(Vorschrift der GastV des Landes, in der die Festsetzung der allgemeinen Sperrzeit enthalten ist)* GastV .... *(Bundesland)* für Schank- und Speisewirtschaften sowie für öffentliche Vergnügungsstätten auf .... *(Beginn der Sperrzeit)* Uhr festgesetzt. Sie endet um .... *(Ende der Sperrzeit)* Uhr.

§ 2
Geltungsbereich

(1) Diese Rechtsverordnung ist gültig für das Gebiet der .... *(an dieser Stelle wird der Stadtteil oder das*

> *sonstige Gebiet bezeichnet, für das die abweichende Sperrzeitregelung gelten soll).*
> (2) Das Gebiet im Sinne von Abs. 1 wird begrenzt durch .... *(an dieser Stelle erfolgt eine Wortbeschreibung der Gebietsgrenzen, etwa: „im Norden durch die X-Straße" etc.).*
> (3) Die genaue Abgrenzung ergibt sich aus dem dieser Rechtsverordnung beigefügten Lageplan. Der Lageplan ist Bestandteil der Rechtsverordnung.
>
> ### § 3
> **Ausnahmen**
>
> § .... GastV bleibt unberührt. Bereits erteilte Sperrzeitverkürzungen für einzelne Betriebe bestehen fort.
>
> *An dieser Stelle wird etwa die Sperrzeit der Vergnügungsstätten vom Anwendungsbereich der Rechtsverordnung ausgenommen.*
>
> ### § 4
> **In-Kraft-Treten**
>
> Diese Verordnung tritt am Tag nach ihrer öffentlichen Bekanntmachung in Kraft.

Anmerkungen zum Muster: 74

Der Erlass der Rechtsverordnung ist kein Geschäft der laufenden Verwaltung und unterliegt daher der Zuständigkeit des Gemeinderats. Dem **Zitiergebot** (vgl. etwa Art. 61 Abs. 1 S. 3 LVerf BW) muss durch Angabe der Rechtsgrundlage für den Erlass der Rechtsverordnung in der Präambel genügt werden. Ein **Muster für eine Rechtsverordnung** über die Sperrzeit mit Erläuterungen findet sich auch in BWGZ 1990, 591 ff.

9. Ordnungswidrigkeiten

Wer vorsätzlich oder fahrlässig als Inhaber einer Schankwirtschaft, 75
Speisewirtschaft oder öffentlichen Vergnügungsstätte duldet, dass

§ 19 Verbot des Ausschanks alkoholischer Getränke

ein Gast nach Beginn der Sperrzeit in den Betriebsräumen verweilt, handelt gem. **§ 28 Abs. 1 Nr. 6 GastG** ordnungswidrig. Gleiches gilt, wenn jemand gem. **§ 28 Abs. 1 Nr. 12 GastG** vorsätzlich oder fahrlässig den Vorschriften einer aufgrund § 18 Abs. 1 GastG erlassenen Rechtsverordnung zuwiderhandelt, so weit die Rechtsverordnung für einen bestimmten Tatbestand auf diese Bußgeldvorschrift verweist. Ordnungswidrig handelt zudem gem. **§ 28 Abs. 2 Nr. 4 GastG**, wer als Gast in den Räumen einer Schankwirtschaft, einer Speisewirtschaft oder einer öffentlichen Vergnügungsstätte über den Beginn der Sperrzeit hinaus verweilt, obwohl der Gewerbetreibende, ein in seinem Betrieb Beschäftigter oder ein Beauftragter der zuständigen Behörde ihn ausdrücklich aufgefordert hat, sich zu entfernen.

§ 19
Verbot des Ausschanks alkoholischer Getränke

Aus besonderem Anlaß kann der gewerbsmäßige Ausschank alkoholischer Getränke vorübergehend für bestimmte Zeit und für einen bestimmten örtlichen Bereich ganz oder teilweise verboten werden, wenn dies zur Aufrechterhaltung der öffentlichen Sicherheit oder Ordnung erforderlich ist.

Inhaltsübersicht

	Rn.		Rn.
1. Fassung, Materialien		– Begriffe	5, 6
a) Fassung	1	– Verfügung	7
b) Materialien zur geltenden Fassung	1a	– abstraktes Verbot	8
2. Allgemeines		*4. Ermessen*	
a) Zweck der Vorschrift	2	– Arten	9
b) Anwendungsbereich	3	– Verhältnismäßigkeit	10
c) Verfassungsrecht	4	*5. Durchsetzung*	11
3. Tatbestandliche Voraussetzungen		*6. Ordnungswidrigkeiten*	12

Verbot des Ausschanks alkoholischer Getränke § 19

1. Fassung, Materialien

a) Fassung

Die Vorschrift entspricht noch der ursprünglichen Fassung des GastG vom 5. 5. 1970 (BGBl. I S. 465), nunmehr in der Form der Bekanntmachung der Neufassung des GastG vom 20. 11. 1998 (BGBl. I S. 3418).

b) Materialien zur geltenden Fassung

Entwurf der BReg, BT-Ds V/205, S. 5, 18; Bericht und Beschluss des Ausschusses für Wirtschaft und Mittelstandsfragen (15. Ausschuss), BT-Ds V/1652, S. 6, 17; Zweiter schriftlicher Bericht des Ausschusses für Wirtschaft und Mittelstandsfragen (15. Ausschuss), BT-Ds V/4380, S. 11.

2. Allgemeines

a) Zweck der Vorschrift

BT-Ds V/205, S. 18:

„Die Vorschrift des § 19 soll den Behörden die Möglichkeit geben, den Ausschank alkoholischer Getränke aus besonderem Anlaß durch Allgemeinverfügung zu verbieten, wenn dies zur Aufrechterhaltung der öffentlichen Sicherheit oder Ordnung erforderlich ist. Gedacht ist z. B. an sportliche Veranstaltungen mit großem Zuschauerbesuch (Fußballspiele), Aufmärsche, Demonstrationsveranstaltungen und dergl. Durch den Genuß alkoholischer Getränke kann es bei solchen Massenveranstaltungen leicht zu Ausschreitungen der ohnehin erregten Teilnehmer kommen."

b) Anwendungsbereich

Von § 19 GastG wird **nicht nur die Abgabe in Schankwirtschaften** erfasst (BT-Ds V/205, S. 18):

„Aus dem allgemeinen Charakter der Vorschrift ergibt sich, daß ein Verbot nach § 19 sich unter Umständen auf alle Arten des gewerbsmäßigen Ausschanks von alkoholischen Getränken beziehen kann, unabhängig davon, ob der Ausschank im stehenden Gewerbe, im Reisegewerbe oder im Marktverkehr erfolgt."

§ 19 Verbot des Ausschanks alkoholischer Getränke

c) Verfassungsrecht

4   Gegen § 19 GastG bestehen keine durchgreifenden verfassungsrechtlichen Bedenken in Bezug auf die durch **Art. 12 GG** gewährleistete freie Berufsausübung. Das Verbot erfolgt im **Interesse der Allgemeinheit** zum Schutz der von Alkohol ausgehenden Gefahren. Durch die Begrenzung der Anwendung auf **Störungen der öffentlichen Sicherheit und Ordnung** wird dem Verfassungsrecht ausreichend Rechnung getragen.

3. Tatbestandliche Voraussetzungen

5   Ein **besonderer Anlass** liegt vor, wenn aufgrund eines konkreten Sachverhalts, in der Regel eines bestimmten Ereignisses, die Erforderlichkeit eine Verbots besteht. Dies setzt eine **konkrete Gefahr** voraus (*Michel/Kienzle* § 19 Rn. 1).

6   **Ausschank** ist die Abgabe von Getränken zum Genuss an Ort und Stelle. Zur **Gewerbsmäßigkeit** vgl. § 1 Rn. 5 ff. Zum Begriff **alkoholische Getränke** vgl. § 2 Rn. 19.

7   Da das Verbot einen konkreten Fall (vgl. oben Rn. 5) betreffen muss, ergeht es nicht als Rechtsvorschrift, sondern als **Einzelverfügung** an bestimmte Personen oder als **Allgemeinverfügung** (BT-Ds V/205, S. 18):

> „*Das Verbot kann nur vorübergehend und für einen bestimmten örtlichen Bereich für jeden Alkoholausschank oder auch nur für bestimmte Arten alkoholischer Getränke (Branntwein, Spirituosen) erlassen werden.*"

8   Dagegen wird ein **abstraktes**, vom konkreten Einzelfall losgelöstes **Verbot** nicht von § 19 GastG abgedeckt.

4. Ermessen

9   Liegen die tatbestandlichen Voraussetzungen des § 19 GastG vor, ist die Entscheidung nach § 19 GastG in das Ermessen der Gaststättenbehörde gestellt. Der Gaststättenbehörde kommt sowohl ein Ermessen dahingehend zu, ob sie von der Möglichkeit des § 19 GastG

Allgemeine Verbote § 20

überhaupt Gebrauch macht (**Entschließungsermessen**) als auch dahingehend, inwieweit sie ein Verbot vorsieht (**Auswahlermessen**).

Die **Grundsätze der Erforderlichkeit und Verhältnismäßigkeit** sind zu beachten. Das Verbot muss vor allem örtlich und zeitlich auf den durch seinen Zweck begrenzten Bereich **beschränkt** werden.

5. Durchsetzung

Die Missachtung eines Verbots nach § 19 GastG kann mit **Verwaltungszwang** (ggf. auch unmittelbarem Zwang) durchgesetzt werden. Zudem lässt die Missachtung einen Rückschluss auf die **Zuverlässigkeit** des betroffenen Gaststättenbetreibers zu.

6. Ordnungswidrigkeiten

Wer vorsätzlich oder fahrlässig entgegen einem Verbot nach § 19 GastG alkoholische Getränke verabreicht, begeht eine **Ordnungswidrigkeit** gem. § 28 Abs. 1 Nr. 7 GastG.

§ 20
Allgemeine Verbote

Verboten ist,
1. **Branntwein oder überwiegend branntweinhaltige Lebensmittel durch Automaten feilzuhalten,**
2. **in Ausübung eines Gewerbes alkoholische Getränke an erkennbar Betrunkene zu verabreichen,**
3. **im Gaststättengewerbe das Verabreichen von Speisen von der Bestellung von Getränken abhängig zu machen oder bei der Nichtbestellung von Getränken die Preise zu erhöhen,**
4. **im Gaststättengewerbe das Verabreichen alkoholfreier Getränke von der Bestellung alkoholischer Getränke abhängig zu machen oder bei der Nichtbestellung alkoholischer Getränke die Preise zu erhöhen.**

§ 20 Allgemeine Verbote

Inhaltsübersicht

	Rn.		Rn.
1. Fassung, Materialien		– andere geistige Getränke	8
a) Fassung	1	c) Jugendschutz	9, 10
b) Materialien zur geltenden Fassung	1a	*4. § 20 Nr. 2 GastG*	
2. Allgemeines		a) Anwendungsbereich	11, 12
a) Anwendungsbereich	2	b) Tatbestandliche Voraussetzungen	13–15
b) Warenunterschiebung	3		
3. § 20 Nr. 1 GastG		*5. § 20 Nr. 3, 4 GastG*	
a) Zweck der Vorschrift	4	a) Zweck der Vorschriften	16
b) Tatbestandsvoraussetzungen		b) § 20 Nr. 3 GastG	17, 18
– Branntwein	5	c) § 20 Nr. 4 GastG	19–21
– überwiegend branntweinhaltige Lebensmittel	6	d) Grenzen der Verbote	22
		e) Arten der Verbote	23
– Feilhalten	7	*6. Durchsetzung*	24
		7. Ordnungswidrigkeiten	25, 26

1. Fassung, Materialien

a) Fassung

1 Die Vorschrift entspricht noch der ursprünglichen Fassung des GastG vom 5. 5. 1970 (BGBl. I S. 465), nunmehr in der Form der Bekanntmachung der Neufassung des GastG vom 20. 11. 1998 (BGBl. I S. 3418).

b) Materialien zur geltenden Fassung

1a Entwurf der BReg, BT-Ds V/205, S. 6, 18; Stellungnahme des BR, BT-Ds V/205, S. 26; Gegenäußerung der BReg, BT-Ds V/205, S. 33; Bericht und Beschluss des Ausschusses für Wirtschaft und Mittelstandsfragen (15. Ausschuss), BT-Ds V/1652, S. 7, 17; Zweiter schriftlicher Bericht des Ausschusses für Wirtschaft und Mittelstandsfragen (15. Ausschuss), BT-Ds V/4380, S. 11.

Allgemeine Verbote § 20

2. Allgemeines

a) Anwendungsbereich

Während die Verbote der Nr. 3 und 4 sich auf das Gaststättengewerbe (§ 1 GastG) beschränken, gilt Nr. 2 für die gewerbsmäßige Abgabe (§ 1 Rn. 5 ff.) und Nr. 1 allgemein, so weit nicht die Anwendung des GastG ausdrücklich ausgeschlossen ist (vgl. § 25 GastG). 2

b) Warenunterschiebung

Von einer besonderen Vorschrift zur Verhinderung der **Warenunterschiebung** hat der Gesetzgeber bewusst abgesehen. Wer in **betrügerischer Absicht** einem Gast ohne entsprechenden Hinweis anstelle des bestellten höherwertigen Getränks ein minderwertiges serviert, macht sich nach § 263 StGB wegen Betrugs strafbar. Auch nach **Lebensmittelrecht** ist die Warenunterschiebung verboten. Ferner kann Strafbarkeit nach §§ 143, 144 MarkenG in Betracht kommen. Begehen Angestellte des Betriebsinhabers ohne dessen Wissen strafbare Warenunterschiebungen, so kann der Betriebsinhaber nach § 130 OWiG mit einer Geldbuße belegt werden, wenn er vorsätzlich oder fahrlässig die erforderlichen **Aufsichtsmaßnahmen** unterlassen hat. 3

3. § 20 Nr. 1 GastG

a) Zweck der Vorschrift

BT-Ds V/205, S. 18: 4

„Das in Nr. 3" (Anm.: jetzt Nr. 1) *„enthaltene Verbot des Feilhaltens von Branntwein und überwiegend branntweinhaltigen Genußmitteln (z. B. Weinbrandpralinen) durch Automaten dient besonders dem Jugendschutz. Es entspricht im Übrigen dem bisherigen § 16 Abs. 1 Nr. 4 Gaststättengesetz."*

b) Tatbestandsvoraussetzungen

Das Verbot betrifft **Branntwein** aller Art wie Weinbrand, Schnäpse, Likör, Rum, Arrak, unverarbeiteten Branntwein und branntweinhaltige Essenzen, die zur Herstellung von Likör und dergl. bestimmt sind. Nach Zweck und Entstehungsgeschichte der Vor- 5 schrift wird aber der **vergällte** Branntwein nicht erfasst (ebenso *Michel/Kienzle* § 20 Rn. 2).

6 **Überwiegend branntweinhaltige Lebensmittel** sind solche, deren Genuss wegen ihres erheblichen Branntweingehalts eine dem Branntwein eigene **Gefährlichkeit** beizumessen ist (*KG* 28. 12. 1961, BB 1962, 1022). Dazu gehören etwa nicht Pralinen, deren Flüssigkeit ungefähr 10% Weingeist enthält (*KG* aaO). Zum Begriff des **Automaten** vgl. § 2 Rn. 22.

7 Ein **Feilhalten** durch Automaten liegt vor, wenn die Ware in dem Automaten erkennbar zum Verkauf bereitgestellt ist (*BayObLG* 23. 11. 1961, GewArch 1962, 6). Für die Erkennbarkeit genügt es, dass sie sich aus den Umständen ergibt (vgl. *BVerwG* 25. 5. 1965, BVerwGE 21, 169, 171 f. [zu § 41a GewO] = GewArch 1966, 56).

8 Nicht verboten ist das Feilhalten **anderer geistiger Getränke** und alkoholhaltiger Lebensmittel außer den in § 20 Nr. 1 GastG genannten (etwa Bier, Wein, Sekt, ferner Grog, so weit er im Einzelfall kein überwiegend branntweinhaltiges Lebensmittel darstellt) in Automaten. In Bezug auf den Jugendschutz gelten die Einschränkungen des § 9 Abs. 3 JuSchG (vgl. sogleich Rn. 9 f.).

c) Jugendschutz

9 Gem. **§ 9 Abs. 3 S. 1 JuSchG** dürfen in der Öffentlichkeit alkoholische Getränke nicht in Automaten angeboten werden. Dies gilt gem. § 9 Abs. 3 S. 2 JuSchG nicht, wenn ein Automat an einem für Kinder und Jugendliche unzugänglichen Ort aufgestellt ist (Nr. 1) oder in einem gewerblich genutzten Raum aufgestellt und durch technische Vorrichtungen oder durch ständige Aufsicht sichergestellt ist, dass Kinder und Jugendliche alkoholische Getränke nicht entnehmen können (Nr. 2).

10 § 20 Nr. 1 GastG bleibt durch § 9 Abs. 3 JuSchG **unberührt** (so ausdrücklich § 9 Abs. 3 S. 3 JuSchG).

Allgemeine Verbote § 20

4. § 20 Nr. 2 GastG
a) Anwendungsbereich

Das Verbot bezieht sich auf jede **gewerbsmäßige** (§ 1 Rn. 5 ff.) Abgabe von alkoholischen Getränken (etwa auch im Handel, Reisegewerbe und Marktverkehr oder bei sonstiger gewerblicher Betätigung). Es ist auch anwendbar im Bereich des § 23 GastG. **11**

BT-Ds V/1652, S. 7: **12**

„Das Verbot richtet sich nur an den Gewerbetreibenden oder an die für den Betrieb verantwortliche Person (Geschäftsführer, Stellvertreter), nicht aber z. B. an das Bedienungspersonal; dies ergibt sich aus den Worten „in Ausübung eines Gewerbes"."

Tatsächlich richtet sich das Verbot nur an den **Gewerbetreibenden**. Geschäftsführer, Stellvertreter usw. können über § 9 OWiG haften.

b) Tatbestandliche Voraussetzungen

Zum Begriff **alkoholische Getränke** vgl. § 2 Rn. 19. **13**

Erkennbar betrunken sind Personen, die unter so starker Einwirkung alkoholischer Getränke stehen, dass sie sich erkennbar nicht mehr eigenverantwortlich verhalten können. **Vollrausch** ist nicht erforderlich, Angeheitertsein dagegen genügt nicht. Allein die **verabreichte Alkoholmenge** lässt für sich noch nicht darauf schließen, dass ein Gast erkennbar betrunken ist; hierfür bedarf es vielmehr **äußerlich auffälliger geistiger oder körperlicher Ausfallerscheinungen** (*OLG Stuttgart* 30. 6. 1995, Justiz 1996, 67). **14**

Verabreichung ist auch die Abgabe nicht zum Genuss an Ort und Stelle und die unentgeltliche Abgabe. **15**

5. § 20 Nr. 3, 4 GastG
a) Zweck der Vorschriften

Die Verbote sollen dem **Zwang zur Bestellung von Getränken entgegenwirken**. Sie gelten für jeden, der ein Gaststättengewerbe (§ 1 GastG) betreibt. Auf die Erlaubnispflicht stellen sie nicht ab. **16**

§ 20   Allgemeine Verbote

§ 20 Nr. 4 GastG dient überdies der **Bekämpfung des Alkoholmissbrauchs** (BT-Ds V/205, S. 18).

b) § 20 Nr. 3 GastG

17   **Speisen** i. S. d. § 20 **Nr. 3** GastG sind auch nicht zubereitete Speisen (zur zubereiteten Speise vgl. § 1 Rn. 37). Getränke i. S. d. § 20 Nr. 3 GastG sind auch alkoholfreie Getränke.

18   **Die Preiserhöhung** nach § 20 **Nr. 3** GastG kann auch darin liegen, dass bei der Bestellung von Getränken ein **Preisabschlag für die Speisen** gewährt wird (*Michel/Kienzle* § 20 Rn. 6).

c) § 20 Nr. 4 GastG

19   § 20 **Nr. 4** GastG verpflichtet den Wirt dazu, sämtliche von ihm angebotenen (auf der Getränkekarte angegebenen) alkoholfreien Getränke auf Verlangen des Gasts unabhängig von der Bestellung alkoholischer Getränke abzugeben. Dem Wirt ist in keinem Fall erlaubt, alkoholfreie Getränke nur gemeinsam mit einem alkoholischen Getränk (Gedeck) auszugeben. Das **Koppelungsverbot** ist etwa verletzt, wenn ein Cola-Getränk nur zusammen mit Rum angeboten wird, auch wenn daneben alkoholfreie Getränke anderer Art ohne Koppelung offeriert werden.

20   **Mischgetränken** (etwa „Rum-Cola" oder moderne „Bier-Mix-Getränke") steht das Koppelungsverbot nicht entgegen (vgl. *OLG Düsseldorf* 13. 12. 1971, GewArch 1972, 277; 26. 4. 1972, GewArch 1973, 138). § 20 Nr. 4 GastG verbietet nicht, bestimmte alkoholfreie Getränke als „**Zusatzgetränke**" anzubieten, solange dem Gast die eigene freie Wahl bleibt, derartige Zusatzgetränke nicht nur zusammen mit alkoholischen, sondern auch zusammen mit alkoholfreien Getränken zu bestellen (*BayObLG* 11. 12. 1972, GewArch 1974, 31).

21   Zum **Preiserhöhungsverbot** wird in BT-Ds V/205, S. 25 (Stellungnahme des BR), ausgeführt:

Allgemeine Verbote § 20

„Das Preiserhöhungsverbot ist keine preisrechtliche Vorschrift im eigentlichen Sinne, sondern eine gesetzliche Schranke für die Umgehung des Koppelungsverbots. Andernfalls wäre es dem Gewerbetreibenden möglich, durch Hinzurechnung seines Gewinnaufschlags für das nicht bestellte Getränk denselben wirtschaftlichen Erfolg zu erzielen wie mit der unzulässigen Koppelung. Es ist nicht zumutbar, den Gast darauf zu verweisen, sich der Preiserhöhung durch Wechsel des Lokals zu entziehen. Dies gilt insbesondere in Großstädten, wo eine erhebliche Zahl von Gaststättenbesuchern darauf angewiesen ist, in kurzer Zeit eine Mahlzeit einzunehmen."

d) Grenzen der Verbote

Die Verbote des § 20 Nr. 3, 4 GastG lassen das Recht des Wirts unberührt, nicht jeden zu bewirten (vgl. vor § 1 Rn. 5, § 4 Rn. 73i). Doch darf die Abgabe von Speisen (Nr. 3) oder alkoholfreien Getränken (Nr. 4) nicht deshalb verweigert werden, weil die vom Koppelungsverbot betroffenen Getränke nicht bestellt wurden. Nur Fälle **krassen Missbrauchs** durch den Gast dürften eine andere Beurteilung rechtfertigen. § 20 Nr. 3 GastG zwingt nicht dazu, in das Sortiment der Schankwirtschaft auch Speisen aufzunehmen. Zur Bereithaltung alkoholfreier Getränke vgl. § 6 GastG. 22

e) Arten der Verbote

In Bezug auf die **Abgabe von Getränken** gelten vor allem **folgende Verbote**: 23

– Es werden schlechthin **keine** alkoholfreien Getränke geführt. Dies verstößt gegen § 6 GastG. Ausnahmen kann die Erlaubnisbehörde für Automaten zulassen.

– Es werden alkoholfreie Getränke geführt, aber nur in **Verbindung** mit alkoholischen Getränken. Dieses Verhalten ist rechtswidrig nach § 20 Nr. 4 GastG.

– Es werden alkoholfreie Getränke geführt, aber nur zu **verhältnismäßig hohen Preisen**. Dies ist gesetzwidrig. Die alkoholfreien Getränke müssen preislich angemessen und in guter Qualität angeboten werden; vgl. auch § 6 GastG.

– Alkoholische und alkoholfreie Getränke werden nebeneinander angeboten. Bei **Nichtverzehr** von alkoholischen Getränken werden die

§ 20 Allgemeine Verbote

Preise für alkoholfreie Getränke erhöht. Dies ist nach § 20 Nr. 4 GastG nicht zulässig.

- Alkoholische und alkoholfreie Getränke werden nebeneinander angeboten. Bei der Bestellung von alkoholischen Getränken wird der **Preis von alkoholfreien Getränken** gesenkt. Dies ist ebenfalls nach § 20 Nr. 4 GastG nicht zulässig.

6. Durchsetzung

24 Die Missachtung eines Verbots nach § 20 GastG kann mit **Verwaltungszwang** (ggf. auch unmittelbarem Zwang) durchgesetzt werden. Zudem lässt die Missachtung einen Rückschluss auf die **Zuverlässigkeit** des betroffenen Gaststättenbetreibers zu.

7. Ordnungswidrigkeiten

25 Wer vorsätzlich oder fahrlässig einem Verbot des § 20 Nr. 1 GastG über das Feilhalten von Branntwein oder überwiegend branntweinhaltigen Lebensmitteln zuwiderhandelt oder entgegen dem Verbot des § 20 Nr. 3 GastG das Verabreichen von Speisen von der Bestellung von Getränken abhängig macht oder entgegen dem Verbot des § 20 Nr. 4 GastG das Verabreichen alkoholfreier Getränke von der Bestellung alkoholischer Getränke abhängig macht, begeht eine **Ordnungswidrigkeit** gem. **§ 28 Abs. 1 Nr. 8 GastG**. Wer vorsätzlich oder fahrlässig entgegen dem Verbot des § 20 Nr. 2 GastG in Ausübung eines Gewerbes alkoholische Getränke verabreicht oder in den Fällen des § 20 Nr. 4 GastG bei Nichtbestellung alkoholischer Getränke die Preise erhöht, begeht eine **Ordnungswidrigkeit** gem. **§ 28 Abs. 1 Nr. 9 GastG**.

26 § 28 Abs. 1 Nr. 8, 9 GastG sehen **keine Bußgelddrohung** für Zuwiderhandlungen gegen das Preiserhöhungsverbot des § 20 Nr. 3 GastG vor.

§ 21
Beschäftigte Personen

(1) Die Beschäftigung einer Person in einem Gaststättenbetrieb kann dem Gewerbetreibenden untersagt werden, wenn Tatsachen die Annahme rechtfertigen, daß die Person die für ihre Tätigkeit erforderliche Zuverlässigkeit nicht besitzt.

(2) Die Landesregierungen können zur Aufrechterhaltung der Sittlichkeit oder zum Schutze der Gäste durch Rechtsverordnung Vorschriften über die Zulassung, das Verhalten und die Art der Tätigkeit sowie, soweit tarifvertragliche Regelungen nicht bestehen, die Art der Entlohnung der in Gaststättenbetrieben Beschäftigten erlassen. Die Landesregierungen können durch Rechtsverordnung die Ermächtigung auf oberste Landesbehörden übertragen.

(3) Die Vorschriften des § 26 des Jugendarbeitsschutzgesetzes bleiben unberührt.

Inhaltsübersicht

	Rn.		Rn.
1. Fassung, Materialien, Literatur		d) Adressat	10
a) Fassung	1	*4. Folgen der Untersagung*	
b) Materialien zur geltenden Fassung	1a	a) Kündigungsrecht	11
		b) Berufsverbot	12
c) Weiterführende Literatur	1b	c) Rechtsschutz	13
2. Allgemeines zu Abs. 1		d) Widerruf der Untersagung	14
a) Zweck der Vorschrift	2	*5. § 21 Abs. 2 GastG*	
b) Berechtigung	3	a) Zweck der Vorschrift	15
c) Anwendungsbereich	4	b) GastV der Länder	16
d) Verfassungsrecht	5	*6. § 21 Abs. 3 GastG*	17–19
3. Untersagung der Beschäftigung Unzuverlässiger		*7. Durchsetzung*	
a) Beschäftigung	6, 7	a) § 21 Abs. 1 GastG	20
b) Unzuverlässigkeit	8	b) § 21 Abs. 2 GastG	21
c) Ermessen	9	*8. Ordnungswidrigkeiten*	
		a) § 21 Abs. 1 GastG	22
		b) § 21 Abs. 2 GastG	23

§ 21 Beschäftigte Personen

1. Fassung, Materialien, Literatur

a) Fassung

1 Die Vorschrift in der ursprünglichen Fassung des GastG vom 5. 5. 1970 (BGBl. I S. 465), nunmehr in der Form der Bekanntmachung der Neufassung des GastG vom 20. 11. 1998 (BGBl. I S. 3418), wurde wie folgt geändert: § 21 Abs. 3 GastG erhielt durch Art. 6 des Gesetzes zur Vereinheitlichung und Flexibilisierung des Arbeitszeitrechts (Arbeitszeitrechtsgesetz – ArbZRG) vom 6. 6. 1994 (BGBl. I S. 1170, 1178) eine neue Fassung, die wegen der Neuregelung des Gesetzes zum Schutze der arbeitenden Jugend als redaktionelle Folgeänderung erfolgte.

b) Materialien zur geltenden Fassung

1a **GastG vom 5. 5. 1970:** Gesetzentwurf der BReg, BT-Ds V/205, S. 6, 18 f.; Stellungnahme des BR, BT-Ds V/205, S. 26; Bericht und Beschluss des Ausschusses für Wirtschaft und Mittelstandsfragen (15. Ausschuss), BT-Ds V/1652, S. 7, 17 f.; Zweiter schriftlicher Bericht des Ausschusses für Wirtschaft und Mittelstandsfragen (15. Ausschuss), BT-Ds V/4380, S. 11 f.; Bericht des Vermittlungsausschusses, BT-Ds V/4591, S. 2;
Änderung vom 6. 6. 1994: Gesetzentwurf der BReg, BT-Ds 12/5888, S. 13, 34.

c) Weiterführende Literatur

1b *Gaisbauer* Die Rechtsprechung zum Gaststättenrecht 1973–1975, GewArch 1976, 209–216; *Schaub* Arbeitsrechts-Handbuch, 10. Aufl. 2002.

2. Allgemeines zu Abs. 1

a) Zweck der Vorschrift

2 BT-Ds V/205, S. 18:

„Die Aufrechterhaltung geordneter und sauberer Verhältnisse in Betrieben des Gaststättengewerbes kann nur gewährleistet werden, wenn auch die im Betrieb beschäftigten Personen die für die Tätigkeit in dem betreffenden Gewerbe notwendige persönliche Zuverlässigkeit besit-

Beschäftigte Personen § 21

zen. Ergibt es sich im Einzelfall, daß Mißstände in einem Gaststättenbetrieb auf das Verhalten der Bedienungskräfte zurückzuführen sind, so muß die Behörde die Möglichkeit haben, dem Inhaber der Gaststätte die weitere Beschäftigung der betreffenden Person zu untersagen. Es wäre in der Regel eine zu harte Maßnahme, in einem solchen Fall ein Erlaubnisrücknahmeverfahren einzuleiten. Dieses Eingriffsrecht, das in gewissem Umfang bereits in § 17 Abs. 1 Gaststättengesetz enthalten ist, ergibt sich aus § 21 Abs. 1 des Entwurfes. Die Vorschrift des § 21 Abs. 1 geht insofern über die bisherige Regelung in § 17 Abs. 1 Gaststättengesetz hinaus, als sie sich auf alle im Betrieb Beschäftigten erstreckt, nicht nur, wie bisher, auf die „bei der Leitung oder Beaufsichtigung" beschäftigten Personen."

b) Berechtigung

Der **DEHOGA** fordert die Streichung des § 21 GastG, während demgegenüber das Bundeswirtschaftsministerium betont, die Streichung liege nicht im Interesse des Wirts, weil ohne § 21 GastG die Behörde unmittelbar gegen den Wirt vorgehen müsse (*AHGZ* v. 28. 1. 1978, Nr. 4, S. 10). **3**

Rechtspolitische Bewertung: Die Möglichkeit des § 21 Abs. 1 GastG hat nach wie vor ihre Berechtigung. Es entspricht dem Interesse der Allgemeinheit, die Beschäftigung von Personen zu verhindern, die für die von ihnen ausgeübte Tätigkeit die erforderliche Zuverlässigkeit nicht besitzen. Dem Interesse des Gaststättenbetreibers entspricht es, dass in diesen Fällen nicht die eigene Zuverlässigkeit in Frage gestellt wird. Allerdings sollte von § 21 Abs. 1 GastG zurückhaltend Gebrauch gemacht werden. Vor allem sollten entsprechend dem Grundsatz der Verhältnismäßigkeit mildere Mittel vorrangig zur Anwendung kommen.

c) Anwendungsbereich

Zum **Gaststättenbetrieb** vgl. § 1 GastG (auf die Erlaubnisbedürftigkeit kommt es nicht an), zur Nichtanwendbarkeit des GastG und damit auch des § 21 GastG vgl. § 25 GastG mit Anmerkungen. **4**

§ 21 Beschäftigte Personen

d) Verfassungsrecht

5   Das Verbot des § 21 Abs. 1 GastG stellt vor allem für den betroffenen Arbeitnehmer einen erheblichen Eingriff in seine Rechte dar. Auch wenn es sich um kein Berufsverbot handelt (vgl. dazu nachfolgend Rn. 12), wird der Arbeitnehmer dennoch an der weiteren Ausübung seines Beschäftigungsverhältnisses gehindert. Seine konkrete berufliche Existenz wird (zunächst) zerstört. Dennoch ist § 21 Abs. 1 GastG – vor allem gemessen an Art. 12 GG – als **verfassungskonform** anzusehen, weil für die Untersagung auf die vom Beschäftigten konkret ausgeübte Tätigkeit abzustellen und in jedem Einzelfall zu prüfen ist, ob diesbezüglich überhaupt Zuverlässigkeitsbedenken in Betracht kommen. Die Untersagung ist daher **kein Berufsverbot** i.S.d. Art. 12 GG (*BVerwG* 17. 12. 1974, GewArch 1975, 132, 133; *Ambs* in: *Erbs/Kohlhaas* § 21 Rn. 2; vgl. auch nachfolgend Rn. 12).

3. Untersagung der Beschäftigung Unzuverlässiger

a) Beschäftigung

6   **Beschäftigung** ist zwar im **weitesten Sinn** zu verstehen (Beschäftigte i.S.d. Nr. 1 sind auch unentgeltlich mithelfende Familienangehörige [*BVerwG* 26. 10. 1959, GewArch 1960, 162]), doch kommen selbstständige Gewerbetreibende (etwa selbstständige Zubehörverkäufer) nicht in Betracht. Die Tätigkeit aufgrund eines Beratervertrags kann eine Beschäftigung i.S.d. § 21 Abs. 1 GastG sein (*OVG Hamburg* 25. 6. 1991, GewArch 1991, 439f.). Sind **Dritte** unzuverlässig, muss gegen sie aufgrund anderer Vorschriften (etwa § 35 GewO) vorgegangen werden. Unter Umständen kommen auch Auflage oder Anordnungen für den Gaststätteninhaber i.S.d. § 5 GastG in Betracht. Bei **Animierdamen** reicht für die Annahme eines Beschäftigungsverhältnisses jedes schriftliche, mündliche oder selbst stillschweigende Einverständnis zwischen der Dame und dem Gastwirt oder seinem Beauftragten über das Animierendürfen und dessen Vorteile für sie aus (*VGH BW* 7. 2. 1973, GewArch 1973, 214). Erfasst sind alle Personen, die für die Zwecke des Gaststättenbetriebs tätig sind, ohne selbst Gewerbetreibende zu

Beschäftigte Personen § 21

sein, sogar **stille Gesellschafter**, wenn sie in der Gaststätte tätig sind (*OVG RP* 30. 3. 1976, GewArch 1978, 136 f.).

Die Person, deren Beschäftigung dem Gaststätteninhaber untersagt 7
werden soll, muss mit ihrer Beschäftigung im Betrieb bereits **begonnen** haben oder es muss wenigstens der Beginn **unmittelbar bevorstehen.** Vorübergehende Verhinderung an der Ausübung der Beschäftigung steht der Untersagung nicht entgegen, wenn nach den gegebenen Umständen mit einer Wiederaufnahme der Tätigkeit gerechnet werden muss. Nur die mit Sicherheit erfolgte endgültige Einstellung der Beschäftigung steht der Untersagung entgegen.

b) Unzuverlässigkeit

Zur **Unzuverlässigkeit** vgl. § 4 Rn. 16 ff. mit der Maßgabe, dass 8
auf die Tätigkeit des Beschäftigten im Gaststättenbetrieb abzustellen ist.

Beispiele:

– Eine Person mit einer ausgeprägten **Neigung zu Gewalttätigkeiten** besitzt jedenfalls dann nicht die für ihre berufliche Tätigkeit erforderliche Zuverlässigkeit, wenn sie in einer Gaststätte beschäftigt ist, in der es wegen der Betriebsart, der Art der Gäste oder wegen anderer besonderer Verhältnisse leicht zu Streitereien kommen kann (*BVerwG* 17. 12. 1974, GewArch 1975, 132; zustimmend *Gaisbauer* GewArch 1974, 209, 215; **zw**).
– Werden Gäste durch das Versprechen oder Inaussichtstellen des Geschlechtsverkehrs zur Bestellung teurer Getränke animiert, so rechtfertigt dies nach In-Kraft-Treten des **ProstG** (vgl. dazu § 4 Rn. 61 ff.) nicht mehr ohne weiteres die Annahme, dass die **Animierdame** die für ihre Tätigkeit erforderliche Zuverlässigkeit nicht besitzt (**aA** noch *VGH BW* 7. 2. 1973, GewArch 1973, 214).

c) Ermessen

Ist Unzuverlässigkeit gegeben, so steht die Untersagung im pflicht- 9
gemäßen **Ermessen** der Behörde. Ggf. kommt auch eine **Teiluntersagung** in Betracht. Im Einzelfall kann neben einem Beschäfti-

§ 21 Beschäftigte Personen

gungsverbot auch eine **Auflage** verhängt werden, etwa ein Aufenthaltsverbot für den Unzuverlässigen (*VGH BW* 25. 6. 1993, GewArch 1993, 388 ff.).

Hinweis: Wegen der erheblichen Tragweite der Untersagung für den Beschäftigen (faktischer Verlust des Arbeitsplatzes) muss die Gaststättenbehörde **sehr sorgfältig** prüfen, ob die Untersagung wegen der Schwere der Auswirkungen der Unzuverlässigkeitsgründe auf die vom Beschäftigten ausgeübte Tätigkeit erforderlich ist und das Interesse der Allgemeinheit an der Untersagung überwiegt.

d) Adressat

10 Das Verbot richtet sich nur an den **Gaststätteninhaber** und untersagt ihm die Beschäftigung der namentlich genannten Person, der Unzuverlässigkeit nachgewiesen ist, in dem Gaststättenbetrieb, in dem der Unzuverlässige sich betätigt. In dem Bescheid, mit welchem dem Gastwirt die Beschäftigung des Unzuverlässigen untersagt wird, können auch die Gründe angegeben werden, aus denen sich nach Auffassung der Behörde dessen Unzuverlässigkeit ergibt. Da der Bescheid auch die **Rechtsstellung dieser Person** betrifft, die vorher gehört werden sollte, ist er dieser ebenfalls zuzustellen (vgl. *Metzner* § 21 Rn. 18).

4. Folgen der Untersagung

a) Kündigungsrecht

11 Der Gewerbetreibende darf die Person, deren Beschäftigung ihm untersagt wurde, nicht mehr in dem Gaststättenbetrieb beschäftigen, für den die Untersagung gilt. Der Arbeitsvertrag des Gaststättenbetreibers mit dem von der Untersagung erfassten Beschäftigten bleibt wirksam (so etwa *Schaub* § 32 Rn. 66 [zum Beschäftigungsverbot]). Der Gaststättenbetreiber dürfte das Arbeitsverhältnis indes nach **§ 626 BGB fristlos kündigen** können (ebenso *Michel/ Kienzle* § 21 Rn. 7).

Hinweis: Bei einer fristlosen Kündigung der/des von der Untersagung erfassten Mitarbeiters/-in ist zu beachten, dass die **Kündigung** gem. § 626 Abs. 2 S. 1 BGB nur **innerhalb von zwei Wochen** erfolgen kann. Die Frist beginnt gem. § 626 Abs. 2 S. 2 BGB mit der Kenntnis des Arbeitgebers vom Kündigungsgrund zu laufen. Dies bedeutet: Vom Tag des Zugangs der Untersagungsverfügung beim Gaststättenbetreiber an hat dieser zwei Wochen Zeit, dem betroffenen Arbeitnehmer die fristlose Kündigung auszusprechen. Aus Gründen der Rechtssicherheit ist stets zu empfehlen, **hilfsweise** die **Kündigung unter Beachtung der ordentlichen Kündigungsfrist** auszusprechen.

b) Berufsverbot

Eine Maßnahme nach § 21 Abs. 1 GastG ist **kein Berufsverbot** (*Gaisbauer* GewArch 1976, 209, 215; vgl. dazu bereits oben Rn. 5). Das Verbot gilt nur für die Beschäftigung in dem Betrieb des Adressaten, nicht auch für die Tätigkeit in anderen Gaststättenbetrieben, und es gilt auch nur für die Beschäftigung der benannten unzuverlässigen Person und nicht für die Beschäftigung von Personen schlechthin (*BVerwG* 17. 12. 1974, GewArch 1975, 132). **12**

c) Rechtsschutz

Gegen die Untersagung kann der Gewerbetreibende nach erfolglosem Widerspruch **Anfechtungsklage** erheben. Neben dem betroffenen Betriebsinhaber hat der vom Beschäftigungsverbot nach § 21 GastG betroffene Dritte ein **selbstständiges Anfechtungsrecht** (so zu Recht *VG Köln* 29. 9. 1980, GewArch 1981, 230 f.). Für die gerichtliche Entscheidung ist die Sach- und Rechtslage der **letzten mündlichen Verhandlung** maßgebend (*BVerwG* 16. 10. 1968, GewArch 1969, 59), wobei allerdings das Wohlverhalten des Beschäftigten während des Rechtsmittelverfahrens für die Beurteilung der Zuverlässigkeit grundsätzlich ohne Bedeutung ist (*BVerwG* 15. 11. 1967, GewArch 1968, 53). **13**

d) Widerruf der Untersagung

Auf den **Widerruf** der Untersagung besteht ein **Rechtsanspruch**, wenn die tatbestandlichen Voraussetzungen des § 21 Abs. 1 GastG entfallen sind, also die Annahme der Unzuverlässigkeit nicht mehr durch Tatsachen gerechtfertigt ist; wann dies zutrifft, hängt von den Umständen des Einzelfalls ab, doch ist ein ordnungsgemäßes Verhalten während des Widerspruchsverfahrens und des Verwal- **14** tungsprozesses im Allgemeinen wenig bedeutsam (*BVerwG* 17. 12. 1974, GewArch 1975, 132).

5. § 21 Abs. 2 GastG
a) Zweck der Vorschrift
15 BT-Ds V/205, S. 18:

"Es mehren sich die Klagen über Mißstände in Gaststättenbetrieben, die insbesondere durch die Art und Weise der Beschäftigung weiblicher Arbeitnehmer hervorgerufen werden, z. B. durch ihr Verhalten im Betrieb, ihre Animiertätigkeit und dergl. mehr. Es erscheint daher zur Aufrechterhaltung der Sittlichkeit und zum Schutze der Gäste geboten, den zuständigen Stellen die Möglichkeit zu geben, diesen Mißständen zu begegnen."

b) GastV der Länder
16 Von der Ermächtigung des § 21 Abs. 2 GastG haben die Länder in ihren GastV Gebrauch gemacht (vgl. etwa § 22 GastV BW und die entsprechenden Bestimmungen in den Vorschriften der anderen Länder [Anhang I]).

6. § 21 Abs. 3 GastG
a) § 26 JArbSchG
17 Die in § 21 Abs. 3 GastG genannte Vorschrift des **§ 26 JArbSchG** lautet:

§ 26
Ermächtigungen

Der Bundesminister für Arbeit und Sozialordnung kann zum Schutze der Jugendlichen gegen Gefahren für Leben und Gesundheit sowie zur Vermeidung einer Beeinträchtigung der körperlichen oder seelisch-geistigen Entwicklung durch Rechtsverordnung mit Zustimmung des Bundesrates

1. die für Kinder, die der Vollzeitschulpflicht nicht mehr unterliegen, geeigneten und leichten Tätigkeiten nach § 7 Satz 1 Nr. 2 und die Arbeiten nach § 22 Abs. 1 und den §§ 23 und 24 näher bestimmen,

2. *über die Beschäftigungsverbote in den §§ 22 bis 25 hinaus die Beschäftigung Jugendlicher in bestimmten Betriebsarten oder mit bestimmten Arbeiten verbieten oder beschränken, wenn sie bei diesen Arbeiten infolge ihres Entwicklungsstandes in besonderem Maße Gefahren ausgesetzt sind oder wenn das Verbot oder die Beschränkung der Beschäftigung infolge der technischen Entwicklung oder neuer arbeitsmedizinischer oder sicherheitstechnischer Erkenntnisse notwendig sind.*

Aufgrund des § 26 JArbSchG ist folgende Rechtsverordnung erlassen worden: **18**

Verordnung über das Verbot der Beschäftigung von Personen unter 18 Jahren mit sittlich gefährdenden Tätigkeiten vom 3. 4. 1964 (BGBl. I S. 262), zuletzt geändert durch Verordnung vom 8. 10. 1986 (BGBl. I S. 1634).

Bei der auf der Grundlage des § 26 JArbSchG erlassenen Rechtsverordnung handelt es sich um eine **Schutzbestimmung für Arbeitnehmer** (vgl. dazu etwa *Schaub* § 161 Rn. 36, 42 m.w.N.), während § 21 Abs. 2 GastG auf den **Schutz der Gäste** und die Aufrechterhaltung der Sittlichkeit abzielt. **19**

7. Durchsetzung

a) § 21 Abs. 1 GastG

Die Missachtung eines Verbots nach § 21 Abs. 1 GastG kann mit **Verwaltungszwang** (ggf. auch unmittelbarem Zwang) durchgesetzt werden. Gem. § 15 Abs. 3 Nr. 4 GastG berechtigt die Beschäftigung einer Person entgegen eines nach § 21 Abs. 1 GastG ergangenen Verbots zum **Widerruf** der Gaststätten- oder Stellvertretungserlaubnis. Zudem lässt die Missachtung einen Rückschluss auf die **Zuverlässigkeit** des betroffenen Gaststättenbetreibers zu. **20**

b) § 21 Abs. 2 GastG

Die Missachtung eines Verbots nach § 21 Abs. 2 GastG kann mit **Verwaltungszwang** (ggf. auch unmittelbarem Zwang) durchgesetzt werden. Gem. § 15 Abs. 3 Nr. 4 GastG berechtigt die Beschäftigung einer Person entgegen eines auf der Grundlage des § 21 **21**

§ 22 Auskunft und Nachschau

Abs. 2 GastG ergangenen landesrechtlichen Verbots in einer GastV zum **Widerruf** der Gaststätten- oder Stellvertretungserlaubnis. Zudem lässt die Missachtung einen Rückschluss auf die **Zuverlässigkeit** des betroffenen Gaststättenbetreibers zu.

8. Ordnungswidrigkeiten

a) § 21 Abs. 1 GastG

22 Wer vorsätzlich oder fahrlässig Personen beschäftigt, deren Beschäftigung ihm nach § 21 Abs. 1 GastG untersagt worden ist, begeht eine **Ordnungswidrigkeit** gem. **§ 28 Abs. 1 Nr. 10 GastG**.

b) § 21 Abs. 2 GastG

23 Wer vorsätzlich oder fahrlässig den Vorschriften einer aufgrund des § 21 Abs. 2 GastG erlassenen Rechtsverordnung zuwiderhandelt, begeht eine **Ordnungswidrigkeit** gem. **§ 28 Abs. 1 Nr. 12 GastG**, so weit die Rechtsverordnung für einen bestimmten Tatbestand auf diese Bußgeldvorschrift verweist.

§ 22
Auskunft und Nachschau

(1) Die Inhaber von Gaststättenbetrieben, ihre Stellvertreter und die mit der Leitung des Betriebes beauftragten Personen haben den zuständigen Behörden die für die Durchführung dieses Gesetzes und der auf Grund dieses Gesetzes erlassenen Rechtsverordnungen erforderlichen Auskünfte zu erteilen.

(2) Die von der zuständigen Behörde mit der Überwachung des Betriebes beauftragten Personen sind befugt, Grundstücke und Geschäftsräume des Auskunftspflichtigen zu betreten, dort Prüfungen und Besichtigungen vorzunehmen und in die geschäftlichen Unterlagen des Auskunftspflichtigen Einsicht zu nehmen. Der Auskunftspflichtige hat die Maßnahmen nach Satz 1 zu dulden. Das Grundrecht der Unverletzlichkeit der

Wohnung (Art. 13 des Grundgesetzes) wird insoweit eingeschränkt.

(3) Der zur Erteilung einer Auskunft Verpflichtete kann die Auskunft auf solche Fragen verweigern, deren Beantwortung ihn selbst oder einen der in § 383 Abs. 1 bis 3 der Zivilprozeßordnung bezeichneten Angehörigen der Gefahr strafgerichtlicher Verfolgung oder eines Verfahrens nach dem Gesetz über Ordnungswidrigkeiten aussetzen würde.

Inhaltsübersicht

	Rn.		Rn.
1. Fassung, Materialien, Literatur		b) Grenzen	3, 4
a) Fassung	1	*3. Betroffene*	5
b) Materialien zur geltenden Fassung	1a	*4. Auskünfte (Abs. 1)*	6, 7
c) Weiterführende Literatur	1b	*5. Nachschau (Abs. 2)*	8
2. Überwachung		*6. Weitere Überwachungsmöglichkeiten*	9
a) Zweck der Vorschrift	2	*7. Durchsetzung*	10
		8. Ordnungswidrigkeiten	11

1. Fassung, Materialien, Literatur

a) Fassung

Die Vorschrift entspricht noch der ursprünglichen Fassung des GastG vom 5. 5. 1970 (BGBl. I S. 465), nunmehr in der Form der Bekanntmachung der Neufassung des GastG vom 20. 11. 1998 (BGBl. I S. 3418). **1**

b) Materialien zur geltenden Fassung

Entwurf der BReg, BT-Ds V/205, S. 6, 19; Bericht und Beschluss des Ausschusses für Wirtschaft und Mittelstandsfragen (15. Ausschuss), BT-Ds V/1652, S. 7, 18; Zweiter schriftlicher Bericht des Ausschusses für Wirtschaft und Mittelstandsfragen (15. Ausschuss), BT-Ds V/4380, S. 12. **1a**

c) Weiterführende Literatur

1b *Ennuschat* Behördliche Nachschau in Geschäftsräumen und die Unverletzlichkeit der Wohnung gem. Art. 13 GG, AöR 127 (2002), 252–290; *Janssen* Der praktische Vollzug der auf § 38 der Gewerbeordnung beruhenden Rechtsvorschriften, GewArch 1967, 193–199; *Kienzle* Zur Behandlung von Anträgen auf Überprüfung eines Gewerbebetriebs, GewArch 1961, 25–26; *Thiel* Auskunftsverlangen und Nachschau als Instrumente der Informationsbeschaffung im Rahmen der Gewerbeaufsicht, GewArch 2001, 403–409; *Voßkuhle* Behördliche Betretungs- und Nachschaurechte, DVBl. 1994, 611–620.

2. Überwachung

a) Zweck der Vorschrift

2 § 22 GastG entspricht den üblichen gewerberechtlichen Vorschriften (vgl. zur Üblichkeit der Nachschaurechte im Allgemeinen *Ennuschat* AöR 127 [2002], 252, 253) über Auskunft und Nachschau zur Überwachung der Gewerbetreibenden auf Einhaltung ihrer Verpflichtungen (vgl. dazu *Thiel* GewArch 2001, 403 f.); BT-Ds V/1652, S. 7:

„Gerade im Gaststättengewerbe kommt einer behördlichen Überwachung besondere Bedeutung zu. Die Vorschrift gibt hierzu die Möglichkeit. Der Ausschuß legt jedoch Wert auf die Feststellung, daß die behördliche Überprüfung sich nur darauf erstrecken darf, ob der Gaststättenbetrieb ordnungsgemäß geführt wird. Dies gilt auch für die Überprüfung im Rahmen des Absatzes 2."

b) Grenzen

3 Die Überwachungsmaßnahmen aufgrund des § 22 GastG dürfen **nicht außerhalb der Zwecke** des GastG liegen und etwa nicht nur allgemein strafrechtliche oder polizeiliche Zwecke verfolgen (*BVerwG* 28. 1. 1998, GewArch 1998, 256, 357; *Janssen* GewArch 1967, 193, 195; vgl. auch *BVerwG* 2. 3. 1971, GewArch 1971, 153). Die Überwachung steht im **pflichtgemäßen Ermessen** der Behörde. Zu den allgemeinen Fragen des praktischen Vollzugs von Auskunft und Nachschau vgl. *Janssen* aaO, zur Behandlung von

Anträgen Dritter auf Überprüfung *Kienzle* GewArch 1961, 25. Die Betroffenen können den zur Überwachung ergehenden **VA anfechten**. Darüber hinaus ist gegen die vorgesehenen Überwachungsmaßnahmen die **vorbeugende Unterlassungsklage** zulässig (*Michel/Kienzle* § 22 Rn. 8 m. w. N.).

Zum Schutz vor allem der Geschäfts- und Betriebsgeheimnisse vgl. §§ 203 Abs. 2, 204 StGB. 4

3. Betroffene

Zum **Inhaber** des Gaststättenbetriebs (selbstständiger Gewerbetreibender) vgl. § 1 Rn. 5 ff., zum **Stellvertreter** § 9 GastG. **Mit der Leitung des Betriebs beauftragte Personen** sind etwa Geschäftsführer sowie Filialleiter und Leiter eines Betriebsteils, die im Gegensatz zum Stellvertreter nicht selbstständig handeln (vgl. § 9 Rn. 9–12); auch unentgeltlich mitarbeitende Familienangehörige können in Betracht kommen. 5

4. Auskünfte (Abs. 1)

Auskunft ist die Beantwortung von im **Einzelfall** gestellten Fragen, nicht aber eine allgemeine, fortlaufende Benachrichtigung über Geschäftsvorfälle. Dass der Gewerbetreibende von sich aus die Behörde über den Eintritt bestimmter Ereignisse zu unterrichten hat, kann nicht aufgrund von § 22 GastG verlangt werden, wohl aber aufgrund von § 5 GastG unter den dort genannten Voraussetzungen. Die Behörde kann nach ihrem **Ermessen** mündliche oder schriftliche Auskünfte verlangen, auch Abschriften, Berichte, Auszüge und Zusammenstellungen. Sie darf aber nichts **Unzumutbares** verlangen und muss den **Grundsatz der Verhältnismäßigkeit** beachten (vgl. *Voßkuhle* DVBl. 1994, 611, 619). Ein Missbrauch ist nicht schon darin zu sehen, dass sich die Behörde die erforderlichen Auskünfte selbst durch Einsichtnahme verschaffen könnte oder dass nach Einsichtnahme eine Zusammenstellung über Dinge verlangt wird, über die, wenn auch nur nach Ansicht der Behörde, in den Unterlagen nichts enthalten war oder die nicht Gegenstand der seinerzeitigen Einsicht waren (*BayObLG* 6. 12. 1962, GewArch 6

1963, 29). Die Auskünfte sind in **deutscher Sprache** und unentgeltlich zu geben.

7 Das **Auskunftsverweigerungsrecht nach** § 22 Abs. 3 GastG (vgl. dazu *Thiel* GewArch 2001, 403, 405) steht zu: Verlobten (§ 383 Abs. 1 Nr. 1 ZPO), Ehegatten – auch wenn die Ehe nicht mehr besteht – (§ 383 Abs. 1 Nr. 2 ZPO), Lebenspartnern (§ 383 Abs. 1 Nr. 2a ZPO [zum Begriff vgl. § 10 Rn. 7]) und denjenigen, die mit dem Auskunftspflichtigen in gerade Linie verwandt, verschwägert, in der Seitenlinie bis zum dritten Grad verwandt oder bis zum zweiten Grad verschwägert sind – auch wenn die Ehe, durch welche die Schwägerschaft begründet ist, nicht mehr besteht – (§ 383 Abs. 1 Nr. 3 ZPO). Gefahr strafgerichtlicher Verfolgung usw. besteht insbesondere dann nicht, wenn die Tat verjährt oder die Antragsfrist für die Verfolgung abgelaufen ist.

5. Nachschau (Abs. 2)

8 Die Nachschau kann grundsätzlich auch **ohne besonderen Anlass** erfolgen (*BVerwG* 28. 1. 1998, GewArch 1998, 256, 257). Die von der zuständigen Behörde mit der Nachschau beauftragten Personen brauchen der Behörde nicht anzugehören (etwa freiberufliche Sachverständige). Der Gewerbetreibende muss den Zutritt zu allen Grundstücken und Räumen gewähren, die für den Gaststättenbetrieb (ggf. auch nur zur Aufbewahrung von Geschäftsunterlagen) benutzt werden, also unter Umständen auch zu Privaträumen. Der Inhaber einer Gaststätte, der nach **Eintritt der Sperrzeit** sein Lokal geschlossen und sich einige Zeit später zu Bett begeben hat, ist nicht verpflichtet, aufzustehen und nachzuschauen, wenn jemand durch Klopfen und Rufen Einlass in die Gaststätte begehrt, auch wenn es sich um Polizeibeamte handelt (*OLG Koblenz* 9. 2. 1984, GewArch 1984, 168f.). Der **Geschäftsinhaber** muss dem Beauftragten die Geschäftsunterlagen zugänglich machen (für die Erläuterung der Unterlagen gilt § 22 Abs. 1, 3 GastG). Trotz § 22 Abs. 2 GastG kann die Behörde im Rahmen des Zumutbaren aufgrund des § 22 Abs. 1 GastG auch verlangen, dass ihr die Geschäftsunterlagen in ihren Diensträumen vorgelegt werden (*Janssen* GewArch

1967, 193, 194). Für die Nachschau gilt keine dem § 22 Abs. 3 GastG (Auskunftsverweigerungsrecht) entsprechende Regelung. Der **Termin** für die behördliche Nachschau ist dem Inhaber oder Leiter des Gaststättenbetriebs nicht vorher bekannt zu geben (vgl. *Voßkuhle* DVBl. 1994, 611, 619 m. w. N.); nach Möglichkeit sollte dies aber erfolgen. Die behördliche Nachschau und die Überwachung überwachungsbedürftiger Anlagen brauchen nicht in Gegenwart desjenigen durchgeführt zu werden, der die Nachschau bzw. Überprüfung zu dulden hat (*OLG Düsseldorf* 16. 7. 1982, GewArch 1982, 388 f.). Zur verfassungsrechtlichen Problematik der Nachschau vgl. eingehend *Ennuschat* AöR 127 (2002), S. 252 ff.

6. Weitere Überwachungsmöglichkeiten

Andere Rechtsvorschriften (insbesondere Strafprozessrecht, Polizeirecht) werden durch § 22 GastG **nicht berührt**. 9

7. Durchsetzung

Die Nichtbefolgung der Pflichten nach § 22 GastG kann mit **Verwaltungszwang** (ggf. auch unmittelbarem Zwang) durchgesetzt werden. Zudem lässt die Nichtbefolgung einen Rückschluss auf die **Zuverlässigkeit** des betroffenen Gaststättenbetreibers zu (zu Recht einschränkend [„besondere Umstände"] *Thiele* GewArch 2001, 403, 405 f.). 10

8. Ordnungswidrigkeiten

Wer vorsätzlich oder fahrlässig entgegen § 22 GastG eine Auskunft nicht, nicht richtig, nicht vollständig oder nicht rechtzeitig erteilt, den Zutritt zu den für den Betrieb benutzten Grundstücken und Räumen nicht gestattet oder die Einsicht in die geschäftlichen Unterlagen nicht gewährt, begeht eine **Ordnungswidrigkeit** gem. § 28 Abs. 1 Nr. 11 GastG. 11

§ 23 Vereine und Gesellschaften

(1) Die Vorschriften dieses Gesetzes über den Ausschank alkoholischer Getränke finden auch auf Vereine und Gesellschaften Anwendung, die kein Gewerbe betreiben; dies gilt nicht für den Ausschank an Arbeitnehmer dieser Vereine oder Gesellschaften.

(2) Werden in den Fällen des Absatzes 1 alkoholische Getränke in Räumen ausgeschenkt, die im Eigentum dieser Vereine oder Gesellschaften stehen oder ihnen mietweise, leihweise oder aus einem anderen Grunde überlassen und nicht Teil eines Gaststättenbetriebes sind, so finden die Vorschriften dieses Gesetzes mit Ausnahme der §§ 5, 6, 18, 22 sowie des § 28 Abs. 1 Nr. 2, 6, 11 und 12 und Abs. 2 Nr. 1 keine Anwendung. Das Bundesministerium für Wirtschaft und Technologie kann mit Zustimmung des Bundesrates durch Rechtsverordnung bestimmen, daß auch andere Vorschriften dieses Gesetzes Anwendung finden, wenn durch den Ausschank alkoholischer Getränke Gefahren für die Sittlichkeit oder für Leben oder Gesundheit der Gäste oder der Beschäftigten entstehen.

Inhaltsübersicht

	Rn.
1. Fassung, Materialien	
a) Fassung	1
b) Materialien zur geltenden Fassung	1a
2. Allgemeines	
a) Zweck der Vorschrift	2–4
b) Umgehung	5
c) Begriffe	6
3. Einbeziehung	
a) Anwendungsbereich	
– alkoholische Getränke	7
– Jugendheime	8
– Vergnügungsstätten	9
b) Rechtsfolge	10
4. Ausnahme (§ 23 Abs. 1 Hs. 2)	11
5. Ausnahme nach § 23 Abs. 2	
a) Zweck der Vorschrift	12
b) Raumzuordnung	13
c) Kritik an der Vorschrift	14
d) Illegales Glücksspiel	15
e) Rechtsverordnung	16

Vereine und Gesellschaften § 23

1. Fassung, Materialien
a) Fassung

Die Vorschrift in der ursprünglichen Fassung des GastG vom 5. 5. 1970 (BGBl. I S. 465), nunmehr in der Form der Bekanntmachung der Neufassung des GastG vom 20. 11. 1998 (BGBl. I S. 3418), wurde wie folgt geändert: Durch Art. 2 Nr. 3 des Zweiten Rechtsbereinigungsgesetzes vom 16. 12. 1986 (BGBl. I S. 2441) wurden die Angabe „16" gestrichen und die Angabe „Abs. 2 Nr. 1 und 2" durch die Angabe „Abs. 2 Nr. 1" ersetzt. Durch Art. 3 Nr. 3 des Gesetzes zur Änderung der Gewerbeordnung und sonstiger gewerberechtlicher Vorschriften vom 23. 11. 1994 (BGBl. I S. 3475, 3484) wurden in § 23 Abs. 2 S. 2 GastG die Wörter „Der Bundesminister" durch die Wörter „Das Bundesministerium" ersetzt. Durch Art. 137 der Siebenten Zuständigkeitsanpassungs-Verordnung vom 29. 10. 2001 (BGBl. I S. 2785, 2812) wurden in § 23 Abs. 2 S. 2 GastG die Wörter „Das Bundesministerium für Wirtschaft" durch die Wörter „Das Bundesministerium für Wirtschaft und Technologie" ersetzt.

1

b) Materialien zur geltenden Fassung

GastG vom 5. 5. 1970: Gesetzentwurf der BReg, BT-Ds V/205, S. 6, 19; Stellungnahme des BR, BT-Ds V/205, S. 26; Gegenäußerung der BReg, BT-Ds V/205, S. 33; Bericht und Beschluss des Ausschusses für Wirtschaft und Mittelstandsfragen (15. Ausschuss), BT-Ds V/1652, S. 7, 18 f.; Zweiter schriftlicher Bericht des Ausschusses für Wirtschaft und Mittelstandsfragen (15. Ausschuss), BT-Ds V/4380, S. 12 f.;

1a

Änderung vom 16. 12. 1986: Gesetzentwurf der BReg, BT-Ds 10/5532, S. 6, 19;

Änderung vom 23. 11. 1994: Gesetzentwurf der BReg, BT-Ds 12/5826, S. 12, 22.

§ 23 Vereine und Gesellschaften

2. Allgemeines

a) Zweck der Vorschrift

2 BT-Ds V/1652, S. 7:

„Der Ausschuß kann sich in Übereinstimmung mit dem Rechtsausschuß der Auffassung des Bundesrates, die Vorschrift des § 23 gehöre zum Polizeirecht im engeren Sinne, nicht anschließen. Er bejaht unter Hinweis auf Art. 74 Nr. 11 GG die Bundeskompetenz für die Einbeziehung des nichtgewerbsmäßigen Ausschankes alkoholischer Getränke in Vereinen und Gesellschaften in den Geltungsbereich des Gesetzes. Der Zweck des Gesetzes könnte, worauf die Bundesregierung mit Recht hinweist, nur unvollständig erreicht werden, wenn der Alkoholausschank in Vereinen und Gesellschaften nicht den Vorschriften des Gesetzes unterworfen sei. Auf dem Umweg über die Gründung von „Vereinen" könnte das Gesetz ohne Schwierigkeiten umgangen werden."

3 § 23 Abs. 1 GastG bezieht den Ausschank alkoholischer Getränke in Vereinen und Gesellschaften, die kein Gewerbe betreiben, grundsätzlich in den Anwendungsbereich des Gesetzes ein; der gewerbliche Ausschank in Vereinen fällt ohnehin unter das GastG (§ 1 Rn. 8, 10, 13, § 2 Rn. 7, 10).

4 Mit § 23 Abs. 1 GastG soll verhindert werden, dass sich ein Gaststättenbetrieb durch Gründung eines Vereins oder einer Gesellschaft dem Anwendungsbereich des GastG entziehen kann. Eine **Umgehung** des GastR wird damit **ausgeschlossen** (vgl. *VGH BW* 25. 10. 1995, BWVP 1996, 15 = GewArch 1996, 31 f.; VGHBW-Ls 104/1996).

b) Umgehung

5 Ist die **Vereinsgründung** nur erfolgt, um die Erlaubnisbedürftigkeit zu umgehen, so ist sie insoweit **unbeachtlich** (*OVG RP* 6. 7. 1977 – 2 A 20/76 –). § 23 GastG beschränkt jedoch die Einbeziehung des nicht gewerbsmäßigen Ausschanks durch Abs. 1 letzter Halbsatz (vgl. nachfolgend Rn. 11) sowie nach Maßgabe des Abs. 2 (vgl. nachfolgend Rn. 12–16).

c) Begriffe

Zur **Gewerbsmäßigkeit** siehe § 1 Rn. 5 ff. **Teil eines Gaststätten-** 6
betriebs sind die Räume, in denen sonst ein Gaststättenbetrieb ausgeübt wird (*Michel/Kienzle* § 23 Rn. 8).

3. Einbeziehung

a) Anwendungsbereich

Die Einbeziehung beschränkt sich auf den **Ausschank alkoholi-** 7
scher Getränke (Verabreichung zum Verzehr an Ort und Stelle); der Ausschank alkoholfreier Getränke sowie der Betrieb von Speisewirtschaften und Beherbergungsbetrieben werden nicht erfasst. § 23 GastG gilt auch für den unentgeltlichen Ausschank in einschlägigen Vereinen und Gesellschaften. Die Vorschrift betrifft nur den Ausschank durch **Vereine und Gesellschaften**, nicht aber durch deren **Pächter** die selbstständige Gewerbetreibende sind. BT-Ds V/205, S. 19:

„Zu den Vereinen und Gesellschaften im Sinne dieser Vorschrift rechnen sowohl die rechtsfähigen als auch die nichtrechtsfähigen Vereine, wie Studentenverbindungen, Gesangvereine, Klubs u. ä. Die private „häusliche" Gesellschaft wird durch § 23 nicht erfaßt."

BT-Ds V/1652, S. 7, wonach der Wirtschaftsausschuss des BT da- 8
von ausging, „daß kommunale oder kirchliche Jugendheime oder vergleichbare Jugendheime nicht unter § 23 fallen", kann sich nur auf die Fälle beziehen, die den Tatbestand des § 23 GastG nicht erfüllen, etwa auf den nicht gewerbsmäßigen Ausschank durch jemanden, der nicht Verein oder Gesellschaft ist, oder den Ausschank alkoholfreier Getränke.

§ 23 Abs. 1 GastG findet **keine Anwendung auf öffentliche Ver-** 9
gnügungsstätten i. S. d. § 18 GastG, weil § 23 GastG eine **abschließende Regelung** ist und ausschließlich **für die nicht gewerbliche Tätigkeit** gilt (*VGH BW* 24. 9. 1999, ESVGH 50, 56, 62 = GewArch 2000, 33, VGHBW-Ls 261/1999).

§ 23 Vereine und Gesellschaften

b) Rechtsfolge

10 Die Einbeziehung hat vor allem die Anwendung folgender Vorschriften zur Folge: §§ 2 bis 4, § 5 Abs. 1, §§ 6 bis 9, 11 bis 15, 18, 19, § 20 Nr. 1, 2, 4, §§ 21, 22, 24 ff. GastG.

4. Ausnahme (§ 23 Abs. 1 Hs. 2)

11 BT-Ds V/205, S. 19:

"Hinsichtlich der Kantinen, Werksküchen und Kasinos der Vereine und Gesellschaften, in denen die Arbeitnehmer der Vereine und Gesellschaften beköstigt werden, verbleibt es bei der bisherigen Regelung; der nichtgewerbsmäßige Ausschank auch alkoholhaltiger Getränke wird vom Gesetz nicht erfaßt."

5. Ausnahme nach § 23 Abs. 2

a) Zweck der Vorschrift

12 In den Fällen des § 23 Abs. 2 S. 1 GastG „besteht ein allgemeines Interesse nur an der Anwendung bestimmter Vorschriften des Gesetzes, die besonders den Schutz der Gäste und der Nachbarn betreffen. In dem vom Ausschuß vorgeschlagenen neuen Abs. 2 werden die in jedem Fall anzuwendenden Vorschriften ausdrücklich genannt. Sofern Mißstände auftreten sollten, kann durch Rechtsverordnung des Bundesministers für Wirtschaft bestimmt werden, daß noch weitere Vorschriften des Gesetzes auf diese Vereine und Gesellschaften Anwendung finden" (BT-Ds V/1652, S. 7).

b) Raumzuordnung

13 Räume sind i. S. d. § 23 Abs. 2 S. 1 GastG nicht nur Teil eines Gaststättenbetriebs, wenn in ihnen sonst ein Gaststättenbetrieb tatsächlich ausgeübt wird (so bislang bereits die überwiegende Meinung in der Literatur), sondern es kommt wegen des Gesetzeszwecks (vgl. dazu oben Rn. 4) auch **auf die äußeren Merkmale der Räume** an, also auf den Eindruck, den sie auf die Öffentlichkeit ausüben (*VGH BW* 25. 10. 1995, BWVP 1996, 15 = GewArch 1996, 31, VGHBW-Ls 104/1996; **aA** *Metzner* § 23 Rn. 13; *Michel/Kienzle* § 23 Rn. 8). Es ist darauf abzustellen, ob die Räume nach dem

Eindruck, den sie auf das Publikum vermitteln, **primär dem Vereinsleben** oder **den Veranstaltungen der Gesellschaft** dienen oder ob in ihnen eine Gaststätte betrieben wird, die anderen Betrieben solcher Art weitgehend ähnelt und daher vom Publikum wie andere Gaststätten aufgesucht wird.

c) Kritik an der Vorschrift

Der **DEHOGA** sieht in der Regelung eine nicht vertretbare Privilegierung und fordert die uneingeschränkte allgemeine Erlaubnispflicht für die so genannte „Vereinsgastronomie", was aber nach Meinung des Bundeswirtschaftsministeriums die Wettbewerbsverzerrung zwischen Gaststättengewerbe und Vereinsgastronomie nicht beseitigen würde (*AHGZ* 28. 1. 1978, Nr. 4, S. 1 und 10). **14**

d) Illegales Glücksspiel

Eine entsprechende Anwendung von § 23 Abs. 2 GastG auf Vereine, die **unerlaubte Glücksspiele** abhalten, ist nicht möglich (*VGH BW* 24. 9. 1999, ESVGH 50, 56, 62 f. = GewArch 2000, 33, VGHBW-Ls 261/1999). **15**

e) Rechtsverordnung (Abs. 2 S. 2)

Von der Möglichkeit des § 23 Abs. 2 S. 2 GastG zum Erlass einer Rechtsverordnung ist bislang **noch kein Gebrauch** gemacht worden. Dies steht auch nicht zu erwarten, weil ein entsprechender Bedarf nicht zu erkennen ist. **16**

§ 24
Realgewerbeberechtigung

(1) Die Vorschriften dieses Gesetzes finden auch auf Realgewerbeberechtigungen Anwendung mit Ausnahme der Vorschriften über die Lage der Räume (§ 4 Abs. 1 Nr. 2) und über das öffentliche Interesse hinsichtlich der Verwendung der Räume (§ 4 Abs. 1 Nr. 3). Realgewerbeberechtigungen, die drei Jahre lang nicht ausgeübt worden sind, erlöschen. Die Frist kann von der Er-

§ 24 Realgewerbeberechtigung

laubnisbehörde verlängert werden, wenn ein wichtiger Grund vorliegt.

(2) Die Länder können bestimmen, daß auch die in Absatz 1 ausgenommenen Vorschriften Anwendung finden, wenn um die Erlaubnis auf Grund einer Realgewerbeberechtigung für ein Grundstück nachgesucht wird, auf welchem die Erlaubnis auf Grund dieser Realgewerbeberechtigung bisher nicht ausgeübt wurde.

Inhaltsübersicht

	Rn.		Rn.
1. Fassung, Materialien		*3. Sondervorschrift für Gast-*	
a) Fassung	1	*stättenrealrechte*	3, 4
b) Materialien zur geltenden Fassung	1a	*4. Erlöschen (Abs. 1 S. 2, 3)*	5, 6
2. Realgewerbeberechtigung	2	*5. Ländervorschriften*	7

1. Fassung, Materialien

a) Fassung

1 Die Vorschrift entspricht noch der ursprünglichen Fassung des GastG vom 5. 5. 1970 (BGBl. I S. 465), nunmehr in der Form der Bekanntmachung der Neufassung des GastG vom 20. 11. 1998 (BGBl. I S. 3418).

a) Materialien zur geltenden Fassung

1a Entwurf der BReg, BT-Ds V/205, S. 6, 19; Stellungnahme des BR, BT-Ds V/205, S. 26; Gegenäußerung der BReg, BT-Ds V/205, S. 33; Bericht und Beschluss des Ausschusses für Wirtschaft und Mittelstandsfragen (15. Ausschuss), BT-Ds V/1652, S. 7, 19; Zweiter schriftlicher Bericht des Ausschusses für Wirtschaft und Mittelstandsfragen (15. Ausschuss), BT-Ds V/4380, S. 13.

2. Realgewerbeberechtigung

Realgewerbeberechtigungen sind **veräußerliche und vererbliche private Rechte**, ein bestimmtes Gewerbe zu betreiben. Man unterscheidet Realgewerbeberechtigungen, die mit einem bestimmten Grundstück verbunden sind (sog. radizierte Realrechte), und solche ohne diese Verbindung (einfache oder nichtfunierte Realrechte). Neue Realgewerbeberechtigungen können seit dem In-Kraft-Treten der GewO nicht mehr begründet werden (§ 31 GastG, § 10 Abs. 2 GewO [Anhang II 1]). Die **Übertragung** der alten Rechte **bleibt** aber **erlaubt**; sie richtet sich nach Landesrecht (vgl. auch § 48 GewO [Anhang II 1]). Die **Bedeutung** der Realrechte ist ganz allgemein dadurch stark **beeinträchtigt**, dass diese von gewerberechtlichen Erfordernissen grundsätzlich nicht mehr befreien. Für die Gaststättenrealrechte ergibt sich dies aus § 24 GastG.

3. Sondervorschrift für Gaststättenrealrechte

BT-Ds V/205, S. 19:

„Die Notwendigkeit der Neufassung des bisherigen § 24 Gaststättengesetz ergibt sich aus dem Wegfall der Bedürfnisprüfung (vgl. § 1 Abs. 2 des bisherigen Gaststättengesetzes) und der Neufassung der Versagungsgründe im § 4 des Entwurfes. Im übrigen wird der materielle Inhalt der bisher geltenden Vorschrift nicht geändert."

Die Bedeutung des § 24 GastG liegt in Folgendem: Das Gaststättenrealrecht befreit den **Gewerbetreibenden** (es kann auch ein Pächter sein) nicht von der Anwendung des GastG, also vor allem nicht von der **gaststättenrechtlichen Erlaubnispflicht**, so weit es sich um einen erlaubnisbedürftigen Betrieb handelt. § 24 Abs. 1 S. 1 GastG stellt den Gewerbetreibenden nur von den **Anforderungen** bezüglich der Lage der Räume nach § 4 Abs. 1 S. 1 Nr. 2 GastG und von § 4 Abs. 1 S. 1 Nr. 3 GastG frei. Die Beschränkung des § 24 Abs. 1 S. 1 GastG auf einen Teil des § 4 Abs. 1 S. 1 Nr. 3 GastG ist ein **Redaktionsversehen** (vgl. BT-Ds V/205, S. 19 [vgl. zuvor Rn. 3], wonach eine materielle Änderung gegenüber dem früheren Recht nicht beabsichtigt war, so dass bei der Formulierung des § 24 Abs. 1 S. 1 GastG offensichtlich übersehen wurde, dass

§ 25 Anwendungsbereich

§ 4 Abs. 1 S. 1 Nr. 3 GastG gegenüber dem früheren Recht weiter gefasst ist; ebenso *Michel/Kienzle* § 24 Rn. 3). Alle anderen gesetzlichen Anforderungen, die sich aus § 4 Abs. 1 GastG ergeben (vor allem an die persönlichen Eigenschaften des Gewerbetreibenden und an die Beschaffenheit der Betriebsstätte [Barrierefreiheit etc.]), werden durch das Realrecht nicht beseitigt.

4. Erlöschen (Abs. 1 S. 2, 3)

5   Das Erlöschen der Gaststättenerlaubnis nach § 8 GastG berührt das Realrecht nicht. Die Realgewerbeberechtigung unterliegt insoweit dem **§ 24 Abs. 1 S. 2, 3 GastG**, der **lex specialis** ist. Erlischt das Realrecht, dann verliert auch die Gaststättenerlaubnis ihre Gültigkeit. Ausübung einer Realgewerbeberechtigung liegt vor, wenn auf ihrer Grundlage eine Gaststätte betrieben wird.

6   Zur **Berechnung der Frist** des § 24 Abs. 1 S. 2 GastG vgl. die § 31 VwVfG entsprechenden Landesvorschriften i.V.m. §§ 186 ff. BGB sowie § 8 Rn. 17 f., zur **Verlängerung aus wichtigem Grund** § 8 Rn. 19–23.

5. Ländervorschriften (Abs. 2)

7   Diese Ermächtigung betrifft die Realgewerbeberechtigungen, die auf ein **anderes Grundstück** übertragen werden dürfen (zulässig auch bei einem Teil der bestehenden radizierten Realrechte). Zu den einschlägigen Verordnungen vgl. etwa *Michel/Kienzle* § 24 Rn. 6.

§ 25
Anwendungsbereich

(1) Auf Kantinen für Betriebsangehörige sowie auf Betreuungseinrichtungen der im Inland stationierten ausländischen Streitkräfte, der Bundeswehr, des Bundesgrenzschutzes und der in Gemeinschaftsunterkünften untergebrachten Polizei finden die Vorschriften dieses Gesetzes keine Anwendung. Gleiches gilt für Luftfahrzeuge, Personenwagen von Eisenbahnunternehmen und anderen Schienenbahnen, Schiffe und Reisebusse,

Anwendungsbereich § 25

in denen anläßlich der Beförderung von Personen gastgewerbliche Leistungen erbracht werden.

(2) Auf Gewerbetreibende, die am 1. Oktober 1998 eine Bahnhofsgaststätte befugt betrieben haben, findet § 34 Abs. 1 Satz 1 entsprechende Anwendung; die in § 4 Abs. 1 Nr. 2 genannten Anforderungen an die Lage, Beschaffenheit, Ausstattung oder Einteilung der zum Betrieb des Gewerbes oder zum Aufenthalt der Beschäftigten bestimmten Räume gelten als erfüllt. § 34 Abs. 3 findet mit der Maßgabe Anwendung, daß die Anzeige nach Satz 4 innerhalb von zwölf Monaten zu erstatten ist.

Inhaltsübersicht

	Rn.		Rn.
1. Fassung, Materialien, Literatur		– räumliche Zuordnung	8
a) Fassung	1	b) Betreuungseinrichtungen	
b) Materialien zur geltenden Fassung	1a	– Streitkräfte, Polizei	9
		– Bundespost	10
c) Weiterführende Literatur	1b	c) Ausschluss von Beförderungsmitteln	
2. Allgemeines		– Neufassung	11
a) Aktuelle Fassung	2	– Luftfahrzeuge	12
b) Zweck der Vorschrift	3	– Schienenbahnen	13
3. Anwendungsausschluss (Abs. 1)		– Magnetschwebebahnen	14
		– Schiffe	15
a) Kantinen für Betriebsangehörige		– Reisebusse	16
– Zweck	4	*4. Bahnhofsgaststätten (Abs. 2)*	
– Begriff „Betrieb"	5	a) Neufassung	17
– Betriebsangehörigen dienen	6	b) Besitzstandsregelung	18–20
		c) Anzeigepflicht	21
– Kantinen für Besucher	7	d) Behördliche Bestätigung	22
		e) Erlöschen	23

§ 25 Anwendungsbereich

1. Fassung, Materialien, Literatur

a) Fassung

1 Die Vorschrift in der ursprünglichen Fassung des GastG vom 5. 5. 1970 (BGBl. I S. 465), nunmehr in der Form der Bekanntmachung der Neufassung des GastG vom 20. 11. 1998 (BGBl. I S. 3418), wurde wie folgt geändert: § 25 Abs. 1a GastG wurde durch Art. 6 Abs. 74 des Gesetzes zur Neuordnung des Eisenbahnwesens (Eisenbahnneuordnungsgesetz – ENeuOG) vom 27. 12. 1993 (BGBl. I S. 2378, 2413) eingefügt. Durch Art. 12 Abs. 58 des Gesetzes zur Neuordnung des Postwesens und der Telekommunikation (Postneuordnungsgesetz – PTNeuOG) vom 14. 9. 1994 (BGBl. I S. 2325, 2391) wurden in § 25 Abs. 1 S. 2 GastG die Wörter „für Betreuungseinrichtungen der Bundespost und" gestrichen. Durch Art. 3 Nr. 3 des Gesetzes zur Änderung der Gewerbeordnung und sonstiger gewerberechtlicher Vorschriften vom 23. 11. 1994 (BGBl. I S. 3475, 3484) wurden in § 25 Abs. 2 S. 1 GastG die Wörter „Der Bundesminister" durch die Wörter „Bundesministerium" und das Wort „Bundesminister" durch das Wort „Bundesministerium" ersetzt. Durch § 14 Abs. 7 des Allgemeinen Magnetschwebebahngesetz (AMbG) vom 19. 7. 1996 (BGBl. I S. 1019, 1022) erhielt § 25 Abs. 1a GastG eine neue Fassung. Durch Art. 2 Nr. 4 des Zweiten Gesetzes zur Änderung der Gewerbeordnung und sonstiger gewerberechtlicher Vorschriften vom 16. 6. 1998 (BGBl. I S. 1291, 1296) erhielt § 25 GastG insgesamt eine neue Fassung.

b) Materialien zur geltenden Fassung

1a **GastG vom 5. 5. 1970:** Gesetzentwurf der BReg, BT-Ds V/205, S. 6 f., 19 f.; Stellungnahme des BR, BT-Ds V/205, S. 27; Gegenäußerung der BReg, BT-Ds V/205, S. 33; Bericht und Beschluss des Ausschusses für Wirtschaft und Mittelstandsfragen (15. Ausschuss), BT-Ds V/1652, S. 7, 19 f.; Zweiter schriftlicher Bericht des Ausschusses für Wirtschaft und Mittelstandsfragen (15. Ausschuss), BT-Ds V/4380, S. 13 f.;
Änderung vom 27. 12. 1993: Gesetzentwurf der BReg, BT-Ds 12/6269, S. 93, 141 f.;

Anwendungsbereich § 25

Änderung vom 14. 9. 1994: Gesetzentwurf der Fraktionen CDU/CSU, SPD und F.D.P., BT-Ds 12/6718, S. 70, 124;
Änderung vom 23. 11. 1994: Gesetzentwurf der BReg, BT-Ds 12/5826, S. 12, 22;
Änderung vom 19. 7. 1996: Gesetzentwurf der BReg, BT-Ds 13/3104, S. 6, 10;
Änderung vom 16. 6. 1998: Gesetzentwurf der BReg, BT-Ds 13/9109, S. 10, 13, 18 f.

c) Weiterführende Literatur

Fuchs/Demmer Sitzung des Bund-Länder-Ausschusses „Gewerberecht", GewArch 1996, 62–68; *Kempen* Das zweite Gewerberechtsänderungsgesetz, NVwZ 1999, 360–363; *Palandt* Bürgerliches Gesetzbuch, 62. Aufl. 2003; *Pfeifer/Fischer* Aktuelle Fragen des Gewerberechts, GewArch 2002, 232–241; *Schaub* Arbeitsrechts-Handbuch, 10. Aufl. 2002; *Ziekow* Das Zweite Gesetz zur Änderung der Gewerbeordnung und sonstiger gewerberechtlicher Vorschriften vom 16. 6. 1998, NJW 1998, 2654–2655. **1b**

2. Allgemeines

a) Aktuelle Fassung

§ 25 GastG erhielt durch Art. 2 Nr. 4 des Zweiten Gesetzes zur Änderung der Gewerbeordnung und sonstiger gewerberechtlicher Vorschriften vom 16. 6. 1998 (vgl. oben Rn. 1, 1a) seine jetzige Fassung. Der Anwendungsbereich des GastG wurde neu festgelegt. Dies soll in erster Linie dem **Abbau der gaststättenrechtlichen Regulierung** für die von § 25 Abs. 1 GastG erfassten Bereiche dienen und **gastgewerbliche Leistungen** in den verschiedensten Verkehrsmitteln **erleichtern** (BT-Ds 13/9109, S. 13). Vgl. im Übrigen auch *Fuchs/Demmer* GewArch 1996, 62, 63. **2**

b) Zweck der Vorschrift

Die Vorschrift schränkt den **sachlichen** Anwendungsbereich des GastG über die Grenzen des § 1 GastG hinaus ein. Zum **räumlichen und persönlichen Anwendungsbereich** vgl. auch vor § 1 Rn. 12 ff. **3**

§ 25 Anwendungsbereich

3. Anwendungsausschluss (Abs. 1)

a) Kantinen für Betriebsangehörige

4 Die Erweiterung des § 25 Abs. 1 GastG um **Kantinen für Betriebsangehörige** erfolgte durch Art. 2 Nr. 4 des Zweiten Gesetzes zur Änderung der Gewerbeordnung und sonstiger gewerberechtlicher Vorschriften vom 16. 6. 1998 (vgl. oben Rn. 1, 1a). Die **Einbeziehung der Betriebskantinen** in den Geltungsbereich des GastG wurde vom Gesetzgeber als **entbehrlich** angesehen, zumal die Überwachung lebensmittelrechtlicher und hygienerechtlicher Vorschriften aufgrund von Spezialregelungen gewährleistet ist (BT-Ds 13/9109, S. 18; *Ziekow* NJW 1998, 2654, 2655). Damit sind alle Betreuungseinrichtungen sämtlicher öffentlich-rechtlicher und privater Betriebe vom Anwendungsbereich des GastG ausgenommen (*Kempen* NVwZ 1999, 360, 363). Darüber hinaus ist bei Betriebskantinen davon auszugehen, dass bereits der Inhaber des Betriebs ein signifikantes eigenes Interesse daran hat, dass seine Mitarbeiter/-innen durch den Betrieb der Kantine nicht beeinträchtigt werden und daher ein Schutz durch das GastR nicht erforderlich ist (*Michel/Kienzle* § 25 Rn. 2). Als Folgeänderung wurde § 2 Abs. 2 Nr. 4 GastG, der eine Befreiung von der Erlaubnispflicht für die Ausgabe von Getränken und Speisen an Betriebsangehörige vorsah, gestrichen.

5 Der Begriff „**Betrieb**" knüpft wegen der Zielsetzung der Vorschrift an das Arbeitsrecht an (ebenso *Michel/Kienzle* § 25 Rn. 3). Dort findet sich keine gesetzliche oder allgemeingültige Definition. Im Allgemeinen versteht man unter Betrieb die **organisatorische Einheit**, innerhalb derer ein Arbeitgeber allein oder in Gemeinschaft mit seinen Mitarbeiter/-innen mithilfe von sächlichen und immateriellen Mitteln **bestimmte arbeitstechnische Zwecke** fortgesetzt verfolgt (*Schaub* § 18 Rn. 1 m. w. N.). Der Begriff Betrieb ist dabei **weit zu verstehen**, so dass alle organisatorischen Einrichtungen erfasst werden, in denen bestimmte arbeitstechnische Zwecke verfolgt werden (*Schaub* § 18 Rn. 2), etwa auch Verwaltungen, Kliniken, Büros und Schulen.

Anwendungsbereich § 25

Kantinen dienen nur dann den **Betriebsangehörigen**, wenn lediglich bis zu **höchstens zehn Prozent** der Nutzer **Fremdbesucher** sind (BT-Ds 13/9102, S. 18). Hieraus folgt umgekehrt, dass zu den Betriebsangehörigen alle Personen zählen, die unmittelbar dazu beitragen, dass die im Betrieb durchzuführenden Arbeiten erledigt werden, also nicht nur Arbeitnehmer im eigentlichen Sinn, sondern auch die Betriebsleitung, Personen, die andere Arbeitsleistungen erbringen, die der Aufrechterhaltung des Betriebs dienen (etwa Handwerker), Reinigungspersonal einer Fremdfirma etc. Fremdbesucher sind alle anderen Personen, etwa Kunden, Besucher einer Besichtigungstour (*Michel/Kienzle* § 25 Rn. 5), wohl aber auch Lieferanten, weil diese lediglich Leistungen erbringen, die außerhalb des eigentlichen Betriebsablaufs anzusiedeln sind und zudem die Gefahr bestünde, dass die Zahl der Nutzer/-innen der Kantine Überhand nimmt (gerade bei größeren Betrieben).   6

Besonders bei Betrieben, die von **zahlreichen Besuchern** geprägt sind (etwa Kliniken), ist darauf zu achten, dass die Privilegierung des § 25 Abs. 1 GastG nur Kantinen erfasst, die nach den zuvor dargelegten Kriterien nicht den Besuchern dienen. Sofern eine einzige Küche räumlich getrennte Kantinen bedient, von denen die eine den Besuchern und die andere den Betriebsangehörigen zugänglich ist, greift § 25 Abs. 1 GastG nicht, weil in diesem Fall die Anwendung des GastG zum Schutz der Besucher/-innen erforderlich ist.   7

Eine Betriebskantine liegt auch vor, wenn sich diese **außerhalb des eigentlichen Betriebsgeländes** befindet (aA *Michel/Kienzle* § 25 Rn. 4). Für den Zweck des § 25 Abs. 1 GastG kommt es lediglich darauf an, dass die übermäßige Fremdnutzung (vgl. oben Rn. 6) ausgeschlossen ist. Kann die Kantine nur von Betriebsangehörigen genutzt werden und ist sichergestellt, dass Fremdnutzer/-innen nur mit Billigung des Betriebs Zugang haben, ist eine räumliche Trennung ohne Belang (in diesem Sinn wohl auch *Michel/Kienzle* aaO).   8

b) Betreuungseinrichtungen

Zu den **Betreuungseinrichtungen** der **Streitkräfte** und der **Polizei** vgl. BT-Ds V/205, S. 19:   9

§ 25 Anwendungsbereich

„Die Errichtung der genannten Betriebe bedarf der Genehmigung der zuständigen Dienststellen und unterliegt der Überwachung durch die zuständigen Militär- oder Polizeistellen. Soweit sich daher die Aufgabe dieser Betriebe in der Versorgung und Verpflegung der Truppen- und Polizeiangehörigen erschöpft, besteht für ihre Einbeziehung in die allgemeinen gewerbepolizeilichen Bestimmungen des Gesetzes kein Anlaß. Die gelegentliche Bewirtung von Gästen oder Besuchern ändert nichts an der generellen Freistellung der in Rede stehenden Betriebe; der Betrieb muß jedoch überwiegend auf die Bewirtung der Angehörigen der Verbände gerichtet sein. Die genannten Betriebe bleiben auch im Falle der Verpachtung an Dritte von den Vorschriften des Gesetzes ausgenommen."

10   Betreuungseinrichtungen der ehemaligen **Bundespost** werden von § 25 Abs. 1 GastG nicht mehr erfasst. Die Streichung der Wörter „für Betreuungseinrichtungen der Bundespost und" durch Art. 12 Abs. 58 des Postneuordnungsgesetz (vgl. oben Rn. 1, 1a) erfolgte, weil diese Privilegierung durch die Umwandlung der Deutschen Bundespost in eine Aktiengesellschaft aufzuheben war (BT-Ds 12/6718, S. 124).

c) Ausschluss von Beförderungsmitteln

11   Mit der Neufassung des § 25 Abs. 1 S. 2 GastG durch Art. 2 Nr. 4 des Zweiten Gesetzes zur Änderung der Gewerbeordnung und sonstiger gewerberechtlicher Vorschriften vom 16. 6. 1998 (vgl. oben Rn. 1, 1a) sollte die Erbringung gastgewerblicher Leistungen anlässlich der Beförderung von Personen mit den verschiedensten Verkehrsmitteln **einheitlich geregelt** werden (BT-Ds 13/9109, S. 18).

12   Zur Freistellung für **Luftfahrzeuge** vgl. BT-Ds V/1652, S. 7:

„Die Freistellung der Betriebe in Luftfahrzeugen ist mit Rücksicht auf den internationalen Luftverkehr erforderlich."

Hieraus folgt im Umkehrschluss, dass auf Gaststätten auf Flugplätzen oder in nicht als Verkehrsmittel verwendeten Luftfahrzeugen das GastG anzuwenden ist.

13   § 25 Abs. 1 S. 2 GastG gilt für sämtliche **Personenwagen von Eisenbahnunternehmen und anderen Schienenbahnen** unabhän-

Anwendungsbereich § 25

gig davon, wer der Betreiber der Eisenbahn ist. Im Rahmen der Neustruktur der Bundeseisenbahnen durch das Eisenbahnneuordnungsgesetz (vgl. oben Rn. 1, 1a) wurde das Bundesbahngesetz insgesamt aufgehoben. Damit entfiel auch die in § 41 BBahnG angeordnete Nichtanwendung des GastG auf die **Eisenbahnen des Bundes**. Diese Lücke wurde zunächst durch § 25 Abs. 1a GastG geschlossen (vgl. oben Rn. 1, 1a). Die Eisenbahnen des Bundes sind nunmehr mit den nicht dem Bund gehörenden Eisenbahnen gleichgestellt (vgl. auch BT-Ds 12/6269, S. 141 f.). Aus dem Begriff „**Personenwagen**" wird deutlich, dass das Privileg des § 25 Abs. 1 S. 2 GastG nur für Eisenbahnwagen gilt, die vorrangig der Personenbeförderung zu dienen bestimmt sind, nicht dagegen etwa für reine Transportwagen.

Zu den Schienenbahnen i. S. d. § 25 Abs. 1 S. 2 GastG sind auch die **14** **Magnetschwebebahnen** zu zählen. Durch § 14 Abs. 7 des Allgemeinen Magnetschwebebahngesetzes vom 19. 7. 1996 (vgl. oben Rn. 1, 1a) wurden die bereits geltenden Regelungen des § 25 GastG auf den Bereich der Magnetschwebebahnen erweitert (BT-Ds 13/3104, S. 10). Auch wenn dieser Begriff in der Neufassung des § 25 Abs. 1 S. 2 GastG nicht mehr ausdrücklich genannt wird, werden die Magnetschwebebahnen nunmehr als Schienenbahnen erfasst. Dies entspricht der historischen Entstehung des § 25 Abs. 1 GastG, aber auch dem Zweck der Vorschrift, die unterschiedlichste der Beförderung dienende Verkehrsmittel erfassen will (BT-Ds 13/9109, S. 18). Schienenbahnen können auch **Straßenbahnen** sein (aA *Michel/Kienzle* § 25 Rn. 11, wonach Straßenbahnen vom Begriff „Reisebusse" erfasst werden, etwa wenn sie überregional eingesetzt werden und wegen der Länge der Strecke und/oder als Service Verpflegung anbieten), nicht dagegen sog. „Schienenbusse".

Schiffe i. S. d. § 25 Abs. 1 S. 2 GastG sind Fahrzeuge, die zur Fort- **15** bewegung auf oder unter dem Wasser und zur Beförderung von Personen bestimmt sind (vgl. *Bassenge* in: *Palandt* § 929 a BGB Rn. 1). Da § 25 Abs. 1 S. 2 GastG nur der Personenbeförderung dienende Verkehrsmittel von der Anwendung des GastG freistellen soll, werden **Schiffe nicht erfasst**, die ihrer eigentlichen Funktion

§ 25 Anwendungsbereich

(Beförderung) nicht mehr nachkommen, weil sie **fest verankert** als Restaurant oder Hotel dienen (ebenso *Michel/Kienzle* § 25 Rn. 11). Gleiches gilt für Schiffe, die zwar im Fahrbetrieb eingesetzt werden, deren **Verwendung** aber ausschließlich oder zumindest überwiegend **gastgewerblich erfolgt**, etwa für Disko-/Technopartys, Hochzeiten und sonstige Veranstaltungen (vgl. dazu auch *Pfeifer/Fischer* GewArch 2002, 232, 241).

16 **Reisebusse** müssten wegen des vom Gesetzgeber verwendeten Begriffs eigentlich von Linienbussen unterschieden werden. Nach dem Wortlaut dürften an sich – unabhängig von der Bauart – nur Busse erfasst werden, die zum Zweck der Reise eingesetzt werden. Dies würde allerdings zu einem **Wertungswiderspruch** zu den Schienenbahnen führen, die auch im Liniendienst eingesetzte Straßenbahnen umfassen. Darüber hinaus wurde infolge der Neufassung des § 25 Abs. 1 S. 2 GastG der bisherige § 2 Abs. 2 Nr. 5 GastG als Folgeänderung (BT-Ds 13/9109, S. 18) gestrichen, der die Verabreichung von alkoholfreien Getränken oder zubereiteten Speisen in Kraftfahrzeugen anlässlich der Beförderung von der Erlaubnispflicht ausnahm. Aufgrund historischer und teleologischer Überlegungen ist daher davon auszugehen, dass mit dem Begriff „Reisebusse" **alle Kraftfahrzeuge** erfasst werden, **die der gewerbsmäßigen Beförderung von Personen dienen** (ebenso *Michel/Kienzle* § 25 Rn. 11, allerdings zu weitgehend, so weit auch Straßenbahnen einbezogen werden [vgl. dazu oben Rn. 14]).

4. Bahnhofsgaststätten (Abs. 2)

a) Neufassung

17 § 25 Abs. 2 GastG wurde durch Art. 2 Nr. 4 des Zweiten Gesetzes zur Änderung der Gewerbeordnung und sonstiger gewerberechtlicher Vorschriften vom 16. 6. 1998 (vgl. oben Rn. 1, 1a) neu gefasst. Die Neufassung **beseitigt die Nichtanwendung** des GastG auf Bahnhofsgaststätten, weil hierfür nach der Privatisierung der Deutschen Bundesbahn kein Anlass mehr bestand (BT-Ds 13/9109, S. 13). **Bahnhofsgaststätten unterliegen** damit voll den Vorschriften des **GastG** (BT-Ds 13/9109, S. 18).

b) Besitzstandsregelung (Abs. 2 S. 1)

Mit **§ 25 Abs. 2 S. 1 Hs. 1 GastG** wird in Bezug auf bereits am 1. 10. 1998 (Tag des In-Kraft-Tretens des Zweiten Gesetzes zur Änderung der Gewerbeordnung und sonstiger gewerberechtlicher Vorschriften [vgl. dessen Art. 7 Abs. 1]) befugt betriebene Bahnhofsgaststätten eine durch Art. 12 Abs. 1 GG gebotene (*Kempen* NVwZ 1999, 360, 363) **Besitzstandsregelung** getroffen (*Aßfalg* in: *Aßfalg/Lehle/Rapp/Schwab* § 25 GastG Rn. 4; *Ambs* in: *Erbs/Kohlhaas* § 25 Rn. 4). Dies erfolgt durch eine entsprechende Anwendung des § 34 Abs. 1 GastG. Hieraus ergibt sich, dass in Bezug auf am 1. 10. 1998 befugt betriebene Bahnhofsgaststätten die **Gaststättenerlaubnis** dem Gaststättenbetreiber **als erteilt gilt**, auch wenn der Betrieb vor dem 1. 10. 1998 ohne Erlaubnis oder Gestattung nach dem GastG erfolgte (BT-Ds 13/9109, S. 18). Es handelt sich um eine **fiktive gesetzliche Erlaubnis**. 18

Befugt betrieben i. S. d. § 25 Abs. 2 S. 1 Hs. 1 GastG werden die nach § 41 BBahnG und später § 25 Abs. 1a GastG (vgl. dazu oben Rn. 13) privilegierten Bahnhofsgaststätten der Deutschen Bundesbahn und der Deutschen Reichsbahn bzw. der Eisenbahnen des Bundes sowie diejenigen Bahnhofsgaststätten, die im Bereich der nichtbundeseigenen Eisenbahnen des öffentlichen Verkehrs am 1. 10. 1998 bestanden (BT-Ds 13/9109, S. 18). Maßgeblich für die Beurteilung in Bezug auf die letzteren Bahnhofsgaststätten ist neben der Anlage zur Verordnung über die Anwendung des Gaststättengesetzes auf Bahnhofswirtschaften und andere Nebenbetriebe von nichtbundeseigenen Eisenbahnen des öffentlichen Verkehrs auch die **Verwaltungspraxis** (BT-Ds aaO). Unerheblich für die Einbeziehung der Bahnhofsgaststätten ist, ob die genannte Verordnung auch angewandt wurde, obwohl dies nach deren – veralteter – Anlage an sich nicht möglich war. Wurde der Betrieb Bahnhofsgaststätte nach dem GastG erlaubt, entfällt der Bestandsschutz nach § 25 Abs. 2 GastG. 19

Durch § 25 Abs. 2 S. 1 Hs. 2 GastG erfolgt eine weitere **Besitzstandsregelung in Bezug auf** die Anwendung der **baulichen An-** 20

§ 25 Anwendungsbereich

forderungen nach § 4 Abs. 1 S. 1 Nr. 2 GastG. Diese finden auf die von Hs. 1 erfassten Bahnhofsgaststätten grundsätzlich keine Anwendung. Für diese Bahnhofsgaststätten entfällt (zunächst) eine Überprüfung der gaststättenbaurechtlichen Anforderungen. Dies ist dadurch begründet, dass Bahnhofsgaststätten in der Regel in das für bahnbezogene Anlagen geltende **Planfeststellungsverfahren** einbezogen waren und in diesem Zusammenhang über deren öffentlich-rechtliche Zulässigkeit entschieden worden ist (BT-Ds 13/9109, S. 19). Der **Bestandsschutz** nach § 25 Abs. 2 S. 1 Hs. 2 GastG **entfällt** allerdings, wenn der **Betreiber** (insbesondere der Pächter) der Gaststätte **wechselt** oder wenn die **Anlage**, zu der die Bahnhofsgaststätte rechnet und für die das Planfeststellungsverfahren betrieben wurde, bahnrechtlich **entwidmet** wird (BT-Ds aaO). In diesen Fällen entfällt der Grund der Besitzstandswahrung, die sich nicht auf die Bahnhofsgaststätte als solche, sondern auf die Person des Betreibers bezieht (BT-Ds 13/9109, S. 18).

c) Anzeigepflicht (Abs. 2 S. 2)

21 Aus § 25 Abs. 2 S. 2 i.V.m. § 34 Abs. 3 S. 1 GastG folgt, dass der Betreiber einer am 1. 10. 1998 befugt betriebenen Bahnhofsgaststätte der zuständigen Gaststättenbehörde den **Betrieb der Gaststätte anzuzeigen** hatte. Die Anzeigepflicht diente der Sicherstellung der Überwachungsfunktion der Gaststättenbehörde und der Durchsetzung und Geltung des GastG.

d) Behördliche Bestätigung

22 Aufgrund der Betriebsanzeige nach § 25 Abs. 2 S. 2 GastG hatte die zuständige Gaststättenbehörde **dem Gewerbetreibenden** kostenfrei und schriftlich zu **bestätigen**, dass er zur Ausübung seines Gewerbes berechtigt ist (§ 34 Abs. 3 S. 2 GastG; BT-Ds 13/9109, 18). Die Bestätigung war ein **feststellender VA**; sie musste die Betriebsart und die Betriebsräume bezeichnen (§ 34 Abs. 3 S. 3 GastG).

e) Erlöschen

23 Die durch § 25 Abs. 2 S. 1 Hs. 1 GastG gewährte gesetzliche Erlaubnis **erlosch** mit Ablauf des 30. 9. 1999, wenn der Betreiber der

Bahnhofsgaststätte nicht innerhalb von zwölf Monaten nach dem 1. 10. 1998 den Betrieb der Gaststätte angezeigt hatte. Dies folgt aus der entsprechenden Anwendung des § 34 Abs. 3 S. 4 GastG durch § 25 Abs. 2 S. 2 GastG. Die **Frist konnte** von der Gaststättenbehörde **nicht verlängert werden**, weil sie der Herstellung einer eindeutigen Rechtslage dient und vom Gesetzgeber als absolute Ausschlussfrist gestaltet wurde.

§ 26
Sonderregelung

(1) Soweit in Bayern und Rheinland-Pfalz der Ausschank selbsterzeugter Getränke ohne Erlaubnis gestattet ist, bedarf es hierfür auch künftig keiner Erlaubnis. Die Landesregierungen können zur Aufrechterhaltung der öffentlichen Sicherheit oder Ordnung durch Rechtsverordnung allgemeine Voraussetzungen für den Ausschank aufstellen, insbesondere die Dauer des Ausschanks innerhalb des Jahres bestimmen und die Art der Betriebsführung regeln. Die Landesregierungen können durch Rechtsverordnung die Ermächtigung auf oberste Landesbehörden übertragen.

(2) Die in Bayern bestehenden Kommunbrauberechtigungen sowie die in Rheinland-Pfalz bestehende Berechtigung zum Ausschank selbsterzeugten Branntweins erlöschen, wenn sie seit zehn Jahren nicht mehr ausgeübt worden sind.

§ 26 Sonderregelung

Inhaltsübersicht

	Rn.		Rn.
1. Fassung, Materialien		– Selbsterzeugung	5
a) Fassung	1	– Lagerkeller	6
b) Materialien zur geltenden Fassung	1a	– örtliches Recht	7
		b) Bayerische Pfalz	8
2. Allgemeines	2, 3	*4. Vorschriften über den Ausschank*	9
3. Erlaubnisfreiheit			
a) Rechtsrheinisches Bayern		*5. Erlöschen (Abs. 2)*	10
– Regelungen	4	*6. Ordnungswidrigkeiten*	11

1. Fassung, Materialien

a) Fassung

1 Die Vorschrift entspricht noch der ursprünglichen Fassung des GastG vom 5. 5. 1970 (BGBl. I S. 465), nunmehr in der Form der Bekanntmachung der Neufassung des GastG vom 20. 11. 1998 (BGBl. I S. 3418).

b) Materialien zur geltenden Fassung

1a Entwurf der BReg, BT-Ds V/205, S. 7, 20; Bericht und Beschluss des Ausschusses für Wirtschaft und Mittelstandsfragen (15. Ausschuss), BT-Ds V/1652, S. 8, 20; Zweiter schriftlicher Bericht des Ausschusses für Wirtschaft und Mittelstandsfragen (15. Ausschuss), BT-Ds V/4380, S. 14.

2. Allgemeines

2 BT-Ds V/205, S. 7:

„Die Vorschrift übernimmt im wesentlichen die Regelung im § 28 Gaststättengesetz. Sie bezweckt die Aufrechterhaltung des bayerischen Rechts in Bezug auf den Ausschank selbsterzeugter Getränke, trägt also einem historisch bedingten Zustand Rechnung. Die Vorschrift gilt für den Bereich, der im Zeitpunkt des Inkrafttretens des Gaststättengesetzes zum Land Bayern gehörte. Infolge der veränderten staatsrechtlichen Verhältnisse, wonach ehemalige Gebiete des Landes Bayern abgetrennt wurden, muß die Geltung der Sonderregelung auch auf das

Sonderregelung **§ 26**

Land Rheinland-Pfalz ausgedehnt werden. Dementsprechend können jetzt die Landesregierungen in Bayern und in Rheinland-Pfalz im Wege von Rechtsverordnungen zur Aufrechterhaltung der öffentlichen Sicherheit oder Ordnung allgemeine Voraussetzungen für den Ausschank selbsterzeugter Getränke aufstellen."

So weit § 26 GastG nicht gilt, ist auch in **Bayern und Rheinland-Pfalz § 14 GastG** anwendbar. § 26 GastG lässt ferner alle diejenigen Vorschriften des GastG unberührt, die für den erlaubnisfreien Ausschank gelten, vor allem § 5 Abs. 2, § 6 Satz 1, §§ 18 bis 22 GastG, so weit nicht die Verordnungen nach § 26 Abs. 1 S. 2 GastG Abweichendes bestimmen. 3

3. Erlaubnisfreiheit

a) Rechtsrheinisches Bayern

Für das **rechtsrheinische Bayern** ergibt sich die Erlaubnisfreiheit aus **Art. 2 des bayerischen Gesetzes über Realgewerbeberechtigungen** und den Ausschank eigener Erzeugnisse vom 30. 1. 1868 (BayBS IV S. 6), der lautet: 4

„Der Ausschank des eigenen Erzeugnisses bleibt den Bräuern in einem hierfür bezeichneten Lokale und auf ihren Lagerkellern, desgleichen nach Maßgabe des örtlichen Herkommens den schenkberechtigten Kommunbrauern und Weinbauern gestattet. Sämtliche genannte Gewerbetreibende unterliegen hierbei den durch Gesetze und Verordnungen festgestellten Verpflichtungen der Inhaber von Wirtschaftsgewerben."

Selbsterzeugt ist das Bier, das der Ausschenkende in seiner eigenen Brauerei gebraut und zur Ausreifung in seinem eigenen Lagerkeller gelagert hat (*OLG München* 21. 11. 1891, *Reger* Bd. 12, 379). Der Brauer kann das selbsterzeugte Bier in einem Lokal (nicht in mehreren!) im Gemeindebezirk der Brauerei (*BayObLG* 5. 1. 1906, *Reger* Bd. 26, 180), das er für das Publikum als das Lokal für den Ausschank seines Biers gekennzeichnet hat, sowie auf seinen Lagerkellern ganzjährig frei ausschenken. 5

§ 26 Sonderregelung

6 **Lagerkeller** sind die Keller, in denen das gebraute Bier im Zustand der Nachgärung gelagert wird, damit es ausreift. Der Lagerkeller kann in einer anderen Gemeinde liegen als das Brauhaus, doch muss in örtlicher und gewerblicher Beziehung ein den Umständen entsprechender Zusammenhang vorhanden sein (*BayObLG* 30. 1. 1933, GewArch 30, 589). Der Ausschank in bloßen Depotkellern ist nicht begünstigt.

7 Bei **Kommunbrauern und Weinbrauern** besteht über § 26 GastG und Art. 2 des oben in Rn. 4 genannten Gesetzes Erlaubnisfreiheit nur nach Maßgabe des örtlichen Herkommens und des Ortsrechts (vgl. aber § 14 GastG). Die **Kommunbrauberechtigung setzt** ein im Eigentum der Gemeinde oder einer Gesellschaft stehendes Kommunbrauhaus oder ein Privatbrauhaus voraus, in dem den Kommunbrauberechtigten das Brauen gestattet ist (*BayObLG* 18. 1. 1902, *Reger* Bd. 23, 370). Zum **selbsterzeugten Wein** vgl. § 14 Rn. 4–6, zu den weiteren Einzelheiten *Michel/Kienzle* § 26 Rn. 3–5.

b) Bayerische Pfalz

8 In der **ehemaligen bayerischen Pfalz** gilt für den Ausschank selbsterzeugter Getränke nicht Art. 9 Buchst. b Nr. 1 des früheren bayerischen Gewerbegesetzes, sondern der aus dem französischen Recht übernommene **Grundsatz der Gewerbefreiheit** (*BayObLG* 10. 4. 1909, Reger Bd. 30, 193; *OLG Neustadt* 6. 7. 1955 – Ss 70/55 –). Hiernach ist der Ausschank **aller selbsterzeugter Getränke** einschließlich Branntwein erlaubnisfrei. Allerdings bezieht sich die Freistellung nach § 26 GastG beim pfälzischen Brauer nur auf den **Ausschank in der Braustätte**.

4. Vorschriften über den Ausschank

9 Aufgrund der Ermächtigung in § 26 Abs. 1 S. 2, 3 GastG sind die Sonderregelungen des § 21 der GastV Bayern (siehe Anhang I 2 a) und des § 16 der GastV RP (siehe Anhang I 11) ergangen. Bei Überschreiten der Grenzen der Erlaubnisfreiheit ist Verstoß gegen die Erlaubnispflicht mit den entsprechenden Folgen (vgl. § 2 Rn. 46–50, 105) anzunehmen (vgl. dazu auch nachfolgend Rn. 11).

5. Erlöschen (Abs. 2)

§ 26 Abs. 2 GastG sieht ein **Erlöschen** der in Bayern bestehenden Kommunbrauberechtigungen sowie der in Rheinland-Pfalz bestehenden Berechtigung zum Ausschank selbsterzeugten Branntweins vor, wenn sie **seit zehn Jahren nicht mehr ausgeübt** worden sind. Zur **Ausübung** vgl. § 8 Rn. 13 f., zur **Berechnung der Zehnjahresfrist** § 8 Rn. 17 f. 10

6. Ordnungswidrigkeiten

Wer vorsätzlich oder fahrlässig den Vorschriften einer aufgrund des § 26 Abs. S. 2 GastG erlassenen Rechtsverordnung zuwiderhandelt, begeht eine **Ordnungswidrigkeit** gem. **§ 28 Abs. 1 Nr. 12 GastG**, so weit die Rechtsverordnung für einen bestimmten Tatbestand auf diese Bußgeldvorschrift verweist. 11

§ 27
Verletzung der Geheimhaltungspflicht

(weggefallen)

Inhaltsübersicht

	Rn.		Rn.
1. Fassung, Materialien, Literatur		*2. Inhalt, Aufhebung*	
a) Fassung	1	a) Inhalt des § 27 GastG	2
b) Materialien	1a	b) Aufhebung	3
c) Weiterführende Literatur	1b	c) Strafbarkeit nach StGB	4,5

1. Fassung, Materialien, Literatur

a) Fassung

Die Vorschrift in der ursprünglichen Fassung des GastG vom 5. 5. 1970 (BGBl. I S. 465, ber. BGBl. I S. 1298) wurde durch Art. 180 1

§ 27 Verletzung der Geheimhaltungspflicht

Nr. 1 des Einführungsgesetzes zum Strafgesetzbuch (EGStGB) vom 2. 3. 1974 (BGBl. I S. 469, 589) aufgehoben.

b) Materialien

1a **GastG vom 5. 5. 1970:** Gesetzentwurf der BReg, BT-Ds V/205, S. 5, 17; Stellungnahme des BR, BT-Ds V/205, S. 25; Gegenäußerung der BReg, BT-Ds V/205, S. 32; Bericht und Beschluss des Ausschusses für Wirtschaft und Mittelstandsfragen (15. Ausschuss), BT-Ds V/1652, S. 6, 16; Zweiter schriftlicher Bericht des Ausschusses für Wirtschaft und Mittelstandsfragen (15. Ausschuss), BT-Ds V/4380, S. 14 f.;
Aufhebung vom 2. 3. 1974: Gesetzentwurf der BReg, BT-Ds 7/550, S. 126, 409 i.V.m. S. 240–244.

c) Weiterführende Literatur

1b *Lackner/Kühl* Strafgesetzbuch mit Erläuterungen, 24. Aufl. 2001; *Tröndle/Fischer* Strafgesetzbuch und Nebengesetze, 51. Aufl. 2003.

2. Inhalt, Aufhebung

a) Inhalt des § 27 GastG

2 § 27 GastG stellte **nebengesetzliches Strafrecht** dar und bestimmte in Abs. 1, dass mit Freiheitsstrafe bis zu einem Jahr und mit Geldstrafe oder mit einer dieser Strafen bestraft wird, wer ein fremdes Geheimnis, namentlich ein Betriebs- oder Geschäftsgeheimnis, das ihm in seiner Eigenschaft als Angehöriger oder Beauftragter einer mit Aufgaben aufgrund des GastG betrauten Behörde bekannt geworden ist, unbefugt offenbart. § 27 Abs. 2 GastG sah Strafverschärfungen bei entgeltlicher oder absichtlicher Handlung oder bei Verwertung des Geheimnisses vor. § 27 Abs. 3 GastG bestimmte, dass es sich um ein Antragsdelikt handelte.

b) Aufhebung

3 § 27 GastG wurde durch Art. 180 Nr. 1 des Einführungsgesetzes zum Strafgesetzbuch (EGStGB) vom 2. 3. 1974 (vgl. oben Rn. 1, 1a) aufgehoben. Er war **entbehrlich** geworden, weil durch Art. 18 des Gesetzes die §§ 203 Abs. 2 und 204 StGB neu gefasst und die

Verletzung der Geheimhaltungspflicht § 27

Fälle des § 27 GastG erfasst wurden (BT-Ds 7/550, S. 409). Der Gesetzgeber wollte die diesbezügliche Zersplitterung des Strafrechts durch zunehmende Regelung in strafrechtlichen Nebengesetzen verhindern (BT-Ds /7550, S. 240).

c) Strafbarkeit nach StGB

Gem. **§ 203 Abs. 2 S. 1 Nr. 2, 3 StGB** macht sich strafbar, wer als 4 Amtsträger (Nr. 1) oder als für den öffentlichen Dienst besonders Verpflichteter unbefugt ein **fremdes Geheimnis**, namentlich ein zum persönlichen Lebensbereich gehörendes Geheimnis oder ein Betriebs- oder Geschäftsgeheimnis, das ihm in seiner Funktion anvertraut worden oder sonst bekannt geworden ist, **offenbart**. Die Straftat ist mit Freiheitsstrafe bis zu einem Jahr oder Geldstrafe bedroht. Als Täter (**Amtsträger**) werden sämtliche Mitarbeiter/-innen – sowohl Beamte als auch Angestellte – der Gaststättenbehörde erfasst, die mit der Erfüllung der Aufgaben der Gaststättenbehörde nach dem GastG betraut sind (vgl. § 11 Nr. 1 StGB; *Lackner* in: *Lackner/Kühl* § 11 Rn. 3–11; *Tröndle/Fischer* § 203 Rn. 21). **Besonders Verpflichteter** ist, wer ohne die Eigenschaft eines Amtsträgers Aufgaben der Gaststättenbehörde wahrnimmt. Erfasst werden etwa Mitarbeiter/-innen der Gaststättenbehörde wie Schreibkräfte, Reinigungskräfte oder Boten (*Lackner* aaO, § 11 Rn. 16; *Tröndle/Fischer* § 11 Rn. 33), aber auch Privatpersonen oder -unternehmen, die bestimmte Aufträge für die Gaststättenbehörde – etwa als Sachverständige oder Datenverarbeiter – wahrnehmen (vgl. § 11 Nr. 4 StGB; *Lackner* aaO, § 11 Rn. 16; *Tröndle/Fischer* § 203, Rn. 22), nicht dagegen Zulieferer und Handwerker (*Tröndle/Fischer* § 11 Rn. 33).

§ 204 Abs. 1 StGB sieht eine Freiheitsstrafe von bis zu zwei Jahren 5 oder Geldstrafe vor, wenn das **fremde Geheimnis verwertet** wird. Verwerten ist das wirtschaftliche Ausnutzen zur Gewinnerzielung (*Tröndle/Fischer* § 204 Rn. 3).

§ 28 Ordnungswidrigkeiten

(1) Ordnungswidrig handelt, wer vorsätzlich oder fahrlässig

1. ohne die nach § 2 Abs. 1 erforderliche Erlaubnis Getränke oder zubereitete Speisen verabreicht oder Gäste beherbergt,
2. einer Auflage oder Anordnung nach § 5 oder einer Auflage nach § 12 Abs. 3 nicht, nicht vollständig oder nicht rechtzeitig nachkommt,
3. über den in § 7 erlaubten Umfang hinaus Waren abgibt oder Leistungen erbringt,
4. ohne die nach § 9 erforderliche Erlaubnis ein Gaststättengewerbe durch einen Stellvertreter betreibt oder in einem Gaststättengewerbe als Stellvertreter tätig ist,
5. die nach § 4 Abs. 2, § 9 Satz 3 oder § 10 Satz 3 erforderliche Anzeige nicht oder nicht unverzüglich erstattet,
5a. entgegen § 13 Abs. 2 den Namen nicht oder nicht in der vorgeschriebenen Weise angibt,
6. als Inhaber einer Schankwirtschaft, Speisewirtschaft oder öffentlichen Vergnügungsstätte duldet, daß ein Gast nach Beginn der Sperrzeit in den Betriebsräumen verweilt,
7. entgegen einem Verbot nach § 19 alkoholische Getränke verabreicht,
8. einem Verbot des § 20 Nr. 1 über das Feilhalten von Branntwein oder überwiegend branntweinhaltigen Lebensmitteln zuwiderhandelt oder entgegen dem Verbot des § 20 Nr. 3 das Verabreichen von Speisen von der Bestellung von Getränken abhängig macht oder entgegen dem Verbot des § 20 Nr. 4 das Verabreichen alkoholfreier Getränke von der Bestellung alkoholischer Getränke abhängig macht,
9. entgegen dem Verbot des § 20 Nr. 2 in Ausübung eines Gewerbes alkoholische Getränke verabreicht oder in den Fällen des § 20 Nr. 4 bei Nichtbestellung alkoholischer Getränke die Preise erhöht,

Ordnungswidrigkeiten § 28

10. Personen beschäftigt, deren Beschäftigung ihm nach § 21 Abs. 1 untersagt worden ist,
11. entgegen § 22 eine Auskunft nicht, nicht richtig, nicht vollständig oder nicht rechtzeitig erteilt, den Zutritt zu den für den Betrieb benutzten Grundstücken und Räumen nicht gestattet oder die Einsicht in geschäftliche Unterlagen nicht gewährt,
12. den Vorschriften einer auf Grund der §§ 14, 18 Abs. 1 des § 21 Abs. 2 oder des § 26 Abs. 1 Satz 2 erlassenen Rechtsverordnung zuwiderhandelt, soweit die Rechtsverordnungen für einen bestimmten Tatbestand auf diese Bußgeldvorschrift verweist.

(2) Ordnungswidrig handelt auch, wer
1. entgegen § 6 Satz 1 keine alkoholfreien Getränke verabreicht oder entgegen § 6 Satz 2 nicht mindestens ein alkoholfreies Getränk nicht teurer als das billigste alkoholische Getränk verabreicht,
2. *(weggefallen)*
3. *(weggefallen)*
4. als Gast in den Räumen einer Schankwirtschaft, einer Speisewirtschaft oder einer öffentlichen Vergnügungsstätte über den Beginn der Sperrzeit hinaus verweilt, obwohl der Gewerbetreibende, ein in seinem Betrieb Beschäftigter oder ein Beauftragter der zuständigen Behörde ihn ausdrücklich aufgefordert hat, sich zu entfernen.

(3) Die Ordnungswidrigkeit kann mit einer Geldbuße bis zu fünftausend Euro geahndet werden.

Inhaltsübersicht

	Rn.		Rn.
1. Fassung, Materialien		*3. § 28 Abs. 1 GastG*	
a) Fassung	1	a) Allgemeines	4
b) Materialien zur geltenden		b) § 28 Abs. 1 Nr. 1 GastG	5
Fassung	1a	c) § 28 Abs. 1 Nr. 2 GastG	6
2. Allgemeines	2, 3	d) § 28 Abs. 1 Nr. 3 GastG	7

§ 28   Ordnungswidrigkeiten

e) § 28 Abs. 1 Nr. 4 GastG	8	l) § 28 Abs. 1 Nr. 11 GastG	18
f) § 28 Abs. 1 Nr. 5 GastG	9	m) § 28 Abs. 1 Nr. 12 GastG	19
g) § 28 Abs. 1 Nr. 5a GastG	10	n) § 28 Abs. 1 Nr. 13 GastG	
h) § 28 Abs. 1 Nr. 6 GastG		(aufgehoben)	20
– Fassung	11	*4. § 28 Abs. 2 GastG*	
– Gast	12	a) Allgemeines	21
– Betriebsräume	13	b) § 28 Abs. 2 Nr. 1 GastG	22
– Schonfrist	14	c) § 28 Abs. 2 Nr. 2, 3 GastG	
i) § 28 Abs. 1 Nr. 7 GastG	15	(aufgehoben)	23
j) § 28 Abs. 1 Nr. 8, 9 GastG	16	d) § 28 Abs. 2 Nr. 4 GastG	24
k) § 28 Abs. 1 Nr. 10 GastG	17		

1. Fassung, Materialien

a) Fassung

1 Die Vorschrift in der ursprünglichen Fassung des GastG vom 5. 5. 1970 (BGBl. I S. 465), nunmehr in der Form der Bekanntmachung der Neufassung des GastG vom 20. 11. 1998 (BGBl. I S. 3418), wurde wie folgt geändert: Durch Art. 180 Nr. 2 des Einführungsgesetzbuchs zum Strafgesetzbuch (EGStGB) vom 2. 3. 1974 (BGBl. I S. 469, 589) wurden in § 28 Abs. 1 Nr. 6 GastG die Wörter „oder als dessen Beauftragter" gestrichen. Durch Art. 5 Abs. 2 Nr. 28 des Gesetzes zur Änderung des Titels IV und anderer Vorschriften der Gewerbeordnung vom 5. 7. 1976 (BGBl. I S. 1773, 1777) wurde § 18 Abs. 1 Nr. 5a GastG neu eingefügt. Durch Art. 2 Nr. 2 des Zweiten Rechtsbereinigungsgesetzes vom 16. 12. 1986 (BGBl. I S. 2441) wurden § 28 Abs. 1 Nr. 13 und Abs. 2 Nr. 2 GastG aufgehoben. Durch Art. 3 Nr. 2 des Gesetzes zur Änderung der Gewerbeordnung und sonstiger gewerberechtlicher Vorschriften vom 23. 11. 1994 (BGBl. I S. 3475, 3484) wurde § 28 Abs. 2 Nr. 1 GastG neu gefasst. Durch Art. 2 Nr. 5 des Zweiten Gesetzes zur Änderung der Gewerbeordnung und sonstiger gewerberechtlicher Vorschriften vom 16. 6. 1998 (BGBl. I S. 1291, 1296) wurden in § 28 Abs. 1 Nr. 5a die Wörter „oder die Wohnung" gestrichen. Durch Art. 2 Nr. 2 des Gesetzes zur Änderung des Gaststättengesetzes und der Gewerbeordnung vom 13. 12. 2001 (BGBl. I S. 3584) wurden in § 28 Abs. 2 Nr. 1 GastG die Wörter „gleicher Menge" gestrichen.

Ordnungswidrigkeiten § 28

Durch Art. 16 des Gesetzes zur Umstellung von Gesetzen und Verordnungen im Zuständigkeitsbereich des Bundesministeriums für Wirtschaft und Technologie sowie des Bundesministeriums für Bildung und Forschung auf Euro (Neuntes Euro-Einführungsgesetz) vom 10. 11. 2001 (BGBl. I S. 2992, 2997) wurden in § 28 Abs. 3 GastG die Wörter „zehntausend Deutsche Mark" durch die Wörter „fünftausend Euro" ersetzt.

b) Materialien zur geltenden Fassung

GastG vom 5. 5. 1970: Gesetzentwurf der BReg, BT-Ds V/205, S. 7 f., 20; Stellungnahme des BR, BT-Ds V/205, S. 27; Gegenäußerung der BReg, BT-Ds V/205, S. 33 f.; Bericht und Beschluss des Ausschusses für Wirtschaft und Mittelstandsfragen (15. Ausschuss), BT-Ds V/1652, S. 8, 21 f.; Bericht des Rechtsausschusses (12. Ausschuss), BT-Ds V/3623, S. 3, 16–21; Zweiter schriftlicher Bericht des Ausschusses für Wirtschaft und Mittelstandsfragen (15. Ausschuss), BT-Ds V/4380, S. 2, 15 f.; Einberufung des Vermittlungsausschusses durch den BR, BT-Ds V/4581, S. 2; Bericht des Vermittlungsausschusses, BT-Ds V/4591, S. 2; **1a**

Änderung vom 2. 3. 1974: Gesetzentwurf der BReg, BT-Ds 7/550, S. 126, 409;

Änderung vom 5. 7. 1976: Gesetzentwurf der BReg, BT-Ds 7/3859, S. 7, 19;

Änderung vom 16. 12. 1986: Gesetzentwurf der BReg, BT-Ds 10/5532, S. 6, 19;

Änderung vom 23. 11. 1994: Gesetzentwurf der BReg, BT-Ds 12/5826, S. 12, 22;

Änderung vom 16. 6. 1998: Gesetzentwurf der BReg, BT-Ds 13/9109, S. 10, 19;

Änderung vom 13. 12. 2001: Gesetzentwurf von Abgeordneten der Fraktionen der SPD und von BÜNDNIS 90/DIE GRÜNEN sowie dieser beiden Fraktionen, BT-Ds 14/4937, S. 3 f.;

Änderung vom 10. 11. 2001: Gesetzentwurf der BReg, BT-Ds 14/5937, S. 10, 52.

§ 28 Ordnungswidrigkeiten

2. Allgemeines

2 Im Gegensatz zu den §§ 29, 30 GastG a. F. behandelt § 28 GastG die Verstöße gegen gaststättenrechtliche Vorschriften nicht mehr als Straftatbestände, sondern als **Ordnungswidrigkeiten** (BT-Ds V/1652, S. 3):

> *„Im Ergebnis stimmten beide Ausschüsse darin überein, daß man – von einigen wenigen Ausnahmen abgesehen – bei einem Verstoß gegen eine gaststättenrechtliche Vorschrift nicht von einem kriminellen Unrecht sprechen kann. In Wahrheit handelt es sich in der Regel um Ordnungswidrigkeiten. Dies soll auch dann gelten, wenn jemand einen Gaststättenbetrieb ohne die nach dem Gesetz erforderliche Erlaubnis eröffnet. Diese Regelung entspricht im Prinzip anderen neueren gewerberechtlichen Gesetzen."*

3 Die **einzige Strafvorschrift** im geltenden GastG war der durch Art. 180 Nr. 1 des Einführungsgesetzes zum Strafgesetzbuch (EGStGB) vom 2. 3. 1974 (BGBl. I S. 469, 589) aufgehobene § 27 GastG (vgl. dazu § 27 Rn. 1, 1a, 3).

3. § 28 Abs. 1 GastG

a) Allgemeines

4 Durch § 28 Abs. 1 GastG werden **vorsätzliche** und **fahrlässige** Zuwiderhandlungen erfasst. Auf die von der Vorschrift erfassten Ordnungswidrigkeiten wird jeweils bei den in den Nr. 1 bis 12 in Bezug genommenen Tatbeständen hingewiesen. Dort finden sich ggf. auch weitere Ausführungen. Im Übrigen gilt:

b) § 28 Abs. 1 Nr. 1 GastG

5 Diese Vorschrift gilt für alle Zuwiderhandlungen gegen die **Erlaubnispflicht** nach § 2 Abs. 1 GastG (vgl. § 2 Rn. 2 f.). Die Bußgelddrohung richtet sich **allein gegen den Gewerbetreibenden**, welcher der Erlaubnis bedarf (*OLG Hamm* 22. 10. 1974, GewArch 1975, 133). Für gewerberechtliche Stellvertreter (§ 9 Rn. 6–15) und Beauftragte gilt § 9 OWiG, für Beteiligte § 14 OWiG. Auch der **Gast kann Beteiligter sein**. Werden beim unerlaubten Betrieb weitere Ordnungswidrigkeiten begangen, so liegt **Tateinheit** vor

(§ 19 OWiG). Zur **Verjährung** vgl. § 31 OWiG; sie beginnt bei § 28 Abs. 1 Nr. 1 GastG mit dem Tag der Einstellung des unbefugten Betriebs (Dauerdelikt).

c) § 28 Abs. 1 Nr. 2 GastG

Von der Vorschrift werden alle **Zuwiderhandlungen gegen** gültige (vgl. *Heinrich* GewArch 1971, 270), vollziehbare **Auflagen und Anordnungen** nach § 5 GastG bzw. § 12 Abs. 3 GastG erfasst. Bei Nichtbefolgung der Auflagen wegen Verletzung der Aufsichtspflicht vgl. § 130 OWiG. Für Beauftragte und Beteiligte vgl. §§ 9, 14 OWiG.

d) § 28 Abs. 1 Nr. 3 GastG

Die Vorschrift gilt für den **Gewerbetreibenden**, dem dieser Verstoß zuzurechnen ist. Zu Beauftragten und Beteiligten vgl. §§ 9, 14 OWiG.

e) § 28 Abs. 1 Nr. 4 GastG

Adressaten der Vorschrift sind Gewerbetreibender und Stellvertreter. Zum Beginn des Betriebs vgl. § 8 Rn. 8–12. Der Stellvertreter muss im Sinne dieser Ausführungen tätig werden.

f) § 28 Abs. 1 Nr. 5 GastG

Die Verjährung (§ 31 OWiG) beginnt zu dem Zeitpunkt, in dem die Anzeige erstattet oder die Verpflichtung zur Anzeige aus besonderen Gründen gegenstandslos wird.

g) § 28 Abs. 1 Nr. 5a GastG

Dieser Tatbestand wurde durch Art. 5 Abs. 2 Nr. 28 des Gesetzes zur Änderung des Titels IV und anderer Vorschriften der Gewerbeordnung vom 5. 7. 1976 (vgl. oben Rn. 1, 1a) neu eingefügt. Das vorherige Fehlen der Bußgeldbewehrung hatte sich zur Durchsetzung der Verpflichtung des § 13 Abs. 2 GastG als nachteilig erwiesen (BT-Ds 7/3859, S. 19). Für im **stehenden Gewerbe betriebene Gaststätten** folgt die Bußgeldbewehrung aus § 31 GastG i.V.m. § 15a Abs. 1, § 146 Abs. 2 Nr. 2 GewO.

h) § 28 Abs. 1 Nr. 6 GastG

11 Die Vorschrift war ursprünglich gegen den Gastwirt und dessen Beauftragten gerichtet. Durch Art. 180 Nr. 2 des Einführungsgesetzes zum Strafgesetzbuch (EGStGB) vom 2. 3. 1974 (vgl. oben Rn. 1, 1a) wurde die Vorschrift dahin geändert, dass die Wörter „oder dessen Beauftragter" gestrichen wurden. Damit sollte diese Ahndungsform aber keine Einschränkung erfahren, sondern lediglich der allgemeinen Vorschrift über das Handeln für einen anderen (§ 9 OWiG) angepasst werden. Der Gesetzgeber ging davon aus, dass die ausdrückliche Erwähnung des Beauftragten entbehrlich ist (BT-Ds 7/550, S. 409). Die Sperrstundenüberschreitung kann deshalb auch von einem Beauftragten des Betriebsinhabers begangen werden (*BayObLG* 28. 2. 1991, GewArch 1991, 187 f.).

12 Gast ist jeder, der mit ausdrücklichem oder stillschweigendem **Einverständnis** des Gaststätteninhabers den Betrieb betreten hat, um dessen Leistungen in Anspruch zu nehmen (es genügt die Inanspruchnahme der mit den Räumen verbundenen Bequemlichkeiten); allerdings sind keine Gäste **Club- oder Vereinsmitglieder**, die nach Eintritt der Sperrzeit aus eigenem Hausrecht ohne Bewirtung in den Galasträumen der im Clubhaus betriebenen Gaststätte verweilen (*OLG Karlsruhe* 21. 8. 1972, MDR 1972, 1055). Auch der beim Wirt **wohnende Gast** unterliegt der Sperrstundenvorschrift, wenn er in den Betriebsräumen der Gastwirtschaft bewirtet wird. Dementsprechend wird auch von **Hotelgästen erwartet**, dass sie nach Sperrstundeneintritt etwaige Speisen auf ihrem Zimmer einnehmen (*OLG Stuttgart* 9. 2. 1977, GewArch 1977, 167 f.). Kein Gast ist der Kunde im Rahmen des § 7 Abs. 2 GastG. Kein Gast ist ferner der sog. **Privatgast**, bei dem die Duldung des Aufenthalts und die Bewirtung unentgeltlich und ausschließlich oder überwiegend aus persönlichen Gründen erfolgen, die auf freundschaftlichen, verwandtschaftlichen oder gesellschaftlichen Beziehungen beruhen oder auch von geschäftlichen Rücksichten bestimmt sind, die nicht schankwirtschaftlicher Art sind; demgegenüber verfolgt der Gastwirt mit der Bewirtung oder mit der Duldung des Aufenthalts des Gasts i. S. d. § 28 Abs. 1 Nr. 6 GastG ein schankwirtschaftliches Interesse: das Interesse, die betreffende Person als Gast zu gewinnen bzw. als (Stamm-)Gast zu erhalten oder durch ihre Empfehlungen einen Werbeerfolg zu erzielen (*OLG Köln* 6. 2. 1973, GewArch 1973, 102). Entgeltlichkeit spricht regelmäßig für ein schankwirtschaftliches Interesse des Wirts selbst dann, wenn der Wirt ein Verweilen des Gasts auch aus persönlichen Gründen duldet (*OLG Stuttgart* GewArch 1977, 167 f.). Kein Gast ist eine Person, die nach Beginn der Sperrzeit im Gaststättenraum verweilt, um dort auf eine Bedienstete der Gaststätte zu warten und dort nichts verzehrt (**aA** *OLG Koblenz* 6. 12. 1985, GewArch 1986, 68). **Geschäftliche Gründe** nicht schankwirtschaftlicher Art, welche die Eigenschaft als Gast ausschließen, kommen etwa in Betracht bei unentgeltlicher Bewirtung von Lieferanten, Geschäftskollegen, Werbefachleuten, Rechtsberatern sowie von Angestellten, um ihnen dadurch vereinbartes oder übliches zusätzliches Entgelt zu gewähren, oder von Personen, die der Wirt als Personal gewinnen will. Als Gäste sind jedoch Angestellte anzusehen, wenn sie die Leistungen des Betriebs unabhängig von ihrer Tätigkeit gegen Entgelt in Anspruch nehmen bzw. für den Wirt anderen Gästen gleichstehen (*OLG Koblenz* 30. 8. 1974, GewArch 1975, 32). Das schankwirtschaftliche Interesse kann bei einer unentgeltlichen Bewirtung von Personen nach Beginn der Sperrstunde fehlen, wenn sich die Bewirtung als Entlohnung für Hilfs- und Dienstleistungen darstellt (*OLG Köln* 4. 2. 1986, GewArch 1986, 142).

Zu den **Betriebsräumen** vgl. § 3 Rn. 29–41. Ohne Rücksicht auf die Einbeziehung der Räume in die Erlaubnis kommt es allein darauf an, ob es sich tatsächlich um Betriebsräume handelt. Ob diese Räume gleichzeitig oder außerhalb des Betriebs auch als Wohnraum für den Wirt oder seine Familie dienen, ist unerheblich (*OLG Stuttgart* 9. 2. 1977, GewArch 1977, 167 f.). **13**

Eine **Schonfrist** zum Verzehr der schon vor Eintritt der Sperrzeit verabreichten Speisen und Getränke darf dem Gast je nach den Umständen des Einzelfalls eingeräumt werden. Beispielsweise ist eine Überschreitung der Sperrzeit um fünfzehn Minuten bei acht Gästen unzulässig, wenn dabei keine genügenden Maßnahmen ge- **14** gen ein Verbleiben der Gäste getroffen sind, insbesondere nicht mit der Abrechnung begonnen worden ist; das **Sperrzeitgebot** des Wirts darf **kein bloßes Scheingebot** sein (*OLG Köln* 6. 2. 1973, GewArch 1973, 102). **Geduldet** wird das Verweilen, wenn Betriebsinhaber oder Beauftragter nicht alle zumutbaren Mittel anwenden, um die Gäste zum Gehen zu bewegen (Notbeleuchtung, Zusammenstellen der Tische und Stühle, Öffnen der Fenster und Türen usw., unter Umständen Herbeiholen der Polizei). Zur Überschreitung der Sperrzeit wegen eines Notstands vgl. § 16 OWiG. Zur Ordnungswidrigkeit des Gasts vgl. § 28 Abs. 2 Nr. 4 GastG.

i) § 28 Abs. 1 Nr. 7 GastG

15 Zu den Adressaten der Vorschrift vgl. § 19 Rn 2.

j) § 28 Abs. 1 Nr. 8, 9 GastG

16 Zu den Adressaten vgl. die Anmerkungen zu § 20 GastG.

k) § 28 Abs. 1 Nr. 10 GastG

17 Die **Untersagung** muss **wirksam und vollziehbar** sein. Auf ihre Rechtmäßigkeit kommt es nicht an.

l) § 28 Abs. 1 Nr. 11 GastG

18 Vgl. hierzu die Ausführungen zu § 22 GastG.

m) § 28 Abs. 1 Nr. 12 GastG

19 Vgl. hierzu die Länderverordnungen (siehe Anhang I).

n) § 28 Abs. 1 Nr. 13 Gast (aufgehoben)

20 § 28 Abs. 1 Nr. 13 GastG wurde durch Art. 2 Nr. 2 des Zweiten Rechtsbereinigungsgesetzes vom 16. 12. 1986 (vgl. oben Rn. 1, 1b) aufgehoben. Nach dieser Vorschrift handelte ordnungswidrig, wer einer Vorschrift zuwiderhandelte, die aufgrund des § 17 Abs. 1 GastG vom 28. 4. 1930 oder des Gesetzes über weibliche Angestellte in Gast- und Schankwirtschaften vom 15. 1. 1920 erlassen worden war. Sie war entbehrlich geworden, nachdem die aufgrund der dort aufgeführten Vorschriften ergangenen Rechtsverordnun-

gen durch die neu erlassenen GastV der Länder aufgehoben worden waren (BT-Ds 10/5532, S. 19).

4. § 28 Abs. 2 GastG

a) Allgemeines

Im Gegensatz zu § 28 Abs. 1 GastG nennt diese Vorschrift **fahrlässige** Verstöße nicht. 21

b) § 28 Abs. 2 Nr. 1 GastG

Die Vorschrift wurde durch Art. 3 Nr. 2 des Gesetzes zur Änderung der Gewerbeordnung und sonstiger gewerberechtlicher Vorschriften vom 23. 11. 1994 (vgl. oben Rn. 1, 1a) um die Pflicht nach § 6 S. 2 GastG erweitert. Adressat ist der **Schankwirt**. Für Beauftragte und Beteiligte vgl. §§ 9, 14 OWiG. 22

c) § 28 Abs. 2 Nr. 2, 3 GastG (aufgehoben)

§ 28 Abs. 2 **Nr. 2 und 3** GastG wurde durch Art. 2 Nr. 2 des Zweiten Rechtsbereinigungsgesetzes vom 16. 12. 1986 (vgl. oben Rn. 1, 1a) aufgehoben. Danach handelte ordnungswidrig, wer trotz Untersagung nach § 16 GastG ein erlaubnisfreies Gewerbe betrieb oder nach § 17 GastG Einzelhandel mit alkoholischen Getränken trieb. Beide Bußgeldvorschriften wurden infolge der Streichung der §§ 16, 17 GastG entbehrlich (BT-Ds 10/5532, S. 19). 23

d) § 28 Abs. 2 Nr. 4 GastG

Die Vorschrift ist das **Gegenstück zu § 28 Abs. 1 Nr. 6 GastG** (vgl. die obigen Rn. 11–14). Voraussetzung für die Geldbuße ist die ausdrückliche Aufforderung an den Gast, sich zu entfernen; die bloße Kenntnis des Gasts vom Eintritt der Sperrstunde genügt nicht. Es reicht aus, wenn die Aufforderung allgemein – ausdrücklich oder durch schlüssige Handlung (etwa Abkassieren) – an die Gäste gerichtet wird. Beauftragte der zuständigen Behörde sind vor allem Polizeibeamte, welche die Einhaltung der Sperrzeit überwachen. Beim Zusammentreffen von Hausfriedensbruch (§ 123 StGB) mit einer Ordnungswidrigkeit nach § 28 Abs. 2 Nr. 4 GastG gilt § 21 OWiG. 24

§ 29
Allgemeine Verwaltungsvorschriften

Das Bundesministerium für Wirtschaft und Technologie erläßt mit Zustimmung des Bundesrates die zur Durchführung dieses Gesetzes erforderlichen allgemeinen Verwaltungsvorschriften.

Inhaltsübersicht

	Rn.		Rn.
1. Fassung, Materialien, Literatur		*2. Einzelheiten*	
a) Fassung	1	a) Notwendigkeit	2
b) Materialien zur geltenden Fassung	1a	b) VwV Unterrichtungsnachweis	3
c) Weiterführende Literatur	1b	c) Musterentwurf	4–8

1. Fassung, Materialien, Literatur

a) Fassung

1 Die Vorschrift in der ursprünglichen Fassung des GastG vom 5. 5. 1970 (BGBl. I S. 465), nunmehr in der Form der Bekanntmachung der Neufassung des GastG vom 20. 11. 1998 (BGBl. I S. 3418), wurde wie folgt geändert: Durch Art. 3 Nr. 3 des Gesetzes zur Änderung der Gewerbeordnung und sonstiger gewerberechtlicher Vorschriften vom 23. 11. 1994 (BGBl. I S. 3475, 3484) wurden in § 25 Abs. 2 S. 1 GastG die Wörter „Der Bundesminister" durch die Wörter „ Das Bundesministerium" ersetzt. Durch Art. 137 der Siebenten Zuständigkeitsanpassungs-Verordnung vom 29. 10. 2001 (BGBl. I S. 2785, 2812) wurden in § 23 Abs. 2 S. 2 GastG die Wörter „Das Bundesministerium für Wirtschaft" durch die Wörter „Das Bundesministerium für Wirtschaft und Technologie" ersetzt.

b) Materialien zur geltenden Fassung

1a **GastG vom 5. 5. 1970:** Gesetzentwurf der BReg, BT-Ds V/205, S. 8, 21; Bericht und Beschluss des Ausschusses für Wirtschaft und Mittelstandsfragen (15. Ausschuss), BT-Ds V/1652, S. 8, 24; Zwei-

ter schriftlicher Bericht des Ausschusses für Wirtschaft und Mittelstandsfragen (15. Ausschuss), BT-Ds V/4380, S. 18;
Änderung vom 23. 11. 1994: Gesetzentwurf der BReg, BT-Ds 12/5826, S. 12, 22.

c) Weiterführende Literatur

Bull Allgemeines Verwaltungsrecht, 6. Aufl. 2000; *Fuchs/Demmer* Sitzung des Bund-Länder-Ausschusses „Gewerberecht", GewArch 1998, 372–376; *Landmann/Rohmer* Gewerbeordnung, Stand: 42. Lfg., Juli 2002.

1b

2. Einzelheiten

a) Notwendigkeit

BT-Ds V/205, S. 21, hebt ausdrücklich hervor, dass in der Regel die Verwaltungsvorschriften der Länder zur Durchführung der GastG ausreichen werden, „wie sich dies bei der Handhabung anderer gewerberechtlicher Gesetze durchaus bewährt hat".

2

b) VwV Unterrichtungsnachweis

Bislang wurde von der Ermächtigung des § 29 GastG nur durch Erlass der VwV Unterrichtungsnachweis (Text im Anhang II 3) Gebrauch gemacht. Der Erlass dieser Verwaltungsvorschrift geht auf ein Verlangen des Gesetzgebers zurück (Ausschuss für Wirtschaft und Mittelstandsfragen [15. Ausschuss] des BT in BT-Ds V/1652, S. 8).

3

c) Musterentwurf

Eine **allgemeine Verwaltungsvorschrift** zur Anwendung des GastG wurde vom Bund **nicht erlassen**. Allerdings haben Bund und Länder einen **Musterentwurf** für die allgemeinen Verwaltungsvorschriften der Länder zum Gaststättenrecht ausgearbeitet, der entsprechend der bisherigen Praxis auf anderen Gebieten des Gewerberechts von den Ländern möglichst unverändert übernommen werden soll, um den gleichmäßigen Vollzug des Gaststättenrechts im Geltungsbereich des Gesetzes zu sichern (vgl. zur aktuellen Fassung etwa *Fuchs/Demmer* GewArch 1998, 372, 376).

4

§ 29 Allgemeine Verwaltungsvorschriften

5 Die **auf der Grundlage des Musterentwurfs** von den einzelnen Bundesländern **erlassenen Verwaltungsvorschriften binden die Gaststättenbehörden intern** bei ihren auf der Grundlage des GastG zu treffenden Entscheidungen. Als Verwaltungsvorschriften entfalten sie allerdings **keine Außenwirkung** (vgl. dazu etwa *Bull* Rn. 304 sowie vor § 1 Rn. 25), so dass die Verwaltungsgerichte die Rechtmäßigkeit des Handelns der Gaststättenbehörde ausschließlich anhand der Regelungen des GastG und der GastV der Länder beurteilen. **Gaststättenbetreiber oder sonstige vom GastG Betroffene** können sich mangels Außenwirkung zur Begründung von Rechtsansprüchen nicht auf den Inhalt der Verwaltungsvorschriften berufen. Sie haben allerdings einen aus Art. 3 GG und dem **Grundsatz der Selbstbindung** der Verwaltung resultierenden Anspruch auf gleichmäßige Anwendung der Verwaltungsvorschriften in gleichgelagerten Fällen.

6 So weit **einzelne Bundesländer keine Verwaltungsvorschrift** zur Anwendung des GastG erlassen haben, entfaltet der Musterentwurf keinerlei Bindungswirkung gegenüber den Gaststättenbehörden. Ihm kommt **allenfalls** die Funktion einer **Rechtanwendungshilfe** zu.

7 Vom **Abdruck** des Textes des Musterentwurfs im Anhang zu diesem Kommentars wird ab der 5. Auflage dieses Kommentars **abgesehen**. Zum einen sind die Bundesländer mangels Verbindlichkeit des Entwurfs nicht gehindert, abweichende Regelungen zu treffen. Es kommt daher stets auf die konkrete Fassung der Verwaltungsvorschrift des Landes an. Zum anderen sollte die Gaststättenbehörde – abgesehen von der Bindungswirkung der Verwaltungsvorschrift – möglichst unmittelbar mit dem Gesetz arbeiten, weil dieses auch Prüfungsmaßstab der Verwaltungsgerichte ist. Schließlich werden die VwV im Rahmen der **Deregulierungsmaßnahmen der Länder** zunehmend aufgehoben.

8 Der **aktuelle Text** des Musterentwurfs findet sich etwa bei *Metzner* Anhang II (S. 723–754), sowie *Landmann/Rohmer* Band 2, Nr. 523).

§ 30
Zuständigkeit und Verfahren

Die Landesregierungen oder die von ihnen bestimmten Stellen können die für die Ausführung dieses Gesetzes und der nach diesem Gesetz ergangenen Rechtsverordnungen zuständigen Behörden bestimmen; die Landesregierungen oder die von ihnen durch Rechtsverordnung bestimmten obersten Landesbehörden können ferner durch Rechtsverordnungen das Verfahren, insbesondere bei Erteilung sowie bei Rücknahme und Widerruf von Erlaubnissen und bei Untersagungen, regeln.

Inhaltsübersicht

	Rn.		Rn.
1. Fassung, Materialien, Literatur		b) Materialien zur geltenden Fassung	1a
a) Fassung	1	c) Weiterführende Literatur	1b
		2. Einzelheiten	2–5

1. Fassung, Materialien, Literatur

a) Fassung

Die Vorschrift entspricht noch der ursprünglichen Fassung des GastG vom 5. 5. 1970 (BGBl. I S. 465), nunmehr in der Form der Bekanntmachung der Neufassung des GastG vom 20. 11. 1998 (BGBl. I S. 3418).   1

b) Materialien zur geltenden Fassung

Entwurf der BReg, BT-Ds V/205, S. 8, 21; Stellungnahme des BR, BT-Ds V/205, S. 28; Gegenäußerung der BReg, BT-Ds V/205, S. 34; Bericht und Beschluss des Ausschusses für Wirtschaft und Mittelstandsfragen (15. Ausschuss), BT-Ds V/1652, S. 8, 24; Zweiter schriftlicher Bericht des Ausschusses für Wirtschaft und Mittelstandsfragen (15. Ausschuss), BT-Ds V/4380, S. 18.   1a

§ 31 Anwendbarkeit der Gewerbeordnung

c) Weiterführende Literatur

1b *Kopp/Ramsauer* VwVfG, 7. Aufl. 2000.

2. Einzelheiten

2   In § 30 Hs. 1 GastG ist offen geblieben, in welcher Form die Vorschriften über die **zuständigen Behörden** zum Vollzug des GastG ergehen müssen. **Maßgebend** ist daher das **Landesrecht**.

3   Die Regelungen über das **Verfahren** müssen nach § 30 Hs. 2 GastG in Form einer **Rechtsverordnung** ergehen.

4   Aus den § 1 Abs. 1 VwVfG entsprechenden Landesvorschriften folgt, dass die durch Rechtsverordnungen der Länder aufgestellten Verfahrensvorschriften den VwVfG der Länder vorgehen, wenn in den Rechtsverordnungen für das Verfahren vom VwVfG abweichende Regelungen getroffen werden (vgl. *Kopp/Ramsauer* § 1 Rn. 3, 30). Vom Begriff „Rechtsvorschriften" i.S.d. § 1 Abs. 1 VwVfG werden auch Rechtsverordnungen erfasst (*Kopp/Ramsauer* § 1 Rn. 30).

5   Zu den zuständigen Behörden nach Landesrecht vgl. § 2 Rn. 33, zu den Zuständigkeits- und Verfahrensvorschriften der Länder vgl. die **Landesverordnungen** (Anhang I).

§ 31
Anwendbarkeit der Gewerbeordnung

Auf die den Vorschriften dieses Gesetzes unterliegenden Gewerbebetriebe finden die Vorschriften der Gewerbeordnung soweit Anwendung, als nicht in diesem Gesetz besondere Bestimmungen getroffen worden sind; die Vorschriften über den Arbeitsschutz werden durch dieses Gesetz nicht berührt.

Anwendbarkeit der Gewerbeordnung § 31

Inhaltsübersicht

	Rn.		Rn.
1. Fassung, Materialien		a) Zweck der Vorschrift	2
a) Fassung	1	b) Verhältnis GastG / GewO	3
b) Materialien zur geltenden		c) Anwendbare Vorschriften	4
Fassung	1a	d) Arbeitsschutzvorschriften	5
2. Einzelheiten			

1. Fassung, Materialien

a) Fassung

Die Vorschrift entspricht noch der ursprünglichen Fassung des GastG vom 5. 5. 1970 (BGBl. I S. 465), nunmehr in der Form der Bekanntmachung der Neufassung des GastG vom 20. 11. 1998 (BGBl. I S. 3418). **1**

b) Materialien zur geltenden Fassung

Entwurf der BReg, BT-Ds V/205, S. 9, 21; Stellungnahme des BR, BT-Ds V/205, S. 28; Bericht und Beschluss des Ausschusses für Wirtschaft und Mittelstandsfragen (15. Ausschuss), BT-Ds V/1652, S. 8, 24; Zweiter schriftlicher Bericht des Ausschusses für Wirtschaft und Mittelstandsfragen (15. Ausschuss), BT-Ds V/4380, S. 18. **1a**

2. Einzelheiten

a) Zweck der Vorschrift

BT-Ds V/205, S. 21: **2**

„Die Vorschrift dient der Klarstellung. Sie kennzeichnet das Gaststättengesetz in Übereinstimmung mit § 35 des geltenden Gaststättengesetzes als gewerberechtliches Nebengesetz, neben dem die allgemeinen Vorschriften der Gewerbeordnung anwendbar bleiben."

b) Verhältnis GastG / GewO

Aus § 31 Hs. 1 GastG wird das Verhältnis des GastG zur GewO deutlich: Das **GastG** ist ein **Sondergesetz zur GewO** (*Michel/Kienzle* § 31 Rn. 1). Den Vorschriften des GastG kommt allerdings **3**

§ 31 Anwendbarkeit der Gewerbeordnung

ein **Anwendungsvorrang** zu, **so weit** sie gegenüber der GewO **besondere Bestimmungen** treffen.

c) Anwendbare Vorschriften

4 Als **Vorschriften der GewO**, die im Bereich des GastR zur Anwendung kommen, sind vor allem zu nennen (Besonderheiten bei der Anwendung, die aus dem GastG folgen, sind jeweils zu beachten [sie sind in der Kommentierung der einzelnen Vorschriften des GastG – so weit erforderlich – kenntlich gemacht]; vgl. im Übrigen auch *Metzner* § 31 Rn. 3; *Michel/Kienzle* § 31 Rn. 1):

- § 1 GewO (Grundsatz der Gewerbefreiheit),
- § 3 GewO (Betrieb verschiedener Gewerbe),
- § 6 GewO (Anwendungsbereich),
- § 10 GewO (Kein Neuerwerb von Rechten),
- § 12 GewO (Insolvenzverfahren),
- § 14 GewO (Anzeigepflicht),
- § 15 Abs. 2 GewO (Betrieb ohne Zulassung),
- § 15a GewO (Anbringung von Namen und Firma),
- § 15b GewO (Namensangabe im Schriftverkehr),
- § 33a GewO (Schaustellungen von Personen),
- § 33b GewO (Tanzlustbarkeiten),
- § 33c GewO (Spielgeräte mit Gewinnmöglichkeit),
- § 33d–i GewO (Andere Spielgeräte mit Gewinnmöglichkeit, Spielbanken, Lotterien, Glücksspiele, Spielhallen und ähnliche Unternehmen),
- § 35 GewO (Gewerbeuntersagung wegen Unzuverlässigkeit),
- § 41 Abs. 1 GewO (Beschäftigung von Arbeitnehmern),
- § 42 GewO (Gewerbliche Niederlassung),
- § 45 GewO (Stellvertreter [bei nicht erlaubnisbedürftigen Gaststättenbetrieben]),
- § 46 GewO (Fortführung des Gewerbes [bei nicht erlaubnisbedürftigen Gaststättenbetrieben]),
- § 48 GewO (Übertragung von Realgewerbeberechtigungen),
- § 51 GewO (Untersagung wegen überwiegender Nachteile und Gefahren.

d) Arbeitsschutzvorschriften

§ 31 Hs. 2 GastG stellt klar, dass vor allem der **Titel VII der** **5** **GewO**, das **JuArbSchG**, das **MuSchG**, die **ArbStättV** und das **ArbZG** vom GastG **nicht berührt** werden. Mit ihm ist ferner klargestellt, dass den Gewerbeaufsichtsbehörden auch nach In-Kraft-Treten des GastG der Erlass von Anforderungen nach § 120 d GewO und die Aufsichtsbefugnis nach § 139 b GewO obliegen.

§ 32
Fortgeltung von Rechtsverordnungen

(weggefallen)

Inhaltsübersicht

	Rn.		Rn.
1. Fassung, Materialien		*2. Inhalt, Aufhebung*	
a) Fassung	1	a) Inhalt des § 32 GastG	2
b) Materialien	1a	b) Aufhebung	3

1. Fassung, Materialien

a) Fassung

Die Vorschrift in der ursprünglichen Fassung des GastG vom 5. 5. **1** 1970 (BGBl. I S. 465) wurde durch Art. 2 Nr. 2 des Zweiten Rechtsbereinigungsgesetzes vom 16. 12. 1986 (BGBl. I S. 2441) aufgehoben.

b) Materialien

GastG vom 5. 5. 1970: Gesetzentwurf der BReg, BT-Ds V/205, **1a** S. 9, 21; Stellungnahme des BR, BT-Ds V/205, S. 28; Bericht und Beschluss des Ausschusses für Wirtschaft und Mittelstandsfragen (15. Ausschuss), BT-Ds V/1652, S. 8, 24; Zweiter schriftlicher Bericht des Ausschusses für Wirtschaft und Mittelstandsfragen (15. Ausschuss), BT-Ds V/4380, S. 18 f.;

§ 33 Aufgehobene Vorschriften

Aufhebung vom 16. 12. 1986: Gesetzentwurf der BReg, BT-Ds 10/5532, S. 6, 19.

2. Inhalt, Aufhebung

a) Inhalt des § 32 GastG

2   § 32 GastG sah eine Fortgeltung der vor In-Kraft-Treten des GastG erlassenen Rechtsverordnungen vor, bis diese durch den Bundesminister für Wirtschaft mit Zustimmung des Bundesrats aufgehoben wurden.

b) Aufhebung

3   § 32 GastG wurde durch Art. 2 des Zweiten Rechtsbereinigungsgesetzes aufgehoben, weil die Beibehaltung dieser Vorschrift **nicht mehr erforderlich** erschien. Alle Bundesländer hatten zu diesem Zeitpunkt bereits GastV erlassen, welche die alten Regelungen ersetzten (BT-Ds 10/5532, S. 19 f.).

§ 33
Aufgehobene Vorschriften

Es werden aufgehoben:
1. das Gaststättengesetz vom 28. April 1930 (Reichsgesetzbl. I S. 146), zuletzt geändert durch das Gesetz zur Änderung des Gaststättengesetzes vom 4. August 1961 (Bundesgesetzbl. I S. 1171),
2. die Verordnung des Reichswirtschaftsministers vom 21. Juni 1930 zur Ausführung des Gaststättengesetzes (Reichsgesetzbl. I S. 191), zuletzt geändert durch Verordnung zur Änderung der Verordnung zur Durchführung des Gaststättengesetzes vom 19. Januar 1938 (Reichsgesetzbl. I S. 37),
3. die Verordnung über Speiseeiswirtschaften vom 16. Juli 1934 (Reichsgesetzbl. I S. 709),

4. die bayerische Verordnung zum Vollzug des Gaststättengesetzes vom 12. September 1931 (Bereinigte Sammlung des bayerischen Landesrechts IV S. 52),
5. die bayerische Bekanntmachung zum Vollzug des Gaststättengesetzes vom 15. September 1931 (Bereinigte Sammlung des bayerischen Landesrechts IV S. 54),
6. die bayerische Verordnung über die zeitliche Beschränkung des Ausschanks von Branntwein und des Kleinhandels mit Trinkbranntwein vom 17. Oktober 1939 (Bereinigte Sammlung des bayerischen Landesrechts IV S. 63),
7. die Verordnung des Niedersächsischen Staatsministeriums über die Speisewirtschaften vom 4. September 1947 (Niedersächsisches Gesetz- und Verordnungsblatt S. 83),
8. die hamburgische Verordnung über Speisewirtschaften vom 24. Oktober 1946 (Hamburgisches Gesetz- und Verordnungsblatt S. 115),
9. das saarländische Gesetz Nr. 387 über den Einzelhandel mit Bier in Flaschen und sonstigen Behältnissen vom 10. Juli 1953 (Amtsblatt des Saarlandes S. 524).

Inhaltsübersicht

	Rn.		Rn.
1. Fassung, Materialien		b) Materialien zur geltenden	
a) Fassung	1	Fassung	1a
		2. Anmerkung	2

1. Fassung, Materialien

a) Fassung

Die Vorschrift entspricht noch der ursprünglichen Fassung des GastG vom 5. 5. 1970 (BGBl. I S. 465), nunmehr in der Form der Bekanntmachung der Neufassung des GastG vom 20. 11. 1998 (BGBl. I S. 3418).   1

§ 34 Übergangsvorschriften

b) Materialien zur geltenden Fassung

1a Entwurf der BReg BT-Ds V/205, S. 9, 21; Stellungnahme des BR, BT-Ds V/205, S. 28; Gegenäußerung der BReg, BT-Ds V/205, S. 34; Bericht und Beschluss des Ausschusses für Wirtschaft und Mittelstandsfragen (15. Ausschuss), BT-Ds V/1652, S. 8, 25; Zweiter schriftlicher Bericht des Ausschusses für Wirtschaft und Mittelstandsfragen (15. Ausschuss), BT-Ds V/4380, S. 19.

2. Anmerkung

2 Durch § 33 GastG wurden diejenigen Vorschriften aufgehoben, die durch das In-Kraft-Treten des neuen GastG bedeutungslos geworden sind.

§ 34
Übergangsvorschriften

(1) Eine vor Inkrafttreten dieses Gesetzes erteilte Erlaubnis oder Gestattung gilt im bisherigen Umfang als Erlaubnis oder Gestattung im Sinne dieses Gesetzes.

(2) Soweit nach diesem Gesetz eine Erlaubnis erforderlich ist, gilt sie demjenigen als erteilt, der bei Inkrafttreten dieses Gesetzes ohne Erlaubnis oder Gestattung eine nach diesem Gesetz erlaubnisbedürftige Tätigkeit befugt ausübt. In den Fällen des Art. 2 Abs. 1 des Ersten Teils des Vertrages zur Regelung aus Krieg und Besatzung entstandener Fragen (Bundesgesetzbl. 1955 II S. 405) gilt die Erlaubnis auch demjenigen erteilt, der eine nach diesem Gesetz erlaubnisbedürftige Tätigkeit innerhalb eines Jahres vor Inkrafttreten des Gesetzes befugt ausgeübt hat, ohne daß ihm die Ausübung der Tätigkeit bei Inkrafttreten des Gesetzes untersagt war.

(3) Der in Absatz 2 bezeichnete Erlaubnisinhaber oder derjenige, der eine vor Inkrafttreten dieses Gesetzes erteilte Erlaubnis nicht nachweisen kann, hat seinen Betrieb der zuständigen Be-

Übergangsvorschriften § 34

hörde anzuzeigen. Die Erlaubnisbehörde bestätigt dem Gewerbetreibenden kostenfrei und schriftlich, daß er zur Ausübung seines Gewerbes berechtigt ist. Die Bestätigung muß die Betriebsart sowie die Betriebsräume bezeichnen. Wird die Anzeige nicht innerhalb von sechs Monaten nach Inkrafttreten dieses Gesetzes erstattet, so erlischt die Erlaubnis.

Inhaltsübersicht

	Rn.		Rn.
1. Fassung, Materialien		*3. Erlaubnisse kraft Gesetzes*	
a) Fassung	1	*bei Altbetrieben*	4 6
b) Materialien zur geltenden		*4. Anzeigepflicht*	7
Fassung	1a	*5. Geltung des neuen Rechts*	8
2. Alte Erlaubnisse	2, 3		

1. Fassung, Materialien

a) Fassung

Die Vorschrift entspricht noch der ursprünglichen Fassung des GastG vom 5. 5. 1970 (BGBl. I S. 465), nunmehr in der Form der Bekanntmachung der Neufassung des GastG vom 20. 11. 1998 (BGBl. I S. 3418).   **1**

a) Materialien zur geltenden Fassung

Entwurf der BReg, BT-Ds V/205, S. 9, 21 f.; Stellungnahme des BR, BT-Ds V/205, S. 28 f.; Gegenäußerung der BReg, BT-Ds V/205, S. 34; Bericht und Beschluss des Ausschusses für Wirtschaft und Mittelstandsfragen (15. Ausschuss), BT-Ds V/1652, S. 8, 25 f.; Zweiter schriftlicher Bericht des Ausschusses für Wirtschaft und Mittelstandsfragen (15. Ausschuss), BT-Ds V/4380, S. 19 f.   **1a**

2. Alte Erlaubnisse

Die **Besitzstandsklausel** des **§ 34 Abs. 1 GastG** gilt für diejenigen Gewerbetreibenden, die am 9. 5. 1971 im Besitz einer gültigen Er-   **2**

§ 34 Übergangsvorschriften

laubnis nach altem Recht waren. Diese Erlaubnisse gelten im bisherigen Umfang (also auch mit ihren Nebenbestimmungen) als Erlaubnis i. S. d. neuen Rechts. Erlöschen sie aber, dann ist eine etwaige neue Erlaubnis ausschließlich nach neuem Recht zu beurteilen. Bezüglich der Gestattungen, die nur für vorübergehende Anlässe in Betracht kamen (§ 8 GastG a. F.), ist die Vorschrift inzwischen durch Zeitablauf gegenstandslos geworden.

3 Die vor dem In-Kraft-Treten des GastG eingeleiteten, aber bis dahin noch nicht abgeschlossenen Erlaubnisverfahren wurden vom neuen Recht voll erfasst (*VGH BW* 5. 7. 1972, GewArch 1973, 23).

3. Erlaubnisse kraft Gesetzes bei Altbetrieben

4 **§ 34 Abs. 2 GastG** soll vor allem auch den Verhältnissen in der ehemaligen amerikanischen Besatzungszone Rechnung tragen.

5 **a)** Durch **§ 34 Abs. 2 S. 1 GastG** wird denjenigen unmittelbar kraft Gesetzes die Erlaubnis erteilt, die am 9. 5. 1971 eine nach dem neuen GastG erlaubnisbedürftige Tätigkeit befugt ausgeübt haben, also den nach altem Recht erlaubnisfreien Betrieb einer Speisewirtschaft (in allen Ländern außer Hamburg und Niedersachsen; der Betrieb einer Speisewirtschaft war in den Ländern der britischen und der französischen Besatzungszone erlaubnisbedürftig), den erlaubnisfreien Ausschank alkoholfreier Getränke im Bereich der ehemaligen US-Besatzungszone und den erlaubnisfreien Betrieb eines Beherbergungsgewerbes, das nicht die Begriffsmerkmale der Gastwirtschaft nach altem GastR (vgl. auch § 1 Rn. 39) erfüllte.

6 **b) § 34 Abs. 2 S. 2 GastG** betrifft weitere Nachkriegsregelungen in Hessen. Vor dem 5. 5. 1955 mittags 12 Uhr war dort der Ausschank alkoholhaltiger Getränke mit Ausnahme von Branntwein und der Betrieb des Beherbergungsgewerbes aufgrund der Weisungen der Besatzungsbehörden an die deutschen Behörden erlaubnisfrei. Diese erlaubnisfreien Betriebe durften ohne Erlaubnis weiterbetrieben werden. Jetzt gilt die Erlaubnis nach § 34 GastG als erteilt, wenn der vor dem 5. 5. 1955 mittags 12 Uhr begonnene Betrieb innerhalb eines Jahres vor dem In-Kraft-Treten des neuen GastG befugt aus-

geübt worden ist und dem Gewerbetreibenden die Ausübung der Tätigkeit am 9. 5. 1971 nicht untersagt war (zu den Einzelheiten vgl. *Michel/Kienzle* § 34 Rn. 3).

4. Anzeigepflicht

Die nach **§ 34 Abs. 3 GastG** zu erstattenden Anzeigen sollten den Behörden zu einer vollständigen Übersicht über die Gaststättenbetriebe ihres Bereichs verhelfen. Zur Schaffung klarer Rechtsverhältnisse erlosch die Erlaubnis, wenn die Anzeige nicht bis einschließlich 10. 11. 1971 erstattet war. 7

5. Geltung des neuen Rechts

Für die Erlaubnisse des § 34 GastG und die Altunternehmen, die keiner Erlaubnis bedürfen, gelten im Übrigen die Vorschriften des neuen GastG, so weit dies nicht dem Bestandsschutz nach § 31 GastG i.V.m. § 1 Abs. 2 GewO (siehe Anhang II 1) widerspricht. Vgl. hierzu im Einzelnen *Michel/Kienzle* § 34 Rn. 9 ff. 8

§ 35
Bezugnahme auf Vorschriften

Soweit in Gesetzen oder Verordnungen des Bundesrechts auf Vorschriften des Gaststättengesetzes vom 28. April 1930 Bezug genommen wird, beziehen sich diese Verweisungen auf die entsprechenden Vorschriften dieses Gesetzes.

Inhaltsübersicht

	Rn.		Rn.
1. Fassung, Materialien		b) Materialien zur geltenden	
a) Fassung	1	Fassung	1a
		2. Anmerkungen	2

§ 36 Änderung des Bundesfernstraßengesetzes

1. Fassung, Materialien

a) Fassung

1 Die Vorschrift entspricht noch der ursprünglichen Fassung des GastG vom 5. 5. 1970 (BGBl. I S. 465), nunmehr in der Form der Bekanntmachung der Neufassung des GastG vom 20. 11. 1998 (BGBl. I S. 3418).

b) Materialien zur geltenden Fassung

1a Entwurf der BReg, BT-Ds V/205, S. 9, 22; Bericht und Beschluss des Ausschusses für Wirtschaft und Mittelstandsfragen (15. Ausschuss), BT-Ds V/1652, S. 8, 26; Zweiter schriftlicher Bericht des Ausschusses für Wirtschaft und Mittelstandsfragen (15. Ausschuss), BT-Ds V/4380, S. 20.

2. Anmerkungen

2 Die Vorschrift **gilt nur für Bundesrecht**. Da sie aber allgemeinen Rechtsgrundsätzen entspricht, gilt auch ohne ausdrückliche Regelung das Gleiche für die **Landesvorschriften**. Natürlich muss vor allem bei den Vorschriften dieses Gesetzes, die gegenüber dem alten GastR materielle Änderungen enthalten, geprüft werden, ob es sich trotz dieser Änderung noch um die dem alten Recht „entsprechende Vorschrift" handelt. Andernfalls ist die **Verweisung gegenstandslos**.

§ 36
Änderung des Bundesfernstraßengesetzes

In § 15 Abs. 2 des Bundesfernstraßengesetzes in der Fassung der Bekanntmachung vom 6. August 1961 (Bundesgesetzbl. I S. 1741), zuletzt geändert durch das Einführungsgesetz zum Gesetz über Ordnungswidrigkeiten vom 24. Mai 1968 (Bundesgesetzbl. I S. 503), werden die Nummern 1 bis 4 durch folgende Nummern 1 bis 4 ersetzt:

Änderung des Bundesfernstraßengesetzes § 36

1. Der Bund bedarf keiner Erlaubnis nach § 2 des Gaststättengesetzes vom 5. Mai 1970. Die Straßenbaubehörde hat eine für die Einhaltung der gewerberechtlichen Vorschriften verantwortliche Person zu bestellen.
2. Die Erlaubnis für den Pächter oder seinen Stellvertreter darf nur versagt werden, wenn die Voraussetzungen des § 4 Abs. 1 Nr. 1 des Gaststättengesetzes gegeben sind.
3. Die zuständigen Behörden ordnen die Maßnahmen nach § 120 d der Gewerbeordnung im Benehmen mit den Straßenbaubehörden an; das gleiche gilt für Maßnahmen nach den §§ 5, 15 und 16 des Gaststättengesetzes.
4. Der Bundesminister für Verkehr wird ermächtigt, die Sperrzeit für die Nebenbetriebe durch Rechtsverordnung, die der Zustimmung des Bundesrates nicht bedarf, so zu regeln, daß die jederzeitige Versorgung der Verkehrsteilnehmer gesichert ist.

Inhaltsübersicht

	Rn.		Rn.
1. Fassung, Materialien		b) Materialien zur geltenden	
a) Fassung	1	Fassung	1a
		2. Anmerkungen	2, 3

1. Fassung, Materialien

a) Fassung

Die Vorschrift entspricht noch der ursprünglichen Fassung des **1**
GastG vom 5. 5. 1970 (BGBl. I S. 465), nunmehr in der Form der
Bekanntmachung der Neufassung des GastG vom 20. 11. 1998
(BGBl. I S. 3418).

b) Materialien zur geltenden Fassung

Entwurf der BReg, BT-Ds V/205, S. 9 f., 22; Bericht und Beschluss **1a**
des Ausschusses für Wirtschaft und Mittelstandsfragen (15. Ausschuss), BT-Ds V/1652, S. 8, 26; Zweiter schriftlicher Bericht des
Ausschusses für Wirtschaft und Mittelstandsfragen (15. Aus-

§ 37 Geltung in Berlin

schuss), BT-Ds V/4380, S. 20; Bericht des Vermittlungsausschusses, BT-Ds V/4591, S. 2.

2. Anmerkungen

2 a) Zur **geltenden Fassung** des § 15 Abs. 2 FStrG vgl. Anhang III 5.

3 b) Aus § 15 Abs. 2 Nr. 2 Bundesfernstraßengesetz ergibt sich, dass **Auflagen** über die räumliche Einrichtung der Nebenbetriebe der Bundesautobahnen nicht zulässig sind. Die **Straßenbaubehörde** muss den ordnungsgemäßen Zustand der Räume sicherstellen.

§ 37
Geltung in Berlin

(weggefallen)

Inhaltsübersicht

	Rn.		Rn.
1. Fassung, Materialien		*2. Inhalt, Aufhebung*	
a) Fassung	1	a) Inhalt des § 37 GastG	2
b) Materialien	1a	b) Aufhebung	3

1. Fassung, Materialien

a) Fassung

1 Die Vorschrift in der ursprünglichen Fassung des GastG vom 5. 5. 1970 (BGBl. I S. 465) wurde durch Art. 2 Nr. 6 des Zweiten Gesetzes zur Änderung der Gewerbeordnung und sonstiger gewerberechtlicher Vorschriften vom 16. 6. 1998 (BGBl. I S. 1291, 1296) gestrichen.

b) Materialien

1a **GastG vom 5. 5. 1970:** Entwurf der BReg, BT-Ds V/205, S. 10, 22; Stellungnahme des BR, BT-Ds V/205, S. 29; Bericht und Be-

Geltung in Berlin § 37

schluss des Ausschusses für Wirtschaft und Mittelstandsfragen (15. Ausschuss), BT-Ds V/1652, S. 8, 27; Zweiter schriftlicher Bericht des Ausschusses für Wirtschaft und Mittelstandsfragen (15. Ausschuss), BT-Ds V/4380, S. 21;
Streichung vom 16. 6. 1998: Gesetzentwurf der BReg, BT-Ds 13/9109, S. 10, 19.

2. Inhalt, Aufhebung

a) Inhalt des § 37 GastG

§ 37 GastG ordnete an, dass das GastG nach Maßgabe des § 13 **2** Abs. 1 des Dritten Überleitungsgesetzes vom 4. 1. 1952 (BGBl. I S. 1) auch im Land Berlin galt. Rechtsverordnungen, die aufgrund des GastG erlassen wurden, galten im Land Berlin nach § 14 des Dritten Überleitungsgesetzes fort.

b) Aufhebung

§ 37 GastG war bereits durch § 1 des Gesetzes zur Überleitung von **3** Bundesrecht nach Berlin (West) (Sechstes Überleitungsgesetz) vom 25. 9. 1990 (BGBl. I S. 2106) gegenstandslos, weil nach dieser Vorschrift das für Berlin West nicht oder nicht in vollem Umfang geltende Bundesrecht ab In-Kraft-Treten des Sechsten Überleitungsgesetzes in Berlin (West) uneingeschränkt galt. Er wurde daher durch Art. 2 Nr. 6 des Zweiten Gesetzes zur Änderung der Gewerbeordnung und sonstiger gewerberechtlicher Vorschriften vom 16. 6. 1998 (vgl. oben Rn. 1, 1 a) gestrichen (BT-Ds 13/9109, S. 19).

§ 38 Inkrafttreten

Dieses Gesetz tritt ein Jahr nach dem Tage der Verkündung in Kraft. Soweit Vorschriften dieses Gesetzes zum Erlaß von Rechtsverordnungen ermächtigen, treten sie mit dem Tage der Verkündung in Kraft.

1. Fassung, Materialien

1 Die Vorschrift entspricht noch der ursprünglichen Fassung des GastG vom 5. 5. 1970 (BGBl. I S. 465), nunmehr in der Form der Bekanntmachung der Neufassung des GastG vom 20. 11. 1998 (BGBl. I S. 3418).

1a **Materialien zur geltenden Fassung.** Entwurf der BReg, BT-Ds V/205, S. 10, 22; Bericht und Beschluss des Ausschusses für Wirtschaft und Mittelstandsfragen (15. Ausschuss), BT-Ds V/1652, S. 8, 27; Zweiter schriftlicher Bericht des Ausschusses für Wirtschaft und Mittelstandsfragen (15. Ausschuss), BT-Ds V/4380, S. 21.

2. In-Kraft-Treten

2 Das Gesetz wurde am 9. 5. 1970 verkündet (Tag der Ausgabe des BGBl. I 1970 Nr. 41). Tag des In-Kraft-Tretens war daher der 9. 5. 1971 (**str**, vgl. amtliche Begründung zu § 23 der GastV Bayern). Der Frage des Zeitpunkts des In-Kraft-Tretens kommt heute wohl keine praktische Bedeutung mehr zu.

Anhang
Vorschriften des Bundes und der Länder

Anhang I
Vorschriften der Länder zum GastG

1. Landesrecht Baden-Württemberg

Verordnung der Landesregierung zur Ausführung des Gaststättengesetzes (Gaststättenverordnung – GastVO)

in der Fassung vom 18. 2. 1991 (GBl. S. 195, ber. GBl. 1992, S. 227), geändert durch die Siebte Verordnung der Landesregierung zur Änderung der Gaststättenverordnung vom 8. 3. 1993 (GBl. S. 186), die Achte Verordnung der Landesregierung zur Änderung der Gaststättenverordnung vom 13. 12. 1993 (GBl. S. 780), die Neunte Verordnung der Landesregierung zur Änderung der Gaststättenverordnung vom 5. 12. 2000 (GBl. S. 730) und die Zehnte Verordnung der Landesregierung zur Änderung der Gaststättenverordnung vom 23. 7. 2002 (GBl. S. 269)

Auf Grund von § 4 Abs. 3 Satz 1, § 18 Abs. 1 und § 30 des Gaststättengesetzes vom 5. 5. 1970 (BGBl. I S. 465) und § 129 Abs. 4 der Gemeindeordnung für Baden-Württemberg in der Fassung vom 3. 10. 1983 (GBl. S. 578) wird verordnet:

Erster Abschnitt
Zuständigkeit und Verfahren

§ 1 Sachliche Zuständigkeit

(1) Die Ausführung des Gaststättengesetzes und der auf seiner Grundlage ergangenen Rechtsverordnungen obliegt den unteren Verwaltungsbehörden sowie Gemeinden und Verwaltungsgemeinschaften mit eigener Baurechtszuständigkeit (§ 48 Abs. 2 und 3 der Landesbauordnung), soweit im Folgenden nichts anderes bestimmt ist.

Anhang I Baden-Württemberg

(2) Gestattungen nach § 12 Abs. 1 des Gaststättengesetzes mit einer Geltungsdauer bis zu vier Tagen werden von den Gemeinden erteilt.

(3) Für die Nachschau nach § 22 Abs. 2 des Gaststättengesetzes ist auch der Polizeivollzugsdienst zuständig.

(4) Anzeigen nach § 8 sind bei den Gemeinden zu erstatten.

(5) Rechtsverordnungen im Sinne von § 11 können von den Gemeinden, den unteren Verwaltungsbehörden, den Regierungspräsidien und dem Innenministerium erlassen werden; Rechtsverordnungen des Innenministeriums ergehen im Einvernehmen mit dem Wirtschaftsministerium. Rechtsverordnungen höherer Behörden gehen Rechtsverordnungen von Gemeinden und von nachgeordneten Behörden vor, soweit sie einander entsprechen oder widersprechen.

(6) Für die Verkürzung der Sperrzeit an einzelnen Tagen für einzelne Betriebe nach § 12 sind die Gemeinden zuständig.

(7) Die den Gemeinden und Verwaltungsgemeinschaften nach den Absätzen 1, 2, 4 bis 6 übertragenen Aufgaben sind Pflichtaufgaben nach Weisung. Das Weisungsrecht ist nicht beschränkt. Für die Verpflichtung zur Leistung von Gebühren sowie Umfang und Höhe der Gebühren gelten die für die staatlichen Behörden maßgebenden Vorschriften.

(8) Fachaufsichtsbehörden sind in den Fällen des Absatzes 1 die Regierungspräsidien und die Ministerien im Rahmen ihres Geschäftsbereichs; im übrigen gelten für die Zuständigkeit zur Ausübung der Fachaufsicht § 119 S. 1 und 2 der Gemeindeordnung für Baden-Württemberg und § 28 Abs. 2 und 3 des Gesetzes über kommunale Zusammenarbeit entsprechend.

§ 2 Örtliche Zuständigkeit

Für die Nachschau nach § 22 Abs. 2 des Gaststättengesetzes ist auch die Behörde zuständig, in deren Bezirk sich geschäftliche Unterlagen befinden.

§ 3 Verfahren

(1) Der Antrag auf Erteilung einer Erlaubnis nach § 2 Abs. 1 des Gaststättengesetzes, einer Stellvertretungserlaubnis nach § 9 des Gaststät-

Baden-Württemberg   Anhang I

tengesetzes, einer vorläufigen Erlaubnis nach § 11 Abs. 1 des Gaststättengesetzes, einer vorläufigen Stellvertretungserlaubnis nach § 11 Abs. 2 des Gaststättengesetzes oder einer Gestattung nach § 12 Abs. 1 des Gaststättengesetzes ist schriftlich einzureichen. Der Antragsteller hat die Angaben zu machen und die Unterlagen beizubringen, die für die Bearbeitung und Beurteilung des Antrags von Bedeutung sein können. Der Antrag auf eine Gestattung nach § 12 des Gaststättengesetzes ist mindestens zwei Wochen vor Beginn des Betriebes zu stellen, es sei denn, der Betrieb wird aus einem Anlaß veranstaltet, der eine fristgerechte Antragstellung ausschließt.

(2) Bei dem Antrag auf Erteilung einer Erlaubnis oder Gestattung sind insbesondere erforderlich Angaben und Unterlagen über

1. die Person des Antragstellers,
2. die Betriebsart,
3. die zum Betrieb des Gewerbes einschließlich der zum Aufenthalt der Beschäftigten bestimmten Räume.

Die Erlaubnisbehörde kann Bauvorlagen nach § 53 Abs. 2 der Landesbauordnung und der zu seiner Ausführung ergangenen Vorschriften verlangen.

(3) Bei dem Antrag auf Erteilung einer Stellvertretungserlaubnis sind Angaben über die Person des Antragstellers und des Stellvertreters zu machen.

(4) Die Entscheidung über den Antrag bedarf der Schriftform. Dasselbe gilt für Änderungen der Sperrzeit nach § 12.

Zweiter Abschnitt
Mindestanforderungen an die Räume

§ 4   Anwendung der Landesbauordnung und Arbeitsstättenverordnung

Für die zum Betrieb des Gewerbes und zum Aufenthalt der Beschäftigten bestimmten Räume gelten die Anforderungen der §§ 1 bis 42 der Landesbauordnung und der §§ 1 bis 42 und 52 bis 55 der Arbeitsstättenverordnung vom 20. 3. 1975 (BGBl. I S. 729) sowie der zu deren Ausführung erlassenen Rechtsvorschriften.

Anhang I Baden-Württemberg

Dritter Abschnitt
Straußwirtschaften

§ 5 Erlaubnisfreiheit

(1) Der Ausschank von selbsterzeugtem Wein bedarf für die Dauer von vier Monaten im Jahr in höchstens zwei Zeitabschnitten keiner Erlaubnis (Straußwirtschaft).

(2) Wer Wein gewerbsmäßig in den Verkehr bringt, darf nicht auch noch eine Straußwirtschaft betreiben.

(3) Personen, die in einem gemeinsamen Haushalt leben, dürfen insgesamt nur vier Monate im Jahr eine Straußwirtschaft unterhalten.

§ 6 Räumliche Voraussetzungen

(1) Der Ausschank ist nur in Räumen zulässig, die am Ort des Weinbaubetriebs gelegen sind.

(2) Der Ausschank darf nicht in Räumen stattfinden, die eigens zu diesem Zweck angemietet sind. In besonderen Härtefällen können hiervon Ausnahmen zugelassen werden.

(3) Eine Straußwirtschaft darf nicht mit einer anderen Schank- oder Speisewirtschaft oder mit einem Beherbergungsbetrieb verbunden werden.

(4) In einer Straußwirtschaft dürfen nicht mehr als 40 Sitzplätze vorhanden sein.

(5) Der Betrieb einer Straußwirtschaft kann untersagt und seine Fortsetzung verhindert werden, wenn die Voraussetzungen des § 4 Abs. 1 Nr. 2 oder 3 des Gaststättengesetzes vorliegen.

§ 7 Verabreichung von Speisen, Nebenleistungen

(1) In einer Straußwirtschaft dürfen nur kalte und einfach zubereitete warme Speisen verabreicht werden.

(2) § 7 Abs. 2 Nr. 2 des Gaststättengesetzes findet keine Anwendung auf die Abgabe von Flaschenbier, von alkoholfreien Getränken, die der Straußwirt in seinem Betrieb nicht verabreicht, und von Süßwaren.

Baden-Württemberg — Anhang I

§ 8 Anzeige

Wer eine Straußwirtschaft betreiben will, hat dies mindestens zwei Wochen vor Beginn des Betriebs anzuzeigen und dabei mitzuteilen

1. den Zeitraum, währenddessen der Ausschank stattfinden soll,
2. hinsichtlich des zum Ausschank vorgesehenen Weines Ort und Lage, aus denen die zur Herstellung des Weines verwendeten Trauben stammen, sowie den Ort, an dem die Trauben gekeltert worden sind und der Wein ausgebaut worden ist,
3. die zum Betrieb der Straußwirtschaft bestimmten Räume.

Vierter Abschnitt
Sperrzeit

§ 9 Allgemeine Sperrzeit

(1) Die Sperrzeit für Schank- und Speisewirtschaften sowie für öffentliche Vergnügungsstätten beginnt um 2 Uhr, in Kur- und Erholungsorten um 1 Uhr. In der Nacht zum Samstag und zum Sonntag beginnt die Sperrzeit um 3 Uhr, in Kur- und Erholungsorten um 2 Uhr. Für Spielhallen beginnt die Sperrzeit um 0 Uhr. Sie endet jeweils um 6 Uhr.

(2) In der Nacht zum 1. 1. wird die Sperrzeit aufgehoben, in der Nacht zum Fastnachtsdienstag und zum 1. 5. beginnt sie um 3 Uhr. Satz 1 gilt nicht für Spielhallen.

§ 10
(weggefallen)

§ 11 Allgemeine Ausnahmen

Bei Vorliegen eines öffentlichen Bedürfnisses oder besonderer örtlicher Verhältnisse kann die Sperrzeit durch Rechtsverordnung allgemein verlängert, verkürzt oder aufgehoben werden.

Anhang I Baden-Württemberg

§ 12 Ausnahmen für einzelne Betriebe

Bei Vorliegen eines öffentlichen Bedürfnisses oder besonderer örtlicher Verhältnisse kann für einzelne Betriebe die Sperrzeit verlängert, befristet und widerruflich verkürzt oder aufgehoben werden. In den Fällen der Verkürzung oder Aufhebung der Sperrzeit können jederzeit Auflagen erteilt werden.

Fünfter Abschnitt
Beschäftigte Personen

§ 13 Anzeigepflicht, Erlaubnis

(1) Soweit dies zur Aufrechterhaltung der Sittlichkeit oder zum Schutze der Gäste erforderlich ist, kann der Gewerbetreibende verpflichtet werden, über die in seinem Betrieb beschäftigten Personen innerhalb einer Woche nach Beginn der Beschäftigung Anzeige zu erstatten. In der Anzeige sind Vor- und Zuname, Geburtsname, Geburtsdatum und Geburtsort, der letzte Aufenthaltsort und die vorhergehende Beschäftigungsstelle der beschäftigten Person sowie der Beginn der Beschäftigung anzugeben.

(2) Unter der gleichen Voraussetzung kann die Beschäftigung von Personen für einzelne Betriebe von einer Erlaubnis abhängig gemacht werden.

Sechster Abschnitt
Ordnungswidrigkeiten, Schlußvorschriften

§ 14 Ordnungswidrigkeiten

Ordnungswidrig nach § 28 Abs. 1 Nr. 12 des Gaststättengesetzes handelt, wer vorsätzlich oder fahrlässig

1. eine Straußwirtschaft betreibt, obwohl ihm dies nach § 6 Abs. 5 untersagt worden ist,
2. über den nach § 7 Abs. 2 erlaubten Umfang hinaus Waren abgibt,
3. entgegen § 8 oder einer auf Grund des § 13 Abs. 1 begründeten Verpflichtung die Anzeige nicht, nicht richtig, nicht vollständig oder nicht rechtzeitig erstattet,

4. einer Auflage nach § 12 Satz 2 nicht, nicht vollständig oder nicht rechtzeitig nachkommt,
5. Personen ohne die auf Grund einer Verpflichtung nach § 13 Abs. 2 erforderliche Erlaubnis beschäftigt.

§ 15 Inkrafttreten

(1) Diese Verordnung tritt am 9. 5. 1971 in Kraft. § 20 tritt am Tage nach der Verkündung in Kraft.

(2) *(nicht abgedruckt)*

(3) *(nicht abgedruckt)*

Anhang I Bayern

2. Landesrecht Bayern

a) Verordnung zur Ausführung des Gaststättengesetzes (Gaststättenverordnung – GastV)

vom 22. 7. 1986 (GVBl. S. 295), geändert durch § 2 der Verordnung
vom 24. 5. 1994 (GVBl. S. 433) und § 2 der Verordnung
vom 18. 12. 2001 (GVBl. S. 1030)

Auf Grund von § 14 Sätze 1 und 2, § 18 Abs. 1, § 21 Abs. 2 Satz 1, § 26 Abs. 1 Satz 2 und § 30 des Gaststättengesetzes sowie § 155 Abs. 2 der Gewerbeordnung erläßt die Bayerische Staatsregierung folgende Verordnung:

§ 1 Zuständigkeit

(1) Die Ausführung des Gaststättengesetzes und der nach ihm ergangenen Rechtsverordnungen obliegt den Kreisverwaltungsbehörden, soweit im Folgenden nichts anderes bestimmt ist. Die Zuständigkeit der Großen Kreisstädte als Kreisverwaltungsbehörde ergibt sich aus der Verordnung über Aufgaben der Großen Kreisstädte.

(2) Für die Ausführung des Gaststättengesetzes und der nach ihm ergangenen Rechtsverordnungen sowie den Vollzug des § 15 Abs. 2 der Gewerbeordnung, soweit sich diese Bestimmung auf Gewerbebetriebe bezieht, die dem Gaststättengesetz unterliegen, sind die kreisangehörigen Gemeinden zuständig, soweit ihnen durch Rechtsverordnung nach Art. 65 Abs. 2 der Bayerischen Bauordnung die Aufgaben der unteren Bauaufsichtsbehörde übertragen wurden.

(3) Für die Ausführung des § 12 des Gaststättengesetzes sowie des § 15 Abs. 2 der Gewerbeordnung, soweit sich diese Bestimmung auf Gewerbebetriebe bezieht, die der Vorschrift des § 12 des Gaststättengesetzes unterliegen, sind die Gemeinden zuständig.

(4) Anzeigen nach § 6 sind bei den Gemeinden zu erstatten.

(5) Für den Erlaß von Verordnungen nach § 10 sind das Staatsministerium des Innern und die Gemeinden zuständig.

Bayern Anhang I

(6) Für die Anordnung von Ausnahmen von der Sperrzeit für einzelne Betriebe nach § 11 sind die Gemeinden, in unaufschiebbaren Fällen auch die Polizeiinspektionen und -stationen zuständig.

(7) Die Überwachungsbefugnisse nach § 22 des Gaststättengesetzes stehen im Zusammenhang mit der Sperrzeit auch den Polizeiinspektionen und -stationen zu.

§ 2 Verfahren

(1) Der Antrag auf Erteilung einer Erlaubnis, einer Stellvertretungserlaubnis, einer vorläufigen Erlaubnis, einer vorläufigen Stellvertretungserlaubnis oder einer Gestattung im Sinn der §§ 2, 9, 11 und 12 des Gaststättengesetzes ist schriftlich einzureichen. Antragsteller haben die Angaben zu machen und die Unterlagen beizubringen, die für die Bearbeitung und Beurteilung des Antrags von Bedeutung sein können. Bei Anträgen auf Erteilung einer Stellvertretungserlaubnis sind Angaben und Unterlagen über die Person der Antragsteller und der Stellvertreter beizubringen.

(2) Die Entscheidung über den Antrag bedarf der Schriftform. Die Entscheidung über die Verkürzung oder Aufhebung der Sperrzeit nach § 11 soll in Schriftform ergehen.

§ 3 Straußwirtschaften

(1) Der Ausschank von selbsterzeugtem Wein bedarf für die Dauer von vier zusammenhängenden Monaten oder in zwei zusammenhängenden Zeitabschnitten von insgesamt vier Monaten im Jahr keiner Erlaubnis (Straußwirtschaft).

(2) Wer Wein gewerbsmäßig in den Verkehr bringt, darf daneben nicht eine Straußwirtschaft betreiben.

(3) Personen, die in einem gemeinsamen Haushalt leben, dürfen insgesamt nur vier Monate im Jahr eine Straußwirtschaft betreiben.

§ 4 Räumliche Voraussetzungen

(1) Der Ausschank in einer Straußwirtschaft ist nur in Räumen zulässig, die am Ort des Weinbaubetriebs gelegen sind.

Anhang I Bayern

(2) Der Ausschank in einer Straußwirtschaft darf nicht in Räumen stattfinden, die eigens zu diesem Zweck angemietet sind. In besonderen Härtefällen können hiervon Ausnahmen zugelassen werden.

(3) Eine Straußwirtschaft darf nicht mit einer anderen Schank- oder Speisewirtschaft oder mit einem Beherbergungsbetrieb verbunden werden.

(4) In einer Straußwirtschaft dürfen nicht mehr als 40 Sitzplätze vorhanden sein.

(5) Der Betrieb einer Straußwirtschaft kann untersagt und seine Fortsetzung verhindert werden, wenn die Voraussetzungen des § 4 Abs. 1 Nr. 2 oder Nr. 3 des Gaststättengesetzes vorliegen.

§ 5   Verabreichen von Speisen, Nebenleistungen

(1) In einer Straußwirtschaft dürfen nur kalte und einfach zubereitete warme Speisen verabreicht werden.

(2) § 7 Abs. 2 Nr. 2 des Gaststättengesetzes findet keine Anwendung auf die Abgabe von Flaschenbier, von alkoholfreien Getränken, die der Straußwirt in seinem Betrieb nicht verabreicht, und von Süßwaren.

§ 6   Anzeige

Wer eine Straußwirtschaft betreiben will, hat dies mindestens zwei Wochen vor Beginn des Betriebs anzuzeigen und dabei mitzuteilen

1. den Zeitraum, während dessen der Ausschank stattfinden soll,
2. den Ort und die Lage, aus denen die zur Herstellung des Weins verwendeten Trauben stammen, sowie den Ort, an dem die Trauben gekeltert worden sind und der Wein ausgebaut worden ist,
3. die zum Betrieb der Straußwirtschaft bestimmten Räume.

§ 7   Erlaubnisfreier Betrieb

(1) Soweit der Ausschank selbsterzeugter Getränke nach § 26 Abs. 1 Satz 1 des Gaststättengesetzes in Verbindung mit Art. 2 des Gesetzes über Realgewerbeberechtigungen und den Ausschank eigener Erzeugnisse (BayRS 7100-1-W) keiner Erlaubnis bedarf, kann der Betrieb untersagt und seine Fortsetzung verhindert werden, wenn die Vorausset-

zungen des § 4 Abs. 1 Nr. 2 oder Nr. 3 des Gaststättengesetzes vorliegen. § 7 Abs. 2 Nr. 2 des Gaststättengesetzes findet keine Anwendung auf die Abgabe von nicht selbsterzeugtem Flaschenbier, von alkoholfreien Getränken, die der Schankwirt in seinem Betrieb nicht verabreicht, und von Süßwaren.

(2) Soweit der Absatz selbsterzeugten Weins nach § 26 Abs. 1 Satz 1 des Gaststättengesetzes keiner Erlaubnis bedarf, darf der Ausschank des Weins nur innerhalb von vier zusammenhängenden Monaten oder in zwei zusammenhängenden Zeitabschnitten von insgesamt vier Monaten im Jahr erfolgen. Neben Absatz 1 finden § 3 Abs. 3, § 4 Abs. 1, Abs. 2 Satz 1, Abs. 3 und 4 und § 6 entsprechende Anwendung. Auf Antrag können Befreiungen von den Verpflichtungen nach § 4 Abs. 1 bis 4 erteilt werden, wenn dies dem örtlichen Herkommen entspricht und die Einhaltung der Vorschrift im Einzelfall zu einer unbilligen Härte führen würde.

§ 8 Allgemeine Sperrzeit

(1) Die Sperrzeit für Schank- und Speisewirtschaften sowie für öffentliche Vergnügungsstätten beginnt um 1 Uhr und endet um 6 Uhr.

(2) In der Nacht zum 1. 1. ist die Sperrzeit aufgehoben.

§ 9 Sperrzeit für bestimmte Betriebsarten

Für den Betrieb der Schank- oder Speisewirtschaften oder einer öffentlichen Vergnügungsstätte in Schiffen und Kraftfahrzeugen gilt keine Sperrzeit, wenn sich der Betrieb auf die Fahrgäste beschränkt.

§ 10 Allgemeine Ausnahmen

Bei Vorliegen eines öffentlichen Bedürfnisses oder besonderer örtlicher Verhältnisse kann die Sperrzeit durch Verordnung verlängert, verkürzt oder aufgehoben werden.

§ 11 Ausnahme für einzelne Betriebe

Bei Vorliegen eines öffentlichen Bedürfnisses oder besonderer örtlicher Verhältnisse kann für einzelne Betriebe der Beginn der Sperrzeit

Anhang I Bayern

bis höchstens 19 Uhr vorverlegt und das Ende der Sperrzeit bis 8 Uhr hinausgeschoben oder die Sperrzeit befristet und widerruflich verkürzt oder aufgehoben werden.

§ 12 Anzeigepflicht, Erlaubnis

(1) Soweit dies zur Aufrechterhaltung der Sittlichkeit oder zum Schutz der Gäste erforderlich ist, können die Gewerbetreibenden verpflichtet werden, über die in ihrem Betrieb beschäftigten Personen innerhalb einer Woche nach Beginn der Beschäftigung Anzeige zu erstatten. In der Anzeige sind für die beschäftigten Personen anzugeben:

1. Vorname und Familienname,
2. Geburtsname, sofern dieser vom Familiennamen abweicht,
3. Geburtsdatum und Geburtsort,
4. Geburtsname der Mutter,
5. Staatsangehörigkeit,
6. letzter Aufenthaltsort und vorhergehende Beschäftigungsstelle,
7. Beginn der Beschäftigung.

(2) Unter den Voraussetzungen des Absatzes 1 Satz 1 kann die Beschäftigung von Personen für einzelne Betriebe von einer Erlaubnis abhängig gemacht werden.

§ 13 Ordnungswidrigkeiten

Nach § 28 Abs. 1 Nr. 12, Abs. 3 des Gaststättengesetzes kann mit einer Geldbuße bis zu fünftausend Euro belegt werden, wer vorsätzlich oder fahrlässig

1. über den in § 5 Abs. 2 oder § 7 Abs. 1 Satz 2 erlaubten Umfang hinaus Waren abgibt,
2. entgegen § 6 oder einer auf Grund des § 12 Abs. 1 begründeten Verpflichtung die Anzeige nicht, nicht richtig, nicht vollständig oder nicht rechtzeitig erstattet,
3. den Vorschriften des § 7 Abs. 2 Satz 1 oder Satz 2 zuwiderhandelt,
4. Personen ohne die auf Grund einer Verpflichtung nach § 12 Abs. 2 erforderliche Erlaubnis beschäftigt.

§ 14 Inkrafttreten, Außerkrafttreten

(1) Diese Verordnung tritt am 1. 1. 1987 in Kraft.

(2) Gleichzeitig tritt die Verordnung zur Ausführung des Gaststättengesetzes (Gaststättenverordnung – GastV) vom 23. 4. 1971 (GVBl S. 150, BayRS 7130-1-W), zuletzt geändert durch Verordnung vom 22. 3. 1983 (GVBl. S. 102), außer Kraft.

b) Verordnung über den Bau von Gast- und Beherbergungsstätten (Gaststättenbauverordnung – GastBauV)

vom 13. 8. 1986 (GVBl. S. 304), geändert durch § 5 der Verordnung vom 8. 12. 1997 (GVBl. S. 827, ber. 1998 S. 270), Verordnung vom 13. 10. 1999 (GVBl. S. 473) und § 10 der Verordnung vom 28. 3. 2001 (GVBl. S. 174, 176)

§ 1 Geltungsbereich

(1) Die Vorschriften dieser Verordnung gelten für den Bau und Betrieb von nach dem Gaststättengesetz erlaubnispflichtigen

1. Gaststätten mit Galträumen oder mit Gastplätzen im Freien und
2. Beherbergungsstätten mit mehr als 8 Gastbetten.

(2) Die §§ 3, 5 bis 8, 9 Abs. 1, §§ 10 bis 12, 13 Abs. 4, §§ 14 bis 16, 21 bis 23, 25 bis 27, 29 und 30 gelten ferner für den Bau und Betrieb von nicht nach dem Gaststättengesetz erlaubnispflichtigen

1. Gaststätten mit mehr als 60 Gastplätzen und
2. Beherbergungsstätten mit mehr als 30 Gastbetten.

Für Betriebs- und Behördenkantinen in baulichen Anlagen besonderer Art oder Nutzung im Sinne des Art. 2 Abs. 4 Satz 2 BayBO gilt Satz 1 nur für die Galträume, Küchen- und Vorratsräume, nicht für die übrigen Teile der baulichen Anlage.

Anhang I Bayern

(3) Die Vorschriften dieser Verordnung gelten nicht für Berghütten, Kantinen auf Baustellen, fliegende Bauten, vorübergehend eingerichtete Gast- und Beherbergungsstätten und nach dem Gaststättengesetz erlaubnisfreie Straußwirtschaften.

§ 2 Begriffe

(1) *Gaststätten* sind bauliche Anlagen oder Teile baulicher Anlagen, die zum Verzehr von Speisen oder Getränken bestimmt sind.

(2) *Beherbergungsstätten* sind bauliche Anlagen oder Teile baulicher Anlagen, die zur Beherbergung von Gästen bestimmt sind.

(3) *Galsträume* sind Räume zum Verzehr von Speisen oder Getränken, auch wenn die Räume außerdem für Veranstaltungen oder sonstige Zwecke bestimmt sind.

(4) *Beherbergungsräume* sind Wohn- oder Schlafräume für Gäste.

(5) *Gastplätze* sind Sitz- oder Stehplätze für Gäste.

(6) *Gastbetten* sind die für eine regelmäßige Beherbergung eingerichteten Schlafstätten.

§ 3 Allgemeine Anforderungen

(1) Gäste und Betriebsangehörige müssen unmittelbar oder zügig über Flächen des Grundstücks, die nicht anderweitig genutzt werden dürfen (als Rettungswege dienende Verkehrsflächen), auf eine öffentliche Verkehrsfläche gelangen können. Für die Breite der Rettungswege gilt § 8 Abs. 3.

(2) Gaststätten mit mehr als 400 Gastplätzen und Beherbergungsstätten, die in Obergeschossen mehr als 60 Gastbetten haben, müssen von öffentlichen Verkehrsflächen insbesondere für die Feuerwehr eine Zu- oder Durchfahrt haben
1. zur Vorderseite rückwärtiger Gebäude,
2. zur Rückseite von Gebäuden, wenn eine Rettung von Menschen außer vom Treppenraum nur von der Gebäuderückseite möglich ist.

Die Zu- oder Durchfahrt muß eine lichte Höhe von mindestens 3,50 m haben und mindestens 3,50 m breit sein.

Bayern Anhang I

§ 4 Bauliche Maßnahmen für besondere Personengruppen

Unbeschadet Art. 51 Abs. 1 und 2 BayBO sind Gaststätten mit mehr als 400 Gastplätzen so herzustellen, daß Behinderte, alte Menschen und Personen mit Kleinkindern mindestens 1 Geschoß entsprechend benutzen oder aufsuchen können. Art. 51 Abs. 3 und 4 BayBO gelten entsprechend.

Abschnitt II
Baustoffe, Bauteile, Rettungswege

§ 5 Wände

(1) Tragende und aussteifende Wände und ihre Unterstützungen sind in Gebäuden mit mehr als einem Vollgeschoß feuerbeständig herzustellen.

(2) Trennwände zwischen Gaststätten oder Beherbergungsstätten und betriebsfremden Räumen müssen in Gebäuden mit mehr als einem Vollgeschoß feuerbeständig sein. Türen in diesen Wänden müssen mindestens feuerhemmend sein.

§ 6 Decken

Decken und ihre Unterstützungen sind bei Gebäuden mit mehr als einem Vollgeschoß feuerbeständig herzustellen, wenn sich darüber noch Aufenthaltsräume befinden.

§ 7 Wand- und Deckenverkleidungen, Dämmstoffe

(1) Verkleidungen von Wänden dürfen aus normal- oder schwerentflammbaren Baustoffen bestehen, wenn die Verkleidung unmittelbar auf der Wand aufgebracht ist. Sonstige Verkleidungen an Wänden in Galträumen müssen einschließlich der Unterkonstruktionen, Halterungen und Befestigungen aus mindestens schwerentflammbaren Baustoffen hergestellt werden; Verkleidungen aus normalentflammbaren Baustoffen sind zulässig, wenn keine Bedenken wegen des Brandschutzes bestehen. Dämmstoffe müssen aus nichtbrennbaren Baustoffen bestehen.

Anhang I Bayern

(2) Verkleidungen von Decken in Gasträumen dürfen einschließlich der Unterkonstruktionen, Halterungen und Befestigungen aus normalentflammbaren Baustoffen bestehen. Dämmstoffe müssen aus nichtbrennbaren Baustoffen bestehen.

(3) In Gebäuden mit mehr als einem Vollgeschoß müssen Wand- und Deckenverkleidungen einschließlich der Unterkonstruktionen, Halterungen und Befestigungen sowie Dämmstoffe in Treppenräumen aus nichtbrennbaren Baustoffen, in Fluren aus mindestens schwerentflammbaren Baustoffen bestehen, wenn sie als Rettungsweg einer Gaststätte dienen.

§ 8 Rettungswege im Gebäude

(1) Gänge in Gasträumen, Ausgänge zu den Fluren, Flure, Treppen und andere Ausgänge (Rettungswege) müssen in solcher Anzahl und Breite vorhanden und so verteilt sein, daß Gäste und Betriebsangehörige auf kürzestmöglichem Weg leicht und gefahrlos ins Freie auf Verkehrsflächen gelangen; die Anforderungen an die Rettungswege ergeben sich im einzelnen aus den §§ 9 bis 12.

(2) Von jedem Gastplatz darf der Weg zu einem Gang, der als Rettungsweg dient, nicht länger als 5 m sein. Bei Gasträumen mit mehr als 200 Gastplätzen sind größere Entfernungen als nach Art. 34 Abs. 2 Satz 1 BayBO zulässig; die Entfernung von einem Gastplatz bis zum nächsten Ausgang im Gastraum darf jedoch nicht länger als 25 m sein.

(3) Die lichte Breite eines jeden Teils von Rettungswegen muß 1 m je 150 darauf angewiesene Personen betragen. Zwischenwerte sind zulässig. Die lichte Mindestbreite muß jedoch betragen für

Gänge in Gasträumen	80 cm,
Türen	90 cm,
Flure und alle übrigen Rettungswege	100 cm.

(4) Die erforderliche Mindestbreite von Rettungswegen darf durch geöffnete Türen und feste Einbauten, wie Verkaufsstände, Spielgeräte, Automaten, Wandtische, Wandsitze, Bordbretter und Kleiderablagen, nicht eingeengt werden.

(5) Bei mehreren Benutzungsarten sind die Rettungswege nach der größtmöglichen Personenzahl zu berechnen.

Bayern Anhang I

(6) Haben mehrere, in verschiedenen Geschossen gelegene Galerie gemeinsame Rettungswege, so sind bei der Berechnung die Räume des Geschosses mit der größten Personenzahl ganz, die Räume der übrigen Geschosse nur zur Hälfte zugrunde zu legen.

(7) Rettungswege von Gaststätten mit mehr als 400 Gastplätzen oder in Beherbergungsstätten mit mehr als 60 Gastbetten sowie Türen zu Treppenräumen sind durch beleuchtbare Schilder zu kennzeichnen. Bei kleineren Gaststätten und Beherbergungsstätten kann die Kennzeichnung der Rettungswege verlangt werden; es kann verlangt werden, daß die Schilder beleuchtbar sind.

(8) Fußbodenbeläge in Fluren und Treppenräumen in Gebäuden mit mehr als zwei Vollgeschossen müssen mindestens schwerentflammbar sein.

§ 9 Ausgänge

(1) Galerie, die einzeln mehr als 200 Gastplätze haben, und Galerie in Kellergeschossen müssen mindestens zwei möglichst entgegengesetzt gelegene Ausgänge unmittelbar ins Freie, auf Flure oder in Treppenräume haben, wovon ein Ausgang über einen anderen Gastraum führen darf.

(2) Es kann verlangt werden, daß Ausgänge ins Freie insbesondere bei Gaststätten mit regelmäßigen Musikdarbietungen mit Schallschutzschleusen ausgestattet werden.

§ 10 Notwendige Flure

(1) Notwendige Flure von Galerie mit zusammen mehr als 200 Gastplätzen müssen mindestens zwei Ausgänge ins Freie oder zu notwendigen Treppen haben. Von jeder Stelle des Flurs muß ein solcher Ausgang in höchstens 30 m Entfernung erreichbar sein.

(2) Wände von notwendigen Fluren in Gebäuden mit mehr als einem Vollgeschoß sind mindestens feuerhemmend und in den wesentlichen Teilen aus nichtbrennbaren Baustoffen, in Gebäuden mit mehr als fünf Vollgeschossen feuerbeständig herzustellen.

Anhang I Bayern

(3) Befinden sich im Kellergeschoß Gasträume, so müssen in Fluren die Türen zu Räumen, die nicht von Gästen benutzt werden, mindestens feuerhemmend sein.

(4) Einzelne Stufen im Zuge von Fluren sind unzulässig. Eine Folge von drei oder mehr Stufen ist zulässig, wenn sie eine Stufenbeleuchtung oder eine Beleuchtung von oben hat. Für das Steigungsverhältnis der Stufen gilt § 11 Abs. 2.

§ 11 Treppen und Treppenräume

(1) Jedes nicht zu ebener Erde gelegene Geschoß mit mehr als 30 Gastbetten oder mit Gasträumen, die einzeln oder zusammen mehr als 200 Gastplätze haben, muß über mindestens zwei voneinander unabhängige Treppen oder eine Treppe in einem Sicherheitstreppenraum zugänglich sein (notwendige Treppen).

(2) Stufen von Treppen zu Geschossen mit Gasträumen, die dem allgemeinen Besucherverkehr dienen, müssen eine Auftrittsbreite von mindestens 28 cm haben und dürfen nicht höher als 17 cm sein; bei gebogenen Läufen darf die Auftrittsbreite der Stufen an der schmalsten Stelle nicht kleiner als 23 cm sein. Treppen müssen auf beiden Seiten feste Handläufe ohne freie Enden haben. Es kann verlangt werden, die Handläufe über alle Stufen und Treppenabsätze fortzuführen.

(3) Türen zwischen Gasträumen mit mehr als 200 Gastplätzen und Treppenräumen müssen mindestens feuerhemmend sein.

(4) Abweichend von Art. 36 Abs. 3 Satz 1 BayBO darf in Gebäuden mit mehreren notwendigen Treppen ein Treppenraum über eine Halle mit dem Freien verbunden sein. Die Entfernung von der Treppe bis ins Freie darf nicht mehr als 20 m betragen. Es kann verlangt werden, daß die Halle durch feuerbeständige Wände von anderen Räumen zu trennen ist und Öffnungen zu diesen Räumen feuerhemmende Türen haben. Öffnungen zu notwendigen Fluren müssen dicht und selbstschließende Türen haben. Glasfüllungen in diesen Türen müssen aus mindestens 6 mm dickem Drahtglas mit verschweißtem Netz oder aus entsprechend widerstandsfähigem Glas bestehen. Auskunftsstellen, Kleiderablagen, Verkaufsstände und Verkaufsräume können in die Halle einbezogen werden.

(5) Führt der Ausgang aus Treppenhäusern über Flure ins Freie, so sind die Flure gegen andere Räume feuerbeständig abzutrennen; Öffnungen sind mit mindestens feuerhemmenden Türen zu versehen.

§ 12 Türen

(1) Türen im Zuge von Rettungswegen müssen in Fluchtrichtung aufschlagen. Türen zu Treppenräumen sind so anzuordnen, daß sie beim Öffnen und im geöffneten Zustand die erforderliche Laufbreite nicht einengen.

(2) Drehtüren, Hebetüren und Schiebetüren sind in Rettungswegen unzulässig. Pendeltüren, außer zwischen Gasträumen und Küchen, müssen Bodenschließer haben. Automatische Schiebetüren können für Ausgänge ins Freie verwendet werden, wenn sie sich in jeder Stellung in Fluchtrichtung als Drehflügeltüren benutzen lassen. Türen müssen während der Betriebszeit von innen mit einem einzigen Griff von oben nach unten oder durch Druck leicht in voller Breite zu öffnen sein.

Abschnitt III
Haustechnische Anlagen

§ 13 Lüftung

(1) Galsträume und andere Aufenthaltsräume müssen die für eine ausreichende Lüftung erforderlichen Einrichtungen haben.

(2) Durch die raumlufttechnischen Anlagen (RLT-Anlagen) muß für jeden Gastplatz eine stündliche Außenluftrate von mindestens 20 m^3, in Räumen, in denen geraucht werden darf, von mindestens 30 m^3 gesichert sein. Anlagen zur Belüftung von Gaststätten mit regelmäßigen Musikdarbietungen müssen schallgedämmt sein. Lüftungsleitungen müssen aus nichtbrennbaren Baustoffen bestehen.

(3) Koch- und Grilleinrichtungen müssen Abzüge haben, die Wrasen und Dünste unmittelbar absaugen und so ins Freie abführen, daß die Bewohner des Grundstücks und der Nachbargrundstücke nicht erheblich belästigt werden.

(4) Lüftungsleitungen, durch die stark fetthaltige Luft abgeführt wird, wie von Koch und Grilleinrichtungen, sind durch auswechselbare Fett-

Anhang I Bayern

filter gegen Fettablagerung zu schützen. Sie sind von anderen Lüftungsleitungen zu trennen. Reinigungsöffnungen können verlangt werden.

§ 14 Rauchabführung

(1) Galsträume mit mehr als 400 Gastplätzen ohne öffenbare Fenster und Gasträume in Kellergeschossen müssen Rauchabzugsöffnungen mit einem lichten Gesamtquerschnitt von mindestens 0,5 v. H. ihrer Grundfläche haben. Die Rauchabzugsöffnungen können in der Decke oder in den Wänden liegen. Die Vorrichtung zum Öffnen der Rauchabzüge muß an einer jederzeit zugänglichen Stelle des Gastraums liegen und an der Bedienungsstelle die Aufschrift „Rauchabzug" haben. An der Bedienungsvorrichtung muß erkennbar sein, ob der Rauchabzug offen oder geschlossen ist.

(2) Rauchabzugsleitungen müssen aus nichtbrennbaren Baustoffen bestehen. Führen die Leitungen durch Decken, so müssen sie nach ihrer Feuerwiderstandsdauer der Bauart der Decken entsprechen. Rauchabzugsleitungen sollen senkrecht bis ins Freie geführt werden.

(3) Alle beweglichen Teile von Rauchabzügen müssen leicht bewegt und geprüft werden können.

(4) Es ist zulässig, den Rauch über eine Lüftungsanlage mit Ventilator abzuführen, wenn diese auch im Brandfall wirksam ist.

§ 15 Elektrische Anlagen, Sicherheitsbeleuchtung

(1) In Gaststätten mit mehr als 400 Gastplätzen oder in Beherbergungsstätten mit mehr als 60 Gastbetten muß zur Beleuchtung von Galsträumen, Fluren, Treppenräumen, Ausgängen und anderen Rettungswegen eine Sicherheitsbeleuchtung vorhanden sein, die gewährleistet, daß sich Gäste und Betriebsangehörige auch bei vollständigem Versagen der allgemeinen Beleuchtung bis zu öffentlichen Verkehrsflächen hin gut zurechtfinden können. Für kleinere Gast- und Beherbergungsstätten kann eine Sicherheitsbeleuchtung verlangt werden, wenn dies wegen mangelnder Übersichtlichkeit erforderlich ist.

(2) Die Sicherheitsbeleuchtung muß eine vom Versorgungsnetz unabhängige, bei Ausfall des Netzstroms sich selbsttätig innerhalb einer Se-

Bayern Anhang I

kunde einschaltende Ersatzstromquelle haben, die für einen mindestens einstündigen Betrieb ausgelegt ist. Für Beherbergungsbetriebe kann als Ersatzstromquelle auch ein bei Ausfall der allgemeinen Stromversorgung selbsttätig sich mindestens innerhalb von 15 Sekunden einschaltendes Stromerzeugungsaggregat verwendet werden.

(3) Die Beleuchtungsstärke der Sicherheitsbeleuchtung muß mindestens 1 Lux betragen.

(4) Ist eine Sicherheitsbeleuchtung erforderlich, so ist die Beleuchtung der Rettungswege, die nach § 8 Abs. 7 beleuchtbar sein müssen, an die Ersatzstromquelle anzuschließen. Ist eine Beleuchtung nach § 10 Abs. 4 erforderlich, so ist diese an eine aus anderen Gründen erforderliche Ersatzstromquelle anzuschließen.

(5) Für die sicherheitstechnischen Anlagen, die auch bei Ausfall der allgemeinen Stromversorgung in Betrieb sein müssen, ist der Anschluß an eine Ersatzstromquelle erforderlich.

§ 16 Feuerlösch-, Brandmelde- und Alarmeinrichtungen

(1) In Gaststätten sind geeignete Feuerlöscher in ausreichender Zahl gut sichtbar und leicht zugänglich anzubringen.

(2) Beherbergungsbetriebe müssen je Geschoß und Brandabschnitt mindestens einen geeigneten Feuerlöscher haben. Der Feuerlöscher ist in der Nähe des Treppenraums an gut sichtbarer und leicht zugänglicher Stelle anzubringen. Beherbergungsbetriebe müssen geeignete Alarmeinrichtungen haben, durch die im Gefahrenfall die Gäste gewarnt werden können.

(3) Weitere Feuerlösch- und Brandmeldeeinrichtungen, wie selbsttätige Feuerlöschanlagen oder Rauchmeldeanlagen, können gefordert werden, wenn dies aus Gründen des Brandschutzes erforderlich ist.

Abschnitt IV
Anforderungen an Räume

§ 17 Galerie Gasträume

(1) Gasträume dürfen nicht zugleich als Wohn- oder Schlafräume dienen. Gasträume und Wohnungen müssen getrennt zugänglich sein.

Anhang I Bayern

(2) Die Grundfläche mindestens eines Gastraums muß in Gaststätten mindestens 25 m² betragen; für weitere Galsträume genügt eine Grundfläche von 12 m². Bei Gaststätten, die nach Angebot und Ausstattung nur für eine kurze Verweildauer der Gäste eingerichtet sind, kann eine geringere Grundfläche gestattet werden.

(3) Die lichte Höhe von Gasträumen muß bei einer Grundfläche

– von nicht mehr als 50 m² mindestens 2,50 m
– von mehr als 50 m² mindestens 2,75 m
– von mehr als 100 m² mindestens 3,00 m und
– von mehr als 2000 m² mindestens 3,25 m

betragen. Über und unter Emporen muß die lichte Höhe mindestens 2,50 m betragen. Abgehängte oder aufgelagerte Unterdecken, die einen Luftaustausch ermöglichen, dürfen die lichte Höhe bis zu 2,50 m einschränken. Für kleinere Bereiche, wie Nischen, genügt eine lichte Höhe von 2,00 m.

(4) Bodenflächen mit mehr als 20 cm Höhenunterschied sind zu umwehren oder durch Stufen oder Rampen zu verbinden. Emporen und Galerien müssen Fußleisten zum Schutz gegen ein Herabfallen von Gegenständen haben.

§ 18 Beherbergungsräume, Schlafräume für Betriebsangehörige

(1) Jeder Beherbergungsraum muß einen eigenen Zugang vom Flur haben. Für gemeinsam vermietbare Raumgruppen, wie Appartements oder Suiten, genügt es, wenn nur ein Raum unmittelbar vom Flur aus zugänglich ist. Die Zugangstüren müssen durch Nummern oder Symbole gekennzeichnet und von innen und außen abschließbar sein.

(2) Einbettzimmer müssen mindestens 8 m², Zweibettzimmer mindestens 12 m² groß sein; Nebenräume, insbesondere Wasch- und Toilettenräume, werden nicht angerechnet.

(3) Schlafräume für Betriebsangehörige dürfen nicht in unmittelbarer Nähe von Gasträumen liegen.

§ 19 Toilettenanlagen

(1) Die Toilettenräume für Gäste müssen leicht erreichbar und gekennzeichnet sein.

(2) In Gaststätten müssen für Gäste mindestens vorhanden sein:

Gastplätze	Toilettenbecken		Urinale	
	Herren	Damen	Becken oder Rinnen	
			Stück	lfd. m
bis 50	1	1	2	2
über 50 bis 100	1	2	3	2,50
über 100 bis 200	2	2	4	3
über 200 bis 300	2	3	5	3,50
über 300 bis 400	3	4	6	4
über 400		– Festlegung im Einzelfall –		

Für Damen und Herren müssen getrennte Toilettenräume vorhanden sein. Für Sitzbetriebe oder Stehbetriebe mit Ausschank alkoholischer Getränke mit bis zu 25 Gastplätzen genügt ein Toilettenbecken und ein Urinal. Bei Stehbetrieben ohne Ausschank alkoholischer Getränke mit bis zu 35 Gastplätzen kann auf Toilettenanlagen verzichtet werden.

(3) In jedem Geschoß von Beherbergungsbetrieben, in dem Beherbergungsräume für Gäste liegen, muß für je angefangene 10 Betten eine Toilette vorhanden sein. Betten von Beherbergungsräumen mit eigenen Toilettenräumen werden nicht mitgerechnet.

(4) Für die Betriebsangehörigen müssen leicht erreichbare Toilettenräume vorhanden sein. Der Weg der in der Küche Beschäftigten zu den Toilettenräumen darf nicht durch Galträume oder durchs Freie führen. Im übrigen richten sich die Anforderungen an die Toilettenräume, unbeschadet der Absätze 5 und 6, nach den betrieblichen Verhältnissen, insbesondere nach Zahl und Geschlecht der Personen, deren regelmäßige Beschäftigung in dem Betrieb zu erwarten ist.

Anhang I Bayern

(5) Toilettenräume für Damen und Herren müssen durch durchgehende Wände voneinander getrennt sein. Jeder Toilettenraum muß einen lüftbaren und beleuchtbaren Vorraum mit Waschbecken und gesundheitlich einwandfreien Handtrocknungseinrichtungen haben. Die Wände der Toilettenräume sind bis zur Höhe von mindestens 1,50 m mit einem wasserfesten, glatten Belag oder Anstrich zu versehen. Die Fußböden sollen ausreichend gleitsicher und möglichst leicht zu reinigen sein. Die Sätze 1 bis 4 gelten nicht für Toiletten nach Absatz 3 Satz 2.

(6) Toiletten und Urinalbecken müssen Wasserspülungen haben. Urinalräume müssen unter den Urinalen einen Fußbodenablauf mit Geruchsverschluss haben. Die Standbreite von Urinalbecken darf 60 cm nicht unterschreiten.

§ 20 Küchen-, Schank- und Vorratsräume

(1) Gaststätten müssen Küchen haben, wenn dies nach der Art des Betriebs erforderlich ist. Küchen müssen mindestens eine Grundfläche von 8 m^2 haben. Für die lichte Höhe der Küchen gilt § 17 Abs. 3 entsprechend.

(2) Fußböden sollen ausreichend gleitsicher, wasserundurchlässig und möglichst leicht zu reinigen sein.

(3) Küchen müssen mindestens eine Wasserzapfstelle, einen Schmutzwasserausguß, ein Handwaschbecken und eine ausreichende Spülanlage haben. Schankräume müssen mindestens eine Wasserzapfstelle und eine ausreichende Gläserspülanlage haben.

(4) In Gaststätten muß ein nach außen oder durch eine ausreichende RLT-Anlage lüftbarer, genügend großer Vorratsraum oder Einbauschrank zur Aufbewahrung von Lebensmitteln oder eine demselben Zweck dienende, ausreichend große Kühleinrichtung vorhanden sein. Türen von Kühlräumen müssen von innen ohne Schlüssel geöffnet werden können.

Abschnitt V
Betriebsvorschriften

§ 21   Pflichten des Betreibers

(1) Der Betreiber einer Gaststätte und eines Beherbergungsbetriebs ist dafür verantwortlich, daß

1. die technischen Anlagen und Einrichtungen, die nach den Vorschriften dieser Verordnung erforderlich sind, ihrem Zweck entsprechend betrieben werden oder betriebsbereit bleiben und
2. die nachstehenden Betriebsvorschriften eingehalten werden.

(2) Während des Betriebs von Gaststätten mit mehr als 400 Gastplätzen und von Beherbergungsstätten mit mehr als 60 Gastbetten muß der Betreiber oder ein von ihm Beauftragter ständig anwesend sein.

§ 22   Rettungswege, Sicherheitsbeleuchtung

(1) Rettungswege außerhalb der Gebäude sowie Aufstell- und Bewegungsflächen für die Feuerwehr sind von Kraftfahrzeugen oder Gegenständen freizuhalten. Darauf ist in Gaststätten mit mehr als 400 Gastplätzen und Beherbergungsbetrieben mit mehr als 60 Gastbetten durch Schilder hinzuweisen (Zeichen 283 StVO mit Zusatzschild „Anfahrtszone der Feuerwehr"); um erhebliche Gefahren oder Nachteile im Sinn des Art. 3 Abs. 1 Satz 1 BayBO zu verhüten, können solche Hinweisschilder bei mehr als 200 Gastplätzen verlangt werden.

(2) Rettungswege innerhalb der Gebäude sind freizuhalten. In Gaststätten mit mehr als 200 Gastplätzen sind sie bei Dunkelheit während der Betriebszeit zu beleuchten; bei kleineren Schank- und Speisewirtschaften kann eine Beleuchtung verlangt werden.

(3) Bewegliche Verkaufsstände, Möbel und sonstige Gegenstände dürfen in Rettungswegen nur so aufgestellt werden, daß die Rettungswege nicht eingeengt werden. In Treppenräumen im Sinn des Art. 36 Abs. 1 BayBO ist das Aufstellen dieser Gegenstände unzulässig, es sei denn aus der Sicht des Brandschutzes bestehen keine Bedenken.

(4) Feuerhemmende oder feuerbeständige Türen sowie Türen, die dicht und selbstschließend sein müssen, dürfen in geöffnetem Zustand auch

Anhang I Bayern

vorübergehend nicht festgestellt werden; sie dürfen offengehalten werden, wenn sie bei Raucheinwirkung selbständig schließen.

(5) In Räumen von Gaststätten, die nicht durch Tageslicht ausreichend erhellt sind, muß eine nach § 15 Abs. 1 erforderliche Sicherheitsbeleuchtung vom Einlaß der Gäste ab in Betrieb sein; sie muß in Betrieb bleiben, bis die Gäste und Betriebsangehörigen die Gaststätte verlassen haben. In Räumen von Beherbergungsbetrieben, die nicht ausreichend durch Tageslicht erhellt sind, muß eine nach § 15 Abs. 1 erforderliche Sicherheitsbeleuchtung ständig in Betrieb sein.

§ 23 Ausschmückungen, Abfallstoffe

(1) In Galsträumen und notwendigen Fluren von Gaststätten mit mehr als 200 Gastplätzen müssen Ausschmückungen mindestens schwerentflammbar, in Treppenräumen nichtbrennbar sein. Hängende Raumdekorationen müssen vom Fußboden einen Abstand von mindestens 2,50 m einhalten. Ausschmückungen aus natürlichem Laub- oder Nadelholz dürfen nur in frischem Zustand verwendet werden.

(2) Brennbare Abfallstoffe sind bei Betriebsschluß aus den Galsträumen zu entfernen. Sie sind in Abfallbehältern außerhalb des Gebäudes oder innerhalb des Gebäudes in besonderen, gut lüftbaren, feuerbeständigen Räumen aufzubewahren; Art. 44 BayBO ist zu beachten.

(3) Abfallbehälter müssen aus nichtbrennbaren Stoffen bestehen und müssen dichtschließende Deckel haben.

(4) Die nach § 13 Abs. 4 erforderlichen Fettfilter sind bei Bedarf zu reinigen.

§ 24 Toilettenanlagen

(1) Die nach § 19 erforderlichen Toiletten dürfen nicht durch Münzautomaten oder ähnliche Einrichtungen versperrt oder nur gegen Entgelt zugänglich sein.

(2) Seife und Handtrocknungseinrichtungen dürfen nicht ausschließlich gegen Entgelt benutzt werden können. Gemeinschaftshandtücher dürfen nicht bereitgehalten werden.

Bayern   Anhang I

§ 25   Übersichtsplan, Brandschutzordnung

(1) Die Zahl der Gäste, die sich aus § 8 Abs. 3 ergibt, darf nicht überschritten werden.

(2) In allen Fluren von Beherbergungsbetrieben mit mehr als 60 Gastbetten ist an gut sichtbarer Stelle ein ständig beleuchteter Übersichtsplan anzubringen, der Angaben über die im Gefahrenfall zu benutzenden Rettungswege, die Rückzugsrichtung und die Feuerlöscheinrichtungen enthält.

(3) In Beherbergungsbetrieben ist auf der Innenseite der Türen aus den Beherbergungsräumen zum Flur ein gut lesbares Schild anzubringen, auf dem die Lage des Raums, der Verlauf der Rettungswege bis zu den Ausgängen oder Treppen und die Art des Alarmzeichens (§ 16 Abs. 2) darzustellen sind. Neben den Türen von Personenaufzügen ist ein Schild anzubringen mit der Aufschrift „Aufzug im Brandfall nicht benützen".

(4) Für Beherbergungsbetriebe mit mehr als 60 Gastbetten ist im Einvernehmen mit der örtlich zuständigen Feuerwehr eine Brandschutzordnung aufzustellen und den Betriebsangehörigen bekanntzumachen.

Abschnitt VI
Zusätzliche Bauvorlagen, Prüfungen

§ 26   Zusätzliche Bauvorlagen

(1) Die Bauvorlagen müssen zusätzlich zu den Anforderungen der Bauvorlagenverordnung – BauVorlV – Angaben enthalten über

1. die Art des Betriebs und die Nutzung der Räume,
2. die Zahl der Gastplätze in Gaststätten
3. die Gesamtzahl der Gastbetten sowie
4. die erforderlichen Rettungswege und ihre Abmessungen mit rechnerischem Nachweis.

§ 1 Abs. 2 BauVorlV bleibt unberührt.

(2) Der Lageplan muß die Anordnung und den Verlauf der Rettungswege auf dem Grundstück und die Aufstell- und Bewegungsflächen für die Feuerwehr enthalten.

Anhang I Bayern

(3) Die Anordnung und der Verlauf der Rettungswege von Galusträumen sind in einem besonderen Plan im Maßstab von mindestens 1:100 darzustellen; bei veränderlicher Einrichtung sind, soweit erforderlich, weitere Pläne vorzulegen.

§ 27 Prüfung sicherheitsrelevanter technischer Anlagen und Einrichtungen

(1) Die Wirksamkeit und Betriebssicherheit folgender Anlagen und Einrichtungen sind vor der ersten Inbetriebnahme der Gaststätte, unverzüglich nach einer wesentlichen Änderung sowie jeweils mindestens alle zwei Jahre durch verantwortliche Sachverständige für die Prüfung sicherheitstechnischer Anlagen und Einrichtungen nach § 1 Abs. 2 Nr. 4 der Verordnung über die verantwortlichen Sachverständigen im Bauwesen (SachverständigenverordnungBau – SVBau) zu prüfen und zu bescheinigen:

1. Brandmeldeanlagen nach § 16 Abs. 3,
2. Alarmanlagen nach § 16 Abs. 2,
3. Sicherheitsbeleuchtung nach § 15 Abs. 1,
4. Sicherheitsstromversorgung, Ersatzstromquelle nach § 15 Abs. 2, 4 und 5,
5. RLT-Anlagen nach § 13 Abs. 2,
6. Rauch- und Wärmeabzugsanlagen nach § 14 Abs. 4,
7. selbsttätige Feuerlöschanlagen nach § 16 Abs. 3.

Die Wirksamkeit und Betriebssicherheit sonstiger sicherheitstechnisch wichtiger Anlagen und Einrichtungen, an die bauordnungsrechtliche Anforderungen gestellt werden, insbesondere Feuerschutzabschlüsse, automatische Schiebetüren in Rettungswegen, Türen mit elektrischen Verriegelungen in Rettungswegen, Brandschutzklappen in Lüftungsanlagen, Rauchabzugsvorrichtungen, nichtselbsttätige Feuerlöschanlagen und tragbare Feuerlöschgeräte sind unter Berücksichtigung ihrer Verwendbarkeitsnachweise vor der ersten Inbetriebnahme und wiederkehrend durch Sachkundige zu prüfen und zu bestätigen.

(2) Wer die Gaststätte betreibt, hat die Prüfungen nach Absatz 1 zu veranlassen, die nötigen Vorrichtungen und fachlich geeignete Arbeitskräfte bereitzustellen sowie die erforderlichen Unterlagen bereitzuhal-

ten; bei der Prüfung festgestellte Mängel sind unverzüglich zu beseitigen.

(3) Die Bescheinigungen nach Absatz 1 Satz 1 und Bestätigungen nach Absatz 1 Satz 2 sind mindestens fünf Jahre aufzubewahren und der Bauaufsichtsbehörde auf Verlangen vorzulegen.

(4) Die Bauaufsichtsbehörde hat Gaststätten mit mehr als 400 Gastplätzen oder Beherbergungsstätten mit mehr als 60 Gastbetten in Abständen von längstens fünf Jahren zu prüfen. Dabei ist auch die Einhaltung von Betriebsvorschriften zu überwachen und festzustellen, ob die Prüfungen nach Absatz 1 fristgerecht durchgeführt und die Mängel beseitigt worden sind. Im übrigen bleiben Art. 60 Abs. 2 S. 1 und 2 BayBO unberührt.

(5) Die Absätze 2 bis 4 gelten nicht für Gaststätten des Bundes, der Länder, der Bezirke, der Landkreise und der Gemeinden, die die Aufgaben der unteren Bauaufsichtsbehörde wahrnehmen oder denen sie ganz oder teilweise übertragen sind. Die Prüfungen derartiger Gaststätten sind von den zuständigen Behörden in eigener Verantwortung durchzuführen und zu überwachen.

Abschnitt VII
Schlußvorschriften

§ 28 Anwendung der Vorschriften auf bestehende Gaststätten und Beherbergungsstätten

(1) Die zum Zeitpunkt des Inkrafttretens der Verordnung bestehenden Gaststätten und Beherbergungsstätten sind folgenden Bauvorschriften anzupassen:

1. innerhalb einer Frist von einem Jahr:
   Kennzeichnung der Rettungswege,
   Feuerlöscher,
2. innerhalb einer Frist von sechs Jahren:
   Türen in Treppenräumen, soweit es baulich möglich ist,
   sonstige Türen,
   Sicherheitsbeleuchtung,
   Alarmeinrichtungen.

Anhang I Bayern

Die Anpassungspflicht für Türen besteht bei Beherbergungsbetrieben nur, wenn sie mehr als 30 Gastbetten haben; auf die nachträgliche Erfüllung der Vorschrift des § 12 kann bei kleineren Gaststätten und Beherbergungsbetrieben ferner verzichtet werden, wenn im Hinblick auf ihre Lage im Gebäude, insbesondere die Zuordnung zu fremden Nutzungseinrichtungen, keine Bedenken wegen der Sicherheit oder Gesundheit bestehen.

(2) Für die im Zeitpunkt des Inkrafttretens der Verordnung bestehenden Gaststätten gelten die Betriebsvorschriften dieser Verordnung (§§ 21 bis 25) entsprechend. Wird in den §§ 21 bis 25 auf andere als die in Absatz 1 genannten Vorschriften des Zweiten bis Vierten Abschnitts Bezug genommen, so ist die Betriebsvorschrift insoweit nicht anwendbar.

(3) Bei bestehenden Gaststätten sind die Prüfungen erstmalig innerhalb von drei Jahren nach Inkrafttreten dieser Verordnung durchzuführen. Die Fristen für die wiederkehrenden Prüfungen nach § 27 Abs. 1 rechnen von dem Zeitpunkt an, zu dem die Anlagen und Einrichtungen erstmalig geprüft worden sind.

(4) Art. 60 Abs. 5 BayBO bleibt unberührt.

§ 29
(weggefallen)

§ 30 Ordnungswidrigkeiten

Nach Art. 89 Abs. 1 Nr. 17 BayBO kann mit Geldbuße bis zu fünfhunderttausend Euro belegt werden, wer als Betreiber vorsätzlich oder fahrlässig

1. entgegen § 22 Abs. 1 Aufstell- und Bewegungsflächen für die Feuerwehr oder Rettungswege auf dem Grundstück nicht von Kraftfahrzeugen oder Gegenständen freihält,
2. entgegen § 22 Abs. 2 Rettungswege während der Betriebszeit nicht freihält und beleuchtet,
3. entgegen § 22 Abs. 4 Türen feststellt,
4. entgegen § 22 Abs. 5 die Sicherheitsbeleuchtung nicht in Betrieb hält.

§ 31 Inkrafttreten

Diese Verordnung tritt am 1. 1. 1987 in Kraft. Sie tritt am 31. 12. 2004 außer Kraft.

c) Bayerische Biergartenverordnung

vom 20. 4. 1999 (GVBl. S. 142)

Auf Grund des § 23 Abs. 2 Satz 1 des Bundes-Immissionsschutzgesetzes in der Fassung der Bekanntmachung vom 14. 5. 1990 (BGBl. I S. 880), zuletzt geändert durch Art. 1 des Gesetzes vom 19. 10. 1998 (BGBl. I S. 3178), erlässt die Bayerische Staatsregierung folgende Verordnung:

§ 1 Anwendungsbereich

Diese Verordnung regelt die zum Schutz der Allgemeinheit und der Nachbarschaft vor schädlichen Umwelteinwirkungen durch Geräusche erforderlichen Anforderungen für Biergärten in der Nachbarschaft von Wohnbebauung, soweit nicht weitergehende Regelungen als nach § 2 Abs. 2 bestehen.

§ 2 Anforderungen

(1) Für Biergärten wird als Tageszeit die Zeit von 7.00 bis 23.00 Uhr festgelegt. In Misch-, Kern- und Dorfgebieten gilt tags ein Immissionsrichtwert von 65 dB(A). In allgemeinen Wohngebieten und Kleinsiedlungsgebieten gilt tags ein Immissionsrichtwert von 60 dB(A). In reinen Wohngebieten gilt tags ein Richtwert von 55 dB(A). Als Grundlage für die Ermittlung und Beurteilung der von Biergärten ausgehenden Geräusche nach dieser Verordnung sind die Bestimmungen der Technischen Anleitung zum Schutz gegen Lärm (TA Lärm) vom 26. 8. 1998 (GMBl. S. 503) sinngemäß heranzuziehen. Ein Zuschlag für Tageszeiten mit erhöhter Empfindlichkeit (Nr. 6.5 TA Lärm) erfolgt nicht.

Anhang I Bayern

(2) Um sicherzustellen, dass der Biergarten die Immissionsrichtwerte nach Absatz 1 und die Nachtruhe ab 23.00 Uhr einhält,

– sind spätestens um 22.00 Uhr Musikdarbietungen zu beenden,
– ist spätestens um 22.30 Uhr die Verabreichung von Getränken und Speisen zu beenden und
– ist die Betriebszeit so zu beenden, dass der zurechenbare Straßenverkehr bis 23. 00 Uhr abgewickelt ist.

(3) Soweit besondere Umstände vorliegen, insbesondere solche, die zu einer nicht nur gelegentlichen Überschreitung der Immissionsrichtwerte nach Absatz 1 führen, bleibt die Befugnis der zuständigen Behörde, andere oder von den Absätzen 1 und 2 abweichende Regelungen zur Vermeidung schädlicher Umwelteinwirkungen zu treffen, unberührt.

§ 3 In-Kraft-Treten

Diese Verordnung tritt am 1. 5. 1999 in Kraft.

3. Landesrecht Berlin

Verordnung
zur Ausführung des Gaststättengesetzes
(Gaststättenverordnung – GastV)

vom 10. 9. 1971 (GVBl. S. 1778), geändert durch Art. XI des Gesetzes vom 17. 5. 1999 (GVBl. S. 178, 182) und Art. II § 11 des Gesetzes vom 15. 10. 2001 (GVBl. S. 540, 542)

Auf Grund von § 4 Abs. 3, § 18 Abs. 1, § 21 Abs. 2 und § 30 des Gaststättengesetzes vom 5. 5. 1970 (BGBl. I S. 465, 1298 / GVBl. S. 834, 1662), § 1 Abs. 4 und § 3 Abs. 3 des Polizeizuständigkeitsgesetzes vom 2. 10. 1958 (GVBl. S. 959), zuletzt geändert durch Gesetz vom 22. 6. 1970 (GVBl. S. 928), und § 20 Buchst. a des Verwaltungsverfahrensgesetzes vom 2. 10. 1958 (GVBl. S. 951), zuletzt geändert durch Gesetz vom 10. 7. 1969 (GVBl. S. 884), wird verordnet:

Erster Abschnitt
Verfahren

§ 1

(1) Der Antrag auf Erteilung einer Erlaubnis nach § 2 Abs. 1 des Gaststättengesetzes, einer Stellvertretungserlaubnis nach § 9 des Gaststättengesetzes, einer vorläufigen Erlaubnis nach § 11 Abs. 1 des Gaststättengesetzes, einer vorläufigen Stellvertretungserlaubnis nach § 11 Abs. 2 des Gaststättengesetzes oder einer Gestattung nach § 12 Abs. 1 oder 2 des Gaststättengesetzes ist schriftlich einzureichen. Der Antragsteller hat die Angaben zu machen und die Unterlagen beizubringen, die für die Bearbeitung und Beurteilung des Antrages von Bedeutung sein können.

(2) In dem Antrag auf Erteilung einer Erlaubnis oder Gestattung sind insbesondere erforderlich Angaben und Unterlagen über

1. die Person des Antragstellers und seines Ehegatten oder Lebenspartners,

Anhang I Berlin

2. die Betriebsart,
3. die zum Betrieb des Gewerbes einschließlich der zum Aufenthalt der Beschäftigten bestimmten Räume.

Das Bezirksamt ist berechtigt, Bauzeichnungen im Maßstab 1:100, insbesondere Grundrisse und Schnitte, in zweifacher Ausfertigung zu verlangen.

(3) In dem Antrag auf Erteilung einer Stellvertretungserlaubnis sind Angaben über die Person des Antragstellers und des Stellvertreters zu machen.

(4) Die Entscheidung über den Antrag und Zusagen auf Erlaß eines stattgebenden Bescheides bedürfen der Schriftform. Dasselbe gilt für die Verkürzung oder Aufhebung der Sperrzeit nach § 13.

Zweiter Abschnitt
Mindestanforderungen an die Räume

§ 2 Sachlicher Anwendungsbereich

Für die zum Betrieb des Gewerbes und zum Aufenthalt der Beschäftigten bestimmten Räume gelten – unabhängig von den Vorschriften des Baurechts, des Arbeitsschutzrechts und der Lebensmittelhygiene sowie von sonstigen öffentlich-rechtlichen Bestimmungen – die folgenden besonderen Anforderungen.

§ 3 Zugang

Die dem Betrieb des Gewerbes dienenden Räume müssen für jeden leicht zugänglich sein und die ordnungsmäßige Überwachung durch die hiermit beauftragten Personen ermöglichen.

§ 4 Schank- und Speisewirtschaften

(1) Schankräume dürfen nicht in Räumen eingerichtet werden, die zugleich als Wohn- oder Schlafräume dienen. Schankräume und Wohnungen müssen getrennt zugänglich sein. In Rettungswegen liegende Türen müssen in Fluchtrichtung aufschlagen. Türen dürfen beim Öffnen nicht in die Verkehrsfläche hineinragen. Die lichte Breite der Eingangstür muß mindestens 0,90 m betragen.

(2) Die Grundfläche mindestens eines Schankraumes darf nicht kleiner als 25 qm sein; für weitere Schankräume genügt eine Grundfläche von 15 qm.

(3) Schankräume und andere dem gemeinsamen Aufenthalt der Gäste dienende Räume müssen übersichtlich sein.

(4) Die Vorschriften der Absätze 1 bis 3 gelten für Speisewirtschaften entsprechend.

(5) Die Fußböden von Kühlräumen sind wasserdicht und gleitsicher herzurichten. Die Türen müssen von innen ohne Schlüssel geöffnet werden können.

§ 5 Beherbergungsbetriebe

(1) Die Schlafräume für die Gäste dürfen nicht innerhalb der Wohnung des Gewerbetreibenden oder Dritter liegen. Jeder Schlafraum muß einen eigenen Zugang vom Flur aus haben. Die Zugangstüren müssen durch Nummern oder Symbole gekennzeichnet und von innen und außen abschließbar sein.

(2) Einbettzimmer müssen mindestens 8 qm, Zweibettzimmer mindestens 12 qm groß sein; Nebenräume (insbesondere Bäder, Aborte) werden nicht angerechnet.

(3) Schlafräume, die nach dem Inhalt der Erlaubnis auch während der kalten Jahreszeit belegt werden können, müssen so beheizbar sein, daß eine Mindestlufttemperatur von 18° C am Tage und 16° C zur Nachtzeit sichergestellt ist. In jedem Schlafraum oder in Verbindung mit ihm muß eine anderen Gästen nicht zugängliche hygienisch einwandfreie Waschgelegenheit mit fließendem kalten und warmen Wasser vorhanden sein.

(4) Die Anzahl der barrierefrei zugänglichen Schlaf- und Nebenräume muß bei Neubauten von Beherbergungsbetrieben mindestens 10 vom Hundert betragen. § 9 gilt entsprechend.

§ 6 Abortanlagen

(1) Die Abortanlagen für die Gäste müssen leicht erreichbar, gekennzeichnet und von anderen Abortanlagen getrennt sein. Mindestens eine

Anhang I Berlin

Abortanlage muß für mobilitätsbehinderte Gäste benutzbar sein. § 9 gilt entsprechend.

(2) In Schank- oder Speisewirtschaften müssen vorhanden sein:

Schank-/Speiseraum-fläche, qm	Spülaborte		PP-Becken
	Männer	Frauen	Stück
bis 50	1	1	2
über 50–100	1	2	3
über 100–150	2	2	3
über 150–200	2	3	4
über 200–250	2	3	5
über 250–350	3	4	6
über 350 Festsetzung im Einzelfall			

(3) In jedem Geschoß von Beherbergungsbetrieben, in dem Schlafräume für Gäste liegen, müssen vorhanden sein

1. bis zu 10 Betten 1 Spülabort;
2. über 10 bis zu 20 Betten 2 Spülaborte;
3. bei mehr als 20 Betten Spülaborte und PP-Becken nach Festsetzung im Einzelfall.

Soweit Schlafräume eine eigene Abortanlage haben, werden die Betten in diesen Räumen nicht mitgerechnet.

(4) Für die im Betrieb Beschäftigten müssen leicht erreichbare Abortanlagen vorhanden sein. Der Weg der in der Küche Beschäftigten zu den Abortanlagen darf nicht durch Schankräume oder durchs Freie führen. Im übrigen richten sich die Anforderungen an die Abortanlagen, unbeschadet der Abs. 5 bis 7, nach den betrieblichen Verhältnissen, insbesondere nach Zahl und Geschlecht der Personen, deren regelmäßige Beschäftigung in dem Betrieb zu erwarten ist.

(5) Abortanlagen für Frauen und Männer müssen durch durchgehende Wände voneinander getrennt sein. Jede Abortanlage und im Falle des

Absatzes 3 Nr. 2 auch jeder Spülabort muß einen lüftbaren und beleuchtbaren Vorraum mit Waschbecken, Seifenspender und hygienisch einwandfreier Handtrocknungseinrichtung haben. Handtrocknungseinrichtungen und Seife dürfen nicht ausschließlich gegen Entgelt bereitgestellt werden, Gemeinschaftshandtücher sind unzulässig. Die Wände der Abortanlagen sind bis zur Höhe von 1,5 m mit einem waschfesten, glatten Belag oder Anstrich zu versehen. Die Fußböden müssen gleitsicher und leicht zu reinigen sein.

(6) Aborte und PP-Becken müssen Wasserspülung haben. Die Türen zu den Spülaborten müssen von innen verschließbar sein. Die nach den Absätzen 2 bis 4 notwendigen Aborte dürfen nicht durch Münzautomaten oder ähnliche Einrichtungen versperrt oder nur gegen Entgelt zugänglich sein. Die Standbreite von PP-Becken darf 0,6 m nicht unterschreiten.

§ 7 Küchen

(1) Gaststätten müssen Küchen haben, wenn dies nach der Art des Betriebes erforderlich ist. Die Größe der Küche bestimmt sich nach den betrieblichen Verhältnissen; Kochküchen müssen mindestens 15 qm Grundfläche haben.

(2) Der Fußboden muß gleitsicher, wasserundurchlässig, fugendicht und leicht zu reinigen sein. Die Wände sind bis zur Höhe von 2 m mit einem glatten, waschfesten und hellen, jedoch nicht roten Belag oder entsprechenden Anstrich auf dichtem Putz aus Zementmörtel oder gleichwertigem Putz zu versehen. An Fenstern, die geöffnet werden können, und an Luftöffnungen müssen Vorrichtungen gegen das Eindringen von Insekten vorhanden sein.

(3) Die Küche muß einen Trinkwasseranschluß haben mit mindestens einer Wasserzapfstelle sowie eine besondere Handwaschgelegenheit und einen Schmutzwasserausguß. In der Küche oder in einem unmittelbar anschließenden, gut lüftbaren Raum ist eine ausreichende Spülanlage einzurichten.

(4) Die Küche muß einen nach außen lüftbaren, ausreichend großen Nebenraum oder Einbauschrank zur Aufbewahrung von Lebensmitteln

Anhang I Berlin

sowie eine demselben Zweck dienende, ausreichend große Kühleinrichtung haben. Für den Nebenraum gilt Absatz 2.

(5) Die Küche muß hinreichend belüftet sein. Ist nach den betrieblichen Verhältnissen die Beschäftigung von Arbeitnehmern in der Küche zu erwarten, so muß die Lüftung zugfrei sein. Entlüftung muß über Dach erfolgen, wenn dies zum Schutz der Gäste, der Bewohner des Betriebsgrundstücks oder der Nachbargrundstücke oder der Allgemeinheit gegen erhebliche Geruchsbelästigungen erforderlich ist.

§ 8 Arbeitnehmerräume

(1) Die Zahl der Schlafräume für die Arbeitnehmer muß so bemessen sein, daß eine ausreichende und nach Geschlechtern getrennte Unterbringung möglich ist. Die Schlafräume dürfen nicht in unmittelbarer Nähe von Schank- oder Speiseräumen liegen und müssen auch von den Schlafräumen oder sonstigen Aufenthaltsräumen der Gäste getrennt sein. Jeder Schlafraum muß einen eigenen Zugang vom Flur aus haben; die Zugangstüren müssen von innen und außen abschließbar sein. Im übrigen gilt § 5 Abs. 2 und 3 entsprechend.

(2) In den dem Betrieb des Gewerbes dienenden Räumen muß Platz für die nötigen Sitzgelegenheiten der Arbeitnehmer sein. Aufenthaltsräume für die Arbeitnehmer müssen vorhanden sein, soweit dies nach den betrieblichen Verhältnissen erforderlich ist, um Gefahren für die Gesundheit zu verhüten.

§ 9 Abweichungen

Von der Erfüllung einzelner der in den §§ 2 bis 8 gestellten Mindestanforderungen kann abgewichen werden, soweit die Abweichung mit den in § 4 Abs. 1 Nr. 2 des Gaststättengesetzes geschützten Belangen vereinbar ist,

1. bei Betrieben
   a) die vor dem Inkrafttreten dieser Verordnung befugt errichtet worden sind und in dem seitherigen Umfang weitergeführt werden sollen;
   b) deren Umfang durch die Betriebsart oder die Art der zugelassenen Getränke oder zubereiteten Speisen beschränkt ist;

c) in Schiffen und Kraftfahrzeugen, in denen Fahrgäste bewirtet oder beherbergt werden;
2. wenn Gründe des allgemeinen Wohles die Abweichung erfordern oder die Durchführung der Vorschrift im Einzelfall zu einer nicht beabsichtigten Härte führen würde und öffentliche Belange nicht entgegenstehen.

Dritter Abschnitt
Sperrzeit

§ 10 Allgemeine Sperrzeit

(1) Die Sperrzeit für Schank- und Speisewirtschaften sowie für öffentliche Vergnügungsstätten beginnt um 05.00 Uhr und endet um 06.00 Uhr.

(2) In der Nacht zum 1. 1., zum 1. 5. und zum 2. 5. ist die Sperrzeit nach Absatz 1 aufgehoben.

§ 11 Sperrzeit für bestimmte Betriebsarten oder Veranstaltungen

(1) Die Sperrzeit für Spielhallen, Jahrmärkte, Vergnügungsplätze und Veranstaltungen nach § 60a der Gewerbeordnung, einschließlich der Schank- und Speisewirtschaften, die im Rahmen von öffentlichen Vergnügungsstätten unter freiem Himmel betrieben werden, beginnt um 22.00 Uhr und endet um 07.00 Uhr.

(2) Für den Betrieb der Schank- oder Speisewirtschaft oder einer öffentlichen Vergnügungsstätte in Schiffen und Kraftfahrzeugen gilt keine Sperrzeit, wenn sich der Betrieb auf die Fahrgäste beschränkt.

§ 12 Allgemeine Ausnahmen

Bei Vorliegen eines öffentlichen Bedürfnisses oder besonderer örtlicher Verhältnisse kann die Sperrzeit allgemein verlängert, verkürzt oder aufgehoben werden.

Anhang I Berlin

§ 13 Ausnahmen für einzelne Betriebe oder Veranstaltungen

Bei Vorliegen eines öffentlichen Bedürfnisses, insbesondere zum Schutz der öffentlichen Sicherheit und Ordnung oder bei Vorliegen besonderer örtlicher Verhältnisse, kann für einzelne Betriebe oder Veranstaltungen der Beginn der Sperrzeit bis 20.00 Uhr vorverlegt und das Ende der Sperrzeit bis 07.00 Uhr hinausgeschoben oder die Sperrzeit befristet und widerruflich verkürzt oder aufgehoben werden. In den Fällen der Verkürzung oder Aufhebung der Sperrzeit können jederzeit Auflagen erteilt werden.

Vierter Abschnitt
Beschäftigte Personen

§ 14 Anzeigepflicht, Erlaubnis

(1) Soweit es zur Aufrechterhaltung der Sittlichkeit oder zum Schutz der Gäste erforderlich ist, kann der Gewerbetreibende verpflichtet werden, über die in seinem Betrieb beschäftigten Personen innerhalb einer Woche nach Beginn der Beschäftigung Anzeige zu erstatten. In der Anzeige sind Vor- und Zuname, bei Frauen auch der Mädchenname, Geburtsdatum und Geburtsort, der letzte Aufenthaltsort und die vorhergehende Beschäftigungsstelle der beschäftigten Person sowie der Beginn der Beschäftigung anzugeben.

(2) Unter den gleichen Voraussetzungen kann die Beschäftigung von Personen für einzelne Betriebe von einer Erlaubnis abhängig gemacht werden.

Fünfter Abschnitt
Ordnungswidrigkeiten, Änderung der DVO-PolZG
und der DVO-VwVerfG, Schlußvorschriften

§ 15 Ordnungswidrigkeiten

Ordnungswidrig nach § 28 Abs. 1 Nr. 12 des Gaststättengesetzes handelt, wer vorsätzlich oder fahrlässig

1. einer Auflage nach § 13 Satz 2 nicht vollständig oder nicht rechtzeitig nachkommt,

2. entgegen einer auf Grund des § 14 Abs. 1 begründeten Verpflichtung die Anzeige nicht, nicht richtig, nicht vollständig oder nicht rechtzeitig erstattet,
3. Personen ohne die auf Grund einer Verpflichtung nach § 14 Abs. 2 erforderliche Erlaubnis beschäftigt.

§ 16 Änderung der DVO-PolZG

(vom Abdruck abgesehen)

§ 17 Änderung der DVO-VwVerfG

(vom Abdruck abgesehen)

§ 18 Inkrafttreten und Übergangsregelung

(1) Diese Verordnung tritt am ersten Tage des zweiten auf die Verkündung im Gesetz- und Verordnungsblatt Berlin folgenden Kalendermonats in Kraft.

(2) Gleichzeitig treten außer Kraft

1. die Verordnung zur Durchführung des Gaststättengesetzes vom 18. 6. 1930 (GVBl. Sb. I – 7103 – 1);
2. die Verordnung über das Verbot des Ausschankes von Branntwein und des Kleinhandels mit Trinkbranntwein für die Stunden vor 9 Uhr vormittags vom 25. 11. 1930 (GVBl. Sb. I – 7103 – 2);
3. die Verordnung über die Polizeistunde für Gast- und Schankstätten einschließlich Trinkhallen sowie für Speise- und Speiseeiswirtschaften vom 20. 5. 1949 (GVBl. Sb. II – 7103 – 1–1);
4. § 6 und § 7 Abs. 1 Nr. 4 der Verordnung über Lustbarkeits- und sonstige Veranstaltungen sowie Unterhaltungseinrichtungen (Lustbarkeitsverordnung – LuVO) vom 22. 12. 1970 (GVBl. S. 2092). Die auf Grund des § 6 Abs. 2 dieser Verordnung erteilten Ausnahmebewilligungen gelten im bisherigen Umfang weiter.

4. Landesrecht Brandenburg

a) Verordnung zur Ausführung des Gaststättengesetzes (Gaststättenverordnung – GastV)

vom 30. 1. 1992 (GVBl. II S. 60),
geändert durch Verordnung vom 5. 12. 1995 (GVBl. II S. 2)

Auf Grund des § 21 Abs. 2 und des § 30 des Gaststättengesetzes vom 5. 5. 1970 (BGBl. I S. 465) in Verbindung mit § 2 Nr. 4 und 5 der Verordnung über die Bestimmung von Zuständigkeiten im Gewerberecht und über die Übertragung von Ermächtigungen zum Erlaß von Rechtsverordnungen auf den Minister für Wirtschaft, Mittelstand und Technologie vom 4. 9. 1991 (GVBl. S. 432) verordnet der Minister für Wirtschaft, Mittelstand und Technologie:

§ 1 Zuständige Behörde

(1) Örtlich zuständig für die Ausführung des Gaststättengesetzes und der auf seiner Grundlage ergangenen Rechtsverordnungen ist die Behörde, in deren Bezirk die Betriebsstätte liegt. Die sachliche Zuständigkeit ergibt sich aus § 1 Abs. 1 in Verbindung mit Anlage 2 laufende Nr. 3 der Verordnung über die Bestimmung von Zuständigkeiten im Gewerberecht und über die Übertragung von Ermächtigungen zum Erlaß von Rechtsverordnungen auf den Minister für Wirtschaft, Mittelstand und Technologie.

(2) Werden Getränke oder zubereitete Speisen an Fahrgäste verabreicht oder Fahrgäste beherbergt, so ist bei Schiffen die Behörde des Heimathafens zuständig, bei zulassungspflichtigen Kraftfahrzeugen die für den Betriebssitz des Unternehmens zuständige Behörde.

(3) Für die Nachschau nach § 22 Abs. 2 des Gaststättengesetzes ist auch die Behörde zuständig, in deren Bezirk sich geschäftliche Unterlagen befinden.

Brandenburg Anhang I

§ 2 Verbot des Ausschanks alkoholischer Getränke

Verbote nach § 19 des Gaststättengesetzes werden durch ordnungsbehördliche Verordnung im Sinne von § 26 des Ordnungsbehördengesetzes oder durch Ordnungsverfügung erlassen.

§ 3 Verfahren

(1) Der Antrag auf Erteilung einer Erlaubnis nach § 2 Abs. 1 des Gaststättengesetzes, einer Stellvertretungserlaubnis nach § 9 des Gaststättengesetzes, einer vorläufigen Erlaubnis nach § 11 Abs. 1 des Gaststättengesetzes, einer vorläufigen Stellvertretungserlaubnis nach § 11 Abs. 2 des Gaststättengesetzes oder einer Gestattung nach § 12 Abs. 1 oder 2 des Gaststättengesetzes ist schriftlich einzureichen. Der Antragsteller hat auf Verlangen die Angaben zu machen und die Unterlagen beizubringen, die für die Bearbeitung und Beurteilung des Antrages von Bedeutung sein können.

(2) Bei dem Antrag auf Erteilung einer Erlaubnis oder Gestattung sind insbesondere erforderlich Angaben und Unterlagen über

1. die Person des Antragstellers und seinen im gleichen Betrieb oder in wenigstens einem seiner Betriebe arbeitenden Ehegatten,
2. die Betriebsart,
3. die zum Betrieb des Gewerbes und die für die Beschäftigten bestimmten Räume und Einrichtungen.

Die Erlaubnisbehörde kann verlangen, daß Bauvorlagen eingereicht werden.

(3) Bei dem Antrag auf Erteilung einer Stellvertretungserlaubnis sind Angaben über die Person des Antragstellers und des Stellvertreters zu machen.

(4) Die Entscheidung über den Antrag und Zusagen für eine Erlaubnis oder Gestattung bedürfen der Schriftform.

§ 4 Beschäftigte Personen, Anzeigepflicht, Erlaubnis

(1) Soweit es zur Aufrechterhaltung der Sittlichkeit oder zum Schutze der Gäste erforderlich ist, kann der Gewerbetreibende verpflichtet werden, über die in seinem Betrieb beschäftigten Personen innerhalb einer

Anhang I Brandenburg

Woche nach Beginn der Beschäftigung Anzeige zu erstatten. In der Anzeige sind Vor- und Zuname, Geburtsname, Geburtsdatum, Geburtsort, der letzte Aufenthaltsort und die vorhergehende Beschäftigungsstelle anzugeben.

(2) Unter den gleichen Voraussetzungen kann die Beschäftigung von Personen für einzelne Betriebe von einer Erlaubnis abhängig gemacht werden.

(3) Zuständig für die Ausführung von Absatz 1 und Absatz 2 sind die örtlichen Ordnungsbehörden.

§ 5 Ordnungswidrigkeiten

(1) Ordnungswidrig im Sinne des § 28 Abs. 1 Nr. 12 des Gaststättengesetzes handelt, wer vorsätzlich oder fahrlässig

1. entgegen einer auf Grund des § 4 Abs. 1 begründeten Verpflichtung die Anzeige nicht richtig, nicht vollständig oder nicht rechtzeitig erstattet.
2. Personen ohne die auf Grund einer Verpflichtung nach § 4 Abs. 2 erforderlichen Erlaubnis beschäftigt.

(2) Die Ordnungswidrigkeit kann mit einer Geldbuße bis zu 10.000,– Deutsche Mark geahndet werden.

§ 6 Inkrafttreten

Diese Verordnung tritt am Tage nach der Verkündung in Kraft.

Brandenburg Anhang I

b) Verordnung über die Sperrzeit
(Sperrzeitverordnung – SperrzV)

vom 30. 11. 1993 (GVBl. II S. 768)

Auf Grund der §§ 18 Abs. 1 Satz 1 und 2, 30 des Gaststättengesetzes vom 5. 5. 1970 (BGBl. I S. 465, 1298) und des § 36 Abs. 2 des Gesetzes über Ordnungswidrigkeiten in der Fassung der Bekanntmachung vom 19. 2. 1987 (BGBl. I S. 602) verordnet die Landesregierung:

§ 1 Allgemeine Sperrzeit

(1) Die Sperrzeit für Schank- und Speisewirtschaften sowie für öffentliche Vergnügungsstätten beginnt um 4.00 Uhr und endet um 6.00 Uhr. In den Nächten zum Sonnabend und zum Sonntag beginnt die Sperrzeit um 5.00 Uhr und endet um 6.00 Uhr.

(2) In der Nacht zum 1. 1. sowie in den jeweiligen Nächten zum Dienstag vor Aschermittwoch, zum Aschermittwoch, zum 1. 5., zum 2. 5., zum 3. 10. und zum 25. 12. ist die Sperrzeit nach Absatz 1 aufgehoben.

§ 2 Sperrzeit für bestimmte Betriebsarten

(1) Die Sperrzeit für Spielhallen, Jahrmärkte, Vergnügungsplätze und Veranstaltungen nach § 60a der Gewerbeordnung beginnt um 22.00 Uhr und endet um 7.00 Uhr.

(2) Die Sperrzeit für Freiflächen von Schank- und Speisewirtschaften beginnt um 23.00 Uhr und endet um 7.00 Uhr.

(3) Für den Betrieb einer Schank- oder Speisewirtschaft oder einer öffentlichen Vergnügungsstätte in Schiffen und Kraftfahrzeugen gilt keine Sperrzeit, wenn sich der Betrieb auf die Bewirtung der Fahrgäste beschränkt.

§ 3 Allgemeine Ausnahmen

Bei Vorliegen eines öffentlichen Bedürfnisses oder besonderer örtlicher Verhältnisse kann die Sperrzeit durch ordnungsbehördliche Verordnung allgemein verlängert, verkürzt oder aufgehoben werden.

Anhang I Brandenburg

§ 4 Ausnahmen für einzelne Betriebe

Bei Vorliegen eines öffentlichen Bedürfnisses oder besonderer örtlicher Verhältnisse kann für einzelne Schank- und Speisewirtschaften sowie öffentliche Vergnügungsstätten der Beginn der Sperrzeit bis 19.00 Uhr vorverlegt und das Ende der Sperrzeit bis 10.00 Uhr hinausgeschoben oder die Sperrzeit befristet und widerruflich verkürzt oder aufgehoben werden. In den Fällen der Verkürzung oder Aufhebung der Sperrzeit können jederzeit Auflagen erteilt werden.

§ 5 Zuständigkeit

(1) Die Ausführung dieser Rechtsverordnung ist Aufgabe der örtlichen Ordnungsbehörden.

(2) Örtlich zuständig ist die Behörde, in deren Bezirk die Betriebsstätte liegt.

§ 6 Ordnungswidrigkeiten

(1) Ordnungswidrig im Sinne des § 28 Abs. 1 Nr. 12 des Gaststättengesetzes handelt, wer vorsätzlich oder fahrlässig

1. gegen die Vorschrift über die allgemeine Sperrzeit (§ 1) oder
2. gegen die Vorschrift über die Sperrzeit für bestimmte Betriebsarten (§ 2) verstößt oder
3. gegen die Vorschrift über Ausnahmen für einzelne Betriebe (§ 4 Satz 1) verstößt oder
4. einer Auflage gemäß § 4 Satz 2 nicht, nicht vollständig oder nicht rechtzeitig nachkommt.

(2) Zuständig für die Verfolgung und Ahndung von Ordnungswidrigkeiten sind die örtlichen Ordnungsbehörden.

§ 7 Inkrafttreten

Diese Verordnung tritt am Tage nach der Verkündung in Kraft.

Bremen **Anhang I**

5. Landesrecht Bremen

Verordnung zur Ausführung des Gaststättengesetzes (Gaststättenverordnung – GastVO)

vom 3. 5. 1971 (GBl. S. 131), geändert durch Verordnung vom
7. 12. 1971 (GBl. S. 268), Verordnung vom 14. 7. 1972 (GBl. S. 173),
Verordnung vom 18. 10. 1973 (GBl. S. 234), § 97 Nr. 14 des Gesetzes
vom 15. 11. 1976 (GBl. S. 243, 264), Verordnung vom 27. 10. 1992
(GBl. S. 624), Verordnung vom 4. 6. 1999 (GBl. S. 147) und
Verordnung vom 2. 12. 2002 (GBl. S. 601)

Aufgrund von § 4 Abs. 3, § 18 Abs. 1, § 21 Abs. 2, § 30, § 38 des Gaststättengesetzes vom 5. 5. 1970 (BGBl. I S. 465, 1298) in Verbindung mit § 1 der Verordnung über die Zuständigkeiten nach dem Gaststättengesetz vom 23. 3. 1971 (Brem.GBl. S. 47) wird im Einvernehmen mit dem Senator für Inneres verordnet:

**Erster Abschnitt
Mindestanforderungen an die Räume**

§§ 1–8

(weggefallen)

**Zweiter Abschnitt
Sperrzeit**

§ 9 Allgemeine Sperrzeit

(1) Die Sperrzeit für Schank- und Speisewirtschaften sowie für öffentliche Vergnügungsstätten beginnt um 2 Uhr und endet um 6 Uhr.

(2) In der Nacht

vom Freitag zum Sonnabend,
vom Sonnabend zum Sonntag,
zum 1. 1.,
vom Ostersonntag zum Ostermontag,

Anhang I Bremen

zum 1. 5. und zum 2. 5.,
zum Himmelfahrtstag,
vom Pfingstsonntag zum Pfingstmontag,
zum 3. 10. und zum 4. 10. und
vom 1. zum 2. Weihnachtsfeiertag

ist die Sperrzeit aufgehoben.

§ 10 Sperrzeit für bestimmte Betriebsarten

(1) Die Sperrzeit für Spielhallen und unterhaltende Tätigkeiten als Schausteller oder nach Schaustellerart, einschließlich der im Zusammenhang damit betriebenen Schank- und Speisewirtschaften, beginnt um 24 Uhr und endet um 6 Uhr. Dies gilt nicht für nach § 69 der Gewerbeordnung festgesetzte Veranstaltungen.

(2) Für den Betrieb der Schank- oder Speisewirtschaft oder einer öffentlichen Vergnügungsstätte in Schiffen und Kraftfahrzeugen gilt keine Sperrzeit, wenn sich der Betrieb auf die Bewirtung der Fahrgäste beschränkt.

§ 11 Allgemeine Ausnahmen

(1) Der Senator für Wirtschaft, Mittelstand und Technologie kann im Einvernehmen mit dem Senator für Inneres und Sport bei Vorliegen eines öffentlichen Bedürfnisses die Sperrzeit allgemein verlängern, verkürzen oder aufheben.

(2) Die zuständige Ortspolizeibehörde kann bei Vorliegen eines öffentlichen Bedürfnisses oder besonderer örtlicher Verhältnisse allgemein oder für Teile des Gemeindebezirks während der Dauer von nach § 69 der Gewerbeordnung festgesetzten Veranstaltungen die in den §§ 9 und 10 bestimmten Sperrzeiten verkürzen oder aufheben.

§ 12 Ausnahmen für einzelne Betriebe

(1) Die Ortspolizeibehörde kann bei Vorliegen eines öffentlichen Bedürfnisses oder besonderer örtlicher Verhältnisse für einzelne Betriebe den Beginn der Sperrzeit bis 19 Uhr vorverlegen und das Ende der Sperrzeit bis 10 Uhr hinausschieben oder die Sperrzeit befristet oder wider-

ruflich verkürzen oder aufheben. In den Fällen der Verkürzung oder Aufhebung der Sperrzeit können jederzeit Auflagen erteilt werden.

(2) Die Ortspolizeibehörde kann bei Vorliegen eines öffentlichen Bedürfnisses oder besonderer örtlicher Verhältnisse an den Tagen, an denen gemäß § 9 Abs. 2 die Sperrzeit aufgehoben ist, für einzelne Betriebe eine Sperrzeit nach § 9 Abs. 1 einführen, ihren Beginn bis 19 Uhr vorverlegen und ihr Ende bis 10 Uhr hinausschieben.

Dritter Abschnitt
Beschäftigte Personen

§ 13 Anzeigepflicht, Erlaubnis

(1) Soweit dies zur Aufrechterhaltung der Sittlichkeit oder zum Schutze der Gäste erforderlich ist, kann der Gewerbetreibende verpflichtet werden, über die in seinem Betrieb beschäftigten Personen innerhalb einer Woche nach Beginn der Beschäftigung Anzeige bei der Ortspolizeibehörde zu erstatten. In der Anzeige sind Vor- und Zuname, bei Frauen auch der Mädchenname, sowie Geburtsort und Geburtsdatum, der letzte Aufenthaltsort und die vorhergehende Beschäftigungsstelle der beschäftigten Person sowie der Beginn der Beschäftigung anzugeben.

(2) Unter der gleichen Voraussetzung kann die Beschäftigung von Personen für einzelne Betriebe von einer Erlaubnis abhängig gemacht werden.

Vierter Abschnitt
Zuständigkeit und Verfahren

§ 14 Zuständige Behörde

(1) Örtlich zuständig ist die Ortspolizeibehörde, in deren Bezirk die Betriebsstätte liegt.

(2) Werden Getränke an Fahrgäste verabreicht oder Fahrgäste beherbergt, so ist bei Schiffen die Behörde des Heimathafens zuständig, bei zulassungspflichtigen Kraftfahrzeugen die für den Sitz der Zulassungsstelle zuständige Behörde. Ist das Schiff oder das Kraftfahrzeug außerhalb des Geltungsbereichs des Gaststättengesetzes registriert, so ist das

Anhang I Bremen

Stadt- und Polizeiamt Bremen die örtlich zuständige Behörde, wenn sich das Schiff oder das Kraftfahrzeug im Geltungsbereich dieser Verordnung befindet.

(3) Für die Nachschau nach § 22 Abs. 2 des Gaststättengesetzes ist auch die Behörde zuständig, in deren Bezirk sich geschäftliche Unterlagen befinden.

(4) Verbote nach § 19 des Gaststättengesetzes können auch von dem Senator für Wirtschaft und Außenhandel erlassen werden.

§ 15 Verfahren

(1) Der Antrag auf Erteilung einer Erlaubnis nach § 2 Abs. 1 des Gaststättengesetzes, einer Stellvertretungserlaubnis nach § 9 des Gaststättengesetzes, einer vorläufigen Erlaubnis nach § 11 Abs. 1 des Gaststättengesetzes, einer vorläufigen Stellvertretungserlaubnis nach § 11 Abs. 2 des Gaststättengesetzes oder einer Gestattung nach § 12 Abs. 1 oder 2 des Gaststättengesetzes ist schriftlich einzureichen. Der Antragsteller hat die Angaben zu machen und die Unterlagen beizubringen, die für die Bearbeitung und Beurteilung des Antrags von Bedeutung sein können.

(2) Bei dem Antrag auf Erteilung einer Erlaubnis oder Gestattung sind insbesondere erforderlich Angaben und Unterlagen über

1. die Person des Antragstellers und seines Ehegatten,
2. die Betriebsart,
3. die zum Betrieb des Gewerbes einschließlich der zum Aufenthalt der Beschäftigten bestimmten Räume.

Die Erlaubnisbehörde kann Bauvorlagen nach der Bauordnung verlangen.

(3) Bei dem Antrag auf Erteilung einer Stellvertretungserlaubnis sind Angaben über die Person des Antragstellers und des Stellvertreters zu machen.

(4) *(weggefallen)*

Fünfter Abschnitt
Ordnungswidrigkeiten, Schlußvorschriften

§ 16

(1) Ordnungswidrig nach § 28 Abs. 1 Nr. 12 des Gaststättengesetzes handelt, wer vorsätzlich oder fahrlässig

a) entgegen der aufgrund des § 13 Abs. 1 begründeten Verpflichtung die Anzeige nicht, nicht richtig, nicht vollständig oder nicht rechtzeitig erstattet,
b) einer Auflage nach § 12 Satz 2 nicht, nicht vollständig oder nicht rechtzeitig nachkommt,
c) Personen ohne die aufgrund einer Verpflichtung nach § 13 Abs. 2 erforderliche Erlaubnis beschäftigt.

(2) Die Ordnungswidrigkeit kann mit einer Geldbuße geahndet werden.

(3) Sachlich zuständige Verwaltungsbehörde für die Verfolgung und Ahndung der Ordnungswidrigkeit ist die Ortspolizeibehörde.

§ 17 Inkrafttreten

(1) Die Verordnung tritt am 9. 5. 1971 in Kraft.

(2) Gleichzeitig treten außer Kraft:

1. die Verordnung über die Betriebsruhe in Gast- und Schankwirtschaften vom 21. 5. 1958 (SaBremR 711-b-2),
2. die Verordnung über die Beschäftigung weiblicher Arbeitnehmer in Gast-, Schank- und Speisewirtschaften vom 15. 7. 1964 (SaBremR 711-b-3).

Anhang I Hamburg

6. Landesrecht Hamburg

a) Verordnung über den Betrieb von Gaststätten (Gaststättenverordnung – GastVO)

vom 27. 4. 1971 (GVBl. S. 81), geändert durch Art. 19 der Verordnung vom 11. 9. 2001 (GVBl. S. 337, 341, ber. S. 384)

Auf Grund von § 4 Abs. 3, § 21 Abs. 2 und § 30 des Gaststättengesetzes vom 5. 5. 1970 (Bundesgesetzblatt I Seite 465) sowie von § 1 des Gesetzes zum Schutz der öffentlichen Sicherheit und Ordnung vom 14. 3. 1966 mit der Änderung vom 2. 3. 1970 (Hamburgisches Gesetz- und Verordnungsblatt 1966 Seite 77, 1970 Seite 90) wird verordnet:

§ 1 Antrag

(1) Der Antrag auf Erteilung einer Erlaubnis nach § 2 Abs. 1, einer Stellvertretungserlaubnis nach § 9, einer vorläufigen Erlaubnis nach § 11 Abs. 1, einer vorläufigen Stellvertretungserlaubnis nach § 11 Abs. 2 oder einer Gestattung nach § 12 Abs. 1 oder 2 des Gaststättengesetzes ist schriftlich einzureichen.

(2) Der Antragsteller hat die Angaben zu machen und die Unterlagen beizubringen, die für die Bearbeitung und Beurteilung des Antrags von Bedeutung sein können. Erforderlich sind insbesondere Angaben und Unterlagen über

1. die Person des Antragstellers und seines Ehegatten,
2. die Betriebsart,
3. die zum Betrieb des Gewerbes einschließlich der zum Aufenthalt der Beschäftigten bestimmten Räume.

Die zuständige Behörde kann Besitznachweise und Bauvorlagen verlangen.

Hamburg Anhang I

(3) Bei dem Antrag auf Erteilung einer Stellvertretungserlaubnis sind Angaben über die Person des Antragstellers und des Stellvertreters zu machen.

§ 2   Allgemeine Mindestanforderungen an Räume

Die zum Betrieb des Gewerbes und zum Aufenthalt der Beschäftigten bestimmten Räume müssen mindestens den allgemeinen Vorschriften, insbesondere der Hamburgischen Bauordnung vom 10. 12. 1969 (Hamburgisches Gesetz- und Verordnungsblatt 1969 Seite 249, 1970 Seite 52), der auf sie gestützten Rechtsverordnungen sowie dem § 10 Abs. 1 bis 4 und dem § 11 der Hygiene-Verordnung vom 17. 12. 1968 (Hamburgisches Gesetz- und Verordnungsblatt Seite 298) in ihren jeweils geltenden Fassungen entsprechen, soweit im folgenden keine weitergehenden Anforderungen gestellt werden.

§ 3   Zugang zu den Betriebsräumen und Beleuchtung

(1) Die dem Betrieb des Gewerbes dienenden Räume müssen von öffentlichen Wegen leicht zugänglich sein. Sie dürfen während der Betriebszeit nicht verschlossen sein.

(2) Treppen und Flure sind, soweit das Tageslicht nicht genügt, ausreichend zu beleuchten.

§ 4   Feuersicherheit

(1) Dekorationen, Vorhänge, Gardinen und ähnliche Ausstattungen in den für den Aufenthalt der Gäste bestimmten Räumen von Schank- und Speisewirtschaften sowie Beherbergungsbetrieben müssen schwer entflammbar sein.

(2) Die Rettungswege, insbesondere Treppen, Flure und Gänge, in und außerhalb von Gebäuden dürfen durch Einbauten oder abgestellte bewegliche Gegenstände nicht eingeengt werden; Absatz 1 findet auf Rettungswege entsprechende Anwendung. Im Rettungsweg liegende Türen müssen nach außen aufschlagen. Die Türen der Notausgänge müssen auch von Gästen schnell zu öffnen sein.

Anhang I Hamburg

§ 5 Räume von Schank- und Speisewirtschaften

(1) Schankräume dürfen nicht als Wohn- oder Schlafräume benutzt werden oder mit solchen unmittelbar verbunden sein.

(2) Die Grundfläche mindestens eines Schankraumes darf nicht kleiner als 25 m^2 sein; für weitere Schankräume genügt eine Grundfläche von 15 m^2. Sollen in einem Schankraum Schaustellungen von Personen oder theatralische Vorstellungen im Sinne des § 33 a der Gewerbeordnung dargeboten werden, darf der für den Aufenthalt der Gäste bestimmte Teil des Raumes nicht kleiner als 50 m^2 sein.

(3) Schankräume müssen mit einem Schallschutz versehen sein, der gewährleistet, daß die Ruhe der Bewohner des Betriebsgrundstücks und der Nachbargrundstücke nicht gestört wird.

(4) Schankräume und andere dem gemeinsamen Aufenthalt der Gäste dienende Räume müssen übersichtlich sein. Sie müssen so beleuchtet sein, daß die nach § 4 der Preisauszeichnungsverordnung vom 18. 9. 1969 (Bundesgesetzblatt I Seite 1733) in ihrer jeweils geltenden Fassung vorgeschriebenen Preisverzeichnisse von den Gästen deutlich gesehen werden können.

(5) Die Vorschriften der Absätze 1 bis 4 gelten für Speisewirtschaften entsprechend.

(6) Die Fußböden von Kühlräumen müssen wasserdicht und gleitsicher sein. Die Türen müssen von innen ohne Schlüssel geöffnet werden können.

§ 6 Beherbergungsräume

(1) Die Schlafräume für die Gäste dürfen nicht innerhalb der Wohnung des Gewerbetreibenden oder Dritter liegen. Jeder Schlafraum muß einen eigenen Zugang vom Flur haben. Die Zugangstüren müssen durch fortlaufende Nummern gekennzeichnet und von innen und außen abschließbar sein.

(2) Einbettzimmer müssen mindestens 8 m^2 groß sein; bei Mehrbettzimmern ist eine zusätzliche Grundfläche von mindestens 4 m^2 für jedes weitere Bett erforderlich. Nebenräume (insbesondere Bäder und Aborte) werden nicht angerechnet.

(3) In jedem Schlafraum oder in Verbindung mit ihm muß eine anderen Gästen nicht zugängliche ausreichende Waschgelegenheit mit fließendem Wasser vorhanden sein.

(4) Schlafräume, die nach dem Inhalt der Erlaubnis auch während der kalten Jahreszeit belegt werden können, müssen beheizbar sein.

§ 7 Abortanlagen

(1) Die Abortanlagen für die Gäste müssen leicht erreichbar, gekennzeichnet und von anderen Abortanlagen getrennt sein.

(2) In Schank- und Speisewirtschaften müssen folgende Abortanlagen vorhanden sein:

Schank-/Speise-raumfläche, m^2	für Frauen	für Männer		
	Spülaborte	Spülaborte	Standbecken Stück	oder Rinne lfd. m
bis 50	1	1	1	2
über 50–100	2	1	3	2
über 100–150	2	2	3	2,5
über 150–200	3	2	4	3
über 200–250	3	2	5	3,5
über 250–350	4	3	6	4
über 350	Festsetzung im Einzelfall			

(3) In jedem Geschoß von Beherbergungsbetrieben, in dem Schlafräume für Gäste liegen, müssen vorhanden sein:
1. bis zu 10 Betten 1 Spülabort,
2. über 10 bis 20 Betten 2 Spülaborte,
3. bei mehr als 20 Betten Spülaborte und Standbecken oder Rinne nach Festsetzung im Einzelfall.

Anhang I Hamburg

Soweit Schlafräume einen eigenen Spülabort haben, werden die Betten in diesen Räumen nicht mitgerechnet.

(4) Abortanlagen und Spülaborte für Frauen und Männer sind durch durchgehende Wände voneinander zu trennen. Sie müssen, nach Geschlechtern getrennt, einen lüftbaren Vorraum besitzen, der mit Waschbecken, Seife und gesundheitlich einwandfreier Handtrocknungseinrichtung ausgestattet sein muß. Handtrocknungseinrichtungen und Seife dürfen nicht ausschließlich gegen Entgelt, Gemeinschaftshandtücher dürfen nicht bereitgestellt werden. Die Wände der Abortanlagen sind bis zur Höhe von 1,5 m mit einem waschfesten, glatten Belag oder Anstrich zu versehen. Die Fußböden müssen gleitsicher und leicht zu reinigen sein.

(5) Aborte, Standbecken und Rinnen müssen Wasserspülung haben. Die Türen zu den Spülaborten müssen von innen verschließbar sein. Die nach den Absätzen 2 und 3 notwendigen Aborte dürfen nicht ausnahmslos durch Münzautomaten oder ähnliche Einrichtungen versperrt oder nur gegen Entgelt zugänglich sein.

(6) Abortanlagen mit Standbecken oder Rinnen müssen einen Fußbodenablauf haben. Die Standbreite von Becken darf 0,60 m nicht unterschreiten.

(7) Die Vorschriften des § 3 Abs. 2 und § 5 Abs. 3 finden auf Abortanlagen, Spülaborte und Vorräume entsprechende Anwendung.

(8) Für die im Betrieb Beschäftigten müssen leicht erreichbare Abortanlagen vorhanden sein, die von anderen Personen nicht benutzt werden dürfen. Der Weg der in der Küche Beschäftigten zu den Abortanlagen darf nicht durch Schank- und Vorratsräume oder durchs Freie führen. Im übrigen richten sich die Anforderungen an die Abortanlagen nach den Absätzen 4 bis 7 und nach den betrieblichen Verhältnissen, insbesondere nach Anzahl und Geschlecht der Personen, deren regelmäßige Beschäftigung in dem Betrieb zu erwarten ist.

§ 8 Küchen

(1) Küchen sind einzurichten, wenn die Art der zubereiteten Speisen es erfordert. Sie müssen mindestens 15 m² groß sein. Im übrigen richtet sich ihre Größe nach den betrieblichen Verhältnissen.

(2) An Fenstern, die geöffnet werden können, und an Luftöffnungen müssen Vorrichtungen gegen das Eindringen von Insekten angebracht sein. Die Lüftung muß zugfrei sein. Die Entlüftung muß über das Dach erfolgen, wenn dies zum Schutz der Gäste, der Bewohner des Betriebsgrundstücks oder der Nachbargrundstücke oder der Allgemeinheit gegen erhebliche Geruchsbelästigung erforderlich ist.

(3) Die Küche muß mindestens eine Wasserzapfstelle, ein Handwaschbecken mit eigener Wasserzapfstelle für Kalt- und Warmwasser mit Seife und einer gesundheitlich einwandfreien Handtrocknungseinrichtung sowie einen gesonderten Schmutzwasserausguß haben. In der Küche oder in einem gut lüftbaren Raum muß eine ausreichende Spülanlage vorhanden sein.

(4) Die Küche muß zur Aufbewahrung von Lebensmitteln einen unmittelbar vom Freien belüfteten, ausreichend großen Nebenraum oder eingebauten Schrank sowie eine ausreichend große Kühleinrichtung mit einem Temperaturanzeigegerät haben.

(5) Für die Aufbewahrung von Geschirr, Küchen- und Reinigungsgeräten sowie Reinigungsmaterial müssen ausreichende, hygienisch einwandfreie Einrichtungen vorhanden sein.

(6) Die Vorschrift des § 5 Abs. 3 findet auf Küchen entsprechende Anwendung.

§ 9 Räume für die Beschäftigten

(1) Die Anzahl der Schlafräume für die Beschäftigten ist so zu bemessen, daß eine ausreichende und nach Geschlechtern getrennte Unterbringung möglich ist. Die Schlafräume dürfen nicht in unmittelbarer Nähe von Schank- oder Speiseräumen liegen und müssen von den Schlafräumen oder sonstigen Aufenthaltsräumen der Gäste getrennt sein. Jeder Schlafraum muß einen eigenen Zugang vom Flur haben; die Zugangstüren müssen von innen und außen abschließbar sein. Die Vorschriften des § 6 Abs. 2 bis 4 finden entsprechende Anwendung.

(2) In den dem Betrieb des Gewerbes dienenden Räumen müssen Sitzgelegenheiten für die Beschäftigten in ausreichender Anzahl vorhanden sein.

Anhang I Hamburg

(3) Werden im Betrieb mehr als 10 Personen ständig gleichzeitig beschäftigt, müssen vorhanden sein:
1. ein Aufenthaltsraum mit Tischen und Sitzgelegenheiten mit Rückenlehnen in ausreichender Anzahl,
2. nach Geschlechtern getrennte Umkleideräume mit ausreichenden Waschgelegenheiten und verschließbaren Schränken oder Schließfächern.

Die Lüftung der Räume muß zugfrei sein.

§ 10 Abweichungen und Befreiungen

(1) Von der Erfüllung einzelner Mindestanforderungen der §§ 3 bis 9 kann abgesehen werden, soweit die Abweichung mit den in § 4 Abs. 1 Nr. 2 des Gaststättengesetzes geschützten Belangen vereinbar ist, bei Betrieben,
1. die vor dem Inkrafttreten dieser Verordnung befugt errichtet worden sind und ohne wesentliche Änderungen weitergeführt werden sollen,
2. deren Umfang durch die Betriebsart oder die Art der zugelassenen Getränke oder zubereiteten Speisen beschränkt werden soll,
3. die auf See- oder Binnenschiffen oder in Kraftfahrzeugen errichtet und in denen Fahrgäste bewirtet oder beherbergt werden sollen.

(2) Von den in Absatz 1 genannten Mindestanforderungen kann auf Antrag Befreiung erteilt werden, wenn Gründe des Allgemeinwohls dies erfordern oder die Einhaltung der Vorschrift im Einzelfall zu einer unbilligen Härte führen würde.

§ 11 Beschäftigte Personen

(1) Soweit es zur Aufrechterhaltung der Sittlichkeit oder zum Schutz der Gäste erforderlich ist, kann der Gewerbetreibende verpflichtet werden, der zuständigen Behörde die Beschäftigung von Personen unverzüglich schriftlich anzuzeigen. In der Anzeige sind Vor- und Zuname (bei Frauen auch der Mädchenname), Geburtsdatum und Geburtsort, der letzte Aufenthaltsort und die vorhergehende Beschäftigungsstelle der beschäftigten Person sowie der Beginn der Beschäftigung anzugeben.

(2) Die Beschäftigung von Personen kann für einzelne Betriebe von einer vorherigen Erlaubnis der zuständigen Behörde abhängig gemacht werden, wenn eine Anzeigepflicht nach Absatz 1 zur Aufrechterhaltung der Sittlichkeit oder zum Schutz der Gäste nicht genügt.

(3) Die entgeltliche Beschäftigung von Personen zur Unterhaltung oder Werbung von Gästen ist nur gegen ausreichenden und festen Barlohn zulässig. Diese Personen dürfen mit Ausnahme eines von den Gästen erhobenen Bedienungsgeldes nicht am Umsatz beteiligt werden. Als Umsatzbeteiligung ist auch ein von der Anzahl der Gäste abhängiges Entgelt anzusehen. Kosten der Verpflegung und der Wohnung dürfen nur in ortsüblicher und angemessener Weise auf den Lohn angerechnet werden. Sonstige Abzüge sind nur gestattet, wenn sie gesetzlich zugelassen sind.

§ 12 Verantwortlichkeit

Der Gewerbetreibende, sein Stellvertreter und der mit der Leitung des Betriebes Beauftragte haben für die Aufrechterhaltung der öffentlichen Sicherheit und Ordnung im Betrieb und bei der Gästewerbung zu sorgen, insbesondere dafür, daß die Gäste nicht gefährdet werden, die Ruhe der Bewohner des Betriebsgrundstücks und der Nachbargrundstücke nicht gestört wird und daß Darbietungen unterbleiben, die den Gesetzen zuwiderlaufen.

§ 13 Zutritt

Der Gewerbetreibende, sein Stellvertreter und der mit der Leitung des Betriebes Beauftragte haben den von der zuständigen Behörde beauftragten Personen Zutritt zu den zum Betrieb des Gewerbes und zum Aufenthalt der Beschäftigten benutzten Räumen zu gestatten.

§ 14 Ordnungswidrigkeiten

(1) Ordnungswidrig nach § 28 Abs. 1 Nr. 12 des Gaststättengesetzes handelt, wer vorsätzlich oder fahrlässig

1. entgegen einer auf Grund des § 11 Abs. 1 begründeten Verpflichtung die Anzeige nicht, nicht richtig, nicht vollständig oder nicht rechtzeitig erstattet,

Anhang I Hamburg

2. eine Person ohne die auf Grund einer Verpflichtung nach § 11 Abs. 2 erforderliche Erlaubnis beschäftigt,
3. den Vorschriften des § 11 Abs. 3 über die Entlohnung von Beschäftigten zuwiderhandelt.

Die Ordnungswidrigkeit kann mit einer Geldbuße bis zu fünftausend Euro geahndet werden.

(2) Ordnungswidrig nach § 1 Abs. 2 des Gesetzes zum Schutz der öffentlichen Sicherheit und Ordnung handelt, wer vorsätzlich oder fahrlässig

1. entgegen § 4 Abs. 2 Rettungswege einengt oder nicht dafür sorgt, daß die Türen der Notausgänge auch von den Gästen schnell zu öffnen sind,
2. entgegen § 5 Abs. 1 Schank- oder Speiseräume als Wohn- oder Schlafräume benutzt oder benutzen läßt.

Die Ordnungswidrigkeit kann mit einer Geldbuße bis zu fünfhundert Euro geahndet werden.

§ 15 Inkrafttreten

(1) Diese Verordnung tritt am 10. 5. 1971 in Kraft.

(2) Gleichzeitig tritt die Verordnung über den Betrieb von Gaststätten vom 25. 10. 1957 (Sammlung des bereinigten hamburgischen Landesrechts I 7103-b) in der geltenden Fassung außer Kraft.

b) Verordnung über die Sperrzeit im Gaststätten und Vergnügungsgewerbe (Sperrzeitverordnung)

vom 15. 12. 1970 (GVBl. S. 315), geändert durch Verordnung
vom 27. 4. 1982 (GVBl. S. 100) und Verordnung
vom 18. 12. 1990 (GVBl. S. 280)

Auf Grund des § 18 Abs. 1 des Gaststättengesetzes vom 5. 5. 1970 (Bundesgesetzblatt I Seite 465) wird verordnet:

§ 1

(1) Für die nachfolgend genannten Betriebe und Veranstaltungen besteht eine Sperrzeit.

(2) Die Sperrzeit beginnt für

1. Schank- und Speisewirtschaften um	4 Uhr
2. Musikaufführungen, Schaustellungen, unterhaltende Vorstellungen und sonstige Lustbarkeiten	
a) in anderen Räumen als in Schank- und Speisewirtschaften um	2 Uhr
b) im Freien um	23 Uhr
3. Spielhallen um	23 Uhr
4. Theater- und Filmvorführungen im Freien um	24 Uhr

(3) Die Sperrzeit endet um 6 Uhr, für Spielhallen um 7 Uhr.

§ 2

(1) In den Nächten zum Sonnabend und Sonntag sowie zum 1. Januar, 1. und 2. 5. bestehen keine Sperrzeiten. Das gilt nicht für die in § 1 Abs. 2 Nr. 2 Buchst. b und Nr. 4 genannten Veranstaltungen im Freien sowie für Spielhallen.

(2) Eine Sperrzeit besteht ferner nicht für

1. Betriebe und Veranstaltungen auf festgesetzten Volksfesten und Märkten,
2. das Verabreichen von Getränken oder zubereiteten Speisen

Anhang I Hamburg

   a) in Betrieben an dort Beschäftigte,
   b) aus Automaten,
   c) auf See- oder Binnenschiffen oder in Kraftfahrzeugen an Fahrgäste,

soweit das nicht bereits nach § 18 Abs. 2 des Gaststättengesetzes bestimmt ist.

§ 3

(1) Die zuständige Behörde kann bei Vorliegen eines öffentlichen Bedürfnisses oder besonderer örtlicher Verhältnisse die Sperrzeit allgemein verlängern, verkürzen oder aufheben.

(2) Die zuständige Behörde kann unter den in Absatz 1 genannten Voraussetzungen in Einzelfällen

1. an den Tagen, an denen gemäß § 2 Abs. 1 Satz 1 keine Sperrzeiten bestehen, eine Sperrzeit festsetzen,
2. in den Fällen des § 2 Abs. 2 Nr. 2 eine Sperrzeit festsetzen,
3. den Beginn der Sperrzeit bis 19 Uhr vorverlegen und das Ende der Sperrzeit bis 10 Uhr hinausschieben

sowie

4. die Sperrzeit verkürzen oder aufheben.

Die Verkürzung oder Aufhebung der Sperrzeit ist jederzeit widerruflich; sie ist außerdem auf längstens ein Jahr zu befristen.

§ 4

(1) Diese Verordnung tritt am 10. 5. 1971 in Kraft.

(2) Gleichzeitig wird die Sperrstundenverordnung vom 28. 6. 1960 mit der Änderung vom 17. 3. 1970 (Hamburgisches Gesetz- und Verordnungsblatt 1960 Seite 361, 1970 Seite 139) aufgehoben.

… Hessen Anhang I

7. Landesrecht Hessen

a) Verordnung über Zuständigkeiten nach der Gewerbeordnung und dem Gaststättengesetz sowie über den Betrieb von Straußwirtschaften

vom 20. 6. 2002 (GVBl. I S. 395)

Aufgrund

1. des § 155 Abs. 2 der Gewerbeordnung in Verbindung mit § 2 der Verordnung zur Bestimmung der zuständigen Behörde nach § 38 Abs. 1 und 2 der Gewerbeordnung und zur Übertragung der Ermächtigung nach § 155 Abs. 2 der Gewerbeordnung vom 22. 3. 1999 (GVBl. I S. 208) und
2. des § 14 Satz 1 und 2 und des § 30 des Gaststättengesetzes in Verbindung mit § 1 der Verordnung zur Übertragung von Ermächtigungen nach dem Gaststättengesetz vom 5. 4. 1971 (GVBl. I S. 89)

wird verordnet:

**Erster Abschnitt
Zuständigkeiten**

§ 1 Sachliche Zuständigkeit

(1) Der Gemeindevorstand ist zuständige Behörde für

1. den Vollzug der Titel II bis IV der Gewerbeordnung und der darauf beruhenden Rechtsverordnungen,
2. die Entgegennahme von Anträgen nach § 150 Abs. 2 der Gewerbeordnung,
3. den Vollzug des Gaststättengesetzes und der darauf beruhenden Rechtsverordnungen,

soweit in den Absätzen 2 bis 5 oder in anderen Rechtsvorschriften nichts anderes bestimmt ist.

Anhang I Hessen

(2) Der Magistrat in kreisfreien Städten, im übrigen der Landrat als Behörde der Landesverwaltung ist zuständige Behörde nach folgenden Bestimmungen der Gewerbeordnung:
1. § 34b Abs. 5 für die öffentliche Bestellung besonders sachkundiger Versteigerer,
2. § 34c Abs. 1 für die Erteilung der Erlaubnis an Makler, Bauträger und Baubetreuer sowie für die Ausführung der nach § 34c Abs. 3 ergangenen Rechtsverordnungen,
3. § 51 für die Untersagung der Benutzung einer gewerblichen Anlage,
4. § 56 Abs. 2 Satz 3 für die Zulassung von Ausnahmen von den Verboten des § 56 Abs. 1,
5. § 56a Abs. 2 Satz 1 für die Entgegennahme der Anzeige über die Veranstaltung eines Wanderlagers sowie nach § 56a Abs. 3 für die Untersagung eines Wanderlagers.

Die nach Satz 1 für die Erteilung der Erlaubnis oder die öffentliche Bestellung zuständige Behörde ist insoweit auch zuständig
1. für Maßnahmen nach § 29 der Gewerbeordnung,
2. für die Gestattung des Betriebs eines Gewerbes nach § 46 Abs. 3 der Gewerbeordnung ohne den nach § 45 der Gewerbeordnung befähigten Stellvertreter.

(3) Der Magistrat in kreisfreien Städten sowie in kreisangehörigen Städten mit mehr als 50 000 Einwohnern, im übrigen der Landrat als Behörde der Landesverwaltung ist zuständige Behörde nach § 15 Abs. 2 Satz 2 in Verbindung mit Satz 1 der Gewerbeordnung für die Verhinderung der Fortsetzung des Gewerbebetriebes einer ausländischen juristischen Person, deren Rechtsfähigkeit im Inland nicht anerkannt ist.

(4) Die für die öffentliche Bestellung von Sachverständigen nach § 36 der Gewerbeordnung zuständigen Behörden sind auch zuständig für diesen Personenkreis betreffende Maßnahmen nach § 29 der Gewerbeordnung.

(5) Zuständige Behörde für die Verhinderung der Fortsetzung eines nicht zugelassenen Gewerbebetriebes nach § 15 Abs. 2 Satz 1 der Gewerbeordnung ist die für die Erteilung der Zulassung zuständige Behörde.

§ 2   Örtliche Zuständigkeit

Örtlich zuständig für die Entgegennahme der Anzeige nach § 10 Abs. 1 Satz 3, § 13 Abs. 2 der Bewachungsverordnung vom 7. 12. 1995 (BGBl. I S. 1602), zuletzt geändert durch Gesetz vom 10. 11. 2001 (BGBl. I S. 2992), ist die Polizeidienststelle, in deren Bereich von der Schusswaffe Gebrauch gemacht wurde, und der Gemeindevorstand, bei dem die betreffende Person nach § 9 der Bewachungsverordnung gemeldet ist.

Zweiter Abschnitt
Straußwirtschaften

§ 3   Erlaubnisfreiheit

(1) Der Ausschank von selbsterzeugtem Wein bedarf für die Dauer von höchstens vier Monaten und zwar zusammenhängend oder in zwei Zeitabschnitten im Jahr keiner Erlaubnis (Straußwirtschaft).

(2) Wer Wein gewerbsmäßig in den Verkehr bringt, darf nicht zugleich eine Straußwirtschaft betreiben.

(3) Personen, die in einem gemeinsamen Haushalt leben, dürfen insgesamt nur einmal im Jahr eine Straußwirtschaft unterhalten.

§ 4   Räumliche Voraussetzungen

(1) Der Ausschank ist wahlweise nur in Räumen zulässig, die in einem Weinbaugebiet entweder am Ort des Weinbaubetriebes oder am Wohnsitz des Inhabers des Betriebes gelegen sind.

(2) Weinbaugebiete im Sinne des Absatzes 1 sind die aus der Anlage ersichtlichen Weinbaugebiete.

(3) Der Ausschank darf nicht in Räumen stattfinden, die eigens zu diesem Zweck angemietet sind. In besonderen Härtefällen können hiervon Ausnahmen zugelassen werden.

(4) Eine Straußwirtschaft darf nicht mit einer anderen Schank- oder Speisewirtschaft oder mit einem Beherbergungsbetrieb verbunden werden.

Anhang I Hessen

(5) In einer Straußwirtschaft dürfen nicht mehr als 40 Sitzplätze vorhanden sein.

(6) Die zuständige Verwaltungsbehörde kann den Betrieb einer Straußwirtschaft untersagen und seine Fortsetzung verhindern, wenn die Voraussetzungen des § 4 Abs. 1 Nr. 2 oder 3 des Gaststättengesetzes vorliegen.

§ 5 Verabreichen von Speisen, Nebenleistungen

(1) In einer Straußwirtschaft dürfen nur kalte und einfach zubereitete warme Speisen verabreicht werden.

(2) Alkoholfreie Getränke, die in der Straußwirtschaft nicht verabreicht werden, und Flaschenbier dürfen auch nicht über die Straße abgegeben werden; ferner dürfen Süßwaren im Sinne des § 7 Abs. 2 Nr. 2 des Gaststättengesetzes nicht über die Straße abgegeben werden.

§ 6 Anzeige

Wer eine Straußwirtschaft betreiben will, hat dies mindestens zwei Wochen vor Beginn des Betriebes anzuzeigen und dabei mitzuteilen

1. den Zeitraum, während dessen der Ausschank stattfinden soll,
2. hinsichtlich des zum Ausschank vorgesehenen Weines Ort und Lage, aus denen die zur Herstellung des Weines verwendeten Trauben stammen, sowie den Ort, an dem die Trauben gekeltert worden sind und der Wein ausgebaut worden ist,
3. die zum Betrieb der Straußwirtschaft bestimmten Räume.

§ 7 Ordnungswidrigkeiten

Ordnungswidrig im Sinne des § 28 Abs. 1 Nr. 12 des Gaststättengesetzes handelt, wer vorsätzlich oder fahrlässig

1. eine Straußwirtschaft betreibt, obwohl ihm dies nach § 4 Abs. 6 untersagt worden ist,
2. entgegen § 5 Abs. 2 alkoholfreie Getränke, Flaschenbier oder Süßwaren über die Straße abgibt,
3. entgegen § 6 die Anzeige nicht, nicht rechtzeitig, nicht richtig oder nicht vollständig erstattet.

Dritter Abschnitt
Schlussvorschriften

§ 8 Änderung von Vorschriften

Die Verordnung zur Bestimmung der zuständigen Behörde nach § 38 Abs. 1 und 2 der Gewerbeordnung und zur Übertragung der Ermächtigung nach § 155 Abs. 2 der Gewerbeordnung wird wie folgt geändert:

1. In der Überschrift werden die Worte „zur Bestimmung der zuständigen Behörde nach § 38 Abs. 1 und 2 der Gewerbeordnung und" gestrichen.
2. § 1 wird aufgehoben.
3. In § 3 wird folgender Satz angefügt:

„Sie tritt mit Ablauf des 31. 12. 2007 außer Kraft."

§ 9 Aufhebung von Vorschriften

Aufgehoben werden die

1. Zweite Verordnung über die zur Ausführung des Vierten Bundesgesetzes zur Änderung der Gewerbeordnung zuständigen Verwaltungsbehörden vom 12. 2. 1961 (GVBl. S. 51, 63), zuletzt geändert durch Gesetz vom 27. 2. 1998 (GVBl. I S. 34),
2. Dritte Verordnung über die zur Ausführung des Vierten Bundesgesetzes zur Änderung der Gewerbeordnung zuständigen Verwaltungsbehörden vom 29. 3. 1961 (GVBl. S. 62), geändert durch Gesetz vom 27. 2. 1998 (GVBl. I S. 34),
3. Vierte Verordnung über die zur Ausführung des Vierten Bundesgesetzes zur Änderung der Gewerbeordnung zuständigen Verwaltungsbehörden vom 30. 4. 1964 (GVBl. I S. 65), zuletzt geändert durch Gesetz vom 27. 2. 1998 (GVBl. I S. 34),
4. Verordnung über Zuständigkeiten nach § 34c der Gewerbeordnung vom 9. 1. 1973 (GVBl. I S. 24), geändert durch Verordnung vom 18. 12. 1984 (GVBl. I S. 352),
5. Verordnung über die Bestimmung der zuständigen Behörde nach § 150 Abs. 2 der Gewerbeordnung vom 2. 12. 1975 (GVBl. I S. 276), geändert durch Verordnung vom 18. 12. 1984 (GVBl. I S. 352),

Anhang I Hessen

6. Verordnung über Zuständigkeiten zur Ausführung des Titels IV der Gewerbeordnung vom 14. 9. 1978 (GVBl. I S. 526), geändert durch Gesetz vom 27. 2. 1998 (GVBl. I S. 34),
7. Verordnung über Zuständigkeiten nach der Gewerbeordnung auf dem Gebiet des Spielrechts vom 26. 11. 1979 (GVBl. I S. 239), geändert durch Gesetz vom 27. 2. 1998 (GVBl. I S. 34),
8. Verordnung über Zuständigkeiten nach den Vorschriften der Gewerbeordnung über Gewerbeanzeigen vom 10. 9. 1980 (GVBl. I S. 336), geändert durch Verordnung vom 18. 12. 1984 (GVBl. I S. 352),
9. Verordnung über Zuständigkeiten nach dem Titel III der Gewerbeordnung und anderen gewerberechtlichen Vorschriften vom 18. 12. 1984 (GVBl. I S. 352), zuletzt geändert durch Gesetz vom 27. 2. 1998 (GVBl. I S. 34),
10. Gaststättenverordnung vom 21. 4. 1971 (GVBl. I S. 97), zuletzt geändert durch Gesetz vom 27. 2. 1998 (GVBl. I S. 34).

§ 10 In-Kraft-Treten, Außer-Kraft-Treten

Diese Verordnung tritt am Tage nach der Verkündung in Kraft. Sie tritt mit Ablauf des 31. 12. 2007 außer Kraft.

Anlage zu § 4 Abs. 2

(vom Abdruck wird abgesehen)

b) Verordnung über die Sperrzeit (SperrzeitVO)

vom 27. 6. 2001 (GVBl. I S. 319)

Aufgrund des § 18 Satz 1 und 2 des Gaststättengesetzes in der Fassung vom 20. 11. 1998 (BGBl. I S. 3419) und des § 1 der Verordnung zur Übertragung von Ermächtigungen nach dem Gaststättengesetz vom 5. 4. 1971 (GVBl. I S. 89) wird verordnet:

§ 1 Allgemeine Sperrzeit

(1) Die Sperrzeit für Schank- und Speisewirtschaften sowie für öffentliche Vergnügungsstätten beginnt um 5 Uhr und endet um 6 Uhr. Öffentliche Vergnügungsstätten im Sinne des Gaststättengesetzes und dieser Verordnung sind insbesondere Orte, an denen folgende Veranstaltungen stattfinden:

1. Theater- und Filmvorführungen,
2. Schaustellungen,
3. Tanzveranstaltungen,
4. Musikaufführungen,
5. Spielhallen und ähnliche Unternehmen im Sinne des § 33 i Abs. 1 Satz 1 der Gewerbeordnung.

(2) In der Nacht zum 1. Januar, in den Nächten zum Freitag vor Fastnacht bis zum Aschermittwoch sowie in der Nacht zum 1. 5. ist die Sperrzeit aufgehoben.

§ 2 Sperrzeit für bestimmte Betriebsarten

§ 1 Abs. 1 gilt nicht für Schank- und Speisewirtschaften auf Messen und Märkten, soweit Satz 2 nichts anderes bestimmt. Die Sperrzeit für öffentliche Vergnügungsstätten in Vergnügungsparks, auf Jahrmärkten, auf Volks- und Rummelplätzen sowie für sonstige öffentliche Vergnügungsstätten, auf denen Veranstaltungen nach § 60a der Gewerbeordnung stattfinden, beginnt um 24 Uhr und endet um 6 Uhr.

Anhang I Hessen

§ 3 Allgemeine Ausnahmen

Die zuständige Verwaltungsbehörde kann bei Vorliegen eines öffentlichen Bedürfnisses oder besonderer örtlicher Verhältnisse die Sperrzeit allgemein verlängern, verkürzen oder aufheben.

§ 4 Ausnahmen für einzelne Schank- und Speisewirtschaften sowie öffentliche Vergnügungsstätten

Die zuständige Verwaltungsbehörde kann bei Vorliegen eines öffentlichen Bedürfnisses oder besonderer örtlicher Verhältnisse für einzelne Betriebe den Beginn der Sperrzeit vorverlegen, das Ende der Sperrzeit hinausschieben oder die Sperrzeit befristet oder widerruflich aufheben. Sie kann die Aufhebung der Sperrzeit jederzeit mit Auflagen versehen.

§ 5 Zuständigkeit

(1) Für die Festsetzung von Ausnahmen nach § 3 sind zuständig:
1. Die Bezirksordnungsbehörden für kreisübergreifende Regelungen,
2. die Kreisordnungsbehörden für gemeindeübergreifende Regelungen,
3. die örtlichen Ordnungsbehörden für Regelungen innerhalb des Gemeindegebietes.

(2) Für die Festsetzung von Ausnahmen nach § 4 sind die örtlichen Ordnungsbehörden zuständig.

§ 6 Ordnungswidrigkeiten

Ordnungswidrig im Sinne des § 28 Abs. 1 Nr. 12 des Gaststättengesetzes handelt, wer vorsätzlich oder fahrlässig einer vollziehbaren Auflage nach § 4 Satz 2 zuwiderhandelt.

§ 7 Aufhebung bisherigen Rechts

Die Verordnung über die Sperrzeit vom 19. 4. 1971 (GVBl. I S. 96), geändert durch Verordnung vom 8. 8. 1979 (GVBl. I S. 207), wird aufgehoben.

§ 8 In-Kraft-Treten, Außer-Kraft-Treten

Diese Verordnung tritt am 1. 8. 2001 in Kraft. Sie tritt mit Ablauf des 31. 12. 2006 außer Kraft.

Mecklenburg-Vorpommern **Anhang I**

8. Landesrecht Mecklenburg-Vorpommern

a) Verordnung zur Ausführung des Gaststättengesetzes (Gast-VO)

vom 17. 6. 1994 (GVOBl. S. 679)

Aufgrund des § 4 Abs. 3 Satz 1, § 18 Abs. 1 Satz 1, § 21 Abs. 2 Satz 1 und des § 30 des Gaststättengesetzes vom 5. 5. 1970 (BGBl. I S. 465, 1298), zuletzt geändert durch Art. 2 des Gesetzes vom 16. 12. 1986 (BGBl. I S. 2441), und des § 1 der Landesverordnung über die Zuständigkeiten nach dem Gaststättengesetz vom 6. 11. 1993 (GVOBl. M-V S. 959) sowie aufgrund des § 1 der Landesverordnung vom 12. 3. 1991 (GVOBl. M-V S. 77) verordnet im Einvernehmen mit dem Innenminister und dem Sozialminister der Wirtschaftsminister:

§ 1 Sachliche und örtliche Zuständigkeit

(1) Für die Ausführung der in der Anlage zu dieser Verordnung aufgeführten Rechtsvorschriften und Maßnahmen des GastG sind die in der Anlage bezeichneten Behörden zuständig. Die Anlage ist Bestandteil dieser Verordnung.

(2) Die in der Anlage dieser Verordnung aufgeführten Behörden sind auch zuständig für die Verfolgung und Ahndung von Ordnungswidrigkeiten nach § 28 des Gaststättengesetzes.

(3) Werden Getränke oder zubereitete Speisen an Fahrgäste verabreicht oder Fahrgäste beherbergt, so ist bei zulassungspflichtigen Kraftfahrzeugen die für den Betriebssitz des Unternehmens zuständige Behörde zuständig. Bei Schiffen ist die Behörde des Heimathafens zuständig. Befinden sich der Betriebssitz oder der Heimathafen außerhalb des Landes Mecklenburg-Vorpommern, so ist die Behörde zuständig, deren Zuständigkeitsbereich zuerst berührt wird.

§ 2 Verfahren

(1) Der Antrag auf Erteilung einer Erlaubnis nach § 2 Abs. 1 des Gaststättengesetzes, einer Stellvertretungserlaubnis nach § 9 des Gaststät-

Anhang I Mecklenburg-Vorpommern

tengesetzes, einer vorläufigen Erlaubnis nach § 11 Abs. 1 des Gaststättengesetzes, einer vorläufigen Stellvertretungserlaubnis nach § 11 Abs. 2 des Gaststättengesetzes oder einer Gestattung nach § 12 Abs. 1 des Gaststättengesetzes ist schriftlich einzureichen. Der Antragsteller hat auf Verlangen die Angaben zu machen und die Unterlagen beizubringen, die für die Entscheidung über den Antrag von Bedeutung sind.

(2) Bei einem Antrag auf Erteilung einer Erlaubnis oder Gestattung sind insbesondere Angaben und Unterlagen erforderlich über

1. die Person des Antragstellers und seines Ehegatten; wird eine Stellvertretungserlaubnis beantragt, so für den Stellvertreter und seinen Ehegatten;
2. die Betriebsart;
3. die zum Betrieb des Gewerbes und die für die Beschäftigten bestimmten Räume und Einrichtungen.

(3) Zum Erlaubnisantrag sollen auch die Gewerbeaufsichtsämter gehört werden.

(4) Die Entscheidung über einen Antrag und die Zusage für eine Erlaubnis oder Gestattung erfolgt durch schriftlichen Bescheid.

§ 3 Sperrzeit

(1) Die Sperrzeit für Schank- und Speisewirtschaften sowie für öffentliche Vergnügungsstätten beginnt um 5.00 Uhr und endet um 6.00 Uhr. Öffentliche Vergnügungsstätten im Sinne des Gaststättengesetzes und dieser Verordnung sind insbesondere Orte, an denen folgende Veranstaltungen stattfinden:

1. Theater- und Filmvorführungen,
2. Schaustellungen,
3. Tanzveranstaltungen,
4. Musikaufführungen,
5. Diskotheken,
6. Spielhallen und ähnliche Unternehmen im Sinne des § 33 Buchst. i Satz 1 der Gewerbeordnung.

(2) Absatz 1 gilt nicht
1. für Schank- und Speisewirtschaften auf Messen und Märkten,
2. für Schank- und Speisewirtschaften und öffentliche Vergnügungsstätten auf Schiffen oder in Kraftfahrzeugen während der Fahrt, wenn sich der Betrieb auf die Fahrgäste beschränkt,
3. für Schank- und Speisewirtschaften in Betrieben, soweit sie sich auf die Bewirtung von Betriebsangehörigen beschränken.

Die nach § 18 GastG zuständige Behörde kann bei Vorliegen eines öffentlichen Bedürfnisses oder besonderer örtlicher Verhältnisse durch Rechtsverordnung bestimmen, dass Absatz 1 Satz 1 auch für Schank- und Speisewirtschaften sowie öffentliche Vergnügungsstätten anzuwenden ist.

(3) In der Nacht zum 1. Januar, zum Sonntag, zum Montag und Dienstag vor Aschermittwoch, zum Aschermittwoch und zum 1. 5. ist die Sperrzeit aufgehoben.

(4) Die Sperrzeit für Jahrmärkte, Vergnügungsplätze und Veranstaltungen nach § 60a GewO, einschließlich der Schank- und Speisewirtschaften, die im Rahmen von öffentlichen Vergnügungsstätten unter freiem Himmel betrieben werden, beginnt um 22.00 Uhr und endet um 10.00 Uhr.

(5) Bei Vorliegen eines öffentlichen Bedürfnisses oder besonderer örtlicher Verhältnisse kann die zuständige Behörde die Sperrzeit durch Rechtsverordnung allgemein verlängern, verkürzen oder aufheben.

(6) Die zuständige Behörde kann bei Vorliegen eines öffentlichen Bedürfnisses oder besonderer örtlicher Verhältnisse für einzelne Betriebe den Beginn der Sperrzeit vorverlegen und das Ende der Sperrzeit hinausschieben oder die Sperrzeit befristen und widerruflich verkürzen oder aufheben. Die Befristung ist längstens auf ein Jahr zu begrenzen. Die Verkürzung oder Aufhebung der Sperrzeit kann mit Auflagen verbunden werden.

(7) Geltende Arbeitszeitvorschriften bleiben unberührt.

Anhang I Mecklenburg-Vorpommern

§ 4 Anzeigepflicht, Erlaubnis

Soweit dies zur Aufrechterhaltung der Sittlichkeit oder zum Schutze der Gäste erforderlich ist, kann der Gewerbetreibende verpflichtet werden, über die in seinem Betrieb beschäftigten Personen innerhalb einer Woche nach Beginn der Beschäftigung Anzeige zu erstatten. In der Anzeige sind Vor- und Zuname, Geburtsname, Geburtsdatum und Geburtsort, der letzte Aufenthaltsort und die vorhergehende Beschäftigungsstelle der beschäftigten Person sowie der Beginn der Beschäftigung anzugeben. Unter der gleichen Voraussetzung kann die Beschäftigung von Personen für einzelne Betriebe von einer Erlaubnis abhängig gemacht werden.

§ 5 Inkrafttreten

Diese Verordnung tritt am Tage nach der Verkündung in Kraft.

Anlage
zur Verordnung zur Ausübung des Gaststättengesetzes (GastVO)
(Auszug)

Erläuterungen/Abkürzungen

KrOrdB = Landräte für die Landkreise
Oberbürgermeister/Bürgermeister der kreisfreien Städte

Anzuwendende Rechtsnorm „GastG"	Verwaltungsaufgabe	zuständ. Behörde
§ 2 Abs. 1	Erlaubnis zum Betrieb eines Gaststättengewerbes	KrOrdB
§ 5 Abs. 2	Anordnung gegenüber erlaubnisfreien Betrieb des Gaststättengewerbes	KrOrdB
§ 9 Satz 1	Erlaubnis zum Betrieb eines Gaststättengewerbes durch einen Stellvertreter	KrOrdB
§ 11	Vorläufige Erlaubnis zur Ausübung des Gaststättengewerbes	KrOrdB

Mecklenburg-Vorpommern — Anhang I

b) Beherbergungsstättenverordnung (BstättVO M-V)

vom 12. 2. 2002 (GVOBl. S. 119)

Aufgrund des § 85 Abs. 1 Nr. 1 und 2 und Abs. 2 der Landesbauordnung Mecklenburg-Vorpommern in der Fassung der Bekanntmachung vom 6. 5. 1998 (GVOBl. M-V S. 468, 612), zuletzt geändert durch Gesetz vom 28. 3. 2001 (GVOBl. M-V S. 60), verordnet das Ministerium für Arbeit und Bau:

§ 1 Anwendungsbereich

Die Vorschriften dieser Verordnung gelten für Beherbergungsstätten mit mehr als zwölf Gastbetten.

§ 2 Begriffe

(1) Beherbergungsstätten sind Gebäude oder Gebäudeteile, die ganz oder teilweise für die Beherbergung von Gästen, ausgenommen die Beherbergung in Ferienwohnungen, bestimmt sind. Gebäude oder Gebäudeteile, die für die Beherbergung von Gästen auf Heu- oder Strohlagern (Heuherbergen) bestimmt sind, gelten nicht als Beherbergungsstätten im Sinne dieser Verordnung.

(2) Beherbergungsräume sind Räume, die dem Wohnen oder Schlafen von Gästen dienen. Eine Folge unmittelbar zusammenhängender Beherbergungsräume (Suite) gilt als ein Beherbergungsraum.

(3) Galerieräume sind Räume, die für den Aufenthalt von Gästen, jedoch nicht zum Wohnen oder Schlafen bestimmt sind, wie Speiseräume und Tagungsräume.

§ 3 Rettungswege

(1) Für jeden Beherbergungsraum müssen mindestens zwei voneinander unabhängige Rettungswege vorhanden sein, sie dürfen jedoch in-

Anhang I Mecklenburg-Vorpommern

nerhalb eines Geschosses über denselben notwendigen Flur führen. Der erste Rettungsweg muss für Beherbergungsräume, die nicht zu ebener Erde liegen, über eine notwendige Treppe führen; der zweite Rettungsweg über eine weitere notwendige Treppe oder eine Außentreppe. In Beherbergungsstätten mit insgesamt nicht mehr als 60 Gastbetten genügt als zweiter Rettungsweg eine mit Rettungsgeräten der Feuerwehr erreichbare Stelle des Beherbergungsraumes; dies gilt nicht, wenn in einem nicht zu ebener Erde gelegenen Geschoss mehr als 30 Gastbetten vorhanden sind.

(2) An Abzweigungen notwendiger Flure, an den Zugängen zu notwendigen Treppenräumen und an den Ausgängen ins Freie ist durch Sicherheitszeichen auf die Ausgänge hinzuweisen. Die Sicherheitszeichen müssen beleuchtet sein.

§ 4 Tragende Wände, Stützen, Decken

(1) Tragende Wände, Stützen und Decken müssen feuerbeständig sein. Dies gilt nicht für oberste Geschosse von Dachräumen, wenn sich dort keine Beherbergungsräume befinden.

(2) Tragende Wände, Stützen und Decken brauchen nur feuerhemmend zu sein

1. in Gebäuden mit nicht mehr als zwei oberirdischen Geschossen,
2. in obersten Geschossen von Dachräumen mit Beherbergungsräumen.

§ 5 Trennwände

(1) Trennwände müssen feuerbeständig sein

1. zwischen Räumen einer Beherbergungsstätte und Räumen, die nicht zu der Beherbergungsstätte gehören sowie
2. zwischen Beherbergungsräumen und
   a) Gasträumen,
   b) Küchen.

Soweit in Beherbergungsstätten die tragenden Wände, Stützen und Decken nur feuerhemmend zu sein brauchen, genügen feuerhemmende Trennwände.

(2) Trennwände zwischen Beherbergungsräumen sowie zwischen Beherbergungsräumen und sonstigen Räumen müssen feuerhemmend sein.

(3) Öffnungen in Trennwänden nach Absatz 1 Satz 1 Nr. 1 müssen feuerhemmende Feuerschutzabschlüsse haben, die auch die Anforderungen an Rauchschutzabschlüsse erfüllen. In Trennwänden nach Absatz 1 Satz 1 Nr. 2 und nach Absatz 2 sind Öffnungen unzulässig.

§ 6   Notwendige Flure

(1) § 34 Abs. 1 Satz 2 Nr. 1 der Landesbauordnung Mecklenburg-Vorpommern ist nicht anzuwenden.

(2) In notwendigen Fluren müssen Verkleidungen, Unterdecken und Dämmstoffe aus nicht brennbaren Baustoffen bestehen. Bodenbeläge müssen aus mindestens schwer entflammbaren Baustoffen bestehen.

(3) In notwendigen Fluren mit nur einer Fluchtrichtung (Stichflure) darf die Entfernung zwischen Türen von Beherbergungsräumen und notwendigen Treppenräumen oder Ausgängen ins Freie nicht länger als 15 Meter sein.

(4) Stufen in notwendigen Fluren müssen beleuchtet sein.

§ 7   Türen

(1) Feuerhemmende Feuerschutzabschlüsse, die auch die Anforderungen an Rauchschutzabschlüsse erfüllen, müssen vorhanden sein in Öffnungen

1. von notwendigen Treppenräumen zu anderen Räumen, ausgenommen zu notwendigen Fluren, und
2. von notwendigen Fluren in Kellergeschossen zu Räumen, die von Gästen nicht benutzt werden.

(2) Rauchschutzabschlüsse müssen vorhanden sein in Öffnungen

1. von notwendigen Treppenräumen zu notwendigen Fluren,
2. von notwendigen Fluren zu Beherbergungsräumen und
3. von notwendigen Fluren zu Gasträumen, wenn an den Fluren in demselben Rauchabschnitt Öffnungen zu Beherbergungsräumen liegen.

Anhang I Mecklenburg-Vorpommern

§ 8 Sicherheitsbeleuchtung, Sicherheitsstromversorgung

(1) Beherbergungsstätten müssen
1. in notwendigen Fluren und in notwendigen Treppenräumen,
2. in Räumen zwischen notwendigen Treppenräumen und Ausgängen ins Freie,
3. für Sicherheitszeichen, die auf Ausgänge hinweisen, und
4. für Stufen in notwendigen Fluren

eine Sicherheitsbeleuchtung haben.

(2) Beherbergungsstätten müssen eine Sicherheitsstromversorgung haben, die bei Ausfall der allgemeinen Stromversorgung den Betrieb der sicherheitstechnischen Anlagen und Einrichtungen übernimmt, insbesondere
1. der Sicherheitsbeleuchtung,
2. der Alarmierungseinrichtungen und
3. der Brandmeldeanlagen.

§ 9 Alarmierungseinrichtungen, Brandmeldeanlagen, Brandfallsteuerung von Aufzügen

(1) Beherbergungsstätten müssen Alarmierungseinrichtungen haben, durch die im Gefahrenfall die Betriebsangehörigen und Gäste gewarnt werden können. Bei Beherbergungsstätten mit mehr als 60 Gastbetten müssen sich die Alarmierungseinrichtungen bei Auftreten von Rauch in den notwendigen Fluren auch selbsttätig auslösen.

(2) Beherbergungsstätten mit mehr als 60 Gastbetten müssen Brandmeldeanlagen mit automatischen Brandmeldern, die auf die Kenngröße Rauch in den notwendigen Fluren ansprechen, sowie mit nichtautomatischen Brandmeldern (Handfeuermelder) haben. Die automatischen Brandmeldeanlagen müssen in einer Betriebsart ausgeführt werden, bei der mit technischen Maßnahmen Falschalarme vermieden werden. Brandmeldungen sind unmittelbar und automatisch zur zuständigen Feuerwehrleitstelle zu übertragen.

(3) Aufzüge von Beherbergungsstätten mit mehr als 60 Gastbetten sind mit einer Brandfallsteuerung auszustatten, die durch die automatische Brandmeldeanlage ausgelöst wird. Die Brandfallsteuerung hat sicher-

zustellen, dass die Aufzüge das nicht vom Rauch betroffene Eingangsgeschoss, ansonsten das in Fahrtrichtung davor liegende Geschoss, anfahren und dort mit geöffneten Türen außer Betrieb gehen.

§ 10 Weitergehende Anforderungen

An Beherbergungsstätten in Hochhäusern können gemäß § 51 der Landesbauordnung Mecklenburg-Vorpommern aus Gründen des Brandschutzes weitergehende Anforderungen gestellt werden.

§ 11 Freihalten der Rettungswege, Brandschutzordnung, verantwortliche Personen

(1) Die Rettungswege müssen frei von Hindernissen sein. Türen im Zuge von Rettungswegen dürfen nicht versperrt werden und müssen von innen leicht zu öffnen sein.

(2) In jedem Beherbergungsraum sind durch den Betreiber an dessen Ausgang ein Rettungswegeplan und Hinweise zum Verhalten bei einem Brand anzubringen. Die Hinweise müssen auch in den Fremdsprachen, die der Herkunft der üblichen Gäste Rechnung tragen, abgefasst sein.

(3) Für Beherbergungsstätten mit mehr als 60 Gastbetten sind im Einvernehmen mit der für den Brandschutz zuständigen Dienststelle

1. eine Brandschutzordnung zu erstellen und
2. Feuerwehrpläne anzufertigen; die Feuerwehrpläne sind der örtlichen Feuerwehr zur Verfügung zu stellen.

Wird ein Einvernehmen zwischen dem Betreiber und der für den Brandschutz zuständigen Dienststelle nicht erreicht, entscheidet die untere Bauaufsichtsbehörde.

(4) Die Betriebsangehörigen sind bei Beginn des Arbeitsverhältnisses und danach mindestens einmal jährlich über

1. die Bedienung der Alarmierungseinrichtungen und der Brandmelder zu unterweisen und
2. über die Brandschutzordnung und das Verhalten bei einem Brand zu belehren.

(5) Für die Einhaltung der in den Absätzen 1 bis 4 gestellten Anforderungen ist der Betreiber verantwortlich.

Anhang I Mecklenburg-Vorpommern

§ 12 Zusätzliche Bauvorlagen

Die Bauvorlagen müssen zusätzliche Angaben enthalten über
1. die Sicherheitsbeleuchtung,
2. die Sicherheitsstromversorgung,
3. die Alarmierungseinrichtungen,
4. die Brandmeldeanlage,
5. die Rettungswege auf dem Grundstück und die Flächen für die Feuerwehr.

§ 13 Anwendung der Vorschriften auf bestehende Beherbergungsstätten

Auf die im Zeitpunkt des In-Kraft-Tretens dieser Verordnung bestehenden Beherbergungsstätten sind die Vorschriften des § 11 anzuwenden.

§ 14 Ordnungswidrigkeiten

Ordnungswidrig nach § 84 Abs. 1 Nr. 1 der Landesbauordnung Mecklenburg-Vorpommern handelt, wer als Betreiber vorsätzlich oder fahrlässig nicht gewährleistet,
1. dass entsprechend § 11 Abs. 1 die Rettungswege frei von Hindernissen sind, Türen im Zuge von Rettungswegen nicht versperrt sind und von innen leicht zu öffnen sind,
2. dass entsprechend § 11 Abs. 2 in jedem Beherbergungsraum an dessen Ausgang ein Rettungswegeplan und Hinweise zum Verhalten bei einem Brand angebracht sind und die Hinweise auch in den Fremdsprachen, die der Herkunft der üblichen Gäste Rechnung tragen, abgefasst sind.

§ 15 In-Kraft-Treten

Diese Verordnung tritt am 1. 6. 2002 in Kraft.

9. Landesrecht Niedersachsen

a) Verordnung zur Aufhebung der Verordnung zur Durchführung des Gaststättengesetzes

vom 14. 6. 1993 (GVBl. S. 157)

Auf Grund des § 4 Abs. 3, des § 21 Abs. 2 und des § 30 des Gaststättengesetzes vom 5. 5. 1970 (Bundesgesetzbl. I S. 465, 1298), zuletzt geändert durch Art. 2 des Zweiten Rechtsbereinigungsgesetzes vom 16. 12. 1986 (Bundesgesetzbl. I S. 2441), in Verbindung mit den laufenden Nummern 3.4.1 und 3.4.6 des Verzeichnisses der Anlage 1 zur Verordnung über die Regelung von Zuständigkeiten im Gewerbe- und Arbeitsschutzrecht sowie in anderen Rechtsgebieten vom 19. 12. 1990 (Nieders. GVBl. S. 491), geändert durch Verordnung vom 26. 8. 1992 (Nieders. GVBl. S. 233), wird verordnet:

§ 1

Die Verordnung zur Durchführung des Gaststättengesetzes vom 7. 5. 1971 (Nieders. GVBl. S. 215) wird aufgehoben.

§ 2

Diese Verordnung tritt am Tage nach ihrer Verkündung in Kraft.

Anhang I   Niedersachsen

b) Verordnung
über die Festsetzung der Sperrzeit für Schank- und Speisewirtschaften sowie für öffentliche Vergnügungsstätten

vom 8. 6. 1971 (GVBl. S. 223),
geändert durch Verordnung vom 15. 10. 1982 (GVBl. S. 400)

Auf Grund des § 18 Abs. 1 und des § 30 des Gaststättengesetzes vom 5. 5. 1970 (Bundesgesetzbl. I S. 465) in Verbindung mit laufender Nr. 8.2.10 des Verzeichnisses der Anlage der Verordnung über die Regelung von Zuständigkeiten im Gewerbe- und Arbeitsschutzrecht sowie in anderen Rechtsgebieten vom 3. 5. 1971 (Nieders. GVBl. S. 187) und den §§ 15 und 18 des Gesetzes über die öffentliche Sicherheit und Ordnung vom 21. 3. 1951 (Nieders. GVBl. Sb. I S. 89) wird im Einvernehmen mit dem Minister für Wirtschaft und öffentliche Arbeiten verordnet:

§ 1   Allgemeine Sperrzeit

(1) Die Sperrzeit für Schank- und Speisewirtschaften sowie für öffentliche Vergnügungsstätten beginnt um 2.00 Uhr und endet um 6.00 Uhr. In den Nächten zum Sonnabend und Sonntag beginnt die Sperrzeit um 3.00 Uhr.

(2) Für die Nächte zum 1. Januar, zum 1. 5. und zum 2. 5. wird die Sperrzeit aufgehoben.

§ 2   Sperrzeit für bestimmte Betriebsarten

(1) Die Sperrzeit für Spielhallen, für öffentliche Vergnügungsstätten auf Jahrmärkten und Rummelplätzen sowie für sonstige öffentliche Vergnügungsstätten, in denen Veranstaltungen nach § 60 a der Gewerbeordnung stattfinden, beginnt um 23.00 Uhr und endet um 6.00 Uhr.

(2) Die Vorschriften über die Sperrzeit finden keine Anwendung auf den Betrieb der Schank- und Speisewirtschaften in Kraftfahrzeugen

und Schiffen, wenn sich der Betrieb auf die Bewirtung der Fahrgäste beschränkt.

§ 3 Allgemeine Ausnahmen

Die zuständige Behörde kann bei Vorliegen eines öffentlichen Bedürfnisses oder besonderer örtlicher Verhältnisse die Sperrzeit allgemein verlängern, verkürzen oder aufheben.

§ 4 Ausnahmen für einzelne Betriebe

Die zuständige Behörde kann bei Vorliegen eines öffentlichen Bedürfnisses oder besonderer örtlicher Verhältnisse für einzelne Betriebe den Beginn der Sperrzeit bis 20.00 Uhr vorverlegen und das Ende der Sperrzeit bis 10.00 Uhr hinausschieben oder die Sperrzeit befristet und widerruflich verkürzen oder aufheben. Die Verkürzung oder Aufhebung der Sperrzeit kann mit Auflagen verbunden werden.

§ 5 Zuständige Behörden

(1) Zuständige Behörden im Sinne des § 3 sind
1. die Gemeinden,
2. für Regelungen, die sich über das Gebiet einer Gemeinde hinaus erstrecken, die Landkreise,
3. für Regelungen, die sich über das Gebiet eines Landkreises – einer kreisfreien Stadt – hinaus erstrecken, der Regierungspräsident – Präsident des Verwaltungsbezirks –,
4. für Regelungen, die sich über das Gebiet eines Regierungsbezirks – Verwaltungsbezirks – hinaus erstrecken, der Minister des Innern im Einvernehmen mit dem Minister für Wirtschaft und öffentliche Arbeiten.

(2) Zuständige Behörden im Sinne des § 4 sind die Gemeinden.

§ 6 Ordnungswidrigkeiten

(weggefallen)

Anhang I Niedersachsen

§ 7 Inkrafttreten

(1) Diese Verordnung tritt am 10. 6. 1971 in Kraft.

(2) Gleichzeitig treten außer Kraft:
1. die Verordnung über die Festsetzung und Handhabung der Sperrstunde (Polizeistunde) vom 14. 7. 1953 (Nieders. GVBl. Sb. I S. 103),
2. die Verordnung über die Festsetzung und Handhabung der Sperrstunde (Polizeistunde) für öffentliche Vergnügungsorte vom 20. 1. 1964 (Nieders. GVBl. S. 53) in der Fassung des Art. 1 Nr. 2 der Verordnung zur Anpassung von Verordnungen des Ministers des Innern an das Erste Gesetz zur Reform des Strafrechts, das Gesetz über Ordnungswidrigkeiten und das Einführungsgesetz zum Gesetz über Ordnungswidrigkeiten vom 23. 4. 1970 (Nieders. GVBl. S. 149).

10. Landesrecht Nordrhein-Westfalen

**Verordnung
zur Ausführung des Gaststättengesetzes
(Gaststättenverordnung – GastV)**

vom 28. 1. 1997 (GVBl. S. 17, ber. S. 56),
geändert durch Verordnung vom 3. 7. 2001 (GVBl. S. 460)

Aufgrund von § 18 Abs. 1 und § 30 des Gaststättengesetzes vom 5. 5. 1970 (BGBl. I S. 465, ber. S. 1298), zuletzt geändert durch Gesetz vom 19. 7. 1996 (BGBl. I S. 1019), und von § 36 Abs. 2 des Gesetzes über Ordnungswidrigkeiten in der Fassung der Bekanntmachung vom 19. 2. 1987 (BGBl. I S. 602), zuletzt geändert durch Gesetz vom 28. 10. 1994 (BGBl. I S. 3186), wird verordnet:

Erster Abschnitt
Zuständigkeit

§ 1 Sachliche Zuständigkeit

Die Ausführung des Gaststättengesetzes und der auf seiner Grundlage ergangenen Rechtsverordnungen sowie die Verfolgung und Ahndung von Ordnungswidrigkeiten nach § 28 des Gaststättengesetzes obliegt den örtlichen Ordnungsbehörden.

§ 2 Verbot des Ausschanks alkoholischer Getränke

Verbote nach § 19 des Gaststättengesetzes werden durch ordnungsbehördliche Verordnung im Sinne von § 27 des Ordnungsbehördengesetzes oder durch Ordnungsverfügung erlassen.

Anhang I Nordrhein-Westfalen

**Zweiter Abschnitt
Sperrzeit**

§ 3 Verordnungsermächtigung

Die in § 18 Abs. 1 Satz 1 Gaststättengesetz der Landesregierung erteilte Ermächtigung zum Erlaß einer Rechtsverordnung wird auf die örtlichen Ordnungsbehörden übertragen. Die Rechtsverordnung ist als ordnungsbehördliche Verordnung im Sinne von § 27 Ordnungsbehördengesetz zu erlassen.

§ 4 Allgemeine Sperrzeit, Ausnahmen

(1) Sofern die örtliche Ordnungsbehörde von der Ermächtigung nach § 3 keinen Gebrauch macht, beginnt die Sperrzeit für Schank- und Speisewirtschaften um 5.00 Uhr und endet um 6.00 Uhr. Für öffentliche Vergnügungsstätten beginnt die Sperrzeit um 1 Uhr und endet um 6 Uhr.

(2) Bei Vorliegen eines öffentlichen Bedürfnisses oder besonderer örtlicher Verhältnisse kann die Sperrzeit durch ordnungsbehördliche Verordnung allgemein verlängert, verkürzt oder aufgehoben werden.

(3) Bei Vorliegen eines öffentlichen Bedürfnisses oder besonderer örtlicher Verhältnisse kann für einzelne Betriebe die Sperrzeit verlängert, verkürzt oder aufgehoben werden. Die Verkürzung oder Aufhebung der Sperrzeit kann befristet oder widerruflich erteilt und jederzeit mit Auflagen versehen werden.

§ 5 Sperrzeit
für bestimmte Betriebsarten

(1) Die Sperrzeit für Jahrmärkte, Kirmesveranstaltungen, Volksfeste und ähnliche Veranstaltungen beginnt um 22.00 Uhr und endet um 7.00 Uhr.

(2) Für den Betrieb der Schank- und Speisewirtschaft in Schiffen und Kraftfahrzeugen gilt keine Sperrzeit, wenn sich der Betrieb auf die Bewirtung der Fahrgäste beschränkt.

(3) § 4 Abs. 2 und 3 gilt entsprechend.

Dritter Abschnitt
Ordnungswidrigkeiten, Schlußvorschriften

§ 6 Ordnungswidrigkeiten

Ordnungswidrig im Sinne des § 28 Abs. 1 Nr. 12 des Gaststättengesetzes handelt, wer vorsätzlich oder fahrlässig einer vollziehbaren Auflage nach § 6 Satz 2 nicht, nicht vollständig oder nicht rechtzeitig nachkommt.

§ 7 Inkrafttreten

Diese Verordnung tritt am Tage nach ihrer Verkündung in Kraft.

Gleichzeitig tritt die Verordnung zur Ausführung des Gaststättengesetzes (Gaststättenverordnung – GastV) vom 20. 4. 1971 (GV. NW. S. 119), geändert durch Verordnung vom 21. 2. 1984 (GV. NW. S. 196) außer Kraft.

Anhang I Rheinland-Pfalz

11. Landesrecht Rheinland-Pfalz

**Landesverordnung
zur Ausführung des Gaststättengesetzes
(Gaststättenverordnung – GastVO)**

vom 2. 12. 1971 (GVBl. S. 274), geändert durch Verordnung
vom 22. 6. 1983 (GVBl. S. 160), Verordnung vom 6. 8. 1987
(GVBl. S. 238), Verordnung vom 25. 10. 1992 (GVBl. S. 371),
Verordnung vom 22. 6. 1998 (GVBl. S. 193), Art. 64 der
Verordnung vom 28. 8. 2001 (GVBl. S. 210, 222) und Verordnung
vom 23. 10. 2001 (GVBl. S. 267)

Auf Grund des § 4 Abs. 3, § 14, § 21 Abs. 2, § 26 Abs. 1 und § 30 des Gaststättengesetzes vom 5. 5. 1970 (BGBl. I S. 465) in Verbindung mit § 1 der Landesverordnung zur Übertragung von Ermächtigungen nach dem Gaststättengesetz vom 15. 7. 1971 (GVBl. S. 187, BS 711-6) wird im Einvernehmen mit dem Minister der Finanzen, dem Minister für Soziales, Gesundheit und Sport und dem Minister für Landwirtschaft, Weinbau und Umweltschutz verordnet:

Erster Abschnitt
Zuständigkeit und Verfahren

§ 1 Sachliche Zuständigkeit

Zuständige Behörde für die Durchführung des Gaststättengesetzes und der auf seiner Grundlage ergangenen Rechtsverordnungen sowie für die Verfolgung und Ahndung von Ordnungswidrigkeiten nach § 28 des Gaststättengesetzes ist die Gemeindeverwaltung der verbandsfreien Gemeinde, die Verbandsgemeindeverwaltung sowie in kreisfreien und großen kreisangehörigen Städten die Stadtverwaltung. Die verbandsfreien Gemeinden, die Verbandsgemeinden sowie die kreisfreien und großen kreisangehörigen Städte nehmen die Aufgabe als Auftragsangelegenheit wahr.

§ 2 Örtliche Zuständigkeit

Für die Nachschau nach § 22 Abs. 2 des Gaststättengesetzes ist auch die Behörde zuständig, in deren Bezirk sich geschäftliche Unterlagen befinden.

§ 3 Verfahren

(1) Der Antrag auf Erteilung einer Erlaubnis nach § 2 Abs. 1 des Gaststättengesetzes, einer Stellvertretungserlaubnis nach § 9 des Gaststättengesetzes, einer vorläufigen Erlaubnis nach § 11 Abs. 1 des Gaststättengesetzes, einer vorläufigen Stellvertretungserlaubnis nach § 11 Abs. 2 des Gaststättengesetzes oder einer Gestattung nach § 12 Abs. 1 des Gaststättengesetzes ist schriftlich einzureichen. Der Antragsteller hat die Angaben zu machen und die Unterlagen beizubringen, die für die Bearbeitung und Beurteilung des Antrages von Bedeutung sein können.

(2) Bei dem Antrag auf Erteilung einer Erlaubnis oder Gestattung sind insbesondere erforderlich Angaben und Unterlagen über

1. die Person des Antragstellers,
2. die Betriebsart,
3. die zum Betrieb des Gewerbes einschließlich der zum Aufenthalt der Beschäftigten bestimmten Räume.

Die Erlaubnisbehörde kann Zweitausfertigungen der nach der Landesverordnung über Bauunterlagen und die bautechnische Prüfung vom 16. 6. 1987 (GVBl. S. 165, BS 213-1-1) in der jeweils geltenden Fassung vorzulegenden Bauunterlagen verlangen.

(3) Bei dem Antrag auf Erteilung einer Stellvertretungserlaubnis sind Angaben über die Person des Antragstellers und des Stellvertreters zu machen.

(4) Die Entscheidung über den Antrag und Zusagen auf Erlaß eines stattgebenden Bescheides bedürfen der Schriftform.

Anhang I Rheinland-Pfalz

Zweiter Abschnitt
Mindestanforderungen an die Räume

§ 4 Anwendung anderer Vorschriften

Für die zum Betrieb des Gewerbes und zum Aufenthalt der Beschäftigten bestimmten Räume gelten unbeschadet der jeweils einschlägigen Vorschriften, insbesondere des Baurechts, des Arbeitsschutzrechts, des Immissionsschutzrechts, des Umweltschutzrechts sowie des Hygiene- und Lebensmittelrechts, die §§ 5 bis 11.

§ 5 Zugang

Die dem Betrieb des Gewerbes dienenden Räume müssen leicht zugänglich sein und die ordnungsmäßige Überwachung durch die hiermit beauftragten Personen ermöglichen.

§ 6 Schank- und Speisewirtschaften

(1) Schankräume dürfen nicht in Räumen eingerichtet werden, die zugleich als Wohn- oder Schlafräume dienen. Schankräume und Wohnungen müssen getrennt zugänglich sein. Im Fluchtweg liegende Türen müssen nach außen aufschlagen.

(2) Die Grundfläche eines Schankraumes muß mindestens 25 m^2, die weiterer Schankräume mindestens 15 m^2 betragen. Die lichte Höhe in Schankräumen muß

1. bei einer Grundfläche von nicht mehr als 50 m^2 mindestens 2,50 m,
2. bei einer Grundfläche von mehr als 50 m^2 mindestens 2,75 m,
3. bei einer Grundfläche von mehr als 100 m^2 mindestens 3 m

und unbeschadet der Anforderungen nach den Nummern 1 bis 3

a) bei abgehängten oder aufgelagerten Unterdecken, die einen Luftaustausch ermöglichen, mindestens 2,50 m,
b) über und unter Emporen mindestens 2,50 m

betragen. Für kleinere Bereiche, wie Nischen, genügt eine geringere lichte Höhe. Wenn eine ausreichende Erneuerung der Raumluft durch Fensterlüftung nicht möglich ist, müssen die für eine ausreichende Lüftung erforderlichen Anlagen vorhanden sein.

(3) Schankräume und andere dem gemeinsamen Aufenthalt der Gäste dienende Räume müssen übersichtlich sein.

(4) Die Vorschriften der Absätze 1 bis 3 gelten für Speisewirtschaften entsprechend.

(5) Die Fußböden von Kühlräumen sind wasserdicht und gleitsicher herzurichten. Die Türen müssen von innen ohne Schlüssel geöffnet werden können.

§ 7 Beherbergungsbetriebe

(1) Die Schlafräume für die Gäste müssen in ihrer Gesamtheit getrennt von der Gesamtheit der privaten Räume des Gewerbetreibenden oder Dritter liegen. Jeder Schlafraum muß einen eigenen Zugang vom Flur aus haben. Die Zugangstüren müssen durch Nummern oder Symbole gekennzeichnet und von innen und außen abschließbar sein.

(2) Einbettzimmer müssen mindestens 8 m², Zweibettzimmer mindestens 12 m² groß sein; Nebenräume (insbesondere Bäder, Aborte) werden nicht angerechnet. § 6 Abs. 2 Satz 4 ist anzuwenden.

(3) Schlafräume, die nach dem Inhalt der Erlaubnis auch während der kalten Jahreszeit belegt werden können, müssen heizbar sein. In jedem Schlafraum oder in Verbindung mit ihm muß eine anderen Gästen nicht zugängliche ausreichende Waschgelegenheit mit fließendem Wasser vorhanden sein.

§ 8 Abortanlagen

(1) Die Abortanlagen für die Gäste müssen leicht erreichbar, gekennzeichnet und von anderen Abortanlagen getrennt sein.

(2) In Schank- oder Speisewirtschaften müssen vorhanden sein:

Anhang I Rheinland-Pfalz

Schank-/Speiseraum-fläche, m²	Spülaborte		Urinale	
	Männer	Frauen	Becken oder Rinne	
			Stück	lfd. m
bis 50	1	1	2	2
über 50–100	1	2	3	2
über 100–150	2	2	3	2,5
über 150–200	2	3	4	3
über 200–250	2	3	5	3,5
über 250–300	3	4	6	4
über 300	Festsetzung im Einzelfall			

(3) In jedem Geschoß von Beherbergungsbetrieben, in dem Schlafräume für Gäste liegen, müssen vorhanden sein:

1. bis zu 10 Betten 1 Spülabort,
2. über 10 bis zu 20 Betten 2 Spülaborte,
3. bei mehr als 20 Betten Spülaborte und Urinale nach Festsetzung im Einzelfall.

Soweit Schlafräume eine eigene Abortanlage haben, werden die Betten in diesen Räumen nicht mitgerechnet.

(4) Für die im Betrieb Beschäftigten müssen leicht erreichbare Abortanlagen vorhanden sein. Der Weg der in der Küche Beschäftigten zu den Abortanlagen darf nicht durch Schankräume oder durchs Freie führen. Im übrigen richten sich die Anforderungen an die Abortanlagen, unbeschadet der Absätze 5 bis 7, nach den betrieblichen Verhältnissen, insbesondere nach Zahl und Geschlecht der Personen, deren regelmäßige Beschäftigung in dem Betrieb zu erwarten ist.

(5) Abortanlagen für Frauen und Männer müssen durch durchgehende Wände voneinander getrennt sein. Jede Abortanlage und jeder Spülabort nach Absatz 3 Nr. 2 muß einen lüftbaren und beleuchtbaren Vorraum mit Waschbecken, Seifenspender und gesundheitlich einwand-

Rheinland-Pfalz Anhang I

freier Handtrocknungseinrichtung haben. Handtrocknungseinrichtungen und Seife dürfen nicht ausschließlich gegen Entgelt, Gemeinschaftshandtücher dürfen nicht bereitgestellt werden. Die Wände der Abortanlagen sind bis zur Höhe von 1,5 m mit einem waschfesten, glatten Belag oder Anstrich zu versehen. Die Fußböden müssen gleitsicher und leicht zu reinigen sein.

(6) Aborte und Urinale müssen Wasserspülung haben. Die Türen zu den Spülaborten müssen von innen verschließbar sein. Die nach Absatz 2 bis 4 notwendigen Aborte dürfen nicht durch Münzautomaten oder ähnliche Einrichtungen versperrt oder nur gegen Entgelt zugänglich sein.

(7) Urinale müssen einen Fußbodenablauf haben. Die Standbreite von Becken darf 0,6 m nicht unterschreiten.

§ 9 Küchen

(1) Gaststätten müssen Küchen haben, wenn dies nach der Art des Betriebes erforderlich ist. Die Größe der Küche bestimmt sich nach den betrieblichen Verhältnissen. Für die lichte Höhe der Küchenräume gilt § 6 Abs. 2 Satz 2 Nr. 1 bis 3 entsprechend.

(2) Der Fußboden muß gleitsicher, wasserundurchlässig, fugendicht und leicht zu reinigen sein. Die Wände sind bis zur Höhe von 2 m mit einem glatten, waschfesten und hellen, jedoch nicht roten Belag oder entsprechendem Anstrich auf dichtem Putz aus Zementmörtel oder gleichwertigem Putz zu versehen. An Fenstern, die geöffnet werden können, und an Luftöffnungen müssen Vorrichtungen gegen das Eindringen von Insekten vorhanden sein.

(3) Die Küche muß an eine Wasserleitung angeschlossen sein, mindestens eine Wasserzapfstelle, eine besondere Handwaschgelegenheit und einen Schmutzwasserausguß haben. In der Küche oder in einem unmittelbar anschließenden, gut lüftbaren Raum ist eine ausreichende Spülanlage einzurichten.

(4) Die Küche muß einen nach außen lüftbaren, ausreichend großen Nebenraum oder Einbauschrank zur Aufbewahrung von Lebensmitteln

Anhang I Rheinland-Pfalz

sowie eine demselben Zweck dienende, ausreichend große Kühleinrichtung haben. Für den Nebenraum gilt Absatz 2.

(5) § 6 Abs. 2 Satz 4 ist anzuwenden. Ist nach den betrieblichen Verhältnissen die Beschäftigung von Arbeitnehmern in der Küche zu erwarten, so muß die Lüftung zugfrei sein. Die Entlüftung muß über das Dach erfolgen, wenn dies zum Schutze der Gäste, der Bewohner des Betriebsgrundstücks oder der Nachbargrundstücke oder der Allgemeinheit gegen erhebliche Geruchsbelästigungen erforderlich ist.

§ 10 Arbeitnehmerräume

(1) Die Zahl der Schlafräume für die Arbeitnehmer muß so bemessen sein, daß eine ausreichende und nach Geschlechtern getrennte Unterbringung möglich ist. Die Schlafräume dürfen nicht in unmittelbarer Nähe von Schank- oder Speiseräumen liegen und müssen auch von den Schlafräumen oder sonstigen Aufenthaltsräumen der Gäste getrennt sein. Jeder Schlafraum muß einen eigenen Zugang vom Flur aus haben; die Zugangstüren müssen von innen und außen abschließbar sein. Im übrigen gilt § 7 Abs. 2 und 3 entsprechend.

(2) In den dem Betrieb des Gewerbes dienenden Räumen muß Platz für die nötigen Sitzgelegenheiten der Arbeitnehmer vorhanden sein. Aufenthaltsräume für die Arbeitnehmer müssen vorhanden sein, soweit dies nach den betrieblichen Verhältnissen erforderlich ist, um Gefahren für die Gesundheit zu verhüten.

§ 11 Abweichungen

Von der Erfüllung einzelner der in den §§ 5 bis 10 gestellten Mindestanforderungen kann abgewichen werden, soweit die Abweichung mit den in § 4 Abs. 1 Nr. 2 des Gaststättengesetzes geschützten Belangen vereinbar ist,

1. bei Betrieben
   a) die vor dem Inkrafttreten dieser Verordnung befugt errichtet worden sind und in dem seitherigen Umfang weitergeführt werden sollen;
   b) deren Umfang durch die Betriebsart oder die Art der zugelassenen Getränke oder zubereiteten Speisen beschränkt ist;

2. wenn Gründe des allgemeinen Wohls die Abweichung erfordern oder die Einhaltung der Vorschrift im Einzelfall zu einer offenbar nicht beabsichtigten Härte führen würde.

**Dritter Abschnitt
Straußwirtschaften**

§ 12 Erlaubnisfreiheit

(1) Der Ausschank von selbst erzeugtem Wein in einer Ausschankstelle bedarf für die Dauer von vier zusammenhängenden Monaten oder zwei zusammenhängenden Zeitabschnitten von insgesamt vier Monaten im Jahr keiner Erlaubnis (Straußwirtschaft).

(2) Zur Führung einer Straußwirtschaft sind nur natürliche Personen befugt, die hauptberuflich im eigenen Weinbau tätig sind (Winzer). Weinhändler und Weinkommissionäre sind, auch wenn sie Weinbau betreiben, zur Führung einer Straußwirtschaft nicht befugt.

(3) Wird der Weinbau von mehreren Personen gemeinschaftlich betrieben, insbesondere von einer Familie oder einer Erbengemeinschaft, so dürfen diese insgesamt nur eine Straußwirtschaft unterhalten.

§ 13 Räumliche Voraussetzungen

(1) Der Ausschank ist nur in Räumen zulässig, die am Ort des Weinbaubetriebes gelegen sind.

(2) Der Ausschank darf nicht in Räumen stattfinden, die eigens zu diesem Zweck angemietet sind.

(3) Eine Straußwirtschaft darf nicht mit einer Schank- oder Speisewirtschaft oder mit einem Beherbergungsbetrieb verbunden werden.

(4) Der Betrieb einer Straußwirtschaft kann untersagt und seine Fortsetzung verhindert werden, wenn die Voraussetzungen des § 4 Abs. 1 Nr. 2 oder 3 des Gaststättengesetzes vorliegen.

§ 14 Verabreichen von Speisen, Nebenleistungen

(1) In einer Straußwirtschaft dürfen nur einfach zubereitete Speisen verabreicht werden.

Anhang I   Rheinland-Pfalz

(2) Für Nebenleistungen gilt § 7 Abs. 2 des Gaststättengesetzes. Der Straußwirt darf jedoch alkoholfreie Getränke, die er in seiner Straußwirtschaft nicht verabreicht, Flaschenbier und Süßwaren auch nicht über die Straße abgeben.

§ 15   Anzeige

Wer eine Straußwirtschaft betreiben will, hat dies mindestens zwei Wochen vor Beginn des Betriebes anzuzeigen und dabei eine Aufstellung der zum Ausschank vorgesehenen Weine nach Menge und Bezeichnung mitzuteilen.

§ 16   Erlaubnisfreie Betriebe
nach § 26 des Gaststättengesetzes

(1) Soweit der Ausschank selbsterzeugten Weines nach 26 Abs. 1 Satz 1 des Gaststättengesetzes keiner Erlaubnis bedarf, verbleibt es in denjenigen Straußwirtschaften, die im Durchschnitt der letzten drei Kalenderjahre vor Inkrafttreten dieser Verordnung länger als vier Monate im Jahr ausgeschenkt haben, bei der durchschnittlichen Ausschankdauer.

(2) Soweit der Ausschank selbsterzeugten Weines nach § 26 Abs. 1 Satz 1 des Gaststättengesetzes in den übrigen Straußwirtschaften erlaubnisfrei ist, darf der Ausschank des Weines nur innerhalb von vier zusammenhängenden Monaten oder in zwei zusammenhängenden Zeitabschnitten von insgesamt vier Monaten im Jahr in einer Ausschankstelle erfolgen.

Vierter Abschnitt
Beschäftigte Personen

§ 17   Anzeigepflicht, Erlaubnis

(1) Soweit dies zur Aufrechterhaltung der Sittlichkeit oder zum Schutze der Gäste erforderlich ist, kann der Gewerbetreibende verpflichtet werden, über die in seinem Betrieb beschäftigten Personen innerhalb einer Woche nach Beginn der Beschäftigung Anzeige zu erstatten. In der Anzeige sind Vor- und Zuname, gegebenenfalls auch der Geburtsname, Geburtsdatum und Geburtsort, der letzte Aufenthaltsort und die

vorhergehende Beschäftigungsstelle der beschäftigten Personen sowie der Beginn der Beschäftigung anzugeben.

(2) Unter den gleichen Voraussetzungen kann die Beschäftigung von Personen für einzelne Betriebe von einer Erlaubnis abhängig gemacht werden.

Fünfter Abschnitt
Sperrzeiten

§ 18 Allgemeine Sperrzeit

(1) Die Sperrzeit für Schank- und Speisewirtschaften sowie für öffentliche Vergnügungsstätten beginnt um 5.00 Uhr und endet um 6.00 Uhr. In der Nacht zum Samstag, zum Sonntag, zu einem gesetzlichen Feiertag und zum Fastnachtsdienstag ist die Sperrzeit aufgehoben.

(2) In der Nacht zum 1. Januar, zum Fastnachtsonntag, zum Rosenmontag, zum Fastnachtdienstag und zum 1. 5. ist die Sperrzeit aufgehoben.

§ 19 Sperrzeit für bestimmte Betriebsarten

(1) Die Sperrzeit für Spielhallen beginnt um 23.00 Uhr und endet um 7.00 Uhr.

(2) Die Sperrzeit für Volksfeste und Jahrmärkte beginnt um 22.00 Uhr und endet um 6.00 Uhr.

§ 20 Allgemeine Ausnahmen

(1) Liegt ein öffentliches Bedürfnis vor oder bestehen besondere örtliche Verhältnisse, kann die Sperrzeit allgemein festgelegt, verlängert, verkürzt oder aufgehoben werden.

(2) Bei der Feststellung eines öffentlichen Bedürfnisses oder besonderer örtlicher Verhältnisse sind insbesondere zu berücksichtigen:
1. der Schutz der Nachtruhe der Nachbarschaft,
2. der Bedarf der Allgemeinheit an den Diensten der Betriebe und
3. die Störungsempfindlichkeit der Umgebung.

Anhang I   Rheinland-Pfalz

§ 21   Ausnahmen für einzelne Betriebe

(1) Liegt ein öffentliches Bedürfnis vor oder bestehen besondere örtliche Verhältnisse, kann die Sperrzeit für einzelne Betriebe festgelegt, verlängert, verkürzt oder aufgehoben werden. § 20 Abs. 2 Satz 2 gilt entsprechend.

(2) Im Falle der Verkürzung oder Aufhebung der Sperrzeit ist die Ausnahmegenehmigung unter Widerrufsvorbehalt zu erteilen. Sie kann mit Auflagen verbunden oder befristet werden.

Sechster Abschnitt
Ordnungswidrigkeiten, Schlußvorschriften

§ 22   Ordnungswidrigkeiten

(1) Ordnungswidrig nach § 28 Abs. 1 Nr. 12 des Gaststättengesetzes handelt, wer vorsätzlich oder fahrlässig

1. eine Straußwirtschaft betreibt, obwohl ihm dies durch vollziehbare Anordnung nach § 13 Abs. 4 untersagt worden ist,
2. entgegen § 14 Abs. 2 Satz 2 Waren abgibt,
3. entgegen § 15 den Beginn des Betriebs einer Straußwirtschaft nicht, nicht richtig, nicht vollständig oder nicht rechtzeitig anzeigt,
4. entgegen einer nach § 17 Abs. 1 angeordneten vollziehbaren Verpflichtung eine Anzeige nicht, nicht richtig, nicht vollständig oder nicht rechtzeitig erstattet,
5. entgegen einer vollziehbaren Anordnung nach § 17 Abs. 2 eine Person ohne Erlaubnis beschäftigt,
6. eine vollziehbare Auflage nach § 21 Abs. 2 Satz 2 nicht, nicht vollständig oder nicht rechtzeitig erfüllt.

(2) Die Ordnungswidrigkeit kann mit einer Geldbuße bis zu fünftausend Euro geahndet werden.

§ 23   Inkrafttreten

(1) Diese Verordnung tritt mit Ausnahme des § 16 am Tage nach ihrer Verkündung in Kraft. § 16 tritt am 1. 1. 1972 in Kraft.

(2) Gleichzeitig treten außer Kraft:

Rheinland-Pfalz **Anhang I**

1. die Verordnung zur Durchführung des Gaststättengesetzes (für die Regierungsbezirke Koblenz, Trier und Montabaur) vom 18. 6. 1930 in der Fassung der Bekanntmachung vom 27. 11. 1968 (GVBl. 1968, Sondernummer Koblenz, Trier, Montabaur, S. 85),
2. die Verordnung zur Durchführung des Gaststättengesetzes vom 28. 4. 1930 (RGBl. I. S. 146) (für den ehemaligen Regierungsbezirk Rheinhessen) vom 11. 5. 1970 (GVBl. 1970, Sondernummer Rheinhessen, S. 102),
3. die Verordnung zum Vollzug des Gaststättengesetzes – VVz. GastG – (für den Regierungsbezirk Pfalz) vom 12. 9. 1931 (bayer. GVBl. S. 251), zuletzt geändert durch die Landesverordnung über die Zulassung, das Verhalten und die Art der Entlohnung weiblicher Arbeitnehmer in Gast- und Schankwirtschaften vom 7. 3. 1963 (GVBl. S. 103, BS 711-5),
4. die Bekanntmachung zum Vollzug des Gaststättengesetzes – VBekz. GastG – (für den Regierungsbezirk Pfalz) vom 15. 9. 1931 (bayer. GVBl. S. 278), zuletzt geändert durch die Bekanntmachung zum Vollzug des Gaststättengesetzes vom 13. 1. 1939 (bayer. GVBl. S. 23),
5. die Landesverordnung über die Führung von Straußwirtschaften im Lande Rheinland-Pfalz vom 29. 5. 1952 (GVBl. S. 95), geändert durch Verordnung vom 25. 7. 1954 (GVBl. S. 107, BS 711-2),
6. die Landesverordnung über die Zulassung, das Verhalten und die Art der Entlohnung weiblicher Arbeitnehmer in Gast- und Schankwirtschaften vom 7. 3. 1963 (GVBl. S. 103, BS 711-5).

Anhang I Saarland

12. Landesrecht Saarland

**Verordnung
zur Ausführung des Gaststättengesetzes
(Gaststättenverordnung – GastVO)**

vom 27. 4. 1971 (ABl. S. 257), geändert durch Gesetz vom 5. 12. 1973
(ABl. 1974 S. 33), § 47 der Verordnung vom 22. 1. 1979 (ABl. S. 237,
247), Art. 10 des Gesetzes vom 27. 11. 1996 (ABl. S. 1313, 1318),
Verordnung vom 2. 12. 1998 (ABl. S. 1259) und Verordnung
vom 20. 6. 2000 (ABl. S. 958)

Auf Grund der §§ 4 Abs. 3, 14, 18 Abs. 1, 21 Abs. 2 und 30 des Gaststättengesetzes vom 5. 5. 1970 (Bundesgesetzbl. I S. 465, 1298) sowie auf Grund des § 36 Abs. 2 des Gesetzes über Ordnungswidrigkeiten vom 24. 5. 1968 (Bundesgesetzbl. I S. 481), zuletzt geändert durch Art. 2 § 9 des Gesetzes zur Änderung des Rechtspflegergesetzes, des Beurkundungsgesetzes und zur Umwandlung des Offenbarungseides in eine eidesstattliche Versicherung vom 27. 6. 1970 (Bundesgesetzbl. I S. 911), verordnet die Landesregierung:

**Erster Abschnitt
Zuständigkeit und Verfahren**

§ 1 Sachliche Zuständigkeit

Die Ausführung des Gaststättengesetzes und der auf seiner Grundlage ergangenen Rechtsverordnungen obliegt, soweit im folgenden nichts anderes bestimmt ist, den Gemeinden.

§ 2 Örtliche Zuständigkeit

(1) Örtlich zuständig ist die Behörde, in deren Bezirk die Betriebsstätte liegt.

(2) Werden Getränke oder zubereitete Speisen an Fahrgäste verabreicht oder Fahrgäste beherbergt, so ist bei Schiffen die Behörde des Heimat-

hafens zuständig, bei zulassungspflichtigen Kraftfahrzeugen die für den Sitz der Zulassungsstelle zuständige Behörde.

(3) Für die Nachschau nach § 22 Abs. 2 des Gaststättengesetzes ist auch die Behörde zuständig, in deren Bezirk sich geschäftliche Unterlagen befinden.

§ 3 Sachliche Zuständigkeit für die Verfolgung und Ahndung von Ordnungswidrigkeiten

Die Verfolgung und Ahndung von Ordnungswidrigkeiten obliegt den Gemeinden.

§ 4 Verfahren

(1) Der Antrag auf Erteilung einer Erlaubnis nach § 2 Abs. 1 des Gaststättengesetzes, einer Stellvertretungserlaubnis nach § 9 des Gaststättengesetzes, einer vorläufigen Erlaubnis nach § 11 Abs. 1 des Gaststättengesetzes, einer vorläufigen Stellvertretungserlaubnis nach § 11 Abs. 2 des Gaststättengesetzes oder einer Gestattung nach § 12 Abs. 1 oder 2 des Gaststättengesetzes ist schriftlich einzureichen. Der Antragsteller hat die Angaben zu machen und die Unterlagen beizubringen, die für die Bearbeitung und Beurteilung des Antrages von Bedeutung sein können.

(2) Bei dem Antrag auf Erteilung einer Erlaubnis oder Gestattung sind insbesondere erforderlich Angaben und Unterlagen über

1. die Person des Antragstellers und seines Ehegatten,
2. die Betriebsart,
3. die zum Betrieb des Gewerbes einschließlich der zum Aufenthalt der Beschäftigten bestimmten Räume.

Die Erlaubnisbehörde kann Bauvorlagen nach § 71 der Bauordnung für das Saarland (LBO) vom 27. 3. 1996 (Amtsbl. S. 477) und der zu seiner Ausführung ergangenen Vorschriften verlangen.

(3) Bei dem Antrag auf Erteilung einer Stellvertretungserlaubnis sind Angaben über die Person des Antragstellers und des Stellvertreters zu machen.

Anhang I Saarland

(4) Die Entscheidung über den Antrag und Zusagen auf Erlaß eines stattgebenden Bescheides bedürfen der Schriftform. Dasselbe gilt für die Verkürzung oder Aufhebung der Sperrzeit nach § 19.

Zweiter Abschnitt
Mindestanforderungen an die Räume

§§ 5 bis 12

(weggefallen)

Dritter Abschnitt
Straußwirtschaften

§ 13 Erlaubnisfreiheit

(1) Der Ausschank von selbsterzeugtem Wein bedarf für die Dauer von vier zusammenhängenden Monaten im Jahr keiner Erlaubnis (Straußwirtschaft).

(2) Wer Wein gewerbsmäßig in den Verkehr bringt, darf daneben nicht eine Straußwirtschaft betreiben.

(3) Personen, die in einem gemeinsamen Haushalt leben, dürfen insgesamt nur vier Monate im Jahr eine Straußwirtschaft unterhalten.

§ 14 Räumliche Voraussetzungen

(1) Der Ausschank ist nur in Räumen zulässig, die am Ort des Weinbaubetriebs gelegen sind.

(2) Der Ausschank darf nicht in Räumen stattfinden, die eigens zu diesem Zweck angemietet sind. In besonderen Härtefällen können hiervon Ausnahmen zugelassen werden.

(3) Eine Straußwirtschaft darf nicht mit einer anderen Schank- oder Speisewirtschaft oder mit einem Beherbergungsbetrieb verbunden werden.

(4) In einer Straußwirtschaft dürfen nicht mehr als 40 Sitzplätze vorhanden sein.

(5) Der Betrieb einer Straußwirtschaft kann untersagt und seine Fortsetzung verhindert werden, wenn die Voraussetzungen des § 4 Abs. 1 Nr. 2 oder 3 des Gaststättengesetzes vorliegen.

§ 15 Verabreichung von Speisen, Nebenleistungen

(1) In einer Straußwirtschaft dürfen nur kalte und einfach zubereitete warme Speisen verabreicht werden.

(2) § 7 Abs. 2 Nr. 2 des Gaststättengesetzes findet keine Anwendung auf die Abgabe von Flaschenbier, von alkoholfreien Getränken, die der Straußwirt in seinem Betrieb nicht verabreicht, und von Süßwaren.

§ 16 Anzeige

Wer eine Straußwirtschaft betreiben will, hat dies mindestens zwei Wochen vor Beginn des Betriebes der Ortspolizeibehörde anzuzeigen und dabei mitzuteilen

1. den Zeitraum, während dessen der Ausschank stattfinden soll,
2. hinsichtlich des zum Ausschank vorgesehenen Weines Ort und Lage, aus denen die zur Herstellung des Weines verwendeten Trauben stammen, sowie den Ort, an dem die Trauben gekeltert worden sind und der Wein ausgebaut worden ist;
3. die zum Betrieb der Straußwirtschaft bestimmten Räume.

Vierter Abschnitt
Sperrzeit

§ 17 Allgemeine Sperrzeit

(1) Die Sperrzeit für Schank- und Speisewirtschaften sowie für öffentliche Vergnügungsstätten beginnt um 5 Uhr und endet um 6 Uhr.

(2) In der Nacht zum 1. 1. ist die Sperrzeit aufgehoben.

§ 18 Sperrzeit für bestimmte Betriebsarten

(1) Die Sperrzeit für Spielhallen, Jahrmärkte und Veranstaltungen nach § 60 a der Gewerbeordnung beginnt um 22 Uhr und endet um 7 Uhr.

Anhang I Saarland

(2) Die Sperrzeit für Rummelplätze, Kirmessen, Trinkhallen, Imbißstände und für andere, nach dem Gaststättengesetz erlaubnispflichtige Betriebe, die in ähnlicher Art geführt werden, beginnt um 23 Uhr und endet um 7 Uhr.

(3) Für den Betrieb der Schank- oder Speisewirtschaft oder einer öffentlichen Vergnügungsstätte in Schiffen und Kraftfahrzeugen gilt keine Sperrzeit, wenn sich der Betrieb auf die Bewirtung der Fahrgäste beschränkt.

§ 19 Ausnahmen

Bei Vorliegen eines öffentlichen Bedürfnisses oder besonderer örtlicher Verhältnisse, insbesondere zum Schutz der betroffenen Anwohner, können die Ortspolizeibehörden den Beginn der Sperrzeit vorverlegen und das Ende der Sperrzeit hinausschieben oder die Sperrzeit befristen und widerruflich verkürzen.

Fünfter Abschnitt
Beschäftigte Personen

§ 20 Anzeigepflicht, Erlaubnis

(1) Soweit dies zur Aufrechterhaltung der Sittlichkeit oder zum Schutze der Gäste erforderlich ist, kann der Gewerbetreibende verpflichtet werden, über die in seinem Betrieb beschäftigten Personen innerhalb einer Woche nach Beginn der Beschäftigung Anzeige zu erstatten. In der Anzeige sind Vor- und Zuname, bei Frauen auch der Mädchenname, Geburtsdatum und Geburtsort, der letzte Aufenthaltsort und die vorhergehende Beschäftigungsstelle der beschäftigten Person sowie der Beginn der Beschäftigung anzugeben.

(2) Unter der gleichen Voraussetzung kann die Beschäftigung von Personen für einzelne Betriebe von einer Erlaubnis abhängig gemacht werden.

Sechster Abschnitt
Ordnungswidrigkeiten, Schlußvorschriften

§ 21 Ordnungswidrigkeiten

Ordnungswidrig nach § 28 Abs. 1 Nr. 12 des Gaststättengesetzes handelt, wer vorsätzlich oder fahrlässig

1. eine Straußwirtschaft betreibt, obwohl ihm dies nach § 14 Abs. 5 untersagt worden ist,
2. über den in § 15 Abs. 2 erlaubten Umfang hinaus Waren abgibt,
3. entgegen § 16 oder einer auf Grund des § 20 Abs. 1 begründeten Verpflichtung die Anzeige nicht, nicht richtig, nicht vollständig oder nicht rechtzeitig erstattet,
4. einer auf Grund des § 19 festgelegten vollziehbaren Anordnung über die Festlegung der Sperrzeit zuwiderhandelt,
5. Personen ohne die auf Grund einer Verpflichtung nach § 20 Abs. 2 erforderlichen Erlaubnis beschäftigt.

§ 22 Aufgehobene Vorschriften

Es werden aufgehoben:

1. Die Verordnung zur Durchführung des Gaststättengesetzes vom 18. 6. 1930 (Preußische Gesetzsamml. 1930 S. 117), zuletzt geändert durch die vierte Verordnung zur Änderung der Verordnung vom 18. 6. 1930 vom 8. 5. 1944 (Preußische Gesetzsamml. 1944 S. 31),
2. die Verordnung über das Verbot des Ausschanks von Branntwein und des Kleinhandels mit Trinkbranntwein für die Stunden vor 9 Uhr vormittags vom 25. 11. 1930 (Preußische Gesetzsamml. 1930 S. 290),
3. die Verordnung zur Durchführung der Verordnung über Speisewirtschaften vom 24. 5. 1935 (Preußische Gesetzsamml. S. 80),
4. die Polizeiverordnung über die Festsetzung der Polizeistunde in Gast- und Schankwirtschaften vom 31. 1. 1966 (Amtsbl. S. 117).

§ 23 Inkrafttreten

Diese Verordnung tritt am 9. 5. 1971 in Kraft.

Anhang I Sachsen

13. Landesrecht Sachsen

Verordnung der Sächsischen Staatsregierung zur Ausführung des Gaststättengesetzes (Gaststättenverordnung – GastVO)

vom 16. 6. 1992 (GVBl. S. 295), geändert durch Art. 8 der Verordnung vom 11. 12. 2001 (GVBl. S. 725, 729)

Aufgrund von §§ 18 Abs. 1, 21 Abs. 2 Satz 1 und 30 des Gaststättengesetzes vom 5. 5. 1970 (BGBl. I S. 465, 1298), zuletzt geändert durch Art. 2 des Gesetzes vom 16. 12. 1986 (BGBl. 1 S. 2441), sowie § 155 Abs. 2 der Gewerbeordnung in der Fassung der Bekanntmachung vom 1. 1. 1987 (BGBl. I S. 425), zuletzt geändert durch Art. 18 des Gesetzes vom 28. 6. 1990 (BGBl. I S. 1221), wird verordnet:

§ 1 Zuständigkeit

(1) Die Ausführung des Gaststättengesetzes und der auf seiner Grundlage ergangenen Rechtsverordnungen obliegt den Landratsämtern und Kreisfreien Städten als unteren Verwaltungsbehörden, soweit im folgenden nichts anderes bestimmt ist.

(2) Für die Ausführung des § 12 des Gaststättengesetzes sowie des § 15 Abs. 2 der Gewerbeordnung, soweit sich diese Bestimmung auf Gewerbebetriebe bezieht, die der Vorschrift des § 12 des Gaststättengesetzes unterliegen, sind die Gemeinden zuständig.

(3) Zuständige Behörde im Sinne des § 9 sind
1. die Gemeinden,
2. für Regelungen, die sich über das Gebiet einer Gemeinde hinaus erstrecken, die unteren Verwaltungsbehörden,
3. für Regelungen, die sich über das Gebiet eines Landkreises – einer Kreisfreien Stadt – hinaus erstrecken, die Regierungspräsidien,
4. für Regelungen, die sich über das Gebiet eines Regierungspräsidiums hinaus erstrecken, das Staatsministeriums des Innern.

(4) Für die Anordnung von Ausnahmen von der Sperrzeit für einzelne Betriebe nach § 10 sind die Gemeinden zuständig.

(5) Die Überwachungsbefugnisse nach § 22 Abs. 2 des Gaststättengesetzes stehen in Zusammenhang mit der Sperrzeit auch dem Polizeivollzugsdienst zu.

§ 2 Verfahren

(1) Der Antrag auf Erteilung einer Erlaubnis, einer Stellvertretungserlaubnis, einer vorläufigen Erlaubnis, einer vorläufigen Stellvertretungserlaubnis oder einer Gestattung im Sinne der §§ 2, 9, 11 und 12 des Gaststättengesetzes ist schriftlich einzureichen. Der Antragsteller hat die Angaben zu machen und die Unterlagen beizubringen, die für die Bearbeitung und Beurteilung des Antrages von Bedeutung sein können.

(2) Bei dem Antrag auf Erteilung einer Erlaubnis oder Gestattung sind insbesondere erforderlich Angaben und Unterlagen über

1. die Person des Antragstellers und seines Ehegatten,
2. die Betriebsart,
3. die zum Betrieb des Gewerbes einschließlich der zum Aufenthalt der Beschäftigten bestimmten Räume.

(3) Bei dem Antrag auf Erteilung einer Stellvertretungserlaubnis sind Angaben und Unterlagen über die Person des Antragstellers und des Stellvertreters beizubringen.

(4) Die Entscheidung über den Antrag bedarf der Schriftform. Die Entscheidung über die Verkürzung oder Aufhebung der Sperrzeit nach § 10 soll in Schriftform ergehen.

§ 3 Straußwirtschaften

(1) Der Ausschank von selbsterzeugtem Wein oder Apfelwein bedarf für die Dauer von vier zusammenhängenden Monaten oder in zwei zusammenhängenden Zeitabschnitten von insgesamt vier Monaten im Jahr keiner Erlaubnis (Straußwirtschaft).

(2) Wer Wein gewerbsmäßig in den Verkehr bringt, darf daneben nicht eine Straußwirtschaft betreiben.

Anhang I Sachsen

(3) Personen, die in einem gemeinsamen Haushalt leben, dürfen insgesamt nur vier Monate im Jahr eine Straußwirtschaft betreiben.

§ 4 Räumliche Voraussetzungen

(1) Der Ausschank in einer Straußwirtschaft ist nur in Räumen zulässig, die am Ort des Weinbaubetriebs gelegen sind.

(2) Der Ausschank in einer Straußwirtschaft darf nicht in Räumen stattfinden, die eigens zu diesem Zweck angemietet sind. In besonderen Härtefällen können hiervon Ausnahmen zugelassen werden.

(3) Eine Straußwirtschaft darf nicht mit einer anderen Schank- oder Speisewirtschaft oder mit einem Beherbergungsbetrieb verbunden werden.

(4) In einer Straußwirtschaft dürfen nicht mehr als 40 Sitzplätze vorhanden sein.

(5) Der Betrieb einer Straußwirtschaft kann untersagt und seine Fortsetzung verhindert werden, wenn die Voraussetzungen des § 4 Abs. 1 Nr. 1 oder Nr. 3 des Gaststättengesetzes vorliegen.

§ 5 Verabreichen von Speisen, Nebenleistungen

(1) In einer Straußwirtschaft dürfen nur kalte und einfach zubereitete warme Speisen verabreicht werden.

(2) § 7 Abs. 2 Nr. 2 des Gaststättengesetzes findet keine Anwendung auf die Abgabe von Flaschenbier, von alkoholfreien Getränken, die der Straußwirt in seinem Betrieb nicht verabreicht, und von Süßwaren.

§ 6 Anzeige

Wer eine Straußwirtschaft betreiben will, hat dies mindestens zwei Wochen vor Beginn des Betriebs anzuzeigen und dabei mitzuteilen

1. den Zeitraum, während dessen der Ausschank stattfinden soll,
2. den Ort und die Lage, aus denen die zur Herstellung des Weins verwendeten Trauben stammen, sowie den Ort, an dem die Trauben gekeltert worden sind und der Wein ausgebaut worden ist,
3. die zum Betrieb der Straußwirtschaft bestimmten Räume.

§ 7 Allgemeine Sperrzeit

(1) Die Sperrzeit für Schank- und Speisewirtschaften sowie für öffentliche Vergnügungsstätten beginnt um 5 Uhr und endet um 6 Uhr.

(2) In der Nacht zum 1. Januar, zum 1. 5. und in der Nacht zum 2. 5. ist die Sperrzeit aufgehoben.

§ 8 Sperrzeit für bestimmte Betriebsarten

(1) Für den Betrieb von Schank- und Speisewirtschaften oder einer öffentlichen Vergnügungsstätte auf Schiffen und in Kraftfahrzeugen gilt keine Sperrzeit, wenn sich der Betrieb auf die Fahrgäste beschränkt.

(2) Die Sperrzeit für Spielhallen, für öffentliche Vergnügungsstätten auf Jahrmärkten und Rummelplätzen sowie für sonstige öffentliche Vergnügungsstätten, in denen Veranstaltungen nach § 60 a der Gewerbeordnung stattfinden, beginnt um 23 Uhr und endet um 6 Uhr.

§ 9 Allgemeine Ausnahmen

Bei Vorliegen eines öffentlichen Bedürfnisses oder besonderer örtlicher Verhältnisse kann die Sperrzeit durch Verordnung verlängert, verkürzt oder aufgehoben werden. Für die unter § 8 Abs. 1 fallenden Betriebe kann eine Sperrzeit festgesetzt werden.

§ 10 Ausnahmen für einzelne Betriebe

Bei Vorliegen eines öffentlichen Bedürfnisses oder besonderer örtlicher Verhältnisse kann für einzelne Betriebe der Beginn der Sperrzeit bis höchstens 20 Uhr vorverlegt und das Ende der Sperrzeit bis 7 Uhr hinausgeschoben oder die Sperrzeit befristet und widerruflich verkürzt oder aufgehoben werden. In den Fällen der Verkürzung oder Aufhebung der Sperrzeit können jederzeit Auflagen erteilt werden.

§ 11 Anzeigepflicht, Erlaubnis

(1) Soweit dies zur Aufrechterhaltung der Sittlichkeit oder zum Schutz der Gäste erforderlich ist, kann der Gewerbetreibende verpflichtet werden, über die in seinem Betrieb beschäftigten Personen innerhalb einer

Anhang I Sachsen

Woche nach Beginn der Beschäftigung Anzeige zu erstatten. In der Anzeige sind für die beschäftigten Personen anzugeben:

1. Vorname, Familienname,
2. Geburtsname, sofern dieser vom Familiennamen abweicht,
3. Geburtsdatum und Geburtsort,
4. Staatsangehörigkeit,
5. letzter Aufenthaltsort und vorhergehende Beschäftigungsstelle,
6. Beginn der Beschäftigung.

Zusätzlich kann die Vorlage eines Führungszeugnisses für die beschäftigte Person verlangt werden.

(2) Unter den Voraussetzungen des Absatzes 1 Satz 1 kann die Beschäftigung von Personen für einzelne Betriebe von einer Erlaubnis abhängig gemacht werden.

§ 12 Ordnungswidrigkeiten

Ordnungswidrig nach § 28 Abs. 1 Nr. 12 des Gaststättengesetzes handelt, wer vorsätzlich oder fahrlässig Personen ohne die aufgrund einer Verpflichtung nach § 11 Abs. 2 erforderliche Erlaubnis beschäftigt. Die Ordnungswidrigkeit kann nach § 28 Abs. 3 des Gaststättengesetzes mit einer Geldbuße bis zu 5000 EUR geahndet werden.

§ 13 Inkrafttreten

Diese Verordnung tritt am Tage nach ihrer Verkündung in Kraft.

14. Landesrecht Sachsen-Anhalt

a) Gaststättenverordnung (GastVO LSA)

vom 15. 10. 1994 (GVBl. S. 975)

Auf Grund von §§ 14, 21 Abs. 2 und des § 30 des Gaststättengesetzes vom 5. 5. 1970 (BGBl. I S. 465), zuletzt geändert durch Art. 6 des Arbeitszeitrechtsgesetzes vom 6. 6. 1994 (BGBl. I S. 1170), in Verbindung mit § 1 sowie Anlage 1 lfd. Nrn. 3.1.8. und 3.1.12. der Verordnung über die Regelung von Zuständigkeiten im Immissions-, Gewerbe- und Arbeitsschutzrecht sowie in anderen Rechtsgebieten vom 14. 6. 1994 (GVBl. LSA S. 636) wird verordnet:

§ 1 Verfahren

(1) Der Antrag auf Erteilung einer Erlaubnis nach § 2 Abs. 1 des Gaststättengesetzes, einer Stellvertretungserlaubnis nach § 9 des Gaststättengesetzes, einer vorläufigen Erlaubnis nach § 11 Abs. 1 des Gaststättengesetzes, einer vorläufigen Stellvertretungserlaubnis nach § 11 Abs. 2 des Gaststättengesetzes oder einer Gestattung nach § 12 Abs. 1 des Gaststättengesetzes ist schriftlich einzureichen. Der Antragsteller hat die Angaben zu machen und die Unterlagen beizubringen, die für die Bearbeitung und Beurteilung des Antrages erforderlich sind.

(2) Bei einem Antrag auf Erteilung einer Erlaubnis oder Gestattung sind insbesondere Angaben und Unterlagen erforderlich über:

1. die Person des Antragstellers und seines Ehegatten,
2. die Betriebsart,
3. die zum Betrieb des Gewerbes einschließlich der zum Aufenthalt der Beschäftigten bestimmten Räume.

Die Erlaubnisbehörde kann verlangen, daß Bauvorlagen oder eine Baugenehmigung einzureichen sind.

Anhang I Sachsen-Anhalt

(3) Bei einem Antrag auf Erteilung einer Stellvertretungserlaubnis sind Angaben über die Person des Antragstellers und des Stellvertreters zu machen.

(4) Die Entscheidung über einen Antrag und eine Zusage auf Erlaß eines stattgebenden Bescheides bedürfen der Schriftform.

§ 2 Straußwirtschaften – Erlaubnisfreiheit

(1) Der Ausschank von selbsterzeugtem Wein bedarf für die Dauer von vier zusammenhängenden Monaten oder in zwei zusammenhängenden Zeitabschnitten von insgesamt vier Monaten im Jahr keiner Erlaubnis (Straußwirtschaft).

(2) Zur Führung einer Straußwirtschaft sind nur natürliche Personen befugt, die im eigenen Weinbau tätig sind (Winzer). Weinhändler und Weinkommissionäre sind zur Führung einer Straußwirtschaft nicht befugt.

(3) Personen, die in einem gemeinsamen Haushalt leben, dürfen insgesamt nur vier Monate im Jahr eine Straußwirtschaft betreiben.

§ 3 Räumliche Voraussetzungen

(1) Der Ausschank in einer Straußwirtschaft ist nur in Räumen zulässig, die am Ort des Weinbaubetriebes gelegen sind.

(2) Der Ausschank in einer Straußwirtschaft darf nicht in Räumen stattfinden, die eigens zu diesem Zweck angemietet sind. In besonderen Härtefällen können hiervon Ausnahmen zugelassen werden.

(3) Eine Straußwirtschaft darf nicht mit einer anderen Schank- oder Speisewirtschaft oder mit einem Beherbergungsbetrieb verbunden werden.

(4) In einer Straußwirtschaft dürfen nicht mehr als 40 Sitzplätze vorhanden sein.

(5) Der Betrieb einer Straußwirtschaft kann untersagt und seine Fortsetzung verhindert werden, wenn die Voraussetzungen des § 4 Abs. 1 Nrn. 2 oder 3 des Gaststättengesetzes vorliegen.

Sachsen-Anhalt   Anhang I

§ 4   Verabreichen von Speisen, Nebenleistungen

(1) In einer Straußwirtschaft dürfen nur kalte und einfach zubereitete warme Speisen verabreicht werden.

(2) Für Nebenleistungen gilt § 7 Abs. 2 des Gaststättengesetzes. Der Straußwirt darf jedoch alkoholfreie Getränke, die er in seiner Straußwirtschaft nicht verabreicht, Flaschenbier und Süßwaren nicht über die Straße abgeben.

§ 5   Anzeige

Wer eine Straußwirtschaft betreiben will, hat dies mindestens zwei Wochen vor Beginn des Betriebes anzuzeigen und dabei mitzuteilen

1. den Zeitraum, währenddessen der Ausschank stattfinden soll,
2. hinsichtlich des zum Ausschank vorgesehenen Weines Ort und Lage, aus denen die zur Herstellung des Weines verwendeten Trauben stammen, sowie den Ort, an dem die Trauben gekeltert worden sind und der Wein ausgebaut worden ist,
3. die zum Betrieb der Straußwirtschaft bestimmten Räume.

§ 6   Ausschank von Apfelwein

§§ 2 bis 5 gelten für den Ausschank von selbsterzeugtem Apfelwein entsprechend.

§ 7   Beschäftigte Personen – Anzeigepflicht, Erlaubnis

(1) Soweit dies zur Aufrechterhaltung der Sittlichkeit oder zum Schutz der Gäste erforderlich ist, kann der Gewerbetreibende verpflichtet werden, über die in seinem Betrieb beschäftigten Personen innerhalb einer Woche Anzeige zu erstatten. In der Anzeige sind Vor- und Zuname, Geburtsname, Geburtsdatum und Geburtsort, der letzte Aufenthaltsort und die vorhergehende Beschäftigungsstelle der beschäftigten Person sowie der Beginn der Beschäftigung anzugeben.

(2) Unter den gleichen Voraussetzungen kann die Beschäftigung von Personen für einzelne Betriebe von einer Erlaubnis abhängig gemacht werden.

Anhang I Sachsen-Anhalt

§ 8 Zuständigkeit

(1) Für die Ausführung dieser Verordnung sind die Landkreise, die kreisfreien Städte beziehungsweise die Städte und Gemeinden mit mehr als 10 000 Einwohnern zuständig.

(2) Werden Getränke oder zubereitete Speisen an Fahrgäste verabreicht oder Fahrgäste beherbergt, so ist bei Schiffen die Behörde des Heimathafens zuständig, bei zulassungspflichtigen Kraftfahrzeugen ist die Behörde am Betriebssitz des Unternehmens zuständig.

§ 9 Ordnungswidrigkeiten

Ordnungswidrig nach § 28 Abs. 1 Nr. 12 des Gaststättengesetzes handelt, wer vorsätzlich oder fahrlässig

1. eine Straußwirtschaft betreibt, obwohl ihm dies nach § 3 Abs. 5 untersagt worden ist,
2. über den nach § 4 Abs. 2 erlaubten Umfang hinaus Waren abgibt,
3. entgegen § 5 oder einer auf Grund des § 7 Abs. 1 begründeten Verpflichtung die Anzeige nicht, nicht richtig, nicht vollständig oder nicht rechtzeitig erstattet,
4. Personen ohne die auf Grund einer Verpflichtung nach § 7 Abs. 2 erforderlichen Erlaubnis beschäftigt.

§ 10 Inkrafttreten

Diese Verordnung tritt am Tage nach ihrer Verkündung in Kraft.

Sachsen-Anhalt **Anhang I**

b) Verordnung
über die Festsetzung der Sperrzeit für Schank- und Speisewirtschaften sowie für öffentliche Vergnügungsstätten (Sperrzeit VO)

vom 21. 10. 1991 (GVBl. S. 375)

Auf Grund des § 18 Abs. 1 Satz 1 und des § 30 Halbsatz 1 des Gaststättengesetzes vom 5. 5. 1970 (BGBl. I S. 465), zuletzt geändert durch Art. 2 des Zweiten Rechtsbereinigungsgesetzes vom 16. 12. 1986 (BGBl. I S. 2441), in Verbindung mit § 1 Buchst. b des Gesetzes über die Regelung von Zuständigkeiten im Immissions-, Gewerbe- und Arbeitsschutzrecht sowie in anderen Rechtsgebieten vom 8. 5. 1991 (GVBl. LSA S. 81) und mit § 99 a der Kommunalverfassung vom 17. 5. 1990 (GBl. I S. 255), zuletzt geändert durch Gesetz vom 23. 8. 1991 (GVBl. LSA S. 286), wird verordnet:

§ 1 Allgemeine Sperrzeit

(1) Die Sperrzeit für Schank- und Speisewirtschaften sowie für öffentliche Vergnügungsstätten beginnt um 1 Uhr und endet um 6 Uhr.

(2) In den Nächten zum Sonnabend und Sonntag beginnt die Sperrzeit um 2 Uhr.

(3) Für die Nächte zum 1. Januar, zum 1. 5. und zum 2. 5. wird die Sperrzeit aufgehoben.

§ 2 Sperrzeit für bestimmte Betriebsarten

(1) Die Sperrzeit für Spielhallen, für öffentliche Vergnügungsstätten auf Jahrmärkten und Rummelplätzen sowie für sonstige öffentliche Vergnügungsstätten, in denen Veranstaltungen nach § 60 a der Gewerbeordnung in der Fassung vom 1. 1. 1987 (BGBl. I S. 425), zuletzt geändert durch Art. 8 des Gesetzes über Vertrauensrechte, zur Änderung der Zivilprozeßordnung und anderer Gesetze vom 17. 12. 1990 (BGBl. I S. 2840), stattfinden, beginnt um 22 Uhr und endet um 7 Uhr.

Anhang I Sachsen-Anhalt

(2) Die Vorschriften über die Sperrzeit finden keine Anwendung auf den Betrieb der Schank- und Speisewirtschaften in Kraftfahrzeugen und Schiffen, wenn sich der Betrieb auf die Bewirtung der Fahrgäste beschränkt.

§ 3 Allgemeine Ausnahmen

Die zuständige Behörde kann bei Vorliegen eines öffentlichen Bedürfnisses oder besonderer örtlicher Verhältnisse die Sperrzeit allgemein verlängern, verkürzen oder aufheben.

§ 4 Ausnahmen für einzelne Betriebe

Die zuständige Behörde kann bei Vorliegen eines öffentlichen Bedürfnisses oder besonderer örtlicher Verhältnisse für einzelne Betriebe den Beginn der Sperrzeit bis 20 Uhr vorverlegen und das Ende der Sperrzeit bis 10 Uhr hinausschieben oder die Sperrzeit befristet und widerruflich verkürzen oder aufheben. Die Befristung ist längstens auf ein Jahr zu begrenzen. Die Verkürzung oder Aufhebung der Sperrzeit kann mit Auflagen verbunden werden.

§ 5 Zuständige Behörden

(1) Zuständige Behörden im Sinne des § 3 sind

1. die Gemeinden ab 5 000 Einwohnern, im übrigen die Landkreise,
2. für Regelungen, die sich über das Gebiet einer Gemeinde hinaus erstrecken, die Landkreise,
3. für Regelungen, die sich über das Gebiet eines Landkreises – einer kreisfreien Stadt – hinaus erstrecken, die Bezirksregierungen,
4. für Regelungen, die sich über das Gebiet eines Regierungsbezirks hinaus erstrecken, das Ministerium des Innern im Einvernehmen mit dem Ministerium für Wirtschaft, Technologie und Verkehr.

(2) Zuständige Behörden im Sinne des § 4 sind die Gemeinden ab 5000 Einwohnern, im übrigen die Landkreise.

§ 6 Inkrafttreten

Diese Verordnung tritt am Tage nach ihrer Verkündung in Kraft.

15. Landesrecht Schleswig-Holstein

a) Landesverordnung zur Ausführung des Gaststättengesetzes (Gaststättenverordnung – GastV)

vom 3. 5. 1971 (GVBl. S. 220), geändert durch Verordnung
vom 18. 9. 1989 (GVBl. S. 110) und Verordnung
vom 26. 10. 1998 (GVBl. S. 346)

Aufgrund des § 4 Abs. 3, des § 21 Abs. 2 und des § 30 Halbsatz 2 des Gaststättengesetzes vom 5. 5. 1970 (Bundesgesetzbl. I S. 465) in Verbindung mit der Landesverordnung zur Übertragung der Ermächtigungen nach den §§ 4, 18, 21 und 30 des Gaststättengesetzes vom 27. 4. 1971 (GVOBl. Schl.-H. S. 204) wird im Einvernehmen mit dem Innenminister und dem Minister für Arbeit, Soziales und Vertriebene verordnet:

§ 1 Verfahren

(1) Anträge auf Erteilung

1. einer Erlaubnis nach § 2 Abs. 1 des Gaststättengesetzes,
2. einer Stellvertretungserlaubnis nach § 9 des Gaststättengesetzes,
3. einer vorläufigen Erlaubnis nach § 11 Abs. 1 des Gaststättengesetzes,
4. einer vorläufigen Stellvertretungserlaubnis nach § 11 Abs. 2 des Gaststättengesetzes oder
5. einer Gestattung nach § 12 Abs. 1 des Gaststättengesetzes

sind bei der zuständigen Erlaubnisbehörde schriftlich einzureichen. Anträge nach Nummer 5 können im Einvernehmen mit der Erlaubnisbehörde auch mündlich gestellt werden.

(2) Die Antragstellerin oder der Antragsteller hat die für das Antragsverfahren erforderlichen Angaben zu machen und die notwendigen Un-

Anhang I Schleswig-Holstein

terlagen grundsätzlich selbst beizubringen, soweit diese für die Bearbeitung des Antrags von Bedeutung sind. Die Art der Angaben und die beizubringenden Unterlagen ergeben sich aus den Anlagen 1 und 2, die Bestandteil dieser Verordnung sind. Bei Anträgen nach Absatz 1 Nr. 5 kann die Erlaubnisbehörde auf die Erhebung von Daten unter Berücksichtigung von Art und Umfang der Veranstaltung und der Belange Dritter verzichten.

(3) Bei Anträgen nach Absatz 1 Nr. 1 und 2 hat die Erlaubnisbehörde die örtliche Ordnungsbehörde sowie die untere Bauaufsichtsbehörde, bei vorgesehener Beschäftigung von Arbeitnehmerinnen und Arbeitnehmern auch die für den Arbeitsschutz zuständige Behörde und bei beabsichtigter Schank- oder Speisewirtschaft die Lebensmittelüberwachungsbehörde zu beteiligen. In besonderen Einzelfällen können weitere Stellen beteiligt werden. Die Antragstellerin oder der Antragsteller ist davon zu unterrichten.

(4) Bei Anträgen nach Absatz 1 Nr. 3 bis 5 kann die Erlaubnisbehörde die Beteiligung der in Absatz 3 genannten Stellen vorsehen, wenn dies wegen der Nachteile, Gefahren und Belästigungen, die sich aus der besonderen Art des Betriebes ergeben, erforderlich ist. Die Antragstellerin oder der Antragsteller ist davon zu unterrichten.

§ 2 Bescheide

(1) Der Erlaubnisbescheid hat inhaltlich dem jeweiligen Muster der Anlagen 3 bis 5, die Bestandteil dieser Verordnung sind, zu entsprechen.

(2) Eine Abschrift des Erlaubnisbescheides bei Anträgen nach § 1 Abs. 1 Nr. 1 bis 4 ist der örtlichen Ordnungsbehörde mit Anlagen zu übersenden. Die untere Bauaufsichtsbehörde, die für den Arbeitsschutz zuständige Behörde, die Lebensmittelüberwachungsbehörde und die Ausländerbehörde sind, soweit diese am Verfahren beteiligt worden sind, formlos ohne Anlagen über die Erteilung der Erlaubnis unter Hinweis auf die Aufnahme der gegebenenfalls von diesen Behörden verlangten Auflagen zu unterrichten.

Schleswig-Holstein Anhang I

§ 3 Schutz personenbezogener Daten

Die Erlaubnisbehörde hat die erhobenen Daten der Antragstellerin oder des Antragstellers, aus denen sich Anhaltspunkte für ihre oder seine Unzuverlässigkeit ergeben (insbesondere Angaben aus Registern und Mitteilungen anderer Stellen), zu löschen, wenn ihre Kenntnisse zur Aufgabenerfüllung nicht mehr erforderlich sind und kein Grund zu der Annahme besteht, daß dadurch schutzwürdige Belange der oder des Betroffenen beeinträchtigt werden, spätestens jedoch drei Jahre nach Eintritt der Unanfechtbarkeit der Entscheidung über den Erlaubnisantrag.

§ 4 Anwendung der Landesbauordnung

Für die zum Betriebe des Gewerbes und zum Aufenthalt der Beschäftigten bestimmten Räume gelten die Anforderungen der Landesbauordnung und der zu ihrer Ausführung erlassenen Rechtsvorschriften sowie die §§ 5 bis 11.

§ 5 Zugang

Die dem Betriebe des Gewerbes dienenden Räume müssen leicht zugänglich sein und die ordnungsmäßige Überwachung durch die hiermit beauftragten Personen ermöglichen.

§ 6 Schank- und Speisewirtschaften

(1) Als Schankräume dürfen nicht Räume verwendet werden, die zugleich als Wohn- oder Schlafräume dienen. Schankräume und Wohnungen müssen getrennt zugänglich sein. Türen im Zuge von Rettungswegen müssen in Fluchtrichtung aufschlagen.

(2) Die Grundfläche mindestens eines Schankraumes darf nicht kleiner als 25 qm sein; für weitere Schankräume genügt eine Grundfläche von 15 qm. Bei Schankwirtschaften, die nach Angebot und Ausstattung nur für eine kurze Verweildauer der Gäste eingerichtet sind, kann gemäß § 11 eine geringere Grundfläche gestattet werden.

Anhang I Schleswig-Holstein

(3) Die lichte Höhe von Schankräumen muß bei einer Grundfläche von
- nicht mehr als 50 qm mindestens 2,50 m
- mehr als 50 qm mindestens 2,75 m
- mehr als 100 qm mindestens 3,00 m
- mehr als 2000 qm mindestens 3,25 m

betragen. Über und unter Emporen muß die lichte Höhe mindestens 2,50 m betragen. Abgehängte oder aufgelagerte Lamellen- und Rasterdecken, die einen Luftaustausch ermöglichen, dürfen die lichte Höhe bis zu 2,50 m einschränken. Für kleine Bereiche, wie Nischen, die vom Bedienungspersonal nicht betreten werden, genügt eine lichte Höhe von 2,00 m. Die für eine ausreichende Lüftung erforderlichen Anlagen müssen vorhanden sein. Ausnahmen von den lichten Höhen können gestattet werden zur Erhaltung und weiteren Nutzung von Baudenkmälern, wenn nicht Gefahren für Leben und Gesundheit zu befürchten sind.

(4) Schankräume und andere dem gemeinsamen Aufenthalt der Gäste dienende Räume müssen übersichtlich sein.

(5) In Schankräumen ist ein geeigneter Feuerlöscher an gut sichtbarer und leicht zugänglicher Stelle anzubringen.

(6) Die Absätze 1 bis 5 gelten für Speisewirtschaften entsprechend.

(7) Die Fußböden von Kühlräumen sind wasserdicht und gleitsicher herzurichten. Die Türen müssen von innen ohne Schlüssel geöffnet werden können.

§ 7 Beherbergungsbetriebe

(1) Schlafräume für Gäste dürfen grundsätzlich nicht in Dachgeschossen unter Weichdächern eingerichtet werden. Sie sind jedoch zulässig, wenn

1. das Gebäude unterhalb des Dachraumes nicht mehr als ein Vollgeschoß hat,
2. der Treppenraum mit feuerbeständigen Wänden und feuerbeständigem oberen Abschluß hergestellt ist; die nicht ins Freie führenden Türen müssen Rauchschutztüren sein,
3. von jeder Stelle eines Aufenthaltsraumes der Treppenraum mindestens eine notwendige Treppe oder ein Ausgang ins Freie in höchstens 5 m Entfernung erreichbar ist,

Schleswig-Holstein Anhang I

4. Aufenthaltsräume oder Wohnungen gegen das Weichdach mit Bauteilen, die eine Feuerwiderstandsdauer von 30 Minuten von außen nach innen erfüllen, abgeschlossen sind,
5. keine liegenden Dachfenster verwendet werden und
6. das Gebäude mit einer Blitzschutzanlage ausgestattet ist.

Die Schlafräume für Gäste einschließlich dazugehörende Vorräume müssen unmittelbar von einer allgemein zugänglichen Fläche erreicht werden können; bei nur gemeinsam vermietbaren Raumfolgen (z. B. Appartements) genügt es, wenn nur ein Raum unmittelbar von der Fläche zugänglich ist. Die Schlafräume für die Gäste dürfen nicht innerhalb der Wohnung der Gewerbetreibenden oder Dritter liegen. Die Zugangstüren müssen durch Nummern oder Symbole gekennzeichnet und außen abschließbar sein.

(2) Einbettzimmer müssen mindestens 8 qm, Zweibettzimmer mindestens 12 qm groß sein; Nebenräume (insbesondere Bäder, Toiletten) werden nicht angerechnet. Die für eine ausreichende Lüftung erforderlichen Anlagen müssen vorhanden sein.

(3) Schlafräume, die auch während der kalten Jahreszeit belegt werden sollen, müssen heizbar sein. In jedem Schlafraum oder in Verbindung mit ihm muß eine anderen Gästen nicht zugängliche ausreichende Waschgelegenheit mit fließendem Wasser vorhanden sein.

(4) Allgemein zugängliche Flure, an denen Schlafräume für Gäste angeordnet sind, und die zugehörigen Treppen müssen mindestens 1,25 m breit sein; eine freie Durchgangsbreite von 65 cm muß auch bei nach außen aufschlagenden Türen gewahrt bleiben. Die Flure sollen keine Stufen haben. In Fluren sind Treppen mit weniger als 3 Stufen unzulässig.

(5) Beherbergungsbetriebe, die sich über mehr als drei Vollgeschosse erstrecken sowie Beherbergungsbetriebe, die sich über mehr als ein Vollgeschoß erstrecken und über mehr als 100 Betten verfügen, müssen über die Anforderungen des § 32 LBO in Verbindung mit § 17 Abs. 4 LBO hinaus zwei notwendige Treppen haben, wenn nicht ein Sicherheitstreppenraum nach § 17 Abs. 4 Satz 3 LBO vorgehalten wird. Die Treppenräume sind mit Rauchabzugsvorrichtungen nach § 32 Abs. 10 LBO auszustatten.

Anhang I Schleswig-Holstein

(6) Beherbergungsbetriebe müssen je Geschoß einen geeigneten Feuerlöscher haben. Überschreitet die Geschoßfläche 150 qm, so ist für je weitere 400 qm Geschoßfläche ein zusätzlicher Feuerlöscher erforderlich. Die Feuerlöscher sind an gut sichtbarer und jederzeit leicht zugänglicher Stelle anzubringen.

(7) Bei Beherbergungsbetrieben, die über mehr als 100 Gastbetten verfügen, ist in jedem Flur an gut sichtbarer Stelle in der Nähe des Treppenraumes ein ständig beleuchteter Übersichtsplan anzubringen, der Aufschluß über die im Notfall zu benutzenden Rettungswege, über die Rückzugsrichtung und die Feuerlöscheinrichtungen gibt. Die Rettungswege ins Freie sind durch auch bei Dunkelheit gut sichtbare Richtungspfeile, die nicht höher als 1,80 m über Fußbodenhöhe anzubringen sind, zu kennzeichnen.

§ 8 Toilettenanlagen

(1) Die Toilettenanlagen für die Gäste müssen leicht erreichbar, gekennzeichnet und von anderen Toilettenanlagen getrennt sein.

(2) In Schank- oder Speisewirtschaften müssen vorhanden sein:

Schank-/Speiseraumfläche, m²	Spültoiletten		Urinale	
	Männer	Frauen	Becken oder Rinne	
			Stück	lfd. m
bis 50	1	1	2	2
über 50–100	1	2	3	2
über 100–150	2	2	3	2,5
über 150–200	2	3	4	3
über 200–250	2	3	5	3,5
über 250–350	3	4	6	4
über 350	Festsetzung im Einzelfall			

Schleswig-Holstein Anhang I

(3) In jedem Geschoß von Beherbergungsbetrieben, in dem Schlafräume für Gäste liegen, müssen vorhanden sein:
1. bei bis zu 10 Betten 1 Spültoilette,
2. bei über 10 bis 20 Betten 2 Spültoiletten,
3. bei mehr als 20 Betten für je 12 Betten 1 Spültoilette und Urinale nach Festsetzung im Einzelfall.

Soweit Schlafräume eine eigene Toilettenanlage haben, werden die Betten in diesen Räumen nicht mitgerechnet.

(4) Für die im Betriebe Beschäftigten müssen leicht erreichbare Toilettenanlagen vorhanden sein. Der Weg der in der Küche Beschäftigten zu den Toilettenanlagen darf nicht durch Schankräume oder durchs Freie führen. Im übrigen richten sich die Anforderungen an die Toilettenanlagen, soweit in den Abs. 5 bis 7 nichts anderes bestimmt ist, nach den betrieblichen Verhältnissen, insbesondere nach Zahl und Geschlecht der Personen, deren regelmäßige Beschäftigung in dem Betriebe zu erwarten ist.

(5) Toilettenanlagen für Frauen und Männer müssen durch durchgehende Wände voneinander getrennt sein. Jede Toilettenanlage sowie jede Spültoilette nach Absatz 3 Nr. 2 und 3 muß einen lüftbaren und beleuchtbaren Vorraum mit Waschbecken, Seife und gesundheitlich einwandfreier Handtrocknungseinrichtung haben, der vom Toilettenraum durch eine vom Fußboden bis zur Decke reichende Wand abgetrennt ist. Ein Vorraum ist nicht erforderlich, wenn nur eine Toilette vorhanden ist. Handtrocknungseinrichtungen und Seife dürfen nicht ausschließlich gegen Entgelt, Gemeinschaftshandtücher dürfen nicht bereitgestellt werden. Die Wände der Toilettenanlagen sind bis zur Höhe von 1,50 m mit einem waschfesten, glatten Belag oder Anstrich zu versehen. Die Fußböden müssen gleitsicher und leicht zu reinigen sein.

(6) Toiletten und Urinale müssen Wasserspülung haben. Die Türen zu den Spültoiletten müssen von innen verschließbar sein. Die nach Absätze 2 bis 4 notwendigen Toiletten dürfen nicht durch Münzautomaten oder ähnliche Einrichtungen versperrt und nicht nur gegen Entgelt zugänglich sein.

(7) Urinale müssen einen Fußbodenablauf haben. Die Standbreite von Becken darf 60 cm nicht unterschreiten.

Anhang I Schleswig-Holstein

§ 9 Küchen

(1) Gaststätten müssen Küchen haben, wenn dies nach der Art des Betriebes erforderlich ist. Die Größe der Küche bestimmt sich nach den betrieblichen Verhältnissen. Für die lichte Höhe der Küchenräume gilt § 6 Abs. 3 entsprechend.

(2) Der Fußboden muß gleitsicher, wasserundurchlässig, fugendicht und leicht zu reinigen sein. Die Wände sind bis zur Höhe von 2 m mit einem glatten, waschfesten und hellen, jedoch nicht roten Belage oder einem entsprechenden Anstrich auf dichtem Putz aus Zementmörtel oder gleichwertigem Putz zu versehen. An Fenstern, die geöffnet werden können, und an Luftöffnungen müssen Vorrichtungen gegen das Eindringen von Insekten vorhanden sein.

(3) Küchen müssen mindestens eine Wasserzapfstelle, ein Handwaschbecken und einen Schmutzwasserausguß haben. In der Küche oder in einem unmittelbar anschließenden, gut lüftbaren Raum muß eine ausreichende Spülanlage vorhanden sein.

(4) Die Küche muß einen nach außen lüftbaren, ausreichend großen Nebenraum oder Einbauschrank zur Aufbewahrung von Lebensmitteln sowie eine demselben Zweck dienende, ausreichend große Kühleinrichtung haben. Für den Nebenraum gilt Absatz 2.

(5) § 6 Abs. 3 Satz 5 ist anzuwenden. Ist nach den betrieblichen Verhältnissen die Beschäftigung von Arbeitnehmern in der Küche zu erwarten, so muß die Lüftung zugfrei sein. Die Entlüftung muß über Dach erfolgen, wenn dies zum Schutze der Gäste, der Bewohner des Betriebsgrundstücks oder der Nachbargrundstücke oder der Allgemeinheit gegen erhebliche Geruchsbelästigungen erforderlich ist.

§ 10 Arbeitnehmerräume

(1) Die Zahl der Schlafräume für die Arbeitnehmer muß so bemessen sein, daß eine ausreichende und nach Geschlechtern getrennte Unterbringung möglich ist. Die Schlafräume dürfen nicht in unmittelbarer Nähe von Schank- oder Speiseräumen liegen und müssen auch von den Schlafräumen oder sonstigen Aufenthaltsräumen der Gäste getrennt sein. Jeder Schlafraum muß einen eigenen Zugang haben; die Zugangs-

türen müssen von innen und außen abschließbar sein. Im übrigen gilt § 7 Abs. 2 und 3 entsprechend.

(2) In den dem Betriebe des Gewerbes dienenden Räumen muß Platz für die nötigen Sitzgelegenheiten der Arbeitnehmer vorhanden sein. Aufenthaltsräume für die Arbeitnehmer müssen vorhanden sein, soweit dies nach den betrieblichen Verhältnissen erforderlich ist, um Gefahren für die Gesundheit zu verhüten.

§ 11 Abweichungen

Von der Erfüllung einzelner der in den §§ 3 bis 10 gestellten Mindestanforderungen kann mit Ausnahme von § 7 Abs. 1 abgewichen werden, soweit die Abweichung mit den durch § 4 Abs. 1 Nr. 2 des Gaststättengesetzes geschützten Belangen vereinbar ist,

1. a) bei Betrieben, die vor dem Inkrafttreten dieser Verordnung befugt errichtet worden sind und in dem bisherigen Umfange weitergeführt werden sollen;
   b) bei Betrieben, deren Umfang durch die Betriebsart oder die Art der zugelassenen Getränke oder zubereiteten Speisen beschränkt ist;
   c) bei Betrieben in Schiffen und Kraftfahrzeugen;
2. wenn Gründe des allgemeinen Wohls die Abweichung erfordern oder die Einhaltung der Vorschrift im Einzelfall zu einer unzumutbaren Härte führen würde.

§ 12 Anzeigepflicht, Erlaubnis

(1) Soweit dies zur Aufrechterhaltung der Sittlichkeit oder zum Schutze der Gäste erforderlich ist, kann die oder der Gewerbetreibende verpflichtet werden, über die in ihrem oder seinem Betrieb beschäftigten Personen innerhalb einer Woche nach Beginn der Beschäftigung Anzeige zu erstatten. In der Anzeige sind Vorname, Familienname und Geburtsname, falls dieser vom Familiennamen abweicht, Geburtsdatum und Geburtsort, der letzte Aufenthaltsort und die vorhergehende Beschäftigungsstelle sowie der Beginn der Beschäftigung anzugeben.

Anhang I Schleswig-Holstein

(2) Unter den Voraussetzungen des Absatzes 1 Satz 1 kann die Beschäftigung von Personen für einzelne Betriebe von einer Erlaubnis abhängig gemacht werden.

§ 13 Verhältnis zu anderen Vorschriften

Die Vorschriften des Lebensmittelrechts bleiben unberührt.

§ 14 Ordnungswidrigkeiten

Ordnungswidrig nach § 28 Abs. 1 Nr. 12 des Gaststättengesetzes handelt, wer vorsätzlich oder fahrlässig

1. entgegen einer vollziehbaren Anordnung nach § 12 Abs. 1 die Anzeige nicht, nicht richtig, nicht vollständig oder nicht rechtzeitig erstattet,
2. entgegen einer vollziehbaren Anordnung nach § 12 Abs. 2 Personen ohne Erlaubnis beschäftigt.

§ 15 Inkrafttreten

(1) Diese Verordnung tritt am 9. 5. 1971 in Kraft.

(2) Gleichzeitig treten außer Kraft

1. die Verordnung zur Durchführung des Gaststättengesetzes vom 28. 4. 1930 (Reichsgesetzbl. I S. 146) vom 18. 6. 1930 (GS. S. 117) und
2. die Verordnung zur Durchführung der Verordnung über Speiseeiswirtschaften vom 24. 5. 1935 (GS. S. 80).

Anlagen

(vom Abdruck der Anlagen [Muster] wird abgesehen;
vgl. zu deren Inhalt GVBl. 1998, S. 349–359)

Schleswig-Holstein **Anhang I**

b) Landesverordnung über die Regelung der Sperrzeit (Sperrzeitverordnung)

vom 4. 10. 1995 (GVBl. S. 327)

Aufgrund des § 18 Abs. 1 und des § 30 Halbsatz 1 des Gaststättengesetzes vom 5. 5. 1970 (BGBl. I S. 465), zuletzt geändert durch Art. 3 des Gesetzes vom 23. 11. 1994 (BGBl. I S. 3475), in Verbindung mit § 2 der Landesverordnung zur Übertragung der Ermächtigungen nach den §§ 4, 18, 21 und 30 des Gaststättengesetzes vom 27. 4. 1971 (GVOBl. Schl.-H. S. 204), zuletzt geändert durch Verordnung vom 30. 11. 1994 (GVOBl. Schl.-H. S. 527), und § 1 Abs. 3 Satz 2 der Landesverordnung zur Bestimmung der für die Ausführung des Gaststättengesetzes zuständigen Behörden vom 4. 5. 1971 (GVOBl. Schl.-H. S. 224) wird verordnet:

§ 1

(1) Eine Sperrzeit wird festgesetzt für Schank- und Speisewirtschaften sowie für öffentliche Vergnügungsstätten.

(2) Absatz 1 gilt nicht

1. für Schank- und Speisewirtschaften sowie öffentliche Vergnügungsstätten auf Schiffen oder in Kraftfahrzeugen, wenn sich der Betrieb auf die Bewirtung bzw. Unterhaltung der Fahrgäste beschränkt,
2. für Schank- und Speisewirtschaften in Betrieben, soweit sie sich auf die Bewirtung von Betriebsangehörigen beschränken,
3. in den Nächten zum 1. 1. sowie zum 1. und 2. Mai.

Die zuständige Behörde kann bei Vorliegen eines öffentlichen Bedürfnisses oder besonderer örtlicher Verhältnisse bestimmen, daß Absatz 1 anzuwenden ist.

Anhang I   Schleswig-Holstein

§ 2

(1) Die Sperrzeit beginnt um 4 Uhr und endet um 6 Uhr.

(2) Die Sperrzeit für Spielhallen und ähnliche Unternehmen beginnt um 1 Uhr und endet um 6 Uhr; in den Nächten zum Sonnabend und zum Sonntag beginnt die Sperrzeit um 2 Uhr.

(3) Die Sperrzeit für öffentliche Vergnügungsstätten auf Spezial- und Jahrmärkten sowie für Volksfeste und ähnliche Veranstaltungen beginnt um 23 Uhr und endet um 13 Uhr.

§ 3

(1) Die zuständige Behörde kann bei Vorliegen eines öffentlichen Bedürfnisses oder besonderer örtlicher Verhältnisse
1. die Sperrzeit befristet allgemein verlängern, verkürzen oder aufheben,
2. für einzelne Betriebe
    a) den Beginn der Sperrzeit bis 19 Uhr vorverlegen und in den Fällen des § 2 Abs. 1 das Ende der Sperrzeit bis 10 Uhr hinausschieben,
    b) die Sperrzeit befristet verkürzen oder aufheben.

(2) Bei der Feststellung eines öffentlichen Bedürfnisses oder besonderer örtlicher Verhältnisse sind insbesondere zu berücksichtigen:
1. der Schutz der Nachtruhe der Nachbarschaft,
2. der Bedarf der Allgemeinheit an den Diensten der Betriebe,
3. die Störungsempfindlichkeit der Umgebung.

(3) Die Verkürzung und die Aufhebung der Sperrzeit können widerrufen werden.

§ 4

Zuständige Behörden sind abweichend von § 1 Abs. 3 Satz 1 der Landesverordnung zur Bestimmung der für die Ausführung des Gaststättengesetzes zuständigen Behörden
1. die Innenministerin oder der Innenminister für die allgemeine Aufhebung der Sperrzeit sowie für die allgemeine Verlängerung und

Verkürzung der Sperrzeit bei Regelungen, die sich über den Bezirk einer örtlichen Ordnungsbehörde hinaus erstrecken,
2. die Wasserschutzpolizeidirektion für Schiffe, deren Heimathäfen sich außerhalb des Landes Schleswig-Holstein befinden, wenn sie sich in Küstengewässern aufhalten, ohne das Gebiet einer Gemeinde zu berühren.

§ 5

Ordnungswidrig nach § 28 Abs. 1 Nr. 12 des Gaststättengesetzes handelt, wer vorsätzlich oder fahrlässig als Inhaberin oder Inhaber einer Schankwirtschaft, Speisewirtschaft oder öffentlichen Vergnügungsstätte eine mit einem Verwaltungsakt nach § 3 verbundene Auflage (§ 107 Abs. 2 Nr. 4 und 5 des Landesverwaltungsgesetzes) nicht, nicht vollständig oder nicht rechtzeitig erfüllt.

§ 6

Diese Verordnung tritt am Tage nach ihrer Verkündung in Kraft. Sie ersetzt die Verordnung über die Regelung der Sperrzeit vom 2. 5. 1972 (GVOBl. Schl.-H. S. 50).

Anhang I Thüringen

16. Landesrecht Thüringen

Thüringer Verordnung zur Ausführung des Gaststättengesetzes (Thüringer Gaststättenverordnung – ThürGastVO)

vom 9. 1. 1992 (GVBl. S. 43), geändert durch Art. 3 der Verordnung vom 21. 2. 1996 (GVBl. S. 28, 30) und durch Verordnung vom 8. 2. 1999 (GVBl. S. 209)

Aufgrund der §§ 14 Satz 1 und 2, 18 Abs. 1, 21 Abs. 2 Satz 1 und 30 des Gaststättengesetzes vom 5. 5. 1970 (BGBl. I S. 465, 1298), zuletzt geändert durch Art. 2 des Gesetzes vom 16. 12. 1986 (BGBl. I S. 2441), des § 36 Abs. 2 Satz 1 des Gesetzes über Ordnungswidrigkeiten in der Fassung vom 19. 2. 1987 (BGBl. I S. 602), zuletzt geändert durch Art. 1 Satz 1 des Einigungsvertragsgesetzes vom 23. 9. 1990 (BGBl. II S. 885, – 958–) in Verbindung mit Anlage 1 Kapitel III Sachgebiet C Abschnitt III Nr. 4 zum Einigungsvertrag, und des § 7 Abs. 1 und Abs. 2 Satz 1 des Verkündungsgesetzes vom 30. 1. 1991 (GBl. S. 2) wird verordnet:

§ 1 Sachliche Zuständigkeit

(1) Die Ausführung des Gaststättengesetzes und der auf seiner Grundlage ergangenen Rechtsverordnungen obliegt den unteren Gewerbebehörden. § 3 dieser Verordnung bleibt unberührt.

(2) Die unteren Gewerbebehörden sind auch zuständig für die Verfolgung und Ahndung von Ordnungswidrigkeiten nach § 28 des Gaststättengesetzes.

(3) Untere Gewerbebehörden sind die in § 1 Abs. 1 der Thüringer Verordnung zur Regelung von Zuständigkeiten und zur Übertragung von Ermächtigungen im allgemeinen Gewerberecht, Handwerksrecht, Schornsteinfegerrecht, Blindenwarenrecht, dem Gesetz zur Bekämpfung der Schwarzarbeit und der Verordnung über Orderlagerscheine

vom 9. 1. 1992 (GVBl. S. 45) in der jeweils geltenden Fassung genannten Behörden.

§ 2 Örtliche Zuständigkeit

(1) Örtlich zuständig nach § 1 Abs. 1 ist die Behörde, in deren Gebiet die Betriebsstätte liegt.

(2) Werden Getränke oder zubereitete Speisen an Fahrgäste verabreicht oder Fahrgäste beherbergt, so ist bei zulassungspflichtigen Kraftfahrzeugen die für den Betriebssitz des Unternehmens zuständige Behörde zuständig. Bei Schiffen ist die Behörde des Heimathafens zuständig.

(3) Für die Nachschau nach § 22 Abs. 2 des Gaststättengesetzes ist auch die Behörde zuständig, in deren Gebiet sich geschäftliche Unterlagen befinden.

§ 3 Vollzugshilfe

Für die Nachschau nach § 22 Abs. 2 des Gaststättengesetzes sind auch die Polizeiinspektionen zuständig; für die örtliche Zuständigkeit gilt § 2 entsprechend.

§ 4 Verfahren

(1) Der Antrag auf Erteilung einer Erlaubnis nach § 2 Abs. 1 des Gaststättengesetzes, einer Stellvertretungserlaubnis nach § 9 des Gaststättengesetzes, einer vorläufigen Erlaubnis nach § 11 Abs. 1 des Gaststättengesetzes, einer vorläufigen Stellvertretungserlaubnis nach § 11 Abs. 2 des Gaststättengesetzes oder einer Gestattung nach § 12 Abs. 1 des Gaststättengesetzes ist schriftlich einzureichen. Der Antragsteller hat auf Verlangen die Angaben zu machen und die Unterlagen beizubringen, die für die Bearbeitung und Beurteilung des Antrages von Bedeutung sind.

(2) Bei einem Antrag auf Erteilung einer Erlaubnis oder Stellvertretungserlaubnis sind insbesondere erforderlich Angaben und Unterlagen über

Anhang I Thüringen

1. die Person des Antragstellers,
2. die Person seines im gleichen Betrieb oder in wenigstens einem seiner Betriebe mitarbeitenden Ehegatten,
3. die zur Betriebsleitung oder Geschäftsführung vom Antragsteller eingesetzten Personen,
4. die Person des Stellvertreters,
5. die Betriebsart und
6. die zum Betrieb des Gewerbes und die zum Aufenthalt für die Beschäftigten bestimmten Räume und Einrichtungen sowie die von der beabsichtigten Nutzung mitumfaßten Freiflächen.

Zu den betriebsbezogenen Unterlagen gehören vor allem Lagepläne, Bauzeichnungen sowie Baugenehmigungen für die beantragte Betriebsart. Zur Vorlage personenbezogener Unterlagen über den Ehegatten des Antragstellers, die zur Betriebsleitung oder Geschäftsführung eingesetzten Personen oder über die Person des Stellvertreters ist eine schriftliche Einverständniserklärung des Betroffenen erforderlich. Wird diese erteilt, so obliegt es dem Antragsteller, sie zusammen mit den anderen Unterlagen der unteren Gewerbebehörde vorzulegen.

(3) Bei einem Antrag auf Gestattung oder Erteilung einer vorläufigen Erlaubnis oder einer vorläufigen Stellvertretungserlaubnis kann die untere Gewerbebehörde auf Angaben nach Absatz 2 verzichten.

(4) In den in Absatz 1 Satz 1 genannten Verfahren sind insbesondere anzuhören:

1. das Amt für Arbeitsschutz,
2. die untere Bauaufsichtsbehörde,
3. die untere Veterinär- und Lebensmittelüberwachungsbehörde und
4. der Landkreis oder die kreisfreie Stadt im übertragenen Wirkungskreis als Immissionsschutzbehörde.

(5) Die Entscheidung über den Antrag und Zusagen für eine Erlaubnis oder Gestattung bedürfen der Schriftform.

§ 5 Allgemeine Sperrzeit

Die Sperrzeit für Spielhallen und ähnliche Unternehmen im Sinne des § 33i der Gewerbeordnung beginnt um 1.00 Uhr und endet um 6.00 Uhr. Im übrigen beginnt die Sperrzeit für Schank- und Speisewirtschaf-

Thüringen Anhang I

ten sowie für öffentliche Vergnügungsstätten in den Nächten zum Montag, Dienstag, Mittwoch, Donnerstag und Freitag um 2.00 Uhr und in den Nächten zum Samstag und zum Sonntag um 3.00 Uhr und endet in jedem Fall um 6.00 Uhr. In den Nächten zum 1. Januar, zum Freitag, Samstag, Sonntag, Montag und Dienstag vor Aschermittwoch sowie zum 1. und 2. 5. und 3. 10. ist die Sperrzeit aufgehoben.

§ 6 Sperrzeiten für bestimmte Betriebsarten

(1) Die Sperrzeit beginnt für

1. Vergnügungsplätze, Veranstaltungen nach § 60a der Gewerbeordnung, Schaustellungen, unterhaltende Vorstellungen sowie Musikaufführungen und sonstige, nicht unter den Nummern 2 oder 3 genannte Lustbarkeiten, Betriebe und Veranstaltungen im Freien und in Festzelten unter freiem Himmel um 22.00 Uhr,
2. Theater- oder Filmvorführungen im Freien und in Festzelten unter freiem Himmel um 24.00 Uhr,
3. Biergärten, Wirtschaftsgärten und von der Nutzung für den Betrieb von Schank- und Speisewirtschaften mitumfaßte Freiflächen im Sinne des § 4 Abs. 2 Satz 1 Nr. 5 sowie sonstige Schank- und Speisewirtschaften im Freien und in Festzelten unter freiem Himmel um 1.00 Uhr.

(2) Die Sperrzeit endet für die in Absatz 1 genannten Veranstaltungen um 6.00 Uhr.

(3) Für den Betrieb einer Schank- und Speisewirtschaft oder einer öffentlichen Vergnügungsstätte auf Schiffen oder in Kraftfahrzeugen gilt keine Sperrzeit, wenn sich der Betrieb auf die Bewirtung der Fahrgäste beschränkt.

§ 7 Ausnahmen

(1) Bei Vorliegen eines öffentlichen Bedürfnisses oder besonderer örtlicher Verhältnisse kann die Sperrzeit durch Rechtsverordnung allgemein verlängert, verkürzt oder aufgehoben werden. Zuständig zum Erlaß der Rechtsverordnungen sind die unteren Gewerbebehörden.

(2) Bei Vorliegen eines öffentlichen Bedürfnisses oder besonderer örtlicher Verhältnisse kann für einzelne Betriebe oder Veranstaltungen die

Anhang I Thüringen

Sperrzeit durch Verwaltungsakt verlängert, verkürzt oder aufgehoben werden. Für die in § 5 Satz 3 genannten Nächte kann bei Vorliegen des öffentlichen Bedürfnisses oder besonderer örtlicher Verhältnisse für einzelne Betriebe oder Veranstaltungen eine Sperrzeit durch Verwaltungsakt festgesetzt werden.

(3) Die Verlängerung der Sperrzeit kann entweder durch die Vorverlegung ihres Beginns auf frühestens 20.00 Uhr oder durch das Hinausschieben ihres Endes auf spätestens 8.00 Uhr oder durch eine Kombination der beiden vorgenannten Verlängerungsmöglichkeiten erfolgen. Die Verkürzung der Sperrzeit kann entweder durch das Hinausschieben ihres Beginns oder durch die Vorverlegung ihres Endes oder durch die Kombination der beiden vorgenannten Verkürzungsmöglichkeiten erfolgen.

(4) Die Verkürzung und die Aufhebung der Sperrzeit können befristet oder widerruflich erfolgen. Die Verlängerung der Sperrzeit kann befristet oder unbefristet erfolgen. In den Fällen der Verkürzung oder Aufhebung der Sperrzeit können jederzeit Auflagen erteilt werden. Eine Entscheidung über die Verlängerung, die Verkürzung oder die Aufhebung der Sperrzeit bedarf der Schriftform. Die Belange der betroffenen Gemeinden sind angemessen zu berücksichtigen.

§ 8 Straußwirtschaften

(1) Der Ausschank selbsterzeugten Weines oder selbsterzeugten Apfelweines bedarf für die Dauer von vier Monaten im Jahr in höchstens zwei Zeitabschnitten keiner Erlaubnis (Straußwirtschaft).

(2) Wer Wein oder Apfelwein gewerbsmäßig in den Verkehr bringt, darf nicht auch noch eine Straußwirtschaft betreiben.

(3) Personen, die in einem gemeinsamen Haushalt leben, dürfen insgesamt nur vier Monate im Jahr eine Straußwirtschaft unterhalten.

(4) Wer selbsterzeugten Wein und selbsterzeugten Apfelwein ausschenkt, darf auch insgesamt nur vier Monate im Jahr in höchstens zwei Zeitabschnitten eine Straußwirtschaft betreiben.

(5) Der Ausschank ist nur in Räumen zulässig, die am Ort des Weinbau- oder Apfelweinbaubetriebes gelegen sind.

Thüringen Anhang I

(6) Der Ausschank darf nicht in Räumen stattfinden, die eigens zu diesem Zweck angemietet sind. In besonderen Härtefällen können hiervon Ausnahmen zugelassen werden. Das Vorliegen eines besonderen Härtefalls hat der Antragsteller auf Verlangen der unteren Gewerbebehörde glaubhaft zu machen.

(7) Eine Straußwirtschaft darf nicht mit einer anderen Schank- oder Speisewirtschaft oder mit einem Beherbergungsbetrieb verbunden werden.

(8) In einer Straußwirtschaft dürfen nicht mehr als 40 Sitzplätze vorhanden sein.

(9) Der Betrieb einer Straußwirtschaft kann untersagt und seine Fortsetzung verhindert werden, wenn die Versagungsgründe des § 4 Abs. 1 Nr. 2 oder 3 des Gaststättengesetzes vorliegen.

(10) In einer Straußwirtschaft dürfen nur kalte und einfach zubereitete warme Speisen verabreicht werden. Einfach zubereitete warme Speisen sind insbesondere Fertiggerichte einfacher Art und Gerichte, die nicht gebraten werden müssen; ansonsten solche, deren Zubereitung keine besonderen Fertigkeiten sowie wenig Zeit und Mühe erfordert.

(11) § 7 Abs. 2 Nr. 2 des Gaststättengesetzes findet keine Anwendung auf die Abgabe von Flaschenbier, von alkoholfreien Getränken, die der Straußwirt in seinem Betrieb nicht verabreicht, und von Süßwaren.

(12) Wer eine Straußwirtschaft betreiben will, hat dies mindestens zwei Wochen vor Beginn des Betriebes der unteren Gewerbebehörde anzuzeigen und dabei mitzuteilen:

1. den Zeitraum, währenddessen der Ausschank stattfinden soll,
2. eine Aufstellung der zum Ausschank vorgesehenen Weine und Apfelweine nach Menge und Bezeichnung sowie
3. die zum Betrieb der Straußwirtschaft bestimmten Räume.

§ 9 Anzeigepflicht

Soweit dies im Einzelfall zum Schutz der Gäste erforderlich ist, kann der Gewerbetreibende verpflichtet werden, über die in seinem Betrieb beschäftigten Personen innerhalb einer Woche nach Beginn der Beschäftigung Anzeige zu erstatten. In der Anzeige sind Vor- und Zuna-

Anhang I Thüringen

me, Geburtsname, Geburtsdatum, Geburtsort und der Wohnort oder der gewöhnliche Aufenthaltsort der beschäftigten Person sowie der Beginn der Beschäftigung anzugeben.

§ 10 Ordnungswidrigkeiten

(1) Ordnungswidrig im Sinne von § 28 Abs. 1 Nr. 12 des Gaststättengesetzes handelt, wer vorsätzlich oder fahrlässig

1. einer vollziehbaren Auflage nach § 7 Abs. 4 Satz 3 dieser Verordnung nicht, nicht vollständig oder nicht rechtzeitig nachkommt,
2. entgegen einer vollziehbaren Verpflichtung nach § 9 dieser Verordnung eine Anzeige nicht, nicht vollständig, nicht richtig oder nicht rechtzeitig erstattet.

(2) Ordnungswidrig nach § 28 Abs. 1 Nr. 12 des Gaststättengesetzes handelt ferner, wer vorsätzlich oder fahrlässig

1. eine Straußwirtschaft betreibt, obwohl ihm dies durch vollziehbare Anordnung nach § 8 Abs. 9 dieser Verordnung untersagt worden ist,
2. über den nach § 8 Abs. 11 dieser Verordnung erlaubten Umfang hinaus Waren abgibt,
3. entgegen § 8 Abs. 12 dieser Verordnung die Anzeige nicht, nicht richtig, nicht vollständig oder nicht rechtzeitig erstattet.

§ 11 Inkrafttreten

Diese Verordnung tritt am Ersten des auf die Verkündung folgenden Monats in Kraft.

Anhang II
Gaststättenrechtliche Vorschriften des Bundes

1. Gewerbeordnung
(Auszug)

in der Fassung der Bekanntmachung vom 22. 2. 1999 (BGBl. I S. 202), zuletzt geändert durch Art. 9 des Gesetzes vom 11. 10. 2002 (BGBl. I S. 3970, 4012)

Titel I
Allgemeine Bestimmungen

§ 1 Grundsatz der Gewerbefreiheit

(1) Der Betrieb eines Gewerbes ist jedermann gestattet, soweit nicht durch dieses Gesetz Ausnahmen oder Beschränkungen vorgeschrieben oder zugelassen sind.

(2) Wer gegenwärtig zum Betrieb eines Gewerbes berechtigt ist, kann von demselben nicht deshalb ausgeschlossen werden, weil er den Erfordernissen dieses Gesetzes nicht genügt.

§ 2
(weggefallen)

§ 3 Betrieb verschiedener Gewerbe

Der gleichzeitige Betrieb verschiedener Gewerbe sowie desselben Gewerbes in mehreren Betriebs- oder Verkaufsstätten ist gestattet. Eine Beschränkung der Handwerker auf den Verkauf der selbstverfertigten Waren findet nicht statt.

§ 4
(weggefallen)

Anhang II GewO

§ 5 Zulassungsbeschränkungen

In den Beschränkungen des Betriebs einzelner Gewerbe, welche auf den Zoll-, Steuer- und Postgesetzen beruhen, wird durch das gegenwärtige Gesetz nichts geändert.

§ 6 Anwendungsbereich

(1) Dieses Gesetz findet keine Anwendung auf die Fischerei, die Errichtung und Verlegung von Apotheken, die Erziehung von Kindern gegen Entgelt, das Unterrichtswesen, auf die Tätigkeit der Rechtsanwälte und Notare, der Rechtsbeistände, der Wirtschaftsprüfer und Wirtschaftsprüfungsgesellschaften, der vereidigten Buchprüfer und Buchprüfungsgesellschaften, der Steuerberater und Steuerberatungsgesellschaften sowie der Steuerbevollmächtigten, auf den Gewerbebetrieb der Auswandererberater und das Seelotswesen. Auf das Bergwesen findet dieses Gesetz nur insoweit Anwendung, als es ausdrückliche Bestimmungen enthält; das gleiche gilt für den Gewerbebetrieb der Versicherungsunternehmen, die Ausübung der ärztlichen und anderen Heilberufe, den Verkauf von Arzneimitteln, den Vertrieb von Lotterielosen und die Viehzucht. Ferner findet dieses Gesetz mit Ausnahme des Titels XI auf Beförderungen mit Krankenkraftwagen im Sinne des § 1 Abs. 2 Nr. 2 in Verbindung mit Abs. 1 des Personenbeförderungsgesetzes keine Anwendung.

(2) Die Bestimmungen des Abschnitts I des Titels VII finden auf alle Arbeitnehmer Anwendung.

§ 10 Kein Neuerwerb von Rechten

(1) Ausschließliche Gewerbeberechtigungen oder Zwangs- und Bannrechte, welche durch Gesetz aufgehoben oder für ablösbar erklärt worden sind, können fortan nicht mehr erworben werden.

(2) Realgewerbeberechtigungen dürfen fortan nicht mehr begründet werden.

GewO Anhang II

§ 11 Erhebung, Verarbeitung und Nutzung personenbezoner Daten

(1) Die zuständige öffentliche Stelle darf personenbezogene Daten des Gewerbetreibenden und solcher Personen, auf die es für die Entscheidung ankommt, erheben, soweit die Daten zur Beurteilung der Zuverlässigkeit und der übrigen Berufszulassungs- und -ausübungskriterien bei der Durchführung gewerberechtlicher Vorschriften und Verfahren erforderlich sind. Erforderlich können insbesondere auch Daten sein aus bereits abgeschlossenen oder sonst anhängigen

1. gewerberechtlichen Verfahren, Straf- oder Bußgeldverfahren,
2. Insolvenzverfahren,
3. steuer- und sozialversicherungsrechtlichen Verfahren oder
4. ausländer- und arbeitserlaubnisrechtlichen Verfahren.

Die Datenerhebung unterbleibt, soweit besondere gesetzliche Verwendungsregelungen entgegenstehen. Gewerberechtliche Anzeigepflichten bleiben unberührt.

(2) Die für Zwecke des Absatzes 1 erforderlichen Daten sind beim Betroffenen zu erheben. Ohne seine Mitwirkung dürfen sie nur erhoben werden, wenn

1. die Entscheidung eine Erhebung bei anderen Personen oder Stellen erforderlich macht oder
2. die Erhebung beim Betroffenen eine unverhältnismäßigen Aufwand erfordern würde

und keine Anhaltspunkte dafür bestehen, daß überwiegende schutzwürdige Interessen des Betroffenen beeinträchtigt werden. In den Fällen des Satzes 2 sind nicht-öffentliche Stellen verpflichtet, die Daten zu übermitteln, es sei denn, daß besondere gesetzliche Regelungen der Übermittlung entgegenstehen; die Verpflichtung zur Wahrung gesetzlicher Geheimhaltungspflichten oder von Berufs- oder besonderen Amtsgeheimnissen, die nicht auf gesetzlicher Vorschrift beruhen, bleibt unberührt.

(3) Die Einholung von Auskünften nach § 150a, den §§ 31 und 41 des Bundeszentralregistergesetzes und § 915 der Zivilprozeßordnung bleibt unberührt.

Anhang II GewO

(4) Die nach den Absätzen 1 und 3 erhobenen Daten dürfen nur für Zwecke des Absatzes 1 gespeichert oder genutzt werden.

(5) Öffentliche Stellen, die an gewerberechtlichen Verfahren nach Absatz 1 Satz 1 auf Grund des Absatzes 1 Satz 2, des § 35 Abs. 4 oder einer anderen gesetzlichen Vorschrift beteiligt waren, können über das Ergebnis informiert werden, soweit dies zur Erfüllung ihrer Aufgaben erforderlich ist. Diese und andere öffentliche Stellen sind zu informieren, wenn auf Grund einer Entscheidung bestimmte Rechtsfolgen eingetreten sind und die Kenntnis der Daten aus der Sicht der übermittelnden Stelle für die Verwirklichung der Rechtsfolgen erforderlich ist. Der Empfänger darf die übermittelten Daten nur für den Zweck verarbeiten oder nutzen, zu dessen Erfüllung sie ihm übermittelt werden oder hätten übermittelt werden dürfen. Für die Weitergabe von Daten innerhalb der zuständigen öffentlichen Stelle gelten die Übermittlungsregelungen der Sätze 1 bis 4 entsprechend.

(6) Für das Verändern, Sperren oder Löschen der nach den Absätzen 1 und 3 erhobenen Daten sowie die Übermittlung der Daten nach Absatz 1 für andere als die in Absatz 5 genannten Zwecke gelten die Datenschutzgesetze der Länder.

§ 12 Insolvenzverfahren

Vorschriften, welche die Untersagung eines Gewerbes oder die Rücknahme oder den Widerruf einer Zulassung wegen Unzuverlässigkeit des Gewerbetreibenden, die auf ungeordnete Vermögensverhältnisse zurückzuführen ist, ermöglichen, finden während eines Insolvenzverfahrens, während der Zeit, in der Sicherungsmaßnahmen nach § 21 der Insolvenzordnung angeordnet sind, und während der Überwachung der Erfüllung eines Insolvenzplans (§ 260 der Insolvenzordnung) keine Anwendung in bezug auf das Gewerbe, das zur Zeit des Antrags auf Eröffnung des Insolvenzverfahrens ausgeübt wurde.

§ 13
(weggefallen)

Titel II
Stehendes Gewerbe

I. Allgemeine Erfordernisse

§ 14 Anzeigepflicht

(1) Wer den selbständigen Betrieb eines stehenden Gewerbes oder den Betrieb einer Zweigniederlassung oder einer unselbständigen Zweigstelle anfängt, muß dies der für den betreffenden Ort zuständigen Behörde gleichzeitig anzeigen. Das gleiche gilt, wenn

1. der Betrieb verlegt wird,
2. der Gegenstand des Gewerbes gewechselt oder auf Waren oder Leistungen ausgedehnt wird, die bei Gewerbebetrieben der angemeldeten Art nicht geschäftsüblich sind, oder
3. der Betrieb aufgegeben wird.

Die Anzeige dient dem Zweck, der zuständigen Behörde die Überwachung der Gewerbeausübung sowie statistische Erhebungen nach Maßgabe der Absätze 5 bis 11 zu ermöglichen. Die erhobenen Daten dürfen von der für die Entgegennahme der Anzeige und die Überwachung der Gewerbeausübung zuständigen Behörde nur für diesen Zweck verarbeitet oder genutzt werden. Steht die Aufgabe des Betriebes eindeutig fest und ist die Abmeldung nicht innerhalb eines angemessenen Zeitraums erfolgt, kann die Behörde die Abmeldung von Amts wegen vornehmen.

(1a) Die Finanzbehörden teilen den zuständigen Behörden die nach § 30 der Abgabenordnung geschützten Verhältnisse von Unternehmen im Sinne des § 5 des Gewerbesteuergesetzes mit, wenn deren Steuerpflicht erloschen ist; mitzuteilen sind lediglich Name und Anschrift des Unternehmers und der Tag, an dem die Steuerpflicht endete. Die Mitteilungspflicht besteht nicht, soweit ihre Erfüllung mit einem unverhältnismäßigen Aufwand verbunden wäre. Absatz 1 Satz 3 und 4 gilt entsprechend.

(2) Absatz 1 gilt auch für den Handel mit Arzneimitteln, mit Losen von Lotterien und Ausspielungen sowie mit Bezugs- und Anteilscheinen auf solche Lose und für den Betrieb von Wettannahmestellen aller Art.

Anhang II GewO

(3) Wer die Aufstellung von Automaten (Waren-, Leistungs- und Unterhaltungsautomaten jeder Art) als selbständiges Gewerbe betreibt, muß die Anzeige nach Absatz 1 allen Behörden erstatten, in deren Zuständigkeitsbereich Automaten aufgestellt werden. Die zuständige Behörde kann Angaben über den Aufstellungsort der einzelnen Automaten verlangen.

(4) Für die Anzeigen ist
1. in den Fällen des Absatzes 1 Satz 1 (Beginn des Betriebes) ein Vordruck nach dem Muster der Anlage 1 (Gewerbeanmeldung – GewA 1),
2. in den Fällen des Absatzes 1 Satz 2 Nr. 1 (Verlegung des Betriebes) und in den Fällen des Absatzes 1 Satz 2 Nr. 2 (Wechsel oder Ausdehnung des Gegenstandes des Gewerbes) ein Vordruck nach dem Muster der Anlage 2 (Gewerbeummeldung – GewA 2),
3. in den Fällen des Absatzes 1 Satz 2 Nr. 3 (Aufgabe des Betriebes) ein Vordruck nach dem Muster der Anlage 3 (Gewerbeabmeldung – GewA 3)

zu verwenden. Die Vordrucke sind vollständig, in der vorgeschriebenen Anzahl und gut lesbar auszufüllen. Zur elektronischen Datenverarbeitung kann die zuständige Behörde Abweichungen von der Form, nicht aber vom Inhalt der Anzeige nach den Sätzen 1 und 2 zulassen.

(5) Die zuständige Behörde darf regelmäßig die Daten der Gewerbeanzeigen übermitteln an
1. die Industrie- und Handelskammer zur Wahrnehmung der in den §§ 1, 3 und 5 des Gesetzes zur vorläufigen Regelung des Rechts der Industrie- und Handelskammern genannten sowie der nach § 1 Abs. 4 desselben Gesetzes übertragenen Aufgaben ohne die Feld-Nummer 33,
2. die Handwerkskammer zur Wahrnehmung der in § 91 der Handwerksordnung genannten, insbesondere der ihr durch die §§ 6, 19 und 28 der Handwerksordnung zugewiesenen und sonstiger durch Gesetz übertragener Aufgaben ohne die Feld-Nummer 33,
3. die für den Immissionsschutz zuständige Landesbehörde zur Durchführung arbeitsschutzrechtlicher sowie immissionsschutzrechtlicher Vorschriften ohne die Feld-Nummern 8, 10, 27 bis 31 und 33,

3a. die für den technischen und sozialen Arbeitsschutz, einschließlich den Entgeltschutz nach dem Heimarbeitsgesetz zuständige Landesbehörde zur Durchführung ihrer Aufgaben ohne die Feld-Nummern 8, 10, 27 bis 31 und 33,
4. das Eichamt zur Wahrnehmung der im Eichgesetz, in der Eichordnung sowie in der Fertigpackungsverordnung gesetzlich festgelegten Aufgaben, und zwar nur die Feld-Nummern 1, 3, 4, 11, 12, 15 und 17,
5. die Bundesanstalt für Arbeit zur Wahrnehmung der in den §§ 304 bis 306, 308, 404 Abs. 2, §§ 406 und 407 des Dritten Buches Sozialgesetzbuch sowie der im Arbeitnehmerüberlassungsgesetz genannten Aufgaben und zur Erfüllung der Aufgaben nach dem Wirtschaftsnummer-Erprobungsgesetz vom 22. 5. 2002 (BGBl. I S. 1644) ohne die Feld-Nummer 33, bei der Abmeldung ohne die Feld-Nummern 8, 10 bis 16 und 18 bis 33,
6. den Hauptverband der gewerblichen Berufsgenossenschaften ausschließlich zur Weiterleitung an die zuständige Berufsgenossenschaft für die Erfüllung der ihr durch Gesetz übertragenen Aufgaben ohne die Feld-Nummern 10, 28, 30, 31 und 33,
7. das Registergericht, soweit es sich um die Abmeldung einer im Handels- oder Genossenschaftsregister eingetragenen Haupt- oder Zweigniederlassung handelt, für Maßnahmen zur Herstellung der inhaltlichen Richtigkeit des Handelsregisters gemäß § 132 Abs. 1 des Gesetzes über die Angelegenheiten der freiwilligen Gerichtsbarkeit oder des Genossenschaftsregisters gemäß § 160 des Gesetzes betreffend die Erwerbs- und Wirtschaftsgenossenschaften, und zwar ohne die Feld-Nummern 6 bis 8, 10 bis 13, 18, 19, 21, 22 und 27 bis 33.

§ 138 der Abgabenordnung bleibt unberührt.

(6) Öffentlichen Stellen, soweit sie nicht als öffentlich-rechtliche Unternehmen am Wettbewerb teilnehmen, dürfen fallweise aus der Gewerbeanzeige
1. Name,
2. betriebliche Anschrift,
3. angezeigte Tätigkeit

des Gewerbetreibenden übermittelt werden, soweit dies zur Erfüllung der in ihre Zuständigkeit fallenden Aufgaben erforderlich ist.

Anhang II GewO

Weitere Daten aus der Gewerbeanzeige dürfen ihnen übermittelt werden, wenn

1. dies zur Abwehr erheblicher Nachteile für das Gemeinwohl oder einer sonst unmittelbar drohenden Gefahr für die öffentliche Sicherheit erforderlich ist oder
2. die Empfänger die Daten beim betroffenen Gewerbetreibenden nur mit unverhältnismäßig hohem Aufwand erheben könnten oder von einer solchen Datenerhebung nach der Art der Aufgabe, zu der die Daten erforderlich sind, abgesehen werden muß und

kein Grund zu der Annahme besteht, daß das schutzwürdige Interesse des Gewerbetreibenden überwiegt.

(7) Für die regelmäßige oder fallweise Weitergabe von Daten innerhalb der Verwaltungseinheiten, denen die für die Entgegennnahme der Anzeige und die Überwachung der Gewerbeausübung zuständigen Behörden angehören, gilt Absatz 6 entsprechend. Im automatisierten Abrufverfahren ist sie zulässig, soweit dies unter besonderer Berücksichtigung der schutzwürdigen Interessen der Gewerbetreibenden und der Aufgaben der beteiligten Stellen wegen der Vielzahl der Weitergaben oder ihrer Eilbedürftigkeit angemessen ist. Die Datenempfänger sowie der Anlaß und Zweck des Abrufs sind vom Leiter der Verwaltungseinheit schriftlich festzulegen. Die speichernde Stelle protokolliert bei dem Abruf die Datenempfänger sowie Anlaß und Zweck der Abrufe. Eine mindestens stichprobenweise Protokollauswertung ist durch die speichernde Stelle zu gewährleisten. Die Protokolldaten dürfen nur zur Kontrolle der Zulässigkeit der Abrufe verwendet werden und sind nach sechs Monaten zu löschen.

(8) Öffentlichen Stellen, soweit sie als öffentlich-rechtliche Unternehmen am Wettbewerb teilnehmen, und nicht-öffentlichen Stellen dürfen aus der Gewerbeanzeige

1. Name,
2. betriebliche Anschrift,
3. angezeigte Tätigkeit

des Gewerbetreibenden übermittelt werden, wenn der Auskunftsbegehrende ein berechtigtes Interesse an der Kenntnis der Daten glaubhaft macht. Die Übermittlung weiterer Daten aus der Gewerbeanzeige ist zulässig, wenn der Auskunftsbegehrende ein rechtliches Interesse, insbesondere zur Geltendmachung von Rechtsansprüchen, an der Kenntnis der zu übermittelnden Daten glaubhaft macht und kein Grund zu der Annahme besteht, daß das schutzwürdige Interesse des Gewerbetreibenden überwiegt.

(8a) Über die Gewerbeanzeigen werden monatliche Erhebungen als Bundesstatistik durchgeführt. Für die Erhebungen besteht Auskunftspflicht. Auskunftspflichtig sind die nach den Absätzen 1 bis 3 Anzeigepflichtigen, die diese Pflicht durch Erstattung der Anzeige erfüllen. Die zuständigen Behörden übermitteln die Gewerbeanzeigen monatlich an die statistischen Ämter der Länder mit den Feld-Nummern

1. 1 bis 4 als Hilfsmerkmale für den Betriebsinhaber,
2. 10 und 12 bis 14 als Hilfsmerkmale für den Betrieb,
3. 4a, 8, 15 bis 25, 27, 29 und 32 als Erhebungsmerkmale.

Die statistischen Ämter der Länder dürfen die Angaben zu den Feld-Nummern 1 und 3 für die Bestimmung der Rechtsform bis zum Abschluß der nach § 12 Abs. 1 des Bundesstatistikgesetzes vorgesehenen Prüfung auswerten. Ferner dürfen sie nähere Angaben zu den Feld-Nummern 15 und in den Fällen des Vordrucks GewA 2 zu den Feld-Nummern 15 und 16 unmittelbar bei den Auskunftspflichtigen erfragen, soweit die gemeldete Tätigkeit sonst den Wirtschaftszweigen der statistischen Systematik der Europäischen Gemeinschaft gemäß Verordnung (EWG) Nr. 3037/90 des Rates vom 9. 10. 1990 (ABl. EG Nr. L 293 S. 1) nicht zugeordnet werden kann.

(9) Weitere Übermittlungen der nach den Absätzen 1 bis 4 erhobenen Daten für andere Zwecke sind nur zulässig, soweit die Kenntnis der zu übermittelnden Datei zur Verfolgung von Straftaten erforderlich ist oder eine besondere Rechtsvorschrift dies vorsieht.

(10) Der Empfänger darf die übermittelten Daten nur für den Zweck verarbeiten oder nutzen, zu dessen Erfüllung sie ihm übermittelt werden.

(11) Für das Verändern, Sperren oder Löschen der nach den Absätzen 1 bis 4 erhobenen Daten gelten die Datenschutzgesetze der Länder.

Anhang II GewO

§ 15 Empfangsbescheinigung, Betrieb ohne Zulassung

(1) Die Behörde bescheinigt innerhalb dreier Tage den Empfang der Anzeige.

(2) Wird ein Gewerbe, zu dessen Ausübung eine Erlaubnis, Genehmigung, Konzession oder Bewilligung (Zulassung) erforderlich ist, ohne diese Zulassung betrieben, so kann die Fortsetzung des Betriebes von der zuständigen Behörde verhindert werden. Das gleiche gilt, wenn ein Gewerbe von einer ausländischen juristischen Person begonnen wird, deren Rechtsfähigkeit im Inland nicht anerkannt wird.

§ 15a Anbringung von Namen und Firma

(1) Gewerbetreibende, die eine offene Verkaufsstelle haben, eine Gaststätte betreiben oder eine sonstige offene Betriebsstätte haben, sind verpflichtet, ihren Familiennamen mit mindestens einem ausgeschriebenen Vornamen an der Außenseite oder am Eingang der offenen Verkaufsstelle, der Gaststätte oder der sonstigen offenen Betriebsstätte in deutlich lesbarer Schrift anzubringen.

(2) Gewerbetreibende, für die eine Firma im Handelsregister eingetragen ist, haben außerdem ihre Firma in der in Absatz 1 bezeichneten Weise anzubringen; ist aus der Firma der Familienname des Geschäftsinhabers mit einem ausgeschriebenen Vornamen zu ersehen, so genügt die Anbringung der Firma.

(3) Auf offene Handelsgesellschaften, Kommanditgesellschaften und Kommanditgesellschaften auf Aktien finden diese Vorschriften mit der Maßgabe Anwendung, daß für die Namen der persönlich haftenden Gesellschafter gilt, was in Betreff der Namen der Gewerbetreibenden bestimmt ist. Juristische Personen, die eine offene Verkaufsstelle haben, eine Gaststätte betreiben oder eine sonstige offene Betriebsstätte haben, haben ihre Firma oder ihren Namen in der in Absatz 1 bezeichneten Weise anzubringen.

(4) Sind mehr als zwei Beteiligte vorhanden, deren Namen hiernach in der Aufschrift anzugeben wären, so genügt es, wenn die Namen von zweien mit einem das Vorhandensein weiterer Beteiligter andeutenden Zusatz aufgenommen werden. Die zuständige Behörde kann im einzelnen Fall die Angabe der Namen aller Beteiligten anordnen.

(5) Die Absätze 1 bis 4 gelten entsprechend für den Betrieb einer Spielhalle oder eines ähnlichen Unternehmens sowie für die Aufstellung von Automaten außerhalb der Betriebsräume des Aufstellers. An den Automaten ist auch die Anschrift des Aufstellers anzubringen.

§ 15b Namensangabe im Schriftverkehr

(1) Gewerbetreibende, für die keine Firma im Handelsregister eingetragen ist, müssen auf allen Geschäftsbriefen, die an einen bestimmten Empfänger gerichtet werden, ihren Familiennamen mit mindestens einem ausgeschriebenen Vornamen angeben. Der Angaben nach Satz 1 bedarf es nicht bei Mitteilungen oder Berichten, die im Rahmen einer bestehenden Geschäftsverbindung ergehen und für die üblicherweise Vordrucke verwendet werden, in denen lediglich die im Einzelfall erforderlichen besonderen Angaben eingefügt zu werden brauchen. Bestellscheine gelten als Geschäftsbriefe im Sinne des Satzes 1; Satz 2 ist nicht auf sie anzuwenden.

(2) Ausländische juristische Personen müssen auf allen Geschäftsbriefen im Sinne des Absatzes 1, die von einer gewerblichen Zweigniederlassung oder unselbständigen Zweigstelle im Inland ausgehen, den Ort und den Staat ihres satzungsmäßigen Sitzes sowie ihre gesetzlichen Vertreter mit dem Familiennamen und mindestens einem ausgeschriebenen Vornamen angeben.

(3) Absatz 2 findet keine Anwendung auf ausländische juristische Personen, die nach den Rechtsvorschriften eines Mitgliedstaates der Europäischen Union oder der anderen Vertragsstaaten des Abkommens über den Europäischen Wirtschaftsraum gegründet sind und ihren satzungsmäßigen Sitz, ihre Hauptverwaltung oder ihre Hauptniederlassung innerhalb der Europäischen Union haben. Für juristische Personen, die nach den Rechtsvorschriften eines Mitgliedstaates der Europäischen Union oder der anderen Vertragsstaaten des Abkommens über den Europäischen Wirtschaftsraum gegründet worden sind und ihren satzungsmäßigen Sitz, jedoch weder ihre Hauptverwaltung noch ihre Hauptniederlassung innerhalb der Europäischen Union haben, gilt dies nur, wenn ihre Tätigkeit in tatsächlicher und dauerhafter Verbindung mit der Wirtschaft eines Mitgliedstaates steht.

Anhang II   GewO

II. Erfordernis besonderer Überwachung oder Genehmigung

B. Gewerbetreibende, die einer besonderen Genehmigung bedürfen

§ 29   Auskunft und Nachschau

(1) Gewerbetreibende oder sonstige Personen,
1. die einer Erlaubnis nach den §§ 30, 33a, 33c, 33d, 33i, 34, 34a, 34b oder 34c bedürfen,
2. die nach § 34b Abs. 5 oder § 36 öffentlich bestellt sind,
3. die ein überwachungsbedürftiges Gewerbe im Sinne des § 38 Abs. 1 betreiben oder
4. gegen die ein Untersagungsverfahren nach § 35 oder § 59 eröffnet oder abgeschlossen wurde

(Betroffene), haben den Beauftragten der zuständigen öffentlichen Stelle auf Verlangen die für die Überwachung des Geschäftsbetriebs erforderlichen mündlichen und schriftlichen Auskünfte unentgeltlich zu erteilen.

(2) Die Beauftragten sind befugt, zum Zwecke der Überwachung Grundstücke und Geschäftsräume des Betroffenen während der üblichen Geschäftszeit zu betreten, dort Prüfungen und Besichtigungen vorzunehmen, sich die geschäftlichen Unterlagen vorlegen zu lassen und in diese Einsicht zu nehmen. Zur Verhütung dringender Gefahren für die öffentliche Sicherheit oder Ordnung können die Grundstücke und Geschäftsräume tagsüber auch außerhalb der in Satz 1 genannten Zeit sowie tagsüber auch dann betreten werden, wenn sie zugleich Wohnzwecken des Betroffenen dienen; das Grundrecht der Unverletzlichkeit der Wohnung (Art. 13 des Grundgesetzes) wird insoweit eingeschränkt.

(3) Der Betroffene kann die Auskunft auf solche Fragen verweigern, deren Beantwortung ihn selbst oder einen der in § 383 Abs. 1 Nr. 1 bis 3 der Zivilprozeßordnung bezeichneten Angehörigen der Gefahr strafgerichtlicher Verfolgung oder eines Verfahrens nach dem Gesetz über Ordnungswidrigkeiten aussetzen würde.

(4) Die Absätze 1 bis 3 finden auch Anwendung, wenn Tatsachen die Annahme rechtfertigen, daß ein erlaubnispflichtiges, überwachungsbedürftiges oder untersagtes Gewerbe ausgeübt wird.

§ 33a Schaustellungen von Personen

(1) Wer gewerbsmäßig Schaustellungen von Personen in seinen Geschäftsräumen veranstalten oder für deren Veranstaltung seine Geschäftsräume zur Verfügung stellen will, bedarf der Erlaubnis der zuständigen Behörde. Dies gilt nicht für Darbietungen mit überwiegend künstlerischem, sportlichem, akrobatischem oder ähnlichem Charakter. Die Erlaubnis kann mit einer Befristung erteilt und mit Auflagen verbunden werden, soweit dies zum Schutze der Allgemeinheit, der Gäste oder der Bewohner des Betriebsgrundstücks oder der Nachbargrundstücke vor Gefahren, erheblichen Nachteilen oder erheblichen Belästigungen erforderlich ist; unter denselben Voraussetzungen ist auch die nachträgliche Aufnahme, Änderung und Ergänzung von Auflagen zulässig.

(2) Die Erlaubnis ist zu versagen, wenn
1. Tatsachen die Annahme rechtfertigen, daß der Antragsteller die für den Gewerbebetrieb erforderliche Zuverlässigkeit nicht besitzt,
2. zu erwarten ist, daß die Schaustellungen den guten Sitten zuwiderlaufen werden oder
3. der Gewerbebetrieb im Hinblick auf seine örtliche Lage oder auf die Verwendung der Räume dem öffentlichen Interesse widerspricht, insbesondere schädliche Umwelteinwirkungen im Sinne des Bundes-Immissionsschutzgesetzes oder sonst erhebliche Nachteile, Gefahren oder Belästigungen für die Allgemeinheit befürchten läßt.

§ 33b Tanzlustbarkeiten

Die Abhaltung von Tanzlustbarkeiten richtet sich nach den landesrechtlichen Bestimmungen.

§ 33c Spielgeräte mit Gewinnmöglichkeit

(1) Wer gewerbsmäßig Spielgeräte, die mit einer den Spielausgang beeinflussenden technischen Vorrichtung ausgestattet sind, und die die Möglichkeit eines Gewinnes bieten, aufstellen will, bedarf der Erlaub-

Anhang II GewO

nis der zuständigen Behörde. Die Erlaubnis berechtigt nur zur Aufstellung von Spielgeräten, deren Bauart von der Physikalisch-Technischen Bundesanstalt zugelassen ist. Sie kann mit Auflagen, auch im Hinblick auf den Aufstellungsort, verbunden werden, soweit dies zum Schutze der Allgemeinheit, der Gäste oder der Bewohner des jeweiligen Betriebsgrundstücks oder der Nachbargrundstücke oder im Interesse des Jugendschutzes erforderlich ist; unter denselben Voraussetzungen ist auch die nachträgliche Aufnahme, Änderung und Ergänzung von Auflagen zulässig.

(2) Die Erlaubnis ist zu versagen, wenn Tatsachen die Annahme rechtfertigen, daß der Antragsteller die für die Aufstellung von Spielgeräten erforderliche Zuverlässigkeit nicht besitzt. Die erforderliche Zuverlässigkeit besitzt in der Regel nicht, wer in den letzten drei Jahren vor Stellung des Antrages wegen eines Verbrechens, wegen Diebstahls, Unterschlagung, Erpressung, Hehlerei, Betruges, Untreue, unerlaubter Veranstaltung eines Glücksspiels, Beteiligung am unerlaubten Glücksspiel oder wegen Vergehens nach § 12 des Jugendschutzgesetzes rechtskräftig verurteilt worden ist.

(3) Der Gewerbetreibende darf Spielgeräte im Sinne des Absatzes 1 nur aufstellen, wenn ihm die zuständige Behörde schriflich bestätigt hat, daß der Aufstellungsort den auf der Grundlage des § 33f Abs. 1 Nr. 1 erlassenen Durchführungsvorschriften entspricht. Sollen Spielgeräte in einer Gaststätte aufgestellt werden, so ist in der Bestätigung anzugeben, ob dies in einer Schank- oder Speisewirtschaft oder in einem Beherbergungsbetrieb erfolgen soll. Gegenüber dem Gewerbetreibenden und demjenigen, in dessen Betrieb ein Spielgerät aufgestellt worden ist, können von der zuständigen Behörde, in deren Bezirk das Spielgerät aufgestellt worden ist, Anordnungen nach Maßgabe des Absatzes 1 Satz 3 erlassen werden.

§ 33d Andere Spiele mit Gewinnmöglichkeit

(1) Wer gewerbsmäßig ein anderes Spiel mit Gewinnmöglichkeit veranstalten will, bedarf der Erlaubnis der zuständigen Behörde. Die Erlaubnis kann mit einer Befristung erteilt und mit Auflagen verbunden

werden, soweit dies zum Schutze der Allgemeinheit, der Gäste oder der Bewohner des Betriebsgrundstücks oder der Nachbargrundstücke oder im Interesse des Jugendschutzes erforderlich ist; unter denselben Voraussetzungen ist auch die nachträgliche Aufnahme, Änderung und Ergänzung von Auflagen zulässig.

(2) Die Erlaubnis darf nur erteilt werden, wenn der Antragsteller im Besitz einer von dem Bundeskriminalamt erteilten Unbedenklichkeitsbescheinigung oder eines Abdruckes der Unbedenklichkeitsbescheinigung ist.

(3) Die Erlaubnis ist zu versagen, wenn Tatsachen die Annahme rechtfertigen, daß der Antragsteller oder der Gewerbetreibende, in dessen Betrieb das Spiel veranstaltet werden soll, die für die Veranstaltung von anderen Spielen erforderliche Zuverlässigkeit nicht besitzt. § 33c Abs. 2 Satz 2 gilt entsprechend.

(4) Die Erlaubnis ist zurückzunehmen, wenn bei ihrer Erteilung nicht bekannt war, daß Tatsachen der in Absatz 3 bezeichneten Art vorlagen. Die Erlaubnis ist zu widerrufen, wenn

1. nach ihrer Erteilung Tatsachen der in Absatz 3 bezeichneten Art eingetreten sind,
2. das Spiel abweichend von den genehmigten Bedingungen veranstaltet wird oder
3. die Unbedenklichkeitsbescheinigung zurückgenommen oder widerrufen worden ist.

(5) Die Erlaubnis kann widerrufen werden, wenn bei der Veranstaltung des Spieles eine der in der Erlaubnis enthaltenen Auflagen nicht beachtet oder gegen § 8 des Jugendschutzgesetzes verstoßen worden ist.

§ 33h Spielbanken, Lotterien, Glücksspiele

Die §§ 33c bis 33g finden keine Anwendung auf

1. die Zulassung und den Betrieb von Spielbanken,
2. die Veranstaltung von Lotterieen und Ausspielungen, mit Ausnahme der gewerbsmäßig betriebenen Ausspielungen auf Volksfesten, Schützenfesten oder ähnlichen Veranstaltungen, bei denen der Gewinn in geringwertigen Gegenständen besteht,

3. die Veranstaltung anderer Spiele im Sinne des § 33d Abs. 1 Satz 1, die Glücksspiele im Sinne des § 284 des Strafgesetzbuches sind.

§ 33i Spielhallen und ähnliche Unternehmen

(1) Wer gewerbsmäßig eine Spielhalle oder ein ähnliches Unternehmen betreiben will, das ausschließlich oder überwiegend der Aufstellung von Spielgeräten oder der Veranstaltung anderer Spiele im Sinne des § 33c Abs. 1 Satz 1 oder des § 33d Abs. 1 Satz 1 oder der gewerbsmäßigen Aufstellung von Unterhaltungsspielen ohne Gewinnmöglichkeit dient, bedarf der Erlaubnis der zuständigen Behörde. Die Erlaubnis kann mit einer Befristung erteilt und mit Auflagen verbunden werden, soweit dies zum Schutze der Allgemeinheit, der Gäste oder der Bewohner des Betriebsgrundstücks oder der Nachbargrundstücke vor Gefahren, erheblichen Nachteilen oder erheblichen Belästigungen erforderlich ist; unter denselben Voraussetzungen ist auch die nachträgliche Aufnahme, Änderung und Ergänzung von Auflagen zulässig.

(2) Die Erlaubnis ist zu versagen, wenn

1. die in § 33c Abs. 2 oder § 33d Abs. 3 genannten Versagungsgründe vorliegen,
2. die zum Betrieb des Gewerbes bestimmten Räume wegen ihrer Beschaffenheit oder Lage den polizeilichen Anforderungen nicht genügen oder
3. der Betrieb des Gewerbes eine Gefährdung der Jugend, eine übermäßige Ausnutzung des Spieltriebs, schädliche Umwelteinwirkungen im Sinne des Bundes-Immissionsschutzgesetzes oder sonst eine nicht zumutbare Belästigung der Allgemeinheit, der Nachbarn oder einer im öffentlichen Interesse bestehenden Einrichtung befürchten läßt.

§ 35 Gewerbeuntersagung wegen Unzuverlässigkeit

(1) Die Ausübung eines Gewerbes ist von der zuständigen Behörde ganz oder teilweise zu untersagen, wenn Tatsachen vorliegen, welche die Unzuverlässigkeit des Gewerbetreibenden oder einer mit der Leitung des Gewerbebetriebes beauftragten Person in bezug auf dieses Ge-

werbe dartun, sofern die Untersagung zum Schutze der Allgemeinheit oder der im Betrieb Beschäftigten erforderlich ist. Die Untersagung kann auch auf die Tätigkeit als Vertretungsberechtigter eines Gewerbetreibenden oder als mit der Leitung eines Gewerbebetriebes beauftragte Person sowie auf einzelne andere oder auf alle Gewerbe erstreckt werden, soweit die festgestellten Tatsachen die Annahme rechtfertigen, daß der Gewerbetreibende auch für diese Tätigkeiten oder Gewerbe unzuverlässig ist. Das Untersagungsverfahren kann fortgesetzt werden, auch wenn der Betrieb des Gewerbes während des Verfahrens aufgegeben wird.

(2) Dem Gewerbetreibenden kann auf seinen Antrag von der zuständigen Behörde gestattet werden, den Gewerbebetrieb durch einen Stellvertreter (§ 45) fortzuführen, der die Gewähr für eine ordnungsgemäße Führung des Gewerbebetriebes bietet.

(3) Will die Verwaltungsbehörde in dem Untersagungsverfahren einen Sachverhalt berücksichtigen, der Gegenstand der Urteilsfindung in einem Strafverfahren gegen einen Gewerbetreibenden gewesen ist, so kann sie zu dessen Nachteil von dem Inhalt des Urteils insoweit nicht abweichen, als es sich bezieht auf

1. die Feststellung des Sachverhalts,
2. die Beurteilung der Schuldfrage oder
3. die Beurteilung der Frage, ob er bei weiterer Ausübung des Gewerbes erhebliche rechtswidrige Taten im Sinne des § 70 des Strafgesetzbuches begehen wird und ob zur Abwehr dieser Gefahren die Untersagung des Gewerbes angebracht ist.

Absatz 1 Satz 2 bleibt unberührt. Die Entscheidung über ein vorläufiges Berufsverbot (§ 132a der Strafprozeßordnung), der Strafbefehl und die gerichtliche Entscheidung, durch welche die Eröffnung des Hauptverfahrens abgelehnt wird, stehen einem Urteil gleich; dies gilt auch für Bußgeldentscheidungen, soweit sie sich auf die Feststellung des Sachverhalts und die Beurteilung der Schuldfrage beziehen.

(3a) *(weggefallen)*

(4) Vor der Untersagung sollen, soweit besondere staatliche Aufsichtsbehörden bestehen, die Aufsichtsbehörden, ferner die zuständige Industrie- und Handelskammer oder Handwerkskammer und, soweit es sich um eine Genossenschaft handelt, auch der Prüfungsverband gehört

werden, dem die Genossenschaft angehört. Ihnen sind die gegen den Gewerbetreibenden erhobenen Vorwürfe mitzuteilen und die zur Abgabe der Stellungnahme erforderlichen Unterlagen zu übersenden. Die Anhörung der vorgenannten Stellen kann unterbleiben, wenn Gefahr im Verzuge ist; in diesem Falle sind diese Stellen zu unterrichten.

(5) *(weggefallen)*

(6) Dem Gewerbetreibenden ist von der zuständigen Behörde auf Grund eines an die Behörde zu richtenden schriftlichen Antrages die persönliche Ausübung des Gewerbes wieder zu gestatten, wenn Tatsachen die Annahme rechtfertigen, daß eine Unzuverlässigkeit im Sinne des Absatzes 1 nicht mehr vorliegt. Vor Ablauf eines Jahres nach Durchführung der Untersagungsverfügung kann die Wiederaufnahme nur gestattet werden, wenn hierfür besondere Gründe vorliegen.

(7) Zuständig ist die Behörde, in deren Bezirk der Gewerbetreibende eine gewerbliche Niederlassung unterhält oder in den Fällen des Absatzes 2 oder 6 unterhalten will. Bei Fehlen einer gewerblichen Niederlassung sind die Behörden zuständig, in deren Bezirk das Gewerbe ausgeübt wird oder ausgeübt werden soll. Für die Vollstreckung der Gewerbeuntersagung sind auch die Behörden zuständig, in deren Bezirk das Gewerbe ausgeübt wird oder ausgeübt werden soll.

(7a) Die Untersagung kann auch gegen Vertretungsberechtigte oder mit der Leitung des Gewerbebetriebes beauftragte Personen ausgesprochen werden. Das Untersagungsverfahren gegen diese Personen kann unabhängig von dem Verlauf des Untersagungsverfahrens gegen den Gewerbetreibenden fortgesetzt werden. Die Absätze 1 und 3 bis 7 sind entsprechend anzuwenden.

(8) Soweit für einzelne Gewerbe besondere Untersagungs- oder Betriebsschließungsvorschriften bestehen, die auf die Unzuverlässigkeit des Gewerbetreibenden abstellen, oder eine für das Gewerbe erteilte Zulassung wegen Unzuverlässigkeit des Gewerbetreibenden zurückgenommen oder widerrufen werden kann, sind die Absätze 1 bis 7a nicht anzuwenden. Dies gilt nicht für Vorschriften, die Gewerbeuntersagungen oder Betriebsschließungen durch strafgerichtliches Urteil vorsehen.

(9) Die Absätze 1 bis 8 sind auf Genossenschaften entsprechend anzuwenden, auch wenn sich ihr Geschäftsbetrieb auf den Kreis der Mit-

glieder beschränkt; sie finden ferner Anwendung auf den Handel mit Arzneimitteln, mit Losen von Lotterien und Ausspielungen sowie mit Bezugs- und Anteilscheinen auf solche Lose und auf den Betrieb von Wettannahmestellen aller Art.

III. Umfang, Ausübung und Verlust der Gewerbebefugnisse

§ 41 Beschäftigung von Arbeitnehmern

(1) Die Befugnis zum selbständigen Betrieb eines stehenden Gewerbes begreift das Recht in sich, in beliebiger Zahl Gesellen, Gehilfen, Arbeiter jeder Art und, soweit die Vorschriften des gegenwärtigen Gesetzes nicht entgegenstehen, Lehrlinge anzunehmen. In der Wahl des Arbeits- und Hilfspersonals finden keine anderen Beschränkungen statt, als die durch das gegenwärtige Gesetz festgestellten.

(2) In Betreff der Berechtigung der Apotheker, Gehilfen und Lehrlinge anzunehmen, bewendet es bei den Bestimmungen der Landesgesetze.

§§ 41a und 41b

(weggefallen)

§ 42 Gewerbliche Niederlassung

(1) Wer zum selbständigen Betrieb eines stehenden Gewerbes befugt ist, darf dieses unbeschadet der Vorschriften des Titels III auch außerhalb der Räume seiner gewerblichen Niederlassung ausüben.

(2) Eine gewerbliche Niederlassung im Sinne des Absatzes 1 ist nur vorhanden, wenn der Gewerbetreibende im Geltungsbereich dieses Gesetzes einen zum dauernden Gebrauch eingerichteten, ständig oder in regelmäßiger Wiederkehr von ihm benutzten Raum für den Betrieb seines Gewerbes besitzt.

§§ 42a bis 44a

(weggefallen)

Anhang II GewO

§ 45 Stellvertreter

Die Befugnisse zum stehenden Gewerbebetrieb können durch Stellvertreter ausgeübt werden; diese müssen jedoch den für das in Rede stehende Gewerbe insbesondere vorgeschriebenen Erfordernissen genügen.

§ 46 Fortführung des Gewerbes

(1) Nach dem Tode eines Gewerbetreibenden darf das Gewerbe für Rechnung des überlebenden Ehegatten oder Lebenspartners durch einen nach § 45 befähigten Stellvertreter betrieben werden, wenn die für den Betrieb einzelner Gewerbe bestehenden besonderen Vorschriften nicht etwas anderes bestimmen.

(2) Das gleiche gilt für minderjährige Erben während der Minderjährigkeit sowie bis zur Dauer von zehn Jahren nach dem Erbfall für den Nachlaßverwalter, Nachlaßpfleger oder Testamentsvollstrecker.

(3) Die zuständige Behörde kann in den Fällen der Absätze 1 und 2 gestatten, daß das Gewerbe bis zur Dauer eines Jahres nach dem Tode des Gewerbetreibenden auch ohne den nach § 45 befähigten Stellvertreter betrieben wird.

§ 47 Stellvertretung in besonderen Fällen

Inwiefern für die nach den §§ 33i, 34, 34a, 34b, 34c und 36 konzessionierten oder angestellten Personen eine Stellvertretung zulässig ist, hat in jedem einzelnen Falle die Behörde zu bestimmen, welcher die Konzessionierung oder Anstellung zusteht.

§ 48 Übertragung von Realgewerbeberechtigungen

Realgewerbeberechtigungen können auf jede nach den Vorschriften dieses Gesetzes zum Betriebe des Gewerbes befähigte Person in der Art übertragen werden, daß der Erwerber die Gewerbeberechtigung für eigene Rechnung ausüben darf.

§ 49 Erlöschen von Erlaubnissen

(1) *(weggefallen)*

(2) Die Konzessionen und Erlaubnisse nach den §§ 30, 33a und 33i erlöschen, wenn der Inhaber innerhalb eines Jahres nach deren Erteilung den Betrieb nicht begonnen oder während eines Zeitraumes von einem Jahr nicht mehr ausgeübt hat.

(3) Die Fristen können aus wichtigem Grund verlängert werden.

§ 50
(weggefallen)

§ 51 Untersagung wegen überwiegender Nachteile und Gefahren

Wegen überwiegender Nachteile und Gefahren für das Gemeinwohl kann die fernere Benutzung einer jeden gewerblichen Anlage durch die zuständige Behörde zu jeder Zeit untersagt werden. Doch muß dem Besitzer alsdann für den erweislichen Schaden Ersatz geleistet werden. Die Sätze 1 und 2 gelten nicht für Anlagen, soweit sie den Vorschriften des Bundes-Immissionsschutzgesetzes unterliegen.

Titel III
Reisegewerbe

§ 55 Reisegewerbekarte

(1) Ein Reisegewerbe betreibt, wer gewerbsmäßig ohne vorhergehende Bestellung außerhalb seiner gewerblichen Niederlassung (§ 42 Abs. 2) oder ohne eine solche zu haben

1. selbständig oder unselbständig in eigener Person Waren feilbietet oder Bestellungen aufsucht (vertreibt) oder ankauft, Leistungen anbietet oder Bestellungen auf Leistungen aufsucht oder
2. selbständig unterhaltende Tätigkeiten als Schausteller oder nach Schaustellerart ausübt.

(2) Wer ein Reisegewerbe betreiben will, bedarf der Erlaubnis (Reisegewerbekarte).

(3) Die Reisegewerbekarte kann inhaltlich beschränkt, mit einer Befristung erteilt und mit Auflagen verbunden werden, soweit dies zum Schutze der Allgemeinheit oder der Verbraucher erforderlich ist; unter denselben Voraussetzungen ist auch die nachträgliche Aufnahme, Änderung und Ergänzung von Auflagen zulässig.

§ 55a Reisegewerbekartenfreie Tätigkeiten

(1) Einer Reisegewerbekarte bedarf nicht, wer

1. gelegentlich der Veranstaltung von Messen, Ausstellungen, öffentlichen Festen oder aus besonderem Anlaß mit Erlaubnis der zuständigen Behörde Waren feilbietet;
2. selbstgewonnene Erzeugnisse der Land- und Forstwirtschaft, des Gemüse-, Obst- und Gartenbaues, der Geflügelzucht und Imkerei sowie der Jagd und Fischerei vertreibt; das gleiche gilt für die in dem Erzeugerbetrieb beschäftigten Personen;
3. Tätigkeiten der in § 55 Abs. 1 Nr. 1 genannten Art in der Gemeinde seines Wohnsitzes oder seiner gewerblichen Niederlassung ausübt, sofern die Gemeinde nicht mehr als 10 000 Einwohner zählt;
4. Blindenwaren und Zusatzwaren im Sinne des Blindenwarenvertriebsgesetzes vertreibt und im Besitz eines Blindenwaren-Vertriebsausweises ist;
5. auf Grund einer Erlaubnis nach § 4 des Milch- und Margarinegesetzes Milch oder bei dieser Tätigkeit auch Milcherzeugnisse abgibt; das gleiche gilt für die in dem Gewerbebetrieb beschäftigten Personen;
6. Versicherungsverträge oder Bausparverträge vermittelt oder abschließt;
7. ein Gewerbe auf Grund einer Erlaubnis nach §§ 34a, 34b oder 34c ausübt; das gleiche gilt für die in dem Gewerbebetrieb beschäftigten Personen;
8. in einem nicht ortsfesten Geschäftsraum eines Kreditinstituts oder eines Unternehmens im Sinne des § 53b Abs. 1 Satz 1 oder Abs. 7 des Gesetzes über das Kreditwesen tätig ist, wenn in diesem Geschäftsraum ausschließlich banktübliche Geschäfte betrieben werden, zu denen diese Unternehmen nach dem Gesetz über das Kreditwesen befugt sind; die Verbote des § 56 Abs. 1 Nr. 1 Buchst. h, Nr. 2 Buchst. a und Nr. 6 finden keine Anwendung;

9. von einer nicht ortsfesten Verkaufsstelle oder einer anderen Einrichtung in regelmäßigen, kürzeren Zeitabständen an derselben Stelle Lebensmittel oder andere Waren des täglichen Bedarfs vertreibt; das Verbot des § 56 Abs. 1 Nr. 3 Buchst. b findet keine Anwendung;
10. Druckwerke auf öffentlichen Wegen, Straßen, Plätzen oder an anderen öffentlichen Orten feilbietet.

(2) Die zuständige Behörde kann für besondere Verkaufsveranstaltungen Ausnahmen von dem Erfordernis der Reisegewerbekarte zulassen.

§ 55c Anzeigepflicht

Wer als selbständiger Gewerbetreibender auf Grund des § 55a Abs. 1 Nr. 3, 9 oder 10 einer Reisegewerbekarte nicht bedarf, hat den Beginn des Gewerbes der zuständigen Behörde anzuzeigen, soweit er sein Gewerbe nicht bereits nach § 14 Abs. 1 bis 3 anzumelden hat. § 14 Abs. 1 Satz 2 bis 5, Abs. 1a, Abs. 4, 6 bis 8 und 9 bis 11 sowie § 15 Abs. 1 gelten entsprechend.

Titel IV
Messen, Ausstellungen, Märkte

§ 64 Messe

(1) Eine Messe ist eine zeitlich begrenzte, im allgemeinen regelmäßig wiederkehrende Veranstaltung, auf der eine Vielzahl von Ausstellern das wesentliche Angebot eines oder mehrerer Wirtschaftszweige ausstellt und überwiegend nach Muster an gewerbliche Wiederverkäufer, gewerbliche Verbraucher oder Großabnehmer vertreibt.

(2) Der Veranstalter kann in beschränktem Umfang an einzelnen Tagen während bestimmter Öffnungszeiten Letztverbraucher zum Kauf zulassen.

§ 65 Ausstellung

Eine Ausstellung ist eine zeitlich begrenzte Veranstaltung, auf der eine Vielzahl von Ausstellern ein repräsentatives Angebot eines oder mehrerer Wirtschaftszweige oder Wirtschaftsgebiete ausstellt und vertreibt oder über dieses Angebot zum Zweck der Absatzförderung informiert.

§ 66 Großmarkt

Ein Großmarkt ist eine Veranstaltung, auf der eine Vielzahl von Anbietern bestimmte Waren oder Waren aller Art im wesentlichen an gewerbliche Wiederverkäufer, gewerbliche Verbraucher oder Großabnehmer vertreibt.

§ 67 Wochenmarkt

(1) Ein Wochenmarkt ist eine regelmäßig wiederkehrende, zeitlich begrenzte Veranstaltung, auf der eine Vielzahl von Anbietern eine oder mehrere der folgenden Warenarten feilbietet:

1. Lebensmittel im Sinne des § 1 des Lebensmittel- und Bedarfsgegenständegesetzes mit Ausnahme alkoholischer Getränke; zugelassen sind alkoholische Getränke, soweit sie aus selbstgewonnenen Erzeugnissen des Weinbaus, der Landwirtschaft oder des Obst- und Gartenbaues hergestellt wurden; der Zukauf von Alkohol zur Herstellung von Likören und Geisten aus Obst, Pflanzen und anderen landwirtschaftlichen Ausgangserzeugnissen, bei denen die Ausgangsstoffe nicht selbst vergoren werden, durch den Urproduzenten ist zulässig;
2. Produkte des Obst- und Gartenbaues, der Land- und Forstwirtschaft und der Fischerei;
3. rohe Naturerzeugnisse mit Ausnahme des größeren Viehs.

(2) Die Landesregierungen können zur Anpassung des Wochenmarktes an die wirtschaftliche Entwicklung und die örtlichen Bedürfnisse der Verbraucher durch Rechtsverordnung bestimmen, daß über Absatz 1 hinaus bestimmte Waren des täglichen Bedarfs auf allen oder bestimmten Wochenmärkten feilgeboten werden dürfen.

§ 68 Spezialmarkt und Jahrmarkt

(1) Ein Spezialmarkt ist eine im allgemeinen regelmäßig in größeren Zeitabständen wiederkehrende, zeitlich begrenzte Veranstaltung, auf der eine Vielzahl von Anbietern bestimmte Waren feilbietet.

(2) Ein Jahrmarkt ist eine im allgemeinen regelmäßig in größeren Zeitabständen wiederkehrende, zeitlich begrenzte Veranstaltung, auf der eine Vielzahl von Anbietern Waren aller Art feilbietet.

(3) Auf einem Spezialmarkt oder Jahrmarkt können auch Tätigkeiten im Sinne des § 60b Abs. 1 ausgeübt werden; die §§ 55 bis 60a und 60c bis 61a bleiben unberührt.

§ 68a Verabreichen von Getränken und Speisen

Auf Märkten dürfen alkoholfreie Getränke und zubereitete Speisen, auf anderen Veranstaltungen im Sinne der §§ 64 bis 68 Kostproben zum Verzehr an Ort und Stelle verabreicht werden. Im übrigen gelten für das Verabreichen von Getränken und zubereiteten Speisen zum Verzehr an Ort und Stelle die allgemeinen Vorschriften.

§ 70a Untersagung der Teilnahme an einer Veranstaltung

(1) Die zuständige Behörde kann einem Aussteller oder Anbieter die Teilnahme an einer bestimmten Veranstaltung oder einer oder mehreren Arten von Veranstaltungen im Sinne der §§ 64 bis 68 untersagen, wenn Tatsachen die Annahme rechtfertigen, daß er die hierfür erforderliche Zuverlässigkeit nicht besitzt.

(2) *(vom Abdruck abgesehen)*

(3) *(vom Abdruck abgesehen)*

§ 70b Anbringung von Namen und Firma

Auf Veranstaltungen im Sinne der §§ 65 bis 68 finden die Vorschriften des § 15a über die Anbringung des Namens und der Firma entsprechende Anwendung.

Titel XI
Gewerbezentralregister

§ 149 Einrichtung eines Gewerbezentralregisters

(1) Bei dem Bundeszentralregister wird ein Gewerbezentralregister eingerichtet.

Anhang II GewO

(2) In das Register sind einzutragen
1. die vollziehbaren und die nicht mehr anfechtbaren Entscheidungen einer Verwaltungsbehörde, durch die wegen Unzuverlässigkeit oder Ungeeignetheit
   a) ein Antrag auf Zulassung (Erlaubnis, Genehmigung, Konzession, Bewilligung) zu einem Gewerbe oder einer sonstigen wirtschaftlichen Unternehmung abgelehnt oder eine erteilte Zulassung zurückgenommen oder widerrufen,
   b) die Ausübung eines Gewerbes, die Tätigkeit als Vertretungsberechtigter einer Gewerbetreibenden oder als mit der Leitung eines Gewerbebetriebes beauftragte Person oder der Betrieb oder die Leitung einer sonstigen wirtschaftlichen Unternehmung untersagt,
   c) ein Antrag auf Erteilung eines Befähigungsscheines nach § 20 des Sprengstoffgesetzes abgelehnt oder ein erteilter Befähigungsschein entzogen oder
   d) im Rahmen eines Gewerbebetriebes oder einer sonstigen wirtschaftlichen Unternehmung die Befugnis zur Einstellung oder Ausbildung von Auszubildenden entzogen oder die Beschäftigung, Beaufsichtigung, Anweisung oder Ausbildung von Kindern und Jugendlichen verboten

   wird,
2. Verzichte auf eine Zulassung zu einem Gewerbe oder einer sonstigen wirtschaftlichen Unternehmung während eines Rücknahme- oder Widerrufsverfahrens,
3. rechtskräftige Bußgeldentscheidungen, insbesondere auch solche wegen einer Steuerordnungswidrigkeit, die
   a) bei oder im Zusammenhang mit der Ausübung eines Gewerbes oder dem Betrieb einer sonstigen wirtschaftlichen Unternehmung oder
   b) bei der Tätigkeit in einem Gewerbe oder einer sonstigen wirtschaftlichen Unternehmung von einem Vertreter oder Beauftragten im Sinne des § 9 des Gesetzes über Ordnungswidrigkeiten oder von einer Person, die in einer Rechtsvorschrift ausdrücklich als Verantwortlicher bezeichnet ist,

   begangen worden ist, wenn die Geldbuße mehr als 200 Euro beträgt.

Von der Eintragung sind Entscheidungen und Verzichte ausgenommen, die nach § 28 des Straßenverkehrsgesetzes in das Verkehrszentralregister einzutragen sind.

§ 150 Auskunft auf Antrag des Betroffenen

(1) Auf Antrag erteilt die Registerbehörde einer Person Auskunft über den sie betreffenden Inhalt des Registers.

(2) Der Antrag ist bei der gemäß § 155 Abs. 2 bestimmten Behörde zu stellen. Der Antragsteller hat seine Identität und, wenn er als gesetzlicher Vertreter handelt, seine Vertretungsmacht nachzuweisen; er kann sich bei der Antragstellung nicht durch einen Bevollmächtigten vertreten lassen. Die Behörde nimmt die Gebühr für die Auskunft entgegen, behält davon drei Achtel ein und führt den Restbetrag an die Bundeskasse ab.

(3) Wohnt der Antragsteller außerhalb des Geltungsbereichs dieses Gesetzes, so kann er den Antrag unmittelbar bei der Registerbehörde stellen. Absatz 2 Satz 2 gilt entsprechend.

(4) Die Übersendung der Auskunft an eine andere Person als den Betroffenen ist nicht zulässig.

(5) Für die Vorbereitung der Entscheidung über einen Antrag auf Zulassung zu einem Gewerbe oder einer sonstigen wirtschaftlichen Unternehmung, auf Erteilung eines Befähigungsscheins nach § 20 des Sprengstoffgesetzes oder zur Überprüfung der Zuverlässigkeit nach § 38 Abs. 1 kann die Auskunft auch zur Vorlage bei einer Behörde beantragt werden. Wird die Auskunft zur Vorlage bei einer Behörde beantragt, ist sie der Behörde unmittelbar zu übersenden. Die Behörde hat dem Betroffenen auf Verlangen Einsicht in die Auskunft zu gewähren.

§ 150a Auskunft an Behörden

(1) Auskünfte aus dem Register werden für

1. die Verfolgung wegen einer
   a) in § 148 Nr. 1,
   b) in § 404 Abs. 1 Nr. 2, Abs. 2 Nr. 2 des Dritten Buches Sozialgesetzbuch, in § 5 Abs. 1 und 2 des Arbeitnehmer-Entsendegeset-

zes, in § 16 Abs. 1 bis 2 des Arbeitnehmerüberlassungsgesetzes und in den §§ 1, 2, und 4 des Gesetzes zur Bekämpfung der Schwarzarbeit

bezeichneten Ordnungswidrigkeit,

2. die Vorbereitung
   a) der Entscheidung über die in § 149 Abs. 2 Nr. 1 Buchst. a und c bezeichneten Anträge,
   b) der übrigen in § 149 Abs. 2 Nr. 1 Buchst. a bis d bezeichneten Entscheidungen,
   c) von Verwaltungsentscheidungen auf Grund des Straßenverkehrsgesetzes, des Fahrlehrergesetzes, des Fahrpersonalgesetzes, des Binnenschiffahrtsaufgabengesetzes oder der auf Grund dieser Gesetze erlassenen Rechtsvorschriften über Eintragungen, die das Personenbeförderungsgesetz oder das Güterkraftverkehrsgesetz betreffen,
3. die Vorbereitung von Rechtsvorschriften und allgemeinen Verwaltungsvorschriften, insoweit nur in anonymisierter Form,

erteilt. Auskunftsberechtigt sind die Behörden, denen die in Satz 1 bezeichneten Aufgaben obliegen.

(2) Auskünfte aus dem Register werden ferner

1. den Gerichten und Staatsanwaltschaften über die in § 149 Abs. 2 Nr. 1 und 2 bezeichneten Eintragungen für Zwecke der Rechtspflege, zur Verfolgung von Straftaten nach § 148 Nr. 1, nach § 92 Abs. 1 Nr. 4 des Ausländergesetzes und § 12 Abs. 4 Nr. 2 des Jugendschutzgesetzes auch über die in § 149 Abs. 2 Nr. 3 bezeichneten Eintragungen,
2. den Kriminaldienst verrichtenden Dienststellen der Polizei für Zwecke der Verhütung und Verfolgung der in § 74c Abs. 1 Nr. 1 bis 6 des Gerichtsverfassungsgesetzes aufgeführten Straftaten über die in § 149 Abs. 2 Nr. 1 und 2 bezeichneten Eintragungen,
3. den zuständigen Behörden für die Aufhebung der in § 149 Abs. 2 Nr. 3 bezeichneten Bußgeldentscheidungen, auch wenn die Geldbuße weniger als 200 Euro beträgt,

erteilt.

(3) Auskünfte über Bußgeldentscheidungen wegen einer Steuerordnungswidrigkeit dürfen nur in den in Absatz 1 Nr. 1 und 2 genannten Fällen erteilt werden.

(4) Die auskunftsberechtigten Stellen haben den Zweck anzugeben, für den die Auskunft benötigt wird.

(5) Die nach Absatz 1 Satz 2 auskunftsberechtigte Behörde hat dem Betroffenen auf Verlangen Einsicht in die Auskunft aus dem Register zu gewähren.

(6) Die Auskünfte aus dem Register dürfen nur den mit der Entgegennahme oder Bearbeitung betrauten Bediensteten zur Kenntnis gebracht werden.

§ 152 Entfernung von Eintragungen

(1) Wird eine nach § 149 Abs. 2 Nr. 1 eingetragene Entscheidung aufgehoben oder eine solche Entscheidung oder ein nach § 149 Abs. 2 Nr. 2 eingetragener Verzicht durch eine spätere Entscheidung gegenstandslos, so wird die Entscheidung oder der Verzicht aus dem Register entfernt.

(2) Ebenso wird verfahren, wenn die Behörde eine befristete Entscheidung erlassen hat oder in der Mitteilung an das Register bestimmt hat, daß die Entscheidung nur für eine bestimmte Frist eingetragen werden soll, und diese Frist abgelaufen ist.

(3) Das gleiche gilt, wenn die Vollziehbarkeit einer nach § 149 Abs. 2 Nr. 1 eingetragenen Entscheidung auf Grund behördlicher oder gerichtlicher Entscheidung entfällt.

(4) Eintragungen, die eine über 80 Jahre alte Person betreffen, werden aus dem Register entfernt.

(5) Wird ein Bußgeldbescheid in einem Strafverfahren aufgehoben (§ 86 Abs. 1, § 102 Abs. 2 des Gesetzes über Ordnungswidrigkeiten), so wird die Eintragung aus dem Register entfernt.

(6) Eintragungen über Personen, deren Tod der Registerbehörde amtlich mitgeteilt worden ist, werden ein Jahr nach dem Eingang der Mitteilung aus dem Register entfernt. Während dieser Zeit darf über die Eintragungen keine Auskunft erteilt werden.

Anhang II GewO

(7) Eintragungen über juristische Personen und Personenvereinigungen nach § 149 Abs. 2 Nr. 1 und 2 werden nach Ablauf von zwanzig Jahren seit dem Tag der Eintragung aus dem Register entfernt. Enthält das Register mehrere Eintragungen, so ist die Entfernung einer Eintragung erst zulässig, wenn für alle Eintragungen die Voraussetzungen der Entfernung vorliegen.

§ 153 Tilgung von Eintragungen

(1) Die Eintragungen nach § 149 Abs. 2 Nr. 3 sind nach Ablauf einer Frist

1. von drei Jahren, wenn die Höhe der Geldbuße nicht mehr als 300 Euro beträgt,
2. von fünf Jahren in den übrigen Fällen

zu tilgen.

(2) Der Lauf der Frist beginnt mit dem Tage des Eintritts der Rechtskraft der Entscheidung. Dieser Zeitpunkt bleibt auch maßgebend, wenn eine Entscheidung im Wiederaufnahmeverfahren rechtskräftig abgeändert worden ist.

(3) Enthält das Register mehrere Eintragungen, so ist die Tilgung einer Eintragung erst zulässig, wenn bei allen Eintragungen die Frist des Absatzes 1 abgelaufen ist.

(4) Eine zu tilgende Eintragung wird ein Jahr nach Eintritt der Voraussetzungen für die Tilgung aus dem Register entfernt. Während dieser Zeit darf über die Eintragung keine Auskunft erteilt werden.

(5) Ist die Eintragung im Register getilgt worden oder ist sie zu tilgen, so dürfen die Ordnungswidrigkeit und die Bußgeldentscheidung nicht mehr zum Nachteil des Betroffenen verwertet werden. Dies gilt nicht, wenn der Betroffene die Zulassung zu einem Gewerbe oder einer sonstigen wirtschaftlichen Unternehmung beantragt, falls die Zulassung sonst zu einer erheblichen Gefährdung der Allgemeinheit führen würde, oder der Betroffene die Aufhebung einer die Ausübung des Gewerbes oder einer sonstigen wirtschaftlichen Unternehmung untersagenden Entscheidung beantragt.

(6) Abs. 5 ist entsprechend anzuwenden auf rechtskräftige Bußgeldentscheidungen wegen Ordnungswidrigkeiten im Sinne des § 149 Abs. 2 Nr. 3, bei denen die Geldbuße nicht mehr als 200 Euro beträgt, sofern seit dem Eintritt der Rechtskraft der Entscheidung mindestens drei Jahre vergangen sind.

Anhang II ProstG

2. Gesetz zur Regelung der Rechtsverhältnisse der Prostituierten (Prostitutionsgesetz – ProstG)

vom 20. 12. 2001 (BGBl. I S. 3983)

§ 1

Sind sexuelle Handlungen gegen ein vorher vereinbartes Entgelt vorgenommen worden, so begründet diese Vereinbarung eine rechtswirksame Forderung. Das Gleiche gilt, wenn sich eine Person, insbesondere im Rahmen eines Beschäftigungsverhältnisses, für die Erbringung derartiger Handlungen gegen ein vorher vereinbartes Entgelt für eine bestimmte Zeitdauer bereithält.

§ 2

Die Forderung kann nicht abgetreten und nur im eigenen Namen geltend gemacht werden. Gegen eine Forderung gemäß § 1 Satz 1 kann nur eine vollständige, gegen eine Forderung nach § 1 Satz 2 auch die teilweise Nichterfüllung, soweit sie die vereinbarte Zeitdauer betrifft, eingewendet werden. Mit Ausnahme des Erfüllungseinwandes gemäß des § 362 des Bürgerlichen Gesetzbuchs und der Einrede der Verjährung sind weitere Einwendungen und Einreden ausgeschlossen.

§ 3

Bei Prostituierten steht das eingeschränkte Weisungsrecht im Rahmen einer abhängigen Tätigkeit der Annahme einer Beschäftigung im Sinne des Sozialversicherungsrechts nicht entgegen.

3. Allgemeine Verwaltungsvorschrift über den Unterrichtungsnachweis im Gaststättengewerbe

in der Fassung der Bekanntmachung vom 24. 2. 1981
(Bundesanzeiger Nr. 39, ber. Nr. 52)

Aufgrund des § 29 des Gaststättengesetzes vom 5. 5. 1970 (BGBl. I S. 465) wird mit Zustimmung des Bundesrates folgende allgemeine Verwaltungsvorschrift erlassen:

1. Personenkreis

1.1 Den Unterrichtungsnachweis nach § 4 Abs. 1 Nr. 4 des Gaststättengesetzes (GastG) muß erbringen, wer die Erlaubnis (§ 2 Abs. 1 GastG) zum Betrieb einer Schank- oder Speisewirtschaft (§ 1 Abs. 1 Nr. 1, 2 GastG) beantragt. Es kommt nicht darauf an, ob die Erlaubnis eine erstmalige, eine Zusatzerlaubnis für bisher nicht von der Erlaubnis umfaßte Speisen oder Getränke oder eine Erlaubnis für die Änderung der Betriebsart sein soll. Dagegen ist der Unterrichtungsnachweis nicht erforderlich, wenn eine Zusatzerlaubnis für bisher nicht von der Erlaubnis umfaßte Räume ohne Änderung der Betriebsart beantragt wird. Betrifft der Antrag lediglich einen Beherbergungsbetrieb (§ 1 Abs. 1 Nr. 3 GastG), bedarf es ebenfalls keines Unterrichtungsnachweises.

1.2 Der Unterrichtungsnachweis ist ferner erforderlich, wenn eine Stellvertretungserlaubnis beantragt wird (§ 9 Satz 2 GastG).

1.3 Wer den Betrieb einer Schank- oder Speisewirtschaft aufgrund des § 10 GastG weiterführen will, hat innerhalb von 6 Monaten nach der Weiterführung den Unterrichtungsnachweis zu erbringen (vgl. § 15 Abs. 3 Nr. 7 GastG).

1.4 Für die Erteilung der vorläufigen Erlaubnis und der vorläufigen Stellvertretungserlaubnis (§ 11 GastG) wird der Unterrichtungsnachweis nicht vorausgesetzt.

1.5 Bei Anträgen auf Gestattung nach § 12 GastG ist der Unterrichtungsnachweis nur zu verlangen, wenn der Gewerbetreibende, sei es

Anhang II VwV Unterrichtungsnachweis

auch in gewissen Abständen, einen gleichartigen Betrieb derart ausüben will, daß sein Gewerbe insgesamt gesehen nur einem Gaststättenbetrieb vergleichbar ist, für den eine Erlaubnis nach § 2 Abs. 1 GastG zu erteilen wäre.

1.6 Der Nachweis bezieht sich

1.6.1 bei Anträgen auf Erteilung der Erlaubnis (1.1) auf die Unterrichtung des Antragstellers oder seines Stellvertreters;

1.6.1.1 wird die Erlaubnis für eine juristische Person oder einen nicht rechtsfähigen Verein beantragt, so ist Antragsteller die juristische Person bzw. der nichtrechtsfähige Verein.

1.6.1.1.1 In diesen Fällen wird der Nachweis, soweit es auf die Unterrichtung des Antragstellers ankommt, für die nach Gesetz, Satzung oder Gesellschaftsvertrag zur Vertretung berufenen Personen geführt. Werden nach Erteilung der Erlaubnis andere Personen zur Vertretung nach Gesetz, Satzung oder Gesellschaftsvertrag berufen, so ist der Unterrichtungsnachweis innerhalb von 6 Monaten nach der Berufung zu führen (vgl. § 15 Abs. 3 Nr. 5 GastG).

1.6.1.1.2 Bei einer juristischen Person oder einem nicht rechtsfähigen Verein mit mehreren Vertretungsberechtigten kann auf einen Unterrichtungsnachweis bei den Vertretungsberechtigten verzichtet werden, denen nicht die Leitung des Betriebes in bezug auf den Umgang mit Lebensmitteln obliegt. In diesem Falle ist zur Auflage zu machen, daß der Übergang dieser Aufgabe auf einen anderen Vertretungsberechtigten unverzüglich der Erlaubnisbehörde anzuzeigen und der Unterrichtungsnachweis innerhalb von 6 Monaten nach dem Übergang zu führen ist.

2. Zuständigkeit

2.1 Zuständig für die Unterrichtung und die Ausstellung der Bescheinigung hierüber ist die Industrie- und Handelskammer, in deren Bezirk der Antragsteller im Zeitpunkt der Unterrichtung seine Niederlassung im Gaststättengewerbe hat oder begründen will. Hat der Antragsteller keine solche Niederlassung, ist die Industrie- und Handelskammer zuständig, in deren Bezirk das Gewerbe erstmals betrieben werden soll.

2.2 In den Fällen der Nr. 3.4 kann, wenn eine Industrie- und Handelskammer die Abschlußprüfung abnimmt, auch diese neben der nach Nr. 2.1 zuständigen Kammer die Bescheinigung ausstellen.

3. Unterrichtung

3.1 Die Unterrichtung soll die Grundzüge der für den in Aussicht genommenen Betrieb notwendigen lebensmittelrechtlichen Kenntnisse vermitteln. Der in Aussicht genommene Betrieb ist der Gewerbebetrieb, den die beantragte Erlaubnis, Stellvertretungserlaubnis, Gestattung oder das Weiterführungsrecht zum Gegenstand hat. Da jedoch bei den meisten Betrieben ungeachtet ihrer Betriebsart die gleichen lebensmittelrechtlichen Vorschriften in Betracht kommen, erfolgt die Unterrichtung in der Regel für das Verabreichen von

3.1.1 Getränken und zubereiteten Speisen,

3.1.2 Getränken,

3.1.3 zubereiteten Speisen.

3.2 Die Unterrichtung soll sich erstrecken auf die jeweils einschlägigen Grundzüge

3.2.1 der Hygienevorschriften einschließlich des Bundes-Seuchengesetzes,

3.2.2 des Lebensmittelgesetzes und der darauf gestützten Verordnungen,

3.2.3 des Fleischbeschaugesetzes und der darauf gestützten Verordnungen,

3.2.4 des Milchrechts,

3.2.5 des Getränkerechts, insbesondere des Weinrechts und des Bierrechts,

3.2.6 des Getränkeschankanlagenrechts.

Bei der Unterrichtung soll auf die jeweils einschlägigen Leitsätze des Deutschen Lebensmittelbuches hingewiesen werden.

3.3 Zweck des Unterrichtungsnachweises ist der Schutz der Gäste vor den Gefahren für die Gesundheit, die aus der Verletzung lebensmittel-

Anhang II VwV Unterrichtungsnachweis

rechtlicher Vorschriften im Gaststättengewerbe erwachsen können, sowie der Schutz vor Täuschung und Irreführung. Dies geschieht durch Unterrichtung über die Grundzüge der für den in Aussicht genommenen Betrieb erforderlichen lebensmittelrechtlichen Kenntnisse in der Weise, daß die zu unterrichtende Person mit ihnen als vertraut angesehen werden kann. Der Gesetzgeber hat einen Sachkundenachweis oder eine sonstige wie auch immer geartete Prüfung über die Kenntnisse im Lebensmittelrecht als Voraussetzung für die selbständige Tätigkeit im Gaststättengewerbe ausgeschlossen. Die Formulierung „und mit ihnen als vertraut gelten kann" soll sicherstellen, daß die zu unterrichtende Person bei der Unterrichtung ein gebotenes Interesse an den Tag gelegt hat.

3.3.1 Die Unterrichtung erfolgt mündlich. Mehrere Personen können gemeinsam unterrichtet werden. Die Unterrichtung darf nicht lediglich in der Übergabe eines Merkblatts bestehen. Es empfiehlt sich aber, Merkblätter als Unterlage für die mündliche Unterrichtung zu verwenden und sie den zu unterrichtenden Personen zu belassen.

3.3.2 Die Unterrichtung darf die Dauer von sechs Stunden nicht überschreiten. In besonderen Fällen, z.B. wenn die Zuziehung eines Dolmetschers erforderlich ist, kann die Unterrichtung bis zu acht Stunden dauern. Sie muß innerhalb eines Tages erfolgen.

3.4 Der Teilnahme an der Unterrichtung bedarf nicht, wer die Abschlußprüfung eines staatlich anerkannten Ausbildungsberufes bei einer Industrie- und Handelskammer, einer Handwerkskammer oder einer Handwerksinnung bestanden hat, wenn zu den Prüfungsgegenständen die Grundzüge der lebensmittelrechtlichen Vorschriften gehören, deren Kenntnis für den Betrieb von Schank- und Speisewirtschaften (nicht nur einer bestimmten Betriebsart) notwendig ist.

4. Bescheinigung

4.1 Nach Abschluß der Unterrichtung stellt die Industrie- und Handelskammer der unterrichteten Person eine Bescheinigung nach dem Muster der Anlage 1 aus. In den Fällen der Nr. 3.4 stellt sie eine Bescheinigung nach dem Muster der Anlage 2 aus.

4.2 Die Bescheinigung gilt auch in weiteren Fällen, in denen für die unterrichtete Person ein Unterrichtungsnachweis gleicher Art zu erbringen ist.

5. Widerruf

Von der Befugnis, die Gaststättenerlaubnis zu widerrufen, ist in der Regel Gebrauch zu machen, wenn die Voraussetzungen des § 15 Abs. 3 Nr. 5, 6 oder 7 GastG vorliegen. Von dem Widerruf ist abzusehen, wenn der zum Nachweis Verpflichtete die Überschreitung der Frist nicht zu vertreten hat und angenommen werden kann, daß der Nachweis innerhalb einer angemessenen Nachfrist erbracht wird.

Anlagen
(vom Abdruck wird abgesehen)

Anhang III
Sonstige Vorschriften

1. Baugesetzbuch (BauGB)
(Auszug)

in der Fassung der Bekanntmachung vom 27. 8. 1997,
(BGBl. I S. 2141, ber. BGBl. 1998 I S. 137),
zuletzt geändert durch Gesetz vom 23. 7. 2002
(BGBl. I S. 2850, ber. S. 4410)

Dritter Teil
Regelung der baulichen und sonstigen Nutzung; Entschädigung

Erster Abschnitt
Zulässigkeit von Vorhaben

§ 29 Begriff des Vorhabens; Geltung von Rechtsvorschriften

(1) Für Vorhaben, die die Errichtung, Änderung oder Nutzungsänderung von baulichen Anlagen zum Inhalt haben, und für Aufschüttungen und Abgrabungen größeren Umfangs sowie für Ausschachtungen, Ablagerungen einschließlich Lagerstätten gelten die §§ 30 bis 37.

(2) Die Vorschriften des Bauordnungsrechts und andere öffentlich-rechtliche Vorschriften bleiben unberührt.

(3) Können die Erhaltungsziele oder der Schutzzweck der Gebiete von gemeinschaftlicher Bedeutung und der Europäischen Vogelschutzgebiete im Sinne des Bundesnaturschutzgesetzes durch Vorhaben, die nach § 34 zugelassen werden, erheblich beeinträchtigt werden, sind die Vorschriften des Bundesnaturschutzgesetzes über die Zulässigkeit oder Durchführung von derartigen Eingriffen sowie über die Einholung der Stellungnahme der Kommission anzuwenden (Prüfung nach der Fauna-Flora-Habitat-Richtlinie).

BauGB Anhang III

§ 30 Zulässigkeit von Vorhaben im Geltungsbereich eines Bebauungsplans

(1) Im Geltungsbereich eines Bebauungsplans, der allein oder gemeinsam mit sonstigen baurechtlichen Vorschriften mindestens Festsetzungen über die Art und das Maß der baulichen Nutzung, die überbaubaren Grundstücksflächen und die örtlichen Verkehrsflächen enthält, ist ein Vorhaben zulässig, wenn es diesen Festsetzungen nicht widerspricht und die Erschließung gesichert ist.

(2) Im Geltungsbereich eines vorhabenbezogenen Bebauungsplans nach § 12 ist ein Vorhaben zulässig, wenn es dem Bebauungsplan nicht widerspricht und die Erschließung gesichert ist.

(3) Im Geltungsbereich eines Bebauungsplans, der die Voraussetzungen des Absatzes 1 nicht erfüllt (einfacher Bebauungsplan), richtet sich die Zulässigkeit von Vorhaben im übrigen nach § 34 oder § 35.

§ 31 Ausnahmen und Befreiungen

(1) Von den Festsetzungen des Bebauungsplans können solche Ausnahmen zugelassen werden, die in dem Bebauungsplan nach Art und Umfang ausdrücklich vorgesehen sind.

(2) Von den Festsetzungen des Bebauungsplans kann befreit werden, wenn die Grundzüge der Planung nicht berührt werden und
1. Gründe des Wohls der Allgemeinheit die Befreiung erfordern oder
2. die Abweichung städtebaulich vertretbar ist oder
3. die Durchführung des Bebauungsplans zu einer offenbar nicht beabichtigten Härte führen würde

und wenn die Abweichung auch unter Würdigung nachbarlicher Interessen mit den öffentlichen Belangen vereinbar ist.

§ 32 Nutzungsbeschränkungen auf künftigen Gemeinbedarfs-, Verkehrs-, Versorgungs- und Grünflächen

Sind überbaute Flächen in dem Bebauungsplan als Baugrundstücke für den Gemeinbedarf oder als Verkehrs-, Versorgungs- oder Grünflächen festgesetzt, dürfen auf ihnen Vorhaben, die eine wertsteigernde Änderung baulicher Anlagen zur Folge haben, nur zugelassen und für sie Befreiungen von den Festsetzungen des Bebauungsplans nur erteilt werden, wenn der Bedarfs- oder Erschließungsträger zustimmt oder der Eigentümer für sich und seine Rechtsnachfolger auf Ersatz der Werterhöhung für den Fall schriftlich verzichtet, daß der Bebauungsplan durchgeführt wird. Dies gilt auch für die dem Bebauungsplan nicht widersprechenden Teile einer baulichen Anlage, wenn sie für sich allein nicht wirtschaftlich verwertbar sind oder wenn bei der Enteignung die Übernahme der restlichen überbauten Flächen verlangt werden kann.

§ 33 Zulässigkeit von Vorhaben während der Planaufstellung

(1) In Gebieten, für die ein Beschluß über die Aufstellung eines Bebauungsplans gefaßt ist, ist ein Vorhaben zulässig, wenn

1. die öffentliche Auslegung (§ 3 Abs. 2 und 3) durchgeführt worden ist, die Träger öffentlicher Belange (§ 4) beteiligt worden sind und erforderlichenfalls eine grenzüberschreitende Beteiligung durchgeführt worden ist (§ 4a),
2. anzunehmen ist, daß das Vorhaben den künftigen Festsetzungen des Bebauungsplans nicht entgegensteht,
3. der Antragsteller diese Festsetzungen für sich und seine Rechtsnachfolger schriftlich anerkennt und
4. die Erschließung gesichert ist.

(2) Vor Durchführung der öffentlichen Auslegung und Beteiligung der Träger öffentlicher Belange kann ein Vorhaben zugelassen werden, wenn die in Absatz 1 Nr. 2 bis 4 bezeichneten Voraussetzungen erfüllt sind. Den betroffenen Bürgern und berührten Trägern öffentlicher Belange ist vor Erteilung der Genehmigung Gelegenheit zur Stellungnahme innerhalb angemessener Frist zu geben, soweit sie dazu nicht bereits zuvor Gelegenheit hatten.

§ 34 Zulässigkeit von Vorhaben innerhalb der im Zusammenhang bebauten Ortsteile

(1) Innerhalb der im Zusammenhang bebauten Ortsteile ist ein Vorhaben zulässig, wenn es sich nach Art und Maß der baulichen Nutzung, der Bauweise und der Grundstücksfläche, die überbaut werden soll, in

die Eigenart der näheren Umgebung einfügt und die Erschließung gesichert ist. Die Anforderungen an gesunde Wohn- und Arbeitsverhältnisse müssen gewahrt bleiben; das Ortsbild darf nicht beeinträchtigt werden.

(2) Entspricht die Eigenart der näheren Umgebung einem der Baugebiete, die in der auf Grund des § 2 Abs. 5 erlassenen Verordnung bezeichnet sind, beurteilt sich die Zulässigkeit des Vorhabens nach seiner Art allein danach, ob es nach der Verordnung in dem Baugebiet allgemein zulässig wäre; auf die nach der Verordnung ausnahmsweise zulässigen Vorhaben ist § 31 Abs. 1, im übrigen ist § 31 Abs. 2 entsprechend anzuwenden.

(3) *(weggefallen)*

(4) Die Gemeinde kann durch Satzung
1. die Grenzen für im Zusammenhang bebaute Ortsteile festlegen,
2. bebaute Bereiche im Außenbereich als im Zusammenhang bebaute Ortsteile festlegen, wenn die Flächen im Flächennutzungsplan als Baufläche dargestellt sind,
3. einzelne Außenbereichsflächen in die im Zusammenhang bebauten Ortsteile einbeziehen, wenn die einbezogenen Flächen durch die bauliche Nutzung des angrenzenden Bereichs entsprechend geprägt sind.

Die Satzungen können miteinander verbunden werden. Die Satzungen nach Satz 1 Nr. 2 und 3 müssen mit einer geordneten städtebaulichen Entwicklung vereinbar sein; in ihnen können einzelne Festsetzungen nach § 9 Abs. 1, 2 und 4 getroffen werden. § 9 Abs. 6 ist entsprechend anzuwenden. Auf die Satzung nach Satz 1 Nr. 3 sind ergänzend die §§ 1a und 9 Abs. 1a und 8 entsprechend anzuwenden.

(5) Bei der Aufstellung der Satzungen nach Absatz 4 Satz 1 Nr. 2 und 3 ist das vereinfachte Verfahren nach § 13 Nr. 2 und 3 entsprechend anzuwenden. Die Satzung nach Absatz 4 Satz 1 Nr. 3 bedarf der Genehmigung der höheren Verwaltungsbehörde; § 6 Abs. 2 und 4 ist entsprechend anzuwenden. Dies gilt nicht, soweit die Satzung nach Absatz 4 Satz 1 Nr. 3 aus dem Flächennutzungsplan entwickelt worden ist. Auf die Satzungen nach Absatz 4 Satz 1 Nr. 1 bis 3 ist § 10 Abs. 3 entsprechend anzuwenden.

Anhang III BauGB

§ 35 Bauen im Außenbereich

(1) Im Außenbereich ist ein Vorhaben nur zulässig, wenn öffentliche Belange nicht entgegenstehen, die ausreichende Erschließung gesichert ist und wenn es

1. einem land- oder forstwirtschaftlichen Betrieb dient und nur einen untergeordneten Teil der Betriebsfläche einnimmt,
2. einem Betrieb der gartenbaulichen Erzeugung dient,
3. der öffentlichen Versorgung mit Elektrizität, Gas, Telekommunikationsdienstleistungen, Wärme und Wasser, der Abwasserwirtschaft oder einem ortsgebundenen gewerblichen Betrieb dient,
4. wegen seiner besonderen Anforderungen an die Umgebung, wegen seiner nachteiligen Wirkung auf die Umgebung oder wegen seiner besonderen Zweckbestimmung nur im Außenbereich ausgeführt werden soll,
5. der Erforschung, Entwicklung oder Nutzung der Kernenergie zu friedlichen Zwecken oder der Entsorgung radioaktiver Abfälle dient oder
6. der Erforschung, Entwicklung oder Nutzung der Wind- oder Wasserenergie dient.

(2) Sonstige Vorhaben können im Einzelfall zugelassen werden, wenn ihre Ausführung oder Benutzung öffentliche Belange nicht beeinträchtigt und die Erschließung gesichert ist.

(3) Eine Beeinträchtigung öffentlicher Belange liegt insbesondere vor, wenn das Vorhaben

1. den Darstellungen des Flächennutzungsplans widerspricht,
2. den Darstellungen eines Landschaftsplans oder sonstigen Plans, insbesondere des Wasser-, Abfall- oder Immissionsschutzrechts, widerspricht,
3. schädliche Umwelteinwirkungen hervorrufen kann oder ihnen ausgesetzt wird,
4. unwirtschaftliche Aufwendungen für Straßen oder andere Verkehrseinrichtungen, für Anlagen der Versorgung oder Entsorgung, für die Sicherheit oder Gesundheit oder für sonstige Aufgaben erfordert,
5. Belange des Naturschutzes und der Landschaftpflege, des Bodenschutzes, des Denkmalschutzes oder die natürliche Eigenart der

Landschaft und ihren Erholungswert beeinträchtigt oder das Orts- und Landschaftsbild verunstaltet,
6. Maßnahmen zur Verbesserung der Agrarstruktur beeinträchtigt oder die Wasserwirtschaft gefährdet oder
7. die Entstehung, Verfestigung oder Erweiterung einer Splittersiedlung befürchten läßt.

Raumbedeutsame Vorhaben nach den Absätzen 1 und 2 dürfen den Zielen der Raumordnung nicht widersprechen; öffentliche Belange stehen raumbedeutsamen Vorhaben nach Absatz 1 nicht entgegen, soweit die Belange bei der Darstellung dieser Vorhaben als Ziele der Raumordnung in Plänen im Sinne des § 8 oder 9 des Raumordnungsgesetzes abgewogen worden sind. Öffentliche Belange stehen einem Vorhaben nach Absatz 1 Nr. 2 bis 6 in der Regel auch dann entgegen, soweit hierfür durch Darstellungen im Flächennutzungsplan oder als Ziele der Raumordnung eine Ausweisung an anderer Stelle erfolgt ist.

(4) Den nachfolgend bezeichneten sonstigen Vorhaben im Sinne des Absatzes 2 kann nicht entgegengehalten werden, daß sie Darstellungen des Flächennutzungsplans oder eines Landschaftsplans widersprechen, die natürliche Eigenart der Landschaft beeinträchtigen oder die Entstehung, Verfestigung oder Erweiterung einer Splittersiedlung befürchten lassen, soweit sie im übrigen außenbereichsverträglich im Sinne des Absatzes 3 sind:

1. die Änderung der bisherigen Nutzung eines Gebäudes im Sinne des Absatzes 1 Nr. 1 unter folgenden Voraussetzungen:
   a) das Vorhaben dient einer zweckmäßigen Verwendung erhaltenswerter Bausubstanz,
   b) die äußere Gestalt des Gebäudes bleibt im wesentlichen gewahrt,
   c) die Aufgabe der bisherigen Nutzung liegt nicht länger als sieben Jahre zurück,
   d) das Gebäude ist vor dem 27. August 1996 zulässigerweise errichtet worden,
   e) das Gebäude steht im räumlich-funktionalen Zusammenhang mit der Hofstelle des land- oder forstwirtschaftlichen Betriebes,
   f) im Falle der Änderung zu Wohnzwecken entstehen neben den bisher nach Absatz 1 Nr. 1 zulässigen Wohnungen höchstens drei Wohnungen je Hofstelle und

Anhang III BauGB

   g) es wird eine Verpflichtung übernommen, keine Neubebauung als Ersatz für die aufgegebene Nutzung vorzunehmen, es sei denn, die Neubebauung wird im Interesse der Entwicklung des Betriebes im Sinne des Absatzes 1 Nr. 1 erforderlich,
2. die Neuerrichtung eines gleichartigen Wohngebäudes an gleicher Stelle unter folgenden Voraussetzungen:
   a) das vorhandene Gebäude ist zulässigerweise errichtet worden,
   b) das vorhandene Gebäude weist Mißstände oder Mängel auf,
   c) das vorhandene Gebäude wird seit längerer Zeit vom Eigentümer selbst genutzt und
   d) Tatsachen rechtfertigen die Annahme, daß das neu errichtete Gebäude für den Eigenbedarf des bisherigen Eigentümers oder seiner Familie genutzt wird; hat der Eigentümer das vorhandene Gebäude im Wege der Erbfolge von einem Voreigentümer erworben, der es seit längerer Zeit selbst genutzt hat, reicht es aus, wenn Tatsachen die Annahme rechtfertigen, daß das neu errichtete Gebäude für den Eigenbedarf des Eigentümers oder seiner Familie genutzt wird,
3. die alsbaldige Neuerrichtung eines zulässigerweise errichteten, durch Brand, Naturereignisse oder andere außergewöhnliche Ereignisse zerstörten, gleichartigen Gebäudes an gleicher Stelle,
4. die Änderung oder Nutzungsänderung von erhaltenswerten, das Bild der Kulturlandschaft prägenden Gebäuden, auch wenn sie aufgegeben sind, wenn das Vorhaben einer zweckmäßigen Verwendung der Gebäude und der Erhaltung des Gestaltwerts dient,
5. die Erweiterung eines Wohngebäudes auf bis zu höchstens zwei Wohnungen unter folgenden Voraussetzungen:
   a) das Gebäude ist zulässigerweise errichtet worden,
   b) die Erweiterung ist im Verhältnis zum vorhandenen Gebäude und unter Berücksichtigung der Wohnbedürfnisse angemessen und
   c) bei der Errichtung einer weiteren Wohnung rechtfertigen Tatsachen die Annahme, daß das Gebäude vom bisherigen Eigentümer oder seiner Familie selbst genutzt wird,
6. die bauliche Erweiterung eines zulässigerweise errichteten gewerblichen Betriebes, wenn die Erweiterung im Verhältnis zum vorhandenen Gebäude und Betrieb angemessen ist.

In den Fällen des Satzes 1 Nr. 2 und 3 sind geringfügige Erweiterungen des neuen Gebäudes gegenüber dem beseitigten oder zerstörten Gebäude sowie geringfügige Abweichungen vom bisherigen Standort des Gebäudes zulässig.

(5) Die nach den Absätzen 1 bis 4 zulässigen Vorhaben sind in einer flächensparenden, die Bodenversiegelung auf das notwendige Maß begrenzenden und den Außenbereich schonenden Weise auszuführen. Die Baugenehmigungsbehörde soll durch nach Landesrecht vorgesehene Baulast oder in anderer Weise die Einhaltung der Verpflichtung nach Absatz 4 Satz 1 Nr. 1 Buchst. g sicherstellen. Im übrigen soll sie in den Fällen des Absatzes 4 Satz 1 sicherstellen, daß die bauliche oder sonstige Anlage nach Durchführung des Vorhabens nur in der vorgesehenen Art genutzt wird.

(6) Die Gemeinde kann für bebaute Bereiche im Außenbereich, die nicht überwiegend landwirtschaftlich geprägt sind und in denen eine Wohnbebauung von einigem Gewicht vorhanden ist, durch Satzung bestimmen, daß Wohnzwecken dienenden Vorhaben im Sinne des Absatzes 2 nicht entgegengehalten werden kann, daß sie einer Darstellung im Flächennutzungsplan über Flächen für die Landwirtschaft oder Wald widersprechen oder die Entstehung oder Verfestigung einer Splittersiedlung befürchten lassen. Die Satzung kann auch auf Vorhaben erstreckt werden, die kleineren Handwerks- und Gewerbebetrieben dienen. In der Satzung können nähere Bestimmungen über die Zulässigkeit getroffen werden. Die Satzung muß mit einer geordneten städtebaulichen Entwicklung vereinbar sein. Bei ihrer Aufstellung ist das vereinfachte Verfahren nach § 13 Nr. 2 und 3 entsprechend anzuwenden. Die Satzung bedarf der Genehmigung der höheren Verwaltungsbehörde; § 6 Abs. 2 und 4 und § 10 Abs. 3 sind entsprechend anzuwenden. Von der Satzung bleibt die Anwendung des Absatzes 4 unberührt.

Anhang III BauNVO

2. Verordnung
über die bauliche Nutzung der Grundstücke
(Baunutzungsverordnung – BauNVO)
(Auszug)

in der Fassung der Bekanntmachung vom 23. 1. 1990 (BGBl. I S. 132), zuletzt geändert durch Gesetz vom 22. 4. 1993 (BGBl. I S. 466)

Erster Abschnitt
Art der baulichen Nutzung

§ 1 Allgemeine Vorschriften für Bauflächen und Baugebiete

(1) Im Flächennutzungsplan können die für die Bebauung vorgesehenen Flächen nach der allgemeinen Art ihrer baulichen Nutzung (Bauflächen) dargestellt werden als

1.	Wohnbauflächen	(W)
2.	gemischte Bauflächen	(M)
3.	gewerbliche Bauflächen	(G)
4.	Sonderbauflächen	(S).

(2) Die für die Bebauung vorgesehenen Flächen können nach der besonderen Art ihrer baulichen Nutzung (Baugebiete) dargestellt werden als

1.	Kleinsiedlungsgebiete	(WS)
2.	reine Wohngebiete	(WR)
3.	allgemeine Wohngebiete	(WA)
4.	besondere Wohngebiete	(WB)
5.	Dorfgebiete	(MD)
6.	Mischgebiete	(MI)
7.	Kerngebiete	(MK)
8.	Gewerbegebiete	(GE)
9.	Industriegebiete	(GI)
10.	Sondergebiete	(SO).

BauNVO   Anhang III

(3) Im Bebauungsplan können die in Absatz 2 bezeichneten Baugebiete festgesetzt werden. Durch die Festsetzung werden die Vorschriften der §§ 2 bis 14 Bestandteil des Bebauungsplans, soweit nicht aufgrund der Absatz 4 bis 10 etwas anderes bestimmt wird. Bei Festsetzung von Sondergebieten finden die Vorschriften über besondere Festsetzungen nach den Absätzen 4 bis 10 keine Anwendung; besondere Festsetzungen über die Art der Nutzung können nach den §§ 10 und 11 getroffen werden.

(4) Für die in den §§ 4 bis 9 bezeichneten Baugebiete können im Bebauungsplan für das jeweilige Baugebiet Festsetzungen getroffen werden, die das Baugebiet

1. nach der Art der zulässigen Nutzung,
2. nach der Art der Betriebe und Anlagen und deren besonderen Bedürfnissen und Eigenschaften

gliedern. Die Festsetzungen nach Satz 1 können auch für mehrere Gewerbegebiete einer Gemeinde im Verhältnis zueinander getroffen werden; dies gilt auch für Industriegebiete. Absatz 5 bleibt unberührt.

(5) Im Bebauungsplan kann festgesetzt werden, daß bestimmte Arten von Nutzungen, die nach den §§ 2, 4 bis 9 und 13 allgemein zulässig sind, nicht zulässig sind oder nur ausnahmsweise zugelassen werden können, sofern die allgemeine Zweckbestimmung des Baugebiets gewahrt bleibt.

(6) Im Bebauungsplan kann festgesetzt werden, daß alle oder einzelne Ausnahmen, die in den Baugebieten nach den §§ 2 bis 9 vorgesehen sind,

1. nicht Bestandteil des Bebauungsplans werden oder
2. in dem Baugebiet allgemein zulässig sind, sofern die allgemeine Zweckbestimmung des Baugebiets gewahrt bleibt.

(7) In Bebauungsplänen für Baugebiete nach den §§ 4 bis 9 kann, wenn besondere städtebauliche Gründe dies rechtfertigen (§ 9 Abs. 3 des Baugesetzbuchs), festgesetzt werden, daß in bestimmten Geschossen, Ebenen oder sonstigen Teilen baulicher Anlagen

1. nur einzelne oder mehrere der in dem Baugebiet allgemein zulässigen Nutzungen zulässig sind,

Anhang III BauNVO

2. einzelne oder mehrere der in dem Baugebiet allgemein zulässigen Nutzungen unzulässig sind oder als Ausnahme zugelassen werden können oder
3. alle oder einzelne Ausnahmen, die in den Baugebieten nach den §§ 4 bis 9 vorgesehen sind, nicht zulässig oder, sofern die allgemeine Zweckbestimmung des Baugebiets gewahrt bleibt, allgemein zulässig sind.

(8) Die Festsetzungen nach den Absätzen 4 bis 7 können sich auch auf Teile des Baugebiets beschränken.

(9) Wenn besondere städtebauliche Gründe dies rechtfertigen, kann im Bebauungsplan bei Anwendung der Absätze 5 bis 8 festgesetzt werden, daß nur bestimmte Arten der in den Baugebieten allgemein oder ausnahmsweise zulässigen baulichen oder sonstigen Anlagen zulässig oder nicht zulässig sind oder nur ausnahmsweise zugelassen werden können.

(10) Wären bei Festsetzung eines Baugebiets nach den §§ 2 bis 9 in überwiegend bebauten Gebieten bestimmte vorhandene bauliche und sonstige Anlagen unzulässig, kann im Bebauungsplan festgesetzt werden, daß Erweiterungen, Änderungen, Nutzungsänderungen und Erneuerungen dieser Anlagen allgemein zulässig sind oder ausnahmsweise zugelassen werden können. Im Bebauungsplan können nähere Bestimmungen über die Zulässigkeit getroffen werden. Die allgemeine Zweckbestimmung des Baugebiets muß in seinen übrigen Teilen gewahrt bleiben. Die Sätze 1 bis 3 gelten auch für die Änderung und Ergänzung von Bebauungsplänen.

§ 2 Kleinsiedlungsgebiete

(1) Kleinsiedlungsgebiete dienen vorwiegend der Unterbringung von Kleinsiedlungen einschließlich Wohngebäuden mit entsprechenden Nutzgärten und landwirtschaftlichen Nebenerwerbsstellen.

(2) Zulässig sind

1. Kleinsiedlungen einschließlich Wohngebäude mit entsprechenden Nutzgärten, landwirtschaftliche Nebenerwerbsstellen und Gartenbaubetriebe,

2. die der Versorgung des Gebiets dienenden Läden, Schank- und Speisewirtschaften sowie nicht störenden Handwerksbetriebe.

(3) Ausnahmsweise können zugelassen werden

1. sonstige Wohngebäude mit nicht mehr als zwei Wohnungen,
2. Anlagen für kirchliche, kulturelle, soziale, gesundheitliche und sportliche Zwecke,
3. Tankstellen,
4. nicht störende Gewerbebetriebe.

§ 3 Reine Wohngebiete

(1) Reine Wohngebiete dienen dem Wohnen.

(2) Zulässig sind Wohngebäude.

(3) Ausnahmsweise können zugelassen werden

1. Läden und nicht störende Handwerksbetriebe, die zur Deckung des täglichen Bedarfs für die Bewohner des Gebiets dienen, sowie kleine Betriebe des Beherbergungsgewerbes,
2. Anlagen für soziale Zwecke sowie den Bedürfnissen der Bewohner des Gebiets dienende Anlagen für kirchliche, kulturelle, gesundheitliche und sportliche Zwecke.

(4) Zu den nach Absatz 2 sowie den §§ 2, 4 bis 7 zulässigen Wohngebäuden gehören auch solche, die ganz oder teilweise der Betreuung und Pflege ihrer Bewohner dienen.

§ 4 Allgemeine Wohngebiete

(1) Allgemeine Wohngebiete dienen vorwiegend dem Wohnen.

(2) Zulässig sind

1. Wohngebäude,
2. die der Versorgung des Gebiets dienenden Läden, Schank- und Speisewirtschaften sowie nicht störenden Handwerksbetriebe,
3. Anlagen für kirchliche, kulturelle, soziale, gesundheitliche und sportliche Zwecke.

Anhang III BauNVO

(3) Ausnahmsweise können zugelassen werden
1. Betriebe des Beherbergungsgewerbes,
2. sonstige nicht störende Gewerbebetriebe,
3. Anlagen für Verwaltungen,
4. Gartenbaubetriebe,
5. Tankstellen.

§ 4a Gebiete zur Erhaltung und Entwicklung der Wohnnutzung (besondere Wohngebiete)

(1) Besondere Wohngebiete sind überwiegend bebaute Gebiete, die aufgrund ausgeübter Wohnnutzung und vorhandener sonstiger in Absatz 2 genannter Anlagen eine besondere Eigenart aufweisen und in denen unter Berücksichtigung dieser Eigenart die Wohnnutzung erhalten und fortentwickelt werden soll. Besondere Wohngebiete dienen vorwiegend dem Wohnen, sie dienen auch der Unterbringung von Gewerbebetrieben und sonstigen Anlagen im Sinne der Absätze 2 und 3, soweit diese Betriebe und Anlagen nach der besonderen Eigenart des Gebiets mit der Wohnnutzung vereinbar sind.

(2) Zulässig sind
1. Wohngebäude,
2. Läden, Betriebe des Beherbergungsgewerbes, Schank- und Speisewirtschaften,
3. sonstige Gewerbebetriebe,
4. Geschäfts- und Bürogebäude,
5. Anlagen für kirchliche, kulturelle, soziale, gesundheitliche und sportliche Zwecke.

(3) Ausnahmsweise können zugelassen werden
1. Anlagen für zentrale Einrichtungen der Verwaltung,
2. Vergnügungsstätten, soweit sie nicht wegen ihrer Zweckbestimmung oder ihres Umfangs nur in Kerngebieten allgemein zulässig sind,
3. Tankstellen.

(4) Für besondere Wohngebiete oder Teile solcher Gebiete kann, wenn besondere städtebauliche Gründe dies rechtfertigen (§ 9 Abs. 3 des Baugesetzbuchs), festgesetzt werden, daß

1. oberhalb eines im Bebauungsplan bestimmten Geschosses nur Wohnungen zulässig sind oder
2. in Gebäuden ein im Bebauungsplan bestimmter Anteil der zulässigen Geschoßfläche oder eine bestimmte Größe der Geschoßfläche für Wohnungen zu verwenden ist.

§ 5 Dorfgebiete

(1) Dorfgebiete dienen der Unterbringung der Wirtschaftsstellen land- und forstwirtschaftlicher Betriebe, dem Wohnen und der Unterbringung von nicht wesentlich störenden Gewerbebetrieben sowie der Versorgung der Bewohner des Gebiets dienenden Handwerksbetrieben. Auf die Belange der land- und forstwirtschaftlichen Betriebe einschließlich ihrer Entwicklungsmöglichkeiten ist vorrangig Rücksicht zu nehmen.

(2) Zulässig sind

1. Wirtschaftsstellen land- und forstwirtschaftlicher Betriebe und die dazugehörigen Wohnungen und Wohngebäude,
2. Kleinsiedlungen einschließlich Wohngebäude mit entsprechenden Nutzgärten und landwirtschaftliche Nebenerwerbsstellen,
3. sonstige Wohngebäude,
4. Betriebe zur Be- und Verarbeitung und Sammlung land- und forstwirtschaftlicher Erzeugnisse,
5. Einzelhandelsbetriebe, Schank- und Speisewirtschaften sowie Betriebe des Beherbergungsgewerbes,
6. sonstige Gewerbebetriebe,
7. Anlagen für örtliche Verwaltungen sowie für kirchliche, kulturelle, soziale, gesundheitliche und sportliche Zwecke,
8. Gartenbaubetriebe,
9. Tankstellen.

(3) Ausnahmsweise können Vergnügungsstätten im Sinne des § 4a Abs. 3 Nr. 2 zugelassen werden.

Anhang III BauNVO

§ 6 Mischgebiete

(1) Mischgebiete dienen dem Wohnen und der Unterbringung von Gewerbebetrieben, die das Wohnen nicht wesentlich stören.

(2) Zulässig sind
1. Wohngebäude,
2. Geschäfts- und Bürogebäude,
3. Einzelhandelsbetriebe, Schank- und Speisewirtschaften sowie Betriebe des Beherbergungsgewerbes,
4. sonstige Gewerbebetriebe,
5. Anlagen für Verwaltungen sowie für kirchliche, kulturelle, soziale, gesundheitliche und sportliche Zwecke,
6. Gartenbaubetriebe,
7. Tankstellen,
8. Vergnügungsstätten im Sinne des § 4a Abs. 3 Nr. 2 in den Teilen des Gebiets, die überwiegend durch gewerbliche Nutzungen geprägt sind.

(3) Ausnahmsweise können Vergnügungsstätten im Sinne des § 4a Abs. 3 Nr. 2 außerhalb der in Absatz 2 Nr. 8 bezeichneten Teile des Gebiets zugelassen werden.

§ 7 Kerngebiete

(1) Kerngebiete dienen vorwiegend der Unterbringung von Handelsbetrieben sowie der zentralen Einrichtungen der Wirtschaft, der Verwaltung und der Kultur.

(2) Zulässig sind
1. Geschäfts-, Büro- und Verwaltungsgebäude,
2. Einzelhandelsbetriebe, Schank- und Speisewirtschaften, Betriebe des Beherbergungsgewerbes und Vergnügungsstätten,
3. sonstige nicht wesentlich störende Gewerbebetriebe,
4. Anlagen für kirchliche, kulturelle, soziale, gesundheitliche und sportliche Zwecke,
5. Tankstellen im Zusammenhang mit Parkhäusern und Großgaragen,
6. Wohnungen für Aufsichts- und Bereitschaftspersonen sowie für Betriebsinhaber und Betriebsleiter,

7. sonstige Wohnungen nach Maßgabe von Festsetzungen des Bebauungsplans.

(3) Ausnahmsweise können zugelassen werden
1. Tankstellen, die nicht unter Absatz 2 Nr. 5 fallen,
2. Wohnungen, die nicht unter Absatz 2 Nr. 6 und 7 fallen.

(4) Für Teile eines Kerngebiets kann, wenn besondere städtebauliche Gründe dies rechtfertigen (§ 9 Abs. 3 des Baugesetzbuchs), festgesetzt werden, daß
1. oberhalb eines im Bebauungsplan bestimmten Geschosses nur Wohnungen zulässig sind oder
2. in Gebäuden ein im Bebauungsplan bestimmter Anteil der zulässigen Geschoßfläche oder eine bestimmte Größe der Geschoßfläche für Wohnungen zu verwenden ist.

Dies gilt auch, wenn durch solche Festsetzungen dieser Teil des Kerngebiets nicht vorwiegend der Unterbringung von Handelsbetrieben sowie der zentralen Einrichtungen der Wirtschaft, der Verwaltung und der Kultur dient.

§ 8 Gewerbegebiete

(1) Gewerbegebiete dienen vorwiegend der Unterbringung von nicht erheblich belästigenden Gewerbebetrieben.

(2) Zulässig sind
1. Gewerbebetriebe aller Art, Lagerhäuser, Lagerplätze und öffentliche Betriebe,
2. Geschäfts-, Büro- und Verwaltungsgebäude,
3. Tankstellen,
4. Anlagen für sportliche Zwecke.

(3) Ausnahmsweise können zugelassen werden
1. Wohnungen für Aufsichts- und Bereitschaftspersonen sowie für Betriebsinhaber und Betriebsleiter, die dem Gewerbebetrieb zugeordnet und ihm gegenüber in Grundfläche und Baumasse untergeordnet sind,
2. Anlagen für kirchliche, kulturelle, soziale und gesundheitliche Zwecke,
3. Vergnügungsstätten.

Anhang III BauNVO

§ 9 Industriegebiete

(1) Industriegebiete dienen ausschließlich der Unterbringung von Gewerbebetrieben, und zwar vorwiegend solcher Betriebe, die in anderen Baugebieten unzulässig sind.

(2) Zulässig sind
1. Gewerbebetriebe aller Art, Lagerhäuser, Lagerplätze und öffentliche Betriebe,
2. Tankstellen.

(3) Ausnahmsweise können zugelassen werden
1. Wohnungen für Aufsichts- und Bereitschaftspersonen sowie für Betriebsinhaber und Betriebsleiter, die dem Gewerbebetrieb zugeordnet und ihm gegenüber in Grundfläche und Baumasse untergeordnet sind,
2. Anlagen für kirchliche, kulturelle, soziale, gesundheitliche und sportliche Zwecke.

§ 10 Sondergebiete, die der Erholung dienen

(1) Als Sondergebiete, die der Erholung dienen, kommen insbesondere in Betracht

Wochenendhausgebiete,
Ferienhausgebiete,
Campingplatzgebiete.

(2) Für Sondergebiete, die der Erholung dienen, sind die Zweckbestimmung und die Art der Nutzung darzustellen und festzusetzen. Im Bebauungsplan kann festgesetzt werden, daß bestimmte, der Eigenart des Gebiets entsprechende Anlagen und Einrichtungen zur Versorgung des Gebiets und für sportliche Zwecke allgemein zulässig sind oder ausnahmsweise zugelassen werden können.

(3) In Wochenendhausgebieten sind Wochenendhäuser als Einzelhäuser zulässig. Im Bebauungsplan kann festgesetzt werden, daß Wochenendhäuser nur als Hausgruppen zulässig sind oder ausnahmsweise als Hausgruppen zugelassen werden können. Die zulässige Grundfläche der Wochenendhäuser ist im Bebauungsplan, begrenzt nach der beson-

deren Eigenart des Gebiets, unter Berücksichtigung der landschaftlichen Gegebenheiten festzusetzen.

(4) In Ferienhausgebieten sind Ferienhäuser zulässig, die aufgrund ihrer Lage, Größe, Ausstattung, Erschließung und Versorgung für den Erholungsaufenthalt geeignet und dazu bestimmt sind, überwiegend und auf Dauer einem wechselnden Personenkreis zur Erholung zu dienen. Im Bebauungsplan kann die Grundfläche der Ferienhäuser, begrenzt nach der besonderen Eigenart des Gebiets, unter Berücksichtigung der landschaftlichen Gegebenheiten festgesetzt werden.

(5) In Campingplatzgebieten sind Campingplätze und Zeltplätze zulässig.

§ 11 Sonstige Sondergebiete

(1) Als sonstige Sondergebiete sind solche Gebiete darzustellen und festzusetzen, die sich von den Baugebieten nach den §§ 2 bis 10 wesentlich unterscheiden.

(2) Für sonstige Sondergebiete sind die Zweckbestimmung und die Art der Nutzung darzustellen und festzusetzen. Als sonstige Sondergebiete kommen insbesondere in Betracht

Gebiete für den Fremdenverkehr, wie Kurgebiete und Gebiete für die Fremdenbeherbergung,
Ladengebiete,
Gebiete für Einkaufszentren und großflächige Handelsbetriebe,
Gebiete für Messen, Ausstellungen und Kongresse,
Hochschulgebiete,
Klinikgebiete,
Hafengebiete,
Gebiete für Anlagen, die der Erforschung, Entwicklung oder Nutzung erneuerbarer Energien, wie Wind- und Sonnenenergie, dienen.

(3) 1. Einkaufszentren,
2. großflächige Einzelhandelsbetriebe, die sich nach Art, Lage oder Umfang auf die Verwirklichung der Ziele der Raumordnung und Landesplanung oder auf die städtebauliche Entwicklung und Ordnung nicht nur unwesentlich auswirken können,

Anhang III BauNVO

3. sonstige großflächige Handelsbetriebe, die im Hinblick auf den Verkauf an letzte Verbraucher und auf die Auswirkungen den in Nummer 2 bezeichneten Einzelhandelsbetrieben vergleichbar sind,

sind außer in Kerngebieten nur in für sie festgesetzten Sondergebieten zulässig. Auswirkungen im Sinne des Satzes 1 Nr. 2 und 3 sind insbesondere schädliche Umwelteinwirkungen im Sinne des § 3 des Bundes-Immissionsschutzgesetzes sowie Auswirkungen auf die infrastrukturelle Ausstattung, auf den Verkehr, auf die Versorgung der Bevölkerung im Einzugsbereich der in Satz 1 bezeichneten Betriebe, auf die Entwicklung zentraler Versorgungsbereiche in der Gemeinde oder in anderen Gemeinden, auf das Orts- und Landschaftsbild und auf den Naturhaushalt. Auswirkungen im Sinne des Satzes 2 sind bei Betrieben nach Satz 1 Nr. 2 und 3 in der Regel anzunehmen, wenn die Geschoßfläche 1200 m^2 überschreitet. Die Regel des Satzes 3 gilt nicht, wenn Anhaltspunkte dafür bestehen, daß Auswirkungen bereits bei weniger als 1200 m^2 Geschoßfläche vorliegen oder bei mehr als 1200 m^2 Geschoßfläche nicht vorliegen; dabei sind in Bezug auf die in Satz 2 bezeichneten Auswirkungen insbesondere die Gliederung und Größe der Gemeinde und ihrer Ortsteile, die Sicherung der verbrauchernahen Versorgung der Bevölkerung und das Warenangebot des Betriebs zu berücksichtigen.

§ 12 Stellplätze und Garagen

(1) Stellplätze und Garagen sind in allen Baugebieten zulässig, soweit sich aus den Absätzen 2 bis 6 nichts anderes ergibt.

(2) In Kleinsiedlungsgebieten, reinen Wohngebieten und allgemeinen Wohngebieten sowie Sondergebieten, die der Erholung dienen, sind Stellplätze und Garagen nur für den durch die zugelassene Nutzung verursachten Bedarf zulässig.

(3) Unzulässig sind

1. Stellplätze und Garagen für Lastkraftwagen und Kraftomnibusse sowie für Anhänger dieser Kraftfahrzeuge in reinen Wohngebieten,
2. Stellplätze und Garagen für Kraftfahrzeuge mit einem Eigengewicht über 3,5 Tonnen sowie für Anhänger dieser Kraftfahrzeuge in Kleinsiedlungsgebieten und allgemeinen Wohngebieten.

(4) Im Bebauungsplan kann, wenn besondere städtebauliche Gründe dies rechtfertigen (§ 9 Abs. 3 des Baugesetzbuchs), festgesetzt werden, daß in bestimmten Geschossen nur Stellplätze oder Garagen und zugehörige Nebeneinrichtungen (Garagengeschosse) zulässig sind. Eine Festsetzung nach Satz 1 kann auch für Geschosse unterhalb der Geländeoberfläche getroffen werden. Bei Festsetzungen nach den Sätzen 1 und 2 sind Stellplätze und Garagen auf dem Grundstück nur in den festgesetzten Geschossen zulässig, soweit der Bebauungsplan nichts anderes bestimmt.

(5) Im Bebauungsplan kann, wenn besondere städtebauliche Gründe dies rechtfertigen (§ 9 Abs. 3 des Baugesetzbuchs), festgesetzt werden, daß in Teilen von Geschossen nur Stellplätze und Garagen zulässig sind. Absatz 4 Satz 2 und 3 gilt entsprechend.

(6) Im Bebauungsplan kann festgesetzt werden, daß in Baugebieten oder bestimmten Teilen von Baugebieten Stellplätze und Garagen unzulässig oder nur in beschränktem Umfang zulässig sind, soweit landesrechtliche Vorschriften nicht entgegenstehen.

(7) Die landesrechtlichen Vorschriften über die Ablösung der Verpflichtung zur Herstellung von Stellplätzen und Garagen sowie die Verpflichtung zur Herstellung von Stellplätzen und Garagen außerhalb der im Bebauungsplan festgesetzten Bereiche bleiben bei Festsetzungen nach den Absätzen 4 bis 6 unberührt.

§ 13 Gebäude und Räume für freie Berufe

Für die Berufsausübung freiberuflich Tätiger und solcher Gewerbetreibender, die ihren Beruf in ähnlicher Art ausüben, sind in den Baugebieten nach den §§ 2 bis 4 Räume, in den Baugebieten nach den §§ 4a bis 9 auch Gebäude zulässig.

§ 14 Nebenanlagen

(1) Außer den in den §§ 2 bis 13 genannten Anlagen sind auch untergeordnete Nebenanlagen und Einrichtungen zulässig, die dem Nutzungszweck der in dem Baugebiet gelegenen Grundstücke oder des Baugebiets selbst dienen und die seiner Eigenart nicht widersprechen. Soweit nicht bereits in den Baugebieten nach dieser Verordnung Ein-

Anhang III BauNVO

richtungen und Anlagen für die Tierhaltung zulässig sind, gehören zu den untergeordneten Nebenanlagen und Einrichtungen im Sinne des Satzes 1 auch solche für die Kleintierhaltung. Im Bebauungsplan kann die Zulässigkeit der Nebenanlagen und Einrichtungen eingeschränkt oder ausgeschlossen werden.

(2) Die der Versorgung der Baugebiete mit Elektrizität, Gas, Wärme und Wasser sowie zur Ableitung von Abwasser dienenden Nebenanlagen können in den Baugebieten als Ausnahme zugelassen werden, auch soweit für sie im Bebauungsplan keine besonderen Flächen festgesetzt sind. Dies gilt auch für fernmeldetechnische Nebenanlagen sowie für Anlagen für erneuerbare Energien, soweit nicht Absatz 1 Satz 1 Anwendung findet.

§ 15 Allgemeine Voraussetzungen für die Zulässigkeit baulicher und sonstiger Anlagen

(1) Die in den §§ 2 bis 14 aufgeführten baulichen und sonstigen Anlagen sind im Einzelfall unzulässig, wenn sie nach Anzahl, Lage, Umfang oder Zweckbestimmung der Eigenart des Baugebiets widersprechen. Sie sind auch unzulässig, wenn von ihnen Belästigungen oder Störungen ausgehen können, die nach der Eigenart des Baugebiets im Baugebiet selbst oder in dessen Umgebung unzumutbar sind oder wenn sie solchen Belästigungen oder Störungen ausgesetzt werden.

(2) Die Anwendung des Absatzes 1 hat nach den städtebaulichen Zielen und Grundsätzen des § 1 Abs. 5 des Baugesetzbuchs zu erfolgen.

(3) Die Zulässigkeit der Anlagen in den Baugebieten ist nicht allein nach den verfahrensrechtlichen Einordnungen des Bundes-Immissionsschutzgesetzes und der auf seiner Grundlage erlassenen Verordnungen zu beurteilen.

3. Gesetz zur Gleichstellung behinderter Menschen (Behindertengleichstellungsgesetz – BGG)
(Auszug)

vom 27. 4. 2002 (BGBl. I S. 1467, 1468)

§ 1 Gesetzesziel

Ziel dieses Gesetzes ist es, die Benachteiligung von behinderten Menschen zu beseitigen und zu verhindern sowie die gleichberechtigte Teilhabe von behinderten Menschen am Leben in der Gesellschaft zu gewährleisten und ihnen eine selbstbestimmte Lebensführung zu ermöglichen. Dabei wird besonderen Bedürfnissen Rechnung getragen.

§ 3 Behinderung

Menschen sind behindert, wenn ihre körperliche Funktion, geistige Fähigkeit oder seelische Gesundheit mit hoher Wahrscheinlichkeit länger als sechs Monate von dem für das Lebensalter typischen Zustand abweichen und daher ihre Teilhabe am Leben in der Gesellschaft beeinträchtigt ist.

§ 4 Barrierefreiheit

Barrierefrei sind bauliche und sonstige Anlagen, Verkehrsmittel, technische Gebrauchsgegenstände, Systeme der Informationsverarbeitung, akustische und visuelle Informationsquellen und Kommunikationseinrichtungen sowie andere gestaltete Lebensbereiche, wenn sie für behinderte Menschen in der allgemein üblichen Weise, ohne besondere Erschwernisse und grundsätzlich ohne fremde Hilfe zugänglich und nutzbar sind.

§ 5 Zielvereinbarung

(1) Soweit nicht besondere gesetzliche oder verordnungsrechtliche Vorschriften entgegenstehen, sollen zur Herstellung der Barrierefreiheit Zielvereinbarungen zwischen Verbänden, die nach § 13 Abs. 3 an-

Anhang III BGG

erkannt sind, und Unternehmen oder Unternehmensverbänden der verschiedenen Wirtschaftsbranchen für ihren jeweiligen sachlichen und räumlichen Organisations- oder Tätigkeitsbereich getroffen werden. Die anerkannten Verbände können die Aufnahme von Verhandlungen über Zielvereinbarungen verlangen.

(2) Zielvereinbarungen zur Herstellung von Barrierefreiheit enthalten insbesondere

1. die Bestimmung der Vereinbarungspartner und sonstige Reglungen zum Geltungsbereich und zur Geltungsdauer,
2. die Festlegung von Mindestbedingungen darüber, wie gestaltete Lebensbereiche im Sinne von § 4 künftig zu verändern sind, um dem Anspruch behinderter Menschen auf Zugang und Nutzung zu genügen,
3. den Zeitpunkt oder einen Zeitplan zur Erfüllung der festgelegten Mindestbedingungen.

Sie können ferner eine Vertragsstrafenabrede für den Fall der Nichterfüllung oder des Verzugs enthalten.

(3) Ein Verband nach Absatz 1, der die Aufnahme von Verhandlungen verlangt, hat dies gegenüber dem Zielvereinbarungsregister (Absatz 5) unter Benennung von Verhandlungsparteien und Verhandlungsgegenstand anzuzeigen. Das Bundesministerium für Arbeit und Sozialordnung gibt diese Anzeige auf seiner Internetseite bekannt. Innerhalb von vier Wochen nach der Bekanntgabe haben andere Verbände im Sinne des Absatzes 1 das Recht, den Verhandlungen durch Erklärung gegenüber den bisherigen Verhandlungsparteien beizutreten. Nachdem die beteiligten Verbände behinderter Menschen eine gemeinsame Verhandlungskommission gebildet haben oder feststeht, dass nur ein Verband verhandelt, sind die Verhandlungen innerhalb von vier Wochen aufzunehmen.

(4) Ein Anspruch auf Verhandlungen nach Absatz 1 Satz 3 besteht nicht,

1. während laufender Verhandlungen im Sinne des Absatzes 3 für die nicht beigetretenen Verbände behinderter Menschen,
2. in Bezug auf diejenigen Unternehmen, die ankündigen, einer Zielvereinbarung beizutreten, über die von einem Unternehmensverband Verhandlungen geführt werden,

3. für den Geltungsbereich und die Geltungsdauer einer zustande gekommenen Zielvereinbarung,
4. in Bezug auf diejenigen Unternehmen, die einer zustande gekommenen Zielvereinbarung unter einschränkungsloser Übernahme aller Rechte und Pflichten beigetreten sind.

(5) Das Bundesministerium für Arbeit und Sozialordnung führt ein Zielvereinbarungsregister, in das der Abschluss, die Änderung und die Aufhebung von Zielvereinbarungen nach den Absätzen 1 und 2 eingetragen werden. Der die Zielvereinbarung abschließende Verband behinderter Menschen ist verpflichtet, innerhalb eines Monats nach Abschluss einer Zielvereinbarung dem Bundesministerium für Arbeit und Sozialordnung diese als beglaubigte Abschrift und in informationstechnisch erfassbarer Form zu übersenden sowie eine Änderung oder Aufhebung innerhalb eines Monats mitzuteilen.

§ 13 Verbandsklagerecht

(1) Ein nach Absatz 3 anerkannter Verband kann, ohne in seinen Rechten verletzt zu sein, Klage nach Maßgabe der Verwaltungsgerichtsordnung oder des Sozialgerichtsgesetzes erheben auf Feststellung eines Verstoßes gegen

1. das Benachteiligungsverbot für Träger der öffentlichen Gewalt nach § 7 Abs. 2 und die Verpflichtung des Bundes zur Herstellung der Barrierefreiheit in § 8 Abs. 1, § 9 Abs. 1, § 10 Abs. 1 Satz 2, § 11 Abs. 1,
2. die Vorschriften des Bundesrechts zur Herstellung der Barrierefreiheit in § 46 Abs. 1 Satz 3 und 4 der Bundeswahlordnung, § 39 Abs. 1 Satz 3 und 4 der Europawahlordnung, § 54 Satz 2 der Wahlordnung für die Sozialversicherung, § 17 Abs. 1 Nr. 4 des Ersten Buches Sozialgesetzbuch, § 4 Abs. 1 Nr. 2a des Gaststättengesetzes, § 3 Nr. 1 Buchst. d des Gemeindeverkehrsfinanzierungsgesetzes, § 3 Abs. 1 Satz 2 und § 8 Abs. 1 des Bundesfernstraßengesetzes, § 8 Abs. 3 Satz 3 und 4 sowie § 13 Abs. 2a des Personenbeförderungsgesetzes, § 2 Abs. 3 der Eisenbahn-Bau- und Betriebsordnung, §§ 19d und 20b des Luftverkehrsgesetzes oder
3. die Vorschriften des Bundesrechts zur Verwendung von Gebärdensprache oder anderer geeigneter Kommunikationshilfen in § 17

Anhang III BGG

Abs. 2 des Ersten Buches Sozialgesetzbuch, § 57 des Neunten Buches Sozialgesetzbuch und § 19 Abs. 1 Satz 2 des Zehnten Buches Sozialgesetzbuch.

Satz 1 gilt nicht, wenn eine Maßnahme aufgrund einer Entscheidung in einem verwaltungs- oder sozialgerichtlichen Streitverfahren erlassen worden ist.

(2) Eine Klage ist nur zulässig, wenn der Verband durch die Maßnahme in seinem satzungsgemäßen Aufgabenbereich berührt wird. Soweit ein behinderter Mensch selbst seine Rechte durch eine Gestaltungs- oder Leistungsklage verfolgen kann oder hätte verfolgen können, kann die Klage nach Absatz 1 nur erhoben werden, wenn der Verband geltend macht, dass es sich bei der Maßnahme um einen Fall von allgemeiner Bedeutung handelt. Dies ist insbesondere der Fall, wenn eine Vielzahl gleich gelagerter Fälle vorliegt. Für Klagen nach Absatz 1 Satz 1 gelten die Vorschriften des 8. Abschnitts der Verwaltungsgerichtsordnung entsprechend mit der Maßgabe, dass es eines Vorverfahrens auch dann bedarf, wenn die angegriffene Maßnahme von einer obersten Bundes- oder einer obersten Landesbehörde erlassen worden ist.

(3) Auf Vorschlag der Mitglieder des Beirates für die Teilhabe behinderter Menschen, die nach § 64 Abs. 1 Satz 2, 1., 3. oder 12. Aufzählungspunkt des Neunten Buches Sozialgesetzbuch berufen sind, kann das Bundesministerium für Arbeit und Sozialordnung die Anerkennung erteilen. Es soll die Anerkennung erteilen, wenn der vorgeschlagene Verband

1. nach seiner Satzung ideell und nicht nur vorübergehend die Belange behinderter Menschen fördert,
2. nach der Zusammensetzung seiner Mitglieder oder Mitgliedsverbände dazu berufen ist, Interessen behinderter Menschen auf Bundesebene zu vertreten,
3. zum Zeitpunkt der Anerkennung mindestens drei Jahre besteht und in diesem Zeitraum im Sinne der Nummer 1 tätig gewesen ist,
4. die Gewähr für eine sachgerechte Aufgabenerfüllung bietet; dabei sind Art und Umfang seiner bisherigen Tätigkeit, der Mitgliederkreis sowie die Leistungsfähigkeit des Vereines zu berücksichtigen und
5. wegen Verfolgung gemeinnütziger Zwecke nach § 5 Abs. 1 Nr. 9 des Körperschaftsgesetzes von der Körperschaftssteuer befreit ist.

4. Bundes-Immissionsschutzgesetz (BImSchG)

(Auszug)

in der Fassung der Bekanntmachung vom 26. 9. 2002 (BGBl. I S. 3830)

Erster Teil
Allgemeine Vorschriften

§ 1 Zweck des Gesetzes

(1) Zweck dieses Gesetzes ist es, Menschen, Tiere und Pflanzen, den Boden, das Wasser, die Atmosphäre sowie Kultur- und sonstige Sachgüter vor schädlichen Umwelteinwirkungen zu schützen und dem Entstehen schädlicher Umwelteinwirkungen vorzubeugen.

(2) Soweit es sich um genehmigungsbedürftige Anlagen handelt, dient dieses Gesetz auch

– der integrierten Vermeidung und Verminderung schädlicher Umwelteinwirkungen durch Emissionen in Luft, Wasser und Boden unter Einbeziehung der Abfallwirtschaft, um ein hohes Schutzniveau für die Umwelt insgesamt zu erreichen, sowie
– dem Schutz und der Vorsorge gegen Gefahren, erhebliche Nachteile und erhebliche Belästigungen, die auf andere Weise herbeigeführt werden.

§ 3 Begriffsbestimmungen

(1) Schädliche Umwelteinwirkungen im Sinne dieses Gesetzes sind Immissionen, die nach Art, Ausmaß oder Dauer geeignet sind, Gefahren, erhebliche Nachteile oder erhebliche Belästigungen für die Allgemeinheit oder die Nachbarschaft herbeizuführen.

(2) Immissionen im Sinne dieses Gesetzes sind auf Menschen, Tiere und Pflanzen, den Boden, das Wasser, die Atmosphäre sowie Kultur- und sonstige Sachgüter einwirkende Luftverunreinigungen, Geräusche, Erschütterungen, Licht, Wärme, Strahlen und ähnliche Umwelteinwirkungen.

Anhang III BImSchG

(3) Emissionen im Sinne dieses Gesetzes sind die von einer Anlage ausgehenden Luftverunreinigungen, Geräusche, Erschütterungen, Licht, Wärme, Strahlen und ähnliche Erscheinungen.

(4) Lüftverunreinigungen im Sinne dieses Gesetzes sind Veränderungen der natürlichen Zusammensetzung der Luft, insbesondere durch Rauch, Ruß, Staub, Gase, Aerosole, Dämpfe oder Geruchsstoffe.

(5) Anlagen im Sinne dieses Gesetzes sind
1. Betriebsstätten und sonstige ortsfeste Einrichtungen,
2. Maschinen, Geräte und sonstige ortsveränderliche technische Einrichtungen sowie Fahrzeuge, soweit sie nicht der Vorschrift des § 38 unterliegen, und
3. Grundstücke, auf denen Stoffe gelagert oder abgelagert oder Arbeiten durchgeführt werden, die Emissionen verursachen können, ausgenommen öffentliche Verkehrswege.

(5a) Ein Betriebsbereich ist der gesamte unter der Aufsicht eines Betreibers stehende Bereich, in dem gefährliche Stoffe im Sinne des Art. 3 Nr. 4 der Richtlinie 96/82/EG des Rates vom 9. Dezember 1996 zur Beherrschung der Gefahren bei schweren Unfällen mit gefährlichen Stoffen (ABl. EG 1997 Nr. L 10 S. 13) in einer oder mehreren Anlagen einschließlich gemeinsamer oder verbundener Infrastrukturen und Tätigkeiten einschließlich Lagerung im Sinne des Art. 3 Nr. 8 der Richtlinie in den in Art. 2 der Richtlinie bezeichneten Mengen tatsächlich vorhanden oder vorgesehen sind oder vorhanden sein werden, soweit davon auszugehen ist, dass die genannten Stoffe bei einem außer Kontrolle geratenen industriellen chemischen Verfahren anfallen; ausgenommen sind die in Art. 4 der Richtlinie 96/82/EG angeführten Einrichtungen, Gefahren und Tätigkeiten.

(6) Stand der Technik im Sinne dieses Gesetzes ist der Entwicklungsstand fortschrittlicher Verfahren, Einrichtungen oder Betriebsweisen, der die praktische Eignung einer Maßnahme zur Begrenzung von Emissionen in Luft, Wasser und Boden, zur Gewährleistung der Anlagensicherheit, zur Gewährleistung einer umweltverträglichen Abfallentsorgung oder sonst zur Vermeidung oder Verminderung von Auswirkungen auf die Umwelt zur Erreichung eines allgemein hohen Schutzniveaus für die Umwelt insgesamt gesichert erscheinen lässt.

Bei der Bestimmung des Standes der Technik sind insbesondere die im Anhang aufgeführten Kriterien zu berücksichtigen.

(7) Dem Herstellen im Sinne dieses Gesetzes steht das Verarbeiten, Bearbeiten oder sonstige Behandeln, dem Einführen im Sinne dieses Gesetzes das sonstige Verbringen in den Geltungsbereich dieses Gesetzes gleich.

Zweiter Teil
Errichtung und Betrieb von Anlagen

Zweiter Abschnitt
Nicht genehmigungsbedürftige Anlagen

§ 22 Pflichten der Betreiber nicht genehmigungsbedürftiger Anlagen

(1) Nicht genehmigungsbedürftige Anlagen sind so zu errichten und zu betreiben, dass
1. schädliche Umwelteinwirkungen verhindert werden, die nach dem Stand der Technik vermeidbar sind,
2. nach dem Stand der Technik unvermeidbare schädliche Umwelteinwirkungen auf ein Mindestmaß beschränkt werden und
3. die beim Betrieb der Anlagen entstehenden Abfälle ordnungsgemäß beseitigt werden können.

Die Bundesregierung wird ermächtigt, nach Anhörung der beteiligten Kreise (§ 51) durch Rechtsverordnung mit Zustimmung des Bundesrates auf Grund der Art oder Menge aller oder einzelner anfallender Abfälle die Anlagen zu bestimmen, für die die Anforderungen des § 5 Abs. 1 Nr. 3 entsprechend gelten. Für Anlagen, die nicht gewerblichen Zwecken dienen und nicht im Rahmen wirtschaftlicher Unternehmungen Verwendung finden, gilt die Verpflichtung des Satzes 1 nur, soweit sie auf die Verhinderung oder Beschränkung von schädlichen Umwelteinwirkungen durch Luftverunreinigungen oder Geräusche gerichtet ist.

(2) Weitergehende öffentlich-rechtliche Vorschriften bleiben unberührt.

Anhang III BImSchG

§ 24 Anordnungen im Einzelfall

Die zuständige Behörde kann im Einzelfall die zur Durchführung des § 22 und der auf dieses Gesetz gestützten Rechtsverordnungen erforderlichen Anordnungen treffen. Kann das Ziel der Anordnung auch durch eine Maßnahme zum Zwecke des Arbeitsschutzes erreicht werden, soll diese angeordnet werden.

§ 25 Untersagung

(1) Kommt der Betreiber einer Anlage einer vollziehbaren behördlichen Anordnung nach § 24 Satz 1 nicht nach, so kann die zuständige Behörde den Betrieb der Anlage ganz oder teilweise bis zur Erfüllung der Anordnung untersagen.

(1a) Die zuständige Behörde hat die Inbetriebnahme oder Weiterführung einer nicht genehmigungsbedürftigen Anlage, die Betriebsbereich oder Teil eines Betriebsbereichs ist und gewerblichen Zwecken dient oder im Rahmen wirtschaftlicher Unternehmungen Verwendung findet, ganz oder teilweise zu untersagen, solange und soweit die von dem Betreiber getroffenen Maßnahmen zur Verhütung schwerer Unfälle im Sinne des Art. 3 Nr. 5 der Richtlinie 96/82/EG oder zur Begrenzung der Auswirkungen derartiger Unfälle eindeutig unzureichend sind. Die zuständige Behörde kann die Inbetriebnahme oder die Weiterführung einer Anlage im Sinne des Satzes 1 ganz oder teilweise untersagen, wenn der Betreiber die in einer zur Umsetzung der Richtlinie 96/82/EG erlassenen Rechtsverordnung vorgeschriebenen Mitteilungen, Berichte oder sonstigen Informationen nicht fristgerecht übermittelt.

(2) Wenn die von einer Anlage hervorgerufenen schädlichen Umwelteinwirkungen das Leben oder die Gesundheit von Menschen oder bedeutende Sachwerte gefährden, soll die zuständige Behörde die Errichtung oder den Betrieb der Anlage ganz oder teilweise untersagen, soweit die Allgemeinheit oder die Nachbarschaft nicht auf andere Weise ausreichend geschützt werden kann.

5. Bundesfernstraßengesetz (FStrG)
(Auszug)

in der Fassung der Bekanntmachung vom 19. 4. 1994 (BGBl. I S. 854), zuletzt geändert durch Gesetz vom 20. Februar 2003 (BGBl. I S. 286)

§ 15 Nebenbetriebe an den Bundesautobahnen

(1) Betriebe an den Bundesautobahnen, die den Belangen der Verkehrsteilnehmer der Bundesautobahnen dienen (z. B. Tankstellen, bewachte Parkplätze, Werkstätten, Verlade- und Umschlagsanlagen, Raststätten) und eine unmittelbare Zufahrt zu den Bundesautobahnen haben, sind Nebenbetriebe.

(2) Der Bau von Nebenbetrieben kann auf Dritte übertragen werden. Der Betrieb von Nebenbetrieben ist auf Dritte zu übertragen, soweit nicht öffentliche Interessen oder besondere betriebliche Gründe entgegenstehen. Die Übertragung von Bau und Betrieb kann unter Auflagen und Bedingungen sowie befristet erfolgen; der Vorbehalt der nachträglichen Aufnahme, Änderung oder Ergänzung einer Auflage (§ 36 Verwaltungsverfahrensgesetz) ist ausgeschlossen. Die Übertragung erfolgt unter Voraussetzungen, die für jeden Dritten gleichwertig sind. Dies gilt besonders für Betriebszeiten, das Vorhalten von betrieblichen Einrichtungen sowie Auflagen für die Betriebsführung. Hoheitliche Befugnisse gehen nicht über; die §§ 4, 17 und 18f bis 19a finden Anwendung.

(3) Für das Recht, einen Nebenbetrieb an der Bundesautobahn zu betreiben, hat der Konzessionsinhaber eine umsatz- oder absatzabhängige Konzessionsabgabe an den Bund zu entrichten. Das Bundesministerium für Verkehr, Bau- und Wohnungswesen wird ermächtigt, durch Rechtsverordnung im Einvernehmen mit dem Bundesministerium der Finanzen ohne Zustimmung des Bundesrates die Höhe der Konzessionsabgabe festzusetzen und die Voraussetzungen sowie das Verfahren zur Erhebung der Konzessionsabgabe zu regeln. Die Höhe der Konzessionsabgabe hat sich an dem Wert des wirtschaftlichen Vorteils auszu-

Anhang III FStrG

richten, der dem Konzessionsinhaber durch das Recht zuwächst, einen Nebenbetrieb an der Bundesautobahn zu betreiben; sie darf höchstens 1,53 Euro pro einhundert Liter abgegebenen Kraftstoffs und höchstens 3 vom Hundert von anderen Umsätzen betragen. Die Konzessionsabgabe ist an das Bundesamt für Güterverkehr zu entrichten.

(4) Vorschriften über Sperrzeiten gelten nicht für Nebenbetriebe. Alkoholhaltige Getränke dürfen in der Zeit von 0.00 Uhr bis 7.00 Uhr weder ausgeschenkt noch verkauft werden.

Stichwortverzeichnis

Fette Zahlen verweisen auf die **Paragrafen des GastG**,
magere Zahlen verweisen auf die *Randnummern* des Inhalts;
Anh in Verbindung mit römischen und arabischen Zahlen verweist
auf Fundstellen im **Anhang** und dessen Untergliederung.

Abmahnung 15 31
– Nebenleistung **7** 9
Akzessorietät
– Nebenleistung **7** 25
– Stellvertretungserlaubnis **9** 16 f.
Alkohol
– Sperrzeitverkürzung **18** 38a
Alkoholfreie Getränke 3 76 f.; **6** 2–22
– Ausschankpflicht **6** 10–13
– Automatenabgabe **6** 20
– Bestellzwang **20** 16–23
– Gesellschaft **6** 5
– Jugendschutz **6** 3
– Ordnungswidrigkeit **28** 22
– Preisbildung **6** 14–19
– Straßenverkauf **7** 34
– Straußwirtschaft **6** 8; **14** 9
– Verein **6** 5
Alkoholische Getränke
– Ausschankverbot *(s. auch dort)* **19** 2–12
– Begriff **2** 19; **6** 9
– Bestellzwang **20** 16–23
– Handelsuntersagung **17** 2 ff.
– Ordnungswidrigkeit **28** 15 f.

Alkoholmissbrauch 4 46
– Bekämpfung **Vor 1** 13; **6** 3
Alkoholsucht 4 43
Allgemeine Verbote 20 2–26
– Alkoholabgabe an Betrunkene **20** 11–15
– Branntweinabgabe **20** 4–10
– Getränkebestellungszwang **20** 16–23
– Vollrausch **20** 14
Altbetriebe 34 3 ff.
Amtshaftung
– Gestattung **12** 44
– Versagung Gaststättenerlaubnis **2** 98; **4** 9
Amtspflicht
– Auflagenerteilung **5** 48
– Widerruf **15** 31
Änderungen des GastG Vor 1 17 f.
Anfechtungsklage
– Antragsmuster **2** 91
– aufschiebende Wirkung **2** 94
– Beiladung Erlaubnisinhaber **2** 93
– Beschäftigungsverbot **21** 13
– Beurteilung der Sach- und Rechtslage, Zeitpunkt **2** 92

Stichwortverzeichnis

- isolierte **3** 92 ff.
- isolierte –, Musterantrag **3** 92
- Nachbar **2** 88–92
- Sperrzeitfestsetzung **18** 58, 68 f.
- Verwirkung **2** 91

Anhörung
- Ablehnung Gaststättenerlaubnis **2** 34

Anordnung **5** 2–56
- Abgrenzung Auflage **5** 5 f.
  s. auch Auflage

Anwaltszwang **2** 62, 70

Anwendungsbereich
- Gaststättengesetz **25** 2–23

Anzeigepflicht
- Altbetriebe **34** 7
- Bahnhofsgaststätten **25** 21
- Ordnungswidrigkeit **28** 9
- Reisegewerbe **13** 5
- Stellvertretungserlaubnis **9** 30
- Vertreterwechsel **4** 195–201
- Weiterführungsbefugnis **10** 23 f., 26
- Zubehörabgabe **7** 14

Arbeitsschutzrecht **4** 81

Arbeitsstättenverordnung **4** 81, 203; **5** 31 f.
- Nichtraucherschutz **5** 32

Auflage **3** 65–72; **5** 2–56
- Abgrenzung Anordnung **5** 5 f.
- Abgrenzung Sperrzeit **5** 10
- Abwägung **5** 41
- Adressat **5** 16
- Alkohol **5** 24
- Allgemeinheit, Schutz **5** 33 ff.
- Anfahrtsgeräusche **5** 34 a
- Anwendungsbereich **5** 4–15
- Ausbeutung **5** 21, 35 b
- Auswahlermessen **5** 42
- Ballermann-Party **5** 24
- Beschäftigtenschutz **5** 29–32
- Bestimmtheit **5** 37
- Besucherzahl **5** 35 c
- Betriebsart **5** 19
- Bewohnerschutz **5** 33 ff.
- Definition **3** 65
- Durchsetzung **5** 55
- Durchsetzung Unterrichtungsnachweis **3** 67
- Einweggeschirr **5** 35 d
- Entschließungsermessen **5** 42
- Ermessen **5** 39–48
- Ermessensreduzierung **5** 43
- Gassenschank **5** 34 b
- Gästelärm **5** 34 d
- Gehörschäden **5** 26
- Gerüche **5** 35 e
- Gesellschaften **5** 8
- Gestattung **5** 9; **12** 26 ff.
- Gesundheitsschutz **5** 23
- Grenze **5** 19
- juristische Person **5** 16
- Kegellärm **5** 34 c
- Küchenlärm **5** 34 e
- Lärmschutz **5** 26
- Lebensschutz **5** 23
- modifizierende **3** 71 f.
- Musiklärm **5** 34 f
- Nachbarschutz **5** 33 ff.
- Nichtraucherschutz **5** 25, 32
- Portier **5** 35 f
- Privatrecht **5** 45
- Prostitution **5** 35 g

Stichwortverzeichnis

- Rauchen **5** 25
- Rechtsschutz Gaststättenbetreiber **5** 52
- Rechtsschutz Nachbar **5** 53 f.
- Schriftform **5** 38
- Schutzzwecke **5** 2 f.
- Selbstbindung der Verwaltung **5** 46
- Sittenwidrigkeit **5** 27
- Stechuhr-Prinzip **5** 24
- Stellvertreter **5** 16
- Unterrichtungsnachweis **4** 193
- Ventilatorgeräusche **5** 34g
- Vereine **5** 8
- Verhältnis aufschiebende Bedingung **3** 68
- Verhältnismäßigkeit **5** 17, 36, 47
- Verstoß (Auswirkungen) **4** 73a
- Verwaltungsverfahren **5** 49 ff.
- Wetttrinken **5** 24
- Widerruf Gaststättenerlaubnis **15** 47
- wirtschaftliche Leistungsfähigkeit **5** 45
- Zugänglichkeit **5** 35h

Auflagenvorbehalt 3 69 f.

Aufsichtspflichtverletzung 4 73b

Ausbeutung 4 44; **5** 21; **5** 35b

Auskunft
- Ehegatte **22** 7
- Ermessen **22** 6
- Lebenspartner(in) **22** 7
- Ordnungswidrigkeit **28** 18
- Verhältnismäßigkeit **22** 6
- Verlobte(r) **22** 7
- Verweigerungsrechte **22** 7
- Zumutbarkeit **22** 6

Ausländer Vor 1 16; **4** 7, 213 f.
- Europarecht **Vor 1** 29
- Gaststättenerlaubnis **2** 8
- Unterrichtungsnachweis **4** 190
- Unzuverlässigkeit **4** 73c
- Widerruf Gaststättenerlaubnis **15** 30a

Ausschankverbot
- abstraktes Verbot **19** 8
- alkoholische Getränke **19** 2–12
- Allgemeinverfügung **19** 7
- Anwendungsbereich **19** 3
- Berufsausübung **19** 4
- Einzelverfügung **19** 7
- Ermessen **19** 9 f.
- Verfassungsrecht **19** 4
- Voraussetzungen **19** 5 ff.

Autobahnraststätte
- Auflagen **5** 14
- Sperrzeit **18** 16

Automaten
- alkoholfreie Getränke **6** 20
- Branntweinabgabe **20** 4–10
- Erlaubnisfreiheit **2** 22
- Kondomabgabe **7** 20
- Kondome **7** 4
- Schankwirtschaften **1** 34
- Speisewirtschaften **1** 36
- Sperrzeit **7** 4
- Süßwaren **7** 4
- Waren **7** 4
- Zigaretten **7** 4

835

Stichwortverzeichnis

automatisierte Gaststättenerlaubnis 3 8
Autorasthof
– Sperrzeitverkürzung 18 38 d

Baden-Württemberg
– Gaststättenverordnung **Anh** I 1
Bahnhofsgaststätten
– Anwendung Gaststättengesetz 25 17–23
– Anzeigepflicht 25 21
– bauliche Anforderungen 25 20
– behördliche Bestätigung 25 22
– Besitzstandsregelung 25 18
– Entwidmung Bahnanlage 25 20
– Erlöschen Erlaubnis 25 23
– Planfeststellungsverfahren 25 20
– Sperrzeit **18** 8
– Verwaltungspraxis 25 19
Ballermann-Party 4 46; 5 24
Barrierefreiheit 4 88–108
– Baugestaltung 4 97 f.
– Begriff 4 99
– Behindertengleichstellungsgesetz 4 88
– Ermessen 4 104
– Gaststättenräume 4 97 f.
– Landesverordnungen 4 207–211
– Legaldefinition 4 99
– Stichtagsregelung 4 105 ff.
– Unmöglichkeit 4 101–104
– Unzumutbarkeit 4 101–104

– Zielvereinbarung 4 106 ff.
Baugenehmigung
– Bindungswirkung 4 144
– Sperrzeit **18** 37c, 38e
– Vorrang 4 145
Baugesetzbuch
– Text **Anh** III 1
Baunutzungsverordnung 4 153–171
– Text **Anh** III 2
Bauordnungsrecht 4 81, 148 ff.
– Barrierefreiheit 4 210
– Betriebsräume 4 75
– Nachbarschutz 4 150
Bauplanungsrecht 4 143, 151–178
– allgemeines Wohngebiet 4 160 ff.
– BauNVO 4 153–171
– Bebauungsplan 4 152
– besonderes Wohngebiet 4 163
– Dorfgebiet 4 164
– Gewerbegebiet 4 166 ff.
– Industriegebiet 4 166 ff.
– Kerngebiet 4 166 ff.
– Kleinsiedlungsgebiet 4 160 ff.
– Mischgebiet 4 165
– Nachbarschutz 4 169 ff., 174, 178
– privilegiertes Vorhaben 4 177 f.
– reines Wohngebiet 4 159
– Sperrzeit **18** 37d, 38f
– unbeplanter Außenbereich 4 176 ff.
– unbeplanter Innenbereich 4 172 ff.

Stichwortverzeichnis

Baurecht 4 143–182
– Baugenehmigung, Bindungswirkung 4 144
– BauNVO 4 153–171
– Bauordnungsrecht 4 81, 148–150
– Bauplanungsrecht 4 143, 151–178
– Nachbarschutz 4 150, 169 ff., 174 ff., 178
– privilegiertes Vorhaben 4 177 f.
– unbeplanter Außenbereich 4 176 ff.
– unbeplanter Innenbereich 4 172 ff.
– Verhältnis zum GastG 4 144 ff.

Bayerische Biergartenverordnung 4 125

Bayern
– Biergartenverordnung **Anh** I 2 c
– Gaststättenbauverordnung **Anh** I 2 b
– Gaststättenverordnung **Anh** I 2 a
– Sonderregelungen 26 2–11

Bedarfslücke
– Sperrzeitverkürzung 18 38 g

Bedingung 3 58–61
– auflösende 3 60
– aufschiebende 3 59
– Verhältnis aufschiebende Auflage 3 68

Bedürfnisprüfung Vor 1 9, 16; **12** 9, 21; **24** 3
– Europarecht **Vor 1** 32
– Grundgesetz **Vor 1** 9, 16

Beförderungsmittel
– Ausschluss Gaststättengesetz 25 11–16
– Bundeseisenbahnen 25 13
– Eisenbahnunternehmen 25 13
– Luftfahrzeuge 25 12
– Magnetschwebebahnen 25 14
– Personenwagen 25 13
– Reisebusse 25 16
– Schienenbahnen 25 13
– Schiffe 25 15

Befristung
– Antragsbindung 3 48
– Begriff 3 44
– Gaststättenerlaubnis 3 42–50
– Gestattung 12 17 f.
– Missachtung 3 49
– Stellvertretungserlaubnis 9 22 ff.
– vorläufige Erlaubnis 11 23 f.

Begriffe
– Geltung der – des GastG 1 3

Beherbergungsbetrieb
– BauNVO 4 153–171
– Begriff 1 39–49
– Begriff nach altem Recht 1 39
– Boardinghouse 1 45 ff.
– Erlaubnisfreiheit 2 29
– Gestattung 12 4
– Landesverordnungen 4 206 a
– Reichweite des Begriffs 1 40–44
– Sperrzeit 18 9
– Straßenverkauf 7 26
– Unterrichtungsnachweis 4 185

837

Stichwortverzeichnis

Beherbergungsstättenverordnung
- Mecklenburg-Vorpommern **Anh** I 8 b

Beherbergungsvertrag Vor 1 3 f.

Behindertengleichstellungsgesetz 4 88
- Text **Anh** III 3
- Verfassungsmäßigkeit 4 90–96

Beiladung
- Gaststättenbetreiber 2 93
- Nachbar 2 64

Berlin 37 2 f.
- Gaststättenverordnung **Anh** I 3

Berufsausübung 8 7; 12 6
- Ausschankverbot 19 4
- Beschäftigungsverbot 21 5, 12
- Sperrzeit 18 19

Berufsfreiheit 3 14; 4 22, 76, 117, 204

Berufsgenossenschaft
- Pflichtverletzung, Folgen 4 73e

Berufung 2 66–70
- Darlegungslast 2 68
- Zulassung 2 67
- Zulassungsantrag 2 68

Besatzungsmacht
s. *US-B.*

Beschäftigte 5 20
- Auflagen 5 29 ff.
- Schutz 5 29 ff.

Beschäftigungsverbot 21 2–23
- Adressat 21 10
- Anfechtungsklage 21 13
- Anwendungsbereich 21 4
- Arbeitsvertrag 21 11
- Berechtigung 21 3
- Berufsausübung 21 5, 12
- Beschäftigung (Begriff) 21 6 f.
- Ermessen 21 9
- Folgen 21 11–14
- Jugendarbeitsschutzgesetz 21 17 ff.
- Kündigungsrecht 21 11
- Landesverordnungen 21 15 f.
- Ordnungswidrigkeit 28 17
- Rechtsschutz 21 13
- Rechtsverordnung 21 15 f.
- Unzuverlässigkeit 21 6–10
- Verfassungsrecht 21 5
- Widerruf 21 14
- Zweck 21 2

Bescheidungsklage
- Antragsmuster 12 41

Besitzstandsklausel 34 2

Bestandsschutz 5 45
- Auflage 5 17, 37

Bestimmtheit
- Gaststättenerlaubnis 2 38
- Nebenbestimmung 3 56

Besucherzahl 5 35c

Betreuungseinrichtungen
- Ausschluss Gaststättengesetz 25 9 f.
- Bundespost 25 10
- Polizei 25 9
- Streitkräfte 25 9

Betriebsart 3 12–28
- Änderung 3 25–28
- Auflage 5 19

Stichwortverzeichnis

- Aushöhlung **5** 19
- Beispiele **3** 22 ff.
- Bezeichnung **3** 12 f.
- Bezeichnungsart **3** 15–19
- Kurzbezeichnung **3** 18 f.
- Merkmale **3** 20 f.
- Schriftform **3** 15

Betriebsbeginn
- Begriff **8** 10 ff.
- Fristberechnung **8** 18

Betriebsbezogenheit Gaststättenerlaubnis 3 2

Betriebsgeheimnisse 22 4

Betriebskantine
- Ausschluss Gaststättengesetz **25** 4–8
- Begriff Betrieb **25** 5
- Betriebsangehöriger **25** 6
- Betriebsgelände **25** 8
- Fremdbesucher **25** 6 f.

Betriebskontinuität 11 2, 18

Betriebsräume 3 29–41
- Änderung **3** 38 ff.
- Begriff **3** 31 f.
- Bestimmung **3** 29
- Bezeichnungsart **3** 33 ff.
- Eignung **4** 74–87
- Gestattung **12** 7
- Privatrecht **3** 37
- unbefugte Nutzung **3** 41
- Zugänglichkeit **4** 206e; **5** 35h

Betriebsstilllegung 15 54

Betriebsuntersagung 11 33; **16** 2–12
- Dauerverwaltungsakt **16** 11
- Rechtsschutz **16** 10 ff.

- ultima ratio **16** 5
- Verwaltungsverfahren **16** 9

Betrunkene
- Alkoholabgabe **20** 11–15

Bewirtungsvertrag Vor 1 3 f.

Biergartenverordnung
- Bayern **Anh** I 2 c

Bierlieferungsvertrag Vor 1 6

Boardinghouse 1 45 f.; **4** 157

Brandenburg
- Gaststättenverordnung **Anh** I 4 a
- Sperrzeitverordnung **Anh** I 4 b

Branntwein 20 4–10

Bremen
- Gaststättenverordnung **Anh** I 5

Bundesfernstraßengesetz 18 16; **36** 2 f.
- Auflagen **5** 14
- Text **Anh** III 5

Bundes-Immissionsschutzgesetz 4 119 ff.; **5** 33
- Auflagen **5** 14
- Begriffsdefinitionen **4** 126
- Text **Anh** III 4
- Verhältnis zum GastG **4** 119–124

Bundesländer Vor 1 24
Bundesrecht Vor 1 23
Bundeszentralregister 4 73 q

DDR
- erlaubnisfreie Betriebe **Vor 1** 21

Stichwortverzeichnis

- Erlaubnisse nach dem Recht der **Vor 1** 20
- **Deutsche Wiedervereinigung Vor 1** 19 ff.
- **Diskothek**
- Betreiberpflichten **4** 73f
- Drogenmissbrauch **4** 73f
- Sperrzeit **18** 37e, 38i
- **Drogen**
  s. *Drogenmissbrauch*
- **Drogenmissbrauch 4** 73f
- Sperrzeitverlängerung **18** 37i
- Widerruf Gaststättenerlaubnis **15** 30 f.

Ehegatte 4 31
- Auskunftsverweigerungsrecht **22** 7
- Weiterführungsbefugnis **10** 7

Eigentumsrecht 8 7

Eigentumsrechte
- Sperrzeit **18** 20

Einschenken
- schlechtes **4** 73h

Einstweilige Anordnung
- Anordnungsanspruch **2** 74
- Anordnungsgrund **2** 74
- Beschwere **2** 76
- Statthaftigkeit **2** 73
- Vorwegnahme Hauptsache **2** 75

Einweggeschirr 5 35d

Ergänzende Erlaubnis
- Muster **3** 80, 82–86

Erlaubnis
  s. *Gaststättenerlaubnis*

Erlaubnisfreiheit 2 17–28
- Automaten **2** 22
- Beherbergungsbetrieb **2** 29
- Kostproben **2** 21
- Ladengeschäfte **2** 23–28
- Milchprodukte **2** 18 ff.

Erlaubnispflicht 2 2 f.

Erlaubnisurkunde 3 5
- Bestimmung der Betriebsräume **3** 29
- Betriebsartbezeichnung **3** 12, 13

Erlaubnisvorbehalt 2 2 f.

Erlöschen
- Erlaubnis Bahnhofsgaststätte **25** 23
- Gestattung **12** 39
- Kommunbrauberechtigung **26** 10
- Realgewerbeberechtigung **24** 5 f.

Erlöschen Gaststättenerlaubnis 8 2–23
- Baugenehmigung **8** 4
- behördliche Frist **8** 19
- Berechtigung **8** 3
- Betrieb, Nichtausübung **8** 13 ff.
- Betriebsbeginn **8** 10 ff.
- Ermessen **8** 22
- Feststellungsklage **8** 26
- Fristablauf **8** 16b
- Fristberechnung **8** 17 f.
- Fristunterbrechung **8** 18
- Fristverlängerung **8** 19–23
- gesetzliche Frist **8** 19
- Gestattung **8** 5

- Insolvenz **8** 16c
- Jahresfrist, Verlängerung **8** 6
- juristische Person, Erlöschen **8** 16a
- Realgewerbeberechtigung **8** 5, 16d
- Rechtsschutz **8** 26 f.
- Rücknahme **8** 16e
- Stellvertretungserlaubnis **8** 5
- Teilerlöschen **8** 9
- Tod Erlaubnisinhaber **8** 16f
- Umwandlung **8** 16g
- Verfassungsrecht **8** 7
- Verpachtung **8** 12
- Verwaltungsverfahren **8** 24 f.
- Verzicht **8** 16h
- vorläufige Erlaubnis **8** 5
- wichtiger Grund **8** 22
- Widerruf **8** 16e

Erlöschen Stellvertretungserlaubnis 9 26 f.

Ermessen 4 84 f.
- Abwägung **5** 41
- Auflagenerteilung **5** 39–48
- Auskunft **22** 6
- Auswahlermessen **5** 42
- Barrierefreiheit **4** 104
- Beschäftigungsverbot **21** 9
- Bestandsschutz **5** 45
- Betriebsuntersagung **2** 48
- Entschließungsermessen **5** 42
- Gestattung **12** 9, 21 ff.
- Reduzierung auf Null **2** 48; **5** 43; **18** 70
- Selbstbindung der Verwaltung **5** 46
- Sperrzeit **18** 43–48
- Verhältnismäßigkeit **5** 47
- Verlängerung Gaststättenerlaubnis **8** 22
- vorläufige Erlaubnis **11** 17–21
- Zweckwidrigkeit **5** 40

Ermessensergänzung 15 58

EU-Angehörige
  s. Ausländer

Europarecht Vor 1 26–33
- Bedeutung **Vor 1** 26
- Dienstleistungsfreiheit **Vor 1** 31
- Gesellschaften aus EU-Mitgliedsstaaten **Vor 1** 30, 33; **2** 11
- Niederlassungsfreiheit **Vor 1** 26, 28 ff.
- Unterrichtungsnachweis **Vor 1** 28
- Zuständigkeiten der EU **Vor 1** 27

Fahrzeuggeräusche 4 133

Feststellungsklage
- Antragsmuster **2** 65
- Erlöschen Gaststättenerlaubnis **8** 26
- Gaststättenbetreiber **2** 65
- Verbandsklage **4** 218

Feuerungsanlagen 4 129

Fortsetzungsfeststellungsklage
- Antragsmuster **12** 42

Gassenschank 5 34b
  s. auch Straßenverkauf

Stichwortverzeichnis

Gast
- Begriff **28** 12

Gastaufnahmevertrag Vor 1
3 ff.
- Beherbergungsvertrag **Vor 1**
3 ff.
- Bewirtungsvertrag **Vor 1**
3 ff.
- Kontrahierungszwang
  Vor 1 5
- Mischvertrag **Vor 1** 4
- Pensionsvertrag **Vor 1** 4

Gäste
- Alkohol **5** 24
- Beförderung **7** 20
- Begriff **5** 20; **7** 15 f.
- Gehörschäden **5** 26
- Lärm **5** 34d
- Lärmschutz **5** 26
- Rauchen **5** 25
- Schutz **5** 20–28
- Zubehörabgabe **7** 15 f.

GastG
- als Bundesrecht **Vor 1** 23
- gewerberechtliches Spezialgesetz **1** 4
- Verordnungen **Vor 1** 22 f.
- Verwaltungsvorschriften
  Vor 1 22 ff.
- Zuständigkeit Bundesländer
  Vor 1 24
- Zweck **Vor 1** 12–16

Gaststättenbauverordnung
4 205
- Bayern **Anh** I 2 b

Gaststättenbehörde
- Ermessen **4** 84 f.

- Identität mit Baurechtsbehörde
  4 147
- Prognose **4** 83

Gaststättenbetreiber
- Alkoholsucht **4** 43
- Aufsicht **15** 30b
- Ehegatte **4** 31; **10** 7
- Erbe **10** 7
- Feststellungsklage **2** 65
- Lebenspartner **4** 31; **10** 7
- Sachkundenachweis **Vor 1** 16
- Stellvertreter **9** 6–15
- Stellvertretung, Pflichten **9** 15
- Tod **8** 16f
- Umwandlung **2** 13 ff.
- Unterrichtungsnachweis **Vor 1**
  28; **3** 67; **4** 183–193
- Unzuverlässigkeit **4** 16–73
- Verantwortlichkeit **4** 29 f.
- zivilrechtliche Pflichten **4** 73v
- Zubehörabgabe **7** 11

Gaststättenbetrieb
- allgemeines Wohngebiet
  4 160 ff.
- Barrierefreiheit **4** 88–108,
  207–211
- BauNVO **4** 153–171
- Bebauungsplan **4** 152
- Bedarfslücke **18** 38g
- Beginn **8** 18
- Beschäftigte **5** 20
- besonderes Wohngebiet **4** 163
- Besucherzahl **5** 35c
- Betriebsart **3** 12–28
- Dorfgebiet **4** 164
- Eignung **4** 73g
- Einzugsbereich **18** 38j

Stichwortverzeichnis

- Erlaubnispflicht **2** 2 f.
- Gäste **5** 20
- Gestattung **12** 2–47
- Gewerbegebiet **4** 166 ff.
- gewerbliche Niederlassung **13** 2–12
- Hinterbliebenenprivileg **10** 2
- Industriegebiet **4** 166 ff.
- Kerngebiet **4** 166 ff.
- Kleinsiedlungsgebiet **4** 160 ff.
- Mischgebiet **4** 165
- Nebenleistungen **7** 2–37
- Nichtausübung **8** 13 ff., 18
- Räume **3** 29–41
- Raumhöhe **4** 206c
- Rechtsform **1** 29
- reines Wohngebiet **4** 159
- Reisegewerbe **1** 50–57
- Sportanlage **4** 136
- Stilllegung **15** 54
- Toilettenbenutzung **4** 206d
- unbeplanter Außenbereich **4** 176 ff.
- unbeplanter Innenbereich **4** 172 ff.
- Untersagung **12** 30; **16** 2–12
- Verpachtung **8** 12
- vorübergehende Dauer **12** 2–47
- Weiterführung **10** 2–26
- Zubehör **7** 8–22

Gaststättenerlaubnis
- Amtshaftung **2** 98
- Anlagen **3** 6
- Anspruch auf Erteilung **2** 4
- Auflagen **3** 65–72
- Auflagenvorbehalt **3** 69 f.
- aufschiebende Wirkung **2** 94
- Ausländer **2** 8
- automatisierte **3** 8
- Bedingung **3** 58–61
- Befristung **3** 42–50
- Begründung **3** 11
- Bestimmtheit **2** 38
- Bestimmung der Betriebsräume **3** 29
- Betriebsartbezeichnung **3** 12 f.
- Betriebsbezogenheit **3** 2
- dauerhaftes Verwaltungsrechtsverhältnis **2** 5
- elektronischer Antrag **3** 9 f.
- ergänzende Erlaubnis **3** 40
- Erlöschen **8** 2–23
- Erteilungsanspruch **4** 4
- Erteilungshindernisse **4** 5
- Geltungsdauer **8** 2–23
- gerichtlicher Eilschutz **2** 71–76
- Gesellschaft Bürgerlichen Rechts **2** 10
- Gesellschaften **2** 7
- Gesellschaften aus EU-Mitgliedsstaaten **2** 11
- Gestattung **12** 3
- Inhaber **2** 6–16
- Konkurrenzschutz **2** 99
- modifizierende Auflage **3** 71 f.
- Muster **3** 79, 82–86
- Muster Ablehnungsentscheidung **3** 81–86
- Muster ergänzende Erlaubnis **3** 80, 82–86
- Nachbarschutz **2** 77–97
- Nebenbestimmungen **3** 51–75

Stichwortverzeichnis

- Nichtigkeit **3** 7, 13
- nichtrechtsfähiger Verein **2** 9
- Personengesellschaften **2** 9, 12
- Personenmehrheiten **2** 9, 12
- persönliche Erlaubnis **2** 6
- Privatrecht **4** 7, 86
- Raumbezogenheit **3** 2
- Rechtsmittel bei Versagung **2** 51–70
- Rechtsnachfolge **2** 6
- Rücknahme **4** 10; **15** 2–26
- Sachbescheidungsinteresse **4** 6
- Schriftform **2** 36; **3** 2
- Schriftform Erteilungsantrag **2** 31
- sofortige Vollziehung **2** 95
- Stellvertreter **9** 6–15
- Stellvertretungserlaubnis **9** 2–30
- Strohmann **4** 7
- Umwandlung **2** 13 ff.; **8** 16g
- Unzuverlässigkeit **4** 16–73
- Verfahrensdauer **2** 43
- Verlängerung **8** 19–23
- Verpflichtungsklage **2** 56–70
- Versagungsgründe **4** 3
- Verwaltungsakt **2** 4, 36
- Verwaltungsverfahren **2** 30–50
- Verzicht **8** 16h; **15** 55
- vorläufige Erlaubnis **11** 2–25
- Vorratserlaubnis **8** 2
- Widerruf **4** 200; **15** 2–13, 27–48
- Widerrufsvorbehalt **3** 62 ff.
- Widerspruch **2** 51–55
- Zuständigkeit **2** 33
- Zweck **2** 80

Gaststättengesetz
- Anwendungsbereich **25** 2–23
- Verhältnis zum Baurecht **4** 144 ff.
- Verhältnis zum BImSchG **4** 119–124

Gaststättenverordnungen
  s. auch Landesverordnungen
- Baden-Württemberg **Anh** I 1
- Bayern **Anh** I 2 a
- Berlin **Anh** I 3
- Brandenburg **Anh** I 4 a
- Bremen **Anh** I 5
- Hamburg **Anh** I 6 a
- Mecklenburg-Vorpommern **Anh** I 8 a
- Nordrhein-Westfalen **Anh** I 10
- Rheinland-Pfalz **Anh** I 11
- Saarland **Anh** I 12
- Sachsen **Anh** I 13
- Sachsen-Anhalt **Anh** I 14 a
- Schleswig-Holstein **Anh** I 15 a
- Thüringen **Anh** I 16

Gastwirt
  s. Gaststättenbetreiber

Gebot der Rücksichtnahme
  s. Rücksichtnahmegebot

Gefahr
- Auflagen **5** 33
- konkrete **4** 83; **5** 22

Geheimhaltungspflicht 27 2 ff.

Gemengelage 4 138

Gemischte Betriebe 1 18 ff.
- Nebenleistungen **7** **6**
- Sperrzeit 18 10

Stichwortverzeichnis

Gerichtlicher Eilschutz
- Ablehnung Gaststättenerlaubnis **2** 71–76
- Beschwerde **2** 76
- einstweilige Anordnung **2** 72
- Nachbar **2** 94 ff.
- Verpflichtungsklage **2** 71–76
- Vorwegnahme Hauptsache **2** 75
- Wiederherstellung aufschiebende Wirkung **2** 96
- Sperrzeitfestsetzung **18** 64 ff.

Geruchsemissionen 4 139 ff.

Geruchsimmissionen
- Auflagen **5** 35e

Geruchsimmissionsrichtlinie 4 141

Geschäftsführer
- Stellvertretung **9** 10
- Verantwortlichkeit **4** 33

Geschäftsgeheimnisse 22 4

Geschichte des GastG Vor 1 7–11

Gesellschaft 23 2–16
- alkoholfreie Getränke **6** 5
- Anordnungen **5** 8
- Ausschank alkoholischer Getränke **23** 7 ff.

Gesellschaft Bürgerlichen Rechts
- Gaststättenerlaubnis **2** 10
- Rechtsfähigkeit **2** 10

Gesellschaften
- Auflagen **5** 8
- Auswirkungen Europarecht **Vor 1** 30
- Gaststättenerlaubnis **2** 7
- Partei- und Rechtsfähigkeit **Vor 1** 30
- Vorgesellschaften **2** 7

Gesetzesverletzung 4 74j

Gestattung 12 2–47
- Amtshaftung **12** 44
- Annexereignis **12** 8
- Anwendungsbereich **12** 3
- Auflagen **5** 9; **12** 26 ff.
- Bedürfnisprüfung **12** 9, 21
- Befristung **12** 17 f.
- Beherbergungsbetrieb **12** 4
- Beispiele **12** 10 f.
- Berufsausübung **12** 6
- Bescheidungsklage **12** 41
- besonderer Anlass **12** 8 ff.
- Betriebsuntersagung **12** 30
- Dauergestattung **12** 16
- Erlöschen **12** 39
- Ermessen **12** 9, 21 ff.
- Erteilungserleichterungen **12** 12–16
- Fortsetzungsfeststellungsklage **12** 42
- Fristverlängerung **12** 18
- Gaststättenerlaubnis **12** 3
- Geltungsdauer **12** 19
- Klagebefugnis Gaststättenbetreiber **12** 43
- Konkurrenzschutz **12** 45
- Kostproben **12** 24 f.
- LAI-Hinweise **12** 33
- Lärm, Zumutbarkeitsschwelle **12** 32
- Lärmimmissionen **12** 14, 33 f.
- Mitteilungspflichten **12** 38
- Muster **12** 46

Stichwortverzeichnis

- Nachbarschutz **12** 32 ff.
- Nebenbestimmungen **12** 29
- Raumbezug **12** 7
- Rechtsschutz **12** 40 ff.
- Reisegewerbe **1** 56; **12** 5
- Schankwirtschaft **12** 4
- Schutz **5** 23
- Speisewirtschaft **12** 4
- Sperrzeit **12** 35
- Stellvertreter **12** 3, 7
- Stellvertretung **9** 4
- TA Lärm **12** 33
- Unterrichtungsnachweis **4** 186
- VDI-Richtlinie 2058 Bl. 1 **12** 33
- Verfassungsrecht **12** 6
- Verpflichtungsklage **12** 41
- Verwaltungsverfahren **12** 36 f.
- Volksfeste **12** 10, 13
- vorläufige Gestattung **11** 6
- Widerruf **13** 10
- Widerrufsvorbehalt **12** 20
- Zuverlässigkeit **12** 15
- Zweck **12** 2

Gesundheitsrecht **4** 72, 81
Getränke
- alkoholfreie **6** 2–22, 9
- Bestellzwang **20** 16–23
- Verabreichen von **1** 32

Gewerbe
- Begriff **1** 5
- Definition **1** 5
- Fortsetzungsabsicht **1** 14
- Gaststätten- als erlaubte Tätigkeit **1** 6
- Gewinnerzielungsabsicht **1** 8–13
- höhere Berufsarten **1** 16
- Rechtsform **1** 29
- Urproduktion **1** 15
- Verwaltung eigenen Vermögens **1** 17
- Zugänglichkeit **1** 30 f.

Gewerbefreiheit
- Einschränkung **4** 2

Gewerbeordnung
- Anwendbarkeit **31** 2 ff.
- Text **Anh** II 1

Gewerberecht
- EU-Mitgliedsstaaten **Vor 1** 33

Gewerbezentralregister **2** 45
- Rücknahme Gaststättenerlaubnis **15** 52
- Stellvertretungserlaubnis **9** 29
- vorläufige Erlaubnis **11** 35
- vorläufige Stellvertretungserlaubnis **11** 35
- Widerruf Gaststättenerlaubnis **15** 52

Gewerbliche Niederlassung **1** 22 f.; **13** 2–12
Gewerbliches Nebengesetz
- GastG **Vor 1** 2

Gewinnerzielungsabsicht **1** 8–13

Glücksspiel, verbotenes **4** 47
Grundrechte
- Berufsausübung **8** 7; **12** 6; **18** 19; **19** 4; **21** 5, 12
- Berufsfreiheit **3** 14; **4** 22, 76, 117, 204

Stichwortverzeichnis

- Eigentum **8** 7; **18** 20
- Gleichbehandlung **18** 38l, 50
- Sperrzeit **18** 19 f.

Hamburg
- Gaststättenverordnung **Anh** I 6 a
- Sperrzeitverordnung **Anh** I 6 b

Handwerksrecht 7 14

Hauptleistung
s. Nebenleistung

Hehlerei 4 48

Hessen
- Sperrzeitverordnung **Anh** I 7 b
- Straußwirtschaft Verordnung **Anh** I 7 a

Hinterbliebenenprivileg
s. Weiterführungsbefugnis

Immissionen
- Fahrzeuggeräusche **4** 133
- Gemengelage **4** 138
- Geruchsemissionen **4** 139 ff.
- Geruchsimmissionen **5** 35e
- Geruchsimmissionsrichtlinie **4** 141
- LAI-Hinweise **4** 135
- Lärm **4** 129
- Licht **4** 142
- Nachbarschutz **2** 81 ff.
- Richtlinie VDI 2058 Bl. 1 **4** 131
- Sperrzeit **18** 39–42
- Sportanlagen **4** 136
- TA Lärm **4** 130, 132 ff.
- TA Luft **4** 130, 139

Immissionsschutz 4 119–142
- Feuerungsanlagen **4** 129
- Landesverordnungen **4** 125

Infektionsschutzgesetz
- Auflagen **5** 14
- Belehrungspflicht **4** 194

In-Kraft-Treten 38 2

Inländerbehandlung
- Prinzip **Vor 1** 28

Isolierte Anfechtungsklage **3** 92 ff.
- Antragsmuster **3** 92

Jahrmärkte
- Sperrzeit **18** 27

Jugendarbeitsschutzgesetz 21 17 ff.

Jugendschutz 6 3; **15** 30d
- Branntweinabgabe **20** 9 f.

Jugendschutzgesetz 4 81

Jugendschutzrecht 4 81

Juristische Person
- Anzeigepflicht **4** 195–201
- Auflage **5** 16
- Unterrichtungsnachweis **4** 188
- Verantwortlichkeit **4** 32
- Vertreterwechsel **4** 195–201
- Weiterführungsbefugnis **10** 3

Kantine
s. Betriebskantine

Kommunbrauberechtigung 26 7
- Erlöschen **26** 10
- Zehnjahresfrist **26** 10

Kommunbrauer 26 7

Stichwortverzeichnis

Kondome
- Automatenabgabe **7** 4, 20
- Zubehör **7** 20

Konkurrenzschutz
- Gaststättenerlaubnis **2** 99
- Gestattung **12** 45

Kontrahierungszwang Vor 1 5
- Unzuverlässigkeit **4** 74 i

Kostproben
- Marktfreiheit **12** 25
- unentgeltliche Abgabe **12** 24 f.

Küche 4 206b

Ladenschlussgesetz 7 2 ff.
- Arbeitnehmerschutz **7** 3, 18
- Sperrzeit **18** 4
- Zubehör **7** 16

LAI-Hinweise 4 135, 137; **12** 33

Landesbauordnungen 4 202–212, 205
- Barrierefreiheit **4** 207–211
- Beherbergungsbetrieb **4** 206 a
- Betriebsräume, Zugänglichkeit **4** 206 e
- Küche **4** 206 b
- Mindestanforderungen **4** 202
- Normenhierarchie **4** 203
- Raumhöhe **4** 206 c
- Toilettenbenutzung **4** 206 d
- Zuständigkeitsübertragung **4** 212

Landesverordnungen zum GastG 4 81

Lärm
- Auflagen **5** 26, 34
- Beurteilung **18** 39 ff.
- Gäste **5** 34d
- Gestattung **12** 14
- Immissionen **2** 81 ff.; **4** 129, 133 f.
- Kegeln **5** 34c
- Küche **5** 34e
- Musik **5** 34f
- Nachbarschutz **2** 81 ff.
- Nachtruhe **18** 37h, 38q
- Sperrzeit **18** 37g, 38m, 39 ff.
- Unzuverlässigkeit **4** 74k
- Ventilator **5** 34g

Leben
- Schutz **5** 23

Lebensmittelrecht 4 72, 81
- Unterrichtungsnachweis **4** 191

Lebenspartner 4 31
- Auskunftsverweigerungsrecht **22** 7
- Begriff **10** 7
- Weiterführungsbefugnis **10** 7

Luftfahrzeuge 25 12

Magnetschwebebahnen 25 14
Marktrechtliches Privileg 1 58
Marktverkehr
- Ausschank auf Messen **1** 62
- Erlaubnisfreiheit **1** 60
- marktrechtliches Privileg **1** 58
- Reisegewerbe **1** 61
- Verzehr an Ort und Stelle **1** 59

Mecklenburg-Vorpommern
- Beherbergungsstättenverordnung **Anh I** 8 b
- Gaststättenverordnung **Anh I** 8 a

Stichwortverzeichnis

Meefischli 14 15
Messen
– Ausschank **1** 62
Mitteilungspflichten
– Finanzamt **2** 44; **12** 38
modifizierende Auflage 3 71 f.
Musterentwurf
 s. Verwaltungsvorschrift

Nachbar
– Anfechtungsklage **2** 88–92
– Begriff **2** 84, 86
– Beiladung **2** 64
– Betroffenheit **2** 78
– gerichtlicher Eilschutz **2** 94 ff.
– Nachbarschutz **4** 182
– Nachbarschutz im Baurecht **4** 169 ff., 174, 178
– Rechtsschutz **2** 88–97
– Schutzauflagen **5** 33 ff.
– Widerspruch **2** 88–92
Nachbarn
– Schutz **Vor 1** 15
Nachbarschaft
– Beschwerden **18** 42
Nachbarschutz 2 77–97
– Eigentümergemeinschaft **2** 87
– Immissionen **2** 81 f.
– nachbarschützende Vorschriften **2** 82, 85
 s. auch Nachbar
 s. Nachbar, öffentliche Interessen
Nachlasspfleger
– Weiterführungsbefugnis **10** 9 f.

Nachlassverwalter
– Weiterführungsbefugnis **10** 9 f.
Nachschau
– Anlass **22** 8
– Ordnungswidrigkeit **28** 18
– Termin **22** 8
 s. auch Überwachung
Nachtlokal
– Sperrzeit **18** 38p
Nebenbestimmung
– Auflage **3** 65–72
 Bedingung **3** 58–61
– Befristung **3** 42–50
– Begriff **3** 54
– Bestimmtheit **3** 56
– Drittschutz **3** 97 ff.
– Gestattung **12** 29
– isolierte Anfechtung **3** 92 ff.
– Rechtsschutz **3** 90–99
– Rechtswidrigkeit **3** 73–75
– Verwaltungsverfahren **3** 88 f.
– Widerrufsvorbehalt **3** 62 ff.
– Zulässigkeit **3** 51–56
Nebenleistung
– Akzessorietät **7** 9, 25
– Hauptleistung **7** 9, 17
Nebenleistungen 7 2–22
– Anzeigepflicht **7** 14
– Gäste **7** 15 f.
– gemischte Betriebe **7** 6
– Handwerksrecht **7** 14
– Ladenschlussgesetz **7** 2 ff., 16
– Sperrzeit **7** 4
– Straßenverkauf **7** 23–34
– Straußwirtschaften **7** 5
– Warenautomaten **7** 4
– Zubehör **7** 8–22

Stichwortverzeichnis

Neonazistisches Gedankengut
4 731
Nichtigkeit
– Gaststättenerlaubnis 3 7
– Nebenbestimmungen 3 74
Nichtigkeit Gaststättenerlaubnis 3 13
Nichtraucherschutz 5 25
– Arbeitsstättenverordnung 5 32
Nichtrechtsfähiger Verein
– Anzeigepflicht 4 195–201
– Gaststättenerlaubnis 2 9
– Unterrichtungsnachweis 4 188
– Verantwortlichkeit 4 32
– Vertreterwechsel 4 195–201
Niederlassungsfreiheit Vor 1 26, 28 ff.; 2 8
Niedersachsen
– Sperrzeitverordnung Anh I 9 b
Nordrhein-Westfalen
– Gaststättenverordnung Anh I 10
Normenhierarchie 4 203
Normenkontrollklage
– Antragsmuster 18 67
– Sperrzeitverordnung 18 67

Öffentliche Interessen
– Arbeitsamt 4 180 a
– Friedhof 4 180 b
– Kirche 4 180 c
– Kurgebiet 4 180 d
– Marktverkehr 4 180 e
– Prostituiertenunterkunft 4 180 f
– Prostitution 4 180 f, 180 g

Öffentliche Ordnung 4 40, 81 f.
– Sperrzeitverlängerung 18 37 k
Öffentliche Sicherheit 4 40, 81 f.
– Sperrzeitverlängerung 18 37 k
Öffentliche Sicherheit und Ordnung
– Aufrechterhaltung Vor 1 14
– Niederlassungsfreiheit Vor 1 29
Öffentliches Interesse 4 109–182
– Entstehungsgeschichte 4 112
– Immissionsschutz 4 119–142
– Sauna 4 180h
– Tankstelle 4 180i
– Tuberkulosekrankenhaus 4 180j
– Umfang 4 111, 114 ff.
– Verkehrssicherheit 4 180 k
Öffentlich-rechtlicher Vertrag
– Austauschvertrag 2 102
– Schriftform 2 104
– Vergleichsvertrag 2 103
– Vollstreckung 2 104
– Zulässigkeit 2 100 f.
Ordnungsgemäßes Gewerbe
s. Unzuverlässigkeit
Ordnungswidrigkeiten 2 105; 3 100; 4 201, 221 f.; 5 56; 6 22; 7 37; 8 29; 9 36 ff.; 10 28; 11 37; 12 47; 13 12; 14 17; 15 62; 18 75; 19 12; 20 25 f.; 21 22 f.; 22 11; 26 11; 28 2–24
– alkoholfreie Getränke 28 15 f., 22

Stichwortverzeichnis

- Anordnungen **28** 6
- Anzeigepflicht **28** 9
- Auflagen **28** 6
- Auskunft **28** 18
- Beschäftigungsverbot **28** 17
- Erlaubnispflicht **28** 5
- Fahrlässigkeit **28** 4
- Landesverordnungen **28** 19
- Leistungserbringung **28** 7
- Nachschau **28** 18
- Namensangabe **28** 10
- Rechtsverordnung **28** 19
- Sperrzeit **28** 11–14, 24
- Stellvertreter **28** 8
- Strafrecht **28** 3
- Unzuverlässigkeit **4** 73m
- Vorsatz **28** 4
- Warenabgabe **28** 7
- Zweck **28** 2

Ortsfeste Betriebsstätte **1** 53 ff.

Pachtvertrag
- Stellvertretung **9** 9

Pärchenclub
  s. Swingerclub

Personenwagen **25** 13

Preisbildung
- alkoholfreie Getränke **6** 14–19

Privatrecht **5** 45
- Bedeutung **3** 37; **4** 86
- Versagungsgrund **4** 7

Prostituierte
- Unterkünfte **5** 27

Prostitution **4** 180 f, 180 g
- Auflage **5** 35 g
- Legalität **4** 67
- Peepshow **4** 52 ff.
- Prostitutionsgesetz **4** 61–71
- Sittenwidrigkeit **4** 51
- Unzuverlässigkeit **4** 51–71
- Widerruf Gaststättenerlaubnis **15** 30 e

Prostitutionsgesetz **4** 180 f, 180 g; **5** 27, 35 g; **15** 30 e
- Praxishandhabung **4** 69 ff.
- Text **Anh** II 2

Raumbezogenheit Gaststättenerlaubnis **3** 2

Raumhöhe **4** 206 c

Räumliche Verbindung bei Ladengeschäft **2** 28

Rauschgift
  s. Drogenmissbrauch

Realgewerbeberechtigung **24** 2–7
- Bedeutung **24** 2, 4
- Begriff **24** 2
- Erlöschen **8** 5, 16d; **24** 5 f.
- Ländervorschriften **24** 7

Rechtsform
- Gaststättenbetrieb **1** 29

Rechtsmittelbelehrung
- Gaststättenerlaubnis **2** 39 f.
- Widerspruchsverfahren **2** 54 f.

Reisebusse **25** 16

Reisegewerbe **1** 50–57
- Anschriftangabe **13** 6 ff.
- Anwendung Titel II GewO **1** 57; **13** 5
- Anzeigepflicht **13** 5

Stichwortverzeichnis

- Begriff **1** 51
- Gestattung **1** 56; **12** 5
- Marktverkehr **1** 61
- Nichtanwendbarkeit Titel III GewO **13** 2 ff.
- ortsfeste Betriebsstätte **1** 53 ff.
- Selbstständigkeit **1** 52
- Wettbewerbsrecht **13** 11

Revision 2 69

Rheinland-Pfalz
- Gaststättenverordnung **Anh** I 11
- Sonderregelungen **26** 2–11

Richtlinie VDI 2058 Bl. 1 4 131
- Sperrzeit **18** 39

Rücknahme
- Abgrenzung zum Widerruf **15** 4 f., 29
- allgemeines Verwaltungsrecht **15** 6–12, 22–26
- Anwendungsbereich **15** 3
- Beurteilung der Sach- und Rechtslage, Zeitpunkt **15** 57
- Ermessen **15** 25
- Ermessensergänzung **15** 58
- Ermessensreduzierung **15** 25
- Gaststättenerlaubnis **4** 10; **15** 2–26
- gebundene Entscheidung **15** 21
- Gewerbezentralregister **15** 52
- Jahresfrist **15** 11, 22
- Musterverfügung **15** 61
- Nachbarschutz **15** 60
- Rechtsanwendungsfehler **15** 20
- Rechtsschutz **15** 56–59
- Rechtswidrigkeit Gaststättenerlaubnis **15** 22
- sofortige Vollziehung **15** 51, 59
- Stellvertretungserlaubnis **15** 49
- Tatsachenkenntnis **15** 18
- Unzuverlässigkeit **15** 16, 19, 26
- Verfassungsrecht **15** 13
- Vergangenheit **15** 19
- Vertrauensschutz **15** 22
- Verwaltungsverfahren **15** 50
- Verwirkung **15** 11
- Vollstreckung **15** 53
- Weiterführungsbefugnis **10** 22
- Widerruf statt **15** 24
- Zeitpunkt **15** 17, 22
- Zweck **15** 2

Rücknahme Gaststättenerlaubnis
- Erlöschen **8** 16e

Rücksichtnahmegebot 4 170, 174, 178

Saarland
- Gaststättenverordnung **Anh** I 12

Sachbescheidungsinteresse 4 6
Sachkundenachweis Vor 1 16
Sachsen
- Gaststättenverordnung **Anh** I 13

Sachsen-Anhalt
- Gaststättenverordnung **Anh** I 14 a

Stichwortverzeichnis

- Sperrzeitverordnung **Anh** I 14b

Sandelei 4 44
Sauberkeit 4 73o
Sauna 4 180h
Schankwirtschaft
- Automaten 1 34
- BauNVO 4 153–171
- Begriff 1 32 ff.
- Gestattung 12 4
- Sperrzeit 18 9
- Straßenverkauf 7 26
- Unterrichtungsnachweis 4 185
- Verabreichen von Getränken 1 32
- Verzehr an Ort und Stelle 1 33

Schienenbahnen 25 13
Schiffe 25 15
Schleswig-Holstein
- Gaststättenverordnung **Anh** I 15 a
- Sperrzeitverordnung **Anh** I 15 b

Schriftform
- Auflagen 5 38
- Betriebsartbezeichnung 3 15
- Erlaubnisantrag 2 31
- Erlaubnisbegründung 3 11
- Gaststättenerlaubnis 2 36; 3 2, 5–11
- Verpflichtungsklage 2 58 f.
- Zusicherung 2 37

Selbstbindung der Verwaltung 5 46
Selbstständigkeit 1 25 ff.
Signaturgesetz 2 59; 3 9

Signaturverordnung 3 9
Sittenwidrigkeit 4 49 f.
- Auflage 5 27
- Peepshow 4 52 ff.
- Prostitution 4 51
- Prostitutionsgesetz 4 61–71

Sitzgelegenheit 2 26 f.
Skihütte 4 176
Sonderregelungen Bayern 26 2–11
Sonderregelungen Rheinland-Pfalz 26 2 11
Sozialversicherungsbeiträge 4 73p
Spargel 14 15
Speisewirtschaft
- Automaten 1 36
- BauNVO 4 153–171
- Erlaubnispflicht 1 35
- Gestattung 12 4
- Sperrzeit 18 9
- Straßenverkauf 7 26
- Unterrichtungsnachweis 4 185
- zubereitete Speisen 1 37 f.

Sperrzeit 18 2–75
- Abgrenzung Auflage 5 10
- Abweichungen 18 29
- Alkohol 18 38a
- allgemeine 18 25
- allgemeines Wohngebiet 18 37a, 38b
- Anfahrtsgeräusche 18 37b, 38c, 48
- Anfechtungsklage 18 58, 68 f.
- Anwendungsbereich 18 8–16
- Ausmaß 18 23
- Autobahnraststätte 18 16

Stichwortverzeichnis

- Autorasthof **18** 38 d
- Bahnhofsgaststätten **18** 8
- Baugenehmigung **18** 37 c, 38 e
- Bauplanungsrecht **18** 37 d, 38 f
- Bedarfslücke **18** 38 g
- Beherbergungsbetrieb **18** 9
- Berufsausübung **18** 19
- besondere örtliche Verhältnisse **18** 28, 30, 34 f.
- Bestimmtheit Rechtsverordnung **18** 21 ff.
- Beurteilung der Sach- und Rechtslage, Zeitpunkt **18** 63
- Beweislast **18** 62
- Diskothek **18** 37 e, 38 i
- Eigentumsrechte **18** 20
- Einzugsbereich **18** 38 j
- Erholungsgebiet **18** 38 k
- Ermessen **18** 43–48
- Ermessensreduzierung **18** 70
- Folgen **18** 6
- gemischte Betriebe **18** 10
- gerichtlicher Eilschutz **18** 64 ff.
- Gestattung **1** 35
- Gleichbehandlung **18** 38 l, 50
- Grundrechte **18** 19 f.
- Industriegebiet **18** 37 f
- Jahrmärkte **18** 27
- Klagebefugnis Gemeinde **18** 59
- Klagestreitwert **18** 60
- Ladenschluss **18** 4
- Länderregelungen (Überblick) **18** 26
- Landesverordnungen **18** 23–36

- Lärm **18** 37 g, 38 m
- Lärmbeurteilung **18** 39 ff.
- Mischgebiet **18** 38 n
- Nachbarbeschwerden **18** 42
- Nachtlokal **18** 38 p
- Nachtruhe **18** 37 h, 38 q, 66
- Nebenleistungen **7** 4
- Normenkontrollklage **18** 67
- öffentliche Ordnung **18** 37 k
- öffentliche Sicherheit **18** 37 k
- öffentliches Bedürfnis **18** 28, 30 ff.
- Ordnungswidrigkeit **28** 11–14, 24
- Rauschgifthandel **18** 37 i
- Rechtsnatur **18** 5
- Rechtsschutz Gaststättenbetreiber **18** 58–67
- Rechtsschutz Nachbarschaft **18** 68 ff.
- Rechtsverordnung **18** 23–36
- Rechtsverordnungsmuster **18** 73 f.
- regionale Besonderheiten **18** 7
- Rentabilität **18** 37 j
- Richtlinie VDI 2058 Bl. 1 **18** 39
- Schankwirtschaft **18** 9
- Speisewirtschaft **18** 9
- Spielhallen **18** 27
- Straßenverkauf **7** 25
- TA Lärm **18** 40 f.
- Verfassungsrecht **18** 17–23
- Vergnügungsstätten **18** 11–15
- Verhältnismäßigkeit **18** 48
- Verkürzung **18** 38
- Verlängerung **18** 37

Stichwortverzeichnis

- Verpflichtungsklage **18** 61, 69
- Vertrauensschutz **18** 49
- Verwaltungsaktmuster **18** 72 ff.
- Verwaltungsverfahren **18** 54 ff.
- Volksfeste **18** 27
- Warenautomaten **7** 4
- Wohngebiet **18** 38 u
- Zweck **18** 2 f.

Sperrzeitverordnungen
- Brandenburg **Anh** I 4 b
- Hamburg **Anh** I 6 b
- Hessen **Anh** I 7 b
- Niedersachen **Anh** I 9 b
- Sachsen-Anhalt **Anh** I 14 b
- Schleswig-Holstein **Anh** I 15 b

Spielhallen
- Sperrzeit **18** 27

Sportanlagen 4 136

Sportanlagenlärmschutzverordnung 4 136 f.

Stechuhr-Prinzip 5 24

Stehendes Gewerbe
- Definition **1** 21
- gewerbliche Niederlassung **1** 22 f.
- Selbstständigkeit **1** 25–28
- Tätigkeit auf Bestellung **1** 24

Stellvertreter
- Abgrenzung **9** 9–12
- Auflage **5** 16
- Begriff **9** 6 ff.
- Franchise-Nehmer **9** 9
- Geschäftsführer **9** 10
- Gestattung **12** 3, 7

- Ordnungswidrigkeit **28** 8
- Pächter **9** 9
- Pflichten **9** 14
- Rechte **9** 14
- Rechtsschutz **9** 33
- Status **9** 13
- Unterrichtungsnachweis **4** 189; **9** 18
- Unzuverlässigkeit **9** 33
- Verwaltungsverfahren, Beteiligung **9** 19

Stellvertretungserlaubnis 9 2–30
- Akzessorietät **9** 16 f.
- Anwendungsbereich **9** 3
- Anzeigepflicht **9** 30
- Befristung **9** 22 ff.
- Erlöschen **8** 5; **9** 26 f.
- gebundene Entscheidung **9** 25
- Gestattung **9** 4
- Gewerbezentralregister **9** 29
- Inhaber **9** 19
- Muster **9** 35
- Rechtsschutz **9** 32 f.
- Rücknahme **15** 49
- Stellvertreter **9** 6–15
- Stellvertreterbezeichnung **9** 21
- Unterrichtungsnachweis **9** 18
- Verpflichtungsklage **9** 32
- Verwaltungsgebühr **9** 28
- Verwaltungsverfahren **9** 31
- vorläufige **11** 26–29
- Widerruf **15** 49
- Widerspruch **9** 32
- Zweck **9** 2

Steuerpflicht 4 73 q

Stichwortverzeichnis

Stichtagsregelung
- Barrierefreiheit 4 105 ff.
- wesentliche Erweiterung 4 105b
- wesentlicher Umbau 4 105 b

Strafrecht 4 81
- Geheimnisoffenbarung 27 2 ff.
- Ordnungswidrigkeiten 28 3

Straftaten 4 73q
Straßenbaubehörde 36 3
Straßenverkauf 7 23–34
- alkoholfreie Getränke 7 34
- Beherbergungsbetrieb 7 26
- Betriebswaren 7 28 ff.
- Flaschenbier 7 34
- Hauptleistungen 7 30
- Ladenschluss 7 24, 28, 31
- Mengenbegrenzung 7 27
- Schankwirtschaft 7 26
- Speisewirtschaft 7 26
- Sperrzeit 7 25
- Tabakwaren 7 34
- Trinkhallen 7 33
- Warensortiment 7 31 ff.
- Zubehörwaren 7 30

Straußwirtschaft
- alkoholfreie Getränke 6 8; 14 9
- Außenbereich 4 176
- Begriff 14 2
- einfach zubereitete Speisen 14 12 ff.
- Fleischgerichte 14 15
- Freistellung Erlaubnispflicht 14 8
- Landesregelungen 14 10–15
- Meefischli 14 15
- Nebenleistungen 7 5
- selbsterzeugter Wein 14 4 ff.
- Sitzplatzanzahl 14 11
- Spargelgericht 14 14 f.

Straußwirtschaften Verordnung
- Hessen Anh I 7 a

Strohmann 4 7, 34, 73s
Süßwaren
- Automatenabgabe 7 4
- Begriff 7 34
- Straßenverkauf 7 34

Swingerclub 4 73t

TA Lärm 4 130, 132 ff., 137
- Gestattung 12 33
- Sperrzeit 18 40 f.

TA Luft 4 39, 130
Tabakwaren
- Straßenverkauf 7 34

Tankstellen-Shops 2 25
Testamentsvollstrecker
- Weiterführungsbefugnis 10 9 f.

Thüringen
- Gaststättenverordnung Anh I 16

Toilette
- Benutzung 4 206d
- Zugänglichkeit 4 206d

Trinkhalle
- Straßenverkauf 7 33

Typenzulassung im GastR 2 32

Übergangsvorschriften 34 2–8
Übermaßverbot 15 45

Stichwortverzeichnis

Überwachung
- Betroffene **22** 5

Umwandlung
- Erlaubnispflicht Gaststättengewerbe **2** 13 ff.
- Erlöschen Gaststättenerlaubnis **8** 16 g
- Grenzen **22** 3
- Verwaltungsgebühren **2** 16
- Zweck **22** 2

Unbestimmter Rechtsbegriff **4** 77, 110
- Unzuverlässigkeit **4** 18 ff.

Unsittlichkeit
  s. Sittenwidrigkeit

Untätigkeitsklage **2** 62

Unterlassen **4** 35

Unterrichtungsnachweis Vor 1 16; **4** 183–193
- Anwendungsbereich **4** 185
- Auflage **4** 193
- Ausländer **4** 190
- Durchsetzung durch Auflage **3** 67
- Europarecht **Vor 1** 28
- Gestattung **4** 186
- juristische Person **4** 188
- Lebensmittelrecht **4** 191
- nichtrechtsfähiger Verein **4** 188
- Personenkreis **4** 187–190
- Stellvertreter **4** 189; **9** 18
- subjektive Zulassungsvoraussetzung **4** 184
- Verfassungsrecht **4** 184
- Versagungsgrund **4** 183–193
- Vertreterwechsel **4** 200
- Verwaltungsvorschrift **29** 3
- Widerruf **4** 200
- Zweck **4** 183

Untersagung des Gaststättenbetriebs **2** 47 f.

Unzumutbarkeit
- Barrierefreiheit **4** 101 ff.

Unzuverlässigkeit **4** 16–73
- Alkoholmissbrauch **4** 46
- Alkoholsucht **4** 43
- Auflagenverstoß **4** 73 a
- Aufsichtspflichtverletzung **4** 73 b
- Ausbeutung **4** 44
- Ausländer **4** 73 c
- Ballermann-Party **4** 46
- Bedeutung **4** 16
- Begriff **4** 36–40
- Beispiele **4** 41–50, 72 f.
- Berechtigung **4** 21
- Berufsausübung **4** 73 d
- Berufsgenossenschaft **4** 73 e
- Beschäftigter **21** 6–10
- Drogenmissbrauch **4** 73 f
- Ehegatte **4** 31
- Gaststättenzugang **4** 73 i
- Geschäftsführer **4** 33
- Gesetzesverletzung **4** 74 j
- Gesundheitsrecht **4** 72
- Gewerbebezug **4** 23
- Gewerbeordnung **16** 6 ff.
- Glücksspiel **4** 47
- Hehlerei **4** 48
- juristische Person **4** 32
- Lärm **4** 74 k
- Lebensmittelrecht **4** 72
- Lebenspartner **4** 31

Stichwortverzeichnis

- Legaldefinition **4** 17
- neonazistisches Gedankengut **4** 73 l
- nichtrechtsfähiger Verein **4** 32
- ordnungsgemäßes Gewerbe **4** 38 ff.
- Ordnungswidrigkeiten **4** 73 m
- Peepshow **4** 52 ff.
- Prostitution **4** 51–71
- Prostitutionsgesetz **4** 61–71
- Rücknahme Gaststättenerlaubnis **15** 16, 19, 26
- Sachkunde **4** 73 g
- Sandelei **4** 44
- Sauberkeit **4** 73 o
- schlechtes Einschenken **4** 73 h
- Sittenwidrigkeit **4** 49 f.
- Sozialversicherungsbeträge **4** 73 p
- Steuerpflicht **4** 73 q
- Straftaten **4** 73 q
- Strohmann **4** 34, 73 s
- subjektive Zulassungsvoraussetzung **4** 22
- Swingerclub **4** 73 t
- unbestimmter Rechtsbegriff **4** 18 ff.
- Unsittlichkeit **4** 49 f.
- Unterlassen **4** 35
- Verantwortlicher **4** 29–34
- Verfassungsrecht **4** 22 ff.
- Verhältnismäßigkeit **4** 24
- Versagungsmaßstab **4** 25 ff.
- Verschulden **4** 28
- Widerruf Gaststättenerlaubnis **15** 28

- wirtschaftliche Leistungsfähigkeit **4** 73 u
- zivilrechtliche Pflichten **4** 73 v

Urproduktion 1 15

US-Besatzungsmacht
- Gewerbefreiheitsdirektiven **Vor 1** 8

VDI-Richtlinie 2058 Bl. 1 12 33

Verabreichen 20 15

Verbandsklage 4 216–220
- Antragsmuster **4** 218
- Bedeutung **4** 220
- Feststellungsklage **4** 218
- Individualklage, Vorrang **4** 219
- Zweck **4** 216

Verbandsklagerecht
s. *Verbandsklage*

Verbot mit Erlaubnisvorbehalt 2 2 f.; **9** 5

Verbote
- allgemeine *(s. auch dort)* **20** 2–26
- Beschäftigungsverbot **21** 2–23

Verbotsvorschrift 4 8

Verein 23 2–16
- alkoholfreie Getränke **6** 5
- Anordnungen **5** 8
- Auflagen **5** 8
- Ausschank alkoholischer Getränke **23** 7–10
- Ausschank in eigenen Räumen **23** 12–16
- illegales Glücksspiel **23** 15

Stichwortverzeichnis

Verfahrensdauer 2 43
Vergnügungsstätte 23 9
– BauNVO 4 153–171
– Begriff 18 12
– Einordnung 18 14
– Gewerbsmäßigkeit 18 13
– Sperrzeit 18 11–15
– Voraussetzungen 18 13
Verhältnismäßigkeit 3 59; 4 13 ff., 24, 93, 118; 5 17; 15 31; 18 48
– Auflage 5 36, 47
– Auskunft 22 6
Verkehrssicherheit 6 2
Verlängerung
s. Gaststättenerlaubnis, Erlöschen Gaststättenerlaubnis
Verpflichtungsklage 2 56–70
– Antragsmuster 2 60
– Anwaltszwang 2 62, 70
– Beiladung Nachbar 2 64
– Berufung 2 66–70
– Beurteilung der Sach- und Rechtslage, Zeitpunkt 2 63
– gerichtlicher Eilschutz 2 71–76
– Klagefrist 2 57
– Revision 2 69
– Schriftform 2 58 f.
– Sperrzeitfestsetzung 18 61, 69
– Untätigkeitsklage 2 62
– Verwaltungsgericht 2 56
– Verwirkung 2 57
– Zulassung Berufung 2 66–70
Versagungsgründe
– allgemeines Verwaltungsrecht 4 5
– Barrierefreiheit 4 88–108
– Baurecht 4 143–182
– enumerative 4 4
– Ermessen 4 9
– Immissionsschutz 4 119–142
– Landesverordnungen 4 202–212
– öffentliches Interesse 4 109–182
– personaler Anwendungsbereich 4 11
– persönliche 4 3
– Räume, geeignete 4 74–87
– Rechtsnatur 4 12
– sachliche 4 3, 109
– Strohmann 4 7
– Unterrichtungsnachweis 4 183–193
– Verhältnismäßigkeit 4 13 ff.
Verschulden
– Unzuverlässigkeit 4 28
Vertrauensschutz
– Sperrzeit 18 49
Vertreterwechsel
– Anzeigepflicht 4 195–201
Verwaltungsgebühren
– Erlaubniserteilung 2 41
– Umwandlung 2 16
Verwaltungsverfahren
– Auflagenerteilung 5 49 ff.
– Gaststättenerlaubnis 2 30–50
– Gestattung 12 36 f.
– Landesverordnungen 30 3 ff.
– Nebenbestimmungen 3 88 f.
– Rücknahme Gaststättenerlaubnis 15 50
– Sperrzeitfestsetzung 18 54 ff.

Stichwortverzeichnis

- Stellvertretungserlaubnis **9** 31
- vorläufige Erlaubnis **11** 30
- vorläufige Stellvertretungserlaubnis **11** 30
- Widerruf Gaststättenerlaubnis **15** 50

Verwaltungsvorschrift 29 2–8
- Musterentwurf **29** 4–8
- Unterrichtungsnachweis **29** 3

Verwaltungsvorschrift Unterrichtungsnachweis
- Text **Anh** II 3

Verwaltungsvorschriften Vor 1 22, 25

Verwirkung
- Anfechtungsklage **2** 91
- Rücknahme **15** 11
- Verpflichtungsklage **2** 57

Verzehr an Ort und Stelle
- Marktverkehr **1** 59
- Schankwirtschaften **1** 33

Verzicht 8 16h
- Gaststättenerlaubnis **15** 55
- Weiterführungsbefugnis **10** 25

Volksfeste 12 10, 13
- Sperrzeit **18** 27

Vollrausch 20 14

Vorläufige Erlaubnis 11 2–25
- Abgrenzung **11** 8
- Antrag **11** 16
- Anwendungsbereich **11** 5 ff.
- Befristung **11** 23 f.
- Berufsausübung **11** 20
- Betriebskontinuität **11** 2, 18
- Betriebsuntersagung **11** 33
- Erlöschen **11** 34

- Ermessen **11** 17–21
- Ermessensreduzierung **11** 21
- Erteilungsvoraussetzungen **11** 10–15
- Gestattung **11** 6
- Gewerbezentralregister **11** 35
- Interessenabwägung **11** 18
- Muster **11** 36
- Prüfungsmaßstab **11** 19
- Rechtsschutz **11** 31 f.
- Verfassungsrecht **11** 9, 20
- Vertrauensschutz **11** 25
- Verwaltungsverfahren **11** 30
- wichtiger Grund **11** 24
- Widerrufsvorbehalt **11** 22
- Zweck **11** 2 ff.

Vorläufige Stellvertretungserlaubnis 11 26–29
- Anwendungsbereich **11** 27 f.
- Betriebsuntersagung **11** 33
- Erlöschen **11** 34
- Erteilungsvoraussetzungen **11** 29
- Gewerbezentralregister **11** 35
- Muster **11** 36
- Rechtsschutz **11** 31 f.
- Verwaltungsverfahren **11** 30

Vorläufiger Rechtsschutz
s. gerichtlicher Eilschutz

Vorratserlaubnis 8 2

Warenautomaten
s. Automaten

Warenunterschiebung 20 3

Wein, selbsterzeugter 14 4 ff.

Weinbrauer 26 7

Stichwortverzeichnis

Weiterführung
  s. *Gaststättenbetrieb, Weiterführungsbefugnis*

Weiterführungsbefugnis **10** 2–26
– Anwendungsbereich **10** 3 f.
– Anzeigepflicht **10** 23 f., 26
– Begünstigte **10** 5–10
– Dauer **10** 11
– Ehegatte **10** 7
– Erbe **10** 7
– Erteilungsvoraussetzungen **10** 17–20
– Hinterbliebenenprivileg **10** 2
– juristische Personen **10** 3
– Lebenspartner **10** 7
– Nachlasspfleger **10** 9 f.
– Nachlassverwalter **10** 9 f.
– Rechtsnatur **10** 12–16
– Rücknahme **10** 22
– Testamentsvollstrecker **10** 9 f.
– Umfang **10** 21
– Verzicht **10** 25
– Widerruf **10** 22

Wettbewerbsrecht
– Anschriftangabe **13** 11
– Nebenleistungen **7** 36

Wetttrinken **5** 24

Widerruf
– Abgrenzung zur Rücknahme **15** 4 f., 29
– Abmahnung **15** 31
– allgemeines Verwaltungsrecht **15** 6–12, 46 ff.
– Amtspflichtverletzung **15** 31
– Anwendungsbereich **15** 3
– Arbeitserlaubnis **15** 30a
– Auflagenverstoß **15** 47
– Aufsicht **15** 30b
– Ausländer **15** 30a
– Beispiele **15** 30
– Beschäftigungsverbot **21** 14
– Beurteilung der Sach- und Rechtslage, Zeitpunkt **15** 57
– Einschränkung **15** 46
– Ermessen **15** 42 ff., 48
– Ermessensergänzung **15** 58
– Gaststättenerlaubnis **15** 2–13, 27–48
– gebundene Entscheidung **15** 31
– Gestattung **13** 10
– Gewalt **15** 30c
– Gewerbezentralregister **15** 52
– Gründe **15** 34–41
– Jahresfrist **15** 12, 46
– Jugendschutz **15** 30d
– Musterverfügung **15** 61
– Nachbarschutz **15** 60
– Prostitution **15** 30e
– Rauschgift **15** 30f
– rechtmäßige Erlaubnis **15** 46
– Rechtsschutz **15** 56–59
– Schulden **15** 30g
– sofortige Vollziehung **15** 51, 59
– Sozialversicherung **15** 30h
– Stellvertretungserlaubnis **15** 49
– Steuerpflicht **15** 30i
– Übermaßverbot **15** 45
– Unfallversicherung **15** 30j
– Unterrichtungsnachweis **4** 200
– Unzuverlässigkeit **15** 28

Stichwortverzeichnis

- Verfassungsrecht **15** 13
- Verhältnismäßigkeit **15** 31
- Vertrauensschutz **15** 46
- Vertreterwechsel **4** 200
- Verwaltungsverfahren **15** 50
- Vollstreckung **15** 53
- Weiterführungsbefugnis **10** 22
- Zeitpunkt **15** 46
- Zukunft **15** 46
- Zweck **15** 2

Widerruf Gaststättenerlaubnis
- Erlöschen **8** 16e

Widerrufsvorbehalt 3 62–64
- Gestattung **12** 20
- vorläufige Erlaubnis **11** 22

Widerspruch
- aufschiebende Wirkung **2** 94
- Rechtsmittelbelehrung **2** 54 f.
- Versagung Gaststättenerlaubnis **2** 51–55

Wiedervereinigung
 s. Deutsche W.

Wirtschaftliche Leistungsfähigkeit 4 73 u

Zielvereinbarung 4 106 ff.

Zigaretten
- Automatenabgabe **7** 4

Zivilrechtliche Pflichten
 4 73 v

Zubehör 7 8–22
- Anzeigepflicht **7** 14
- Bedeutung **7** 8
- Begriff **7** 8 ff., 17 f.
- Beispiele **7** 19
- Dritte **7** 12 ff.
- Gastbeförderung **7** 20
- Gäste **7** 15 f.
- Gaststättenbetreiber **7** 11
- Handwerksrecht **7** 14
- Kondome **7** 20
- Ladenschlussgesetz **7** 16
- Leistungen **7** 9 f.
- Mengenbegrenzung **7** 21 f.
- Verbrauch vor Ort **7** 18
- Waren **7** 9 f.

zubereitete Speisen 1 37 f.

Zusatzerlaubnis 3 40
- Muster **3** 80, 82–86

Zuständigkeit 30 2–5
- Behörden **2** 33; **30** 5
- Landesverordnungen **30** 2

Zuverlässigkeit
- Gestattung **12** 15

Zwangsmaßnahmen 2 46–50

Zweck des GastG Vor 1
 12–16

VwGO
Ihr zuverlässiger Begleiter

■ handlich ■ kompakt ■ übersichtlich

Bader/Funke-Kaiser/Kuntze/von Albedyll

Verwaltungsgerichtsordnung
Kommentar anhand der höchstrichterlichen Rechtsprechung

Die praxisorientierte, aktuelle Kommentierung ist der ideale Begleiter für Ihre tägliche Arbeit: Für die Vorbereitung des Prozesses und zum schnellen Nachschlagen während der Verhandlung.

Neu in der 2. Auflage:
■ das **neue Rechtsmittelrecht** vom 20.12.2001
■ die Neuregelung des **Zustellungsrechts zum 01.07.2002**
■ die Neuregelung des **„in camera Verfahrens"** durch den neu gefassten § 99
■ Zulässigkeit von Prozesserklärungen auf **elektronischen Dokumenten** bei Schriftformerforderniss
■ Erkenntnisse und Entscheidungen zur Anwendung des **Europarechts** insbesondere im Rahmen des Vollzugs des Gemeinschaftsrechts
■ Berücksichtigung von **Besonderheiten der gerichtlichen Praxis**, bspw. im Asylverfahren (Asylfaktendokumentation)

Pressestimme zur Vorauflage:
„Vier ausgewiesene Praktiker des Verwaltungsrechts haben hier ein stilistisch und auch drucktechnisch-optisch hervorragend lesbares, an den Bedürfnissen der Praxis orientiertes und trotz seines beachtlichen Umfangs griffiges Werk im handlichen Kleinformat vorgelegt ... Alles in allem lässt dieser Kommentar keine Wünsche offen."
Richter am VG Dr. Wilhelm Treiber in NVwZ 1/2000

Von Johann Bader, RiVGH; Stefan Kuntze, Vizepräs.VG Stuttgart; Michael Funke-Kaiser, Vors.RiVG Stuttgart; Jörg von Albedyll, RA u. FA für Verwaltungsrecht.

2., neu bearbeitete Auflage. 2002. XXXII, 1.715 Seiten. Gebunden. € 96,–
ISBN 3-8114-5058-1
(C.F. Müller Kommentar)

Hüthig GmbH & Co. KG, Im Weiher 10, 69121 Heidelberg,
Bestell-Tel. 06221/489-555, Fax 06221/489-450

Frisch auf dem Markt:
Gewerberecht für Anwender

Stollenwerk
Praxishandbuch zur Gewerbeordnung

Mit allen rechtlichen Änderungen und zahlreichen Mustervordrucken

Von Detlef Stollenwerk, Verwaltungsfachwirt

**2., neu bearbeitete Auflage. 2002. XXI, 257 Seiten. Gebunden. € 59,–
ISBN 3-8114-5062-X (Recht in der Praxis)**

Die Gewerbeordnung ist als eines der tragenden Gesetze des öffentlichen Wirtschaftsrechts einem ständigen Wandel unterzogen. Die Neuauflage trägt diesen schnellen Änderungen Rechnung. Übersichtlich und anschaulich werden erläutert: Funktion, Gliederung und verfassungsrechtliche Grundlage des Gewerberechts, den Gewerbebegriff und die Formen der Gewerbebetriebe, das stehende Gewerbe, die Gewerbeuntersagung, das Reisegewerbe, den Marktverkehr sowie die Straf- und Bußgeldbestimmungen. Zahlreiche Beispielfälle, Mustervordrucke und -bescheide erleichtern die sachgerechte Anwendung der Rechtsnormen.

Neben der Vervollständigung und Aktualisierung von Rechtsprechung und Schrifttum enthält die Neuauflage insbesondere folgende Änderungen bzw. Erweiterungen: ■ **Drittes Gesetz zur Änderung der GewO** vom 12. 7. 2002 ■ **Gesetz zur Änderung des Bewachungsrechts** vom 23. 7. 2002 ■ Erläuterung von **datenschutzrechtlichen Vorgaben** (§ 11 GewO) ■ Darstellung der Neufassung der §§ 29 (Nachschau) und 38 GewO (Überwachungsvorschriften) ■ **Einfluss des EU-Rechts** auf die Gewerbeordnung ■ Fragen des **Insolvenzrechts** ■ Gewerberechtliche Auswirkungen zur **Scheinselbstständigkeit**.

Hüthig GmbH & Co. KG
Im Weiher 10
69121 Heidelberg
Bestell-Tel.: 06221/489-555
Fax: 06221/489-450